U0901085

（2015）

广东财政年鉴

GUANGDONG CAIZHENG NIANJIAN (2015)

广东财政年鉴编辑委员会　编著

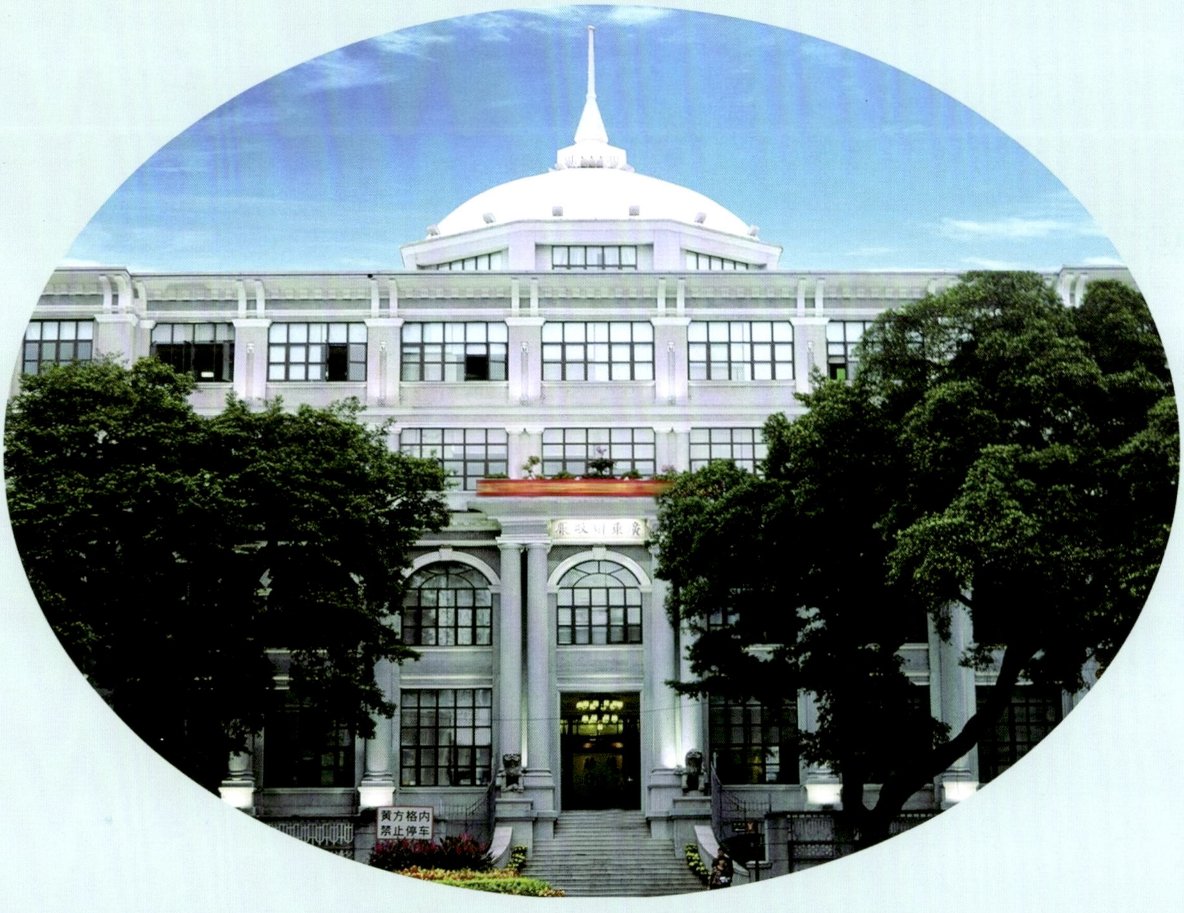

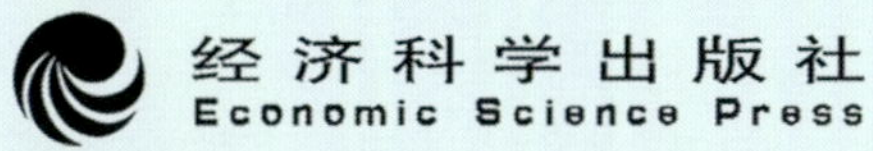

图书在版编目（CIP）数据

广东财政年鉴．2015／《广东财政年鉴》编辑委员会编著．
—北京：经济科学出版社，2015.12
ISBN 978-7-5141-6488-6

Ⅰ．①广…　Ⅱ．①广…　Ⅲ．①地方财政－广东省－2015－年鉴　Ⅳ．①F812.765-54

中国版本图书馆 CIP 数据核字（2016）第 007010 号

责任编辑：白留杰　程辛宁
责任校对：杨　海
责任印制：李　鹏

广东财政年鉴（2015）
广东财政年鉴编辑委员会　编著
经济科学出版社出版、发行　新华书店经销
社址：北京市海淀区阜成路甲 28 号　邮编：100142
教材分社电话：010-88191354　发行部电话：010-88191522
网址：www.esp.com.cn
电子信箱：bailiujie518@126.com
天猫网店：经济科学出版社旗舰店
网址：http://jjkxcbs.tmall.com
固安华明印业有限公司印装
880×1230　16 开　40.5 印张　1800000 字
2016 年 5 月第 1 版　2016 年 5 月第 1 次印刷
ISBN 978-7-5141-6488-6　定价：380.00 元
（图书出现印装问题，本社负责调换。电话：010-88191502）

广东财政年鉴编辑委员会

广东财政年鉴编辑部

广东财政年鉴特约通讯员

编辑说明

《广东财政年鉴》是广东省财政厅主办的大型文献资料工具书。《广东财政年鉴（2015）》是自2005年创刊以来编纂的第十一卷，反映了2014年广东财政认真贯彻落实中央和省委、省政府决策部署的工作全貌，并继续保持创刊以来的三个主要特点，即资料翔实、权威性强，理论与实务相结合，重点和亮点突出。党的十八届三中全会首次将财政定位为“国家治理的基础和重要支柱”，将财税改革置于更加重要位置，深化财税体制改革也成为本卷编撰的主线和重要内容。为此，本卷重点围绕改进预算管理、建立事权和支出责任相适应的制度、构建地方税收体系、推进基本公共服务均等化、公平配置政府公共资源等方面进行组稿和编辑，展示了广东财政主动适应新的形势和要求，积极发挥财政职能作用，着力深化财税体制改革的探索和实践。全书正文内容共分十二个部分。

第一部分相关财经文献，转载了广东省人民代表大会及其常务委员会2014年通过的有关财政经济方面的重要报告和决议。第二部分领导批示和讲话，收录了省领导的批示以及省领导和省财政厅领导有关财政工作会议的讲话。第三部分全省财政工作概况与专题，记述了全省财政各项工作的开展情况和各项改革的进展情况。第四部分各市财政工作概况，刊登了全省21个地级以上市经济发展的简要介绍和财政工作有关方面的情况综述。第五部分市县财政工作专题，反映了全省部分市、县（市、区）财政工作的重点和亮点。第六部分统计资料，收集了全省和各市、县（市、区）财政一般预算收支情况、非税收入基本情况、全省国有企业等方面的统计资料等。第七部分地方财经法规选编，选编了省人民代表大会及其常务委员会通过公布的地方性财经法规，省人民政府颁布或批准颁布的重要财经规章，省财政厅和省政府有关部门制定的或几个部门联合制定的重要财经规范性文件及规章、制度和通知。第八部分财经文选，选编了省财政厅领导在有关财政专题工作会议上的讲话。第九部分财政机构人员，主要介绍了省财政厅机构变动情况和省财政厅领导及厅属各单位领导名单，各地级以上市和各县（市、区）财政局机构设置及领导名单，全省财政系统人员情况以及2014年度全省财政系统全国性和全省性先进集体、先进个人名单。第十部分大事记，记述了2014年度全省财政方面的重要会议、重大活动、重要国际交往、重大决策和措施。第十一部分媒体报道，主要反映2014年中央和省级刊物对广东财政改革与发展中的重要工作和亮点工作进行的报道。第十二部分附录，简要介绍了省财政各类学会的工作情况和省财政厅各处室（单位、学会）所承担研究课题的获奖情况。

《广东财政年鉴（2015）》在编辑出版过程中，得到各有关方面的关心和鼎力支持。在此，对所有参与撰稿、摄影、编纂、审定、出版、发行等工作的领导和同志表示深深的感谢！你们付出的辛劳，将不断推动《广东财政年鉴》工作迈向新的台阶。同时，由于《广东财政年鉴》内容涉及面广，编辑出版时间有限，难免有疏漏和差错，敬请广大读者批评指正，并提出宝贵意见，使《广东财政年鉴》编辑出版质量不断有新的提高。

《广东财政年鉴》编辑部

年1月10日，中央首次提出正式开发横琴岛，并将
程中充分考虑澳门实现经济适度多元发展的需要。
年8月14日，国务院正式批复了《横琴总体发展规
确了横琴的发展定位——“一国两制”下探索粤港
模式的示范区、深化改革开放和科技创新的先行区、
工口西岸地区产业升级的新平台。
09年12月16日，横琴新区挂牌成立
09年12月20日，横琴岛澳门大学新
调：“开发横琴岛是中央的重要决策”。
《政府工作报告》，

2014年1月18日，财政部部长楼继伟到广东省珠海市横琴新区考察调研。省委常委、常务副省长徐少华陪同考察。财政部办公厅主任戴柏华、预算司司长许宏才，广东省财政厅厅长曾志权等同志陪同调研。

2014年4月8-9日，省政府在广州举办全省市、县（市、区）长现代财政制度专题培训班。省委常委、常务副省长徐少华出席培训班并作讲话，省财政厅曾志权厅长、财政部科研所刘尚希副所长、财政部预算司王劲松副司长、财政部税政司王建凡副司长等领导专家为培训班作专题授课。全省各市、县（市、区）财政工作分管领导、财政部门负责同志等近300人参加培训班。

2014年2月17日上午，广东省建立事权和支出责任相适应制度征求意见座谈会在云浮召开。省委常委、常务副省长徐少华主持会议并作讲话。会议听取部分市、县、镇政府对建立事权和支出责任相适应制度的意见和建议。

2014年11月12日下午，省委常委、常务副省长徐少华到省财政厅视察工作，听取2015年预算编制工作情况汇报。省财政厅党组书记、厅长曾志权主持汇报会。

2014年9月29日，省人大常委会黄业斌副主任率省人大代表到省财政厅视察指导工作。省财政厅党组书记、厅长曾志权主持座谈会。

2014年11月20日，省人大常委会副主任陈继兴率省人大财经委委员和部分省人大代表到省财政厅视察工作。省财政厅党组书记、厅长曾志权主持座谈会。

2014年6月21-24日，省委书记胡春华、省长朱小丹参加在喀什召开的“广东·新疆对口支援工作座谈会”。省财政厅党组书记、厅长曾志权等同志出席会议。

2014年4月23日，省长朱小丹在清远市察看清新县灾情并指导防汛救灾复产。清远市委书记葛长伟、市长江凌，省财政厅党组书记、厅长曾志权等同志陪同查看灾情。

（清远日报记者　廖武智　摄）

2014年4月23日,省长朱小丹、副省长邓海光在清远调研林业工作。图为省长朱小丹、副省长邓海光，清远市市长江凌、厅党组书记、厅长曾志权等领导在江滨公园众乐广场附近种植清远市树白玉兰。

（清远日报记者　李作描　摄）

2014年8月20日，省长朱小丹、副省长许瑞生在韶关调研棚户区改造有关工作。省财政厅党组书记、厅长曾志权等同志陪同调研。

2014年3月11日，全国人大代表、省财政厅厅长曾志权在京接受中央电视台采访。

2014年3月10日，全国人大代表、省财政厅厅长曾志权接受广东卫视采访。

2014年7月1日上午，省财政厅组织全厅党员、干部、职工在厅大院三号楼南裙楼下开展扶贫济困现场捐款活动。厅党组成员带头捐款，广大党员、干部、职工积极参与，当日共筹集捐款6万余元。

2014年1月20-21日，省财政厅党组成员、巡视员邓桂明率队赴十二排村慰问困难老党员和贫困户。

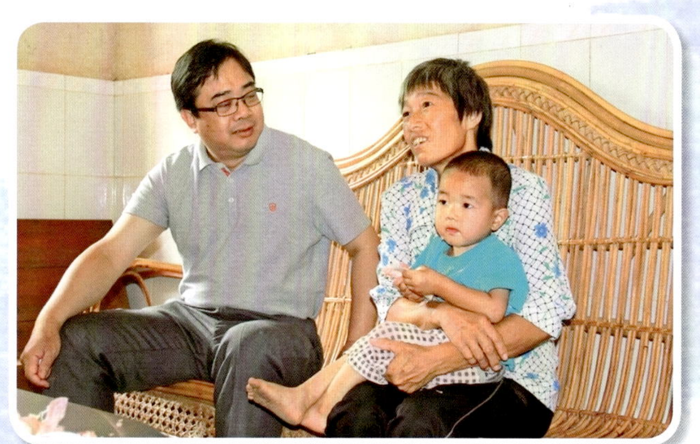

2014年9月24日，省财政厅党组成员、副厅长郑贤操率厅有关业务处室（单位）负责人，深入龙川县丰稔镇十二排村考察调研扶贫开发工作。

2014年9月12日，省财政厅党组成员、副厅长叶梅芬率厅有关业务处室（单位）负责人，深入龙川县丰稔镇十二排村考察调研扶贫开发工作。

2014年7月，省财政厅党组成员、副厅长欧斌、叶梅芬先后率队上线“民声热线”直播节目。

2014年7月8日，省财政厅党组成员、副厅长欧斌率教科文处、工贸处、农业处、社保处、农管处等处室主要负责同志参加了省财政厅第一期“民声热线”直播节目，就节目现场播放的暗访短片所反映的农村财务公开、残疾人补贴、生态林补偿款等方面的问题作出回应，并接受媒体采访。

2014年7月15日，省财政厅党组成员、副厅长叶梅芬率地方财政处、国库处、综合处、工贸处、农业处、农发办、政府采购监管处等处室主要负责同志参加了省财政厅第二期“民声热线”直播节目，就节目现场播放的暗访短片所反映的新能源汽车补贴、农业综合开发项目管理、家电下乡补贴等方面的问题作出回应，并接受媒体采访。

2014年2月19日，广东省财政反腐倡廉建设工作会议在广州召开。会议采取视频会议形式召开，省财政厅全体党员干部职工参加了主会场会议，各地级以上市财政局（委）在各市分会场参加会议。

2014年8月26－27日，广东省财政厅集中举办全厅副处以上干部“三纪”教育学习会，全厅副处以上干部、部分重点岗位同志及新录用人员等近240人参加。厅党组书记、厅长曾志权参加会议并作总结讲话。

2014年8月5日，省财政厅党组书记、厅长曾志权为全厅干部职工上主题为“加强廉政建设守住纪律红线”的党课。

2014年6月6日和6月13日，省财政厅组织科以下干部近240人分两批到省反腐倡廉教育基地开展教育活动。厅党组成员、驻厅纪检组长项天保带领大家开展学习活动。

2014年 6月27日，省委党史研究室主任杨汉卿一行到省财政厅商谈工作。省财政厅党组书记、厅长曾志权主持交流座谈会。

2014年10月17日，省财政厅党组书记、厅长曾志权与普宁市同志进行座谈。

2014年10月13日，省财政厅党组书记、厅长曾志权与湛江市同志进行座谈。

2014年3月5日，香港华人会计师公会新一届蔡宝芳会长、周锦荣副会长等5人到访省财政厅。厅党组成员、副厅长欧斌接见了香港来宾。

2014年1月22日，全省财政工作会议在广州召开。省财政厅党组书记、厅长曾志权出席会议并讲话。

2014年 8月22日，全省财政局长座谈会在广州召开。省财政厅党组书记、厅长曾志权出席会议并讲话。

2014年1月26日，省财政厅召开党的群众路线教育实践活动总结大会。省财政厅党组书记、厅长曾志权出席会议并作专题讲话。

2014年6月18日，江门市召开基本公共服务均等化综合改革试点动员大会。省财政厅党组书记、厅长曾志权应邀出席会议并作讲话。

2014年10月31日，省财政厅投审中心举办省级单位财政投资评审业务培训班。省财政厅党组成员、副厅长郑贤操出席培训班并作动员讲话。

2014年8月1日，省财政厅召开专家座谈会，就《广东省深化财税体制改革 率先建立现代财政制度总体实施方案（稿）》听取专家学者的意见建议。省财政厅党组成员、副厅长叶梅芬主持了座谈会。

2014年4月4日，省财政厅召开全厅保密工作会议。厅党组成员、总会计师、厅保密委主任钟炜作讲话。

2014年8月28日，省财政厅公文处理及信息化培训班在省财政厅大礼堂正式开班。省财政厅全体干部职工及部分市财政局干部400余人参加了开班式。

2014年8月14日，省财政厅邀请省委宣传部讲师团团长杜新山同志做客“广东财政大讲堂”，为全厅党员干部作题为“解读习近平总书记系列重要讲话精神鲜明特点”的专题讲座。

2014年10月30日，省财政厅邀请财政部条法司司长王克冰做客“广东财政大讲堂”，为全厅党员干部作有关预算法修改情况的讲座。

2014年2月27日上午，省直机关工委召开2014年省直机关党的工作会议。省财政厅党组书记、厅长曾志权作题为“创新党建 推进改革 推动我省率先建立现代财政制度”的发言。

2014年8月5日下午，省财政厅党组书记、厅长曾志权同为全厅干部职工上了一次主题为“加强廉政建设 守住纪律红线”的党课。全厅干部职工近400人参加了党课教育活动。

2014年12月8日，厅党组书记、厅长曾志权主持召开民主生活会征求意见座谈会，征求厅部分党员干部及离退休同志的意见建议。

2014年11月15日，省财政厅第十六届全民健身运动会在广州体育学院举办。省财政厅党组书记、厅长曾志权在运动会上作开场致辞。厅领导带头参加运动会项目。

在省财政厅第十六届全民健身运动会上，省财政厅党组成员、总会计师钟炜给厅各处室（单位）运动队颁发“风采奖”并与运动员代表合影。

2014年11月29日、30日，省财政厅第六届网球比赛在广州体院举行。省财政厅党组成员、副厅长叶梅芬与获得名次的运动员合影。

2014年5月9日，省财政厅直属机关团委召开了以“用心工作——青年谈”为主题的座谈会。省财政厅党组成员、总会计师、厅直属机关党委书记钟炜以及省财政厅青年干部代表等近30人参加了会议。

2014年7月9日，省财政厅党组成员、总会计师、厅直属机关党委书记、省注册会计师行业党的群众路线教育实践活动指导办公室主任钟炜到省注协指导省注册会计师行业开展党的群众路线教育实践活动。

2014年5月22日，省财厅举办以“中国梦、财政梦、我的梦”为主题的演讲比赛。

2014年11月29日，省财政厅直属机关团委组织全厅青年干部开展“强身卫国一野外战事训练”团日活动。厅党组成员、总会计师、厅直属机关党委书记钟炜出席活动并观摩模拟战事。

2014年3月5日省财政厅会计服务大厅举行创建省直机关“志愿服务岗”活动揭牌仪式，宣布会计服务大厅“志愿参与，快乐服务”志愿服务活动正式启动。

2014年6月27日，省财政厅直属机关党委组织25名新党员参观了省直机关党员教育基地黄埔军校旧址纪念馆。

目　录

第一部分　相关财经文献

第二部分　领导批示和讲话

第三部分　全省财政工作概况与专题

第四部分 各市财政工作概况

第五部分 市县财政工作专题

第六部分　统计资料

第七部分　地方财经法规选编

第八部分　财经文选

第九部分　财政机构人员

第十部分　大事记

第十一部分　媒体报道

第十二部分　附　　录

Table of Contents

Section 1 Relevant Documents on Finance and Economy

Section 2 Instructons and Speeches of Leaders

● Instructions of Leaders

● Speeches of Leaders

Section 3 Provincial Public Finance

● **Inclusive Introduction**

● **Special Topics**

Section 4 Public Finance in Prefectures

Section 5　Special Topics on Public Finance in Cities, Districts and Counties

Section 6 Statistics

Section 7 Selected Local Laws and Regulations on Public Finance

Section 8 Selected Writing on Finance and Economics

Section 9 Fiscal Organization Structure and Personnel

Section 10 Memorabilia

Section 11 Media Reports

● **Central**

● **Provincial**

Section 12 Appendix

第一部分

相关财经文献

GUANGDONG CAIZHENG NIANJIAN

广东省第十二届人民代表大会第三次会议关于广东省2014年预算执行情况和2015年预算的决议

（2014年2月13日广东省第十二届人民代表大会第三次会议通过）

广东省第十二届人民代表大会第三次会议审查了省人民政府提出的广东省2015年预算草案及省财政厅厅长曾志权受省人民政府委托所作的《广东省2014年预算执行情况和2015年预算草案的报告》。会议同意广东省人民代表大会财政经济委员会的审查结果报告，决定批准广东省2014年省级预算，批准《广东省2014年预算执行情况和2015年预算草案的报告》。

广东省2014年预算执行情况和2015年预算草案的报告

广东省财政厅厅长　曾志权

各位代表：

受省人民政府委托，现将广东省2014年预算执行情况和2015年预算草案提请省十二届人大三次会议审议。

一、2014年预算执行情况

（一）一般公共预算执行情况

1. 全省一般公共预算执行情况。

——收入预算执行情况。

2014年全省一般公共预算收入8 060.06亿元，完成预算的104.5%，同比增长13.9%。

按主要税种划分。增值税收入1 232.98亿元，同比增长16.4%（自然口径，下同）；营业税收入1 730.87亿元，同比增长5.8%，增幅较低主要是受房地产市场调整和营业税改征增值税影响；企业所得税收入1 131.8亿元，同比增长16.7%；个人所得税收入408.91亿元，同比增长17.5%；中小税种收入2 001.32亿元，同比增长14.4%。

按税收与非税收入占比划分。税收收入6 505.89亿元，同比增长12.9%，占一般公共预算收入的80.7%；非税收入1 554.17亿元，同比增长18.4%，占一般公共预算收入的19.3%。非税收入增幅较高的主要原因：一是深圳、惠州等个别地区集中将历年结存在专户中的非税收入一次性清理入库；二是汕尾等11个地级以上市非税收入增幅超过20%。

按预算级次划分。省级一般公共预算收入1 739.09亿元，同比增长11.02%，占全省收入的21.6%；市本级一般公共预算收入3 303.9亿元，同比增长15.8%，占全省收入的41.0%；县级一般公共预算收入3 017.06亿元，同比增长13.6%，占全省收入的37.4%（见图1）。

——支出预算执行情况。

全省一般公共预算支出9 134.33亿元，完成预算的114.7%，同比增长10.51%。主要执行情况如下：

按支出科目划分。一般公共服务支出1 026.61亿元，完成预算的118.8%，同比下降1.46%，支出减少主要是由于各级政府严格落实八项规定，厉行节约，行政运行成本降低；教育支出1 749.53亿元，完成预算的107.6%，剔除广州、东莞等市由于征地拆迁导致教育基建工程进展较慢以及2013年一次性项目抬高基数等不可比因素，影响约94亿元后，实际增长13.2%；科学技术支出286.4亿元，完成预算的111.4%，剔除深圳等市2013年一次性项目抬高基数，以及科技系统实行业务整改和流程再造导致支出进度较慢，当年支出减少约70亿元后（其中，省级科技资金约24亿元将于2015年1－2月拨付），实际增长13.54%；文化体育与传媒支出173.77亿元，完成预算的128.7%，同比增长21.5%；社会保障和就业支出790.64亿元，完成预算的109.3%，同比增长7.7%；医疗卫生与计划生育支出752.14

亿元，完成预算的124.9%，同比增长35.0%；节能环保支出254.55亿元，完成预算的104.1%，同比下降14.0%，主要是中央停止了节能家电补贴推广政策，减少约60亿元；城乡社区支出733.26亿元，完成预算的122.6%，同比增长8.9%；农林水支出554.53亿元，完成预算的126.7%，剔除广州等市2013年污水治理与河涌综合整治、治水项目还本付息等抬高基数影响约49亿元后，实际增长11.6%；交通运输支出878.32亿元，完成预算的191.7%，同比增长35.7%；住房保障支出260.53亿元，完成预算的134.9%，同比增长26.0%（见图2）。

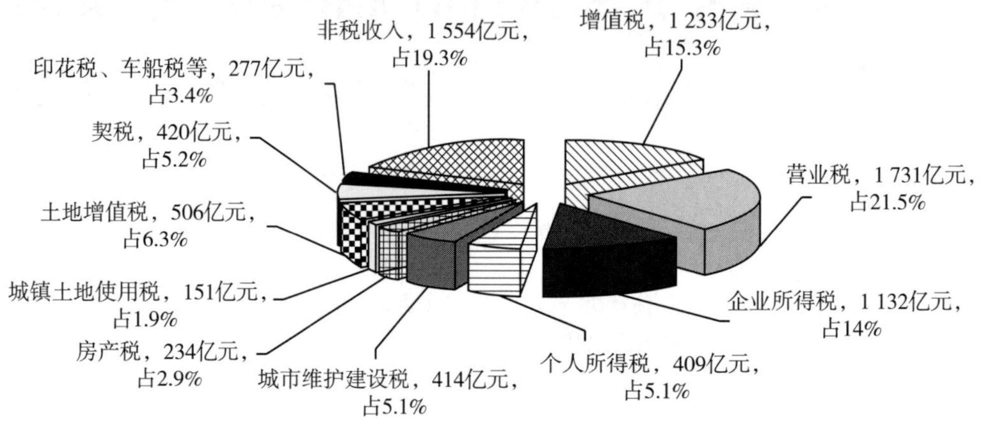

图1　2014年全省一般公共预算收入构成

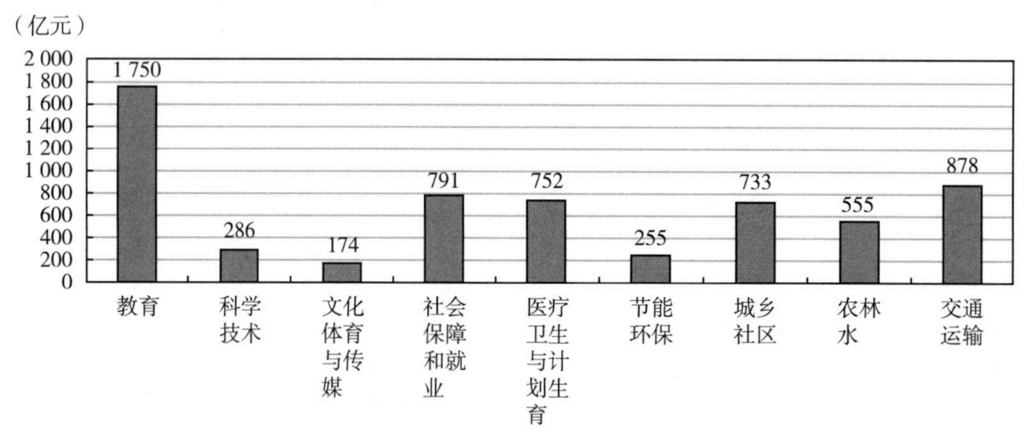

图2　2014年全省一般公共预算重点支出情况

2014年全省地方一般公共预算收入加上中央税收返还、各项补助款和预算结转、结余，减去一般公共预算支出以及上解中央项目后，全省一般公共预算实现收支平衡，略有结余（具体结余金额待决算完成后确定）。

2. 省级一般公共预算执行情况。

——收入预算执行情况。

2014年省级一般公共预算收入1 739.09亿元，同比增长11.0%，比省十二届人大二次会议批准通过的收入预算增加86.1亿元。

2014年省级一般公共预算收入结构情况如下：税收收入1 637.63亿元，同比增长12.1%，其中增值税收入117.16亿元，同比增长32.8%；营业税收入772.43亿元，同比增长6.0%，增幅较低的主要原因是“营改增”扩围后营业税税源减少；企业所得税收入436.26亿元，同比增长13.8%；个人所得税收入120.21亿元，同比增长14.7%；土地增值税收入191.6亿元，同比增长23.4%。非税收入101.47亿元，同比下降4.4%，收入减少主要是受减免省级涉企行政事业性收费影响（见图3）。

2014年省级一般公共预算收入1 739.09亿元，加上中央税收返还和转移支付以及下级上解收入、发行地方政府债券收入等，2014年省级一般公共预算总收入3 389.71亿元（不含上年结转资金）。

2014年省级一般公共预算收入1 739.09亿元比省十二届人大二次会议批准通过的预算增加86.1亿元，加上结余资金3.59亿元，共89.69亿元，按照新预算法和国务院有关规定，不再安排当年支出，全部用于补充预算稳定调节基金，留待2015年及以后年度预算安排使用。

——支出预算执行情况。

2014年省级一般公共预算总支出3 462.89亿元，比省十二届人大二次会议批准通过的预算增加572.44亿元，主要是按规定报请省十二届人大常委会议审批后增加安排地方政府债券支出148亿元，以及中央年中增加下达转移支付等。

2014年省级一般公共预算总收入和总支出为初步预计数，总支出大于总收入的原因主要是以前年度结转资金在

2014 年形成支出。具体收支及结转金额待决算完成后确定。

2014 年省级一般公共预算总支出 3 462.89 亿元中，按预算级次划分，（1）省本级支出 880.02 亿元，占 25.4%；（2）对市县税收返还及转移支付 2 433.28 亿元，占 70.3%，其中返还性支出 475.77 亿元，一般性转移支付 1 047.27 亿元，专项转移支付 910.24 亿元；（3）上解中央支出 146.36 亿元，占 4.2%；（4）调出资金 3.23 亿元（按规定计提的水利建设基金），占 0.1%（见图 4）。

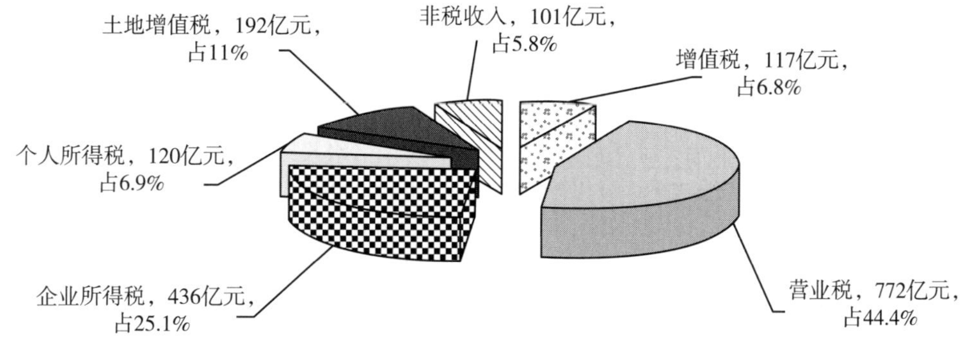

图 3　2014 年省级一般公共预算主要收入构成

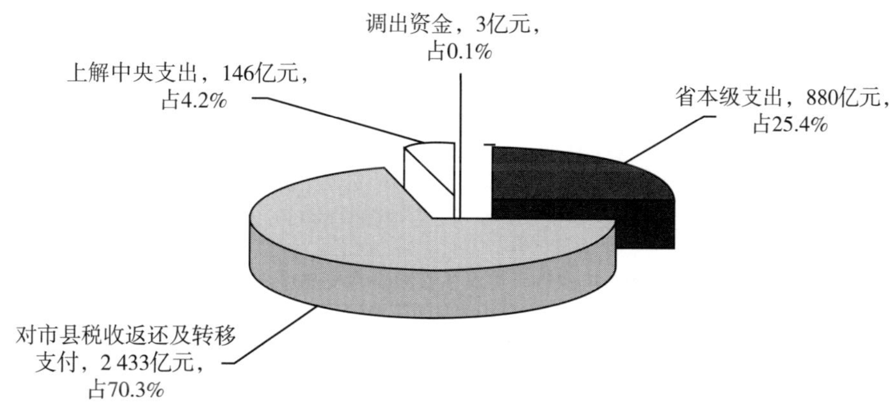

图 4　2014 年省级一般公共预算支出构成（按预算级次）

——省本级支出 880.02 亿元的主要情况。

按照“压本级、保基层”的要求，2014 年省财政着力加大对欠发达地区转移支付力度，部分科目省本级自身的支出减少；但加上对市县转移支付后，各项重点支出均能完成预算。

（1）一般公共服务支出 95.15 亿元，完成预算的 88.2%。主要是贯彻落实中央和省关于厉行节约的规定，减少行政经费开支，体现了“压一般、保重点”的要求。（2）公共安全支出 79.82 亿元，完成预算的 105.2%。（3）教育支出 155.56 亿元，完成预算的 107.1%。（4）科学技术支出 34.47 亿元，完成预算的 112.8%。（5）文化体育与传媒支出 14.15 亿元，完成预算的 89.6%，主要是年初预算编列省本级支出的 1.25 亿元，年中转列对下转移支付，相应减少省本级支出。（6）社会保障和就业支出 44.32 亿元，完成预算的 91.2%，主要是年初预算编列省本级支出的 1.53 亿元，年中转列对下转移支付，相应减少省本级支出。（7）医疗卫生与计划生育支出 22.92 亿元，完成预算的 97.2%，主要是年初预算编列省本级支出的 2.19 亿元，年中转列对下转移支付，相应减少省本级支出。（8）节能环保支出 2 亿元，完成预算的 25.3%，主要是年初预算编列省本级支出的 5 亿元，年中转列对下转移支付，相应减少省本级支出。（9）农林水支出 53.52 亿元，完成预算的 323.2%，主要是中央年中增加对我省转移支付补助资金。（10）交通运输支出 247.96 亿元，完成预算的 215.3%，主要是省级加大了交通基础设施建设的投入。

（二）2014 年一般公共预算执行的主要特点

总体来看，2014 年全省一般公共预算执行呈现“增幅平稳、增长协调、结构优化、保障有力”的特点。

1. 财政收入增长平稳。各季度累计增幅波动幅度均稳定在 2.5 个百分点以内，特别是 8 月以来，一直稳定在 13% - 14% 之间。全年收入增幅比全国地方平均水平高 4 个百分点，在沿海五省市中增幅最高。一般公共预算收入总量突破 8 000 亿元，连续 24 年位居全国各省区市第一。

2. 各级次收入增长较为均衡。省、市、县三级一般公共预算收入同比分别增长 11.0%、15.8% 和 13.6%，各级次增长均衡，市县增幅高于省级，占全省一般公共预算收入的比重达 78.4%，比 2013 年提高 0.6 个百分点，基层财政自我保障能力进一步提高。

3. 主体税种和中小税种协调增长。2014 年，主体税种收入同比增长12.3%，与中小税种收入增幅（14.4%）差距比2013年进一步缩小了1.3个百分点，各税种收入增长更加协调。

4. 支出结构继续优化，区域均衡性有所改善。从项目结构来看，行政运行成本压减有力，民生支出占比提高。全省主要用于维持政权运转的一般公共服务支出同比下降1.5%，用于教育、医疗、社保等领域的民生类支出完成6 177.11亿元，占全省支出的67.6%，同比提高了0.5个百分点。从区域结构来看，省财政不断加大对欠发达地区的转移支付力度，有效改善了全省财政支出的区域均衡性，2014年粤东西北地区支出占全省市县支出的27.9%，同比提高0.8个百分点。

5. 十件民生实事超额完成。2014年，全省各级财政共支出十件民生实事资金1 940.98亿元，完成预算的112.4%（详见表1）。其中省级支出783.83亿元，完成预算的114.6%。一是大力提高底线民生保障水平。全省各级共支出190.44亿元，完成预算的104.5%；省级支出73.87亿元，完成预算的102.9%。6类底线民生保障任务中，最低生活保障、五保供养、孤儿基本生活保障、残疾人补助、基本养老保险5类均超额完成预算；仅有医疗救助1类，因部分地区申请救助人数少于年初预算数以及跨年结算等因素，完成预算的87.9%。二是提升就业社保水平。全省各级共支出119.18亿元，完成预算的98.4%；省级支出21.06亿元，完成预算的92.8%。未完成预算的主要原因是部分项目据实结算，实际清算人数少于年初预算数。三是积极推进城乡教育协调发展。全省各级共支出782.33亿元，完成预算的115.3%；省级支出238.45亿元，完成预算的125.0%。四是提高城乡居民基本医疗服务水平。全省各级共支出272.39亿元，完成预算的114.4%；省级支出170.95亿元，完成预算的105.4%。五是做好公共文化服务。全省各级共支出35.36亿元，完成预算的104.3%；省级支出16.7亿元，完成预算的123.72%。六是开展助困扶残。全省各级共支出48.55亿元，完成预算的124.3%；省级支出30.99亿元，完成预算的141.24%。七是抓好住房保障。全省各级共支出154.56亿元，完成预算的121.0%；省级支出31.62亿元，完成预算的157.6%。八是改善农村基本生产生活条件。全省各级共支出154.78亿元，完成预算的123%；省级支出93.06亿元，完成预算的122.4%。九是促进稳价惠民。全省各级共支出90.73亿元，完成预算的103.4%；省级支出60.38亿元，完成预算的94.5%，未完成预算的主要原因是符合条件的项目数量少于年初预算数。十是抓好防灾减灾重点工程建设。全省各级共支出92.67亿元，完成预算的100.0%；省级支出46.75亿元，完成预算的113.2%（见表1和表2）。

表1　　2014年全省十件民生实事资金支出情况　　单位：万元

序号	项目	预算	支出	完成预算（%）
合计		17 271 899	19 409 761	112.4
1	大力提高底线民生保障水平	1 821 731	1 904 365	104.5
2	提升就业社保水平	1 211 740	1 191 790	98.4
3	积极推进城乡教育协调发展	6 787 075	7 823 263	115.3
4	提高城乡居民基本医疗服务水平	2 381 673	2 723 887	114.4
5	做好公共文化服务	339 119	353 583	104.3
6	开展助困扶残	390 590	485 503	124.3
7	抓好住房保障	1 277 121	1 545 561	121.0
8	改善农村基本生产生活条件	1 258 349	1 547 488	123.0
9	促进稳价惠民	877 407	907 315	103.4
10	抓好防灾减灾重点工程建设	927 093	926 705	100.0

表2　　2014年全省底线民生支出情况　　单位：万元

序号	6类12项底线项目	预算	支出	完成预算（%）
合计		1 821 731	1 904 365	104.5
1	最低生活保障（城镇低保、农村低保）	546 675	550 501	100.7
2	五保供养（集中供养、分散供养）	202 888	212 442	104.7
3	孤儿基本生活保障（集中供养、分散供养）	50 350	56 270	111.8
4	医疗救助（城镇救助、农村救助）	156 812	137 873	87.9
5	残疾人补助（生活津贴、重残护理补贴）	105 378	118 090	112.1
6	基本养老保障（城镇养老金、农村养老金）	759 628	829 189	109.2

6. 厉行节约，严控一般性支出成效明显。主要用于行政运行的全省一般公共服务支出同比下降1.5%，低于一般公共预算支出增幅约12个百分点；占总支出的11.2%，同比下降1.4个百分点。省级一般公共服务支出107.85亿元，同比下降3.0%，省直党政机关和参公事业单位“三公”经费同比下降13.3%，其中因公临时出国（境）支出同比下降24.2%；公务用车支出同比下降13.0%；公务接待费同比下降10.9%。

（三）政府性基金预算执行情况

2014年全省政府性基金预算收入4 062.43亿元，完成预算的101.5%。全省政府性基金预算支出3 768.28亿元，完成预算的90.4%，未完成预算的主要原因是受房地产下行等影响，国有土地使用权出让收入安排的征地和拆迁补偿、土地开发等支出未完成预算。其中：地方教育附加收入128.4亿元，支出100.89亿元；国有土地使用权出让收入3 442.85亿元，支出3 212.27亿元；新增建设用地有偿使用费收入52.69亿元，支出53.9亿元；彩票公益金收入50.24亿元，支出35.88亿元。

2014年省级政府性基金预算收入176.58亿元，完成预算的107.1%；省级政府性基金预算支出213.51亿元，完成预算的129.5%，支出大于收入的主要原因是部分上年结转资金在2014年形成支出。其中：地方教育附加收入33.17亿元，支出28.39亿元；国有土地使用权出让收入计提教育和水利资金16.06亿元，支出45.58亿元；新增建设用地有偿使用费收入51.25亿元，支出72.51亿元；彩票公益金收入16.34亿元，支出17.63亿元。

（四）国有资本经营预算执行情况

2014年全省国有资本经营预算收入99.20亿元，完成代编预算的96.42%；支出96.16亿元，完成代编预算的96.56%。未完成预算的原因：一是部分市对预算进行了调整；二是部分支出项目尚未完成，需要结转下一年拨付。

2014年省级国有资本经营预算收入14.90亿元，完成预算的100.66%；支出15.92亿元，完成预算的100.39%。支出超过预算的原因是个别上年结转资金在2014年支出。

（五）社会保险基金预算执行情况

2014年全省社会保险基金预算收入3 716.57亿元，同比增长21.9%，完成预算的105.01%；支出2 530.59亿元，同比增长33.3%，完成预算的104.2%；结余1 185.98亿元，比上年结余1 150.19亿元略有增加；年末滚存结余7 785.81亿元。

其中：企业职工基本养老保险基金预算收入2 218.88亿元，支出1 486.47亿元，完成预算的104.8%和109.4%；失业保险基金预算收入137.11亿元，支出30.31亿元，完成预算的99.1%和62.5%，支出未完成预算的主要原因是国家规范、清理失业保险基金支出范围，减少了失业保险基金支出。城镇职工基本医疗保险基金预算收入774.85亿元，支出581.7亿元，完成预算的103.8%和97.7%；工伤保险基金预算收入69.74亿元，支出47.07亿元，完成预算的107.6%和96.6%；生育保险基金预算收入45.69亿元，支出31.87亿元，完成预算的106.0%和86.9%；城乡居民基本养老保险基金预算收入179.51亿元，支出105.99亿元，完成预算的112.1%和101.2%；城乡居民基本医疗保险基金预算收入290.79亿元，支出247.18亿元，完成预算的108.2%和105.0%。

省级社会保险基金包括企业职工基本养老保险、工伤保险、生育保险和失业保险（含调剂金及利息）；除调剂金及利息外的失业保险、城镇职工基本医疗保险、城乡居民基本养老保险以及城乡居民基本医疗保险实行属地管理，当年无收支（下同）。2014年省级社会保险基金预算收入306.59亿元，增长13.7%，完成预算的89.8%；支出326.22亿元，增长75.5%，完成预算的134.5%；结余-19.63亿元。其中企业职工基本养老保险基金预算收入295.32亿元，支出320.32亿元，完成预算的89.25%和135.17%；工伤保险基金预算收入5.58亿元，支出3.63亿元，完成预算的105.3%和122.2%；生育保险基金预算收入1.72亿元，支出1.85亿元，完成预算的101.2%和80.4%。

（六）预算执行中存在的问题

2014年，我省预算执行情况较好，但仍存在如下问题：

一是区域发展不平衡，市县财政对省级财政依存度仍较大，个别市未能完成预算收入。2014年，珠三角9市一般公共预算收入总额占全省市县级收入总额的84.99%，分别是东西两翼和粤北山区的9.5倍和14.0倍。省对下税收返还和转移支付占市县当地一般公共预算支出的比重仍然较高。2014年，省级补助占21个地市支出的30.15%，占粤东西北地区12市支出的59.33%，占67个县（市）支出的64.17%。同时，受经济下行和结构性减税等因素影响，2014年共有汕尾、湛江、茂名、潮州、揭阳、云浮6个市一般公共预算收入未完成预算；受益于2014年省对市县补助的增加，以上市支出预算基本得到保障，重点支出预算均得以有效落实。

二是人均财力水平低，“财政大省、财力弱省”特征明显。按财政部公布2013年的情况，我省人均公共预算支出（按常住人口计算）7 902元，比全国地方人均少934元，排全国第22位；剔除计划单列的深圳市后，排全国第26位。市级人均公共预算支出6 787元，比全国市级人均少379元；全省21个市中仅深圳、珠海、广州、中山4市高于全国市级人均水平。

三是预算支出进度不均衡。全省各级采取了一系列措施加快支出进度，支出均衡性得到了一定的改善，2014年全省上半年支出占全年支出的45.17%，比上年提高4.58个百分点，但全年各月支出进度不均衡的问题仍然存在，全省12月支出占全年支出的比重仍占18%左右。各部门在预算执行中抓支出工作有待加强，仍存在一定的“重预算、轻执行，重分配、轻管理”现象；客观上专项资金和基建项目中一些资金由于立项、实施进度等原因，达不到资金支付条件，影响财政资金的使用效率。

四是部分地区非税收入比重过高，收入可持续增长压力大。我省财政收入质量总体较好，但仍存在部分地区非税收入比重过高的问题。2014年全省地级以上市非税收入比重在30%－40%的有8个，在40%－50%的有3个，超过50%的有1个，达到53.05%；县（市、区）非税收入比重在30%－40%的有45个，在40%－50%的有19个，在50%以上的有6个，最高的达到57.67%。

（七）落实人代会决议及办理人大代表建议有关情况

省十二届人大二次会议在审议2014年预算草案中提出，要确保财政收入均衡稳定增长、深化财政体制改革、改进预算编制、加强地方政府债务管理、推进预算执行等，涉及财政工作的各个方面。对此，省财政厅进行了认真的研究和梳理，并在具体工作中积极落实。一是促进经济平稳运行，确保财政收入均衡稳定增长。加大统筹力度，多渠道筹措资金，加快基础设施建设和社会事业发展、稳定进出口增长、扩大消费需求、支持科技创新和转型升级，加快转变经济发展方式，促进经济平稳健康运行，大力培植财源税源。二是深化财税体制改革，完善财政运行体制机制。研究制订我省深化财税体制改革总体方案及其他配套改革方案，明确推进新一轮财税体制改革的时间表和路线图并认真抓好落实，发挥财税体制对优化资源配置、维护市场统一、促进社会公平的保障作用。三是完善地方政府性债务管理体系，有效防范和化解财政风险。通过建立债务风险提示制度和建立偿债准备金制度，加强对各市县债务风险的动态监控，积极应对和化解可能存在的财政、债务风险；加大地方政府性债务监督检查力度，推进债务信息公开工作，努力化解存量债务。四是加快预算支出进度，提高预算执行率。通过建立督促指导工作机制、加大提前下达力度，加快资金审核和拨付进度、重点抓好大额支出等措施，提高预算支出的均衡性和时效性。五是推进预算执行审计监督和绩效监督，切实提高财政资金使用效益。积极配合审计署特派办、财政部专员办、省审计厅开展国家专项审计，并加大省级审计部门审计力度，加强预算执行审计监督；制定实施到期资金和一般性转移支付资金使用绩效评价，完善多层次绩效评价体系，拓展第三方绩效评价范围，促进财政资金使用效益稳步提高。

同时，认真研究落实省人大代表意见建议。2014年，省财政厅承办省十二届人大二次会议代表建议共392件，其中：主办78件，会办313件，参阅件1件，目前均已办理完毕。主办件中，所提问题已经解决或基本解决的（A类）共64件，占82 %，所列问题已列入计划解决的（B类）共12件，占15.4%，所提问题留作参考的（C类）共2件，占2.6%。通过办理人大代表建议，积极推动相关工作开展，增强办理实效。

（八）完成2014年预算任务工作情况

2014年，全省财政工作围绕落实省十二届人大二次会议审议通过的预算及有关决议，全面深化改革，抓好财政收支工作，严格预算执行管理，完善财政政策，加强绩效管理，较好地完成了预算任务。

一是支持稳增长、调结构、促发展，涵养财源税源。一方面，积极发挥财政职能作用，支持经济稳定增长。2014年省级财政积极筹措资金，统筹一般公共预算、政府性基金预算等各项资金安排3 335亿元用于稳增长、调结构、促发展、惠民生、防风险，制定实施《关于财政支持稳定经济增长的政策措施》，集中财力支持重大基础设施、重大产业项目、重大发展平台和重大民生项目建设，促进经济平稳健康运行；实施新的减免收费政策，从2014年5月1日起在全省范围内免征32项中央设立和7项省设立涉企行政事业性收费的省级收入，切实减轻企业负担。另一方面，加强收入组织，税务部门通过采取拓宽税收信息收集、强化涉税信息管理和税收信息资源共享等综合治税措施，提升税收征管水平，做到应收尽收，防止收“过头税”。针对部分地区非税收入占比过高的问题，督促各地调整收入结构，提高收入质量。

二是加强支出管理，提高预算执行到位率。硬化预算约束，在确保资金安全的前提下切实加快预算执行进度。加强结转结余资金的清理，对于到期未使用的结转结余资金进行回收统筹使用。从严控制一般行政经费和“三公”经费增长，停止新建楼堂馆所资金安排，落实全面清理党政机关和领导干部办公用房政策。健全公务支出制度体系和内控管理机制，完善我省党政机关公务活动支出范围和支出标准，出台了省直机关和事业单位差旅费、会议费、因公临时出国经费、因公短期出国培训费、外宾接待经费、培训费等管理办法。

三是深化财税体制改革，推进现代财政制度建设。制定实施《广东省深化财税体制改革 率先基本建立现代财政制度总体方案》，积极推进改进预算管理制度、建立事权和支出责任相适应制度、构建政府公共资源公平配置机制、基本公共服务均等化综合改革试点、规范地方性政府债务管理等改革工作。通过重点突破，推动其他财政改革取得新进展：制定《广东省财政一般性转移支付资金管理办法》，全面规范省财政一般性转移支付资金管理；制定《广东省省级财政专项资金目录管理办法》、《广东省省级财政专项资金联席审批办法》等配套管理办法，修订完善260多项省级财政专项资金具体管理办法，健全专项资金管理体系，并启用省级财政专项资金管理平台；建立财政专项资金项目库管理制度，印发《广东省省级财政资金项目库管理办法》；进一步推进营改增扩围，将邮政业、铁路运输业和电信业纳入营改增试点；继续推进政府向社会力量购买服务改革，完善政府向社会转移职能和购买服务的标准体系，修订《政府向社会力量购买服务管理暂行办法》，完善培育发展社会组织专项资金相关制度。

四是规范地方政府性债务管理，防范和化解财政风险。2014 年，根据新预算法、国务院关于加强政府性债务管理的意见，我省进一步完善地方政府性债务管理制度，研究加强我省政府性债务管理的意见措施，努力构建“借、用、还”相统一的政府性债务管理长效机制。建立债务风险提示制度，将财政部对我省各级债务风险预警提示结果转发有关市县政府及财政部门，敦促其制订化解债务风险工作方案、确定未来还本付息计划和资金来源，并严格控制新增债务，加大偿债力度，逐步降低债务风险；抓好逾期债务清理，印发《关于开展逾期债务清理工作的通知》，组织各级政府开展逾期债务甄别工作、及时化解逾期债务、按时偿还到期债务、加强对逾期债务的考核等，力争全面化解逾期债务；印发《关于开展我省地方政府存量债务清理甄别工作的通知》，组织各级政府按照实事求是的原则，开展存量债务清理甄别工作，严禁弄虚作假和突击举债行为，目前全省各级政府已完成存量债务清理甄别工作，待甄别结果经财政部认定后再向省人大报告。

五是深入推进预决算信息公开，提升财政透明度。完善预决算信息公开制度，印发《广东省财政专项资金信息公开办法》；及时公开省级财政总预决算，并通过省级专项资金管理平台向社会公开专项资金信息；建立信息公开定期通报机制，督促省直各部门按要求公开本部门预决算和“三公”经费；加强对地方预决算信息公开的指导，推进市县预决算信息公开。截至 2014 年底，113 个省级非涉密部门中已有 98 个部门公开了 2014 年部门预算，98 个部门公开了 2014 年部门“三公”经费预算。21 个地级以上市全部公开了 2014 年总预算、部门预算及“三公”经费预算；121 个县（市、区）中有 119 个县（市、区）公开了 2014 年总预算，97 个县（市、区）公开了 2014 年部门预算，99 个县（市、区）公开了 2014 年“三公”经费总预算。

六是加强财政监督检查，严肃财经纪律。建立涵盖资金流向和政策实施全过程、全方位的监督系统；在全省 6 000 多个党政机关、事业单位和社会团体深入开展贯彻执行中央八项规定严肃财经纪律和“小金库”专项治理行动；做好财政专项资金管理和使用情况的巡查监督和重点抽查、会议费及“三公”经费重点检查和一般性转移支付资金的监管；专项资金监督检查范围达到年度专项资金总量的 10% 以上。建立健全财政内部控制制度和自我业务监督制度，改进内部稽核环节和流程；建立对财政资金收支活动的全过程、执行财务制度的所有单位和个人的外部监督体系，同时主动接受和配合审计、监察、人大、社会和舆论的监督。加强专业素质培训，提高财政监督队伍履职能力；充分借助信息化手段，探索引入社会专业力量参与，提高财政监督效率和质量，实现监督队伍专业化。

二、2015 年预算草案

展望 2015 年，我国经济发展进入新常态，经济增长速度正从高速增长转向中高速增长，经济发展方式正从粗放增长转向集约增长，经济结构正从增量扩能为主转向调整存量、做优增量并举的深度调整，经济发展动力正从传统增长点转向新的增长点。经济决定财政，当前和今后一段时期，财政收入也将转向中高速增长。

从我省经济财政形势看，经济下行压力较大，但仍处于重要战略机遇期，预计全省财政收入增长将保持相对稳定。收入方面，经济运行“三期叠加”的挑战更加突出，投资、消费、进出口短期内难以明显改善，影响相关主体税种收入的进一步增长；“营改增”继续扩围、减免行政事业性收费等将进一步影响财政增收。预计 2015 年财税收入增幅将进一步收窄，基本与经济增长速度相适应。支出方面，全面贯彻落实中央和省稳增长、促改革、调结构、惠民生、防风险各项决策部署，需要进一步加大财政投入，收支矛盾突出。

基于以上预判，编制 2015 年省级财政收支预算总的指导思想是：全面贯彻党的十八大、十八届三中、四中全会、中央经济工作会议、习近平总书记系列重要讲话和省委十一届三次、四次全会精神及省委、省政府的决策部署，坚持稳中求进工作总基调，坚持以提高经济发展质量和效益为中心，主动适应经济发展新常态，认真贯彻落实新预算法，深入推进财税体制改革，继续实施积极的财政政策并适当加大力度，落实稳增长、促改革、调结构、惠民生、防风险各项政策措施，着力在稳增长、保重点、补短板、激活力、增实效上下工夫，突出创新驱动，支持先进领域，科学及时安排财政资金，切实发挥好财政政策对经济发展的保障和促进作用；优化财政支出结构，有保有压，确保重点领域支出；坚持依法理财，加强财政管理，提高财政资金使用效益，促进经济持续健康发展和社会和谐稳定，为我省实现“三个定位、两个率先”目标以及全面完成“十二五”规划目标提供坚强财力保障。

编制 2015 年省级财政收支预算的总体思路：一是坚持服务大局；二是坚持改革创新；三是完善政府预算体系；四是进一步细化预算编制；五是提高预算编制精准度；六是规范政府预算管理；七是建立透明预算制度。

编制 2015 年省级财政收支预算的基本原则是：一是依法依规，收支平衡；二是突出重点，民生优先；三是勤俭办事，厉行节约；四是盘活存量，提高绩效；五是深化改革，透明预算；六是规范管理，防控风险。

（一）2015 年全省代编一般公共预算

按照积极稳妥、财政收入增长与经济增长相适应的原则，参考“十二五”时期广东国内生产总值预期目标，2015 年全省一般公共预算收入按增长 10% 安排，预计完成

8 866 亿元，加上政府性基金预算转入一般公共预算收入325 亿元后，预计完成 9 191 亿元，人均一般公共预算收入8 635 元，比上年增加 1 288 元。

2015 年全省一般公共预算收入结构情况如下：（1）税收收入 7 244 亿元，其中增值税 1 457 亿元，营业税 1 831 亿元，企业所得税 1 316 亿元，个人所得税 470 亿元，城市维护建设税 446 亿元，房产税 259 亿元，城镇土地使用税162 亿元，土地增值税 553 亿元；（2）非税收入 1 622 亿元；（3）从政府性基金预算转入一般公共预算收入 325 亿元（见图 5）。

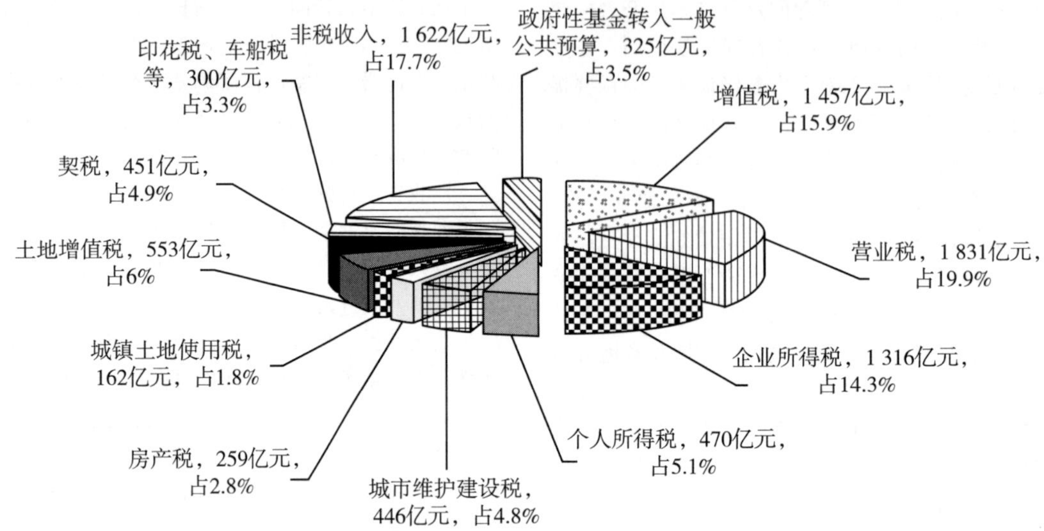

图 5　2015 年全省一般公共预算收入构成

全省一般公共预算支出按增长 11% 安排，预计完成10 464 亿元，人均一般公共预算支出 9 831 元，比上年增加1 326 元。

按支出科目划分：教育支出 2 094 亿元，比上年汇总预算数（下同）增长 28. 8%；科学技术支出 314 亿元，增长22. 1%；文化体育与传媒支出 219 亿元，增长 62. 5%；社会保障和就业支出 920 亿元，增长 27. 1%；医疗卫生与计划生育支出 903 亿元，增长 50. 1%；节能环保支出 303 亿元，增长 23. 9%；城乡社区支出 826 亿元，增长 38. 1%；农林水支出 769 亿元，增长 75. 8%；交通运输支出 1 004 亿元，增长 119. 1%；住房保障支出 281 亿元，增长 45. 2%（见图 6）。

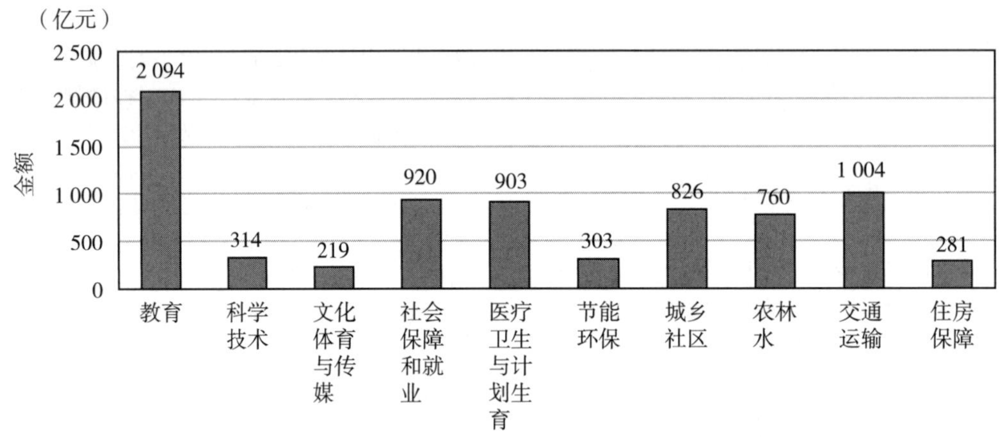

图 6　2015 年全省一般公共预算重点支出情况

按照新预算法规定，在全国人民代表大会批准国务院举债规模后，我省将依据国务院批复的举债限额，编制预算调整方案并按法定时限提交省人大常委会审查批准。

（二）2015 年省级一般公共预算草案

1. 2015 年省级收入预算安排。

2015 年省级一般公共预算收入拟在上年执行数的基础上，按可比增长 10% 安排，预计完成 1 860. 84 亿元，加上从政府性基金预算转入一般公共预算收入 66. 01 亿元后，合计 1 926. 85 亿元。收入结构如下：（1）税收收入 1 787. 6 亿元，其中增值税 156. 1 亿元，营业税 807. 7 亿元，企业所得税 460. 5 亿元，个人所得税 139. 6 亿元，土地增值税等223. 7 亿元；（2）非税收入 73. 24 亿元；（3）从政府性基金预算转入一般公共预算收入 66. 01 亿元。

2015 年省级一般公共预算收入 1 926. 85 亿元，加上中央税收返还和转移支付以及下级上解收入等，2015年省级一般公共预算总收入3 419.44亿元。具体构成如下：(1) 省本级一般公共预算收入1 926.85亿元；(2) 中央补助收入1 066.36亿元；(3) 下级上解收入277.71亿元；(4) 从预算稳定调节基金调入142.95亿元；(5) 从国有资本经营预算、政府性基金预算调入5.56亿元（见图7）。

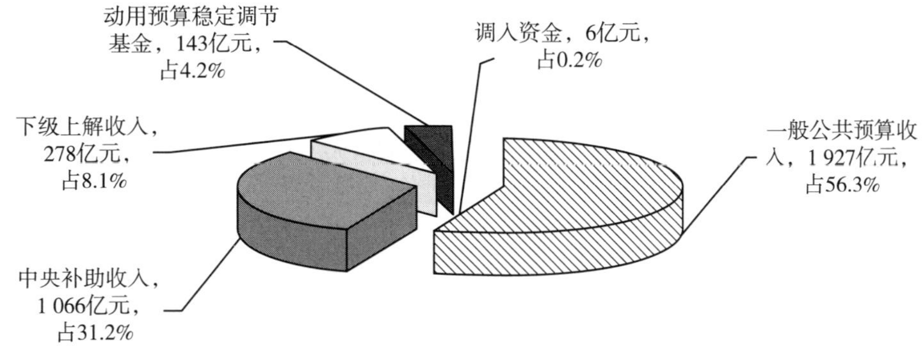

图7　2015年省级一般公共预算总收入来源结构

2. 2015年省级支出预算安排。

2015年省级一般公共预算总支出安排3 419.44亿元，收支平衡。按预算级次划分，(1) 省本级支出832.64亿元，占24.4%，占比比上年预算（下同）下降1个百分点（省本级支出中还有相当一部分专项资金要安排支持市、县建设）；(2) 补助市县支出2 411.44亿元，占70.5%，比上年增加1个百分点；(3) 上解中央支出151.36亿元，占4.4%；(4) 预备费24亿元，占0.7%（占省本级支出832.64亿元的2.88%，符合预算法关于设置预备费的规定）（见图8）。

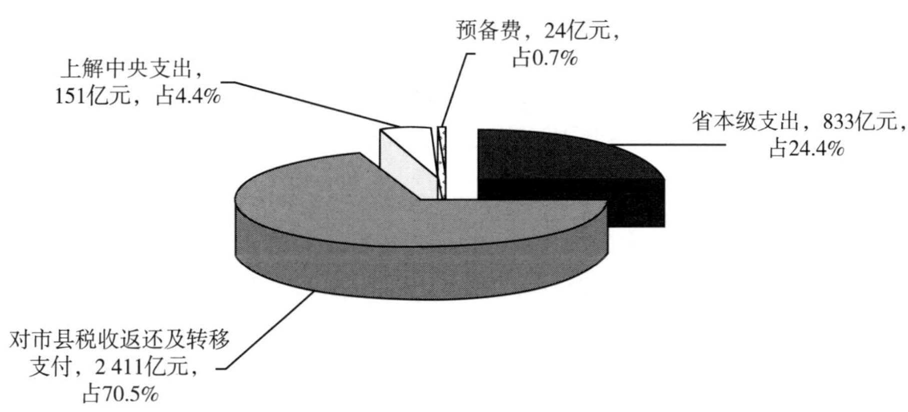

图8　2015年省级一般公共预算支出构成（按预算级次）

2015年省级一般公共预算总支出3 419.44亿元中，主要支出项目安排情况：教育支出（含省本级支出和转移支付支出，下同）427.32亿元，比上年预算（下同）增长25.8%；科学技术支出105.38亿元，增长83.6%；文化体育与传媒支出29.78亿元，增长12.3%；社会保障和就业支出237.1亿元，增长33.8%；医疗卫生与计划生育支出250.98亿元，增长18.2%；节能环保和生态环境保护支出87.76亿元，增长14.6%；农林水事务支出270.2亿元，增长26.8%；交通运输支出222.5亿元，增长48.2%；住房保障支出13.49亿元，增长45.4%。

2015年省对市县税收返还和转移支付2 411.44亿元，增长20.1%。其中，一般性转移支付1 226.63亿元，增长31.2%；专项转移支付699.05亿元，增长16.9%。

2015年省级预算支出中用于保障和改善民生、均衡区域基本公共服务水平和帮助市县增强发展后劲的支出2 770.91亿元，占省级总支出的81.0%，比上年提高0.57个百分点。省级支出安排体现了民生优先、区域协调、促进转型、厉行节约的要求。

2015年省级行政事业单位行政经费106.33亿元，占省级总支出3 419.44亿元的3.1%。其中："三公经费"6.89亿元，比上年减少0.6亿元，下降8.1%，占省级总支出的0.2%，具体是因公出国（境）支出0.85亿元、公务用车购置及运行维护支出3.88亿元、公务接待费支出2.16亿元。

2015年省级一般公共预算总支出3 419.44亿元中，按照新预算法规定，2015年预算年度开始后，预算草案经批准前，预安排必须支付的部门基本支出、项目支出88.04亿元，以及对市县转移支付182.69亿元，合计270.73亿元。

3. 2015年省级一般公共预算重点支出安排情况。

2015年，省级预算围绕"稳增长、调结构、促改革、惠民生、防风险"等五大领域，重点落实"保发展、保重点、保民生、保运转、保改革、保规范"等中心工作。

(1) 保发展。充分发挥财政职能作用，为我省经济社会发展提供政策支撑和财力保障。2015年，省财政多渠道筹集资金，安排约2 450亿元，落实“稳增长、调结构、促改革”各项决策，促进粤东西北加快发展、珠三角优化发展，支持全省区域协调发展。在推进粤东西北加快发展方面，认真落实加强交通基础设施建设、推进产业园区建设、支持地级市中心城区建设等“三大抓手”决策。一是统筹中央及省级一般公共预算等各项资金393亿元，重点加强高速公路、铁路、城际轨道、航运、机场等交通基础设施建设，比上年增长31.89%，确保2013－2020年省财政安排交通运输资金不低于2 420亿元。其中：安排省级资本金132亿元支持高速公路建设（含28亿元用于新增8个县通高速公路，实现“县县通高速”目标）；安排47.9亿元，支持国省道“迎国检”项目；安排10.8亿元，完成6 000公里左右新农村公路路面硬化任务，将省补助标准从15万元/公里提高到18万元/公里；安排15.6亿元用于“迎国检”以外的普通公路水路建设；安排34.5亿元，打造西江、北江黄金水道；安排省级资本金116亿元，支持轨道交通项目建设，基本形成全省铁路主骨架。二是安排16.5亿元（加上结转资金共47.5亿元），支持粤东西北地区新区和中心城区扩容提质，对粤东西北地区中心城区公益性基础设施项目给予一次性贷款贴息。三是安排24.46亿元，支持粤东西北地区省产业园扩能增效，推动省产业园基础设施建设、产业集聚发展、招商选资和企业创新等。在促进珠三角优化发展方面，支持珠江口西岸装备制造业等重大产业发展，支持横琴新区、南沙新区等重大平台开发建设和发展。在促进产业转型升级和科技创新方面，安排科学技术投入105.38亿元，比上年增加48亿元，增长83.6%。其中：安排10亿元（加上结转资金共35亿元），支持企业技术改造；安排7亿元（加上结转资金共17亿元），支持企业技术研究开发；安排10亿元（加上2016－2017年继续安排的20亿元，共30亿元），扶持集成电路产业发展；安排35.6亿元，扶持战略性新兴产业核心技术攻关、重大技术成果产业化、政银企合作和人才奖励等；安排9亿元，实施“珠江人才计划”，大力引进创新科研团队及领军人才，对国家“千人计划”入选者给予资助；安排27亿元，推动前沿与关键技术创新，开展协同创新与平台环境建设、公益研究与能力建设、基础应用与基础研究等工作。

（2）保重点。2015年省级预算安排重点突出，各项社会民生事业重点支出得到有效保障。

① 安排教育支出427.32亿元，比上年增加88亿元，增长25.8%。其中：安排82亿元，将小学学生745.5万人、初中学生364万人（教育部门统计数据）纳入城乡免费义务教育生均公用经费补助范围，补助标准小学从950元提高到1 150元，初中从1 550元提高到1 950元；安排5.07亿元，加快特殊教育发展，确保特殊教育生均公用经费标准不低于每年6 000元，实施小学至高中阶段残疾学生免学费政策；安排16.6亿元，落实中职免学费政策，将市县中等职业学校免学费补助标准从每生每年2 500元提高到3 000元；安排2.6亿元，健全普通高校和高中阶段教育学校家庭经济困难学生资助政策体系，将中等职业学校和普通高中国家助学金标准从每生每年1 500元提高到2 000元；安排4 000万元，将农村义务教育阶段在校学生营养改善计划试点补助从每人每学年补助600元提高到800元；安排18亿元，落实农村边远地区义务教育学校教师岗位津贴；安排34.43亿元，开展欠发达地区教育创强建设；安排73.29亿元，将省属普通本科院校生均定额标准提高到每生每年10 000元；新增安排10亿元，建设省级高水平大学。

② 安排社会保障和就业支出237.1亿元，比上年增加60亿元，增长33.8%。安排城乡养老保险基础养老金、最低生活保障补助、五保供养、孤儿基本生活补助、残疾人生活津贴和重度残疾人护理补贴等底线民生保障支出113.62亿元；安排创业带动就业资金5亿元、促进就业资金3.09亿元及中央资金2.51亿元，支持扩大和促进就业、鼓励自主创业、提升公共就业人才服务能力、改善就业创业环境等；安排促进劳动力培训转移就业专项资金4亿元，开展技能晋升培训补贴、鼓励技工院校与产业园区合作培训项目等；安排1.17亿元，加强人力资源市场及基层服务平台建设；安排23.71亿元，落实退役士兵安置政策和优抚抚恤补助，提高残疾军人等优抚对象等抚恤金标准和生活补助标准；安排5.4亿元，对农垦企业、省属企业早期退休人员等特殊困难群体的基本养老保险给予补助；安排2亿元用于自然灾害生活救助，保障受灾群众基本生活；安排1亿元，支持培育发展一批符合国家和省的规划布局、社会需求度高、品牌效果突出的社会组织。

③ 安排医疗卫生与计划生育支出250.98亿元，比上年增加39亿元，增长18.2%。安排城乡居民基本医疗保险补助163.87亿元，将财政对城乡居民医疗保险的补助标准从年人均320元提高到380元；安排22亿元，将基本公共卫生服务经费财政补助从每人每年35元提高到40元；安排8.5亿元，建立稳定长效的基层医疗卫生机构补偿机制，用于基层医疗卫生机构人员工资以及必要的发展建设支出，保障基层医疗卫生机构良性运转；新增安排1亿元，开展乡镇卫生院标准化建设扫尾工程；安排1.37亿元，对经济欠发达地区给予每村1万元的村医补贴；安排2.45亿元，对农村和边远山区乡镇卫生院医务人员进行岗位津贴；安排2.56亿元，对5.4万农村接生员和赤脚医生给予生活困难补助；安排2.5亿元，实施出生缺陷综合防控项目，对孕产妇、新生儿疾病筛查予以补助；安排1.96亿元，支持中医药强省建设，扶持中医药科技创新和产业体系发展；安排3.78亿元，支持食品药品安全体系建设，提高检验检测能力水平；安排计划生育专项2.19亿元，完善卫生计划生育服务体系建设，对独生子女伤残家庭和死亡家庭给予补助；安排疫病防控专项1.43亿元，支持结核病、艾滋病等重大疾病防控以及帮助农村妇女“两癌”免费检查、贫困白内障患者复明等项目。

④ 安排节能减排和生态环境保护支出88亿元，比上年增加11亿元，增长15%。一是积极推进节能减排和污染整治。安排污染减排专项资金4.79亿元，支持“十二五”后

半期在珠三角地区完成淘汰、替代和治理工业锅炉37 650蒸吨，支持淘汰营运黄标车15.3万辆，支持污水处理设施“以奖促减”及生态发展地区污水处理厂建设；统筹节能降耗专项资金及差别电价收入资金3.3亿元，实施高效节能电机推广补贴，支持重点节能循环经济管理平台、节能循环经济示范、淘汰落后产能、公共机构及建筑节能；安排全省新能源汽车推广应用补贴资金约9.47亿元，支持完成国家新能源汽车推广应用示范46 920辆；安排6.95亿元，开展农村环境连片整治示范试点，对生活垃圾焚烧发电厂、填埋场、乡镇垃圾中转站建设给予补助。二是大力加强生态环境保护。安排19.74亿元，落实国家和省级生态功能区生态补偿政策；安排13.98亿元，将省级生态公益林补偿标准从22元/亩提高到24元/亩；安排5.72亿元，建设173万亩碳汇林；安排3亿元，对碳汇林抚育给予补助。

⑤ 安排农林水支出270.2亿元，比上年增加57亿元，增长26.8%。安排37.62亿元，按照1.5万元/户的补助标准，支持泥砖房、茅草房等农村危房改造。安排水利支出61.23亿元，推进小型农田水利重点县建设、省级水利建设示范县建设，支持病险水库除险加固、农村饮水安全、海堤加固达标工程等民生水利项目建设，开展100宗中小河流治理工程建设；其中，安排3.2亿元（加上结转资金10亿元，共13.2亿元），完成清远、韶关、河源、梅州、云浮等5市试点地区中小河流治理河长约1 664公里。安排9.72亿元（加上中央和市县资金后共23亿元），建立政策性农业保险和巨灾保险两大类保险项目，将省级政策性农业保险项目从12个增加到17个，在汕头、韶关、梅州、湛江、清远等5市试行巨灾保险改革。安排14亿元（2014－2016年每年安排14亿元，共42亿元），在14个地级市各遴选1个县（市、区）开展具有岭南乡村特色和生态宜居的省级新农村示范片建设。安排1.65亿元，推进农村土地承包经营权确权登记颁证工作。安排农村基层组织工作经费保障资金8.4亿元，对东西北地区年集体经济收入在3万元以下的贫困村村干部给予补贴，对村干部通讯费和村级办公经费给予补助。

（3）保民生。2015年全省代编预算民生支出7 351亿元，占全省一般公共预算支出的70.2%，比上年提高2.6个百分点。

① 注重解决好底线民生问题。全省各级财政安排227.34亿元，其中省级安排113.62亿元，提高底线民生保障水平。包括：全省安排113.77亿元，其中省级安排55.8亿元，将城乡居民基本养老保险基础养老金标准从每人每月80元提高到100元；全省安排50.55亿元，其中省级安排26.59亿元，将城镇低保补助补差水平从每月333元提高到374元，农村低保补助补差水平从每月147元提高到172元；全省安排18.66亿元，其中省级安排8.81亿元，将五保对象供养标准提高到所在县市区上年度农村居民人均纯收入的60%以上；全省安排5.66亿元，其中省级安排3.13亿元，将孤儿集中供养水平从每月1 150元提高到1 240元，分散供养水平从每月700元提高到760元；全省安排20.3亿元，其中省级安排12.23亿元，将城乡医疗救助人均补助标准从每年934元提高到1 556元；全省安排18.4亿元，其中省级安排7.06亿元，将残疾人生活津贴从每年600元提高到1 200元，重残护理补贴从每年1 200元提高到1 800元。

② 注重解决好十件民生实事等热点民生问题。2015年省级财政共投入十件民生实事资金约792.4亿元，比上年增加108.16亿元，增长15.8%。具体包括：一是投入113.62亿元提高底线民生保障水平。二是投入14.02亿元确保完成新一轮扶贫开发“双到”任务。三是投入40.64亿元促进就业和加强困难群体等救助帮扶。四是投入245.47亿元促进教育资源公平均衡配置。五是投入202.18亿元改进医疗卫生服务。六是投入14.01亿元优化公共文化体育服务。七是投入69.37亿元改善农村生产生活条件。八是投入52.1亿元加大保障性住房建设力度。九是投入31.96亿元加强环境污染治理。十是投入9.04亿元保障公共法律服务和公共安全。

其他各项民生资金均按政策规定予以保障。

（4）保运转。2015年省级财政加大对基层的补助力度，促进财力下移，确保省、市、县各级正常运转。2015年，省本级支出占全省总支出的7.7%，占比比上年降低0.5个百分点，省级财力更多的向基层倾斜。省本级支出占省级总支出的比重为24.4%，占比比上年下降1个百分点，减少资金全部用于加大对市县的税收返还和转移支付；2015年，省财政对市县的税收返还和转移支付合计2 411.44亿元，占省级总支出的70.5%，比2014年预算的69.5%提高了1个百分点。在省级转移支付中，一般性转移支付占比将从2014年的53%进一步提高到60%以上。其中：安排均衡性转移支付262.89亿元，比上年增加46亿元，增长21.3%，激励引导粤东西北地区加快发展；安排120.69亿元，比上年增加23亿元，增长24.4%，加强县级基本财力保障，增强欠发达地区县级基本公共服务能力；安排生态保护补偿机制转移支付19.74亿元，支持重点生态功能区环境保护和社会民生事业发展；安排革命老区及民族和边境地区转移支付支出4.62亿元，增长84.7%；加大对原中央苏区的扶持力度，对原中央苏区县“迎国检”交通建设项目配套资金比例减半执行；加大对民族地区扶持力度，安排少数民族发展基金3 000万元、民族自治县交通基础设施补助3 000万元、民族乡基础设施建设补助1 400万元、民族地区扶贫开发贷款贴息1 850万元，在一般性转移支付政策中赋予少数民族县最高档次系数。

（5）保改革。贯彻省委、省政府各项改革部署和省人大各项决议，适应改革后体制机制转换，及时转变财政资金安排方式。围绕深化司法体制改革目标，完善统管模式下法院、检察院经费保障制度，推动省以下地方法院、检察院人财物统一管理，建立经费保障长效机制，确保司法机关依法独立公正行使职权。配合落实公务用车制度改革，推进省直党政机关公务用车社会化提供，对公务用车制度改革后需保留的执法执勤、特种专业技术、应急等车辆的购置及运行费予以经费保障。配合工商、质监系统管理体制改革，做好存量、增量资金测算，基数划转等。支持广州知识产权法院改革，做好人员编制划转、办公用房等经费保障工作。按照财政部要求做好行政事业单位养老保险制度和基本工资制度改革准备工作。

（6）保规范。贯彻落实新预算法和国务院关于深化预算管理制度改革的要求，确保不违反新预算法明确规定的18项罚则。完善财政资金制度体系，严格按照公开申报、专业评审、集体决策、全程跟踪等程序加强资金管理，建立健全贯穿资金运行全过程的监督检查和绩效评价制度，压缩和规范自由裁量权。完善和落实《广东省省级财政专项资金管理办法》，健全部门专项资金审批内部制衡、横向并联审批、项目库管理、绩效考核、定期清理、责任追究等机制，完善专项资金平台管理，严格实行专项资金分配使用全过程信息"八个公开"，规范专项资金分配和使用。落实《广东省财政一般性转移支付资金管理办法》，对一般性转移支付设立审批、资金分配、资金核算、使用监管、绩效评价、信息公开等资金管理全过程进行规范及监管，严格规定一般性转移支付按照"民生支出、运转支出、协调发展支出"的先后顺序使用，重点确保国家和省出台的各项政策和补助标准足额落实，不得用于违规提高"三公经费"、新建楼堂馆所等6类禁止性支出；建立监督检查和绩效评价机制，将绩效评价结果作为下一年度一般性转移支付资金分配的重要依据。

（三）2015年政府性基金预算草案

2015年政府性基金预算编制原则是"以收定支、统筹安排、科学编制、规范管理"。按中央财政规定，将11项政府性基金转入一般公共预算安排，其中涉及省级政府性基金8项。

1. 全省政府性基金预算。2015年全省政府性基金预算收入4 063亿元（不含已转入一般公共预算的325亿元），支出3 782亿元，结转281亿元。其中：国有土地使用权出让收入3 606亿元，支出3 368亿元；新增建设用地有偿使用费收入56亿元，支出56亿元；彩票公益金57亿元，支出36亿元。

2. 省级政府性基金预算。2015年省级政府性基金预算编制范围较2014年减少10项，主要原因：一是根据中央财政规定，将8项基金转入一般公共预算，相应减少收支66.01亿元；二是大中型水库移民后期扶持基金未列入中央提前下达资金范围，按规定不列入2015年预算；三是根据《关于免征中央 省设立的涉企行政事业性收费省级收入的通知》，无线电频率占用费省级收入纳入免征的范围。

2015年省级政府性基金预算收入81.05亿元（不含已转入一般公共预算的66.01亿元），支出81.05亿元，收支平衡。其中：新增建设用地有偿使用费预算收支35亿元，比2014年预算减少10亿元，主要是受土地审批速度放缓、土地出让收入减少等因素影响。2015年省级政府性基金预算用于社会保障和就业、城乡社区、农林水和交通运输等方面的民生支出占比82.48%。

（四）2015年国有资本经营预算草案

1. 全省国有资本经营预算。2015年全省国有资本经营代编预算收入178.78亿元（其中：利润收入125.17亿元，股利股息收入42.08亿元，产权转让收入10.35亿元，其他收入1.18亿元），比上年增加75.89亿元，增长73.76%，加上上年结转1.34亿元后，总收入180.12亿元。收入增幅较大的主要原因：一是2015年编制国有资本经营预算的地级市从11个增加到18个；二是省本级2015年收缴比例提高了5个百分点；三是部分企业经营效益较上一年度有明显提升，企业利润增长。

2015年全省国有资本经营代编预算支出180.12亿元，比上年增加80.53亿元，增长80.87%，收支平衡。按支出科目分：教育支出0.22亿元、科学技术支出0.30亿元、文化体育与传媒支出1.62亿元、节能环保支出0.18亿元、城乡社区支出13.92亿元、农林水支出0.56亿元、交通运输支出22.22亿元、资源勘探电力信息等支出77.97亿元、商业服务业等支出23.37亿元、其他支出24.66亿元、转移性支出15.10亿元。

2. 省级国有资本经营预算。2015年省级国有资本经营预算收入22.51亿元（包括利润收入12.19亿元、股利股息收入10.32亿元），加上上年净结余0.06亿元，总收入22.57亿元，比上年增加6.65亿元，增长41.75%。扣除企业分红收入减少近1亿元等减收因素后，总收入增幅较大的原因：一是2015年将省级国资收益利润上缴比例从15%提高到20%，相应增加国资收益1.85亿元；二是国有资产处置收入增加，上缴收益资金约5亿元；三是部分企业经营效益较上一年度有明显提升，企业利润实现增长，增加国资收益1.3亿元。

2015年省级国有资本经营预算支出22.57亿元，比上年增加6.71亿元，增长42.30%，收支平衡。按支出科目分：一是文化体育与传媒支出1.28亿元，主要用于组建广东省文化产业投资控股集团有限公司财政注资和支持全省新华书店整合。二是交通运输支出10.55亿元，主要用于白云机场扩建、惠州军民合用机场改扩建、省铁路建设投资集团到期地方政府债券还本、城际轨道交通建设发行的中期票据利息等重点项目支出。三是资源勘探电力信息等事务支出4.79亿元，主要用于省属企业关闭破产费用、支持国有企业改革等支出。四是其他支出1.14亿元，主要安排预备费、国有资产监管费用和解决国有企业改革遗留问题费用。五是转移性支出4.81亿元，全部为调入一般公共预算资金，主要用于社会保障、教育等民生支出。

（五）2015年社会保险基金预算草案

1. 全省社会保险基金预算。2015年全省社会保险基金预算收入4 061.98亿元，比上年增加522.60亿元，增长14.8%；支出2 827.38亿元，比上年增加399.44亿元，增长16.5%。收支相抵，结余1 234.60亿元，年末滚存结余

9 020.41 亿元。其中，企业职工基本养老保险收入 2 424.21 亿元、支出 1 597.29 亿元；城镇职工基本医疗保险收入 813.86 亿元、支出 681.14 亿元；城乡居民基本医疗保险收入 328.41 亿元、支出 272.18 亿元。

2. 省级社会保险基金预算。2015 年省级社会保险基金预算收入 327.93 亿元，比上年减少 13.62 亿元，下降 4.0%，下降的主要原因是受省级养老保险单位缴费比例从 18% 调整到 15% 等因素影响；支出 301.36 亿元，比上年增加 58.79 亿元，增长 24.2%。收支相抵，结余 26.57 亿元，年末滚存结余 539.78 亿元。其中，企业职工基本养老保险收入 316.66 亿元、支出 296.44 亿元；工伤保险收入 5.51 亿元、支出 2.61 亿元；生育保险收入 1.86 亿元、支出 2.1 亿元。

2015 年将筹集省级社会保险调剂金 117.84 亿元（含省级养老保险调剂金、省级失业保险调剂金和省级工伤保险储备金），通过发挥调剂金统筹共济功能，确保社会保险待遇按时足额发放。其中，省级养老保险调剂金 111.31 亿元主要用于：一是保发放调剂，约占省级养老保险调剂金分配总额的 75%，用于基金困难地区待遇按时足额发放，以抚养比、缴费人数增长率、扩面参保、基金征缴、基金支付、基金结余、当地财力、财政补助、财政对基金缺口的补助等因素按公式法计算分配。二是专项调剂，约占省级养老保险调剂金分配总额的 10%，用于省委省政府明确规定在省级调剂金中列支的项目，如农垦企业养老保险缺口补助、省属煤矿企业退休人员加发补贴资金缺口补助等。三是激励性调剂，约占省级养老保险调剂金分配总额的 15%，用于当年度未列入保发放调剂的地区，激励其及时足额上解省级调剂金。

2015 年，省级将继续强化社会保险基金预算执行管理。不断完善社会保险基金预算执行分析报告制度；对社会保险政策变化涉及调整预算的严格按新预算法的规定执行；加强对社会保险重点热点问题的分析研究，提出有利于加强社会保险基金管理的意见和建议。同时，指导各地积极创造条件，不断提高社会保险基金预算的透明度，完善向本级人大报告社会保险基金预算工作制度，切实构建社会保险基金预算监督管理的长效机制。

（六）2015 年省级部门预算草案

按照部门预算的编制原则和方法，2015 年省级部门预算由 119 个部门组成，列入部门预算的财政拨款支出 362.08 亿元（其中，一般公共预算拨款支出 360.60 亿元；政府性基金预算拨款支出 1.48 亿元），比 2014 年增加 31.07 亿元，增加的主要原因：一是进一步细化预算编制，将部分专项资金提前明确具体支出用途、金额，落实到具体实施部门后，列入部门预算；二是将省属学校的中等职业教育免学费补助、高中阶段教育国家助学金、普通高校本专科生国家奖学金、励志奖学金和国家助学金、研究生国家奖助学金等纳入部门预算；三是正常的人员职务晋升等基本支出增加。

（七）2015 年预算编制中贯彻落实新预算法的措施

全面贯彻落实新预算法规定，在编制 2015 年预算中突出抓好以下改革工作：一是加大政府预算体系统筹力度。加大政府性基金预算、国有资本经营预算调入一般公共预算力度，建立健全定位清晰、分工明确的政府预算体系，促进政府预算体系之间的统筹衔接。二是细化全口径预算编制。省级总预算和部门预算全部细化到支出功能分类的项级科目，对下转移支付细化到具体项目、资金用途、分配办法，其中提前下达专项资金按地区细化；国有资本经营预算、社会保险基金预算细化至各项支出项目。三是试行零基预算编制改革。选取省司法厅等 6 个省直部门及其下属单位开展试点，改变过去“基数加增长”传统预算编制方式，建立财政供养分类定员定额标准体系和完善保障重点、绩效优先的项目评估机制，重新逐项审核当年各项费用的内容及其标准。四是探索省级预算项目库管理。选取重大基础设施建设等 9 项资金共 126.51 亿元开展试点，改变以往先定预算再选项目的方式，在充分评估论证的基础上，提前一年筛选项目入库，再按照项目排序情况，结合财力条件，择优编制项目预算。五是提高预算编制精准度。严格预算科目、级次编报，在细化支出投向的基础上，细致划分支出功能分类科目，增加编列支出经济分类科目。六是提高预算编制参与度和预算草案可读性。继续书面和赴各地征求人大代表意见，进一步提升征询效果；完善十件民生实事遴选机制，通过互联网等方式广泛征询意见建议；编制《预算报告阅读指南》，对预算草案进行解读，重点介绍社会关注较高的财政改革工作。七是完善转移支付制度。继续开展“压专项、扩一般”，省级一般公共预算专项资金从 2014 年的 262 项压减至 2015 年的 219 项，一般性转移支付占转移支付总额的比重从 2014 年的 53% 提高至 60% 以上；2015 年一般性转移支付资金近九成提前下达有关市县。

三、完成 2015 年预算任务主要措施

2015 年，我们将围绕上述预算安排，立足更好地发挥财政职能作用，扎实做好各项工作，努力完成全年预算任务。

（一）深入推进财税体制改革

一是开展省与市县之间事权和支出责任置换改革试点。继续选择个别有代表性的地区，在教育、交通、社保、民政、水利等领域开展置换试点，积极探索建立事权和支出责任相适应的制度。二是推进民生财政保障制度改革。继续推进基本公共服务均等化综合改革，探索基本公共服务逐步覆盖全部常住人口。三是推进财政投融资制度改革，

构建政府公共资源向各类投资主体公平配置机制，探索开展重点基础设施建设项目政府和社会资本合作（PPP）融资模式试点。四是推进税收制度改革。按照中央部署深化税收制度改革，积极争取有关改革事项在我省先行先试，推进地方税收体系建设。五是建立权责发生制政府综合财务报告制度。推进政府综合财务报告制度试编工作，进一步扩大试编试点范围，逐步建立规范化的政府财务报告制度，真实、完整反映政府财务状况和运营情况以及政府受托责任履行情况。六是实行中期财政规划管理。研究编制三年滚动财政规划，分析预测未来三年重大财政收支情况。在此基础上，对教育、水利、交通、科技、环保等重点领域，研究规划期内的政策目标、运行机制、评价办法和预算安排，细化编制事业发展中期规划；加强与国民经济和社会发展五年规划纲要及重点专项规划的衔接；本级政府年度预算投资计划，特别是基建投资计划，纳入年度国民经济和社会发展计划。七是建立跨年度预算平衡机制。根据经济形势发展变化和财政政策逆周期调节的需要，建立跨年度预算平衡机制。按照以丰补歉的原则，发挥预算稳定调节基金的作用。一般公共预算如出现超收，用于化减债务或者补充预算稳定调节基金；如出现短收，通过调入预算稳定调节基金或其他预算资金、减少支出等方式实现平衡。

（二）依法依规组织财政收入

充分认识经济发展新常态，遵循收入预期性原则，积极推进依法治税工作。一是加强财税监测分析，运用大数据战略实施成果，探索数理分析和模型预测应用，提升复杂经济形势下预算执行分析水平，提高分析预测的前瞻性、准确性。二是适应收入预算从约束性转向预期性的新要求，推进综合治税平台建设，建立财政部门和税务等执收部门信息互通机制；支持税务等执收部门依法依规组织收入，既要应收尽收，也要防止收“过头税”；加强对组织收入的监督检查，督促执收部门依法、及时、足额征收，及时纠正多征、提前征收或者违规减征、免征、缓征等违法违规行为，确保财政收入应收尽收。三是研究实施提高财政收入质量政策措施，控制非税收入占总收入的比重。四是全面清理规范各类财税优惠政策，更好地发挥市场在资源配置中的决定性作用。

（三）加强预算执行管理

一是强化预算约束力。严格按照新预算法要求，与提高预算编制精准度相适应，明确各部门支出必须以经批准的预算为依据，未列入预算的不得支出；年度预算执行中一般不出台增加当年支出的政策，一些必须出台的政策，原则上列入以后年度预算安排。二是均衡预算执行进度。细化预算支出计划管理，及时批复和下达预算；严格执行年度预算，非经法定程序，不得调整预算；规范专项资金设立、审核、退出机制，进一步优化资金申报、审核、拨付流程，建立限时办结、并联审批制度，切实提高资金使用效益；落实部门支出责任，完善部门间协调联动机制和支出进度考核制度，做到工作安排与资金安排大致相适应；对预算难以执行或执行缓慢的，及时按规定调剂到其他亟须支持的项目；通过推广项目库管理、中期财政规划等改革，更早地做好以后年度项目储备。三是加强专项资金管理。进一步健全专项资金管理平台，探索实施专项资金实时在线联网监督；规范要求市县财政配套行为，对于属于省级事权的专项转移支付资金，不要求市县安排配套资金。四是严控一般性支出。进一步完善公务支出管理制度和支出标准体系，健全省直部门“三公”经费支出统计制度和厉行节约绩效评价制度，建立厉行节约长效机制。五是控制结转结余资金规模。建立结转结余资金动态监控机制，密切关注各项支出及可能形成结转结余的情况，2015 年底一般公共预算结转结余资金占支出比重不超过 9%；按照中央要求加大政府性基金统筹力度，切实控制政府性基金结转结余规模。六是完善绩效管理机制，研究建立科学、量化的部门整体支出绩效目标和指标体系；健全绩效运行监控机制，探索对财政支出绩效目标运行的跟踪管理；健全预算部门、预算单位和资金使用单位绩效自评、财政部门重点评价以及引入第三方机构评价相结合的多元化评价工作机制。

（四）加强地方政府性债务管理

根据新预算法和国务院有关规定，从 2015 年起，地方政府性债务在国务院核准的限额内举借，纳入调整预算向同级人大常委会报告。目前，我省存量债务清理甄别工作已完成，待财政部核定后报国务院批准确定存量债务规模。在加强地方政府性债务管理方面，一是研究出台关于加强广东省政府性债务管理的意见，建立以政府债券为主体的政府举债融资机制，规范地方政府举债融资的方式和程序。二是实行债务规模控制。对省本级、省以下各级实行政府债务规模控制机制，各地区政府举债不得突破上级批准的限额。三是完善政府债务风险预警机制。财政部根据各地区一般债务、专项债务、或有债务等情况，测算债务率、新增债务率、偿债率、逾期债务率等指标，评估各地区债务风险状况，对债务高风险地区进行风险预警。四是落实债务偿还责任。督促举借主体切实履行偿债责任，逐步化解历史逾期债务，根据本级政府债务余额情况建立切实可行的偿债准备金筹集机制。五是强化责任追究。将政府债务管理工作作为政绩考核的重要指标，强化任期内举债情况的考核、审计和责任追究。

（五）积极推进财政信息公开

按照新预算法有关预算公开的内容和时限要求，全面推进预算信息公开，打造“阳光财政”、“透明预算”。一是扩大公开范围。明确除涉密信息外，所有使用财政资金的部门必须公开本部门预决算，包括预算收支安排、预算执行、决算等全过程信息，以及依法合规的收费、政府采购、基建支出等项目信息。二是突出公开重点。加大对政府预决算、部门预决算、专项转移支付、基层民生支出、地方政府债务、政府采购项目信息、预算绩效信息、财税政策和规章制度等社会各界较为关注内容的公开。三是加强督促检查。进一步完善公开制度，规范公开程序和要求，督促各地、各部门结合工作实际，研究制定预算公开统一的内容、格式和统计口径，切实增强公开的可行性、规范性和有效性。

（六）进一步加强财政监督

以新预算法实施为契机，强化对预算编制执行和财政资金管理使用的监督检查，提升财政监督工作水平。一是强化财政日常监督。改变以往以事后监督为主的工作方式，强化在财政、财务、会计管理中的日常监督作用，对新预算法规定需要承担法律责任的四类17种违法行为进行重点监督和查处。二是强化对省级部门资金管理使用的监督。把对部门的监督重点从资金分配转向预算编制，提高预算编制水平，强化预算约束力，推进依法行政、依法理财。三是强化对市县财政工作的监督。切实加强对省级财政资金管理使用的监督，重点做好一般性转移支付、十件民生实事等方面资金的监督检查，促进市县财政工作规范化。

四、征询人大代表意见建议办理情况

2015年省级预算编制工作进一步完善征询机制，通过网络、召开座谈会等方式充分听取人大代表、省直部门、专家学者和社会各界对预算编制和十件民生实事遴选等方面意见、建议，提高预算编制的科学性、民主性，提升社会和代表对预算编制的满意度。

（一）征询意见情况

一是以书面发函、召开座谈会等形式征询省人大代表对2015年预算编制意见建议。累计征询1 030人次，收集意见共455条。其中，发函向786位人大代表书面征求意见，收到书面反馈意见71条；逐一赴21个地级以上市听取意见，共244位代表参加座谈，收集意见共384条。二是开展十件民生实事遴选征询工作。发函征询21个地级以上市，150位党代表、人大代表、政协委员和省直有关部门的遴选建议，收到建议211条；网上征求社会各届对十件民生实事初稿意见建议，收到网友和各地、各部门反馈意见174份。省财政厅对所收集的意见建议逐条进行了研究，对合理且可行的意见建议全部吸纳，并在2015年预算编制工作中予以体现。

（二）省人大代表专项介入预算编制工作情况

按照省人大常委会年度工作安排，省人大代表视察组分批次到省财政厅视察，专项提前介入农村低收入困难户住房改造、华侨农场危房改造、国有工矿棚户区改造和跨市域河流污染整治预算编制工作，提出了很多很好的意见建议。2015年预算编制已充分吸纳人大代表的合理意见建议：一是在2014年安排棚户区改造补助资金9亿元、注资省级融资平台20亿元的基础上，2015年省级继续安排4.1亿元，每户补助2万元；2015－2017年争取中央和省级资金约33亿元，共完成国家下达我省的4.6万户国有工矿棚户区改造任务，每户补助约11.2万元。二是安排37.62亿元，对农村贫困户泥砖房、茅草房改造给予每户1.5万元的补助。三是安排1.17亿元，从2014年起，将尚未完成的华侨农场危房改造财政补助标准提高至2万元/户。同时，落实省人大代表的意见，督促并积极配合有关主管部门落实主体责任，认真做好项目前期统筹规划工作，确保相关专项工作顺利开展。

各位代表，2015年预算编制工作体现了新预算法和国务院《关于深化预算管理制度改革的决定》以及《广东省深化财税体制改革 率先基本建立现代财政制度总体方案》的要求。考虑到2015年财政经济形势仍面临一定不确定性，减收增支因素较多，完成2015年预算任务压力大，除报告的前述工作外，仍需要关注和落实好如下工作：

一是预算收支平衡任务重。收入方面，按照新预算法要求，从2015年起，收入预算将从约束性转向预期性，各级政府不得向预算收入征收部门和单位下达收入指标，可能增加预算收入的不稳定性。支出方面，新增支出需求大，2015年需要动用预算稳定调节基金等一次性财力较多，由于一次性资金没有可持续性，且抬高预算支出基数后，将增加以后年度预算收支平衡的压力。对此，一方面，要求各级政府完善决策机制，严格控制新增支出，同时要求执收部门既不能为平衡收支而收“过头税”，也应坚持依法征收、应收尽收，力争完成预算目标任务。

二是增加国有资本收益上缴一般公共预算面临实际困难。2015年首次从省级国有资本经营预算中调出4.81亿元纳入一般公共预算支出，除了继续用于省属企业原离退休人员经费等历史遗留问题项目支出1.44亿元外，其余3.38亿元全部用于2015年底线民生政策提标新增支出。虽然调入一般公共预算资金相比国企资产及利润总额规模仍然较小，但调入比例已超过原规定的15%。同时，当前国有企业改革工作任务重，面临“爬坡越坎”的关键时期，国有资本收益上缴一般公共预算确实面临实际困难，按照党的十八届三中全会提出的国有企业以承担社会责任为重点的要求，下一步需要把完善国有资本经营预算与进一步深化国有企业改革紧密结合，发挥好国有资本经营预算在加强宏观调控、合理配置国有资本、促进企业技术改造进步及承担社会责任等方面的作用，推进国有企业改革。

三是企业职工基本养老保险省级统筹及社会保险基金保值增值工作任务重、难度大。一方面，企业职工基本养老保险尚未完全实现省级统筹，2014年尚有8个统筹区未达到省要求的缴费比例，有6个市未按照省规定的缴费工资下限执行；基金结余地区结构不均衡，2014年全省企业职工基本养老保险累计结余预计达到 5 125.42 亿元，约 95%的结余基金集中在珠三角地区，且大部分为个人账户结余。同时，随着人口老龄化和国家连续提高养老金水平，我省统筹基金收支结余会逐步减少甚至出现赤字，将来真正实现省级统筹后，养老金出现缺口时会加重省级财政负担。另一方面，社会保险基金保值增值政策空间有限。按照现行政策规定，社会保险基金结余只能存入银行或购买国债。虽然省级已积极制定合理的存储方式和增值规划，尽最大努力在现有的政策环境下实现基金存储结构最优化和利息最大化，但因为政策空间有限，我省基金保值增值仍面临巨大压力。今后需进一步加大工作力度，研究切实可行的措施，确保社会保险基金预算平稳运行。

各位代表，新的一年，我们将以邓小平理论和“三个代表”重要思想、科学发展观为指导，坚决贯彻落实习近平总书记系列重要讲话精神和党的十八届三中、四中全会、中央经济工作会议及省委十一届三次、四次全会精神，在省委、省政府的正确领导下，在省人大的监督支持下，坚定信心，解放思想，开拓创新，锐意进取，圆满完成全年财政预算任务，为实现“三个定位、两个率先”目标任务作出新的更大贡献！

广东省第十二届人民代表大会财政经济委员会关于广东省 2014 年预算执行情况和 2015 年预算草案的审查结果报告

（2015 年 2 月 12 日广东省第十二届人民代表大会第三次会议主席团第三次会议通过）

广东省第十二届人民代表大会第三次会议审查了省人民政府提出的 2015 年预算草案及省财政厅厅长曾志权受省人民政府委托所作的《广东省 2014 年预算执行情况和 2015 年预算草案的报告》（以下简称预算草案及报告）。会议期间，财经委员会召开了各代表团代表参加的预算审查座谈会。代表们对省人民政府及其财政部门的工作给予充分肯定。财经委员会在对预算草案及报告进行初步审查的基础上，根据各代表团和有关专门委员会的审查意见，对预算草案及报告作了进一步审查。现将审查结果报告如下：

一、财经委员会认为，省十二届人大二次会议审议通过的年度预算执行情况总体上是好的，较好地落实了省十二届人大二次会议通过的预算决议要求。2014 年全省各级人民政府及其财政部门和各预算执行单位认真贯彻落实党的十八大、十八届三中、四中全会精神和省委的决策部署，积极落实省十二届人大二次会议有关决议要求，围绕中心、服务大局，坚持改革创新，在保障民生、支持三农和科技创新，促进区域协调发展、产业转型升级和生态文明建设等方面做了大量工作，取得了明显成效。预算执行和财政运行中仍然存在的主要问题是：区域间财力不均衡、市县财政对省级财政依存度较大，人均财力水平较低、“财政大省、财力弱省”特征明显，部分专项资金预算执行率和使用效益不高，部分地区非税收入比重过高、收入可持续增长压力较大等。对此，要采取有效措施切实加以解决。

二、财经委员会认为，省人民政府提出的 2015 年预算草案符合党的十八大、十八届三中、四中全会和中央经济工作会议精神以及省委的决策部署，紧紧围绕“三个定位、两个率先”总目标，坚持稳中求进工作总基调，继续实施积极的财政政策，深入推进财税体制改革，落实稳增长、促改革、调结构、惠民生、防风险各项政策措施，努力为促进经济发展方式转变、提高经济发展质量效益、着力改善民生和切实防范财政风险提供坚强的财力保障。总的来看，2015 年预算安排与国民经济和社会发展方针政策相适应，收支政策比较务实可行，重点支出和重大投资项目安排比较适当，对下级政府转移性支出逐步规范，预算编制比较全面、符合新修订的预算法的有关规定。全省及省级预算安排收支平衡，收支目标经过努力是可以实现的。此外，省人民政府及其财政部门在落实进一步细化预算和促进预算公开透明方面还作了一些新尝试。比如首次提供了省级财政资金项目库预算表、省级财政基本建设投资支出预算表和省级国有资本经营预算项目支出表，国有资本经营预算支出在按功能分类编列到项的基础上逐项划分资本性支出、费用性支出和其他支出；增加提供了各项社保基金收入、支出、结余的分市预算表和省级社保调剂金（储备金）筹集分配预算表以及企业职工基本养老保险缴费基数和缴费比例情况表，提高预算草案的透明度和报告的易读性。财经委员会建议批准 2015 年省级预算草案，批准省人民政府提出的《广东省 2014 年预算执行情况和 2015 年预算草案的报告》。

三、为更好地完成2015年预算，财经委员会提出如下建议：

（一）依法抓好收入征管，指导、督促欠发达地区改善财政收入质量，促进财政收入均衡稳定增长

加强财政经济运行形势分析研究，采取切实有效的措施，努力培植地方支柱财源，依法依规组织预算收入，促进财政收入与经济社会发展水平相适应。高度重视我省地区财政收入增长不均衡特别是一些地方非税收入增长过快、非税收入占比过高的问题，要加强对非税收入的监督管理，对存在虚增收入的行为要依法依规查处。采取有力措施引导和扶助市县发展，稳固市县财力增长基础，进一步提高市县财政收入质量。

（二）切实做好预算信息公开和预算执行工作，强化预算约束，提高预算执行率和透明度

坚持以公开为常态、不公开为例外原则，严格依法落实预算公开内容、时限和责任，全面推进财政预算信息公开。进一步完善财政资金审核、批复和拨付机制，落实好有关转移支付和部门预算批复、下达的法定时限要求，努力缩短专项资金审批下达时间，加快预算执行进度，提高预算支出均衡性和时效性。同时要着力压缩结转资金规模，连续两年未用完的结转资金，应当作为结余资金管理。严格控制不同预算科目、预算级次或项目间预算资金的调剂，确需调剂使用的，按照国务院财政部门的规定办理；属于预算调整的，必须按照预算法等法律法规的规定提请同级人大常委会审查批准，切实维护预算的严肃性。

（三）加强预算监督管理，完善预算绩效评价制度，努力提高财政资金使用效益

全面规范和加强预算专项资金的使用管理，对专项资金安排、分配、使用、管理和评价进行全过程跟踪监督；坚持贯彻勤俭节约原则，严控机关运行经费特别是“三公”经费支出和楼堂馆所等基本建设支出；建立健全重点民生支出绩效评价制度，进一步完善引入第三方绩效评价机制，在资金分配和管理中运用好绩效目标评价成果，确保有关专项资金切实用于解决群众反映最强烈、要求最迫切的突出问题，进一步提高财政资金的使用效益。

（四）依法加强和改进地方政府债务管理，建立健全地方政府债务风险评估和预警机制，有效防范和化解财政风险

进一步加强高风险领域及地区的债务管理，规范政府举债融资行为，坚决制止地方政府违法违规举债，严控政府债务举借规模，加强对存量债务的监管和甄别，明确政府与市场的边界以及债务偿还责任，依法建立规范“借、用、还”相统一的地方政府债务管理机制；根据国务院有关要求，加快建立地方政府债务风险评估和预警机制、应急处置机制以及责任追究制度，有效防范和化解政府债务风险。

财经委员会将综合整理各代表团的审查意见，会后转送省人民政府研处，并跟踪处理情况。

关于广东省2014年省级决算草案的报告

——2015年7月29日在广东省第十二届人民代表大会常务委员会第十九次会议上的讲话

广东省财政厅厅长 曾志权

主任、各位副主任，秘书长，各位委员：

广东省2014年预算执行情况已向省十二届人大第三次会议报告并经审议同意，现2014年省级财政决算草案已按要求正式编成。受省人民政府的委托，我向本次常委会报告广东省2014年省级财政决算草案，请予审批。

2014年，在省委、省政府的坚强领导下，在省人大及其常委会的监督支持下，全省各级政府及其财税部门以邓小平理论、“三个代表”重要思想、科学发展观为指导，紧紧围绕主题主线，按照稳中求进的工作总基调，认真落实省十二届人大二次会议各项决议，努力确保收支平衡，发挥财税改革在全面改革中的基础性和支撑性作用，服务“三个定位、两个率先”目标任务的实现。在各级财税部门的共同努力下，省十二届人大二次会议及省十二届人大常委会第九次会议通过的预算及调整后预算完成情况良好，年终执行结果，省级财政实现了收支平衡。

一、2014年省级一般公共预算收支决算情况

2014年，省级一般公共预算收入完成1 740.52亿元，比2013年（下同）增加170.77亿元，同比增长10.88%，

完成年初预算的105.29%。加上中央补助收入1 259.53亿元、市县上解收入334.03亿元、自行发行地方政府债券收入148亿元、上年结转结余收入717.61亿元、国债转贷资金上年结余0.19亿元、调入资金227.67亿元，省级一般公共预算总收入完成4 427.55亿元。

2014年省级一般公共预算总支出完成3 887.38亿元，增加424.3亿元，增长12.25%。其中，省本级支出855.98亿元，对市县税收返还、转移支付及债券转贷支出2 601.51亿元，上解中央支出153.73亿元，调出资金256.66亿元，地方政府债券还本19亿元，援助其他地方支出0.3亿元，国债转贷支出及结余0.19亿元。

收支相抵，2014年省级一般公共预算结转结余540.18亿元，比上年减少177.43亿元，降低24.73%；占省级总支出的比重为13.9%，比上年降低6.82个百分点。其中：结转下年支出540.18亿元，全部按规定结转下年继续安排；净结余为0，原因是根据《预算法》要求，结余资金全部用于补充预算稳定调节基金。

（一）收入决算情况

1. 省级一般公共预算收入完成1 740.52亿元，各主要项目完成情况如下：增值税完成117.35亿元，完成年初预算的123.52%，同比增长33.05%。增幅较高的主要原因是受“营改增”扩围增加进项税抵扣影响和免抵调增增值税收入较快增长。

营业税完成772.43亿元，完成年初预算的99.93%，同比增长5.95%，增幅较低的主要原因是“营改增”扩围后营业税税源减少。

企业所得税完成437.25亿元，完成年初预算的106.52%，同比增长13.48%，完成预算较好的原因主要是省级固定收入企业效益较好，重点税源贡献突出。

个人所得税完成120.21亿元，完成年初预算的108.30%，同比增长14.73%，完成预算较好的原因是实体经济平稳增长带动工资薪金所得、利息股息红利所得及财产租赁转让所得三个主要税目带动较快增长。

土地增值税完成191.17亿元，完成年初预算的115.86%，同比增长23.16%，完成预算较好的原因主要是加大对土地增值税的清算力度。

非税收入完成101.72亿元，完成年初预算的103.27%，同比下降4.93%，主要原因是落实中央和省各项行政事业性收费减免政策，并加大了涉企行政事业性收费省级收入的清理和减免力度（见图1）。

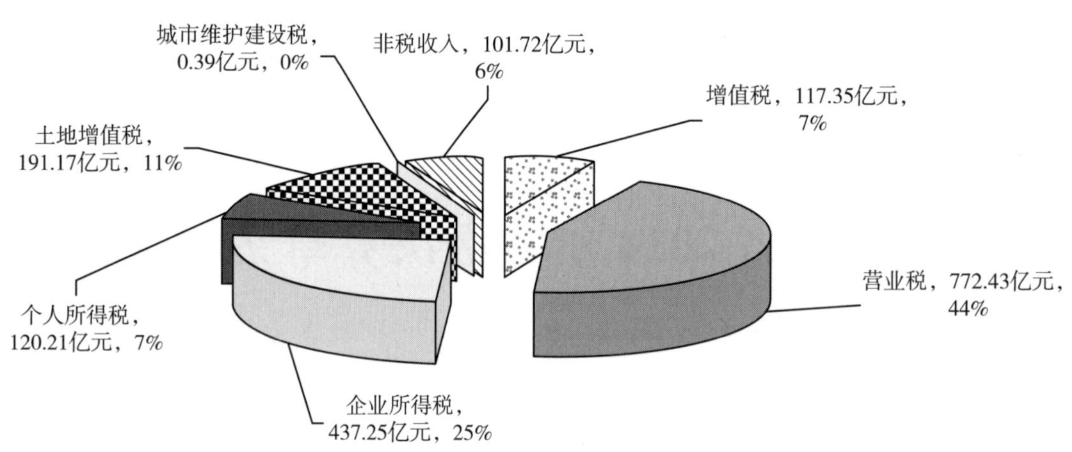

图1　2014年省级一般公共预算收入结构

2. 中央补助收入1 259.53亿元，减少31.78亿元，同比下降2.46%，完成年初预算的128.96%。同比下降的主要原因是：财政部拨付的成品油改革补贴资金以及部分中央节能政策到期，导致资金安排减少；超预算的主要原因是：预算执行过程中财政部对我省增加一般性转移支付及其他专项补助。

3. 市县上解收入334.03亿元，增加53.49亿元，同比增长19.07%，完成年初预算的133.89%。超预算的主要原因是：省与市按现行体制增加结算上解，包括电力城建税及教育附加费上解、卷烟消费税专项上解、津补贴调节基金上解增加等。

4. 自行发行地方政府债券收入148亿元。

5. 国债转贷资金上年结余0.19亿元。

6. 调入资金227.67亿元，主要是地方教育附加收入、新增建设用地有偿使用费、其他专项收入等调入一般公共预算安排使用。

7. 上年结转结余收入717.61亿元。

（二）支出决算情况

省级一般公共预算总支出完成3 887.38亿元，其中，省本级支出855.98亿元，占省级总支出的22.02%，占比比上年下降12个百分点；对市县税收返还、转移支付及债券转贷支出共2601.51亿元（相应形成市县财政收入，并由市县安排支出），占省级总支出的66.92%，占比比上年提高8.63个百分点；上解中央支出153.73亿元，占省级总支出的3.95%；调出资金256.66亿元，占省级总支出的6.6%；地方政府债券还本19亿元，占省级总支出的0.49%；援助其他地方支出0.3亿元；国债转贷支出及结余0.19亿元（见图2）。

1. 省本级支出855.98亿元，减少330.48亿元，同比下降27.85%，降幅较大的原因是按照“压本级、保基层”的要求，2014年省财政着力加大对欠发达地区转移支付力度，部分科目省本级自身的支出减少；但加上对市县转移支付后，各项重点支出均能完成预算；同时，财政权责发生制核算办法调整，严格控制省级列支范围（在省本级支出855.98亿元中，列入权责发生制核算的支出为110.41亿元）。

2014年省级行政事业单位的出国（境）经费、车辆购置及运行费、公务接待费财政拨款决算数6.88亿元，比2013年减少1.23亿元，下降15个百分点。其中：出国（境）经费0.90亿元、车辆购置及运行费4.45亿元、公务接待费1.53亿元。

2. 省对市县税收返还、转移支付及债券转贷支出2 601.51亿元，增加582.82亿元，增长28.87%，增长的主要原因是省级加大对市县的转移支付力度。各支出项目具体情况如下：税收返还482.21亿元，其中增值税和消费税税收返还支出128.25亿元、所得税基数返还支出84.52亿元、成品油价格和税费改革税收返还支出55.73亿元、其他税收返还支出213.72亿元；一般性转移支付支出1 116.98亿元，其中均衡性转移支付支出223.09亿元、县级基本财力保障机制奖补资金支出123.42亿元、调整工资转移支付支出65.49亿元、义务教育转移支付支出167.93亿元、基本养老保险和低保等转移支付支出98.77亿元、新型农村合作医疗等转移支付支出143.18亿元；专项转移支付支出924.32亿元，其中农林水事务支出245.99亿元、医疗卫生支出67.86亿元、社会保障和就业支出60.91亿元、教育支出31.41亿元、科学技术支出51.66亿元；债券转贷支出78亿元，用于支持市县落实中央投资公益性项目地方配套资金。

3. 上解中央支出153.73亿元，增加8.77亿元，增长6.05%。

4. 调出资金等256.66亿元，主要是成品油价格和税费改革后，成品油替代收入纳入一般公共预算管理，筹集的水利建设基金按原用途需调出到基金预算安排使用。

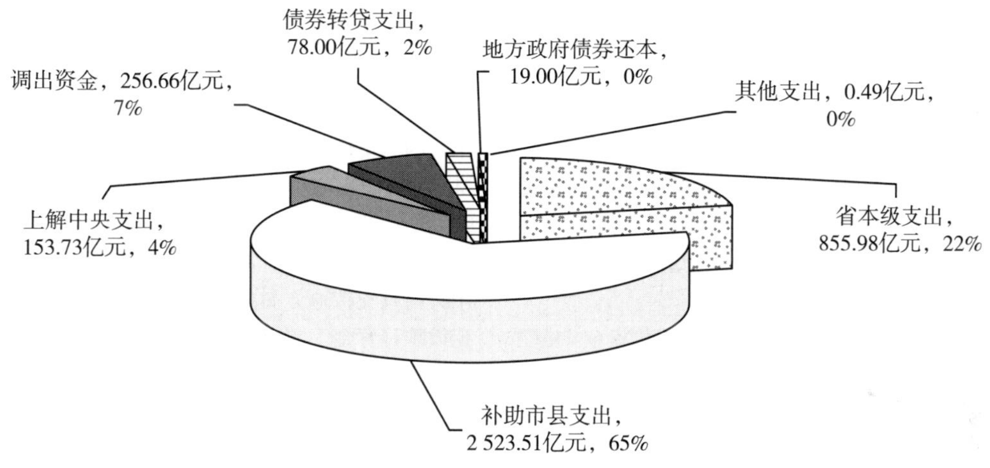

图2　2014年省级预算支出结构

经请示财政部，由于2014年年初预算尚未按照经济性质分类编列，2014年省级决算草案暂不用按其经济性质分类编列到款，2015年决算再按规定编列。

（三）重点支出项目执行情况及效果

2014年，省财政围绕中心、服务大局，着力提高保障水平和管理能力，优化财政支出结构，加大民生保障力度，稳步实施基本公共服务均等化，确保十件民生实事资金落实，推动城乡区域协调发展，筹集资金服务“三个定位、两个率先”目标任务，有力保障了省委、省政府重大决策部署的落实。省财政用于教育、文化体育与传媒、社会保障和就业、医疗卫生、节能环保、城乡社区事务、农林水事务、交通运输、住房保障支出、粮油物资储备等方面的民生支出（含省本级支出和转移支付）共1 243.24亿元（含中央补助资金，下同），加上对市县税收返还、一般性转移支付和政府债券转贷支出后，省财政2014年用于改善民生、提供基本公共服务以及均衡区域基本公共服务水平、帮助市县增强发展后劲的支出共达2 920.43亿元，占省级总支出的75.13%，占比比上年提高0.24个百分点，较好地保障了各项重点支出需要。

1. 加大强农惠农富农政策支持力度，促进农业稳定发展。

一是支持农业发展，拨付资金106.41亿元，可比增长15.71%，完成年初预算的198.45%（超额完成年初预算的原因主要是中央追加下达农资综合补贴资金、现代农业生产发展资金、油茶产业发展中央基建投资预算等）。支持农田基础设施建设，拨付53.37亿元支持建设342万亩高标准基本农田；拨付11.19亿元，进一步完善全省基本农田保护经济补偿制度；拨付8.5亿元，培育油茶、优质稻、特色水果、茶叶四大产业带，支持现代农业主导产业带建设；拨付1.57亿元，支持动植物疫病防控和H7N9禽流感防控工作。

二是支持林业生态建设，拨付资金39.53亿元，可比增长17.58%，完成年初预算的122.66%（超额完成年初预算的原因主要是中央追加下达防护林工程中央基建投资预算等）。省级生态公益林补偿标准提高至每亩22元，拨付省以上生态公益林效益补偿资金13.46亿元。拨付森林碳汇生态工程建设和碳汇林抚育专项资金8.82亿元，拨付1.52亿元补助粤北山区和东西两翼的生态景观林带建设，积极支持林业重点工程建设和现代林业发展，推进生态景观林带、森林碳汇等重点生态工程。

三是支持民生水利和省级重点工程建设，拨付资金112.53亿元，可比增长43.06%，完成年初预算的154.70%（超额完成年初预算的主要原因是中央追加下达新出险小型病险水库除险加固项目中央财政专项资金、农村水电增效扩容改造项目专项补助资金、中央财政统筹从土地出让收益中计提的农田水利建设资金、重大水利工程中央基建投资等，以及省级财政盘活存量资金，调整安排中小河流防洪专项整治、村村通自来水工程建设项目）。按照中央和省的整体部署，从2011年开始利用10年时间积极推进水利改革发展，省财政累计投入约1 000亿元。2014年，省财政筹集资金支持韩江粤东灌区续建配套与节水改造应急工程、高州水库灌区续建配套与节水改造工程、湛江市鉴江供水枢纽工程、惠来县中东部供水工程、飞来峡水利枢纽社岗防护堤除险加固工程、省中小河流水文监测系统等省重点水利工程建设；继续推进中央和省财政小型农田水利重点县、省级水利建设示范县、村村通自来水工程示范县等示范项目建设；支持病险水库除险加固、山区五市和面上中小河流治理工程、农村饮水安全、海堤加固达标工程、农村水电增效扩容改造、中小型灌区续建配套与节水改造工程等民生水利项目建设。

四是支持完善财政综合扶贫政策体系，拨付资金34.17亿元，可比增长18.45%，完成年初预算的148.86%（超额完成年初预算的主要原因是中央追加下达少数民族发展专项扶贫资金、财政专项扶贫发展资金等）。继续支持我省新一轮扶贫开发“规划到户责任到人”工作，全年按要求下达到村、到县资金共计7.3亿元。拨付农村基层组织办公经费省级补助资金6.8亿元，将村干部补贴从2012年人均每月1 000元提高到2014年的人均每月1 600元，对集体收入每年3万元以下的村级组织办公经费补助水平从2012年的每年2万元提高到2014年的每年4万元。拨付3.37亿元，对搬迁农户每户统筹补助3万元，大力推进我省不具备生产生活条件贫困村庄搬迁农户的搬迁安置工作。拨付省级以上农村低收入住房困难户住房改造补助资金15亿元，按照每户1.5万元的标准，支持我省解决10万户农村低收入住房困难户住房改造工作。

2. 加大民生投入力度，促进社会事业全面发展。

一是支持教育优先发展，拨付资金363.99亿元（含一般性转移支付资金167.93亿元），可比增长4.59%，完成年初预算的107.12%（超额完成年初预算的主要原因是中央追加下达农村义务教育薄弱学校改造计划中央专项资金预算、现代职业教育质量提升计划专项资金预算、支持地方高校发展专项资金预算、支持学前教育发展中央专项资金预算等）。支持义务教育均衡优质标准化发展，拨付71.02亿元落实城乡全面免费义务教育政策，义务教育公用经费标准提高到小学每生每年950元、初中每生每年1 550元；拨付12亿元落实免费教科书政策；拨付8.82亿元支持欠发达地区实施绩效工资政策和落实教师工资待遇“两相当”，欠发达地区91个县（市、区，含江门恩平、台山、开平）基本实现中小学教师工资待遇“两相当”；拨付17.83亿元落实山区和农村边远地区义务教育学校教师岗位津贴，进一步提高山区和农村边远地区教师待遇保障水平，促进义务教育均衡发展；下达50.56亿元用于奖补欠发达地区创建基础教育强镇强县，为推进省委关于教育“创强争先建高地”决策部署提供资金保障；拨付2.59亿元补助资金，用于农村中小学校维修改造；下达补助资金7.1亿元推动义务教育薄弱学校全面改造工作。支持加快发展现代职业教育，拨付高等职业教育基本支出7.44亿元、生均试点院校经费0.87亿元，保障学校正常运转；拨付3.65亿元用于高等职业教育、高技能公共实训基地和中等职业技术教育实训中心（基地）建设；下达中央现代职业教育质量提升计划专项资金5.34亿元；落实中等职业学校免学费政策，及时拨付中职免学费补助资金8.97亿元，保障中等职业学校正常运行和健康发展。支持高等教育内涵式发展，拨付7.49亿元，支持高等教育“创新强校”工程，认真研究进一步加大高校本科、研究生学科建设和教学质量工程的政策措施，推动加强“四重”建设；拨付生均经费71.31亿元，将生均综合定额标准从8 600元/生提高到9 100元/生；继续支持汕头大学改革和发展，下达汕头大学李嘉诚基金会捐赠省财政配套资金1.75亿元；积极申报中央财政支持地方高校发展专项资金、职业院校实训基地建设项目资金。支持学前教育发展，拨付3亿元重点扶持欠发达地区发展学前教育；积极争取中央学前教育奖补资金2.12亿元，持续改善幼儿园办学条件。实施强师工程，拨付资金10.47亿元，对全省学前教育阶段至高等教育阶段的教师队伍建设给予支持，提升教师队伍专业素质和能力。加大对特殊教育的投入，制定《广东省特殊教育提升计划（2014－2016年）》，经费保障全面覆盖特殊教育各类机构和各学阶，全年共下达特殊教育省级和中央补助资金5.14亿元。建立健全困难学生资助体系，拨付2.76亿元对农村困难家庭义务教育阶段学生给予生活费补助，全省100万名农村贫困学生受惠；拨付0.55亿元，对中职所有涉农专业学生和非涉农专业家庭经济困难学生每生每年资助1 500元；拨付1.94亿元用于普通高中国家助学金发放，资助标准为每生每年1 500元；拨付10.89亿元，用于学生助学贷款贴息、落实本专科和研究生奖助学金、高校毕业生到农村从教上岗退费、家庭经济困难大学新生资助及少数民族聚居区少数民族大学生资助等，支持家庭经济困难学生就读普通高等学校。

二是推进公共医疗卫生服务均等化，拨付资金242.41亿元（含一般性转移支付资金143.18亿元），可比增长30.37%，完成年初预算的114.15%（超额完成年初预算的主要原因是中央追加下达基本公共卫生服务补助资金、医改补助资金、基层医疗卫生服务体系和地市级医院建设项目中央基建投资、中央补助地方公共卫生服务补助资金等）。推进基本医疗保障制度建设，重点支持各项基本医疗保障制度从“扩大范围”转向“提升质量”，提高参保参合人群的补偿比例和最高封顶线，2014年全省各级财政对城乡居民基本医疗保险补助标准提高到320元，其中省财政对欠发达地区补助标准达到人均208元，省财政拨付城乡居民医疗保险补助资金112亿元。进一步推进基本医疗保险城乡统筹，全省职工医保和城乡居民医保政策范围内住院费用报销比例达到87%以上和76%，全省大病保险平均可报销19万元。2014年省财政拨付1亿元，将全省28.4万名关闭破产国有企业的退休人员全部纳入城镇职工基本医疗保险。推进城乡基层医疗卫生服务体系建设，2014年省财政继续对经济欠发达地区乡镇卫生院按每万常住人口核定13名医务人员和每人每年1.2万元的标准，对经济欠发达地区社区卫生服务机构按每万常住人口核定8名医务人员和每人每年1万元的标准，下达基层医疗卫生机构事业费补助8.26亿元。下达农村和边远地区乡镇卫生院医务人员岗位津贴专项资金2.45亿元、村医补贴专项资金1.54亿元、离岗接生员和赤脚医生生活困难补助资金5.11亿元、基层医疗卫生机构实施基本药物制度和综合改革以奖代补专项资金2亿元。促进基本公共卫生服务逐步均等化，落实好基本公共卫生服务项目2014年全省人均基本公共卫生服务经费不低于35元，对经济欠发达地区人均补助15.75元，共下达基本公共卫生服务补助资金9.4亿元。落实重大公共卫生服务项目，下达重大公共卫生服务项目补助经费8.9亿元，对经济欠发达地区实施结核病、艾滋病等重大疾病防控、地中海贫血防控、计划免疫预防接种、贫困白内障患者复明、农村妇女两癌检查等重大公共卫生服务项目给予补助，不断健全我省公共卫生防疫体系。促进公立医院综合改革，拨付公立医院改革补助资金2.75亿元，以取消药品销售加成为抓手，大力推动公立医院综合改革，建立健全公立医院与基层医疗卫生机构的分工协作机制。

三是完善生活保障和公共就业服务，拨付资金200.08亿元（含一般性转移支付资金98.77亿元），可比增长11.25%，完成年初预算的123.93%（超额完成年初预算的主要原因是中央追加下达退役安置补助资金、抚恤补助资金、自然灾害生活补助资金、就业专项资金等）。稳步提高城乡居民社会养老保险待遇水平，从2014年7月1日起，我省将城乡居民社会养老保险基础养老金标准由65元/人·月提高到95元/人·月，下达城乡居民社会养老保险补助资金23亿元，确保养老保险待遇按时足额发放。继续提高企业退休人员养老保险待遇，2014起调整企业退休人员基本养老金，基本养老金人均增加239元，调整后全省企业退休人员月人均基本养老金达2 197元。完善城乡社会救助体系，下达城乡医疗救助资金7.68亿元、优抚对象补助资金14.41亿元、退役士兵安置补助2.66亿元，用于全省医疗补助和优抚对象的抚恤生活；拨付1.19亿元，支持全省特别是经济欠发达地区做好各项优抚安置以及流浪乞讨人员救助工作。支持实施更加积极的就业政策，拨付促进就业专项资金3.09亿元、劳动力培训转移就业专项资金4亿元、人力资源市场建设资金1.17亿元，继续用于对各类就业扶持对象按规定给予职业培训等各项就业补贴。落实城乡居民最低生活保障经费，下达低保补助资金35.49亿元，为经济欠发达地区做好城乡居民最低生活保障工作提供资金保障；拨付4.25亿元用于发放低收入群体和困难群众一次性临时价格补贴。加大力度支持农村五保供养，下达经济欠发达地区农村五保供养生活补助资金8.81亿元，支持地方保障五保对象基本生活与社会经济发展水平保持基本一致。大力促进残疾人各项事业全面发展，拨付残疾人生活津贴和重度残疾人护理补贴3.98亿元，帮助残疾人缓解生活困难。支持全省各地落实孤儿基本生活保障工作，拨付孤儿基本生活保障资金3.16亿元，支持全省特别是经济欠发达地区做好孤儿基本生活保障工作。

四是提高公共文化体育均等化水平，拨付资金29.61亿元，可比增长19.38%，完成年初预算的111.69%（超额完成年初预算的主要原因是中央追加下达补助地方广播电视发展专项资金、文化产业发展专项资金、国家重点文物保护专项补助资金等）。推动公共文化服务体系建设，拨付资金2.1亿元加快基层公共文化服务设施建设；下达补助资金2.05亿元支持全省公共文化设施免费开放。支持现代文化产业发展，拨付省级文化产业发展专项资金3.49亿元，重点引导和扶持平面传媒业、广播影视业、动漫制作等文化产业项目；拨付新华书店改革重组专项资金0.78亿元，支持各地新华书店完成转制工作。加强文化强省建设，下达文化强省建设重点项目资金7.15亿元，重点加强对省级文化消费、文化产业、文化人才等文化强省建设重点项目专项扶持。

五是提高住房保障水平，拨付资金31.82亿元，可比增长37.55%，完成年初预算的342.87%，（超额完成年初预算的主要原因是中央追加下达中央财政城镇保障性安居工程专项资金、保障性安居工程配套基础设施建设中央基建投资预算等，以及省级财政通过清理统筹存量资金增加安排棚户区改造项目）。切实支持住房保障工作，支持我省2014年新开工保障性住房66 071套，棚户区改造41 297套，基本建成保障性住房109 682套，分别占年度任务的131.7%、110%和107.3%，提高中低收入住房困难家庭住房保障水平；拨付20亿元资本金组建棚户区改造省级融资平台，推进全省棚户区改造有关工作。

六是支持公共交通体系建设，拨付资金396.74亿元，可比增长19.41%，完成年初预算的264.17%（超额完成年初预算的主要原因是中央追加下达车辆购置税收入补助地方资金、老旧运输船舶和单壳油轮报废更新补助专项资金等，以及省级财政通过清理统筹存量资金增加安排铁路发展基金、高速公路建设、“迎国检”项目建设等项目）。拨付高速公路项目资本金161亿元，确保各个高速公路项目顺利起步，加快推进。拨付69亿元支持轨道交通项目资本金（国铁干线项目50亿元、珠三角城际轨道交通项目19亿元），拨付50亿元用于铁路发展基金省财政引导资金，拨付7.94亿元支持广州和惠州机场扩建工程，拨付2亿元支持港珠澳大桥主体工程。拨付75.61亿元用于“迎国检”

项目，并专项拨付10.90亿元用于原中央苏区县“迎国检”项目建设。拨付西江航道建设省级资本金8.95亿元，支持西江、北江等航道扩能升级建设。提高普通公路（桥梁）省级补助标准，少数民族地区国省道新改建项目、县乡公路建设、危桥改造（含桥梁新改建）省财政补助总体提高幅度约15%、10%、30%，新农村公路路面硬化工程项目省补助标准由15万元/公里提高到18万元/公里。全省公路通车里程达21.2万公里，赣韶、贵广、南广铁路三个重要出省通道建成通车，广佛肇、莞惠、穗莞深城际等项目顺利推进，完成年度投资计划的100%，新开工建设深茂铁路江门至茂名段等项目。

3. 支持实施创新驱动发展战略，促进加快产业转型升级步伐。2014年省财政用于科学技术、节能环保、产业发展、商业服务业等支出235.17亿元，可比增长22.49%，完成年初预算的186.43%（超额完成年初预算的主要原因是中央追加下达江河湖泊治理与保护专项资金预算、中央大气污染防治专项资金预算、中小企业发展专项资金预算、战略性新兴产业发展专项资金、外经贸发展专项资金等，以及省级财政盘活存量资金，调整安排支持企业技术改造、新兴产业创业投资基金、污水处理、练江韩江流域综合整治等项目资金）。

一是加速推动产业转型升级。拨付资金约22亿元，重点支持广州超算中心、广东新岸线集成芯片等一批重大项目建设和落户，加快重大产业技术研发和产业化进程。拨付4.74亿元，用于支持区域产业链整体改造提升、优势产业重点技术改造，重点支持“设备换人”和生产系统与生产线改造。拨付0.76亿元，用于支持现代信息服务业、物联网产业、农村信息化建设以及网上办事大厅等电子政务网络建设。

二是推动形成现代产业体系。拨付企业技术改造专项资金5.33亿元，用于推动工业企业进行新一轮技术改造。拨付现代服务业专项资金6.18亿元，支持现代服务业新兴领域发展。整合设立战略性新兴产业发展扶持基金，滚动支持战略性新兴产业企业发展。统筹战略性新兴产业创业投资引导基金20亿元，以创业投资引导基金方式带动社会资本投入。拨付8.3亿元用于扶持中小企业发展，支持中小企业技术改造和技术创新。拨付资金48.52亿元，引导支持省产业园扩能增效。2014年，省40个省产业园新建、续建工业项目合计完成固定资产投资1 242.29亿元，实现规模以上工业增加值1 449.96亿元，同比增长20.3%，是全省规模以上工业增加值平均增速的2.42倍；实现全口径税收226.7亿元，同比增长28.5%，省产业园已成为带动粤东西北地区发展的重要引擎。

三是支持自主创新。支持产业技术创新，拨付7亿元设立前沿与关键技术创新专项，促进创新链与产业链相结合。拨付5亿元设立省产业技术创新与科技金融结合专项资金，探索开展科技融资补贴与风险补偿等新的扶持方式。加大基础性公益性研究支持力度，拨付省部院产学研合作专项资金、省自然科学基金、省实验室建设体系专项资金、基础与应用基础研究（自然科学基金）专项、省主体科研机构创新能力建设专项资金等公益性研究经费11.14亿元，支持科研机构开展基础研究工作，提升基础研究实力。推动实施“人才强省”战略，支持引进高层次人才，拨付引进创新科研团队和领军人才专项资金7.76亿元，拨付博士后生活补贴专项经费0.37亿元；拨付“广东特支计划”专项资金0.39亿元，用于我省九类人才培养；拨付专项资金1.13亿元，推动实施粤东西北地区人才发展帮扶“扬帆计划”。

四是支持扩大内需和促进外经贸发展。贯彻落实惠民政策，认真落实省级储备粮、油、药品、化肥、冻肉等各项重要商品储备政策，兑付种粮补贴资金26.41亿元、油价补贴资金60.4亿元。拨付扶持平价商店、蔬菜大棚、冷链设施“三项建设”资金、价格信息采集补助资金共计1.30亿元，促进稳价惠民。巩固和培育外贸增长点，拨付开拓国际市场专项资金、服务贸易发展专项资金、稳增长调结构专项资金等4.9亿元，支持企业提高自身竞争优势和增产提效；促进外贸发展模式转变，拨付科技兴贸与品牌建设专项资金、加工贸易转型升级专项资金、中国加工贸易博览会筹办经费等1.5亿元，支持外经贸可持续发展能力不断提升；推动外贸平衡发展，拨付促进进口专项8.5亿元，对先进技术，产品和设备予以支持。拨付出口退税以奖代补2.5亿元、促进投保出口信用险专项资金3亿元，鼓励企业出口。拨付“走出去”专项资金1.5亿元，促进“走出去”战略深入开展。

五是支持节能减排和环境保护。推进节能减排，拨付污染减排专项资金6.97亿元，支持重点领域污染减排，包括工业锅炉污染整治、营运“黄标车”淘汰补助、污水处理设施建设补助及“以奖促减”等；拨付新能源汽车推广应用补助资金3.93亿元，支持全省推广应用新能源汽车。支持农村环境保护工作。拨付农村环保专项资金1.5亿元，支持开展农村环境连片整治和畜禽养殖污染治理及废弃物综合利用等；拨付全省农村生活垃圾处理设施建设资金2.63亿元，对“一县一场”、“一镇一站”、“一村一点”进行奖补；拨付6.36亿元用于支持奖补各地建立农村垃圾处理长效机制。加强污染治理和环境保护，拨付环境保护专项资金2.76亿元，支持地方环境监管能力建设、挂牌督办的突出环境问题整治、列入国家和省环境保护相关规划计划的重点环境工程项目等；拨付水质保护专项资金2.36亿元，用于补助欠发达地区水环境综合整治等项目。

（四）基本公共服务均等化及重点项目绩效情况

1. 基本公共服务均等化绩效考评情况。2014年，省财政针对2013年度基本公共服务均等化的支出实施情况进行了绩效考评。经评价，2013年全省基本公共服务均等化系数为0.9863（即目标完成率为98.63%），连续两个年度达到优秀等级。从财政支出水平看，2013年全省各地市基本公共服务共支出2 248.7亿元，比2012年增加304.5亿元，增长15.66 %。从人均财政支出水平看，2013年全省人均基本公共服务财政支出2112元，比2012年增加274元，增长14.91%。

从考评结果看，财政支出完成率达到优秀等级，达到

98.7%，比上年增长1.29%。珠三角地区均等化任务目标完成率为99.03%，粤东西北地区均等化任务目标完成率为98.26%，均达到了优秀等级，两者之间的差距逐步缩小。全省公共教育均等化任务完成率达到99.52%，比2012年提高0.37个百分点；全省公共卫生均等化任务完成率达到99.79%，比2012年提高0.44个百分点；全省公共文化体育均等化任务完成率自2012年起连续两年达到100%，比2010年提高13.34个百分点；全省公共交通均等化任务完成率达到93.02%；全省生活保障均等化任务完成率达到100%，比2012年提高3.83个百分点；全省就业保障均等化任务完成率98.35%，比2012年略有下降；全省医疗保障任务完成率达到99.66%。全省范围公众对基本公共服务均等化满意度的综合评分为81.6分，达到比较满意水平。

2. 部分重点支出、重大投资项目资金的使用及绩效情况。2014年，省财政对2011－2013年科技类财政专项资金、深圳华星光电8.5代液晶面板项目财政补助资金、广州乐金8.5代液晶面板项目财政补助资金等支出项目进行专项绩效考评。其中：2011－2013年省财政安排科技厅的19项科技类财政专项资金的绩效得分为71.84分，等级为中；深圳华星光电8.5代财政补助资金的使用绩效得分为90.7分，绩效等级为优；广州乐金8.5代项目财政补助资金的使用绩效得分为77.3分，绩效等级为中。

（五）经批准举借债务情况

经审计认定，截至2013年6月底，广东省本级政府性债务余额1 171.45亿元，其中，政府负有偿还责任的债务603.65亿元、政府负有担保责任的债务178.55亿元，政府可能承担一定救助责任的债务389.25亿元。对于截至2014年12月31日的存量债务，按照《国务院关于加强地方政府性债务管理的意见》关于“地方政府将甄别后的政府存量债务逐级汇总上报国务院批准后，分类纳入预算管理”的要求，目前全省各级截至2014年12月31日的债务情况已汇总上报财政部审核，报国务院审定。国务院将全国政府债务余额报送全国人民代表大会审议后批复各级政府。目前，国务院尚未批复我省情况。因此，按照国家的管理规定，我省截至2014年12月31日的债务情况，将依据国务院批复情况，编制调整预算向同级人大常委会报告。

（六）省本级预备费使用情况

2014年，省级财政安排预备费12亿元，共支出2.77亿元，年底余额9.23亿元，主要用于应对埃博拉出血热防控医疗救治经费、H7N9禽流感疫情种禽场省级生产维持性补贴资金、超强台风“海鸥”省级救灾复产重建补助资金等项目。

（七）省级预算周转金规模和使用情况

2014年及以前年度省级预算周转金已按照中央和省关于盘活财政存量资金的要求，统筹纳入2015年预算调整方案报批使用，目前余额为零。

（八）超收收入安排情况

2014年，省级一般公共预算收入完成1 740.52亿元，较年初预算超收87.52亿元，根据《预算法》规定，全部用于补充预算稳定调节基金。

（九）上年结转资金使用情况

2013年结转至2014年安排的支出713.44亿元，当年实际执行674.89亿元，执行率为94.6%，主要用于2014年尚未执行完毕的预算安排项目支出，以及部分专项支出清算资金，如重要交通基础设施建设、城乡义务教育补助支出等。

（十）中央财政补助资金安排和使用情况

2014年中央财政年中下达我省专项补助资金共677.29亿元，实际执行653.2亿元，执行率96.4%，主要用于交通基础设施建设和运营维护、城乡义务教育公用经费、城乡居民基本养老保险补助、棚户区改造和保障房建设、江河湖库水系综合整治等。

（十一）省本级预算调整及执行情况

根据省十二届人大常委会第九次会议通过的预算调整方案，省财政将148亿元2014年地方政府债券资金用于省重要交通基础设施项目、转贷市县重点项目、转贷市县保障性安居工程和普通公路建设以及地方重大产业项目落实配套建设等方面，具体包括：安排省重要交通基础设施项目70亿元和转贷市县使用78亿元，上述资金已根据省人大审议通过的预算调整方案全部拨付到位。

2014年的预算执行等财政工作取得了良好成效，同时我们也清醒地认识到，在财政运行和管理工作中还存在一些问题，主要包括：人均财力水平较低，收支矛盾突出，民生方面支出压力较大；部分资金使用绩效不高；现代财政制度需进一步健全，预算改革任务还十分艰巨；区域发展不平衡，部分地区的基层财政较为困难。我们将高度重视这些问题并切实采取有效措施，努力加以解决。

二、2014年省级政府性基金收支决算情况

（一）基金收入决算情况

2014年，省级政府性基金总收入完成504.95亿元，主要项目如下：

1. 省本级基金收入164.93亿元，完成预算的100%。

各主要项目完成情况如下：

（1）地方教育附加收入33.17亿元，完成预算的107%。收入增加的原因是：税收收入增长带动地方教育附加收入增长。

（2）文化事业建设费收入3.34亿元，完成预算的151.74%。收入增加的主要原因是：文化企业上缴收入增加。

（3）小型水库移民扶助基金收入1.55亿元，完成预算的118.65%。收入增加的主要原因是：销售电量的增加。

（4）残疾人就业保障金收入5.98亿元，完成预算的92.08%。

（5）国有土地使用权出让金收入16.79亿元，完成年初预算的79.95%。收入主要来源于各地从国有土地使用权出让收益中计提的教育资金、农田水利建设资金。收入减少的主要原因是：土地市场经历前期量价齐涨之后出现回落，从国有土地使用权出让收益中计提教育资金、农田水利建设资金相应减少。

（6）农业土地开发资金收入4.82亿元，完成预算的137.87%。收入增加的主要原因是：土地有偿使用量增加，土地出让市场化机制进一步完善，以及各地加大土地出让收入征收清缴力度。

（7）新增建设用地有偿使用费收入51.28亿元，完成预算的113.96%。收入增加的主要原因是：各地加快用地审批进程以及征收部门加大征管力度带动收入增加。

（8）森林植被恢复费收入6.06亿元，完成预算的173.03%。收入增加的主要原因是：高速公路、保障房等与经济建设相关的基础设施建设力度加大，带动征用林地补偿费增加。

（9）大中型水库库区基金收入0.57亿元，完成预算的141.80%。收入增加的主要原因是：销售电量较预期增加。

（10）车辆通行费收入23.24亿元，完成预算的96.83%。收入减少的主要原因是：部分地市年票制车辆通行费收缴率下降，年票收入减少。

（11）港口建设费收入1.60亿元，完成预算的159.83%。收入增加的主要原因是：该基金的征收对象为经对外开放口岸港口辖区范围内所有码头、浮筒、锚地、水域装卸（含过驳）的货物，2014年水运事业繁荣发展导致港口建设费收入上涨明显。

（12）彩票公益金收入16.34亿元，完成预算的125.56%。收入增加的主要原因是：一是开展彩票专项募集销售活动，集中了部分原属于市县分成的公益金用于特定公益事业；二是彩票机构加大了市场开拓的力度，通过开展促销，加奖派送等活动促进我省彩票销量增长，如体育彩票机构抓住世界杯市场机遇实现彩票销量的大幅上升。

2. 上年结余结转收入283.25亿元。

3. 中央补助收入33.53亿元，主要是年度执行过程中中央增加补助国家电影事业发展专项资金、大中型水库移民后期扶持基金、中央财政统筹从土地出让收益中计提的农田水利建设资金、新增建设用地土地有偿使用费、港口建设费、民航发展基金、无线电频率占用费、补助地方的彩票公益金等。

4. 下级上解收入12.01亿元，主要是地方上缴的从土地出让收益中计提的农田水利建设资金和教育资金。

5. 调入基金11.23亿元，主要调入项目包括：成品油替代性收入计提的水利基金、旧机场土地补偿首期专项资金调入基金预算。

（二）基金支出决算情况

2014年，省级政府性基金总支出完成265.99亿元，具体包括：

1. 省本级基金支出62.45亿元。主要项目如下：

（1）地方教育附加安排的支出9.23亿元（加上补助市县支出24.23亿元，实际完成33.46亿元）。主要用于中小学校舍安全工程补助、强师工程专项资金、欠发达地区基础教育创强、中等职业教育专项等。

（2）文化事业建设费支出1.43亿元（加上补助市县支出0.27亿元，实际完成1.70亿元）。主要用于广东宣传文化产业发展和地方国家电影事业发展等。

（3）残疾人就业保障金支出1.72亿元（加上补助市县支出4.15亿元，实际完成5.87亿元）。主要用于残疾人生活津贴和重度残疾人护理补贴经费，补助欠发达地区残疾人康复设施建设，以及开展残疾人就业、培训、体育等。

（4）大中型水库移民后期扶持基金支出0.91亿元（加上补助市县支出15.95亿元，实际完成16.86亿元）。按照我省核定的大中型水库移民数，专项用于实施库区和移民安置区基础设施建设和经济发展规划。

（5）新增建设用地有偿使用费安排的支出6.12亿元（加上补助市县支出67.69亿元，实际完成73.81亿元）。主要用于高标准农田补助、农村土地确权登记发证省级补助和灾毁农田垦复补助等。

（6）森林植被恢复费安排的支出0.77亿元（加上补助市县支出4.78亿元，实际完成5.55亿元）。主要用于拨付2014年市县森林植被恢复费资金和森林植被恢复费省统筹资金，用于宜林地造林、迹地更新、林分改造、封山育林以及森林资源保护与管理等项目支出。

（7）车辆通行费安排的支出13.47亿元。主要根据车辆通行费管理规定及相关办法用于公路的管理、养护费用及还贷支出。

（8）彩票公益金安排的支出2.43亿元（加上补助市县支出17.78亿元，实际完成20.21亿元）。省级体彩公益金专项用于我省体育事业发展，包括全民健身项目和奥运争光项目，较好地支持了我省群众体育和竞技体育事业的发展；福利彩票公益金主要用于社会福利和社会公益事业、医疗救助、残疾人康复救助等方面支出。

2. 上解中央支出1.10亿元。

3. 补助市县支出185.54亿元。

4. 调出资金16.91亿元。

收支相抵，2014年省级政府性基金结余结转238.96亿元。

（三）结转资金使用及资金结余情况

2014年省级政府性基金结余结转238.96亿元，较上年减少44.30亿元，同比下降15.64%。其中：

一是根据国务院办公厅《关于进一步做好盘活财政存量资金的通知》、财政部《关于推进地方盘活财政存量资金有关事项的通知》规定，政府性基金结转规模不得超过当年收入的30%。超出部分145亿元作为结余资金，调入一般公共预算统筹。

二是根据《财政部关于完善政府预算体系的通知》规定，自2015年1月1日起，地方教育附加等11项政府性基金转列一般公共预算。涉及省级的8项原政府性基金结转资金53.77亿元转列一般公共预算，结转下年继续使用。

三是保留在政府性基金目录中的基金项目结转资金40.19亿元结转下年继续使用。

三、2014年省级国有资本经营收益收支决算情况

（一）国有资本经营预算收入决算

2014年省级国有资本经营预算收入完成14.90亿元，为年度预算的100.66%，其中：省属企业上交利润4.12亿元，省属控股参股企业上缴股利股息10.78亿元，其他收入0.003亿元。加上上年净结余1.12亿元，收入总计16.02亿元。

（二）国有资本经营预算支出决算

2014年省级国有资本经营预算支出完成15.92亿元，为年度预算的100.39%。支出超过年度预算的原因是个别上年项目结转资金在2014年支出。主要用于支持省属企业改革成本支出、对国有企业资本金注入以及解决省属国有企业改革发展中遗留问题等。

——按支出科目分。教育支出0.16亿元，文化体育与传媒支出0.78亿元，交通运输支出9.31亿元，资源勘探电力信息等支出5.24亿元，其他支出0.43亿元。

——按支出类型分：资本性支出11.35亿元，费用性支出4.14亿元，其他支出0.43亿元。

四、2014年省级社会保险基金收支决算情况

省级社会保险基金包括企业职工基本养老保险、工伤保险、生育保险和失业保险（含调剂金及利息）；除调剂金及利息外的失业保险、城镇职工基本医疗保险、城乡居民基本养老保险以及城乡居民基本医疗保险实行属地管理，当年无收支（下同）。

（一）社保基金收入决算

2014年省级社会保险基金收入308.87亿元，比上年增加39.23亿元，增长14.55%。其中：企业职工基本养老保险基金收入297.7亿元，比上年增加37.68亿元，增长14.49%；失业保险基金收入3.74亿元，比上年增加1.44亿元，增长62.84%，增长幅度较大主要原因是利息收入和调剂金收入增加；工伤保险基金收入5.7亿元，比上年增加0.04亿元，增长0.69%；生育保险基金收入1.73亿元，比上年增加0.07亿元，增长3.91%。

（二）社保基金支出决算

2014年省级社会保险基金支出327.56亿元，比上年增加145.45亿元，增长79.87%，支出增长过大的主要原因是2014年拨付2013年下半年省级社会保险调剂金。其中：企业职工基本养老保险基金支出321.66亿元，比上年增加142.12亿元，增长79.16%，剔除2014年拨付2013年下半年调剂金因素影响外，支出增长主要原因是养老金年度调整、领取待遇人数增加和加发缴费年限津贴；失业保险基金支出0.42亿元，增长100%，支出增长主要原因是2014年拨付2013年下半年调剂金；工伤保险基金支出3.63亿元，比上年增加2.67亿元，增长280.82%，支出增长主要原因是2014年拨付2013年下半年储备金；生育保险基金支出1.85亿元，比上年增加0.23亿元，增长14.48%，增长的主要原因是享受待遇人数增加和待遇标准提高。

2014年省级社会保险基金当年结余为－18.69亿元（主要原因是2014年拨付2013年下半年省级社会保险调剂金）。其中：企业养老保险基金当年结余为－23.96亿元，失业保险基金当年结余为3.32亿元，工伤保险基金当年结余为2.07亿元，生育保险基金当年结余－0.12亿元（主要原因是由于“单独二孩”政策生育人数增多）。2014年省级社会保险基金滚存结余514.81亿元，比上年减少3.5%。其中：企业职工基本养老保险基金滚存结余469.81亿元，失业保险基金滚存结余12.32亿元，工伤保险基金滚存结余30.52亿元，生育保险基金滚存结余2.16亿元。

五、2014年全省财政总决算汇编情况

2014年，在各级人大及其常务委员会的监督支持下，全省各级政府和财政部门认真执行经各级人大批准的2014年预算，全省财政较好地实现了收支平衡，略有结余。

（一）全省一般公共预算收支决算情况

根据汇编的决算，2014年，全省地方一般公共预算收入完成8 065.08亿元，为省十二届人大二次会议通过预算

的103.62%，比上年增加983.61亿元，增长13.89%。全省地方一般公共预算收入8 065.08亿元，加上中央补助收入1 434.62亿元（含税收返还补助）、发行地方政府债券收入190亿元（其中省级148亿元、深圳市42亿元）、国债转贷收入及结余0.48亿元、上年结转结余收入1 700.33亿元、调入资金615.78亿元之后，全省一般公共预算总收入完成12 006.28亿元。

2014年，全省一般公共预算支出完成9 152.64亿元，为省十二届人大二次会议通过预算的101.58%，比上年增加741.64亿元，增长8.82%。全省一般公共预算支出9 152.64亿元，加上上解中央支出222.50亿元、增设预算周转金5.30亿元、国债转贷支出及结余0.48亿元、地方政府债券还本45.5亿元、调出资金743.19亿元、援助其他地方支出0.3亿元之后，全省一般公共预算总支出完成10 169.91亿元。

收支相抵，2014年全省一般公共预算结转结余1 836.37亿元，其中：结转下年支出1 680.08亿元，净结余156.29亿元。

（二）全省政府性基金收支决算情况

2014年，全省政府性基金总收入完成5 566.08亿元。其中：当年本级基金收入4 064.15亿元，上年结转结余收入1 380.24亿元，上级补助收入37.86亿元，调入资金83.84亿元。

2014年，全省政府性基金总支出完成3 875.83亿元。其中：当年本级基金支出3 793.40亿元，上解中央支出6.31亿元，调出资金76.12亿元。

收支相抵，2014年全省政府性基金结转结余1 690.25亿元。

（三）全省国有资本经营预算收支决算情况

按照财政部有关规定，关于已经实施国有资本经营预算是指单独编制国有资本经营预算、统一使用国有资本经营预算收支科目、国有资本经营预算草案报经本级人大审议或政府审批等规定，符合上述条件、编报2014年广东省国有资本经营决算的有：广东省省本级以及广州、深圳、珠海、汕头、韶关、惠州、中山、江门、阳江、肇庆、清远等11个地级市。

2014年全省国有资本经营收入决算121.39亿元，其中：利润收入45.48亿元，股利股息收入29.06亿元，产权转让收入13.37亿元，其他国有资本经营预算收入33.47亿元。

2014年全省国有资本经营支出决算117.47亿元，按科目分类：资源勘探信息事务支出45.12亿元，交通运输支出22.37亿元，商业服务业等事务支出20.08亿元，其他支出16.35亿元，城乡社区事务支出4.85亿元，科学技术类支出4.44亿元，文化体育与传媒支出3.68亿元，教育支出0.36亿元，农林水事务支出0.17亿元，节能环保支出0.05亿元。

（四）全省社会保险基金收支决算情况

截至2014年底，全省企业职工基本养老保险、城镇职工基本医疗保险、失业保险、工伤保险、生育保险、城乡居民基本医疗保险和城乡居民基本养老保险总参保人数约达2.58亿人次，同比增长3.62%。社会保险基金总收入3 722.49亿元，增长16.47%，完成预算3 539.38亿元的105.17%。

2014年全省社会保险基金支出2 538.13亿元，增长24.06%，完成预算2 427.94亿元的104.54%。其中：企业职工基本养老保险基金支出1 487.19亿元，占全部基金支出的58.59%，同比增长32.38%，增长的主要原因是除离退休人数增长和年度提高待遇水平因素外，还在2014年加发了缴费年限津贴；城镇职工基本医疗保险基金支出581.47亿元，占全部基金支出的22.91%，同比增长11.79%；其他各项社会保险基金支出增长的主要原因是受社会保险待遇标准提高和领取待遇人数增加的影响。

截至2014年底，全省社会保险基金滚存结余7 791.09亿元，同比增长17.93%。其中：企业职工基本养老保险基金滚存结余5 128.03亿元，占全省基金的65.82%，比2013年增长16.70%；城镇职工基本医疗保险基金滚存结余1 336.89亿元，占全省基金的17.16%，比2013年增长17.02%。

六、落实省人大2013年省级决算决议意见的有关情况

省十二届人大常委会第十次会议关于审查和批准我省2013年省级决算，并作出了《关于批准广东省2013年省级决算的决议》（以下简称《决议》）。按照省人大常委会办公厅《印送省人大常委会关于批准广东省2013年省级决算决议的函》要求，省政府已以《广东省人民政府关于研究落实省人大常委会批准2013年省级决算决议执行情况的报告》向省人大常委会报告，执行情况如下。

（一）完善预决算编制办法，加强政府全口径预决算编制工作

1. 全口径编报预决算。近年来，我省不断完善预决算体系，逐步建立了涵盖一般公共预算、国有资本经营预算、政府性基金预算和社会保险基金预算的全口径政府预决算编制体系。体现在以下几个方面：一是编制范围涵盖了一般公共预算、政府性基金预算、国有资本经营预算和社会保险基金预算，组成了完整的政府预决算体系，从2014年起，将社会保险基金预决算与一般公共预决算、政府性基金预决算、省级国有资本经营预决算一并报送省人代会或省人大常委会审议；二是编制内容包括了本级预算收入和

支出、上一年度结余用于本年度安排的支出、上级返还或者补助的收入、返还或者补助下级的支出、上解上级的支出、下级上解的收入等各项完整的预算收支计划以及预算收支的年度执行结果，反映了整个政府体系的活动范围；三是编制的对象包括了所有应纳入预算管理的财政性资金。

2. 完善部门预算编报。近年来，省财政不断深化部门预算编制管理改革，提高年初部门预算到位率和准确率。一是积极采取措施提高年初部门预算到位率，尽可能将预算细化到部门。从编制2015年预算起，要求省直各部门进一步细化预算编制，在编报预算环节，尽可能将部分资金提前明确支出用途、方向和金额，对可以落实至具体实施部门的资金，列入部门预算。如：将省直属学校的中等职业教育免学费补助、高中阶段教育国家助学金、普通高校本专科生国家奖学金、励志奖学金和国家助学金、研究生国家奖助学金等纳入部门预算。二是充分预计增支政策因素和工作任务，将有充分政策依据的增支项目尽量列入年初预算申报。三是提高预算编制准确率，结合项目开工条件和年度用款计划，分期编报预算，降低结转结余规模。

下一步，省财政将积极采取措施，继续推进全口径预算决算工作：一是按照国家的法律法规规定，努力推动应纳入预算管理的预算外资金全部纳入预算，纳入人大和社会的监督范围之内；二是按照新修订的《预算法》的要求，继续细化预算编制，丰富和完善向人大报送的预算、决算内容，将决算草案与预算相对应，按预算数、调整预算数、决算数分别列出。本级一般公共预算支出决算按其功能分类编列到项，按其经济性质分类编列到款。三是按照国家关于财政预决算信息公开的要求，努力扩宽财政预决算信息公开范围、丰富信息公开内容、创新信息公开的方式，自觉接受省人大和社会各界的全面监督。

（二）进一步完善社会保险基金预决算草案的编制和报告工作，细化监督管理方式

我省进一步完善社会保险基金预决算草案的编制和报告工作，继续做好社会保险基金预算执行情况和决算专项工作报告向规范的社会保险基金决算报告制度平稳过渡工作。细化了2015年社会保险基金预算，在2014年编制12张预算报表的基础上，增加编制5张报表，共17张表，增加提供了各项社会保险基金收入、支出、结余的分市预算表和省级社保调剂金（储备金）筹集分配预算表以及企业职工基本养老保险缴费基数和缴费比例情况表等，并进一步充实预算草案的相关文字说明。同时，进一步加大社保信息公开力度，继续做好社保信息公开工作，省相关部门制定印发了《广东省社会保险信息公开暂行办法》，加强对社会保险基金的监督管理，严格执行社会保险法和社会保险基金财务制度及会计制度的相关规定。做好省级社保调剂金的预算管理工作，2015年，省财政厅会同省人力资源社会保障厅制定并印发了《广东省省级养老保险调剂金分配管理暂行办法》，将省级养老保险调剂金作为专项资金来管理。省级社保调剂金已在决算中反映，2015年我厅在社会保险基金预算中又增加编制了省级社保调剂金筹集分配预算情况表报省人代会审议。

（三）加强专项资金清理整合，提高资金使用效益

1. 完善专项资金管理办法。按照省委、省政府的决策部署，省财政将规范专项资金管理作为2014年的一项重要任务抓紧抓实。在2013年底以省政府名义印发《广东省省级财政专项资金管理办法》的基础上，2014年制定了8个专项资金配套管理办法：一是制定《广东省省级财政资金项目库管理试行办法》，建立省级财政资金项目库管理制度；二是制定《广东省省级财政专项资金目录管理办法》，实现专项资金目录式管理；三是制定《广东省省级财政专项资金联席审批办法》，规范横向并联审批的财政资金的审批管理；四是修订《广东省省级预算预备费管理办法》，细化预备费的使用范围，明确预备费的审批程序和审批权限；五是修订《广东省省级财政专项资金竞争性分配管理办法》，规范财政专项资金竞争性分配的使用范围、基本程序和分配方式；六是制定《广东省省级财政专项资金信息公开管理办法》，明确专项资金管理相关信息向社会公开的内容、方式和程序，主动接受社会监督；七是制定《广东省省级财政专项资金常规性监督检查工作方案》，建立对省级财政专项资金的常规性监督检查制度；八是制定《省级财政到期资金使用绩效评价暂行办法》，强化对到期财政资金的绩效评价。同时，省财政厅还会同省直业务主管部门，对省级281项专项资金，逐项制定管理办法，规范专项资金的申报、审批、公开、下达等程序。

2. 促进专项资金分配公平公正公开。为规范省级财政专项资金管理，提高专项资金管理的公开性、透明度和信息化、网络化水平，加强专项资金监管，提高专项资金管理效率和效益，经省政府批准，我省政府网上办事大厅建立省级财政专项资金管理平台，于2014年4月9日正式上网运行。2014年，省级共有两批280多项省级财政专项资金纳入平台统一管理，开启了我省省级专项资金透明化管理的新局面。省级财政专项管理平台通过省政府网上办事大厅建立统一入口，切实提高了省级财政专项资金管理的公开性、透明度，有效规范和强化了专项资金监督。

3. 推进项目库管理改革。为进一步细化预算编制，提高年初编列预算的精准度和前瞻性，我省先试先行，积极探索推进项目库管理试点工作。2015年选取7个省级部门的9项资金约120亿元，开展项目库管理改革试点。提前挑选项目入库，入库项目编列一年或跨年滚动预算计划，细化至具体项目、金额、项目单位。编制2015年预算草案时，从项目库中选取具体项目纳入年度预算草案报省人代会审批，审议通过后，实行项目库管理的省级财政专项资金可直接下达预算明细计划。改变以往先定预算再选项目的方式，加快年度预算执行进度。

（四）认真落实审计发现问题的整改，切实提高整改实效

一直以来，省财政高度重视审计工作，深刻理解财政部门主动接受审计监督的重要意义。通过审计发现财政运行机制中存在的问题，推动财政改革创新，进一步完善财政运行体制机制；推动财政部门查漏补缺、完善制度、加强管理，建立规范财政管理的长效机制，更有效地发挥财政资金的使用效益；推动财政部门加强干部队伍管理，从源头上预防和惩治腐败，促进党风廉政建设。为确保审计整改工作取得实效，省财政通过“四个强化”确保各项审计整改工作落实到位：一是强化组织领导，明确整改责任；二是强化沟通配合，形成整改合力；三是强化制度建设，确保约束有力；四是强化对照整改，确保取得实效。

在认真做好审计整改工作的基础上，省财政积极研究运用审计整改成果，深化改革，完善机制，努力做到有的放矢，不断推进财政科学化、精细化管理，提高财政管理效能。

一是着力强化财政预算管理。从建立全口径预算编报体系、细化部门预算编制、提高预算执行时效性和均衡性、定期清理结转结余资金等方面着手，建立和完善有效机制，全面反映政府收支总量、结构和管理活动，加快财政支出进度，切实提高财政预算管理水平。

二是进一步加强专项资金管理。健全财政专项资金管理办法，完善专项资金绩效评价制度，全面梳理并加大了专项资金清理范围，严格收回到期专项资金，压减专项转移支付、扩大一般性转移支付。

三是不断完善财政管理机制。通过继续推进国库集中支付制度改革、加强非税收入管理、建立债务风险预警和监控机制、强化国有资产监管、完善政府购买服务相关制度等措施，不断加大改革力度，进一步完善机制和规范财政管理。

四是建立完善财政资金内外部监督机制。建立财政内部监督考核机制，建立健全“质量控制分级制度”、“时效承诺制”和“岗位问责制”等内控制度，加强总预决算公开、部门预决算公开、“三公”经费公开、财政专项资金及基建项目信息等方面的信息公开工作。

五是建立健全审计整改落实和反馈制度。对审计查出的问题和提出的建议，分类按规范要求积极实施整改，立足长效机制建设，深入研究从源头上解决审计查出问题的根本措施，真正做到用制度管权、用制度管事、用制度管人，进一步规范财政财务收支行为，不断提高财政资金使用效益。在审计整改过程中注重做好审计整改反馈工作，及时向审计部门反馈审计整改情况，在收到审计报告、审计决定书和移送处理书送达之日起积极进行审计整改，整改过程中遇到问题要及时与审计部门沟通协调，确保按时、按要求报送审计整改情况。

主任、各位副主任，秘书长，各位委员，2014 年，全省财政工作围绕落实省十二届人大二次会议审议通过的预算及有关决议，全面深化改革，抓好财政收支工作，严格预算执行管理，完善财政政策，加强绩效管理。我们将在省委、省政府的坚强领导下，自觉接受省人大的指导和监督，充分发挥财政职能，巩固稳增长、调结构、促改革、惠民生成果，为实现“三个定位、两个率先”目标任务作出新的更大贡献！

广东省人民代表大会常务委员会关于批准广东省 2014 年省级决算的决议

（2015 年 7 月 31 日广东省第十二届人民代表大会常务委员会第十九次会议通过）

广东省第十二届人民代表大会常务委员会第十九次会议听取了省财政厅厅长曾志权受省人民政府委托所作的《关于广东省 2014 年省级决算草案的报告》和省审计厅厅长何丽娟受省人民政府委托所作的《关于广东省 2014 年度省级预算执行和其他财政收支的审计工作报告》。会议结合审议审计工作报告，对广东省 2014 年省级决算草案及其报告进行了审查。会议同意省人民代表大会财政经济委员会提出的《关于广东省 2014 年省级决算草案的审查结果报告》，决定批准 2014 年省级决算。

关于广东省2014年省级决算草案的审查结果报告

——2015年7月29日在广东省第十二届人民代表大会常务委员会第十九次会议上的讲话

广东省人大财经委员会主任委员　陈家记

主任、各位副主任，秘书长，各位委员：

我代表省人大财经委员会，就2014年省级决算草案的审查结果情况报告如下：

6月30日，财经委员会召开全体会议，听取了省财政厅关于广东省2014年省级决算草案的报告和省审计厅关于广东省2014年度省级预算执行和其他财政收支的审计工作报告，并对2014年省级决算草案进行了初步审查。会前，预算工作委员会对上述两个报告进行了研究并提出了意见。

根据决算草案，2014年省级一般公共预算总收入完成4 427.55亿元，总支出完成3 887.38亿元，收支相抵，省级一般公共预算结转结余540.18亿元，比上年减少177.43亿元，同比下降24.73%，占省级总支出的比重为13.9%，比上年降比低6.82个百分点。2014年省级政府性基金总收入完成504.95亿元，总支出完成265.99亿元，收支相抵，省级政府性基金结余结转238.96亿元，比上年减少44.30亿元，同比下降15.64%。2004年省级国有资本经营预算收入完成14.90亿元，总支出完成15.92亿元，支出超过年度预算，主要是由于个别上年项目结转资金在2014年支出。2014年省级社会保险基金收入308.87亿元，支出327.56亿元，收支相抵，省级社会保险基金当年结余为-18.69亿元，主要原因是2014拨付2013年下半年省级社会保险调剂金，2014年省级社会保险基金滚存结余514.81亿元。经审计认定，截至2013年6月底，省本级政府性债务余额1 171.45亿元，其中，政府负有偿还责任的债务603.65亿元、政府负有担保责任的债务178.55亿元，政府可能承担一定救助责任的债务389.25亿元。

财经委员会认为，省人民政府及其财政等部门和各预算执行单位认真贯彻落实党中央确定的方针政策和省委的决策部署以及省十二届人大二次会议有关决议要求，围绕“三个定位、两个率先”的目标任务，着力抓好增收节支工作，财政收入稳定增长，财政支出保障了重点支出需要，完成了省十二届人大二次会议批准的年度预算任务。省审计部门围绕中央和省的工作重点，对省级预算执行和其他财政收支进行审计，在落实新预算法要求特别是在开展全口径预算审计、部门预算审计方面做了大量工作，提供了重点民生项目资金和重点投资项目的审计情况，对稳增长促改革调结构惠民生政策措施落实情况进行了跟踪审计，较好地发挥了审计监督作用。财经委员会建议省人大常委会批准省人民政府提出的2014年省级决算草案，批准2014年省级决算草案报告。

同时，财经委员会认为，2014年省级决算草案及其报告基本按照新预算法的要求进行编制，着重报告了重点支出项目执行情况及效果、经批准举借债务的情况，专门提供了省对20个市县补助支出情况表，但也反映出一些问题，主要是：地区人均财力水平较低，地方收支矛盾突出，民生支出压力较大；区域发展仍然不平衡，部分地区基础财政较为困难等。省审计部门在依法开展审计监督过程中，在预算管理、税收征管、部门预算执行、重点民生项目资金、重点投资项目等方面发现了一些问题。对上述问题应引起高度重视，采取有效措施加以解决，并扎实做好审计发现问题的整改工作。

针对2014年省级决算反映出的问题，财经委员会提出以下建议：

一、贯彻落实新预算法的要求，切实完善和改进政府全口径决算编制工作

要进一步充实结转资金的使用情况、经批准举借债务的规模、结构、使用、偿还等情况、省级预算周转金规模和使用情况、省级预备费使用情况等方面的内容，并提供相应的支出表格。切实做好部门预算和决算的有机衔接，省级部门决算应按预算口径编制并提请省人大常委会会议审议。

二、加强预算收支的管理和监督，提高财政资金使用绩效

科学测定收支规模，依法加强收入征管，做到应收尽

收；在预算执行中，要遵循先有预算、后有支出的原则，强化预算执行的刚性约束。进一步推进预算绩效管理，扩大财政支出绩效评价范围，建立健全绩效评价结果与预算安排有机结合的机制。

三、进一步完善省级财政转移支付制度，提高基层政府财政保障能力

继续优化转移支付支出结构，在压缩专项转移支付、提高一般性转移支付比重的同时，要增加均衡性转移支付的规模和比重，防止一般性转移支付专项化。进一步规范专项转移支付，建立健全专项转移支付定期评估和退出机制。加快转移支付资金拨付进度，严格按规定时限批复预算和下达各类转移支付资金；对于年中追加转移支付资金，在下达指标后应及时拨付资金，缩短资金到位滞后期，进一步减少年终结余结转资金。

四、加大审计查出问题的整改力度，切实提高整改实效

完善审计查出问题整改跟踪机制，建立健全覆盖全部预算资金和预算管理过程的审计监督制度。完善审计结果应用机制，建立健全审计成果与预算安排相结合的机制。强化对审计查出问题的整改落实和跟踪问责，积极主动配合省人大常委会开展整改跟踪监督，进一步提高整改工作实效。

以上报告，请予审议。

第二部分

领导批示和讲话

GUANGDONG CAIZHENG NIANJIAN

领导批示

省委、省政府领导对2014年财政工作给予了充分肯定。在全省财政工作会议前，朱小丹省长对财政工作作出批示：过去一年，全省财政系统坚持围绕中心、服务大局，着力深化财政体制改革，千方百计为全省稳增长、调结构、促改革、惠民生、防风险提供有力支撑，取得在经济下行压力下超额完成全年财政收入预期目标的突出成绩，使财政收入稳定增长成为全省稳中求进的突出亮点。新一年要按克强总理重要批示精神，着力在稳增长、保重点、补短板、激活力、增实效上下工夫，为我省全面实现“十二五”规划目标提供可靠保障。

（办公室提供）

2014年2月13日朱小丹省长在省财政厅报送的《2014年1月全省公共财政预算执行情况简要分析》上批示：取得开门红是个好信号。建议加强税收增长预测性分析，进一步提高收入质量，掌握好企业减负时机和力度，加强支出管理，促进公共财政预算执行提质增效。

（国库处提供）

徐少华常务副省长在2014年11月来省财政厅调研时指出：过去一年里全省财政、财务干部大局意识强、工作作风实，勇于改革创新，狠抓贯彻落实，出色完成了各项工作任务，为全省经济社会平稳健康发展作出了重要贡献。新的一年，希望大家继续保持良好的精神和工作状态，以优异的工作成绩向省委、省政府交出一份满意答卷。

（办公室提供）

2014年1月6日徐少华常务副省长在我厅报送的《2013年全省财政收支情况简要报告》上批示：过去一年，省财政厅及全省财政系统立足大局提供保障、解放思想推进改革、规范管理履职尽责、转变作风队伍过硬，为全省经济社会顺利实现各项目标任务付出了宝贵心血和辛勤劳动。谨向财政部门的干部职工致以衷心感谢和崇高敬意。期望新的一年，大家以全面深化改革为引领和动力，为我省率先建立现代财政制度，开创财政工作新局面奋发有为再作新贡献。

（国库处提供）

2014年2月24日徐少华常务副省长对省财政厅《关于2012年县级基本财力保障资金使用绩效评价结果的报告》的批示：此项绩效评价积极有为，把握住成效与不足。给予充分肯定。同意对下一步工作的意见建议，继续优化县级财力保障工作机制和绩效评价工作办法。

（绩效评价处提供）

2014年1月20日徐少华常务副省长在《关于报送广东省整治“小金库”、违规使用专项资金专项行动工作开展情况的报告》上批示：省财政厅以高度的政治责任感，扎实推进落实党的群众路线与教育活动确定专项行动工作，如期完成任务，取得明显成效。同意下一步工作思路与安排，严格把关，建立长效机制下功夫。

（监督检查局提供）

领导讲话

努力建立现代财政制度

——在全省市、县（市、区）长现代财政制度专题培训班上的讲话（节选）

省委常委、常务副省长　徐少华

（2014年4月9日）

在全省上下深入贯彻落实党的十八届三中全会和省委十一届三次全会精神、全面深化改革的关键时期，省政府举办这次全省市、县（市、区）长现代财政制度专题培训班，既是对我省全面深化财政体制改革、率先建立现代财政制度的动员部署，也是贯彻省委开展大规模培训干部的工作安排，推动全省各级领导干部加强学习、努力转变知识结构、提高履职尽责能力的重要举措。此次培训有三个特点：一是主题鲜明。突出了贯彻落实党的十八届三中全会精神、全面深化财政改革、率先建立现代财政制度的主题，把财政改革发展的目标与当前管财理财工作的重点很好地结合起来。二是学用结合。这次培训安排的几个专题，都和我省全面深化改革的实践密切相关，目的就是通过培训，提高管财理财领导干部推进财政改革的意识、能力和水平，更好地把省委、省政府关于全面深化改革的决策部署落到实处。三是内容丰富。这次培训班既有理论研究领域的专家学者，也有从事财政实践工作的领导同志授课，课程涵盖了现代财政理论和实务，虽然时间短，但内容很丰富，对理解财政改革知识很有帮助。希望大家把培训学习成果积极地应用到今后工作中，推动我省继续在深化财政改革中走在前列、率先建立现代财政制度。

一、深刻领会党的十八届三中全会决策部署，准确把握深化财政体制改革的目标方向

财政体制改革是全面深化改革的重点之一。党的十八届三中全会围绕建立现代财政制度，从改进预算管理制度、完善税收制度、建立事权和支出责任相适应的制度等方面，提出了明确要求。我认为主要应从以下三个方面去理解十八届三中全会关于深化财税体制改革的部署。

（一）深刻领会十八届三中全会对现代财政的职能定位

十八届三中全会指出，财政是国家治理的基础和重要支柱，科学的财税体制是优化资源配置、维护市场统一、促进社会公平、实现国家长治久安的制度保障。这是党中央深刻总结历史经验、把握国家治理规律、着眼我国现代化建设全局作出的科学判断，也是重大的理论创新，将财政地位上升到一个前所未有的高度。财政制度安排体现政府与市场、政府与社会、中央与地方关系，涉及政治、经济、社会、文化和生态文明等各个方面。纵观古今中外，国家实力的增强，国家治理体系的演进和完善，都是以财税制度的不断发展为基础的。新中国成立以来，我国财税体制经历多次调整，大体上经历了从“统收统支”到“分灶吃饭”的包干制，再到“分税制”的沿革历程。广东的发展变化是制度沿革真实写照。1980年，以中央对广东实行财政“大包干”体制作为突破口，财政体制为广东全方位的改革开放起到了基础性作用；1994年实行分税制改革，奠定了适应市场经济要求的各级政府间财政关系基础框架，为深化社会主义市场经济改革起到了重要的作用。十八届三中全会对财政体制改革作出顶层设计和总体部署，我们要以此为指导，充分认识和努力发挥财政和财政制度的重要作用，巩固其在完善国家治理体系和促进经济社会发展中的基础性、制度性、支撑性地位。去年来源于广东的财政总收入为16 964亿元，其中上缴国家约8 200亿元，国家通过转移支付返还广东约1 500亿元。我们既要看到广东对国家作出的贡献，同时更要看到国家在先行先试、政策优惠、项目资金等方面对广东的大力支持。

（二）准确把握十八届三中全会关于深化财政体制改革的目标任务

十八届三中全会强调要完善立法、明确事权、改革税

制、稳定税负、透明预算、提高效率，建立现代财政制度。这为我省推进财政体制改革指明了方向、明确了目标。完善立法，就是要全面推进依法理财、依法治税，把财政纳入法制化轨道，规范各种财政分配关系和行为，促进政府和市场、社会有序协调运转。明确事权，就是要在明确政府和市场、社会内涵与边界的基础上，明确各级政府的事权与支出责任，促进各级政府各司其职、各负其责、各尽其能。哪些是政府该做的，哪些是市场该做的，哪些是不同层级政府该做的，都要统筹进行划清，尽量减少自由裁量权。改革税制，就是要按照有利于科学发展、社会公平、市场统一的要求，优化税制结构、健全地方税体系、清理规范税收优惠、完善税收征管体制。这方面主要有两个问题值得研究，一方面，各级政府通过财税补助、贴息和资本金的投入，以及无偿拨款、减免税收等办法出台不同的优惠政策，形成各类“税收洼地”；另一方面，随着近年来国税与地税各种税种的调整，出现了同一个税种由不同税务局进行交叉征收和监管的现象，比如国税局和地税局都计征所得税等。稳定税负，就是要正确处理政府与企业、个人的分配关系，既要使市场有激发创新的活力，又要使政府有提供公共服务的能力。透明预算，就是要按照建设法治政府、阳光政府的要求，加快推进预算决算公开，强化对财政运行的监督，推进民主理财。提高效率，就是要优化支出结构，建设公共财政，减少政府对市场配置资源的干预。通过实施科学的政府预算、健全的运行机制、有效的监督制度，更好地发挥财政在经济社会发展中的作用。我们要按照党的十八届三中全会确定的改革目标和路径，紧密结合我省地方实际，研究完善改革方案，扎实推进财政体制改革，加快形成有利于转变经济发展方式、有利于建设公平统一市场、有利于基本公共服务均等化的财政体制机制。

（三）全面理解现代财政制度的内涵外延

现代财政制度的内容非常丰富，初步研究具有以下七个特征：一是财政收入的稳定性。一方面，以税收收入为主的财政收入必须保持在一个比较稳定的规模上，以充分满足政府提供各种公共产品和服务的需要。另一方面，在组织财政收入时应充分考虑企业和居民的实际承受能力，保持税制设计和税率税负的相对稳定。目前，社会舆论主要对土地财政、个人所得税征收不公平、税收改革缺乏预期等三个方面批评较多。二是财政支出的公共性。要将财政定位于弥补市场失灵、满足社会公共需要，更加注重财政支出的公共性，坚持有所为、有所不为，把有限的资金使用在最需要的地方，最大限度地提高财政资金的使用效益。由于发展和转型的需要，目前相当一部分财政资金用于经营型领域支出，这与财政资金公共性的本质是相背离的，即使是西方国家当前也没有完全解决这一问题，今后要适当控制财政资金在经营性领域中的支出比例，不断扩大公共性领域支出。三是预算编制的科学性。即政府预算体系完整且有机衔接，预算编制细化而准确，预算决策机制和程序公开透明。要逐步扩大参与范围，推动财政预算编制从财政、审计等专业部门负责向引导全体纳税人参与转变，以提升其科学性。四是预算执行的严肃性。严格按照“先有预算、后有支出，没有预算、不能支出”的原则，规范预算调整和追加，强化预算执行刚性和严肃性。这方面关键是要减少自由裁量权，切实减少随意变更财政预算的现象。五是财政管理的规范性。要在支出管理、预算绩效管理、政府性债务管理、财政监督等方面不断规范完善，以适应财政收支规模不断扩大，财政服务对象逐步拓宽，财政工作复杂性和艰巨性越来越突出的需要。六是财政政策的统一性。要转变配置资源的理念和方式，在大力清理规范税费优惠政策的同时，建立向各类投资主体公平配置公共资源的机制，营造法治化国际化营商环境，对所有市场主体实行普惠性政策。过去为了招商引资，有些地方往往实施“零地价”、税费减免等政策，引进项目付出了较高成本，反而没有带来应有的利益，更极大地扭曲了市场价格信号。此外，一些地方为了争取上级资源，往往“跑部钱进”、“跑厅钱进”。今后要通过严格核算方式，对财政等公共资源进行均衡分配，进一步减少财政上的自由裁量权。七是事权和支出责任的匹配性。在加快政府职能转变的基础上，充分考虑公共事项的收益范围，解决信息的复杂性和不对称性，合理划分事权和支出责任，实现事权和支出责任相适应。

二、立足解决当前财政体制运行中的矛盾，增强推进财政改革的问题导向

习近平总书记今年“两会”期间参加广东代表团审议政府工作报告时强调指出，要坚持改革的问题导向，用改革解决问题。当前，随着经济社会发展和国内外形势的变化，我省现行财政体制中的矛盾问题也在运行中逐渐显现，突出表现在以下五个方面：

（一）事权与支出责任划分不清晰、不明确

一是财政供给“越位”和“缺位”并存。一方面，财政供给范围过宽，包揽过多，对市场竞争性领域管得过细，也包揽了许多社会可以自主治理的事务；另一方面，公共服务供给不到位，公共服务体系和机制还不健全，公共服务平台建设相对薄弱，欠发达地区公共服务存在保障标准偏低、保障范围未能实现全覆盖等问题。二是各级政府事权和支出责任缺乏明晰的界定。各级政府间职能重叠，共同管理事务过多，事权和支出责任容易出现错位。一些原本应该省级负责的全省统一市场建设、促进区域协调发展等事务，市县也承担了支出责任，如跨区域重大疫病防治、重大基础设施建设等；反之，一些本该市县负责的直接面向基层、地域信息强、收益范围窄的事项，省级也安排了支出，如农村道路建设、农村公益事业等。三是支出责任缺乏健全的协调机制。某项政策往往是上面出政策、下面

出钱，“一竿子插到底”，基层政府只能被动接受，特别是年度预算执行中新出台的政策较多、支出压力较大，导致财政体制运行中矛盾较多、效率不高。再加上经常开展全省统一的各类评比达标，地方往往为了完成任务而安排配套资金，以致挤压了地方机动财力投向，未能将有限的机动财力用于解决当地老百姓的实际需求。四是各级政府间转移支付制度不完善。一般性转移支付比重偏小，专项转移支付项目过多、规模过大、资金分散。不仅容易造成“跑部（门）前进”、“撒胡椒面”的现象，而且容易造成上级部门通过资金安排不适当干预下级事权，甚至出现各类寻租行为。五是财力与事权不匹配。由于各级政府事权和支出责任缺乏明晰的界定，支出责任又缺乏健全的协调机制，再加上转移支付结构不合理，造成基层财力与事权不匹配。在一些经济欠发达地区，这种情况比较普遍和严重，现有财力用于保障运转和基本民生就已捉襟见肘，难以拿出更多资金满足各级各部门名目繁多的配套要求。

（二）人均财力水平低，区域财力差距大

“财政大省、财力弱省”是我省财政最突出的特点。一是人均财力水平低。来源于我省的财政总收入位居全国第一位，占全国的十分之一，但按常住人口计算，2012 年我省人均公共财政预算支出 6 974 元，比全国地方平均水平（7 954 元）低 980 元，比东部地区平均水平（8738 元）低 1 764 元，排在全国第 21 位（如果剔除深圳，则为 6 100 元，排全国第 28 位），与我省财政大省的身份不符。二是区域财力差距大。2013 年，珠三角九市公共财政预算收入总额占了全省市县级收入总额的 84.71%，东西两翼和粤北山区仅分别占 9.33% 和 5.96%，珠三角地区公共财政预算收入总额分别是东西两翼和粤北山区的 9.1 倍和 14.2 倍。三是市、县财力总体薄弱。2013 年财政收入超过 100 亿元的地级以上市只有 11 个市，占比 52%，落后于江苏的 100%、山东的 94% 和浙江的 73%。全省 67 个县（市）占全省地方公共财政收入比重只有 9.13%。四是市、县对省的依赖度高。2012 年为省作贡献的纯上缴市只有广州、深圳、东莞、佛山、中山、珠海，其他市都需要省财政转移支付。全省 67 个县（市）对省转移支付的平均依赖度更是达到 67%。五是部分地区政府性负债率偏高。虽然我省地方政府性总债务率低于警戒水平，但也有个别地区和部门债务规模较大、偿债能力较弱，存在风险隐患。

（三）财政调控经济社会发展的杠杆作用不突出

一是调控经济社会发展理念错位。习惯用“有形之手”干预经济活动，对市场竞争性领域管得过细，微观事务管理较多，很多资源直接投向了企业以及竞争性领域，导致企业对政府的依赖。比如，政府过多给予优惠政策，以致各类企业都向政府要优惠政策和财政补助，好像没有优惠政策就不算政府支持，反而市场经济最需要坚持的统一普惠的政策、维护公平的规则被忽略了。与此同时，政府过分依赖产业规划。现在五年规划制定以后，经常需要配套制定很多产业规划，往往五年已经过去三年，但很多专项规划还没出台，实际上起不到引导产业发展的作用。现在要反思是否真的需要由政府制定这么多详尽的产业发展规划，其实，市场是有敏感性和渗透性的，会自动进行调节。此外，政府有时错位进行价格补贴。当市场供求关系出现变化，尤其是农副产品供应不足、价格上扬时，就由各级财政对生产端进行补贴，干扰了市场价格信号，使一般生产者缺乏市场价格信号刺激。其实应该在市场价格过高时向生活困难的家庭发放财政补助，解决消费不起的问题。二是调控经济社会发展方式单一。习惯“点对点”对企业个体方面的支持，“头痛医头、脚痛医脚”，统筹考虑提高公共服务质量、优化发展环境支持措施不够，缺乏“点对面”的统一性和普惠性，造成财税优惠政策的碎片化。今后制定财税优惠政策时要注意对同类地区、同类行业的普遍适用，不宜再对个别地区、个别企业出台特殊政策，防止碎片化和互相攀比。三是公共服务供给机制不健全。公共服务缺乏有效综合管理机制和制度的刚性约束，造成资源分散，项目交叉重复，衔接不畅；部分公共服务重“养人”轻“养事”，重直接投入、轻机制创新，重分配、轻管理的支出格局没有改变，影响了公共服务的整体效果。今后要逐步推行政府购买服务。

（四）预算管理制度不尽科学

一是预算体系不够完整统一。公共财政、政府性基金、国有资本经营和社会保险基金四大预算的功能定位和相互关系还不清晰，缺乏有效衔接，部门利益色彩较明显。二是预算编制有待细化。“基数加增长”的传统预算编制模式没有改变，部门肢解财力、固化财力分配的现象比较明显。同时，预算编制不够细化，难以准确完整反映政府的收支状况。三是预算约束刚性不足。《预算法》规定要严格按预算安排支出，但在实际预算执行中，由于预期不足和人为因素，往往存在年中预算随意追加、变更频繁的问题。四是预决算信息公开有待细化。一些地方在支出政策、项目安排、预留资金和超收资金的使用方面不够透明，预决算信息公开的广度和深度同社会公众的期待还有不小差距。

（五）财政管理规范化精细化水平不够

一是预算支出行政决策机制不健全。资金分配和支出的行政决策缺乏有效约束，一些地方存在民生保障和刚性运转支出存在缺口，却不断向形象工程、政绩工程“砸钱”的现象，缺乏“雪中送炭”的理念与功能；一些部门行政经费挤占专项资金的情况突出。二是专项资金设立过多过滥、分配不规范。部分专项资金设立程序不规范、管理制度不健全，交叉重复设置和多头分散管理问题突出。分配过程没有完善的项目库，导致“先安排钱、再定项目”，自由裁量权过大，使用绩效难以得到保障，甚至呈部门利益

化趋势，成为个别不法分子眼中的“唐僧肉”。今后分配财政专项资金，用于公共性领域的要坚持普惠性和公式化，用于经营性领域的要坚持竞争性和股权式。三是预算支出的时效性和均衡性有待进一步提高。全年各月支出进度不均衡的问题仍然突出，年底集中支出的现象仍未改善。同时，大量已安排支出拨付不及时，造成结余结转规模偏大。

上述矛盾和问题相互交织，不仅影响财政自身的持续健康发展，而且影响着财政职能作用能否有效发挥，特别是能否确保中央和省委、省政府决策部署得到贯彻落实。我们一定要认真学习领会、深入贯彻落实党的十八届三中全会精神，针对我省财政运行中的矛盾和问题，树立问题导向的改革意识，有的放矢、大胆实践，把各项财政体制改革任务落实好、完成好。

三、切实增强责任感使命感，贯彻落实深化财政体制改革的重点任务

为全面贯彻党的十八届三中全会精神、确保中央改革举措落到实处，省委、省政府制定了《中共广东省委贯彻落实〈中共中央关于全面深化改革若干重大问题的决定〉的意见》，明确我省要率先建立现代财政制度，并对预算编制改革、建立事权与支出责任相适应的制度、完善转移支付体系，在公共事业发展和公共资源配置领域引入竞争机制、清理规范专项资金、完善地方税体系等方面作了全面部署。为全面落实中央改革举措，近期我省对应梳理了改革举措项目和分工，共330多项，其中涉及财政改革方面的有近80项。接下来，要按照中央和省委、省政府的统一部署，认真研究，抓好落实，重点推进以下几项财政体制改革：

（一）建立省以下事权与支出责任相适应的制度

围绕推进政府治理体系和治理能力现代化，根据“谁该干什么事”来决定“谁掏钱”，再通过收入划分调整和完善转移支付制度让“事”和“钱”相匹配，合理配置各级政府支出责任，明确各级政府分担资金的比例和标准，形成省以下各级财力与事权相匹配的制度。具体要从五个方面推进：一是合理界定事权范围。强化政府在公共服务、市场监管、社会管理等方面的职责，转移部分政府事权，减少政府对微观事务的管理职能，逐步退出竞争性领域。二是科学划分各级事权。将关系全省统一市场建设、促进区域协调发展等事权集中到省级，减少委托事权；将直接面向基层、地域信息强、由基层管理更加方便有效的经济社会事项下放给市县。具体操作上，可先从存量调整开始，从制度上搭好框架。三是理顺政府部门职责关系。合理确定部门各自的权责范围和职能重点，坚持一项事权原则上由一个部门负责，确需多个部门共同履行的事权，明确牵头部门，分清主次责任。当前尤其要重视解决食品安全多头管理的问题，进一步理顺职责关系，划清政府职能的内涵和外延。四是合理划分各级支出责任。对于由本级独立承担的事权，由各级统筹财力安排，承担支出责任；对各级共同承担的事权，按照一定原则确定省市分担比例；对新增事权，各级政府年度预算确定后，年度预算执行中新增事权原则上由出台新增政策的一级全额承担支出责任。五是建立事权和支出责任相适应的财政体制。对省、市、县各级承担事权的财力需求进行测算，并调整省以下财政收入划分。调整完善转移支付制度，对省与市县共担的事权，省财政按照省负责的比例，通过转移支付将资金下达至市县；对省委托市县的事权，省全额补助市县，取消市县配套。今年要完成制定省、市、县、镇政府事权与财政支出责任划分的工作方案，并在珠三角和粤东西北地区各选1个市进行试点，明确各级政府分担资金的比例和标准。

（二）建立政府向各类投资主体公平配置公共资源机制

改革的主要思路是：先明确界定政府可配置公共资源和各类投资主体的范围和类别，再理清各类公共资源可选择和适用的市场化配置方式，在此基础上，推进公共资源交易平台建设、加强多方综合监管、推行竞争性配置等三个层次改革，并强化改革的综合配套，确保改革有序推进、取得实效。改革主要措施包括：一是合理界定政府可配置公共资源的范围。将经营性财政资金、自然性资源、公用性资源、资产性资源、行政性资源等纳入可配置公共资源的范围。二是合理界定投资主体范围。包括政府机构、各类企业、社会组织和个人，并制订投资主体准入负面清单。三是合理选择公共资源公平配置方式。对于不同的公共资源类型，选择公开招标、公开拍卖、挂牌交易、竞争性评审及其他市场化配置方式。四是建设规范运作的公共资源交易平台。按照公平竞争、规范管理、市场化运作的要求，推进公共资源交易平台“管办分离”，建立公共资源交易平台竞争机制，加强和规范公共资源平台管理。五是建立公共资源交易综合监管机制。建立健全公共资源交易事前、事中和事后监督机制，加强行政主管部门监管和监察、财政、审计监督，建立公共资源交易统一监管和信息公开平台，提高电子监察水平，建立公共资源交易诚信体系。六是深化公共资源市场化配置改革。引入竞争机制和市场化运作管理，深化市场准入制度、行政审批制度、公共资源交易体制、财政专项资金管理和探索推进多种融资合作模式等改革。今年要在珠三角和粤东西北各选一个市在交通、能源、城建、准公益社会事业等领域开展公共资源用于经营性项目的竞争性配置试点。要改进土地资源交易方式，从“面对面”大厅式拍卖向“背靠背”网上匿名式拍卖转变，有效防止围标串标行为，这方面惠州已经有比较成熟的经验，值得学习借鉴。要加快建立环境产权制度，积极开展竞争性配置试点，探索排污权、水权、林业碳汇等交易机制。

（三）改进预算管理制度

改革的目标是，建立预算编制科学完整、预算执行规范有效、预算监督公开透明及其三者有机衔接、相互协调为核心的现代预算管理制度。重点包括：一是完善政府预算体系。全省各级财政建立覆盖公共财政预算、国有资本经营预算、政府性基金预算和社保基金预算的全口径的预算编报体系，加大将政府性基金预算中应统筹使用的资金调入公共财政预算的力度，提高国有资本收益上缴公共财政比例。二是建立跨年度预算平衡机制。实行中期财政规划管理，编制中期滚动预算；改进年度预算控制方式，公共财政预算审核的重点由财政收支平衡状态向支出预算和政策拓展；加快项目库建设，逐年扩大管理范围，解决多年来“钱”找“项目”的问题。三是改进预算决策机制。建立健全项目支出提前决策机制，完善项目审核程序；完善预算编制征询部门、专家和人大代表意见的机制。四是提高预算执行时效性和均衡性。通过健全预算执行约束机制和财政支出监控机制、强化结余结转资金管理等，进一步规范预算执行。五是建立政府性债务管理体系。建立债务规模控制和风险预警机制，加强债务举借及资金使用的管理，坚决制止违规举借政府性债务行为。六是落实财政预决算信息公开制度。扩大公开内容与范围，重点公开“三公”经费、专项资金和基建项目的使用范围和绩效情况。

（四）探索构建地方税体系

按照中央新一轮财税体系改革的思路，将通过推进“营改增”以及增值税、消费税、资源税、房地产税等改革，增加直接税比重，推动税制从生产型税制逐步转变为消费型税制。同时，适当赋予地方税权，构建地方主体税种，增强地方培育特色产业和税源结构的能力。需要在此强调的是，构建地方税体系由中央主导推进，主要税源的方向、地方税种的培育以及逐步提高直接税在税收中的比重等将取决于中央税制改革的导向。因此，我们要积极按照中央的统一部署积极落实推进。一方面，要加强对构建地方税体系的研究，争取确立的地方主体税种具有很好的成长性，使地方税体系能够成为地方培育特色产业和税源结构的重要手段；另一方面，要按照中央部署，开展全面清理规范财税优惠政策工作，着力打造市场化、法治化、与国际接轨的营商环境，实现由“政策洼地”向“环境高地”转变。目前，我们正在抓紧制定两份清单：一份为“正面清单”，即政府部门的权责清单，主要是规定政府部门可以做的事情——法无授权不可为，指的是要明确政府权责的内涵和外延，在横向层面，界定政府不同部门的权责边界，实现一件事情由一个政府部门主管；在纵向层面，划清省、市、县三级政府不同层级的权责边界，并建立事权与财权相适应的运行规制。另一份为“负面清单”，即对市场主体的投资清单，主要是规定投资行为限制的领域——法无禁止即可为，指的是列出投资限制准入的范围，清单之外的投资领域，各类企业皆可自由进入，营造公平竞争的市场环境，释放市场主体引擎动力。

四、加强财政干部队伍建设，不断提高履职能力

长期以来，全省财政系统干部履职尽责，辛勤劳动，为全省的经济社会发展作出了重要贡献，是一支党委政府信得过、能干事、干成事的队伍。借此机会，我谨代表省委省政府，代表胡春华书记和朱小丹省长向大家表示衷心感谢和崇高敬意。接下来，要深入推进改革，抓好工作落实，关键在于建设一支政治强、素质高、业务精、战斗力强、作风良的财政干部队伍，这也是推进财政改革任务、确保现代化事业健康发展的重要保障。

一要加强学习、提升能力。当前，深化财政改革，建立现代财政制度，提出了很多新概念以及新的改革举措。要推进这些改革，作为管财理财的领导干部，首先要及时去研究学习这些新知识，希望大家一定要增强紧迫感，想方设法挤出时间来学习，紧跟形势，不断提高自身综合水平和业务素质。特别要充分运用信息化手段，通过大数据应用和分析准确掌握财政资金的安排、去向和绩效，努力做财政工作的行家里手。

二要转变作风、注重实效。财政部门是社会关注的焦点，财政收上来、花出去的每一个铜板，身后有千百双眼睛盯着看着。作为管财理财的领导干部，要切实转变作风，倡导做老实人、说老实话、干老实事，增强服务意识和公仆意识，弘扬换位思考、主动服务的优良作风。要敢于担当、敢于较真，勇于直面矛盾，切实解决问题。要严格遵守中央八项规定和省委实施办法，坚持勤俭办一切事业，严控“三公”经费等财政支出，坚决不搞变通、不打折扣、不打埋伏。

三要依法理财、廉洁自律。为政清廉才能取信于民，秉公用权才能赢得人心。近年来我省财政系统查处的个别案件，令人警醒，充分表明加强财政干部队伍作风建设、纪律建设、廉政建设的重要性和紧迫性。要防微杜渐，警钟长鸣，时刻紧绷廉洁从政这根弦，切实做到“秉公用权一身正气，无私理财两袖清风”。要深刻认识到管财理财的权力是党委、政府和人民赋予的，不能把手中的权力当成自己谋利的工具、交易的筹码，绝不能有任何形式的权钱交易行为，对各类以权谋私行为都要实行“零容忍”。今年省直各部门绝不能再出现白头单报销，管财的干部要切实负起监管责任。财政部门批拨的每一笔钱，都应该按照规章程序来办理，绝不允许假公济私。

在全省财政工作会议上的讲话

（节选）

曾志权

（2015 年 1 月 19 日）

省委、省政府领导同志非常重视财政工作。这次会议前，朱小丹省长对财政工作作出重要批示：“过去一年，全省财政系统坚持围绕中心、服务大局，着力深化财政体制改革，千方百计为全省稳增长、调结构、促改革、惠民生、防风险提供有力支撑，取得在经济下行压力下超额完成全年财政收入预期目标的突出成绩，使财政收入稳定增长成为全省稳中求进的突出亮点。新一年要按克强总理重要批示精神，着力在稳增长、保重点、补短板、激活力、增实效上下工夫，为我省全面实现‘十二五’规划目标提供可靠保障。”徐少华常务副省长会前专门委托我向全省财政系统的干部职工表示问候，感谢大家一年来的辛勤劳动。徐少华常务副省长去年 11 月来省财政厅调研时指出，“过去一年里全省财政、财务干部大局意识强、工作作风实，勇于改革创新，狠抓贯彻落实，出色完成了各项工作任务，为全省经济社会平稳健康发展作出了重要贡献。”新的一年，希望大家继续保持良好的精神和工作状态，以优异的工作成绩向省委、省政府交出一份满意答卷。朱小丹省长和徐少华常务副省长的重要批示指示精神，鼓舞人心、催人奋进，为我们做好当前和今后一个时期财政工作指明了方向，我们要认真领会，抓好落实。

一、关于全国财政工作会议精神的传达

2014 年 12 月 29－30 日，全国财政工作会议在北京召开。楼继伟部长作了工作报告，刘昆副部长作了总结讲话。会议传达了李克强总理、张高丽副总理对财政工作的重要批示精神；回顾了财政工作取得的新成绩；深刻分析了做好经济新常态下财政工作的新要求，全面部署了 2015 年财税改革任务和重点工作。具体会议精神已印发给大家，这里不再详细传达。各地在贯彻落实全国财政工作会议和楼继伟部长讲话精神时，要注重结合本地实际，突出重点，把握实质。一是要深刻领会做好经济新常态下财政工作的新要求。包括财政收入由高速增长转为中低速增长，要克服速度情结，防止竭泽而渔；财政支出刚性增长，要花钱买机制，确保可持续；财政深刻介入国家治理的各个方面，要充分发挥财税改革的基础性支撑性作用；预算规范管理、公开透明的要求越来越高，要全面推进依法理财；财政宏观调控面临的形势更加复杂，要创新调控思路和方式等。二是要准确把握新形势下深化财政改革的新任务。包括推进中期财政规划管理、优化转移支付结构、盘活存量资金、加强地方政府性债务管理、加快推进税制改革、深入研究推进财政体制改革、合理划分各级事权和支出责任、推进政府购买服务、推广运用 PPP 模式等。三是要全面预计影响财政收支的新情况。包括认真测算有关民生政策提标、机关事业单位养老保险制度改革和工资调整等方面的增支情况；会同税务部门对“营改增”扩围进行调研、测算，详细掌握情况，认真测算对地方收入影响；研究落实财政部调整出口退税增量分担机制的措施；开展清理规范税收等优惠政策有关工作等。

二、2014 年工作回顾

2014 年，全省各级财政部门坚决贯彻中央和省委、省政府决策部署，紧紧围绕稳增长、促改革、调结构、惠民生、防风险，主动适应新的形势和要求，积极发挥财政职能作用，着力深化财税体制改革，突出加强部门自身建设，各项工作取得新的成绩。

（一）抓好收支管理，财政运行平稳

在经济稳定增长的基础上，切实增强主业意识，狠抓收支管理，收入增幅平稳、增长均衡，支出结构优化、重点突出。收入方面，加强对收入形势的分析研判，强化收入组织工作，促进应收尽收，月度间收入增幅平稳，全省一般公共预算收入总量突破 8 000 亿元，完成 8 060 亿元，同比增长 13.91%，增幅在东部沿海五省市排第一，总量连续 24 年居全国各省（区、市）首位。省、市、县三级一般公共预算收入同比分别增长 11.02%、15.77% 和 13.63%，各级次增幅差距较小，且市县一般公共预算收入增幅连续两年高于省级，基层财政自我保障能力进一步提高。支出方面，改进预算管理，严格遵循“先有预算、后有支出”的原则，硬化预算约束；全面建立层级责任体系、台账管

理机制和通报制度，抓好预算执行；从严控制一般行政经费和“三公”经费增长。全省一般公共预算支出完成9 134亿元，同比增长10.51%。支出结构不断优化，全省民生类支出完成6 177亿元，同比增长11.25%，高于支出平均增幅（10.51%）0.74个百分点，占全省一般公共预算支出的比重达67.63%，同比提高0.45个百分点。全省主要用于维持政权运转的一般公共服务支出同比下降1.46%，其中省级下降30.97%。同时，省财政不断加大对欠发达地区的转移支付力度，有效改善了全省财政支出的区域均衡性，2014年粤东西北支出占全省市县支出的27.92%，同比提高0.78个百分点。

（二）服务大局，积极支持稳增长调结构惠民生防风险

各级财政部门坚持服务大局、主动作为，充分发挥财政调控作用，统筹一般公共预算、政府性基金预算等方面的资金，全力保障中央和省委、省政府稳增长、调结构、惠民生、防风险各项决策部署落实。

稳增长方面，增强财政政策措施的针对性和有效性，支持经济稳定增长，涵养财源税源。及时研究制定《关于财政支持稳定经济增长的政策措施》，综合运用22项财政措施，通过支持基础设施建设、稳定外贸进出口、支持扩大消费、促进产业转型和落实税费减免政策等，力促经济运行保持在合理区间。包括：投入332亿元，加大对交通、水利、环保等基础设施建设的投入，以财政资金投入带动社会固定资产投资平稳增长；减免部分涉企行政事业性收费省级收入，全年为企业减负15亿元以上；顺利实施148亿元地方政府债券发行工作，用于省级或转贷地方用于重点项目、保障性安居工程及普通公路建设。

调结构方面，发挥财政杠杆作用和财政政策的精准调控优势，推动经济转型升级。一是投入22亿元，支持一批重大项目建设和落户，推动重大产业技术研发和产业化进程。二是整合设立战略性新兴产业扶持基金，采用股权投资、偿债基金、投资基金等方式，滚动支持八大战略性新兴产业发展。三是投入资金8.6亿元，支持现代服务业新兴领域发展，拓展服务新业态。四是实施省级产业园扩能增效专项扶持措施，实行分类扶持和资金安排机制，重点支持基础设施建设，加快产业集聚发展。五是投入9.1亿元，支持大型骨干企业创新提质发展，推动中小微企业服务体系和担保体系建设。六是支持生态文明建设。修订生态保护补偿办法，支持开展国家生态文明先行示范区建设、水生态文明建设、排污权有偿使用和交易试点，支持淘汰落后产能、资源综合利用、清洁生产及循环经济项目等。同时，积极研究制订支持企业新一轮技术改造、企业研究开发、珠江西岸先进装备制造业发展的财税政策意见，为省委、省政府决策提供参考。

惠民生方面，突出民生领域财政政策措施的普惠性，区分不同层次的民生需求，进一步完善保障改善民生的体制机制和政策体系。一是完善民生领域体制机制。修编《广东省基本公共服务均等化规划纲要（2009－2020年）》，将江门、清远、阳江三个市新增纳入基本公共服务均等化综合改革试点，制订实施《广东省财政厅省十件民生实事办理工作规程（暂行）》。二是完善民生投入机制。省级财政投入784亿元、全省各级财政投入1 941亿元，全力保障办好十件民生实事。三是加大对重点民生和底线民生保障力度。提高低保、五保对象、孤儿、残疾人和城乡医疗补助水平。做好山区和农村边远地区义务教育学校教师岗位津贴、城乡义务教育生均公用经费、城乡居民社会养老保险基础养老金等提标工作。四是支持农村社会事业发展。投入超过120亿元支持高标准基本农田建设和民生水利工程建设，建立健全政策性农业保险制度体系，探索实施巨灾保险政策。五是加强救灾救助保障。及时拨付救灾应急资金10.81亿元，支持对“海鸥”、“威尔逊”等台风的救灾复产重建工作；落实对困难群体的救助制度，投入4.25亿元在元旦期间向低收入群体和困难群众发放一次性临时价格补贴补助资金。

防风险方面，规范地方政府性债务管理，防范和化解财政风险。拟定加强我省地方政府性债务管理的意见，构建举借有度、偿还有方、管理有序、监管有力的政府债务监管体制。建立债务风险预警机制，敦促风险地区制定化解债务风险工作方案，严格控制新增债务，加大偿债力度，逐步降低债务风险。在全国率先规范实施信用评级，加大政府性债务信息公开力度，公布全省政府性债务审计结果。组织全省开展逾期债务清理工作，逐步化解历史债务，防范结构性债务风险。实施存量政府债务甄别，做好政府债务分类纳入全口径预算管理基础工作。

各市也结合地方实际，积极抓各项政策措施落实，如广州市通过整合专项资金和增加安排等方式筹集40亿元，集中用于扶持重点企业、重点项目建设；珠海市财政采取定向调控政策支持外贸稳定增长，分类支持企业扩大进出口规模等。

（三）深化财政改革，改革创新取得新进展

全省各级财政部门将深化财税体制改革作为2014年头等大事来抓，上下联动，主动作为，积极推进各项改革工作。按照省委、省政府部署，财政部门作为第一牵头单位的38项改革任务中，有21项已全面推开并取得了阶段性成果，有6项出台了改革方案正部署推进，有11项完成了调查研究；13项第一牵头的改革试点中，有6项已经部署开展，有3项正紧锣密鼓准备，有4项正积极争取中央支持。一是积极推进重点改革工作。制订并以省政府名义印发实施《广东省深化财税体制改革率先基本建立现代财政制度总体方案》，明确了我省新一轮财税体制改革的路线图、时间表以及总体目标。同时草拟了《广东省关于深化预算管理制度改革的意见》、《广东省建立省以下事权和支出责任相适应制度改革试点方案》、《政府公共资源向各类投资主体公平配置实施办法》和《关于加强广东省政府性债务管理的意见》等重点改革文稿。二是探索推进预算编

制改革。结合2015年预算编制工作，加大基金预算、国资预算与公共预算的统筹力度，建立健全定位清晰、分工明确的政府预算体系；推进细化全口径预算编制，省级总预算和部门预算全部细化到支出功能分类的项级科目；改变“基数+增长”的传统编制模式，选择6个省直部门开展零基预算试点；开展财政资金项目库管理试点，共3 477个项目申请纳入项目库管理；提高预算编制精准度，严格预算科目、级次编报，细致划分支出功能分类科目，增加编列支出经济分类科目；完善预算决策征询机制，围绕预算编制累计征询1 030人次，收集意见455条。三是完善一般性转移支付政策。制定《广东省财政一般性转移支付资金管理办法》，从一般性转移支付的设立、管理、使用、监督、绩效、公开、奖惩等方面全面规范省财政一般性转移支付资金管理。四是进一步推进营改增扩围。根据中央统一部署，将邮政业、铁路运输业和电信业纳入营改增试点。截至2014年12月，我省营改增试点户数超过67万户，试点纳税人整体减轻税负191.73亿元，试点减税面超过98%。五是稳步推进财政信息公开。建立专项资金和基本建设项目预算信息公开制度，及时公开财政总预决算，督促省直各部门按要求公开省直部门预决算和“三公”经费，加强对地方预决算信息公开的指导。截至2014年底，113个省级部门中，102个公开了2014年部门预算、103个公开了“三公”经费预算，21个地级以上市全部公开了2014年总预算及市本级部门预算、“三公”经费预算。六是继续推进政府向社会力量购买服务改革，完善政府向社会转移职能和购买服务的标准体系，制订并以省政府名义印发《政府向社会力量购买服务管理暂行办法》。在深化财税体制改革的同时，积极参与和支持其他领域改革。一是积极支持开展司法体制改革，研究建立省以下法院、检察院财物统管制度。二是支持建立健全技术研发、转化的市场化机制，完善政府支持基础性、战略性、前沿性科学和共性技术研究的财政配套政策。三是开展农业转移人口市民化成本分担机制研究，探索制定财政转移支付同农业转移人口市民化挂钩的具体办法。四是积极做好前期调研和资金测算工作，为养老保险制度改革打好基础。此外，积极配合省直有关部门做好公立医院改革、国有企业改革和土地增值收益合理分配改革的研究推进工作。

各地也根据自身工作实际，积极推进财政改革，如广州市统筹部署推进9大方面20项财政改革工作，深圳市市本级预算全面实施项目库管理，清远市全面实施零基预算改革，佛山市建立国库集中支付资金事前预警、事中纠错、事后跟踪的全方位监控机制，都取得了很好的工作成效。

（四）加强财政管理，促进资金使用安全有效

全面规范财政管理，加强财政源头管控，提高资金使用效益和财政管理效能。一是规范和完善专项资金管理。启用省级专项资金管理平台，将282项专项资金纳入省网上办事大厅专项资金管理平台实行统一管理。制订目录管理办法、联席审批办法等8个配套管理办法，重新修订各项资金的具体管理办法；探索推进专项资金管理全过程的实时在线联网监督。二是加强结余结转资金的清理。积极清理结余结转资金，加大财政性结余结转资金的统筹力度，明确结余结转资金的使用时限，对于到期未使用的结余结转资金进行回收统筹使用。三是加强财政国库管理。加强省级财政资金保值增值竞争存放管理，完善预算执行动态监控机制，规范预算单位财政资金垫支归垫管理，优化省级财政资金拨付流程，建立资金拨付审核业务办理时效通报机制，开展国库集中支付电子管理改革试点。四是加强政府采购监管。积极开展省直部分通用类办公设备批量集中采购，提高政府采购市场的竞争度，首批试点资金节约达到17.9%；拓展电子政府采购管理交易平台功能应用，提升平台的运行效率和服务能力。五是推进财政绩效管理。探索开展一般性转移支付综合绩效评价，继续开展基本公共服务均等化绩效考评和厉行节约情况评价，完善评价结果与财政资金安排挂钩机制、评价整改措施备案核查机制、依规将评价结果向社会公开机制等，增强结果应用的公信力和约束力。省财政组织对2013年度730亿元省财政一般性转移支付资金进行了绩效评价，对将于2015年到期的23项、约30亿元省级财政支出项目实施了重点评价。同时，继续加强和规范行政事业资产管理、投资审核管理、公务用车管理、会计管理、农村财务管理和行业管理等，全面规范财政管理。

（五）坚持厉行节约，严控一般性支出成效明显

结合深入开展群众路线教育实践活动，积极建章立制，狠抓贯彻执行，厉行节约成效明显。据初步统计，2014年全省行政和参公事业单位“三公”经费支出73.68亿元，其中财政拨款支出68.50亿元，比上年同期减少23.21%。一是完善我省党政机关公务活动支出范围和支出标准。出台了省直机关和事业单位差旅费、会议费、因公临时出国经费、因公短期出国培训费、外宾接待经费、培训费等管理办法。二是完善行政事业单位经费节约考核机制。研究修订省直行政事业单位行政经费节约考核办法，完善行政经费节约考核内容、考核方式和奖惩措施，严格控制“三公”经费在机关运行经费总预算中的规模和比例。三是实施省直各部门“三公”经费支出统计制度。对照“八项规定”的要求，实施省直部门会议费、公务用车维护运行费和公务接待费支出统计制度，实时监督省直各单位落实规定情况。四是开展党政机关和领导干部办公用房全面清理工作。针对清理中发现的问题，印发实施《关于规范党政机关办公用房使用管理的指导意见》。全省21个市和98个省直单位纳入清理整改范围的办公用房建筑超标应整改面积合计41.55万平方米，已整改面积合计34.39万平方米。五是开展整治超标配备公车和严格公车经费支出专项行动。全省共整改公务用车违规问题318个，违规资金567.37万元，并针对存在问题，印发实施了《关于加强党政机关一般公务用车管理的通知》和《关于严格规范公务用车统一采购配备行为的通知》，切实加强和规范公务用车支出管理。六是开展厉行节约执行情况绩效评价工作，组织对部

分省直部门及相关单位会议费及“三公”经费管理和使用情况进行重点检查。

（六）强化财政监督，财政资金使用管理进一步规范

认真落实新的省级专项资金管理办法，在严把资金分配拨付关的同时，强化财政监督检查，着力建立涵盖资金流向和政策实施全过程、全方位的监督系统。一是完善监督机制。制订实施《广东省省级财政专项资金常规性监督工作方案》、《广东省财政一般性转移支付资金监督检查办法》、《省级预算计划与资金支付稽核系统考核办法》等，加强制度建设，推动财政监督检查规范化、常态化。二是突出监督重点。开展贯彻执行中央八项规定严肃财经纪律和“小金库”专项治理行动，组织对全省4.2万个党政机关、事业单位和社会团体开展了专项检查，查处违规资金2.8亿元，小金库404个；对省级财政专项资金、一般性转移支付资金、十件民生实事资金及救灾资金开展重点检查，其中检查专项资金8项共25.7亿元，抽查8个县市一般性转移支付资金，检查救灾资金27亿元，督促重要财政政策和改革举措落实到位。三是改进监督方式。实行上下联动，组织和指导各地结合本地区实际，对投入重点领域及与群众关心的热点、难点问题密切相关的财政资金管理使用情况开展监督检查；落实“三查”制度，对部分省直单位和市县开展财政监督督导巡查工作，跟踪了解以往违规问题整改，及时发现和纠正其他问题。各地也积极探索加强财政监督工作，如湛江市按照“突出重点、每年一批、三年全覆盖”的原则加大对专项资金的监督检查力度，南雄市每年度按不低于30%的比例对民生资金项目进行随机和重点抽查。

一年来，财政工作取得的成绩来之不易，在此，我代表省财政厅党组向全省财政、财务干部职工表示亲切慰问！向关心、支持财政工作的各级领导和省直各部门表示衷心感谢！

在看到成绩的同时，我们也清醒地认识到，我省财政工作仍然面临着许多困难和问题：一是区域发展不平衡、人均财力水平低。粤东西北地区收入增幅（12.66%）低于珠三角地区（15.11%），收入规模差距进一步扩大，珠三角地区收入占市县收入达到84.99%，较上年增加0.28个百分点；全省人均支出水平排名全国中下游，与财政大省的地位极不相称。2013年已滑至全国第22位，21个地级以上市仅深圳、珠海、广州、中山高于全国市级人均水平。二是收入质量下滑、收支平衡压力大。2014年，全省税收占比80.72%，较上年下降0.73个百分点，已接近80%的关口；全省地级以上市中非税收入比重超过30%的有12个市、超过40%的有4个市、超过50%的有1个市；各县（市、区）非税收入比重超过30%、40%、50%的分别有70个、25个和6个，有6个地级以上市一般公共预算收入没有完成年初预算。三是部分重点支出不到位。全省教育实际支出（不包括已拨在途资金，下同）同比上年增长不到3%，科学技术支出、节能环保支出、农林水支出呈负增长（其中，科学技术支出同比下降了15.16%）。虽然有上年支出基数较高等原因，但仍应引起高度重视。四是预算支出进度偏慢。全省12月份支出1 681亿元，占总支出比重达到18.4%。五是专项资金支出不均衡、部分资金使用效益不高。省级财政专项资金多集中在第三、第四季度支出，特别是12月单月支出占全年支出的比重达到29%。同时，部分资金使用效益不高，2014年有32项省级专项资金的绩效评价结果为“低”。省政府对此高度重视，1月8日召开了省级财政专项资金使用管理情况分析会，深入剖析存在问题，研究改进措施。六是全口径预算的统筹管理工作力度不够，存在重一般公共预算管理，轻其他三项预算管理的现象等。我们要高度重视这些问题，采取有针对性的措施加以解决。

三、关于做好新常态下的我省财政工作

在去年底召开的中央经济工作会议上，习近平总书记从九个方面深刻阐述了我国经济发展的新常态。经济决定财政，经济发展进入新常态必然使财政工作面临新形势、新要求。在全国财政工作会议上，楼继伟部长就做好新常态下的财政工作提出了明确要求。我们一定要立足全局，结合我省财政工作实际，深入分析经济新常态下财政各领域的趋势性变化，准确把握新常态下财政工作的新要求，做到心中有数、积极应对。我认为，以下五个方面将成为我省财政工作新常态。

（一）收入增幅由高速增长转为中高速增长成为财政收入新常态

近年来，我省财政收入保持了较高增幅，2001－2014年，全省地方一般公共预算收入从1161亿元增加到8 060亿元，年均增长16.08%。但从近几年的情况看，我省财政收入增幅正由高速向中高速转变。2011－2014年，我省地方一般公共预算收入增长率从22.09%下降到13.91%。在现行以流转税为主的税制结构下，经济增速放缓将导致财政收入增幅出现更大幅度回落。对此，我们必须高度重视，科学应对，既要实事求是地看待收入增速变化，克服过去的思维惯性和速度情结，坚决防止竭泽而渔；也绝不能无所作为，必须在培植财源，建立财政收入增长长效机制上下功夫，促进财政与经济良性互动，实现我省财政收入的可持续增长。

（二）财力可能与发展需要矛盾日益突出成为财政支出新常态

在财政收入增幅由高速转为中高速的同时，财政支出继续刚性增长，支持经济发展方式转变，统筹城乡区域协调发展，需要强大的财力支持和保障；保障和改善民生，推进基本公共服务均等化，同样需要加大财政投入，财政

收支压力将越来越大，特别是我省人均财力水平较低，问题尤为突出。我们必须充分认识刚性需求与有限财力之间的突出矛盾，科学界定财政履责边界，做到有保有压，有所为、有所不为，不“越位”、“错位”，使财力安排体现预见性和科学性，严格限制和逐步减少乃至取消竞争性领域专项支持政策，腾出支出空间；民生支出安排也要循序渐进、量力而行，立足于保基本、兜底线，不做过多过高的承诺。

（三）进一步推进改革的难度不断加大成为财政改革新常态

经济发展进入新常态后，应对增长放缓、引导结构变化、促进动力转换、防范潜在风险，需要全面深化改革，破除各方面体制机制弊端。财政体制机制与经济发展各个方面联系紧密，在适应和引领新常态的过程中，财政将更加深刻地介入各方面体制机制的构建，体现出全方位、深层次、高难度的特征。特别是随着改革向纵深推进，将触及一些深层次的矛盾，财政体制、收支管理、财政分配等领域的改革意味着对既有利益格局的调整，“牵一发而动全身”，进一步推进改革的难度将不断加大。面对改革的挑战和困难，需要全省各级财政部门以更大的勇气、更新的思路和办法，凝聚改革共识、找到最大公约数，推动财政改革向纵深发展，并积极支持其他领域改革，推进政府治理体系和治理能力现代化。

（四）更加注重调控措施的系统性、整体性和长期性成为财政调控新常态

经济新常态下，“三期叠加”相互交织、相互影响，要准确把握近期目标和长期发展的平衡点、经济发展和民生改善的结合点，统筹实现稳增长、调结构、转方式、防风险等多重目标，对财政调控提出了越来越高的要求，像过去简单通过增资金、给优惠的调控方式已经行不通了，必须创新调控的思路和方式，注重发挥财政资金的引导放大效应和“四两拨千斤”的杠杆作用，使财政调控措施从碎片化、局部性和短期性转向系统性、整体性和长期性，统筹做好供求两方面的调节，充分发挥财政政策定向调控的优势，把握时机，找准“靶心”，精准发力，综合运用税收、补贴、政府采购等政策工具，加强财政资金、政策手段的协调配合，形成调控合力。

（五）规范化、透明化的要求越来越高成为财政管理新常态

随着政府职能转变加快，财政收支规模不断扩大，财政服务对象逐步拓宽，财政管理的复杂性和艰巨性越来越突出。一方面，财政工作涉及经济社会的方方面面，是各方关注的焦点。随着公众民主意识不断提高，参与意识和监督意识不断增强，对财政管理的规范性要求越来越高，对财政监督的意识越来越强，这要求我们必须依法理财，提高财政透明度。另一方面，财政部门服务的对象由过去主要面向部门和企业，扩展到面向全社会、面向千家万户，由主要涉及经济领域扩展到经济社会生活各个领域，这些都迫切需要各级财政部门加快推进依法理财，提高理财能力和水平，更好保障财政职能作用的发挥，保障中央和省委、省政府重大决策部署的贯彻落实。

做好新常态下的财政各项工作必须有好的理念、好的方法。我们要站在经济社会发展的全局去研究和规划，准确把握做好新常态下财政工作的路径和方法，切实转变理财理念，加快工作转型，发挥好财政在适应和引领新常态中的作用，关键是做到“三个坚持”：

一是坚持围绕中心服务大局，发挥好财政的基础和重要支柱作用。在财政政策制定、财政体制调整、财政预算安排等事关全局的重大问题上，必须与党委、政府保持高度一致，做到服务大局、紧扣中心、纲举目张。要牢固树立科学发展理念，注重发挥财政的基础性支撑性作用，把促进经济发展方式转变作为财政工作的主题主线，在继续巩固经济回升基础的同时，综合运用政策、体制和机制等手段，突出重点，统筹安排，着力解决影响经济发展的薄弱环节和突出问题，提高我省经济社会发展水平和综合竞争力。

二是坚持深化改革创新，完善体制机制，激发财政工作活力。财政改革发展面临的形势越复杂、任务越繁重，越需要能释放强大动力的改革创新举措。不深化改革创新、不加快工作转型，财政工作就难有出路。必须在认真总结改革开放以来特别是近年来财政改革的好经验、好做法的基础上，继续解放思想，拓宽视野，转变理念，加快转型，积极探索新常态下的财政改革发展思路，使财政工作始终能适应新常态、引领新常态。

三是坚持提前介入，主动买单，牢牢把握主动权。要从“安排”、“给钱”等旧的思维方式中走出来，树立“预则立”的思想，未雨绸缪，提前介入，主动买单，赢得先机。要主动出击建机制，积极参与经济社会各领域的政策设计，统筹考虑，解决碎片化问题，增强政策的公平性和可持续性，改变目前“干事不讨好、花钱落埋怨”的局面，使财政投入增加与群众满意度提高同步同向。要加强政策研究，立足财政，着眼全局，深入研究重大长远问题，增强前瞻性，把握工作主动权。同时，在财政收支矛盾日益突出的情况下，要坚持换位思考，积极主动做好服务工作，用好的作风化解矛盾、争取支持。

四、关于2015年我省财政工作

今年是深化财税体制改革的关键之年，是全面推进依法治国的开局之年，也是全面完成财政“十二五”规划目标的收官之年，做好今年我省财政工作意义重大。2015年全省财政工作的指导思想是：贯彻落实党的十八届三中全会、四中全会、中央经济工作会议精神和习近平总书记系

列重要讲话精神以及全国财政工作会议精神，按照省委十一届三次、四次全会的部署，主动适应经济发展新常态，着力稳增长、促发展、保重点、补短板、激活力、增实效，更好发挥财政职能作用，促进经济平稳健康发展和社会和谐稳定，确保完成全省财政“十二五”规划各项目标任务。重点抓好以下工作：

（一）依法行政依法理财，扎实推进法治财政建设

贯彻落实党的十八届四中全会和省委十一届四次全会精神，切实增强依法行政依法理财的责任感使命感，以实施新预算法为突破口，扎实推进法治财政建设，全力服务于法治广东建设各项工作。一是完善财政法规制度。对照新预算法及中央财税体制改革总体方案的要求，梳理我省现有地方性法规与新预算法不一致的规定，完善我省财政管理制度。二是推进财政法治建设。规范财政重大事项决策、财政行政行为，梳理财政职权清单，深入推进财政行政审批制度改革；规范财政执法行为，减少财政处罚自由裁量。三是抓好财政普法宣传。重点是做好新《预算法》、《行政诉讼法》等与财政关系密切的法律法规的宣传培训。

（二）强化收支管理，确保财政平稳运行

初步考虑，2015 年全省和省级一般公共预算收入拟按增长 10% 安排，预计分别完成 8 866 亿元和 1 927 亿元，全省一般公共预算支出拟按增长 11% 安排，预计完成 10 464 亿元（省人大尚未审批）。要围绕财政平稳运行的目标，切实加强收支管理，确保财政平稳运行。收入方面，充分认识经济新常态下出现的趋势性变化，遵循收入预算从约束性转向预期性的要求，依法依规组织财政收入。一是加强财税监测分析。探索数理分析和模型预测应用，科学测算财政收入；完善财政收支月度分析制度，及时掌握经济财政形势；加强与征管部门的协调沟通，推动征管部门建立与相关经济指标变化相衔接的考核体系。二是支持税务、海关等部门依法征收，确保财政收入应收尽收。三是切实提高收入质量。严格控制非税收入占总收入比重；坚决防止和杜绝财政“空转”行为。支出方面，增强预算严肃性，强化预算约束力，继续厉行节约，严控一般性支出，进一步提高预算执行的均衡性和有效性。一是强化预算约束力。各部门支出必须以经批准的预算为依据，未列入预算的不得支出。二是加快预算执行进度。强化预算支出计划管理，落实支出主体责任，建立支出进度定期对账机制，加快资金拨付进度。三是加强专项资金管理。研究修订省级财政专项资金管理办法，重构省级财政专项资金管理工作流程，明确专项资金办理时限要求。四是控制结余结转资金规模。建立结余结转资金动态监控机制，合理控制结余结转资金规模，确保实现到 2015 年底一般公共预算结余结转资金规模占比不超过 9% 的目标。

（三）发挥财政杠杆作用，支持稳增长调结构促转型

省委十一届四次全会明确提出，今年和今后一个时期工作重点是立足新常态谋划新发展、创新驱动推动转型升级，努力在经济结构战略性调整上走在前列，促进经济平稳健康发展。今年 1 月 9 日，在 2014 年全省经济形势分析汇报会上，胡春华书记特别强调 2015 年财政资金投入要着重向稳增长、促发展方面倾斜，充分发挥财政资金的引导放大效应，激活并引导社会资金投向先进产业，为稳增长、调结构、促转型注入新动力。朱小丹省长的重要批示也明确提出新一年要把稳增长保重点作为全省财政工作的着力点。我们要认真贯彻落实好省委十一届四次全会的决策部署以及胡春华书记和朱小丹省长的指示精神，针对当前经济发展面临的下行压力和潜在风险，树立底线思维，把预算安排和资金投入的着力点放到稳增长调结构促转型上来。一是支持产业转型升级。支持实施工业转型升级攻坚战 3 年行动计划，重点支持珠江西岸先进装备制造业产业带建设、集成电路等 9 个重点产业发展，以及实施新一轮的企业技术改造和技术创新等。同时，创新投入方式，发挥好财政资金“四两拨千斤”作用，进一步激发民间资本投资技改动力，推动产业转型升级。二是支持创新驱动发展。贯彻省委、省政府以实施创新驱动发展战略为总抓手推动产业转型升级的决策部署，加大对自主创新领域的支持力度，重点支持前沿与关键技术创新、引进创新科研团队及领军人才、协同创新和平台环境建设等。三是支持区域协调发展。发挥财政政策和资金的引导作用，落实珠三角优化发展和粤东西北振兴发展战略。继续推进粤东西北地区“三大抓手”建设，向中央力争我省原中央苏区县与周边省份原中央苏区县同等享受中央财政补助政策。四是支持绿色低碳发展。重点支持节能减排，推动完成工业锅炉整治和营运黄标车淘汰任务，推进新能源汽车推广和电机能效提升；支持污水处理设施建设和重点跨界流域污染综合整治；支持生态环境保护，落实国家和省级生态功能区生态补偿政策等。

按以上思路，2015 年省级一般公共预算加上政府性基金、国有资本经营预算用于稳增长调结构促转型的资金将进一步增加。各级财政部门都要高度重视，调整支出结构，在 2015 年预算安排中加大对稳增长转方式促转型方面的投入力度。各市、县财政部门、省直各有关单位要管好用好这些资金，对中央和省级下达的资金，要及时拨付到位，不得截留、挪用，确保尽快发挥效益。

（四）保障改善民生，加快推进基本公共服务均等化

着力健全民生政策保障机制，完善民生保障政策体系，加快推进基本公共服务均等化。一是加快基本公共服务均等化实施。抓好《广东省基本公共服务均等化规划纲要》

贯彻落实，继续深化基本公共服务均等化综合改革试点；完善财政民生投入体制，建立完善基本公共服务均等化的财力支撑机制；研究制定异地务工人员享受基本公共服务办法，推动基本公共服务逐步覆盖全部常住人口；整合基层公共服务平台，促进基本公共服务向基层延伸。二是保障和改善重点民生。继续加大民生投入力度，2015 年全省代编预算民生支出 7 351 亿元，占全省一般公共预算支出的比重达到 70.24%，其中，省级计划安排保障改善民生以及均衡区域基本公共服务水平、帮助市县增强发展后劲的支出 2 771 亿元，占一般公共预算总支出的比重达到 81.03%，重点推进解决底线民生、基本民生和热点民生问题，落实好城乡居民养老保险、城镇和农村低保、医疗救助、残疾人生活津贴、免费义务教育以及城乡居民医保等提标扩面政策。三是扎实推进十件民生实事。省级计划投入 792 亿元，并带动各级财政投入，确保办好十件民生实事。按照省政府常务会议要求，民生实事要优先安排惠及个人的事项，今后基础设施建设等经济建设项目原则上不再作为民生实事项目，各级财政部门要相应完善民生实事遴选机制，调整财力保障重点，确保本级十件民生实事资金落实到位。

（五）深化财政改革，推进率先基本建立现代财政制度

近期省委改革领导小组审议通过了我省全面深化改革工作规划，我们对省财政厅牵头落实的 2015 年重点改革措施进行了梳理，共 30 项，已印发大家参阅。要认真贯彻落实省委、省政府全面深化改革的工作部署以及我省财税改革《总体方案》，抓紧推进各项财税改革。一方面，抓紧推进重点改革事项。包括：深化预算管理改革，改进年度预算控制方式，探索建立跨年度预算平衡机制，研究编制中期财政规划，稳步推进零基预算改革试点，推进专项资金项目库管理改革，完善专项资金管理平台建设；开展事权和支出责任置换改革试点，选择有代表性的地区，在教育、交通、社保、民政、水利等领域开展省与市县之间事权和支出责任置换试点；推进财政投融资制度改革，构建政府公共资源向各类投资主体公平配置机制，探索开展重点基础设施建设项目政府和社会资本合作（PPP）融资模式试点；按照中央部署深化税收制度改革，积极争取有关改革事项在我省先行先试，推进地方税收体系建设。另一方面，积极推进其他改革事项。包括推进政府综合财务报告制度改革，选取部分地区进行试点，不断完善编制方法，规范编制程序，逐步提高财务报告数据科学性、准确性；创新财政投入机制，继续推进经营性领域财政股权投资改革和专项资金竞争性分配改革，发挥财政资金的引导和放大作用；积极参与其他领域改革，支持省直各部门履行职责、推进改革。例如，支持开展排污权交易试点、省以下地方法院和检察院财物统一管理改革、公务用车制度改革、工商质监系统管理体制改革、行政事业单位养老保险制度改革、医药卫生体制和教育体制改革等；创新机制推进保障性安居工程建设和棚户区改造，从“补砖头”转向“补人头”，利用 PPP 模式或政府购买服务方式盘活存量房，引导社会资本参与保障性住房的建设和运营管理。

（六）加强地方政府性债务管理，有效防范财政风险

作为地方政府性债务的归口管理部门，全省各级财政部门要充分认识加强政府性债务管理的重要性和紧迫性，加大对地方政府性债务的管理力度。去年，国务院下发了《关于加强地方政府性债务管理的意见》，从七个方面提出了具体工作要求。按照中央的统一部署，前期我省已经完成了地方政府存量债务清理甄别工作，虽然债务总体规模可控，但部分地区存在结构性的债务风险。下一步，必须按照国家的部署要求，认真履行职责，切实加强地方政府性债务管理。一是建立债务举借约束机制。规范政府举借融资机制，实行债务余额限额控制，新增债务与债务存量消化挂钩，规范债券发行审批程序。二是完善债务资金使用管理。规范债券资金使用，将债券收支纳入预算管理，完善向人大报告内容，实行债务信息公开。三是保障债务按期偿还。切实履行偿债责任，规范偿债准备金管理，建立债务风险应急处置机制。四是严格债务风险预警。实施债务风险预警，建立高风险地区举债报备机制，建立债务风险通报机制。五是规范存量债务管理。积极降低存量债务利息负担，妥善处理在建项目后续融资。六是追究违规举借债务。建立考核问责机制，严格责任追究。目前，省财政厅已经研究草拟了《关于加强广东省政府性债务管理的意见》，正在报省政府批准，意见印发后希望各地按照要求认真抓好落实。

（七）严格一般性支出管理，促进厉行节约

在继续坚持“五个零增长”和停止安排新建政府性楼堂馆所支出的基础上，完善制度措施，建立健全厉行节约、倡俭治奢的长效机制。一是严控一般性支出。严格执行厉行节约反对铺张浪费条例及各项经费管理规定，坚持勤俭办事，努力带动其他领域厉行节约、反对浪费。二是加强机关运行经费管理，进一步健全公务支出制度体系和内控管理机制，加强经费节约的统计和考核，强化监督检查和绩效评价的结果应用。2015 年，省级行政经费支出计划安排 106 亿元，占省级总支出的 3.11%；“三公”经费支出计划安排 6.89 亿元，比上年下降 8.07%。各地预算安排也要体现厉行节约，进一步压缩行政经费开支。三是完善基本支出定员定额管理，在人员经费标准继续执行国家和省的津补贴有关规定的基础上，将公用经费部分根据业务性质对部门进行分类，同时，按经济分类科目逐步细化到各项实物定额并进一步细化分档。四是强化预算约束力，严格按照新预算法要求，与提高预算编制精准度相适应，明确各部门支出必须以经批准的预算为依据，未列入预算的不得支出。

（八）推进预决算信息公开，打造“阳光财政”、“透明预算”

按照新预算法关于预算公开的内容和时限要求，全面推进预算信息公开。一是进一步扩大公开范围。按照公开是常态、不公开是例外的要求，除涉密信息外，所有使用财政资金的部门必须公开本部门预决算，包括预算收支安排、预算执行、决算等全过程信息，以及依法合规的收费、政府采购、基建支出等项目信息。二是突出公开重点。加大对政府预决算、部门预决算、“三公”经费、专项转移支付、基层民生支出、地方政府债务、政府采购项目信息、预算绩效信息、财税政策和规章制度等社会各界较为关注内容的公开。三是加强督促检查。进一步完善公开制度，规范公开程序和要求，强化公开考核，督促各地、各部门结合工作实际，研究制订预算公开统一的内容、格式和统计口径，切实增强公开的可行性、规范性和有效性。2014 年，有 2 个县（市、区）没有公开或者没有按照时间要求公开总预算，有 24 个县（市、区）没有公开部门预算，有 18 个县（市、区）没有公开“三公”经费总预算。对此，各有关市和县区要高度重视，今年要确保按照时间要求及时公开相关预决算信息，各地级以上市财政部门要加强对所辖县区的督促指导。

（九）强化财政监督，严肃财经纪律

以贯彻实施新预算法为契机，强化对预算执行和财政资金管理使用的监督检查，突出财政监督工作效能。一是强化财政日常监督。改变以往以事后监督为主的工作方式，强化在财政、财务、会计管理中的日常监督作用，对新预算法规定需要承担法律责任的四类 17 种违法行为以及影响当前财经秩序的突出问题进行重点监督和查处。二是强化对省级部门资金管理使用的监督。把对部门的监督重点从资金分配转向预算编制，提高预算编制水平，强化预算约束力，推进依法行政、依法理财。三是强化对转移支付资金的监督。重点做好一般性转移支付、十件民生实事等方面资金的监督检查。从近年来监督检查和审计的情况看，有部分地方存在挪用、挤占、滞留省级专项转移支付资金的问题。去年，省级对韶关、清远、湛江、茂名、汕尾、河源、梅州、佛山、东莞等 9 个市及其相关 16 个县（市、区）的 34 项专项资金的使用情况进行了重点检查。检查发现，相关市县全部存在挤占、挪用以及违规分配、拨付资金等问题。要切实抓好整改，各地对省级安排的转移支付资金要及时拨付到位，不要滞留，更不能挤占、挪用。2015 年省级还将继续对部分地市开展专项资金及一般性转移支付资金重点检查，请各地积极配合。

（十）注重加强自身建设，提高财政工作执行力

主动适应新形势要求，把自身建设摆到更加重要位置抓紧抓好，切实提高工作质量和执行力，营造干事创业的良好氛围，努力打造一支作风优、能力强、素质高的干部队伍。一是加强能力建设。全系统的同志都要有强烈的“本领恐慌”，主动适应新常态对财政工作的新要求，加强改革新理论新知识的学习和实践，加强业务和专题培训，推动全省各级领导干部转变知识结构，不断提升理财能力。二是加强作风建设。坚持换位思考，切实增强服务意识，改进服务作风，创新服务机制，提高服务效能，做到资金不足用笑脸和服务补足，树立财政部门的服务型机关新形象。三是加强廉政建设。健全完善财政资金内部循环监督、垂直跟踪监督、省级财政专项资金监督和重大公共项目全过程监督等工作系统，梳理完善财政办事流程，堵塞漏洞，防范风险。四是加强宣传工作。充分利用各类宣传平台，加强正面宣传报道，内鼓干劲，外树形象，引导各界了解、支持财政工作，为财政工作的顺利推进营造良好氛围。

五、近期需要关注并具体抓好的重点工作

今年的工作任务和政策措施已经明确，关键是要到落实处。下面我再强调几项需要关注并具体抓好的重点工作。

（一）贯彻落实好新预算法

新预算法从今年 1 月 1 日起已经施行，全省各级财政部门、各级财务干部要增强学习贯彻新预算法的责任感和紧迫感，准确把握精神实质，把各项要求贯彻落实到具体工作之中。一是做好新预算法的学习宣传工作。今天下午，我们将邀请财政部条法司许大华司长给大家进行新预算法的专题培训，大家要抓好本地本部门的学习宣传。二是做好新预算法实施面临问题的梳理和应对工作。要抓紧对新预算法进行逐条梳理，落实责任，研究制定贯彻落实措施。特别是对当前预算工作中与新预算法相比存在的具体问题、新旧制度和做法的差异，要认真研究比较，深入查找差距及其原因，采取有针对性的措施加以解决，确保各项规定落实到位。三是做好新预算法实施和深化财税改革的协调推进工作。新预算法充分体现了财税体制改革的总体要求，要在改革工作推进中增强预算法治意识，注重与预算法立法精神及具体条款相衔接，相互协调、同步推进，以制度引领改革，以改革完善制度。四是做好绩效评价等工作。新预算法明确要对预算支出情况进行绩效评价，将绩效评价结果作为预算编制的参考依据及人大审议预算的重要内容。同时，各部门、各单位是预算执行主体，各项工作受预算法修订影响较大，希望省直各部门切实增强预算法治意识，抓好新预算法的贯彻实施，严格依法做好预算编制、执行各环节工作。

（二）提高财政收入质量

目前，我省财政收入质量总体较高，但必须看到，去年的收入质量较往年有所下降，同时，部分地区非税收入比重过高的问题仍然突出。在近年全省财政工作会议上，

我多次强调要控制非税收入比重、提高收入质量。非税收入大多具有专项用途，用于保发展、保重点、保民生的可统筹性相对较差，同时非税收入具有不确定的特点，相比税收政策更容易出现调整和变化，特别是行政事业性收费、罚没收入等，近年国家、省多次出台取消、停征或减免政策，去年年中省级免征了32项中央设立和7项省级设立的涉企行政事业性收费省级收入，年底中央又取消和暂停征收12项中央设立的行政事业性收费。新预算法实施后，预算从约束性转向预期性，提高收入质量对于促进财政平稳运行、确保收支平衡尤其重要。对此，全省各级财政部门要有清醒的认识，在确保财政收入持续稳定增长的同时，积极采取措施，努力提高收入质量。要坚决防止和纠正财政“空转”行为，财政收入不实，一方面违反了财经法纪，另一方面很难保持持续增长，必须遵循经济规律，坚持收入质量优先的原则，促进财政收入平稳、持续、健康发展。

（三）加强预算执行管理

加强预算执行管理，提高财政支出的均衡性和有效性，是财政、财务部门的主要业务工作，直接关系到年初确定的预算任务落实，关系到财政职能的实现和财政资金使用效益的发挥。抓预算执行管理，除保运转等各类资金要依法依规及时到位外，更重要的是要抓好重点支出工作，加强专项资金管理。1月8日，省政府专门召开省级财政专项资金使用管理情况分析会，朱小丹省长、徐少华常务副省长出席会议并讲话。针对专项资金支出进度不均衡、结余结转规模较大等问题，朱小丹省长明确要求从改革预算安排方式、优化审批流程设计、加强部门间沟通衔接等方面入手，切实提高资金支出的时效性和均衡度，形成财政支出新常态。目前省财政厅正布置研究制定加强专项资金管理的一揽子意见，梳理并重构工作流程，会上也印发了征求意见稿，请大家认真研究提出意见。就抓好今年的预算支出进度工作，我提几点要求：一是严格按照新预算法要求，从预算年度开始就抓紧做好预算支出工作，按规定做好提前下达资金拨付工作。二是通过预算管理改革加快预算支出进度，包括细化预算编制，把预算编实编细，利于执行；实施项目库管理，提前筛选项目入库，从项目库中择优编制项目预算，预算经批准后将直接下达预算，改变以往“先定资金、再找项目”的做法；完善资金审批程序，对基建项目在立项时就要求一并制订资金年度使用计划，避免出现“预算批的多、执行少而慢”的现象等。三是建立预算执行进度通报制度，并在收支分析中强化对预算执行进度的反映。四是落实预算支出管理责任制，明确各单位、各环节应当承担的责任。省直有关部门作为推进预算执行工作的责任主体，也应充分认识到加强预算执行均衡性和时效性的重要意义，一方面，从年初就抓紧制定本单位专项资金使用计划，按照规定程序加快工作推进，另一方面，积极配合财政部门推进预算编制改革，优化资金申报、审批流程，共同抓好预算支出进度工作。

（四）创新财政投融资机制

面对当前经济下行压力，财政既要保运转、保民生、保稳定，又要支持新型城镇化、重点基础设施建设等重点工程的推进，必须探索有效的财政投融资模式，既合理控制政府性债务和缓解财政支出压力，又能稳步推进各项重点工程建设，提高公共产品供给效率。一是积极探索发挥财政资金的引导放大作用，通过设立产业发展基金等方式，引导社会资本、利用市场机制加快产业发展和重点项目建设。省级已经设立了粤东西北振兴发展股权基金、产业发展基金和新兴产业创业投资基金以及集成电路产业投资基金等，逐步改变直接支持项目的做法。二是积极支持融资平台运行。重点支持现有的省级水利、交通等融资平台以及棚户区改造省级融资平台，规范平台管理，提高融资效益。三是积极推广运用PPP模式，逐步在交通、水利、城市建设以及医疗卫生、教育、信息基础设施等建设周期长、投资规模大、覆盖范围广的领域扩大向社会资本开放，推行PPP试点，调动各方参与经济社会建设的积极性。四是继续做好地方政府债券自发自还试点工作，发挥好地方政府债券资金支持重点项目建设的作用。

（五）清理盘活存量资金

去年12月24日国务院常务会议决定，中央和地方要联动盘活各领域财政“沉睡”资金，提高资金使用效益，并提出了10条具体措施，对各地开展这项工作做出了布置。目前，我省各级财政存量资金不是一个小数，要在前几年对专项资金进行清理整合的基础上，进一步加大工作力度。一是盘活结转结余资金，对一般公共预算2012年及以前年度的结转资金，区别不同情况，采取调入预算稳定调节基金、下级政府交回上级政府、由同级政府收回统筹使用等措施加以盘活；对政府性基金结转规模较大的，调入一般公共预算统筹使用。二是盘活预算周转金和预算稳定调节基金。严格控制预算周转金额度，不得超过预算法实施条例规定的比例；预算稳定调节基金调入年度预算编制后的规模，一般不得超过当年本级一般公共预算支出的5%。三是规范权责发生制核算。市县政府在国库集中支付年终结余外，一律不得按权责发生制列支，对已经列支的要在2016年底前统筹使用完毕。四是严格规范财政专户管理，加强收入缴库管理。杜绝虚列支出或调节收入行为。五是加大督查和问责力度，确保盘活财政存量资金的相关措施能够落实到位。

（六）清理税收等优惠政策

党的十八届三中全会提出，要清理规范税收优惠政策，最近，国务院、财政部相继出台了关于清理规范税收等优惠政策决策的通知，就做好这项工作提出了明确要求，我省也制定印发《广东省清理规范税收等优惠政策实施方案》。全省各级财政部门要充分发挥牵头组织作用，会同税务等有关部门开展专项清理，确保如期完成各项任务。具体把握好几个关键：一是设定清理范围，明确工作任务。凡是对企业及其投资者（或管理者）执行的优惠政策，无论是否违法违规，无论发布主体是谁、以何种形式发布，都要清理出来，逐条逐项提出清理意见。二是全面梳理排查，实行分类处理。对各类文件载体，特别是与企业签订的合同、协议、备忘录、会议或会谈纪要以及“一事一议”形式的请示、报告和批复进行全面梳理。对排查出来的税收等优惠政策，进行分类处理，违法违规的优惠政策自2014年12月1日起一律停止执行，并发布文件予以废止。没有法律法规障碍的优惠政策，若确需保留的，可在充分说明理由、提出政策期限建议的基础上暂时继续执行，由省政府报财政部审核汇总后专题请示国务院，并依据国务院审定的处理意见执行；本地区未提出保留建议的，或国务院未批准保留的，一律发布文件予以废止。三是建立长效机制，确保工作实效。建立税收等优惠政策目录管理、评估和退出、考评监督、定期检查和责任追究等长效机制，确保清理工作取得实效，实现税收等优惠政策管理的制度化、规范化、程序化。经过专项清理后保留的优惠政策，以及今后新制定的优惠政策，一律纳入长效机制统一管理。

（七）加强财政内控机制建设

实行内部控制是贯彻落实党的十八届四中全会精神的重要举措，也是一项重大制度创新。财政部已带头推进内控机制建设，并作为一项重要工作作了部署。全省各级财政部门要高度重视，尽快推动建设并不断完善本单位内控机制。一是在推进过程中，要牢牢把握权责一致、有效制衡的核心原则，按照分事行权、分岗设权、分级授权的要求，找准业务和管理中存在的主要问题，抓住定岗定责、流程控制、细化风险、控制节点、加强监督、强化问责这六个关键，建立内部控制制度。二是针对岗位风险点，通过流程再造，建立起各类风险进行事前防范、事中控制、事后监督和纠正制度。三是单位领导特别是一把手要强化责任担当、发挥好带头作用，牢固树立内控理念，拿出自我革命的勇气，引导干部职工将内控意识贯穿于日常工作中。

（八）关于机关事业单位工资制度改革问题

近期财政部召开了机关事业单位工资制度改革方案通气会，向各省级财政部门讲解机关事业单位工资制度改革方案和养老保险制度改革等相关事项。会议指出工资制度改革与养老保险制度改革同步，基本原则为调整在职人员基本工资占比，优化工资结构。根据中央精神，地方各级财政部门需测算并安排好经费，抓紧组织力量对各项增支政策的相关需求进行认真的测算并提出统筹安排的意见和建议，为地方党委政府提供政策依据。

（九）关于省以下财政体制微调初步设想

中央出台的两项改革，涉及到中央与地方的财力置换问题，省以下财政体制因中央政策变化而需要采用置换的办法进行调整。一是营改增范围将扩大到建筑业、房地产业、金融业和生活服务业等领域，并进一步调整消费税征收范围、税率和征收环节等。全国财政工作会议明确，将结合营改增、消费税等税制改革，调整中央与地方收入划分，相应地，省在保持省与市县收入格局大体不变的前提下，研究调整省与市县收入划分。二是调整出口退税增量分担机制，从2015年起，出口退税增量由中央全额负担，同时对地方不再实行消费税1：0.3返还。由于消费税1：0.3返还属省级收入，出口退税地方负担部分是由市、县财政负担的，省财政厅正在抓紧进行测算，研究制定落实措施，在基本保持省与市县财力格局不变的前提下，对省以下财政体制进行微调，具体方案待测算研究后按规定程序报批实施。

（十）谋划好“十三五”规划

“十三五”时期是全面建成小康社会最后冲刺的五年，也是全面深化改革取得决定性成果的五年，各级财政部门要在认真回顾总结“十二五”时期财政改革发展情况的基础上，深入分析“十三五”时期财政改革发展面临的新形势、新任务、新要求，编制好“十三五”财政改革发展规划。一是突出前瞻性。准确把握财政改革发展的阶段性特征和面临的形势任务，进行系统研究和超前谋划，站位要高，眼光要远，增强规划的指导性。二是突出针对性。坚持问题导向，研究提出解决办法和政策措施，特别要注重预防和化解苗头性和倾向性问题。三是突出可行性。确保每项措施都能实现任务分解，都有具体时间进度，都能进行责任考核，使规划能够落实好。

春节将至，各方面工作头绪多、任务重、时间紧，各级财政部门要抓好岁末年初各项工作。一是落实好保障困难群众生活各项资金。要坚决贯彻落实中央和省委、省政府关于保障困难群众基本生活的各项要求，对低保对象、优抚对象等困难群众的基本生产生活问题，积极筹措资金，并抓紧拨付到位，落实到人。要落实好春节期间向困难群众发放生活补贴等政策，确保困难群众过一个安乐祥和的春节。二是积极配合做好维护社会稳定工作。要积极配合相关部门，及时足额发放企业退休人员和符合条件的城乡居民基本养老金、失业保险金以及各类救助和补助资金。要切实抓好政府工程款的资金拨付，积极支持做好城市流浪乞讨人员救助服务工作，落实各项农业生产扶持资金。三是做好与人大代表的沟通交流工作。地方各级人代会都即将召开，要进一步加强与当地人大代表的沟通联系，财政局长要亲自抓，积极创新方式，拓宽渠道，主动做好向人大代表的宣传解释工作。四是切实抓好节期廉政工作。临近春节，全省财政系统党员干部要严格按照中央和省委、省政府有关廉政规定以及春节期间加强廉洁自律的要求，规范上下级工作联系行为，认真执行党风廉政建设各项规定，杜绝接受各种红包、有价证券和贵重物品的行为，洁身自好，确保度过一个文明祥和、清廉节俭的春节。

财政实务

——在全省市、县长培训班上的讲课（节选）

省财政厅厅长　曾志权

（2014 年 4 月 8 日）

一、财政的基本概念及其职能

（一）什么是财政

说起财政工作，大家都不陌生。有国家就有财政，在我国的历史典籍中，可以看到“理财”、“国用”、“国计”一类用词及十分丰富的关于治国理财的记载。目前理论界和实践界较为普遍的观点认为：财政是以国家为主体，通过政府的收支活动，集中一部分社会资源，用于履行政府职能和满足社会公共需要的经济活动。这个定义可以从三个层次来理解。一是财政是由政府来组织的、集中性的经济活动，它的主体是政府。二是财政活动的目的，是保证政权运行及政府履行其职能的需要，在市场经济条件下，它表现为满足社会公众的需要。三是财政活动关系到整个社会成员利益格局的调整，所以必须置于法律、法规的约束之下，这是财政活动的基础。

（二）财政的基本职能

财政是“庶政之母”，财政在国家治理中具有极为重要的作用。党的十八届三中全会决定明确指出：“财政是国家治理的基础和重要支柱，科学的财税体制是优化资源配置、维护市场统一、促进社会公平、实现国家长治久安的制度保障”。这是党中央深刻总结历史经验、把握国家治理规律、着眼我国现代化建设全局作出的科学判断，也是重大的理论创新。我认为，可以从两个方面去理解：一是财政在国家治理中具有极为重要的作用。从大的趋势看，随着经济社会发展，政府职能逐步拓展，越来越需要强大的财政来支撑国家治理、保障政府履行职能。二是凸显了财税体制改革在新一轮改革当中的重要地位，必须全面深化财政改革，使其在完善国家治理体系和保障国家长治久安中发挥基础性、制度性、支撑性作用。在此认识基础上，可以更好地理解财政职能。

在社会主义市场经济条件下，财政职能主要体现在四个方面：一是配置资源，调节社会资源在政府部门和非政府部门以及在政府部门内部之间的配置。二是收入分配，通过加强税收调节和运用转移性支出手段，使居民收入保持在相对合理的差距之内。三是调控经济，通过实施“相机抉择”的财政政策，调节总供给和总需求之间的矛盾，促进社会供需平衡。四是监督管理，通过反映国民经济运行中的情况和问题，为宏观经济决策提供依据，保障财政政策的正确、有效实施。

（三）财政工作的主要内容

财政工作涉及经济社会发展的方方面面，概括起来，主要有收支管理、财政政策、社会管理三个大的方面。

1. 收支管理。财政收支管理主要是通过组织财政收支活动来体现，通过政府收支分类科目来反映。2007 年我国实施了政府收支分类改革。改革后的政府收支分类体系包括“收入分类”、“支出功能分类”、“支出经济分类”三部分。政府收入分类主要是满足不同层次的管理需要，将收入分类细化为“类、款、项、目”四级别。按照《预算法》，预算收入主要包括税收收入、国有资产收益、专项收入和其他收入。支出功能分类包括类、款、项三级科目，类级科目反映政府的某一项职能，款级科目反映为完成某项政府职能所进行的某方面工作，项级科目反映某一方面工作的具体支出。按照《预算法》，预算支出主要包括：经济建设支出；教育、科学、文化、卫生、体育等事业发展支出；国家管理费用支出；国防支出；各项补贴支出和其他支出等。支出经济分类包括类、款两级科目，主要是说明政府的钱是怎么花出去的，是付了人员工资，还是购置了办公设备等。与原来按经费设置的支出科目相比，2007 年修订的政府支出功能分类范围更加完善，分类标准统一，科目设置明晰，与国际口径相衔接，便于比较和交流。

一般而言，收支管理包括了预算编制、预算执行、财政监督和绩效评价等环节。按照《预算法》，我国实行一级政府一级预算，包括中央、省（自治区、直辖市）、设区的市（自治州）、县（市、区）、乡（镇）五级预算。其中：预算编制主要反映预算收支安排。预算要按照量入为出、收支平衡的原则编制，不列赤字，一般采用“二上二下”编制程序，即自下而上、自上而下的程序。预算执行是各级政府对本级预算的组织执行。预算经本级人大批准后，按照批准的预算执行，不允许超出预算。财政监督和绩效评价主要是财政部门依法对财政收支和预算执行进行监督检查以及对资金使用进行绩效评价。

从2000年开始，我省开始对收支管理各环节进行一系列改革，初步构建符合现代财政管理要求的收支管理模式，其中多项改革领先于全国。预算体系方面，逐步构建全口径政府预算编制体系。一是将统筹安排使用的财政资金统一纳入公共财政预算、将具有专款专用性质的政府性基金纳入政府性基金预算。二是2005年在全省全面实行部门预算改革。三是2009年省级试编国有资本经营预算，并从2013年起将国有资本经营预算提交省人代会审议。四是从2005年起在全国率先建立社会保险基金决算和预算执行情况接受省人大会议审议制度，2006年建立了全省统一的社会保险基金预算管理制度，2014年起将公共财政预算、政府性基金预算、国有资本经营预算和社会保险基金预算这四个预算也统称全口径预算提交省人代会审议。预算编制方面，不断提高科学化精细化水平。一是逐步取消基数加增长的编制。二是取消切块分割，细化预算编制，实现部门预算“一上”预算编制全部细化到“项”级科目和落实到具体执行项目。三是实行预算编制与基础信息的对接，加强基础信息管理。四是实施预算编制与绩效评价和资产管理相结合改革，提高资源配置效率。预算执行方面，不断提高约束力和时效性。从2010年起逐步取消预算外资金管理，将在预算外管理的所有非税收入全部纳入预算管理。建立预算支出执行责任制度和考核通报机制，提高预算支出执行的均衡性，确保资金及时发挥效应。在深化部门预算改革的同时，深化了“收支两条线”、国库集中支付、政府采购等改革，并根据我省实际情况，在全国率先探索实施了专项资金竞争性分配改革、引入为民办事征询民意机制等。财政监督方面，创新监督方式、增强监督实效。通过建立省级财政内部循环监督工作系统、省级财政资金垂直跟踪监督工作系统、省级重大公共项目财务全过程跟踪监督工作系统，形成“大监督”合力。绩效评价方面，加强绩效评价结果的应用和提高绩效评价公信力。一是建立项目预算绩效目标管理机制，对省级500万元以上的省级部门预算支出项目实施绩效目标管理。二是建立结果应用机制，将专项支出绩效评价结果作为下一年预算安排重要依据，形成绩效刚性约束。三是开展第三方评价财政支出绩效改革。截至2013年底，共对110多项资金进行了第三方评价，涉及资金570多亿元。

2. 财政政策。财政政策指政府通过税收、补贴、赤字、国债、收入分配和转移支付等财政手段对经济运行和社会发展进行调节，是政府进行反经济周期调节、熨平经济波动的重要工具，也是公共财政有效发挥配置资源、公平分配和调控经济等职能的主要形式。针对不断变化的经济形势而灵活地采取相应的财政政策，是现代经济条件下政府理财和实施宏观调控的一个重要手段，也被称为“相机抉择”的财政政策。从我国财政政策变动情况看，也体现了这一思路。我国财政政策的调整都是根据市场经济规律在国内外经济环境急剧变化情况下主动采取的反周期调节财政政策。从国家层面来说，宏观调控主要有三大手段，即计划、财政和金融，但对省以下地方政府来说，计划调控力度有限，金融的政策权限和货币发行权在中央，财政政策就成为了地方政府调控经济最直接、最有效的手段。

3. 社会管理。财政工作除收支管理和财政政策外，还包括管理全省会计工作，依法指导和监督注册会计师和会计师事务所业务，指导和管理社会审计工作，以及管理资产评估行业，指导和监督评估机构和注册评估师的业务等。这是财政涉及社会管理的具体业务，财政业务的社会属性更深层次来说，还包括了运用财政支出和财政政策，强化社会管理，维护社会稳定以及保障和改善民生，推动社会事业发展等方面。

二、我省财政基本情况与特点

（一）我省财政体制基本情况

根据中央关于分税制财政管理体制改革的精神，我省1996年开始实行“分税分成、水涨船高”的分税制财政管理体制，将省与市县财政收入划分为省级固定收入、市县固定收入和省与市县共享收入，并以1995年为基期年确定基数，省对市县实行税收返还，确保市县既得利益。随后，根据中央分税制的调整，我省在省对市县的体制中进行了相应落实，并在2001年调整了所得税分成比例，但一直保持着省以下财政体制基本框架的稳定。

2010年，按照“存量不变，增量调整”和“大稳定、小调整”原则，我省调整完善了省以下分税制财政体制，将省级与市县共享“四税”（即营业税、企业所得税、个人所得税、土地增值税）分享比例由“四六”调整为“五五”，在确保各级政府既得利益同时，适当提高省级财力集中度。这是我省自1996年确立分税制财政管理体制的基本框架15年后的首次调整。

（二）我省财政收支基本情况

1. 财政收入规模情况。2007－2013年，来源于广东的财政总收入从7 751亿元增加到16 971亿元，年均增长13.95%；全省地方公共财政预算收入从2 786亿元增加到7 081亿元，年均增长16.82%。我省地方公共财政预算收入总量连续23年居全国各省市首位。

2. 区域财力情况。2007－2013年，东西两翼和粤北地区公共财政预算收入年均分别增长20.5%和22.7%，增幅高于珠三角地区4.7个和7.0个百分点，占全省市县级公共财政预算收入的比重从17.27%提高到22.02%；全省67个县（市）公共财政预算收入从193亿元提高到646亿元，占全省地方公共财政预算收入比重从6.94%提高到9.12%；县均公共财政预算收入从2.89亿元增加到9.64亿元，所有县（市）公共财政预算收入全部超亿元；按财政供养人口计算的人均公共财政预算支出从4.32万元提高到12.9万元。

3. 财政支出情况。2007－2013年，全省地方公共财政预算支出从3 160亿元增长到8 411亿元，年均增长17.72%。近年来，我省一直注重调整优化财政支出结构。一方面，加大对民生领域的投入力度。2008－2013年，全省财政民生投入累计达22 797亿元，年投入占全省公共财政预算支出的比重从53.06%提高到了67.70%。另一方面，大力控制一般性行政支出。省级预算用于维持政权运转的经费支出比重从2006年的25.04%下降到2013年的8.74%。

（三）我省财政的基本特点

得益于经济的持续快速发展，改革开放以来我省财政收入保持了较快增长，一般预算收入从10亿（1957年）－100亿元（1988年）用了31年时间；从100亿－1 000亿元（2001年）用了13年时间；从1 000亿－2 000亿元（2006年）只用了5年时间，从2 000亿－3 000亿元（2008年）只用了2年时间，从2010年开始每年增加超过1 000亿元，到2013年已经突破了7 000亿元。

当前，我省财力主要有以下五个基本特点：一是总量大。2013年来源于广东的财政收入达16 971亿元，约占全国财政收入的1/10，相当于2001年全国财政总收入。全省地方公共财政预算收入达7 081亿元，加上政府性基金、国有资本经营预算收入以及中央补助收入达12 300亿元，从1991年起总量已连续23年位居全国首位。二是上缴多。来源于我省的财政收入总量大，但上缴中央的比例较大。2013年，来源于我省财政总收入中，上缴中央的公共财政预算收入和政府性基金预算收入达到6 216亿元，占来源于我省财政总收入的36.63%。三是结构优。从收入结构看，2013年税收收入占地方公共财政预算收入的比重为81.45%，保持了以税收收入为主体，非税收入为辅的多元化财政收入结构。从支出结构看，2013年全省教育、医疗卫生、社会保障等民生类支出完成5 694亿元，占总支出的比重达到67.70%。四是人均低。从人均财政支出指标看，按常住人口计算，2012年我省人均公共财政预算支出6 974元，比全国地方平均水平（7 954元）低980元，比东部地区平均水平（8 738元）低1 764元，排在全国第21位（如果剔除深圳，则为6 100元，排全国第28位），这种状况与我省作为财政大省的身份形成了较大的反差。五是不均衡。从总量来看，2013年，珠三角九市公共财政预算收入总额占了全省市县级收入总额的84.71%，东西两翼和粤北山区仅分别占9.33%和5.96%，珠三角地区公共财政预算收入总额分别是东西两翼和粤北山区的9.1倍和14.2倍。地方公共财政预算收入最高市（深圳市，1 731亿元）是最低市（潮州市，37亿元）的47倍。与江苏、浙江相比，2013年，江苏13个地级以上市财政收入全部超100亿元，浙江11个地级以上市有8个超过100亿元，而我省21个地级以上市只有11个超过100亿元，有4个市不到50亿元。

三、我省财政运行中存在的问题和下一步改革思路

（一）我省财政运行中存在的问题

近年来，我省财政工作在取得突出成绩的同时，仍存在一些困难和突出问题：

1. 财政收入可持续增长压力加大。一方面，就经济发展大环境来讲，经济决定财政。我省改革开放先行一步，与全国其他地区相比，更早、更快地遭遇了转型升级的阵痛，加上我省财政收入基数大，经过多年的较快发展，已经进入平稳增长区间，预计在将来也难以实现以往的高速增长。另一方面，就财政收入本身来讲，我省还面临部分市县财政收入质量不高，收入结构不合理的问题，财政收入可持续增长压力加大。我省全省财政收入质量总体情况较好，但部分地区非税比例偏高。与此同时，我省财（税）源结构有待优化。2013年，我省第二产业税收贡献率为39%，低于江苏4个百分点，固定资产投资规模仅为江苏省的60.46%。固定资产投资一定程度上体现的是未来的税收，我省固定资产投资长期偏低，税源后续增长问题值得高度关注。另外，我省主体税种（指国内增值税、营业税、企业所得税和个人所得税）占比为56.7%，在同属东部的粤、沪、苏、浙、鲁5省市中仅处于中等水平，可能导致我省财政收入质量存在不稳定的风险。

2. 新增支出需求大，收支矛盾突出。在经济社会发展和结构调整进程中，财政承担的各方面保障任务很重，初步预计，“十二五”后三年广东投入城际轨道、高速公路、港珠澳大桥、省部合作在建铁路等基础设施建设的资金将达到1.41万亿元，需要各级财政筹措资本金6 059亿元。同时，落实就业、教育、医疗卫生、社会保障等民生政策的支出任务重。预计从2014－2020年，全省用于基本公共服务均等化领域的资金将超过3万亿元。按照党的十八届三中全会要求，要稳步推进城镇基本公共服务常住人口全覆盖，异地务工人员将全部纳入基本公共服务保障范畴，加快基本公共服务常住人口全覆盖以及农业人口市民化进程后财政支出压力加大。虽然我省地方可支配财力已超过1万亿元，但保改革、保发展、保稳定和提供公共服务的支出需求也不断扩大，与可调控的财力之间矛盾仍然突出。特别是当前我省财力主要集中在珠江三角洲，东西两翼和粤北山区不论是总量还是人均水平仍处于较低水平，部分地方财政还属于“吃饭财政”。尽管2013年省对市县税收

返还及转移性支出达到1 759亿元，占省级财政总支出的63.05%，其中一般性转移支付达777亿元，但县乡财政供给水平仍然较低，公共支出保障能力明显偏低。

3. 财政供给范围不科学，"越位"、"缺位"并存。财政资金供给范围缺乏科学、明确的界定，财政支出职能界定不清，支出"越位"和"缺位"并存。一方面，支出供给范围过宽，包揽了许多既包不了又包不好的事务，如各种补贴过滥、各类事业费庞杂、财政供养人员过多等，支出需求无限膨胀。习惯"点对点"对企业个性方面的支持，促使个别企业特别是国有企业认为"找市场不如找市长"，"会哭的孩子有奶吃"，把大量的精力和时间用在跑项目、要政策、争资金上。另一方面，财政支出又存在"缺位"的情况，财力过于分散，支出重点不明确，理应由财政供给的领域出现保障不足的情况，比如，公共服务供给不到位，基本公共服务在投入数量、公平程度等方面还存在较多问题。主要表现为：受地区经济发展和财政收入不平衡以及财政体制因素的影响，发达地区和欠发达地区公共服务供给水平存在明显差异；城乡之间的基本公共服务水平差距明显，基本公共服务设施、基础教育、社会保障水平、医疗卫生资源配置在城乡之间存在较大差距；不同群体之间享受的基本公共服务不均衡，外来务工人员难以充分享受基本公共服务等。

4. 财力固化情况突出，支出结构调整难度大。长期以来，预算安排采取的是"基数加增长"的方式，同时，重点支出同财政收支增幅或生产总值挂钩事项较多，这些问题造成部门肢解财政、财力固化分配的情况较为突出，预算分配呈现出一种"碎片化"的格局，集中财力办大事的余地很小。由于支出刚性的存在及地区、部门对财政分配的固化，财政支出结构的调整特别是存量结构的调整难度很大。同时，由于很多政策制度设计不完善，科学性、系统性、合理性欠缺，导致一些支出特别是民生类支出存在既帮穷又帮懒，出现"会哭的孩子有奶吃"和"敢闹的人有补贴"的情况，导致民生支出增长与群众满意度相脱节的问题。

5. 财政管理存在薄弱环节，资金使用效益有待提高。我省财力规模总量大，但如何集中财力办大事，把钱用在刀刃上，仍有很大的潜力和空间。当前财政管理中存在较为突出的问题主要有：一是财政分配和管理仍存在"重分配、轻管理"和"重使用、轻绩效"的问题，一些部门私设"小金库"，部分资金特别是专项资金使用不规范，存在虚报、冒领、挤占、挪用专项资金的现象。二是预算约束弱化。《预算法》规定要严格按预算安排支出，但在实际预算执行中，往往存在年中预算随意追加、变更频繁的问题。有时甚至出现人大刚刚通过预算，就有部门申请增加预算的情况，反映了预算约束缺乏刚性和严肃性的问题。三是预算执行时效性和均衡性存在不足。近年来，我们在均衡支出进度方面采取了一系列措施，但全年各月支出进度不均衡的问题仍然突出，年底集中支出的现象仍未彻底改善。同时，大量已安排支出拨付不及时，造成结余结转规模偏大。四是财政监督存在不到位的情况。一些部门对掌握的项目或资金审批权，基本上是全流程封闭运行，审批过程、审批结果都不对外公开，整个审批就如同"铁板一块"，外部难以介入监督。从我省有关领域发生的腐败案来看，就存在专项资金二次分配不透明、难以进行有效监督的问题。五是财政资金使用边际效用不高，资金投入增加与老百姓满意度提高不同向、不同步，政策设计没能充分了解公众最真实的需求，提供的公共服务与普通民众需求并不完全吻合，导致出现财政投入越多，老百姓越不满意的现象，甚至出现"端起碗吃肉，放下筷子骂娘"的情况。如何完善制度设计，特别是通过引入竞争机制、加强资金使用追踪问效，需要认真研究。六是财政信息化建设滞后。各业务系统建设一体化、集成化程度低，信息资源共享度不高，"信息孤岛"情况突出，造成信息资源浪费。财政数据信息资源可利用率低，为领导决策分析、加强财政监督、开展绩效评价等功能非常欠缺。

（二）下一步我省财政改革的思路

党的十八届三中全会对深化财税体制改革提出了新目标、新任务、新要求，提出要完善立法、明确事权、改革税制、稳定税负、透明预算、提高效率，建立现代财政制度，发挥中央和地方两个积极性。今年的政府工作报告提出，要抓好财税体制改革这个"重头戏"。省委十一届三次全会也把率先建立现代财政制度作为我省全面深化改革的重点之一。我认为，当前财政工作存在的问题还需要依靠深化财政改革来解决。我们必须按照中央和省委、省政府的决策部署，明确目标，理清思路，落实措施，加快推进财政改革。

党的十八届三中全会后，我们组织力量开展调查研究，制订了我省深化财税体制改革的"一揽子"方案，提出了今后一个时期全面深化财税体制改革的路线图、时间表。根据省委的决策部署，今年我省将重点抓好建立事权和支出责任相适应的制度、建立政府向各类投资主体公平配置公共资源机制以及改进预算管理制度等三项重点财政改革任务。今天上午，徐少华常务副省长已经就深化财政改革、率先建立现代财政制度进行全面深刻的论述。这里我主要就目前推进各项重点改革有关情况，分别做个简要介绍。

1. 建立省以下事权和支出责任相适应制度。改革的基本思路：一是坚持长短结合，明确各阶段目标。到2016年完成部分事权和支出责任在省以下各级的划分调整，明确部分共担事权的各级分担资金的比例和标准；到2018年通过实施清单式管理和动态调整机制，在省以下各级间科学划分事权和支出责任，并形成健全完善配套体制机制。二是坚持问题导向，注重改革措施的实效性。既通过明晰事权和支出责任划分，解决事权划分不清晰、事权和支出责任不适应的问题。同时，通过取消、转移、强化部分事权以及事权的上收、下放，并理顺政府部门职责关系，确保制度长期有效运转。三是坚持权责明晰，制定事权和支出责任划分清单。通过制定省以下事权和支出责任划分清单并实施动态管理，明晰事权和支出责任划分。四是坚持系统配套，加强整体制度设计。除理顺省市县政府收入划分、调整完善转移支付制度外，还要推进政府机构改革、开展政府购买社会服务、完善政府行政决策机制等配套改革。五是坚持积极稳妥，选取部分地区和事权开展试点。在中央尚未清晰划分中央与地方事权的情况下，坚持积极稳妥，试点先行。其中：2014 年，在珠三角和粤东、粤西、粤北地区各选一个市进行试点，对部分共担事权明确各级分担资金的比例和标准；2015 年，将试点范围扩大至全省 1/3 的地级以上市；2016 年，将试点范围扩大至全省 1/2 的地级以上市；2017 年，在全省全面铺开，明确省以下各级全部事权和支出责任划分，到 2018 年率先建立事权和支出责任相适应制度。

2. 政府向各类投资主体公平配置公共资源。政府公共资源内涵和范围十分宽广，政府公共资源配置是政府履行职能、配置资源的重要方面。长期以来，我省各类政府公共资源配置存在管理分散、监管缺失、效率不高等问题，必须改革以往以行政审批为主、具有浓厚计划经济特点的公共资源配置方式，强化市场配置公共资源的主体地位，通过市场发现公共资源的价格和价值，充分体现资源配置的公平性和竞争性。按照“配置市场化、监管集约化、运作阳光化”的总体思路，在政府公共资源配置领域引入竞争机制，放宽市场准入，确保各类投资主体参与配置的权利平等、机会平等、规则平等，并实现政府有效监管。改革的目标是：到 2015 年对部分重点公共资源项目试行竞争性配置，建立较为完善的进场交易规则、操作流程和运行框架，并探索开展重大基础设施建设项目公私合作（PPP）模式试点；到 2018 年省级及各地市建立分类完备的公共资源交易平台体系，在政府有效监管下实现所有公共资源市场化公平配置。建立较为完善的融资合作模式。

3. 改进预算管理率先建立现代财政制度。改进预算管理制度的目标是，建立预算编制科学完整、预算执行规范有效、预算监督公开透明及其三者有机衔接、相互协调为核心的现代预算管理制度，主要包括 10 个方面：一是建立健全政府预算体系。建立覆盖公共财政预算、国有资本经营预算、政府性基金预算和社保基金预算的预算体系。二是细化预算编制。三是建立跨年度预算平衡机制。包括实行中期财政规划管理，改进年度预算控制方式，加快项目库建设等。四是改进预算决策机制。包括进一步完善预算论证制度，完善预算征询机制等。五是提高预算执行时效性和均衡性。主要包括健全预算执行约束机制，建立财政支出监控机制，强化结余结转资金管理等。六是加强财政资金管理。包括加大对重点领域的管控力度，建立专项资金定期清理评估机制等。七是建立政府性债务管理体系。包括建立债务规模控制和风险预警机制，加强债务举借及资金使用管理等。八是调整完善转移支付制度。包括调整省与市县财政收入划分，完善一般性转移支付机制，规范转移支付资金管理等。九是强化财政监督和绩效评价。健全涵盖财政部门监督、审计监督、监察监督、人大监督及社会和舆论监督五层次监督体系。十是推进财政信息公开。包括细化预决算公开内容，推进专项资金信息“八个公开”等。

四、几个需要重点关注的问题

深化财税体制改革已进入“深水区”，要啃许多“硬骨头”，迫切需要市县政府的积极参与和大力支持配合。党的十八届三中全会《决定》把“改进预算管理制度”作为深化财税体制改革的首要位置，这既体现了预算管理制度在整个财税体制中的基础性地位作用，又反映了在长期工作中预算管理方面存在的深层次体制机制问题。从市县来看，按照“预算编制科学完整、预算执行规范有效、预算监督公开透明”的目标，深化预算管理制度改革应作为今后财政改革的一个重点，这是规范财政管理、严肃财经纪律的重要基础。按照增强改革问题导向的思路，下面围绕今后推进改革的重点和难点，重点探讨几个问题。

（一）关于预算编制方面的问题

预算编制是预算管理的起点和前提。当前预算管理较为粗放、预算执行刚性不足等在一定程度上都可以在预算编制环节找到原因，主要有以下几个方面：

1. 关于提高预算编制完整性的问题。当前，市县统一完整的预算编制体系尚未建立，部分地区政府预算外收支和体制外融资渠道缺乏整体协调，不利于规范财政分配秩序。按照财政部的定义，完整的政府预算体系包括公共财政预算、政府性基金预算、国有资本经营预算和社保基金预算，以全面反映政府收支总量、结构和管理活动。省级财政已从 2013 年起将省级国有资本经营预算纳入年度政府预算编报范围，2014 年又将社保基金预算纳入向人大报送政府预算范围。各市县要按照中央的统一部署，加快构建统一完整政府预算体系，在编制好公共财政预算和政府性基金预算的基础上，公共财政预算要支持社保基金预算，国有资本经营预算部分收入可用于安排公共财政预算和弥补社会保障支出，要根据调控经济社会发展的需要，加大对政府性基金和国有资本经营预算的统筹调配力度，通过预算编制形成资金合力。

2. 关于细化预算编制的问题。预算编制过粗，预算执行就难于精准和严肃。为细化省级财政预算编制，我们采取了以下措施：一是预算编制时间延长、工作前置。从 2013 年起，将部门预算布置时间提前两个月，即从 8 月就开始编，使预算编制时间从往年的 6 个月扩展为 8 个月。二是完善定员定额管理，合理确定单位基本支出。结合机构性质、人员构成等实际情况和变动因素，完善基本支出预算定员定额标准和实物费用定额标准，逐步规范部门间经费水平不一、公用经费挤占专项的现象。三是细化部门预算项目支出。以重点部门预算编制为突破口，部门预算全部细化到“项”级科目和落实到具体执行项目。至 2015 年，计划将公共财政预算所有科目细化到“项”级，转移支付列至具体项目；进一步细化涉及社会民生、经济发展大额项目的预算编制，逐步明确至具体资金额度、补助对象等。四是建立预算编制与预算执行结果挂钩机制。如到期专项资金要依据绩效评价和审计结果决定是否编入预算等；又如，实行预算编制与预算结余结转管理挂钩的机制，对结转较多的资金，下年度适当压减预算。五是完善预算编制征询部门、专家和人大代表意见。这方面去年省财政已做了大量工作，如召开财政专家咨询座谈会，征求对2014年预算编制的意见；又如，从2013年10月起，省财政厅党组成员就分批带队到21个地级以上市和省直代表团听取人大代表意见，累计征求1 098人次意见；配合省人大组织代表开展3批以底线民生保障为重点内容的视察预算编制活动，共听取168条意见，基本在2014年预算编制工作中予以吸纳体现。以上措施做法，各地可结合实际进行参考借鉴，积极采取措施，不断提高预算编制科学化精细化水平。

3. 关于改进预算控制方式的问题。当前预算编制追求“年度平衡”的模式带来预算执行“顺周期”的问题，即当经济下行时，一些地方为了完成收入任务可能收“过头税”，造成经济“雪上加霜”；而经济过热时，一些地方完成收入任务后又容易搞“藏富于民”，该收不收，造成经济“热上加热”，后一种情况可能发达地区更多些。根据中央《决定》，财政预算要从年度平衡向中期动态平衡转变，跨年度预算执行实行“以丰补歉”，预算审核重点由财政收支平衡状态转向支出政策拓展，收入预算从约束性转向预期性。这要求我们及时转变观念，如今后预算收入计划数将改为预期数，下达财税收入任务指标就只是“指导性”意见，收入不能说“完成多少”，而是“达到多少”等。目前，省财政正探索制订跨年度预算平衡办法，计划于今年试编三年预算总体安排计划。其中一个重要举措是建立专项资金项目库管理制度，将执行期3年以上（含3年）、可滚动实施或分期实施及涉及跨年度预算执行的专项资金项目纳入项目库管理，对申请使用资金项目进行收集储备、分类筛选、评审论证、排序择优入库，并实行滚动预算，即对入库项目编制滚动计划，按照入库项目的排名和财力状况，择优编入年度预算。这既可以规范专项资金分配，避免暗箱操作和部门肢解财力，又是建立跨年度预算平衡机制的重要方面。有条件的市县可先行探索试点。

但我要强调，跨年度预算并不是说不关注年度收支的平衡，“量财办事、以收定支”仍是我们必须坚持的基本原则，决不能在财政收入“欠”年不压支、“丰”年又不予以弥补，造成收支缺口越来越大，以致不仅达不到改革的目的，反而形成财政收支不平衡的灾难，是绝对不允许的。

4. 关于清理规范重点支出挂钩事项的问题。统一完整是现代财政制度的基本特征。清理支出与年度财政收支增幅或生产总值挂钩事项，重点是为了解决财政投入与事业发展“两张皮”、“钱等项目”、“敞口花钱”等问题，而且有利于政府统筹财力安排。但这并不是否定某项事业的重要性，而是为了避免财政支出固化。现阶段，考虑到教育、农业、科技等事业发展的现实需要，还是要优先安排、重点保障。目前的很多挂钩事项是中央层面制订的，应该说在一定历史时期对推动某项事业的发展起到了有效作用。下一步，我们要按照中央决策抓紧清理规范，同时各级政府在决策时也要防止出现类似的问题。

（二）关于预算执行方面的问题

预算执行直接关系财政政策的实施、财政职能的发挥和财政资金使用效益的提高，是加强预算管理必须把握的关键环节。这一环节，重点是要解决预算执行约束弱化、资金使用效率偏低的问题。

1. 关于强化预算执行刚性的问题。维护预算权威性，是一件十分重要而严肃的事情，也是加强预算管理的根本和关键。我们重点要解决的是部门随意增加预算及新增预算支出固化的问题，部门新增支出需求原则上都应在现有资金中统筹安排使用。从根本上讲，提高预算执行刚性，必须在细化预算编制的基础上，将预算收支执行从年度平衡向跨年度平衡转变，即年度预算执行中，除救灾等应急支出通过动支预备费解决外，原则上不出台增加当年支出的政策，一些必须出台的政策，通过以后年度预算安排资金；如出现超收，原则上用于化解政府债务、补充预算稳定调节基金；如出现短收，通过调入预算稳定调节基金、削减支出解决，今后若允许地方发行政府债券，则可以经授权发行短期债平衡当年支出缺口，并在下一年度预算中予以弥补。

2. 关于提高预算执行均衡性的问题。近年来，社会上普遍关心的所谓“年底突击花钱”的问题，其实是预算执行进度失衡的问题。针对这一问题，多年来我们一直都在抓，采取了综合性政策措施，包括预算支出分类管理、支出进度任务分解、预算执行通报、加强结余结转资金管理等一系列制度措施，并在技术上完善预算管理，通过提高资金安排计划性、规范超收收入使用、减少代编预算规模、提前下达转移支付资金等方式，切实加快预算执行进度，但效果并不十分明显，用力抓时好一些，之后又有反复。深入分析，我们的制度设计是没问题的，关键在于是否“动了真格”。今年，省财政计划采取三项“硬措施”建立预算执行监督机制，倒逼各部门加快支出进度：一是加强沟通、主动服务，督促各部门及时做好专项资金支出计划，确保所有专项资金9月30日前下达完毕，当年未支出的专项资金一律收回。二是对因政策调整，年内确实无法完成支出的，督促有关部门及时提出调减当年预算或调整用于其他重点支出的建议，该调整的调整，该收回的收回。三是对以前年度结余结转、持续安排2年以上仍未使用完毕的专项资金，按程序报经批准同意后原则上收回省级总预算。此外，财政部今年计划将预算执行进度作为对地方财政管理绩效综合评价的重要指标，并与相关转移支付分配挂钩。省财政也将参照财政部的做法，在转移支付中加入支出进度的因素。希望各地拿出有力举措，加快预算执行进度。

3. 关于盘活财政存量资金的问题。存量资金规模较大与预算执行进度偏慢之间既有联系又有区别，原因比较复杂，还与现行预算决策体制、国库集中支付制度、会计核算制度等有关。近年来通过采取多项措施，省财政结余结转规模得到有效控制，占当年预算支出比重逐年下降。我认为，现行的会计核算办法及国库集中支付制度不可避免地造成结余结转，部门用不完的钱集中留在国库总比分散在部门好，这在一定程度上也是国库集中支付改革的成果体现；同时，适度结余结转和预留资金对于保障突发性支出是非常必要的。当然，结余结转过大确实是一个问题。按照财政部要求，2014 年财政结余结转资金要在上年的基础上再压缩 15% 以上，2015 年底结余结转资金占公共财政支出比重降至 9% 以下。各地要进一步加大力度，建立消化控制存量资金的长效机制：一是全面摸清底数。各级财政部门要结合审计部门对存量资金的审计情况，进行一次全面清理，尽快摸清底数。二是改进预算管理决策机制。在明确本级党委、政府重大决策部署和法定支出有效保障的前提下，如相关既定的项目达不到支出条件的，可先不列入当年预算安排，具备实施条件后再落实资金。三是建立完善预算支出责任考核机制。各地各部门同心合力抓好预算执行任务。对承担支出任务的部门单位建立相应的考核机制，督促部门落实预算执行主体责任，对超过规定期限没有支出的资金及时提出调整使用或收回预算统筹的意见。

4. 关于财政资金配套的问题。过去地方长期反映专项转移支付过多过滥、地方配套压力大、“上级点菜、下面买单”的问题。这些问题在一定程度上反映了各级事权划分不清晰、地方对转移支付资金使用缺乏自主权的深层次问题。对此，按照中央部署，省财政着力推进了两项改革措施：一是压专项、扩一般，将部分属于地方事权且信息复杂程度较高、适合地方管理的专项转移支付项目审批和资金分配权下放地方，扩大地方理财自主权。2013 年省级一般性转移支付占比提高 13 个百分点（2012 年为 35.7%），争取到 2017 年提高到 60% 或以上。二是开展建立事权与支出责任相适应制度改革，省财政计划在未来几年内对若干重要公共服务事项进行改革试点，按照权责一致、提高效率的原则，开展部分事权下放、上划及明确共担事权支出分担比例，以制度的形式明确规定各级政府“该办的事”、“该拿的钱”，不足部分由上级财政统筹考虑给予财力性转移支付。这样划清各级政府事权和支出责任，就不存在谁配套谁的问题了。以上两项改革，希望各市县予以大力支持与配合，确保改革取得实效。

5. 关于清理税收优惠政策的问题。出台各类优惠和扶持政策是影响预算执行的重要因素。当前清理税收优惠政策，重点在于解决各地在制造“政策洼地”中竞相攀比的“囚徒困境”难题，促进公平竞争，确保市场在资源配置中起决定性作用，而不是优惠政策起决定性作用。但这样一来，地方靠什么来吸引企业投资、支持产业转型升级呢？还是要靠改革释放红利、激发市场活力。要有“两手”：一手要加快转变政府职能、简政放权，进一步向市场、向社会放权，打造发展的“环境高地”；一手要推进财政支持经营性领域资金的投入方式改革，投入方向要逐步从过去“点对点”对单个企业的扶持转向加大对公共服务平台、营商环境建设投入转变，投入方式要从对企业的直接补贴转向使用股权投资管理、专项资金基金化管理、创立风险投资基金等杠杆方式，总之，财政支持经营性领域要体现杠杆性和股权式，切实减少企业对政府的依赖，促进公平竞争，提高资金使用效益。

（三）关于预算监督方面的问题

加强财政监督是规范财经秩序、提高资金效益的重要手段。过去财政资金使用不规范、效率不高和资金沉淀等问题，在一定程度上也与财政监督不到位有一定关系。特别是在当前政府加快转变职能、简政放权的大背景下，必须在放权的同时加强监督管理，切实解决“一管就死、一放就乱”的问题。

1. 关于加强一般性转移支付资金使用监管的问题。按照“压专项、扩一般”的思路，省财政将逐年加大对市县一般性转移支付。在扩大市县对转移支付资金使用的自主权的同时，必须加强监管和绩效评价，以确保转移支付资金各项政策目标的实现。市县要统筹使用上级一般性转移支付资金，落实本级政府事权范围内相对应的各项支出责任，要优先用于保民生、保运转和协调发展支出，不得用于提高人员经费和公用经费标准、“三公”支出、楼堂馆所建设等一般性支出。省财政将加强对一般性转移支付资金使用的监督检查和第三方绩效评价，并将监督检查和评价结果作为下一年度省级财政一般性转移支付资金分配的重要依据。另外，我想强调，对于清理合并后纳入一般性转移支付管理的专项转移支付项目，各市县要处理好发挥理财自主权和确保实现转移支付政策目标的关系，在分清项目实施轻重缓急的基础上，仍要在使用方向上兼顾政策目标的实现。

2. 关于加强专项资金管理的问题。近年来我省在有关专项资金分配领域接连发生违纪案件，反映了专项资金管理使用中存在设置分配不够科学、审批自由裁量权过大、监督管理缺位乏力等问题。客观地说，专项资金管理并不是财政部门一家的事情，专项资金的设立、调整、申报、审批、分配、使用等各个环节涉及多个部门，特别是在资金的使用监管上，主管部门、审计部门和纪检监察等也必须明确分工、各负其责，共同把专项资金管好、管到位。对此，省委、省政府高度重视，省财政厅制定并以省政府名义印发了新的《广东省省级财政专项资金管理办法》，对专项资金管理工作框架思路进行了重新设计和重大突破，打造专项资金目录、专项资金项目库、专项资金管理统一平台“三个载体”，对资金审批实行内部制衡、横向并联审批制度、复式审批“三项制度”，对专项资金信息实行管理办法、申报指南、申报情况、分配方式和分配程序“八个公开”，等等。新《办法》得到了中央和省委、省政府的充分肯定，李克强总理在有关专报信息上作出重要批示，要求财政部借鉴推广。同时，全面清理整合专项资金，2013 年对纳入清理范围的 670 项、759.58 亿元省级专项资金压减274项、150.87亿元，分别减少43%、25%，力争到2014年将省级专项资金项目在2013年的基础上再压减30%，控制在250项以下；牵头组织开展了整治违规使用专项资金专项行动，全省共查处“小金库”31个，涉及金额约2 372万元；违规专项资金项目697个，涉及资金约2.38亿元。

市县政府在专项资金管理使用上也存在一些亟待解决的问题。今年省财政厅将指导督促各市县结合实际完善本级专项资金管理办法，各地要针对当前专项资金使用自由裁量权过大、“重分配、轻管理”、“重使用、轻绩效”等问题，结合实际规范程序、强化管理。一方面，要严格贯彻执行《广东省省级财政专项资金管理办法》，用好省财政专项转移支付资金。如对省级专项资金申报要通过省政府网上办事大厅专项资金管理统一平台进行，专家资金分配程序、分配方式、分配结果、绩效评价和监督检查情况要在统一平台上公开等。另一方面，要结合实际，完善本级专项资金审批及程序规定，建立健全大额资金联合审批、资金审批内控制衡等制度，鼓励开展竞争性分配，强化全程监管、信息公开、绩效管理和责任追究，探索建立专项资金项目库，实行择优入库、滚动预算等，最大限度减少资金分配自由裁量权。同时，要加大专项资金清理整合力度，提高资金使用效益。

3. 关于加强地方政府性债务管理的问题。债务管理事关发展全局和财政风险防范，是亟须加强财政监督管理的重要领域。据审计反映，截至2013年6月底，全省政府性债务余额10 165.37亿元（其中省市县三级政府具有偿还责任的一类债务余额6 931.64亿元），总债务率为59.41%，债务规模适中、风险总体可控，但地方政府需偿还的债务约有1万亿元，这个数字已经不小。个别地区和部门债务规模较大、偿债能力较弱，存在风险隐患。极稳妥化解地方债务风险，已成为一项紧迫任务，必须加快建立规范合理的地方政府债务管理及风险预警机制。目前省财政厅正抓紧制订《关于进一步加强政府性债务管理的意见》，市县政府重点要配合做好四方面工作：一是控制规模。按照“下管一级”管理原则，省对市、市对县实施债务规模控制。二是规范管理。编制债务收支计划，严控新增债务，未列入债务收支计划的项目，一律不得举借政府性债务。实施债务风险评估，对高风险地区进行预警提示。三是有序偿还。偿债资金要纳入债务收支计划管理，并建立各级政府性债务偿债准备金，充实偿债资金。厘清政府与企业的偿债责任，谁借谁还。四是强化考核。要完善政绩考核体系，对领导干部任内借债纳入政绩考核，离任要审计、终身要负责。

4. 关于实施全面规范预算公开制度的问题。透明预算是现代财政制度的一项基本制度，也是建设法治政府、廉洁政府的内在要求。目前各市县正积极推进预决算信息公开，但各地公开进度不一，部分地区进展缓慢，绝大部分市县未公开“三公”经费信息，引起社会质疑。当然，预算公开前需要做大量清理规范的工作，需要一个过程，我都理解。当前，中央已决定进一步加大预算公开力度，要求各级政府预算和决算都要向社会公开，所有财政拨款的“三公”经费要公开，政府性基金、国有资本经营预算、社会保险基金预算要进一步公开，各级财政转移支付项目也要逐步公开。这倒逼我们必须加快清理规范的步伐，切实解决预算执行随意性大、约束弱化、管理粗放、程序不规范等问题，经得起社会公众的监督和检验。

（四）关于严肃财经纪律方面的问题

良好的财政秩序、严明的财政纪律，不仅是做好财政工作的内在要求，也是推进完善社会主义市场经济体制的重要保障。但我们看到，现在一些部门、地方管理工作十分薄弱、财经纪律意识淡薄，不按预算办事，调整预算、追加预算随意性大，花钱大手大脚，铺张浪费，滥用资金现象仍然存在；部分地区财政纪律松弛、甚至破坏正常财政秩序，有的地方随意减免税收，有的地方财政数据不实、带水分，有的地方“潜规则”呈现“正常化”倾向，侵吞、挪用、骗取财政资金的现象不胜枚举；一些干部财政纪律意识淡薄，错误地认为“能从上面要来钱就是给基层做贡献”，“钱只要不进自己腰包，就怎么方便怎么花”，有的以公共利益做人情甚至搞权力寻租等。这种状况如果任其发展蔓延下去，后果十分严重。

对扰乱财经秩序、违反财经纪律的现象，决不能听之任之。必须下狠心、出重拳，重振财经纲纪，整饬财经秩序。一是要勤俭办事。从今后发展趋势看，财政收入增速已进入平缓期，收支矛盾将更加突出，必须充分发挥财政在源头上反对铺张浪费、履行节约的作用，认真贯彻落实中央八项规定和《党政机关厉行节约反对浪费条例》，对“三公”经费开支和一次性支出等严格把关，按规定停止楼堂馆所资金审批，全面清理党政机关和领导干部办公用房，加强行政经费节约考核，对博览会、论坛等支出项目进行严格控制，确保公务购车和用车经费、会议经费、公务接待费用、党政机关出国（境）经费、办公经费“五个零增长”或略有下降。二是要规范管理。要强化预算硬约束，抓紧健全完善预算管理制度和运行机制，提高政策信息的透明度，优化工作流程，加强内部控制，最大限度压缩自由裁量权。我这里特别强调，上下级工作联系也要严格执行中央“八项规定”和相关制度要求，坚持依法依规，按章办事，堵“偏门”、开“正门”，严禁通过各种跑关系、拉人情要政策、争资金的行为，严禁节前或节日期间没有任何公务任务的迎来送往，形成秩序井然、风清气正的良好氛围。三是要严肃纪律。建立健全财政监督工作机制，建立经常性监督检查工作机制，切实解决部分领域财政监督不到位、机制不健全的问题，确保财政监督全覆盖、不留死角。对于监督检查中发现的违法违纪行为，严格执行《财政违法行为处罚处分条例》，该追究责任的严厉追究责任，绝不姑息，切实增强对财经纪律的敬畏之心和“高压线”意识。

第三部分

全省财政工作概况与专题

GUANGDONG CAIZHENG NIANJIAN

概　述

全省财政工作综述

2014年，广东财政坚决贯彻省委、省政府决策部署，稳增长、促改革、调结构、惠民生、防风险，主动适应新的形势和要求，积极发挥财政职能作用，着力深化财税体制改革，各项工作取得新的成绩。

一、抓好增收节支，财政运行平稳

切实增强主业意识，狠抓增收节支管理，财政收入基本与经济增长速度相适应，财政运行态势良好。2014年，来源于广东的财政收入完成19 080.13亿元，同比增长12.47%。全省一般公共预算收入完成8 060.06亿元，同比增长13.91%；全省一般公共预算支出完成9 134.33亿元，同比增长10.51%。2014年，广东省一般公共预算收支运行呈现“收入增幅平稳、增长均衡，支出结构优化、保障有力”的特点。一是财政收入增幅平稳，总量连续24年居全国第一。2014年，广东省收入增幅高于全国地方平均水平，在沿海五省市中排第一。收入较快增长，推动广东省一般公共预算收入总量突破8 000亿元，2010-2014年每年上一个新千亿台阶，总量连续24年居全国第一。二是各级次收入增长较为均衡。省、市、县三级一般公共预算收入同比分别增长11.02%、15.77%和13.63%，各级次增幅差距较小，且市县一般公共预算收入增幅连续两年高于省级一般公共预算收入。三是主体税种和中小税种协调增长，非税收入增幅较高。2014年，全省税收收入完成6 505.89亿元，同比增长12.9%，税收占比为80.72%。其中，增值税、营业税、企业所得税、个人所得税等主体税种收入同比增长12.26%，中小税种收入增幅（14.35%）差距比2013年缩小了1.28个百分点，各税种收入增长趋于协调。四是支出结构优化、保障有力。各级财政严格落实八项规定，厉行节约，行政运行成本进一步压减，全省主要用于维持政权运转的一般公共服务支出同比下降1.46%，用于教育、医疗、社保等领域的民生类支出完成6 177.11亿元，同比增长11.25%，占全省一般公共预算支出的比重达67.63%；不断加大对欠发达地区的转移支付力度，2014年粤东西北支出占全省市县支出的27.92%，同比提高0.78个百分点。

二、服务大局，积极支持稳增长、调结构、惠民生、防风险

坚持服务大局、主动作为，充分发挥财政政策调控作用，全力保障中央和省委、省政府各项决策部署落实。一是稳增长。增强财政政策措施的针对性和有效性，支持经济稳定增长，涵养财源税源。及时研究制定《关于财政支持稳定经济增长的政策措施》，综合运用22项财政措施，通过支持基础设施建设、稳定外贸进出口、支持扩大消费、促进产业转型和落实税费减免政策等，力促经济运行保持在合理区间。二是调结构。发挥财政杠杆作用和财政政策的精准调控优势，推动经济转型升级。投入22亿元，支持一批重大项目建设和落户，推动重大产业技术研发和产业化进程；投入资金8.6亿元，支持现代服务业新兴领域发展，拓展服务新业态；投入9.1亿元，支持大型骨干企业创新提质发展，推动中小微企业服务体系和担保体系建设。三是惠民生。突出民生领域财政政策措施的普惠性，区分不同层次的民生需求，进一步完善保障改善民生的体制机制和政策体系。全省民生类支出完成6 177亿元，同比增长11.25%，高于支出平均增幅（10.51%）0.74个百分点，占全省一般公共预算支出的比重达67.63%，同比提高0.45个百分点。四是防风险。制订加强地方政府性债务管理的意见，构建举借有度、偿还有方、管理有序、监管有力的政府债务监管体制；组织全省开展逾期债务清理工作，逐步化解历史债务，防范结构性债务风险；实施存量政府债务甄别，做好政府债务分类纳入全口径预算管理基础工作等，有效防范债务风险。

三、深化财政改革，改革创新取得新进展

深入贯彻落实党的十八届三中全会和省委十一届三次全会决策部署，围绕率先基本建立现代财政制度，积极落实财政部门牵头承担的各项改革任务和先行试点任务，各项改革工作进展顺利。一是加强财税改革总体设计。印发实施《广东省深化财税体制改革　率先基本建立现代财政制度总体方案》，推出27项改革措施，涉及预算制度、省以下政府间财政关系、民生财政保障制度、财政投融资制度、税收制度5个领域的改革任务，力争率先基本建立现代财政制度。二是推进预算编制改革。加大基金预算、国资预算与一般公共预算的统筹力度，健全完善政府预算体系；细化全口径预算编制，省级总预算和部门预算全部细化到支出功能分类的项级科目。三是完善一般性转移支付政策。制定《广东省财政一般性转移支付资金管理办法》，从一般性转移支付的设立、调整和撤销、管理责任、使用范围、预决算管理、监督检查、绩效评价、信息公开、奖惩等方面全面规范省财政一般性转移支付资金管理。四是

健全专项资金管理体系。启用专项资金管理平台，将282项省财政专项资金纳入省网上办事大厅专项资金管理平台实行统一管理。重新修订各项资金的具体管理办法，制定目录管理办法、联席审批等8个配套管理办法。五是继续推进政府向社会力量购买服务改革。完善政府向社会转移职能和购买服务的标准体系，制订并以省政府名义印发《政府向社会力量购买服务管理暂行办法》，研究修订培育发展社会组织专项资金相关管理制度。

四、加强财政管理，财政管理效能有效提升

突出财政的基础和重要支柱作用，全面规范财政管理，强化财政源头管控。一是行政事业资产管理方面，全面开展县（区）级资产管理信息系统实施推广工作，提高资产管理信息化水平；加强行政事业资产动态管理，建立完善资产处理办法等行政事业资产管理制度。二是政府采购监管方面，积极开展省直预算单位部分通用类办公设备批量集中采购，提高政府采购市场的竞争度，尽可能节约财政资金；拓展电子政府采购管理交易平台功能应用，提升平台的运行效率和服务能力。三是会计管理方面，针对在会计从业资格证考试报名、核发等环节存在的漏洞和问题，再造优化从业资格考证领证流程，完善证书发放内控制度，建立异常情况预警机制；开展会计质量抽查，处理会计单位24个，追缴资金4 064万元，以及给予责令补缴税款、罚款等处罚。四是行业管理方面，组织对120家会计师事务所、资产评估机构执业质量进行重点检查，严查存续条件、执业质量控制体系、违规执业等事项，对21家执业机构及4名执业人员违规行为进行处理处罚。

五、坚持厉行节约，严控一般性支出成效明显

围绕贯彻落实中央“八项规定”、新一届中央政府“约法三章”精神以及广东省实施意见，结合深入开展群众路线教育实践活动，积极建章立制，狠抓贯彻执行，厉行节约成效明显。据初步统计，省级行政和参公事业单位“三公”经费支出3.48亿元，比2013年同期减少10.94%。一是出台了省直机关和事业单位差旅费、会议费、因公临时出国经费、因公短期出国培训费、外宾接待经费、培训费等管理办法。二是研究修订省直行政事业单位行政经费节约考核办法，完善行政经费节约的考核内容、考核方式和奖惩措施，严格控制“三公”经费在机关运行经费总预算中的规模和比例。三是组织省直各部门开展党政机关和领导干部办公用房清理和自查自纠工作，全省98个省直单位纳入清理整改范围的办公用房建筑超标应整改面积合计4.69万平方米，已整改面积合计2.76万平方米。四是开展整治超标配备公车和严格公车经费支出专项行动，全省共整改公务用车违规问题318个，违规资金567.37万元。

六、强化财政监督，财政资金使用管理进一步规范

认真落实新的省级专项资金管理办法，在严把资金分配拨付关的同时，强化财政监督检查，着力建立涵盖资金流向和政策实施全过程、全方位的监督系统。一方面完善监督机制。制定实施《广东省省级财政专项资金常规性监督工作方案》、《广东省财政一般性转移支付资金监督检查办法》等，加强制度建设，推动财政监督检查规范化、常态化。另一方面突出监督重点。对2013年度五个专项整治行动中检查发现的问题进行了查处，向25个市县下达处理决定，要求严肃整改存在问题，并收缴违规资金0.59亿元；组织对全省4.2万个党政机关、事业单位和社会团体开展了专项检查，查处违规资金2.8亿元，小金库404个；对省级财政专项资金、一般性转移支付资金、十件民生实事资金及救灾资金开展重点检查，其中检查了专项资金8项共25.7亿元，抽查了8个县市一般性转移支付资金，检查了救灾资金27亿元，抽查了32个省直部门会议费及“三公”经费。

七、深入推进预决算信息公开，提升财政透明度

及时公开省级财政总预决算，启用省级专项资金管理平台向社会公开专项资金信息。建立信息公开定期通报机制，进一步规范省直部门预决算和“三公”经费公开，推进市县预决算信息公开。截至2014年底，预算公开方面，113个省级部门中，公开了2014年部门预算、“三公”经费预算的分别有98个、96个，21个地级以上市全部公开了2014年总预算及市本级部门预算、“三公”经费预算，115个县（市、区）中，公开总预算、部门预算及“三公”经费预算的分别有113个、91个、93个；决算公开方面，118个省级部门中，公开2013年部门决算、“三公”经费决算的分别有102个、103个；21个地级以上市全部公开了2013年总决算及本级部门决算和“三公”经费决算信息，114个县（市、区）中，公开2013年度部门决算和“三公”经费决算信息的分别有106个、107个。

八、加强部门自身建设，提升干部队伍综合素质

结合教育实践活动整改方案落实，以及巡视和审计发现问题整改落实，狠抓部门自身建设，提升能力水平，提高工作执行力。一是加强思想建设。完善学习制度，全面加强党的十八大和十八届三中、四中全会以及习近平总书记系列重要讲话精神学习，加强理论武装，坚定理想信念，强化宗旨意识。二是加强作风建设。建立健全治庸问责机制、首问责任制、重点工作限时办结制、重大事项跟进督办制度等一系列的机制、制度，提高工作效率质量。优化和重造办事流程，进一步细化办事环节、简化办事流程，推进网上办事大厅建设，不断提高服务工作效能。三是加强党风廉政建设。积极开展党建主题实践活动，推动机关党建不断取得新成效。落实党风廉政建设责任制各项规定，实施党风廉政建设责任制考核办法、工作人员问责办法；开展财政风险防控专项活动，将梳理出的各类风险分为三大等级8大类，逐项优化工作流程，最大限度地防控风险、压缩自由裁量权，全面推进反腐倡廉建设。四是加快推进

财政信息化建设。加强信息化建设规划，推动重点信息系统项目建设，完成省级财政专项资金管理平台、专项资金项目库管理系统及移动办公助手等重点信息系统设开发工作，初步建成财政数据库及决策分析系统，为各项工作开展提供支撑。

（办公室供稿，周亚华执笔）

财政法制税政

2014 年，省财政厅法制税政工作以建设法治财政和推进税制改革为中心，主动服务、深化改革、完善机制、狠抓落实，努力提升财政法制税政工作水平，促进依法行政依法理财，推进税收制度改革，较好地完成了各项工作任务。2014 年，省财政厅在省政府依法行政考核中，在省直部门中排名靠前，获得良好等次。

一、扎实抓好财政法制工作，法治财政建设有新成效

（一）加强立法和规范性文件管理

参与预算法、政府采购法及其实施条例等法律法规的修订工作，开展财政投资评审办法等立法的调研工作。对上级和省有关部门转来的逾 70 份法律、法规和规范性文件研提意见，对 77 份党内规范性文件进行备案审查；提请省政府发布《关于中小学校的预算管理办法（试行）》等财政规范性文件 7 份；对省财政厅各业务处室制定的逾 800 份制度文件进行合法性审核。

（二）推进行政审批制度改革和职权清理

按照省政府的统一部署，公布省财政厅保留的行政审批事项目录共 17 项（其中行政许可 6 项，非行政许可审批 11 项）。根据省政府清理非行政许可审批的精神，进一步清理 6 项非行政许可事项，推动全部行政审批事项进入省网上办事大厅，优化各项审批事项流程。

（三）加强行政复议和诉讼应诉案件办理工作

积极应对复议和应诉案件不断增长的势头，认真审慎地抓好案件办理工作，2014 年共办理复议、应诉案件 25 件。其中：省财政厅作为复议机关的审理复议案件 12 件（维持 7 件、撤销 1 件、终止 1 件、未结案 3 件）；被提起复议案件 6 件（最终维持 5 件、驳回复议申请 1 件）；被提起行政诉讼案件 7 件（胜诉 3 件，原告撤回起诉 1 件，未结案 3 件），案件总数比 2013 年增长约 15%。

（四）加强法治财政制度建设

制定出台《广东省财政厅关于规范财政行政处罚自由裁量权的规定》、《广东省财政厅法律顾问管理办法》，进一步完善行政执法责任制，建立健全集体审议、征询民意、专家论证等机制，加强对财政执法事项的审核监督，规范行政执法权力运行。

（五）加强财政法制宣传教育

新预算法出台后，省财政厅组织全省财政系统全面深入学习新预算法，邀请财政部条法司领导到厅作新预算法专题辅导报告，向全省财政干部发放新预算法学习资料；组织开展学法用法考试。

二、扎实抓好税制改革工作，税收制度改革有新突破

（一）抓好“营改增”试点工作

根据中央的统一部署，2014 年 1 月 1 日将试点范围扩大到邮政业和铁路运输业，6 月 1 日又将电信业纳入试点范围，根据试点情况及时调整财政扶持政策，出台电信业汇总缴税办法，做到周密部署、跟踪分析、统筹推进。截至 2014 年 12 月，全省“营改增”试点户数 32.08 万户（含深圳超过 67 万户），实现减税 110.75 亿元，试点减税面超过 98%。同时，认真落实“营改增”试点财政扶持政策，共批复 2012 年 11 月至 2014 年 5 月财政扶持资金 7.75 亿元，涉及试点企业 600 余户。

（二）认真制订税制改革有关方案

密切跟踪中央税制改革进程，形成《关于中央税制改革对广东经济财政影响研究分析报告》。参与草拟全省深化财税体制改革总体方案，提出推进改革进程、加强税源管理等具体措施，方案经省委、省政府审定公布后，制订省有关部门税制改革职责任务分工方案。

（三）积极落实税制改革有关工作

开展消费税、资源税等专项调查，在中央的统一部署下稳步推进各项税制改革工作。受财政部委托，会同部分省份开展农村集体建设用地流转税制安排专题研究，形成专题研究报告报财政部。

三、扎实抓好地方税政工作，税政管理水平有新提升

（一）积极做好向财政部争取税收优惠政策和自贸区申报工作

配合财政部制定《横琴产业企业所得税优惠目录》、横琴增值税和消费税政策、横琴新区个人所得税优惠政策；配合做好广东自由贸易园区申报工作。

（二）积极组织开展税政调查工作

创新工作方式方法，专门举办税政调查培训和会审，借助专业机构力量，开展企业所得税税源、重点税源、税式支出、重点产品国际竞争力及关税调查、关税调查建议等 5 项调查工作，调查企业涉及 7 000 多户，形成 5 个专题调查报告，提出税源管理和关税调整建议 50 多条。2014 年，省财政厅分别被财政部评为税源调查先进单位、税源调查优秀报告、关税调查表扬先进单位。

（三）加强税政服务，落实税收优惠政策

做好省级公益性基金会、社会团体捐赠税前扣除资格，公益性群众团体公益性捐赠税前扣除资格以及非营利组织免税资格的审核认定工作，认定 347 家社会团体获得公益

性税前扣除资格，254 家非营利组织获得免税资格。落实横琴新区个人所得税优惠政策，审核批复 36 位港澳居民个人所得税税负差额补贴，共 469 万元。参与向国家申报动漫企业、软件企业、集成电路企业等税收优惠资格，为企业争取税收优惠。

（四）认真做好税政日常管理服务工作

全年办理涉税的人大代表建议和政协委员提案主办件 1 件，会办件 9 件；研究并向省政府建议对民族自治地区给予免征企业所得税地方部分优惠政策，办理有关政策文件涉税征求意见 260 多件。

（法规税政处供稿，潘敏执笔）

财政预算管理

一、2014 年财政预算安排情况

2014 年，编制财政收支预算总的指导思想是：全面贯彻落实党的十八届三中全会及中央经济工作会议、省委十一届三次全会各项决策部署，紧紧围绕主题主线，按照稳中求进的工作总基调，锐意进取，攻坚克难，努力确保收支平衡，发挥财税改革在全面改革中的基础性和支撑性作用，服务“三个定位、两个率先”总目标的实现。

编制 2014 年财政收支预算的基本原则是：一是民生优先，确保运转。预算编制要坚持民生优先，增进百姓福祉；要确保运转，满足维持全省和省级政权运转需要。二是顾及全面，突出重点。收入预算编制要与经济社会发展预期指标相适应，支出预算编制要与财力相适应，确保收支平衡；要突出重点，确保“三个定位、两个率先”决策部署落实。三是扩大一般，压减专项。积极清理合并专项转移支付；按照“保基本”和“强激励”的思路，完善一般性转移支付政策。四是规范管理，改革创新。进一步推进信息公开，进一步强化监督制衡机制，进一步落实从严把关措施，进一步规范专项资金分配程序，进一步深化财政体制机制改革。五是厉行节约，控制债务。全面贯彻落实“八项规定”，按规定停止楼堂馆所资金审批，对博览会、论坛等按年度预算 25% 压减；严格执行现行债务管理规定，严禁违规举借地方政府性债务。

2014 年，全省一般公共财政预算收入按增长 10% 安排 7 783 亿元，人均收入 7 347 元，比 2014 年增加 1 011 元。主要收入项目安排为：增值税 1 210 亿元；营业税 1 777 亿元；企业所得税 1 070 亿元；个人所得税 382 亿元；城市维护建设税 425 亿元；土地增值税 470 亿元；城镇土地使用税 145 亿元；房产税 223 亿元；非税收入 1 386 亿元。

2014 年，全省一般公共财政预算支出按增长 9% 安排 9 010 亿元，人均支出 8 505 元，比 2014 年增加 1 312 元。主要支出项目安排为：教育支出 1 960 亿元；科学技术支出 360 亿元；文化体育与传媒支出 160 亿元；社会保障和就业支出 830 亿元；医疗卫生与计划生育支出 715 亿元；节能环保支出 331 亿元；城乡社区支出 760 亿元；农林水支出 640 亿元；交通运输支出 720 亿元；住房保障支出 220 亿元。

二、积极推进预算管理改革

2014 年，广东省深入贯彻落实党的十八届三中全会和省委十一届三次全会决策部署，围绕率先基本建立现代财政制度，积极推进财政预算管理改革。

（一）积极推进重点改革工作

按照中央和省委、省政府改革部署以及中央《深化财税体制改革总体方案》精神，广东省印发实施《广东省深化财税体制改革　率先基本建立现代财政制度总体方案》，明确广东省新一轮财税体制改革的路线图、时间表以及总体目标，提出以改进预算管理、明晰事权和支出责任、构建地方税收体系、推进基本公共服务均等化、公平配置政府公共资源为重点，全面深化财税体制改革，力争率先基本建立现代财政制度。草拟《广东省关于深化预算管理制度改革的意见》，指明广东省预算管理制度改革的总体要求、基本原则、主要任务和保障措施，从建立健全政府预算体系、细化完善预算编制、改进预算管理和控制、完善预算论证征询机制、提高预算执行的时效性和均衡性、完善财政专项资金管理、建立政府性债务管理体系、调整完善转移支付制度、强化监督检查和绩效评价、推进财政信息公开十个方面提出具体要求。

（二）探索推进预算编制改革

广东省结合 2015 年预算编制工作，加大基金预算、国资预算与公共预算的统筹力度，建立健全定位清晰、分工明确的政府预算体系；推进细化全口径预算编制，省级总预算和部门预算全部细化到支出功能分类的项级科目，对省以下转移支付细化到具体项目、资金用途、分配办法，并将提前下达资金按地区细化；国有资本经营预算、社保基金预算细化至各项支出项目；推动零基预算改革，研究制定《广东省省级财政零基预算改革方案》和《2015 年省级财政零基预算改革试点工作实施细则》，选取省司法厅等 6 个省直部门及其下属单位开展试点，改变过去“基数加增长”传统预算编制方式，并建立财政供养分类定员定额标准体系和完善保障重点、绩效优先的项目评估机制；提高预算编制精准度，严格预算科目、级次编报，细致划分支出功能分类科目，增加编列支出经济分类科目；完善预算决策征询机制，围绕预算编制累计征询 1 030 人次，收集意见 455 条。

（三）开展财政资金项目库管理试点

印发《广东省省级财政资金项目库管理办法》，设立省级财政专项资金项目库，探索将执行期在 3 年以上（含 3 年）的专项资金，可滚动实施或分期实施的财政资金，以及建立跨年度滚动预算机制所需的其他财政资金纳入项目库管理范围。2014 年共 3 477 个项目申请纳入项目库管理。

（四）健全专项资金管理体系

一是加强专项资金制度体系建设。严格落实《广东省省级财政专项资金管理办法》，制定8个配套资金管理办法，全面构建了多维度、全方位的专项资金管理制度体系。二是建设省级财政专项资金管理平台。启用专项资金管理平台，将281项省财政专项资金纳入省政府门户网站专项资金管理平台实行统一管理。三是建立专项资金定期清理评估机制。2014年，省级一般公共财政预算专项资金项目在2013年清理压减43%的基础上再压减30%，由358项压减到220项以下。

（五）强化预算执行管理

一是强化支出预算约束，未列入预算的不得支出。年度预算执行中除救灾等应急支出通过预支预备费解决外，一般不出台增加当年支出的政策。及时批复部门预算，严格按照财政预算、用款计划、项目进度、有关合同和规定程序办理资金支付。二是完善预算执行通报制度。建立预算执行通报制度，通过电话通报、约谈、发函多种方式督促地市和省直部门加快财政支出预算执行进度。三是全面建立层级责任体系，实行从厅领导到经办同志分级负责的工作机制，并将执行情况纳入干部年度考核内容。四是加强结余结转资金清理，组织省直各部门及各市财政部门积极清理结余结转资金，加大财政性结余结转资金的统筹力度，明确结余结转资金的使用时限，对于到期未使用的结余结转资金进行回收统筹使用。

（六）深入推进预决算信息公开

积极完善预决算信息公开制度，印发《广东省关于全面推进预算公开工作的意见》、《广东省财政专项资金信息公开办法》及《关于进一步推进基本建设项目预算信息公开的通知》。做好省级财政总预决算信息公开及省级专项资金信息公开工作，及时公开省级财政总预决算，并通过省级专项资金管理平台向社会公开专项资金信息。按统一公开时间、公开内容、公开程序和格式等“三个统一”的要求，进一步规范省直部门预决算和“三公”经费公开，建立信息公开定期通报机制，督促省直各部门在批复部门预决算后按要求公开有关信息。加强对市县预决算信息公开的指导，督促市县加大预决算信息公开力度。截至2014年底，在预算公开方面，113个省级非涉密部门中，公开了2014年部门预算、“三公”经费预算的分别有98个和96个；21个地级以上市全部公开了2014年总预算及市本级部门预算、“三公”经费预算；115个县（市、区）中，公开总预算、部门预算及“三公”经费预算的分别有113个、91个和93个；在决算公开方面，118个省级部门中，公开2013年部门决算、“三公”经费决算的分别有102个和103个；21个地级以上市全部公开了2013年总决算及本级部门决算和“三公”经费决算信息；114个县（市、区）中，公开2013年度部门决算和“三公”经费决算信息的分别有106个、107个。

三、地方财政工作

根据省委、省政府决策部署，积极推动粤东西北地区振兴发展，着力完善省以下财政体制，大力促进区域协调发展，有效激发市县发展活力。

（一）落实粤东西北地区城区扩容提质、新区发展财政政策

一是落实新区税收增量返还政策。研究拟定《粤东西北地级市新区基础设施建设补助资金实施办法》，明确金库设置、返还额核定、资金拨付、预决算等事项以及数据资料报送和审核等程序，理顺省对新区财政体制运行，确保新区返还政策落到实处。二是落实县改区保留财政体制待遇。落实对2012－2014年撤县改区的清新区、揭东区、梅县区、潮安区、从化区、增城区和电白区，从设立第二年起，5年内保留原省对县财政体制待遇。

（二）着力深化改革，完善省以下财政体制

一是积极推进省直管县财政改革。选取乳源瑶族自治县、大埔县等9个县为第四批试点县，开展省直管县财政改革试点。二是健全县级基本财力保障机制。研究制定广东省2014年县级基本财力保障标准和工作计划，实施市本级奖励、县级新增需求补助、县级加强管理奖励等三项奖补措施。三是完善生态保护补偿机制。印发《关于修订〈广东省生态保护补偿办法〉的通知》，明确《生态环境保护指标考核实施细则》和《生态保护补偿资金分配实施细则》，提升生态环境保护指标考核与生态保护补偿资金分配的科学性和公平性。四是完善一般性转移支付政策。制定《广东省财政一般性转移支付资金管理办法》，从一般性转移支付的设立、调整和撤销、管理责任、使用范围、预决算管理、监督检查、绩效评价、信息公开、奖惩等方面全面规范省财政一般性转移支付资金管理。同时，根据财政部的有关要求，结合广东省实际，研究制定《广东省民族地区转移支付资金管理暂行办法》、《广东省革命老区转移支付资金管理办法的通知》、《广东省资源枯竭城市转移支付资金管理办法》等，对有关资金的设立、分配、使用和管理等具体事项予以规范。五是加强乡镇财政管理。推进“规范化财政所”建设，督促各市制定“规范化财政所”建设实施方案。

（三）规范地方政府性债务管理，防范财政金融风险

根据新预算法、国务院关于加强政府性债务管理的意见，进一步完善地方政府性债务管理制度。一是建立债务风险提示制度，将财政部对广东省各级债务风险预警提示结果转发有关市县政府及财政部门，督促其制订化解债务风险工作方案、确定未来还本付息计划和资金来源，并严格控制新增债务，加大偿债力度，逐步降低债务风险；二是抓好逾期债务清理，下发《关于开展逾期债务清理工作的通知》，组织各级政府开展逾期债务甄别工作、及时化解逾期债务、按时偿还到期债务、加强对逾期债务的考核等，力争全面化解逾期债务；三是下发《关于开展广东省地方政府存量债务清理甄别工作的通知》，组织各级政府按照实事求是的原则，开展存量债务清理甄别工作，严禁弄虚作假和突击举债行为。截至2014年底，全省各级政府完成了

存量债务清理甄别工作。

（预算处供稿，肖映波 丘晓敏 曾文娟 马忠华执笔）

国库管理

2014 年，国库处大力推进财政国库管理改革，着力健全国库管理职能，抓好预算执行分析工作，不断完善国库运行机制，较好完成各项工作任务。

一、开拓创新，推进国库改革工作取得新突破

（一）率先推进地方政府债券自发自还改革

在探索开展地方政府债券代发代还、自发代还的基础上，2014 年广东省被纳入全国首批地方政府债券自发自还试点。国库处积极开展地方政府债券自发自还试点工作，顺利完成 148 亿元地方政府债券的发行工作，成为全国首个开展地方政府债券信用评级和首个完成地方政府债券自发自还试点工作的试点地区。

（二）推进权责发生制政府综合财务报告试编试点工作提质扩面

认真落实党的十八届三中全会和新《预算法》有关建立权责发生制政府综合财务报告制度的要求，积极研究推进财务报告试编和试点工作，在顺利完成 2013 年度省本级权责发生制政府综合财务报告试编工作的同时，将试编工作试点范围扩大到 10 市 8 县（市、区），实现过半地级以上市纳入试点的年度改革目标。

（三）省级国库现金管理工作顺利启动

广东省是地方国库现金管理首批试点省份。国库处切实把盘活财政存量资金、开展国库现金管理当做一项重要工作来抓，积极稳妥推进国库现金管理试点工作。一方面，会同人民银行广州分行，自行探索开展第一期 150 亿元省级国库现金管理工作，为正式启动试点工作积累有益经验。另一方面，根据财政部、中国人民银行联合印发的《地方国库现金管理试点办法》，会同人民银行广州分行制定《广东省省级国库现金管理操作细则（试行）》并商议第一期省级国库现金管理试点规模，一并报送省政府审批，并同时着手开设质押账户、签署服务协议等相关试点准备工作。

（四）启动乡镇国库集中支付制度改革

为贯彻落实新《预算法》有关国家实行国库集中收缴和集中支付制度的要求，突破广东省乡镇国库集中支付制度改革进度较慢的瓶颈，国库处积极谋划乡镇国库集中支付制度改革工作。一是积极着手做好前期准备工作，开展乡镇国库管理制度改革调研，初步摸清全省乡镇财政的预算管理、账户开设、资金拨付及使用、系统建设、当地金融机构等情况。二是贯彻落实财政部有关全面推行乡镇国库集中支付制度改革的指导意见，制订广东省乡镇国库集中支付制度改革实施方案并呈报省政府，明确改革工作思路和实施步骤，力争在 2 年内全面推行广东省乡镇国库集中支付制度改革。

二、多措并举，加强国库管理工作取得新成效

（一）完善财政专户管理及资金存放工作

1. 进一步规范省级财政专户管理。严控新增账户，规范开户流程和手续。继续开展存量财政专户清理工作，2014 年共清理撤销 7 个省级财政专户；强化存放银行监管机制，继续开展 2013 年度省级财政资金开户及存放银行年度考评，防范财政资金外部风险。

2. 加强对地市财政专户的管理。严格执行账户审批制度，共向财政部报送地市财政部门 20 个财政专户的开户申请；协助财政部开展地方财政专户清理核查工作，对 3 450 个市县级财政专户进行初审并根据财政部意见办理批复。

3. 进一步优化省级财政资金保值增值竞争存放机制。2014 年开展 3 期共计 233 亿元省级财政资金定期存款竞争存放工作，进一步提高资金存放的安全性和效益性。

（二）加大力度规范省级单位银行账户和垫支归垫管理

1. 继续强化省级预算单位账户管理。加大省级预算单位银行账户开立（变更）审批管理力度，从严控制单位新增开设银行账户，认真开展账户年检工作，强化单位银行账户备案管理。2014 年，共办理省级预算单位 265 个账户申请事项，办理 769 个省级预算单位 4 605 个账户年检。

2. 强化省级预算单位财政资金垫支归垫管理制度机制。在梳理垫支归垫事项存在问题的基础上，制定并印发《关于加强和规范省级预算单位财政资金垫支归垫管理工作的通知》，从严把好垫支归垫申请审核关，强化预算执行硬约束，有效规范预算单位财政资金使用行为。

（三）部门决算批复和公开工作稳妥有序

1. 积极推进省级部门决算批复公开。全口径批复 2013 年度省级部门决算，按统一公开时间、公开内容、公开程序和格式等“三个统一”的原则，进一步规范部门决算和“三公”经费信息公开内容，并做好部门公开工作的督促指导和汇总统计。截至 2014 年底，部门决算、“三公”经费决算信息公开的省级部门数分别达到 102 家、103 家，分别占批复省级部门总数的 86.44%、87.29%，公开范围比 2013 年进一步扩大。

2. 大力指导各地财政部门按照统一要求做好 2013 年度部门决算批复和公开工作。截至 2014 年底，20 个地市（不含深圳，下同）全面开展市本级的部门决算批复及公开工作，114 个县（市、区）均已全面开展部门决算批复工作。大部分区县的决算公开工作也基本完成。

（四）完善省级财政资金拨付管理

为进一步提高省级财政资金拨付安全性和工作效率，在广泛征求省直单位意见的基础上，优化省级财政资金拨付流程，完善系统功能，并研究构建资金拨付审核业务办理时效通报机制，进一步强化财政资金拨付安全监管效能。

三、规范操作，夯实国库基础工作取得新进展

（一）准确高效完成资金拨付审核和总预算会计基础工作

一是安全、规范、高效完成各项省级财政资金拨付审核工作。2014 年共办理各类资金拨付审核 83 140 笔，合计 4 805.69 亿元。二是及时、准确完成会计核算、报表编制、全省财政库款月报统计分析等工作，继续做好省级暂存暂付款、权责发生制资金、预拨经费等往来挂账款项的清理、核销和通报；制定地方政府债券、权责发生制资金等会计核算规程印发地市执行。

（二）规范办理省对下级资金调度工作

严格按照有关规定，科学合理制定 2014 年和 2015 年省对下级补助资金调度计划，督促地市及时拨付。做好批复 2013 年决算后资金清算工作，并积极配合预算处做好湛江等市提前拨付固定性补助相关工作。

（三）按时保质完成预算执行报表编报

1. 扎实推进各项预算执行报表编报工作。完善全省财政收支旬月报的报送工作，通过完善预算执行信息系统和大数据系统功能，初步实现人工与系统“双审核”，提高财政收支数据汇总编报的及时性和可靠性。规范财政专户月报统计，统一专户统计口径及填报要求。研究增设专项统计报表审核模板，做好财政部新增设的专项统计报表报送工作。

2. 顺利完成 2013 年度财政总决算汇审。切实做好决算布置和业务指导，正式启用决算审核平台，进一步优化审核流程，规范业务对账，顺利完成 2013 年度广东省财政总决算报表汇审编制，并获得财政部 2013 年度地方财政总决算工作考核评比三等奖。

3. 认真落实专项报表统计、数据测算等工作。按时完成十件民生实事支出统计通报、促进粤东西北地区振兴发展评估考核指标中财政部门所负责指标的测算、探索通过财政收入测算 GDP 等。

（四）全力配合做好各项审计工作

主动协调相关部门（处室），配合完成审计署广州特派办和省审计厅开展的 8 项审计工作。强化审计整改工作，加强与相关部门的协商沟通，积极研究审计意见和建议，及时制订整改方案，分解整改内容，明确整改责任，促进预算管理不断完善。

四、深入研究，预算执行分析工作取得新进步

扎实推进预算执行分析工作，切实提高预算执行分析的前瞻性和及时性，促进预算执行分析工作服务决策参考的职能作用不断增强。预算执行的专题研究获得广东省财政科研课题一等奖。

（一）及时做好日常预算执行分析

按照“出月报即出分析”的要求，坚持在汇审数据后当天即形成简要分析和简要报告，经厅领导审定后送省领导参阅。加强与财政部、兄弟省市、税务和经济部门的沟通交流，及时做好情况收集和动态分析。

（二）加强预算执行专题调研分析

开展《广东省中长期财政收入规模和结构分析》课题研究，多维度分析广东省财政收入情况。同时，做好季末等重要时点报送省领导的预算执行情况专题汇报。

（三）加强执行分析信息化建设

进一步优化大数据决策分析系统，新增税收分行业数据、主要收支项目贡献率、五省市财政收支对比等分析模块，强化系统应用和数据挖掘效能，有效提升预算执行分析效率。

（国库处供稿，张延彬执笔）

综合财政

2014 年，综合处认真完成职责范围内的各项工作任务，整体推进，重点突破，各项工作进展情况良好。

一、非税收入管理水平进一步提高

一是加强非税收入征管。2014 年，全省纳入预算管理的非税收入完成 5 616.6 亿元，较 2013 年同期增长 12.64%。其中，纳入公共财政预算管理的非税收入完成 1 554.17 亿元，占同期财政收入的比重为 19.28%。同时，加快非税系统建设，提高非税征管信息化水平，全省县（市、区）单位实现 100% 上线，上线执收单位累计达 2 878 家；县级非税收入管理系统硬件设备布置到位，县级信息化建设进程逐步推进。二是抓好非税收入总账、明细账编制等工作。厘清省级非税收入总账、明细账编制工作思路，按照《省本级非税收入收支总账、明细账编制工作暂行规定》，会同有关处室编制完成 2014 年上半年非税收入收支总账、明细账，并会同厅数据信息中心初步开发了账表编制系统。三是做好非税收入统计分析等工作。完成非税收入执行情况季度分析工作，及时将分析报表及材料报送财政部。同时，按季度对全省非税收入完成及占比情况进行通报，促使各市、县提高财政收入质量。

二、专项资金管理不断规范

按照《广东省省级财政专项资金管理办法》的要求，对本处经管资金进行全面清理，除已纳入专项资金清单的 10 项专项资金外，还将其余 6 项具有专项资金性质的资金和中央的专项转移支付资金一并按专项资金管理要求进行管理，并制定或修订管理办法，严格实行“八公开”，切实规范专项资金管理。

三、清费减负工作成效明显

一是全面清理涉企行政事业性收费。在充分征求省直有关部门和地市意见的基础上，对中央设立的 66 项、省设

立的11项涉企收费项目逐项进行测算甄别，提出多个方案供领导参考决策。在经省政府常务会议通过并印发实施后，联合有关部门认真研究政策落实具体事宜，印发免征省级收入后的收费标准及退库有关要求，确保政策执行到位。按照免征政策，从2014年5月1日起对全省范围内所有企业免征32项由中央设立的、7项由省设立的涉企行政事业性收费中的省级收入，每年预计免征省级收入23.16亿元。二是按照国务院关于资源税改革的统一部署，完成涉及煤炭、原油、天然气及成品油收费基金的清理工作。三是按照中央和省的部署，在全省范围内免征6项行政事业性收费。

四、改革工作有序推进

一是开展行政事业性收费清理和收支脱钩等专项研究，以及低收入群众临时价格补贴和保障标准与价格上涨联动机制研究。二是根据《广东省财政厅贯彻落实广东省全面落实中央有关部门深化改革重要举措分工方案》，综合处承担其中的7项改革任务，包括市场化、资源配置、清理行政事业性收费、土地增值收益分配、财政政策与其他政策协调配合机制、涉案财物司法程序、公共资源出让收益分配等。综合处研究制订了相关工作方案，定期做好跟踪落实。其中，为做好土地增值收益合理分配改革的牵头工作，综合处成立了土地增值收益合理分配改革争取试点工作小组。三是按照党的十八届三中会有关“加快生态文明制度建设”的精神，为配合广东省排污权有偿使用和交易试点工作的开展，研究制定《广东省财政厅　广东省环境保护厅关于排污权有偿使用费和交易出让金征收使用的管理办法》。

五、民生实事圆满完成

一是落实好稳价惠民各项工作。从省级价格调节基金中，安排元旦、春节期间全省284万城乡困难群众临时价格补贴42 539万元、重要商品和服务价格监测信息采集补助1 047.25万元、家禽产品收储企业临时补贴1 500万元、三项建设补助资金11 923.1万元、政策性蔬菜种植保险省级财政保费补贴资金831万元。二是切实支持住房保障工作，及时下达中央和省财政城镇保障性安居工程专项资金141 305万元，支持广东省公共租赁住房建设和棚户区改造工作；安排20亿元资本金组建棚户区改造省级融资平台。同时，研究制订棚户区改造国家开发银行专项贷款贴息补助政策。三是支持改善农村生产生活条件，安排7.5亿元支持5 000公里新农村公路路面硬底化建设，全年完成农村公路路面硬化5 000公里。

六、公路建设资金筹集和管理工作取得新成效

一是为做好省级高速公路建设项目资本金缺口的资金筹集工作，多次督促和协调粤财公司、省交通集团和人保公司签署通过粤财公司向人保公司债权融资150亿元作为省交通集团等高速公路项目建设资本金的有关融资框架协议。在该项目获保监会批准并完成项目申报注册后，将到位的107亿元融资资金安排用于2014年省管重点经营性高速公路项目省级资本金补助。二是为落实国、省道“迎国检”项目的省级补助资金，会同省交通运输厅测算资金需求，并通过燃油税替代性收入、以前年度结余交通资金、发行地方债、新增预算安排等方式解决资金缺口。三是贯彻落实省委、省政府关于加快全省高速公路建设的工作部署，按照《广东省省级交通专项资金管理办法》的规定，切实做好各项省级交通专项资金的安排和拨付工作。将成品油消费税替代性收入等交通资金综合合理安排用于交通基础设施养护和建设等方面的支出。根据工程进度拨付高速公路项目资本金195.2亿元，加快推进2014年高速公路项目建设。四是积极支持西江、北江等航道扩能升级建设。按照省政府关于加快推进西江、北江等航道扩能升级的工作部署，积极做好有关项目资金测算，拟定筹资方案，并报省政府常务会议审核通过。按照筹资方案，省级出资支持广东省西江、北江航道建设57.65亿元，按照项目建设进度，应拨付的西江航道建设省级资本金8.95亿元已全部到位。五是提高普通公路（桥梁）省级补助标准。为进一步提高广东省普通公路路况水平，会同交通部门测算并提出提高普通公路（桥梁）省级补助标准：少数民族地区国省道新改建项目和路面改造国省道新改建项目，省财政补助总体提高15%；县乡公路建设项目省投资补助总体提高10%；危桥改造（含桥梁新改建）项目省补助总体提高30%；新农村公路路面硬化工程项目，省补助标准由15万元/公里提高到18万元/公里。

七、预算执行进度加快

按照省财政厅关于加快预算执行进度的工作部署，在保证资金安全、合规使用的前提下，通过加强对对口部门的政策解释宣传和业务培训，主动跟踪资金分配各环节情况，实行支出进度通报制度等措施，督促部门加快支出进度。2014年综合处资金支出进度为142%。

八、彩票市场监管和资金管理工作进一步完善

一是积极支持彩票机构创新发展模式，批准两彩以三种玩法开展派奖促销活动，审核同意省福彩中心向国家上报电话销售彩票方案和省体彩中心向国家上报试点调整快速开奖游戏规则方案。2014年，广东彩票实现销售额368.01亿元，居全国第一位。二是加强彩票机构财务监管，批复省级彩票机构年度支出计划和奖励方案，研究彩票数据中心建设方案，规范管理的同时致力于彩票机构和队伍的健康发展。三是加强彩票公益金管理。修订完善彩票公益金管理办法，分配下达2013年省级财政专项公益金2亿元，积极申报、分配和下达中央专项公益金支持广东省中央苏区县社会公益事业建设、校外活动场所能力提升、示范性综合实践基地建设等。

九、省直机关津贴补贴调节基金申报工作完成预期目标

认真做好广东省计缴中央2013年度省直机关津贴补贴

调节基金的申报工作，顺利完成年度计缴目标任务。

十、配合审计牵头工作顺利完成

积极配合国家审计署土地出让收支和耕地保护审计和彩票资金专项审计工作，开展自查自纠，提供审计资料和举证材料，主动解释沟通，逐条深入剖析审计问题，并按照审计署工作要求和省政府部署迅速制订土地审计整改方案，抓好整改落实工作。

（综合处供稿，林晓燕执笔）

行政政法财政财务

2014年，行政政法处围绕建立与社会市场经济相适应现代财政制度的改革方向，坚持服务政权运转和社会稳定，稳步推进行政政法财务管理各项改革，严格执行厉行勤俭节约制度，按时保质完成各项任务。

一、稳步推进行政政法财务管理改革

按照建立与社会市场经济相适应现代财政制度和加快政府职能转变的改革方向，稳步推进政府购买服务改革、司法体制改革、公务用车制度改革、规范机关事业单位收入分配等工作。

（一）推进政府购买服务改革

一是为推进政府购买服务工作，2014年7月，根据国务院《关于政府向社会力量购买服务的指导意见》的精神，报请省政府修订印发《政府向社会力量购买服务暂行办法》，扩大政府购买服务范围。二是根据广东省经济发展水平、政府转移职能要求以及财政收支状况等因素，结合各部门“三定”方案，对2012年《省级政府向社会组织购买服务目录》进行修订，形成《省级政府向社会力量购买服务目录》（初稿），并征求各部门意见。三是修订印发《广东省省级培育按照社会组织专项资金管理办法》，进一步优化资金分配流程和投入方向。

（二）推进政法经费保障体制改革

一是积极推进司法体制改革，在对全省法院、检察院经费保障情况全面调研摸底基础上，按“1+3”的思路，研究拟定《广东省省以下法院、检察院财物统一管理实施方案》及3个子方案，推进广东省省以下法院、检察院财物省级统管工作。二是配合省人力资源和社会保障厅研究推进广东省法官、检察官职业保障制度改革。三是配合省公安厅研究推进广东省户籍制度改革。四是会同省司法厅、监狱局等部门研究制订《规范省属监狱监企收支分开实施办法》和《省属监狱经费保障办法》，规范省属监狱监企收支管理。五是会同省戒毒局结合省属强戒所职能转变后的新增需求和强戒人员身体素质的特殊性，研究测算广东省强戒所基本支出保障标准，重点保障强戒人员的生活费和医疗康复费，研究核定新一轮省直戒毒专户收入基数和上缴省财政基数。六是理顺铁路两院经费保障模式，将铁路两院全部纳入省级财政部门预算管理。七是完善省属安全机关经费保障机制，统一经费保障标准。八是完善广东省司法救助工作制度，简化救助资金申请审批环节提高工作效率。

（三）推进公务用车制度改革工作

根据省公务用车制度改革领导小组的分工安排，会同有关处室牵头制订广东省省直单位公务交通补贴管理办法、车辆处置办法、执法执勤用车制度改革实施办法和定向化保障车辆管理办法等4项制度，并积极做好公务用车制度改革节支率的测算工作。

（四）规范机关事业单位收入分配

一是研究直单位津补贴水平政策，积极向中央汇报反映广东省津补贴水平、状况，及时开展广东省机关事业单位工资制度改革工作。二是进一步规范省属监狱津贴补贴发放政策，会同省人社厅调整理顺省属监狱“两个50%”津补贴政策的发放政策。三是进一步规范市县机关津补贴发放，根据有关规定并结合地方财力状况，对部分市县调整津补贴申请事项提出审核意见。

二、加强行政政法部门经费保障

（一）加强预算编制工作

一是做好经管的90家单位2015年部门预算编制工作。大力推进零基预算改革试点，做好省司法厅、省财政厅2015年零基预算改革工作，以及协助做好省文化厅、省交通厅、省人社厅、省水利厅2015年零基预算改革工作，优先保障部门基本支出和省委、省政府重点工作项目支出。二是做好省属监狱建设资金纳入省级财政资金项目库管理工作，重点加强监狱增容扩建设施配套及围墙、电网等安全警戒设施的修缮，提高监管场所的关押容量和技防物防水平。三是提高预算完整性，提前下达地市政法转移支付资金、公安边防业务经费、公安禁毒专项经费。

（二）加强预算执行管理

一是做好经管预算单位结余结转资金审核拨付和2014年部门预算执行与调整有关工作，及时研究解决部分单位统发工资缺口、资金申请拨付不规范等问题，加快预算执行进度。二是加强垂直管理部门执法经费保障，研究理顺工商质监系统食品安全监管人员和经费划转意见，积极落实质监系统免征涉企收费保障经费和工商系统市县人员保障经费。三是安排欠发达地区单位办公办案费及装备费缺口，确保基层政法部门有效运转。

（三）落实重点经费保障

加强基层组织经费保障，落实援藏援疆工作经费、劳模津贴、两新组织补助、欠发达地区社区工作和大学生村官补助政策，支持工青妇事业发展。推进“两建”工作顺利实施，做好全国经济普查、广州知识产权法院经费、中国专利奖奖励、一村（社区）一法律顾问、新疆籍人员管理等专项经费保障工作，继续加大广东省公务员境内外培

训项目投入力度。此外，按照中央政法转移支付工作要求，及时筹集省级配套资金，会同省直政法部门，参考各地经济发展水平及本级政法单位经费保障情况，按因素法制订政法转移支付资金分配方案，及时拨付资金，加强资金监管。

（四）加强专项资金管理工作

一是根据新出台的省级财政专项资金管理办法，研究制订《广东省扶持妇女创业小额担保财政贴息贷款专项资金管理办法》等20项专项资金管理办法。二是严格按照规定，做好专项资金申报、审核、审批、公示、拨付及监督管理等工作。

三、坚持勤俭办事业

贯彻落实中央“八项规定”、新一届政府“约法三章”和省政府廉政工作会议精神，厉行节约，反对浪费，采取有效措施确保“三公”经费和一般性行政开支只减不增。

（一）建立健全公务支出管理制度

根据国家有关规定，按照厉行节约、实事求是与以人为本相结合原则，研究制订《省直党政机关和事业单位差旅费管理办法》、《省直党政机关和事业单位因公临时出国经费管理办法》、《省直党政机关外宾接待经费管理办法》、《省直单位因公短期出国培训费用管理办法》、《省直党政机关和事业单位培训费管理办法》，积极配合省委、省政府出台《广东省党政机关国内公务接待管理办法》，进一步完善公务支出管理制度和支出标准体系。

（二）强化行政经费节约考核工作

一是根据厉行节约的要求，结合省直单位行政经费管理实际，修订完善《省直机关事业单位行政经费节约考核办法》，完善行政经费节约的考核内容、考核方式和奖惩措施，重新核定有关考核基数，加强与公务接待以及外宾接待、差旅、会议、因公临时出国、短期因公出国培训、国内培训等相关经费管理规定的衔接，并强化“三公”经费项目在行政经费节约考核中的约束机制。二是会同省监察厅对103个省直行政事业单位开展2013年度行政经费节约考核，考核结果报省政府批准后通报，确保节约考核收到实效。

（三）落实“八项规定”及“三公”经费只减不增要求

一是严格预算编制与执行，结合2015年预算编制继续实行“五个零增长”，在省级部门预算编制中单列“三公”经费，并不得超出上年预算，严格控制一般性经费支出。二是建立全省会议费及“三公”经费统计制度，分季度统计各地各部门落实“八项规定”及“三公”经费只减不增情况，加强对全省会议费及“三公”经费使用监督。三是积极稳妥推进各级各单位“三公”经费预决算信息的公开工作，严控“三公”经费支出。四是严格执行因公出国（境）财政经费先行审核办理程序，严控出国（境）经费额度。

四、切实转变工作作风

（一）认真办理人大议案、政协提案工作

高度重视今年以来人大代表、政协委员对政府购买社会服务、培育发展社会组织、“三公”经费开支、欠发达地区政法经费保障等热点内容，积极主动与代表、委员沟通，自觉接受监督，积极回应社会关注的问题。2014年，行政政法处承办人大议案27件、政协提案20件，其中：主办9件、会办38件，按时办结率、办理结果满意率均为100%。

（二）积极配合审计专项工作

按照审计工作要求，积极配合做好审计署、省审计厅年度预算执行、专项资金使用管理和结余结转资金等专项审计工作，及时高效填报数据，客观、全面提供审计资料，对审计提出的的问题认真分析原因，并采取措施落实整改。

（行政政法处供稿，杨　威执笔）

教科文财政财务

2014年，教科文财政工作以办好十件民生实事为着力点，不断深化和完善教科文事业各项改革工作，强化科学管理，狠抓支出进度，切实保障教育经费投入“三个增长”，加大基础性、公益性研究支持力度，推动公共文化服务体系建设和实施“人才强省”战略，促进全省教科文事业发展。

一、优化支出结构，加大教科文省级财政投入

2014年，教科文处积极落实省委、省政府建设教育强省、科技强省、文化强省、人才强省的战略部署，共安排下达教育、科技、文体与传媒等公共预算资金442.75亿元（其中教育资金368.82亿元，科技、文体与传媒资金73.93亿元）；共安排下达政府性基金支出47.38亿元（其中教育支出44.08亿元）、国资收益支出1.11亿元、非税收入支出35.04亿元。

（一）加大教育投入，支持教育优先发展

1. 支持义务教育均衡优质标准化发展。按照国务院确定的“明确各级责任、中央地方共担、加大财政投入、提高保障水平、分步组织实施”要求，不断加大财政教育投入，逐步将义务教育全面纳入公共财政保障范围，建立起省、市、县（市、区）分项目、按比例分担的义务教育经费保障机制。一是落实提高城乡免费义务教育公用经费标准，继续按小学每生每年200元、初中每生每年400元提标，共安排71.02亿元落实城乡全面免费义务教育政策。二是安排12亿元落实免费教科书政策，并根据实际情况重新测算免费教科书补助标准，从2014年秋季开始，将免费教科书补助标准提高至小学生每生每年120元、初中生每生每年205元。三是加强对欠发达地区义务教育阶段基础

设施的投入，全年共下达50.56亿元用于奖补欠发达地区创建基础教育强镇强县，下达补助资金7.1亿元推动义务教育薄弱学校全面改造，安排补助资金2.59亿元落实农村中小学维修改造长效机制。四是继续改善农村地区学生生活条件，下达农村家庭经济困难学生及民族地区民族班学生生活费补助2.76亿元，让全省上百万名学生享受生活费补助；安排5 795万元实施农村义务教育学生营养改善计划，对地方实施营养改善计划进行奖补。

2. 加快发展现代职业教育。一是安排高等职业教育基本支出7.44亿元，追加生均试点院校经费0.87亿元，保障学校正常运转。二是继续安排高等职业教育、高技能公共实训基地和中等职业技术教育实训中心（基地）建设资金共3.65亿元。三是下达中央现代职业教育质量提升计划专项资金5.34亿元。四是落实中等职业学校免学费政策，及时拨付中职免学费补助资金8.97亿元，引导中等职业学校形成“工学结合、校企合作、顶岗实习”的办学模式。

3. 支持高等教育内涵式发展。一是统筹安排预算7.485亿元大力支持高等教育“创新强校”工程。二是提高生均综合定额标准。从2014年9月起，生均综合定额标准从每生8 600元提高到每生9 100元，全年共安排生均经费71.31亿元；建立高校生均拨款绩效考核模式，预安排2015年生均提标增量经费6.84亿元。三是继续支持汕头大学改革发展，按照省政府决定，根据李嘉诚基金会的实际捐赠情况，下达汕头大学李嘉诚基金会捐赠省财政配套资金1.75亿元。四是积极申报中央财政支持地方高校发展专项资金、职业院校实训基地建设项目资金，争取中央支持广东普通高校的发展。

4. 继续支持学前教育发展。预算安排3亿元重点扶持欠发达地区发展学前教育，积极争取中央学前教育奖补资金2.12亿元，继续改善幼儿园办学条件。会同省教育厅等部门拟定《广东省发展学前教育三年行动计划（2014－2016年）》。

5. 加大对特殊教育的投入。贯彻中央和省委、省政府精神，制订广东省特殊教育提升计划（2014－2016年）财政经费保障“一揽子”方案。经费保障全面覆盖特殊教育各类机构和各学阶，建立学段衔接、普职融通的全纳教育体系。2014年共安排下达特殊教育省级和中央补助资金5.14亿元。

6. 实施强师工程，加强师资队伍建设。一是下达强师工程资金10.46亿元，对全省学前教育阶段至高等教育阶段的教师队伍建设给予支持，推进教师教育体制机制创新，提升教师队伍专业素质和能力。二是安排8.82亿元支持欠发达地区实施绩效工资政策落实教师工资待遇“两相当”，支持欠发达地区91个县（市、区，含江门恩平、台山、开平）基本实现中小学教师工资待遇“两相当”。三是下达17.83亿元落实山区和农村边远地区义务教育学校教师岗位津贴，进一步提高农村教师待遇保障水平。

7. 建立健全家庭困难学生资助体系。新设立研究生国家助学金和学业奖学金，进一步建立完善了从学前教育到高等教育的学生资助体系，全年共拨付学前教育困难儿童补助、中职助学金、普通高中助学金、高校本专科研究生奖助学金、退役士兵入学资助、农村从教上岗退费等各类资助资金15.18亿元，切实保障困难群体子女的受教育权。

（二）加强科技经费管理，推动科技创新发展

1. 清理整合资金，调整科技专项资金结构和投入方式。根据专项资金的管理要求，会同省科技厅对现有科技资金进行梳理整合和归并，针对资金管理的薄弱环节，按照“知识创新—技术创新—转化应用—环境建设”等创新链环节，将原15项、27亿元省级科技专项重新整合为5项，设置了“基础与应用基础研究（自然科学基金）”、“公益研究与能力建设”、“前沿与关键技术创新”、“产业技术创新与科技金融结合”、“协同创新与平台环境建设”专项，促进有关部属高校、中科院及所属科研机构与广东省优势企业联合搭建科技创新研发平台，共建产学研结合基地，提升广东省产业竞争力和促进转型升级；加大对基础研究的投入力度，支持科研机构开展基础研究工作，提升基础研究实力。财政资金在使用上的交叉重叠大幅减少，资金投入方式更加科学化、多元化。

2. 大力推动知识产权保护工作。一是预算安排知识产权工作专项资金2 753万元，有力推动广东开展知识产权保护，鼓励发明创造，组织实施知识产权战略工作。二是预算安排专利申请资助及奖励专项资金4 500万元，用于资助申请专利、广东专利奖奖励，提高专利申请数量和质量，优化专利申请结构，保护创新成果。

（三）调整优化支出结构，推动文化强省建设

1. 推动公共文化服务体系建设。一是安排专项资金2.1亿元加快基层公共文化服务设施建设。二是下达中央和省级补助资金2.05亿元全力支持全省公共文化设施免费开放。三是安排补助资金2 255万元继续实施“2131”农村电影放映工程。四是安排群众文化活动专项资金5 500万元，有效推动广东省基层群众文化活动蓬勃开展、丰富群众精神文化生活。五是继续安排预算0.97亿元，保障省立中山图书馆、省博物馆日常运行维护和开展公共服务。

2. 加快现代文化产业体系建设。一是安排扶持文艺精品创作专项资金2 099万元，用于扶持和打造一批文艺精品佳作，提升广东文化辐射力和影响力。二是安排省级文化产业发展专项资金3.49亿元，重点引导和扶持平面传媒业、广播影视业、动漫制作等文化产业项目，支持特色文化产业做大做强，打造具有国际竞争力的现代文化产业体系。三是安排新华书店改革重组专项资金7 750万元，支持各地新华书店完成转制工作。四是安排文化走出去专项资金2 801万元，用于开展对外文化交流，扶持和推动文化产品走出去，提升广东文化形象，增强广东文化国际影响力。

3. 加强文化强省建设重点项目资金管理。会同宣传文化部门重点对省级文化消费、文化产业、文化人才等文化强省建设重点项目专项资金，按照省级财政专项资金管理办法的规定，加强对项目组织申报、项目评审审批、资金拨付及管理、信息公开、监督检查和绩效评价的全过程管理。全年共下达文化强省建设重点项目资金7.15亿元。

4. 健全文化事业发展财政保障机制。制订《关于全面率先建成小康社会人均公共文化财政支出短板指标解决方案》，围绕广东省率先全面建成小康社会目标，建立健全文化事业发展财政保障机制，逐步提高全省人均公共文化财政支出水平。2014－2018 年，省级财政每年需新增 5.028 亿元、10.931 亿元、8.549 亿元、9.883 亿元和 11.425 亿元。

（四）加大人才投入，推动实施“人才强省”战略

1. 支持引进高层次人才。一是安排引进创新科研团队和领军人才专项资金 8.5 亿元，用于资助广东引进创新科研团队和领军人才。二是继续安排“国家千人计划”入选者资助资金 5 000 万元。三是拨付博士后专项经费 3 660 万元，用于引进博士后的工作生活补贴。

2. 加大人才培养力度。一是安排“国家特支计划”入选者资助经费 3 000 万元，对全省入选“国家特支计划”的人才，按照 1∶1 的比例给予配套资金支持。二是安排“广东特支计划”专项资金 1.07 亿元，用于全省三个层次九类人才培养。

3. 支持欠发达地区人才发展。围绕省委、省政府加快粤东西北地区振兴发展的战略部署，推动粤东西北地区人才工作扬帆启航、经济社会加快发展，2014 年省财政进一步加大对欠发达地区人才工作的扶持力度，安排“扬帆计划”扶持资金 1.25 亿元。

（五）加大投入，做好其他事业经费保障工作

一是推动省级体育事业发展，安排广东奥林匹克中心（游泳馆、网球中心及重竞技馆）场馆运营费 1 000 万元，安排广东参加第十三届全运会 2014 年省级备战经费 4 000 万元等专项经费，下达广东参加第十二届全国运动会代表团奖励资金 1.45 亿元。二是支持全省档案、地方志事业发展，下达欠发达地区档案馆维修改造资金 1 712 万元，安排 1 276 万元推动省档案局馆藏档案数字化建设，安排经费 2 630 万元支持省情馆建设。

二、加强专项资金规范化管理

按照粤府〔2013〕125 号文的有关要求，教科文处认真梳理经管的 136 项省级财政资金项目，涉及资金预算 243.95 亿元（其中纳入省级财政专项资金管理平台的省级专项资金有 67 项）。完善制订专项资金管理办法，全年共完成制订（修订）省级专项资金管理办法 66 项。

三、落实新预算法要求，规范预算编制

一是按照“基本支出定员定额、项目支出据实核定”的原则，认真核定省文化厅 2015 年部门预算，做好零基预算试点工作。二是细化预算编制，减少年中下达资金规模，将省属中职、高中和高等学校奖助学金共计 12.97 亿元省级支出纳入年初部门预算管理。三是全面落实提前下达转移支付资金制度，提前下达转移支付资金共 144.85 亿元。

四、加强政府性债务管理

根据审计署关于省本级存量政府债务清理甄别工作的要求，教科文处对所经管单位截至 2014 年 12 月 31 日的地方政府存量债务进行清理核实和甄别分类，摸清省教育厅、省科技厅等单位的政府性债务情况，加强对单位的财务风险管控。

（教科文处供稿，张书苑执笔）

工贸发展财政财务

2014 年，工贸发展处紧紧围绕财政中心工作，充分运用财政资金和政策引导带动作用，促进产业转型升级，加强环境生态保护，抓好民生政策实施，推进产业园区扩能增效，深化财政改革，推动工贸发展工作再上新台阶。

一、加速推动产业转型升级，增强核心竞争力

（一）服务大局，积极主动为省委、省政府中心工作出谋划策

积极研究制定支持企业技术改造、企业研究开发，以及支持珠江口西岸先进装备制造业招商引资的财政政策和支持珠三角地区转型升级财税政策意见等，为省委、省政府决策提供重要参考。

（二）支持重大项目建设

2014 年，拨付资金约 22 亿元支持广州超算中心、广东新岸线集成芯片、星光中国芯物联网工程、TCL 华星光电面板项目、广州生产性服务业示范园区等一批重大项目的建设和落户，加快重大产业技术研发和产业化进程。

（三）支持新一轮技术改造

以技术改造撬动产业加速升级，2015－2017 年统筹安排 75 亿元，重点支持《广东省工业企业技术改造指导目录》所列行业的扩产增效、智能化改造、设备更新、公共服务平台建设和绿色发展。

（四）支持重大平台建设

一是制定《广东省省级产业园扩能增效专项资金管理办法》，明确省财政扶持资金重点扶持方向。二是拨付省产业园扩能增效专项资金 47.12 亿元，支持省产业园加快基础设施建设，完善园区产业配套环境。三是安排省产业园建设管理考核评价奖励资金 8 990 万元，对在 2013 年度省产业园建设管理考核评价中综合评价为优秀等次的省产业园给予奖励。四是调整广东省产业转移工业园重点园区重点产业项目贷款贴息政策，支持对口共建市统筹安排原有资金用于省产业园合作共建等支出。

（五）支持骨干企业发展

设立大型骨干企业转型升级专项资金，2014－2017 年每年安排 6 000 万元支持 7－8 家大型骨干企业设立企业中

央研究院，支持大型骨干企业创新提质发展。

（六）支持科技创新

一是安排7亿元设立前沿与关键技术创新专项，支持研发创新项目，促进创新链与产业链的结合。二是安排5亿元设立省产业技术创新与科技金融结合专项资金，探索科技融资补贴与风险补偿等新的扶持方式。三是安排企业技术中心专项资金0.91亿元，支持承担省产业结构调整任务的省级企业技术中心进行产业技术研究。

（七）支持外经贸转型升级

2012－2014年，一次性安排5亿元重点用于支持企业收购著名品牌，促进外贸转型升级和发展服务外包产业。

二、积极推动形成现代产业体系，增强经济发展活力

（一）支持先进制造业发展

研究制定支持珠江西岸先进装备制造业发展政策，打造珠江西岸先进装备制造业产业带，推动全省先进装备制造业集约发展。

（二）支持现代服务业发展

安排现代服务业、信息服务业发展专项资金3.55亿元，支持现代服务业新兴领域发展；安排3亿元支持“广货网上行”和广东产品全国行活动；安排省级电子商务发展专项资金1亿元，支持广东省标杆电子商务企业发展、电子商务平台建设等；安排3 500万元支持供销合作社服务体系改造，推动农产品流通企业与农产品专业合作社对接；统筹使用中央第六批服务业资金共7 790万元，支持供销系统开展农村流通和服务体系建设。

（三）支持战略性新兴产业发展

整合设立战略性新兴产业发展扶持基金，主要采用股权投资等间接方式，滚动支持战略性新兴产业企业发展；统筹安排战略性新兴产业创业投资引导基金20亿元，以创业投资引导基金方式带动社会资本投入；安排战略性新兴产业政银企合作专项资金，支持八大战略性新兴产业项目贷款贴息；统筹安排创业风险投资资金10亿元，分年注资广东省粤科集团；统筹安排战略性新兴产业再担保资金10亿元，分年注资省级再担保机构，以放大资金投放效应，促进战略性新兴产业贷款融资。

（四）支持中小企业发展

安排中小企业发展专项资金2.5亿元，支持中小企业技术改造和技术创新；争取国家中小企业发展专项资金5.8亿元，支持广东省中小企业综合性服务项目、融资环境项目、创新基金、中欧国际合作、商贸服务等项目；省财政定额补助2 250万元，并用好中央财政中博会摊位补助资金1 250万元，支持办好第十届中国国际中小企业博览会。

三、突出支持生态文明建设，构建绿色广东

（一）支持节能减排和生态环境保护

安排污染减排专项资金5.88亿元、水质保护专项资金2.36亿元、农村环保专项资金1.5亿元、环境保护专项资金3.27亿元、重金属污染防治专项资金5 000万元、全省农村生活垃圾处理设施建设资金2.63亿元、节能降耗专项资金2.8亿元、“十二五”后半期安排新能源汽车推广应用补助资金13.4亿元及实施电机能效提升计划资金9.5亿元等，支持广东省节能减排和生态环境保护工作。

（二）落实中央节能减排财政政策

一是积极组织申报，将珠三角地区纳入国家新能源汽车推广应用示范区试点。二是梅州市参与竞争并被纳入第三批节能减排财政政策综合示范城市。三是牵头做好国土江河综合整治试点实施方案编制工作，争取中央财政补助资金7.43亿元。四是将中央大气污染防治专项资金4亿元统筹用于大气污染治理重大项目或重点工程。五是按规定做好江河湖泊生态环境保护项目、节能产品惠民工程、金太阳示范工程自查、审核等相关工作。

四、认真贯彻落实各项惠民政策，发展成果普惠百姓

（一）完善种粮补贴和储备粮（油）管理

一是加快种粮直补、农资综合直补兑付进度，全年共兑付种粮补贴资金26.41亿元。二是认真落实省级储备粮、油、药品、化肥、冻肉等各项重要商品储备政策。三是做好驻粤部队粮油供应的财政财务工作。四是举办11场省级储备粮公开竞价交易会，同时研究制定新的储备粮费用标准。五是做好油价补贴发放和兑付，发放兑付2013年度油价补贴资金60.62亿元。

（二）妥善处置企业改革发展等问题

一是继续妥善处理国有企业关闭破产遗留问题和支持国有企业改革重组，及时审核安排资金7亿元。二是组织实施燃气燃油加工费征收政策，充分调动省内9E、9F发电机组发电积极性。三是研究草拟珠三角城际轨道交通项目运营补亏保障金管理办法，规范资金使用管理，支持珠三角城际轨道交通可持续发展。

（三）支持安全生产和地质灾害防治

一是安排安全生产专项资金1.1亿元，支持全省安全生产应急救援、安全生产执法及治理行动、安全生产培训、宣传教育和安全文化建设、安全生产技术研究与推广。二是做好地质灾害防治、应急处理资金安排。拨付中央及省级地质灾害防治专项资金11 200万元，支持各地开展地质灾害隐患治理、勘测、搬迁避让、应急处理工作。

五、加大改革创新力度，落实各项改革任务

（一）加强调查研究，推进国有资本经营预算编制改革

一是组织开展完善国有资本经营预算调研，探索进一步完善国有资本经营预算管理的体制机制。二是2015年省级国有资本经营预算编制进一步细化收支科目，提高省属国有企业利润收缴比例、加大省级国资预算调入一般公共预算的力度。

（二）创新方式方法，充分发挥财政资金引导带动作用

一是积极推进因素法与竞争性分配相结合的分配方式改革，提高资金使用效益。二是积极推进专项资金基金化改革，在中小企业发展专项中设立中小企业信贷风险补偿基金等。三是配合实施科技业务管理阳光再造行动，整合归并科技专项资金并重新设立五大专项。四是研究制订《关于进一步完善省财政经营性资金股权投资改革有关工作的意见》，积极推进股权投资改革。2014 年纳入股权投资项目包括产业扶持类、园区类、注入资本金类等 3 大类 32 项，并积极推动企业新一轮技术改造资金等重大项目资金实施股权投资。

（三）健全制度建设，确保财政资金管理使用安全

一是全面修订资金管理办法。修订 34 项、新制定 9 项经管专项资金管理办法。二是进一步加强台账管理制度，对每项资金实行动态管理，加强预算执行的进程管理。三是规范申报中央财政专项资金，印发《关于规范联合上报中央项目有关工作的通知》。四是草拟《省级财政专项资金专家评审工作管理暂行办法（稿）》，进一步规范省财政专项资金专家评审行为。

（工贸发展处供稿，耿洪波执笔）

农业财政财务

2014 年以来，省财政厅围绕“推进农业现代化、加快社会主义新农村建设”的中心任务，进一步加大财政支农投入，积极落实完善各项强农惠农富农政策，全面推进农业财政科学化、精细化管理，不断提高农业财政工作水平和支农资金使用效益，努力为统筹城乡发展、建设和谐社会提供物质基础和体制保障。

一、围绕“三个持续加大”，健全财政支农投入稳定增长机制

2014 年，按照《中共中央　国务院关于全面深化农村改革加快推进农业现代化的若干意见》要求，抓住继续实施积极财政政策的机遇，进一步调整财政支出结构，切实增加财政支农投入，确保财政支农投入增量和比例均有增长。2014 年，农业处实际支出 371.85 亿元，比 2013 年增支 22.32%，其中公共财政预算支出 253.54 亿元，比 2013 年增支 38.96%，超额完成年初预算任务数，完成率达 104.76%；基金预算支出 118.31 亿元，比 2013 年减支 2.66%。在加大投入的基础上，继续调整财政支农支出结构，推动资源要素向农村配置，突出生产发展、基础设施建设、社会事业、生态建设和劳动力素质提高等五个支持重点。同时，注重发挥财政支农政策的导向功能和财政支农资金“四两拨千斤”的作用，通过资金整合、财政贴息、以奖代补、以补促建、以补代投和竞争性分配等方式，调动各级政府和社会各有关方面投入“三农”的积极性，鼓励、引导和带动社会资本参与农村经营性基础设施、公用事业以及相关配套设施建设，形成以政府投入为引导的多元化“三农”资金投入机制，为农业和农村持续发展提供有力的资金支持。

二、围绕中央和省加快水利改革发展的政策精神，支持民生水利和省级重点工程建设

为贯彻落实中央和省委、省政府的决策部署，2014 年，省财政通过统筹省级水利资金盘子、扩大水利融资、统筹从土地出让收入中计提的农田水利建设资金等，多渠道筹集资金 67.17 亿元。按照“冬修水利”的要求，提前拨付省级水利建设资金 39.92 亿元，支持省级重点水利工程和农田水利万宗工程、千宗治洪治涝工程、千里海堤达标加固工程、村村通自来水工程等民生水利工程建设。一是积极支持乐昌峡水利枢纽工程、韩江（高陂）水利枢纽工程、省中小河流水文监测系统、韩江粤东灌区续建配套与节水改造工程、湛江鉴江供水枢纽工程、惠来县中东部供水工程等重点水利工程建设。二是继续推进中央财政小型农田水利重点县、省级小型农田水利重点县和省级水利建设示范县、村村通自来水工程示范县等示范项目建设。三是支持病险水库除险加固、山洪灾害防治县非工程措施、农村饮水安全、中小型灌区续建配套和节水改造工程、农村中型及重点小型机电排灌工程、海堤加固达标工程、农村水电增效扩容改造等民生水利项目建设，加大投入力度积极推进中小河流治理工程、小流域综合治理工程建设。四是做好水利资金“零基预算”、“项目库”、事权和财政支出责任相适应制度等改革试点工作。

三、围绕贯彻落实新十年扶贫开发纲要精神，完善财政综合扶贫政策体系

根据《中国农村扶贫开发纲要（2011－2020 年）》以及《广东省农村扶贫开发实施意见》精神，完善财政综合扶贫政策体系，深入推进广东省扶贫开发事业。一是继续支持广东省新一轮扶贫开发“规划到户责任到人”工作，将 1 696 个省直和中直驻粤单位帮扶及欠发达地区市、县（市、区）自身帮扶的重点帮扶村划分为 3 档，由省财政安排补助引导资金，分别按 90 万元、75 万元、60 万元的标准，对各档次的重点帮扶村给予补助（属于原中央苏区县或少数民族自治县的重点帮扶村按每村 100 万元安排）；安排 21 个扶贫重点县每县 500 万元补助资金（其中少数民族自治县每县按 600 万元安排）。2014 年，按要求分别下达补助到村、到县资金的 50%、40%，共计 7.3 亿元。二是推进农村基层组织工作经费保障制度建设工作。2014 年，省财政安排资金 6.8 亿元，继续对欠发达地区贫困村农村基层组织工作经费给予补助，将村干部补贴提高到每月不低于 1 600 元，村级组织办公经费补助提高到每村每年 4 万元。会同省纪委、省民政厅研究制定村务监督委员会委员补贴政策。加强广东省基层治

理工作系列提案中的“加大农村基层公共财政投入”专题调研报告撰写，配合省民政厅撰写《“关于加强广东省基层治理工作”系列提案的答复》。开展基本公共服务向基层延伸专题调研，撰写《基本公共服务向农村延伸专题报告》。三是推进农村低收入住房困难户住房改造建设工作。2014 年，省财政安排 10 亿元，按照每户 1.5 万元（含中央和省级补助资金）的补助标准，大力推进广东省 10 万户农村低收入住房困难户的住房改造建设工作，支持解决贫困农民“住有所居”问题。四是推进不具备生产生活条件贫困村搬迁工作。2014 年，省财政统筹安排资金 4.428 亿元，对搬迁农户每户统筹补助 3 万元。

四、围绕调整优化农业产业结构，发展现代农业

加大力度从基础建设、项目组织、培育经营主体、科技投入等方面发展现代农业。一是大力支持农田基础设施建设。2014 年，省财政计划投入 53.38 亿元（已含每亩提高 300 元补助标准的增量资金）支持建设 341 万亩高标准基本农田；下达基本农田保护经济补偿省级补助资金 11.26 亿元，率先在全国建立全省基本农田保护经济补偿制度。二是大力支持现代农业主导产业带建设。2014 年，安排现代农业生产发展中央和省资金 3.1 亿元，继续支持油茶、优质稻、特色水果、茶叶四大产业带建设，着力打造区域特点显著的现代农业发展经济板块。三是大力支持现代农业经营主体培育建设。2014 年，继续整合安排专项资金 1.4984 亿元，积极培育龙头企业、合作社、家庭农场、种养大户等经营主体，加快农业经营主体培育。四是大力支持农业科研和农业科技推广体系建设。2014 年，继续整合安排专项资金 1.49 亿元，推进基层农技推广、科研、示范和体系建设，支持“育繁推”一体化种业发展，提升广东省现代农业科技水平。五是大力支持动植物疫病防控和 H7N9 禽流感防控工作。2014 年，继续安排动植物疫病防控经费 1.57 亿元，推进广东省动物防疫体系建设、畜牧品种改良、植物病虫害防控和疫情监测监管等相关工作。六是大力支持现代渔业建设。围绕打造现代海洋渔业强省的部署，2014 年省财政预算安排有关海洋渔业专项资金约 3.23 亿元，积极推进渔民民生保障体系及海洋环境和资源保护体系建设，进一步支持深水网箱和水产良种体系建设。同时，继续统筹推进海洋经济综合试验区建设支持构建现代化海洋产业体系、推进海洋科技自主创新、强化涉海基础设施建设，构建蓝色生态屏障、完善海洋公共服务体系。七是统筹整合安排省级农业基础设施建设专项资金及其他相关资金共约 3 亿元，继续深入推进省级农业示范区建设，加快农业产业化发展步伐。

五、围绕推进各项支农改革，不断创新农村体制机制

贯彻落实中央农村工作会议精神和《全面深化农村改革加快推进农业现代化的若干意见》（2014 年中央一号文件精神），结合广东实际，做好财政改革有关工作任务。一是完善农业补贴政策体系。认真落实中央良种补贴、畜牧良种补贴及广东省制订的其他有关农业补贴政策。按照广东省农机购置补贴改革方案的要求，大力推进“全价购机、县级结算、直补到人”的办法。积极改革现行农业补贴资金管理制度，加强农业补贴资金信息化管理，建立健全动态监管机制。二是根据城乡统筹协调发展和城镇化建设的有关要求，加强与有关部门的协调配合，积极配合相关部门推进农业转移人口市民化有关工作。三是积极研究建立健全利益补偿机制。研究落实取消中央生猪调出大县与生猪生产直接相关项目市县资金配套的政策。进一步完善生猪调出大县奖励等有关利益补偿制度。四是继续推进农口事业单位改革。继续做好基层农业技术推广体系改革、集体林权制度改革有关工作，深化水管单位改革等，支持华侨农场改革与发展。五是根据厅改革办的统一部署，落实省委改革办要求的 11 项改革工作。其中，推进“争取开展财政支持农民合作社创新试点”、“争取开展农业转移人口市民化成果分担机制试点”改革先行试点工作 5 项；推进“扩大政策性农业保险覆盖面，建立健全农业巨灾风险事故损失救助机制，制定农业巨灾风险事故损失救助办法”、“在有条件的地方探索建立按实际粮食播种面积或产量对生产者实行直接补贴试点机制”等深化改革工作 6 项。

六、围绕改善农村民生，大力落实各项惠农民生政策

加大力度推进农村各项民生政策，确保民生政策真正惠民。一是积极支持和建立健全政策性农业保险制度体系，继续安排农业保险保费补贴资金约 1.6 亿元，支持欠发达地区开展水稻、能繁母猪、农房、森林、渔业和有关补充项目备选品种等政策性农业保险工作。统筹安排资金 1 亿元，推进家禽养殖保险等新险种试点。二是扎实推进村级公益事业建设一事一议财政奖补工作。2014 年，中央安排广东省一事一议财政奖补资金 3.8543 亿元；省财政安排一事一议财政奖补资金 2.9 亿元，进一步调动农民参与公益事业建设的积极性。三是大力推进水库移民后期扶持工作，2014 年共安排中央和省两级财政水库移民资金 15.7 亿元，同时积极申报中央大中型水库移民避险解困试点。四是大力支持林业生态建设。2014 年，继续安排 1.5 亿元对粤北山区和东西两翼的生态景观林带建设进行补助，构建立体、复合的生态景观林带；整合现有造林资金，安排森林碳汇生态工程建设专项资金 6 亿元，以县区为单位，实行竞争性分配，支持各地森林碳汇生态工程建设，并将中标单位和省领导挂点县补助标准由每亩 350 元提高到每亩 400 元，其他面上单位由每亩 250 元提高到每亩 320 元；争取中央新增安排广东省中央财政森林生态效益补偿基金 31 327 万元，省级生态公益林效益补偿资金 12.09 亿元，并将省级以上生态公益林补偿标准进一步提高至 22 元/亩。此外，为落实省委、省政府关于新一轮绿化广东大行动的工作部署，经报请省领导批准，省财政 2014 - 2017 年新增安排补助资金 19 亿元，积极支持森林碳汇林抚育、林火远程视频监控系统、林业科技创新基地和林木苗种生产示范基地建

设，以及加强护林员队伍建设和进一步扩大省级以上生态公益林面积等工作，其中2014年新增安排5.06亿元。

七、围绕救灾复产工作，大力推进建立巨灾保险制度

一是省财政第一时间启动救灾复产应急预案，按照突出重点、统筹兼顾的原则，积极研究制订省财政支持湛江等重灾区台风“威马逊”、“海鸥”救灾复产重建补助资金“一揽子”方案。经省政府同意，两次共安排湛江等重灾区救灾复产重建资金10.81亿元。二是根据省委、省政府的部署，针对广东省自然灾害特点，在研究国内外巨灾保险实践的基础上，结合广东省省情，形成《关于建立具有广东特色的巨灾保险制度的报告》向省领导汇报。

八、围绕完善支农体制机制，大力提高财政资金管理水平

（一）大力加强制度建设

2014年，在全面梳理农口资金及管理制度基础上，根据省政府《关于印发广东省省级财政专项资金管理办法的通知》，积极会同有关部门对原有管理制度进行修订完善，共制定和修改完善60项管理办法。

（二）大力加强资金整合

按照“责权不变，调整方向，优势互补、形成合力”的原则，大力推进支农资金整合。进一步深化省农业厅专项资金清理整合效果，按照农业“十大工程、五大体系”的建设要求，结合专项资金支持范围、扶持方向以及补助方式等情况，进一步强化资金整合效果，提高资金整合效益。

（三）大力完善支农投入引导机制

继续探索完善现代标准池塘财政贴息、民办公助、以奖代补、高标准基本农田资金以补促建、以补代投等有效机制，进一步发挥财政支农政策导向功能和财政支农资金“四两拨千斤”作用，强化地方投入责任，培育农民自主投入意识，吸引带动社会增加投入，建立健全支农投入多元化稳定增长机制。

（四）大力完善专项资金分配机制

一是大力推行按标准法、因素法分配。对直接补到个人的补贴资金，原则上按标准法分配资金；对以市县为主实施、省给予适当补助的资金，原则上选取相关客观因素及相应权重分配资金，如林业病虫害防治资金等。二是结合标准法、因素法分配，加大力度推行项目审批权下放。逐步将项目立项权和审批权下放地方，由地方因地制宜，科学规划，自主选项，并负责组织实施，如现代农业生产发展资金等项目审批权下放到市县。省负责项目绩效考评和管理指导。

（五）大力加强资金监管

一是开展全省支农资金专项监督检查工作。对2008－2013年省财政安排的村级一事一议省级奖补资金、现代农业生产发展资金等十几项财政支农资金，按照“扩大范围，不留死角；突出重点，提高效率；逐项检查，不走过场”原则开展为期半年的专项检查督查工作，通过监督检查，完善程序，从政策上堵塞产生问题的漏洞，建立健全涉农资金拨付与监管衔接的工作机制。二是以审计工作为契机，改进支农资金管理机制。以积极配合审计署开展的耕地保护和土地出让收入专项审计、稳增长调结构专项审计等5项审计工作，以及省审计厅开展的预算执行等2项专项审计工作为契机，梳理财政支农资金管理，发现资金管理漏洞，积极落实整改，改进支农资金管理体制机制。三是研究制定涉农补贴资金“一卡（折）通”制度。从2014年起，将涉及直接补助到农民的补贴资金通过“一卡（折）通”直接发放到农民个人，在防治截留、挪用涉农补贴资金的同时便民利民，提高资金拨付效率。四是强化绩效考评。把绩效评价结果作为预算安排重要依据，探索试行“事前有绩效目标，事中有绩效督查，事后有绩效考评”的专项资金全过程绩效管理机制。

（农业处供稿，于涛执笔）

基本建设财政财务

2014年，经济建设处强化财政投资基建项目支出执行管理，不断提高财政经建规范化、科学化、精细化管理水平，在基本建设财务管理工作中较好地发挥了职能作用。

一、围绕中心，全力保障重要基础设施建设

围绕促进区域协调发展的中心任务，积极筹集调度资金，保障重要基础设施项目顺利实施。一是积极筹措重点项目建设资金。按照线路、项目逐一测算资金需求，确保测算数据的准确、可靠，并结合资金需求及财力情况，按照轻重缓急原则，优先保障在建或急需开工项目。经省政府常务会议审议通过，2014年省财政共筹措省级资本金40亿元，用于新开工的4个国铁干线项目。二是安排拨付轨道交通（包括国铁干线、珠三角城轨、疏港铁路）及机场建设等项目省级资本金共计76.9415亿元；提前拨付铁路发展基金省财政引导资金50亿元，引导社会资本投资，充分发挥财政资金杠杆作用。三是健全完善工作沟通机制，定期与相关部门进行情况沟通，实时掌握重要交通基础设施项目建设进展及资金需求情况。四是参与创新轨道交通项目投融资体制研究，探索建立社会资本参与、省市共建的轨道交通项目投融资模式。

二、厉行节约，严格控制党政机关楼堂馆所建设

根据《关于党政机关停止新建楼堂馆所和清理办公用房的通知》（中办发〔2013〕17号）、《关于党政机关停止新建楼堂馆所和清理办公用房的通知》（粤办发〔2013〕20号）精神，省财政厅发挥财政监管职能，采取一系列有

力措施，积极配合省发展改革委开展严格控制楼堂馆所建设工作：一是严格履行基建审核把关职能，对涉及使用财政性资金的新建、扩建、改建、迁建、购置楼堂馆所的项目，一律停止审核。二是对已批准但尚未开工建设的楼堂馆所项目，一律停建，并相应调整资金用于其他民生项目。据统计，2014 年已回收相关楼堂馆所项目资金 4.16 亿元，调整用于民生项目支出。三是严格控制办公用房维修改造项目。严控建设规模和建设标准，严禁豪华装修。四是对擅自扩大项目建设规模、提高建设标准、突破投资概算的项目，一律不予追加安排财政资金。五是严格公共财政预算管理，对未按规定履行审批手续的项目，一律不下达预算、不拨付资金。六是把楼堂馆所建设和维修改造项目实施情况作为预算公开的重要内容。经报省领导批准，将有关单位 17 个基建项目列入 2014 年基建项目信息公开范围，接受社会监督。七是强化预算管理和财政监督，加强资金源头控制，建立健全长效机制。进一步加强对各地市财政局贯彻落实停止新建楼堂馆所和规范办公用房管理有关工作的督促指导，狠抓落实。

三、突出主业，进一步加快基建项目预算执行进度

一是逐项分解，责任到人。将基建项目逐项分解，责任落实到人，加快下达预算并严格规定审核拨付资金。2014 年，基建预算支出数为 236.65 亿元，为年初支出任务数 97.43 亿元的 242.89%。二是完善台账，跟踪梳理。进一步健全完善项目台账，按照“一部门一对策、一项目一对策”的原则，研究提出加快预算执行的措施，并定期报告项目执行情况。三是提高效率，加快审核。进一步提高基建项目工程结（决）算审核工作效率，对工程结算审核中发现存在较大问题的工程结算以函件形式告知建设单位并抄送省监察、审计等部门，督促项目单位完善和规范项目财务管理。2014 年，共审定项目工程结算 118 个，其中以函件形式告知的工程结算 16 个。四是多措并举，加强督导。通过约谈面商、定期提醒督促等多种方式，加强与预算单位的沟通协调，提高预算支出执行工作进度。五是盘活存量，提高效益。全面梳理存量项目资金，共梳理出因严控楼堂馆所政策暂停安排预算、因严控楼堂馆所政策需调整、已安排预算但尚未立项或不具备支出条件、已完成工程结算或竣工财务决算以及因调减概算投资等 5 种类型共 15 个需收回预算的项目，建议收回预算资金共 149 963 万元，其中 2014 年预算资金 68 430 万元。

四、服务大局，全力做好对口援建工作

一是及时足额拨付资金，保障项目资金需求。根据援建工作进度，拨付对口援疆资金 7.5647 亿元、对口援藏资金 6.8588 亿元、对口援建四川甘孜州建设资金 1.8 亿元、安排四川广安文化综合体项目建设资金 1 500 万元，贯彻落实省委、省政府决策部署，推动新疆、西藏及四川等地区实现跨越式发展和长治久安。二是进一步完善援藏援疆制度。根据省领导的有关批示精神，结合审计提出的意见，制定印发《关于进一步加强援藏资金和援助款物管理的意见》，进一步规范对口援藏资金、工作经费、援助款物、监督管理等。三是建立、健全资金监管机制，加强与援藏工作队、援疆前方指挥部的沟通联系，跟踪监管援疆援藏资金专款专用。四是进一步发挥财政管理职能作用，对项目投资计划调整、资金使用方向、中期评估、政策措施等认真审核把关，提出合理化建议。五是派员实地检查援藏援疆项目资金使用情况，检查资金的拨付和使用情况，了解存在的问题和困难，总结提出改进意见。六是启动对口支援四川省甘孜藏族自治州前期工作，会同省发展改革委等部门，赴浙江等地区调研，学习借鉴兄弟省市在对口帮扶方面的经验。

五、强化规范，不断提升财政管理工作水平

一是建立健全省级专项资金管理制度，联合省发展改革委印发《广东省省级财政预算内基建统筹资金管理办法》，明确专项资金审批程序、使用范围、拨付流程等，并按照“八个公开”要求，在省专项资金管理平台上公开相关信息。二是全面推进基建项目预算公开。经省领导批准，2014 年起，经发展改革部门批准立项的、全额或部分使用财政性资金的所有在建基本建设项目（涉密项目除外）均向社会公开。共计 17 个基建项目纳入 2014 年基建项目预算公开的范围，主动接受社会公众的监督。三是积极开展专项调查研究。与省代建局联合赴有关市调研，学习借鉴代建制先进经验，推动代建制度改革；与厅投资审核中心赴云南等地调研，学习借鉴各地在投资评审管理以及财政投资评审立法方面的做法和经验，推动财政投资评审法规制度建设。四是加快省政府投资项目资金管理系统项目开发。在完成对 200 多家省直单位培训的基础上，采用工程师专人驻点、重点单位上门服务等方式，推动开发进度，使管理系统于 2014 年 10 月 8 日正式上线并平稳运行。五是积极研究学习和修订相关规范性文件。一方面，组织学习《广东省建设工程造价管理规定》，并结合实际工作、配合厅投审中心研究提出下一步工作方案；另一方面，对计划修订出台的《基本建设财务规则》、《广东省政府投资非经营性项目代建管理办法》、《广东省党政机关事业单位办公业务用房项目管理办法》以及《基本建设项目竣工决算管理暂行办法》等规范性文件研究提出意见，积极履行财政职能。六是进一步规范国债转贷债务管理工作。印发《广东省财政厅国债资金工作经费管理办法》，进一步规范国债资金工作经费管理，提高资金使用效益。为理顺国债转贷债务偿还机制，从 2014 年第四季度开始，由原来的省财政全部垫付再归垫的方式改为每季度收缴下级财政和有关单位还款并直接归还财政部，减少财政暂存暂付款挂账；同时逐步清理历史债务，规范国债转贷债务管理。七是扎实推进项目库管理试点工作。按照省财政厅关于推进省级财政资金实行项目库管理试点的统一部署，经济建设处严格按照项目库管理试点的有关要求，积极做好项目库管理试点相关工作，并在规定时间内完成项目库报批程序。八是积极做好政府性债务清理工作。积极参加债务清理学习培

训，加强与相关单位沟通协调，配合厅预算处做好存量政府性债务清理统计等相关工作。

（经济建设处供稿，陈明杰执笔）

社会保障财政财务

2014 年，社会保障处以保障和改善民生为重点，创新工作机制、加大投入力度，完成财政社会保障的各项工作。全省医疗卫生与计划生育支出 752.14 亿元，比 2013 年增长 34.99%；全省社会保障和就业支出 790.64 亿元，比 2013 年增长 7.67%。

一、加大财政投入，落实底线民生保障资金

根据省委、省政府关于重点推进保障和改善民生工作的部署，按照《广东省人民政府关于印发提高广东省底线民生保障水平实施方案的通知》要求，以及省财政调整支出结构，加大底线民生投入力度，认真做好城乡低保、农村五保、医疗救助、基础养老金、残疾人保障及孤儿保障等底线民生保障项目的实施工作，落实底线民生预算 182.17 亿元。

（一）落实城乡居民最低生活保障资金

按照《广东省最低生活保障资金管理暂行办法》确定的城乡低保补助标准，2014 年省财政共下达低保补助资金 35.49 亿元，为经济欠发达地区做好城乡居民最低生活保障工作提供资金保障。

（二）落实农村五保供养保障资金

按照农村五保供养标准不低于上年度当地农村居民人均纯收入 60% 的目标要求，省财政加大省对农村五保供养资金的补助。2014 年，安排经济欠发达地区农村五保供养生活补助资金 8.81 亿元，使地方保障五保对象基本生活与社会经济发展水平保持一致。

（三）落实城乡医疗救助保障资金

2014 年，省财政共下达城乡医疗救助资金 7.68 亿元，支持欠发达地区为农村低保户、五保户等困难群众提供医疗救助和为城镇低保对象购买住院医疗保险、大病救助，促进解决特困群众“看病难、看病贵”等问题。

（四）落实基础养老金保障资金

2014 年，省财政共下达基础养老金保障补助资金 47 亿元，支持全省特别是经济欠发达地区做好基础养老金保障工作。

（五）落实残疾人生活津贴和重度残疾人护理补贴资金

2014 年，省财政共下达经济欠发达地区残疾人生活津贴和重度残疾人护理补贴资金 3.98 亿元，减轻贫困残疾人家庭负担，支持经济欠发达地区残疾人事业的发展。

（六）落实孤儿基本生活保障资金

2014 年，省财政下达孤儿基本生活保障资金 3.162 亿元，支持全省特别是经济欠发达地区做好孤儿基本生活保障工作。

（七）做好优抚对象生活待遇、退役士兵安置、流浪乞讨人员救助等工作

2014 年，中央和省级财政分别安排优抚对象抚恤和生活补助资金 14.41 亿元；退役士兵安置一次性经济补助和职业技能培训等支出 2.66 亿元；流浪乞讨人员补助资金 1.19 亿元，支持全省特别是经济欠发达地区做好各项优抚安置以及流浪乞讨人员救助工作。

（八）做好自然灾害救济经费保障工作

2014 年，省财政预算安排自然灾害生活救助和全倒户补助资金 1.35 亿元；向中央争取，安排广东省自然灾害生活救助资金 2.19 亿元，用于各地冬令春荒、暴雨、台风等自然灾害救济。全年共安排冬春救助、暴雨灾害、台风“威马逊”、“海鸥”等救灾资金 3.54 亿元。

（九）完善养老服务体系建设

中央和省级财政安排全省养老服务体系建设项目资金 3.78 亿元，用于支持全省特别是经济欠发达地区福利院、敬老院、光荣院等养老服务机构新建、扩建、改建和设施改造、设备购置更新及养老服务补贴等。

二、实施积极就业政策，全方位促进就业增长

（一）完善政策，加大促进就业力度

进一步完善促进就业政策。一是制定《广东省省级促进就业专项资金使用管理办法》，出台涉及个人就业创业的补助项目 16 个，全方位保障高校毕业生等重点群体就业创业需求。二是配合省人力资源社会保障厅制定就业专项资金补贴项目申报指南，并向全社会公布，进一步明确补助资金申报程序，简化流程，降低资金申请门槛。三是按照省委、省政府的工作部署，调整支出结构，为广东省出台创业带动就业工作新政提供经费保障，营造良好的创业环境。2014 年，继续安排促进就业专项资金 3.085 亿元，对各类就业扶持对象按规定给予培训和就业补贴；继续安排人力资源市场建设资金 1.1685 亿元，加强公共就业服务机构建设。根据省委、省政府关于以创业带动就业的战略部署，2014 年省财政新增设立创业带动就业专项资金建立普惠性的创业资助体系，2014－2018 年共安排专项资金 25 亿元，用于设立创业引导基金、建设创业孵化基地、小额担保贷款、创业资助以及优秀创业项目奖励等。

（二）推进技工学校建设，构建高水准的技能教育体系

2014 年，安排技工教育发展专项资金 2.875 亿元，重点用于加强全国示范性技师学院和经济欠发达地区技工学校的建设补助，建立覆盖城乡的职业技能培训体系。安排 8 500 万元用于加强技工学校实训中心建设，支持实训中心充分发挥培养高技能人才的基础作用。

（三）支持开展多层次职业技能培训

一是继续安排推进劳动力培训转移就业专项资金 5 亿元，专项用于劳动力培训转移就业的技能晋升培训补贴和

“圆梦计划”补助，全面建立农村劳动力技能培训普惠制度。补助对象为法定劳动年龄内的城乡劳动者，含外省来粤务工人员、余刑在24个月内的在粤服刑和强制戒毒人员。

二是继续对农村贫困家庭子女入读中等职业技术学校、技工学校实行免除学杂费和补助生活费。政府按照人均2 500元/年的标准给予学杂费补助，并纳入中等职业学校国家助学金体系统一给予人均1 500元/年的生活费补助，支持储备技能人才。同时，积极推动现有政策向农村家庭经济困难学生及涉农专业学生免费入读中等职业学校政策过渡。2014年，共安排技工院校免学费和国家助学金补助资金9.9亿元。

三、着力推进医药卫生体制改革

（一）着力推进基本医疗保障制度建设

2014年重点支持各项基本医疗保障制度从“扩大范围”转向“提升质量”，提高参保参合人群的补偿比例和最高封顶线，进一步健全全民医保体系，切实提高人民群众的基本医疗保障水平。一是继续加大对城乡居民基本医疗保险的财政补助力度。2014年，全省各级财政对城乡居民基本医疗保险补助标准提高到320元，其中省财政对欠发达地区补助标准达到人均208元，省财政安排城乡居民医疗保险补助资金112亿元。二是均衡提高医疗保险待遇水平，进一步推进基本医疗保险城乡统筹。全省职工医保和城乡居民医保政策范围内住院费用报销比例达到87%以上和76%，进一步缩小与实际住院费用支付比例之间的差距。全面开展城乡居民大病保险制度，全省大病保险平均可报销19万元。规范大病保险服务管理，推行大病保险“一站式结算”。推进基本医疗保险城乡统筹，统一缴费标准、待遇水平、基金管理、信息系统和经办服务，进一步消除城乡差别，全面实现医疗保障均等化。三是继续解决困难国有、集体企业退休人员医保问题。2014年，省财政继续安排1亿元，将全省28.4万名关闭破产国有企业的退休人员全部纳入城镇职工基本医疗保险。

（二）着力推进城乡基层医疗卫生服务体系建设

进一步完善基层医疗卫生机构补偿机制。2014年，省财政继续对经济欠发达地区乡镇卫生院按每万常住人口核定13名医务人员和每人每年1.2万元的标准安排事业费补助外，对经济欠发达地区社区卫生服务机构按每万常住人口核定8名医务人员和每人每年1万元的标准安排事业费补助，共安排基层医疗卫生机构事业费补助8.26亿元。此外，2014年省财政下达了农村和边远地区乡镇卫生院医务人员岗位津贴专项资金2.45亿元、村医补贴专项资金1.54亿元、离岗接生员和赤脚医生生活困难补助资金5.11亿元、基层医疗卫生机构实施基本药物制度和综合改革以奖代补专项资金2亿元，改善全身基层医疗卫生机构的基础设施水平和义务人员待遇。

（三）着力促进基本公共卫生服务逐步均等化

一是落实好基本公共卫生服务项目。为促进基本公共卫生服务逐步均等化，广东省从2009年起启动了基本公共卫生服务项目，按项目免费向城乡居民提供。2014年，全省人均基本公共卫生服务经费不低于35元，用于建立居民健康档案以及开展儿童、孕产妇、老年人保健等服务。中央和省级财政对经济欠发达地区人均补助15.75元，共下达补助资金9.4亿元，推动基本公共卫生服务项目深入拓展。二是落实好重大公共卫生服务项目。2014年，中央财政对广东补助6.5亿元，省级财政安排重大公共卫生服务项目补助经费2.4亿元，对经济欠发达地区实施结核病、艾滋病等重大疾病防控、地中海贫血防控、计划免疫预防接种、贫困白内障患者复明、农村妇女两癌检查等重大公共卫生服务项目给予补助，进一步健全广东省公共卫生防疫体系。

（四）着力促进公立医院综合改革

以调整公立医院医疗服务价格为突破口，着力推进公立医院管理机制、补偿机制、药品采购机制、人事薪酬制度等全方面的综合改革。2014年，中央财政安排广东公立医院改革补助资金1.16亿元，省级财政安排全省公立医院发展建设补助资金1.4亿元、县级公立医院综合改革专项资金1 860万元，以取消药品销售加成为抓手，推动公立医院综合改革，建立、健全公立医院与基层医疗卫生机构的分工协作机制。

（五）着力推进广东省食品药品监督管理体制改革

为贯彻落实《广东省人民政府关于改革完善市县食品药品监督管理体制的指导意见》和《广东省政府办公厅关于印发广东省食品药品监督管理局主要职责内设机构和人员编制的通知》，2014年省财政根据省编办确定的人员机构调整方案，研究制订《广东省食品药品监督管理体制改革经费划转实施方案》，明确省级和市县的经费划转方案。

四、积极推进社会保障体系建设

（一）完善城乡居民社会养老保险制度，稳步提高待遇水平

修订《广东省城乡居民养老保险实施办法》，完善全省统一的城乡居民社会养老保险政策，增加个人缴费档次，明确城乡居民社会养老保险基础养老金调整机制及与企业职工基本养老保险制度的转移衔接方式。同时，从2014年7月1日起，广东省将城乡居民社会养老保险基础养老金标准由65元/人·月提高到95元/人·月。2014年，省财政预算安排城乡居民社会养老保险补助资金23亿元，确保养老保险待遇按时足额发放。

（二）继续提高企业退休人员养老保险待遇

按照国家的统一部署，继续提高企业退休人员养老保险待遇。从2014年1月1日起，广东省按2013年企业退休人员月人均基本养老金水平的10.4%，调整企业退休人员基本养老金水平，全省平均提高幅度为185元/人月左右。同时，省级财政安排8 000万元，专项补助用于经济欠发达地区提高基本养老金发放标准后造成的基金增支缺口，确

保企业离退休人员基本养老金按时足额发放；安排5 000万元专项资金，提高省属企业部分早期退休人员生活待遇，解决企业部分早期退休人员生活待遇偏低问题。

（三）积极稳妥推进广东省各项社会保险制度改革

一是积极配合财政部开展机关事业单位养老保险制度改革调研，并按照“一个统一、五个同步”的原则积极稳妥推进广东省机关事业单位养老保险制度改革工作，做好有关资金测算，保障机关事业单位养老保险制度改革的顺利推进。二是配合省人力资源和社会保障厅修订《广东省职工生育保险规定》。

五、完善人口计生经费保障机制，推动全省人口计生事业发展

经省政府批准，广东省建立农村部分计划生育家庭奖励标准和计划生育家庭特别扶助标准的动态调整机制，自2014年1月起，全省农村部分计划生育家庭奖励标准从原来的每人每月不低于80元/人·月提高到每人每月不低于120元，独生子女伤残家庭的特别扶助标准从原来的每人每月120元提高到每人每月500元，独生子女死亡家庭的特别扶助标准从原来的每人每月150元提高到每人每月800元。同时，省级财政按照年度预算计划，及时、足额安排各项人口计生专项经费。2014年，省财政共安排各类计划生育事业经费3.3亿元。一是安排农村部分计划生育家庭奖励专项补助资金8 740万元，用于支持欠发达地区实施农村计划生育家庭奖励政策，全省计划生育奖励受益对象近19万人。二是安排计划生育专项资金1.3499亿元，主要用于基层妇幼保健机构建设和服务设备购置、市县开展计生宣传教育、加强流动人口管理、进行性别比综合治理等补助。三是安排计划生育家庭特别扶助制度专项补助资金1 440万元，用于支持欠发达地区实施计划生育家庭特别扶助政策，并将计划生育手术并发症人员纳入特别扶助范围。四是安排国家免费孕前优生健康检查项目补助经费3 377万元。从2012年10月1日起，广东省率先实施全省免费孕前优生健康检查，省级财政按每对夫妇282元的结算标准对省目标人群范围分地区按比例分类给予补助。五是安排计划生育技术服务经费5 962万元，支持广东省欠发达地区基层开展计划生育免费技术服务。

六、大力扶持残疾人康复设施建设及康复服务

按照广东省残疾人事业“十二五”发展规划纲要的目标任务，继续加大对残疾人事业的支持力度，确保残疾人康复服务等重点项目支出。省财政通过对各地残疾人托养以及康复机构建设、综合服务设施建设、康园工疗网络建设补助、日常康复经费等项目给予补助，改变广东省残疾人康复基地基础设施相对薄弱的状况。2014年安排康复经费专项资金3 200万元帮助全省贫困残疾儿童进行基本康复治疗和康复训练，全省已基本实现对中重度学龄前残疾儿童免费提供早期筛查、医疗康复等最基本、最急需的康复服务。为完成2014年省政府十件民生实事助困扶残项目，省财政专项安排1 262.5万元用于“信息助残－免费提供盲人读屏软件”和“珠江三角洲城市公共交通导盲系统”等项目。

（社会保障处供稿，廖建中执笔）

外经金融财政财务

2014年，省财政厅外经金融处按照依法行政、依法理财和集中财力办大事的理财方针，积极采取措施，扶持广东省外经贸和旅游业发展，推进地方财政金融财务监管改革，在财政促进外经贸、金融、旅游发展等方面都取得新的进展。

一、加大资金投入，稳步推进外经贸提质增效升级

（一）认真研究支持外经贸发展的政策，完成扶持资金的拨付

认真研究支持外经贸发展的财政政策，加大外经贸资金扶持力度，及时完成资金的申报和拨付。按照加快广东省外经贸战略转型和优化财政支出结构的精神，在2014年年初预算安排的基础上，根据省领导有关指示精神以及国家和省的外经贸政策，年中新增安排资金扶持外经贸发展，确定促进进口、支持企业“走出去”和加快推进加工贸易转型升级等为支持外经贸发展的重点：一是促进口，安排促进进口专项资金，采用进口贴息的方式扶持进口先进设备、技术、资源性产品及原材料，促进贸易平衡发展，推动产业结构调整。二是拓市场，安排促进投保出口信用保险专项资金、出口企业开拓国际市场专项资金，支持广东省企业积极开拓国际市场。三是“走出去”，安排“走出去”专项资金，对广东省企业从事境外投资，境外农、林、渔业和矿业合作，对外承包工程，对外劳务合作等对外经济技术合作业务予以支持。四是促转型，安排扶持加工贸易转型升级专项资金、中国加工贸易产品博览会筹办经费，支持广东省加工贸易转型升级。2014年，共拨付扶持外经贸发展各项资金27.86亿元，其中拨付省财政资金21.71亿元，转拨中央财政资金6.15亿元。

（二）加强和规范口岸建设专项资金管理

为提高资金使用效益，支持广东省重点口岸建设发展，推进口岸改革创新，提升口岸科学发展水平和国际竞争力，根据《广东省人民政府关于印发广东省省级财政专项资金管理办法的通知》）的规定，省财政厅会同广东省人民政府口岸办公室制订《广东省口岸建设专项资金管理办法》，从使用范围、补助标准、申请、审核、拨付、监督管理等方

面加强和规范口岸建设专项资金管理。2014 年，共下达口岸建设专项资金 1.14 亿元。

（三）积极主动做好外经贸其他相关工作

一是牵头做好粤、港、澳合作及“一带一路”中国（广东）自由贸易试验区涉及省财政厅有关意见的研提和材料报送等工作；二是配合做好应对反补贴调查的工作；三是做好省商务厅、中国国际贸易促进委员会广东省分会等单位因公出国经费预算先行审核工作。

二、建设金融强省，着力推动金融产业改革创新

（一）贯彻落实金融强省建设

按照《中共广东省委　广东省人民政府关于全面推进金融强省建设若干问题的决定》中关于“为适应建设金融强省的实际需要，适当扩大省建设金融强省专项资金规模”的要求，省财政从 2013 - 2018 年每年增加安排 1 000 万元共 6 000 万元扶持金融产业发展专项资金，完善专项资金的使用管理，发挥资金的激励引导作用。2014 年，共拨付 6 000 万元扶持 12 个省重点金融项目建设。

（二）支持农村金融发展

一是根据省政府的工作部署，多次与中央有关部委沟通协调，推进汕头特区农村信用社联合社深化改革工作。二是加快村镇银行发展步伐，积极申请中央财政农村金融机构定向费用补贴资金 3 114 万元，并相应安排省级配套资金 600 万元。三是加强小额贷款公司风险补偿专项资金管理，充分发挥小额贷款公司为“三农”和中小企业融资的重要作用。2014 年，安排专项资金 5 000 万元，专项用于支持小额贷款公司的发展。四是为推进城乡基础金融服务均等化，打通社会信用体系建设和基础金融服务的“最后一公里”，经报省政府同意，2015 年开始在全省 20 个试点县开始普惠金融“村村通”试点工作，省财政安排 4 975 万元，对试点县县级综合征信中心、2 784 条信用村建设、3 982 个乡村金融（保险）服务站和 3 982 个乡村助农取款点给予奖励补助。

（三）加强金融企业国有资产管理，确保国有资本保值增值

贯彻落实有关金融企业国有资产管理法律法规，加强地方金融企业国有资产管理工作，做好广东省 2013 年度金融类企业国有资产产权登记年检工作。全省（不含深圳市）参加 2013 年度金融类企业国有资产产权登记年检工作的企业共 23 户，实收资本总额 821.77 亿元，比 2014 年增加 185.86 亿元。此外，还加强对粤财控股等省属金融企业监管，批复粤财控股负责人 2013 年度薪酬。

（四）积极推进广东省道路交通事故社会救助基金工作

根据各市开展的救助基金管理情况，及时下拨省级道路交通事故社会救助基金 2 000 万元，推动救助基金管理工作顺利开展。

三、优化旅游产业结构，大力扶持重点项目做大做强

（一）支持高端旅游、旅游扶贫、旅游景点等项目全面发展

通过参与和组织专项资金评审等方式，对云浮市六祖故里创建国家级旅游度假区升级改造工程项目等 5 个高端旅游项目安排扶持资金 5 000 万元；对潮州绿岛乡村旅游集群示范区等 10 个项目安排旅游扶贫项目资金 4 000 万元，安排旅游扶贫相关工作资金 200 万元和安排省旅游局旅游扶贫管理经费 165 万元；对韶关丹霞山旅游风景区等 5 个旅游景点建设项目安排扶持资金 3 000 万元。

（二）支持旅游配套设施建设和活动开展

安排省旅游局 2014 年旅游宣传促销经费 8 000 万元、中国（广东）国际旅游产业博览会专项经费 375 万元，旅游卫星账户编制工作经费 300 万元，旅游信息化建设专项资金 500 万元，支持有关工作顺利进行。

四、防范资金风险，完善资金管理制度和办法

根据《广东省省级财政专项资金管理办法》和《广东省省级财政专项资金信息公开办法》的规定，针对资金分配和使用的各个环节，认真开展财政资金安全性和制度廉洁性评估检查以及廉政风险防控，全面梳理、修订和完善各项资金分配管理制度和办法，建章立制，按规定在有关平台公开专项资金信息，使资金安排有据可依、接受监督、透明公开。

2014 年，重新修订完善了一系列专项资金管理办法并遵照执行，包括《广东省口岸建设专项资金管理办法（修订稿）》、《广东省稳增长调结构专项资金管理办法》、《广东省出口企业开拓国际市场专项资金管理办法》、《广东省促进投保信用保险专项资金管理办法》、《广东省旅游扶贫专项资金管理办法》、《广东省高端旅游项目发展专项资金》、《广东省扶持金融产业发展专项资金管理办法》等 20 多项资金管理办法。

五、抓好日常基础工作，促进外经金融业务发展

（一）认真组织财政收入，做好粤港直通车指标费的收缴

积极采取措施征缴粤港直通车指标费，规范指标费收入的免缴、抵缴手续，做好指标费收入的会计核算工作，及时办理结汇解缴入库。2014 年，收缴粤港直通车指标费解缴入库折合人民币 1.52 亿元。

（二）加强外资企业财务管理，掌握企业发展动态

一是做好省属外商投资企业财政登记网上联合年检工作。2014 年，省属外商投资企业网上联合年检 387 户，新办财政登记证 21 户、变更 108 户、注销 9 户。二是根据财政部要求，及时组织各市财政局及省属外商投资企业编报财政部 2013 年度广东省外商投资企业决算报表。

（三）做好广东省党政机关、事业单位用公款为特岗人员购买商业保险的审核

结合广东省正在推进的行政审批制度改革精神，为简化审批程序，提高行政效率，经省政府同意，省财政厅会同省监察厅、中国保险监督委员会广东监管局联合下发《关于广东省党政机关事业单位用公款为个人购买商业保险有关问题的通知》，规定各地级以上市及顺德区党政机关事业单位用公款为个人购买商业保险，由当地人民政府审批确定；省直部门用公款为个人购买商业保险由省财政厅审批确定。

（四）做好非贸易、非经营性用汇等方面的管理工作

一是为规范党政机关、事业单位、社会团体和民主党派非贸易、非经营性用汇管理，制定《广东省非贸易非经营性用汇管理办法》。二是按照“保证重点、压缩一般”的原则和保证重点涉外活动用汇、从严控制党政干部出国的要求，根据各市和省直单位2014年度用汇预算的申请，分别下达各市用汇预算6 300万元和省直单位用汇预算1.11亿元。三是严格按照因公出国（境）费用开支标准和有关规定，审批省直单位的出国用汇。

（外经金融处供稿，刘晓辉执笔）

会计管理

2014年，会计处紧紧围绕财政中心工作，着力于提升会计服务水平，扎实推进各项会计制度贯彻实施、会计人才培养、注册会计师行业监管以及粤港澳会计服务合作等工作，进一步发挥会计管理在维护市场经济秩序、促进经济社会发展中的职能作用。

一、做好厅党组成员抓落实的重点工作

为做好厅党组成员2014年抓落实重点工作——“加强会计管理，维护财经秩序”项目，会计处认真制订实施方案，组成调研组，开展全省会计管理工作现状调研，研究当前广东省财经秩序中存在的主要问题，从会计角度分析单位财经秩序存在问题的成因，提出加强会计管理维护财经秩序的合理化建议，形成调研报告。3－5月，先后到广州、珠海等9个地市召开座谈会，走访省工商局、省国税局等省级主管部门和有关国有企业、民营非上市企业、中介服务机构、学校、医院以及基层会计机构等各类型单位，广泛听取有关意见和建议。此外，开展网络问卷调查，收到行政、事业、企业及其他类型单位网上提交的调查问卷500多份。

二、扎实推进各项会计法规制度的贯彻实施

（一）做好管理会计的宣传推广工作

组织开展《财政部关于全面推进管理会计体系建设的指导意见（征求意见稿）》的意见收集与报送。组织省直企业、行政事业单位财务部门负责人及业务骨干、高校会计系专家学者以及会计师事务所合伙人约70人参加财政部“管理会计”视频讲座。组织厅有关处室和所属单位及广州市财政局有关人员约50人参加财政部召开的《财政部关于全面推进管理会计体系建设的指导意见》（以下简称《指导意见》）视频发布会，并及时转发《指导意见》。

（二）继续抓好企业会计准则贯彻实施工作

联合省国有资产监督管理委员会下发了《关于广东省部分国有大中型企业实施企业会计准则通用分类标准的通知》，做好企业会计准则通用分类标准在广东省的实施工作，地方试点企业均完成省级校验，并顺利通过财政部抽查校验。做好财政部2014年公布的8项基本会计准则的贯彻落实工作，并在广州召开全省贯彻落实工作会议，邀请中山大学管理学院会计学系专家教授对新企业会计准则的重点难点进行讲解。

（三）全面推进新行业事业单位会计制度的实施工作

在广州召开了全省贯彻实施新行业事业单位会计制度工作会议，全面贯彻落实《科学事业单位会计制度》、《高等学校会计制度》以及《中小学校会计制度》的实施工作。各地级以上市财政部门会计管理机构负责人和有关单位人员、省直有关单位财务部门负责人和业务骨干共300人参加了会议。

（四）推动行政事业单位内部控制规范实施

组织参加财政部举办的行政事业单位内部控制规范知识竞赛，发动广东省行政事业单位、中介机构等会计人员以及非会计人员等约3万人参加竞赛活动，其中合格人数2.6万人，优秀人数2.3万人。

三、加强会计人员管理，提升会计队伍素质

（一）加强会计从业资格考试和管理

一是加强新版会计从业资格证书管理。转发《财政部关于印发新版会计从业资格证书样式及有关问题说明的通知》，借鉴会计专业技术资格考试试卷印刷、运送和费用结算管理模式，印发《广东省空白会计从业资格证书印制领取工作流程》，在省会计管理信息系统开发了会计从业资格证书入库和证书发放扫描二维码信息功能。二是优化会计从业资格考试试卷传输流程。印发《关于会计从业资格考试有关事项的通知》，在原有通过光盘方式传输的基础上，新增通过财政内网传输的方式，方便各地市试卷领取。三是优化省属会计从业资格考试和领证流程。根据《会计从业资格管理办法》，并经征询财政部会计司意见和参考有关省市做法，按照“既依法依规又为民便民”的原则，对省属会计从业资格考试和领证流程进行全面梳理，制定新的省属会计从业资格服务工作流程。充分利用信息化手段，在保留规定动作基础上，删减不必要环节，缩短办事时限，提升办事效率，考生从报名、考试到领证只需到现场一次，实现在20个工作日内完成整个流程。四是做好新旧大纲和

考试题库的过渡工作。及时转发和公布财政部新修订的《会计从业资格考试大纲（修订）》，通过多种网络渠道向社会宣传。根据财政部新题库考试内容，及时更新会计从业资格无纸化考试系统，并进行系统测试验收，妥善组织全省各地考试系统升级工作，确保新旧大纲和题库平稳过渡。

截至2014年12月31日，共组织省直14 002人参加会计从业资格考试，其中报考单科335人，双科1 723人，三科11 944人，合计39 401科次；受理会计从业资格业务14 700件，其中申领10 267件，调出1 406件，调入822件，信息变更863件，继续教育登记1 174件，遗失补办152件，业务组异常处理12件，接通咨询电话113 859个。

（二）做好初中高级会计专业技术资格考试和全国会计领军（后备）人才选拔考试工作

一是做好考试报名组织工作。会同省人力资源和社会保障厅印发《关于广东省2014年度全国会计专业技术资格考试考务日程安排及有关事项的通知》，组织部署全省会计资格考试报名工作。2014年，广东省初、中、高级资格报名总人数为20.5万人，位居全国第一，其中初级资格为13.1万人，比2013年下降了8.4%；中级资格7.1万人，比2013年增长6.2%，高级资格2 989人，比2013年增长15.4%。组织做好全国会计领军（后备）人才企业类和行政事业类的选拔考试报名工作，广东省报考企业类的25人，报考行政事业类的7人。二是做好考前准备工作。制定《广东省2014年度全国会计专业技术初级资格无纸化考试实施工作方案》和《广东省会计初级资格无纸化考试技术设备突发事件应急处理工作方案》，组织各考试管理机构相关人员就无纸化考试工作流程和考试软件系统进行培训，根据初级资格考试报名人数测算考场和机位需求，组织各地会计资格考试管理机构做好考点落实工作，落实70个考点、478个考场的3.3万个机位，开展模拟测试工作，对测试过程中发现的未达标事项进行整改，同时，协同供电部门做好供电保障准备工作。三是做好考试实施工作。初中高级会计资格考试期间，切实做好试卷押运、传输以及保密工作，与各考区签订责任书并向各考区派出巡视小组，加强考场监督检查，圆满完成年度考试工作。考试后，采取网上评卷的形式做好中高级笔纸考试评卷工作，及时将考试成绩报送财政部。2014年会计初级资格通过率为22.87%，中级资格通过率为18.86%，高级资格通过率为64.11%。

（三）做好高级会计师资格申报工作

印发《关于2014年度高级会计师资格评审有关事项的通知》，继续实行网上申报和现场受理相结合方式，开展高级会计师资格评审申报工作。

（四）做好会计人员继续教育工作

一是加强省属会计人员继续教育培训机构管理。2014－2015年度省属会计人员继续教育面授培训机构为19家，远程培训机构为11家，自行组织开展继续教育的省属会计人员所在单位8家。二是部署2014年会计人员继续教育培训工作。印发《关于2014年会计人员继续教育培训有关事项的通知》，明确会计人员及其单位、继续教育培训机构、各地财政部门在继续教育培训学习中的权利、义务和职责，对继续教育培训方式和培训教材进行统一。三是实现继续教育培训记录信息化。省属会计人员已实现广东省会计人员继续教育平台与省属继续教育培训机构的数据对接，学员在培训机构完成继续教育后，直接由培训机构上传学习记录，不需再前往省会计服务大厅办理继续教育登记。四是加强远程继续教育管理，通过继续教育培训机构后台查询账号，加强对参与远程继续教育培训人员记录情况的检查。

（五）做好大中型企事业单位总会计师素质提升工程实施工作

根据《财政部关于实施大中型企事业单位总会计师素质提升工程的通知》，印发《关于组织开展2014年总会计师素质提升工程培训报名工作的通知》，经与北京国家会计学院、上海国家会计学院、厦门国家会计学院协商沟通，确定培训班次和人员数量，全省共培训562人，其中参加第一类培训人员数为212人，参加第二类培训人员为350人。

（六）继续做好农村财会人员财政支农政策培训工作

认真布置全省农村财会人员财政支农政策培训工作，明确工作要求、培训内容，加强工作指导，做好经费保障。2014年广东省农村财会人员财政支农政策培训共完成培训46 871人，其中村级会计人员16 051人，村干部17 840人，代理机构会计人员1 913人，培训民主理财人员3 012人，其他8 055人，完成全年培训计划的136%（2014年全省培训计划34 285人），平均为每个行政村培训2.36人。

四、规范行政监管，促进注册会计师行业健康发展

（一）加强内控管理，开展行政审批事项风险排查

全面梳理会计师事务所设立审批流程，将流程细化至21个环节，对每一环节的实际操作、办理时限、文件依据、风险点以及改进措施都进行了整理，制定了会计师事务所设立审批（行政许可类）内控管理一览表，做到每个审批环节都有规可依，有章可循，责任到人。

（二）加强信息沟通共享，改善会计师事务所执业环境

为进一步促进广东省注册会计师行业健康发展，与监督局、省注协联合召开注册会计师行业管理工作联席会议。在总结多年的工作经验基础上，三方进一步凝聚共识，继续深化打造联席工作的长效机制。在健全完善工作规则，强化协调处理机制，共同对新设所股东（合伙人）进行岗前培训，提升行业自律检查及会计信息质量检查成果运用，合力推动注册会计师行业健康有序发展相关政策措施落实等方面进行研究。

（三）及时反馈人大议案和政协提案

会同省工商局办理《关于要求在企业商事登记改革中充分发挥社会专业团体作用加强监管的会办意见》的省人大建议1件，会同相关单位协商研究，梳理归纳工作措施，积极跟进，与人大代表保持沟通交流，及时将有关会办意见形成书面文件向省工商局反馈。

（四）做好注册会计师行业日常管理工作

截至12月31日，全省（不含深圳）共新批复12家会计师事务所、8家分所，另受理13家会计师事务所更名、分所转制更名，责令4家会计师事务所整改（立信羊城会计师事务所，广州嘉州会计师事务所，广东名博会计师事务所，佛山市粤明会计师事务所），撤回2家整改后仍不符合存续条件的会计师事务所分所（立信羊城会计师事务所有限公司惠州分所、佛山分所），13家会计师事务所终止备案材料，审查确认103家事务所变更股东、地址等备案材料；批复境外会计师事务所来内地临时执行审计业务3次。全省按时完成年度基本信息报备工作的事务所及分所共547家，实现业务总收入37.98亿元，同比增加4%；未完成报备工作的事务所有5家（主要原因是该部分事务所正在办理注销手续）。

五、落实港澳会计服务扩大开放政策，推动粤港澳会计服务合作交流

按照省政府工作部署及相关部门的工作要求，积极开展会计服务对港澳开放交流活动，进一步加强与港澳会计业界的沟通和密切联系，共同争取国家支持，贯彻落实粤港澳会计服务开放合作政策，推动会计服务对港澳的开放。积极研究推进粤港澳服务贸易自由化相关工作，研究制定实施准入前国民待遇和负面清单管理，积极参与粤港澳自由贸易园区有关会计服务政策措施的制定和落实。

六、加快会计信息化建设，提升会计服务水平

印发《关于广东省会计管理信息系统全省上线运行有关事项的通知》，在推广省会计管理信息系统工作的基础上，明确系统上线后各地使用要求。对《广东省会计管理信息系统项目业务需求管理工作规程（暂行）》进行修订，印发《广东省会计管理信息系统项目业务需求管理工作规程（修订）》，确保有关单位执行落实到位，以保障系统建设实施工作顺利开展。

七、做好行政审批制度改革后衔接工作，推进行政职能转变

按照省人民政府关于行政审批制度改革的要求，做好取消、下放的四项行政审批事项后续监督管理，并对相关承接单位给予业务指导。其中，对转移的会计师事务所执业证书核发和会计师事务所年度基本信息报备事项，按照相关职能转移指导和绩效管理规程，对相关社会组织承接职能工作情况进行综合评价并书面函复；对下放的“港、澳、台地区会计师事务所对市、县工商机关登记企业临时办理审计业务审批”事项，对各地级以上市财政部门履行职能的情况定期进行跟踪指导。

（会计处供稿，李志宏执笔）

绩效评价

2014年，绩效评价处进一步改革创新，注重实效，突出重点，点面结合，在制度、机制和基础建设三个方面优化发展，提升财政绩效管理水平。扎实做好决算数据基础管理工作，提升决算服务功能，着力推进广东省财政支出绩效管理及财政决算数据基础管理网络化建设工作。预算绩效管理工作、地方部门决算工作在财政部2013年度考核评比中，均获得一等奖。

一、抓好财政绩效管理制度建设

一是结合广东省财政绩效管理实际，在《预算法》以及《预算法实施条例》修订中，积极建议财政部增加预算绩效管理内容。二是为将广东省财政绩效管理纳入法治轨道，征求省直部门、地市财政部门和专家的意见，开展专题调研，进一步完善《广东省财政绩效管理办法》，拟报省政府以政府规章形式颁布实施。三是根据《广东省省级财政专项资金管理办法》等有关规定，制订印发《省级财政到期资金使用绩效评价暂行办法》、《广东省财政一般性转移支付资金使用绩效评价暂行办法》。四是继续完善绩效目标、绩效自评等工作的业务流程、操作规程及其他业务规范，提高绩效管理基础工作的质量。

二、探索开展一般性转移支付综合绩效评价

为考核省级财政一般性转移支付及市县财政其他财力性资金综合使用的绩效，检查市县履行事权和落实相应支出责任情况，在掌握一般性转移支付的有关政策文件、制度规范及资金安排情况的基础上，研究制定省财政一般性转移支付绩效评价体系，对市县一般性转移支付预算安排、决算管理、资金使用、民生保障、运转支出保障以及资金带动的社会经济效益等情况进行全面综合考评，并选取20个地级以上市、36个县（市、区）实施现场核查，涉及一般性转移支付资金719.33亿元。

三、认真推进基本公共服务均等化绩效考评

结合全省基本公共服务均等化规划的修订和均等化综合改革试点的推进，组织实施2013年度基本公共服务均等化绩效考评，对全省21个地级市，2 000多亿元财政基本公共服务投入效果实施评价。依据新修订的规划纲要，修订完善《2014－2015年广东省基本公共服务均等化绩效考评指标体系》，并充分征求省直主管部门和地市意见，推进2014－2015年基本公共服务均等化考评工作。

四、继续开展厉行节约执行情况绩效评价

为了解2013年度厉行节约各项任务目标落实情况，提高财政资金使用综合效益，对原指标体系和目标值进行修改完善，制订《2013年省直部门厉行节约执行情况绩效评价方案》，并组织对省直101个部门于2013年厉行节约执行情况开展绩效评价。根据省直各部门报送的执行情况分析报告、基础数据信息表、指标评分表及有关佐证材料，通过审核分析、现场复核及综合评价，形成《关于2013年度省直部门厉行节约执行情况绩效评价结果的报告》，推进政府厉行节约常态化。

五、积极开展部门预算项目绩效目标管理工作

根据广东省财政绩效管理改革实际和部门预算编制要求，进一步完善绩效目标管理机制。一是批复了2014年部门预算项目支出绩效目标。其中，省级共有26个部门单位192个项目支出的绩效目标符合申报要求，涉及省财政资金37.7亿元。二是开展2015年度部门预算项目绩效目标申报、评审、批复工作。依据绩效目标评审指标和标准，组织教育、科技、文化、卫生、地质、基建、交通等领域35名专家和厅内业务处室，对省直部门申报的拟列入2015年部门预算且申请资金在500万元（含500万元）以上的项目支出绩效目标进行评审。47个省直部门申报了334个项目，申请资金总额97.63亿元；经过初审，186个项目符合要求，涉及金额42.8亿元，通过率为55.7%。

六、加大力度开展常规性项目绩效评价工作

一是绩效自评。完成2012年度安排的财政支出项目自评审核反馈工作，涉及37个省直部门，220个项目，194.32亿元，其中项目优良率为44.6%；布置开展2013年度安排的财政支出项目绩效自评工作，涉及58个省直部门、260个项目，580亿元。二是重点评价。为配合做好2014年省级财政专项资金到期清理工作，检查到期项目绩效目标完成情况，会同厅预算处、有关业务处对将于2015年到期的共23项、约29.5亿元省级财政支出项目实施重点评价；关注重大专项资金使用绩效，开展对深圳市华星光电、广州市乐金显示8.5代液晶面板项目补助资金、财政部边境地区专项转移支付资金、广州交响乐团专项经费等涉及21.69亿元、77个支出项目的重点评价工作。三是第三方评价。委托第三方对2011－2013年省科技厅科技专项资金、2011－2013年高端旅游专项及旅游产业园区专项资金进行评价，涉及项目22个，省级专项资金60.76亿元。同时，在简化程序，规范操作的前提下，通过筛选机构、合同约定、制订方案、跟踪指导、提出意见、公开报告等措施，提升第三方评价质量及效率。

七、大力推进绩效评价基础要件建设

一是逐步改进评价方式，减少自评中的书面审核等环节，精简评价程序；同时，不断动态优化、调整完善现有各类评价指标体系。二是推进信息系统建设，在完成系统改版升级的基础上，继续完善项目和绩效数据的自动搜集匹配、智能统计分析、互动交流等功能。同时，加强对信息数据的整理维护及分析利用，充分应用信息系统支撑绩效管理各项业务。三是通过公开招标，集中采购一批具有绩效管理服务资格的第三方机构，并通过集中培训、强化指导、规范行为等途径加大对第三方机构的培育力度，提升其评价能力和业务水平。

八、着力加强各类决算数据基础工作

2014年，从“扎实做好决算数据汇审、拓展决算数据服务力、提升决算数据分析功能”等方面着手，认真完成2013年度全省部门、企业（含国有、集体及境外企业）、固定资产投资、金融企业等4大套7类会计决算工作。

（一）认真做好各类会计决算数据的审核、汇总等工作，严把数据质量关

一是抓好决算报表业务培训，及时对部门单位报表填报和数据录入、汇总等情况进行检查、指导，及时解答有关问题。通过电话、网络等手段，共收集和解答各地市、省直部门和省属企业在填报各类决算报表时的问题5 000多条。二是加大决算报表汇审工作力度。针对部门、企业（含国有、集体及境外企业）、固定资产投资和金融类4大套7类决算报表的不同特点，采取预审、网络上报审核及正式集中汇审等方式，共对全省25 475户部门类、9 775户企业类、35 250户固定资产投资类、186户金融企业类决算数据进行收集、汇总和审核，并通过决算软件中设置的3 000多条公式逐一进行核对，确保决算数据的“真实、准确、及时、全面”。三是按时完成广东省各类会计决算报表分析、上报工作。通过对广东省部门、企业（含国有、集体及境外企业）、固定资产投资和金融类决算数据进行收集、审核，从多维度进行分析，认真撰写7类决算分析报告和编报说明，按财政部的要求时限，顺利完成2013年度4大套7类决算报表汇审上报等各项工作任务。其中，部门决算连续两年获得部里一等奖。

（二）充分利用决算数据，提升数据服务功能

一是对各类决算报表的资料进行加工、整理和分析。制定30多个分析对比指标，从横向到纵向，从区域到全省，从功能分类科目到经济分类科目，多维度分析，汇编形成2013年度数据资料。二是加强数据服务功能。根据数据所需单位的要求，为省发改委（公车改革）、省统计局、省卫计委、省审计厅等10多个有关部门及厅各业务处室整理加工相关决算数据资料。三是利用决算数据组织实施省直部门厉行节约执行情况的评价。从部门决算报表中提取15个指标，建立2个一级指标、9个二级指标、19个三级指标的省直部门厉行节约执行情况绩效评价指标体系，充分利用部门决算数据对101个省直部门厉行节约执行情况进行绩效评价，并将评价结果和分析报告上报省政府。四是加强决算数据分析。结合财政部下发的广东省部分指标与全国平均值对比排名情况，认真查找部分指标差异过大的原因，撰写分析报告上报财政部。应用部门决算评价指

标对121个省直部门进行排序分析，对预决算对比等指标差异较大的省直部门进行重点分析和核实，并要求加强分析，制定整改措施。

（三）认真部署2014年决算相关工作

一是参加上级培训。积极组织参加财政部相关业务司局的决算培训工作，认真学习和领会相关要求和精神，为做好广东省的决算培训奠定基础。二是认真抓好广东省2014年决算工作布置培训。认真编写培训教程，印发相关资料78 500余本，组织对全省各地市和省级负责部门、企业、金融企业和固定资产投资决算的财务人员进行业务培训，参训人员1 000多人，并针对佛山市、省地税局等问题较多的单位进行专题培训。三是组织召开汇审前期座谈会。针对去年汇审时存在的相关疑难问题，组织各地市绩效科长及主审人员召开决算工作座谈会。同时，组织15个省直部门参加部门决算工作座谈会，对各部门在报表编制工作中遇到的疑难问题进行收集、归纳和解答。

（四）加快推进决算管理网络化系统建设

为强化财政决算数据分析利用，进一步提高广东省财政决算工作效率和管理水平，会同厅信息中心、北京久其软件有限公司推进集数据采集、上传、审核、核对、汇总、分析和信息发布等功能在内的决算数据网络管理系统建设，并进行测试运行。

（绩效评价处供稿，林侃执笔）

行政事业资产管理

2014年，行政事业资产管理处全面落实中央和省各项决策部署，促进行政事业资产管理与财政各项中心任务紧密结合，进一步提高行政事业资产管理水平。

一、突出重点，规范党政机关办公用房使用管理

（一）建立规范党政机关办公用房使用管理长效机制

根据省贯彻落实党的群众路线教育实践活动要求和中央的有关规定，省财政厅研究制定《关于规范党政机关办公用房使用管理的指导意见》（以下简称《指导意见》），对党政机关办公用房配置、维修改造、使用功能、使用范围等方面提出具体指导意见。

（二）指导开展违规使用党政机关办公用房整改工作

《指导意见》印发后，要求各地、各单位在前阶段自查自纠的基础上，对照中央和省的要求，结合《指导意见》规定的各项整改措施，对前阶段整改结果作进一步的梳理完善，定期向省财政厅报送工作进展情况，办公用房规范整改工作取得阶段性成果。

（三）加强党政机关办公用房清理调研工作

按照省委办公厅、省府办公厅联合工作安排，积极配合省委督查室研究起草调研工作方案、调研提纲、调研报告要点等材料，组织开展办公用房清理整改调研工作，并作为其中一组牵头单位赴相关省直单位及各市开展实地调研，掌握情况，督促整改。

（四）做好办公用房进一步清理整改工作

根据《中共中央办公厅　国务院办公厅进一步做好办公用房清理整改工作的通知》要求和省委、省政府的部署，结合国家发展改革委2014年修订的《党政机关办公用房建设标准》，及时布置开展全省办公用房进一步清理整改工作，对全省纳入清理整改范围的办公用房建筑面积共计14 842 430平方米开展进一步清理。

二、夯实基础，做好事业单位及其所办企业国有资产产权登记工作

（一）主动服务，扎实做好前期准备工作

根据财政部要求，结合广东省实际情况，转发《财政部关于开展事业单位及事业单位所办企业国有资产产权登记与发证工作的通知》，印发《关于做好事业单位及事业单位所办企业国有资产产权登记前期准备工作的通知》和《关于省直事业单位及事业单位所办企业国有资产产权登记工作的补充通知》，就产权登记工作中需要注意的问题和前期需要做好的工作进行解释和强调，及时收集事业单位所办企业基本信息。

（二）明确工作分工，落实责任

印发《关于开展省直事业单位及所办企业国有资产产权登记工作的通知》，明确工作范围、基准日、办理流程及报送材料要求等，为单位提供明确工作指引；同时要求各单位要强化产权管理意识，夯实管理基础，主管部门要对下属事业单位及所办企业所报材料的真实性、准确性承担相应审核责任。

（三）迅速组织研发信息系统，实行产权登记信息管理

研发产权登记管理信息系统，做好与财政部产权登记管理系统的有效对接，实现网上登记填报产权登记信息，推进产权登记业务网上全流程动态管理。

（四）加强与省直有关部门的联动，协调推动相关工作

主动上门宣传政策，听取意见。组成3个小组分赴省教育厅、省科技厅等部门了解产权登记工作开展情况和存在问题，共同研究探讨解决办法。

（五）组织开展业务培训

为做好产权登记前期准备工作，于8月举办地市财政局产权登记业务培训班和三期省直单位产权登记业务培训班，对产权登记业务和相关系统功能模块进行详细讲解。

三、建章立制，完善各项资产管理制度

一是根据《关于印发省财政厅领导班子整改“四风”

建章立制分工方案的通知》要求，对《广东省省直行政事业单位资产处置管理暂行办法》进行修订，规范表述了资产处置基本原则、方式、范围等，新增省直行政事业单位7类常用固定资产使用年限等规定。报经省政府审定后，正式印发省直单位施行。

二是加强对重大资产管理力度，印发《关于进一步规范和加强省直行政事业单位资产处置使用管理的通知》，对相关审批事项材料报送要求和申报程序等作出明确规定。

三是制定《资产处置项目受理审核管理内部工作规程》、《资产处置收入上缴情况登记跟踪管理内部工作规程》、《资产处公文审批流转内部管理规程》和《资产评估结果核准备案专家咨询操作规程》4项内部工作制度，进一步优化程序，规范操作，提高效率。

四、规范标准，推进事业单位分行业资产配置标准制定工作

一是在完成专家论证的基础上，与省农业厅联合下发了《广东省农业事业单位专用仪器设备配置标准》，对省直农业事业单位单价20万元以上且使用年限在10年以上的专用仪器设备的配置进行规范。

二是根据专家论证反馈意见，督促省科技厅对工业领域科研单位设备从配置的数量、价格、技术性能和使用年限等方面进行研究，对《工业领域科研单位设备配置标准》进一步修改完善。

三是选定省地质局作为试点，督促对归口事业单位存量专用设备进行整理和分类工作，确定纳入配置标准制定的专用设备范围。

五、实施资产动态管理，研究建立定期数据统计分析制度

一是根据厅“大数据”战略实施工作要求，提交2012年度行政事业资产管理相关统计数据。配合厅数据信息中心做好全厅各系统间数据共享共用工作，提交行政事业资产管理数据需求。

二是研究建立定期数据统计分析制度。深入挖掘行政事业资产管理信息系统数据潜力，结合以前年度报送的相关报表，开展各类资产每期增减变化的纵向分析和各行业、部门同类资产数量分布、比对等横向分析，摸索分析资产管理趋势和管理重点。

六、严格审核，加强行政事业资产日常管理

严格执行资产配置标准等制度，认真审核省直各单位上报的2015年省级部门预算“一上”增量资产计划1 239项（申请项目总金额19.34亿元），核减项目271项，总金额6.03亿元。

认真做好行政事业单位资产配置、使用、处置、收益监缴及事业单位所属企业及行政单位未脱钩经济实体的各类事项审核管理工作。在资产使用管理方面，审批事业单位资产出租和对外投资事项5项。根据省领导在部分省直单位物业违规出租审计信息上的批示，分赴12家省直有关部门，解释政策、督促整改，并下发《关于进一步规范和加强省直行政事业单位物业对外出租出借管理的通知》，重申资产使用管理相关规定，要求省直各单位认真开展自查，落实整改，堵塞漏洞。在资产处置管理方面，审批了质监、工商、教育等系统的资产处置事项51项。在资产收益监缴方面，全年省直单位通过非税收入系统上缴资产处置收入和行政单位资产出租、出借收入1.59亿元。做好省属文化体制改革、非时政类报刊杂志单位改革和事业单位分类改革涉及国有资产清产核资、资产评估和产权划拨等工作。

七、加强行政事业资产管理信息化建设

一是做好县（区）级系统推广使用收尾工作，定期统计各地区系统推广使用进展情况，对工作进度缓慢的地区进行督办。按预定进度完成全省省、市、县（区）三级系统推广实施工作。

二是做好事业单位及事业单位所办企业国有资产产权登记功能模块研发测试、新旧固定资产分类代码转换、新旧会计制度固定资产标准调整等用户需求及费用测算工作，积极主动推进系统建设。配合厅信息办完成产权登记等功能模块研发和推广的招标工作，督促中标技术公司完成研发及省、市、县三级系统实施工作。

三是配合做好地级市本级系统推广使用验收工作，按厅信息办和金财工程监理公司要求出具用户验收意见，协调各市财政局做好系统推广使用用户意见反馈。

八、配合做好省司法体制改革和工商、质监管理体制调整配套工作

根据省司法体制改革工作部署，研究制订省以下法院、检察院财务统管资产管理工作方案，拟定省以下法院、检察院资产上划移交省管理的工作程序，明确各方职责，为改革工作提供制度保障。根据省工商、质监管理体制调整工作要求，拟定工商、质监系统资产下划管理相关规定，提供工作指引，指导工商、质监部门做好前期准备工作。

九、做好公务用车制度改革配套工作

按公务用车制度改革分工和部署，广泛收集整理国内兄弟省车改情况及相关制度办法，邀请省委办公厅、省府办公厅、省公安厅、省经信委、省民政厅等部门座谈研究，起草《广东省省直机关公务用车制度改革车辆处置办法》，交由厅统一征求省直各单位意见后报省公务用车制度改革领导小组审定。主动向省内机动车评估机构、拍卖机构及产权交易平台等相关机构人员咨询行业管理规定及业务情况，做好实际处置的前期调研。

（行政事业资产管理处供稿，宋振杰执笔）

农业综合开发

2014年，农业综合开发办（以下简称“农发办”）加强制度建设，改进项目管理，提升资金使用效益，进一步突出“打造财政支农样板”的自身定位。

一、实施综合开发，助推现代农业全面发展

2014年，全省共安排各类农业综合开发财政资金127 747万元，针对农业发展薄弱环节，实施项目245个，改善农业基础设施，扶持各类新型农业经营主体扩大产能、提升技术水平，增强对农业生产的发展带动作用。

（一）建设高标准农田，增强粮食生产能力

全年共投入财政资金80 460万元，实施农业综合开发高标准农田建设项目127个，建设高标准农田70.31万亩。将中低产田改造和高标准农田建设示范工程两类项目并轨，借鉴历年项目建设经验，合理设定高标准农田建设标准投入标准。允许将2003年（含）以前年度建设的中低产田改造项目区纳入高标准农田建设范围，按照“缺什么补什么”的原则予以提质改造。支持土地流转规模大、经营体系比较健全的合作社和种粮大户作为项目申报主体，直接实施高标准农田建设，促使耕地流转适度集中。

（二）扶持农业产业化发展，增加农业生产效益

2014年共安排财政资金35 425万元，实施各类农业综合开发产业化项目91个（含农口部门项目，下同），建设农产品基地46.55万亩，直接带动农户5.05万户。按“扶大、扶强、扶优、扶特”的原则，在全省扶持8家有示范带动作用的龙头企业，以带动产业发展项目和“一县一特”项目。继续实施已开展多年、行之有效的一般产业化补助项目和产业化贴息项目，扩大补助受益面。在产业化项目中，适当放宽农民合作社项目立项条件，共安排财政资金7 563万元，扶持农民合作社实施农业综合开发产业化项目29个，支持农民合作社实施种植、养殖基地建设及产地初加工、储藏保鲜项目建设。

（三）搭建财政资金支持现代农业的创新平台

2014年，立项建设财政总投资9 000万元的梅州市平远县国家农业综合开发现代农业园区（分3年实施），规划2015年惠州市博罗县现代农业园区项目。鼓励、引导金融资本和民间资本等积极参与，打造集粮食生产、农业科技“育繁推”一体化、物联网和精准装备、生态资源涵养、标准化规模养殖、农产品加工冷链物流等功能为一体的现代农业示范区，形成产业集聚、机制创新的农业综合开发新形式。

二、完善管理机制，规范财政资金管理

（一）加强专项资金管理，确保专项资金管理规范

按照厅统一部署制定《广东省农业综合开发专项资金管理办法》，对农发资金申报、审批、分配、使用等各环节，按照“八个公开”要求全方位促进专项资金管理规范化和透明度，最大限度压缩资金分配自由裁量权。

（二）清理往年结余结转资金，盘活财政存量资金

以中央专项转移支付及存量资金审计为契机，开展全面清理省直部门结余结转资金工作。对以往年度26个省直部门项目结余结转的财政资金843.52万元，在按规定进行审核后根据不同情况分类处理，核定实际报账支出205.38万元，其余资金回收预算统筹。严格执行“专项资金到期不再安排”制度，对资金支出进度慢、支出执行不力和结转率高的省直部门从严审核把关，将项目完成和资金报账情况纳入财政资金分配绩效考评结果。

（三）加大财政资金回收力度

加大农业综合开发有偿资金借款、投资参股经营项目国有股权分红收益和终止项目财政资金催收力度，2014年省农发办共收回农业综合开发有偿资金借款和终止项目财政资金6 494.75万元，收缴投资参股经营项目股权分红19.2万元。

三、加强项目管理，从源头提升资金管理绩效

（一）试编项目年度滚动计划，建立项目库

为进一步加强农业综合开发项目立项管理，提高农业综合开发投入针对性、精准性和时效性，实现项目申报早做准备、项目规划细致完备、项目评审全面深入、项目资金提前下达，农发办在2014年全面编制了2015年度农业综合开发项目滚动计划，全面实行项目库制管理。

（二）严格项目申报，加强项目初审和复核

为做好项目入库环节的工作，保证入库项目质量，加强项目审核。一是对市县上报项目和部门提交的项目，在送农业综合开发评估中心评估前加强项目初审，对22个明显不符合立项条件或项目单位在以往年度存在较严重问题的项目不予受理；二是在农评中心评估结束后，对评估结果予以复核，将评估过程存在问题的12个农业综合开发产业化项目反馈给农业综合评估中心作进一步核实，确认是否存在评估结论不准确或有失公平的情况。

（三）完善项目库管理机制，以绩效为基础安排资金

在项目年度滚动计划编制完成后，把所有评估为可行的项目全部纳入省级项目库，并将项目库“先进先出”的出库模式改为“择优立项安排”模式，按上一年度绩效评价情况及有关政策调整情况，拟定资金分配方案，确保优质可行的项目得到优先安排。

四、加强监督检查，建设绩效导向的财政资金管理机制

（一）调查并妥善解决阳春市农业综合开发项目问题

2014年7月15日，广东人民广播电台“民声热线”节

目反映了阳江阳春市农业综合开发项目进度严重迟缓的问题。针对这一问题，农发办组织了调查组先后两次赴阳春市进行了实地调查，查实当地有关部门在项目实施过程中存在“滥作为、不作为”的违规行为。并向省纪委（党风政风监督室）及财政部报告了调查结果和相应处理意见，督导阳江市、阳春市进行全面整改，完成历年积存项目，消除不良影响。

（二）完善监督制度，实现项目和资金监管全覆盖

2014年，农发办在总结正反两方面经验的基础上，重点完善了由点到面的全方位闭合监督体系。

2014年10－12月，以购买服务的方式，聘请会计师事务所组成6个检查组，对全省范围内2009－2013年开展的900多个项目进行了全面检查，既注重检查在面上覆盖，也兼顾对个别问题项目的深度调查，强化监督。

（三）初步建立绩效反馈机制，增强制度约束力

根据监督检查及审计发现的问题，农发办在拟定资金分配方案的过程中，体现出“奖优罚劣”原则，并向相关单位说明资金安排的结果及原因，督促其找准问题、有效整改，对违规问题较为严重的项目，依据相关规定给予严肃处理。

（农业综合开发办供稿，杨伟光执笔）

农村财务管理

2014年，农村财务管理处围绕“三个率先，两个定位”及财政中心工作的要求，全面推进农村财务会计管理规范化、制度化、信息化建设，促进农村财务管理工作上新台阶。

一、落实省委领导批示要求，加强农村财务会计管理专题工作

一是配合省委组织部开展全省纯农村、纯社区基层治理专题调研，提出建议并形成调研报告。二是配合省委农村工作办公室（以下简称省委农办）完善《关于我省村务财务监管和村干部监督存在的问题分析及意见建议（征求意见稿）》。三是在广州召开全省农村财务会计管理工作座谈会，对全省农村财务会计工作进行总结交流，分析新形势和新任务，布置推进下一步工作。四是配合省委农办做好《关于加快推进农村集体资金资产资源管理服务平台建设的意见（征求意见稿）》的意见征求和修改完善工作，提出强化村级财务公开、推进村账镇代管（村级会计委托代理）及加强农村财务监管平台建设的有关意见和建议。五是配合省农业厅做好《广东省开展农民集体资产股份占有、收益、有偿退出及抵押、担保、继承改革试点方案（征求意见稿）》的意见征求工作，研究提出有关意见和建议并及时反馈省农业厅。

二、加强调查研究，完善农村财务会计管理制度建设

一是草拟《广东省农村集体经济组织财务管理办法（修订稿）》、《广东省农村审计证管理办法（修订稿）》等办法。二是印发《广东省农村财务管理专项经费管理办法》，对农村财务管理专项经费开支范畴和用途、申报与审核、拨付与管理、评价与监督等进行规范，并在专项资金管理平台上实行“八个公开”，提高资金使用效益。三是深入农村基层开展调查研究。进行“农村财务管理工作在公共财政中的地位和作用”前期调研。

三、推进农村财务管理规范化建设

一是印发《关于全面推进农村财务管理规范化建设工作的通知》，对全省农村财务会计管理规范化建设工作进行全面部署，明确了健全财务会计制度、健全财务流程工作规范、落实民主理财和财务公开、加大农村审计监督力度、加大财会人员培训和管理力度、全面深化会计电算化管理等工作重点。二是安排省级专项经费680万元，支持韶关市武江区等19个县（市、区）开展农村财务管理规范化建设工作。三是组织开展全省农村财务管理专项检查。2014年6－8月，采取县级自查、市级检查、省级抽查的方式，对全省农村财务管理工作进行专项检查，县级单位查出问题1 683件，件件得到及时整改，市级单位出台131个文件，对农村财会基础、农村审计、民主监督落实等情况进行规范。

四、加强和完善村账镇代管

按照财政部《关于加强和改进基层会计管理工作的指导意见》和省党风廉政建设领导小组《关于省直有关单位落实2014年党风廉政建设和反腐败工作部署分工的通知》中有关村账镇代管工作要求，指导全省各地全面推进村账镇代管工作：一是与省监察厅联合下发《关于进一步加强和完善村级会计委托代理服务工作的通知》，全面部署进一步加强和完善村级会计委托代理服务工作，要求全省各地在2014年底前对村账镇代管工作“扩量提质”，在村一级全面推行村账镇代管，健全代理服务机构，加强代理制度建设，规范票据和资金管理，强化民主理财和财务公开，加强队伍建设；有条件的地区，从2015年起将村账镇代管逐步延伸至村民小组。二是全省各地进一步健全代理服务管理制度，完善代理服务流程，提高代理服务工作质量。广州市财政局出台《关于进一步加强广州市农村财务专用收据管理的通知》等代理服务配套制度；广州市增城区开展“双代理”（会计委托代理、财务委托代理），扩延村账镇代管的内涵；揭阳市开展会计委托代理中心“六好”（办公环境好、制度建设好、政策执行好、队伍建设好、服务态度好、档案管理好）创建活动。广州、韶关、江门、肇庆、清远、揭阳、云浮等市积极在村民小组一级推进村

账镇代管。

五、强化农村审计监督工作

一是指导各地扎实做好第六届村“两委”换届审计总结工作。建立完善审计报告规范制度，全面总结成绩，客观反映问题，有针对性地提出解决意见和建议。二是指导各地在做好日常财务收支、预决算、收益分配等定期审计及换届审计的基础上，开展对集体土地征用补偿费和涉农财政资金的专项审计，提高农村审计的权威性。三是指导各地做好农村审计人员上岗资格培训、发放上岗证及在岗人员继续教育工作，加强农村审计队伍建设。

六、推动村务财务公开工作

一是印发《关于进一步做好龙川县2014年村务公开工作的通知》，加强调研、指导和检查工作，确保试点单位龙川县村务公开民主管理工作达到省级规范化建设水平。二是做好村务公开经费保障工作，及时下达2013年和2014年省村务公开协调小组领导和成员单位的定点联系县（市、区）村务公开工作经费。三是配合有关部门做好《广东省村务公开条例》的修订工作。四是指导各地做好民主理财工作。全省大部分村组设立民主理财小组，设定民主理财活动日，对集体财务收支、货币资金管理和财务上墙公开等情况进行检查，对本村基建工程、物业出租、经济合同、财产处置等重要事项实行监督。2014年，全省已有95%以上的行政村实现财务公开和民主理财，20 677个行政村、231 090个村民小组设立民主理财小组。

七、推进农村财务监管平台建设

一是印发《关于推进全省农村财务监管平台建设工作的通知》，部署推进全省农村财务监管平台建设工作，要求珠三角地区2014年完成农村财务监管平台建设，粤东西北地区2014年开始试点，2015年60%以上镇（街）建立农村财务监管平台，2016年全省全面完成农村财务监管平台建设任务。二是组织粤东西北地区12个地级以上市和珠三角部分地市在佛山市南海区召开农村财务会计信息化建设工作小型座谈会，通报珠三角地区农村财务监管平台建设情况，交流学习珠三角地区农村财务监管平台建设经验，研究粤东西北地区试点工作遇到的问题，布置粤东西北地区推进农村财务监管平台建设工作。三是制定印发《广东省粤东西北地区农村财务监管平台建设指南》，指导粤东西北12个地级以上市开展农村财务监管平台建设。四是全省各地积极推进农村财务监管平台建设。珠三角地区8个市除个别县（市、区）因人员、经费等问题影响农村财务监管平台建设进度外，其他大部分地区2014年已完成建设工作的目标任务；粤东西北12个地级以上市已各自确定一个县（市、区）积极开展农村财务监管平台建设试点。

八、妥善处理农民群众来信来访案件

2014年，共接到涉及农村财务管理工作的群众来信来访案件7件，其中应由省财政厅开展复核工作的群众来信来访案件4件，已妥善办理；其余3件属于越级上访的来信来访案件，已及时进行转办、督办。

九、加强学习培训，提高干部队伍素质

一是与省会计函授学校联合，充分发挥全省农村财会人员财政支农政策培训平台作用，组织全省镇（街）农村财会人员加强农村财务会计知识及相关制度的培训学习。二是安排省级专项经费170万元，用于潮州、汕尾、茂名、清远四个市开展民主理财人员培训。三是积极参加省会计函授学校在北京国家会计学院举办的省财政厅财政支农政策师资库培训班、省人社厅举办的中山大学和意大利费拉拉大学公共管理专题研讨培训班和省财政厅举办的公文处理与信息化培训班。

（农村财务管理处供稿，陈妍斐执笔）

政府采购监管

2014年，政府采购监管处围绕“提高财政资金使用效益”和“推进源头治理腐败”两条主线，认真贯彻落实《政府采购法》和《广东省实施〈政府采购法〉办法》，进一步深化政府采购制度改革，强化政府采购市场监督管理，着力提升政府采购监管水平，努力构建公开、公平、高效、诚信的政府采购市场环境，政府采购工作呈平稳、有序、健康的发展态势。

一、厉行节约，大力推动批量采购改革

为贯彻落实中央和省委、省政府厉行节约、反对浪费的有关精神，破解政府采购领域中存在的“价高、质次、时长”难题，规范政府采购行为，印发《关于广东省省级通用类货物政府采购管理有关改革事项的通知》和《关于开展省级预算单位部分通用类办公设备批量集中采购试点工作的通知》，积极推进省级批量集中采购改革。10月起，启动两期试点，效果明显：一是资金节约明显，预算金额5 560.55万元，成交金额4 526.48万元，节约资金1 034.07万元，节约率为18.59%，采购价格远低于同期同档次产品的政府采购价格水平；二是采购周期大大压缩，采用询价方式的采购周期比采用公开招标方式缩短15天；三是市场竞争充分，国产品牌优势明显；四是配置标准科学，物有所值目标凸显；五是履约管理到位，责任归属明确，采购质量有保障。广东省批量集中采购试点工作受到媒体关注。新华社专门发表通稿，《人民日报》、《信息时报》、《南方日报》、《南方都市报》、《政府采购报》等主流媒体以及新华网、搜狐网等主流门户网站均作报道。在总结试点经验基础上，2014年底，印发《关于做好2015年度省级预算单位部分通用类办公设备批量集中采购工作的通知》，对2015年起全面推进批量集中采购改革进行部署。

二、简政放权，积极转变代理机构监管思路

贯彻落实中央有关简政放权的改革部署，努力把工作思路由以往的“重审批”转变为“强监管”。按照财政部《关于做好政府采购代理机构资格认定行政许可取消后相关政策衔接工作的通知》要求，找准工作切入点和立足点，从“进入控制”转向“执业评价”。研究政府采购有关政府职能向社会组织转移有关事项，指导成立广东省政府采购协会，依托行业组织的自律作用，开展政府采购代理机构诚信建设和专业培训，提高政府采购代理机构和从业人员的从业能力。

三、阳光采购，着力推动采购信息全公开

为解决政府采购信息公告发布中存在的信息不完整、发布区域不规范、发布时间短于法定时限等问题，规避后续监管风险，根据新修订的《预算法》中关于政府采购向社会公开的立法精神，印发《关于进一步规范发布政府采购信息公告的通知》，加强政府采购信息公告管理和审核力度，建立全省统一的信息发布平台，明确信息发布及审核权限，规范信息公告形式和内容，强化信息公告审核和发布时限，突出重点事项审核和违规情况披露，提高政府采购活动透明度，推动政府采购活动依法规范开展。2014 年，发布采购项目公告 34 218 条，采购项目结果公告 30 336 条，电子反拍公告 9 114 笔。

四、依法采购，严格审核采购计划

依法严格审核采购单位的政府采购计划，减少规避公开招标的行为，严格审批采购进口产品，限制公开招标转为其他采购方式的采购项目。2014 年，批复采购计划 4 329 条，审核进口产品 584 笔，批复公开招标转为其他采购方式的采购项目 102 个，备案采购合同 4 012 条。此外，借鉴兄弟省市做法，研究改进进口产品管理，积极探索清单式管理为主，项目式管理为辅的进口产品管理模式，优化审批程序，提高工作效率。组织协调省卫生和计划生育委员会等有关省级主管部门征集进口产品采购需求，提出采购进口产品品目的初步清单。

五、效率采购，全面推动信息化建设

学习借鉴浙江、上海、天津等地先进经验，积极完善电子采购平台的升级改造和功能拓展，提高采购效率，增强政府采购的公开性和透明度。一是对电子政府采购平台进行整体技术升级，以支持省、市、县区三级政府采购管理模式，提高平台的稳定性、高并发性和安全性。二是对采购平台的业务功能进行升级完善，使业务流程更加合理，操作更加人性化，响应更加迅速。三是加强平台对协议采购供货制度改革的响应，实现功能配套保障。四是优化政府采购计划申报流程，将政府采购计划与合同管理模块迁至互联网，方便采购人使用系统，也利于提高审批效率、实现闭环式管理，便于后期大数据应用。五是强化信息公告管理，制定统一公告模版，细化和扩大信息公告内容，全面公开采购公告、中标（成交）公告、协议供货项目的型号价格信息及成交记录信息。六是加强政府采购电子平台运用，多次派出专人到基层进行技术培训指导，大力支持各地市开展政府采购信息化建设。

六、公平采购，规范采购市场秩序

按照省财政厅防腐建设专项工作要求，对政府采购代理机构 2012－2013 年度及 2014 年上半年的执业情况进行专项检查考核，重点检查引起政府采购有效投诉次数较多且被认定属于代理机构责任的政府采购代理机构 10 家，抽查有关人员 367 人。检查中发现代理机构仍存在投标保证金管理不严格、信息公开不规范、档案管理不完整等问题。为促进政府采购代理机构依法规范操作，研究拟订《广东省政府采购代理机构管理办法》，强化对政府采购代理机构监管，建立健全政府采购代理机构诚信体系，加大不良行为公告力度，规范采购代理行为。

在完善制度的同时，重点加强对信息公开、采购文件编制、评标评审、合同履约验收等环节的监管。一是对于供应商质疑处理及时介入、主动作为，注重证据收集，强化处理时效，充分发挥处内合议机制和法律顾问制作用，做到程序合法、公正、准确，对于查实的违法违规行为严肃处理。全年处理政府采购供应商投诉 11 件（其中：支持 3 件，终止处理 2 件，驳回 6 件），转送其他负责单位 4 件，受财政部委托协查 1 件。二是为降低行政诉讼风险、提高争议处理效率，将监管关口进一步前置，一旦发现政府采购活动中存在纠纷苗头，主动介入，督促有关责任主体进行沟通解释，启动三方磋商协调机制，全年处理此类问题 17 件。三是高度重视人大建议、政协提案和群众来信来访的办理工作。2014 年，围绕建立公平规范的政采市场秩序，主办人大建议 1 件（答复满意），协办政协提案 3 件，答复群众来信 2 件，网络问政 4 件。

七、专业采购，继续强化采购队伍建设

梳理工作规程，强化内部管理。同时，认真做好对采购单位、采购代理机构以及供应商的业务培训，积极支持地市政府采购监管部门开展工作。派员前往云浮、汕尾、汕头、河源、广州等市县，以及省体育局、省环境保护厅、省教育厅、省人力资源和社会保障厅等省直单位进行业务授课和指导共 15 场次。

（政府采购监管处供稿，杨瑞执笔）

公务用车管理

2014 年，公务用车管理处积极组织全省各级小汽车定编机构，严格车辆配备，积极推进厉行节约，促进节能减排，加强党风廉政建设。

一、组织整治超标配备公车和严格公车经费支出专项行动

2014 年，公务用车管理处组织开展全省整治超标配备公车和严格公车经费支出专项行动，对违规配备使用公务用车、未经审批购车、违反规定借车等 13 项违规行为进行整治。一是经报请省政府同意，印发专项整治行动实施方案，明确整治行动的时间、范围、内容和方法步骤。二是从严控制党政机关一般公务用车编制及配备标准，健全一般公务用车配备使用管理机制。三是严格规范公务用车统一采购配备行为，对各部门面向本系统的公务用车统一采购进行规范。四是开展专项整治听取意见工作，在广东省公务用车管理网公开省财政厅监督电话、征求意见电子邮箱以及具体整治的 13 项违规行为，广泛听取党员干部群众意见。全省第一批和第二批教育实践活动单位清理清退公务用车应整改 9 101 辆，已整改 9 060 辆，未整改 41 辆，整改完成率 99.55%。其中，全省重点整治单位共发现 12 类公务用车违规问题 1 355 个，违规资金 567.37 万元。

二、推进广东省公务用车制度改革

为稳妥推进广东省公务用车制度改革，根据《中共中央办公厅　国务院办公厅印发〈关于全面推进公务用车制度改革的指导意见〉的通知》和广东省公务用车制度改革的相关要求，公务用车管理处制定了相关配套制度和措施。一是制定省直党政机关执法执勤用车制度改革实施办法。对车改后执法执勤用车的核定原则、核定程序、监督管理措施等进行明确。二是制定定向化保障公务用车的使用管理办法。明确定向化保障车辆的范围、编制和配备标准、配备程序和其他相关政策。三是研究车改后公务用车统一标识实施办法。公务用车管理处会同省党廉办先后到东莞、中山、珠海、佛山、惠州等 5 个车改地市调研公务用车统一标识的有关情况，向省人民政府报送《关于全省分步实施公务用车标识制度的通知》，并根据省领导的有关批示精神，将分步实施公务用车标识制度相关内容纳入广东省公务用车制度改革配套文件。四是为贯彻落实中央和省关于党政机关厉行节约反对浪费的文件精神，以及中央和省有关开展公务用车制度改革的要求，车改前暂停全省党政机关一般公务用车配备业务。

三、推进公务用车管理职能转变

按照 2012 年第 169 号省政府令关于取消公务用车四项审批权限的决定和广东省加快推进行政审批事项改革的精神，2014 年公务用车管理处积极推进下放权力、减少审批、加强职能转变。一是调整央属和外省驻粤单位公务用车管理事项。从 4 月 1 日开始，央属和外省驻粤单位（含驻广东的解放军和武警所属事业单位、国有企业）办理公务用车业务在广东省公务用车网上办公系统自动办结，全省各级公务用车主管部门（小汽车定编办）不再受理相关业务，上述单位也无须邮寄任何纸质资料到属地公务用车主管部门。配备车辆的数量和标准，严格按照国家和各单位相关部门的公务用车管理规定执行。二是调整社团协会公务用车管理事项。从 5 月 1 日起，广东省已经实现自愿发起、自选会长、自筹经费、自聘人员、自主会务和无行政级别、无行政事业编制、无行政业务主管部门、无现职国家机关工作人员兼职的社会组织，以及原参照社团协会管理的民办非企业办理车辆相关业务，不需通过广东省公务用车网上办公系统办理。全省各级公务用车主管部门不再受理上述单位有关业务。三是改革完善广东省国有企业配备公务用车的管理办法。公务用车管理处与省国资委、省党廉办赴部分省属国企和部分地级市国资局开展调研，听取部分国有企业和部门的意见建议，并会同省国资委、省党廉办草拟《广东省国有企业小汽车配备与使用管理暂行办法》。

四、规范全省统一采购配备公务用车行为

为切实规范有关部门面向本系统的公务用车统一采购配备行为，公务用车管理处会同相关省级主管部门统一制定 2014 年全省配备结核病菌种运输车辆、水产品质量安全监测采样车、县级残联流动服务车、农业科技入户直通车等特种专业用车的车辆配备方案，明确配备单位名单、配备标准、车辆用途、车辆数量、车辆管理制度等，进一步严格规范管理。

五、加强公务用车监督管理和违规购车用车行为查处力度

公务用车管理处会同省监察厅加强对公务购车用车行为的监督检查，坚决查处违规配备公务用车行为。2014 年，公务用车管理处配合省监察厅对 3 个省直单位、1 个央属驻粤单位违规配备使用公务用车问题的开展立案调查工作。

（公务用车管理处供稿，黄林水执笔）

财政监督检查

2014 年，广东财政监督坚持依法监督和改革创新，紧紧围绕财政中心工作，充分发挥职能作用，不断推动各项工作上新台阶。

一、高度重视，坚决贯彻落实中央和省委、省政府的重大决策部署

2014 年，省财政厅按照财政部和省委、省政府的工作部署，精心组织、周密部署，全面开展贯彻执行中央八项规定严肃财经纪律和“小金库”专项治理、会议费及“三公”经费检查以及省级财政专项转移支付资金和一般性转移支付资金检查等工作。

（一）扎实开展会议费及“三公”经费检查

根据中央和省委、省政府的决策部署，省财政厅对省级 32 家部门（单位）的会议费及“三公”经费管理和使

用情况进行了重点检查。发现部分单位存在违规在其他科目中列支、超范围超标准列支会议费及“三公”经费问题，个别单位存在超预算使用会议费及“三公”经费、违规报销个人费用、公费参观旅游景点等问题，极个别单位存在以虚假会议资料套取资金等问题。针对检查结果，省财政厅严格按照程序依法依规进行审理、处理，既坚持原则，又充分考虑被查单位反馈意见，并视违规问题严重程度进行处理：对一般性问题，责令被检查单位整改；对较严重问题，在责令整改的同时收缴资金；对恶性问题，提请纪检监察机关进一步查处。

（二）深入开展贯彻执行中央“八项规定”、严肃财经纪律和“小金库”专项治理工作

根据中央及省委、省政府有关指示，2014 年 8 月省财政厅联合省审计厅印发了全省专项治理工作方案，并牵头组织全省各地和省直各单位开展贯彻执行中央八项规定专项治理工作。一是全面开展自查自纠，扎实推进重点检查。根据财政部的统一部署，2014 年 8－9 月组织全省各地区各部门全面布置自查自纠工作，并扎实开展重点检查。全省四级党政机关和事业单位自查面达 100%。在此基础上，全省共计组织 4 314 名检查人员对 3 110 个党政机关、事业单位和社会团体开展了重点检查，重点检查面达到 7% 以上。二是狠抓整改落实，专项治理成效明显。省财政厅对自查自纠、重点检查阶段发现的问题高度重视，秉持边查边改、立查立改的态度，迅速组织整改。自查自纠阶段全省上缴财政的违规资金 2 771.72 万元，个人退还违规所得金额 707.80 万元，调账处理金额 12 305.02 万元。自查发现“小金库”404 个，上缴财政资金 2 860.18 万元。重点检查全省上缴财政金额 1 628.56 万元，个人退还违规所得金额 2.30 万元，调账处理金额 4 696.95 万元。重点检查发现“小金库”11 个，上缴财政金额 21.75 万元，调账处理金额 10.46 万元。

（三）全面推进省级财政专项转移支付资金和一般性转移支付资金监督检查工作

2014 年，省财政厅加大对省级财政专项转移支付资金和一般性转移支付资金的监督检查力度。一是贯彻落实《广东省人民政府关于印发广东省省级财政专项资金管理办法的通知》的要求，部署开展省级财政专项转移支付资金自查工作，并对全省 2014 年自查工作进行量化评价，印发《关于 2014 年省级财政专项资金自查工作情况的通报》。二是认真开展省级财政专项转移支付资金和一般性转移支付资金重点检查工作。组织对 9 个地级以上市本级及所属 18 个县（市、区）的省级财政专项转移支付资金进行重点检查，并首次重点抽查 8 个县（市、区）一般性转移支付资金的管理、使用情况。重点关注财政专项资金在申报、分配审核、拨付、管理和使用等环节是否存在违规问题等。三是做好十件民生实事涉及的财政专项资金检查以及乡镇财政监管工作。省财政厅采取“自查自纠、巡查督导、重点检查”即“三查”方式，不断加强项目资金跟踪监控，确保十件民生实事涉及的财政专项资金安全、有效使用。此外，检查过程中，省财政厅对每个抽查的县（区），都重点检查其中一个乡镇的财政监管情况及该乡镇使用管理省级财政资金情况。

（四）采取上下联动的方式对医药行业和公共交通行业开展会计监督检查

按照财政部的统一部署，省财政厅于 2014 年 3 月份下发《关于组织地方财政部门开展 2014 年度会计监督检查工作的通知》，指导全省 20 个地级以上市（不含深圳）开展 2014 年会计监督检查工作。根据联动检查的工作要求，全省采取上下联动的方式对医药行业和公共交通行业进行了重点检查。同时，各地结合本地区实际情况，以促进转变经济发展方式、保障和改善民生为目标，围绕地方经济社会发展、群众关心的热点、难点以及财政资金投入的其他重点领域和行业开展了监督检查。全省共投入检查力量 1 242 人，其中财政部门 799 人，聘请专业人员 443 人，对 523 个党政机关、事业单位、社会团体和企业等进行会计信息质量检查，发现违规问题单位 192 个，违规问题金额 68 263.1 万元，联动检查共处理处罚单位户数 24 户，处以罚款 9.55 万元，追缴财政资金 4 064.34 万元，补缴税款 75.99 万元。

（五）加强联合联动，提升检查合力，强化会计师事务所监管

省财政厅不断探索创新工作机制，加强对注册会计师行业的监管。根据财政部“五年轮查一遍”的要求，2014 年广东省精心组织开展了非证券资格会计师事务所执业质量检查工作，并在检查过程中进一步创新了财政部门与行业协会联合组织检查的工作方式，总体上实行“四统一”，即统一制订计划方案和下发检查通知、统一设定检查内容和检查名单、统一组织检查队伍和实施检查、统一开展检查报告审理和处理处罚。省财政厅和省注协组织全省（除深圳外）509 家非证券资格会计师事务所开展执业质量自查工作，并按照上一检查周期尚未被检查、受投诉举报情况较严重、在财政资金检查中发现问题线索等原则选取了 105 家（占比 21%）事务所联合开展重点检查。广东省共投入检查力量 152 人，分为 39 个检查小组，共抽查事务所审计报告 2 183 份、验资报告 947 份。

二、规范管理，不断加强财政监督检查制度建设

为适应当前财政管理和改革的新形势、新要求，省财政厅高度重视财政监督检查制度建设，进一步制订完善财政监督检查制度办法。一是根据《中华人民共和国预算法》、《财政违法行为处罚处分条例》等有关规定，结合工作实际，研究制定《广东省省级财政专项资金常规性监督检查工作方案》，贯彻落实省政府每年对专项资金监督检查范围达到当年专项资金总量的 10% 以上的工作要求，规范省级财政专项资金管理。二是根据《广东省人民政府办公厅关于印发广东省财政一般性转移支付资金管理办法的通知》等有关规定，研究制定《广东省财政一般性转移支付

资金监督检查办法》，进一步加强广东省财政一般性转移支付资金监督检查。三是根据《中共中央办公厅　国务院办公厅关于贯彻执行中央八项规定情况的报告》等要求，研究制定并联合省审计厅印发《广东省深入开展贯彻执行中央八项规定严肃财经纪律和“小金库”专项治理工作实施方案》，确保严肃财经纪律和“小金库”专项治理工作的全面开展和顺利实施。四是根据《财政部关于组织地方财政部门开展2014年度会计监督检查工作的通知》，研究制定并联合省注协印发《2014年广东省会计师事务所执业质量重点检查实施方案》，切实履行对会计师事务所的行业监管职能，提升执业质量检查的效果。五是根据《省级财政预算计划与资金支付稽核系统工作规程（暂行）》，研究制定《省级预算计划与资金支付稽核系统考核办法（暂行）》，建立和完善了预算计划与资金支付考核机制。

三、提升水平，加强监督队伍建设及财政内部控制管理

2014年，省财政厅紧密结合党的群众路线教育实践活动，认真贯彻落实中央“八项规定”，加强财政监督队伍建设和作风建设，增强财政监督工作的综合实力。一是高度重视，队伍建设工作常抓不懈。始终把干部队伍建设摆在突出重要位置来抓，努力打造一支政治坚定、业务精通、作风优良、纪律严明、服务意识强的监督干部队伍。二是加强学习，认真落实党风廉政建设责任制。注重教育引导，抓好干部理想信念、法制道德、政风行风、廉洁从政、能力素质等“五项教育”，不断提高干部队伍的整体政治素养和业务水平。三是加强对聘请的专业检查人员的培训和管理。为有效提高检查队伍的整体业务水平和综合素质，2014年省财政厅多次对聘请的专业检查人员进行法律法规、工作纪律、检查程序和方式方法等内容培训。同时，在外出检查期间严格执行检查纪律，坚决贯彻执行中央八项规定等工作要求，廉洁自律，依法依规履行财政监督职责。四是加强内部控制管理。在2012－2013年稽核工作的基础上，2014年全面推开实行财政资金稽核工作，形成严密的财政资金内控体系，从技术层面运用信息化手段强化财政资金的内部监管，确保资金安全。五是配合做好厅内审工作，认真组织实施牵头负责的有关处室（单位）领导离任审计工作，进一步加强干部离任审计和内部监管。

四、依法依规，切实做好财政处罚和举报受理反馈工作

对财政监督检查发现的违法违规行为以及群众举报的问题，省财政厅严格按照相关法规制度，切实做好财政处罚和举报受理反馈工作。一是认真做好2013年整治“小金库”、违规使用专项资金专项行动重点检查发现问题的处理处罚工作。2013年11月至2014年1月，根据省委、省政府关于开展“五个专项行动”的决策部署，省财政厅牵头开展整治“小金库”、违规使用专项资金专项行动，对12个省直主管部门管理的战略性新兴产业发展专项资金等34项共计59亿元专项资金进行了重点检查。此次专项行动全省共需收缴违规申报、骗取、套取、挤占、挪用省级财政专项资金约5 900万元。截至2014年11月底，已收缴资金3 400万元，对于未及时上缴部分，省财政厅予以抵扣收回。二是继续加大2014年会计信息质量联动检查以及会计师事务所执业质量联合检查处理处罚力度。针对会计信息质量联动检查发现问题，省财政厅严格执法，不断加大处理处罚力度。针对选定的105家事务所重点检查过程中发现的部分情节较严重的问题，给予2家会计师事务所和2名注册会计师警告的行政处罚；向5名注册会计师下达《监管关注函》，并列为重点关注对象；由省注协对5家会计师事务所和12名注册会计师给予公开谴责，对3家会计师事务所给予通报批评，对4名注册会计师给予责令书面检讨的行业惩戒。三是及时受理、反馈领导批转和群众举报有关问题。对属于省级财政监督职责范围的实名举报，依法依规进行办理，并及时将办理情况答复举报人；对职责范围属于市县财政部门办理的信访事项，转送下级财政部门处理；对领导批转的信访举报件，认真组织核查，在指定办理期限内反馈结果，提交办结报告；对有具体线索的匿名举报件，结合常态化财政监督工作有针对性地开展检查。2014年，省财政厅主要对涉及财政监督的13件信访举报件进行了核实和处理，进一步严肃财经纪律。

（监督检查局供稿，汪增建执笔）

财政国库支付管理

2014年，国库支付局紧紧围绕全省财政中心和重点任务，积极履行和充分发挥财政国库支付职能作用，以改革精神主动适应新常态，积极进取、齐心协力，较好完成年度各项工作任务。

一、围绕确保资金安全主线，及时准确完成资金拨付管理工作

（一）安全高效做好省级财政资金支付工作

及时、准确、安全办理省级财政资金（额度）的拨付下达工作，全年共90 524笔合计4 866.58亿元。一是完善月末大额资金拨付统计制度，建立月末限时开具拨款单据、专人送交拨款单据、协调电子数据发送等工作机制，较好地缓解了月末扎堆拨款的压力。二是优化完善资金拨付系统功能，规范资金拨付凭证管理，积极研究流程优化思路和系统改造需求。三是严格执行统发工资发放情况通报机制、提前预警下月统发工资指标余额情况等，确保全年省级统发工资的及时准确发放。

（二）严谨规范完成省级财政资金拨付支出核算工作

一是及时、准确完成国库集中支付等14个账套的账务

处理以及国库集中支付旬月报表的编制工作。二是建立健全代理银行、厅内以及支付局内部对账工作体系，确保账务核算的时效性和准确性。三是基本实现核算工作电子化，有效提升账务处理的安全性和时效性。

（三）做好省级财政支出相关情况的分析通报工作

按月编制省级财政资金拨付情况报告，及时反馈省级财政各类性质资金支出情况，为厅领导提供决策参考；按月开展省级部门预算支出进度通报工作，定期向省直有关部门、厅各有关业务处室通报，加快预算执行进度。

（四）做好省级国库集中支付银行代理业务管理工作

会同厅监督检查局对各代理银行开展业务检查，形成2013年度代理财政国库集中支付业务情况的报告；引入第三方专家参与，规范省级集中支付代理银行综合考评制度，通报考评情况，加大对代理银行服务的激励与约束力度，提高银行服务水平；按季结算国库集中支付各代理银行业务手续费和垫支利息；规范财政零余额账户管理，完成2014年度账户年检工作。

二、围绕深化改革任务，扎实推进国库支付改革工作

（一）探索推进国库集中支付电子化管理改革工作

一是赴湖南、湖北、山西等地开展支付电子化改革工作调研，制订全省及省级国库集中支付电子化管理改革试点工作方案，报经财政部批准后实施，并及时完善相关配套规章制度，保障改革工作有序开展。二是按照“先易后难，分步实施，逐步推广”的实施原则，做好改革试点远期规划工作，制定切实可行的阶段性实施目标。三是发挥组织牵头作用，通过多次召开协调会、主动上门协调等方式，与数据信息中心、有关代理银行和试点预算单位协同推进改革工作。经过各方共同努力，如期实现省级国库集中支付电子化上线的目标。

（二）深入推进公务卡制度改革工作

一是先后到16个省级预算单位、3家省级国库集中支付代理银行和3个地市财政部门开展调研，形成广东省公务卡改革调研报告，印发了进一步深化广东省公务卡改革的措施和意见。二是优化省级公务卡数据报送和统计手段，完善系统对结算方式的控制。三是对全省各级市县财政部门、部分省级预算单位开展公务卡改革培训，加强业务交流指导。全年已开立公务卡的省级预算单位共775家，同比增加61家；累计开卡69 268张，同比增长26.33%。

（三）不断深化预算执行动态监控改革工作

一是设置事前预警提示功能，推动监控工作由事后处罚向事前防范前移；优化动态监控规则，大幅减少系统无效预警数量，提升监控工作效率。二是按月编制动态监控分析报告，总结违规情况规律，着力提升监控的精准度。三是定期向省级预算单位反馈动态监控系统预警信息，促进预算单位规范财政资金申请与使用。四是根据动态监控系统反映的预算单位的违规情况制定相应的制度规范，有效规范预算单位的业务操作。五是强化调研督导工作，督促基层财政部门建立适应本地实际的动态监控管理机制；加大基层业务培训力度，举办市县动态监控改革专题培训班。广东省省、市、县三级财政部门全部开展预算执行动态监控改革工作，初步建立起覆盖各级财政的预算执行动态监控体系。

（四）积极推进财务核算信息集中监管改革工作

一是推进改革的扩点扩面工作，选择已纳入试点但由于涉密或网络等原因尚未在系统上记账的试点单位开展调研，并组织专题培训，促进相关单位于2015年1月前上线系统做账，督促市县定期报送改革情况，积极推动全省财政部门扩大改革试点工作。二是按季通报试点单位的记账情况，促进试点单位规范财务管理和会计核算工作。三是新增开发了固定资产管理等3个系统功能模块，并根据新的《行政单位会计制度》完成新科目设置工作，有效保障改革业务需求。四是编报省级财务核算信息集中监管年度财务分析报告，为领导决策提供参考。五是举办新会计制度培训班，分两批组织省级各行政单位、地市及县区财务人员参加培训，保障了新会计制度的落实和推行。全省各地市（不含深圳）均已开展财务监管改革，其中有16个地市完成将市一级预算单位100%纳入改革的目标，还有36个县（市、区）进行了改革试点。

（五）积极推进财税库银税收收入电子收缴横向联网工作

牵头召集人民银行广州分行，省国税局、省地税局召开省级财税库银横向联网座谈会并印发联合会议纪要，对2014年横向联网工作进行全面部署；牵头完成批复汕头等9市地税财税库银横向联网系统（TIPS）上线工作；完成2013年地税系统横向联网系统业务量核准工作。

（六）积极推进省级财政专项资金实时在线联网监管系统建设

牵头会同有关处室研究系统建设规划和工作思路，明确省与地方财政、审计、监察、资金使用单位的职责分工；制定了《广东省省级财政专项资金实时在线联网监督管理办法》，并报经省政府批准后印发实施。

三、围绕加强队伍建设目标，全面提高干部队伍综合素质

一是突出抓思想教育，切实提高干部的思想政治觉悟。严格落实“三会一课”制度、坚持支委与党员“一对一”谈话活动，强化对支付局党员、干部的思想教育，树立正确的人生观、价值观；组织党员、干部参加纪律教育学习月和廉洁读书月等廉政教育活动，着力营造风清气正的工作氛围，筑牢反腐倡廉思想防线。

二是突出抓作风建设，全面提升为民服务意识和水平。发扬主动服务意识，主动上门走访预算单位、基层财政部门、代理银行，深入了解服务对象在日常国库支付业务中

存在的困难和问题，为服务对象排忧解难；坚持“五个一服务程式”，进一步优化国库支付业务内部流程，全面提升支付局服务基层、服务群众、服务大局的水平，如对救灾款等紧急拨款，做到“随到随办”，自觉加班加点，确保资金拨付安全、高效。

三是突出抓学习调研，全面提高财政业务水平。建立健全内部学习制度，推行“工作学习化、学习工作化”，坚持每月不少于一次全局党员干部集中学习和讨论；加强调研学习，分别赴佛山、潮州、汕头等地市、16个省直单位及湖南、湖北、山西等省调研，全面了解国库支付改革的最新进展情况和存在问题，学习借鉴先进经验做法，推进广东省国库支付改革进一步深化。

（国库支付局供稿，姚晓龙执笔）

外债管理

2014年，国际债务办围绕财政中心工作，积极开展利用国际金融组织和外国政府贷款工作，较好完成各项任务。2014年，广东省国际金融组织和外国政府贷赠款在建项目15个，金额5.93亿美元。其中，国际金融组织和外国政府贷赠款新增项目2个，金额2亿美元。

一、围绕财政中心工作，提升新项目示范效应

（一）支持教育优先发展，积极推进广东欠发达地区义务教育标准化学校建设项目前期准备工作

该项目总投资约18.3亿元，其中拟利用世界银行（以下简称世行）贷款1.2亿美元。项目已于2014年获得国家批复纳入利用世行贷款三年滚动规划。国际债务办积极与省教育厅、省发展改革委协商，与项目预鉴别团就项目概念、项目设计、项目内容等进行了充分的交流和讨论。

（二）支持绿色广东建设，推进世行广东农业面源污染治理项目、亚洲开发银行（以下简称亚行）节能减排项目和欧洲投资银行（以下简称欧投行）节能项目

一是推进世行贷赠款农业面源污染治理项目。该项目列入2014年省政府重点工作之一，是环境友好型种植业示范项目和牲畜废弃物管理示范项目。江门、惠州2市6县共6个镇11 830户农户参加了环境友好型种植业子项目，13家规模化猪场参加牲畜废弃物治理子项目。二是推进广东亚行贷款节能减排促进（能效电厂试点）项目。2014年该项目三个批次已全部完成，累计发放贷款11.27亿元，扶持子项目38个，拉动社会投资超过20亿元，年节能量达到40.2万吨标准煤。贷款还本付息情况良好，贷款风险得到良好控制，基本实现了稳健略有盈余的目标。三是推进欧投行第一期贷款项目——广东韶钢节能减排项目、粤能灯楼角风电项目和粤电勇士风电项目。3个项目进展顺利，已提取欧投行贷款5 654万欧元，占总贷款8 500万欧元的66.5%。其中，粤电勇士风电项目由于受到台风影响，部分设备受损，国际债务办及时派遣工作组前往现场调研并协助项目单位研究灾后重建工作方案，与欧投行沟通协调重建有关问题。该项目处于复产阶段。

（三）支持公共服务均等化工作，推进亚行贷款潮南水资源保护及利用示范项目

该项目利用亚行贷款1亿美元，为广东省汕头市潮南区提供城乡一体化集中供水服务、保护水资源以及改善总体生活条件。已根据亚行的工作要求和项目国内审批程序，办理项目法律文件签署、贷款生效等有关手续，按计划顺利使项目生效；落实转贷关系，与财政部、汕头市人民政府签署转贷协议，明确债务关系；完成周转金账户开设工作；指导项目单位建章建制，编制并印发了《项目管理办法》、《财务管理手册》、《采购管理手册》；组织省内有关专家，多次赴潮南区开展专题培训，强化项目实施单位能力；协助亚行组织项目办业务人员到菲律宾马尼拉亚行总部进行项目管理培训。该项目进展情况良好。

（四）支持加快转变经济发展方式，积极推进经济综合开发示范镇项目

广东省是“利用世行贷款建设经济综合开发示范镇”项目的试点省份之一。该项目总投资6.56亿元，其中世行贷款5 000万美元。项目将借鉴发达国家的先进管理经验，通过示范镇建设，支持公共基础设施的发展和加强相关机构的能力建设，培育示范镇的主导产业，带动城乡居民增收、改善城乡居住环境。针对项目镇建设进展不一、项目中期调整、总体实施进展较缓慢等情况，国际债务办多次与省发展改革委项目办沟通协调，促进省项目办抓好项目管理和相关组织工作，大力推进项目实施进度并做好项目中期调整工作。此外，还到实地考察项目镇，指导并促进项目开展。

（五）支持广东省体制机制改革，开展与世行知识合作

省政府发展研究中心牵头的《广东城镇化战略研究》课题、省卫生和计划生育委员会牵头的《深化改革　建立完善广东新型医疗服务体系》课题是2014－2015财年广东省与世行的合作调研项目，是广东省进一步深化与世行合作，积极利用“外脑”为体制机制改革服务的又一次尝试。项目已进入实施阶段。

二、狠抓项目质量，保证项目规范实施

（一）强化指导监督，全面开展国际金融组织贷赠款项目大检查

国际债务办积极落实厅领导对加强国际金融组织贷赠款全过程管理、推进项目实施相关工作的部署，结合国际金融组织常规的定期检查与审计厅外资审计安排，采取实地检查、座谈等多种形式，于2014年下半年分阶段、分类别对广东省在建及筹备的15个国际金融组织贷赠款项目开展全面检查督导，并形成检查报告。厅领导对检查报告给

予了充分肯定，在报告中批示："加强监督非常必要。请正视存在的问题，完善项目选定、资金使用规范机制"。国际债务办进一步狠抓项目进度、规范管理、预警防范等工作，确保项目顺利推进。

（二）做好项目协调管理费分配工作，保证项目顺利开展

为保证国际金融组织贷赠款项目的顺利执行，省财政安排了专项资金，用于省级主管部门、地方财政部门承担和开展国际金融组织贷赠款项目的组织协调、指导监督等工作。国际债务办制定了《广东省国际金融组织贷款经济示范镇省级配套资金管理暂行办法》和《国际金融组织项目协调管理费分配和支付内部管理规程》，并按照公开、透明、规范的分配标准，通过因素法科学分配项目协调管理费。截至2014年底，项目协调管理费已全部安排到位。

（三）把好外国政府贷款项目申报关，确保项目符合有关要求

2014年向财政部上报封开县庆农农业有限公司利用以色列政府贷款建设5 000吨气调保鲜库的项目，向国家发展改革委上报梅州市鸿惠医院有限公司利用以色列政府贷款引进医疗设备和医院扩建项目。

三、加强贷赠款资金管理，防范偿还债务风险

（一）认真履行职责，确保债务及时清偿

2014年底广东省还贷准备金余额合计1.24亿美元，占广东省地方政府外债余额的11.50%，符合《国际金融组织和外国政府贷款还贷准备金管理暂行办法》的规定。根据债务管理的要求，从单据的传递，债务的催收，到款项的划拨，事前、事中、事后的监督稽核，均细化工作职责，规范工作流程并落实到人。2014年，共偿还国际金融组织债务5 379万美元和外国政府贷款6 243万美元。按照财政部有关国际金融组织贷款利费申报减免的规定，及时办理世行、亚行贷款项目利费减免工作。按外汇管理要求，及时办理外汇贷款的购汇、支付和偿还工作，确保项目及时足额还贷，保证了广东省良好的偿债信誉。

（二）认真做好每季度国际金融组织债务报表的编制、分析、报送工作

配合做好全省政府性债务甄别工作。做好全省政府外债统计监测预警管理信息系统的管理和有关数据填报工作，完成全省2014年国际金融组织贷款项目债务偿还数据预测分析工作。

四、加强队伍建设，做好外事接待工作

（一）加强能力建设

为贯彻落实党的十八大对财政工作提出的新要求、新任务，提升财政科学化精细化管理水平，进一步提高地方财政干部的政府外债管理与财政金融监管能力，2014年8月，国际债务办与上海国家会计学院举办了政府主权外债管理业务骨干培训班。紧密结合当前财政改革的要求，通过有针对性的培训和交流互动，提高了管理人员的专业技能和管理水平，取得了良好的效果。

（二）精心组织，周密布置，积极稳妥做好各项外事接待工作

认真负责，组织得力，2014年顺利完成国际金融组织和外国政府代表团来粤检查工作与学术交流外事接待8次，包括世行东亚区教育局局长一行到广东考察世行贷款项目、协助完成财政部交办的《深化中国医药卫生体制改革研究》世行和财政部联合调研团的相关调研工作等。

（国际金融组织债务管理办公室供稿，陈海平执笔）

财政纪检监察

2014年，派驻省财政厅纪检组监察室围绕中心、服务大局，发挥作用、推动"三转"（转作风、转职能、转方式），全力推进派驻部门的党风廉政建设和反腐败工作，财政反腐倡廉各项工作取得明显成效。

一、严格落实中央八项规定精神，健全作风建设长效机制

驻厅纪检组突出监督重点，聚焦反对"四风"，以落实中央八项规定精神和省委实施办法为重点，严格执纪监督，深化作风建设。一是注重建立作风建设长效机制。制定《广东省财政厅工作人员廉洁从政若干规定》，对党员干部的15项行为进行规范；坚决贯彻落实中央八项规定，制定党员领导干部操办婚丧喜庆事宜报告制度和工作人员考勤管理制度，重申节假日期间廉洁自律有关规定，坚持重大节假日前打招呼提醒、发送廉政短信等制度，以"民声热线"、行风评议等为抓手推动"四风"问题整改，促进形成务实实干的良好风气。二是坚决刹住收送"红包"礼金、公款吃喝、奢侈浪费等不正之风。对干部收受购物卡等有价证券的问题开展清退和处理，对存在失察、失职行为以及收受购物卡的有关人员进行问责，处分1人，责令22人（处级干部12人）作出书面检讨和接受诫勉谈话，6人调离原工作岗位。三是全面推进厉行节约、反对浪费的各项财政措施。发挥财政职能作用，出台省直机关和事业单位差旅费、会议费、因公临时出国经费、因公短期出国培训费、外宾接待经费、培训费等管理办法，建立"八项规定"经费支出统计制度，推动公务用车等制度改革，着力构建厉行节约、反对浪费的长效机制。

二、认真落实"两个责任"，深入推进财政党风廉政建设

驻厅纪检组协助厅党组不断完善反腐倡廉领导体制、工作机制和工作格局，推动落实厅党组的主体责任和纪检组的监督责任。一是进一步加强对党风廉政建设工作的统

一领导。厅党组专门学习并严格贯彻落实省纪委《关于落实党风廉政建设党委主体责任和纪委监督责任的意见》，明确厅党组书记负总责，党组成员分别承担分管范围的党风廉政建设责任，积极支持驻厅纪检组履行监督职责。二是认真部署推进党风廉政建设各项工作任务。年初召开全省财政系统反腐倡廉建设工作会议，由厅党组书记、厅长曾志权作讲话，厅党组成员、驻厅纪检组组长、监察专员项天保作工作报告，对反腐倡廉工作任务进行部署、提出要求。把省财政厅承担的6项牵头和4项配合工作细化为39项具体工作，分别明确了责任人、牵头和配合的处室、单位，层层抓落实。三是建立党风廉政建设责任制考核机制。探索出台《广东省财政厅党风廉政建设责任制考核暂行办法》，从15个方面量化考核标准，并由省纪委《纪检监察信息》和《纪律检查体制改革工作简报》先后刊发；2014年年底严格开展年度考核，对发生收受“红包”、礼金等行为的11个处室、单位进行一票否决，通过考核抓实效。

三、严肃查办违纪、违法案件，坚定不移惩治腐败

驻厅纪检组牢固树立主业意识，严肃执纪问责，对腐败“零容忍”。坚持把做好信访工作和查办案件与关心保护干部结合起来，坚持抓早抓小，严肃查处财政干部违反廉政准则和纪律规定的行为。2014年，全省财政系统收到群众信访举报92件，立案9件，党纪政纪处分11人；其中驻厅纪检组收到群众信访举报60件（含重复件3件），按照“属地管理、分级负责，谁主管、谁负责”的原则分类转办处理50件，对10件开展了初步核查，了结8件，立案2件，结案2件，做到件件有着落。配合省纪委查办原副厅长林楚欣案。对审计调研组和巡视组反映的有关情况开展核查，督促立行立改，制定整改措施，并及时将整改情况报告省纪委和巡视组。正确把握政策和策略，保障党员正当权利，为一些干部澄清了问题。结合原副厅长危金峰案、会计服务大厅原工作人员陈炳坤案，开展以案治本加强廉政风险防控活动，以案施教，建章立制，堵塞漏洞，推动惩治成果向治本成果转化。

四、强化教育监督，促进权力规范运行

驻厅纪检组协助厅党组认真落实从严治党、从严管理干部的要求，创新教育载体和教育方式，突出加强党员干部的廉政教育和监督。一是突出加强廉洁从政教育。开展厅纪律教育学习月活动，举办处以上及重点岗位干部党纪政纪法纪教育培训班，曾志权厅长给全厅党员干部作题为《加强廉政建设　守住纪律红线》的党课，强化党员干部的纪律意识。组织科级及以下党员干部250多人分三批到省反腐倡廉教育基地接受教育，项天保纪检组长分别主持召开支部书记、副处级干部、科级干部纪律教育座谈会，现场问卷调查了解有关制度规定、教育学习落实情况。组织开展廉洁读书月活动，对47名新提任及新招录公务员进行廉政谈话，做到教育在先、预警在先、设防在先。二是强化对党员领导干部的监督。严格落实领导干部个人重大事项报告、离任审计、任前考察谈话、诫勉谈话、“三会一课”、因公（私）出国境管理等监督制度。2014年，组织全厅干部重新报告个人重大事项并对干部人事档案进行审核；交流轮岗23名处级干部和18名科级干部，对11名轮岗的处级领导干部开展离任审计，并对配偶已移居国（境）外或无配偶、子女均已移居国（境）外的3名工作人员，按规定调整工作岗位或办理提前退休手续。三是认真落实省委巡视组反馈问题的整改工作。把省委巡视组反馈的7个方面整改意见，梳理分解为65项任务并提出整改措施，每项整改工作由厅领导挂帅，明确牵头和责任处室、责任人以及整改时限。除25项为长期性整改工作外，其余已整改完毕。

五、推进惩防体系建设，筑牢财政源头治腐防线

驻厅纪检组切实加强对财政权力运行监督，推进财政源头治腐和惩防体系建设各项工作任务落实，深化财政管理体制改革，建立健全廉政风险防控长效机制。一是认真部署推进源头治腐和惩防体系建设工作任务。召开惩治和预防腐败工作分工会议，将8项牵头、2项负责和8项配合任务分解到21个处室、单位，形成厅长负总责、各厅党组成员身体力行抓好分管领域、任务到处室、责任到个人的工作局面。二是促进财政内控体系建设。制定《广东省财政厅财政专项资金内部控制管理暂行规定》，强化对资金使用管理情况的监督，着力构建财政内部控制框架体系。以新《预算法》实施为契机，梳理评估财政业务及管理中的内外部风险，结合财政管理信息化建设，制订、完善相关制度、流程和方法，严格落实AB角制度，并加强对《广东省财政厅指标管理和资金支付稽核工作规程》执行情况的监督。三是规范和完善专项资金管理。启用省级专项资金管理平台，将282项专项资金纳入省网上办事大厅专项资金管理平台实行统一管理。制订目录管理、联席审批等8个配套管理办法，重新修订各项资金的具体管理办法；探索推进专项资金管理全过程的实时在线联网监督。四是进一步加强财政监督。开展贯彻执行中央八项规定严肃财经纪律和“小金库”专项治理行动，组织对全省4.2万个党政机关、事业单位和社会团体的专项检查，查处违规资金2.8亿元，小金库404个；对省级财政专项资金、一般性转移支付资金、十件民生实事资金及救灾资金开展重点检查，其中检查专项资金8项共25.7亿元，抽查8个县市一般性转移支付资金，检查救灾资金27亿元，督促严肃整改存在问题。

六、积极推动“三转”，加强财政纪检监察队伍建设

聚焦财政中心任务，积极推动“三转”，明确职责定位，推动落实驻厅纪检组的监督责任。一是转作风形成工作合力。巩固党的群众路线教育实践活动成果，按照“三严三实”要求认真开展批评和自我批评；坚持民主集中制原则，驻厅纪检组长经常与纪检组监察室讨论分析工作，

充分发扬民主和创造性精神，理清正确的工作方向和思路，形成推进工作的合力。二是转职能认真履行职责。明确新形势下纪检监察干部的职责任务，认真履行监督检查和执纪问责职责，做到不越位、不缺位、不错位；深入市、县财政系统进行调查研究，加强对全省财政系统党风廉政建设的指导。三是转方式加强自身建设。完善驻厅纪检组监察室集体学习制度，平均每周组织一次集体学习；2014 年组织参加中央纪委、财政部、省纪委举办的纪检监察业务培训 50 多人次；强化监督制约，自觉践行广东省纪检监察干部行为规范，切实提高纪检监察干部的综合素质和业务能力。

（驻厅纪检组、监察室供稿，张可薇执笔）

省直行政事业单位经营性资产管理

2014 年，省直行政事业单位物业管理中心（以下简称物管中心）围绕厅重点工作部署以及广东省公共财政改革的中心工作，结合党的群众路线教育实践活动，加强作风建设，创新工作思路，不断提高省直行政事业经营性物业管理工作水平，推动物业管理各项工作再上新台阶。

一、扎实开展经营性物业管理基础工作

（一）严格执行物业安全巡查制度

一是为确保物业安全无事故，实现国有资产的保值，严格执行物业定期安全巡查制度，积极督促受托对物业进行经营管理的广东粤财控股有限公司（以下简称粤财公司）做好物业日常安全巡查工作。二是在春节、国庆长假前，与粤财公司组成多个物业巡查小组，对重点物业安全逐个落实。全年分批次共对 63 处物业进行了实地巡查，做到及时发现隐患，及时整改落实。如巡查中发现空置的惠州南昆山物业存在安全隐患，及时调整招租策略，整改安全后将物业出租。

（二）有序开展物业产权变更工作

积极联系国土、房管有关部门以及省直有关单位，对照未分割产权证物业清单和待分割产权物业清单，先易后难，逐一完善产权资料并办理过户手续。截至 2014 年底，累计完成 170 处、合计 81 848 平方米物业的产权变更，占物业总面积的 71.32%。

（三）切实加强物业的维护、维修工作

对可能存在安全隐患的物业进行实地勘查，加强与粤财公司以及租户沟通，将预计需要大修的物业纳入预算支出范围并制定工作计划逐一落实。2014 年，先后对金山大厦空调、发电机组、消防设施进行了维修，对东风东路 774 号、水荫四横路 34 号、豪贤路 78－80 号首层物业完成了补漏维修，还对新港西路 114 号物业进行了升级改造。全年共开展大中型维修 8 处，小型维修 24 处。

（四）认真履行国有资产产权登记任务

按照财政部以及省财政厅《关于开展事业单位及事业单位所办企业国有资产产权登记与发证工作的通知》，及时进行实物盘点清查，聘请有资质的会计师事务所进行专项审计，如期完成登记工作并及时报送主管部门。

（五）改进物业专项支出预算编制

按照厅长办公会议部署，结合零基预算编制，认真研究并提出完善物业专项支出预算编制执行办法的建议，实事求是做好物业专项支出预算管理工作。

（六）加强物业盘活核销工作

对于当地政府要求收回作统一管理的物业，加强与有关单位沟通协调。一是纳入粤港澳自贸区范围的横琴两地块，通过与横琴开发区管委会多次谈判，达成以土地置换具体房产物业的共识，并积极落实有关工作。二是对于因历史原因挂账存在坏账可能的物业，积极联系促请移交单位报送处置进展情况，再视实际情况拟定进一步的处置意见或者办理核销手续，先后向省海洋渔业局、省水利厅发出了相关函件。

二、加强经营性物业日常管理

（一）规范物业租赁管理事务审批工作流程

一是细化工作流程，明晰各岗位职责，明确区分省直物管中心与委托经营管理公司之间、中心各岗位人员之间的责任，并细化到招租、维修、改造等具体项目，做到全面考查无死角，确保各项物业租赁业务公开透明。全年共审批租赁合同 137 份、其他租赁事项 76 份，开出非税缴款单 2 982 份，执收物业出租经营收入完成 8 227 万元。二是严格管理物管专项经费账户，款项超过 1 万元的均按规定报请厅分管领导审批。

（二）完善物业经营管理内部报告制度

一是每月对物业的租赁管理和物业收支情况进行汇总分析，并形成《物业管理情况》报厅领导。二是认真落实物业定期盘查工作，编制有关报表，每半年向厅领导报告 1 次物业的盘点情况。三是制定维修资金报告制度，定期向厅领导报告资金使用相关情况，进一步规范物业维修资金管理。

（三）依法开展政府采购项目招标工作

按照政府采购等法律法规要求，委托符合资质的采购代理机构公开向社会采购新一轮经营性物业委托管理服务，依法确定粤财公司为中标人并签订了新一轮经营性物业委托管理服务协议。本次采购在总结上一轮经营性物业委托管理服务的基础上，结合项目实际，在管理目标和服务工作考核等方面进一步完善了委托协议，采购过程依法依规、公开透明，进一步规范了相关物业管理，维护了社会公共利益和政府采购招标投标活动当事人的合法权益。

（四）积极推进物业管理信息化

为提高工作效率，推动物业管理科学化、精细化，积极筹划推进物业管理信息化建设，研究制订了相关工作计

划、目标和具体工作方案，并上报厅信息办审批。

三、提升物业经济效益和行政效益

（一）确保物业租金收入稳定

一是积极推动空置物业的市场招租工作，全年物业平均出租率保持在97%以上。二是努力提升物业市场价值，在物业面积逐年减少，同时受政策调控影响空置期延长的情况下，2014年实现租金收入8 227万元。

（二）提升物业出租经营价值

大胆创新经营理念，拓宽经营思路，对原有物业进行包装改造，从而实现物业租金大幅提升。以新港西路物业改造升级为例，通过将原有整体进行拆分，改造为小铺面后重新招租，租金平均单价从原来的548元/平方米大幅提升到现在的3 355元，较原来提升5倍，其中最高一间的单价达5 010元/平方米，是原来的9倍。

（三）认真履行物业行政划拨职责

一是按照省领导和厅领导的批示精神，积极主动协助广东省信访局、广东省委农村工作办公室以及延安精神研究会等单位解决办公用房选址事宜。二是及时执行行政调拨指令，顺利完成了省审计厅广和路27号旧物业的接收以及向广东省核地质工业局的移交工作，妥善解决省直有关单位的合理办公用房需求。

四、完善制度建设

（一）健全风险防控机制

对原有的物管中心党风廉政制度进行修订，明确支部书记为中心党风廉政建设第一责任人，并在明确各工作岗位职责的基础上，通过设置A、B角，实现岗位间相互监督、相互制衡。

（二）健全相关制度

制定和完善物管中心维修资金报告制度、财务管理制度、每月定期集中学习和议事制度、物业租赁保证金退还流程等多项制度，进一步规范物业管理工作。

（省直行政事业单位物业管理中心供稿，欧颖执笔）

财政投资审核

2014年，投资审核中心（以下简称投审中心）以“提高效率，规范审核”为目标，通过不断加强制度和机制建设、信息化建设、队伍和廉政建设，进一步强化为政府投资决策服务、为财政预算支出管理服务、为规范财政资金使用服务的职能。

一、财政投资评审工作效率进一步提高

2014年，投审中心攻坚克难，通过集中清理历史项目、多方协调突破难点评审项目、提高中介机构利用效率等措施，有效扭转积压项目持续存在的被动局面，基本实现当年项目限时审结，审核效率明显提升。2014年，投审中心共完成审核任务677项，审核金额175.11亿元，审定金额156.93亿元，核减不合理资金18.18亿元，核减率10.39%，完成审核项目数同比增加60.05%，其中工程结算项目数同比增加78.57%。

（一）加强制度约束，明确划分审核各方责任

制定《关于配合做好省级财政投资项目审核工作有关事项的通知》，首次以正式文件形式明确项目建设单位配合财政投资审核工作的具体责任与工作要求；制定《广东省省级财政投资评审资料受理审核暂行规定》，将资料审查前移至受理环节，加大了建设单位配合投资评审工作的力度。

（二）完善购买服务，强化中介机构管理

设立专管员，强化中介机构日常管理；定期开展业务培训，帮助中介机构提高业务水平；建立即来即委托的中介机构项目委托滚动安排机制；强化稽核复审，加强中介机构业务质量控制；修订完善《中介机构参与省级财政投资审核业务考核办法》，把考核结果与任务分配和审核费支付挂钩，促进中介机构更规范高效服务。

（三）加强作风建设，强化审核岗位责任

强化首审负责制和各审核岗位的责任落实，定期通报工作中发现的问题，督促各岗位履职到位；注重流程检视，全面优化业务流程，减少审核冗余环节，利用评审系统实施随机抽查复审，简化小额项目审核流程，进一步提高审核效率。

（四）实行限时督办，推动项目完成

修订《广东省财政厅投资审核中心工作事项督办制度》，进一步明确督办责任和办理时限；按季制订督办计划，指定专组专人负责督办，落实责任；及时研究解决重点或难点项目审核中存在的问题，注重加强与厅业务处、建设单位、主管部门等的沟通协调，推动审核项目如期完成；对省重大项目、应急项目和保密项目，按照特事特办原则，建立项目快速应急机制，实现大件急件的快速审结。

二、财政投资评审工作方式进一步规范

（一）为强化预算执行管理提供技术支撑

除传统的工程结（决）算业务外，2014年共完成估算、概算、预算、进度款、合同等类型的审核业务136.16亿元，占同期完成任务量的77.76%。

（二）开展财政投资评审立法前期调研工作

投审中心会同经建处、法规处广泛调研，形成《财政投资评审立法工作调研报告》，并初步草拟《财政投资评审管理办法》（草案），明确财政投资评审范围、功能作用、各方职责、评审结果效力、争议问题处理程序等。

（三）加强财政投资评审信息报送工作

加强与厅委托业务处的沟通协调，定期以书面形式将各项目从收件到形成最终评审报告的情况及时反馈给各委托处室，重点反馈评审过程中出现的问题、解决意见和建

议；按季度开展审核业务总结分析，并向分管厅领导呈报评审工作情况；根据省财政厅业务信息报送要求，及时将审核信息以通信、简报等形式报送给有关部门及《中国财经报》等媒体。

（四）加强各方培训，提升评审责任意识

开展建设单位投资评审业务培训，提升建设单位投资管理知识，强化建设主体责任意识；开展中介机构投资评审业务培训，帮助中介机构熟悉财政投资管理政策法规，提高投资评审工作能力；开展全省投资评审系统业务培训，提升投资评审系统专业能力水平。

（五）推进财政投资评审信息系统建设

基本完成投资评审系统迁入厅政务内网工作，为实现与厅内其他业务系统的互通互联打下基础；成立投审中心信息化工作小组，及时收集业务需求，建立定期系统例会制度；推动评审系统在互联网的同步部署，为加强中介机构管理和开展网上办事工作提供技术支撑。

三、财政投资评审管理机制进一步健全

（一）加强机制建设，明确审核规范

草拟《广东省财政厅财政投资评审工作流程》，明确任务委托、要件初审、实施评审、争议处理、沟通协调、结果运用、完成时限等各方面的管理要求。

（二）规范环节管理，强化互相制衡

严格审核项目三级复核制度，建立各岗位的A、B岗制度，加强对重点岗位和环节的防控，使每一个岗位、每一类业务、每一个环节，都置于制度的约束和监督之下；根据考核结果对质量好、效率高、配合好的中介机构给予优先安排审核任务；继续优化借助专家力量进行集中复核复审的新型评审方式，拓展审核范围，制订专门方案，提高审核效率。

（三）加强内控管理，规范工作标准

制订《投审中心项目评审成果文稿退件单》及其使用管理流程等管理措施；规范业务会议制度，明确各类会审会议的召开条件、参与人员和会议记录要求，以及审核争议问题处理程序等；规范现场勘察制度，对申请审批程序和参加人员的要求更加严格，同时建立投审中心班子成员每月定期与评审小组开展现场勘察的工作制度；规范评审业务档案管理，修订《广东省财政厅投资审核中心评审业务档案管理规定》，明确评审项目档案管理的内容范围、分类标准、分工负责、集中管理等要求；组织2014年省级财政投资评审业务第三方稽核（试点）工作，利用第三方力量对以往年度已审结项目进行抽查稽核，通过流程重现来查漏补缺，发现不足和提出改进建议；将财政投资评审专家库并入厅专家库统一管理，拟订《广东省财政厅投资评审专家管理办法》，通过厅专家库管理系统实现统一的专家信息化管理，规范专家使用。

（投资审核中心供稿，王勇执笔）

财政票据监管

2014年，票据监管中心认真贯彻执行《财政票据管理办法》以及广东省有关法律法规，突出重点，稳中求进，规范财政票据管理，强化非税收入源头监管，推动全省财政票据监管工作有序开展。

一、认真做好票据监（印）制工作

一是圆满完成全年票据印制任务，2014年全年共监制财政票据10.66亿份。二是加强票据质量管理，严格按照票据管理要求，对票据印制质量和纸张、油墨情况以及印制过程进行全程监控。三是加强印制票据的计划管理，提高预算支出执行的均衡性。四是加强对印制企业的监管，对承担全省财政票据印制任务的定点印制企业定期进行检查，发现问题及时纠正；组织各地市财政部门对厂家票据印制质量及配送服务等方面内容进行问卷调查和评议，考评票据印制企业的信誉并作为下一轮招投标工作的重要依据。

二、规范票据发放、强化票款追缴

坚持按照“凭证购领、分次限量、验旧换新”原则，规范票据发放工作。2014年，共发放财政票据10.71亿份。通过缩短工本费资金缴交链条，促进各地市用票工本费及时入库，全年组织票据工本费入库8 809万元。

三、加强票据核销管理

根据财政部70号令相关要求与审计部门的要求，加强省级单位票据的核销工作，对票据使用情况进行核查和部分抽查、核销。检查实行“收支两条线”的票种收入是否按时、足额上缴，及时发现并纠正部分违规使用财政票据的单位，要求其按规定做好退票、补税、补充资料的工作，全年处理违规金额943.55万元，其中补缴财政专户7.70万元，补开税票金额209.36万元，补缴税款34.29万元。对工商系统、省建设银行、部分省直医疗机构及用票量大的高校等省级用票单位进行财政票据上门核销检查工作，销毁保存期已满财政票据存根，及时规范财政票据的使用，减轻用票单位的库房压力。全年批复销毁各地市财政票据5.04亿份，票面金额2 403.22亿元。

四、积极完善制度建设，强化票据监管

7月，票据监管中心新领导班子成立后，十分重视财政票据监管转型升级工作。为充分发挥财政票据在财政管理中的基础性作用，进一步通过加强票据监管达到规范财会秩序、促进政府非税收入，实现“以票控费、源头防腐”的目的，票据监管中心切实加强财政票据监管制度、体制、机制建设，全面推进全省财政票据监管工作转型升级。

（一）完善财政票据监管制度体系

以财政部发布的《财政票据管理办法》为依据，紧密结合广东省工作实际，制定广东省的实施细则，拟定《广东省财政票据领购资格申请审批暂行办法》等规章制度，明确包括票据领购资格审核办法、票据监督检查工作规范、票据违规事实认定与处罚流程、票据使用单位管理制度建立等内容为重点的制度建设任务。同时，根据有关财政票据管理制度要求，积极对有关用票单位开展用票专项检查工作，检查财政票据的领用、保管及核销状况，以及财政票据的管理制度及库存管理，并对与财政票据相关的延伸业务进行检查，及时督促相关单位整改落实，严格规范管理。

（二）健全内部管理机制

一是结合中心实际情况建立并完善中心业务工作规程，把涉及财政票据整个生命用期的事项都纳入到业务规程，统一工作人员业务操作规范。同时，按照岗位不相容原则，完善各项工作的经办、复核、审批流程。二是认真贯彻“凡事预则立、不预则废”的哲学思想和依法行政观念，对每一项具体的工作拟出管理流程图，实行标准化的管理，最大限度地减少人为因素，减少自由裁量权；进一步明确岗位职责，合理设置 A、B 岗，增强工作主动性和连贯性。三是进一步优化业务流程，对办票大厅进行优化改造，增加两台滚动宣传屏幕、一台业务查询触摸屏等设备，方便群众办事，提高群众满意度。

五、推进财政票据监管信息化建设

从根本上改变票据管理的思路，实现票据管理“横向到边，纵向到底”的管理理念，将各级财政票据监管机构和各级用票单位的工作联动起来，实现财政票据印制计划、入（出）库、核销、缴库、销毁等环节的全面同步管理，确保数据的连续性、准确性、完整性和安全性，大幅度提高工作效率，逐步实现全省财政票据监管工作“一张网”的格局。为推动全省财政票据监管工作加快转型升级步伐，根据工作任务需要，设立财政票据监管制度建设、人员培训和电子票据等 3 个项目的“攻关小组”，吸纳地市优秀人才参加。“攻关小组”作为临时组织，采取不定期集中、任务分解、分工协作等方式开展工作，充分发挥各自的聪明才智，紧密结合工作实际，深入开展调查研究，主动献计献策，积极完成工作任务。2014 年，票据监管中心在广州分别举办全省财政票据监管工作座谈会和全省财政电子票据研讨会，加大对财政票据信息化、电子化建设的宣传和学习力。

六、深入开展调查研究

2014 年，票据监管中心先后到国家财政部和北京市财政局等单位以及湛江、江门、汕尾、珠海、顺德、东莞、韶关等有关地市票据监管机构开展调研工作，交流先进经验，听取和有关单位对票据中心在财政票据管理、配送服务等方面的意见，了解财政票据的领用、发放、保管、核销及稽查、销毁及财政票据管理系统的操作、管理及网络建设等情况，为做好财政票据监管工作，打好坚实的基础。

七、提高财政票据防伪技术水平

为增加防伪措施，提高仿造难度，有效打击社会上不法分子伪造财政票据的违法行为，保障财政票据使用安全，票据监管中心积极发挥广东省财政票据防伪技术工作小组的作用，在有关部门和各财政票据定点印制厂家的配合和支持下，协助公安部门查处伪造财政票据行为 3 起，共 20 份。

八、加强业务培训工作

2014 年，票据监管中心在加强对工作人员业务培训的同时，将全省 21 个地级市及其区县一级的管理人员分为粤东、粤中及粤西三个片区进行三期业务培训，重点围绕票据监管业务工作的依据和重点、生命周期管理理论和实务开展培训，共培训业务管理人员 454 人，促进整体业务水平的提高。

（票据监管中心供稿，吴文春执笔）

人事管理和教育

2014 年，省财政厅人事教育工作紧紧围绕财政改革发展中心，主动服务、努力创新、规范管理、完善机制，扎实推进干部人事教育各项工作，为财政改革发展提供了良好的组织保障和人才服务。

一、积极主动、严谨细致，全力服务厅干部选拔任用工作

以新修订的《党政领导干部选拔任用工作条例》为统领，坚持“信念坚定、为民服务、勤政务实、敢于担当、清正廉洁”的用人标准，认真落实厅党组“凭能力定使用、靠实绩求进步”的选人用人导向，不断改进干部选拔任用工作。一是积极做好《干部任用条例》的学习宣传工作。组织干部任用条例的专题学习，深刻领会修订颁布的重大意义，深入解读条例的新要求、新举措，全面把握精神实质，掌握各项措施规定。同时，积极协助厅党组学习贯彻条例，营造干部职工主动支持干部选任工作的良好氛围。二是认真做好省管干部的选拔任用工作。在厅党组的指导下，配合省委组织部、省国资委做好从厅选拔省管干部人选的民主推荐和考察工作。三是切实改进厅内干部选拔任用工作。改进完善民主推荐，将推荐投票数按干部级别设置不同权重并进行百分制量化，计算出推荐结果作为选拔任用的重要参考；改进考察方式方法，突出考察政治品质和道德品行，注重考察工作实绩，加强作风考察，强化廉政情况考察。

二、厘清边界、明晰权责，努力推进财政职能转变

认真贯彻落实省委、省政府关于开展转变政府职能、清理行政职权和编制权责清单的工作部署，努力推进财政职能转变。一是认真做好厅清理行政职权和编制权责清单工作。按照转变政府职能的要求，重新梳理省财政厅行政职权和权责清单，整理汇总全厅 9 大类 332 项行政职权，其中行政审批 11 项，行政处罚 71 项，行政强制 1 项，行政征收 7 项，行政给付 21 项，行政检查 36 项，行政指导 21 项，行政确认 32 项，其他 132 项。二是积极做好厅新一轮机构改革准备工作。根据十八届三中全会关于财政改革的部署以及新《预算法》的要求，为加强全口径预算、预算编审、债务管理等方面工作，重新编制省财政厅内设机构及职能配置。

三、努力创新、完善制度，积极探索干部管理工作机制

不断创新机制、完善制度，加强干部管理科学化、精细化水平，激发财政干部队伍活力。一是进一步完善干部交流轮岗制度。按照厅党组关于干部交流轮岗制度化、常态化要求，多层次、多方式推动干部交流。2014 年，全厅共轮岗交流 44 人次（含人员借用）。二是健全科学考评干部的机制。进一步完善综合考核体系，细化年度考核指标，调整专项考核权重，增加信息化建设、党风廉政建设责任制、履行职责和目标任务完成情况、预算计划和资金支付稽核系统统计情况等专项量化考核指标。三是进一步加强干部作风建设。重新修订 2000 年制定的《广东省财政厅机关工作人员考勤暂行办法》，进一步加强考勤管理，严明工作纪律，改进工作作风。四是实现干部管理手段的技术创新。完成厅人事教育信息系统升级并正式投入全厅试运行，实现了人事管理无纸化、便利化。

四、不折不扣、狠抓落实，认真做好干部管理专项工作

认真执行干部管理有关规定，从严落实省委关于干部管理的各项要求。一是贯彻执行个人重大事项报告制度。按照省委组织部要求，组织全厅处级干部填写个人重大事项报告，做好随机抽查核实工作，提出处理意见，形成专题总结报告报送省委组织部备案；制定《广东省财政厅重大事项报告制度》，规定全厅工作人员和各处室（单位）发生重大事项时要及时报告；建立广东省财政系统重要事项报告工作制度，有效应对重大情况和问题。二是配合做好超职数配备干部专项检查工作。根据省委组织部严禁超职数配备干部的要求，对全厅干部配备情况进行了一次全面自查清理，并积极配合检查组来省财政厅开展专项检查工作。三是做好机构和人员编制核查工作。按照省编办要求补充完善省财政厅的机构编制和人员信息，按时、保质、有序地完成了省编办开展的机构和人员编制核查工作。四是积极推进厅属社团组织与省财政厅脱钩工作。严格执行省委、省政府关于社团脱钩的有关精神，积极落实及省财政厅关于省委巡视组反馈问题的整改方案，印发《关于省财政厅与所属社团组织脱钩的意见》，要求 6 家厅属社团组织从人事管理、财务管理、办公场所使用等方面做好与厅脱钩的有关工作。同时，明确不再推荐厅机关现职工作人员在社团组织兼职，现已兼职的，限时辞去兼任职务。五是规范退（离）休领导干部在社会团体兼职问题。按照省委组织部要求，对全厅退（离）休领导干部在社会团体兼职问题进行全面核查，同时印发《关于进一步规范省财政厅退（离）休领导干部在社会团体兼职的意见》，重申退休干部兼职的相关规定。

五、多措并举、注重实效，全面提升财政干部队伍素质

坚持以“全面深化财政改革”为中心，不断加大培训力度、转变培训理念、丰富培训内容、创新培训方式。一是举办市县长培训班。与省委组织部联合举办为期 2 天的全省市、县（市、区）长现代财政制度专题培训班。二是继续办好“广东财政大讲堂”。2014 年共举办 4 期专题讲座，平均每期学员人数达 300 多人。三是举办省财政厅公文处理及信息化培训班。紧跟厅信息化建设步伐，并结合公文处理存在的问题，会同办公室、数据信息中心联合举办省财政厅公文处理及信息化培训班，2014 年 8 月以来共举办 4 期，参训人数达 200 多人。四是认真办好各类培训。根据财政部、省委组织部和省人力资源和社会保障厅的安排，选派干部参加各级岗位培训班共 7 个班次、境外专题培训班共 10 班次；举办新录用人员培训班；协助厅有关处室（单位）举办各类业务培训班 31 期；组织全厅干部 330 多人分 6 期参加省人力资源和社会保障厅举办的公务员职业道德建设全员培训班；积极推进网络培训平台建设。

六、督导协调、积极配合，稳步开展扶贫“双到”工作

按照厅党组制订的新一轮对口帮扶三年工作方案，积极配合厅驻十二排村工作组开展各项帮扶工作。2014 年，全村贫困户人均年收入达到 7 400 元，村集体经济收入达到 12 万元。一是落实产业帮扶。引进河源市龙头企业采取“公司 + 农户”的模式，引导鼓励贫困户参与并实行保价收购；推广油茶种植，筹集油茶种苗 2 万多株免费提供村民，预计为贫困户增收 80 万元；大力发展其他养殖业，采取分 3 年发放种苗的方式，每户贫困家庭每年可增收近 3 000 元。二是落实民生政策。抓好危房改造，完成了 28 户的危房改造任务；落实新农保、新农合政策，将 180 名贫困家庭成员纳入最低生活保障范围；成立十二排村扶困基金，募捐 150 多万元，慰问 98 户贫困户、9 户五保户及 217 名 70 岁以上老人和困难老党员；组织省第二人民医院 20 多名专家赴十二排村，为村民进行医疗保健知识的宣传，并对 300 多名村民进行义诊。三是稳步推进公共基础设施建设。实施村道硬底化改造，改善交通条件，全年筹集资金近 40 万元完成两条村道

共1 100米的硬底化改造；新建十二排小学图书室、电教室，购置学校厨房设备、学生床及床具，改善学校基础设施和教学环境；抓好安全饮水工程建设，解决村民饮水难问题；修建灌溉水渠，完善农田水利设施建设，全年共改造陂头3座，新建水渠近5 500米，解决330亩农田的灌溉问题。四是配合做好厅领导及各处室（单位）有关人员入村开展深入基层、实地调研等的准备工作。

七、以人为本、优化服务，不断提高人事服务管理水平

牢固树立“干部工作无小事”思想，夯实干部管理基础工作，不断提高人事工作的执行力和服务水平。一是认真开展干部人事档案专项审核试点工作。按照省委组织部的有关部署，全面开展厅干部人事档案专项审核工作，重点整治干部人事档案“三龄二历”问题，确保干部人事档案真实、准确、完整、规范，维护干部人事档案工作的严肃性和公信力，充分发挥干部人事档案在干部工作中的重要基础作用。二是做好机关事业单位人员招录及调配等工作。根据工作需要和编制空缺情况，积极配合省人社厅公开组织招录厅机关公务员及厅属事业单位工作人员共23名，并结合厅中心工作统筹调配，及时为厅机关各处室及厅属单位补充新鲜血液，提供人才支持。三是做好工资发放、计划生育、休假管理等服务工作。积极为厅干部职工做好工资发放、工资晋升、计生服务、休假审批以及出具有关证明等人事服务，做好独生子女父母光荣证、准生证、退休奖励金等办理工作。四是加强因公、因私出国（境）管理。根据中央关于加强因公出国（境）管理的新规定，印发《广东省财政厅干部因公出国（境）管理规定》，进一步加强厅干部职工出国（境）的计划管理、经费管理以及审批管理。五是切实加强安全保卫管理。会同公安部门，做好厅大院及周边的安全监管；会同厅政务中心，认真做好重要年节假日特别是法定长假前的安全检查工作；不定期在全厅范围内开展安全隐患排查工作；合理有序安排好厅领导干部节假日值班工作。六是着力加强内部管理及团队建设。认真组织党员干部学习党的十八届三中、四中全会精神和新修订的《干部任用条例》，积极开展各项学习教育活动，提高组工干部综合素质。建立健全人事教育处工作制度和学习交流制度，不断提高队伍业务能力；整合处内资源，形成合力，不断提高办事效率；坚守组工干部原则，严守干部人事纪律，认真落实党风廉政建设责任制，防止违纪违法违规问题的发生。

（人事教育处供稿，刘征执笔）

机关党建

2014年，中共广东省财政厅直属机关委员会紧紧围绕服务全面深化财政改革这一中心工作，组织各基层党组织和党员干部深入实施理论武装、攻坚克难、党建创新、巩固成果、能量提升等五项行动，进一步强化改革意识、凝聚改革合力、落实改革任务、增强改革实效，有力地推动全省财政改革取得明显成效。

一、深入实施理论武装行动，着力铸就坚强党性，为全面深化财政改革筑牢思想根基

坚持把理论武装放在机关党建的首要位置，以学习习近平总书记系列重要讲话精神为重点，组织开展系列学习教育活动，着力引导党员干部加强理论学习，提高党性修养，坚定理想信念，在思想上、政治上、行动上与以习近平为总书记的党中央保持高度一致，坚决落实好党中央、中共广东省委、广东省人民政府和厅党组关于全面深化改革、推进依法行政依法理财等各项决策部署。一方面，积极履职尽责，服务厅党组开展带头学习活动。2014年，厅党组理论中心组召开集中学习会5次，省财政厅厅长曾志权给全厅上党课2次，各厅党组成员参加支部专题学习、上党课27次。厅直属机关党委积极做好会议组织、学习资料发放、宣传报道等服务工作。另一方面，积极创新学习方式，丰富学习内容，精心组织开展系列学习教育活动。围绕“深化思想认识、深化标准要求、深化学习理解、深化贯彻落实”的要求，以学习贯彻习近平总书记系列重要讲话精神为重点，组织1次专题学习活动和1次知识竞赛活动，组织25名党支部书记、党务干部参加省直工委举办的集中轮训，组织开展“强党性·庆七一”教育活动以及“践行社会主义核心价值观”等专题学习活动。还组织180名党员干部订阅使用共产党员微信、易信，开展向全国优秀共产党员王胜、于海河等的学习活动，整理印发了5期学习资料，组织收听收看了《面向未来的赶考》、《基石》、廉政话剧《黑瞳》等专题片。

二、深入实施攻坚克难行动，努力争当改革先锋，为全面深化财政改革营造浓厚氛围

坚持把推动改革任务落实作为机关党建服务全面深化改革的目标任务，积极创新活动载体，推动党建与业务深度融合，努力营造人人争做改革当事人、不做改革旁观者的氛围。曾志权厅长在2014年省直机关党的工作会议上作了典型发言，并在《中直党建》杂志上发表了署名文章《学习运用习近平总书记重要党建理论　夯实全面深化财政改革的保障基石》，省直机关工委对省财政厅的有关做法以简报方式进行了宣传。一是开展“找一个问题、提一条建议”活动。组织厅各党支部、全厅党员干部围绕全面深化财政改革、率先基本建立现代财政制度等方面，深入查摆影响财政稳定运行、持续发展的深层次问题，积极建言献策，提出服务改革发展“金点子”，累计征集25个问题、52条建议。二是开展“深化改革当先锋”系列活动。在厅党组成员分别领衔2－3项重点改革事项、带头开展攻坚克难的基础上，组织开展了“深化改革当先锋”活动、“用心工作——青年谈”座谈会以及“深化改革”、“用心去工作”专题读书活动等，鼓励广大党员干部深入思考、鼓足

干劲，争创改革亮点，争当改革先锋。三是开展“中国梦·财政梦·我的梦”系列活动。围绕弘扬财政干部爱岗敬业、乐于奉献的精神，凝聚共识，组织举办了“中国梦·财政梦·我的梦”主题演讲比赛、“中国梦·财政情”征文活动、组队参加了省直工委举办的“唱响中国梦——广东省第十一届‘百歌颂中华’歌咏活动”、“中国梦·我的梦”主题诗词创作邀请赛。

三、深入实施党建创新行动，着力规范党内生活，为全面深化财政改革夯实组织基础

认真贯彻落实《中国共产党党和国家机关基层组织工作条例》、省委贯彻意见以及省财政厅工作规则，着力加强基层组织建设，提升基层组织的活力、凝聚力。一是着力严肃党内政治生活。开展《关于党内政治生活的若干准则》专题学习贯彻活动，对厅各基层党组织严肃党内政治生活、健全组织生活制度、用好批评和自我批评武器等提出明确要求；建设党务管理信息系统，对厅各基层党组织过组织生活及时登记、督促落实；落实省财政厅基层党组织工作考评办法，通过量化考评指标评选先进基层党组织，着力推进基层组织党内生活正常化、规范化。二是着力严格管理党员。明确了发展对象发展入党的有关要求，采取增加党委预审环节、实行公示制度、控制发展党员数量、加强入党培训等措施，确保发展党员素质，全年共发展新党员11名，预备党员转正8名，对新任的2名支部书记、2名支部组织委员、27名党务干部以及1名入党积极分子进行了培训。三是着力加强党委自身建设。主动加强自身学习，每次党委会都确定1个以上的学习专题，全年组织学习了党的纪检机构职能演变史、制度建设历史、作风建设历史等专题；落实党委委员联系点制度，每位党委委员选择3个单位作为联系点参加组织活动。四是加强支部班子建设。组织全厅各党支部进行换届，任免、增补党支部书记8人次、支委19人，确保基层组织设置规范、班子健全。

四、深入实施巩固成果行动，着力加强作风建设，为全面深化财政改革提供作风保障

根据厅党组部署，把教育引导党员干部不断改进作风作为机关党建工作的重要任务抓好落实，着力打造一支为民务实清廉、敢于担当、作风优良的党员干部队伍。一是着力巩固教育实践活动成果。在省财政厅教育实践活动总结大会后，协助厅党组组织开展了“回头看”、“在下找病症、从上找病根”等活动，继续深入查找问题，并按照“整改措施清单化、整改进展动态化、整改时限刚性化”的要求，继续推进整改工作，持之以恒落实中央八项规定，全面加强作风改进。二是深入开展机关在职党员进社区为群众服务活动并被列入省直单位先行点。以财厅前社区为在职党员开展志愿服务报到点，在全面摸清每一个需帮扶对象的具体困难的基础上，创新推行“居民点单、支部下单、党员接单”的“三单制”服务模式，组织开展宣传财政政策、清理社区垃圾、清除蚊虫滋生地等活动，指导帮助符合条件的经济困难群众申请惠民政策，为孤寡独居老人提供聊天、读报、打扫家庭卫生、陪同配眼镜、陪同就医、购买日常生活用品等服务。在老人节期间，联合社区开展“关老、敬老、助老”志愿服务月活动，举办敬老座谈会，走访慰问困难老人。三是积极推进创建优质服务型党组织并被列为省直单位唯一示范点。制订《广东省财政厅创建优质服务型党组织方案》，并以厅党组名义印发实施，推进创建“五个服务平台”、建立“六项服务机制”，进一步增强主动服务、换位思考意识，提高服务质量和水平。省直工委李学同书记批示：“该方案思路清晰、目标明确、抓手准确、措施有力、切实可行，值得充分肯定”。

五、深入实施能量提升行动，着力丰富文体活动，为全面深化财政改革增添活力

按照省财政厅关于建设以“务实、创新、高效、清廉、和谐”为核心的机关文化要求，充分发挥工、青、妇组织的桥梁纽带作用，组织开展一系列富有特色、富有成效的主题活动，着力丰富机关文化生活，建设“职工之家”、“妇女之家”、“青团之家”，增强基层组织活力，得到上级组织和干部职工的充分肯定。一是推行“周周有运动、月月有活动”，利用工余时间，逢周一、周三开展舞蹈培训，周二开展合唱培训、羽毛球运动，周三开展网球运动，周四开展太极拳健身活动，周六开展足球运动；聘请专业老师进行指导，组建厅机关合唱队、舞蹈队；举办第十五届、十六届全民健身运动会，开展了“庆祝三八妇女节”系列活动、登山运动、绿道骑自行车活动，举办羽毛球赛、网球赛；组队参加省直机关足球、羽毛球、网球、篮球、乒乓球比赛。二是开设机关文化专栏，在内容上既有各项文体活动，也有干部职工个人书、画、摄影和诗文等方面作品的展示交流。三是加强工、青、妇队伍建设，改选了厅机关工会委员会，重新聘任了工会小组长，制定了厅机关工会经费管理办法。此外，还积极开展了无偿献血、职工医疗互助保障、单身干部联谊、慰问困难干部职工等工作，努力推进和谐机关建设。

（厅党办供稿，刘柏文执笔）

机关政务

2014年，政务服务中心（以下简称政务中心）按照厅党组总体部署，围绕财政中心工作，以开展党的群众路线教育实践活动为抓手，牢固树立服务与保障意识，充分发挥机关后勤管理、服务、保障、协调的职能作用，较好地完成各项工作任务。

一、坚持以服务为宗旨，做好各项保障工作

（一）财务管理

一是做好政务中心、服务部、机关食堂、厅工会4个

单位的报账、算账、结账工作，如实、全面地反映资金活动情况，做到手续完备，内容真实，数字准确，账目清楚，按财务规定日清月结。二是做好日常各项收费工作，扎实进行厅出租房屋、办公场地、大院住户管理费及租金收缴工作。三是从2014年5月起，进一步规范广东粤财服务部代管厅自有物业的租赁行为，厅属物业出租收入严格实行“收支两条线”。四是编制并严格执行财务预算，遵守各项收支制度，加强对资金的管理。五是完成决算报表工作，坚持月报、季报、年报表的财务制度。六是加强制度建设，制定完善财务审批、财务报销和财务管理制度，防止违规现象发生。

（二）厅机关车队管理

一是做好公务用车保障。确保厅领导的日常公务用车和会议用车；做好厅办公室的机要文件交换的车辆保障；做好每年审计人员来厅审计的接送工作。二是严格按规定使用和调配车辆。节假日实行车辆封存制度，杜绝公车私用等违规行为。三是做好厅属公务车的日常保养工作，不定期发出通知或温馨提示，提醒全厅所有驾驶人员注意安全和文明驾驶。按时购买保险、年票、车船税，顺利完成年审工作。2014年厅机关车队安排出车5 666车次，全年共出勤3 608天，出差205天，行车里程234 011公里，安全无事故。

（三）物业管理

一是做好日常物业维修工作。全年物业修缮、防水补漏、化粪池及排污管疏通等维修及故障处理达113次。迅速妥善处理3号楼29楼的天花批荡脱落问题，按期完成抢修工程。二是更换厅机关办公楼楼层指示牌，方便外来人员办事。三是做好厅办公楼、厅属物业、厅周转房的日常维修保养工作，为广大干部职工提供良好的工作生活环境。四是加强对厅周转房的管理，优化周转房的合理调配，清退不符合租住资格的住户，完善周转房源信息管理、维修记录和耗材登记制度。五是进一步加强厅机关大院的安全保卫工作，建立健全厅机关大院的安全防范责任制，加强厅大院的内部管理，确保机关办公和大院住户的正常工作生活秩序。六是做好全厅通信和办公网络线路畅通的保障。

（四）水电管理

一是开展对厅属物业的水、电、煤气老化管线进行升级改造。顺利完成大院住宅煤气管道改造工程，对办公楼卫生间节水感应装置进行维修改造。二是对办公场所及厅属物业定期开展安全大检查，全面检查各类设备设施，对不符合消防安全要求的器材，一律予以淘汰和更新，对厅大院、仓边路、环市路综合楼的水电、空调、消防系统进行安全保养。三是对环市路综合楼供水管进行改造，同时做好机关大院3号楼主供水管改造的前期准备工作。

（五）食堂管理

一是认真贯彻执行中央八项规定和厅改进机关作风的有关要求，在确保饭菜质量的基础上，注重抓好节约，调整控制菜品数量，响应“光盘”行动，杜绝“舌尖上的浪费”。二是规范食堂的运作。对厅职工食堂进行招标，进一步规范食堂的管理，完善食堂的服务。三是定期收集干部职工意见，不断在菜式方面增加花样品种。四是每周四召开膳食健康和安全反馈会，定期研究时令的季节性菜谱，改进和完善膳食服务保障，确保厅干部职工“吃得健康”、“吃得安全”。省财政厅食堂连续6年在食堂卫生等级评定中取得A级资质。五是切实做好接待工作，注重在接待服务工作方面展示财政部门厉行节约的良好形象。

二、坚持从实际出发，强化单位内部管理

（一）完善各项制度

2014年，按照中央八项规定的精神，对有关后勤管理方面的各项制度进行全面梳理，对不符合新时期要求的立行立改。修订完善财务管理、公务用车管理、水电管理、周转房管理等规定，用制度管人、管事、管物，并强化管理，严格按规章制度狠抓管理，各项工作安排到人，落实责任制。重点抓好建设节水型单位、节能技术改造、能源资源计量器具配备等工作，全面推进公共机构节能减排工作。

（二）加强人员管理

一是做好职工退休后生活待遇保障工作，及时划转退休后管理关系，转移组织关系和工资。二是认真做好人员招聘工作。公开、公平、公正招聘事业编制工作人员1名，充实后勤保障队伍的力量。三是按照事业单位绩效工资改革要求，认真做好推行绩效工资考核的准备工作，打破“大锅饭”，奖勤罚懒，多劳多得，最大限度提高员工的工作积极性和工作效率。四是完善借调人员管理，及时解决借调人员在工作生活中的问题。五是抓好业务技能培训，提升工作人员履行后勤保障能力。安排人员参加公共机构节能管理远程培训学习，采取措施降低厅机关办公楼的公共能耗，组织制定省财政厅公共机构节能规划，拟定公共机构节能制度，统计公共机构能源使用情况，管理公共机构计量器具的使用。

（三）建立后勤保障长效机制

2014年，政务中心受厅办公室的委托，全面承担后勤行政服务管理职能。一是明确职能定位，全面开展服务管理工作。二是按照与厅办公室签订的后勤服务协议内容，细化后勤服务项目，扎实开展具体工作，不断提升后勤服务保障能力，提高办事效率，更好地为广大干部职工提供便捷、优质的服务。三是对政务中心服务事项流程进行梳理，建立服务项目目录，为干部职工查阅备用提供便利。

（政务服务中心供稿，陈倩芸执笔）

离退休人员服务

2014年，离退休人员服务处紧紧围绕全厅中心工作，以让“厅党组放心，老同志满意”为目标，增强服务意识，不断提高管理和服务水平，较好完成了全年各项工作。截

至2014年12月，厅离退休人员178人，其中离休干部16人，退休干部职工162人，其中离退休党员135人。

一、认真落实好离退休人员的政治待遇和生活待遇

（一）落实政治待遇

1. 组织好离退休老同志政治理论学习。坚持离退休党员每月一次集中过组织生活，确保学习时间和学习内容的落实。组织离退休党员学习《习近平总书记系列重要讲话读本》、《广东老干部政治理论读本》、《离退休干部党支部学习参考》及厅党组会议精神。同时，不断创新学习方法，把集中学习与分散自学结合起来，把室内学习与就近参观结合起来，把座谈讨论与专题辅导结合起来，增强学习的针对性和实效性。2014年，共组织老干部各种形式的政治学习8场，参加厅组织的座谈会4次，另外还多次组织人员参加聆听省老干部局组织的各种报告会。

2. 认真做好思想政治工作。为保障各项工作的顺利开展，创造和谐稳定的内部环境，离退休人员服务处及时与老同志保持沟通，主动做好解释工作，化解他们心中的疑虑，保持人员思想稳定。及时掌握离退休人员的思想动态，对出现的思想异动，及时跟进，适时报告，准确反馈。全年累计谈心、交流100多人次。

3. 抓好离退休党支部建设。2014年换届选举后，一批德高望重、乐于奉献的离退休党员加入到离退休党支部这个班子中来，大家经常互相理解沟通，互相关心帮助，使支部成为了一个团结协作、凝心聚力的战斗集体。

（二）落实生活待遇

1. 认真做好离退休人员的日常服务工作。一是订阅健康保健书刊，提升离退休人员的保健常识水平，增强自我保健意识。组织老同志参加健康体检，对体检结果逐一分析，发现健康问题催促患者及时就医；开辟看病绿色通道，邀请机关门诊医生每月一次到省财政厅坐诊，方便有需要的离退休人员看病开药；接送确有需要的老干部看病就医、入院、出院，为老干部提供良好的身体保健环境和条件。二是落实了家访慰问制度，形成上门家访制度化，特别是对高龄和长期患病在家的老同志，离退休处定期派人上门慰问，建立离退休人员基本情况档案，掌握家庭情况、身体状况。其中，建立起健康档案170份。切实把离退休服务工作做细、做实、做好，对离退休人员的来信来访，领导亲自接待和处理诉求；对有思想问题的，登门疏导；对生病住院的，前往慰问；在重大节日，上门探望；对后事处理，到场协助。2014年，探望病人和上门家访达150多人次，共协助5位去世离退休人员家属处理丧葬善后工作。

2. 开展健康科学的文体活动和组织老干部外出参观学习。离退休处支持老年舞蹈队，积极为她们提供训练场所和音响设施，组织鼓励她们排练更多更好的舞蹈作品；要求工作人员管好用好离退休人员活动室，方便离退休老同志前来活动锻炼；根据计划安排还适时组织老同志开展唱歌、棋牌、书法、绘画等各类有益身心健康的文体活动，努力使离退休人员老有所乐、安度晚年。7月组织离休干部在市郊休养、座谈。9月组织副厅级以上离退休干部在省干部疗养院（从化）疗养。在新的形势下，积极创新服务方式，12月派员为22名老同志赴大埔、永定、蕉岭自费参观旅行提供服务。2014年，共组织各种活动10余次。

二、协助厅关工委做好关心下一代工作，注重实效

离退休处积极鼓励离退休老同志“老有所为”，在弘扬党的光荣传统和培养教育下一代方面发挥优势，全力协助厅关工委切实做好未成年人思想道德教育工作。为组织好2014年厅在校中小学生的暑期教育活动，厅关工委围绕教育主旋律，不断丰富教育内容，创新教育方式，将革命传统教育和厅关工委自身的优势结合起来。7月22日，组织厅在校中小学生到省直关工委搭建的关工委教育基地——农业部南海渔政局中国渔政南海总队渔政船进行参观。7月23日，组织厅在校小学生参观黄埔军校旧址及孙中山铜像公园。7月24－25日，厅关工委组织厅在读中学生参观清远市清城区广东省飞来峡水利枢纽。

（离退休人员服务处供稿，张江涛执笔）

财政信息化

2014年，数据信息中心紧紧围绕财政中心工作，加强信息化建设规划，加快重点信息系统项目建设，优化提高数据中心和业务网络的运行能力，扎实开展信息安全体系建设，抓实信息系统运行维护管理，积极开展信息化培训工作，不断提高财政信息化建设、管理和服务水平，大力促进广东省财政改革和发展。

一、加快重点信息系统项目建设，提高信息化在财政改革发展中的支撑性作用

（一）做好省级专项资金管理平台的开发和上线运行

根据《广东省省级财政专项资金管理办法》规定，细化研究省级专项资金平台建设需求，按照“八个公开”的要求，积极协调省信息中心，依托省政府网上办事大厅，确定软件开发方案和部署系统运行环境，完成系统的开发和上线运行。经培训，2014年，实现在管理平台上将纳入专项资金目录的285项专项资金项目的管理办法、申报指南、分配方式、分配程序和分配结果公开。

（二）完成专项资金项目库的开发应用

为满足编制滚动预算、跨年度平衡预算和专项资金管理工作的需要，2014年完成专项资金项目库的软件开发、培训等工作，将9个省直试点单位合计732亿元的455个项目纳入项目库管理。

（三）推动移动办公助手的建设

按照安全、便捷、可行的要求，到多个省直单位调研，反复对比各类技术，研究省财政厅移动办公系统建设方案。对现有OA系统、大数据分析决策系统、信息管理综合平台、CA系统、安全插件等系统进行改造和整合，增加安全模块设计，认真琢磨各项功能细节，完成系统开发、集成和安全测试等工作。

（四）推进省财政厅网上办事大厅建设

按照省政府对网上办事大厅事项“三率一数”的要求，对省财政厅29项网上办事大厅办事事项的业务流程逐一进行重新梳理，研究提出全流程网上办理的措施办法，提高相关事项网上办理的速度。

（五）建设和完善“金财工程”规划中的信息系统

按照“金财工程”广东一期项目建设规划和2014年年度工作计划，完成OA系统、部门预算、预算执行、综合预算、非税收入管理等信息系统的完善改造升级，继续做好大数据分析决策、人事系统、政府采购、省政府投资项目资金管理系统建设，在全省各地推广会计管理、动态资产管理等信息系统。

二、加强信息化建设规划，提高信息化建设管理水平

（一）制定财政信息化建设规划

针对财政信息化建设中的突出问题，围绕新时期财政改革发展的实际需要，2014年5月制定印发《加快推进财政信息化建设的实施意见》，明确省财政厅财政信息化的建设目标、建设原则、建设内容和保障措施。

（二）制定IT基础架构规划

全面评估省财政厅现有网络资源、服务器和存储资源、数据中心体系架构等IT基础设施和业务系统现状，收集和整理未来业务发展对数据采集、存储、分析和使用的需求，确定现有资源的整合和优化方案，明确下一阶段省财政厅IT基础设施的建设目标、建设内容、技术标准、投资成本和实施路线图。

（三）做好信息管理综合平台的推广应用

一是按照一体化的方向，继续整合各信息系统，将人事管理系统、机关文化、后勤管理、网上图书馆导读纳入综合平台管理，进一步实现各类信息和管理的集聚度，方便厅内信息的传递和管理；二是将综合平台推广至省级预算单位使用，已有760家预算单位、4 000多个用户通过综合平台办理各项财政业务；三是按照业务联通、数据集中的要求，对省财政厅12个核心系统的数据交换、业务流程进行梳理、研究论证，制订省财政厅信息化整合升级方案。

三、强化安全建设管理，提高网络和系统的安全管控能力

（一）建立网络与信息安全平台

通过部署入侵检测、入侵防护、数据库行为审计、脆弱性检查、服务器主机深度防护、主动式威胁发现、终端安全管理、运维操作审计等11类网络与信息安全系统，建立起网络安全监控管理平台，构建起信息网络安全立体防护体系，为日常信息网络安全管理提供多样化的管控手段。2014年，成功处置托管业务系统疑似遭受非法入侵攻击、预算单位蠕虫病毒传播和纵向网设备的蠕虫病毒传播等安全事件，确保省财政厅系统的安全运行。

（二）强化省财政厅内网CA数字证书应用的用户身份认证和权限管理

2014年7月起，在厅内网用户全面启用CA数字证书登录使用业务系统，制发525个数字证书专用Key，定制41个移动办公设备专用数字证书，为业务系统操作提供高强度的身份认证保障，为数据传输完整性和机密性、操作的真实性和不可抵赖性提供技术保障。

（三）认真做好安全检查工作

一是加强省财政厅计算机的安全检查，对省财政厅内、外网业务系统进行全面的漏洞扫描，同时进行安全加固工作；二是协助配合省经信委、保密局、公安厅、安全厅和通信管理局五部门到省财政厅现场检查工作，详细记录好检查情况；三是根据安全检查中发现的问题和专家的意见和建议，研究制订整改方案，及时采取有效措施，确保省财政厅保密工作和信息网络安全达标。

四、优化IT基础设施，提高数据中心和业务网络的运行能力

（一）认真做好二三级预算单位网络升级工作

通过采用MSTP数字专线和3G网络等技术手段，完成省直二、三级预算单位的网络改造升级工作，提高预算单位使用财政业务系统的运行速度。

（二）认真做好数据中心服务器的扩容工作

通过购置22台刀片服务器和增加一批内存设备，应用虚拟化技术，新建42台测试服务器，51台一级应用服务器和27台二级应用服务器，提高省财政厅硬件设备的利用率，为应用系统开发所需的测试环境和新增业务系统提供充足的服务器资源储备。

（三）完成全省财政系统视频会议项目建设

2014年，全省财政系统视频会议项目建成投入使用。全年共使用视频会议系统组织召开了6次覆盖省、市、县财政部门的会议，参加会议人员共3 000人次；厅有关处室使用视频会议系统召开近30次跨地域的技术培训、方案评审等会议；各地级市财政部门多次使用视频会议系统召开市、县两级财政部门的会议。

五、抓实日常运维管理，提高技术服务水平

（一）做好机房、数据中心设备、网络和终端办公设备的维护工作

一是做好数据中心机房、核心网络、服务器和存储设备的日常巡检工作，发现预警及时排查解除，做好预防性维护，避免因设备故障停机影响业务工作，全年共排除服

务器、网络等各类故障50余次；二是为地市财政部门和代理银行提供网络故障排除、网络配置调整、联网调试等相关技术支持70余次；三是做好厅各处室单位人员终端办公设备的维护工作，2014年共维修各处室单位计算机、打印机466台次，安装操作系统、业务系统和Office办公软件756台次，完成厅工作人员网络设置、端口维护689台次。

（二）加强业务信息系统的运行维护

一是对各业务系统及其数据库、中间件等支撑软件系统的日常巡检，发现问题及时处置，避免影响和中断业务；二是根据数据库、中间件软件的运行参数，定期优化系统，提高系统运行性能；三是及时响应和解决各处室单位用户的软件使用和维护需求，提供现场支持4 000多次；四是通过咨询电话、QQ群等手段为预算单位用户提供问题解答、操作指导等远程支持约82 000多次。

（三）加强安全管理

一是加强终端安全管理，为省财政厅内网终端和基层财政部门纵向网终端安装终端安全管理软件，及时做好终端设备漏洞补丁的更新，筑牢防护“围墙”；二是加强对服务器、数据库等核心软硬件设备的监控检查和行为审计，巩固核心防护；三是做好计算机病毒防御，通过日常监控和检查安全设备日志，及时发现和阻断计算机病毒在省财政厅网络的传播；四是在微软停止对WinXP系统提供补丁服务的情况下，为全厅XP系统安装部署趋势的入侵检测防火墙IDF，加强对XP系统的防护；五是按规定做好内网计算机USB端口的控制管理，为处室管理USB访问控制489台次，注册专用导入导出盘75个；六是新注册和维护CA数字证书179个，处理报废计算机硬盘17个。

六、加强内控管理，提高工作质量和工作效率

（一）加强信息化建设项目内控管理

一是对“金财工程”建设项目实行工程监理，聘请专业监理公司规范项目建设，所有项目合同文稿，资金支付，验收工作等均需监理人员进行审核；二是设立内部监管小组，对信息化项目的招标文件、合同文稿、验收文档等进行审核把关。

（二）盘点清查“金财工程”资产

考虑到“金财工程”建设周期长，项目设备分散在多地存放使用，按照有关合同组织力量对“金财工程”设备资产进行盘点清查，并做好标记和影像记录。

七、开展培训，提高省财政厅干部职工信息化知识技能水平

根据《加快推进财政信息化实施意见》，按照厅党组的统一部署，认真编写信息化培训教材，积极联系授课人员和培训场所，认真做好考题和考试评卷工作。2014年，分批分次组织约200人参加计算机基础知识及应用操作，信息化前沿知识和15个业务信息系统操作等课程的培训。

（数据信息中心供稿，谢　峰执笔）

财政科研宣传

2014年，省财政科学研究所（以下简称科研所）紧密围绕厅党组对财政科研工作的新定位新要求，坚持严格管理内部事务和创新财政科研方式方法“两手抓”，着力提升财政科研服务厅党组中心工作的能力和水平，较好完成各项工作。

一、注重建章立制，狠抓内部管理

2014年，科研所在制度建设上狠下功夫，在严格执行厅各项制度的基础上，结合新形势、新要求制定完善了一系列内部规章制度。

（一）制订财务支出管理操作细则

在对照学习新预算法和严格执行厅属单位财务管理制度的基础上，根据科研所实际制订《科研所财务支出管理操作细则》，对财务管理原则、支出审批程序、支出标准、固定资产管理和财务报销程序等内容做出详细规定，做到管理严格、责任明确、监督有力、规范透明。

（二）修订全省财政科研课题管理办法

根据厅领导关于做好财政科研工作的系列指示精神，科研所结合课题管理工作的实际，对原《广东省财政科研课题管理办法》进行了全面修订，进一步规范、细化了课题管理程序和管理内容；依据《关于进一步加强科研项目（课题）经费监管的暂行规定》规定，增加课题成本补助的发放与管理的相关内容。此外，制订课题立项评审操作规程，对立项环节的专家选取、评审标准、结果确认等内容进行了明确和细化。

（三）规范各项工作流程

为规范各项工作开展，提高工作实效，科研所对各项主要工作进行了制度化梳理，分别制定了课题研究内部操作规程、工作督办管理办法、杂志编辑工作规程、通讯员制度、图书馆服务与管理规程、财政年鉴工作制度等。

二、注重改革创新，提升科研水平

2014年科研所立足财政改革与发展实践，充分发挥“为领导决策服务，为财政中心工作服务”的职能，深入开展相关课题研究，不断提升研究能力和水平。

（一）围绕厅党组决策部署开展课题研究工作

1. 积极开展财政收入与GDP关系、优化支出结构等重大课题研究。按照厅主要领导对财政科研工作的新定位、新要求，科研所以广东财政改革和发展中的重点、热点、焦点问题为主要研究对象，积极开展重大课题研究：一是联合社会力量重点开展《广东省财政收入与GDP关系研究》。二是自主开展《广东财政支出总量、结构及支出方式的比较分析研究》。

2. 积极承担厅领导交办任务和厅处室的课题研究工作。一是承接开展《广东省生态文明建设财政体制研究》，

从财政体制对于生态文明建设的制度保障作用出发，借鉴国内外经验，对照广东生态文明建设的新要求，提出了完善广东生态文明建设财政体制的有关建议。二是研究提出加强厉行节约反对浪费教育宣传工作的意见，提出从5个方面落实省、厅领导的批示。三是按照厅授权支持北京大学光华管理学院课题组在广东省开展地方政府经济财政金融动态综合分析试点。

3. 整合科研力量，发挥团队优势。逐步形成“走出去，一起来”的科研合作模式。一是建立与业务处室的对口联络制度，加强与厅业务处室的交流学习，确保科研为财政实务工作服务；二是成立科研所课题研究小组，以“一带一”、集体讨论的方式开展课题研究。

（二）加强全省科研立项课题管理

本着“好中选优，优中选精”的原则，组织专家评审，确定了2014年度广东省财政科研32个立项课题。按照《广东财政定向择优科研课题管理办法》规定，每个季度对立项课题进行跟踪管理并形成记录报告，确保课题按照立项申请的计划进行。

（三）构建财政科研协作新平台

1. 积极牵头组织全国财政协作课题。牵头召开2014年度全国财政协作课题《PPP模式在财政工作中的应用与推广》第一次会议，加强与部科研所、兄弟科研单位的交流。

2. 加强调研，学习借鉴兄弟单位先进经验。2014年下半年，科研所组织业务骨干赴省地税局科研所、省社科院、省政府发展研究中心等省内科研单位调研，赴财政部科研所、陕西、河南财政科研所等省外科研单位调研，形成调研报告5份。

三、注重围绕中心，财政宣传紧跟改革步伐

2014年《广东财政理论与实务》围绕财政中心工作和经济热点进行深入宣传，征集来稿580篇，实际用稿240篇，共计约72万字。

（一）创新栏目内容，增强杂志可读性和读者参与度

2014年下半年以来，杂志进行了全面改版。一是在办刊理念上，更注重服务厅中心工作，更贴近财政业务和文化交流；二是在板块和内容上，增设理论前沿、代表视点、局长论坛、基层声音、业务探讨、基础知识、感悟随笔等新栏目，提高了读者群参与度与杂志可读性；三是版式设计上，不断创新版面设计，做到导读条目更清晰、封面设计更美观、文章编排更灵动；四是重新聘请学术顾问，邀请刘尚希、高培勇、王雍君等财经界著名专家学者作为杂志学术顾问。

（二）紧密围绕财政中心工作和经济社会热点，提高杂志实效性

一是围绕财政业务热点问题，先后以专题宣传报道了十八届三中全会、预算制度改革、事权与支出责任改革、厉行节约反对浪费、新预算法解读等热点。二是及时追踪新的财税、经济、社会热点问题。对当前发生的热点问题及时邀请专家进行点评、讨论，加强对社会热点的关注。三是创新工作方式方法，杂志每期的聚焦主题及宣传方案等栏目内容，均紧密围绕厅改革重点来组稿，并征求相关处室意见，形成工作合力。

（三）组织开展全省财政征文大赛和书画摄影比赛评比活动

科研所联合广东省财政学会与河源市财政局共同举办了“河源杯”财政征文大赛，并布置开展了2014年度“江门杯”的征文大赛。同时，组织完成了全省财政系统书画摄影比赛评比活动。

（四）积极支持厅有关处室工作

一是配合厅党委办《读书园地》编辑的需要，完成2期《读书园地》的美术编辑、校对和印刷工作。二是配合预算处编印预算解读小册子，积极做好小册子的美术编辑工作。三是根据厅各处室的宣传需要，做好相关摄影宣传工作。

四、注重强化服务，提升图书馆信息化水平

（一）加强图书管理

对图书馆已有图书进行全面清理，对11 865册图书进行分类、筛选，重新上架。同时，建立新书购置意见征询机制。

（二）开通厅“数字图书馆”

在厅门户网站开通了财政厅“数字图书馆”，可免费使用近百个电子数据库，方便广大干部职工信息查询。

（三）编辑出版《财经信息辑要》

借鉴外省经验做法，不定期编辑出版《财经信息辑要》，涉及“新常态”、“新《预算法》”、“PPP”、“全面推进依法治国”等专题，为厅领导和处室决策服务。

（四）积极探索图书馆“网上导读”工作

根据厅领导指示，借鉴中山图书馆、广州图书馆相关经验，提出“网上导读”建设方案。

（五）协助厅党办举办“财政改革专题阅读”活动

为进一步调动厅机关干部职工关注财政改革积极性、激发投身财政改革的主动性，科研所协助厅党办开展“财政改革专题阅读”活动，历时3个月，由图书馆负责相关图书的购置、陈列和借阅服务，保障专题阅读活动的顺利进行。

五、注重梳理总结，按时保质完成年鉴史料工作

在梳理总结的基础上，重视提炼财政改革的发展规律，志书、年鉴和史料工作均有新进步。

（一）继续做好《广东省志（1979－2000）·财政税务卷》和资料年报工作

一是做好《广东省志（1979－2000）·财政税务卷》的收尾工作。按照省方志办的要求，依时保质做好《财税

卷》蓝纸样校对和样书把关，志书编修在编审和出版印刷阶段均走在省直单位的前列。二是组织参加资料年报培训，按时保质完成《广东省财政厅2013年资料年报》和《广东省财政厅2001－2004年资料年报》的报送工作。

（二）认真完成《广东财政年鉴（2014）》编辑出版任务

一是修订《〈广东财政年鉴（2014）〉编辑大纲》、《广东财政年鉴行文规范》和《广东财政年鉴编委会审稿方案》三个文件。二是认真完成年鉴编审工作。认真选报汇集，全面反映厅2013年工作重点和工作亮点，严格汇集选报市县财政工作专题，严格按《广东财政年鉴编委会审稿方案》流程完成审稿，缩短编审时间，提高编审效率和质量。三是做好《广东财政年鉴（2014）》出版发行工作和《广东财政年鉴（2015）》的专题申报工作。

（三）积极开展《改革开放以来广东财政创造的全国第一》专题文史资料报送工作

按照省政协的要求，征集31个条目、8万字的《改革开放以来广东财政创造的全国第一》专题文史资料，在征求省财政厅8位厅级老领导意见和经各位厅领导审核后报送省政协，并按省政协反馈的专家审稿意见对有关稿件组织相关单位进行修改完善。

（科研所供稿，丁丽芸执笔）

农业综合开发评估

2014年，省农业综合评估中心（以下简称省农评中心）积极落实省财政厅党组关于财政改革与发展各项决策部署，在农发项目评审制度机制创新与党风廉政建设等方面取得新突破。

一、抓创新，求实效

（一）健全业务制度

组织修改并完善《广东省农业综合开发项目评估实施细则》、《广东省省财政厅“农综开发”专家管理实施办法》、《农业综合开发项目评审操作流程》、《现场评审带队人员工作要求》、《项目评审回避制度》、《项目评审保密制度》、《专家评审纪律要求》、《项目评审责任书》、《被评审单位承诺函》等制度，并制订《项目评审廉政公约》等评审业务规范。

（二）创新工作机制

发挥集体智慧，群策群力，在总结以往评审经验的基础上，创新农业综合开发项目评审工作机制。一是评审指标设置突出规范化、科学化要求。对评审指标的设置进行重新梳理规范，主要包括：评审指标及其标准的设置要符合有关政策要求，依据充分、系统全面，且操作性强；划分前置性评审指标和量化评分指标两种类型，前置性评审指标的设置主要是便于通过前置性评审将明显不符合立项条件或明显弄虚作假的项目排除在外，提高评审的效率性；量化评分指标则更加注重评分指标和扣分标准设置的科学合理性，要求逐项量化、尽可能统一标准、客观公正，以有利于择优选项。此外，评审指标的设置注重反映全省财政改革的要求，尤其注重符合新修订的省级财政专项资金管理办法的有关规定。二是评审程序突出客观公正与相互制约的要求。在农业综合开发项目评审专家选定上，由农评中心提出业务需求，按照省财政厅专家库管理办法，由厅办公室随机抽取，实行回避制度，并与省财政厅内部有关部门相互配合、相互制约；评审标准由农评中心拟订，政策依据由厅农业综合开发办把关，经厅领导批准并公开印发后执行；具体评审工作由专家依据业务规范独立负责；评审结论由参评专家集体讨论，按多数人意见确定，同时农评中心对专家评审结论进行合规性审核把关；评审结果的应用由厅农业综合开发办结合其他相关因素拟定意见并按程序报批后公开，接受公众的监督。三是评审结果突出项目质量把关和服务工作对象的双重作用。评审中对专家的要求更具体、标准更统一，增强专家意见的客观性、专业性；强化农评中心的规范性审核，提高评审过程的透明度，以保证项目质量。通过对存在问题和专家建议的意见反馈，促进市、县农发部门组织项目单位进一步提高项目编报质量。

（三）按时按质完成年度评审任务

2014年，先后完成11大类366个项目的评审工作，包括：2013年度省级农业综合开发油茶项目10个；2014年度国家农业综合开发财政补助项目（第二批）24个，国家农业综合开发存量资金及增量资金土地治理项目（第二批）50个，省级农业综合开发土地治理项目19个；2015年度国家农业综合开发产业化经营滚动计划项目107个，土地治理滚动计划高标准农田建设项目109个，现代农业园区试点滚动计划项目3个（包含34个子项目），供销合作总社新型合作示范年度滚动计划项目13个，国家林业局名优经济林等示范滚动计划项目17个，农业部专项项目13个；汕头市申请变更2013年龙头企业带动产业发展项目建设地点现场核查项目1个，较好完成年度农发项目评审工作任务。此外，农评中心还主动承接省财政厅农业处的委托，组织开展对2014年度省级林火远程视频监控系统建设项目专项资金分配方案的材料审核。

二、抓廉政，严纪律，加强廉洁评审风险防控

（一）抓评审专家的廉政管理

一是制度上，严格按照《广东省财政厅专家库管理办法》和《广东省财政厅专家库管理内部操作规程（修订）》等有关规定，采取随机方式抽选评审专家；同时结合实际，修订完善《广东省财政厅“农综开发”专家管理实施办法》等一系列制度规范，对专家分类和使用方向、专家入库要求、专家权利和义务、专家回避、工作规范等，进一步明确了具体要求。二是具体措施上，与评审专家签订

《项目评审责任书》、明确评审职责，加强对专家参与评估工作的纪律要求，对不符合条件的专家以及评审过程中违反评估工作纪律等的专家坚决予以清除或列入“黑名单”；充分利用评审培训班及有关评审会议，向专家宣传并强调评审纪律尤其是廉政纪律的具体要求，不断强化专家廉洁评审意识。

（二）对评审对象提出廉政要求

省农评中心通过印发评审通知，采取与基层财政、农发部门签订《项目评审廉政公约》、要求项目单位签订《被评审单位承诺函》等形式，以书面形式明确基层财政、农业综合开发部门及项目单位在评审特别是实地考察环节必须配合并履行廉政评审的纪律要求，明确对于违反评审纪律有关要求的，所申报项目将实行一票否决。

此外，省农评中心还要求基层农业综合开发办及项目单位对中心干部及专家赴实地开展项目评审等工作时予以监督，及时反馈有关情况，强化相互监管。

（省农评中心供稿，刘强执笔）

注册会计师行业管理

2014 年度，广东省注册会计师行业实现业务收入 61.11 亿元，位列全国第三，比 2013 年度增长 2.24%。业务收入 1 亿元以上（含）会计师事务所共 14 家，1 亿元以下 1 000 万元以上（含）事务所共 66 家（其中总所在省外的分所 33 家），1 000 万元以下 500 万元以上（含）事务所共 89 家。

截至 2014 年 12 月，全省有事务所 820 多家，位列全国第一；从业人员 2.3 万人，其中：执业注册会计师 8 650 多人，位列全国第二，非执业会员 10 367 人。

一、深入开展“人才队伍建设年”活动，深化人才培养工作

（一）部署行业“人才队伍建设年”主题活动

省注协党委和省注协联合制订印发“人才队伍建设年”主题活动实施方案，提出 6 大方面 18 条行业人才培养措施，加强行业高端人才选拔、基础人才培养、后备队伍建设等。《中国会计报》以《积极探索　锐意进取　做好行业人才队伍培养工作》为题报道了广东省行业开展人才培养工作的做法。

（二）制订年度继续教育培训计划

以新业务培训为抓手，以培养注册会计师的职业精神、职业技能和服务国家建设的能力为重点，分层次、多角度制订培训计划。

（三）利用信息化手段推进网络教育

与上海国家会计学院合作开发广东省注册会计师继续教育网络培训平台，向全省所有注册会计师和非执业会员开放，提高培训便利性、全面性、实效性。

（四）做好执业会员后续教育培训

2014 年，全省（不含深圳）共举办各类培训班 21 期（次），培训注册会计师约 6 000 人，注册会计师继续教育完成率达 99%。

二、积极落实扶持措施，推进事务所做强做大战略

（一）落实做强做大扶持措施

及时向全省 12 家符合自办培训资格的事务所拨付 2013 年度补助经费 15.8 万元，拨付专项补助经费 420 万元支持地方协会发展，在后续教育专项基金中划拨 42 万元促进注册会计师后续教育培训。

（二）着力应对商事制度改革

自 2014 年 3 月 1 日起，国务院正式施行《公司注册资本登记管理管理》、《注册资本登记制度改革方案》为主要内容的商事制度改革。省注协高度重视，积极召开座谈会并到省工商局、各地注协及事务所开展调研交流活动，听取各方意见，研究应对措施。

（三）组织完成 2014 年度事务所综合评价工作

及时公布 2014 年度广东省事务所综合评价排名及各市事务所排名，连续第 12 年发布事务所综合评价全省前百家信息。

三、切实提升服务质量，做好会员管理和服务工作

2014 年，全省（不含深圳）应参加年检 5 684 人，通过年检注册会计师 5 492 人，不予通过年检 192 人。

2014 年，省注协召开 6 次注册管理委员会会议，共批准注册会计师注册（不含深圳）426 人，对 117 名拟担任事务所股东（合伙人）的注册会计师进行评审，通过 109 名。共办理非执业会员入会及注册会计师转非执业 486 人、注册会计师转所 437 人、非执业会员转会 90 人，为 20 多名非执业会员换发新证。

根据省财政厅有关职能转移的要求，省注协做好事务所年度报备书面报备和网上报备工作，及时对 86 家事务所法人、地址、股东、合伙人的变更信息进行了网上系统操作。

四、树立“考生友好型”理念，圆满完成 2014 年全国注册会计师统一考试组织工作

（一）组织开展考试报名工作

2014 年，全省专业阶段考试报名人数为 67 580 人，六科合计 177 854 科次，人数和科次同比增长 4%；综合阶段为 2 981 人，与 2013 年比较创历年新高，英语测试 80 余人。

（二）圆满完成 2014 年全国注册会计师统一考试工作

2014 年 8 月 23 日、9 月 13－14 日，省考办分别举办广

东省2014年度注册会计师全国统一考试综合阶段考试和专业阶段考试并圆满完成任务。2014年，全省通过专业阶段考试共11 814科次；通过综合阶段考试共1 776人，通过率达80. 18%。

五、努力完善监管机制，实施执业质量检查工作

（一）建立联合检查机制

与省财政厅监督管理局协同配合，建立“一联合、五统一”工作方法，即联合发文，统一制定检查方案，统一检查内容，统一组织检查队伍，统一实施检查，统一后期审理标准，发挥联合监管优势，加大检查工作力度。2014年，根据检查发现问题及专家论证结果，对5家事务所、10名注册会计师提出公开谴责的惩戒建议，对5家事务所、2名注册会计师提出通报批评的建议提交惩戒委员会审议，对2家事务所、2名注册会计师做出责令书面检讨的行业惩戒。

（二）建立行业常态化日常监管机制

通过日常监控信息分析确定日常重点监控对象，对发现异常执业的事务所及时采取约请谈话提醒、暂停网上自动报备等方式加强对重点监控对象的风险防控。2014年，共对24家存在风险点的事务所约请谈话提醒、暂停3家事务所网上业务自动报备、受理并调查处理群众投诉7件，协助财政部门对2家事务所信访问题进行核查。

（三）利用防伪报备系统实施质量监控

通过实时监控事务所的收费信息，对低于政府指导价的特殊报备业务进行人工审核，防止不正当低价竞争。及时审核事务所业务报备，对符合要求的事务所准予出具审计报告，防范执业风险。2014年，事务所服务企事业数量众多，共为广东省各类企事业单位出具审计、验资业务报告23万余份。

六、积极谋划“一体化”思路，推进行业信息化改革工作

制订行业信息化改革方案。成立广东省行业信息化工作小组，以深化行业信息化改革为统领，在行业原有信息化建设实施方案基础上拟定信息化改革方案。

指导相关单位建设门户网站。支持实力强、经验多、效果好的行业软件供应商参与行业信息化建设，指导市注协及中小型事务所等97个单位注册互联网域名并建设门户网站。

推进协会办公OA优化和信息共享工作。继续向省财政厅监督检查局开放共享会员信息、执业质量检查工作信息、业务报告报备信息；与审计厅综合评价处签订保密协议并为其设立账号，根据协议对省审计厅开放会员部分数据信息。

七、推进工作作风建设，提升行业自律管理水平

加强党风廉政建设。积极推进注册会计师行业管理权力运行程序化和公开透明，梳理优化50项省注协工作流程，主动公开会员办事程序，强化廉洁意识和服务意识，深化廉政风险防控体系建设。

加强自律运作机制建设。2014年，共召开常务理事会2次、省注协办公会议12次、专门（专业）委员会10余次，修订行业制度办法和工作规则，通报行业重要工作。

加强协会财务管理。编制省注协秘书处2015年收入预算、经费支出预算和部门工作预算，筹划支出安排；稳妥推进省注协绩效收入分配改革。

八、密切对外交流合作，扩大行业影响力

组团赴国（境）外参加“香港会计界庆祝六十五周年国庆联欢晚会”、“2014年海峡两岸及港澳地区会计师行业研讨会”和“第十九届世界会计师大会”等。

开展《广东注册会计师》的编辑出版工作，2014年共编制行业党建工作简报18期，在中国注册会计师协会、省财政厅、省注协门户网站等网站发布上网信息和宣传工作动态100余次，在《中国会计报》宣传广东行业人才队伍建设成果1次。

（省注册会计师协会供稿，林壮镇执笔）

资产评估行业管理

2014年，省资产评估协会（以下简称省评协）着力完善行业制度体系建设、加强评估机构管理、规范评估市场和促进行业人才队伍发展，促进资产评估行业管理工作上新台阶。

一、加强制度建设，推进行业依法治理

（一）完成《广东省资产评估协会章程》（以下简称《章程》）的修订

《章程》修订于2013年5月起经过多次完善，于2014年6月16日经省评协会员代表表决通过，并经省财政厅审查同意、省民政厅备案核准后生效执行。主要修改内容有：一是《章程》第二章“职责”部分增加协会承接相关政府转移、委托及购买服务的内容。二是《章程》第三章“会员”部分将团体会员细分为当然团体会员（经批准在广东省行政区域内设立从事资产评估业务的机构为当然团体会员）和联系团体会员（相关行业管理部门、教学科研机构、社会团体、其他企事业单位，承认章程，经申请批准，可成为联系团体会员）两类；个人会员由原规定的执业个人会员及非执业个人会员两类修改为五类，新增资深会员、联系个人会员和名誉会员三类。三是增加专门委员会的内容。四是结合协会实际情况，修改和完善其他章节个别条款。

（二）制定各类行业管理制度

为促进行业健康发展，省评协积极推进行业依法治理

的深入开展。一是为规范资产评估机构评价行为，研究制定《广东省资产评估机构综合评价办法》。该办法在总结行业发展和历年综合评价工作的经验和基础上，借鉴其他协会的评价办法，经多方征求意见，反复讨论与研究，并结合2014年上半年中评协组织的开展全国资产评估机构综合评价工作，有针对性地选取大中小型不同类型资产评估机构的综合评价数据进行了测试。二是为规范行业投诉举报处理工作，制定《广东省资产评估行业投诉举报处理工作暂行办法》。三是为规范协会专家库管理，制定《广东省资产评估协会专家库管理办法》，明确入库专家的条件、专家的权利义务、专家清退条件等日常管理内容。

二、狠抓行业监管，促进行业健康发展

省评协在2014年继续抓好以下四方面的重点工作：一是做好资产评估机构年度报备工作。2014年，全省应参加报备机构195家，参加报备机构187家，报备合格177家，未参加及不合格机构18家。经省财政厅复核，对14家机构作出限期整改的决定。二是做好注册资产评估师年检工作。2014年，全省应参加年检注册资产评估师1 448人，通过年检1 371人，暂缓通过12人，未参加年检59人，未通过年检6人。三是开展执业质量检查工作。省评协制定《广东省2014年资产评估行业执业质量检查工作方案》，精心部署自查、抽查和专项检查三个阶段的工作，对28家机构开展实地检查，对发现的问题及时进行纠正处理。四是全面摸查广东省资产评估机构2013年度业务报备情况，组织开展广东省2012－2014年资产评估新业务报备工作。

三、抓住改革机遇，促进行业转型升级

（一）做好资产评估收费改革前期调研工作

根据国家发展改革委的要求，2014年底国家指导地方放开资产评估、会计审计等中介行业的收费。为顺利推进资产评估收费改革工作，省评协于2014年7月着手对2012－2013年的收费政策执行情况进行了调研，参加调研机构有154家（其中，深圳市28家），占全省机构总数80%。对经营情况进行分析发现，154家机构的人员配备情况、业务承接情况、经营情况，2013年度比较2012年度虽然增长幅度不大，但是总体呈现出平稳的增长趋势。其中，2013年度的业务收入累计数和平均数均比2012年度增长6.5%。

（二）做好评估业务拓展工作

1. 进一步加强与省知识产权局的交流合作。9月，协助省知识产权局做好知识产权评估推广项目及知识产权运营机构培育试点项目申报工作，共同探索资产评估机构与知识产权服务机构的合作模式。

2. 承接专项资金使用绩效评价工作。作为第一批广东省省本级社会组织承接政府职能转移和购买服务的单位之一，省评协继续承接多项财政资金项目的评审、验收、绩效评价、后续管理等工作，截至2014年10月，承接财政资金绩效评价项目金额24亿元。

3. 协助中国评估协会开展水资源资产和水利资产评估调研工作。着重对具备水资源资产的地区，如河源、清远、韶关、潮州等地，结合机构报备情况进行调研，对存在类似业务的机构逐一进行电话查访，形成《广东省水资源资产和水利资产评估等相关工作调查情况报告》上报中评协。

4. 积极开展新业务拓展调研工作。多次组织行业专家开展绩效评价、政府购买服务等专项调研工作，以及行政事业单位资产管理、涉税评估等领域的评估实践，为广东省评估行业支持政府管理、参与社会管理提供专业咨询和技术服务。

四、强化人才培养，保证行业持续发展

（一）建立健全行业人才培养模式

2014年，广东省资产评估行业人才队伍平稳发展且稳中有进，主要体现在：一是行业人才管理制度体系初步形成。按照《中国资产评估行业人才培养及队伍建设规划》、《广东省行业人才发展规划》等统一部署、规划和指导行业人才发展工作，以《广东省资产评估协会专家库管理办法》等管理制度，具体规范和完善行业人才管理工作。二是人才培养体系基本形成。构建“学历教育、准入教育、继续教育”三个阶段，“高端人才、管理人员、执业人员”三支队伍，以及“院校、协会和资产评估机构”三个层次的人才培养体系，基本实现人才培养多层次和全覆盖。截至2014年底，广东省共有资产评估机构147家（不含深圳，下同）、注册资产评估师近1 500名、从业人员4 000名。三是校协合作模式已经形成。2014年，省评协与暨南大学经济学院签订《广东省高等学校创新能力提升计划合作协议书》，成为共同建设经济类高层次应用型人才协同育人平台的核心协同单位之一。

（二）重点开展高端人才及后备人才的培养工作

一是做好协会专家库建设工作。根据《广东省资产评估协会专家库管理办法》的要求，2014年4月，专家库面向全行业及有关单位征集专家，共有167名专家申请入库。经审核并经第三届常务理事会第二次会议表决通过，确定92名专家入库。二是做好行业后备人才的培养工作。主要与省内高校合作，加强资产评估学科建设和理论研究。2014年11月，与暨南大学经济学院联合召开资产评估专业硕士课外导师敦聘会，共10位注册资产评估师被该院聘用；12月，与广东财经大学联合举办资产评估专业学生供需见面会。广州、惠州、珠海、佛山等地的资产评估机构和高校学生踊跃参会。

（三）认真做好后续教育培训工作

2014年，省评协共开展5期注册资产评估师继续教育培训班，培训注册资产评估师（含岗前培训人员）1 449人次。为进一步提升后续教育培训工作，省评协还积极组织后续教育师资培养工作。2014年，经审核筛选，省评协推荐44名评估师参加骨干班培训。同时，认真做好中国评估协会师资培训班推荐、联络工作。2014年4月，推荐缪远

峰、周丽2人作为广东省师资参加中国评估协会举办的行业师资培训班；8月，积极联系组织广东省相关院校老师参加中国评估协会开展院校师资培训班。

五、做好日常工作，提升服务会员能力

一是做好机构审批和管理工作。协会全年网上审核机构设立（注销）事项76件，批准16件；网上审核机构变更备案事项105件，批准41件，处理省财政厅转来有关行政审批事项会签件9件。二是做好注册、转所等日常管理工作。协会全年完成评估师注册申报80人，办理评估师转所变更136人，批准10人成为中评协非执业会员，为非执业会员换发新证4个，为机构业务投标出具无不良执业记录证明112份，开具业务咨询意见函16份。开展评估师执业证书换证统计工作，为932名评估师换发证书。

六、加强行业宣传和交流

2014年7月，省评协与广东财经大学财政税务学院在广州举办“中国梦，评估梦，我的梦”主题演讲比赛活动。

2014年，协会印发《广东资产评估》期刊3期，共1 000册，内容涉及协会建设、行业制度建设、专业文摘、行业文化及机构动态等内容，及时向会员传递行业信息，实现信息互享。

（省资产评估协会供稿，黎雪瑜执笔）

财政职业技术教育

2014年，广东省财政职业技术学校深化教育教学改革、加强校企合作、开展职业培训、突出办学特色，在工作中强化责任、优化措施、务求实效，较好地实现学校规模、质量、效益三者的协调发展。

一、扎实推进党建工作，抓好载体，提升水平

（一）以专题读书活动为载体，提高党性修养

2014年5－6月，开展专题读书活动，积极动员广大党员干部阅读《用心去工作》、《把工作做到位》等书，并撰写读书心得，交流读书感悟。6月底，成功举办了用心去工作读书汇报会。

（二）以群众服务活动为载体，密切党群关系

按照省财政厅直属机关党委的统一部署，制定《广东省财政职业技术学校关于开展在职党员到南岭村委为群众服务的工作方案》，到所在社区开展“相约南岭政策法规宣传”、“爱我家园环境卫生整治活动”、“访疾苦送关心”、“谈心交流民意收集”、“文化下乡”等系列服务活动。

（三）以廉政教育活动为载体，营造良好氛围

组织全体教职工观看了纪律教育警示片《蚁贪之祸》和《沉沦》、大型历史纪实片《信仰》以及师德教育片《张丽莉》，组织各支部党员参观广州市爱国主义教育基地、反腐倡廉教育警示展厅等活动。

（四）以依法治校活动为载体，构建和谐校园

根据省教育厅《关于印发〈广东省开展创建1 000所依法治校示范校实施方案〉的通知》，对照《广东省依法治校示范校认定标准》，制定《广东省财政职业技术学校依法治校工作实施方案》，在校内进一步加强法制宣传教育，并开展章程建设，修订与完善各项规章制度等。

二、认真落实阶段性工作，统筹协调，促进全局

（一）积极推进广东财贸职业学院筹建工作

认真贯彻落实省财政厅党组关于筹设广东财贸职业学院的工作部署，推动筹建工作有序开展。9月，经省财政厅授权，校长张新华作为广东财贸职业学院（筹）的代表与清远市土地储备局签订《用地框架协议》；11月，召开专家论证会，研讨《广东财贸职业学院（筹）项目建设规划报告》；12月，对建设规划进一步调整与完善。

（二）精心组织办学成果展示活动

按计划举办省财政学校办学41周年暨庆祝龙归建校35周年系列活动，充分展示学校办学41周年、建校35周年的发展历程和工作成果。举办师生游园、专题文艺晚会，开展纪念作品征集和校友录编辑等工作。

（三）优化完善人事岗位设置

结合未来发展方向和岗位实际情况，制定《广东省财政职业技术学校岗位设置实施方案》，严格按照国家、省岗位设置和人员聘用文件规定及《关于广东省财政职业技术学校岗位聘用结果的复函》，做好人员聘用和聘后管理，促进学校教育事业发展。

（四）规范财务收支管理

制定《广东省财政职业技术学校公务接待管理办法》和《广东省财政职业技术学校差旅费管理办法（试行）》，规范公务经费开支，完成财政预算资金执行、“三公”经费执行的审计工作。

三、切实抓好质量管理，突出重点，确保成效

（一）重技能，提升专业能力

加强各种专业技能训练，组织师生参加各级各类专业技能竞赛，以赛促教、以赛促学。2014年，共举办专业技能竞赛项目27个，参加人数达3 494人次，产生了462项个人奖和5项班级团体奖。在广东省中等职业学校财经类技能大赛省属选拔赛中，财务会计系代表队参加并荣获企业经营（沙盘模拟）团体赛项目一等奖、手工会计无纸化项目团体赛二等奖以及1人获会计电算化项目个人二等奖；在“航信杯”全国大学生财税技能比赛、“航信杯”财税技能大赛（广东赛区）中，学生代表队分别荣获三等奖、实操示范奖；在第四届“外研社杯”全国中等职业学校英语教师教学技能大赛中，两位教师分别撷取了特等奖和二

等奖。

（二）重教研，深化教学改革

开展常态性的示范课、观摩课、学科研讨会等教研活动，对2014级各专业教学计划调整、在财经类专业的通用能力模块中增加财经应用文和统计基础知识两门财经类专业基础课等问题进行探索研究。继续推进任务引领式课堂教学模式的运用，深入开展理实一体化的教学研究，从教学环境、教学方法、教学资源与开发方式等方面加大实践教学比重，转变课程功能及学生学习方式，推进会计、财税、市场营销、金融、汽修等专业工学结合的学习与实习方式，定期组织学生到企业参观学习、实习与实训，培养学生的动手操作能力与实践能力实现学生职业素质和企业需求的无缝对接。

（三）重合作，深化联合办学

加强校企合作，与深圳德永信税务师事务所合作举办2014级“德永信”订单班，以企业需求为目标定向培养人才，并于6月举办2014年合作办学经验交流暨人才供需见面会。开展校校合作，继续与罗定素龙中学、普宁职业技术学校等学校进行联合办学，为区域经济建设培养、输送更多专业技术人才；与广州民航职业技术学院联合实施“3+2”人才培养模式改革；与中南财经政法大学、广州市电视大学合作，开设会计、金融和电子商务专业大专预科班，提升培养层次，学历教育成为发展新增长点。

（四）重服务，拓展社会功能

积极发挥广东省财政干部教育培训基地的服务职能，以对外培训业务为切入点，有序组织各种教育培训工作，开展会计人员继续教育，开办会计初级职称考前辅导班、财政干部培训班等。

四、有效开展学生工作，创新形式，丰富内容

（一）抓思想教育促养成

以班主任德育管理工作为纽带，建构家校联通机制，加强学生思想教育。防微杜渐，完善矛盾纠纷调查处理工作制度，及时、妥善处理与化解学生各种纠纷与矛盾。丰富“国旗下的讲话”活动的形式与内容，结合重大节日和纪念日开展教育活动；发挥校园广播站的宣传和引导作用，使思想教育工作“软着陆”，增强学生规则意识，促使学生养成良好习惯与形成优良作风。

（二）抓文化建设促校风

以精神文明建设为核心，以环境文化建设为基础，以加强学生社团建设为重点，进一步丰富校园文化的内涵，促进校风建设。2014年，组织开展学生工作交流会、“文明风采”竞赛、礼仪“三字经”竞赛、文学讲座等各类社团活动以及心理团体辅导活动。组织参加第十一届全国中等职业学校“文明风采”竞赛活动，学生共提交参赛作品132件，在全省复赛中有2件作品获一等奖，15件作品获二等奖，25件作品获三等奖，另有15位指导老师获得优秀指导老师奖；学校荣获该项赛事的全国“优秀组织奖”。

（三）抓素质教育促发展

寓教于乐，推动素质教育的深入实施。面向全校学生开展“走下网络、走出宿舍、走向操场”主题活动，筹办第32届田径运动会；举办校园文化艺术节、“财校之星”比赛、手工艺制作比赛、蔬果拼盘比赛、篮球比赛、棋艺比赛等一系列活动。

（四）抓安全防范促平安

严格执行校园出入规定，组织好值班，特别是寒暑假及其他法定节假日的干部轮值；不定期组织校园安全隐患大检查，排查安全隐患。2014年，对全校的消防器材进行全面更换、整改、升级，在广东消防网建立户籍化管理系统。同时，组织保卫管理人员学习安保知识，对学生进行国防、法制、消防等安全教育活动。

五、不断优化服务职能，规范运作，提供保障

（一）加强膳食及卫生管理

关注学生的饮食卫生和质量，加强安全监管，确保膳食供应的安全，5月、12月分别举办健康、卫生知识讲座；4月、11月分别召开膳食服务工作座谈会。

（二）优化学习、生活环境

进一步完善基础设施建设，进行学生宿舍以及部分课室的改造工作，修建汽修实训大棚，进行营销实训室的规划设计与建设工作等。同时，加强学校各种软件建设和图书馆文献信息资源建设；开展“清洁环境卫生，净化美化校园”活动。

（三）提供有力的信息技术支持

做好实训设备、电教设备及配件、耗材的采购以及校园网络和各类实训室以及多媒体电教设备、广播音响的管理与维护，并为学校重大活动的顺利开展与圆满完成提供有力信息技术力量支持。

（省财政职业技术学校供稿，陈培元执笔）

会计函授职业技术教育

2014年，广东省会计函授职业技术学校（以下简称省函校）牢固树立服务意识，规范管理，扎实推进各项工作，完成了各项工作任务。

一、全面推进农村财会人员财政支农政策培训

（一）立足基层，创新教研

2014年，从师资库抽选人员组成4个教研组开展7次教研活动，深入到镇、村，与村会计人员、镇（村）干部座谈调研，研究开发了财政支农政策讲解、村会计（村报账员）业务培训、村干部业务培训、代理会计业务培训四大类16个专题培训菜单。教研组还率先开发了“村集体经济组织会计基础操作”教学视频，探索解决基层“缺师少

书”问题。

省师资库相关成员与华南师范大学共同完成了财政部中华会计函授学校的《财政基层培训教材体系建设——农村财会人员财政支农政策培训教材体系建设》课题研究。在2014年度全国财政基层培训工作会议上，省财政厅被总校评为农村财会人员财政支农政策培训绩效考核先进单位；在2014年度全国财政基层培训课件（教案）征集评选活动中，省函校获组织奖，选送的《农民专业合作社》课件荣获二等奖。

（二）专题培训，多元提升

在阳江市、清远市举办2期师资培训班，邀请著名培训师专门进行TTT培训，来自全省的师资及管理人员共274人参加了培训。在北京国家会计学院举办师资库的培训班，组织师资共37人参加学习。

（三）注重绩效，强化考核

开展了2014年度财政支农政策培训绩效考核工作，采用各市自评与实地考核相结合的方式进行。省培训工作领导小组抽取6个地级以上市及2个省财政直管县进行实地考核，根据各市培训完成情况，结合培训绩效，完成对各市考核的初评工作。此外，根据各市培训完成情况、考核结果分别拟出中央、省级培训补助资金的分配方案。

（四）精心指导，绩效明显

指导全省各地开展财政支农政策培训工作。认真做好年度培训计划、落实培训经费、举办师资培训、指导《财政基层培训信息管理系统》使用、教材征订发放、培训考核评价等工作。2014年广东省农村财会人员财政支农政策培训共完成培训46 871人，其中村级会计人员16 051人，村干部17 840人，代理机构会计人员1 913人，培训民主理财人员3 012人，其他8 055人，完成全年培训计划的136%（2014年全省培训计划34 285人），平均为每个行政村培训2.36人。

二、开展会计从业资格考试考务工作和协助做好会计服务大厅管理工作

（一）开展会计从业资格考试考务工作

2014年，网上接受3 219名考生报名参加从业资格考试，现场受理6 056名考生确认报名（其中，报考三科的省属单位人员4 870人，2014年前过渡政策报考的考生1 186人）。为14 002人次安排考试，其中参加考试12 604人次，合格3 422人。

（二）协助做好会计服务大厅管理工作

受理10 246名会计从业资格申领业务，完成850份从业资格变更业务，2 175份档案调转业务，1 013份继续教育登记，150份从业资格遗失补办业务。受理高级会计师考试报名资料774份。完成咨询服务109 859件，其中，回复网上读者来信6 979份，接听电话咨询102 880件。为全省各地市开展会计从业资格考试生成试卷391 284份。

（三）主动参加省直机关志愿服务岗活动

从3月起，会计服务大厅利用每周五中午休息时间，为前来办事的群众办理日常业务。3－4月，增加周六作为对外服务时间，方便群众在休息时间内前来办理业务。

（四）针对行风评议活动进行整改

一是及时建议把发送测评短信的环节分别设置在群众报名确认和领取证书后。二是对候考条件设施不完善的考点要求整改。三是强化电信热线接线员的业务知识培训。四是进一步简化办事流程、缩短办事时限。五是建立不满意短信回访制度。六是增加现场办事满意度测评器。七是加强人员培训和考核。八是完善各项制度。起草《会计服务大厅实习生管理办法》、《会计服务大厅合同制工作人员管理办法》、《会计服务大厅文明服务规范》、《会计服务大厅内部运行管理规程》、《会计服务大厅工作岗位设置及职责》等规章制度。

（五）落实厅党组《关于对陈炳坤案有关责任人员进行问责的决定》

组织服务大厅、省函校全体人员召开会议，要求全体人员认真领会文件精神，并要求全体人员以陈炳坤案为戒，结合自己的工作岗位，从主观上找原因，深刻进行思想剖析；要求对曾经办虚假会计证有关材料审核各个环节工作人员在会上作出深刻检讨，并会后递交书面检讨至省函校。

三、做好综合管理和深入开展党风廉政建设工作

一是在全面梳理各项规章制度的基础上，制定《广东省会计函授职业技术学校财务管理实施细则》，完善学校内部管理。二是做好财务管理工作。按照零基预算改革的要求，做好2015年预算编制报表的编制、撰写编制分析报告等工作，努力提高预算编制的规范性和准确性；完成决算报表编制审核分析工作；配合厅办公室全面开展会计信息质量检查工作，对会计基础工作、年度决算情况、财政收支管理和使用情况等进行全面自查，加强监督检查。三是公文处理规范有序。坚持在公文处理时效和质量上下工夫，切实保证在公文流转及时、衔接有序。全年累计上报各部门文稿达100多份。高效完成公文制发、打印排版约100多份。四是认真做好人事管理工作。为贯彻落实省事业单位岗位设置和人员聘用的文件精神，建立健全省函校岗位管理制度和聘用制度，研究起草省函校岗位设置实施方案和专业技术岗位选聘方案；配合厅人教处做好2013年第二次人员招聘和录用的相关工作。

（省会计函授职业技术学校供稿，关坤翘执笔）

专　题

新一轮深化财税体制改革

2014年，省财政厅扎实推进各项财政改革。省委、省政府部署省财政厅作为第一牵头单位的38项改革任务中，有21项已全面推开并取得了阶段性成果，有6项出台了改革方案正在部署推进，有11项完成了调查研究；作为第一牵头单位的13项改革试点中，有6项已经部署开展，有3项正抓紧推进，有4项正在积极争取中央支持。

一、财税体制改革总体设计方面

（一）印发实施《广东省深化财税体制改革率先基本建立现代财政制度总体方案》

按照中央和省委、省政府改革部署以及中央《深化财税体制改革总体方案》精神，广泛开展调研论证，认真组织起草文稿，以省政府名义印发实施《广东省深化财税体制改革　率先基本建立现代财政制度总体方案》，明确广东省新一轮财税体制改革的路线图、时间表以及总体目标，提出以改进预算管理、明晰事权和支出责任、构建地方税收体系、推进基本公共服务均等化、公平配置政府公共资源为重点，全面深化财税体制改革，力争率先基本建立现代财政制度。

（二）起草系列重要改革文稿

起草《广东省关于深化预算管理制度改革的意见》、《广东省建立省以下事权和支出责任相适应制度改革试点方案》、《政府公共资源向各类投资主体公平配置实施办法》和《关于加强广东省政府性债务管理的意见》等重点改革文稿。

二、财政体制改革方面

（一）健全完善生态保护补偿机制

修订《广东省生态保护补偿办法》并以省政府办公厅名义印发实施，着力完善广东省生态保护补偿机制，增强重点生态功能区和禁止开发区所在地政府提供基本公共服务的能力。

（二）完善一般性转移支付政策

制定《广东省财政一般性转移支付资金管理办法》，从一般性转移支付的设立、调整和撤销、管理责任、使用范围、预决算管理、监督检查、绩效评价、信息公开、奖惩等方面规范省财政一般性转移支付资金管理。

（三）推进省以下事权和财政支出责任改革

向省委书记胡春华等省领导进行专题研究成果汇报，对2015年试点领域事权的置换调整进行详细测算，起草相关改革文稿并反复修改完善，两次呈报省经济体制和生态文明专项小组审议、两次呈报省政府常务会议审议。

三、税制改革方面

（一）推进完善地方税体系

按照中央税收制度改革部署，开展地方税体系调研，提出构建地方税体系的有关政策建议，草拟广东省地方税体系建设初步方案，并向财政部提出申请开展相关税制改革试点，争取培育地方主体税种。

（二）进一步推进营改增扩围

根据中央统一部署，将邮政业、铁路运输业和电信业纳入营改增试点。截至2014年12月，广东省营改增试点户数超过67万户，试点纳税人整体减轻税负191.73亿元，试点减税面超过98%。

（三）做好中央系列税制改革准备工作

制定配合中央推进税制改革方案，收集整理个人所得税改革、消费税改革的意见建议并上报财政部；组织对消费税改革、房产税改革、资源税改革、环境保护费改税改革等的调研，提出相关建议供财政部参考；积极参与《中华人民共和国环境保护税法（送审稿）》立法工作。

（四）清理规范税收等优惠政策

根据国务院、财政部关于清理规范税收等优惠政策的有关要求，经省政府同意，印发广东省清理财税优惠政策实施方案并成立联席会议，省财政厅配套出台《广东省财政厅清理规范税收等优惠政策实施方案》，组织开展清理规范税收等优惠政策工作培训。

四、预算管理改革方面

（一）推进预算编制改革

结合2015年预算编制工作，加大基金预算、国资预算与公共预算的统筹力度，建立健全定位清晰、分工明确的政府预算体系；推进细化全口径预算编制，省级总预算和部门预算全部细化到支出功能分类的项级科目；改变“基数+增长”的传统编制模式，选择省财政厅、省司法厅等6个部门开展零基预算试点，建立财政供养分类定员定额标准体系，完善保障重点、绩效优先的项目评估机制；提高预算编制精准度，严格预算科目、级次编报，细致划分支出功能分类科目，增加编列支出经济分类科目；完善预算决策征询机制，围绕预算编制累计征询1 030人次，收集意见455条。

（二）完善省级国有资本经营预算管理

草拟《关于进一步完善省级国有资本经营预算管理的实施办法》，逐年提高国有资本收益上缴公共财政比例，将2014年省属国有企业收益上缴比例提高到15%，2015年提高至20%。加大省级国资预算民生投入，将2015年省级国有资本经营预算资金调入一般公共预算4.81亿元，占当年省级国资预算总收益的21.38%。

（三）清理规范重点支出挂钩事项

制订2014年专项资金清理整合方案，开展2011－2013年专项资金使用及绩效情况摸底调查，提出省级财政专项资金清理整合意见并已征求省直各部门意见，将专项资金清理整合意见纳入2015年预算编制工作。2015年省财政公共预算安排的专项资金已压减至230项。

（四）推进预算信息公开

稳步推进财政信息公开。建立专项资金和基本建设项目预算信息公开制度，及时公开财政总预决算，督促省直各部门按要求公开省直部门预决算和“三公”经费，加强对地方预决算信息公开的指导。截至2014年底，113个省级部门中，102个公开了2014年部门预算、103个公开了“三公”经费预算，21个地级以上市全部公开了2014年总预算及市本级部门预算、“三公”经费预算。

五、财政投入机制创新方面

（一）完善民生领域体制机制

修编《广东省基本公共服务均等化规划纲要（2009－2020年）》，将江门、清远、阳江3个市新增纳入基本公共服务均等化综合改革试点；制订实施《广东省财政厅省十件民生实事办理工作规程（暂行）》；开展农业转移人口市民化成本分担机制研究，探索制定财政转移支付同农业转移人口市民化挂钩的具体办法，争取到在测算均衡性转移支付时，财政部将广东省非户籍常住人口折算比例由原15%提高到20%，进一步加大了中央对广东省非户籍常住人口的转移支付力度。

（二）推进省财政经营性资金实施股权投资管理改革

印发实施《关于进一步完善省财政经营性资金股权投资改革有关工作的意见》。筛选省财政经营性资金股权投资改革试点项目，落实试点资金，2014年选取2批次、32项试点资金，试点金额218.74亿元，参与试点工作的省主管部门9个；推动重大项目资金实施股权投资，2014年省财政安排的支持企业新一轮技术改造资金、高技术芯片项目扶持资金、韩江高陂水利枢纽工程资金、西江北江扩能升级工程资金、棚户区改造省级融资平台资金等均探索采用股权投资方式，着力发挥财政资金的引导和放大作用。

（三）创新财政科技投入机制

对省级科技专项资金进行整合归并。整合后，新设立的基础与应用基础研究专项、公益研究与能力建设专项资金比2014年增加150%；创新专项资金等主要采取股权投资、产业基金、引导性投资、风险补偿、创投联动、研发费补贴等间接投入方式。

（四）创新财政农业投入方式

一是推进农业巨灾保险，选择5个市开展试点，草拟《广东省巨灾保险工作方案》以及5个试点市的《巨灾指数保险方案》。二是创新支持农村合作经济组织发展，对省级农业专项资金进行整合，开展农民合作社“政银保”项目试点，创新扶持方式，吸引银行、保险公司等社会力量广泛参与，并向农业部、财政部申请列入试点范围，着力破解农民合作社融资难问题。三是探索建立按实际粮食播种面积或产量对生产者实行直接补贴试点机制，出台关于进一步做好广东省涉农补贴资金管理工作的意见，全面实行一户一表和“一卡通”。四是健全耕地保护补偿机制和生猪产出大县利益补偿机制，在全省范围内建立和实施了基本农田保护经济补偿制度，建立对生猪产出大县有关免除配套政策。

六、财政管理改革方面

（一）健全专项资金管理体系

启用专项资金管理平台，将282项省财政专项资金纳入省网上办事大厅专项资金管理平台实行统一管理。制定目录管理办法、联席审批办法、信息公开管理办法等配套管理办法及重新制定对各项资金的具体管理办法；印发《广东省省级财政专项资金实时在线联网监督管理办法》，着手实施实行财政、审计、监察、业务主管部门和资金使用单位等对专项资金的申报、评审、分配、拨付、使用、绩效评价、监督检查等环节全过程的实时在线联网监督。

（二）开展财政资金项目库管理试点

印发《广东省省级财政资金项目库管理办法》，设立省级财政专项资金项目库，探索将执行期在3年以上（含3年）的专项资金，可滚动实施或分期实施的财政资金，以及建立跨年度滚动预算机制所需的其他财政资金纳入项目库管理范围，2014年共3 477个项目申请纳入项目库管理。

（三）深化国库管理制度改革

加强省级财政资金保值增值竞争存放管理，完善预算执行动态监控机制，规范预算单位财政资金垫支归垫管理；进一步优化省级财政资金拨付流程，确保财政资金运转高效、安全；开展国库集中支付电子管理改革试点，实现省级国库集中支付电子化（一期）上线目标。

（四）推进财政绩效管理改革

印发《省级财政到期资金使用绩效评价暂行办法》、《广东省财政一般性转移支付资金使用绩效评价暂行办法》，探索开展一般性转移支付综合绩效评价；继续开展基本公共服务均等化绩效考评和厉行节约情况评价；完善评价结果与财政资金安排挂钩机制、评价整改措施备案核查机制、依规将评价结果向社会公开机制等，增强结果应用的公信力和约束力。2014年组织了对2013年度730亿元省财政一般性转移支付资金的绩效评价，对将于2015年到期的23

项、约30亿元省级财政支出项目实施了重点评价。

（五）规范地方政府性债务管理

建立债务风险提示制度，定期对各市县债务风险进行监控；建立偿债准备金制度，积极应对和化解可能存在的财政、债务风险；加大地方政府性债务监督检查力度，推进债务信息公开工作，努力化解存量债务；开展地方政府债券自发自还试点，顺利完成148亿元地方债发行工作。

（六）继续推进政府向社会力量购买服务改革

完善政府向社会转移职能和购买服务的标准体系，制定并以省政府名义印发《政府向社会力量购买服务管理暂行办法》。研究修订培育发展社会组织专项资金相关管理制度。

（七）做好建立省以下法院、检察院财物统管制度改革

按照“依法依规、保障运行、稳妥实施、规范管理”等原则，妥善做好资金测算、财物划转、非税收入管理等工作，推进建立经费保障长效机制。

（办公室供稿，周亚华执笔）

广东省省级财政零基预算改革

按照省委、省政府关于改进预算管理、率先建立现代财政制度的有关部署，为进一步深化预算编制改革，构建科学合理、公开透明、绩效优先、约束有力的一般公共财政预算编制体系，省财政探索试行零基预算改革。

一、基本内涵及总体目标

（一）基本内涵

零基预算，指不考虑过去的预算项目和收支水平，以零为基点编制的预算。是不受以往预算安排情况的影响，一切从实际需要出发，逐项审议预算年度内各项费用的内容及其开支标准，结合财力状况，在综合平衡的基础上编制预算的一种方法。

（二）总体目标

从编制2015年预算起开展零基预算改革试点，分批逐步扩大试点范围，争取到2018年全面推进零基预算改革。通过实施零基预算改革，建立基本支出定员定额标准体系和项目支出保障重点、绩效优先的评估机制，在维持现行预算控制安排水平的前提下，进一步提高年初预算的准确度和到位率，强化预算约束，构建科学合理、细化精准、绩效优先、约束有力的预算编制方式。

二、基本原则

（一）依法依规

严格遵循新《预算法》、《预算法实施条例》和《广东省预算审批监督条例》等法律法规和制度规定，按照省委、省政府的决定、国民经济和社会发展计划、中长期财政规划以及有关的财政经济政策，开展零基预算改革。

（二）明确标准

以人员编制、人员结构、工作性质、现行工资福利政策、资产及设备配置等为依据，建立财政供养分类定员定额标准体系，明确基本支出标准。

（三）保障重点

预算安排根据事业需要和财力状况，分清轻重缓急，保障单位正常运转、履行基本职能，保障落实省委、省政府重大决策部署，保障部门合理的支出需要。

（四）先行先试

选择各领域具有代表性的单位，先行开展零基预算试点工作，并根据试点情况逐步扩面。

三、职责分工

（一）财政部门职责

财政部门牵头负责零基预算改革工作，制订改革试点工作方案；会同试点单位研究制定定员定额标准，选取预算安排项目，履行法定审批程序后批复预算。

（二）试点单位职责

试点单位（以下简称单位）是零基预算编制的责任主体。负责按照改革方案的要求，制订本单位的具体实施方案；研究提出定员定额标准建议，据实编报基础数据信息；根据基本支出定员定额标准和年度工作计划，编制本单位的预算收支计划，按规定的时间报批。

四、编制方法

单位（含本部及其下属单位）全部预算资金纳入零基预算改革范围。预算编制不以往年预算为基数，每年根据试点单位事业发展计划、职责和工作任务，据实合理安排。在维持现行支出水平基本不变的前提下，按照统筹兼顾、突出重点的原则，先保证基本支出，后安排项目支出；先保证重点、急需项目，后安排一般项目。

（一）基本支出（运转性支出）按照政策规定分类分档核定

基本支出指保障行政事业单位机构正常运转、完成日常工作任务、正常履行公共管理和服务职能必需的基本开支，包括人员经费和公用经费两类。基本支出预算实行以定员定额为主的管理方式。同时结合部门资产及设备配置情况，通过实物费用定额标准，逐步实行资产管理与定额管理相结合。

人员经费指维持机构正常运转且可归集到个人的各项支出。人员经费预算根据现行工资福利政策，结合部门编制及实际人员构成等情况据实编制人员经费预算。规范原在部门公用经费中统筹解决的住房改革资金等人员经费资金来源。

公用经费指维持机构正常运转但不能归集到个人的各项支出。公用经费预算按照“分类分档、明确定额、细化类别、动态调整”的方法编制，同一类型同一档次的单位按照同一类型标准核定。根据往年支出情况，结合单位资产占有状况和部门性质核定公用经费，公用经费开支项目细化为人员定额和实物定额。其中：人员定额指以人为计算对象的定额标准，包括差旅费、因公出国（境）费、会议费、福利费、办公及印刷费、邮电费、租赁费、专用材料费、一般购置费及其他费用等；实物费用定额指以物耗为计算对象的定额标准，包括按面积计算的办公用房水电费、维修费、物业管理费以及按车辆台数计算的公务用车运行维护费和购置费。

属于经常性公用经费性质的支出不得在工作经费、专项资金中重复编列。

（二）项目支出按照量财办事、轻重缓急的原则编制

项目支出指部门为完成其特定的工作任务或事业发展目标，在基本支出预算之外编制的年度支出计划。申报项目需进行可行性论证，并明确绩效目标。

项目支出按照以下顺序选取编制预算：（1）国家和省已确定的重点项目；（2）重点民生支出项目；（3）部门必须开展的业务所需专项性业务经费；（4）符合有关政策，具有明确的绩效目标，经部门协商确需安排的项目支出；（5）其他项目。

项目支出按照资金性质，分为专项性工作经费、基建项目和事业发展性支出三类。

1. 专项性工作经费指单位自身开展专项性工作，一次性发生或阶段性发生的业务经费，包括大型会议、大型修缮、大型购置、专项培训、大型设施的专项运行维护等按照项目支出管理的工作经费。专项性工作经费原则上纳入部门预算编制。

专项性工作经费根据部门单位当年开展专项业务的工作要求和任务量，按照“一事一预算”的程序和原则据实核定。具体工作安排标准参照运转类支出中对应标准执行，不形成固定基数。专项性工作任务完成后，预算安排相应取消。专项性工作经费应与固定人员经费、经常性公用经费、专项资金分离。属于补助市县的工作经费，纳入专项资金管理。

2. 基建项目指省级财政资金投资的基本建设项目。此类支出按照基本建设财务管理规定等制度要求编制预算。

3. 事业发展性支出指除单位自身使用资金及基建项目外，由其分管的其他所有资金。主要分为专项资金、普惠性支出及其他支出。

专项资金指按照《广东省省级财政专项资金管理办法》进行管理的财政资金。这部分资金根据专项资金目录编制年度预算。其中，纳入项目库管理的，按照《广东省省级财政资金项目库管理试行办法》规定筛选具体支出项目编列预算。

普惠性支出指对社会个体或特定的群体，按人数、面积、标准等因素计算补贴、补助的支出，主要用于保障社会民生福利和公共服务水平的各项资金。此类支出按照政策规定的补助标准及受益群体数量，按照因素法测算预算安排，并逐步纳入一般性转移支付资金管理。

五、实施步骤

（一）确定试点单位

按照建立事权和支出责任相适应制度、滚动预算、项目库管理等改革要求，结合分领域、有代表性的原则，每年选取试点单位。

（二）编制年度零基预算

省财政部门组织试点单位，按照本方案第二部分规定的编制方法，编制每年度零基预算。

1. 部门预算。纳入部门预算管理的人员经费、公用经费、专项性工作经费，在“一上”环节，由单位根据实际支出需要，据实编列部门零基预算；并报送近三年单位基本情况、定员定额安排标准建议、专项性工作经费绩效目标及测算情况等。财政部门审核并按程序报批后，在“一下”环节，下达定员定额标准及部门预算控制数。单位据此完善部门预算后，在“二上”环节报送财政部门。财政部门履行法定审批程序后，在“二下”环节下达单位。

2. 未纳入部门预算管理的项目预算。未纳入部门预算管理的事业发展性支出和基建项目，由单位每年度 7 月底前，向财政部门报送项目预算及资金用途、支持对象、支持范围、分配方式、管理办法、测算情况、安排期限、绩效目标、绩效评价情况等信息；基建项目另需报送项目建设单位、投资总额、项目建设情况、资金来源、立项情况等信息。其中，纳入项目库管理的资金，按照《广东省省级财政资金项目库管理试行办法》规定编报支出计划。财政部门按照零基预算的要求审核，并履行法定审批程序后，下达预算。

（三）分批逐步扩大试点范围

在开展零基预算改革试点的基础上，及时总结试点经验，分批逐步扩大试点范围，争取到 2018 年全面推进零基预算改革试点工作。

（预算处供稿，肖映波　罗睿　严宏宇　何仲华执笔）

加强一般性转移支付资金管理

2014 年，为改革和完善省以下转移支付制度，提高转移支付资金使用效益，帮助市、县政府更好地落实中央和省的重点工作部署，实现“稳增长、调结构、促改革、惠民生”目标任务，广东省政府印发实施《广东省财政一般性转移支付资金管理办法》（以下简称《办法》），切实加强一般性转移支付资金管理。

一、加强一般性转移支付资金管理的背景

按照中央和省委、省政府的工作部署，广东省级财政积极调整优化支出结构，大力压缩专项转移支付规模和种

类，增加一般性转移支付，力争在2015年底前将省级一般性转移支付占省级财政转移支付支出的比重提高到60%或以上，从而增强市县统筹使用上级财力性补助资金规模。随着省级财政一般性转移支付资金增加、比重提高，如何在赋予市县政府更多理财自主权同时，切实采取措施确保资金依法依规分配使用，提高资金使用效益，成为各界普遍关注的焦点。

二、加强一般性转移支付资金管理的主要措施

（一）明确适用范围

《办法》明确规定，省财政一般性转移支付资金是指为均衡省内地区间财力差距，推动全省经济社会协调发展，促进基本公共服务均等化，由省财政安排给市县政府的中央和省级财力性补助资金。这类资金不规定具体使用项目，市、县政府可以根据地方实际统筹使用，主要包括：均衡性转移支付、激励性转移支付、县级基本财力保障机制奖补资金、重点生态功能区转移支付等10个项目资金，以及公共安全、教育、社会保障和就业、医疗卫生、农林水等专项领域未指定具体使用项目的其他一般性转移支付资金等。

（二）严格审批程序

《办法》对省财政一般性转移支付项目的设立、调整和撤销设置了严格规范的审批程序，除中央和省现行体制已要求设立并明确管理要求的项目外，必须依据法律法规以及国家和省制定的政策，由省财政部门提出申请，按程序报省政府审批。对申请设立、调整一般性转移支付项目的，要明确设立或调整政策依据、主要目标、补助对象和范围、分配办法、资金用途、有效期限、规模测算、资金来源等；对申请撤销一般性转移支付项目的，要明确设立文件、资金安排情况、撤销的政策依据等。

（三）厘清管理责任

《办法》分层次明确了省、市、县三级政府财政部门管理责任，省级主要承担建立完善省以下转移支付制度、组织实施省财政一般性转移支付资金的分配和拨付、落实省级支出责任、建立和落实县级基本财力保障机制等方面的职责；地级以上市主要承担市级和市辖区的支出责任、对县（市）的帮扶责任、执行省制订的分配方案并限时拨付资金等职责；县级主要承担县级支出责任、执行国家和省制定的支出政策等职责。《办法》还明确了用款单位应履行的责任，包括执行国家和省制定的各项支出政策、不得擅自改变资金用途、严格执行预算以及资金使用主体责任。

（四）规范资金使用

《办法》规定，市、县应统筹使用省财政一般性转移支付资金，落实本级政府事权范围内相对应的支出责任，将省未确定具体使用方向的一般性转移支付资金按照有关民生、运转、协调发展三方面支出的先后顺序安排使用，重点确保国家和省出台的各项政策和补助标准足额落实。其中城乡最低生活保障、农村五保供养、医疗救助、基础养老金、残疾人生活津贴及护理补贴、孤儿供养保障等关系社会弱势群体基本生活的底线民生项目优先安排资金。市、县不得将省财政一般性转移支付资金用于违规提高“三公”经费、新建楼堂馆所、形象或政绩工程等6类禁止性支出。

（五）强化预算管理

《办法》规定对省级一般性转移支付资金实行提前预拨、年中下达、年度结算制度。省财政部门将金额相对固定并按因素法分配的资金，于每年11月底前按不低于90%的比例，提前通知市县财政部门，并按一定比例提前预拨；年度执行过程中，省财政部门根据省委、省人大、省政府决定事项以及中央下达一般性转移支付情况和有关因素核算情况等，逐笔下达一般性转移支付资金，及时拨付下级财政部门；预算年度终了后，省财政部门根据当年省与市县财政年终结算办法和事项进行清算。市、县财政将上级下达的一般性转移支付资金纳入本级财政年度预决算，提请同级人大审议，并按规定程序和时限拨付使用。同时，《办法》还要求建立一般性转移支付资金使用定期备案制度，下级财政部门需按季度汇总一般性转移支付资金安排的具体项目，报上级财政部门备案。

（六）细化分配规则

《办法》强调，各级财政部门要按照公平、公正、公开的原则，以国家和省相关政策为省财政一般性转移支付资金分配依据，采用因素法、公式法进行分配，有效约束自由裁量权。财政部门应将省财政一般性转移支付资金的资金规模、分配方案、管理办法等信息在提交同级人大的年度预算报告中说明。同时，除涉及保密要求不予公开外，省、市、县财政部门应将一般性转移支付资金管理办法、分配依据、用款单位、资金使用项目等信息向社会公开。

（七）加强监督检查

《办法》要求对一般性转移支付资金建立监督检查和绩效评价机制。一方面，各级财政和人大、审计、监察部门按规定对一般性转移支付资金管理各个方面进行监督，对存在违规问题的单位和个人依法处理、处罚或处分。同时，省审计、监察部门按照省委、省政府工作部署和年度计划，每年有重点地对一般性转移支付资金管理和使用情况进行审计和监督。另一方面，省级财政部门建立绩效评价指标体系，选取定性指标和定量指标实施评价，并将绩效评价结果作为下一年度一般性转移支付资金分配的重要依据。

三、加强一般性转移支付资金管理的成效

广东省制定的《办法》，从设立审批、分配使用、预算管理、监督检查、绩效评价、信息公开等方面对一般性转移支付资金进行了全面规范，成为继《广东省省级财政专项资金管理办法》之后，又一项加强省级财政资金管理的重要规范性文件，既有利于构建科学规范、完整统一、结构优化的省级财政一般性转移支付制度，又对于均衡省内

地区间财力差距、促进基本公共服务均等化和推动全省经济社会协调发展具有重要作用。

（预算处、地方财政处供稿，肖映波　冯宝璇　罗睿　丘晓敏　谭笑风　黄丹妮　苏晓鸿　毛俊伟执笔）

落实进一步促进粤东西北地区振兴发展的财政政策

为贯彻落实省委、省政府《关于进一步促进粤东西北地区振兴发展的决定》精神，2014年，省财政厅积极发挥职能作用，扎实推动区域协调发展战略的落实，有力促进粤东西北地区振兴发展。

一、促进粤东西北地区振兴发展财政措施的落实情况

（一）着力深化改革，完善省以下财政体制机制

一是落实一般性转移支付政策。按照“保基本”和“强激励”相结合的原则，2014年省财政安排基础性转移支付137.7亿元、激励性转移支付45.3亿元，合计183亿元，比2013年大幅增长32.9%。二是健全县级基本财力保障机制。研究制订广东省2014年县级基本财力保障标准和工作计划，实施市本级奖励、县级新增需求补助、县级加强管理奖励3项措施，省财政安排奖补资金121亿元，比2013年大幅增长28.2%。三是完善生态保护补偿机制。2014年，省财政厅研究制定并报省政府印发了《广东省生态保护补偿办法（修订）》，安排生态保护补偿资金16.7亿元，进一步调动市县保护和改善生态环境的积极性。四是扩大省直管县财政改革试点范围。研究选取了乳源瑶族自治县等9个县作为第四批试点县，从2014年7月1日起开展试点工作。截至2014年底，广东省已将30个县（市、区）纳入省直管县财政改革试点范围，占全省县（市）总数的50%。

（二）加大财政投入，支持粤东西北中心城区扩容提质

一是落实新区税收增量返还政策。研究制定《粤东西北地级市新区基础设施建设补助资金实施办法》，明确金库设置、返还额核定、资金拨付、预决算等事项以及数据资料报送和审核等程序，理顺省对新区财政体制运行，确保新区返还政策落到实处。二是落实县改区保留财政体制待遇。落实对2012－2014年撤县改区的清新区、揭东区、梅县区、潮安区、阳东区、电白区、云安区和高要区，从设立第二年起，5年内保留原省对县财政体制待遇。三是推动设立粤东西北地区振兴发展股权投资基金。重点支持粤东西北地区产业园区、中心城区及新区的基础设施建设，省财政已拨付出资40亿元。

（三）落实“双转移”战略，支持产业园区扩能增效

按照省委、省政府的部署，2014年省财政安排省产业园扶持资金48.02亿元支持产业园区扩能增效。一是支持省级示范产业园开发建设。安排12亿元，对粤东西北地区12个园区成立的园区投资开发公司每个注资1亿元，加快园区开发建设；二是支持汕头、湛江、茂名、揭阳等4市自建园建设，2014年拨付2013－2014年帮扶资金，每个园区1亿元，合计4亿元；三是安排东莞塘厦（平远）、深圳龙岗（紫金）产业园、广东顺德清远（英德）经济合作区和东莞石碣（兴宁）产业园，以及陆丰市产业园、粤桂合作特别试验区等6个享受省产业转移政策的园区一次性建启动资金各5 000万元，合计6亿元；四是安排省产业园基础设施建设扶持资金13亿元；五是安排省产业园产业集聚发展扶持资金6亿元；六是安排省产业园招商选资奖励资金8.65亿元；七是安排省产业园企业创新奖励资金0.47亿元；八是安排省产业园建设管理考核评价奖励资金8 990万元，对在2013年度省产业园建设管理考核评价中综合评价为优秀等次的省产业园给予奖励。

（四）优化转移支付结构，加强转移支付资金管理

一是开展压减专项转移支付、扩大一般性转移支付工作，研究拟定并印发了《关于压减省级财政专项转移支付　扩大一般性转移支付的意见》，将部分属于地方事权且信息复杂程度较高，适合地方管理的专项转移支付项目的审批和资金分配工作下放给地方。在一般性转移支付占省级财政转移支付支出的比重从2012年的35.7%提高到2013年的48.5%基础上，2014年进一步将该比重提高至53%。二是加强一般性转移支付资金的总体管理。研究制定并印发了《广东省财政一般性转移支付资金管理办法》。对一般性转移支付的设立、调整和撤销、管理责任、使用范围、预决算管理、监督检查、绩效评价、信息公开、奖惩等方面作出具体规定，确保资金合规合理分配使用，提高资金使用效益。三是完善一般性转移支付分项资金管理办法。研究制定《广东省财力困难地区转移支付资金管理办法》、《广东省财政对市县财政部门建设补助资金实施办法》、《广东省革命老区转移支付资金管理办法》和《广东省民族地区转移支付资金管理暂行办法》，确保各项一般性转移支付资金按照因素法科学、公正分配，督促市县管好、用好一般性转移支付资金。

二、促进粤东西北地区振兴发展取得的成效

（一）增强市县财政保障能力达到新水平

通过深化财税体制改革，完善转移支付制度，进一步改善市县财力均衡度，提高市县财政管理绩效，增强市县发展动力，为粤东西北地区振兴发展提供了财力保障和制度支持。2014年，粤东西北12市实现一般公共预算收入949亿元，比2013年增长12.6%；实现税收收入598亿元，比2013年增长10.5%。

（二）推动基本公共服务均等化取得新突破

编制实施《广东省基本公共服务均等化规划纲要（2009－2020年）》（修编版），多渠道筹集资金，加大对粤东西北地区基本公共服务投入力度，基础设施建设重点项目稳步推进，底线民生政策落实到位，生产生活条件明显改善。2014年，粤东西北12市人均基本服务支出（按常住人口计算）为每人2 194元，比2013年增长19.9%。

（三）促进粤东西北地区经济实现新发展

通过落实粤东西北地级市城区扩容提质、新区建设、地区间对口帮扶等一系列财政扶持政策，充分发挥财政资金引导和激励作用，支持粤东西北地区加快发展步伐，逐步缩小与珠三角地区经济社会发展差距。2014年，粤东西北12市实现地方生产总值15 488亿元，比2013年增长9%。

（预算处、地方财政处供稿，肖映波　冯宝璇　罗睿　丘晓敏　谭笑风　黄丹妮　毛俊伟执笔）

加强地方政府性债务管理

2014年，新《预算法》首次赋予地方政府依法举债的权限，规定建立“借、用、还”相统一的地方政府性债务管理机制。国务院印发《关于加强地方政府债务管理的意见》，在地方政府性债务举债主体、限额管理、预算管理、风险预警、清理甄别、政绩考核等方面明确了规范管理的要求。广东省按照新《预算法》的精神，认真贯彻党中央、国务院的决策部署，建立健全债务管理制度，全面清理甄别存量债务，加强债务风险监控，确保经济社会持续健康发展。

一、完善制度保障

为深入贯彻落实新修订的预算法和国务院关于深化预算管理制度改革、加强地方政府性债务管理的各项规定，2014年下半年，省财政厅着手研究《广东省政府关于加强政府性债务管理实施意见》。根据法律法规和国务院政策规定，结合广东实际，并借鉴外省管理经验，省财政厅创新管理思路和手段，对广东省地方政府性债务管理进行全面规范。按照“明确责任、规范管理、疏堵结合、防范风险、公开透明”的原则，对明确政府债务管理责任、建立债务举借约束机制、完善债务资金使用管理、保障债务按期偿还、严格债务风险预警、规范存量债务管理、追究违规举借债务责任等方面的政策措施进行研究，着力构建举借有度、偿还有方、管理有序、监管有力的政府性债务管理体制，为确保全省政府性债务规模合理、风险可控、使用规范建立制度保障。

二、清理甄别存量债务

2014年11月，按照财政部的统一部署，省财政厅印发《关于开展我省地方政府存量债务清理甄别工作的通知》，组织各级政府按照实事求是的原则，开展存量债务清理甄别工作。一是全面传达国务院关于加强地方政府债务管理的意见，明晰政府债务定义，规范债务管理；二是召开清理甄别培训班，培训对象从省直各部门到市县财政部门具体经办同志，培训人员超过400人；三是明确省本级、省以下清理甄别程序，有序开展清理甄别工作；四是配合财政部专员办严肃工作纪律，严禁弄虚作假和突击举债行为，对2014年12月新增的债务凭证实行逐级审核备案。按照实事求是的原则，广东省对政府负有偿还责任的债务进行逐笔确认，并将没有收益、计划偿债资金来源主要依靠一般公共预算收入的甄别为一般债务；将有一定收益、计划偿债资金来源主要依靠项目收益所对应的政府性基金收入或专项收入、能够实现风险内部化的甄别为专项债务。省级和各市政府对清理甄别结果确认后，省财政厅汇总全省存量债务清理甄别情况报送财政部审核，为2015年债务收支全面纳入预算管理打下基础。

三、建立债务风险提示制度

2014年4月，省财政厅积极参与财政部风险预警提示测算工作，协助研究制定一般债务、专项债务风险测算办法，建立完善政府债务风险预警体系。2014年8月，及时将财政部对广东省各级债务风险预警提示结果转发给有关市县政府及财政部门，敦促其制定化解债务风险工作方案、确定未来还本付息计划和资金来源，并严格控制新增债务，加大偿债力度，逐步降低债务风险。2014年12月，按照审计口径，做好省内债务风险测算工作，并及时将测算结果向省政府和主要领导报告，确保全省政府债务规模适中，风险可控。

四、抓好逾期债务清理

2014年5月，省财政厅下发《关于开展逾期债务清理工作的通知》，组织各级政府开展逾期债务甄别工作：一是确保债务系统数据准确；二是认真甄别逾期债务，对于确属逾期债务的，组织债权债务单位研究分析逾期原因，按照“谁举借、谁偿还”的原则，明确偿还责任，敦促抓紧偿还；三是及时化解逾期债务，要求各级财政部门制订逾期债务化解方案，通过动用偿债准备金、防范化解金融风险准备金、置换存量债务、压缩公用经费、处置存量资产等方式，多渠道筹措资金偿还；四是按时偿还到期债务，确保债务按照合同约定，及时还本付息；五是加强对逾期债务的考核，建立并完善逾期债务清理工作监督考核机制。

广东省地方政府性债务规模与经济发展总规模、财政收入等方面基本相适应，地方政府性债务风险总体可控，政府信誉获得社会认可。2014年，广东省在全国率先开展地方政府债券信用评级。由于经济财政实力雄厚，债务风险总体可控，债务管理机制较为健全，广东省被第三方评级机构评为最高信用等级AAA级。

（预算处、地方财政处供稿，肖映波　冯宝璇　罗睿　丘晓敏　谭笑风　黄丹妮　苏晓鸿　郑小琳执笔）

规范省级财政专项资金管理

2014年，随着全国人大颁布新修订的《预算法》，国务院出台《国务院关于深化预算管理制度改革的决定》，省委、省政府制定《广东省深化财税体制改革率先基本建立现代财政制度总体方案》，面对深化财税体制、改进预算管理和建立现代财政制度的新形势、新要求，原有专项资金管理逐渐暴露出一些不符合现代财政管理要求的问题。按照省委、省政府的统一部署，省财政厅坚持问题导向，着眼于建立长效机制，通过改革创新和强化监管，进一步规范财政专项资金管理，推动专项资金管理迈上新台阶。

一、建立完善专项资金管理制度体系

在2013年省政府出台《广东省省级财政专项资金管理办法》的基础上，2014年省财政厅继续制定一系列专项资金管理办法，建立完善专项资金管理长效机制。

（一）制定8个配套资金管理办法

省财政厅制定出台《广东省省级财政资金项目库管理试行办法》、《广东省省级财政专项资金目录管理办法》、《广东省省级财政专项资金联席审批办法》、《广东省省级预算预备费管理办法》、《广东省省级财政专项资金竞争性分配管理办法》、《广东省省级财政专项资金信息公开管理办法》、《广东省省级财政专项资金常规性监督检查工作方案》、《省级财政到期资金使用绩效评价暂行办法》8个配套管理办法，与《广东省省级财政专项资金管理办法》一起，形成完善的专项资金管理制度体系。

（二）制定各项专项资金具体管理办法

进一步细化专项资金管理规定，对于纳入目录管理的省级财政专项资金，全部制定具体管理办法，做到“一项专项资金，一个具体管理办法”。2014年，共制定了268项省级财政专项资金的具体管理办法，进一步明确了各项专项资金的分配方式、申报程序、审批办法、资金拨付流程、信息公开内容和部门职责分工。

二、改革创新专项资金安排方式

（一）规范专项资金的设立和退出

严格控制专项资金规模，控制设立引导类、救济类、应急类的专项资金；凡是市场竞争机制能够有效调节的事项不得设立专项资金；不得每办理一项工作或开展一项事业都设立一项专项资金。确需设立专项资金的，必须有明确的政策依据、主管部门、设立期限和实施计划，按规定进行可行性研究并提出明确的绩效目标，按程序报经省级财政部门审核和省政府审批后设立。同时，建立相应的定期评估和退出机制，严格执行到期收回规定。

（二）规范专项资金清理整合

按照省委、省政府决策部署，省财政厅推进专项资金清理、整合、优化，对“小、散、乱”、使用方向类同、支持对象相近的专项资金进行归并；对连年结转、不符合社会经济发展实际情况、效益低下、效用不明显、支出结构有待优化以及市场竞争机制能够有效调节的项目及时进行调整或取消。2014年，省级一般公共财政预算专项资金项目在2013年清理压减43%的基础上再压减30%，省级一般公共财政预算专项资金由358项压减到220项以下。

（三）推进专项资金项目库改革

制定《广东省省级财政资金项目库管理试行办法》，探索开展项目库改革试点，改变以往先定预算再选项目的方式，将部分专项资金纳入项目库改革范围。通过提前做好专项资金项目储备，开展项目可行性研究、评审论证、竞争立项，严把专项资金项目立项关口，提高资金安排的科学性和精准度。

（四）改革专项资金分配方式

编好、做细、编实专项资金年初预算，专项资金支出预算细化到“项”级科目和具体项目，提高提前下达专项转移支付预计数的比例；推广专项资金因素法分配，实行“预安排、后清算”制度，根据事权和支出责任相适应的原则，逐步将项目选定权下放至市县，对“事后奖补”或“事后清算”的资金，参考以前年度分配结果或参考现有指标等因素实行预安排，下一年再“多退少补”、“据实清算”，提高资金分配效率。

三、优化专项资金审批流程

（一）减少审批环节

针对原来专项资金管理程序较为复杂、审批流程较长、与新修订的《预算法》要求有所不符等问题，省财政厅牵头对专项资金审批程序和流程进行全面梳理，切实减少审批环节，克服工作交叉和衔接不畅的现象。

（二）优化审批流程

在依法依规、高效严密和确保资金安全的前提下，优化简化资金运行流程，明确各环节办理时限，建立限时办结制，推行集中审批、并联审批，提高资金审核、审批和支出效率。例如，将公示环节和报省政府批准的环节同步进行，如公示无异议，即可按照省政府批复的方案拨付资金。

（三）完善岗位设置

财政部门和各项资金的主管部门根据工作实际，完善岗位设置、优化办理流程、加强效能考核，提高工作效率。省财政厅作为牵头组织协调部门，通过优化内部运转流程，切实避免厅内多次、反复提出修改意见，将部分审批环节和程序进行合并或同步进行，提高审批效率，切实提高审批效率。

四、提高专项资金支出的时效性和均衡度

（一）硬化预算约束

按照新预算法要求，严格执行专项资金年度预算，在当年预算执行中一般不出台新的增加财政专项资金支出的

政策和措施，未列入预算的不得支出，严格控制专项资金调剂，确保专项资金预算顺利执行。

（二）均衡支出进度

细化专项资金支出计划管理，督促主管部门提前做好专项资金申报的前期准备工作，并在预算下达后，加快资金申请进度，确保申请资料的规范性和完整性；要求省财政部门及时批复和下达专项资金预算，加快资金审核进度，严格抓好财政专项资金支出工作，加快资金拨付进度。

（三）抓好重点支出

分类推进、突出重点，重点跟踪督办交通、水利、基建、十件民生实事、战略性新兴产业等重点专项资金和金额在5 000万元以上的大额专项资金支出，提高专项资金支出的时效性和均衡度。

五、加大专项资金结转结余管理力度

（一）定期清理专项资金结转结余

建立财政专项资金结转结余动态监控机制和支出进度通报制度，密切关注专项资金各项支出及可能形成结转结余的情况，摸清底数、分类处理、定期清理，及时收回和统筹结余资金，切实压缩专项资金结转结余规模。

（二）加强结转结余资金安排使用

对于专项资金结转结余，加快安排使用，防止形成资金沉淀。其中可结转继续安排使用的资金，尽快办理结转手续，用于既定项目支出；连续两年未用完的结余资金和项目已完成或终止形成的项目剩余资金，作为结余资金收回统筹管理，用于亟待支出的重点项目和民生支出领域。

六、加强专项资金管理工作部门协调配合

（一）明确责任主体

切实改变“重预算、轻执行”和“重分配、轻管理”的观念，财政部门负起牵头组织和协调责任，重点做好资金拨付及组织实施专项资金财政监督检查和总体绩效评价等工作；主管部门按照“谁使用、谁负责”的原则承担使用资金的主体责任，负责相关资金的具体管理工作，重点抓好编制专项资金分配使用计划、合理确定部门预算、及时组织做好项目申报评审等工作。

（二）加强沟通衔接

财政部门主动与各专项资金主管单位沟通协调，认真做好各项审批服务工作，建立健全部门间密切沟通、高效对接、联动互促的工作机制，实行面对面解决专项资金管理问题，减少“文对文”的推诿扯皮，及时审定和分配专项资金，提高资金使用的时效性和有效性。同时，省财政厅建立健全专项资金支出按季度通报考核机制，定期提醒和督促各部门抓好专项资金支出工作，确保预算支出进度。

七、强化专项资金监管和考核评价

（一）加强监督检查

建立主管部门自查和财政巡查抽查、审计监督等相结合的监督机制，对专项资金设立、调整、申报、审批、分配、使用、公开等全流程加强监管，每年开展部门自查和财政巡查、抽查、审计监督等相结合的监督检查工作，保证每年对专项资金监督检查和重点审计的范围达到当年专项资金总量的10%以上。同时，省财政厅制定实施《广东省省级财政专项资金实时在线联网监督管理办法》，推进专项资金在线监管。

（二）加强绩效考核和评价

建立专项资金绩效目标申报和绩效评价考核机制，完善专项资金考核办法，加强和规范专项资金绩效评价，严格落实绩效评价考核结果运用，将考核结果作为专项资金安排、调整、退出和问责的重要依据。

（三）推进信息公开

2014年，省财政厅制定实施《广东省省级财政专项资金信息公开办法》，启用省政府网上办事大厅专项资金管理平台，将281项省财政专项资金纳入管理平台，全面公开各项专项资金管理办法、申报指南、申报情况、分配方式和分配程序、分配结果、绩效评价、监督检查、审计结果以及接受和处理投诉情况等八个方面的信息，接受社会和舆论监督。

（四）落实责任追究

建立健全专项资金管理使用问责问效机制，把内部通报和公开曝光结合起来，把处理人和处理事结合起来，对专项资金管理相关责任人在专项资金管理过程中存在违法违纪行为的，依照相应法律、法规进行责任追究，加大对违法违纪行为的处理处罚力度，严肃财经纪律。

（预算处供稿，肖映波　罗睿　严宏宇　董辉龙执笔）

广东率先开展省级财政专项资金清理改革

2014年是我省大力开展省级财政专项资金清理整合的改革之年。随着全国人大颁布新修订的预算法，国务院出台《国务院关于深化预算管理制度改革的决定》（国发〔2014〕45号），省委、省政府制定《广东省深化财税体制改革率先基本建立现代财政制度总体方案》（粤府〔2014〕64号）等一系列重大政策，深化财税体制和预算管理改革对专项资金管理提出了新的要求，原有专项资金数量过多、使用分散等问题越来越突显。我省坚持问题导向与建立长效机制相结合，率先在全国开展了省级财政专项资金清理整合改革。

一、领导重视，大力推进专项资金清理整合改革

省委、省政府高度重视加强专项资金管理使用工作，将开展专项资金清理整合改革作为规范专项资金管理的重要内容和抓手。2014年，省政府专门召开全省财政专项资

金管理使用情况分析会，朱小丹省长、徐少华常务副省长出席会议并作重要讲话，对开展专项资金清理整合改革工作作出明确指示。省财政部门会同省直有关部门认真落实省政府的决策部署，积极推进省级财政专项资金清理整合工作落实。

（一）精心制定方案，明确工作思路及目标

省财政厅专门制定了2014年省级财政专项资金清理整合方案，采取调查摸底、分类清理、专项呈批、完善办法等一系列措施，全面开展省级财政专项资金清理整合，撤销不符合现实需要的专项资金，整合归并同类专项资金，调整优化专项资金结构，压缩专项转移支付种类和规模，扩大一般性转移支付，着力构建财政资金规范管理制度机制。确定了将2014年省级财政专项资金压减30%以上，一般公共预算省级财政专项资金压减至250项以下的改革目标。

（二）争取部门协调配合，形成清理整合工作合力

专项资金清理整合改革涉及部门对财政资金的管理职能的调整，以及将部分适合地方管理的专项转移支付项目审批和资金分配权限逐步下放到市、县政府，改革的起步阶段存在较大的压力和阻力。省财政厅积极主动加强协调、沟通和指导，认真研究吸纳主管部门的意见和建议，争取主管部门大力支持配合，形成部门合力，确保专项资金清理整合改革工作的各个阶段和环节顺利推进。

二、坚持问题导向，解决专项资金“小、散、乱”问题

省财政厅坚持问题导向，分类指导，对症下药，采取有力工作措施，全面推进专项资金清理整合改革工作。

（一）深入研究分析，抓准问题导向

经认真梳理、研究，省财政厅深入分析了专项资金清理需要解决的存在问题。一是部分专项资金设立不够科学。资金设立缺乏科学的论证，绩效目标不明确，资金投向不合理，资金用途有待优化调整。二是部分专项资金较为分散。存在重复设置扶持对象性质相近或相同的专项资金，对同一项目的不同环节设置多项专项资金给予补助等问题。三是部分专项资金退出机制不明确。个别专项资金已不适应现实需要，但由于调整和退出机制不明确，造成专项资金长期固化积存，资金使用效益不高。四是部分专项资金管理制度不完善。部分专项资金未按规定制定专门管理办法，部分专项资金的管理制度仍然停留在原有的管理模式上，未能适应新的形势变化需要。五是部分专项资金使用不规范。在一定程度上存在虚报、冒领、挤占、挪用专项资金的现象。省财政厅在抓准问题导向的基础省，有针对性地开展专项资金清理整合工作。

（二）全面深入开展专项资金历年使用情况摸底调查

省财政厅专门发文，联合主管部门，对2014年省级一般公共预算中保留的省级财政专项资金2011－2013年以来的使用情况进行调查摸底，包括资金拨付情况、项目绩效评价结果等内容。调查摸底工作分为部门报送有关调查情况和财政部门开展调查情况复查两个阶段，在摸清情况的基础上，有针对性地采取相应的清理整合措施。

（三）分类指导，全面开展专项资金清理整合

省财政厅根据调查摸底情况，分类指导，细化制定省级财政专项资金清理整合的具体措施。一是压减结转结余比例较大的专项资金。对于2011－2013年专项资金平均结转率（年度结转额度占当年预算的比重）超过30%的，按原项目金额压减30%；对于平均结转率超过50%的，按原项目金额压减50%。二是撤销部分执行率低、效益低下和设立期满的专项资金。对2011－2013年平均执行率未达到10%（平均结转率超过90%）的专项资金予以撤销；对经绩效评价发现资金使用效益低下或财政监督和审计监察发现明显违规的专项资金予以撤销；对设立期满、原定目标已完成或不符合现实需要的专项资金予以撤销。同时，对属于国家和省级相对固定安排，补助范围和对象有明确规定，可按因素法进行分配的部分专项资金纳入一般性转移支付管理，不再列入专项资金目录范围。三是整合使用性质、管理特点相同或相近的专项资金。对各部门使用性质和管理特点相同或相近的专项资金予以整合；对支出结果有待优化的专项资金，按照省委、省政府重点工作进行适当调整用途和结构优化。

三、顺利完成专项资金清理整合改革预期目标

从2014年3月制定专项资金清理整合改革方案至12月完成专项资金清理整合工作，改革工作经过了制定工作方案、开展调查摸底、形成初步清理整合方案、征求部门意见、修改完善清理整合方案、呈报审批等环节，历时10个月，顺利完成了预期改革目标，取得了明显成效。

（一）清理整合面广，改革范围全覆盖

据统计，2014年纳入清理整合范围的专项资金共349项、696亿元，涉及一般公共预算、政府性基金预算、国有资本经营预算和一次性资金及专项收入，实现清理整合范围全覆盖。其中，一般公共预算303项、427.2亿元；政府性基金23项、80亿元；国有资本经营预算1项、0.5亿元；一次性资金及专项收入22项、188.亿元。

（二）清理整合力度大，规模和数量双下降

经清理整合，一是撤销专项资金17项、5.4亿元，包括2011－2013年平均结转率超过90%（即执行率低于10%）的专项资金6项、1.9亿元，到期不再安排的专项资金3项、1亿元，已构成部门经常性支出、不再适合作为专项资金管理的资金8项、2.3亿元。二是将74项合并为27项，整合涉及金额99.4亿元。三是压减执行率低的专项资金6项、6 844万元。四是调整优化结构专项资金1项、0.5亿元。清理整合改革后，省级一般公共预算专项资金清理整合为232项、409亿元，与2013年专项资金358项、450亿元相比，专项资金项目数量压减126个、下降幅度35%；专项资金规模压减41亿元、下降幅度9.1%。实现

了原定清理整合将一般公共预算专项资金压减至250项以下改革目标。

四、完善制度，建立专项资金清理整合长效机制

为巩固专项资金清理整合改革成效，省财政厅将改革不断推向深入，进一步建立完善了专项清理整合长效机制。一是明确“严格控制专项资金总体规模和数量”的管理原则。二是严格控制新增设立专项资金，纠正“增加一事新增一项专项资金”的做法，除依据法律、行政法规和省委、省政府决策部署设立外，预算执行中一般不出台新的增加财政专项资金支出的政策和措施。三是规范专项转移支付项目设立，严格控制引导类、救济类、应急类的专项资金，市场机制能够有效调节的一般不设立专项转移支付项目；对保留的具有一定外部性的竞争领域资金，逐步转为基金管理等市场化运作模式；将属于地方事权的项目，划入一般性转移支付。四是完善专项资金到期退出机制，对到期后仍需要继续安排的，必须经过绩效评价和专项审计后再按程序报批。该保留的保留，该退出的退出，形成机制。

（预算处供稿，董辉龙执笔）

推进预算信息公开　建设阳光财政

2014年，预算处重点围绕政府预决算、部门预决算和“三公”经费预决算等领域，不断完善公开制度，建立健全公开情况统计、通报机制，加大公开情况督查力度，采取多项举措督促、指导各部门、各级按规定做好公开工作，推进财政资金管理与使用的信息公开工作，进一步提高财政资金公开透明度。

一、不断完善预算公开制度建设

制定印发《转发财政部关于深入推进地方预决算公开工作的通知》、《广东省省级财政专项资金信息公开办法》等一系列文件，明确公开要求，规范公开内容。

二、建立健全公开情况统计、通报机制

每月对各部门、各级政府各项公开情况进行统计，将公开情况报送省政府和中央财政部门，并不定期对公开情况进行通报，督促各级、各部门做好公开工作。截至2014年底，113个省级部门（不含7个涉密部门）中有98个部门向社会公开了2014年部门预算和“三公”经费预算信息。全省21个地级以上市全部公开了本市2014年政府总预算、“三公”经费总预算及部门预算情况，121个县（市、区）中有119个公开了2014年政府总预算情况，99个公开了2014年“三公”经费总预算情况，97个公开了2014年部门预算情况。

三、不断深化预算编制改革，细化预算编制，夯实公开基础

（一）进一步细化专项资金编报

2014年首次单独编报《2014年省级公共财政预算专项资金预算表》，反映社会普遍关注的专项资金项目、金额、所属行业，并通过编报主要支出说明，对11类、125项主要支出项目、专项资金进行介绍，包括项目的安排金额、政策依据、资金用途、分配标准、管理方式等内容。

（二）进一步细化底线民生支出编报

新增2014年底线民生保障项目省级资金安排情况表，逐项介绍6类底线民生支出的预算安排额度、资金来源及与上年对比情况。

（三）进一步细化政府性基金预算

将政府性基金预算中教育、科学技术、社会保障和就业、节能环保、农林水事务等重点支出科目细化到“项”级支出科目。

（四）进一步细化国有资本经营预算

国有资本经营预算编制细化到“项”级，并按项目支出性质进行分类，细化支出编报；编列《省属国有企业经营情况说明》，介绍省属国有企业的资产总额、负债总额、归属母公司的所有者权益总额、利润总额等情况。

四、不断探索，积极推进重点财政信息公开

（一）推进专项资金信息公开

重新修订印发《广东省省级财政专项资金管理办法》，明确省级财政专项资金基本信息、管理办法、分配结果等八个方面的公开要求；建立省级财政专项资金管理平台并于2014年4月9日正式上线运行，对纳入平台管理的285项专项资金信息实行“八个公开”（即对管理办法、申报指南、申报情况、分配方式和分配程序、分配结果、绩效评价、监督检查和审计结果以及接受和处理投诉情况等全程公开）。

（二）推进基本建设项目信息公开

研究制订省级基本建设项目预算信息向社会公开的意见，将经发展改革部门批准立项的、全额或部分使用财政性资金的在建基本建设项目以及其项目名称、主管部门、项目建设使用单位、立项文号、批复项目总投资、项目建筑面积、项目资金来源、绩效目标、资金到位情况、建设进度、项目建议书和可行性研究报告等信息予以公开。

上述工作，为进一步扩大公开范围、细化公开内容、规范公开程序、完善预决算编制工作，以及深化预算管理改革奠定了良好基础。

（预算处供稿，肖映波　丘晓敏　曾文娟　李荣锴执笔）

规范有序　公开透明
率先推进地方政府债券
自发自还试点改革

根据《财政部关于印发〈2014年地方政府债券自发自还试点办法〉的通知》（以下简称《试点办法》），经国务院批准，2014年广东省开展地方政府债券自发自还试点。在财政部的指导下，作为广东省自发自还试点任务的具体承担者，省财政厅高度重视，认真准备，积极探索，顺利完成地方债自发自还试点工作。广东省成为全国首个开展地方政府债券信用评级试点地区和首个完成地方政府债券自发自还试点工作的省份。

一、完成"先行先试"，率先开展地方债自发自还试点工作

自2011年纳入地方政府自行发债试点以来，广东省一直是政府债券各项改革试点的先行先试者。经过4年的认真实践和积极探索，广东省已形成一套公开透明、操作规范的工作模式，通过公开市场的规范发行和严格的还本付息管理树立了广东省政府债券的良好形象。2014年6月23日，作为首个正式发行"自发自还"地方债的省份，广东省通过招标方式发行2014年政府债券（一期、二期、三期）合计148亿元，五年期、七年期和十年期债券的发行利率分别为3.84%、3.97%和4.05%，均与招标日前5个工作日相同待偿期的国债收益率算术平均值持平。

二、突出"规范有序"，健全地方债自发自还试点工作制度机制

一直以来，省财政厅始终坚持制度先行，严格遵循财政部有关制度要求和工作流程，在充分借鉴自行发债工作经验的基础上，进一步完善地方债自发自还试点工作制度机制，确保各项工作合法依规、规范有序。

（一）严格遵循财政部有关制度规定

严格执行《试点办法》以及债券信用评级和信息披露指导意见等有关规定，确保承销团组建、债券定价机制、信用评级、信息披露、债券托管等工作在财政部制定的框架内规范开展。

（二）制定广东省相关配套制度办法

在《试点办法》的基础上，结合广东省工作实际，省财政厅制订《2014年广东省政府债券自发自还试点工作方案》、《2014年广东省政府债券信用评级机构公开招标工作方案》、《2014年广东省政府债券发行兑付办法》等一系列制度办法，并将发行兑付办法、招标发行规则等文件呈报财政部国库司审定，确立自发自还试点各个环节的工作依据、程序和规范性要求，明确职责分工。

（三）严格执行地方债自发自还试点工作程序

广东省严格按照财政部规定的时间要求上报发行计划，对外披露债券发行公告、发行兑付办法及招标发行规则等文件，遵守招标发行现场管理规定，及时办理债权登记和托管及支付发行手续费等，确保债券发行各环节工作有序开展。

三、突出"探索创新"，打造广东特色的地方债自发自还试点工作模式

省财政厅高度重视地方债自发自还试点工作，厅领导多次组织厅办公会议进行部署，要求债券发行相关工作人员在严格遵循财政部试点工作要求的前提下，深入分析、比较自发自还试点与自发代还的异同，充分估计可能存在的困难，积极探索建立具有广东特色的地方债自发自还试点工作模式。

（一）组建地方债自发自还试点工作小组

由省财政厅厅长任组长，由国库处负责具体发行工作，并从厅办公室、预算处、综合处、工贸处、农业处、外金处、国债办等具有丰富融资平台管理经验的处室和监督局等具有丰富招投标工作经验的单位抽调人员共同参与，为地方债自发自还试点工作提供组织保障。

（二）建立债券市场走势定期分析制度

加强信息收集，对国债发行以及财政部代理发行地方债的相关情况进行密切跟踪，并定期就国际国内政治经济形势变化对债券市场的影响进行深入分析，力求选择较为有利的时点发行地方债，为争取获得较低的发行利率、降低地方债融资成本提供技术支持。

（三）建立自发自还试点技术顾问制度

从监管部门、商业银行、证券公司和部分金融院校聘请若干名技术顾问，充分借鉴债券发行管理各个领域专家的智囊作用，就债券市场走势、债券发行时机、发行工作机制等问题多渠道多形式听取专家意见。

（四）率先开展地方债信用评级

作为国内首家开展地方政府债券信用评级的试点单位，按照财政部《试点办法》和《财政部关于2014年地方政府债券自发自还试点信用评级工作的指导意见》等规定，省财政厅面向具备债券市场信用评级资质的评级机构发出投标邀请，按照"机构实力最强、评级经验丰富、方案高效合理、费用成本较低"的原则，通过招标方式择优选择上海新世纪资信评估投资服务有限公司为广东省政府债券信用评级机构，由该公司根据信用评级协议内容，按照独立性原则规范开展信用评级。广东省在全国率先规范实施信用评级，并公布了首份地方政府债券信用评级报告。

四、突出"公开透明"，按照市场化原则开展地方政府债券发行具体工作

省财政厅公开选择债券信用评级机构和主承销商，按时披露债券发行相关信息，借用财政部国债发行招投标系统招标发行债券，主动接受社会各界监督，保证债券发行工作阳光透明，各项工作公开、公平、公正。

（一）按照公开、公平、公正原则开展承销团及主承销商组建工作

2013年，根据各家金融机构的自愿报名，省财政厅公开组建由16家机构（包括14家商业银行和2家证券公司）构成的2013－2014年省政府债券承销团。经报省政府同意，2014年省政府债券承销团成员保持不变，不再进行增补。在此基础上，省财政厅按照“机构实力雄厚、发行经验丰富、资金成本合理、服务质量最优”的要求，通过公开招标的形式，择优选取建设银行、工商银行、农业银行、交通银行等4家机构作为2014年广东省政府债券主承销商。

（二）及时、全面披露债券信息

按照《财政部关于2014年地方政府债券自发自还试点信息披露工作的指导意见》的要求，省财政厅通过中国债券信息网和广东省财政厅门户网站等媒介，及时、全面披露广东省政府债券基本情况、信用评级报告、2012－2014年经济运行情况和财政收支状况、截至2013年底的地方政府性债务情况以及债券招标发行结果等信息，保障投资者知情权。

（三）主动邀请和接受外界监督

在公开招标选取信用评级机构和主承销商过程中，主动邀请南方公证处、省审计厅的人员全程进行公证及监督；同时在不影响评委评审工作的前提下，主动邀请多家媒体及所有投标机构到场共同鉴证评审过程，并现场即时公布评标结果。在债券招标发行现场，邀请财政部和中国证监会派员莅临发行现场指导，并邀请省审计厅派观察员进行全程鉴证，确保债券发行各项工作公开透明。

（四）做好地方债自发自还试点新闻宣传

省财政厅努力做好宣传引导，先后接受新华社、人民日报、经济日报等重要媒体的采访，突出地方债自发自还试点工作对规范地方政府融资行为、控制和化解地方债务风险的重要意义，营造正面、积极的地方债舆论环境。

（国库处供稿，许湘藻执笔）

建立健全厉行节约、反对浪费制度体系

2014年，省财政厅围绕贯彻落实中央“八项规定”、新一届中央政府“约法三章”精神，采取有效措施，倡俭治奢、厉行节约，最大限度地压缩行政开支。

一、广东省厉行节约、反对浪费制度体系建设总体情况

2013年以来，省财政厅按照中央建立健全厉行节约、反对浪费制度体系的工作部署，研究制订《省直党政机关和事业单位会议费管理办法》、《省直党政机关和事业单位因公临时出国经费管理办法》、《省直党政机关和事业单位差旅费管理办法》、《省直党政机关外宾接待经费管理办法》、《省直单位因公短期出国培训费用管理办法》和《省直党政机关和事业单位培训费管理办法》等制度，大力倡导勤俭节约之风，规范行政经费支出，在经费管理源头构筑反腐倡廉防火墙。

（一）领导重视

中央厉行节约、反对浪费等规章制度相继出台后，省委常委、常务副省长徐少华对此项工作多次作出专门批示，指导制度修订工作，厅党组书记、厅长曾志权高度重视，亲自部署广东省厉行节约、反对浪费各项制度的制订工作。

（二）严格规范

省财政厅在制定厉行节约、反对浪费各项制度时，均严格对照中央办法，不搞变通，而且在中央办法的基础上进行严格和细化。如省财政厅在制订《省直党政机关和事业单位因公临时出国经费管理办法》时，增加了省直党政机关因公临时出国（境）经费先行审核管理的内容。

（三）实事求是

省财政厅按照厉行节约、实事求是与以人为本相结合原则，结合物价变动和中央国家机关相关标准情况，研究修订厉行节约、反对浪费各项制度。如省财政厅在制订《省直党政机关和事业单位会议费管理办法》、《省直党政机关和事业单位差旅费管理办法》时，对现行会议费综合定额和出差住宿、伙食补助等标准作了适当调整，并对开支范围作了更具体的规定，既有效防止了超标准、超范围以及虚列会议费和差旅费的情况发生，也增强相关制度的可行性。

（四）集思广益

在每项制度出台之前，省财政厅广泛征求各省直单位的意见，对各项反馈意见认真研究采纳，力求制度出台规范可行。

（五）狠抓落实

省财政厅建立了广东省会议费及“三公”经费统计制度，对省直部门和各地落实“八项规定”及“三公”经费只减不增涉及的相关经费支出按季度统计，并加强对相关经费使用的监督检查，严控相关经费支出。

二、厉行节约、反对浪费相关配套工作进展情况

（一）健全经费节约机制

一是省财政厅研究制订省直单位差旅费、因公临时出国经费、培训费、外宾接待经费、因公短期出国培训费用等管理办法，省委办公厅、省政府办公厅出台《广东省党政机关国内公务接待管理办法》，建立健全公务支出管理制度。二是由省财政厅、省监察厅对省直单位实施行政经费节约考核。同时研究修订省直行政事业单位行政经费节约考核办法，严格控制“三公”经费在机关运行经费总预算中的规模和比例。三是对省直部门和各地落实“八项规定”及“三公”经费只减不增涉及的会议费、因公出国（境）经费、接待费、车辆购置及运行费支出按季度统计，加强

对全省会议费及“三公”经费使用监督。四是推进部门预决算信息和“三公”经费预决算信息的公开工作，提高“三公”支出公开性和透明度。

（二）严格经费支出控制

一是严格预算编制执行，强化源头把控，2015 年省级预算编制继续实行“五个零增长”。在省级部门预算编制中单列“三公”经费、不得超出上年预算，严格控制一般性经费支出。二是停止新建、扩建、改建、迁建、购置楼堂管所项目的立项审批手续。停止对超概算的项目追加财政资金；对未按规定程序审批的楼堂馆所建设项目，一律不予下达财政预算和拨付资金。对已批准的在建、维修、装修和改造项目，严格按规定标准审核拨付资金并将其预算支出情况作为政府信息公开的重要内容。三是积极配合编制管理部门加强机构编制审核管理，落实事业单位机构改革期间编制只减不增的要求；清理现有在编在职行政事业单位人员和不占编制但由财政供养的“编外”人员，核实财政供养人员基础数据，纠正以非编管理形式增加财政供养人员问题。

（三）开展专项整治行动

一是开展党政机关和领导干部办公用房全面清理工作。印发实施《关于规范党政机关办公用房使用管理的指导意见》，对全省各级党政机关、事业单位和群团组织面积超标准、违规出租出借办公用房等 6 个方面的问题进行清理。二是开展整治超标配备公车和严格公车经费支出专项行动。印发实施《关于加强党政机关一般公务用车管理的通知》和《关于严格规范公务用车统一采购配备行为的通知》。对违规配备使用公务用车、未经审批购车、违反规定借车等 13 项违规行为进行专项整治。三是开展“小金库”治理专项治理工作。一方面对全省省级、地级以上市、县（市、区）和乡镇四级 2013 年共计 42 304 个、2014 年共计 42 576 个党政机关和事业单位开展自查自纠工作，自查面达 100%。另一方面组织对 3 110 个党政机关、事业单位和社会团体开展了重点检查工作，重点检查面达到 7% 以上。针对检查发现的问题，督促各地各部门落实整改，建立和完善长效机制。

（四）加强绩效评价和监督检查

一是对省直 101 个部门 2013 年厉行节约执行情况开展绩效评价。二是开展“三公”经费重点监督检查工作。对 32 家省级部门及相关单位开展了会议费及“三公”经费管理和使用情况进行重点检查。

（行政政法处供稿，杨威执笔）

支持企业技术改造和研发
促进广东经济转型升级

按照省委、省政府和省财政厅党组加快经济稳增长、调结构、促转型的决策部署，工贸发展处充分发挥财政职能作用，主动出谋划策，加大财政投入，创新支持方式，完善管理体制，积极研究支持企业技术改造财政政策和支持企业研究开发财政政策，推动工业企业加大研发投入进行新一轮技术改造，促进广东经济转型升级。

在支持支持企业技术改造和研发过程中，注重突出发挥财政资金带动和杠杆作用，促进实现市场配置资源的决定性作用，财政资金支持经济发展逐步实现三个转变：一是从微观企业、单个项目向公共服务平台、信息共享平台转变。二是使用方式逐步从无偿补助向有偿回收、滚动使用转变。三是管理模式逐步从行政分配向市场化运作、基金化管理转变。充分发挥财政资金安排的公共性、普惠性和竞争性、激励性，建立完善各类经济主体平等享受财政政策扶持机制。

一、支持企业技术改造

（一）目标任务

按照规范管理、创新方式、提增绩效的要求，围绕加大对企业技术改造重点领域、环节和重大项目的支持力度，推动先进制造业和优势传统产业开展新一轮技术改造，加快“两化融合”，提升产业发展质量和效益。实施三年企业技术改造行动计划。推动全省规模以上工业企业完成新一轮技术改造，技改投资累计达到 9 000 亿元以上。

（二）主要政策

3 年内安排 168 亿元，设立省级企业技术改造专项资金，采用股权投资、贷款贴息、事后奖补等支持方式，重点支持行业扩产增效、智能化改造、设备更新、公共服务平台建设、绿色发展和企业的兼并重组。同时，实施先进制造业企业技术改造事后奖补政策，采取事前备案、事中报告、事后奖补的方式按企业技术改造效果等给予补贴。

（三）主要特点

支持企业技术改造财政政策措施坚持突出重点的事前补助和体现成效的事后奖补相结合、政府引导作用和企业主体责任相结合，充分调动市县政府支持企业技术改造的积极性，合力推进，实现既定的政策目标，主要体现以下四个特点：

1. 突出重点、精准扶持。抓住技术改造这一抓手，结合广东省现代产业体系建设方向和重点，选取能够在现代产业体系建设中发挥重要作用的产业领域和重点环节及项目，集中力量进行扶持引导，提升存量产业发展质量和效益。

2. 引领带动，合力推进。为提高政策效用，省、市、县同步实施企业技术改造事后奖补政策，推动形成上下联动、共同推进企业转型升级的合力效应。

3. 规范使用、激励引导。一是事前补助注重用好、用准。通过研究制定企业技术改造指导目录，对纳入目录内的行业企业予以支持，发挥财政政策的定向调控优势，用好省财政事前补助资金，体现政府政策导向。二是事后奖补注重公平、绩效。只要在省内注册并实施技术改造活动的企业，均可按照有关程序申请享受奖励政策，并将奖励资金与企业技术改造投入情况、生产效率提升、淘汰落后设备等挂钩，提高事后奖补绩效。三是创新财政资金使用方式。综合运用财政补助、以奖代补、贷款贴息、股权投资、风险投资、产业基金、偿债基金等多种方式对企业技术改造进行支持，放大财政资金杠杆效应。

4. 科学论证、简便操作。一是会同省经信委对企业技术改造意愿情况进行调查分析，对支持企业技术改造的重点领域、方向、环节等进行调查研究和论证筛选，提高政策的科学性、可行性和有效性。二是将政策实施权限交由市（县、区）具体实施，奖励资金由各市先行审核拨付，省级财政与各市进行结算，简化企业申请流程，调动各地积极性，使各项政策措施做得了、做得到、做得好，便于政策落地，提高政策联动效应。

二、支持企业技术研究与开发

（一）目标任务

发挥财政资金杠杆作用，引导社会资金投入，支持企业加大研发投入，加快科技成果转化，增强原始创新能力和核心竞争力；争取全省主要创新指标接近创新型国家和地区水平，为全面完成小康社会科技创新指标任务奠定基础。

（二）主要政策

省财政3年内共安排资金75.66亿元，运用财政补助机制激励引导企业开展技术研究开发。对已建立研发准备金制度的企业，省、市、县财政通过预算安排，根据经核实的企业研发投入情况对企业实行普惠性财政补助，引导企业有计划、持续地增加研发投入。

（三）主要特点

支持企业技术研究与开发财政政策措施坚持政府引导作用和企业主体责任相结合，充分调动市县政府支持企业技术研究与开发的积极性，推动企业建立研发准备金制度，引导企业有计划、持续地增加研发投入，主要体现以下四个特点：

1. 科学引领，重点突破。充分发挥市场配置资源的导向作用，重点扶持以《国家重点支持的高新技术领域》和国家发展改革委员会等部门公布的《当前优先发展的高技术产业化重点领域指南》规定项目及各级科技主管部门发布的年度科技计划申报指南为指引的研究开发活动。

2. 公平普惠，撬动市场。对已建立研发准备金制度的企业，根据经核实的企业研发投入情况对企业实行补助。具体由省财政通过专项转移支付，按上一年度市县企业研究开发投入实际情况分配给地方政府，由地方政府相关项目主管部门会同财政部门、其他有关部门按规定统一拨付。公平覆盖符合规定的企业，充分调动企业作为市场主体的积极性。

3. 创新机制、科学分配。建立多部门协调管理和省市联动扶持的运作机制，以及多方合作参与的项目遴选及资金分配机制。根据全省企业研究开发投入实际情况、省级财力情况和企业规模等情况，测算年度补助资金安排额度，运用事后奖补的支持方式，资金分配科学客观。

4. 绩效管理、信息公开。建立科学的绩效评估体系，实行项目绩效目标审核、绩效跟踪督查、绩效评价的绩效管理机制。按规定向社会公开项目信息。

（工贸发展处供稿，黄飞执笔）

积极推进“一卡通”
完善涉农补贴资金管理机制

涉农补贴资金是各级政府预算安排用于支持农村经济社会发展、改善农民生产生活条件和促进农民增收的资金。广东省各地、各部门贯彻落实中央和省的各项强农惠农富农政策，在加大资金投入力度的同时，针对涉农补贴资金使用分散、虚报冒领、截留挪用、克扣侵占等问题，通过推进“一卡通”管理等措施加强资金监管，进一步完善涉农补贴资金管理机制，促进农村经济社会发展。

一、创新模式，推进涉农补贴资金“一卡通”管理

2014年，针对广东省涉农补贴资金发放方式不统一、不规范等问题，省财政厅进一步完善补贴资金发放工作，通过推进涉农补贴资金“一卡通”，建立科学、高效、规范的资金管理机制。

（一）统一、规范涉农补贴资金发放方式

经报请省政府同意，省财政厅印发《关于进一步做好我省涉农补贴资金管理工作的意见》，明确从2014年起，中央、省及市县各级政府安排的有关直接补助到农民个人的涉农补贴资金，包括农资综合补贴、种粮直补、最低生活保障、自然灾害救助、城乡困难群众临时价格补贴、农村部分计划生育家庭奖励、科普惠农兴村、农村危房改造、基层组织保障、扶持老区不具备生产生活条件的贫困村庄搬迁、农村泥砖房和茅草房改造、生态公益林效益补偿、休（禁）渔渔民生产生活补助、能繁母猪和优质后备奶牛补贴、农作物良种补贴、农机购置补贴和直补到个人的水库移民后期扶持等资金，除中央和省另有相关规定外，原则上一律由县（市、区）财政部门组织通过“一卡通”方式直接发放到农民个人，不得再通过现金等其他方式发放或由乡（镇）、村代领代发。尚不具备“一卡通”发放条件的其他补贴项目、新增补贴项目，以及市县自行设立的涉农补贴项目，也要根据实际情况，在条件具备后逐步补充纳入“一卡通”发放范围。

（二）加强对补贴资金“一卡通”发放情况的监管

省财政厅参考农资综合补贴资金的管理方式，一是上

述纳入“一卡通”发放范围的涉农补贴资金同时纳入动态监管范围。各县（市、区）财政及相关部门要组织通过农民补贴网等有关系统及时上报补贴资金发放情况，省、市动态了解补贴资金发放进度和监管资金落实情况。二是各市、县（市、区）要按程序在相关银行类金融机构为符合条件的农民开设银行卡（存折），做到一人一卡（折），确保银行卡（存折）直接发放到对应的农民手中。要统筹各部门参与补贴发放职能，实现补贴资金由财政部门“一个漏斗”向农民发放，避免出现多卡发放的问题。通过银行卡（存折）发放补贴资金时，应标明补贴事项和标准，以便于比对核查。同时，加强对发放涉农补贴的金融机构考核，严禁村干部代管补助资金存折、银行卡等，并探索将涉农补贴资金统一通过农民个人“社保卡”发放的拨付机制。

二、突出重点，优化完善涉农补贴资金监管措施

涉农补贴资金具有“总量大、项目散、覆盖广、部门多、链条长”的特点，管理难度大、要求高，为优化补贴资金监管的实效，省财政厅重点采取五项措施，降低信息不对称程度，强化信息公开、群众参与，充分发挥基层就近监管的优势并加大问责力度，力保涉农补贴落到实处。

（一）进一步加大涉农补贴资金整合力度

涉农补贴资金扶持项目种类繁多，且归属不同的主管部门管理，部分资金的补助对象和项目相近或相同，容易造成沟通不到位，信息不对称，出现重复申报，骗取、套取财政补助资金的现象，增加涉农补贴资金管理难度。为此，省财政厅组织各地根据“集中财力办大事，优势互补、形成合力”、“一个部门一个专项”等原则，统筹整合现有涉农补贴资金，调整资金投向，优化支出结构，集中财力，重点投向，解决农民群众最关心、最迫切、最受益的实际问题。

（二）进一步健全涉农补贴资金公开公示制度

在涉农补贴资金纳入专项资金管理平台实现“八公开”的基础上，针对广东省农村信息化程度和农民文化程度不高的现状，对涉及农民切身利益的涉农补贴资金，省财政厅要求各地完善行政村公示制度，将涉农补贴资金补助情况包括补助政策、补助标准、补助对象、申请材料、申请流程等事项以及各级部门受理投诉举报的处（科、股）的联系人姓名、电话等内容，在村头、村中、村尾及时上墙公示，保障群众的知情权、参与权与监督权。充分利用报刊杂志、电视、电台、网络、短信、微信等各类媒体，多形式、多渠道、多方位地加强涉农补贴政策宣传，让农民了解涉农补贴政策内容、程序和要求。做好村级财务公开，按照民主理财小组先审核、村集体经济组织负责人签字、乡镇会计代理服务机构审核认可的步骤进行。

（三）进一步加强涉农补贴资金管理信息化建设

省财政厅统筹协调各有关部门完善涉农补贴资金基础信息库，确保每一笔涉农补贴资金都有最原始、最真实的数据信息，将基础数据信息作为涉农补贴资金监督检查的依据，防止多报、虚报、重复补助等问题。同时，抓紧研发农村财务监管平台软件，采取切实有效措施，按时保质保量完成既定的建设目标和要求，以现代信息技术对农村财务活动实施监控为手段，强化农村财务监管。市县政府利用全省基层服务综合平台的村一级终端建立起“末梢监督”系统，将涉农补贴资金使用管理透明化，让群众足不出村就能参与管理和监督。

（四）进一步发挥乡镇财政和村务监督委员会的监督作用

强化乡镇财政对涉农补贴资金监管职能，切实加强乡镇财政能力建设和工作指导，建立乡镇财政直接联系点制度及监管抽查指导制度、激励约束机制和日常考核制度。发挥乡镇财政部门贴近农村、贴近基层、贴近群众的优势和职能作用，进一步加强对基础信息的审核，加强对涉农补贴资金的统计和分析工作，强化对涉农补贴资金的跟踪和监控，认真做好有关信息的反馈工作。重视发挥村务监督委员的作用，规定村级重大财务事项须接受村务监督委员会的事前、事中和事后监督；要求由村务监督委员建立村涉农补贴资金使用的监督检查台账，并定期报送当地财政、民政部门备案。

（五）进一步强化惩处措施

省财政厅组织各地财政部门建立将村干部补贴、村务监督委员会补贴等补贴发放与涉农补贴资金违法违规行为责任追究挂钩的机制，强化惩处：一旦出现村集体或村干部虚报冒领、克扣侵占涉农补贴资金等违法违纪行为，经查实，财政部门停止发放所在村村集体运行经费补助、村干部补贴及村务监督委员会补贴等资金。

三、统一规范，建立健全涉农补贴资金管理机制

在进一步完善涉农补贴资金监管措施的基础上，省财政厅与各地、各部门积极沟通协调，从强化涉农补贴资金管理入手，积极探索，大胆改革，围绕涉农补贴资金管理全过程，建立健全科学合理、层次清晰、分工明确、安全有效的涉农补贴资金管理机制。

（一）建立健全涉农补贴资金设立和信息公开机制

严格涉农补贴等专项资金的设立审批，对资金使用效益不明显、群众反响较差的专项坚决取消；推进“压专项，扩一般”工作，加大专项资金清理整合力度，经批准设立的涉农补贴专项资金均要向社会公开有关信息，包括资金管理办法，申报指南，项目资金申报情况，资金分配程序和分配方式，资金分配结果，资金绩效评价、监督检查和审计结果，公开接受、处理投诉情况以及其他按规定应公开的内容。其中：省级涉农补贴资金由省直有关部门、省财政部门分别在专项资金管理平台、省直有关部门和省财政部门门户网站上公开；市县级涉农补贴资金由各地根据

自身情况确定公开方式。

（二）建立健全涉农补贴资金分配和拨付机制

创新资金分配方式，根据资金性质，综合利用因素法、标准法、专家评审、竞争性分配等方式科学合理分配。省财政对省级涉农补贴资金逐步实行“预安排、后清算”制度，根据事权和支出责任相适应的原则，积极推行项目库管理制度。涉农补贴资金按照预算及国库管理规定办理预算下达和资金拨付手续，实行国库集中支付管理；暂不具备国库集中支付条件的，按省财政厅《广东省财政支农专项资金报账制实施办法》的规定实行财政报账制管理。同时，涉农补贴资金严格执行财务规章制度和会计核算办法，严格执行财政资金使用票据销账制度，严禁用“白头单”入账或套取现金。

（三）建立健全涉农补贴资金监督检查和绩效评价机制

预算年度结束后，各级业务主管部门负责组织本部门涉农补贴资金使用情况自查，并将自查情况报财政部门。各级财政部门依规组织巡查监督或重点抽查。通过通报、暂停拨付、扣减、收回财政资金等措施，督促违规单位及时纠正问题，反馈整改落实情况。进一步强化涉农补贴资金绩效评价结果应用，建立完善评价结果与下一年度预算安排挂钩机制、各级财政部门将绩效评价结果汇总报同级政府，作为涉农补贴资金安排、调整、撤销以及责任追究的重要依据。

（四）建立健全涉农补贴资金监管责任分担和追究机制

各级各部门按职责分工共同负责涉农补贴资金监管工作。财政部门负责制定涉农补贴资金管理制度、审核省直有关部门编制的涉农补贴资金安排计划的合规性、办理涉农补贴资金拨付、组织实施涉农补贴资金财政监督检查和总体绩效评价等。业务主管部门负责本部门管理的涉农补贴资金的具体管理工作，包括涉农补贴资金预算申报、编制涉农补贴资金分配使用计划，涉农补贴资金使用安全、绩效评价、信息公开等。审计部门负责对涉农补贴资金管理和使用情况进行审计监督。监察部门指导有关部门开展廉政风险防控工作，负责对涉农补贴资金管理情况进行监督检查，受理检举及举报，对违规违纪单位及个人依法依规查处。镇、村两级按“谁使用、谁负责”的原则，对补贴项目的真实性和资金拨付使用的规范性负责。建立各涉农补贴资金业务主管部门与财政、纪检监察、审计等部门衔接顺畅、高效有序、反应及时的联合查案机制。各地加大对虚报申领、截留、冒领、克扣、侵占涉农补贴资金等违法违规行为的责任追究力度，除严格按照《财政违法行为处罚处分条例》分别作出责令限期整改、警告、通报批评、追回资金和罚款等处理决定外，还要依法追究直接责任人的责任，并按照党风廉政责任制有关规定追究分管领导及主要领导的责任，涉嫌犯罪的，及时依法移送司法机关。

（农业处供稿，方亮执笔）

以问题为导向不断提升涉农资金监督管理水平

农业综合开发项目资金的使用与监管具有一定的特殊性，其特定的资金使用主体和使用环境要求财政部门不断完善资金监管模式，持续强化制度执行力。

一、农业综合开发资金管理的特殊性

（一）资金使用主体的特殊性

与其他类别的涉农资金类似，农业综合开发项目资金的使用涉及大量小规模、分散的农业经营主体，经营状况参差不齐，特别是数目巨大的农民专业合作社，财务不规范的情形十分普遍。相当一部分农民专业合作社全部收支以现金方式完成，全部财务账只有几页日记本式的记录，存在众多依靠不开发票的交易，财务资料的真实性难以准确核查，而当前支持新型农业经营主体的政策中往往鼓励给予此类农民专业合作社财政支持。

（二）资金使用环境的特殊性

作为涉农类财政资金，农业综合开发项目资金所扶持的项目多分布在地域广阔的农村地区，比如林业部门项目就通常位于位置偏远、车辆不能通行的山区。这种特殊环境使财政部门很难对资金使用情况一一进行有效的现场监管，单靠书面资料很难发现存在的问题。另一方面，现有的涉农资金分布较为分散，各部门都只能分别管理一小块，同一区域可能分布几个部门的项目，系统互不连接，优势不能互补，进一步加剧了环境造成的困难。

（三）资金审批等规章制度执行中简化操作的特殊性

历次检查发现，部分基层财政部门在执行规章制度过程中存在不按规定程序操作、经办业务从简从快等现象，许多制约性的制度起不到应有的作用。如省财政厅曾多次发文提出要求，但部分地区财政部门在项目资金报账过程中，审核要件缺失、违反规定程序审批资金等现象仍十分突出。这一问题的产生，既有部分负责人故意违反，有章不循的因素，也有基层机构人员配备不足，素质不够的原因，但更多的是履职责任心不够，怠政懒政。

二、以查处阳春市项目违规问题为契机，全面检查全省农业综合开发项目

2014年广东省“民声热线”节目报道了阳江阳春市农业综合开发项目立项多年仍未完工的问题。省财政厅农业综合开发办在自身人员力量有限的情况下，从2014年10月起，通过购买服务的方式，组织多个会计师事务所分成6个检查组，对全省范围内5年间实施的900多个农业综合项目进行全面深入的检查：一是全面覆盖全部项目，全面检查项目从立项、实施、资金管理、验收、建后管护的全部环节，做到不漏不缺，全面普查；二是注重检查深度，

突出重点，对于在检查中发现的严重问题和有疑点的项目和地区，进一步组织人员到现场核实。

检查结果表明，全省大部分项目实施管理基本到位，项目绩效情况总体良好，但部分地区，在项目申报、实施、资金报账、竣工验收、建后管护等各个环节，仍存在较为严重的违规现象。

三、完善监督管理制度体系

通过深入分析检查中发现的问题，发现更加根本的问题在于规章制度缺乏设计之初所应有的约束力，之前的检查中，对多种违规仅仅定性为“不规范”的情形，惩戒力度小，往往是发现哪个纠正哪个，治标不治本，致其反复发生，为后续更大更多的违规情形留下隐患。完善监督管理制度体系、加大监管力度十分必要。

（一）更加注重立项环节与后续管理过程的对应性

将立项环节的审核、考察作为项目管理和资金管理的重要环节加以严格管控，为后续的管理工作奠定坚实基础。一是要注重现场考察的作用，避免单凭纸面材料做出判断，要更加注重以现场考察的结果来决定项目设计的真实性、合理性，对于项目设计的真实性进行交叉式查验认证，避免后续检查的烦琐求证。二是在立项环节的每个细项考察内容上，明确判断标准和具体负责人，使之成为可倒溯追查的责任机制。三是保证项目立项阶段的原始档案的完整、准确，尤其在核心内容上力求精确。

（二）建立制度化的监督检查机制

一是通过加强事前、事中、事后的检查，实现财政资金使用监督上的全覆盖，从根源上避免某些单位或地区抱有侥幸心理，掩盖甚至拖延问题的解决。二是兼顾全面与深入两个方向，在资源有限的情况下，对于个别问题较多、管理混乱的地区（单位）应连续组织专项检查，督促其解决深层次问题。三是搭建两级监管架构，在明确由县一级负责具体实施的同时，由市一级对县级的项目工作开展第一级监督，省级对市级的工作再进行监督，形成分工负责，各有侧重的监管格局，实现监管常态化。

（三）加强制度执行的刚性

对项目管理和资金管理中具有关键性影响的制度规定，要坚持不懈地从上到下加以强化执行，采取切实措施避免虚置。对于不合理、不能够实现的制度规定，根据基层意见，尽早完善修改，但是对于实践证明可行、合理的制度，应注重细节，坚持一丝不苟地加以贯彻。对于多次违反，整改不到位的地区和单位，要辅以必要的惩戒措施，彻底扭转风气，消除怠政懒政的空间。

（四）注重关键节点的档案保存

农业综合开发相关管理规定早已对项目档案的保存提出明确要求。但是在实际执行中，项目管理资料在很多地方存在缺失现象。在常态化的监管中，应更加重视档案资料的完整保存，并列为需严格考核的事项。

（五）加强信息化建设

农业项目往往布局分散，动辄覆盖数千亩，难以一一进行现场核对，且资料碎片化的情况十分突出，监管成本较高，问题难以及时发现。要妥善解决分散的项目常态化监管问题，必须采用信息化手段建立实时、全面的项目信息资料库，充分反映项目现场施工状态、项目报账审核状态等信息，实现对项目现场的有效监管，使项目资金使用情况审核更加方便、准确。

（农业综合开发办供稿，杨伟光执笔）

广东省农村“村账镇代管”工作情况

按照省委、省政府、省纪委加强农村基层治理工作的有关要求，省财政厅周密部署，精心组织，推进全省农村“村账镇代管”。各级财政部门、主管部门积极争取各级党委、政府、纪检支持，与监察、农业和民政等部门通力协作，密切配合，扎实推进全省农村“村账镇代管”工作的开展。

一、基本情况与主要做法

（一）“村账镇代管”工作进展情况

广东省在推进“村账镇代管”方面进行了多年的探索。从2003年开始，针对农村专业会计人员缺乏、会计基础不规范、“包包账”、“捆捆账”及“白条抵库”现象突出、财务监管力度弱、财经纪律混乱等问题，广东省各地以贯彻落实《会计法》及相关配套制度为重点，以实行“村账镇代管”为抓手，规范广东省农村财务会计工作。2008年，财政部印发《关于开展村级会计委托代理服务工作的指导意见》，对全国各地开展“村账镇代管”工作的规范性做法提出意见，作出明确要求。2011年12月，省政府下发《关于全面开展镇（乡）财政和村级财务管理方式改革的通知》，要求全省全面开展村级财务管理方式改革，实行“村财镇代管”。

2014年，省财政厅、省监察厅联合印发《关于进一步加强和完善村级会计委托代理服务工作的通知》，明确提出进一步加强和完善“村财镇代管”工作，强调切实抓好“健全代理服务机构、加强代理制度建设、规范票据和资金管理、强化民主理财和财务公开、加强队伍建设”等五方面重点工作，全面推进村级会计委托代理服务工作。截至2014年12月底，全省有90%以上乡镇、93%以上行政村实行“村财镇代管”。部分地区已开始“组账镇代管”。全省乡镇从事农村会计代理服务人数近6 000人。另有不足5%的乡镇和不足5.5%的行政村实行“会计委派（选聘）制”，其中东莞市乡镇实行会计委派，惠州、中山、肇庆个别乡镇实行会计选聘。

（二）广东省农村“村账镇代管”的主要做法

1. 按照民主程序办理代理手续。各级财政部门、主管部门尊重村民意愿、遵循村民自治原则，严格按照《中共中央办公厅、国务院办公厅关于加强农村基层党风廉政建设的意见》，坚持"三个民主"（民主管理、民主决策和民主监督）和"四权"（集体资金的所有权、使用权、审批权和收益权）不变，经过村民会议或村民代表会议民主程序议定，由村集体经济组织与乡镇代理服务机构或社会中介机构签订委托代理协议书，乡镇代理服务机构或社会中介机构受托提供代理服务。

2. 加强"村账镇代管"的会计基础工作。省财政厅制定印发了农村财务会计管理示范制度、农村集体会计科目表和固定资产分类及折旧办法等一系列农村财务会计管理制度。广东省各级财政部门、主管部门在日常业务工作中，通过人员培训、印发宣传小册子等方式，以及财务公开栏、农村财务主管部门门户网站、有线电视点播等渠道，深入宣传《会计法》、《会计基础工作规范》、《会计档案管理》、《村集体经济组织会计制度》及中央和省的有关农村会计政策。

3. 实行会计代理与强化民主理财公开相结合。各地乡镇（街）财政机构（乡镇会计代理服务机构）指导督促农村集体经济组织严格执行《广东省村务公开条例》（2014年修订，广东省第十二届人民代表大会常务委员会第26号公告），每月公开一次涉及财务的事项。村务监督委员会（民主理财监督小组或者监事会）认真履行审核和监督职责，保障财务公开数据的真实和完整，财务公开内容、形式和时间是否符合规定。村民对财务公开的内容、时间等有异议的，可及时依法依规得到妥善解决。

4. 规范财务票据管理。各地要按照省财政厅《关于开展村级会计委托代理服务工作的通知》的有关要求和示范格式，由县级以上财政部门根据实际需要，统一印制、发放本地区村级现金支出凭单、报销表格和农村集体经济组织内部结算凭证等，制定相应的管理制度。乡镇（街）财政机构（乡镇会计代理服务机构）负责监管农村财务票据的领用情况，加强农村财务收支管理。财务收支应取得合法的原始凭证，财务审批手续要完备，严禁"白条"入账。

5. 强化涉农财政性资金管理。各地乡镇（街）财政机构（乡镇会计代理服务机构）重点加强农村基层组织工作经费补助及基本农田保护经济补偿、村级公益事业一事一议财政奖补在内的涉农财政性资金监管，确保资金使用手续完备，用途合法合规。指导督促村委会及时将涉农财政性资金的使用情况在村务公开栏进行公示，接受农民群众监督。

二、主要成效与若干不足

（一）"村账镇代管"的主要成效

1. 推动农村集体财务会计管理水平提高。实行"村账镇代管"使农村财务会计制度进一步健全完善，村级财务决策水平更加科学民主，财务处理程序和财务公开更加规范透明，形成了农村财务会计工作"用制度管权、按制度办事、靠制度管人"的良好局面。

2. 促进农村集体经济健康发展。广大农民群众坚决支持"村账镇代管"，使乡镇财政能有效地督促和指导农村对重大财务事项进行民主管理和民主决策；对重要工程项目和主要经营项目进行公开招投标和公示，提升了农村集体资金资产资源的使用效能，确保了支农惠农政策落到实处，促进了农村各项改革发展工作步入良性轨道，为全省农村集体经济又好又快发展奠定基础。

3. 加强农村基层民主建设和党风廉政建设。实行"村账镇代管"，以加强农村财务会计监管为抓手，从源头上预防农村腐败行为的发生，促进村干部转变工作作风，增强遵纪守法和自我约束能力，增强农村基层组织的凝聚力和战斗力，推动农村基层党风廉政建设和反腐败工作深入开展。实行"村账镇代管"以来，与财务会计相关的各种矛盾纠纷减少，信访案件下降。

4. 发挥基层财政职能作用。随着公共财政政策覆盖农村，对农村的财政转移支付力度不断加大，面向广大农村的财政资金越来越多，乡镇财政职能作用越来越重要。从实际效果来看，乡镇财政所抓"村账镇代管"工作，是"村民自治"的有益补充，它充分发挥乡镇财政职能作用，对更好地维护了广大农民群众的切身利益、加强农村基层治理体系建设起到较好的促进作用。

（二）推进"村账镇代管"的若干不足

1. "村账镇代管"尚未覆盖全省村组。截至2014年底，全省还有6%的镇村未实行"村账镇代管"。大部分地区的"村账镇代管"工作尚未覆盖到组一级。广东省不少地区的农村集体资产主要在村民小组一级。因农村土地资源、资产处置、财务管理等问题而上访、信访的往往是组一级的农民群众。

2. 制度不健全或落实不到位。部分镇（街）未建立健全"村账镇代管"相关配套制度。

3. 基层财政所管理力量不足。全省乡镇"村账镇代管"工作机构1 348个，工作人员5 981人，其中在编人员2 656人，从镇政府及下属单位抽调的在编人员1 638人，从社会招聘人员1 687人。兼职和招聘的临时人员合计3 325人，占比56%。人员编制没有明确或是兼职较多，待遇不高，人员队伍不稳定，管理力量不足。

4. 经费保障力度不足。镇（街）的"村账镇代管"工作面广、工作量大，要求配备足够的专职人员和必要的电子设备，需要足够的经费支持。经济相对落后的一些地区反映资金压力较大，经费保障有困难。

（农村财务管理处供稿，刘金旺执笔）

省财政厅牵头开展多个专项整治行动取得明显成效

根据中共广东省委、省人民政府在第一批教育实践活动中开展15个专项整治行动的部署，截至2014年底，广东省财政厅牵头开展了整治“小金库”和违规使用专项资金、“三公”经费开支过大和超预算或无预算安排支出、严格公务接待标准、整治超标配备公车和严格公车经费支出4个专项整治行动，并协助开展整治违规修建楼堂馆所、清理办公用房和整治公款送礼、公款吃喝、奢侈浪费2个专项整治行动。在时间紧、任务重的情况下，省财政厅积极履职尽责，在各地区各部门的紧密支持配合下，坚持精心组织，突出重点，标本兼治，真抓实干，扎实推进各专项整治行动。

一、主要做法

（一）坚持精心部署，突出统筹推进

省委、省政府高度重视，省政府成立了以徐少华常务副省长为组长的省整治“小金库”、违规使用专项资金专项行动领导小组，省财政厅对牵头负责的专项整治行动由厅主要负责同志总负责。针对每一项整治行动，省财政厅均制订具体的行动方案，明确整治的对象、范围，细化整治的方法、步骤以及时间进度安排，并指定1名分管厅领导负责具体推进落实，明确与相关牵头部门的职责分工，落实厅内具体责任处室，做到“10个有”，即：每一个专项整治行动的工作推进都有厅领导牵头，有行动方案，有责任处室，有具体责任人；每一个专项整治行动的工作步骤都有动员部署，有自查自纠，有重点抽查，有督导行动，有整改落实，有建章立制等要求，确保各专项整治行动统一步调、顺利推进。

（二）坚持问题导向，突出全面整治

针对群众关心的重点领域、“四风”问题的易发环节，采取自查自纠、巡查督导、重点抽查的“三查”模式，全面深入推进专项整治工作。一是全面开展自查自纠。根据工作中掌握的情况，梳理明确纳入专项整治的对象、范围，要求各地各单位对照开展全面自查自纠，边查边改、立行立改，自查面达到了100%，并对违法违纪违规行为进行严肃处理。二是深入推进巡查督导。为确保自查自纠工作不走过场、不留死角，着力加强巡查督导力度，组织8个督导组，由省财政厅各厅党组成员带队分赴全省21个地级以上市开展督导工作。三是突出抓好重点抽查。为确保成效，对4个牵头负责的专项整治工作，省财政厅均按照一定比例或针对一些突出问题开展重点抽查。其中：整治“小金库”、违规使用专项资金的重点检查面不低于纳入治理范围单位总数的5%；整治“三公”经费开支过大和超预算或无预算安排支出的重点检查面不低于纳入治理范围单位总数的20%；整治超标配备公车和严格公车经费支出专项行动，将13种易发的违纪违规行为纳入整治范围，对自查零违规、整改不到位、群众有举报的地方和单位进行重点检查。

（三）坚持标本兼治，突出建章立制

针对检查发现的突出问题，注重从加强薄弱环节抓起，突出加强制度建设，堵塞漏洞，着力形成体系完备、科学管用的整治“四风”长效机制。一是着力完善财政源头治腐的制度体系。研究制定了新的省级财政专项资金管理办法，对专项资金的申报、审批、拨付、管理进行了重新设计，并根据该办法逐项修改完善各专项资金管理办法。截至2014年12月底，省财政厅配合相关部门完成了277项专项资金细化管理办法的修订、完善，有效强化了财政源头治腐的职能作用。二是着力完善厉行节约的制度办法。修订完善了“三公”经费使用、差旅费管理、会议费管理、因公出（国）境经费管理、外宾接待经费管理、公务用车管理、党政机关办公用房使用管理，以及预决算信息披露、预算信息公开情况统计等一系列的管理办法，形成了广东省厉行节约的长效机制。三是着力完善内部控制的监管机制。在抓好面上制度建设的同时，研究制定了省财政厅内部指标管理和资金支付稽核工作规程、预算执行工作规程，健全完善了财政支出全过程监管机制、财政资金使用监督责任制、省级财政内部循环监督机制等一系列制度办法，压缩自由裁量权的空间，有效构建财政资金分配的权力制衡框架体系。

二、主要成效

通过开展上述专项整治行动，广东省公款送礼、公款吃喝、奢侈浪费问题得到有效遏制，超标配备公车、多占办公用房、违建楼堂馆所问题得到全面整改，“三公”经费开支过大问题得到根本扭转，相关违纪违规行为得到有力惩处。截至2014年12月底，通过开展专项整治行动，全省共查处“小金库”31个、涉及资金2 372万元，查处违规专项资金项目697个、违规使用专项资金2.4亿元，清理专项资金274项、减少150.9亿元；全省21个市和98个省直单位纳入清理整改范围的办公用房建筑超标应整改面积合计41.55万平方米，已整改面积合计34.39万平方米；全省共整改公务用车违规问题318个，违规资金567.37万元，发现公务用车违规问题968个；收回4.16亿元基建项目资金用于改善民生项目支出；2014年全省行政和参公事业单位“三公”经费支出73.68亿元，其中财政拨款支出68.50亿元，比2013年同期减少23.21%。

（厅党办供稿，刘柏文执笔）

省财政厅深入开展在职党员到社区报到为群众服务活动

根据中共广东省委组织部、中共广东省直属机关工作委员会部署，广东省财政厅采取就近原则，确定广州市北京路财厅前社区为报到点开展在职党员志愿服务活动。该社区现有居民2 000多户、约7 500人，其中60岁以上老人1 100多人，低保户、低收入户60户100多人，孤寡独居老人、残疾人、精神病患者、失业人员约400人，党员平均年龄63岁，呈现出人口密集、老龄化、困难户多以及基

层党组织建设薄弱等明显特征。为确保在职党员到社区报到为群众服务工作的顺利推进，省财政厅坚持以互惠互利为原则，紧紧围绕群众、社区、党员干部以及财厅自身需求，以需定策，有效调动各方积极性，努力实现四方共赢，取得了明显成效。

一、注重契合群众需求，把工作做实，确保群众困难获得真解决

坚持把解决群众实际困难作为第一目标，努力使群众对党员进社区开展志愿服务真拥护、真欢迎。一方面，做细做实基础工作，采取上门走访、召开座谈会、发放调查问卷等方式，全面摸清社区总体情况及每一个需帮扶对象的具体困难，并列表编排，推行“居民点单、支部下单、党员接单”的“三单制”服务模式，做好供需对接，为提供群众最需要、真受益的精细化服务打好基础。另一方面，做细做实服务工作，针对不同的困难问题采取不同的帮扶方式，如针对孤寡独居老人，采取党员结对帮扶的方式，定期看望慰问，2014年对部分孤寡独居老人开展了聊天、读报、打扫家庭卫生、陪同配眼镜、陪同就医、购买日常生活用品等服务；又如，针对经济困难群众，采取党支部对口帮扶的方式，通过捐款帮扶、走访慰问、指导帮助申请惠民政策等，帮助解决实际困难，2014年指导符合条件的1户残疾人家庭申请医疗救助及政府廉租房、1户低保家庭申请学费减免和助学金等，使他们最大程度享受政策红利。

二、注重契合社区需求，帮忙不添乱，确保对社区工作有真帮助

针对财厅前社区居委会希望困难群众得到帮助、不搞形式主义添乱的需求，一方面，通过制订详细具体的实施方案，采取个人服务、多人组合服务、以党支部为单位服务等不同形式，分期分批有序开展服务；另一方面，坚持依靠社区，坚持稳步推进，坚持联建共创，力所能及地支持社区工作开展，使居委会对党员进社区开展志愿服务不反感、真支持。如为防控登革热，组织党团员到社区协助居委会开展垃圾清理、蚊虫滋生地清理等活动；在2014年重阳节期间，联合社区开展“关老、敬老、助老”志愿服务月活动，举办敬老座谈会，走访慰问困难老人等。

三、注重契合党员需求，搭建好平台，确保对党员干部有真收获

针对省财政厅党员干部密切联系群众、了解基层实际的需求，结合省财政厅开展志愿服务优良传统的实际，着力把进社区开展志愿服务打造成为贯彻落实群众路线，推动党员干部下接地气、联系群众、锤炼党性、奉献爱心的平台，提高党员干部主动参与的积极性。一方面，丰富方式，注重统筹兼顾，通过提供经常性政策服务、结对式帮扶服务、主题式集中服务等活动方式，依托志愿服务信息平台等载体，鼓励党员干部按照自愿原则自行选择，满足党员干部开展志愿服务的需求。另一方面，加强联动，注重牵线搭桥，建立健全在职党员所在单位党组织和社区党组织的沟通联系、对接衔接、共同参与的运行机制，鼓励党员干部直接和社区一线工作人员、群众结对子、交朋友，建立起长期的、日常的联系。这不仅使党员干部深入了解基层真实情况和群众真实诉求，也使党员干部从中受到了深刻的教育。

四、注重契合自身需求，为工作服务，确保对财政工作有真促进

省财政厅作为民生政策的重要制定实施部门，有责任广泛宣传财政政策、了解政策实施情况、了解群众的真实需求。厅党组对进社区工作高度重视，厅党组书记、厅长曾志权亲自部署，要求认真抓好落实，制定工作指引，明确党员干部不管以何种方式进入社区，都要带着宣传民生政策、了解政策实施情况和群众真实需求的任务，在做好服务工作的同时，也为进一步完善民生政策提供决策参考。根据2014年了解的情况，低保、医疗保险、养老保险、残疾人生活补贴等底线民生政策在财厅前社区得到了普遍落实，困难群众生活有基本保障但也仍然存在一些具体问题，如靠低保生活的孤寡老人水管、煤气灶等老化需要维修更换但资金不足；困难、单亲家庭少年儿童的心理健康问题等。对这些情况的了解，将有助于进一步完善广东省民生财政政策。

（厅党办供稿，刘柏文执笔）

以案为鉴　以案治本
加强廉政风险防控

自危金峰违法违纪案件发生后，省财政厅认真吸取教训、举一反三，深刻反思和查找存在问题与不足，制定了《关于进一步加强省财政厅廉政建设工作的意见》，从教育、作风、制度、改革、监督、惩处6个方面制订40项措施，切实加强整改，做到以案为鉴、以案治本，建章立制、堵塞漏洞。通过深化党员干部教育、狠抓党风廉政建设责任制、推进财政体制改革、完善制度规范权力运行、强化监督检查和转变机关作风等一系列举措，财政源头治腐机制进一步完善，党风廉政建设和反腐败工作取得新的进展。

一、深化教育，坚定信念，增强党员干部自律意识

发生危金峰案件，深刻暴露出广东省财政系统在干部教育管理中仍然存在薄弱环节。有鉴于此，省财政厅以确保财政资金安全和干部安全为目标，深入剖析危金峰案件，引导党员干部认真吸取案件教训，切实增强廉政意识和风险意识。一是加强领导班子的思想政治教育。厅党组多次召开党组会议、厅长办公会议和全厅干部大会，研究制定

进一步加强党风廉政建设和干部思想教育的重要举措。建立厅党组务虚会议制度、学习考勤、建档和考核制度，完善厅理论学习中心组学习制度，不断深化对党章的学习，使学习“软任务”变成“硬约束”，切实加强领导干部的党性修养，增强班子合力和活力。二是充分发挥各党支部的教育和监督作用。各党支部切实加强对党员干部的思想教育，原则上每月召开一次支部党员大会和支委会，党支部书记每半年上一次党课，加强与干部的沟通交流，及时了解党员干部的思想情况；同时，多次召开以“反腐倡廉”为主题的专题辅导报告会，组织党员干部观看中纪委、省纪委拍摄的廉政教育片，开展“正能量·中国梦”、“读廉洁书”等专题活动，培育廉洁从政良好风气。三是强化案件警示教育。以案治本，深入剖析危金峰等财政系统违法违纪案件，继2013年组织处以上干部参观廉政教育基地后，由驻厅纪检组组长带队，组织科以下干部近250人参观省廉政教育基地；认真开展纪律教育学习月活动，举办全厅副处以上及部分重点岗位干部参加的“三纪”教育学习会，筑牢党员干部的思想道德底线、廉洁自律防线和党纪国法红线。

二、结合实际，明确责任，狠抓党风廉政建设责任制

坚持抓党风廉政建设与抓财政业务工作相融合，不断完善反腐倡廉领导体制、工作机制和工作格局，强化厅党组的主体责任，全面推进反腐倡廉建设。一是突出领导带头，在廉政自律上发挥表率作用。各班子成员认真履行“一岗双责”，模范遵守廉洁从政各项规定，切实做到带好队伍，做好表率；制定实施厅党组成员交叉过组织生活制度、双重组织生活制度和党委书记接访制度，做到业务工作分管到哪里、党风廉政建设就抓到哪里。二是建章立制，完善党风廉政建设责任制各项制度。通过健全完善党风廉政建设责任制各项制度，进一步明确责任。制定印发《广东省财政厅廉政责任书》，促进落实廉政责任；5月中旬率先全国财政系统和省直部门出台《广东省财政厅党风廉政建设责任制考核暂行办法》，对处室、单位实行年度考核制度，从15个方面量化考核标准，细化考核内容，促进党风廉政建设责任制的贯彻落实。三是围绕中心，认真部署党风廉政建设工作任务。2014年年初召开全省财政系统反腐倡廉建设工作会议，传达贯彻中纪委、省纪委全会和全国财政反腐倡廉建设工作会议精神，认真部署落实2014年全省财政系统反腐倡廉工作任务。及时制定印发《广东省财政厅2014年党风廉政建设和反腐败工作安排》，把省财政厅承担的6项牵头和4项配合工作细化为39项具体工作，分解至厅各处室、单位，确保各项工作任务落到实处。

三、深化改革，创新机制体制，筑牢财政源头治腐防线

省财政厅党组把危金峰案件引以为戒，以加强财政专项资金监管，堵塞审批、寻租方面的漏洞为切入点，深入推进财政体制改革，建立健全财政专项资金分配机制，切实筑牢财政源头治腐的防线。一是改进预算管理，率先建立现代财政制度。草拟《关于改进预算管理 率先建立现代财政制度的意见》，改革预算编制、执行和监管，努力率先建立现代财政制度。二是制定专项资金管理办法，完善专项资金管理制度。制定《广东省省级财政专项资金管理办法》，依托专项资金目录、项目库和管理平台，实行审批内部制衡、横向并联审批和复式审批制度，对资金信息实行“八个公开”（公开管理办法、申报指南、申报情况、分配方式和分配程序、分配结果、绩效评价、监督检查和审计结果以及接受和处理投诉情况等）。同时，制定《广东省省级财政专项资金目录管理办法》等8个专项资金管理配套办法，并建立完善255项专项资金的管理办法，最大限度压缩自由裁量权。三是开展专项资金清理整合，扩大一般性转移支付。出台实施一系列制度办法，将659项、756.63亿元专项资金纳入清理范围。通过撤销、整合归并同类专项，2014年省级财政专项资金项目数量在2013年基础上再压减30%。四是主动接受社会监督，建立健全专项资金信息发布制度。推动专项资金信息公开，省级专项资金管理平台在省政府网上办事大厅上线运行，已实现255项专项资金网上“一个口申报、一条线管理”。

四、完善制度，突出廉政风险防控，规范权力运行

用制度管权管事管人是预防腐败的根本。亡羊补牢，及时查漏补缺，省财政厅通过完善制度建设把权力“寻租”空间压缩到最低，以制度规范形成抓资金安全、干部安全的工作机制。一是建立健全财政专项资金管理制度。修订资金调度内部管理办法，制定完善省财政厅管理相关专项资金内部规程、省级财政专项资金竞争性分配管理办法等，做到资金使用到哪里，制度建设就延伸到哪里。二是进一步规范财政系统业务联系制度。制定规范全省财政系统上下级工作联系的若干规定和省级与下级财政往来资金管理办法，规范资金调度管理操作，防范财政资金在运行过程中的各种潜在风险。三是建立健全廉政风险防控管理制度。认真评估财政业务及管理中的内外部风险，结合财政管理信息化建设，制订、完善相关制度、流程和方法，并加强对《广东省财政厅指标管理和资金支付稽核工作规程》执行情况的监督，严格落实A、B角制度，不断完善事前审核、事中监督、事后稽核评价相结合的财政内部循环监督机制。四是不断完善干部人事管理制度。坚持用制度管人管事，加大力度探索实行竞争性选拔、交流轮岗、下派基层锻炼等干部选拔任用方式，完善《广东省财政厅综合考核试行办法》，加强对干部选拔任用过程的监督。

五、加强检查，强化监督，提高制度执行力

充分发挥财政监督检查的作用，为确保省委省政府决策部署的正确落实提供有力的保证。一是加强对重大决策

部署贯彻落实情况的监督。积极开展宏观调控政策、保障和改善民生政策财政资金使用情况的监督检查，有效确保省委省政府决策部署贯彻落实到位。二是扎实推进整治“小金库”、违规使用专项资金专项行动。三是进一步加强财政内控机制建设。加快推进财政大数据战略实施，强化对预算执行过程的监控，不断完善“自查自纠、巡查督导、重点检查”的检查制度，加强对重点行业和领域财政资金的监督检查，确保财政资金管理的程序规范、责任明确、权力透明、监督有力。

六、纠风肃纪，整治作风，打造机关作风新面貌

省财政厅认真贯彻落实中央和省委“八项规定”，以作风建设的成效推动财政工作不断开创新风气、新气象和新局面。一是严肃查处违反八项规定行为。深入贯彻落实中央八项规定、国务院“约法三章”和省委实施办法，深入开展整治庸懒散奢行动。结合财政工作实际，3 月制定了《广东省财政厅工作人员廉洁从政若干规定》，对党员干部的 15 项行为进行了规范，省纪委主要领导对此给予批示肯定，社会反响良好。对多名干部收受购物卡等有价证券的问题开展清退和处理，着力营造财政系统风清气正、积极向上、勤奋工作的良好氛围。二是切实提高办文办事效率。严格控制发文数量、文件篇幅、会议数量和规模，通过优化业务流程、改进管理方法等提高工作质量和效率。加快网上办事大厅建设，探索“一窗式”、“一条龙”式办事模式，进驻网上办事大厅的行政审批事项和社会事务服务事项 29 项，进驻率达 100%，网上办理率达 100%，并已 100% 达到一级以上办理深度。三是切实抓好《党政机关厉行节约反对浪费条例》在财政部门的贯彻执行。严格按照中央和省有关规定，全面梳理各处室、单位和各级领导干部的办公用房使用情况，制订清理腾退方案，整改超面积办公用房 18 间。四是积极发挥财政职能作用。推进厉行节约反对浪费的长效机制建设，制定、修订《省直党政机关和事业单位因公临时出国经费管理办法》等 3 项制度，建立广东省会议费及“三公”经费统计制度，加强对行政经费支出使用监督。

（驻厅纪检组、监察室供稿，张可薇执笔）

筑牢财政资金安全“防护网”
建立健全省级预算执行动态监控新机制

2014 年，省财政厅国库支付局（以下简称支付局）为防范财政资金支付风险、提高财政支出透明度、全面构筑财政资金安全“防护网”，结合广东实际提出预算执行动态监控管理新思路，通过建立、健全“四个机制”，创新监控工作方式，加大监控核查力度，构建起寓事前预警、事中监控、事后核查于一体，多层次、全方位的省级预算执行动态监控新机制。

一、省级动态监控机制建设情况

（一）构建事前预警防范机制，有效前移动态监控关口

为推动监控工作由事后处罚向事前防范前移，建立、健全事前预警防范工作机制，支付局结合重点监控问题积极梳理日常监控发现中的共性违规问题，并在预算执行系统单位版中对应设置了事前预警提示功能，对预算单位大额频繁提现、向本单位和上下级单位实有资金账户划款、授权支付规避政府采购直接支付方式、办理公务卡强制结算事项等行为进行预警提示，系统针对预算单位各类不规范操作自动弹出相应的违规警示和具体政策要求。

（二）完善事中处理反馈机制，有效提高监控工作效率

一是优化监控预警规则设置。为加强动态监控工作的针对性，支付局参考财政部的做法，结合省级财政资金支付业务实际，从 2014 年起将监控重点调整为加强对未经财政部门审核的预算单位授权支付业务办理环节和代理银行资金拨付与信息反馈环节进行监控，共设置了 3 类 12 条动态监控预警规则。从新动态监控规则运行情况来看，动态监控系统无效预警数量大幅减少，2014 年系统监控预警共计 23 770 个，较 2013 年减少 95.33%。二是建立预警信息反馈机制。在对动态监控预警信息分析筛查的基础上，支付局定期将有关预警情况汇总反馈给有关省直部门及其下属预算单位进行核实，并在收集预算单位反馈意见后与国库处、政府采购处及相关业务处室作进一步研究核定，最后再将确认违规的预警信息告知预算单位进行整改纠错。

（三）强化事后分析规范机制，有效规范单位业务操作

一是定期编制监控分析报告。支付局通过编制省级动态监控月度、年度分析报告，对监控发现的问题进行综合分析、归纳总结，不断提出有关完善资金拨付管理的意见建议。二是不断完善管理规定。支付局针对动态监控系统反映的违规情况，及时查找和分析原因，相继研究制定《关于进一步加强省直预算单位国库集中支付管理与监督的通知》、《关于规范预算单位财政授权支付业务办理有关事项的通知》等文件以堵塞管理漏洞。

（四）搭建基层督导培训机制，有效推进市县改革深化

一是定期收集市县改革情况。印发《关于定期报送财务核算信息集中监管改革与预算执行动态监控改革情况的通知》，并开展专题调研活动，及时掌握全省改革动向，督促市县财政部门建立适应本地实际的动态监控管理机制。二是开展基层动态监控业务培训。2014 年 9 月举办全省市县动态监控改革培训班，邀请财政部国库司专家来粤授课，培训动态监控改革业务，介绍兄弟省市经验做法。广东省 20 个地级以上市（不含深圳市）、131 个县（市、区，含功能区）已全部实现动态监控系统上线。

二、省级动态监控机制建设取得成效

通过全面实施省级动态监控改革，建立健全省级动态监控管理机制，省财政厅对财政资金的监督管理从资金分配申请延伸到资金拨付使用等各环节、从财政部门内部延伸到预算单位及代理银行。

（一）促进公共财政框架不断完善

省级动态监控改革的实施，实现了省级财政对财政资金支付全过程、全方位和全领域的实时动态监管，将预算编制、预算执行和监控管理连接成一个有机整体。通过对动态监控数据的挖掘分析，及时发现问题，切实查找原因，推动预算编制进一步细化，及时调整财政相关政策，制定更加有针对性的制度规定，为完善公共财政框架打下良好基础。

（二）促进财政监管机制不断创新

动态监控系统通过对预算指标、预算执行、预算单位、财政部门、代理银行等各个环节实现全天候不间断监控，构建360度监控网络，紧抓细微、易忽略的各个风险点，使财政监督工作贯穿于资金拨付的每一个环节，实时接收和反馈财政资金申请、拨付、使用等方面的信息，并能对预算单位违规支付行为及时发现、及时预警、及时阻止。动态监控系统对财政资金的全方位全过程监管，增强了财政部门管理预算执行的主动性，扩大了财政监督的范围和视角，将监督的重点和关口从事后前移到事前和事中，初步建立起适应当前财政财务管理的内部控制和外部监督有机结合的监控机制，实现了财政监督方式的创新。

（三）促进预算执行规范性不断提升

财政部门通过动态监控系统实时掌握和监控预算单位财政资金支付行为，能够有效克服预算单位财政资金支出信息反馈迟缓、不真实的现象，从制度上打破多重委托代理格局下的信息不对称障碍，使预算执行过程更加公开、透明，从而督促预算单位必须严格按年初人大审议通过的预算草案执行，对基本支出按照年度均衡性原则支付，对项目支出严格按进度和规定用途编制、实施用款计划，提高了预算执行的规范性。2014 年，省级动态监控系统触发的监控预警资金总额较2013 年减少了17.93%。

（四）促进预算单位财务管理不断规范

动态监控改革产生的震慑、警示作用，为财务人员在不受行政领导干预的情况下按照法律规定行使权力奠定了良好基础，减少了单位打“擦边球”的机会，从而促进了预算单位规范用款意识的提高，预防和减少了违规问题的发生。2014 年省级动态监控系统预警占比总体呈下降趋势，经预算单位核实后的违规业务占比总体处于较低水平，比例保持在0.13% -0.59%，预算单位不规范支付操作、大额频繁提现、账户未备案等情况持续减少，预算单位的财务管理水平不断提升。

（国库支付局供稿，麦东阳执笔）

多措并举提高财政投资评审工作效率

省财政厅投资审核中心（以下简称投审中心）以切实提升服务财政中心工作能力为目标，多措并举，提升财政投资评审工作效率。2014 年，投资审核中心共完成审核任务677 项，审核项目金额175.11 亿元，审结项目数同比增加60.05%，审核金额同比增加18.91%；其中难度大、耗时长、技术复杂的工程结算审核200 项，比2013 年同期增长79%。

一、加强制度建设，强化各方职责

投审中心高度重视投资评审制度建设，强化从资料报送、项目受理到项目评审各环节的建章立制。一是强化源头收件管理，把好资料入口关。制定《广东省省级财政投资评审资料受理审核暂行规定》，加强项目资料审核受理工作，通过明晰权责，解决建设单位报送资料不齐、拖延补充资料、不按时配合开展对数工作、不及时反馈评审结论意见等问题。二是明晰审核工作规范。制定《省级财政投资评审工作流程》，明确各类项目评审流程，确保评审过程规范顺畅。三是明确划分审核责任。制定《关于配合做好省级财政投资项目审核工作有关事项的通知》，以正式文件的形式，从评审资料内容、项目报送规范、评审配合责任、评审各环节限时办结等方面明确了项目主管部门和建设单位配合投资评审工作的规范要求。四是落实严格的考核制度。修订中介机构参与省级财政投资审核业务考核办法，对中介机构完成任务效率、质量情况进行按项目、季度、年度的多维度考核，考核结果与后续的任务分配挂钩，促进中介机构规范审核、高效服务。

2014 年，共受理项目609 项，送审金额1 804 536.39 万元，同比分别增加36.85%和23.18%。

二、加大购买服务力度，强化中介管理

按照厅党组“慎重稳妥、逐步推进”的要求，投审中心从2009 年起逐步探索引入中介机构参与省级财政投资评审业务方式，提升评审效率。一是严把机构准入关。通过政府采购公开招标方式，先后分3 批引入66 家在机构资质水平、人员结构和资历、业务范围和业绩、办公场地等方面符合要求的中介机构，参与省级财政投资评审活动。二是优化项目委托方式。在前两轮先后采用定向委托、定期摇珠等分配方式的基础上，将项目分配与评审效果、配合程度、考核结果等因素相结合，采用中介机构项目滚动安排委托机制，在审核项目初审受理后做到即来即委托。三是优化中介机构评审方式。对于中介机构反映的沟通时间成本高的问题，在试点和优化驻场审核、全过程审核等审核方式的基础上，充分利用互联网快速便捷的优势，通过优化评审系统部署结构，实现中介机构全过程网上评审与反馈，减少中介机构人员来回奔波的经济和时间成本；在中介评审的基础

上，试点和优化专家集中复核复审方式，逐步加大集中复核复审力度，提升评审时效性，高效完成348项重点民生水利项目评审工作。四是优化中介机构管理制度。制定中介机构审核业务办理指南，开展中介机构完成项目稽核复审，加强中介机构服务质量控制；优化专管员制度，强化对省级财政投资评审中介机构的日常管理，做到专人及时跟踪项目审核进度，协调解决审核问题。五是强化服务中介机构的主动性。通过中心领导带队走访中介机构、不定期召开中介机构座谈会、按年度举行中介机构业务培训等方式，听取中介机构的意见，完善管理环节，促进中介机构更好地开展评审工作。

2014年中介机构共协助投审中心审结421个项目，审核金额137.65亿元，审结项目数量占比由2013年的49.88%提升至62.19%，审核金额占比由2013年的67.89%提升至78.61%。

三、规范管理细节，落实评审职责

投审中心通过对业务流程、环节、人员岗位职责等管理细节的标准化管理，促进项目评审规范高效开展。一是完善评审流程。规范财政投资评审工作流程，确保评审工作有序开展；在确保风险可控的基础上，根据项目类别、资金大小不同，简化环节，提升效率。二是明确评审环节要求。细化资料审核规定、项目现场勘察管理规定、对数管理规定、工作底稿规范、评审成果文稿退件单及其使用管理流程、评审成果档案管理等环节要求，做到事事有标准，处处有时限。三是强化限时办结制度。制定中心工作事项督办制度，明确财政投资评审各业务环节的办理时限，制定督办计划，对列入督办范围的项目落实责任，指定专人负责督办，及时跟踪办理情况，定期汇报督办结果，对重点、难点项目开展层层督办，确保审核项目如期完成。四是落实项目评审岗位职责。制定审核中心各组人员岗位职责，落实管理责任；全面实施项目评审A、B角制度，并通过系统实现项目权限授权，确保人员临时变动不会影响项目评审进度。五是强化评审计划性。每季度制定并严格执行评审计划，并根据情况安排任务，确保按期完成当期评审计划。

在2014年完成的677项审核任务中，331项按期完成，占比48.89%，其余152个项目逾期控制在1个月内。

四、优化评审机制建设，提升评审主动性

一是优化岗位制衡机制。强化首审负责制，严格实施三级复核制度，实现对每个环节的时限与质量的控制。二是建立快速应急评审机制。针对省委、省政府重大项目和民生水利等时效性强的项目，建立绿色通道，实现大件急件的快速审结，提升服务效能。三是优化激励机制。优化聘用人员业绩考核办法，改进中介机构评审费用计算方式，提升评审人员和机构的工作热情。四是建立争议快速解决机制。对于评审人员把握不准的问题，及时反馈，并通过复核会议、复审会议、中心办公会议等形式，群策群力，及时解决疑难问题，提升评审时效。五是实施定期通报机制。定期通报稽核复核复审工作中发现的审核问题，强化评审人员和中介机构的责任感和紧迫感。六是强化外部监督机制。定期听取建设单位对评审人员和中介机构的意见，督促各岗位履职到位；主动接受第三方监督，组织第三方对已完成评审成果开展稽核，倒逼评审人员提升责任感与紧迫感。

2014年，共接收项目609项，完成委托审核项目513项，占委托数量的84.24%。

五、推进信息系统建设，提升评审时效

一是以系统建设促进流程简化。通过评审系统控制，全面优化业务流程，在控制风险的基础上减少冗余环节。简化小额项目业务流程，50万元以下项目取消复审环节，50万元以上项目由投资审核评审系统自动随机确定是否进入复审环节。二是以系统建设促进环节监督。通过优化系统，充分实现从项目预受理、受理、分配、审核、审批、归档等各个环节的时点和结果记录，以准确的系统记录作为工作监督、业绩考核的基础。三是以网络架构优化提升服务手段。优化评审系统部署方式，将评审系统运行在中心局域网的模式优化为分别部署到厅政务内网和互联网的模式，将中介机构使用的环节部署在互联网，中心与中介机构审核工作并行实现，减少中介机构与投审中心评审文件与数据的交换时间；推进与厅内业务处室系统实现电子数据的及时交换，提升及时向委托处室反馈评审结果的能力。四是以信息公开促进评审效率提升。以网上办事大厅建设为契机，细化各环节时限要求，推进评审项目各阶段信息实时公开，主动接受社会监督，提升评审效率。

（投资审核中心供稿，王勇执笔）

抓好重点项目建设
支撑财政改革发展

2014年，数据信息中心围绕全面深化财政改革带来的业务变革和发展需要，精心谋划信息化工作，按照“科学规划，统一领导，业务驱动，突出重点，资源整合”的原则，以支撑服务财政改革为中心，扎实推进信息化重点项目建设，确保财政改革顺利推进。

一、统筹规划，积极推进财政信息系统融合

为满足同一个用户使用多个系统的需求，提高数据共享程度并消除安全隐患，经研究论证，数据信息中心开发了省财政厅信息管理综合平台（以下简称平台）。平台（一期）对12个核心业务系统进行一体化整合，实现了门户统一、单点登录、待办事项统一。同时，数据信息中心将各个系统用户权限进行统一管理，并启用CA认证，增强系统的安全性。在此基础上，将平台在省直预算单位中全面推广使用。

二、快速开发，及时保障省级专项资金管理改革

2014年年初，省政府印发《广东省省级财政专项资金管理办法》，加强财政专项资金管理，推进阳光财政建设。按照省政府要求及省财政厅部署，数据信息中心会同厅有关处室研究制定工作方案，成立项目小组，按新的管理规定重新梳理业务流程，并与省信息中心沟通“省级专项资金管理平台”和省网上办事大厅对接事宜。数据信息中心从接受任务到对软件进行开发、测试，仅用了3个月时间；2014年4月9日，平台正式上线运行。省级285项专项资金项目纳入平台管理，在平台上进行公开。平台实现了专项资金项目管理从“分散”转向“集中”，集中到“一个口申报、一条线管理”；平台使项目审批从“封闭”转向“透明”，专项资金管理过程中的各种信息全面公开；平台有利于项目监管，实现专项资金管理全过程实时监督。平台在开发上不仅充分满足了业务使用的需求，而且满足业务公开和监管的需求。

三、大力改造，全面支持网上办事大厅业务开展

网上办事大厅是省政府推进广东电子政务发展、提高政府服务水平的一项重要便民增效举措，作用日益显现。省财政厅原有办事分厅是在门户网站基础上建设的，底层架构简单、功能单一；为适应业务发展，急需升级完善。根据2014年省政府提出的“三率一数”的新建设目标，为将省财政厅分厅办好、办出特色，信息中心按照厅统一部署，与相关处室共同研究，认真制定项目开发计划和实施方案，并会同厅办公室、法规处组织有关处室反复研讨，制定各事项全流程网上办理的措施办法，对省财政厅29项网上办事事项重新梳理，推进审批流程优化工作。经过各部门通力协作，省财政厅网上办事深化率、网上办理效率、网上办结率显著提高。一是完善服务功能。完善公众互动服务、审批事项受理、中心后台管理等配套功能模块，使之满足网上审批工作开展需要。二是加大硬件配套。实现省财政厅与各窗口单位的信息互通和资源共享，方便进行网上申报，及时公开网上申请、办理的实时情况，方便群众了解申报进程。三是加强指导服务，为群众网上申报提供填表、咨询、领办等咨询服务，协助解决碰到的问题，推进网上申报、办理，提高网上审批率，受到了群众的一致好评。

四、主动作为，让数据说话，扎实推进财政大数据战略实施

根据《广东省财政大数据战略实施方案》要求，2014年数据信息中心会同厅办公室、国库处和预算处等有关处室加紧研究，加大业务、技术和标准等方面的调研，积极落实大数据战略实施目标。制订详细实施方案，加快信息技术和先进案例的应用，确定分析主题和模型，全方位收集、整理财政、经济和环境数据，建立以全省历年财政数据为基础的数据仓库，开发财政大数据决策分析系统，通过试点发现在提高工作效率、直观获取管理所需信息数据、挖掘隐含信息、提前预判，进而辅助领导决策方面起到了很好的作用。一是收集了广东省近5年财政收支数据、宏观经济数据、行业部门数据、地方数据共3 000多万条；二是对收集到的数据进行整理，设置数据规范及框架，构建数据仓库；三是设立宏观分析、收支分析及专题分析三大分析主题，开发40个分析模型，从时间、地区、科目等多个维度对数据进行分析；四是通过柱形图、折线图、雷达图等多种形式对有关分析结果进行可视化展现，为业务管理和领导决策提供直观的数据依据。

五、深耕细作，贴心辅助领导，方便快捷办公

为随时随地、方便快捷获取业务信息数据，异地处理紧急公务，根据厅领导指示，数据信息中心会同厅办公室开展移动办公助手的系统建设。为解决移动办公的技术和安全问题，做好技术方案和设备选型，项目小组多次调研、反复对比各类技术方案，对现有OA系统、大数据分析决策系统、信息管理综合平台进行“移动化”改造，将相关系统延伸移植到移动手持终端设备上运行，并引入CA认证、加设安全插件等安全模块以确保系统和数据的安全性、信息的有效性和可验证性。为确保信息安全，在完成系统开发、集成后，还邀请中国赛宝实验室软件评测中心对移动办公系统进行整体安全测试。测试结果显示移动办公系统达到相关安全要求，可实现异地批阅文件、实时查询相关财政数据。

（数据信息中心供稿，谢峰执笔）

积极探索　锐意进取
做好行业人才培养工作

省注册会计师协会（以下简称省注协）在培养基础人才、培育高端人才、支持行业发展、服务经济社会方面创新人才培养思路，探索人才培养举措，着力打造“规模适度、结构合理、道德良好、业务专精、勇于创新、乐于奉献”的行业人才队伍，工作取得较好成效。

一、突出人才培养创新性

（一）建立科学合理的梯度培养模式

建立以领军人才培养为高端、会员继续教育为基础、注册会计师专业方向院校学生为后备的梯度培养模式，对主任会计师、项目经理和新批注册会计师三个层次开展形式多样、内容不同的针对性培训，提高其管理才干、职业道德水平和职业判断能力。

（二）建立专家（人才）库

建立包括在财经、会计、法律、计算机等专业中精通

业务的高端人才，熟悉国际惯例、具有国际视野和战略思维的国际人才，履行参政议政、担任政府部门咨询专家的统战人才，协助发挥行业自律管理作用的执业质量检查人员、专业标准制定人才等的专家（人才）库。坚持培养与使用相结合的原则，充分发挥各领域人才的业务专长，推动事务所转型升级和提高服务经济社会的能力。

（三）建立具体可行的培养扶持机制

为了实现人才培养工作有章可循，省注协先后制定《广东省注册会计师行业人才培养管理办法》、《广东省注册会计师行业人才培养专项基金管理办法》和《广东会计师事务所做强做大做优若干扶持措施》等培养扶持措施。

（四）探索行业人才内外交流学习的新型制度

利用广东毗邻港澳的优势，与港澳会计专业服务机构签署合作协议，加强人才交流、协同培训、业务合作等，为行业发展国际人才市场铺路搭桥。推荐具备丰富实践经验的事务所注册会计师，特别是领军人才进校园授课，提高注册会计师专业方向教育的吸引力和品牌效应。推动注册会计师专业方向院校、科研机构与行业的沟通与互动，加强行业实务界与科研院校理论界的人才流动和沟通。

二、注重人才培养专业性

（一）培养服务现代财政制度的专家型人才

围绕现代财政制度改革，培养针对政府购买专业服务、财政预算绩效评价、财政资金使用绩效考核、税制改革等业务领域的专家型人才，扩大行业服务财政工作的范围和供给，发挥专家作用，提升质量，丰富品质。

（二）培养推动专业服务发展的高端型人才

围绕行业人才队伍现状与市场需求之间的差距，培养针对金融审计、管理咨询等紧缺高端专业人才，培养针对社区物业审计、公司秘书服务、高校审计等领域的高端新型人才，培养针对商事制度改革产生的企业信息披露、司法纠纷等紧迫需求的高端服务人才。

（三）培养促进经济主体国际合作的国际型人才

围绕中国经济快速发展及其与国际经济的融合，培养具有国际视野、熟悉国际规则、掌握跨国执业技能和沟通能力的国际型人才，能根据企业发展需要、融资需求、资本运作等需求，服务企业“走出去”、将企业“请进来”。

（四）培养推进行业多元化发展的复合型人才

围绕客户多元化、综合性服务的需求，培养具备会计、审计、金融、税务、法律、财务管理、风险控制、战略规划、内部管理、市场营销等方面的复合型人才，满足不同类型客户的需求，推动行业多元发展。

三、人才培养途径多样化

（一）利用信息化手段大力推进网络教育

与上海国家会计学院合作开发广东省注册会计师继续教育网络培训平台，课程内容涵盖会计、审计、税务、财政、金融、经济、哲学等300多门课程共800课时。平台对注册会计师和非执业会员开放，会员可针对自身的情况自主选择不同的课程，随时随地登录学习。

（二）依托专业培训基地深入推进高端人才培养

充分发挥国家会计学院作为行业人才建设重要基地的作用，利用其师资力量强、知识更新快等优势，委托对主任会计师等面授培训。建立高等院校、研究机构联合培养和优秀学生推荐机制，加强互动与沟通，扩大行业在高等院校和科研机构的影响，吸引优秀人才进入行业。

（三）与境外专业团体密切联系，广泛拓宽会员视野

密切与英国特许公认会计师公会、澳洲会计师公会、香港会计师公会等境外专业团体联系，签订合作备忘录加强合作与交流。在香港举办中小事务所业务拓展研讨班，了解境外同行业务拓展的方式和思路，促进粤港两地事务所深化交流合作，更好地服务于粤港两地经济发展。

（四）完善传统教育培训方式，有效夯实人才基础

健全完善继续教育培训制度，通过研讨班、论坛、面授培训班、远程培训班、网络培训和事务所内部培训等方式有针对性开展会员培训。引导具备一定规模的事务所建立研究、创新“产学研”一条龙的人才教育培养机制，以研究带动人才培养和事务所发展。

四、重视人才培养长效性

（一）抓实行业组织建设人才培养的常态工作

强化党团建设对业务发展和人才队伍建设的引领作用，依托中国注册会计师协会远程教育系统以及省注协继续教育，加强对党建人员、行业代表人士、青年团干部政治素养、职业道德水平、专业胜任能力和综合素质的全面、常态培养，发挥组织建设人才的示范带动作用。

（二）完善行业协会人才队伍选拔、任用、培养的常态机制

完善广东省市注册会计师协会职工的选拔任用制度，制定绩效考核办法，完善招录招聘、选人用人、薪酬激励、岗位晋级等制度，提升注协对优秀人才的吸引力、职业荣誉感和服务能力。加大对注协职工的政治理论、服务意识和工作能力的培养力度。

（三）引导会计师事务所健全员工持续教育的常态制度

指导事务所建立业务发展的人才导向机制，改进人力资源管理，完善招聘、薪酬、评价、晋升等制度，营造选人、育人、用人、留人的良好环境。调动事务所在注册会计师人才培养方面的积极性，引导健全员工继续教育、终身学习制度，建立人才发展基金管理办法，营造人才成长成才的气氛和环境。

（四）建立吸引社会各类人才进入行业的常态举措

加强与高校合作，完善注册会计师专业方向学科和课程建设，培养满足行业发展需求的注册会计师后备人才。推动高校与事务所建立实习基地，建立以高校培养为主体、事务所实践为补充的后备人才培养模式。强化非执业会员培训，提升其在改善企事业单位经营管理、提高经济效益和会计信息质量中的能力，密切联络，增强组织认同感和职业荣誉感。加大对全科合格人员的入会宣传，提供优质、便捷的入会服务。

（省注册会计师协会供稿，林壮镇执笔）

第四部分

各市财政工作概况

GUANGDONG CAIZHENG NIANJIAN

广州市

2014 年，广州市实现地区生产总值（GDP）16 706.87 亿元，按可比价格计算，比 2013 年增长 8.6%。其中，第一产业增加值 237.52 亿元，增长 1.8%；第二产业增加值 5 606.41 亿元，增长 7.4%；第三产业增加值 10 862.94 亿元，增长 9.4%。全年完成固定资产投资 4 889.50 亿元，比 2013 年增长 14.5%。全年商品进出口总额 1 306.00 亿美元，比 2013 年增长 9.8%。全年新签外商直接投资项目 1 155 个，比 2013 年增长 5.8%；合同外资金额 80.40 亿美元，增长 13.0%；实际使用外商直接投资金额 51.07 亿美元，增长 6.3%。全年城市居民消费价格总水平上升 2.3%，其中，消费品价格上升 2.4%，服务项目价格上升 2.0%。

2014 年，全市财政总收入 2 454 亿元，其中市本级总收入 1 395.7 亿元，区、县级市总收入 1 058.3 亿元；全市财政总支出 2 654.6 亿元，其中市本级支出 1 348.2 亿元，各区、县级市支出 1 307.2 亿元。

一、加大公共支出惠民力度

市本级投入 436 亿元用于民生及各项公共事业，占一般公共预算支出总额的 76.3%，基本公共服务均等化水平进一步提高。一是完善公共教育体系。市本级投入 73.3 亿元，加强教育基础设施建设，促进学前教育、义务教育、民办教育和特殊教育发展。城乡免费义务教育公用经费补助标准小学生每生每学年达到 950 元，初中生每生每学年达到 1 550 元，全市义务教育在校学生约 123 万人（含约 50 万进城务工人员子女）受益。二是保障群众基本生活。市本级投入 73 亿元，提高城乡居民社保基础养老金、城镇和农村最低生活保障标准，进一步完善社保和就业体系。城乡居民社保基础养老金从 150 元/月提至 165 元/月，惠及城乡居民 136 万人。全市城镇最低生活保障标准提至 600 元/月，农村标准番禺、萝岗和南沙提至 600 元/月，白云、花都、从化和增城提至 560 元/月。三是提高医疗保障水平。市本级投入 41.1 亿元，健全医疗卫生体系，落实基本药物制度和公共卫生服务项目，基本实现医疗保障覆盖全体城乡居民。四是支持公共交通发展。市本级投入 143 亿元，加快重大公共交通基础设施建设，完善市政道路建设，加大对公共交通行业的补贴力度，市民出行更加便利。五是促进城乡协调发展。市本级投入 38.3 亿元支持“三农”，大力推进农村社会事业发展，促进现代农业建设，落实各项强农惠农政策，全市农村常住居民人均可支配收入增长 10%。六是积极支持扶贫开发和对口援建。市本级投入 16.4 亿元，在加快市内农村扶贫开发并扶助梅州、清远和河源等省内贫困地区的同时，按照中央、省下达市的对口扶贫任务，积极筹措资金，对口帮扶新疆疏附县、西藏波密县和广西百色、贵州黔南及三峡库区等地区，有效促进了当地经济社会发展。

二、促进经济发展

主动应对全国范围的经济下行压力，出台一系列稳定经济增长的措施。一是支持城市基础设施建设。市本级财政投入 193.8 亿元，加大对城市轨道、铁路、公路等交通基础设施和农田水利设施、环境保护设施的投入，加快南沙港三期工程、白云机场扩建工程、南沙港铁路、广汕铁路、贵广铁路等增强国家中心城市带动和辐射功能的交通枢纽工程建设，以财政资金投入带动社会固定资产投资平稳增长。二是支持产业转型升级。市本级投入 133.2 亿元，重点支持新一代信息技术、金融保险、重大装备、商贸会展、节能环保、融资租赁以及总部经济等战略性主导产业发展，推进企业改革发展和产业转型升级。三是加大企业减负力度。全年通过减税清费等措施为企业减负共约 285.5 亿元，其中：扩大“营改增”试点减负约 105.5 亿元；落实其他减免税政策减负约 160 亿元，停征、下调涉企收费标准等减负约 20 亿元。

三、推进财政改革

研究制定了《广州市全面深化财政体制改革总体方案》，全面推进以建立事权与支出责任相适应制度、改进预算管理制度为重点的 7 大方面共 22 项财政体制改革事项。一是基本形成全口径预算编报体系。2014 年初，将公共预算、政府性基金预算、国有资本经营预算、社保基金收支预算连同财政专户管理资金一并向市人代会报告，实现了涵盖所有财政性资金的收支预算均向市人民代表大会报告，开创了全国之先河。二是积极推进事权与支出责任相适应改革。制订《关于建立事权与支出责任相适应制度改革工作方案》，经市政府批准同意，由市编办和我局牵头组织实施。印发《广州市市级财政专项资金管理办法》、《广州市市对区财政转移支付管理办法》，进一步规范了财政专项资金和转移支付资金的设立、分配、使用和监督。三是进一步深化财政绩效管理。出台《广州市预算绩效管理办法》，率先在国内探索开展“三公”经费绩效评价，组织开展项目自评、部门评价、第三方评价等各类绩效评价 62 项、涉及财政资金 87 亿元，比 2013 年增加 37 亿元、增长 74%，上述绩效评价情况报市人大常委会审议。四是稳步推进“营改增”试点改革。截至 2014 年底，市已有交通运输业、邮政业、电信业以及 7 个现代服务业、约 15 万户纳税人纳入试点，税制结构不断优化，打通了试点企业增值税抵扣链条，大部分企业的税负得以减轻。全年入库改征增值税 106.5 亿元（全口径），同比增长 36.6%。

四、规范预算管理

坚持完善制度与提高执行力并重，加强管理与创新服务统一，不断提高财政管理的效能和财政资金使用效益。一是进一步完备财政制度体系。制定印发制度性、规范性文件 20 份，对财政转移支付、预算绩效管理、政府性债务管理、财政专项资金管理、财政投资评审、国有土地使用权出让收支管理等重要领域建章立制，规范运作、强化监管。二是进一步加强预算执行管理。为避免财政支出“前松后紧”，建立支出进度通报机制。从2014年7月起，每月通报全市109个市本级预算单位的支出进度，并要求支出进度倒数十名以内且达不到序时进度的预算单位向分管市领导作书面汇报。通过采取有力措施，2014年市本级一般公共预算支出完成年度预算的90%以上，较2013年有较大幅度提高。三是积极清理存量资金。6月、10月和12月三次对市预算净结余、预算结转、专户管理资金和收回的财政周转金以及预算已作安排、但预计年内暂无法支出的项目资金进行清理，并统筹安排主要用于市部分民生项目和重点项目。四是加强清查治理。认真贯彻落实中央和省指示精神，组织全市党政机关和领导干部办公用房清理工作，对人均建筑面积超标的办公用房、企业单位及社会组织占用办公用房、在职领导干部超标办公用房等进行了清退。组织全市整治超标配备公车和严格公车经费支出专项行动。开展部门预算编制、会计信息质量、专项资金管理、重大项目监管、内部监督审计、“小金库”专项治理、“三公”经费使用等重点监督检查，依法对市44个单位进行了财政监督检查。五是进一步提高服务质量。改进部门预算编制方法，2015年部门预算编制全面采用“两下一上”方法，减轻预算单位工作量。开通国内首家财政非税收入网上缴费平台，缴费群众足不出户即可通过互联网自助缴交行政性收费、罚没收入等非税收入。六是进一步积极开展财政信息公开。包括党委、人大、政协、民主党派、人民团体等非政府序列在内的绝大多数市直预算单位都公开了2014年“三公”经费预算和2013年部门决算。进一步规范公开范本，细化公开内容，将非税收入和会议费新增纳入公开内容。

五、强化财政资金管理

对市级财政专项资金进行全面清理整合，清理市级专项资金214项、230.69亿元，清理后，专项资金减少110项、38.39亿元，分别下降51%、17%。完成财政投资评审项目4 574项，审减83.84亿元，审减率9.42%，有效节约了财政资金。通过集中支付审核，拒付违规资金申请649笔，共10.73亿元，确保了财政资金安全。清理回收2012年以前财政应返还额度，全部统筹使用，财政暂存款规模比年初减少67.1亿元。严控财政暂付行为，市本级财政暂付资金规模比年初减少74.1亿元。进一步加强社保基金和财政专户资金保值增值管理，编制社保基金保值增值计划，综合考虑各险种收支特点，制定长、中、短相结合的存款期限与比例，优化了存期结构，提高基金的使用效益。此外，通过招标方式，确定本年度财政专户增量资金各商业银行存放比例，同时做好财政专户存量资金定期存款评审工作，逐步清理合并定期存款，减少存放银行数量，进一步合理配置财政专户资金存储结构，努力实现存放收益最大化。

六、加强政府债务管理

先后以市委、市政府名义出台《广州市人民政府办公厅关于进一步加强各区、县级市政府性债务管理的意见》、《中共广州市委　广州市人民政府关于加强政府性债务管理　全面防控债务风险的意见》、《广州市存量政府性债务化解工作方案（2013年下半年－2016年）》，切实落实各项化债措施，存量债务有较大幅度下降。至2014年底，全市存量债务余额较2013年6月末下降26.7%。市本级2014年末债务余额与2013年6月末相比下降9%。预计2014年底全市一般债务率15.5%、专项债务率26.4%，政府性债务风险处于较低水平。

（广州市财政局供稿，张国梁执笔）

深圳市

2014年，面对复杂多变的国际环境和艰巨繁重的国内改革发展稳定任务，全市财政部门坚决贯彻党中央、国务院、省、市的决策部署，紧紧围绕稳增长、促改革、调结构、惠民生、防风险，认真落实积极的财政政策，不断完善体制机制，强化财政预算管理，着力深化财税体制改革，推进现代财政制度建设，为深圳市经济社会持续健康发展做出了新的成绩。

一、财政收入再创新高，稳步提升质量效益

2014年，在深圳市经济发展方式转变和质量型增长的强力带动下，财政收入出现较为强劲的增长势头，辖区全额收入和地方级收入双双迈上新台阶，增速在全国名列前茅。来源于深圳的一般公共预算收入首次超过5 000亿元，达到5 560亿元，比上年增长15.4%；地方级一般公共预算收入首次超过2 000亿元，达到2 082亿元，比上年增长20.3%。其中地方级税收完成1 754.55亿元，增速较上年提高4.39个百分点，占地方财政收入的比重为84.25%。2014年深圳市每平方公里产出的财税收入超过2.8亿元，居全国大中城市首位。在当前国际国内经济增长下行压力较大的情况下，深圳市经济发展质量持续提升与转型升级不断深化的成果，在财税收入上得到了充分体现。

二、财政支出有保有压，持续优化支出结构

一是重点加大民生投入，着力保障和改善民生。2014年仅市本级教育、医疗卫生、社会保障和就业等九大类民生支出就达862亿元，比上年增长43.9%，占一般公共预算支出的比重高达68.1%，比上年提高4.3个百分点。通过盘活财政存量资金筹措100亿元，切实加大对12项重点民生工程的资金扶持力度，重点推进教育、医疗、环境保护和城市安全基础设施领域的重点民生工程建设。市政府116件年度民生实事完成支出400亿元左右，完成年初预算的113.6%，保障各项民生实事有效落实。二是加大基本建设投资力度，稳定经济增长。2014年市财政安排基建资金达519.1亿元，其中一般公共预算切块安排的基本建设支出233亿元，国土基金安排43.5亿元，专项资金安排28.6

亿元，通过发行地方政府债券募集基本建设资金42亿元，通过盘活财政存量资金，解决了地铁二期工程、深圳湾体育中心历史遗留的项目建设资金172亿元。三是严控行政运行成本。严格贯彻落实中央八项规定和《党政机关厉行节约反对浪费条例》，修订出台了党政机关和事业单位差旅费、会议费、出国经费、培训费等一系列制度办法，切实建立健全厉行节约、反对浪费的长效机制。大力压缩"三公"经费等一般性经费支出，2014年市本级"三公"经费预算控制数比上年决算数压减0.19亿元，压缩3.58%。

三、大力扶持产业发展，促进经济稳定增长和转型升级

落实积极的财政政策，加大基本建设投资力度，2014年市财政安排基建资金规模达519.1亿元。大力支持自主创新和产业转型升级，全年市本级各类专项资金支出完成182亿元。改革科技研发资金投入方式，实行银政企合作梯级贴息资助，启动股权有偿资助资金管理，2014年银政企合作梯级贴息项目以4亿元撬动银行近20亿元支持科技型中小微企业。继续发挥再担保、互保金、创投引导基金三个融资平台作用，着力解决企业融资难问题，再担保项目总金额超过228.99亿元，互保金平台为300家企业提供贷款288.62亿元，创投引导基金已设立子基金17只。贯彻落实收费减免政策，从2014年9月1日起减免24项收费市级收入，预计2015年可为企业和社会减负6亿元；2014年实施"营改增"为深圳市企业减税161.5亿元。

四、不断深化财政改革，加快构建财税体制改革总体框架

（一）全面深化预算管理制度改革

全面实施部门预算项目库管理。从编制2014年部门预算开始，市级单位所有项目全部纳入项目库管理，财政不再接收项目库系统之外的项目申报。改革政府采购预算管理方式，从2014年起，对政府采购预算资金分年度、滚动安排，提高了政府采购预算编制水平和政府采购执行效率。政府全口径预算管理实质性启动，2014年首次将公共财政预算、政府性基金预算、国有资本经营预算、社保基金预算等四本预算按照统一程序、统一时间编报，本级政府所有收支全部纳入市人大审查监督范围。预算执行监督和绩效管理不断加强，初步建立集事前预警、事中控制、事后核查于一体的预算执行动态监控新机制。

（二）深入推进国库集中支付改革

集中支付覆盖面持续扩大，将专项资金、国有资本经营预算资金、中央驻深单位补助经费逐步纳入国库集中支付管理，区级国库集中支付覆盖到街道一级。加强财政专户管理，基建专户、非税收入财政专户、政府采购专户整改和销户工作取得突破性进展。推进国库现金管理改革，抽取350亿元国库现金进行定期存款操作，增加利息收入10亿元，提高了国库现金使用效益。扩大权责发生制综合财务报告试编范围，从5个区扩展到全市10个区（新区），并在政府公共基础设施和自然资源方面进行了积极探索。全面深化市区两级公务卡改革，并首次推出公务采购卡。加强部门决算编制，全面实施市本级预算单位部门决算批复工作，深圳市部门决算获评全省表扬奖。

（三）进一步规范非税收入和罚没物资管理

市本级非税收入系统上线工作基本完成，信息化征管水平进一步提高。全年完成公共财政非税收入、政府性基金预算收入和国有资本经营预算收入1 037.15亿元，增长37.4%，其中公共财政非税收入327.89亿元，增长41.1%。贯彻落实收费减免政策，从2014年9月1日起减免24项收费市级收入，预计2015年可为企业和社会减负6亿元。规范和改进罚没物资拍卖流程，全年组织39场网络拍卖会、15场现场拍卖会，罚没物资处置成效进一步提高。深入研究制定了车改车辆拍卖办法，有序推进车改车辆拍卖工作，全年共举办7场拍卖会，上拍车辆2 335辆，成交价款8 380万元。

（四）不断完善政府采购运行机制

全面实行"商场供货（含电商）+网上竞价"改革、公开招标项目评定分离改革，优化进口产品审批制度，推动医用通用耗材批量集中采购和战略合作，落实政府采购对高等院校和科研机构的扶持政策。加大监管力度，建立政府采购动态监控体系，将政府采购各方参加人的监督管理纳入日常工作，重点对定点酒店和单位预埋款、实体供货商场、社会采购代理机构等开展了专项检查。加大对违规供应商的处罚力度，发出《投诉处理决定书》16份、《行政处罚决定书》22份。

（五）深化财税体制改革，初步确立总体框架

根据中央和财政部深化财税体制改革到2020年建立现代财政制度的总体部署，拟定了《深圳市深化财税体制改革率先建立现代财政制度的实施方案》及《深圳市关于深化预算管理制度改革的实施意见》、《深圳市关于进一步加强财政支出预算执行管理的通知》、《深圳市关于深入推进财政信息公开工作的意见》"1+3"文件，提出于2018年率先建立现代财政制度，包括改进预算管理制度、完善税收制度、建立事权和支出责任相适应的制度三项主要任务。其中：2015年，深圳市预算管理制度改革要取得决定性进展；2016－2017年，基本构建全面规范、公开透明的现代预算制度框架；2018年，基本完成深化财税体制改革的重点工作和任务，率先建立现代财政制度。该"1+3"文件已经市全面深化改革领导小组审议。

五、深入推进财政管理科学化、规范化、信息化

（一）加强行政事业单位国有资产管理

制定了资产报废处理操作规程，实行资产评估中介服务预选供应商招标，规范了资产处置操作流程和资产评估中介服务采购工作。加强资产数据统计和分析，建立了资产管理"相互制约、相互联动"机制，推动资产管理与预算管理相结合。组织开展事业单位及其所办企业产权登记工作，维护国有资产安全完整。深入开展大型公共场馆调

研，完善了深圳市大型公共场馆管养模式。

（二）稳步推进部门预决算和“三公”经费预决算公开

93家市级预算单位按照标准格式主动公开部门“三公”经费2013年决算数和2014年预算数，已公开2013年年度预算的40家市级部门主动公开部门决算。区级部门参照市级部门做法，比财政部要求提前一年开展了“三公”经费公开和部门决算试点公开工作。将预算信息公开情况纳入电子监察系统，通过硬性、量化考核切实督促各单位扎实推进预算信息公开。

（三）初步建立政府购买服务制度体系

制定了《关于政府购买服务的实施意见》、《深圳市政府购买服务目录（试行）》、《深圳市政府购买服务负面清单（试行）》等文件，完善了政府购买服务标准，并在国内首次提出了政府购买服务负面清单，将不属于政府职责范围的服务事项、应当由政府直接提供的履职服务事项和政府提供服务效益明显高于市场提供的事项列为禁止购买目录，从而厘清了政府购买服务的边界，避免政府大包大揽和将本应由政府自身完成的事项推向市场。该“1+2”文件市政府办公厅已正式印发实施。

（四）加强政府性债务管理

按照财政部要求认真做好政府性债务统计和分析工作，掌握全市债务动态情况，及时评判债务风险，对超过或者接近风险线的区给予预警。积极开展存量债务甄别工作，为下一步处置存量债务奠定了基础。加强各区政府性债务管理，会同有关部门制定对区级政府性债务考核标准，着力防范债务风险。扎实做好深圳市首批地方政府债券自发自还试点工作，成功发行了2014年度深圳市地方政府债券42亿元。

（五）强化财政会计监督

充分发挥财政监督的宏观效应和震慑效应，采取内部监督与外部监督相结合、预算执行检查和会计信息质量检查相结合，市区上下联动共同检查方式，共对218个单位进行了检查（调查），涉及资产总额45.74亿元，责令39家企事业单位整改，对4家单位及1名负责人共处以18.5万元的罚款，并重点开展了医药和公共交通行业联动检查和“三公”经费预算管理使用情况整治工作。实施会计师事务所“先照后证”改革，简化会计师事务所审批、变更备案业务流程。积极推进市商事主体登记及许可审批信用信息公示平台对接、深圳市电子会计档案试点、新企业会计准则培训及贯彻实施工作。深入开展严肃财经纪律和“小金库”专项治理行动，健全了防治“小金库”长效机制。

（六）完善财政产业扶持政策

深化完善各类产业财政扶持政策措施，修订了市级专项资金管理办法及产业转型升级、电子商务发展等多项专项资金管理办法。改革科技研发资金投入方式，实行银政企合作梯级贴息资助，启动股权有偿资助资金管理，2014年银政企合作梯级贴息项目以4亿元撬动银行近20亿元支持科技型中小微企业。完善产业专项资金委托商业银行监管制度，加强财政资金使用监管和审核，收回无法继续履行或重复申请的财政资金2 100多万元。继续发挥再担保、互保金、创投引导基金三个融资平台作用，着力解决企业融资难问题，再担保项目总金额超过228.99亿元，互保金平台为300家企业提供贷款288.62亿元，创投引导基金已设立子基金17只。

（七）健全民生保障政策

完善教育、卫生、公交等财政投入政策，建立了生均拨款跨年度滚动预算平衡机制，制定了市属公立医疗卫生机构基本医疗服务补助办法、新一轮公交财政定额补贴政策及6个配套方案。健全促进就业创业体制机制，推动建立更加公平可持续的社会保障制度。加强对生态文明建设、人才引进、环境保护、住房保障、绿色建筑等的政策支持，积极推进宜居宜业城市建设。

（八）积极争取中央政策支持

紧紧围绕国家全面深化改革的总体部署，牢牢把握前海建设粤港现代服务业创新合作示范区的功能定位，积极争取前海产业优惠政策，前海企业所得税优惠政策获批。积极为华星光电、盛波光电等企业争取优惠政策。储备商品税收优惠政策在深圳落地。扎实开展2014年全国企业所得税税源调查和重点产品国际竞争力调查，为国家制定相关政策提供有力依据。

（九）拓展预算绩效管理

健全全过程预算绩效管理机制，着力实现预算绩效管理的常态化、规范化、制度化。制定了《深圳市预算绩效管理暂行办法》和《深圳市本级预算绩效目标管理工作规程（试行）》，为市全面落实预算绩效管理各项工作制度和措施奠定了基础。结合项目库管理改革，全面推进绩效目标管理，通过建立目标申报机制，推进了部门预算改革，提高了预算项目编制的规范性、针对性和标准化。结合财政支出重点，对普惠性幼儿园、困难群体帮扶、新增和调整公交线路、餐厨垃圾清运处理等重点民生项目和战略新兴产业等重大产业扶持资金开展绩效评价，推进了政府民生政策和产业政策的有效落实。

（十）推进财政信息化项目建设

金财工程、资产系统、阳光工程3个项目完成竣工验收。办公自动化系统（OA）功能进一步完善。部门预算项目库系统完成了项目申报、审核、排序等多个功能模块，有效支撑了预算项目管理。预算执行动态监控系统开发建设正式启动。网上办事和商事登记系统投入使用。

六、加强干部队伍建设，不断提升财政部门行政执行能力

巩固党的群众路线教育实践活动成果，在抓好问题整改的同时，着重从体制机制方面抓落实，完善具有财政特色的作风建设长效机制。坚持教育与监督并重，抓好党风廉政建设工作。认真开展“治懒治庸”专项治理活动，通过暗访、曝光、查处、督促整改“四管齐下”进一步强化

机关作风建设。加强财政法制建设，认真清理行政职权和编制权责清单，全面绘制了各行政职权事项外部和内部流程图。加强工作协调和督办，提高工作质量和效率，全年完成督办件136件，收文15 554份，发文5 008件，安排各类会议2 309次，办理建议提案121件，建议提案办理综合得分100分，综合绩效评估为优。圆满完成大厦办公用房面积调整方案编制及实施，全过程高标准完成改造工作任务并通过验收。认真做好干部选拔任用工作，科学合理调配人力资源，干部队伍力量进一步充实。全方位开展干部教育培训，组织参加各类培训班近50个，参加培训近300人次，进一步提升了财政干部业务水平和复杂形势下驾驭管理的能力。

（深圳市财政委员会供稿，陈强执笔）

珠海市

2014年，珠海全市实现地区生产总值1 857.32亿元，同比增长10.3%，三次产业增加值分别为48.79亿元、939.04亿元和869.49亿元，分别增长3.9%、11.9%、8.7%。完成固定资产投资额1 135.05亿元，同比增长23.5%。全年完成外贸进出口总额549.98亿美元，同比增长1.3%。实际吸收外资额19.31亿美元，同比增长14.4%。珠海市居民消费价格同比上涨3.1%，控制在年初预期涨幅之内。

2014年全市实现一般公共预算收入224.31亿元，完成汇总预算的104.2%，按可比口径计算同比增长23.6%，比年初目标提高11.6个百分点。加上上级转移支付收入59.23亿元，债券转贷收入5.2亿元，调入资金4.51亿元，2013年结转安排8.52亿元，国债转贷资金2013年结余0.15亿元，一般公共预算类收入合计301.92亿元。全市完成一般公共预算支出270.23亿元，完成汇总预算的106.9%，同比增长12.9%。加上地方政府债券还本支出0.43亿元，上解省支出9.91亿元，安排预算稳定调节基金0.29亿元后，一般公共预算类支出合计280.86亿元。另有18.61亿元项目支出结转下年继续实施。2014年全市一般公共预算净结余2.3亿元；国债转贷资金净结余0.15亿元。

2014年，珠海市财政部门全面贯彻市委、市政府决策部署，紧紧围绕稳增长、促改革、调结构、惠民生、防风险，聚焦中心任务，发挥职能作用，创造性开展工作，各项工作取得新成绩，突出表现为“七个新”。

一、一般公共预算收入首次突破200亿元，财政收入规模迈上新台阶

全市一般公共预算收入累计完成224.31亿元，同比增长23.6%，一般公共预算收入首次突破200亿元大关，实现五年翻一番目标，财政收入规模迈上新台阶。收入增幅位居珠三角第一，全省第二。税收收入累计完成182.09亿元，占一般公共预算收入的81.2%，收入质量良好。

二、发挥财政资金政策引导作用，促进产业转型发展有新举措

2014年市本级产业发展专项资金支出13亿元，重点支持科技创新、战略性产业发展、外经贸增长、节能减排等，促进经济结构调整和产业转型升级。财政、国税、地税等部门加强协调配合，相继出台《关于促进民营经济健康快速发展的若干措施的通知》、《珠海市促进外贸稳增长调结构扶持政策（2014年）》、《珠海市鼓励总部经济发展的实施意见》等一系列政策措施，不断完善产业发展扶持政策，着力发挥财政资金政策的引导作用，鼓励企业自主创新，推动产业转型发展。研究制定《关于市财政经营性资金实施股权投资管理的意见（试行）》，探索财政资金股权投资新方式。

三、织牢社会保障安全网，保障改善民生有新亮点

牢固树立民生“底线”思维，不断织密织细织牢社会保障安全网，全年用于教育、科学技术、医疗卫生、社会保障和就业等九方面民生支出累计172亿元，占公共财政预算支出的63.6%，同比增长13.8%，老百姓得到更多实惠。一是2014年珠海市企业离退休人员8.64万的职工基本养老金水平达到每人每月2 600元，位居全省第三。二是提高城乡居民基本养老保险待遇，财政补助的参保补贴达到个人缴费的65%。2014年珠海市城乡居民的基础养老金水平位列全省第一。三是在全市范围内统一城乡低保标准，统一调整为每人每月520元，全市共5 593户8 897名低保对象受惠，底线民生“兜底”成效显著。

四、围绕建设现代财政制度，推进体制机制改革有新突破

深化财政体制改革、建立现代财政制度，是党的十八届三中全会作出的重要改革部署。2014年珠海市财政体制机制改革取得重要突破。一是推进市区财政体制改革。顺利出台《珠海市新一轮财政管理体制改革实施方案》及配套政策《珠海市财政均衡性转移支付办法》、《珠海市财政生态保护转移支付办法》，新体制2015年1月1日起正式实施。新体制进一步理顺了市、区两级财政分配关系，明晰了各级政府事权和支出责任，更加有利于发挥市、区两个积极性。二是深化预算改革，加快建设全面规范、公开透明的预算制度。在编制2015年预算时，首次试编社会保险基金预算，形成一般公共预算、政府性基金预算、国有资本经营预算、社会保险基金预算等四本定位清晰、分工明确的政府预算体系；财政信息公开迈出新步伐，2014年9月，46个市直部门在市政府网站上晒出了2013年度部门决算和“三公”经费决算情况表；强化政府性债务管理，出台《珠海市政府性债务管理办法》，组织开展存量债务纳入预算管理的清理甄别工作，切实防范和化解政府性债务风险。三是完善税制，突出抓好“营改增”试点工作。财税部门密切配合，积极争取省财政厅“营改增”财政扶持

政策延期，顺利启动铁路运输、邮政、电信等试点改革。2014 年“营改增”为全市纳税人减税 9.9 亿元，97.7% 的试点纳税人税负下降或持平，通过“营改增”逐步消除重复征税问题，推动产业转型升级创新发展。

五、注重资金安全绩效，加强财政管理有新力度

全面规范财政管理，加强财政资金安全管控，提高资金使用效益。一是出台《关于进一步加强预算支出执行管理的工作方案》，构建全方位覆盖、全过程监控、全透明运行的财政资金管理体系。二是规范和完善专项资金管理。清理整合 2014 年部门预算市本级专项资金 336 项、涉及金额 127 亿元。制定《珠海市市级财政专项资金管理办法》，明确专项资金的设立、申报、审批、拨付、信息公开、监督检查以及绩效评价的规范化管理要求，将所有专项资金纳入目录管理。三是加强结余结转资金的清理。积极清理结余结转资金，加大财政性结余结转资金的统筹力度。四是加强财政国库管理。完善预算执行动态监控机制，加强国库集中支付资金监管，加强市级财政资金保值增值存放管理，清理整顿财政专户，撤销 36 个财政专户，财政专户销户率达 23.7%。五是推进财政绩效管理。开展部门绩效预算试点，筹建市财政绩效管理专家库，委托第三方中山大学独立开展 2013 年项目绩效自评的专家评审工作，提高绩效评价工作质量。六是加强财政投资审核把关，2014 年完成项目审核 343 个，审核资金 104.2 亿元，核减 4.88 亿元，核减率 4.69%。同时，继续加强和规范行政事业资产管理、会计管理、政府采购监管、农村财务管理等，全面规范财政管理。

六、坚持厉行节约，严控一般性支出取得新成效

结合深入开展党的群众路线教育实践活动，积极建章立制，狠抓贯彻执行，厉行节约成效明显。按照省的统计口径，2014 年珠海市行政及参公单位“三公”经费预计支出 23 620 万元，同比下降 32.3%。其中：因公出国（境）费 1 031 万元，同比下降 38.5%；公务用车购置费 2 085 万元，同比下降 36.7%；公务用车运行维护费 11 439 万元，同比下降 15.2%；公务接待费 9 065 万元，同比下降 44.9%。牵头开展党政机关和领导干部办公用房全面清理工作，开展整治超标配备公车和严格公车经费支出专项行动，出台《珠海市因公临时出国经费管理办法》、《珠海市外宾接待经费管理办法》、《珠海市差旅费管理办法》、《珠海市会议费管理办法》、《因公短期出国培训费用管理办法》等一系列管理办法，严格执行单位行政经费监控机制以及定期通报机制，实现严控一般性支出制度化、规范化和常态化。

七、深入开展教育实践活动，领导干部作风呈现新气象

财政部门按照教育实践活动要求，聚焦“四风”强化作风建设，坚持边学边查边改，动真碰硬、正风肃纪。坚持联系实际开展调研，市财政局党组成员累计开展下基层、接地气教育活动、专题调研活动 80 多次。市财政局从 7 个方面建立健全 26 项制度，树立求真务实、改革创新、勤政廉政的新风尚。

（珠海市财政局供稿，彭高旺执笔）

汕头市

2014 年，面对复杂多变的国内外经济形势，汕头市紧紧围绕省委、省政府关于促进粤东西北地区振兴发展的决策部署，以交通基础设施建设、产业园区扩能增效、中心城区扩容提质为抓手，真抓实干，奋力拼搏，经济发展保持稳中有进、稳中提质的良好势头。全市生产总值 1 716 亿元，比 2013 年增长 9%，高于全国、全省增长水平。其中，第一产业增加值 93.41 亿元，增长 3.9%；第二产业增加值 897.58 亿元，增长 9.7%；第三产业增加值 725.01 亿元，增长 8.6%。固定资产投资延续高位增长态势，首次突破千亿元大关，完成 1 002.73 亿元，增长 35.1%，增速列全省第五。物价水平保持稳定，全年居民消费价格总水平上升 2.3%，全年社会消费品零售总额 1 286 亿元，比 2013 年增长 11%。进出口总额 95.60 亿美元，比 2013 年增长 3.5%。工业用电量、港口货物吞吐量、集装箱吞吐量、旅客周转量等先行指标保持向好。

2014 年来源于汕头市的财政收入为 345 亿元，比 2013 年增长 24.1%。其中：上划中央收入 75.3 亿元，增长 5.8%；上划省收入 36.4 亿元，增长 13.8%；市县级收入 233.3 亿元（含一般公共预算收入和政府性基金收入），增长 34%。全市一般公共预算收入 124 亿元，加上税收返还收入 14 亿元、上级补助收入 87.4 亿元、债券转贷收入 1 亿元、2013 年结余收入 14.6 亿元（根据省批复决算结转下年使用的专项资金）、调入资金 4.6 亿元，收入总计 245.6 亿元。全市一般公共预算支出完成 207.5 亿元，加上上解上级支出 4.7 亿元、地方政府债券还本支出 3 亿元、安排预算稳定调节基金 2.8 亿元，结转下年支出 27.4 亿元（结转下年使用的专项资金），支出总计 245.4 亿元。

一、狠抓增收节支，提升财政保障能力

2014 年是汕头市抢抓省促进粤东西北地区振兴发展新机遇、全面铺开建设的重要一年。汕头市财政工作认真贯彻落实市委、市政府决策部署，精心聚财、科学理财、依法管财、高效生财，全市财税收入突破“五个百亿”：一般公共预算收入 124 亿元、国税收入 104 亿元、地税收入 103 亿元、政府性基金收入 109 亿元、争取中央和省补助资金 101 亿元，财政发展稳中向好，有力服务经济社会发展。一是着力提高收入质量，实现财政收入规模和质量双提升。各级财税部门加强综合治税，促进依法征收、应收尽收，全市税收总收入（不含关税和海关代征税）突破 200 亿元，

其中市县级库税收收入75.7亿元，增长11.8%，增幅在全省排名第6位。全市税收收入占一般公共预算收入比重为61.1%，比2013年提高0.7个百分点。二是推动土地综合开发运营，增强政府综合财力。东海岸新城、粤东物流新城、龙湖乐园等地块成功出让，全市国有土地出让收入94.6亿元，增长83.3%。三是积极争取上级支持，服务全市发展。紧紧抓住省促进粤东西北地区振兴发展难得机遇，全年争取中央、省补助收入101.4亿元，比2013年增加19.6亿元，推动南澳大桥建设、贵屿循环经济等一批重点项目建设。四是坚持落实厉行节约。认真落实中央"八项规定"及省、市实施办法，修订完善行政事业单位会议费、差旅费等管理办法，严格控制一般性支出，全市节约行政成本近1亿元。全年全市会议费和"三公"经费同比下降30%，其中市本级下降30.5%。

二、率先建立内部控制制度，规范财政资金管理

一是建立内部控制制度，确保财政安全、规范、高效运行。经过近两年努力，汕头市财政局在全省率先建立财政内部控制体系和一系列相关制度，加强风险控制，确保资金安全，实现财政业务规范化管理。二是盘活存量资金。根据财政部规定，市本级收回结转超过两年的上级专项及结转超过一年的本级项目资金合计3.9亿元，统筹用于民生等急需支出及消化历年挂账。三是加快支出进度。汕头市在全省支出进度综合考核中名列前茅，及时发挥了财政资金促进经济社会发展中的作用。四是优化拨款流程，提高服务效率。改进与区县资金往来结算办法，进一步规范资金指标管理，优化国库集中支付流程。汕头市财政资金拨付当天到账率达到85%，两天到账率达到100%。五是加强政府性债务管控，保证财政稳健运行。2014年市本级偿还到期债务本息26亿元，政府性债务余额从2013年底的101.6亿元下降至2014年底的95.6亿元，净减少6亿元。

三、多方筹措资金，支持稳增长、调结构、促发展

一是支持交通基础设施、中心城区扩容提质以及重点民生工程建设。通过盘活资源、科学调度库款等方式，多渠道筹集资金15.6亿元，支持高速公路、大学路改造、广澳港区防波堤等交通基础设施建设，以及保障性住房、雷打石垃圾填埋场等民生工程建设。二是促进产业转型升级。投入产业园区扩能增效基础设施建设资金3.5亿元，安排实施5个100工程及战略性新兴产业专项资金6 200万元。积极发挥财政杠杆作用，扶持电子商务、现代服务业和科技创新企业加快发展，2014年共有29个企业和项目获得财政资金扶持。三是落实扶持外贸进出口政策。市本级预算安排外贸扶持资金4 900万元，拨付中央和省外贸扶持专项资金21项8 976万元，促进外经贸稳健增长。

四、优化支出结构，保障和改善民生

一是保障民生资金投入。坚持把保障和改善民生作为财政支出优先方向，全市教育、医疗卫生、社会保障和就业等十类民生支出141.5亿元，比2013年增加12.5亿元。认真落实省、市十件民生实事资金，市本级财政安排市十件民生实事资金7.2亿元。二是进一步完善财政托底保障机制。加大对城乡低保、医疗救助、基础养老金、残疾人保障等底线民生保障力度。从2014年1月开始，城乡低保财政补助标准提高到城镇月人均333元，农村月人均147元；残疾人生活津贴从100元/人年提高到600元/人年。从7月开始，城乡居民基础养老保险金财政补助标准从65元/人月提高到80元/人月；在原有基础上，增加对80－100周岁的非五保低保老人发放每人每年350元的高龄津贴，同时为全市80周岁以上老人及60－79岁"五保低保"老人统一购买老年人意外伤害综合保险，全面建立高龄老人津补贴制度。三是健全基本公共服务保障体系。安排拨付1.5亿元落实省、市提高义务教育阶段公用经费政策，小学生每生每年从750元提高到950元、初中学生每生每年从1 150元提高到1 550元；进一步提高新农合和医保标准，新农合和居民医保人均补助标准在原有基础提高40元，达到320元/人年。

五、完善财政体制，促进区域协调发展

一是进一步理顺中心城区税收征管关系。加强税收属地管理，建立中心城区企业跨区迁移、跨区建安和房地产项目和跨区总分支机构财税利益调节机制，促进营造公平有序的经济发展环境。二是统筹上级补助和本级财力，促进区域协调发展。2014年中央、省、市补助区县86.1亿元，比2013年增加11亿元，其中市本级补助区县10.7亿元，有力推动全市区域协调发展和基本公共服务均等化。三是加大对农村水利、农业生态环境等基础设施方面的投入。全市农林水事务支出12.6亿元。着力改善农村人居环境和农民生活质量，拨付名镇名村、千村整治、"美丽乡村、幸福村居"以及扶贫开发"规划到户、责任到人"、老区建设等专项资金7 678万元；下达拨付农村"一事一议"资金5 116万元，带动社会资金投入农村公益事业建设，推动城乡公共服务均等化发展。

六、强化财政监管，提高资金使用效率

强化财政监督职责，认真查纠财政内控制度建设以及专项资金管理使用中的问题，保证各项财政政策落实到位，进一步提升财政资金科学化、精细化管理水平。开展"财政救灾补助资金专项检查"、"2014年省级财政专项资金自查"、"2014年会计监督检查（含2014年度医药和公共交通行业上下联动检查）"、"2014年会计师事务所巡查"、"深入开展贯彻执行中央八项规定严肃财经纪律和'小金库'专项治理工作"等6项重大财政监督检查任务，共查处规范各类违规资金问题35项，涉及金额7 786万元，为确保财政资金的安全性、规范性和有效运转和发挥了积极的作用，并受到省财政厅通报表扬。

七、扎实开展党的群众路线教育实践活动，加强队伍建设和党风廉政建设

坚持把开展教育实践活动作为一项重大政治任务，紧紧围绕“照镜子、正衣冠、洗洗澡、治治病”的总要求，按照市委统一部署，精心组织，圆满完成了教育实践活动“三个环节”的各项工作。同时，坚持突出财政实践特色，积极开展了“为民服务促发展”专题调研、“下基层、接地气”教育实践、“解民情、纾民困”等6项系列“自选动作”，切实改进作风。

八、加大投入力度，做好挂钩村扶贫“双到”工作

一是帮助鹅地村成立社区公共服务站。为村民办理劳动就业（社会保险）、民政保障、人口计生、劳务生产、助农取款等提供优质方便的一站式服务。二是切实增强“造血”功能，壮大集体经济。积极推动鹅地温泉度假村开发建设，建设村红色文化广场、民俗文化走廊和文化健身广场，帮助村注册成立村荔枝专业合作社，并通过帮扶发展旅游带动特色种植业，解决和拓展农产品市场销路问题。三是加大资金投入力度，改善村居环境。修筑村前溪石篱，修整进村道路，拓宽进村老桥，修建村排水排污设施，实施路灯改造建设，修缮改造鹅地小学，提升学校形象和办学质量。

（汕头市财政局供稿，孙汉敏执笔）

佛山市

2014年，佛山市国民经济保持了平稳增长，整体呈现“稳中有进、稳中向好”的态势，促进了全市经济社会各项事业全面协调持续健康发展。2014年全市生产总值实现7 603.28亿元，比2013年增长8.6%。其中，第一产业增加值142.47亿元，增长2.6%；第二产业增加值4 687.02亿元，增长9.4%；第三产业增加值2 773.80亿元，增长7.6%。全年社会消费品零售总额2 560.58亿元，增长13.1%。居民消费价格总水平比上年上涨2.3%。全社会固定资产投资2 612.45亿元，增长15.0%。全市进出口总额688.18亿美元，增长7.6%，其中出口467.20亿美元，增长9.9%，进口220.98亿美元，增长3.2%。2014年全市地方公共财政预算收入完成500.73亿元，为年初各级人大通过预算的104.85%，比上年增收62.52亿元，增长14.27%；全市公共财政预算支出完成524.94亿元，完成年初各级人大通过预算的103.02%，增长7.48%。

2014年，佛山市各级财政部门围绕市委市政府中心工作部署，将财政综合管理改革作为“一条主线”，围绕经济财政改革发展“七大目标”，着力稳增长、促改革、调结构、惠民生、防风险，体现出“七个持续”成效，有力促进了财政、经济、社会民生事业的持续、平稳、健康发展。

一、围绕增收节支目标，财政保障能力持续增强

一方面，科学组织收入工作，实现财政收入平稳持续增长。一是各级财税部门密切配合，协调联动，认真落实收入情况通报、分析机制，提升财税统计分析、数据应用与收入形势预判能力，确保财政收入平稳增长。二是拓宽非税收入来源。继续深化小汽车号牌竞价发放工作，不断创新管理手段，优化服务方式，拓宽收入来源；创新非税收入征缴渠道，加快非税收入管理系统升级改造，方便市民缴费。三是加强对国有土地收储出让的全方位管理，加大土地收储与出让工作力度，增加政府后备财源。四是全力支持“大国资”改革。完善市级国有资本经营预算，配合推进“一环”快速化改造，协调解决国企改革历史遗留问题，推进债务优化工作。

另一方面，贯彻中央“八项规定”，严格落实厉行节约各项措施。2014年，佛山市各级财政部门严格执行年度预算，从严控制行政经费和一般性支出，将节约的资金用于促进发展、改善民生等各项重点支出需要。同时，联合监察、审计等部门下发了进一步加强厉行节约、反对铺张浪费相关工作的文件，牵头制定并印发了党政机关和事业单位会议费、差旅费、外宾接待经费、因公临时出国经费等管理办法，明确支出标准和操作规范，建立健全厉行节约、反对浪费的长效机制。

二、围绕提升经济质量效益目标，促进经济持续平稳发展

一方面，大力支持经济、产业转型发展。一是大力支持创新驱动发展战略。全市投入创新型城市建设资金21.07亿元，着力加大自主创新、技术改造、战略性新兴产业等重要领域的支持力度。二是安排产业链招商用途资金1.6亿元，扶持先进装备制造业、现代服务业发展和战略性新兴产业的引进，不断优化产业结构，提升经济发展效益和质量。三是扶持中小企业加快发展，积极推进中小企业的服务体系和信用担保体系建设。安排外贸发展扶持资金1.98亿元，支持企业开拓国内市场与对外贸易发展。四是创新财政资金扶持方式，加快现代金融体系建设。市财政首期全额投入1亿元资金，支持设立产业金融引导资金，创新扶持产业发展模式，推动股权投资体系建设。五是优化营商环境，服务企业发展。扩大“营改增”改革试点，为相关行业减轻税收负担；按上级政策降低、免征（停征）行政事业性收费68项，并研究出台堤围防护费下调方案，切实减轻企业负担。

另一方面，全力推动城市升级及重点项目建设。一是全力支持城市升级建设。积极筹措资金推进“强中心”建设，中心城区的“一老三新”区域等城市重点项目建设取得明显成效；同时，及时理顺市与顺德区、佛山新城之间的财政体制调整、资金划拨等方面事务，确保佛山新城建设有序推进。二是全市重点交通工程建设方面投入61.96亿元，大力推动广佛线二期、佛山地铁2号线一期、3号线

前期、贵广（南广）铁路、广佛环线、佛肇城际线、佛山西站轨道交通节点等重点工程建设。三是大力支持支持节能减排和环境保护。全市投入环保绿化方面资金 21.14 亿元，支持推进节能减排、节能技术改造及城市主干道夜景改造、生态景观带建设等工作，发展循环经济，加快创建“国家生态市”和“全国绿化模范城市”。

三、围绕建设人民满意政府目标，促进民生事业持续健康发展

2014 年，佛山市各级财政部门根据市委、市政府关于建设人民满意政府的总体部署，落实保障 2014 年建设人民满意政府的 65 个重点项目支出和省、市各项民生实事资金，积极推进《佛山市保障和改善民生　推动基本公共服务均等化行动计划（2014－2020 年）》，重点加大教育、社会保障、医疗卫生、住房保障、公共安全、公共交通等公共领域的投入；同时，为进一步完善佛山市基层社会治理体系，市级财政部门根据市委、市政府的工作部署，草拟了《关于进一步完善基层基本公共服务均等化的实施方案》，向纵深推进基本公共服务均等化建设。2014 年，全市民生方面的投入达到 337.39 亿元，比上年增长 7.52%，占地方一般公共预算支出的比重达到 64.27%。其中，最低生活保障、五保供养、孤儿基本生活保障等 6 项底线民生重点支出达到 6.32 亿元，完成年初预算的 110.1%，超额完成了目标任务。

四、围绕建立现代财政制度目标，不断增强财政改革发展活力

一是公共财政综合管理平台建设走上新台阶。公共财政综合管理平台项目一期正式上线并通过验收，借助信息化手段形成财政管理闭环；编制完成相关工作规范，对财政核心业务流程进行规范化、标准化改造。二是预算管理改革全面深入推进。重点是探索重大建设项目跨年度预算管理模式，提高财政资金的使用效率，减少项目资金结转。三是财政专项资金竞争性分配改革取得新成效。2014 年将竞争性分配改革纳入市 22 项重大改革专题，研究制定《佛山市市级财政专项资金竞争性分配改革试行意见》，实现改革进一步扩面突围。2014 年，全市共有 84 个项目已开展竞争性分配，金额共 7.69 亿元，比上年增加 4.55 亿元，增长 145%。四是国库管理制度改革迈出新步伐。省财政厅将佛山市确立为省首批地级市国库集中支付电子化管理试点单位。目前佛山市已制订了试点实施方案，正在完善相关制度、办法、规程，并利用现代信息技术，优化财政业务流程，积极推进改革。五是财政绩效管理改革向纵深迈进。探索建立以财政支出绩效评价和预算绩效评审为核心的预算支出管理新机制，清晰反映财政资金的来龙去脉和使用绩效；突出财政支出项目绩效目标管理，强化项目运行绩效跟踪监控，市本级对 200 万元以上一般公共预算支出项目的绩效目标情况和支出进度实行绩效监控。

五、围绕财政资金安全目标，推进财政监督体系更加完善

2014 年，佛山市财政部门坚持将财政改革创新与财政监督管理工作有机结合起来，着力构建“突出重点、内外结合、上下协作、多层次、全方位”的财政监督体系。一是坚持突出重点。建立健全财政资金运行监控体系，加大对重点领域财政资金支付使用的监控力度；进一步扩大公务卡制度改革和财务核算信息集中监管改革覆盖面；联合有关单位对部分预算单位经费预算管理使用情况进行专项检查，规范预算单位财政财务管理。二是坚持内外结合。一方面，严格内部监督与控制。通过加强内部审计检查，完善机关工作规范、制度性文件等，提升机关运作和管理水平；进一步推进权责发生制政府综合财务报告试编工作，提高各级财政部门财务分析能力和报表编制水平。另一方面，积极配合中央、省、市开展的各项审计和检查工作，以审计、检查促管理、提绩效。三是坚持上下联动。深入开展贯彻执行中央八项规定、严肃财经纪律和“小金库”专项治理行动，堵塞资金管理漏洞。同时，切实加强对下级财政部门的监督、指导，建立健全市、区、镇（街）三级财政监管机制。四是坚持多层次、全方位管理。提升基建审核水平。完善中介审核的评分细则，引入奖惩机制，激励中介机构保持高水平的审核质量，实现财政审核水平的整体提升。2014 年，全市共完成审核工程概、预、结算项目 1 790 项，完成评审金额 296.62 亿元，核减金额 26.06 亿元，核减率 8.8%。发挥财务总监监督和纽带作用。认真履行对市级 50 个 500 万元以上重点项目资金使用环节的监管职责，努力构筑管理、监督、服务三位一体的工作模式，确保财政资金安全高效。引导会计行业健康发展。加强对中介机构的政策引导和日常监管，扎实开展会计信息和会计师事务所执业质量检查，规范会计核算基础，严肃财经纪律，促进行业健康发展。

六、围绕党的群众路线教育实践活动目标，继续提升为民理财能力

2014 年，佛山市财政局全面深入开展了党的群众路线教育实践活动，着力转作风、重实效，全面提升为民理财水平。以落实扶贫“双到”为载体，深入开展“下基层、接地气”教育实践活动，局领导带队赴高明区更合镇香山村、英德市九龙镇新龙村对口帮扶调研，致力为老区人民办好事办实事。注重将党的群众路线教育实践活动与财政改革发展工作有机融合，深入开展多个专题调研活动，并将调研成果转化为为民理财的具体措施，进一步推进财政改革发展事业。同时，制定了佛山市财政局贯彻落实“八项规定”厉行节约反对浪费的实施意见、做好上下级财政部门沟通联系的意见、进一步加强干部职工因私出国（境）管理办法等一系列制度措施。

七、围绕财政队伍建设目标，进一步增强财政干部综合素质

一是强化廉政建设提升防腐抗变能力。以纪律教育学习月为载体，切实增强财政干部队伍的宗旨意识、党性观念、纪律意识、廉洁意识，坚持把反腐倡廉贯穿于财政改革发展之中，构筑源头治本的公共财政制度防线。二是强化培训学习提升综合素质。坚持“请进来”和“走出去”相结合，组织开展全方位、多层次的培训学习。如联合相关单位举办市级预算单位财务预算单位管理专题培训班等。三是强化选人用人机制建设提升干事创业积极性。通过深入走访调研，充分掌握局干部职工的基本情况，并做好人才库建设，提拔能干事、肯干事、干成事的优秀财政干部。同时，继续选派干部到基层挂职锻炼，为年轻干部成长锻炼提供平台，并按照公开、公平、透明的原则，顺利完成了面向全省选拔公务员工作，为财政改革发展事业充实了力量。四是强化信息工作提升科研水平。紧紧围绕改革发展是硬道理，大力倡导调研科研之风，佛山市荣获财政部财政科学研究所颁发的2014年度全国财经科研成果宣传工作特别奖；在2013年度全省各市财政信息工作评比中获得第1名，其中南海区在直报点中获得第2名；在今年全省财政科研课题评选中，佛山市共获得二等奖2个、三等奖4个，约占全省获奖总数的1/4，成绩喜人；在“河源杯”财政征文大赛中，佛山市共获得一等奖1个、三等奖2个，等等。六是强化团队文化建设提升队伍凝聚力。大力开展各种形式丰富的文娱、体育活动，增强了集体荣誉感和归属感，弘扬了财政干部职工积极向上、团结拼搏的团队精神；并积极组织干部职工参与和开展各类公益志愿活动，营造积极健康的工作氛围，树立财政部门良好形象。

（佛山市财政局供稿，上官蔚云执笔）

韶关市

2014年，韶关市积极应对国际经济形势错综复杂和国内经济下行压力加大的挑战，把稳增长、调结构和惠民生有机结合起来，经济运行呈现平稳较快发展态势，超额完成了全年财政预算目标任务。全市地区生产总值突破1 100亿元，达1 111.5亿元，比上年增长9.5%，增幅高于全省平均水平。其中第一产业增加值增长4.3%；第二产业增加值增长10.7%；第三产业增加值增长9.6%。三次产业结构由2013年的13∶42.4∶44.6调整为12.9∶40.6∶46.5；人均生产总值实现3.8万元，增长8.7%；固定资产投资完成746.7亿元，增长18.3%；社会消费品零售总额522.7亿元，增长11%；地方公共财政预算收入82.0亿元，增长14.2%；外贸进出口额23.5亿美元，增长1.3%；实际利用外资1.9亿美元，增长0.7%。市区居民消费价格指数上涨2.1%；城镇居民人均可支配收入增长9.3%；农村居民人均可支配收入增长10.2%，城乡居民收入差距继续缩小；完成省下达的节能减排目标任务。

一、全市财政收支情况

（一）收入情况

2014年，来源于韶关的财政总收入236.1亿元，下降3.6%。全市上划中央收入完成71.4亿元，增长9.5%；上划省收入完成16.9亿元，增长9.2%。全市地方公共财政收入完成82.0亿元，增长14.4%（其中，税收54.1亿元、增长15.7%；非税27.9亿元、增长12.1%），比全国（8.6%）、全省（13.9%）水平分别高5.8和0.5个百分点，增幅在全省21个地市排名第9位。市级地方公共财政预算收入完成32.7亿元，增长11%，其中国税5.2亿元，增长10.6%；地税16.9亿元，增长14.9%；财政10.6亿元，增长6.5%。县级地方公共财政预算收入49.3亿元，增长16.5%。目前，税源主要依赖大型国有企业，韶钢、韶烟等6家中省企业税收收入合计11.4亿元，占全市税收收入的21.1%。韶关工业园区税收2.1亿元。全市政府基金预算收入完成52.6亿元，其中市级收入完成36.8亿元，下降29.0%。全市社会保险基金收入完成54.9亿元，增长29.2%，其中市级收入完成34.9亿元，增长54.7%。市级国有资本经营预算收入完成1 325万元。

（二）支出情况

2014年，全市地方公共财政预算支出196.6亿元，其中基本支出69.2亿元，项目支出127.4亿元。市级公共财政预算支出56.6亿元，其中基本支出15.9亿元，项目支出40.7亿元。全市政府基金支出完成59.5亿元，其中市级支出完成36.6亿元，下降31.8%。全市社会保险基金支出完成48.5亿元，增长14.3%，其中市级支出完成27.8亿元，增长13.9%。市级国有资本经营预算支出完成1 100万元。

二、公共财政预算运行的主要特点

2014年，韶关市财政预算执行呈现收支稳步增长、进度均衡合理、突出民生保障、科学统筹安排的特点。主要体现在三个方面：一是收入质量持续改善。经济回升促进了财税收入的平稳增长，受耕地占用税收入拉动，全市税收收入增长15.6%，地方税收占地方公共财政预算收入的比重达66.0%。全市地方公共财政预算收入增量的71.0%来源于税收，比上年同期提高17.2个百分点，非税收入占比下降。二是县级财力持续增强。县级地方公共财政预算收入占全市总量的60.1%，高于全市2.3个百分点。2014年有8个县（市、区）跨越新台阶，其中曲江区收入超过7亿元，乐昌市、仁化县超过6亿元，南雄市、乳源县超过5亿元，浈江区、武江区超过4亿元，新丰县超过3亿元。三是民生支出持续加大。全市用于保障和改善民生事业资金达141.1亿元，增长19.9%，占地方公共财政预算支出的比重达71.8%。

三、主要工作措施

（一）狠抓财政收支管理，实现平稳协调运行

一是紧紧围绕公共财政预算收入增长目标任务，主动适应经济发展新常态，深入分析经济形势、财税政策、企业状况等对财政的影响，克服了税源不足、政策性减税等困难，拓宽增收渠道，挖掘增收潜力。二是提高协税护税工作效能和税收征管质量，累计查补入库税收 3 618.3 万元。三是加强财源项目的跟踪，有效监控重点企业、重点税源、重点税种，做好营业税改征增值税改革工作，实现应收尽收。四是加强非税收入征管，坚持税费并重，拓宽政府资源和资产性收益，加强城市配套费、罚没、资产清查的征收入库，以拉动非税收入的持续稳定增长。抓好土地出让、资产处置、房地产促建、配套费等涉及土地和基金收入，扩大财政收入规模和总量，增强政府可用财力。加强行政事业资产管理，促进国有资产的保值增值。组织政府物业处置成交总金额 9 910 万元。五是强化财政资金监管，全面深入实施财务核算集中监管系统，构建财政运行全方位、全覆盖、全过程的监督体系。重点检查专项资金项目 1 484 项，资金总额 21.56 亿元。受理工程审核 1 065 项，总金额 69.2 亿元。盘活各类沉淀资金 5 亿元，统筹用于政府性项目建设。六是严格控制一般性支出，贯彻落实中央八项规定，认真执行差旅费、接待费、会议费管理办法，全年市直单位会议费及“三公”经费同比下降 27.5%。

（二）狠抓财政调控，有力支持经济增长

贯彻落实省和市关于稳定经济增长的决策部署，统筹安排逾 43 亿元支持经济增长，并制定《关于财政支持稳定经济增长的政策措施》，综合运用财政措施，有效应对经济形势变化，促进经济平稳健康发展。一是筹集财政资金 8.5 亿元，重点加大对芙蓉新城开发、城区基础设施和四大出口等基础设施的投入，以财政资金投入带动社会固定资产投资平稳增长。二是支持产业发展项目，全面促进转型，筹集财政资金 7.8 亿元，重点加大对莞韶产业园区的建设、产业发展、科学技术、商业服务业、“助保贷”金融业务等。投入 3 亿元充实东韶公司股本资金。三是支持稳定外贸增长，加大投入力度，支持外贸企业做强做大出口市场，建设外贸综合服务平台和项目。四是切实减轻企业负担，落实国家结构性减税政策，稳步推进“营改增”改革试点，落实对中小微企业的税收优惠政策。减免涉企行政事业性收费，对企业免征 32 项中央设立和 7 项省设立涉及企业行政事业性收费的省级收入，全年为企业减负 1.5 亿元。五是落实财政生态补偿机制，支持韶关市开展国家生态文明先行示范区建设，推进节能减排财政政策综合示范城市和资源枯竭城市建设。

（三）狠抓惠民政策落实，增强民生保障能力

落实民生保障资金，其中底线民生支出 6.1 亿元，大幅提高底线民生保障水平。落实义务教育阶段家庭困难学生、中职学校农村家庭困难学生生活补助及残疾学生免学费补助。发放市级价格调节基金 4 779 万元，用于低收入群体价格补贴。落实城乡居民低保、城乡居民养老、集中供养和散居孤儿基本生活保障、医疗救助、残疾人生活和重度残疾人护理补贴等 5 项提高补助标准政策。支持棚户区建设，筹集资金 7.3 亿元，推进原曲仁矿棚户区改造和市属国企棚户区改造。落实“三农”政策，全市拨付种粮补贴资金 1.3 亿元，安排扶贫开发专项资金 1.2 亿元，支持农村饮水安全工程，推进农村人居环境综合整治工程。落实民生实事资金，全年共投入省 10 件民生实事 22.3 亿元，同比增长 13.59%。

（四）狠抓财政体制改革，推进理财转型升级

深入贯彻落实党的十八届三中、四中全会和省委、市委全会作出的决策部署，围绕基本建立现代财政制度，积极开展各项改革。一是深化预算管理改革，建立健全口径预算管理机制，进一步强化预算约束，提高公共资源配置效率。推进预算公开，建立征询部门意见机制。二是推进财政支出绩效评价，扩大绩效目标管理和绩效评价覆盖面，158 个单位纳入绩效评审范围，申报项目 482 个，资金总额 9.0 亿元。选取 500 万元以上项目委托中介重点评价，组织开展绩效支出现场评议会。三是建立财政大数据处理系统，完成第一期财政大数据一体化工作，为部门预算编制、执行和监督提供信息化支持，提高财政信息化水平。四是建立偿债准备金制度，加大地方政府性债务监督检查力度，努力化解存量债务。五是顺利推进莞韶园区财政体制改革，完成园区财政分局职能和人员划转。

（五）狠抓财政部门自身建设，打造为民务实清廉财政

围绕适应新形势新任务，结合党的群众路线教育实践活动，着力抓好财政部门自身建设。一是开展“四风”专项整治，牵头组织全市党政机关办公用房清理，全市清理办公用房面积 71 813.59 平方米。着重查摆群众反映财政强烈的民生热点、文山会海等问题，全市财政系统文件和会议大幅度下降。二是提高服务水平，优化办事流程，进一步细化办事环节、简化办事流程、缩短办事时限，方便群众办事。推进财政窗口网上办事大厅建设，梳理审批和服务事项，推动实现审批事项全流程网上办理，促进工作提质提效。三是加强廉政教育，领导干部带头遵守八项规定，遵守公务接待、差旅开支、公务用车等管理规定。开展读廉书、看廉片、“六五”普法等廉政文化活动。组织党员干部深入省廉政教育基地、韶关监狱实地参观。四是提升队伍素质，采取以会代训、专题培训、专题辅导等形式开展了干部学习培训。按照 6 个专题举办乡镇财政所所长培训，提升全市财政干部业务水平。

（韶关市财政局供稿，杨文乐　胡莹莹执笔）

河源市

2014 年，河源市国民经济在新常态下保持平稳运行，

呈稳中趋好、结构优化的发展态势。全市实现生产总值758.95亿元，比2013年增长10.9%，增速分别比全国、全省快3.5和3.1个百分点，居全省各地级以上市首位。其中第一产业增加值89.98亿元，增长4.3%；第二产业增加值384.92亿元，增长15.2%；第三产业增加值284.05亿元，增长6.8%，三次产业对全市经济增长的贡献率分别为4.4%、73.1%和22.5%，分别拉动GDP增长0.4、8.0和2.5个百分点。三次产业比重由2013年的12.2：49.6：38.2调整为11.9：50.7：37.4，第二产业占比提高1.1个百分点，产业结构有所优化。全市固定资产投资453.29亿元，增长33.5%。进出口总额39.5亿美元，增长22.4%。利用外商直接投资3.29亿美元，增长8.6%；实际利用外商直接投资2.26亿美元，增长7.1%。消费品零售总额265.01亿元，增长11.8%；居民消费价格指数比2013年上涨2.0%，涨幅比全省低0.3个百分点。

2014年，全市各级财政部门紧紧围绕“打造‘广东绿谷’、建设幸福河源”的奋斗目标，以改革创新为主线，以开展党的群众路线教育实践活动为动力，以服务发展大局、增强保障能力为根本，努力克服新增税源匮乏、国家实施结构性减税政策等因素影响，创新理财观念，改进理财手段，稳增长、促改革、调结构、惠民生、防风险，财政工作实现了较大提升。

一、抓收入、促增长，提升财政综合实力

市委、市政府高度重视和关心、支持财税工作，针对全市财政运行态势，多次召开会议听取工作汇报，为财税工作把脉、明确方向。市政府主要领导和分管领导多次到县区和财税部门实地调研，要求各级各部门深入分析收入形势，千方百计促增收，为财政全面完成工作任务提振了信心、提供了保障。财税部门加强基础工作衔接，组织建立部门横向沟通的信息共享机制，健全“抓收入、强征管”有效机制。财政部门加强调研分析，实行领导班子成员“分工分片”抓收入责任机制，建立收入目标任务倒排制度、重点收入专题督办制度，强化收入组织，强化收入督导；加强城市维护建设资金和国有资产收益、土地建设管理；规范非税收入征收，扩大非税电子系统覆盖面，促进非税收入增长29.98%，高于地方税收收入8.58个百分点，增强政府可用财力。

2014年，全市财政总收入完成271.96亿元，其中地方一般公共预算收入首次突破60亿元大关，完成60.45亿元，比2013年增收11.66亿元，增长23.94%，增幅连续两年居全省第1位，超全省平均增长水平10.03个百分点、超粤东西北地区平均增幅11.28个百分点，超粤北地区平均增幅6.24个百分点，其中：税收收入首次突破40亿元大关，实现41.71亿元，增长21.40%；非税收入18.73亿元，增长29.98%；税与非税的比重为69.01：30.99，收入质量在全省排第10位，比2013年前进1位，收入质量保持较好。市直地方一般公共预算收入突破20亿元大关，完成22.41亿元，增长27.37%。2014年全市财政总支出222.69亿元，其中地方一般公共预算支出突破200亿元，完成210.61亿元，比2013年增加40.88亿元，增长24.09%，实现了收支平衡，并略有结余。

二、筹资金、促发展，提升服务发展能力

紧扣“三大抓手”，突出振兴发展，综合运用财税政策、机制和资金等手段，积极发挥财政资金杠杆效应，有效落实支持振兴发展各项政策措施。在支持经济发展上，采取预算安排、财政贴息、争取债券资金和上级拨款、股权投资等方式筹集近50亿元资金用于交通基础设施建设、产业园区扩能增效、中心城区扩容提质和重点项目建设，有力增强了加快振兴发展内生动力。积极推行股权投资改革，安排股权投资资金7.75亿元用于产业园区基础设施建设；中兴通讯获得省战略性新兴产业发展扶持基金扶持金额6亿元；认真落实结构性减税和清理涉企收费，全面推进“四个一批”、“三个50”、“三个100”工程，市本级统筹安排3 700万元落实企业扶持政策，积极协助企业争取上级资金近5亿元，促进企业扩大投资和再生产。全市培育税收超千万企业达到72家，比2013年增加20家。在支持生态文明建设方面，坚守“环保”底线，认真落实支持促进环境和生态保护与节能减排政策；加大自然生态系统和环境保护力度，投入8.83亿元积极支持创建林业生态市；落实市区水源工程项目银行融资2亿元，支持推进市区河流综合整治截污升级改造；保障落实南粤水更清保护规划、东江流域环境综合整治等项目工程的实施，增强了对环境保护的资金保障能力。在支持三农发展方面，积极争取闽赣粤中央苏区振兴发展政策；认真落实各项强农惠农补贴政策；整合各类财政支农资金，支持农业农村基础设施建设；投入7800万元支持灯塔盘地国家农业示范区目建设；落实财政激励政策推进村级公益事业“一事一议”工作；推进政策性涉农保险制度，支持扶贫开发及老区建设，落实“千村脱贫”政策。

三、调结构、惠民生，提升民生保障水平

在财政收支矛盾突出、资金调度困难的情况下，全市财政坚持“民生投入只加大不减少、新增财力向基本公共服务事业倾斜”的原则，不断优化财政支出结构，全市民生支出156.18亿元，增支33.66亿元，增长27.48%，占公共预算支出的75.18%，比公共财政支出增速高3.93个百分点。扎实推进省、市“十件实事”建设，投入省“十件实事”资金36.35亿元，完成省下达任务的110.83%；投入市“十件实事”34.60亿元，其中市财政投入4.08亿元，完成年初预算计划的104.25%。加快推进基本公共服务均等化，全市基本公共服务支出81.28亿元，增长27.06%，占公共预算支出的39.13%，一批热点民生、底线民生事项得到妥善解决。一是推进医疗卫生事业。启动市人民医院二期、妇幼保健院二期、精神卫生院、市卫校建设项目，落实银行融资5.1亿元。二是促进科教文体事业发展。建立健全义务教育经费保障机制，落实教师绩效工资政策，启动市一中高中部、市高新区学校、市直机关幼儿园、公园西小学等项目，完成碧桂园学校建设，认真

抓好教育创强资金的落实。加大科技投入，促进科技创新。推动文化事业发展，丰富群众文化生活，促进文化繁荣，新建、改扩建184间乡镇及行政村综合文化站、阅览室；推进市图书馆、市博物馆、市档案馆、河源报业文化创意基地等项目建设。推进公共体育设施建设，完善体育场馆设施。三是完善社会保障体系。及时发放低保困难群众临时价格补贴资金2 207.66万元，建立稳定价格长效机制，推进平价商店、蔬菜大棚、冷链设施建设。全面做好保障性住房、棚户区改造建设资金的筹集，落实廉租住房（或经济适用房）建设资金1 300万元。强化就业保障，拨付就业专项资金1 267万元，大力促进创业、再就业、转移就业。切实做好底线民生保障，2014年，全市各级财政安排用于城乡低保、五保供养、孤儿、残疾人保障、医疗救助、基础养老金等6项12类底线民生保障的支出共计4.7亿元，各底线民生项目保障标准大幅提高：提高城镇低保和五保补贴标准，城乡低保补差分别从2013年的242元、109元提高到333元、147元，五保供养标准从4 663元/人·年提高到5 270元/人·年，其中市本级预算安排资金2 086万元；全面实施一体化城乡居民医疗保险制度，其中市本级预算安排资金4 468万元；落实医疗救助资金。抓好社会保障基金保值增值，将城乡居民基本医疗保险、养老保险等基本民生保障纳入2015年社保基金预算编制范围。此外，完成人大建议61件、政协提案29件的办理答复工作，积极回应社会各类民生诉求。

四、定方案、促改革，提升财政改革成效

始终坚持把全面深化财政改革作为财政系统的头等大事，设立9个专项小组全力抓好“三大类”和“八项改革”和创新性工作，制定《河源市深化财税体制改革率先基本建立现代财政制度总体方案》，科学设定了2014－2018年财政改革目标，全面完成2014年13项牵头改革任务。在完善政府预算体系方面，进一步细化了预算编制内容，提高了预算编制的完整性；将城乡居民基本医疗保险、养老保险等基本民生保障纳入了社保基金预算编制范围；进行了国有资本经营预算试编，建立国有资本收益上缴公共财政制度；扎实推进全口径政府预算体系建设，按要求编制2015年公共财政预算、国有资本经营预算、政府性基金预算和社会保险基金预算，全面反映政府收支总量和结构。在改进预算管理方面，选取市直3个单位开展2015年零基预算改革试点；试编了市级政府综合性财务报告；强化了预算执行的监督制衡机制建设，严格预算执行，加强预算追加支出管理，建立了市本级预算追加联审会议制度；组织开展了存量债务清理甄别工作，制订了《河源市地方政府性债务管理办法》等相关管理办法。在建立透明预算方面，市直89个一级预算单位及其下属事业单位全面公开了财政预决算信息和“三公”经费信息，全市5县1区公开了预决算信息，政府预算更加公开透明。在完善财政管理体制方面，落实市对源城区激励型财政机制考核办法，建立了市对江东新区财政管理体制。在建立事权和支出责任相适应制度改革方面，对当前支出事项进行了梳理，划分政府与市场的边界，初步形成源城区、紫金县与江东新区财权与事权划转事项意见。在建立政府公平配置公共资源机制方面，推进政府购买社会服务改革试点，制订了《政府向社会力量购买服务实施暂行办法》及4个配套制度，采取竞争性分配方式培育和发展社会组织；扎实推进股权投资管理改革，制订了《河源市财政经营性股权投资资金使用管理暂行办法》；开展市直行政事业单位清产核资，完善了相关管理制度。在推进税制改革方面，“营改增”试点范围扩大至铁路运输业、邮政业、电信业。在加强绩效评价方面，扩大第三方财政支出绩效评价范围，加大绩效评价结果的应用，促进绩效评价与预算编制相结合。

五、抓创新、促转型，提升财政理财手段

坚持盘活存量，用好增量，集中财力办大事的理财理念，剔除年终省一次性专款，清理压减结余结转资金3.8亿元，消化暂付款3.2亿元。改进工作方法，切实加快资金支出进度，特别是对涉及民生的资金，能提前下达的坚决实行提前下达。实行省、市重点项目政府采购评审专家论证和验收制度，实施政府性投资建设项目委托市场中介评审工作，提高了资金使用效益。全面开展2003年以来市直财政性投资建设项目竣工财务决算清理工作。推行非税收入精细化管理，出台了6个管理制度，扩大非税电子系统覆盖面，非税收入增长29.98%，高于地方税收收入8.58个百分点。开展市直事业单位清产核资工作，进一步摸清了政府“家底”。

六、建章制、优管理，提升财政基础管理

健全完善28项财政管理制度，以制度规范管理。改进专项资金管理方式，制定市级财政专项资金管理办法，推动做好各项专项资金的具体管理办法修订完善工作；建立定期检查和专项检查相结合的监督检查长效机制，推行专项资金季度统计制度，制定河源市财政专项资金动态监管暂行办法，其中500万元以上的专项资金实施清单式动态监管；开展新一轮财政专项资金清理整合工作，涉及专项资金228项，继续保留的161项，变更合并的26项，转入部门预算或政府公共运转项目24项。建立健全市直党政机关和事业单位会议费、差旅费、外宾接待经费等管理办法。完善“三公”经费的审核管理制度，实行“三公”经费季度统计制度。积极做好财政专户保值增值工作。全面推行公务卡、财务核算监管改革制度，覆盖率均达到100%。开展全面清理规范财税优惠政策工作。加强财政信息化平台建设，加快“金财工程”建设。

七、重绩效、强监管，提升财政监督效果

扎实推进财政资金绩效评价，全面完成了市直预算部门对财政支出100万元以上项目资金的绩效自评，涉及23个单位47个项目，资金达14.62亿元；组织第三方财政支出绩效评价专家对列入市直单位2014年财政支出项目绩效评价的17个部门和单位共31个财政支出项目进行了现场绩效核查重点评价，涉及资金3.68亿元。强化与纪委监

察、审计等部门的协调联动，形成财政监督合力。严格实行财务总监制度和全面加强基建财务监管，将审核监督的“关口”前移。完善全市村（居）资金使用“双重”公示制度，对村（居）资金使用实行多层次监督。开展违规使用财政专项资金专项整治，重点对财政专项资金、厉行节约反对铺张浪费、转移支付资金使用的监督检查，对专项资金实施财政监督检查的范围比例达到10%以上；加大监督检查力度，认真开展会计监督检查和财政内部监督，深入开展“四风”突出问题9个专项整治行动，开展贯彻执行中央“八项规定”和“小金库”专项治理，严肃财经纪律。

八、刹“四风”、转作风，提升为民服务能力

高标准、严要求深入开展党的群众路线教育实践活动，亮“四剑”动真格，对“四风”问题进行“大扫除”，促进财政党员干部转变工作作风，以作风建设凝聚促进了财政工作的正能量。一是认真开展学习讨论活动，认真开展“六个党性教育课堂”、“四个讲一次”等活动，摆问题、找差距、明方向。二是开展敞开大门听意见找问题活动。通过设置征求意见箱、开设网上信箱、发放征求意见表、召开座谈会、个别谈话和深入基层等方式广泛征求意见。三是开展“四风”整治活动。通过实行“三上三下三建”工作方式、亮“四剑”动真格、“五查五改”自我剖析、“五个一服务程式”等活动，对“四风”问题进行“大扫除”。四是扎扎实实搞好“两会一评议”工作。抓好领导班子专题民主生活会、基层党组织专题组织生活会和认真组织开展民主评议党员工作，认真开展谈心谈话、批评与自我批评。五是广泛开展宣传发动。累计编发教育实践活动简报32期，汇编学习资料6期，省财政厅简报、国家财政部网、《河源日报》、市委实践办简报等对财政活动情况进行了宣传报道和经验推介，营造了深入开展教育实践活动的浓厚氛围。

（河源市财政局供稿，杨雪锋执笔）

梅州市

2014年，梅州市围绕振兴发展主线，抓住粤东西北振兴发展和原中央苏区振兴发展两大政策机遇，扭紧“三大抓手”，聚焦产业和项目建设，经济社会发展取得新的成绩。全市实现生产总值885.83亿元，增长8.5%，其中：第一产业增加值179.46亿元，增长4.3%，拉动GDP增长0.7个百分点；第二产业增加值322.91亿元，增长10.3%，拉动GDP增长4.5个百分点；第三产业增加值383.46亿元，增长8.3%，拉动GDP增长3.3个百分点。三次产业的结构比例为20.3∶36.4∶43.3。全年完成固定资产投资407.51亿元，增长39.6%。全年进出口总额21.82亿美元，增长23.8%。全年合同利用外资金额4.48亿美元，增长7.7%，实际利用外商直接投资1.47亿美元（按国家商务部确认口径），增长10.5%。全年社会消费品零售总额499.97亿元，增长11.1%。

2014年，梅州市各级财政部门按照梅州市委、市政府的决策部署，全面落实稳增长、促改革、调结构、惠民生、促改革等措施，完成了各项工作任务。2014年，来源于梅州的财政总收入233.38亿元，增长14.74%。其中：国税税收（全口径）88.43亿元，增长13.58%；地税税收（全口径）78.52亿元，增长19.21%。全市公共财政预算收入85.24亿元，完成年度预算的106.5%，增长22.88%，其中：税收收入60.77亿元，增长23.34%，占公共财政预算收入的比重为71.29%；非税收入24.47亿元，增长21.74%，占公共财政预算收入的比重为28.71%。全市公共财政预算支出270.09亿元，增长32.58%。市本级公共财政预算收入24.8亿元，增长15.08%，其中：税收收入16.86亿元，增长17.64%，占公共财政预算收入的比重为68.02%；非税收入7.93亿元，增长9.99%，占公共财政预算收入的比重为31.98%。市级公共财政预算支出44.35亿元，增长17.93%。全市公共财政预算收入加上税收返还收入、各项上级补助款和预算结转、结余，减去公共财政预算支出以及上解上级支出后，全市公共财政预算实现收支平衡。市本级公共财政预算收入加上税收返还、转移支付和上解收入、上年结余等，收入总计63.03亿元；市本级公共财政预算支出加上上解上级支出、市级补助县支出以及债券还本支出54.32亿元，收支相抵滚存结余8.71亿元（其中净结余268万元）。

一、挖掘增收潜力，完善征管机制，增加财政收入总量

积极应对以“营改增”为主的结构性减税、免征小微企业增值税和营业税等政策调整带来的影响，协调配合税务部门落实征收措施，强化重点税源的跟踪监控，拓宽税收来源渠道，做到应收尽收。加大县级督导力度，督促指导各县（市、区）抓好收入增长，提高收入质量。加强非税收入征管，强化票据源头控制，加强“收支两条线”管理。2014年，全市公共财政预算收入增长22.88%，增幅在全省排名第三位，在5个山区市中排名第二位；各县（市、区）公共财政预算收入增幅均达20%以上，其中梅县区收入总量在粤东西北74个县（市、区）中排名第六位。

二、扭住“三大抓手”，服务发展大局，保障重点项目支出

一是全力支持中心城区扩容提质。全力以赴做好江南新城、芹洋半岛等嘉应新区起步区建设的筹资融资工作，盘活国有资产和储备土地，加强与银行、财团的沟通对接，用活国开行棚户区改造等政策。发挥财政资金引导放大作用，成功争取省促进粤东西北振兴发展股权基金7.79亿元。嘉应新区起步区全年共新增融资25.81亿元。

二是全力支持交通基础设施建设。积极完善交通建设

资金投入保障机制，想方设法解决高速公路、高速铁路、机场航站楼改造和贵宾楼建设、机场迁建、跨江大桥等重点交通项目配套资金和工作经费，全市交通运输支出15.3亿元。

三是全力支持产业园区扩能增效。理顺市级财政与园区财政体制关系，做好省产业园区相关专项资金管理申报工作，扶持产业园区企业发展，加快园区基础设施建设。全市园区建设支出10.12亿元，其中市产业转移工业园区建设支出4.29亿元。

三、用好用活政策，扶植培育产业，增强经济发展后劲

一是力争上级政策资金支持。主动加强对上沟通汇报，积极对接促进中央苏区及省振兴发展扶持政策落实，及时跟进一般性转移支付、专项财力补助等资金。全年共争取到上级各项补助资金187.31亿元，增长28.08%，有效缓解了全市财政支出压力。积极牵头开展“第三批国家节能减排财政政策综合示范城市”申报工作，成功通过财政部、国家发改委组织的评审，获得中央财政2015年至2017年专项补贴资金12亿元。

二是加大主导产业扶持力度。综合运用财政支持实体经济发展的政策措施，落实税收优惠政策，为企业减负；扩大财政投资，加快资金拨付进度，支持加快基础设施建设、稳定外贸增长、扩大消费需求。市级财政全年共安排产业振兴和中小微企业发展扶持资金8 350万元，采取财政贴息、补助、奖励等手段，加快产业转型升级，加大力度培植税源型企业，为财税增收提供充足动力。安排文化体育与传媒支出3.63亿元，积极推动文化体育繁荣发展，促进客家文化传承创作，扶持文化重点项目，支持办好第二届客家文化创意博览会。安排旅游相关支出9 276万元，管好用好省旅游产业园竞标扶持资金，支持旅游业加快发展。

四、优化支出结构，注重保障民生，落实惠民惠农措施

一是加强支出管理。严格执行中央八项规定和《党政机关厉行节约反对浪费条例》，加强财政支出管理，制订市直会议费、差旅费、外宾接待经费、误餐补助费等公务支出管理制度，进一步压减“三公”经费和会议费、培训费等支出，确保财政资金更多地向民生领域倾斜。全市“三公”经费支出2.81亿元，同比下降28.42%。

二是保障民生投入。统筹安排好各类财政资金，集中财力保障省、市十件民生实事资金需要，其中省十件民生实事支出13.76亿元，完成全年预算的102.35%。继续加大“三就一保”等重点民生投入，全市教育、社会保障和就业、医疗卫生与计划生育支出共126.31亿元。大力支持“平安梅州”建设，全市公共安全支出11.34亿元。全面落实强农惠农政策，积极筹措和申报现代农业生产发展、农田水利建设、林业生态工程等项目资金，落实扶贫开发、农村“一事一议”财政奖补等资金，推动实施农业综合开发项目，全市农林水支出30.41亿元。2014年，全市财政用于民生领域的支出198.03亿元，占公共财政预算支出的73.32%，增长33.22%。

五、推进财政改革，强化财政监管，提升科学理财水平

一是积极深化财政改革。逐步完善全口径预算编报体系，将社保基金预算与公共财政预算、政府性基金预算一并报送市人大审议。加大预决算信息公开力度，全市各级财政全部公开2014年财政预算和2013年财政总决算；市本级和大部分县（区）公开2014年“三公”经费支出总预算、2013年部门决算、2014年部门预算以及部门“三公”经费预算。配合推进省直管县财政改革，2014年新增大埔县纳入试点范围。统筹推进国库集中支付、公务卡、财务核算集中监管等改革。

二是加强财政监督管理。拟定专项资金管理制度，建立覆盖专项资金设立、项目库管理、项目申报和审批、资金拨付、监督检查、绩效评价和信息公开等全过程的监管机制。盘活财政存量资金，规范权责发生制核算，严格执行国库集中支付管理规定。严把财政投资评审关口，共评审项目2 318个，报审金额59.01亿元，核减金额7.16亿元，核减率达12.1%。进一步健全政府性债务风险防控和预警机制，防范和化解债务风险。协调组建市公共资源交易中心，进一步优化公共资源配置，提升公共资源交易监管效能。规范政府采购行为，全市共批复政府采购计划12.08亿元，实际采购金额11.28亿元，资金节约率6.63%。

六、加强作风建设，规范队伍管理，提高务实创新能力

深入开展党的群众路线教育实践活动，整改“四风”突出问题，增强党员意识和组织观念，改进工作作风。积极参与市“行风热线”和“梅州发布”微访谈等活动，认真办理人大代表建议、政协委员提案和梅州民声群众网上来信。严格规范干部队伍管理，加强道德和纪律教育，组织干部到珠三角、高等院校学习培训，邀请专家学者作财税改革专题讲座，加大干部培养和选拔力度，开展科级干部交流轮岗。

（梅州市财政局供稿，陈洪文　李振豪执笔）

惠州市

2014年，惠州市经济呈现平稳较快发展态势，全市生产总值3 000.7亿元，增长10.0%，其中，第一产业增加值142.9亿元，增长4.3%；第二产业增加值1 697.6亿元，增长11.9%；第三产业增加值1 160.2亿元，增长7.3%。全市固定资产投资完成1 606.7亿元，增长19.0%。全市进出口总额594.1亿美元，增长3.5%。实际利用外商直接投资金额19.7亿美元，增长7.2%。全市社会消费品零售

总额 968.7 亿元，增长 12.3%。全市居民消费价格指数 102.1。

2014 年，惠州市各级财政部门认真贯彻落实党的十八大、十八届三中、四中全会精神，以开展党的群众路线教育实践活动为抓手，紧紧围绕“尽快进入珠三角第二梯队”总目标，按照“稳中求进、好中求快、改革创新、率先跨越”的要求，坚持依法理财，狠抓增收节支，不断深化改革，加强精细化管理，突出保运转、保发展、保民生、保稳定，以财政工作的新高度、新举措、新成效，助推全市经济社会又好又快发展。2014 年，全市地方公共财政预算收入完成 300.6 亿元，为年代编预算的 106.4%，同比增收 50.5 亿元，增长 20.2%，比全省平均增幅高 6.3 个百分点。全市公共财政预算支出完成 372.8 亿元，为年度代编预算 101.5%，同比增支 44.7 亿元，增长 13.6%。2014 年，市本级公共财政预算收入完成 105.1 亿元，为年度预算的 105.6%，同比增收 11.2 亿元，增长 12.0%。市本级公共财政预算支出完成 103.5 亿元，同比增支 2.3 亿元，增长 2.3%。

一、坚持民生优先理念，深入推进基本公共服务均等化综合改革

继续把保障和改善民生作为工作的出发点和落脚点，深入推进基本公共服务均等化综合改革，完善基本公共服务体系，筑牢基本公共服务安全网。

（一）健全基本公共服务体系

按照市委、市政府的部署，聚焦民生基本需求，确定了基本公共教育、劳动就业服务、社会保险、基本社会服务、基本医疗卫生、基本住房保障、公共文化体育、公共交通、生态环保、公共安全 10 个领域共计 115 项基本服务标准，逐项明确了服务对象、服务标准、覆盖水平和支出责任，建立了较为完善的基本公共服务体系。

（二）提高基本公共服务水平

根据经济社会发展动态，加大财政投入，提高了一批基本公共服务的标准。2014 年，全市教育支出 85 亿元，同比增长 17.1%，其中义务教育公用经费提高到小学不低于 950 元/生·年、初中不低于 1 550 元/生·年；全市社会保障和就业支出达到 34.2 亿元，同比增长 27.6%，其中全市城镇“三无”人员供养标准提高到 1 300 元/人·月，孤儿最低养育标准提高到 1 200 元/人·月；全市医疗卫生和计划生育支出达到 32.6 亿元，同比增长 10.7%，其中城乡居民基本医疗保险财政补助提高到 340 元/人·年，免费孕前优生健康检查提高到 500 元/例。

（三）缩小城乡区域服务差距

通过推进基本公共服务均等化，进一步缩小了城乡间、县区间和不同群体间的基本公共服务差距，实现了民生普惠共享。2014 年实施的 10 个基本公共服务领域 115 项基本标准中，按可比口径，实现城乡间标准一致的有 99 个，户籍人口和非户籍常住人口间标准一致的有 65 个，城乡、县区、不同群体间服务差距明显缩小。

二、坚持改革创新理念，有序推动财政各项改革

把深化改革作为加强财政制度建设的重要内容和措施，按照市委、市政府深化改革“1+6+1”系列文件部署，着力推进财政改革创新，进一步提升财政管理水平。

（一）实现“全口径”预算编制

积极推进预算体制改革，首次将社保基金预算纳入预算编报体系，将公共财政预算、政府性基金预算、市级国有资本经营预算、社保基金预算等四大政府预算一并报送人大审议，实现了全口径预算编报。同时，建立预算编制征询意见机制，对涉及民生方面的重大财政政策和预算安排，征询服务单位、群众、基层干部及人大代表意见，提高了预算编制的科学性、民主性和透明度。

（二）首次公开市本级“三公”经费

继续把规范专项经费支出管理作为贯彻落实中央“八项规定”，以及《党政机关厉行节约反对铺张浪费条例》的重要工作措施，先后制定出台了《惠州市市直机关和事业单位会议费管理办法》、《惠州市市直机关和事业单位差旅费管理办法》、《市直党政机关外宾接待经费管理办法》，进一步规范了“三公”经费和一般性支出管理。在向社会公开 2014 年市本级预算报告的基础上，首次将市本级“三公”经费预算安排情况向社会公开。

（三）完善一般性转移支付增长机制

通过压减专项转移支付，提高一般性转移支付比例，调整完善全市现行转移支付资金管理的职责分工，逐步将属于地方事权且信息复杂程度较高，适合地方管理的转移支付项目审批和资金分配权限下放县（区），减少市级对县（区）事权和支出项目的干预，调动地方发展动力。

（四）推进专项资金管理制度化

为建立健全专项资金管理体系，市财政局牵头制定《惠州市市级财政专项资金管理办法》以及市级财政专项资金目录管理办法、项目库管理办法及专项资金联合审核办法等配套制度，遏制违规使用专项资金行为，进一步规范专项资金管理。

三、坚持服务发展理念，继续加大促产培财力度

充分发挥财政政策资金“四两拨千斤”的引导作用，推动实体经济持续健康发展，为培植地方财源增添动力。

（一）落实积极财政政策，促进经济健康发展

积极落实扶持实体经济发展的“惠 28 条”、促进民营经济发展的“惠 42 条”等政策，帮助企业用足用好各项税费减免政策，全市累计落实 3.5 亿元涉企税费优惠；安排各类扶持资金 3.6 亿元，为实体经济发展增添动力。

（二）强化财政扶持导向，着力优化产业结构

全市财政科学技术支出 19.7 亿元，鼓励企业加大研发力度，加快新产品开发，支持环大亚湾新区、潼湖生态智慧城两大战略平台建设。安排 2 518 万元用于技术改造，促

进制造业产业链向高附加值、高技术含量环节延伸，推动传统产业升级。采取财政补贴、税费减免、兑现奖励、信贷扶持等方式，推动服务业特别是现代服务业快速发展。

（三）创新财政扶持方式，鼓励企业做大做强

制订《市级财政经营性资金实施股权投资管理实施细则》，发挥财政资金杠杆作用，建立公平合理的竞争机制，鼓励国有经济和其他所有制经济共同发展。对成功上市的企业和新获评中国驰名商标的民营企业给予扶持，鼓励企业做大做强和自主创新。设立中小微企业贷款信用基金，充分发挥基金的引导和放大作用，帮助解决企业融资难问题。

四、坚持强化监督理念，提高资金使用效益

通过构筑全方位的财政监督网络，强化财政资金监管，坚持以绩效为导向，不断提高财政资金使用效益。

（一）开展“小金库”专项治理

在全市范围内组织开展了贯彻执行中央八项规定严肃财经纪律和“小金库”专项治理工作。全市完成自查自纠单位2 639户，其中党政机关618户、事业单位1 717户、社会团体304户，自查面达到100%。在此基础上，对120户开展“三公”经费、会议费和培训费以及“小金库”重点检查。

（二）公开政府采购活动

加强政府采购监督管理工作，实现事前、事中、事后全过程监督。同时，建立监督员制度，对市直采购预算超过500万元（含500万元）的货物、服务类采购项目派出特邀监督员，进一步提高政府采购工作的透明度。

（三）规范农村财务管理工作

积极推进农村财务管理规范化，全市1 070个村（居）全面完成会计委派（选聘）和代理制的建设工作，并建立3－7人的民主理财小组；全市7个县（区）基本完成农村财务监管平台建设和会计电算化工作。

（四）监管政府投资项目

坚持“客观、公平、公正”的评审原则，践行“不唯增、不唯减、只唯实”的审核理念，加强水利、市政等重点民生项目预结算审核。全年共评审财政投资项目262项，涉及送审金额23.8亿元，审定金额20.5亿元，核减3.3亿元，平均审减率14.0%。加强对水东街改造项目等22个重点工程项目的财务监管，涉及金额37.1亿元，监管在建工程99项，节约财政资金2 390万元。

五、坚持为民务实理念，扎实开展教育实践活动

紧紧围绕“为民务实清廉”主题，扎实开展党的群众路线教育实践活动，以教育实践活动促进财政中心工作落实、促进队伍建设水平提高。

（一）紧扣时代背景特点，突出活动的主题性

充分认清新的时代背景下开展党的群众路线教育实践活动的重大意义，突出活动主题，精心组织实施，以实际工作成效检验教育实践活动成果。活动期间，对“三公”经费、强农惠农专项资金、“庸懒散拖”等12项“四风”突出问题进行了专项整治，解决了一批群众反映强烈的突出问题。

（二）紧密结合财政实际，突出活动的特色性

在不折不扣落实“规定动作”的基础上，结合财政工作实际做好“自选动作”。开展“问需于民”活动、专项资金分配改革活动、“四个一”学习讨论活动、“送政策、接地气”活动、“转作风、做表率”活动、廉政警示教育活动、“五查五改”自我剖析活动、“七个一服务程式”活动等。

（三）紧密联系队伍建设，突出活动的实践性

通过“一把手”带头上党课、邀请专家作讲座、组织实地参观学习，观看教育专题片，开展学习焦裕禄精神“六个一”活动等方式，促进党员干部作风转变。通过开展“窗口服务标准化建设”，加快机关服务目录、流程、规程、网上办事、政务公开的标准化建设，进一步提升机关服务水平。

（惠州市财政局供稿，王明全　陈倩茹执笔）

汕尾市

2014年，汕尾市主动融入珠三角，全面对接深圳帮扶，围绕“一个目标”，守住“两条底线”，狠抓“三大抓手”，开展“四大行动”，确保经济发展稳中有进，社会保持和谐稳定。全市完成生产总值716.99亿元，增长8.9%。

2014年，汕尾市财政围绕中心，服务大局，积极应对各种困难，千方百计组织财政收入，合理调度资金，优化支出结构，深化财政改革，规范资金管理，扎实推进各项财政工作，促进了市经济社会发展。2014年，全市一般公共预算收入完成492 133万元，完成年度预算的87.75%，比2013年增收10 588万元，增长2.2%。全市一般公共预算支出完成1 248 242万元，完成年度预算的175.5%，比2013年增支195 133万元，增长18.53%。市级（不包括市城区、红海湾开发区和华侨管理区）一般公共预算收入完成90 264万元，为年度预算的69.92%，比2013年下降18.89%。市级一般公共预算支出完成214 051万元，为年度预算的150.13%，比2013年增支47 280万元，增长28.35%。

一、加快推进基本公共服务均等化，切实加大民生保障力度

全市各项民生资金投入93.34亿元，占一般公共预算支出的74.78%，较2013年增长22.48%，增幅高于一般公共预算支出近4个百分点。新增财力主要用于改善民生，支持社会建设。

（一）加大三农投入

全市农林水事务支出 169 788 万元，同比增长 27.41%，基本保证了重点农业项目的资金需求。一是加强农业基础设施建设。安排 8 176 万元进行农村河塘清淤整治、节水灌溉等农田水利工程建设。二是认真落实惠农财政补贴政策。全市共拨付农资综合直补资金 7 400 万元，拨付种粮直补资金 626 万元，分别惠及 19.32 万农户和 99.56 万农民；落实农机购置补贴和农作物良种补贴等直补政策，投入补贴资金 3 328 万元，进一步促进了粮食增产和农民增收。三是认真落实贫困村两委干部补贴。全市共拨付贫困村两委干部补贴 8 619 万元，保障村级组织正常运转。四是积极争取农业综合开发项目。全市共争取农业综合开发土地治理项目及产业化财政补助项目 11 个，资金 5 850 万元。五是贯彻执行一事一议财政奖补政策，支持村级公益设施建设。全市共上报村级一事一议财政奖补项目 1 160 个，争取上级财政奖补资金 2 963 万元。

（二）加大教育事业投入

全市教育支出 307 653 万元，比 2013 年增长 10.7%。安排全市免费义务教育经费保障和农村困难家庭子女义务教育阶段生活费补助 44 677 万元，发放中等职业技术学校国家助学金 189 万元，实施农村中小学校校舍安全工程建设补助 2 910 万元，安排教育创强补助资金 8 000 万元，安排教育多媒体电教平台建设补助资金 10 000 万元，安排山区、边远地区义务教育学校教师岗位津贴补助资金 12 000 万元，进一步改善全市基础教育办学条件，促进城乡教育协调发展。

（三）加大医疗卫生与计划生育事业投入

全市医疗卫生与计划生育支出 152 304 万元，同比增长 21.75%。全市筹集城乡居民医疗保险基金 100 866 万元，将城乡居民医疗保险人均财政补助标准提高到 320 元，全市 2 726 119 人参加城乡居民医疗保险，142 800 人享受住院补偿，累计发放住院补偿 86 884 万元。投入 4 812 万元，继续开展基本公共卫生服务项目。安排基层医疗卫生机构事业费 9 516 万元，将基层医疗卫生机构经常性收支差额补助落实到位。推进县级公立医院改革试点，投入 300 万元对海丰县澎湃医院因取消药品加成而减少的合理收入予以补偿。投入 1 638 万元用于山区和农村边远地区乡镇卫生院医务人员岗位津贴，提高乡镇卫生院医务人员的待遇。安排资金 18 032 万元，落实农村已离岗接生员和赤脚医生的生活困难补助。

（四）加大社会保障体系投入

全市社会保障和就业支出 168 957 万元，同比增长 18.32%。安排城乡居民社会养老保险资金 27 203 万元，为 289 163 人发放城乡居民社会养老保险金 25 350 万元。安排城乡低保补助资金 25 883 万元，全市 45 941 户 103 020 名低保对象享受最低生活保障待遇；投入五保供养资金 6 676 万元，11 818 名五保供养对象实现集中供养或分散供养。努力提高各类优抚对象抚恤补助标准，投入资金 10 764 万元，确保全市 19 025 名优抚对象按标准享受优抚待遇。落实各项就业和再就业优惠政策，投入就业资金 2 137 万元，实现劳动力转移就业 38 902 人，实现下岗失业人员再就业 22 834 人，实现 39 064 人享受社会保险补贴、岗位补贴、劳动力培训转移就业等财政补助政策。落实残疾人扶助政策，拨付残疾人生活津贴和重度残疾人护理补贴 2 200 万元。安排资金 2 611 万元对 3 399 名孤儿建立孤儿基本生活保障制度。

（五）落实省、市十件民生实事工作

全市财政共安排 95 110 万元落实和配合实施省十件民生实事，完成年初预算的 116.66%；安排 172 029 万元用于市十件惠民实事，完成年初预算的 83.7%。

二、着力支持“三大抓手”

认真贯彻落实省委省政府进一步促进粤东西北地区加快振兴发展和市委、市政府决策部署，市财政局积极筹集资金 18 亿元，支持新区、产业园区和基础设施建设。一是加快新区建设。安排规划编制资金 320 万元用于汕尾新区发展总体规划（2013－2030 年）及其他三大专项规划编制；安排征地补偿及安置资金 6.52 亿元用于红草工业园区、金町湾滨海旅游起步区及火车站片区征地拆迁和土地储备；投入长沙湾互通改造资金 700 万元；筹集资金 1.19 亿元用于市区至火车站公路改造、火车站广场西路、火车站片区土石方平整、火车站广场及周边市政道路建设前期费用等项目。二是加快市投融资平台建设。投入 2 000 万元作为红草园区（高新区开发公司）注册资金；拨给市国资委 5 000 万元作为注册资本金成立市振兴投资有限公司；筹资 2.31 亿元注入红草高新区开发公司用于竞拍土地、投入 7.22 亿元用于市振兴投资有限公司竞拍土地。市直投融资平台已顺利按省股权基金的基本要求进行对接，并率先在全省获批振兴发展股权基金，9.3 亿元签约到位；省建行批准新区基金融资 60 亿元，新增先行贷款 5.8 亿元。

三、认真做好节支工作

坚持“有保有压、突出重点”的原则，认真贯彻落实中央八项规定，厉行节约，严控一般性支出，压缩公务经费支出，全年“三公”经费执行数下降 17.5%。一是认真落实中央八项规定，规范公务接待和会议差旅标准。制定了《市直党政机关和事业单位会议费管理办法》、《市直党政机关和事业单位差旅费管理办法》、《市直党政机关外宾接待经费管理办法》、《汕尾市党政机关公务接待管理制度》等规定，严格控制超标准、超规模的行为。二是开展党政机关和领导干部办公用房全面清理工作。全力以赴开展党政机关和领导干部办公用房清理和自查自纠工作，印发实施《关于进一步做好办公用房继续整改的通知》。全市应整改的办公用房面积合计 9 411 平方米，已整改面积 5 208 平方米。三是严控一般性支出。规范一般性支出超预算的申请、审批程序，从严把关，有效控制超预算开支的现象。

四、进一步深化财政改革

一是继续推进部门预算公开，进一步细化预算编制。及时公开政府总预算、决算信息和“三公”经费信息，协调、指导各预算单位公开预算信息和“三公”经费数据，提高财政预算透明度。二是规范地方政府性债务管理。将存量债务清理甄别为政府负有偿还责任（一般债务、担保债务）、担保责任及救助责任三类债务，锁定地方政府债务限额并纳入预算管理。三是完善国库集中管理。深入推进国库集中支付系统建设，优化财务核算信息监管系统，完成市级行政事业单位会计核算新旧科目转换衔接，规范行政事业单位会计核算。四是逐步探索政府向社会力量购买服务改革，完善政府购买服务制度。目前已有市区辅警、环卫管理、政府专职消防员和城市管理协管员四个项目实施政府购买服务。五是进一步配合推进“营改增”扩围。全市752户纳入“营改增”试点，申报缴纳改征增值税税款6 354万元，增收4 145万元。

五、进一步加强财政监管

一是加强财政内部监督。在财政资金的分配、调度、存储、支付等环节，明确岗位职责、权限，完善操作细则，严格资金审核、拨付程序，健全覆盖国库管理各环节的风险控制机制。二是加强结余转资金管理。加强结余结转资金的清理；加大财政性结余结转资金的统筹力度，明确结余结转资金的使用时限，对于到期未使用的结余结转资金进行回收统筹使用。三是加强“收支两条线”管理。加大票据监管力度，严格执行行政事业性收费和罚没收入“收缴分离、罚缴分离”、“收支脱钩”的规定，规范行政事业性收费、罚没收入收支行为。四是加强政府采购监管。出台了《汕尾市2014年政府集中采购目录与限额标准》、《汕尾市级政府采购较大项目使用财政性资金的管理规定（暂行）》，强化采购预算和计划的约束，规范政府采购行为。2014年全市政府采购466宗，预算资金60 464万元，实际采购金额58 653万元，节约采购资金1 811万元，节约率为3.09%。五是完善财政投资评审制度。制定了《汕尾市市级财政投资评审工作流程》（试行），进一步优化评审流程，强化评审风险防控，提升评审质量。2014年全市财政部门审核工程预结算1 337宗，送审造价285 401万元，核定造价253 943万元，净核减造价31 458万元，核减率11.02%。六是加强财政资金绩效评价。对财政专项资金和重点项目资金开展绩效评价，分析衡量财政资金所产生的效益，不断提高资金的管理水平。七是深入开展会计信息质量检查、整治“小金库”和财政专项资金检查等行动。以财政监管平台、专项检查为抓手，着力加强财政资金使用管理，突出对重大建设项目资金、重点专项资金实施全程监管，确保财政资金核算规范和专款专用。2014年，全市会计信息检查共查出违规单位8个，违规金额675万元。

（汕尾市财政局供稿，谢岚执笔）

东莞市

2014年是东莞市全面深化改革的开局之年，也是加快推进高水平崛起的攻坚之年。面对复杂严峻的国内外经济形势，全市各级各部门紧紧围绕市十五届人大四次会议上通过的财政预算，全力以赴稳增长、促改革、调结构、惠民生、防风险，全市预算执行总体平稳，有力促进了东莞市经济社会健康发展和民生福利水平持续提高。

一、财政收支概况

2014年，来源于东莞的财政收入1 066.2亿元，比上年增长9.4%，其中：上划中央251.6亿元，增长16.5%；上划省165.1亿元，增长5.7%；市一般公共预算收入455.2亿元，增长11.2%；市政府性基金预算收入194.3亿元，增长0.5%。市一般公共预算收入和市政府性基金预算收入，加上上级返还性收入、上级转移支付收入、地方政府债券转贷收入和上年结余，2014年市财政可支配财力760.8亿元。2014年，市财政支出719亿元，具体包括：镇街分成支出308亿元；市本级安排支出331.8亿元；省追加支出29.4亿元；上解上级支出35.3亿元；地方政府债券转贷资金支出4.3亿元；补充预算稳定调节基金10.2亿元。收支相抵，结余41.8亿元。

二、努力提高财政收入质量

2014年，东莞市财政局大力加强财政收入征管工作，切实提高财政统筹保障能力。一是积极培植财源，严格落实上级税费减免政策，减轻企业负担，优化营商环境，激发市场活力。加快推动产业转型升级，培育新的经济增长点。二是加强税源监控，密切关注经济运行情况，加强对镇街经济及财政状况的分析研究，做好重点镇街、行业、税源的数据监测工作，切实做到应收尽收。三是完善非税收入征管机制，依法加强对路桥年票费、污水处理费、垃圾处理费的征收，深入挖掘政府性物业增收潜力。

经过全市各级各部门的努力，2014年，来源于东莞的财政收入1 066.2亿元，其中市公共财政预算收入完成455.2亿元，稳居全省第四位，增长11.2%。市公共财政预算收入中，税收收入完成364.7亿元，占比80.1%，财政收入质量位居全省前列。非税方面，尽管面临取消和免征减征部分收费项目等政策因素影响，市财政等部门通过依法加强征收管理，努力挖掘收入潜力，全年非税收入完成90.5亿元，同比增长16.4%。

三、加大保障和改善民生投入力度

（一）促进教育事业均衡发展

投入11.3亿元，补助镇街基础教育经费。投入1.5亿元，进一步提高全市免费义务教育补助标准，小学生每人每年补助金额提高200元，初中生每人每年补助金额提高400元。投入1.2亿元，实施中职学校免学费政策。投入1亿元，支持学前教育发展。投入2 525万元，支持民办教育规范化发展。投入3 757万元，推动东莞外国语学校投入使用。

（二）稳步提高社会保障水平

投入7.8亿元，用于城乡一体社会养老及基本医疗保险缴费支出，增加大病保障险种。投入1.4亿元，向低保对象等困难群体发放补助，扩大基本医疗救助范围，将五保供养标准由765元/月提高至1 370元/月，新增对失独家庭每人每月发放扶助金1 000元。投入1.1亿元，改善残疾人生活质量。投入8 498万元，提高高龄津贴发放标准，扩大居家养老覆盖范围。投入2 345万元，帮助低收入家庭修葺房屋和发放住房租赁补贴。

（三）积极发展公共卫生事业

投入1.3亿元，开展11项基本公共卫生服务，为莞籍妇女免费提供孕检婚检、“两癌”筛查以及乙肝母婴阻断治疗等重大公共卫生服务项目。投入1.3亿元，支持公立医院建设，补助试点公立医院离退休人员经费，对试点医院取消药品加成给予财政补偿。

四、着力促进经济转型发展

（一）全力扶持实体经济

投入“科技东莞”专项资金20亿元，助推实体经济发展。加速推进中科院云计算产业技术创新和育成中心、北京大学东莞光电研究院、东莞深圳清华大学研究院等重大平台和重大项目建设；推动加工贸易转型升级，支持海博会、加博会、台博会成功举办；设立2亿元的信贷风险补偿资金池，加大银行对企业的信贷支持力度；设立2亿元的“机器换人”专项资金，推动工业企业应用机器人智能装备；设立1.5亿元的电子商务专项资金，大力支持电子商务发展。

（二）大力建设人才强市

投入“人才东莞”专项资金10亿元，重点支持培养、引进、激励创新人才和技术人才。包括：大力引进创新创业领军人才；支持东莞人才发展研究院和院士工作站、博士后工作站建设，完善放宽人才入户条件后的财政补助政策；对入选“千人计划”的人才给予配套资金支持。

（三）努力打造文化名城

投入“文化东莞”专项资金10亿元，着力提升东莞市文化软实力。包括：设立文化产业发展专项资金，扶持15项文化产业项目，推动文化产业加快发展；设立文化精品专项资金，扶持332项文化艺术精品创作。

（四）严格落实减负政策

积极推进“营改增”改革试点工作。下调堤围防护费征收标准并实行“封顶”征收，免征月营业额2万元以下的中小微企业堤围防护费，取消、免征和降低商品房预售款监督管理服务费等行政事业性收费，为企业减负9.4亿元。

五、积极促进区域协调发展

（一）打造水乡特色发展经济区

统筹水乡特色发展经济区重大项目和基础设施建设投入20亿元，主要包括：横海大桥工程及万望路升级改造工程；疏港大道延长线粤晖大桥和水乡大道提升工程；龙湾湿地公园工程等。在村（社区）基本公共服务、土地流转、高标准基本农田建设、农业产业园建设等方面给予倾斜支持。

（二）支持镇村和区域统筹发展

支持粤海产业园建设投入15亿元。从市镇参与税收分成收入中切块5%，投入14.4亿元，用于村（社区）基本公共服务专项补助资金，推动村（社区）经济平稳健康发展。投入10.7亿元，加大市对镇街均衡性转移支付力度。投入2.1亿元，大力开展市内扶贫。投入1.6亿元，对村（社区）基本农田和非经济林实行分类生态补偿。

六、加快推进社会生态综合治理

（一）推进节能减排工作

启动“绿色水乡”节能减排综合示范区、清洁空气行动计划、主要污染物减排工程、节能改造工程四大节能减排典型示范项目，加快建设节能减排财政政策综合示范城市，包括：投入7.6亿元，用于截污管网建设、养护及污水处理；投入5 609万元，补贴东莞市公交车辆更换LNG清洁能源公交车型和提前淘汰黄标车；投入4 287万元，用于生活垃圾无害化处理和垃圾填埋场整治。

（二）加强平安东莞建设

投入公共安全方面专项支出7.9亿元，主要用于公安执法办案装备购置、互联网侦控系统升级扩容、人像应用共享服务平台、DNA数据库和人口信息管理系统建设维护；支持推进警务运行机制改革，实现警力下沉和治安巡逻常态化；完善社会治安、公交视频监控，奖励群众见义勇为和举报违法犯罪行为等。

（三）创新社会管理服务工作

投入3 663万元，用于购买353个社工岗位服务，试行购买工伤职工帮扶、单亲和问题家庭深度支持等社会工作项目服务。投入2 208万元，采取“以奖代补”方式支持社区综合服务中心建设运营，以及培育发展社会组织。

七、深入推进财政体制改革

围绕建立现代财政制度的要求，稳步推进各项财政改革，不断提升财政管理水平。一是完善市镇财政管理体制。重新核定镇街行政、治安、教育等项目支出，整合原有补助政策，适当降低补助门槛。调整后市每年对镇街的补助增加3.1亿元，有力减轻了欠发达镇街的支出压力。试编国有资本经营预算。二是出台市属国有资本经营预算试行办法，将市属国有企业的收益纳入预算管理，规范国有资本的收支行为，促进国有资本合理流动和优化配置。三是强化地方政府债务管控。全面开展地方政府性债务清理甄别工作，统一政府性债务口径，摸清存量债务规模，合理界定政府偿债责任。四是推进预算信息公开透明。“三公”预算信息公开范围扩大至全市300多个预算单位，并随同部门预算信息一同公开。首度公开64个预算单位部门决算及“三公”决算信息。五是提升预算绩效管理水平。选取33个项目开展重点项目绩效评价，评价报告全面公开；选取59个项目开展预算编制绩效评价，核减金额1.7亿元，切实提高财政资金使用效益。六是加大财政监督检查力度。全面检查部门预算超200万元的大额专项资金，对于检查中发现的专项资金超范围列支、未履行政府采购程序等问题，督促相关单位加快整改。

八、不断加强财政作风建设

以开展党的群众路线教育实践活动为契机，不断加强机关作风建设，切实提升财政服务水平。制定实施了会议费、差旅费、外宾接待费、因公临时出国经费等管理办法，开展整治“三公”经费开支过大、严格公务接待标准等专项活动，推进办公用房清理整改工作，市本级“三公”经费支出大幅减少；修订完善了局机关财务、资产、公务接待管理办法及年终考评工作办法，切实加强机关管理，营造风清气正、干事创业氛围。全年认真办理人大代表建议及政协委员提议92件，包括承办件13件，会办件79件。在办理过程中，主动加强与人大代表和政协委员的沟通，对其提出的问题逐一改进、逐一解决。深入推进政务公开，通过东莞财政网、财政微博等渠道主动公开财政政策和财政活动，自觉接受社会各界和服务对象的监督，打造阳光透明财政。2014年，东莞财政网累计发布政务信息6 855条，受理各类财政咨询热线电话3 429个。2014年，东莞市财政局获评广东省文明单位，并在市直单位年度工作考评中荣获经济建设类第一名。

九、加大力度建设财政队伍

一是完善干部选拔任用及轮岗管理工作。2014年，通过竞争上岗选拔了6名副科级干部，为财政干部队伍补充了新鲜血液，此外有13名同志完成了轮岗。二是加大干部职工培训力度。2014年，东莞市财政局举办局务会议15次，传达中央省市各类会议精神100多项；举办了12期形式多样、内容丰富的专题讲座；组织安排人员参加2014年市直单位处级副职领导干部轮训班、正副科级公务员任职培训、中青年干部培训班等47个培训班，不断增强干部队伍的党性修养和业务素质。三是加强财政干部廉政建设。制定了《东莞市财政局工作人员廉洁从政若干规定》，对财政人员的职权行使、工作生活作风、公共财物管理使用等方面进行了严格规范，建立了正风肃纪的长效机制。积极开展纪律教育学习活动，组织市局全体党员干部职工、各镇街财政分局长观看了市机关作风暗访专题片，以及省纪委拍摄的两部腐败案件专题片，大力开展警示教育，进一步筑牢了党员干部拒腐防变的思想防线。

（东莞市财政局供稿，毛存中执笔）

中山市

2014年，中山市完成生产总值2 823亿元，比2013年增长8%；人均生产总值8.9万元，增长7.1%。规模以上工业增加值1 312.4亿元，增长10%；规模以上工业企业利润增长11.5%；新增规上限上企业626家，净增377家；百亿级企业增至9家，十亿级企业超100家，千亿级产业集群2个。服务业增加值1 192.2亿元，增长7.8%；现代服务业增加值占服务业增加值比重为58.8%；金融业增加值增长10%，境内外上市挂牌公司增至27家。三次产业结构调整为2.5∶55.3∶42.2，轻重工业比为54.8∶45.2。固定资产投资903.7亿元，增长15%。社会消费品零售总额981.8亿元，增长10%。出口总值278.8亿美元，增长5.3%。实际利用外资6.8亿美元，增长5.3%。一般贸易出口占出口比重达45.6%。城镇居民人均可支配收入34 000元，农村居民人均纯收入22 166元，分别增长7.6%和10.2%。

2014年，中山市各级财政部门坚持以科学发展观为指导，以财政改革为动力，以改善民生为目的，认真贯彻市委、市政府的决策部署，坚持稳中求进的工作思路，沉着应对经济缓行压力，积极组织收入，保障重点民生支出，严格财政财务管理，积极释放改革活力和管理效益，出色地完成了各项财政工作任务。全市公共财政预算收入251.7亿元，比2013年增长11.7%；公共财政预算支出累计完成261.5亿元，增长10.2%，有力保障本市经济社会稳定协调发展。

一、强化征管，拓展财政收入

2014年，中山市各级财政部门应对经济运行下行和收入增长放缓的双重压力，通过追缴历史欠款，拓宽征缴渠道，扩大“收支两条线”管理覆盖面，并建立缴库及收入分析机制等措施，准确把握经济运行及财政收入总体情况，强化收入监管，协调执收单位做好征管工作，提高执法单位罚没物品处理效率，确保罚没收入及时足额缴库，继续挖掘市小汽车号牌拍卖、公园特许经营权出让等国有资源（资产）有偿使用收入的增收潜力，在确保完成年初收入目标任务的同时，优化非税占比，提高收入质量。全年全市非税收入67.2亿元，非税收入占比26.7%，比2013年下降0.1个百分点。

二、严控支出，提高财政运行质效

2014年，中山市各级财政部门认真贯彻中央八项规定，严格遵循“先有预算、后有支出”的原则，从严从紧审核支出，坚决反对铺张浪费，做到“四个严控”。一是严控行政经费支出。各级财政部门严格审核一般性经费支出，压缩行政运行成本，加强公务接待经费预算管理，先后修订完善差旅费、会议费、因公出国（境）、外宾接待、因公短期出国培训费用等管理办法。2014年市本级会议费及“三公”经费比2013年同期下降39%。二是严控严抓办公用房清理。启动中山市办公用房清退行动，对全市副处级以上行政事业单位进行党政机关和领导干部办公用房清理工作情况进行统计，截至2014年10月各部门自查工作全面完成，暂未发现未经批准改变办公用房使用功能或出租、出借的情况和企事业单位及社会组织占用办公用房情况。各单位通过采用腾退、合并办公、结构改造等方式，对单位办公用房超标面积进行整改。三是严控公车配置。2014年3月，印发《中山市整治超标配备公车和严格公车经费支出专项行动实施方案》，在镇区及市属预算部门中开展整治专项行动，重点整治市镇两级党政机关及其所属行政事业单位的违规配备公务车、违规使用公务用车购置和运行维护经费以及车改后车照坐补贴照拿和违规配备皮卡等非定编管理车辆等违规行为。对专项行动中发现个别单位存在的违规配备使用公车、违反专业用车管理规定、公车私用等违规行为，已责成违规单位限期整改完毕。四是严控预算追加。继续实行预算执行通报、清理结余资金等措施，加强预算执行管理，提高财政支出的时效性。坚持预算追加联审制度，严把追加经费关口，2014年预算追加核减率达50%，有效硬化预算约束。

三、宏观调控，促进经济稳定增长

2014年，中山市各级财政部门加大对企业的扶持力度，加快资金拨付进度，创新财政扶持方式，运用注入资本金，扩大财政投资等措施支持产业转型升级，促进经济平稳健康运行。全年累计拨付产业扶持资金5.3亿元，促进产业结构优化调整；其中拨付小微企业上规上限融资扶持专项资金1.8亿元培育市场主体，促进企业创新提质发展。拨付工业发展专项资金6 000万元支持先进制造业、电子信息产业、商贸流通业等行业发展，增强企业自主创新能力。拨付服务业及新能源汽车专项补助3 200万元，引进重大服务企业，打造产业集群，推进现代服务业集聚区建设，推广制造业分离，发展生产性服务业。落实各项减负惠企政策，取消、减免、缓征、停征包括堤围防护费等多项行政事业性收费，减免金额2.6亿元，减轻企业负担。

四、民生优先，促进社会和谐发展

2014年，中山市各级财政部门通过调整优化财政支出结构，集中财力办大事、办好事，完善保障民生的体制机制。全年全市民生支出180.3亿元，比2013年增长8.4%，占公共财政预算支出的68.9%，高于全省平均水平1.3个百分点。共拨付60.8亿元用于省级十件民生实事，拨付8亿元用于市级十件民生实事。其中，改善空气质量、公交优先二期工程推进及绿色出行、优化社区居家养老服务、建设社区体育公园等项目经费支付均快于时间进度，超额完成预算任务。通过拨付资金开展实施城市畅通工程、市、镇两级设食品快检机构、绿化工程覆盖城乡、加大困难群体生活保障力度、创建场所“无三害”（“三害”指黄赌毒）城市、实现村居“一站式”服务全覆盖等工作，保障群众切身利益，确保公共支出直接惠及民生。

五、集中财力，落实惠民保障机制

2014年，中山市各级财政部门落实基本民生保障机制，构建和谐社会格局。一是保障教育均衡发展。深化办学体制改革，拨付全市统筹高中教育发展资金4.3亿元将9所镇区高中统一收归市级管理；完善助学金制度，拨付中等职业学校免学费退费补助金1.3亿元保障中职退学费实施，惠及学生8.8万余人次；将符合条件的外来务工人员子女列入免费义务教育受惠范围，促进教育公平。二是保障文化服务体系建设。拨付1 480万元补助金加快建设镇区建设社区体育公园53个和自然村健身苑（点）40个；拨付850万元保障重点文化场馆免费开放，实行免费提供普及性文化艺术辅导、周末广场舞会、非遗传习等公益艺术服务辅导项目，构建“普惠型”公共文化服务体系。三是保障社保提标扩面。完善底线民生，低保发放标准由每人每月480元调整至533元，较省级最低标准线高出33元；本市户籍散居孤儿基本生活保障金由每人每月600元提升至700元，集中供养孤儿由每人每月1 000元提升至1 150元；元旦、春节期间向全市低收入困难群体发放一次性生活补贴1 400万元，惠及人员比2013年增加1 000余人。四是保障医疗惠民。深入医改工作，完善“1+N”医改系列文件工作，安排财政资金1.2亿元开展基本公共卫生服务项目11项，人均水平超过35元；安排200万元用于基层医疗机构的中医药服务能力提升，普及中医药服务。五是保障安居政策到位。通过落实资金加快保障性安居工程建设，基本建成保障性安居房1 584套，惠及全市654户家庭5 100余人；扩大保障范围及放宽准入标准，申请条件从家庭人均月可支配收入1 556元调整至1 714元，人均建筑面积13平方米调整至15平方米。

六、强农惠农，推进城乡协调发展

2014年，中山市各级财政部门进一步落实农村扶持政策，拨付1.3亿元整治镇区水利工程及内河涌，提高农村防汛减灾水平，改善水生态环境。拨付建设、补助资金4 400万元完成农路硬底化建设和村镇公路建设、农田基础设施整治，提高农业生产保障能力。拨付1 200万元农业、渔业科技资金以及农业机械补贴专项资金支持农业产业结构调整，提升农业现代化发展水平。拨付6 900万元扶贫开发资金支持扶贫开发，解决市内相对贫困问题。通过均衡性转移支付等方式，促进城乡基本公共服务均等化和区域均衡协调发展。

七、保障重点，加快基础设施建设

2014年，市财政局加大基础设施建设投入，积极推进中山市重点建设项目、“十二五”后三年交通基础设施、重点文化、医疗、卫生等民生项目，通过梳理符合融资条件项目积极争取国债和地债资金支持，努力探索BOT、PPP、影子收费、银团贷款等新型投融资建设模式，以确保重点项目建设可持续开展，截至年底市财政共筹措基本建设资金59.27亿元。按照政府投资项目基建计划严格执行、严格把关，实行交叉复核制度，确保财政资金安全和工程进度款足额及时支付；充分利用信息化手段，加快进度款的拨付进度，提高财政资金使用效益；对断头路等部分专项补助的重点项目，全面实行直接支付，既保障项目的实施进度，又确保资金的专款专用。通过审计整改，及时总结基建财务管理工作中的不足，制定相应改进方案，草拟基建财务管理规范指引，出台《关于进一步规范和完善政府投资项目管理的通知》，以督促基建项目建设单位重视财务管理，规范基建财务行为。

八、改革创新，完善财政管理体制

2014 年，中山市各级财政部门以财政改革为核心，围绕建立现代财政制度，改进预算管理，明晰各级事权和支出责任，创新重点领域、重点环节的财政管理体制机制。实施定向财力转移支付改革，2014 年 8 月，以市政府名义印发《中山市定向财力转移支付实施方案》，将事权属于镇区，具有特定政策目标、适合镇区管理的转移支付项目下放到镇区，以定向财力转移支付的形式补助镇区，由镇区政府相应承担资金使用管理的主体责任。将涉及农业、水务、民政、卫计等 10 个部门共 39 个用途清晰、标准明确、政策稳定，适合镇区管理的专项转移支付纳入定向财力转移支付和镇区定额分成范围，共涉及金额 4. 8 亿元。完善市级专项资金管理办法。借鉴参照周边地级市的经验和做法，针对各部门专项资金在申报、分配、使用、监督检查、绩效评价等各个管理环节存在的问题，修订中山市财政专项资金管理办法总则，完善财政专项资金设立、调整、撤销、使用和分配程序，规范专项资金从预算、执行、核算到监督、信息公开等各个环节，明确责任追究机制，促进专项资金管理公平、公正、公开。实现预算项目库管理改革全覆盖，推动财政预算项目管理改革，规范预算编审行为，加强项目支出管理，提高财政资金使用效益。至年底，全市市直所有预算单位全部纳入项目库管理，并搭建起申报流程规范化、项目申报常态化、统计分析科学化的项目库综合信息管理平台，节约预算编审时间，增强财政预算支出的可预见性，提高财政资金使用效益。

九、加强评审，深化绩效管理改革

2014 年，中山市财政局构建绩效预算项目自评、重点项目评价和第三方评价相结合的多元化评价体系。通过对绩效目标、绩效自评与重点评价等第三方评价结果反馈，增强部门单位绩效意识与廉政意识与绩效责任落实，提升绩效管理水平，从源头上防止腐败发生。修订专项资金管理办法，强调凡申报财政专项资金支出项目的单位，在资金分配环节须同时申报项目绩效目标，并将绩效目标评审结果作为竞争项目安排的重要依据以及今后实施绩效评价的标杆。构建以评价结果为导向的财政专项资金调整和退出机制，对 2012 - 2013 年度产业扶持资金和农业、渔业等专项资金进行开展重点绩效评价，依据评价结果将对其中 6 项使用绩效不佳或不符合现政策扶持方向的专项资金进行撤并，涉及金额 3 700 多万元。建立评价结果考评与问责机制，将各部门项目绩效评价和核查结果纳入到市委、市政府年度实绩考核体系，范围覆盖至所有市直党政部门且考核成绩与各部门年度绩效奖金挂钩。同时在 2014 年度政府绩效管理考核中引入行政问责机制，对连续两年以上出现支出项目绩效评价结果为“低”或“差”的部门实施行政问责扣分。

十、公平公开，强化财政资金监管

2014 年，中山市财政局强化财政资金监管，加强财务核算信息集中监管和预算执行动态监控，保障财政资金安全。利用网络系统将预算单位的财务数据信息集中到财政部门为财政科学化管理奠定基础，提升财政管理效率。推进政府采购管理制度改革，出台加强镇区政府采购管理的相关制度，修订《关于加强镇区政府采购管理工作的意见》，规范镇区政府采购监管。加强政府采购计划管理，推进政府采购计划网络申报审核工作，控制采购单位随意采购、随意花钱的行为，促进廉政建设。加强对财政业务、资金管理的监督检查。开展全市治理小金库、违规使用财政专项资金等专项行动，对个别单位存在现金使用、会计核算处理、固定资产管理不规范及财政票据管理、政府采购等方面的问题，以文件方式下发整改通知，督促单位限时整改，并书面报告整改落实情况，同时附已整改的相关佐证资料。通过检查，及时堵塞财政资金管理漏洞，确保财政资金使用安全、规范、透明。推进预算信息公开力度，年内市级“三公”经费汇总预算信息首次与全市财政总预算信息同步公开。全市各部门已全部按要求公开部门预决算信息，预决算信息公开率 100%。

（中山市财政局供稿，周子婷执笔）

江门市

2014 年，江门市经济发展总体呈现平稳发展局面，全市地区生产总值（GDP）实现 2 082. 76 亿元，增长 7. 8%；规模以上工业增加值 849. 81 亿元，增长 11. 0%；固定资产投资完成 1 111. 65 亿元，增长 16. 8%；进出口总额完成 203. 8 亿美元，增长 3. 3%；社会消费品零售总额 1 003. 35 亿元，增长 11. 0%。

2014 年，江门市各级财政部门紧密围绕《珠江三角洲地区改革发展规划纲要（2008 - 2020 年）》和市委、市政府中心工作，认真贯彻落实科学发展观，加强宏观预测，构建部门协调联动机制，贯彻扩大内需各项政策措施，狠抓增收节支，优化支出结构，全市财政进一步发挥职能作用，积极推动经济发展方式转变和经济结构调整，同时保障对民生的投入力度，改善投资环境、生活环境、教育环境。全市中央库收入完成 91. 04 亿元，增长 7. 59%；省库收入完成 55. 13 亿元，增长 11. 58%；全市一般公共预算收入完成 177. 08 亿元，增长 12. 12%，高于 GDP（7. 8%）增速 4. 32 个百分点。市本级一般公共预算收入完成 35. 53 亿元，增长12.07%；镇级地方财政收入81.2亿元，增长13.45%，占同期全市地方公共财政预算收入177.08亿元的45.86%。全市一般公共预算支出完成233.44亿元，同比增支22.75亿元，增长10.8%。其中，市本级一般公共预算支出完成42.75亿元，同比增支4.18亿元，增长10.83%。全市重点支出得到较好保障，其中教育支出完成53.91亿元，增长8.91%；医疗卫生支出完成24.11亿元，增长9.38%；社会保障和就业支出完成32.23亿元，增长11.3%；农林水支出完成23.34亿元，与去年基本持平；交通运输支出完成12.83亿元，增长63.95%；文化体育与传媒支出完成2.38亿元，增长28.49%。

一、狠抓收支管理，财政运行平稳

一是完成预算收入目标任务。全市一般公共预算收入完成177.08亿元，为年初代编预算的100.5%，增长12.12%，比市人大通过的代编预算增长（11.5%）高0.62个百分点。其中，东部三区一市收入增幅为13.7%，占全市财政收入的70.9%；西部三市收入增幅为8.29%，占全市财政收入的29.1%。二是提高收入质量。税收保持平稳增长，增幅为9.24%，税收占比为74.93%，在全省21个地级市排第6位，非税收入增幅为21.68%，非税占比为25.07%，比2013年同期提高了2个百分点。三是保障民生支出。全市各级优化支出结构，严格控制一般性支出，民生支出和重点支出保障继续加强。全市民生投入114.43亿元，增长16.76%，高于一般公共预算支出平均增长水平4.6个百分点。

二、深化财政体制改革，激发体制活力

（一）深入开展事权下放工作

立足财政职能，继续发扬创新精神，切实推动事权下放工作顺利进行。一是坚持以事权下放工作中涉及的人、财、物合理配置好为出发点和落脚点，积极牵头对事权下放中涉及的资产、资源、人员等问题积极进行系统性研究，及时提出可行性意见，确保事权下放能够“放得下，接得好”。二是在牵头协调、研究、审核在职及退休人员安置、生产及办公场地、设备，设施管理、补缴养老及医疗保险问题等大量工作基础上，按照市有关事权下放原则和总体要求，对事权下放工作涉及资金问题提出具体方案上报市政府。三是做好下放事权的经费保障。从2014年4月起，实现市与蓬江区按57.7∶42.3、市与江海区按33∶67税收分成比例入库；落实下放事权的财力划转工作，及时做好相应资金安排。

（二）进一步调整财政管理体制

一是贯彻市政府进一步完善事权财权、调整市与蓬江区、江海区财政管理体制等有关文件精神，制定《关于市本级与蓬江区财政管理体制调整的有关事项的通知》和《关于市本级与江海区财政管理体制调整的有关事项的通知》，并报市政府同意印发执行。二是赋予高新区一级财政管理权限，设立高新区一级国库。国、地税部门在高新区设置了税收征管机构。对高新区范围（33平方公里）以内的地方留成税收收入由市与高新区共享，分成比例由原来的市本级、高新区和江海区按19.6∶29.4∶51分成，调整为市本级与高新区按30∶70分成，江海区既得利益部分通过结算返还。同时，根据中央、省财政预决算管理规定并参照其他市国家级高新区的经验，高新区财政收支预决算在其所在行政区域的预决算中单列反映，并由市人大授权区人大审批。

（三）建立全市统筹发展资金机制

2014年建立全市统筹发展资金机制，促进全市区域协调发展，推进基本公共服务均等化。完善市级转移支付机制，将统筹发展资金主要用于实施基本公共服务均等化底线民生项目转移支付补助，提高欠发达地区财力保障水平，促进区域协调发展。同时，根据市委、市政府的工作部署和要求，用于全市性改革和配套事项、跨区域重大基础设施建设和区域发展规划战略等，推动全市转型升级和经济发展。

三、推进基本公共服务均等化综合改革试点工作，改善民生

紧紧围绕省、市部署要求，结合江门市实际，以“东部一体、西部协同、梯度推进、城乡统筹”为原则，“底线民生”和“底线服务”双落实为基本目标推进综合改革试点工作。在2014－2015年试点方案及实施细则基础上，经市政府批准，制定了2014－2016年公共服务项目清单，构建起全方位、立体化、多层次、多角度推进综合改革试点工作的制度指导体系。一是制订试点方案。按照《广东省基本公共服务均等化规划纲要（2009－2020年）》（修编版），制订《江门市全面深化基本公共服务均等化综合改革试点方案（2014－2015年）》并由市政府印发。二是确定总体思路和实施路径。借助“外脑”，引入中山大学专家团队组成课题组，结合优势与困难，经过大量深入细致的研究，确定了江门市“全面推进和重点突破相结合”的基本思路和“抓关键式”波次推进的基本路径。结合江门市实际，优先选择公共交通、大民政与底线民生保障、义务教育、住房保障、精准扶贫五大关键领域作为江门市2014－2016年率先推进的重点领域和关键环节。三是研究制定实施细则。结合试点方案，就公共教育等十大专题分别制定实施细则，作为试点方案的细化和补充共同指导综合改革试点。四是研究制定配套文件。坚持“以创新体制机制为先导”，牵头研究制定资金投入保障机制、政府购买服务办法、绩效考评办法、民主决策机制、督查督办办法等5个配套文件。五是研究制定项目清单。按照既定的思路和路径，将十个专题领域项目按照与基本公共服务均等化关联度，分解为“起关键作用、直接相关、辅助、关联度较弱”四类项目清单，实行标准化、规范化、科学化管理。

四、完善监控机制，创新财政管理工作

（一）支持转型升级，创新扶持经济专项资金使用办法

一是对省产业转移园区专项扶持资金实施股权投资。

积极落实省对园区专项资金实施股权投资有关要求，联合相关部门共同研究，形成《2013年度省级产业园专项扶持资金股权投资方案》上报市政府审定，提出将2013年度省产业园专项扶持资金以政府注资形式投入市级股权投资管理平台，由市级股权投资管理平台实施股权投资，将资金投向三个分园区开发建设公司。同时，创新融资方式，尝试引入政府产业基金，即建立有限合伙信托基金，通过政府财政引导资金、金融机构理财产品认购，以“金融机构理财+信托计划+有限合作”方式实现融资。二是实施诚信骨干企业绿卡计划。2014年市本级设立诚信骨干企业绿卡计划专项资金1 500万元，构建骨干企业诚信与政策扶持挂钩机制，催生良好政策带动效应，增强企业信用风险防范意识，鼓励支柱型企业做大做强。三是推动实施“政银保”贷款，缓解中小微型企业的融资难题。以政府资金为引导，设立2014年市本级“政银保”贷款专项资金1 000万元作为担保风险资金池，放大财政资金乘数效应，撬动3亿元贷款资金，由合作银行向符合贷款条件的企业提供贷款，缓解市中小微型企业的融资难题，促进中小微企业又好又快发展。四是促成科技与金融对接，推动科技型企业创新发展。2014年设立市本级科技金融扶持资金800万元，将科技发展与金融支持对接，推动政府、银行与企业之间的合作交流，帮扶科技类企业发展，支持企业创新和科研成果转化，扩大和加深财政科技资金的引导、扶持作用。

（二）完善投融还机制

在2013年构建投融还机制基础上，创新优化投融资管理。一是制定《江门市本级城建投融资规划（2013－2023)》，初步搭建政府债务“借、用、管、还”全过程的管理机制。二是首次试编《2014年市本级政府性融资计划》，并向进驻江门市全部金融机构发布，推动政府融资信息与金融机构的全面、快速对接。其中创新性运用“BT项目应收账款买断资产收益权理财产品”融资模式，实现江顺大桥及配套道路项目BT回购款融资。三是在新政策出台后，组织研究，吃透文件精神，把握融资动向，结合市重大基础设施建设，及早甄别、研判市政府债务规模，并按有关规定，提请市人大常委会研究审议江门大道及配套道路等基础设施建设的议案，经市人大常委会审批后，有关债务和还本付息列入各级财政预算。

（三）大力推进“大民政”工作

一是支持构建“大民政”保障格局。2014年市本级统筹安排6 220万元，用于敬（养）老院和居家养老服务中心建设、社会网格化管理和大民政信息系统建设、市区社会养老服务设施布点规划编制、残疾人康复和救助，以及推进社工服务项目等项目。二是加大政府购买服务力度。公布2014年市本级政府购买服务项目计划；市本级政府购买项目100项，是2013年的1.78倍；安排资金4 602万元，增长32%；政府购买服务项目纳入公共资源交易中心采购平台，并将政府购买服务项目绩效评价和监督考评纳入第三方评价项目进行考核。三是做好公益创投资金保障，聚集整合全市资源，以“千万资金、亿元资产”打造“养老、助残”公益创投项目。

（四）盘活存量资金，灵活用好现有资源

继续加大盘活存量资金力度，落实支出进度与资金安排挂钩机制，对10月底执行率达不到80%的项目，在编制2015年度预算时，项目预算金额不得超过2013年总额80%。同时，继续加强结余结转的管理，落实财政结余结转资金要在2013年的基础上压缩15%以上，公共财政预算结余结转资金占公共财政支出的比重只减不增的要求，加大结余结转资金统筹力度。2014年市本级计划统筹各方面的存量资金共22 680万元，其中可作为财力统筹使用的资金15 840万元。

（五）全力配合各项审计，提升财政管理水平

除配合做好例行的年度财政收支审计及专项审计外，全力配合做好全国土地专项审计、省审计厅对市财政收支审计、财政部专员办对市政府性债务的甄别情况核查、书记和市长履职审计、稳增长调结构审计等多个专项审计工作。面对政策性强、严谨度高、针对性强、标准化、专业化程度高、涉及面广等审计工作特点，加上集中在年度预算编制期间，时间紧、任务重，全市各级财政部门统一思想、克服困难，全力配合各项审计工作，及时整理提供相关材料，积极加强与各专题审计组的沟通协调，解释化解各种审计问题，并认真收集审计发现市在财政管理方面和政策的执行方面存在的问题，及时完善管理，切实抓好整改，进一步提升市财政管理水平。

五、完善各项制度，落实厉行节约

认真执行中央八项规定，厉行节约、反对浪费，注重源头规范，加快建章立制，加强监督检查。一是结合完善项目库管理等实际，将专项资金纳入项目库管理，规范市级项目支出预算编制，推动项目支出预算的滚动管理，制定《江门市市级财政专项资金管理办法》，对市级专项资金的设立、存续、项目申报、资金分配、使用审批、资金拨付、监督检查和绩效评价等方面进行规范。二是建立健全会议、差旅、接待、出国（境）、培训等经费管理办法。重新修订印发《市直党政机关和事业单位会议费管理办法》和《市直党政机关和事业单位差旅费管理办法》；制定印发《市直党政机关外宾接待经费管理办法》，填补了市在外宾接待管理方面的制度空白；完善因公临时出国（境）和因公短期出国培训经费管理办法。三是贯彻落实“八项规定”及“三公”经费只减不增有关工作。据统计，2014年市本级财政预算“三公”经费支出为7 160万元，比2013年减少721万元，下降9.15%。四是稳步推进预决算信息及“三公”经费信息公开。3月，向社会公开2014年财政总预算和财政拨款“三公”经费预算总额；市直各部门按统一规范在6月份公开本部门2014年部门预算信息，9月底公开本部门2013年部门决算信息和财政拨款“三公”经费决算信息。各市（区）均已落实公开主体责任，开展财政预决算、部门预决算及“三公”经费预决算信息的公开工作。开平市和恩平市按照2013年市县级预决算信息公开工作试点要求，落实财政拨款“三公”经费总额的公开工作。五是深入推进政府机关公务用车制度改革。从严控制公务用车经费，严格控制审批行政事业单位的购车申请，确保车辆购置费用零增长。配合做好市整治超标配备公车和严格公车经费支出专项行动工作，自查清理出全市违规单位46个，违规车辆165辆。六是切实做好市党政机关和领导干部办公用房清理核查工作。

六、加强干部队伍建设，提高财政工作软实力

一是扎实有效开展党的群众路线教育实践活动。紧密结合财政职能和工作实际，坚持以问题为导向，将教育实践活动的各项具体措施渗透到财政日常工作中。二是加强教育培训工作。结合新形势、新任务、新要求，组织形式多样的业务管理培训活动，继续组织全市财政系统财政干部在湖南大学举办财政管理研讨班。三是坚持公开、平等、竞争、择优的原则，按照“信念坚定，为民服务、勤政务实、敢于担当、清正廉洁”的用人标准，不断优化财政人力资源配置。四是加强党风廉政建设。组织党员开展党风廉政教育、财政廉政文化警句格言征集等活动，建立健全财政廉政风险防控管理长效机制。五是丰富财政机关文化。开展党课教育、青年拓展训练、征文大赛等活动，提高全局干部尤其是青年干部的战斗力。

（江门市财政局供稿，劳泰霖执笔）

阳江市

2014年，阳江市实现生产总值1 168.55亿元，增长10.5%，三次产业增加值分别为204.55亿元、589.06亿元和374.94亿元，分别增长4.2%、14.3%和7.8%，三大产业比例由2013年的18.6∶49.4∶32.0转变为17.5∶50.4∶32.1。

2014年全市地方公共财政预算收入完成629 477万元，为年度预算625 605万元的100.6%，比2013年增长17.2%。加上上级补助收入704 983万元，地方政府债券转贷资金收入9 296万元，上年结余（含省批复决算增加数）235 788万元，调入资金26 741万元，全年总计收入1 606 285万元。全市公共财政预算支出完成1 223 453万元，比2013年增长7.0%。加上上解上级支出47 803万元，调出资金3 498万元，债券还本支出5 258万元，全年总计支出1 280 012万元。收支相抵结余326 273万元，减除结转下年的支出323 974万元，净结余2 299万元。

一、拓展财源，强化增收节支，财政综合实力再上新台阶

（一）狠抓财源建设，财政收入稳中有升

面对经济增长放缓及结构性减税等不利因素的影响，全市各级财政部门主动作为，采取有针对性的措施，加大财税动态分析监控力度，支持收入征管部门依法征收，确保各项收入及时足额收缴入库。2014年，阳江市每月公共财政预算收入累计增幅保持在两位数以上，全年增长17.2%。

（二）坚持厉行节约，推进预决算信息公开

认真贯彻落实中央八项规定及相关实施办法，切实加强支出管理，将过紧日子的思想贯穿于预算编制、执行、监管全过程。一是扩大政府预算编制范围。2014年，将国有资本经营预算与公共财政预算、政府性基金预算一并报送市人代会审议。二是规范经费管理。制定《市直党政机关和事业单位会议费管理办法》、《市直党政机关和事业单位差旅费管理办法》、《市直机关和事业单位培训费管理办法》等办法，为阳江市市直部门贯彻落实好中央“八项规定”提供制度保障。2014年全市各单位会议费及“三公”经费累计支出数为21 826.91万元，较2013年下降23.5%。三是加强监督检查。开展“三公”经费开支过大、严禁超预算或无预算安排支出和严格公务接待标准专项检查，进一步规范经费使用管理。四是推进预决算信息公开。市级统一在政府网站及部门网站上公开2013年度财政决算、部门决算、“三公”经费决算和2014年度财政预算、部门预算、“三公”经费预算等信息，主动接受社会监督。五是做好办公用房清理整顿工作。积极配合市委、市政府做好市直单位办公用房出租出借清理整顿工作，加大对国有资产出租收入“收支两条线”监管力度。

二、以“三大抓手”为着力点，促进经济转型升级

深入贯彻落实省委胡春华书记视察阳江时的重要讲话精神和省委、省政府关于促进粤东西北地区振兴发展的决策部署，积极发挥财政职能作用，大力推进经济结构战略性调整，推动阳江市经济健康快速发展。

（一）配合做好与对口合作共建产业园区工作

积极开展项目申报工作，争取省级产业园发展专项扶持资金，阳江市已向省申报三个专项共14个项目。配合对省产业转移园区延伸审计工作，对产业转移补助资金的使用情况进行审查，以确保资金的安全和使用效能。同时，制定阳江市实施省级产业转移工业园扶持资金股权投资管理工作方案，委托市城投公司以股权投资方式投入园区建设，并做好资金跟踪管理工作，用好管好省下达阳江市园区资金8亿元。

（二）加大扶持企业发展力度

一是做好“营改增”试点改革过渡性财政扶持政策落实工作。2014年，阳江市有9家企业获得了“营改增”试点改革过渡性财政扶持资金371万元。二是扶持战略性新型产业发展。市财政安排中小企业发展专项资金700万元、刀剪机械制造业发展专项资金400万元、水产品工业转型升级发展专项资金300万元，安排扶持南药研发和产业化发展专项资金100万元，发挥财政资金引导放大作用，大力支持阳江市中小企业和传统产业发展。三是强化创新驱

动发展。2014 年安排 400 万元，支持企业技术创新、节能降耗减排技术研发及成果应用推广。四是继续做好四大市属国有企业的组建和发展工作。指导四大市属国有企业做好资产划转、财务合并等工作，全面完成组建工作。积极组团参加广东省国有企业混合所有制项目展示推介会。阳江市推荐 4 个项目参加展示推介，其中市交投集团与广东省创业投资协会、深圳华创资源投资公司就中铁（阳江）铁路有限公司股权转让事宜达成合作意向。

（三）持续推进中央和省新增政府投资项目建设

2014 年争取中央、省财政专项资金 12 800 万元，进一步推动阳江市重大水利设施建设、政法基础设施建设、铁路项目建设和生猪标准化规模养殖场建设等项目，促进阳江市经济结构调整和发展方式转变，拉动经济增长，增强发展后劲。

（四）加强政府投融资管理，促进城市扩容提质

一是推动深茂铁路阳江段、汕湛高速公路阳春段等重要建设项目进度，推进城市拓展全面提速。二是加大资金筹措力度，加快市政工程建设。2014 年，审核拨付市政项目基础设施建设资金 45 000 万元，有力推进市区一批市政基础设施项目建设；审核拨付市级代建项目建设资金 15 754 万元，推进富源公共租赁住房、市妇幼保健院、江城一小城南分校、改扩建岗列学校等一批民生工程基础设施项目建设；安排市级城市基础设施维护经费 18 209 万元，专项用于环卫保洁、市政道路维修、城市美化、绿化工程养护，不断提升城市生活品质和对外辐射力。三是加强企业债券资金监管。2014 年 5 月，对 2013 年度发行的 10 亿元企业债券资金使用和管理情况开展了专项监督检查，检查覆盖面达到 100%。

三、优化支出，促进均等，财政保障民生工作更扎实

2014 年 6 月，阳江市被纳入基本公共服务均等化改革试点范围。以推进基本公共服务均等化和省、市十件民生实事为抓手，市委市政府制定《阳江市基本公共服务均等化实施方案（2009 – 2020 年）（修订版）》、《阳江市基本公共服务均等化综合改革试点方案（2013 – 2015 年）》、《关于落实〈阳江市基本公共服务均等化综合改革试点方案（2013 – 2015 年）〉2014 年工作方案》，进一步加大教育、社会保障、医疗卫生、公共交通、保障性住房等民生领域的投入力度，进一步促进发展成果更多更公平惠及全体人民。

（一）不断普及基本公共教育服务

完善义务教育经费保障机制，拨付义务教育补助经费 30 752 万元，覆盖全市享受义务教育学生 267 905 人。拨付资金 3 100 万元，认真做好中等职业教育扩大免费范围、完善国家助学金制度的实施工作。贯彻落实提高阳江市山区农村边远地区义务教育学校教师岗位津贴工作，从 2014 年起，发放标准人均不低于 700 元/月。投入建设资金 19 714 万元，支持中小学建设和校舍修缮、设备购置等。

（二）切实保障底线民生保障支出

2014 年，全市累计发放低保资金 18 286 万元，对全市纳入低保救助的困难家庭 80 481 人的基本生活予以保障。安排资金 9 236 万元，用于落实农村五保供养政策，健全五保供养标准增长机制。全市累计支出直接医疗救助资金 1 951 万元，人均医疗救助标准 1 495 元，比省提出人均医疗救助标准 934 元/年的目标高 561 元。全市资助城乡低保对象等困难群众参加城乡居民基本医疗保险资助资金 467 万元；安排孤儿基本生活保障资金 2 370.2 万元，全市集中供养和散居孤儿基本生活保障标准分别提高到 1 150 元/人・月和 700 元/人・月，100% 按政策落实到位。市级财政按省标准安排落实残疾人生活津贴配套资金 127.15 万元、重度残疾人护理补贴配套资金 276.77 万元。

（三）扎实推进医疗卫生体制改革和公共卫生服务

进一步完善城乡居民医疗保险制度，各级财政对城镇居民医保和新农合的补助标准提高到每人每年 320 元。积极做好乡镇卫生院"五个一"设备更新购置工作，大力争取省级专项资金，筹措市级配套资金 282 万元，解决阳江市乡镇卫生院医疗设备短缺问题。

（四）不断加强公共文化体育设施建设

市财政安排资金 7 812 万元，支持建设了一系列场馆及文化设施，加快推进农村公共文化服务体系建设和繁荣文化事业。

（五）有力增强困难群众住房保障

通过积极筹集住房保障金和落实各项税费优惠政策，加大对保障性住房建设的投入，解决阳江市低收入家庭住房困难问题。2014 年，共拨付市区保障性住房建设资金 2 937 万元。

（六）不断提高财政支农力度

继续加大各项支农惠农投入和政策实施力度，调动农民发展生产的积极性，促进农村经济发展。2014 年，市级财政农林水事务支出 13 078 万元。安排村级公益事业一事一议奖补资金 450 万元、名镇名村示范村建设资金 595 万元。全市累计落实农业综合开发项目 6 个，项目总投资 5 856 万元，财政资金 3 960 万元，其中：中央、省级资金 3 590 万元，市级资金 185 万元，县级资金 185 万元。发放种粮直补和农资综合补贴 13 180 万元，惠及 32.5 万户种粮农民。安排农村低收入住房困难户住房改造建设资金 1 926 万元、农业保险补贴资金 555 万元等。

（七）认真组织实施省、市十件民生实事

市各级政府加大投入，加快资金拨付执行力度，集中力量为群众办好教育、文化、就业、住房、交通等十件民生实事。2014 年共拨付 250 164 万元资金用于十件民生实事。

四、加强地方政府性债务管理，积极防范财政风险

一是严格按照审计结果补充、更正存量债务数据。确

保截至2012年底及截至2013年6月底的系统数据与审计数据完全一致。二是做好2014年新增债务数据填报工作。指导和督促市直各单位和各县（市、区）财政部门做好2014年新增债务工作，严格按照债务借款合同、还款单据、会计凭证等基础资料，逐笔填报。三是积极开展逾期债务清理工作。做好逾期债务核对工作，组织债务单位研究分析逾期原因，明确偿还责任，督促债务单位制定化解逾期债务工作方案。四是按照财政部和省财政厅部署，开展存量债务清理甄别。将截至2014年12月31日以前发生的政府性债务逐笔清理、甄别。

五、抓好财政管理改革，完善公共财政体系

积极推进财税体制改革。一是积极探索建立事权和支出责任相适应的制度，进一步理顺事权与财权关系。做好市与江城区、海陵区、高新区财政管理体制调整后的调研工作，配合市人大财经工委开展对区级财政规范预算报人大审批的相关管理工作。二是做好省直管县阳春市试点改革后的财政体制变动、收支划分、税收返还、体制补助和上解划转、财政预决算和财政结算、新增补助核算、分成项目清算等工作的衔接。三是积极推进滨海新区财政体制改革工作，出台滨海新区财政体制文件，并完成滨海新区基数划转工作。四是理顺阳东撤县设区财政管理体制和税收征管体制。五是深化国库管理制度改革。继续深化全市预算单位国库集中支付改革，完成省财政厅要求的各项任务和目标；加强财务会计核算管理工作；全面推行公务卡改革。六是启用第三方推动阳江市财政支出绩效评价工作上新台阶，使评价结果更客观、公正、权威、可信。七是着力推进政府向社会组织购买服务工作。市级财政2014年安排150万元购买社会组织服务经费；共批复9家单位16项向社会组织购买服务项目计划，项目计划预算的资金共148万元。

（阳江市财政局供稿，李珊珊执笔）

湛江市

2014年，湛江市实现生产总值（GDP）2 258.72亿元，比2013年增长10.0%。其中，第一产业增加值447.96亿元，增长4.3%；第二产业增加值895.95亿元，增长11.3%；第三产业增加值914.82亿元，增长11.2%。三次产业结构19.8：39.7：40.5。全年完成固定资产投资1 020.76亿元，比2013年增长36.2%。全年外贸进出口总额63.16亿美元，比2013年增长14.6%。实际利用外资金额1.5亿美元，增长14.0%。湛江市全体居民全年人均可支配收入15 301.8元，增长10.7%。全年社会消费品零售总额1 162.10亿元，比2013年增长13.3%。全年市区居民消费价格总水平比2013年上涨3.1%。

2014年，湛江市财政部门以促进经济发展为主线，开展发挥财政职能、抓好增收节支、谋发展促转型、惠民生保稳定、促改革提效益、强监管防风险等工作。全市财政总收入564.23亿元，比2013年下降1.6%。全市一般公共预算收入114.42亿元，比2013年增长8.02%。其中，税收收入64.33亿元，比2013年增长8.12%；非税收入50.09亿元，同比增长比2013年增长7.89%。加上上级补助收入、2013年结余收入、调入资金等，2014年全市一般公共预算总收入372.51亿元。全市一般公共预算支出287.62亿元，比2013年增长13.72%。加上上解省支出、下年结余等，2014年全市一般公共预算总支出372.51亿元。2014年，湛江市本级一般公共预算收入50.23亿元，比2013年增长5.63%。其中，税收收入25.72亿元，比2013年增长14.81%；非税收入24.51亿元，比2013年下降2.54%。加上上级补助收入、2013年结余收入、调入资金等，2014年市本级一般公共预算总收入149.01亿元。市本级一般公共预算支出66.78亿元，比2013年下降3.26%。加上补助县区支出、上解省支出、下年结余等，2014年市本级一般公共预算总支出149.01亿元。

一、优化收支管理手段，进一步增强财政保障能力

2014年，湛江市财政系统努力克服政策性减税、房地产市场交易低迷、国际原油价格下跌和接连遭受“威马逊”、“海鸥”两大超强台风，农业、渔业受灾减产等因素的叠加影响，坚持财税部门联席会议制度，逐一走访各县（市、区）财税部门，加强对重点企业、重点项目、重点税源的控管，密切跟踪税源情况，建立健全非税征管制度，强化收入动态监管。进一步优化支出结构，细化支出任务，加快新增财力和转移支付资金项目的安排和拨付，严格预算执行，严控预算追加，认真落实中央“八项规定”精神，制定《市直党政机关和事业单位会议费管理办法》、《市直党政机关和事业单位差旅费管理办法》，市本级公务用车购置及运行维护费、会议费、公务接待费、因公出国（境）费均实现只减不增。

二、优化财政资源配置，进一步加大经济发展支撑力

支持现代工业增强实力。安排2亿元扶持东海岛、奋勇经济区、南三岛等“三大经济增长极”发展。安排1亿元开展产业园区“讲规划、讲思路、讲办法，评园区、评环境、评效果”三讲三评工作，支持县域经济发展。主动开展“服务项目、服务企业、服务群众”三服务活动，支持培育壮大骨干企业，加快产业结构调整。获得省产业园扶持资金6.95亿元，按省相关规定以股权投资方式投入园区建设，促进产业集聚发展。

支持现代农业提高发展水平。争取农业综合开发项目资金1.41亿元，加大支农投入。下达农资综合补贴及种粮直补资金2.22亿元。下达中央、省扶持现代农业发展专项资金1.43亿元，进一步推进雷州市东西洋现代粮食产业示范区建设，加快现代农业示范区、粤台和海峡两岸农业合作试验区建设，支持现代农业经营主体培育和产业发展。

从 2014 年起，连续 5 年每年安排 2 000 万元鼓励湛江市渔船更新改造，建设高标准大型渔港、示范性海港，提高渔业行业组织化程度和经营管理水平。

支持现代服务业稳步发展。制定旅游产业发展优惠办法，安排 600 万元编制《湛江市滨海城市旅游规划》，科学定位五大旅游圈。投入 2 825 万元推动旅游业发展，全年过夜游客 1 500 万人次，旅游总收入 201.8 亿元。拨付 600 万元支持办好“海博会”，达成交易成果或合作意向金额 210 亿元。组织申报省级扶持外经贸项目 18 项，申报金额 9 700 万元。获得中央、省各级外贸扶持资金 4 000 万元，支持外经贸企业转型升级。合理引导资金投向，安排 1 746 万元促进商贸流通业发展。

支持科技创新。安排科学技术各项经费 4 883 万元，比 2013 年增长 31.9%。其中，安排 1 000 万元重大科技专项资金支持“南方海谷”项目建设。安排科技竞争性分配资金 2 570 万元，对 287 个项目开展评审，确定 114 个项目立项，工业类项目占分配资金的 67%。安排科技创新平台建设资金 950 万元，建成科技企业孵化器并投入使用。

三、优化民生保障机制，发展成果进一步惠及百姓

2014 年，筹集 46.7 亿元落实省十件民生实事，推进湛江市十大民心工程和办好十件民生实事，全市一般公共预算支出中用于教育、社会保障和就业、文化体育与传媒等 11 项民生支出达 202.97 亿元，同比增支 25.54 亿元，增长 14.39%，占全市一般公共预算支出的 70.57%。

大力支持教育强市。下达义务教育学校公用经费补助 10.31 亿元，补助标准从小学每人每年 750 元提高到 950 元，初中每人每年 1 150 元提高到 1 550 元。下达补助资金 3 790 万元支持技工学校发展。安排教育创强奖补经费 4 900 万元，支持教育强县（市、区）5 个，强镇（街）32 个。安排 1.67 亿元，落实山区和农村边远地区义务教育学校教师岗位津贴。

大力支持完善社会保障体系。一是保障老有所依。安排资金 500 万元新建和改扩建敬老院；连续 10 年大幅度提高企业职工养老待遇，企业退休人员基本养老金月人均达 1 914 元；安排城乡居民养老保险补助资金 1.31 亿元，从 2014 年 7 月起基础养老金补助标准已达每人每月 95 元。二是保障幼有所养。拨付孤儿基本生活保障补助资金 3 703 万元，保障全市 8 000 多名孤儿基本生活。三是保障民有所居。开工建设保障性住房 3 154 套，建成 2 331 套。四是保障贫有所济。落实底线民生资金，下拨中央、省补助资金 4.14 亿元，全市农村五保补助资金 1.73 亿元；为市辖区 4 800 名低保五保对象发放春节临时价格补贴 328 万元；安排城乡低保资金 5 071 万元，同比增长 144%；安排价格调节基金 5 000 万元对市区低保、五保等低收入群体实行临时价格补贴，着力开展平价农贸市场、平价直销超市、平价医疗、平价药店等建设。五是保障残有所助。安排县（市、区）城乡残疾人生活津贴和重度残疾人护理补贴资金 936 万元，保障 6.1 万名残疾人的基本生活。六是保障病有所医。创新发展医保“湛江模式”，下拨补助资金 2.12 亿元，提高城乡居民基本医疗保险补助标准；安排优抚对象抚恤及医疗补助资金 2 150 万元，解决全市 3.5 万名重点优抚对象生活和医疗问题。七是保障灾有所救。多方筹措台风“威马逊”、“海鸥”救灾资金 12.4 亿元，全力保障救灾复产工作。筹集资金 3.49 亿元打响告别茅草房大会战。

大力保障基层建设资金需求。投入 8 145 万元推动新一轮扶贫“双到”工作顺利开展。安排农村基层组织经费保障补助资金 5 536 万元，在任村干部每人每月补助从 1 300 元提高到 1 600 元。安排离任村干部生活补贴资金 3 188 万元，解决离任村干部生活补助问题。拨付“村村通”自来水工程配套资金 2 400 万元，解决 20 万人的饮水难问题。安排休（禁）渔渔民生产、生活补助 1 089 万元，补贴休渔渔业船员 7 261 人。安排 579 万元支持乡镇文化站、农村电影公益放映工程、农村广播电视“渔船通”工程等基层公共文化设施建设。

大力支持“平安湛江”建设。安排 3.15 亿元支持社会治安视频监控系统、市交警智能指挥中心、市中心看守所、市法院审判综合楼和市劳教所、市戒毒劳教所、市法制教育学校“两所一校”建设。落实资金支持开展“打击两抢一盗”和“打击农村恶势力违法犯罪专项行动”，为 10 个重点镇（街）平安建设提供经费保障。

四、优化财政投入机制，进一步加快城市扩容提质

推进基础设施建设，改善城市环境。多方筹集资金保障市政项目和重点项目建设。拨付 6.35 亿元保障钢铁、石化配套项目、鉴江供水枢纽工程等重点项目建设。拨付 10.93 亿元用于市区河渠整治、新湖大道、广州湾大道、森林公园生态恢复整治、小街小巷改造、“水浸街”整治等市政工程建设。安排 8.76 亿元保障省运会体育场馆及配套工程建设。拨付湛徐高速公路、茂湛铁路、汕湛高速、海湾大桥二期工程、东海岛铁路和疏港公路等项目征地补偿款 4.49 亿元。拨付航道包还本付息资金 1.97 亿元。安排 7 540 万元用于“迎国检”国省道路面改造。安排航班补贴资金 7 628 万元，助力湛江航空产业“百万工程”。安排公共交通扶持资金 6 419 万元，同比大幅增加 62.31%。

加大城市维护投入，增色美丽湛江。投入“五城同创”资金 10.44 亿元，支持湛江市通过“创卫”国家技术评估，加快推动“创模”步伐，保障湛江市成功获得创建全国文明城市提名资格。累计拨付 5.87 亿元支持雷州青年运河节水改造工程。拨付 1.18 亿元重点整治鹤地水库，确保集中式饮用水源达标。下达 4 922 万元开展新一轮绿化湛江大行动。安排环保经费 1 418 万元，确保环保监察、监测、信息、宣教能力逐步达到国家标准化建设要求。

五、优化监督管理机制，进一步深化财政改革创新

2014年，探索建立一般公共预算、政府性基金预算、国有资本经营预算和社会保险基金预算四本预算的全口径预算体系。规范市直预算单位账户管理，把好账户开设、清理和年检关；优化公务卡报销系统，提高报销速度；完善财务核算集中监管系统，市级纳入财务核算集中监管的单位达到247个。

开展党政机关和领导干部办公用房清理工作，做好事业单位及其所办企业产权登记，全市纳入资产管理信息系统管理的行政事业单位（含乡、镇级）达到3 374家。制定专项资金管理办法，加大对专项资金的监督检查力度，对义务教育经费保障机制补助资金等6项财政专项资金开展监督检查，查出各类违规金额1 824万元，及时追缴违法所得。压减市级财政专项转移支付规模，扩大一般性转移支付规模。引入第三方机构，建立各种项目的评价、咨询、复核制度，优化绩效管理结果应用，与预算安排挂钩，逐步建立绩效约束与激励机制。

启用政府采购计划管理系统，协议供货实现分级采购，对政府采购供应商提出“严禁用虚假材料参加政府采购活动、严禁产品报价高于本地区市场价格、严禁供应非标准、特配型号的产品、严禁向采购单位供应假冒伪劣产品、严禁向采购单位供应淘汰或停产的产品、严禁代替采购单位进行网上采购操作、严禁非工作时间议价、严禁不履行服务承诺、严禁恶意串通破坏公平竞争原则、严禁贿赂采购工作人员谋取不正当利益”等“十个严禁”要求。升级改造政府采购代理机构视频监控系统，实现在线监管。全市政府采购预算金额12.89亿元，实际成交金额11.73亿元，较采购预算节省1.16亿元，节约9.0%。通过政府采购方式确定9家中介机构，参与财政投资项目工程审核服务。一般项目按摇珠抽签方式进行委托，特殊项目按程序报批后采取择优方式委托，做到“跳出审核抓审核”。

推广应用省会计管理信息平台，为会计人员提供考试领证、信息采集、信息变更、档案省内外调转、信息查询、继续教育完成情况查询等网上服务。

六、优化培训教育机制，进一步加强干部队伍建设

进一步巩固党的群众路线教育实践活动成果，继续加大力度推进党风廉政建设和机关作风建设，努力打造能干事、会干事、干成事、不出事的财政干部队伍。注重加强能力建设，主动适应新常态对财政工作的新要求，加强对财政干部改革理论和业务能力的培养。注重加强作风建设，继续落实“三服务”要求，改进服务作风，主动深入基层、深入一线、深入群众，重实情、讲实话、出实招、办实事、求实效。注重加强廉政教育，完善财政内控机制，梳理完善办事流程，堵塞漏洞，防范风险。

（湛江市财政局供稿，黄丽云执笔）

茂名市

2014年，茂名市全市实现地区生产总值（GDP）2 349亿元，比2013年增长10.4%。其中，第一产业增加值379亿元，增长4.3%，对GDP增长的贡献率为6.1%；第二产业增加值975.1亿元，增长14.3%，对GDP增长的贡献率为59.5%；第三产业增加值995亿元，增长8.5%，对GDP增长的贡献率为34.4%。三次产业结构为16.1：41.5：42.4。固定资产投资850.5亿元，增长36.1%。人均地区生产总值38 951元，增长9.7%。全市居民人均可支配收入15 266元，增长11.4%；农村常住居民人均可支配收入11 914元，增长11.9%。全年居民消费价格总水平上涨3.0%；全年社会消费品零售总额1 113.9亿元，增长10.4%。进出口总额138 156万美元，增长13.0%。实际利用外资金额15 574万美元，增长35.8%。

2014年，全市各级财政部门积极服务于党委政府中心工作，按照“生财有道、聚财有方、用财有效、理财有规”的总要求，突出“深化改革、规范管理”的主旋律，狠抓收入挖潜力，理顺体制激活力，积极筹资促发展，集中财力办大事，厉行节约保民生，规范管理提绩效，各项工作扎实推进、成绩较好，为全市经济社会发展提供了坚实的财力保障。全市公共财政预算收入100.37亿元，完成年初预算的98.7%，增长11.1%。其中税收收入59.73亿元，增长9.4%；非税收入40.65亿元，增长13.6%。全市公共财政预算支出263.24亿元，增长20.4%。2014年全市公共财政预算收入100.37亿元，加上级补助收入176.17亿元、债券转贷收入3.67亿元，国债转贷资金2013年结余670万元、2013年结余32.74亿元、调入资金2.67亿元，财政总收入315.69亿元，比2013年增长22.6%。全市公共财政预算支出263.24亿元，加上解上级支出7.63亿元、债券还本支出1.47亿元、增设预算周转金3 331万元，调出资金3 470万元，公共财政预算总支出273.02亿元，收支相抵国债转贷资金结余670万元，年终滚存结余42.61亿元，其中结转下年支出42.20亿元，净结余4 030万元，实现了收支平衡。全市完成上划中央“两税”（不包括中央省属企业上划数）35.37亿元；完成上划省“四税”20.13亿元。

一、多措并举抓好财政收入

全市财政部门努力克服经济下行、房地产行业不景气、重点税源企业减收和结构性减税政策等叠加影响，落实领导抓收入责任制，强化财政与国税、地税、海关、国土等征管部门的协调配合，抓好重点行业、项目和企业的税费征管。为了抓好收入，茂名市领导多次召开财税联席会议及与茂名石化公司协调会，并率队到财政部和省财政厅协调解决影响收入的重大问题。市级进一步明确土地出让职责分工，加强非税收入统筹管理。各区（县级市）加强税费清缴，盘活国有资源，最大限度地缩小收入缺口。一是

财政收入总量稳居粤东西北第二位，完成443.21亿元，在粤东西北仅次于湛江，其中上划中央、省级财政296.24亿元，占66.8%；市、县级财政146.97亿元，占33.2%。二是全市一般公共预算收入首次突破100亿元大关，完成100.37亿元，增长11.1%，2002年以来连续13年保持两位数的增幅。其中税收收入59.73亿元，增长9.4%，占一般公共预算收入的59.5%；非税收入40.65亿元，增长13.6%。三是市级一般公共预算收入首次突破40亿元大关，完成41.42亿元，完成年初预算的100.1%，增长9.2%。四是区县级财政收入再创新高。各区、县级市一般公共预算收入平均增长12.4%，2008年以来连续7年增幅高于市级，占全市收入的比重由2008年的50%提高到59%。高新区、信宜市、化州市、电白区收入分别增长26.9%、16.8%、14.2%、14.0%，电白区成为粤东西北2个收入超20亿元的区（县）之一，高州市、化州市收入超10亿元。化州市、信宜市、电白区、高州市上划省“四税”增幅分别为54.6%、50.1%、47.3%、30.4%，均可获得省的激励性转移支付奖励。

二、积极筹资支持经济社会发展

创新投融资模式，多渠道筹措三大平台建设和县域经济发展资金。一是完善激励机制。出台《茂名市财政经营性资金股权投资管理办法（试行）》，明确股权投资资金的管理主体及职责、运行方式及程序、绩效评价及配套措施，实现财政资金的良性循环和保值增值。全面梳理13项产业发展奖励政策，将企业税收贡献和吸纳就业人数作为重要的奖励依据，精准扶持标准化、企业纳税、上市融资行为。二是支持搭建平台。市级积极筹集资金62.5亿元，通过滚动注入土地8 453亩，支持组建市交投集团等平台并增强其融资能力，通过市场化手段筹集资金加快港口、道路等基础设施建设。市级累计拨付茂湛、深茂高铁征地拆迁资金5.21亿元和3.22亿元。全市投入水东湾养殖设施清理整治资金1.73亿元。三是争取金融支持。市级通过注入资本金、提供担保承诺等方式，支持高新区向银行融资3.8亿元、茂名港集团发行中票5亿元和市交投集团发行企业债券10亿元。争取银行融资贷款17.5亿元和信托股权融资5亿元，支持加快重点项目建设。四是拓宽投融资渠道。市级积极筹集项目前期经费和回购资金，完成和在建的BT项目15项资金总额30.9亿元。市级全年还本付息9.59亿元，确保政府信用。

三、吃透政策争取上级补助资金

全市财政部门及早应对，密切配合，吃透用好上级各项补助和奖励政策，确保了地方利益最大化。对《广东省深化财税体制改革　率先建立现代财政体制总体方案》等10个改革文件在省下发征求意见稿阶段立即进行专题研讨，从保障地方利益的角度提出修改意见。对省出台新的省财力性转移支付基数、县（市）扶持政策、省批准设立新区扶持政策、省级工业园区扶持政策等四大项激励性政策，以及省财政厅重新调整的财政增量返还、综合增长率、协调发展奖等核算办法，根据本地区实际情况，认真进行测算。2014年全市争取到省振兴粤东西北发展扶持资金28.74亿元，支持基础设施和民生项目建设，其中：争取到全省首个新区基础设施专项补助1.61亿元，中心城区基础设施贴息1亿元；振兴粤东西北股权发展基金9.3亿元；2014年度地方政府债券资金3.67亿元；省产业园区基础设施、产业集聚、招商选资扶持奖励资金5.5亿元；省财政激励性转移支付和生态补偿资金7.66亿元，约为2013年的5倍。

四、加大民生支出保障力度

积极优化支出结构，腾出财力空间保障民生支出，全市民生支出195.38亿元，占全市支出的74.2%，确保20多项民生政策扩面提标和各类考核项目资金落实到位。一是财政支出更加注重强农惠农。全市农林水支出26.76亿元，确保各项强农惠农政策落实到位。落实村级公益事业“一事一议”财政奖补资金1.96亿元，奖补项目1 064个，高州市、信宜市“一事一议”资金预算执行进度位居全省前列。拨付农资综合补贴和种粮直补资金2.51亿元，补贴面积235.86万亩。信宜市镇隆镇竞标到省级新农村示范片承建单位，获得1亿元资金扶持。二是财政支出更加注重教育创强。全市教育支出74.75亿元，增长26.4%。投入免费义务教育资金10.79亿元，安排资金4.39亿元落实山区和边远地区农村义务教育学校教师岗位津贴政策，市财政以奖补方式补助各区（县级市）教育创强资金2.28亿元。三是财政支出更加注重底线民生。全市社会保障和就业支出44.87亿元，增长30.4%。其中新增配套资金2.84亿元，确保城乡低保等底线民生6类12项补助标准的全面提高。市财政配套城乡医疗保险资金1.35亿元，城乡居民养老保险基础养老金1.69亿元。四是财政支出更加注重办好实事。全市拨付省十件民生实事市县级配套资金30.37亿元，拨付进度177.0%，从6月份起连续7个月居全省第一，其中城乡教育协调发展、加强公共文化服务、改善农村基本生产生活水平、提升就业社保水平、大力提高底线民生保障水平分别完成全年预算的338.3%、205.1%、192.1%、128.7%、121.3%。

五、从严控制“三公”经费支出

全面落实中央八项规定，严把资金管理监督关口，厉行节约制度框架全面构建，行政运行成本压减卓见成效，全市行政和参公事业单位“三公”经费支出下降23.9%。一是严把制度完善关。贯彻落实党的十八大以来中央和省出台的厉行节约系列文件精神，全市出台17项相关管理制度，结合地方实际调整分类限额标准，明确经费管理新要求，全面规范机关事业单位差旅费、会议费、培训费、因公出国（境）经费管理，建立“三公”经费季度统计制度。二是严把资金审核关。严格执行《茂名市市直机关和事业单位行政经费节约管理办法》，加强预算执行和经费追加审核，按规定停止楼堂馆所和一般公务用车配备资金审批，严格控制博览会、论坛等支出项目，加强行政经费节约审核，超编人员一律不予以核拨经费。三是严把结算监控关。严格执行公务卡强制结算目录，限制现金提取和使用，市级受理公务卡业务 12 679 笔，支付资金 5 724 万元，增长 46.7%。建立全过程国库动态监控机制，加强预算单位零余额账户资金管理，规范预算单位现金使用行为，现金支出同比下降 67.3%。四是严把专项整治关。开展茂名市整治“三公”经费开支过大、严禁超预算或无预算安排支出和严格公务接待标准专项整治行动，对“三公”经费规模较大、增减变动异常的单位检查面不低于 20%。开展贯彻执行中央八项规定严肃财经纪律和“小金库”专项治理，全市重点检查 143 个单位，查处违规金额 3 501 万元。开展整治超标配备公车和严格公车经费支出专项行动，市直重点检查 38 个单位。

六、加大市对县镇的政策倾斜和转移支付力度

着眼于全市发展大局，通过理顺税费征管体制、财政管理体制、财力保障机制和镇级奖补机制，合理分配市级与区（县级市）两级利益，加大市对县镇的政策倾斜和转移支付力度，激发县镇发展活力。一是理顺税费征管体制。出台《规范茂名市税收征管工作的意见》，进一步规范跨地区总分机构企业税收征管，保障各地法定利益。出台《茂名市市级重点建设项目税费分成办法》，坚持“统一管理、利益共享、比例分成、按季结算”的原则，充分调动各区、县级市参与市级重点项目建设的积极性。理顺电白区（原茂港区）、茂南区插花地带的税费征管问题。二是健全财政管理体制。原茂港区、电白县财政部门积极配合，市财政局牵头迅速做好电白设区的财务、资产清核工作，制定《茂港区电白县合并设电白区财政体制调整方案》，理顺“三大平台”收入分成入库及征收区域的存在问题。三是落实财力保障机制。进一步落实省要求市对市辖区的财力保障机制，足额安排各项民生配套资金，支持区（县级市）基础设施建设和经济社会发展，保障各项民生配套政策落实到位，市级给予区（县级市）转移支付补助资金 11.84 亿元，增长 5.2%。落实对茂南区的共享税收增量分成让利体制，全方位建立对市辖区——茂南区的财力保障机制。四是完善镇级奖补机制。出台《茂名市镇级运转保障资金管理指导意见》，避免资金分配“一刀切”和“平均主义”。市级财政每年安排资金 4 200 万元，对镇级政权运转、财力薄弱镇、镇级财力增长、生态发展镇、工业十强镇进行奖补。

七、积极创新理财方式，全面规范财政管理

2014 年，按照市委市政府的要求，推进零基预算编制、大额资金集中使用、结转结余资金清理、政府投资审核等工作。一是积极创新预算管理方式。市级推行零基预算编制改革，严格控制一般性行政支出。将市级教育费附加、城市维护建设资金等大额专项资金一半以上安排给实实在在的建设项目，集中财力办大事。出台《茂名市市级财政专项资金管理办法》，规范专项资金申报、审批和拨付程序。提交国务院部署的地方政府存量债务清理甄别工作，制定《茂名市市级政府性债务管理暂行办法》，建立债务风险预警机制。市级依照国务院和省、市政府规定清理回收和压减历年结转结余资金 4.34 亿元。全市全面实施预算信息公开，财政预决算、部门预决算和“三公”经费预决算分科目、分项目在互联网上向社会公布。二是加强国库资金调度划拨。建立预算执行定期提醒和支出进度通报机制，严格按照财政预算、项目进度办理资金拨付。对市财政与下级财政调度、拨付和清算的财政性资金进行规范管理，全年拨付各区（县级市）固定性补助 24.94 亿元、专项资金 72.88 亿元。高州市出台了专项资金收支台账操作指南，督促加快财政支出进度。三是规范政府采购行为。调整 2005 年制定的限额标准，规范适用简易程序的政府采购项目管理，落实服务项目政府采购工作新要求，加强采购方式审批、采购评审等重点环节监管。全市采购金额 17.59 亿元，与市场预算相比节约资金 1.01 亿元，平均节约率 5%。四是加强行政事业单位资产管理。加强资产出租出让收益管理，迅速开展党政机关和领导干部办公用房清理，从办公用房面积、功能、使用等方面逐一对照进行清理。五是加强财政支出绩效评价。市级组织 123 个项目开展绩效自评，委托第三方对城乡清洁工程专项资金开展绩效评价。六是加强政府投资审核。更加注重提前介入、现场查勘、借助外力、完善内控、提高效率及质量，择优选定中介机构参与项目审核。对三条国道省道改造项目造价进行细化比较，为提高同类工程造价审核质量提供了范例。市财政全年审核项目 2 768 个，送审金额 114 亿元，核减造价 15 亿元，平均核减率 13.2%。七是加强财政监督检查。出台了《茂名市市级财政专项资金常规性监督检查工作方案》，积极开展专项资金监督检查，严格查办收回企业违规使用的专项资金。八是加强财政会计基础管理。全面完成行政事业单位会计新旧会计制度转换，理顺农村财务管理职能，在茂南区开展农村集体财务监管平台建设试点。九是提高财政内部管理水平。财政信息大平台提速扩容，市县级非税收入管理系统与省财政厅并网运转，接入社会保险三方协同办公系统。各业务科（股）室着力完善拨款备案账和拨款审批内控制度，实现资金审核各环节的信息互通和监督制约。市财政局创新管理，增设预算单位账务提醒督办、大额非税收入账户变动提醒和重大节假日前后预算单位大额资金异常使用自动预警功能。

八、加强财政部门自身建设

一是深入开展党的群众路线教育实践活动，找准并解决“四风”突出问题，建立简政放权、提速便民等五项长效机制。二是加强党风廉政建设，落实“一岗双责”和源头治腐工作任务，加强廉洁从政警示教育，开展纵向权责清单试点，出台《茂名市财政局工作人员廉洁从政若干规定》，重点约束财政干部与管理服务对象关系。三是深入学习中央、省财税体制改革总体方案和新《预算法》精神，《重点税源对地方经济财政运行的影响分析》调研报告被财政部采用。四是强化督查落实，市财政局高质量完成市委

市政府交办的5件重点工作和185件协办工作，承办市人大代表建议和政协委员提案74件，其中主办件9件，满意率100%。市财政局在茂名市县处级党政领导班子落实科学发展观实绩考核47个政府部门中排第一。

（茂名市财政局供稿，梁建旭　李文雀执笔）

肇庆市

2014年，面对经济增长放缓、房地产低迷、政策性减收扩大以及历年高增长拉高基数等多重挑战，肇庆市经济稳步增长。全市地区生产总值1 845.06亿元，增长10%，高于全省平均水平2.2个百分点，增幅居珠三角第2位、全省第7位。其中，第一产业实现增加值272.03亿元，增长4.3%；第二产业实现增加值922.79亿元，增长14.0%；第三产业实现增加值650.24亿元，增长7.0%。全年实现规模以上工业增加值932.42亿元，增长14.3%；实现固定资产投资1 138.73亿元，增长19.0%；进出口总额78.42亿美元，增长11.8%；实现社会消费品零售总额559.90亿元，增长13.5%；商品零售价格指数102.3，居民消费价格指数累计上涨2.7%。

2014年，肇庆市财政部门采取积极有力措施，充分履行财政职能，在困难中拼搏，在拼搏中完成目标任务。2014年，全市地方公共财政预算收入139.13亿元，为年度预算的100.20%，比2013年增收18.36亿元，增长15.20%。全市地方公共财政预算支出241.71亿元，为年度预算的137.26%，比2013年增支41.31亿元，增长20.61%。地方公共财政预算收入加上税收返还、省一次性及专项补助、调入资金和2013年结余等，财政总收入256.67亿元；地方公共财政预算支出加上专项上解等支出，财政总支出248.58亿元。收支相抵后，滚存结余8.09亿元（其中专项结余7.53亿元，净结余0.56亿元）。市本级地方公共财政预算收入32.42亿元，为年度预算的100.51%，比2013年增收4.31亿元，增长15.35%。市本级地方公共财政预算支出57.06亿元，为年度预算的160.51%，增长34.82%。市本级财政总收入69.20亿元，财政总支出64.52亿元。收支相抵，年终滚存结余4.68亿元（其中专项资金结余4.58亿元，净结余0.10亿元）。

一、财政收入高开稳走

积极应对困难复杂形势，落实培财增收措施，加强收入组织领导，破解税收征管难题，实现财政收入稳定增长。全市地方公共财政预算收入139.13亿元，为年度预算的100.20%，增长15.2%，收入总量继2013年突破120亿元后再上新台阶。收入增幅呈“高开稳走”态势，上半年一直保持在20%以上，下半年稳定在15%以上区间运行。全年地方公共财政预算收入增幅分别高于全省平均水平、珠三角九市平均水平以及粤东西北地区平均水平。

二、财政支出重点突出

财政综合支出进度加快，排在全省前列，为各项事业发展提供及时有力支持。加大了对教育、医疗卫生、社会保障、公共就业、文化体育、农业农村、节能环境、城乡事务、交通运输、保障性住房等投入，十类民生支出167.22亿元，同比增长20.68%，占地方公共财政预算支出的69.18%，增幅和占比均高于2013年；强化了对政权运作的保障，大幅度提高市直单位公用经费标准，充分保障单位履职需要，落实4.9亿元资金用于县（市、区）财力补助和配套，缓解基层运作困难，提高乡镇干部生活补贴和村办公经费；突出了对热点难点问题的投入，安排1.62亿元，支持大气污染治理等节能环保政策实施，安排0.54亿元，用于全面推进新一轮扶贫“双到”工作；推动了一大批民生实事实施，省、市十件民生（惠民）实事投入均大幅超额完成任务，分别为年度计划的151.52%和173.58%。

三、资金整合统筹有度

想方设法破解资金困难和收支矛盾，加大对各级各类财政性资金的整合力度。强化了部门资金统筹，将单位各项非税收支全部纳入部门预算反映。开展了财政专项资金清理，对涉及市直公共财政算、政府性基金预算和国有资本经营预算的13项2.31亿元专项资金进行清理整合，投向市委市政府确定的重点领域、重大平台、重点扶持项目，全年共统筹安排资金37.55亿元、落实减免涉企税费13.36亿元，全力支持经济稳增长。创新了向上争取资金工作机制，制订争取项目清单，出台《争取上级政策扶持及资金补助指南》，有效争取上级支持，全年向上争取的资金达到122.26亿元（含债券转贷资金），比2013年高34.62亿元，增长39.49%。

四、财政改革有序推进

首次编报公共财政、政府性基金、国有资本经营和社保基金全口径预算，初步建立起集预算编制、执行、监督、绩效评价和信息公开“五位一体”的现代化预算管理机制。细化了预算编制，推行综合预算、零基预算、绩效预算编制模式，市直174个单位部门预算编制建立新体系；规范了预算执行，完善《肇庆市市本级财政资金拨款管理办法》等制度，扩大直接支付范围、全面铺开公务卡改革，超过61.1%的财政资金从国库直接支付到项目；落实了预算监督，运用在线预算监督系统等监督平台和机制，及时通报预算执行情况，实时接受人大、纪检、审计监督；强化了预算绩效，对所有50万元以上专项资金进行预算绩效目标申报，对1.24亿元重点项目资金进行第三方绩效目标评价；扩大了预算公开，财政及部门预决算、“三公”经费预决算全部在政府门户网站可以查阅；加强了政府采购和投资评审管理，节约采购资金0.79亿元，节约率2.62%，核减预结算投资1.56亿元，核减率11%。

五、资金监管更加严格

全面加强了对财政资金特别是“三公”经费的监督管理。出台《肇庆市市级财政专项资金管理办法》等制度，制定财政专项资金监督检查操作流程、财政专项资金检查工作方案，对20项省、市重点专项资金开展监督检查；出台《市直党政机关和事业单位会议费管理办法》《市直党政机关和事业单位差旅费管理办法》等管理制度，编制“三公”经费预算，“三公”经费、会议费、差旅费支出得到严格管控，建立起了厉行节约的长效机制，有效控制和降低行政运行成本；落实《肇庆市深入开展“四风”突出问题专项整治方案》，牵头对“小金库”治理、公务接待超标、“三公”经费开支过大等突出问题进行整治。全市实际开支会议费和“三公”经费4.43亿元（其中会议费0.7亿元，“三公”经费3.73亿元），同比减少1.92亿元，下降30.25%（其中会议费下降48.2%，“三公”经费下降25.36%）。

（肇庆市财政局供稿，林军强执笔）

清远市

2014年，清远全市实现生产总值1 187.7亿元，同比增长7.94%；来源于清远的财政总收入278亿元，增长12.8%；全市一般公共预算收入102.6亿元，增长10.6%；固定资产投资增长22.6%，其中工业投资增长34.6%；社会消费品零售总额增长11.5%；城乡居民人均可支配收入增长9.9%。

2014年，全市各级财政部门按照市委市政府的统一部署，着力改革创新，推进区域协调发展，落实基本公共服务均等化，促进中心区域扩容提质，服务经济社会持续健康发展。

一、抓好增收节支，预算执行完成良好

2014年，来源于清远财政总收入为278.03亿元，同比增长12.75%。全市地方公共财政预算收入累计完成102.6亿元，首次突破百亿元大关，收入总量同比增长10.6%，实现“5年翻一番、10年提10倍”。其中，税收完成67.09亿元，同比增长9.19%；非税完成35.53亿元，同比增长13.33%，非税比重为34.62%。全市公共财政预算支出累计完成213.32亿元，同比增长14.45%。财政支出仍以保运作、保民生、促发展为主，全市工资、民生和公共服务等刚性支出得到保证。

清远市全年民生领域资金投入155.68亿元，同比增长19.21%，占公共财政预算支出的72.98%。市级财政安排资金3.04亿元，保障“十项民生实事”的推进；安排底线民生保障资金4.11亿元，保障6项底线民生保障水平达到或超过省定标准，受到省府办公厅的通报表扬。大力支持教育事业、医疗卫生事业、社会保障事业及农林水事业，全年市级分别支出49.84亿元、26.21亿元、25.65亿元及21.45亿元。根据扩容提质要求，想方设法筹措资金，市级财政及融资资金投入约13.44亿元。加大力度压减“三公”经费，2014年，全市“三公”经费支出30 579.29万元，同比下降31.76%；市本级“三公”经费支出6 294.04万元，同比下降30.37%。

二、抓好资金分配，确保政府中心工作

（一）大力支持区域协调发展

完善中心区域利益共同体财力下沉机制、差异化资金配套机制及生态保护补偿机制三项机制，专项安排区域中心城市扩容提质资金。2014年市本级补助县区支出约10亿元，比2013年增长13.35%，约占财力的28.57%。

（二）大力支持基本公共服务均等化

清远市推进基本公共服务均等化工作走在全省前列，被省政府列为基本公共服务均等化综合改革试点市之一。市财政局牵头制订了《清远市实施方案（2014－2016年）》。2014年，全市基本公共服务支出91.37亿元，同比增长16.2%，占公共财政预算支出的42.83%。

（三）大力支持广清一体化发展工作

建立与广州市财政局、广清对口帮扶办的联系机制。制定《广州市对口帮扶清远市资金收支管理工作规程》，开设对口帮扶资金管理专户，已到位广州帮扶资金1.37亿元；省支持产业园区基础设施建设资金1亿元。梳理与企业、产业、园区发展相关的财税政策，积极向上级争取扶持。

（四）大力支持企业发展

出台《关于进一步减轻企业负担优化营商环境的实施意见》，普惠性减免了涉企的15项行政事业性收费，降低了涉企的7项经营服务性收费，并把失业缴费费率由1.5%调整为1%。对经认定的重点扶持企业按年度经济贡献额、固定资产投资、个人所得税等因素进行奖补。该《意见》实施后，帮助企业减轻负担和补助企业合计约6 228万元。帮助企业申请“营改增”财政扶持资金1 067万元。

（五）大力支持城镇化工作

激活民间投资，着力引导社会资金和民间资本参与重点项目建设。发挥市信用担保基金作用，充分放大基金担保融资职能，丰富清远市投融资生态，完善“助保贷”、“政银保”功能，促进清远市城建投融资发展。市财政借款5.4亿元，解决中心城区重点建设项目燕湖新城的项目资金需求。

（六）大力支持三农特别是农村综合改革工作

一是推进财政涉农资金整合。制订涉农资金整合方案，以更大的力度整合涉农项目资金，以主导产业、重点项目、重点区域和重点对象为载体，集中投放资金，提高财政涉农资金使用整体效益。二是推进村级公益事业“一事一议”奖补工作，全市共申报2 834个，获得补助2.39亿元，受惠群众126.5万人。三是投入2亿元（含上级专项补助）支持水利现代化建设，积极协助各县（市、区）竞争省级

水利建设项目，争取更多建设资金。四是继续推进农村低收入住房困难户住房改建，已下达中央资金 1 482.75 万元、省级资金 5 107.25 万元、市级资金 1 647.5 万元，确保 6 590 户完成改造。五是加快农村金融改革试点，完善宅基地、林权等农村财产性物业流转、抵押试点工作，促进完善城镇化城建投融渠道。六是积极开展对农村集体的“三资”清理，按时保质完成了第六届村民委员会换届审计工作。七是抓好农业综合开发土地治理项目、产业化经营项目的申报。

三、抓好先行先试，不断深化财政改革

（一）深化预算管理，建立全面规范、公开透明的预算制度

建立和完善全口径预算编报体系，在全省范围内率先实现了“公共财政预算、政府性基金预算、国有资本经营预算和社保基金预算”四本账供人大审议并向社会公开。进一步深化“零基预算”改革，清理整合、优化规范各类专项资金。全面推进预决算信息公开工作，指导并督促各市直单位按时按质完成2014 年预算、决算公开（包含“三公”经费），增强财政透明度。在《2014 年中国市级政府财政透明度研究》报告中，清远位居全国 289 个地级以上市的第 19 位。

（二）强化预算绩效管理

强化绩效评价，着力构建事前评审、事中跟踪、事后评价的全过程预算绩效管理机制。全年预算绩效目标评审项目（事前）为 178 个，涉及财政资金 6.8 亿元，绩效跟踪项目（事中）15 个，涉及财政资金 1.98 亿元；重点评价项目（事后）38 个，涉及财政资金 3.8 亿元。

（三）加强债务资金管理，积极化解政府债务

制订《关于进一步加强市本级政府性债务管理的意见》，建立和完善地方政府债务管理及风险预警机制，从债务的借、管、用、还等环节加强管理，控制债务风险。同时，积极筹措资金化解存量债务，提前回购 BT 项目，减轻财政负担；开展存量债务的甄别工作，将地方性政府债务纳入预算管理。

（四）开展结余结转资金清理工作

针对市本级存在结余结转资金规模过大的问题，全面开展结余结转资金清理工作，清理的范围既包括存放在国库的财政资金，也包括存放在单位账户的历年结存资金，共清理结余资金 13.45 亿元，统筹用于民生领域工程。

（五）强化国库资金管理工作

清理和规范县（市、区）和部门的临时调度借款。建立预算执行监控约束机制和预算执行率通报制度，加快支出进度，有效减少结余结转规模。建立库款流量预测预警机制，制定市级国库资金调度管理内部工作规程，对国库现金的流量预测和最佳持有量进行动态分析，细化预警应急响应措施。

（六）规范国有土地出让收支管理

将清城区和高新区的市授权出让地块收支纳入市财政土地基金预算管理。清理非税专户剩余土地价款，全部缴入国库并纳入土地基金预算管理。对土地出让资金计提按新政策及时修正，并足额计提资金、专款专用。以国家审计署土地出让金和耕地保护的专项审计为契机，进一步做好整改和规范土地收支管理。

（七）扎实推进权责发生制政府综合财务报告试编工作

清远市已连续第 2 年成为试编权责发生制政府综合财务报告的试点地区之一。市级试编工作历时 8 个月，合并财政总决算、部门决算和固定资产投资决算等 14 套不同类型的报表，并对其中的 46 个事项进行抵销调整，编成了 2.5 万字的试编报告，并及时总结试编经验和提出相关建议。

（八）提升会计管理服务水平

2014 年，清远市会计管理信息平台正式上线，实现会计从业资格证考试从报名到打印准考证各环节均在网上自助完成。会计继续教育培训，市直采用远程教育培训方式进行。建设“清远会计信息网”，推进会计人员的信息管理、知识宣传、教育培训等工作。全国大中城市社科联第 25 次工作会议上，清远市会计学会被授予“全国先进社科组织”荣誉称号。

四、抓好建章立制，建立健全各项制度

（一）出台专项资金管理实施细则

拟定《清远市财政专项管理办法（试行）实施细则》，规定专项资金的设立和审批程序，通过建立专项资金项目库，将符合资金使用要求的项目纳入项目库管理，保持评审的独立性；明确专项资金各流转环节的责任主体，建立新的监管机制和结果运用机制，有效保障专项资金的使用安全和使用效益。

（二）厉行节约，严格经费管理

转发省财政厅《因公临时出国经费管理办法》和《因公短期出国培训费用管理办法》，明确因公临时出国和因公短期出国培训费用的支出范围和标准。修订《清远市市直党政机关和事业单位差旅费管理办法》，重新调整各单位工作人员公务出差的差旅费标准。拟定《清远市市直机关和事业单位行政经费节约考核办法》。

（三）落实政府采购项目进场交易工作

加快市、区公共资源交易业务整合步伐，从 4 月 1 日开始，市直、清城区和清新区预算金额 50 万元以上的政府通用目录中的采购项目，全部进入公共资源交易中心交易，逐步将 20 万元以上的政府通用目录中的采购项目纳入进场交易范围。2014 年，全市采购预算金额 14.89 亿元，实际采购金额 13.84 亿元，节约资金 1.05 亿元，节约率 7.1%。

（四）加强国有资产管理

出台《清远市市直行政单位常用公用设施配置标准》，对各单位办公设备的购置、配备、处置，进行了明确的价格、年限、定额标准界定，从源头上堵塞了资产闲置浪费的漏洞。出台《清远市市直行政事业单位国有物业租赁管

理暂行办法》，明确了国有物业的使用范围、信息公开、公开招租、租赁合同规定、委托管理。

（五）加强金融管理

出台《清远市住房公积金委托金融业务考核办法》，内容包括对公积金归集、提取、贷款业务的绩效、办理时限、服务质量的考核，同时明确银行各项责任要求。每年年底对各家银行进行考核评分，连续两年考核不及格，将暂停其归集业务。通过评比，规范承办业务银行的各项服务，提高服务水平。

（六）加强投资审核管理

出台《清远市财政投资审核中心中介机构审核奖惩暂行管理办法》，完善和提高中介机构审核质量，确保工程造价咨询结果的真实性、完整性、科学性。2014 年，市直共审核估算、概算、预算、结算 535 项，送审金额 56.99 亿元，审定金额 52.74 亿元，核减 4.25 亿元，核减率 7.4%。

五、抓好队伍建设，不断提升服务水平

（一）深入开展群众路线教育实践活动

不折不扣完成规定动作，创新自选动作，紧紧围绕以“为民务实清廉”为主题，贯彻落实“照镜子、正衣冠、洗洗澡、治治病”的总要求，严格遵守中央八项规定、坚决反对“四风”，进一步加强机关作风建设，对组织纪律常抓不懈、严格遵守。市委书记参加了清远市财政局党组班子的专题民主生活会。

（二）积极开展“让群众满意”服务年活动

结合“正风”行动，建立对科（室、中心）的“群众评议”制度，提高为企业、群众和基层服务的主动性，同时，健全局内部监督员队伍，增强内部控制和自我约束，切实解决联系服务群众“最后一公里”问题。

（三）注重干部培训工作

市财政局组织全市财政系统正科以上干部 50 人赴北京中央财经大学培训 3 天，组织骨干人员 70 人赴省财校学习 1 个月。

（清远市财政局供稿，侯长红执笔）

潮州市

2014 年，潮州市经济平稳运行，各项主要经济指标增势良好，经济运行总体平稳。全市实现生产总值（GDP）850.2 亿元，同比增长 8.2%。第一、二、三产业增加值分别为 58.5 亿元、479.9 亿元、311.8 亿元，同比分别增长 3.9%、9.5% 和 7.1%。全市实现全部工业增加值 452.5 亿元，增长 9.3%。其中，规模以上工业增加值 332.5 亿元，增长 11.1%。全市新增工业投资 129.7 亿元，增长 4.8%。全社会固定资产投资总额 313 亿元；海关进出口总额 34.2 亿美元；实际利用外资金额 10 920 万美元；商品零售价格总指数 100.7，居民消费价格总指数 101.5。

2014 年，全市一般公共预算收入完成 412 647 万元，完成年度预算的 100.18%，比 2013 年增收 41 760 万元，增长 11.26%。全市一般公共预算支出完成 1 050 911 万元，完成年度预算的 154.44%，比 2013 年增支 188 732 万元，增长 21.89%。2014 年全市一般公共预算收入加上省税收返还、各项补助款和 2013 年预算结转、结余，减去支出以及上解省款项后，全市一般公共预算实现了收支平衡、有所节余。市级地方一般公共预算收入 156 017 万元，完成年度预算的 100.55%，比 2013 年增收 17 995 万元，同比增长 13.04%（可比口径增长 10%）。市级一般公共预算支出 276 353 万元，比 2013 年增支 71 725 万元，增长 35.05%。

2014 年，潮州市财政工作以科学发展观为统领，坚持生财有道、聚财有方、理财有规、用财有效和集中财力办大事的原则，把握规律，抢抓机遇，全力以赴完成各项财政工作目标任务。重点抓好以下六个方面的工作：

一、以增收节支为重点，进一步增强财政实力

全市各级财政部门增强政治意识和大局意识，狠抓增收节支，确保收支平衡，切实提高财政保障能力。收入方面，在经济增长放缓、房地产市场调整、结构性减税政策等不利因素影响下，把组织收入放在第一位，坚持“保总量”与“优质量”两手抓。以财税联席会议机制、分片抓收入任务管理机制、收入目标考核机制为载体，注重与税务部门的沟通协调，通过对全市相关行业税源进行调研和分析，加强对重点税种、重点行业、重点企业的税源监控，科学制定和调整收入计划，促进财政收入平稳增长。2014 年全市地方一般公共预算收入完成 41.26 亿元，净增 4.18 亿元，增长 11.26%。同时，加强和规范非税收入管理，落实目标责任，推进非税征管电子信息化系统建设，确保财政部门、执收单位、代收银行三方网络系统正常征收，市直所有行政事业性收费、罚没收入和政府性基金纳入非税系统征收并实时监测。全市纳入预算管理的非税收入完成 9.95 亿元，增长 21.47%，占一般公共预算收入的 24.1%。支出方面，结合潮州市实际，制定《关于整治“三公”经费开支过大、严禁超预算或无预算安排支出和严格公务接待标准专项整治行动方案》，严控“三公”经费，遏制“四风”，规范会议费、公车费用、出国（境）费及公务接待费等一般性行政支出，努力降低行政成本。2014 年，全市会议费及“三公”经费支出比 2013 年同比下降 25.3%，其中，会议费、公务用车购置和运行维护费、因公出国（境）费、公务接待费分别下降 35.29%、13.77%、8.79%、37.3%。

二、以促进经济发展为己任，进一步加大财政扶持力度

各级财政部门以促进发展为主线，重点加大对“三大抓手”、扶持企业转型和惠农强农等社会事业的投入。

（一）加大对“三大抓手”方面的各项投入

积极抢抓省振兴粤东西北的战略机遇，加大资金投入，

大力支持推进交通扩网提速、园区扩能增效、城市扩容提质。2014 年，全市财政共投入“三大抓手”方面的资金达到 7.78 亿元。

（二）扶持民营企业大发展

强化服务企业意识，助力民营经济做强做大。2014 年，市本级预算专门安排 5 类 14 个专项共 3 020 万元用于扶持企业发展，重点扶持企业开展科技创新、节能降耗和发展循环经济等，鼓励企业加快现代服务业发展和扩大生产规模。

（三）加大对“三农”扶持

全市财政农林水支出达到 10.93 亿元。一是积极落实和筹集水利建设资金。争取中央和省级资金 1.6 亿元，支持潮州市水利示范县、中小河流治理和农村水电增效扩容改造等重点工程建设。二是大力支持农业基础设施、农业综合开发、基本农田建设、“一乡一品”和农业企业创建品牌工程。三是支持开展生态景观林带和森林碳汇工程等林业建设，拨付 613 万元开展林分改造、宜林地造林、套种补植、沿海防护林和水源林建设等。同时，全市安排新一轮“绿化广东大行动”建设资金 500 万元。四是优化产业结构，支持特色农业发展。安排各级资金 2 300 万元扶持“潮州凤凰单枞茶”产业发展。拨付农业新兴特色产业示范基地建设 500 万元。五是大力支持扶贫开发“规划到户、责任到人”工作。全市财政共投入扶贫开发专项资金 2 984 万元，帮扶贫困村解决生活困难，发展农业生产。

三、以公共事业为要务，进一步提升保障能力

认真贯彻落实《广东省基本公共服务均等化规划纲要（2009－2020 年）》，提升公共财政服务民生事业水平，让广大人民群众共沐公共财政阳光。2014 年，全市人均基本公共服务支出 1674 元，增长 22.72%。

（一）落实民生保障资金

调整和优化支出结构，加大对民生领域的财政投入。2014 年，全市财政民生支出完成 75.27 亿元，增长 16.13%，占全市财政总支出 71.63%；十件民生实事支出完成 20.95 亿元。全市拨付底线民生保障资金 3.74 亿元。

（二）落实重点民生保障政策

公共教育方面，千方百计筹集市级奖补资金，支持教育创强全面提速，促进教育事业协调发展。在省下达潮州市三个年度创强奖补 1.5 亿元的基础上，将市级创强奖补规模由原来 3 000 万元增加至 4 000 万元，并启动提前预拨机制，加快推进教育创强进度。同时，积极落实配套资金，确保城乡免费义务教育顺利实施，城乡免费义务教育补助标准提高到初中每生每年 1 550 元，小学每生每年 950 元，市级共落实城乡免费义务教育配套资金 3 320 万元，全市共有 28.73 万名学生享受免费义务教育。2014 年，全市公共教育支出 25.46 亿元，增加 3.34 亿元，增长 15.07%。社会保障方面，从 2014 年 7 月 1 日起，将潮州市城乡居民社会养老保险基础养老金标准从每人每月 65 元提高至每人每月 80 元，2014 年市本级共投入资金达到 4 047 万元。对新农合和城乡居民基本医疗保险补助标准由每人每年 280 元提高到 320 元。2014 年，全市社会保障和就业支出达到 11.83 亿元，增加 1.07 亿元，增长 9.92%。医疗卫生方面，坚持以“广覆盖、保基本、可持续”为原则，扎实推进基本公共卫生服务均等化。全市医疗卫生与计划生育支出达到 13.98 亿元。文化体育方面，大力推进公共文体服务，促进城乡基层文体事业的发展。安排 54 万元用于送电影下乡“2131 工程”，实现全市行政村农村电影放映工程基本全覆盖。拨付 100 万元对市级达标文化站进行奖励。安排 492 万元支持体育竞赛和群体性活动、全运会、亚运会运动员奖励和体育场馆维护等，有效促进城乡体育事业协调发展。

四、以改革创新为动力，进一步优化财政管理

2014 年，全市各级财政部门不断深化改革，加快建立预算编制与预算执行、预算监督相互制衡、有机衔接的运行机制。

一是深化部门预算管理改革。编实编细年度部门预算，所有支出均编制具体的经济分类科目，反映支出的具体用途，在 2014 年市级预算执行中按支出经济分类科目执行。市直共有 165 户单位编列了部门预算。二是深化国库集中支付制度改革。升级国库集中支付系统，完善指标管理程序，增加预算数、预算执行数和预算结余等功能模块，增强财政预算执行的监督力度，2014 年全市纳入国库集中支付资金达到 45.58 亿元。进一步深化公务卡改革，提高公务支出的透明度，完善财务核算集中监管系统，加大源头治腐和规范公务支出管理，对公务卡开立、管理、使用、强制结算目录执行情况进行重点检查。全市共有 175 家单位纳入公务卡改革。三是推进预算绩效管理改革。扎实推进财政资金自我绩效评价，提高主管部门确立绩效主体责任意识，促进各部门单位严格执行预算。将市级 24 个单位 51 个项目列入自我评价范围，涉及市级财政资金总额 1.97 亿元。同时，将外贸出口企业贴息资金、2013 年中小学校宿舍维修长效机制配套资金等 3 个项目引入第三方评价。四是进一步加强政府采购改革。加强和规范政府采购行为，提高政府采购资金效益。完善统一的电子化政府采购管理交易系统，构建更加公开、透明、开放的电子政府采购管理交易平台，加快专家库、供应商库、商品信息库建设，加快推进电子招投标系统建设和实施推广。2014 年市本级完成政府采购合同金额 3.42 亿元，其中：通过采购机构完成 3.18 亿元，节约金额 1 136 万元，节约率 3.45%。五是深化行政事业单位国有资产管理。严格资产处置的审批程序，结合单位实际情况、资产使用状态、专业机构鉴定证明等因素进行资产处置的批复，防止国有资产流失，最大限度提高资产使用效益。组织开展市直行事单位国有资产进场交易，逐步规范交易行为，确保公共资源交易阳光运作。同时，将市直行事单位经营性资产收益纳入部门预算管理，加强对有关单位经营性资产收益的监管工作，全年共上缴国有资产收益 1 028 万元。六是深化“收支两条线”监管改革。充分利用非税电子信息化系统，加强对非税收

入影响较大的土地出让金、城市基础设施配套费、绿化配套费等收入的监督，确保应征收入及时足额上缴财政。七是加强政府性债务管理。及时掌握债务动态，严控债务成本，改善债务结构，定期统计、分析和报告全市政府性债务情况。构建借、还、用长效机制并启动市直偿债基金设立程序。八是扎实推进“营改增”试点改革。2014 年，潮州市经确认后纳入“营改增”试点范围的纳税人共有 1 314 户。

五、以依法理财为根本，进一步完善财政监督

认真执行落实各类专项资金管理办法，规范资金使用管理。在严把资金分配拨付关的同时，强化财政监督检查，着力建立涵盖资金流向和政策实施全过程、全方位的监督系统。一是重点检查常态化。深入开展贯彻执行中央“八项规定”和“小金库”专项治理行动，对全市党政机关、事业单位和社会团体开展了专项治理重点检查。重点对财政专项资金管理和使用情况进行检查，重点抽查会议费、“三公”经费和一般性转移支付资金等。二是监督体系网络化。建立健全财政内部控制制度和自我业务监督制度，改进内部稽核环节和流程，完善财政内部循环监督机制，逐步形成对财政资金收支活动的全过程、全方位、全覆盖的监督体系。同时，主动接受和配合审计、监察、人大、社会和舆论的监督。三是监督检查专业化。主动适应改革新形势下的财政监督工作，加强财政监督队伍建设，加强专业素质培训，提高财政监督队伍履职能力。提高财政监督信息化水平，充分借助信息化手段提高财政监督效率，实现对财政资金运行全过程的动态监控。

六、以队伍建设为基础，进一步提升管理水平

注重加强部门自身建设，提升干部队伍综合素质，围绕适应新形势新任务，紧密结合财政工作实际，着力抓好财政部门自身建设，扎实推进工作落实。一是强化服务意识。以推进服务型机关建设为抓手，实施首问责任制、限时办结制、责任追究制等规范服务制度，不断提高服务效能。二是提高工作效率。优化和规范办事流程，进一步细化办事环节、简化办事流程、缩短办事时限。主动公开工作流程、办事指南、注意事项等办事信息，方便办事群众。三是加强干部队伍作风建设。全市各级财政部门以党的群众路线教育实践活动为载体，认真贯彻落实“照镜子、正衣冠、洗洗澡、治治病”活动总要求，通过开门搞教育，认真抓好“规定动作”结合实际抓“自选动作”。市财政局对照“八项规定”、“三严三实”等要求，深入查摆和认真纠正“四风”方面存在的问题。同时，修订《机关工作制度汇编》，收录和修订规章制度 46 项，对机关运行各方面进行规范。四是积极承办人大建议和政协提案。2014 年，全市各级财政共承办各级人大建议 23 件，政协提案 15 件，全部在规定时间内办结，满意率达到 100%。

（潮州市财政局供稿，林娟执笔）

揭阳市

2014 年，揭阳市紧紧围绕广东省“三个定位，两个率先”的任务目标，深入贯彻落实省委、省政府促进粤东西北地区振兴发展的决策部署，大力推进“三大建设”，推动经济转型升级和民生引领型发展。全市生产总值实现 1 780.44 亿元，增长 10.7%，增速列全省第 2 位，其中：第一产业增加值 162.37 亿元，增长 4.3%，第二产业增加值 1 132.83 亿元，增长 12.1%，第三产业增加值 485.24 亿元，增长 9.5%，三次产业比例调整为 9.1：63.6：27.3。以“三大建设”为主要抓手推动经济在加快发展中转型升级，进一步夯实粤东交通枢纽地位，“空港、海港”两大经济引擎和 20 个重大产业园区增能增效，中德金属生态城建设上升为国家级示范项目，改革市区城市建设管理体制，实现工业化和城镇化双轮并驱，推动揭阳从跟进式发展向跨越式发展的转变。

在经济社会发展稳中有进的基础上，全市各级财政部门认真落实省委省政府、市委市政府的决策部署，深化财税体制改革，加强财政统筹管理，保持收支平稳运行，有效发挥了对揭阳经济社会发展的基础性和支撑性作用。2014 年全市地方公共财政预算收入完成 73.64 亿元，增长 10.42%，其中税收收入完成 49.65 亿元，增长 10.66%；全市地方公共财政预算支出完成 187.39 亿元，增长 14.44%。

一、以收支管理为主业，提高财政保障能力

跳出简单考虑收收支支的业务思维局限，注重围绕市委、市政府中心工作统筹整合和优化配置财力，提高财政保障能力。一是加强收入组织。主动帮助税务部门解决征管难题，加大存量税源监控力度，按照公平税负原则加强对欠收漏收企业的清理和征管，从扩面和挖潜两方面抓税收征缴。坚持以高度负责的态度解决历史遗留问题，推动加快“三旧”改造和存量土地处置，优化土地“招拍挂”流程，强化依法征收、应收尽收，促进财税增收。二是加强统筹安排。重视宏观思考，算大局账，在收支矛盾高度紧张的情况下，区分轻重缓急，合理调度安排，集中财力支持一批重大民生实事、重大基础设施、重大发展平台和重大产业项目建设。加大民生投入，提高财政资金支出的公共性和普惠性，全年全市民生类支出累计完成 148.8 亿元，占公共财政预算支出的比重为 79.4%。落实省 10 件民生实事支出 15.13 亿元，完成年度预算计划 110.48%。三是加强节支压支。结合党政转作风、转职能工作推动厉行节约、反对浪费工作。坚持源头严控，将“三公”经费预算在部门预算单列并严格执行定额标准和编制限额控制，确保全年“三公”经费预算只减不增。制订出台市直党政机关和事业单位会议费、差旅费、外宾接待经费管理办法。除中央、省政策明确规定和市委、市政府重大决策部署之外，从严控制新增支出安排，提高预算执行刚性。全年全

市党政机关及事业单位“三公”经费财政拨款支出同比下降13.44%。四是加强监测分析。强化综合经济部门思维，按照监测动态、分析趋势、预警风险等的要求，改进和加强预算执行监测分析工作，加强对财政经济形势研究和分析，对预算执行中存在的困难和问题，以及早研究谋划应对措施，确保财政收支运行良好。

二、以加快发展为首务，促进经济转型升级

坚持强化关键领域和改善薄弱环节两手抓，促进经济发展稳健提质。一是全力支持“三大建设”，促进经济在加快发展中调整结构。交通基础设施建设方面，落实1亿元以上大型项目在建期间税费分配制度，调整潮惠、汕湛、揭惠等高速公路在建期间税费分配，配合支持城投债发行工作，解决省市共建铁路和高速公路地方资本金出资问题，多渠道筹措资金支持交通运输重点项目和灾毁道路恢复重建，加快建设粤东交通枢纽。重大经济引擎和重点产业园区建设方面，出台大南海石化工业园财政管理体制方案，调整惠来LNG项目市与县收入分配比例，安排航空发展基金1 000万元支持潮汕机场拓展新航线业务，提升“两大引擎”集聚要素资源、带动产业投资的龙头效应；争取省产业园建设资金2亿元，通过股权投资方式支持产业转移园基础设施建设，提升园区承载能力和规模效应；争取省财政对中德金属生态城建设贷款给予财政贴息，帮助金属生态城获得建行3亿元额度内贷款，安排地方政府债券转贷资金4 474万元用于金属生态城连接公路项目建设，支持金属生态城打造国家级新型工业化示范区和国际高端合作试验区。中心城区扩容提质方面，完善市区土地征收和收入分配机制，研究出台支持空港起步区建设的政策措施，争取省粤东西北振兴发展股权基金支持空港新城基础设施和中央商务区总部项目建设，多渠道筹措资金支持市政基础设施建设及中心城区新一轮绿化建设，提高市区资源承载力、综合竞争力和辐射带动力。二是发挥财政杠杆作用，支持产业“引进”和“登高”，加快建设现代产业体系。强化产业经济思维，围绕产业发展的主导方向，整合和优化财政引导资金分配，全年统筹支持工贸产业发展资金超4亿元，支持打造重大产业平台和培育产业集群，提高产业规模效应。支持实施产业“登高”战略，市级财政安排投入扶持产业经济发展资金2 586万元，支持支柱产业和骨干企业加强技术研究和开发、组建产业协会、培育产业主体和开拓市场，引导优质要素资源向实体经济集聚，推动产业向中高端登高升级。出台军埔村电子商务企业贷款贴息和贷款风险补偿办法，筹集专项资金512万元用于发展电子商务，支持创建国家级电子商务示范城市。三是支持发展现代农业，加快转变农业发展方式，提高农业综合效益。落实各项财政惠农强农政策，全年全市安排农林水事务支出17.42亿元。支持加强以民生水利为重点农业基础设施建设，市财政筹措资金6亿元支持推进引韩供水、北河桥闸重建、农田水利工程和城乡治洪治涝保安工程等一批重点水利项目建设。争取省2012－2013年高标准农田补助资金4.5亿元，支持推进高标准农田建设，提高农业生产能力。支持推进现代农业建设，完成现代农业油茶产业带三年规划扫尾工程，安排资金支持省市共建“一镇一品”示范区，发展特色效应农业，提高农业经济效益。实施2013年度、2014年度农业综合开发项目14个，累计投资1.08亿元，提高农业生产能力和农业综合效益。

三、以改革创新为引领，深化财税体制改革

坚持把财政改革摆在经济社会发展大局中谋划推进，更好发挥财政改革对完善发展战略布局的支撑和引领作用。一是完善市区土地收入分配制度，支持改革市区城市建设管理体制。制订出台《市区土地征收及出让收入分配办法》，建立市、区合理土地收益分成分享与建设责任挂钩机制，支持建立健全城市建设管理事权与财权相匹配的管理体制，推动以放权各区为重点的市区城市建设管理体制改革，促进中心城区扩容提质。二是完善经济功能区财政管理体制，增强区域经济发展活力。制定出台《揭阳大南海石化工业区财政管理体制实施方案》，规范市与惠来县、工业区财政利益分配关系，合理划分市与工业区事权，增强体制调整协调性和激励性，增强区域经济发展活力。积极参与创新中德金属生态城管理体制创新，支持创建以国际高端合作和新型城镇化“双驱动”的产城建设模式。三是建立经济财政金融一体化分析制度，优化政府经济战略决策。与北大光华学院合作，探索建立经济财政金融综合一体化动态分析体系，编制揭阳市未来5年资产负债表和财政收入支出表，全面评估经济、财政和信用情况动态变化趋势，研究优化政府投融资机制，提高政府经济战略的合理性和可持续性。四是以完善预算管理制度为突破口，加快建立现代财政制度。细化预算编制，公共财政预算所有科目细化到“项”级。深化财政预决算信息公开，市级部门预算和“三公”经费预算公开的单位占全部预算单位的98%。制定出台《关于进一步加强揭阳市地方政府债务管理的意见》，创新地方政府性债务管理机制，加强债务风险甄别、防范和控制。

四、以维护稳定为底线，加大民生保障力度

加大财政投入力度，保障和改善民生。一是加强底线民生保障。全市各级财政共拨付各项底线民生资金10.62亿元，稳步提高各项底线民生保障水平，支持逐步建立起与经济社会发展水平相适应、覆盖城乡的底线民生保障体系。二是促进教育提质发展。全市教育经费支出53.88亿元，增长15.44%，完善农村义务教育经费保障机制，支持推进教育创强工作，提高基础教育质量。三是深化医药卫生体制改革。完善医疗保障政策体系，城乡居民医保补助水平提高到年人均320元。建立完善稳定长效补偿机制，支持推进公立医院综合改革，建立乡镇卫生院全日制医学本科医生津贴制度，提升基层医疗卫生机构服务能力。支持完善城乡居民大病保险制度，建立多层次医疗保障体系。四是稳定扩大劳动就业。完善促进普通高校毕业生就业创业的政策体系，支持推进劳动力培训转移就业，实施“十万电商人才创业培训工程”，服务产业转型升级。五是加强

扶贫工作。完善扶贫资金管理制度，推动扶贫开发“双到”深入开展，支持创新电商扶贫等长效扶贫形式。此外，公共文化服务、安居保障住房等民生投入继续加大，民生保障体系进一步健全。

五、以完善监管为抓手，规范财经工作秩序

坚持以推进法治财政建设为关键，加强财政监督管理。一是大力推进依法理财。强化依法行政工作责任制，落实行政决策集体讨论研究和重大决策法律咨询论证机制。清理行政职权和编制部门权责清单，合理界定部门权限，强化简政放权。二是强化预算执行管理。树立预算法定权威意识，严格预算执行管理，提高预算支出进度的均衡性和时效性。加强结余结转资金清理，盘活地方财政存量资金，提高财政统筹调度能力。三是加强财政监督检查。突出抓好财政专项资金的监督检查工作，重点开展省级财政专项资金、部分省级财政支农专项资金等自查和重点检查工作，保障各项财政稳增长、调结构、惠民生政策措施落到实处。四是完善内控监督体系。完善和规范财政资金拨付业务流程，加强业务流程衔接性和监督制衡力，提高资金拨付的时效性和安全性。制定实施《揭阳市财政局投资审核中心内部业务工作规程（暂行）》，降低审核风险。五是加强专项整治工作。集中力量抓好中央八项规定严肃财经纪律、“小金库”专项治理、违规使用财政专项资金、整治“三公”经费开支过大、严禁超预算或无预算安排支出等专项整治工作。

六、以作风建设为主线，加强干部队伍建设

结合开展教育实践活动，把从严从实要求贯彻到财政干部队伍建设的各个方面。一是加强思想政治建设。深入学习习近平总书记一系列重要讲话及党的十八届三中、四中全会等精神，提升干部队伍理论修养和综合素质。二是改进队伍工作作风。聚焦“四风”开展教育实践活动，推动建立改进作风建设长效机制。三是加强机关党的建设。树牢党建工作的主业意识，严格党内生活制度。四是加强党风廉政建设。严格落实党风廉政建设责任制，强化廉政风险防控，推进财政惩防体系建设。

（揭阳市财政局供稿，方松坚执笔）

云浮市

2014 年，云浮市面对复杂的经济形势，抓住省委省政府实施促进粤东西北地区振兴发展战略、佛山对口帮扶等重大发展机遇，迎难而上，积极作为，国民经济实现持续平稳较快发展。2014 年，云浮市生产总值（GDP）664 亿元，按可比价计算，比 2013 年增长 10.3%。其中，第一产业增加值 144.74 亿元，增长 4.1%，对 GDP 增长的贡献率为 7.8%；第二产业增加值 295.59 亿元，增长 14.6%，对 GDP 增长的贡献率为 68.9%；第三产业增加值 223.67 亿元，增长 7.5%，对 GDP 增长的贡献率为 23.3%。三次产业结构为 21.8：44.5：33.7。固定资产投资完成 738.09 亿元，比 2013 年增长 29.0%。社会消费品零售总额完成 228.49 亿元，同比增长 12.0%。居民消费价格指数为 101.6%，同比上涨 1.6 个百分点。全年外贸进出口总额 17.99 亿美元，同比增长 13.7%。其中进口总额 5.74 亿美元，同比增长 12.7%，出口总额 12.24 亿美元，同比增长 14.2%。年末金融机构本外币各项存款余额 826.3 亿元，比年初增加 81.4 亿元，增长 10.9%。2014 年全市全体居民人均可支配收入 14 061 元，同比增长 10.5%。其中：城镇常住居民人均可支配收入 18 679 元，同比增长 10.0%；农村常住居民人均可支配收入 11 067 元，同比增长 10.9%。人均居民储蓄存款达 23 518 元，同比增长 9.7%。

2014 年，云浮市各级财政部门紧紧围绕“跨越赶超、科学崛起”和建设美丽幸福新云浮目标，积极发挥财政稳增长、调结构、促改革、惠民生、防风险的职能作用，保障云浮经济社会各项事业全面发展。2014 年，全市一般公共预算收入 52.87 亿元，同比增收 7.11 亿元，增长 15.54%；其中税收收入完成 31.32 亿元，同比增长 11.70%，占一般公共预算收入的 59.24%。市级（含新区 2.18 亿元）一般公共预算收入 14.27 亿元，同比增收 2.02 亿元，增长 16.49%；其中税收收入完成 8.59 亿元，同比增长 12.43%，占一般公共预算收入的 60.20%。全市一般公共预算支出 133.14 亿元，同比增支 24.06 亿元，增长 22.06%。市级（含新区 3.63 亿元）一般公共预算支出 26.76 亿元，同比增支 10.04 亿元，增长 60.05%。

一、抓好收入，不断提高财政保障能力

全市各级财政部门切实增强主业意识，积极加强各收入部门抓收入、提质量的协调，严格规范税收征管行为，财政收入保持较快增长。2014 年，全市一般公共预算收入增长 15.54%，增幅在全省地市排名第 7 位，高于全省平均水平（14%）1.54 个百分点，高于粤东西北地区 12 市平均水平（13.19%）2.35 个百分点。市级一般公共预算收入增长 16.49%，增速在全省地市本级排名第 4 位，县级增幅也达到 15.19%，区域增长协调。

二、强化预算支出管理，落实社会各项事业支出

一是强化预算执行、均衡预算支出进度。增强预算执行的严肃性，提高预算执行的准确率，防止超预算或者无预算安排支出、年底突击花钱等现象发生。建立财政支出监控机制，对年内确实无法支出，该收回的坚决收回。加快支出预算执行，建立完善预算支出进度责任制和效能考核机制以及局领导分片抓支出进度制度，保障各项民生支出、重点支出尽快落实到位。二是狠抓厉行节约。认真贯彻落实中央“八项规定”、“约法三章”、会议费和“三公”经费实现“只减不增”，参照省的会议费、差旅费和外宾接待管理办法，经请示市政府同意，印发《云浮市市直党政机关和事业单位会议费管理办法》和《云浮市市直党政机

关和事业单位差旅费管理办法》，另外以转发文的形式，参照执行省因公临时出国管理办法以及外宾接待管理办法，严格规范“三公”经费、会议费支出。2014 年，全市财政拨款实际执行的会议费和“三公”经费支出同比下降 27.92%。

三、重点保障和改善民生，不断加强城乡统筹发展

全市各级财政部门积极优化和调整支出结构，着力落实保障民生基本政策措施，大力推进基本公共服务均等化，进一步提高农村地区公共服务能力。一是着力保障底线民生支出足额及时落实。2014 年，全市投入底线民生支出 3.04 亿元，占公共财政支出的 2.45%。二是着力保障十件民生实事。2014 年，全市各级财政（含上级资金）共拨付资金 32.38 亿元落实和配合实施市十件民生实事工作。三是着力保障基本民生。2014 年，教育、文化体育与传媒、社会保障和就业、医疗卫生与计划生育、节能环保、住房保障等民生类支出 86.11 亿元，增长 13.07%，占公共财政预算支出 69.47%。四是落实财政支农政策，推动城乡协调发展。2014 年，全市发放种粮直补、农资综合直补补贴资金 1.28 亿元；全市公共财政预算支出用于农林水支出 11.66 亿元，同比增长 12.44%。

四、发挥财政杠杆引导作用，促进经济稳定增长和发展方式转变

注重发挥财政资金、政策的导向作用，在支持经济稳定增长的同时，推进经济结构战略性调整，加快经济发展方式转变。一是落实稳增长。按照省财政厅《关于财政支持稳定经济增长的政策措施》，研究云浮市财政落实措施，主动对接争取项目和资金支持，2014 年，省财政厅下拨云浮市各项资金 66.17 亿元，比 2013 年增加 10.05 亿元，增长了 17.91%。同时，综合运用财政资金及政策手段，2014 年拨付 3.36 亿元支持云浮市产业园区、重点项目、重点产业发展，拨付 8 887 万元支持云浮市中小企业发展，促进经济平稳健康运行。二是优化发展环境。积极落实营改增工作，继续做好云浮市营业税改征增值税过渡性财政扶持资金汇总清算工作，扩大范围到电信企业。优化再造行政审批流程，2014 年取消 4 项行政审批事项，保留的行政审批事项缩减为 11 项，同时设立“综合审批服务平台”实行所有行政审批事项集中管理、集中服务，实现“一个窗口许可”。进一步抓好网上办事大厅建设，进驻网上办事大厅的事项总数达到 17 项，2014 年共受理事项 1 080 件，办结 1 077 件，办结率为 99.56%。三是盘活财政存量资金。进一步激活财政存量资金，统筹用好财政基建资金、地方政府债券资金、融资平台，全力支持“交通基础设施建设、园区扩能增效、城市扩容提质”三大会战，集中财力用于云浮新区建设等重点领域和关键环节。

五、深化财政改革，健全财政管理机制

一是完善政府预算管理体系。拟订《云浮市市级国有资本经营预算试行办法》并报市政府印发执行，正式开展市级国有资本经营预算试编工作。深入推进预决算信息公开，明确预决算信息公开时间，规范预决算公开格式，并落实预决算信息公开主体责任，加强对各部门预决算信息公开工作指导。全市各级政府财政均已通过政府门户网站等形式对本年度财政总预算和“三公”经费总预算进行公开。除涉密单位不公开外，市直预算单位均已公开本年度部门预决算和“三公”经费预决算。二是深入推进财政国库集中支付管理。实现四个 100%，即：全市各级预算单位 100% 纳入国库集中支付，市级财务核算监管预算单位 100% 上线，全市各级预算单位 100% 纳入公务卡改革，全市各级预算单位 100% 纳入预算执行动态监控。2014 年，全市纳入国库集中支付金额 76.2 亿元（其中直接支付 52.8 亿元，授权支付 23.4 亿元），比 2013 年同期 1.8 亿元，增长 2.4%。全市预算执行动态监控系统发现疑点数量为 64 705 个，均已处理，处理率为 100%。三是深入推进绩效评价改革。引进第三方评价财政支出使用绩效；对 2012－2013 年度市级财政 146 个项目支出进行了绩效评价，资金总额 6.62 亿元。四是探索开展经营性财政资金股权投资管理改革，实现财政资金良性循环和保值增值。拟订《关于市财政经营性资金实施股权投资管理的意见（试行）》以及《市财政经营性资金实施股权投资管理操作规程（试行）》，实施范围涉及注入资本金类、产业扶持类、补助园区类、公益性重大科技攻关等项目资金。五是积极推进政府向社会组织购买社会服务改革。完善市级政府向社会组织购买服务目录。

六、强化财政监督管理，进一步推进依法理财

一是进一步加强财政监督。组织对 2013 年教科文、社保、工贸、农业、综合、行政政法、外经金融线口省级财政资金自查。共自查七大线口省级下达的财政资金 15.95 亿元，资金到位（市本级）15.95 亿元。组织开展了 2013 年教育财政专项资金、市技工学校国家助学金和免学费补助资金、自然灾害生活补助资金、2013 年度工贸和外经线口省级财政专项资金的检查，根据检查存在的问题，及时督促进行了整改。并开展了全市土地出让金收支管理自查自纠工作以及对全市历年专项资金未拨付情况调查摸底。二是认真开展专项整治行动。按照市委、市政府“四风”整改方案要求，牵头落实建立稳定的基层组织运转和基本公共服务经费保障制度，加大对公务用车使用的监督管理，严格公务消费活动标准，进一步清理和规范市直部门和各县（市、区）的节庆论坛展会活动，严格落实各项资金管理，进一步加强“三公”经费管理，进一步加强公务用车管理等 7 项工作。同时，牵头开展了整治超标配备公车，整治“三公”经费开支过大，整治“吃空响”三项工作等 3 个专项整治行动。并按省委开展专项整治行动的部署，牵头开展了云浮市整治“小金库”和违规使用财政专项资金，整治超预算或无预算安排支出，严格公务接待标准，整治超标配备公车和严格公车经费支出 4 个专项整治行动。三是进一步规范政府采购管理。进一步规范政府采购行为，

调整了云浮市2014年政府集中采购目录及政府采购限额标准；推进政府采购领域诚信建设，在全省政府采购领域第一个引入使用企业信用报告，2014年引用51件信用报告；进一步规范评审专家执业行为，举办了全市政府采购评审专家暨启用语音抽取评审专家系统培训班，将全市政府采购评审专家扩容至181人，全面启动运行采购评审专家自动语音抽取系统，可远程抽取省级及其他地市的专家。四是进一步强化财政投资评审职能。进一步细化审核流程各环节管理要求，制定了限时审结、审核进程跟踪督察机制度、评审争议分级分层次及时解决制度、复核复审定期考核制度等一系列操作流程。同时，规范中介评审行为，落实对中介机构考核，完善委托评审相关制度，加强对社会中介机构的日常监督管理，确保投资评审质量稳步提高。2014年审结市本级政府投资项目131项，核定金额19.4亿元，其中，预算项目有36个，核定金额为17.72亿元，结算项目有95个，核定金额为1.68亿元，核减2 637万元，核减率达到13.55%。五是加强地方政府性债务管理。加强还本付息管理，及时追缴各县（市、区）财政部门到期的省政府债券本息，按时缴付2013年政府债券本息5 146万元。加大政府性债务风险的防控力度，加强和完善债务管理的基础信息工作，按新预算法、国发〔2014〕43号文件和45号文件要求，做好地方政府存量债务清理甄别工作，清理存量债务，甄别政府债务，同时，加快研究化解债务措施，防范化解财政风险。六是加强公务用车管理。开展公车专项整治行动，全面整治超标配备公车等违规行为，暂停购置一般公务用车，严格控制配备更新执法执勤用车和特殊用车，进一步压缩公车消费。2014年全市配备公务用车比2013年下降42%，全市违规公务用车100%清理清退。

七、扎实开展好党的群众路线教育实践活动，不断优化机关工作作风

严格按照省、市要求，扎实推进教育实践活动，认真落实“规定动作”和“自选动作”，实现了预期目标。一是组织多种高质学习教育。组织开展“三个讲一次”学习讨论活动、“走进基层”、“惠民纾困”专题调研等教育活动，全局党员干部深入基层，开展调查研究，宣传政策法规，了解群众心声。二是广泛深入查找问题。坚持领导带头，通过上门走访、召开座谈会、征询部门、网上征求意见等方式，“走出去、请进来”广泛征求意见。共发放征求意见表400多份，累计征集到意见建议214条、存在问题29个，整理形成了全局存在的“四风”问题14个。坚持深入开展“五查五改”自我剖析活动、深入开展“一对一、面对面”谈心谈话活动，全面深入查找问题。完成“两会一评议”工作。三是落实措施，全面建章立制。制订整改方案，明确了5个方面的35项整改措施，着力建好整改台账，整改时限在年内的21项整改措施已落实到位，整改时限为长期性的14项整改措施，也已细化整改目标和整改措施，有步骤、分阶段地加以推进。在对全局现有制度进行梳理的基础上，着力建立健全了8个方面的36项制度。

（云浮市财政局供稿，邝丽芳执笔）

第五部分

市县财政工作专题

广州市

深化财政绩效管理改革

2014 年，广州市深化财政绩效管理改革，推进全过程预算绩效管理，制定《广州市预算绩效管理办法》，将绩效管理融入预算编制执行的各个环节，加强财政资金预算科学化、精细化管理，强化支出责任和效率，财政资金使用效益不断提高。

一、夯实预算绩效管理基础

1. 构建预算绩效管理制度体系。经市政府同意，广州市财政局印发了《广州市预算绩效管理办法》，全面推进预算绩效管理改革。办法规定了预算绩效管理的工作环节和保障措施，明确了各部门绩效管理职责，为全面推进预算绩效管理改革提供了制度保障。同时，为落实该办法，市财政局修订了《广州市财政局预算绩效管理工作规程》，进一步明确了该局内部处室之间的职责分工，理顺了预算绩效管理工作流程。

2. 完善预算绩效管理平台。一是完善绩效评价指标体系。通过对不同项目的绩效评价积累个性化指标，不断丰富绩效评价指标体系。二是市财政局制定了《广州市财政绩效管理专家管理办法（试行）》，规范专家聘用选用行为，不断扩大专家库规模和完善专家库管理，加强专家的评价考核机制，建立专家退出机制。三是绩效管理信息系统全面投入使用，系统覆盖了绩效目标、过程监督、绩效评价等绩效管理主要业务环节，实现了绩效管理数据处理的电子化和网络化，提高了绩效管理工作的质量和效率。

二、完善预算绩效管理机制

按照“预算编制有目标、预算执行有监控、预算完成有评价、评价结果有应用”的要求，推进全过程预算绩效管理，力求在关键环节有所突破。

1. 完善目标管理。加大绩效管理与预算编制相结合力度，聘请25位绩效管理专家组成评审小组，对 2015 年部门预算项目实施绩效评审，评审项目由 2014 年的 10 个增至 30 个（财政资金 11.56 亿元），审核重点向教育、卫生等民生支出延伸。经审核，共核减资金 7 810 万元。评审中邀请“两代表一委员”参与，增强评审的透明度。同时，继续将绩效目标申报作为预算申报的必要条件，加强绩效目标审核，提高绩效目标申报的规范性、客观性和准确性，为开展绩效管理工作奠定坚实基础。

2. 加强运行监控。通过绩效管理系统采集绩效运行信息，及时了解项目进展情况，结合财政支出进度，对项目绩效运行情况进行汇总分析，重点监控财政支出进度较慢的项目，对去年试点进行绩效预算评审的 10 个项目进行了跟踪监控。督促预算部门按计划使用财政资金，项目因故无法开展或绩效目标发生变化的，及时收回或调整财政资金。

3. 突出评价重点。一是大幅提高评价资金总量，全年评价资金总额约 87 亿元，比上年增加 37 亿元，增长 74%。二是构建多元化评价体系，对全市 34 个部门的 48 个项目开展绩效评价，涉及财政资金 12 亿元；对市国土房管局、市水务局 2 个部门开展整体支出绩效评价，涉及财政资金 27 亿元。三是突出对重点投资项目、民生项目等重点领域的评价，选取“民办教育发展专项”等 8 个项目开展第三方评价，涉及财政资金 48 亿元，深入分析项目的绩效与问题。同时，为推进广州市“三公”经费监督和公开工作，市财政局以市外经贸局等四个部门的 2013 年度出国（境）经费评价为试点，率先在国内探索开展“三公”经费绩效评价工作。评价涉及财政资金 702 万元，占市本级出国（境）经费支出总额 12.89%。评价试点工作为提高广州市“三公”经费使用管理透明度，建“三公”经费绩效评价机制，拓宽绩效评价工作路径提供了有力支持。

4. 加大应用力度。一是切实加强对绩效评价反映出来问题的整改落实。针对去年进行第三方评价的“森林生态效益补偿”等 6 个项目，发文督促有关部门及时整改，市林业与园林局等 6 个部门均报送了整改落实情况。二是加大绩效评价情况向社会公开的力度，主动接受社会监督。首次在市财政局网站公布了 2012 年、2013 年共 11 个项目的第三方评价报告，媒体给予了积极评价 。三是将绩效评价结果作为安排下年度预算的重要参考依据。

三、评价结果

总体看，今年广州市财政资金在稳增长、调结构、促转型、惠民生的各项工作中发挥了良好作用，财政支出绩效明显，被评价部门和项目评价等级“优”、“良”率近九成。各部门逐渐明确了绩效优先的管理思路，一些部门建立了绩效考核制度，将绩效管理与加强日常工作结合起来，不断提高财政资金的使用效益。但也存在着一些部门对绩效管理不重视，未真正树立起绩效理念，绩效管理工作开展不均衡，进展缓慢等问题。

具体评价结果：一是48个绩效自评项目的绩效等级为：4个优，38个良，4个中，2个低。二是市国土房管局、市水务局2个部门整体财政支出绩效等级均为良。三是市外经贸局等四个市直部门2013年度出国（境）经费支出绩效等级为3个良，1个中。四是“民办教育发展专项”等8个项目第三方评价的绩效等级为4个良，3个中，1个低。

四、下一步改革思路

推进预算绩效管理是深化财政体制改革、深化预算管理改革的一项重要内容。新修订出台的《预算法》中明确规定各级预算的编制应当遵循“讲求绩效”的原则，并对绩效目标、绩效评价等方面做出了具体规定，为推进预算绩效管理改革明确了方向。国务院《关于深化预算管理制度改革的决定》（国发〔2014〕45号）强调“全面推进预算绩效管理工作，强化支出责任和效率意识，逐步将绩效管理范围覆盖各级预算单位和所有财政资金”。

下一步，广州市将以深入贯彻落实《预算法》、国务院《关于深化预算管理制度改革的决定》为抓手，切实加强宣传培训力度，进一步完善预算绩效管理机制，深入开展“绩效财政”建设，开创工作新局面：

1. 定制度，完善绩效管理体系。加强宣传培训，积极贯彻《广州市预算绩效管理办法》，并在此基础上建立绩效目标管理、绩效监控、绩效评价结果及应用、中介机构管理等一系列配套制度、规范及实施细则，为各部门、各区顺利开展工作提供明确指引，促进广州市绩效管理工作向制度化、规范化发展。

2. 搭平台，夯实绩效管理基础。一是规范中介机构、绩效管理专家管理。落实《广州市财政绩效管理专家管理办法（试行）》，不断充实专家队伍，加强业务培训；建立考评机制，对中介机构和专家的表现予以打分。二是完善指标体系及指标库的建设。逐步建立和完善共性、各行业的通用指标标准，同时依托往年绩效评价、绩效目标监测的信息，继续扩充指标库的绩效指标。三是充分利用绩效管理系统，优化工作流程，实现绩效信息的动态管理。

3. 重监管，健全绩效管理机制。一是继续深入加强绩效目标管理。加大绩效目标审核力度，试点对2015年开展绩效预算评审的30个项目进行绩效目标批复、公开。二是充实绩效运行监控内容。完善绩效运行监控表，加大对重点项目监控力度，及时发现项目执行中存在的问题并予以纠正。三是扩展绩效评价范围。加强与市人大预算工委、市审计局的沟通，及早启动绩效管理项目的筛选，重点关注债务投资项目、十件民生实事、人大重点审议部门预算等支出，创新重点评价模式，重点评价及第三方评价力争多出精品。

4. 促应用，提升结果使用效能。一是加大绩效评价结果的公开力度，除继续做好第三方评价结果公开外，单位自评结果和部门评价结果也将适时公开；二是将评价结果作为预算编制的重要参考依据；三是落实整改制度，对于绩效评价中发现的问题，督促各部门制定落实相应的整改措施，并将整改情况反馈财政部门；四是健全考核机制，加强对各区、各部门绩效管理工作推进情况的考核，提高绩效评价结果的约束力。

5. 抓落实，提高绩效管理水平。通过制定绩效管理工作中长期发展规划，加强宣传引导，健全管理体系，加大考核力度等措施，引导各部门、各区找准工作切入点，深入开展预算绩效管理工作，全面提升广州市绩效管理水平。

（广州市财政局供稿　杜川执笔）

深圳市

管好养命钱　提高社保基金增值率

2014 年底，深圳市社保基金规模达 3 000 亿元。为了把这笔庞大的资金管好用好，实现安全、规范、保值增值的管理目标；为了让社保基金在现有的制度框架下公开透明地运作，使其最大限度地支持深圳经济的发展，深圳市财政委员会就社保基金的存放管理做了积极探索。

一、制定公开、透明的社保基金存放制度

随着社保覆盖面不断扩大，参保率逐年提高，扩面空间越来越小，参保人数增速趋缓，利息收入未来将成为影响社保基金收入增长的重要因素，其贡献度仅次于缴费收入。根据国家相关法律规定，社保基金只能存放银行或购买国债。而且，存放银行时，被现行理财“宝宝”们广泛使用的协议存款模式也不适用，只能以定期存款或者活期存款的方式存放。因此，如何存款，便成了深圳社保基金运作的核心问题；这也使社保基金成为各家商业银行积极盯抢的重要政府资源。

为了适应深圳市社会保障事业发展的需要，规范和创新社保基金存放商业银行管理模式，保障社保基金安全、完整和保值增值，“深圳社保基金存放商业银行改革方案”悄然酝酿。深圳市财政委员会主任乔家华反复向方案起草小组强调：“改革后财政在社保基金分存上不得有人为因素。”杜绝人为因素，把权力关进制度的笼子里，这就是深圳社保基金管理改革的基本思路。

深圳市财政委会同相关部门，经过多次沟通、反复研究，在保障社保基金安全规范的前提下，创新管理模式，探索建立社保基金存放商业银行评价激励机制。对社保基金存放商业银行按量化指标评分进行存款分配，做到社保基金存款分配的客观、公正、透明，引导商业银行加大对地方经济发展的支持力度，促进商业银行不断提升自身水平，提高社保业务服务质量，确保社保基金安全规范、保值增值。

改革前，社保基金基本上是平均分存于各家银行，对基金保值增值作用不够明显，也不能有效调动银行的服务积极性。财政专户剩余资金由社保经办机构在下半月向财政部门申请办理活期转存定期存款。

改革后，各家商业银行的分存比例将严格地由“某商业银行总得分/各商业银行总得分之和”这样的公式计算而来。其中最重要的“某商业银行总得分”由 4 类指标评分相加形成，其中，“可靠性指标评分”由市银监局根据各银行资金流动性、管理和内部控制、总行支持度、盈利性、资产安全性等指标进行评分；“贡献度指标评分”由市税务局、市银监局、金融发展决策咨询委员会根据各银行在深圳市实际缴纳的税收总额、贷款数额及对深圳企业贷款比重、营业网点数量、金融产品创新能力等指标进行评分；“保值增值指标评分”由社保基金在各银行的定期存款期限、各银行履行优惠利率情况和是否按规定计息等指标进行评分；“社保服务度指标评分”由市社保局根据各银行对参保单位或个人的社保业务服务数量、质量以及拓展社保业务方面的创新等指标进行评分。

这项新的分存方案涉及 4 类指标、近 20 个细项，每一分项评分都由相关主管部门根据客观数据得出，最大限度地屏除了人为因素的介入。

令人多少有些意外的是，每年涉及 500 亿元巨额增量资金的分存方案，顺利被各家商业银行接受，平稳运行。深圳建行相关部门负责人认为：“通过大半年来的实际操作，给我们印象最深的不是各家银行之间利益格局的调整，而是新方案充分考虑到了银行的流动性管理要求，兼顾社保基金管理的安全性、流动性、效益性等各种潜在因素，即便有一些增量上的调整，也是通过一套规范的评分制度进行，让我们心服口服。”

二、规范社保基金保值增值工作的管理流程

一是根据社保基金收、支、结余情况，按月制定活期转存定期方案。社保基金保值增值工作是在确保社会保险待遇及时足额发放的前提下进行的，做好社保基金保值增值工作首先应全面准确地掌握社保基金收入、支出、结存情况。社保经办部门按月将社保基金收入上缴财政专户后，财政部门根据各险种预算支出情况及支出户余额，审核后拨付周转金，同时及时将财政专户剩余资金全部及时转存定期存款，已办理的定期存款到期后除特殊情况外，均于到期当日办理续存。

二是做好各险种的存期规划。综合考虑社保基金各险

种特点、收支结余情况，针对社保基金不同险种制定不同存期的定期存款计划。实时跟踪各险种收、支预算执行情况，及时调整各险种存期，尽量减少活期存款的余额。

三是严格按照评价体系，确定社保基金在各开户银行的分配额度。财政部门向银行业管理部门、地税部门、金融发展决策咨询委员会等相关部门收集各商业银行的年度风险评级结果、贷款规模情况、在深缴纳税收情况以及金融创新奖等资料信息。根据各项指标分值及权重，分别计算各商业银行的得分。根据各社保基金财政专户开户银行的评价分值占总分值的比重，确定财政存款在各商业银行的存放比例。

三、不断优化存款结构，提高社保基金收益水平

深圳市社保基金累计结余较大，其存储期限选择对社保基金保值增值的影响很大。为提高社保基金保值增值收益水平，增强社保基金保障能力，深圳市财政委员会根据根据经济发展形势，认真分析利率调整趋势，不断优化社保基金存款结构。如2011年初，根据国际国内经济发展形势以及利率走势，多次组织相关领域专家召开社保基金保值增值研讨会，综合分析宏观经济形势和利率走势，采取了将社保基金先转存半年再转存三年或五年的定存模式，成功渡过了加息周期，将大部分社保基金于高位利率办理定期存款，大大提高了社保基金整体收益水平。社保基金存储做到了统筹兼顾、科学安排，及时转存，结构合理，既保证社保待遇支付，又确保社保基金的保值增值。

经过不懈努力，深圳市社保基金银行存款结构日趋优化，截至2014年12月31日，社保基金活期存款占2.03%；一年期存款占0.53%；两年期存款占0.04%；三年期存款占11.93%；五年期存款占85.46%。基金整体收益水平不断提高，社保基金保障能力不断加强。

（深圳市财政委员会供稿，马迁执笔）

力推六个方面改革创新　促进政府采购提质提效

2014年，深圳市财政委员会深入贯彻落实市领导批示精神，紧密结合党的十八届三中全会精神以及市委、市政府的改革工作部署，会同相关部门重点推进六个方面的改革创新，促进政府采购提质提效。

一、全面实行“商场供货（含电商）+网上竞价”改革

从2014年4月1日起，深圳市财政委员会和市政府采购中心对市本级通用类货物采购取消原有的协议采购和预选供应商采购，按照市场可选、价格可比、耗材通用、公务采购卡支付的原则全面推进商场供货改革，将4大类，138种通用类商品纳入商场供货，以预算配置标准代替需求标准，以合理分档代替控管制约，以商场供货代替一事一招，以厘清财政与部门间职责代替财政部门责任包揽。9月15日起又引入电商平台，进一步丰富政府采购的渠道。通过推行商场供货、引入电商的改革，搭建了公开竞争、完全透明化的采购平台，政府采购的货物即是商场和电商向普通市民销售的货物，政府采购的价格均按照商场和电商承诺在市场价的基础上享有一定的折让，有效预防单一利益衔接。另外，合法代理商均可以参与竞价采购，实质性响应的低报价者中标。通过这些措施，切实解决协议采购价格虚高、公开招标时间过长、特供商品无法比价等问题。同时为加快支付进度，规范支付行为，深圳还在全国率先推行了公务采购卡结算。

二、全面推进公开招标项目实行评定分离改革

为了提升政府采购的质量和满意度，促进评审和定标的规范化，进一步明确各方的职责和义务，保护当事人的合法权益，提高政府采购的效率，深圳市财政委员会出台了《深圳市政府采购评标定标分离管理暂行办法》，从2014年4月1日起，在公开招标项目中全面推行评定分离改革。由专家组成的评审委员会只评标不定标，定标的权利和责任同步回归至采购人，采购人对定标结果负责。三种评标方法（综合评分法、定性评审法、最低价法）和三种定标方法（自定法、抽签法、竞价法）分品目按菜单式选择搭配，在招标文件中写明拟采用的评标方法和定标方法，通过公开方式告知所有潜在供应商，对评标过程实行全过程记录，对评标定标结果实行全面公开。

三、全面改进高等院校和科研机构政府采购工作

为进一步强化专业采购，为科研和大学的发展提供更

强有力的支持，深圳市财政委员会出台了进一步落实政府采购对高等院校和科研机构的扶持政策，并将相关内容列入2014年度白皮书工作任务。一是将科研设备类采购项目的自行采购上限从20万元提高到50万元；二是对200万元以下公开招标或公开征集谈判失败的项目，市政府采购中心或社会采购代理机构根据评委会的意见审查决定是否转为非公开招标方式采购，并经市政府采购中心行政首长或社会采购代理机构法定代表人签字确认后予以实施，采购活动结束后定期报市财政委备案，不需事前报财政部门审批；三是允许高等院校和科研机构一次性全额申报科研设备类项目采购计划，提前实施采购；四是"合二为一"简化进口产品项目论证；五是实行后备案和后评估的绩效监管。

四、着力推动医用通用耗材的批量集中采购和战略合作

2014年，深圳市财政委员会和市政府采购中心联合市医管中心，结合市属公立医院的实际，选取了5种（一次性注射器、一次性采血针、采血管、一次性输液器、干式胶片）临床应用普遍、采购数量和金额较大的通用医疗耗材，在市本级公立医院范围内试点批量集中采购。制定印发了《通用医疗耗材批量政府采购工作试行方案》，对工作原则、组织管理、批量采购目录、供应商资质、采购流程、评审专家的组成及使用、监督管理等方面内容进行了明确和规范。为使批量采购顺利成功，专门召开了"医用通用医疗耗材批量采购项目推介绍会"。另外，深圳市财政委员会还研究选取部分医疗设备实行战略合作伙伴，真正发挥规模效应，实现最低价采购。

五、着力优化进口产品审批制度改革

深圳市财政委员会印发了《关于进一步改进政府采购进口产品管理有关事项的通知》，明确各单位在申请政府采购进口产品时，不需再组织专家论证，只需填写政府采购进口产品申请表，具体说明采购项目的立项情况、预算安排、设备用途、采购理由等，详细列明拟购买进口设备的技术参数、数量及所含配件数量，国内外产品在性能、价格、技术指标方面的对比情况等，然后统一由财政部门组织独立的第三方专家对项目预算的合理性、需求的公平性以及进口的替代性等进行论证。财政部门组织的第三方专家论证频次由原来的每月一次改为每旬一次，遇重大、紧急项目即来即论即审。

深圳市财政委员会联合市卫生计生委印发了《2014年深圳市政府采购医疗设备控制类进口产品目录》（13类医疗设备）和《2014年深圳市政府采购医疗设备允许类进口产品目录》（14类医疗设备），以正面清单来提高行政审批效率，以负面清单来控制审批范围。通过清单制度和第三方专家"二合一"独立论证制度，充分发挥政府采购政策引导功能，扶持我国（尤其是深圳市）创新型企业的发展，减少审批流程，提高采购效率。预算金额在50万元以下的教学科研设备类项目，由高等院校和科研机构自主决定是否购买进口产品，无须报财政部门审批。

六、着力优化政府采购预算管理模式

为进一步提升政府采购效率，推动政府采购管理的科学化和规范化，深圳市财政委员会推行项目库和政府采购预算管理方式改革。采购单位采购项目成熟一个申报一个，常年申报、滚动管理、分散审核，解决因集中审核人手不够造成审核质量不高、工作效率较低的问题。采购项目实行虚拟指标和实际指标双重管理，采购资金分年度滚动安排，年度常规性采购项目可提前下达虚拟指标实施采购，甚至可在新年度开始前，完成除履约和支付以外的其他采购程序。

（深圳市财政委员会供稿，汪勇执笔）

探索区级政府预算规范化透明化

预算是公共财政的基石，做好部门预算编制无疑成为适应新常态、顺应新形势、解决新问题的关键环节。2013年以来，深圳市罗湖区在部门预算的规范化透明化方面进行了一些尝试和探索，并取得积极成果。

深圳市罗湖区是深圳市的最早建成区，辖区总面积78.75平方公里，其中建成区面积34.74平方公里，其余主要为深圳水源保护区和梧桐山森林保护区，下辖10个街道办事处，财政预算单位176个（含学校及自收自支单位）。

2014年，罗湖区财政总收入84.9亿元，其中94.5%为税收收入。作为深圳最早的建成区，在经历了多年开发建设后，罗湖在土地资源、产业空间、市政基础、城市管理、行政效能、社会建设等各个方面都面临着一些现实困难，需要大量的资金投入推动城市更新、产业发展和民生改善。而另一方面，罗湖又面临辖区税收增长幅度减缓，纳税大户持续外迁以及“营改增”以后个体工商户（小型微型企业）纳税额减少的现实。如何把有限的财政资金发挥最大化效益，是罗湖区委区政府一直在思考和探索的问题。从源头抓起，推进预算编制科学化、规范化、透明化，就是罗湖的解决方案之一。

一、主要做法

党的十八大特别是十八届三中全会以来，从法律到规定，从体制到政策，从存量到增量，从体系到科目，财政改革的广度、深度、强度前所未有。罗湖区有关部门认为，财政工作面临十大“新常态”：（1）收入由约束性向预期性转变；（2）支出进度慢于时序；（3）结余结转有比例要求；（4）以拨代支行不通；（5）存量资金要盘活；（6）滚动预算管三年；（7）稳定调节有限额；（8）财政专户逐年减少；（9）预算信息全公开；（10）监督力度年年增。在观念转变之后，根据新修改的预算法第45条“县、自治县、不设区的市、市辖区、乡、民族乡、镇的人民代表大会举行会议审查预算草案前，应当采用多种形式、组织本级人民代表大会代表，听取选民和社会各界的意见”，罗湖区积极探索项目支出规范化透明化的途径。

（一）政府投资的民生项目人大代表票决制

政府投资民生项目代表票决，就是把政府财政投资的民生项目的决定权交给人大代表，由人大代表投票来决定民生项目计划安排。基本的程序：一是政府投资的民生项目申报前，申报部门要问需人大代表和群众；二是申报后民生项目交罗湖区人大财经工委预审，并组织代表进行深入调研；三是由罗湖区人大召开评估论证会，组织人大代表报名，邀请市民代表和行业专家参加。各申报部门竞争性陈述项目必要性可行性，与会者现场提问互动、辩论交锋，最后代表票决，根据框定的预算盘子，按照票决结果决定纳入年度计划的民生项目，和其他政府投资计划一同提交人大会议表决。

这项工作于2013年开始试行。2013年，资金规模达1.85亿的41个民生项目交代表票决，23个入围，18项落选。2014年，罗湖区政府修订《关于完善政府投资项目决策运行机制的实施办法》，罗湖区人大出台《罗湖区人大常委会关于对区政府投资民生项目决策运行机制落实进行监督的工作意见》，形成常态化机制。2014年，各部门提交的民生项目共18项，年度需求1.82亿元，未超出预算盘子，评估论证会对是否同意民生项目安排逐项进行票决。

对老旧住宅区整治专项资金分配进行竞争性的票决就是一个典型。2013年，罗湖区住建局曾经申报过老旧住宅区的整治项目，其公平性受到质疑，没能通过票决。2015年度整治资金安排3 000万元，资金分配采取了人大作裁判员、政府搭台、基层社会组织和群众唱戏模式，以体现公平性并促进基层群众自治意识提升。首先，发动业主委员会、居委会或居民代表自行申报整治项目；其次，人大代表进社区调研，对老旧住宅区进行全面走访；最后，50个老旧住宅区申报项目，总需求4 121万元。经过竞争性陈述辩论及代表打分，41个老旧住宅区纳入项目安排，9个落选。

（二）部门预算参与式阳光审查

部门预算的参与式阳光审查，就是在部门预算编制阶段由罗湖区人大常委会搭建多个层面的征求意见平台，发挥代表主体作用，以多种形式组织代表和社会广泛参与预算审查监督，让预算编制广纳民意，更加科学透明。2014年，首先在罗湖区经济促进局、罗湖区民政局、清水河街道办事处三部门进行试点。具体做法是：首先从三个层面广泛征求意见，即人大代表进社区联系走访选民，街道代表联组在街道辖区召开征求意见座谈会，人大机关成立三个工作小组召开相关行业、相关利益群体的恳谈会。在此基础上，召开人大代表、市民群众共同参与的阳光审查民主恳谈会，各方把前期调研了解的意见带到会上，与三部门负责人进行面对面交流。之后，三部门根据各方意见提出修改报告，经人大常委会议审议通过，和其他部门预算一并提交罗湖区人大会议审议表决。部门预算全年执行情况，罗湖区人大要进行全过程跟踪监督，并进行审计，确保执行过程不走样。

（三）加强预算执行的监督检查

一是加强对预算执行的跟踪监督。财政等部门定期向人大财经工委报告预算执行情况及存在问题，人大财经工委据此作好调研并向主任会议汇报。对于预算调整，超收资金使用，政府提前向人大汇报，作出充分说明。二是开展部门预算执行情况检查，实行部门预算执行情况问责制。人大每年组织财政、审计等部门开展部门预算执行情况抽查，对部门预算编制、执行情况进行评估，以提高预算编制的科学性和执行的严肃性。突破部门预算且数额较多的部门（单位）的主要负责人，须向人大作出说明。三是强化对重点项目和专项资金的监督。人大每年委托审计部门对若干重点项目和专项资金进行绩效审计，审计部门如实作出审计报告，向常委会汇报。审计报告发至全体人大代表，并依法向社会公开。

二、主要成效

（一）改变了政府决策运行机制，倒逼政府部门改进工作作风

通过民生项目代表票决和部门预算参与式阳光审查，政府的决策由少数人决策走向多数人参与决策，从内部决

策走向公开的决策，从对上负责的决策走向对市民群众负责的决策。促使政府部门改进工作作风，把决策的科学性、惠民性放在首位，不能做“拍脑袋”的决定，做形象工程。

（二）部门预算监督力度大，工作效果明显

罗湖区经济促进局、罗湖区民政局、清水河街道办事处3家“参与式阳光预算”试点单位充分采纳了各界合理的意见建议，修改项目达31条。如罗湖区经济促进局采纳了关于扶持商贸企业电商平台建设、鼓励互联网金融创新等建议，相应地调整了项目的预算安排。罗湖区民政局对后勤、有偿新闻以及会务等经费进行了压缩，其中代表较为关注的结对帮扶表彰大会经费由原50万元减为39万元，向老龄事务、社区服务等民生领域倾斜。清水河街道办事处则增加了文体事务的工作经费。

（三）各界广泛关注，社会反响好

全国人大财经工委副主任尹中卿对深圳市罗湖区的做法给予充分肯定。他在接受深圳卫视记者采访时说：“罗湖的经验符合基层民主、民众有序参与公共事务的大方向，值得推广……深圳在经济体制改革方面发挥了排头兵的作用，同样期待预算法实施后的深圳，为预算管理监督提供新的起点。”南方日报、深圳各媒体都给予宣传报道。南方日报、深圳各媒体、全国人大刊物《中国人大》、广东省人大《人民之声》都给予了报道，深圳卫视《法观天下》通过五期节目，给予了全程跟踪报道。

（深圳市罗湖区人大、罗湖区财政局供稿，陈列文　赛洁琼执笔）

珠海市

建立事权和支出责任相适应的市、区财政体制

2014年9月3日，《珠海市新一轮财政管理体制改革实施方案》（以下简称《方案》）及配套政策《珠海市财政均衡性转移支付办法》和《珠海市财政生态保护转移支付办法》正式发布，并于2015年1月1日起实施，标志着珠海新一轮市、区财政体制改革正式拉开帷幕。

一、确立事权与支出责任相适应的指导思想

为贯彻落实党的十八届三中全会"深化财税体制改革"精神，结合"蓝色珠海　科学发展"战略的现实要求，珠海将市、区财政体制改革作为全面深化改革的重头戏，决心打破利益藩篱，释放财政改革红利。本次体制改革的指导思想是：在保持市、区财力格局总体稳定的情况下，以优化收入分配格局为基础，以建立事权与支出责任相适应的制度为重点，加快形成有利于转变经济发展方式、有利于建立公平统一市场、有利于推进基本公共服务均等化的现代财政制度，更好发挥市和区两个积极性，推动全市经济社会健康持续发展。可以看出，建立事权与支出责任相适应的制度就是要"啃硬骨头"，成为财政体制改革的难点、关键点。

二、明细化、规范化，合理界定事权和支出责任

新一轮市、区财政体制改革的关键在于明晰界定政府间的事权划分和支出责任划分。改革的逻辑是：事权关系到支出责任，关系到政府工作职责边界，因此各级政府履职尽责必须首先明确界定各自事权。事权伴随支出责任，事权与支出责任内在地要求相适应、相匹配，如果支出责任不到位（缺位或错位），事权就会缺位或错位，政府职能目标就难以实现。在市场经济条件下政府同样受制于"有多少钱办多少事"这一基本经济法则，调整政府间收入分配关系，促进财力与事权相匹配的分配格局成为建立事权与支出责任相适应的制度的应有之义。

（一）事权划分基本原则

在事权划分上，按照"财随事转"、"责、权、利统一"的原则，科学合理划分事权支出的属性、属地和隶属关系，确保政府间事权支出责任不缺位、不错位。一是受益原则。根据公共产品的受益范围来划分政府的事权，把那些全市范围内受益的事权划归市本级，把限于各区范围内受益的事权划归区级。例如，轨道交通、高速公路，典型的全市受益的公共产品，由市政府全额投资建设和养护。二是效率原则。公共产品由哪一级政府提供效率更高，就由哪一级政府管理。如，乡村道路，由各区、镇负责建设和养护更有效率，但市给予区一定财力补助，以体现市政府在推进基本公共服务均等化中的发展责任。三是技术等级原则。技术等级越高，履行事权的难度越大，事权承担的政府级次越应上移。对于技术等级较高的政府投资项目划归市本级事权，反之归为区级事权。例如，桥梁、水库按等级划分，大桥梁、特大桥梁由市政府建设和维护；中、小桥梁由所在区负责建设和维护。

（二）事权划分明细化

新的体制改革中，对八大类29项政府投资项目事权一一进行明确，细分了市与区的行政事业人员支出、行政事业公共服务支出、产业发展支出、政府投资项目事权等四类事权支出责任。其中，政府投资项目的事权共八大类、29小项，市、区两级政府在道路交通设施建设及养护、水利设施建设及养护、市政设施建设及养护、教育项目建设、文化体育设施建设、卫生设施建设、消防设备及营房等设施建设、万山海岛基础设施建设等八大类项目的事权和支出责任都得到清晰界定。

（三）强化事权和支出责任约束力

对于改变投资责任主体、改由市本级负责出资，或者提高市本级分担比例的项目，应经市政府常务会议讨论决定，其中分担金额5 000万元以上的投资项目应报市人大常委会批准。此举增强各级政府事权和支出责任划分对各级政府的约束力，改变"讨价还价"软约束的不利情形。

三、完善转移支付，为构建事权和支出责任相适应制度提供财力支撑

实施市对区转移支付，一方面是解决各区的财力性不

足，另一方面也是市级财政落实共同事权的应尽的支出责任，以支出责任落实促进事权落实，真正实现“责、权、利”相统一。为建立起事权和支出责任相适应的制度，让各级政府“有钱办事”，《珠海市财政均衡性转移支付办法》、《珠海市财政生态保护转移支付办法》与《珠海市新一轮财政管理体制改革实施方案》同步推出，确保“财随事转”。《珠海市财政均衡性转移支付办法》参照财政部《2012 年中央对地方均衡性转移支付办法》，着力规范市对区转移支付制度，促进区域内基本公共服务均等化，达到统一规范、科学合理、公开透明。

（一）完善均衡性（一般性）转移支付制度

均衡性转移支付资金根据各区财政收支、基本公共服务均等化支出、债务负担、常住人口、财政供养人口、学生数等指标综合计算，不规定具体用途，由接受补助的区根据本区实际情况统筹安排。2014 年市对区一般性转移支付支出预算为 174 829 万元，占公共财政转移支付支出的 79. 3%，一般性转移支付成为珠海财政转移支付的主渠道。

（二）严格控制专项转移支付

一方面，加强专项资金管理。2014 年，珠海市级财政清理整合 2014 年部门预算市本级专项资金 336 项、涉及金额 127 亿元。制定《珠海市市级财政专项资金管理办法》，开发“珠海市财政专项资金管理信息平台系统”，建立专项资金项目库，实现专项资金的分配过程、分配结果和使用情况公开，强化专项资金管理，清理整合专项转移支付。

另一方面，出台《珠海市财政生态保护转移支付办法》，促进区域协调发展。通过市级财政统筹方式实施横向转移支付，以利益补偿调动生态保护功能区的生态保护积极性，以各区强制性的“付费”行为确保各区履行相应的支出责任，使生态保护边际社会收益与边际“个人”收益尽可能一致，促进生态功能区更好地履行生态保护事权，正向激励生产出更多更好的公共产品——良好的生态环境（空气、水、森林植被）。该办法明确了三大类补偿项目：一是饮用水源保护区补偿。对已设立为一、二级饮用水源保护区的斗门区，每年给予 5 000 万元的专项扶持资金，主要用于保护区范围内的居民购买社保补贴，以及用于区域内的公共服务设施建设。二是基本农田保护区补偿。按照每亩每年 100 元的标准，补偿给基本农田所在的行政区。三是生态保护区域公共服务保障能力补偿。对斗门区莲洲镇核定专项财政扶持资金 2 847 万元，市、区两级财政共同出资，根据生态保护考核情况核拨生态保护转移支付资金。总的来看，《珠海市财政生态保护转移支付办法》从财政体制上有力地支持生态文明建设，对于珠海建设生态文明发展新特区、科学发展示范市具有重要意义。

四、协调推进，完善事权和支出责任相适应制度的财政体制

珠海新一轮财政体制改革，基本完成各项事权和支出责任在各级政府间的划分调整，明确部分共同事权（重大民生项目）各级政府分担资金的比例和标准，初步形成市、区两级政府及其部门的事权和支出责任划分的基本框架，仍需通过实施清单式管理和动态调整机制，实现全部事权和支出责任在各级政府及其部门适应制度及与之相配套的体制机制。具体包括以下几方面改革：一是推进政府机构改革。探索实行行政层级扁平化管理，理顺基层政府条块关系。二是深化行政审批制度改革。最大限度减少政府对微观事务的管理，大力取消、转移、下放行政审批事项，市场能够有效调节的经济活动一律取消审批，基层政府管理更为有效的审批事项一律下放。三是深化事业单位分类改革。逐步取消学校、科研院所、医院等单位行政级别，推进有条件的事业单位转为企业或社会组织，合理缩小政府事权边界。四是推进政府购买社会服务改革。凡属事务性管理服务，原则上引入竞争机制，通过合同、委托等方式向社会购买，推进社会服务提供主体多元化，促进政府高效履行事权，提高财政支出绩效。五是完善政府行政决策机制。各级政府新增事权和出台政策前要加强风险评估和财力论证，减少随意性，提高科学性。对确定的新增事权和政策的支出责任进行相应动态调整，确保事权有效履行。

（珠海市财政局供稿，彭高旺执笔）

汕头市

着力构建财政内控制度

为提升财政管理水平和风险防范能力，汕头市财政局从2012年5月开始，在全省财政系统率先构建财政内控制度，按照“安全、规范、高效”的控制目标，本着“立足实际、突出重点、逐步健全和持续改进”的原则，发动全局干部职工全面梳理财政内部运行现状，客观分析存在问题，紧密结合财政工作实际，经过两年的努力，至2014年8月编制完成12万字的《汕头市财政局内部控制制度》体系。该体系由1项基本规范、14项全局性业务控制制度和21项科室业务模块构成，其中：全局性业务模块涉及全局76项财政业务、76幅流程图、125个风险点、125条风险控制措施和38张业务表单，以“梳理职权→排查风险→实时监控→完善制度体系→形成监控机制”的源头防范风险工作模式轮廓逐渐清晰。

一、主要做法

（一）内部控制基本原理与财政业务实际相结合

在财政内部控制体系设计过程中，汕头市财政局既尊重内部控制的一般原理，设定三项财政内部控制基本目标，并从内部环境、风险评估、控制系统构成、控制措施、信息与沟通、内部监督等六个方面构造财政内部控制框架结构。同时，又充分考虑财政工作实际，分全局与科室两个层次进行系统梳理，归纳出14项全局性业务，使内部控制体系能够覆盖全局所有工作内容，包括预算编制、预算执行、财政监督、财政支出绩效评价、政府非税收入、预算单位银行账户、行政事业单位国有资产、政府投资项目、财政政策、机关行政、组织架构与人事、信息应用及传递与公开、信息系统、信访与行政监察等管理制度，涵盖财政资金管理控制的全部项目、要素和内容。

（二）风险分析与流程再造相结合

内控制度说到底就是要控制风险，因此，风险的识别和分析是内控体系建设的重要内容。实施过程中，汕头市财政局不是直接根据现有流程进行风险识别和评估，而是在充分考虑现行操作流程，结合实际情况进行优化再造，之后再根据新的流程进行节点风险点的识别和分析，确定与新流程相适应的风险应对策略和措施，体现流程优化再造与风险管理的有机结合。通过风险分析，梳理财政局内部全局性业务有关的125个风险点和125个主要控制措施。

（三）科学规范与可操作性相结合

科学性和规范性是内部控制制度建设的基本要求。具体实施中，对每一项业务或流程，汕头市财政局紧靠政策，通过规范性分析，找出存在问题，有针对性地将意见和方案体现在具体的管理办法、控制流程中。同时，为使制度更具可操作性，内控办、牵头科室和专职人员经过反复地沟通与协商，不断修改与优化，使内部控制体系更能反映财政的实际情况，简化流程、便于操作。

二、主要成效

汕头市财政局内控制度体系建设，不但为财政科学化、精细化管理探出一条新路，同时，也为推进财政部门惩治和预防腐败体系的建设筑起“防火墙”。

（一）在实现财政科学化、精细化管理方面

首先，业务运行流程清楚。《内部控制制度》从预算管理、预算执行到财政政策管理等14个模块都制定相应的内控制度，并对其业务节点、运行流程做出明确的规定，同时，制度条文与图表有机结合，形象直观，通俗易懂，一目了然。其次，科室职能清晰，责任到人。为确保每项业务执行的责任落实到各科室和全局干部职工，《内部控制制度》在每个业务流程以及流程图上都明确相关业务科室、分管领导、局长的职责，同时，还要求各科室根据人员、岗位设置情况制定科室内部控制制度，责任落实到人。整套内控体系既覆盖财政管理主要业务流程，又覆盖所有科室岗位职责，每个业务流程、每个岗位节点，都有严格的规范和指引。工作内容、工作程序、工作要求一目了然，大家按制度规范办事履职，避免因人员变动、能力高低、业务生疏而影响财政管理的质量和效果。使财政业务由“凭经验”向“靠规范”、财政管理由“师傅带徒弟”向“按制度办事”转变。比如，在资金拨付时限方

面，规定每月6日前，统发工资准时拨至个人账户，8日前，单位公用经费准时拨到户头，10日前，办妥对区县的固定性补助资金拨款。对违反规定的，由局纪检监察部门通报和问责。

（二）在避免财政风险和预防腐败方面

首先，在内控制度编写过程中，汕头市财政局创新性地引入财政“大监督”，将“全员参与、全程监控、全面覆盖、绩效考评”理念融入到全局性业务模块中，明确各科室在内部监督中的职责权限，逐步建立分工制衡的内部监控制度和有效的内部自我业务监督制度，使财政各业务科室和监督部门共同参与、各司其职，形成对财政管理活动的事前审核、事中跟踪监控、事后检查和评价的循环监督系统，实现财政监督工作动态化，使每一个节点都能得到有效监督。其次，在风险管理过程中，按照全面性和系统性原则梳理业务，建立风险控制流程。在确定业务流程的基础上，针对日常管理中的薄弱环节和控制缺陷，细化每一个节点，有层次、有步骤、分步进行，通过建章立制，使每个财政干部了解各环节风险点和控制措施，有效地规避风险。再次，以不相容职务分离控制。不相容职务相互分离包括：决策审批与执行业务、执行业务与监督审核、执行业务与相应记录、财务保管与相应的记录等。对业务流程中涉及的不相容职务，实施相应的分离措施，使财政内部各项业务活动，必须经过两个或两个以上的部门或人员才能完成，形成相互制约、相互监督的内部工作机制。在流程图上通过确定牵制环节、牵制内容、牵制主体、责任人和牵制手续，规定部门内部各岗位的职责。通过“内部牵制”的运用与风险评估相结合来有效规避在财政管理过程中可能掩盖的错误和弊端行为。

（三）在优化服务和提高效率方面

在全面、系统梳理业务，建立风险控制流程的同时，在实施过程中充分考虑现行操作流程，结合实际情况进行优化再造，尽量减少不必要的审批环节，增加流程之间、关键岗位之间的互控。同时，根据新的流程进行节点风险点的识别和分析，确定与新流程相适应的风险应对策略和措施，体现流程优化再造与风险管理的有机结合。比如，市支付中心优化业务流程，对支付业务进行大提速。利用现有成熟网络条件，实施市直预算单位网上编制支付申请单，增加与人民银行、代理行的交换时间，提高审核支付效率，形成每天多次支付格局。资金拨付当天到账率达到85%，两天到账率100%。通过制度约束、优化流程、提高效率，使资金安全及时拨付到位并发挥效益，有效促进经济社会发展。

财政内部控制体系建设覆盖财政各项业务和事项，贯穿决策、执行和监督的全过程，是一项固根本、管长远、保安全的重大基础工程。随着财政改革的不断推进和深入，财政内控体系仍需在实践中不断补充修正，与时俱进，进一步完善。通过不断完善这项固根本、提能力、增效率、正风气的基础工程，将财政内部控制体系打造为具有根本性、全局性、长期性的长效工作机制，切实提高财政管控水平，推进财政部门惩治和预防腐败体系的建设。

（汕头市财政局供稿，黄伊婷执笔）

佛山市

“四项清单”勾勒三水财政深化改革“路线图”

2014年，佛山市三水区财政局按照党的十八届三中全会提出建立现代财政制度、改进预算管理制度的明确要求，认真贯彻落实上级和区委区政府的决策部署，坚持以破解问题为导向，以深化改革为抓手，以惠民服务为核心理念，列出涉及财政体制、预算管理、绩效监督和公众服务等四个方面包含28项重点工作的“四项清单”，勾勒出一张详尽的深化财政改革“路线图”，让财政在促进三水经济社会提速提质发展中更有作为。

一、财政“统筹发展”深化改革清单

立足在服务经济发展和促进产城融合上主动作为，着力破解要素分散、资金瓶颈、区镇财政事权与财权不尽匹配等难题，通过构建财政公资金融大运营体系、建立财政扶持政策资金的统筹调度和评估机制、理顺区镇两级财政权责清单和审批目录等4项举措，在资源集聚中释放更多的发展动能，增强财政要素融合、统筹运营的能力。

二、财政“预算管理”深化改革清单

立足在推进财政精细化、科学化管理上创新作为，着力破解预算分配欠优、预算约束力不强等问题，通过建立预算编制、执行挂钩的约束机制、项目滚动预算制度、预算支出进度季度通报与温馨提示机制，创新大部门下分党组部门的预算及财务管理模式，实行债务风险监控与风险分级预警提示等9项举措，在优化支出中提升预算管理水平，增强财政服务大局、保障民生的能力。

三、财政“绩效监督”深化改革清单

立足在提高财政资金整体合力和使用效益上科学作为，着力破解重分配轻管理、重使用轻绩效等问题，通过研究建立以项目为导向财政资金竞争性分配机制、实行资金绩效问责与结果导向分配挂钩、创建“财政票据示范点”、建立财政“大数据”分析智库、加强镇级和村级财务监督管理等8项举措，在资金分配和管理中注重强责优效，增强财政服务政府科学决策的能力。

四、财政“服务质效”深化改革清单

立足在提高群众满意度和服务效能上积极作为，着力破解业务流程繁杂、财政政策知晓度不高等问题，通过打造国库支付一站式服务文明示范窗，创建“三水会计之家”一体化服务平台，推行涉企收费“一表制”，简化基建审核、政府采购等窗口业务审批流程等7项举措，在高效管理中践行群众路线，以服务倒逼管理制度改革。

随着党的群众路线教育实践活动深入开展，三水区财政局全力落实一系列重点工作，为三水全面加快“产业新城、南国水都、广佛肇绿芯”建设提供坚强的财力保障。

（佛山市三水区财政局供稿，钱静瑜、植燕娟执笔）

韶关市

加大投入搭建平台　全力保障便民服务体系建设

——乳源财政全力保障县、镇、村三级政务服务体系建设

2014年，乳源财政局在县委、县政府的正确领导和上级财政部门的关心指导下，把建设完善县、镇、村三级政务服务体系，作为践行党的群众路线，转变职能、建设服务型机关和打造阳光财政的重要途径，是全面深化行政审批改革的重要举措，努力筹集资金，保障县、镇、村三级联动政务服务体系建设，搭建服务平台，推动便民服务模式新的转变。

一、加大资金投入，建成三级服务体系

在省、市有关部门的大力支持下，乳源县政务服务体系建设投入资金1 308.8万元，其中省纪委多方筹资520万元，市政府支持资金388.8万元，乳源县配套资金400万元。通过省、市、县建设资金的共同投入，有力保障了县、镇、村三级政务服务体系建设的顺利推进。

目前，乳源县已建成了集网上办事大厅、行政服务中心（镇便民服务中心、村便民服务站）、公共资源交易中心（农村“三资”监管平台）和效能监察系统于一体的综合性政务服务平台，基本形成了层级清晰、上下联动、规范运作、覆盖全县的县、镇、村三级政务服务体系。

二、完善大厅建设，实现“两厅”便民服务

（一）完善实体大厅

一是全面改造完善县级办事实体大厅。完成县行政服务中心1号、2号办事大厅建设并正式投入使用。2个办事大厅现已入驻单位共35个，其中常驻窗口单位22个，综合窗口单位13个，共设置38个办事窗口。2014年新办事大厅共受理并办结各类审批事项33 855件，办结率为100%，和2013年相比增长416%。二是分中心顺利挂牌运作。共设置“国税、地税、疾控、交警”四个分中心办事大厅，并已挂牌运作，纳入县行政服务中心管理考核。三是建成镇便民服务中心。依托镇级人力资源和社会保障服务中心，建成了9个镇的便民服务中心，服务大厅布置均按要求采用“柜台式”、“面对面”的服务模式，全部实现四级联网。四是政务服务覆盖各行政村。全县共建成了覆盖102个村委的村便民服务站和网上办事服务站，覆盖率达100%。

（二）完善网上办事大厅

按照省、市、县对网上办事大厅的标准和要求，开展网上办事大厅拓展完善工作。目前，建成了覆盖全县的一体化网上办事大厅。一是完善事项进驻。目前9个镇、37个县直及上级直管单位共计526项审批和服务事项进驻省网上办事大厅乳源分厅。目前，网上办事大厅乳源分厅共办件7 602件。二是优化服务功能。对网上办事大厅办事栏目进行科学设置，新增建设工程并联审批、便民服务、个人网页、企业网页、农村集体资源资产交易、公共资源交易等栏目，优化网上办事大厅系统，建成网上办事大厅在线申办和审批移动客户端，顺利推进公共资源网上交易进驻网上办事大厅，建成农村集体“三资”监管信息平台。三是网上办事延伸至镇村。依托完善的文化信息共享工程网络，融合网上办事平台建设，建成了覆盖全县9个镇、102个村的网上办事服务站，形成县、镇、村三级联动的一体化网上办事大厅。同时，视频监控系统全部延伸安装到9个镇便民服务中心和村便民服务站，推进政务服务“阳光管理”。

三、扎实推进改革，落实便民利民为民

（一）推进三项改革

一是推进政务服务事项“应进必进、非禁即进”改革。把强力推进政务服务事项“应进必进、非禁即进”作为建设重点进行改革，对县、镇、村三级便民服务机构的审批服务事项进行梳理界定，编制统一的审批服务事项目录，并以县政府的名义下发文件，对所有具备行政审批、一般业务管理及便民服务事项的单位，统一进驻到各级网上及实体办事大厅办事窗口，办理审批服务事项，做到“应进必进、非禁即进”。二是推行行政审批“三集中三到位”改革。强力推行行政审批“三集中、三到位”改革。“三

集中”即推动职能部门将行政审批职能、审批和服务事项、审批人员向行政审批股（行政审批管理办公室）集中，并建制进驻行政服务中心办事窗口集中办件。“三到位”即推动职能部门审批事项进驻到位、审批授权到位、审批人员到位，确保进驻事项现场办结率达到90%以上。三是推行并联审批制度改革。根据实际制定《建设工程项目优化审批流程试行方案》，以“简化行政审批程序、提高办事效率”为目标，通过采取“整合流程、一门受理、并联审批、信息共享、限时办结”等改革方式，变前置审批为后置审批，整合审批环节；变多门受理为一门受理，创新服务模式；变串联审批为并联审批，缩短审批时限，将总体审批时间由原来的200多个工作日缩短为65个工作日。

（二）出台四项制度

一是出台“首问责任制”。规定办事群众第一个问到的办事人员为首问责任人，首问责任人要用文明礼貌用语热情接待办事群众或答复电话询问人员。二是出台“一次性告知制”。要求各窗口办事人员对办事群众所办事项审核后，对材料不齐的，要一次性告知办事群众补齐材料，补齐后不能出现第二次要告知的情况。三是出台“限时办结制”。要求各窗口对所有事项均要向社会公开承诺办结时间，在规定时间内办结相关事项。四是出台“服务群众代办制”。全程为群众代办相关事项，实现“群众动嘴、干部跑腿”的便民服务新模式，最大限度地给群众提供便利。

（三）整合五个市场

有效整合资源，对政府采购、工程招投标、产权交易、国土资源交易和林权交易市场进行整合，成立县公共资源交易中心，并于2014年1月24日正式挂牌运作，极大地规范了公共资源交易行为。目前，乳源县排在全市公共资源交易市场整合的前列。在此基础上，县公共资源交易中心积极推进网上交易平台建设，实现国土资源交易和产权交易全流程网上进行。在全县9个镇先后成立了“三资”管理服务中心和农村集体资产资源交易中心。乳源县将继续推进网上交易平台建设，着手推进政府采购、建设工程的电子招投标室建设及招投标方式的改革创新等工作。

四、县、镇、村三级政务服务体系建成并开始运行，取得了初步成效

（一）建成一个体系

初步建成了以网上办事大厅为龙头，集行政服务中心（镇便民服务中心、村便民服务站）、公共资源交易中心（农村“三资”监管平台）和效能监察系统于一体的综合性政务服务平台，基本形成了层级清晰、上下联动、规范运作、覆盖全县的县、镇、村三级政务服务体系。

（二）取得两个满意

以往村委干部办公场所条件较差，很多村两委干部不愿意在村委上班，便民服务站的规范化建设，使村委会的办公场所环境得到明显改善，充分调动村两委干部的工作积极性，使村两委干部精神面貌焕然一新，活力涣发，工作作风明显好转，服务水平明显提高。群众以前到村委办事往往找不到人，如今只需到村便民服务站就能办成事，干部满意度和群众满意度不断上升。

（三）实现三个转变

行政效率和服务环境得到有效提高和优化，大大地方便了群众办事，实现“群众跑向干部跑”和群众“多头跑向一站跑”、“多次跑向一次跑”三个转变。

（四）收到四个效果

一是提高工作效率。有效地解决了以往部门办事拖拉、久议不决等问题，办事效率得到较大提高。二是转变工作作风。有效地解决机关“门难进、人难找、脸难看、话难听、事难办”的问题，各部门机关作风有较大的转变。三是密切了干群关系。解决老百姓办证、盖章、开证明等办事难的问题，干群关系进一步密切。四是树立服务型政府形象。实现“群众动嘴、干部跑腿”的便民服务新模式，最大限度地给群众提供便利，树立一个全新的服务型政府形象。

（乳源瑶族自治县财政局供稿，刘梅峰　马万里执笔）

大力扶持长陂村　抓好主导产业促农奔康

新丰县丰城街道长陂村是县委、县人大常委新一轮“规划到户、责任到人”的挂扶联系点，挂点帮扶单位为新丰县财政局。该村地处丰城街道北边，距离县城6.5公里，共有3个自然村，8个村民小组。全村共有村民165户、

650人，党支部支委3人，村两委干部3人，其中女干部1人，交叉任职3人。贫困户33户、129人，有劳动能力28户、124人；无劳动能力5户、5人。

新丰县财政局自2013年6月派出工作组进驻长陂村，按照省、市、县统一部署，认真贯彻“一村一策、一户一法”的工作要求，坚持从实际出发，迅速开展结对帮扶工作，将扶贫开发“双到”工作与农村产业化发展、“双转移”战略实施相结合，与卫生文明村建设相结合，与党的基层组织建设相结合，建立激励型和保障型工作机制，科学统筹，整合资源，集中力量扎实推进各项帮扶工作，大力扶持长陂村抓好主导产业促农奔康。

一、主要做法

（一）认真调研，科学规划，制定一系列帮扶措施

县委、县人大常委高度重视，指导县财政局成立“双到”扶贫工作领导小组，从局领导到各股室抽调31名干部开展结对帮扶工作，一名帮扶干部至少联系和负责扶持一户贫困户，并专门抽调2名干部驻村负责“双到”扶贫工作。自开展工作以来，县领导、局领导、帮扶干部和驻村干部深入村、户认真调查村与贫困户的实际情况，召开民情恳谈会，切实做好基础性工作。针对不同类型的贫困对象的需求和发展意愿制定了扶贫开发“双到”工作实施方案、帮扶总体规划和年度计划，根据村两委干部及贫困户的意愿，采取“一村一策、一户一法”的方式开展帮扶工作。

（二）大力调整产业结构，抓好主导和特色产业，增加农民及村集体收入

按照“长中短结合、以短养长”的扶贫思路，将扶贫开发与主导及特色产业相结合，大力帮扶长陂村进行产业调整，发展主导和特色产业：一是选准并培育村主导产业。由于长陂村山多，驻村工作组引导村民和扶持贫困户种植竹子，截至2014年，村民累计共种植竹子300多亩（其中，贫困户共种植竹子100多亩），2014年帮扶村民新增种植竹子面积50亩，包括贫困户新增种植竹子面积30亩。在县财政局的帮扶下，长陂村成立了鑫兴单竹种植农民专业合作社，其中11户有劳动能力贫困户加入了合作社，带动农户70户（其中贫困户20户）种植单竹，依托长陂村竹签厂为种植竹子农户解决竹子销路。二是扶持贫困户种植优质蔬菜和花生等经济作物，为贫困户增加收入。经过入户宣传和积极引导，打破原来基本种植水稻的产业结构，扶持贫困户及农户既种植水稻，也种植优质蔬菜和花生、豆子等经济作物。三是抓好“特色产业”项目建设。因地制宜，帮扶草菇种植大户成立草菇种植、销售合作社，已带动农户10户，年产值达20多万元。帮扶1户贫困户种植番石榴20亩，2户村民成为花卉种植大户、3户成为科技示范户等。四是积极帮扶贫困户发展养殖业。大力宣传养殖业的优惠政策，积极宣传养殖业的最新动态，通过技术指导和资金扶持，引导和鼓励贫困户发展养殖业，如：养猪、养鸡、鸭、牛、鱼等；拓宽致富路径，增加可观的经济收入。帮扶2户贫困户成为养猪大户，2户贫困户成为种菜大户。2014年6月给每户有劳动力贫困户家庭发放鸡苗12只、饲料1包；7月份为每个有劳动力贫困户发放化肥等。五是壮大村集体经济。为增强村集体经济引领村民发展的能力，2013年、2014年两年，累计筹集资金58万元用于村集体经济入股资金，有力地壮大了村集体经济，为村集体经济的快速发展奠定了扎实的基础，带领全村村民共同致富。六是配置了农业机械。在县委、县人大常委关心和协调下，2014年3月为长陂村配置了一台拖拉机和耕田机（属于社会捐赠物资），为贫困户和农民的农业机械化打下了扎实的基础。

（三）抓好劳动力技能培训，帮助贫困户增收

围绕“培训一人，就业一人，创业一人，脱贫一家”的思路，坚持扶贫开发工作与推进“双转移”战略相结合，组织扶贫干部进村入户调查贫困户劳动力情况，2013－2014年，联系有关部门为贫困户家庭劳动力提供2期免费职业技能培训，帮助促进贫困户转移就业；对在家从事农业生产的贫困家庭劳动力进行竹子种植、科学养鸡等2期免费技术培训。经过培训，提高了贫困户的种植和养殖技能，并且转移劳动力外出务工，为贫困户带来了可观的经济效益。

（四）完善村基础设施建设，严抓环境卫生建文明新村

一是投入资金1.5万元，购买电风扇、安装防盗网、铁门和窗帘等，改善村委会的办公条件。二是帮扶搞好村庄整治和环境卫生工作。配置垃圾箱14个，并以村小组负责制的方式安排人员及时清运垃圾，保持村庄整洁卫生。2014年下半年，聘请了清洁工人1名，建立了村民卫生公约，发出倡议，号召全村村民养成良好的卫生习惯。三是帮扶村建设卫生间、厨房及文化活动室。为方便村民办事和丰富村民文化生活，县财政局积极筹集资金帮扶村建设村卫生间、文化活动室及修缮围墙等。四是大力开展基本农田水利设施建设。在县财政局大力帮扶下，长陂村的基本农田水利建设工程于2013年10月启动，工程总投资为175万元，截至2014年，已完成工程总量，建设三面光水渠8.5公里，机耕路3.7公里，桥梁3座。五是认真帮扶贫困户做好农房改建工作。为使贫困户能尽早住进新房，根据三年帮扶规划，县财政局驻村工作组与村两委干部及时召开贫困户农房改建工作动员大会，经常入户了解建房户存在的困难，并及时协调解决。在县财政局和村委会干部的大力帮扶下，2013年完成5户农房改建的任务，2014年完成9户。六是迅速完成水利设施维修。水灾发生后，县财政局积极协调有关部门投入资金维修部分陂头等水利设施，及时保障了灾后农业生产的顺利进行。七是建设村内水渠，完善村内排水系统，改善村民生活条件。八是筹集

资金建设两座水中桥，帮扶村民改善生产条件。九是支持碳汇林建设工程，保护生态环境。十是投入9万元安装路灯，美化亮化环境。

（五）抓好社会保障扶贫和智力扶贫，提高保障水平

对老、弱、病、残和无劳动能力的5户（5人）贫困户纳入低保或五保，通过纳入低保、五保、发放救助金、购买合作医疗等措施保障其基本生活。积极宣传，引导并投入资金帮扶全村村民购买新型农村合作医疗保险。认真抓好贫困户适龄子女入学工作，确保贫困户适龄子女义务教育阶段入学率达100%，搞好摸底调查及积极落实帮扶措施，确保就读高中及高等院校的贫困户子女顺利完成学业。

（六）加强村两委班子建设，提高其引领脱贫致富能力

2013－2014年，按照县委要求，县财政局积极帮扶村委会做好党建工作，同时加强村委会制度建设及村规民约的制定，规范党务公开、村务公开和财务公开，丰富村级党组织活动，发展多名入党积极分子和新党员，顺利协助完成村两委干部的换届选举工作。进一步了提高村两委“带头致富、带领致富”的能力，增强了村党组织的凝聚力和战斗力。

二、主要成效

通过两年来的帮扶，县财政局的双到扶贫工作取得良好的扶贫成效。一是提升经济效益。长陂村集体经济收入、村民人均纯收入、贫困户人均纯收入均有较大幅度的提高。二是完善村公共基础设施建设，村民的生产生活条件得到很大的提高。三是明显改善村容村貌。严格抓好了村环境卫生的整治和管理工作，安装了路灯，村容村貌焕然一新。四是培育主导产业和特色产业，成立鑫兴单竹种植农民专业合作社，农业生产形成一定的规模，促进村民的增收。五是树立良好的民风和村风。经过两年来的帮扶，全村民风淳朴，村民勤劳能干，讲文明，爱整洁，创建文明和谐的新农村。

（新丰县财政局供稿，陈参恒　廖圣财执笔）

河源市

着力深化农村财务监管改革
推行村（居）资金使用“双重”公示制

随着经济的快速发展，国家强农惠农支农力度不断加大，各级财政资金进一步向“三农”倾斜，村级集体资金规模逐年扩大。村集体资金使用和管理是否依法依规，日益成为广大群众关注的热点、焦点。2014 年，河源市贯彻十八届三中全会全面深化改革的精神，积极创新村级集体资金管理方式，探索实行村（居）资金使用“双重”公示制，打造基层阳光财务规范化体系。

一、主要做法

（一）坚持问题导向，着力解决实际问题

现行农村财务公开制度仍不够规范和完善，存在着较为明显的缺陷，突出存在如公开内容不够全面具体、公开表格过于专业、公开程序不够规范等问题，导致应公开的未公开，已公开往往流于形式、群众看不懂，难以对农村集体资金的使用管理形成有力监督，阳光财务难以落实。村（居）换届前后，财务问题更容易成为群众反映强烈的矛盾集中点，在一定程度上影响农村社会稳定和经济发展。对此，河源市委、市政府高度重视，将建立村（居）资金使用“双重”公示制度列为2014 年重要改革任务之一，要求有关部门坚持以问题为导向，加大深化改革力度，确保“双重”公示制度“看得懂、可操作、易监督、保安全、促和谐”，切实起到解决实际问题的作用。

（二）坚持科学设计，着力创新制度

推行村（居）资金使用“双重”公示制是推进基层财务公示公开、强化资金监管、促进基层廉政建设的一项创新性举措。河源市财政局积极履行牵头责任，起草初稿后及时征求市监察局、市民政局、市审计局、市农业局、市扶贫办、市法制局等部门的意见。为确保制度更接地气，让群众看得懂、看得明，多次组织财政局会计股干部、财政所所长和会计出纳员，村书记、主任和报账员、监委会负责人等基层工作同志进行研究讨论，对群众进行走访了解，充分征求各方意见。

村（居）资金使用“双重”公示制主要有六大特点：一是方式上“双公示”。增加公示主体，对村级资金的收支情况，既要村（居）“两委”在村（居）进行公示，又要镇（乡）财政结算中心（或代理中心）在村（居）进行公示，实行“双重公示”。公示的事项、时间、地点保持一致，方便群众进行核对，有效解决公示中信息不对称的问题。二是范围上“全覆盖”。扩大公示范围，全面公开村（居）集体资金，包括上级拨款、帮扶单位支持、社会组织或个人捐赠、村级集体经济收入以及其他资金的收支情况及村级运行经费全部纳入公示范围，基本涵盖村级所有的收支内容。三是内容上“明细化”。细化公示内容，对项目资金的到位时间、用途、支出、结余、项目进度，以及各项运行经费（包括经营收入、资产和资源出租与出让收入、补助收入、投资利益收入、经营支出、管理费用等）全面公示。四是监督上“多层级”。建立多层次监督体系，涵盖财政、乡镇政府、村（居）“两委”、村（居）监委会或理财小组、群众及有关部门，对公示内容实行层层把关，将村（居）资金监督寓于使用的全过程。五是程序上“五步曲”。对公示程序进行流程再造，分“报账”、“记账”、“审核”、“公示”、“拍照存档”五个步骤对村级资金进行管理和公示。六是时间上“定节点”。按季度进行公示，村（居）各项资金收支情况应在每年 1 月、4 月、7 月、10 月的 20 日前进行公示，根据上级要求或涉及资金特别重大的事项要随时公示。公示时间不得少于 15 日。对已进行公示并已完成，且群众无意见的事项，下次公示时可不再进行公示；当年未完成、须跨年度开展的事项，应在下年度继续进行公示。

（三）多措并举，推动政策落实

为确保广大财政干部和群众熟悉村（居）资金使用“双重”公示制度，河源市各级财政部门突出“三抓”。一是抓好宣传。积极创新宣传形式，加强政策宣传，充分利用媒体报道、网络宣传等形式，进一步扩大群众对村（居）资金使用“双重”公示制度的知晓率，增强村（居）干部自觉接受监督、群众积极监督的意识，夯实公示工作的思想基础。二是抓好培训。市县分别组织开展村（居）资金使用“双重”公示制度业务培训，以市对各县区财政部门，

县对镇（乡）党委政府、财政结算中心和村（居）有关负责人分别进行培训的形式，进一步促进各部门熟悉掌握制度内涵，切实提高制度执行力，确保各项工作要求落实到位。同时，结合农村财务管理工作实际，各县区财政部门对镇（乡）财政部门、村（居）报账员和监委会成员开展财务知识培训，切实提高基层工作人员的业务水平。三是抓好督导。市财政部门将推进村（居）资金使用“双重”公示列为财政重点工作，建立制度执行情况检查制度，下发村（居）资金使用“双重”公示制度执行情况检查工作方案，组织各地开展全面自查，及时督促辖区财政结算中心和村（居）“两委”严格按照要求对村（居）资金使用情况进行“双重”公示。针对检查中发现的问题，要求各地财政部门迅速制定整改方案，立行立改，确保有关要求落到实处。

二、主要成效

推行村（居）资金使用“双重”公示制后，市财政局开展执行情况检查。从执行的情况来看，村（居）资金使用“双重”公示制度操作性较强，可有效堵塞农村财务监管漏洞，提高资金使用效益，保障群众的知情权和监督权，促进农村和谐与稳定，成效明显。

一是促进村级财务公开。以往的规定虽要求村级财务收支情况进行公开，但公开的内容比较空洞、公开形式过于“专业化”，具备一定财务知识的人员才能看得明白。执行村（居）资金使用“双重”公示制，收支情况清晰，既有归口公示，又有明细。多数群众表示，公示事项比以往更加全面具体，资金什么时候来，来自哪里，用在哪里，用了多少，结余多少，群众一目了然。

二是由单一监管模式向“多层级”监管模式转变。村（居）资金使用“双重”公示制在监督上实现“多层级”，程序上“五部曲”，较好地实现财政、乡镇政府、村（居）“两委”、村（居）监委会或理财小组、群众等各层级间层层监督、相互监督，极大地提高村级财务收支的透明度。在重大经济事项办理时，如财产发包或出租（售）工程项目建设等，进行张榜公布，实行公开招标、公开竞争，有效加强集体资金的监管。

三是村（居）监委会（理财小组）民主监督作用向更加充分发挥转变。村（居）监委会在一定程度上规范村干部行为，推进村级民主监督进程。但在实际运行中，监委会在财务监管中的作用并没有得到充分发挥，个别形同虚设。村（居）资金使用“双重”公示制度执行后，监委会全面参与到每项村务收支，监管职能作用得到强化。

四是农村党群干群关系向更加良好转变。村（居）资金使用“双重”公示制度执行后，提高村干部办事的透明度，群众较全面地掌握村里的经济活动和资产积累等情况，对村干部由误解变成理解，由猜疑变成信任，同时也进一步调动村干部的工作责任心和积极性，使党群干群关系更加融洽，进一步促进农村社会的稳定。

（河源市财政局供稿，杨雪锋执笔）

梅州市

梅州创建全国节能减排财政政策综合示范城市

2014年10月24日，在财政部、国家发改委组织的第三批国家节能减排财政政策综合示范城市评审会议上，梅州市成为广东省唯一入选的城市。2015－2017年，梅州市将获得中央财政综合奖励补助资金12亿元，将通过综合运用节能减排财政政策，推动梅州市加快产业结构转型升级，实现污染物减量化、产业低碳化、建筑绿色化、交通清洁化、可再生能源利用规模化、服务业集约化。

一、创建节能减排财政政策综合示范城市的背景

梅州以资源型工业为主，电力、建材、矿业等产业的发展对资源环境影响比较大，单位GDP能耗较高，淘汰落后产能任务较重，这些都对梅州未来发展形成较大的压力。梅州产业结构层次低。煤炭行业的退出使梅州市失去了一大产业；国家产业政策的调整，使梅州的电力、水泥以及矿业行业面临繁重的落后产能淘汰任务，落后产能淘汰和新建项目脱节导致的财税减少问题也愈发严峻；受国家调整卷烟消费税影响，梅州烟草行业发展受制，财税收入大幅减少；经济总量小，支柱产业以资源型工业为主，先进制造业和高技术产业发展不足，产业结构调整与优化滞后，自主创新能力不足，经济发展方式转变任务艰巨。这使得梅州亟须在发展模式和机制上取得突破。

梅州是革命老区，是叶剑英元帅的故乡，是广东省唯一全域被确认为属原中央苏区范围的地级市，是潮汕平原北上开拓腹地的枢纽，是海峡西岸经济区重要城市，是国家首批生态文明建设先行示范区。2014年，梅州以构建绿色现代产业体系为主线，打造以新型特色工业和现代服务业为重点的主体产业群，实现三次产业融合协调发展，构建具有梅州特色的生态型、循环型、低碳型的绿色现代产业体系，全力加快绿色经济崛起，建设全省最重要的生态屏障、特色鲜明的宜居城乡和环境友好型产业带，为创建工作奠定良好的基础。

二、申报历程与做法

为进一步推进节能减排和发展方式转型，财政部、国家发改委于2014年9月启动了第三批节能减排财政政策综合示范工作。

为力争成功申报综合示范城市，梅州市委、市政府高度重视，成立了节能减排财政政策综合示范城市工作领导小组，从市财政局、市委政研室、市政府研究、市经信局、市环保局、市发改局、市住建局、市外经局、市交通局、市统计局等部门抽调人员开展申报工作。

从2014年9月24日正式启动到10月24日成功获评的一个月时间里，工作小组与专家和各部门反复研究，审定申报材料，在不到17天的时间内完成了《广东省梅州市节能减排财政政策综合示范城市总体实施方案（2015－2017年）》和6个专题实施方案。

10月15日，在省财政厅、省发改委、省经信委组织的专家评审中，梅州以82.936分取得了广东唯一申报名额。2014年10月24日，在申报国家节能减排财政政策综合示范城市公开评审中，梅州市答辩团队，展示以城市为平台，整合财政政策为手段，加快体制机制创新为动力，从产业低碳化、交通清洁化、建筑绿色化、服务集约化、主要污染物减量化、可再生能源利用规模化等方面全面开展城市节能减排综合示范，促进发展方式转变，推动“十二五”节能减排目标实现，加快建设资源节约型、环境友好型社会为中心，顺利通过评审，成功入选国家第三批节能减排财政政策综合示范城市。

三、创建节能减排财政政策综合示范城市的成效

（一）促进生态文明建设和新型工业化协调发展

梅州是国家首批生态文明先行示范区，是华南重要的生态走廊、华南物种基因库、广东东北部生态屏障。一方面，《广东省主体功能区规划（2012－2020）》明确将梅州功能定位为广东绿色崛起先行市、韩江上游重要的生态屏障和水源保护地，担负着潮汕平原1 000多万人的饮水安全责任；另一方面，梅州经济总量偏小，人均GDP在省内排名靠后，对发展经济有极为迫切的要求。梅州的发展，差

距在工业，潜力在工业，出路也在工业，新型工业化是梅州当前加快发展的战略选择，必须处理好发展工业和生态保护的关系，实现生态与发展共赢。开展节能减排财政政策综合示范，能够将节能减排政策与生态文明先行示范区政策、广东省促进粤东西北地区振兴发展政策统筹协调，形成政策、目标的合力，推动工作机制、治理方式、生态补偿机制等方面创新，在快速发展工业经济的同时，巩固和提升整个梅州的生态环境质量，使生态保护的理念、思路和举措与工业发展的过程相融合，把生态优势转化为经济优势、发展优势，成为全国生态文明建设和新型工业化协调发展的城市。

（二）促进原中央苏区振兴发展

梅州市是全域被认定为“原中央苏区”范围的全国七个地级市之一。原中央苏区都位于山区，交通条件不便，发展水平落后。国务院把振兴原中央苏区发展作为一项重大的政治任务，出台了赣闽粤原中央苏区发展规划，从产业体系、基础设施、城乡统筹发展等方面进行全面规划和扶持。梅州市通过开展节能减排财政政策综合示范，加快节能减排项目建设，带动经济社会发展，探索城市发展的新路径，助推总人口 5 000 万、总面积 21.8 万平方公里的粤闽赣原中央苏区和其他革命老区的振兴发展，成为上述地区乃至全国山区、革命老区振兴发展的城市。

（三）促进传统产业城市向新兴产业城市转型发展

梅州经济以传统工业为主，2013 年烟草、电力、建材、电子信息、机电制造、矿产加工等“六大支柱产业”占全市工业增加值 60% 以上，其中电力、建材等高耗能行业用能占全市能源消耗总量的一半以上，传统产业在推动梅州经济社会发展的同时，也给梅州的能源和环境等方面带来了一定压力。通过开展节能减排财政政策综合示范，一方面，能够对工业节能技术改造、清洁生产技术等项目提供支持，促进工业节能减排的顺利进行；另一方面，对服务业等低碳清洁产业及相关项目提供支持，带动农业现代化、服务业集约化发展，实现产业结构调整升级和优化，推动梅州向新兴产业城市发展，成为传统产业城市向新兴产业城市转型发展的城市。

（四）促进财政政策集成与创新

节能减排财政政策综合，就是要以城市为平台，统筹考虑现有各类型财政政策，通过对政策的集成、资金的整合，形成合力，集中力量解决节能减排的综合问题。梅州市及下属县（市、区）近年来先后承担了 30 多项国家级示范、试点任务，主要有：国家首批生态文明先行示范区、国家可持续发展实验区、可再生能源建筑应用示范市、全国水土保持生态环境建设示范城等。通过这些试点、示范，梅州市在资金管理、政策集成方面积累的丰富经验，并已经在城市建设、产业转型升级等工作中付诸实践，取得了初步成果。成为节能减排财政政策综合示范城市后，可以更快地将地方政府和各部门的资金、人力、资源调动起来，充分发挥财政资金引导和撬动社会资金的作用，培育市场和增强市场自我运作能力，从而在同等的财政投入情况下，更快产生更为显著的效果，为综合利用国家财政政策推动节能减排工作起到重要的作用。

（梅州市财政局供稿，邹永礼　李振豪执笔）

以“四个坚持”促进梅县区振兴发展

2014 年，梅县区财政局积极运用财政政策支持经济发展，全力以赴抓收入，千方百计保增长，圆满完成了各项财政工作任务，为梅县区经济社会发展提供了财力保障。

一、坚持生财有道，财政收入实现新突破

梅县区财政局主动适应经济发展新常态，坚持严格按照经济规律办事，在区委、区政府的带领下，财政收入实现了新突破。2014 年梅县区公共财政预算收入实现 18.01 亿元，增收 3.63 亿元，在粤东西北 74 个县（市、区）排第 6 位，本级税收收入 12.62 亿元，在粤东西北 74 个县（市、区）中排名第 3 位。

一是加强财经形势调研工作。关注财税体制改革动向，开展专题税源调查，挖掘税收征管潜力，着力留住优质财源，主攻重点财源，培植后续财源。二是强化收入综合征管体系。及早部署抓好收入组织工作，健全联动创收工作机制，对提升税收增速和收入质量进行绩效考评，调动各责任主体参与财源建设工作的积极性。三是完善非税收入

管理系统建设，健全征管流程，堵塞征管漏洞，落实源头管控，确保应收尽收。四是用活政策拓宽筹资渠道，积极推进政策性融资工作。

二、坚持聚财有方，经济发展迈出新步伐

梅县区既“筑巢引凤”，吸引企业投资，也主动规划工程、策划项目，达到“点石成金”的效果。

2014 年，梅县区全面贯彻落实广东省委省政府“一个目标、三大抓手、两条底线”和梅州市委市政府进一步加快振兴发展的工作部署，突出“三大抓手”，做大做强实体经济，取得了明显成效。工业经济不断壮大，梅雁、宝丽华、超华三家上市公司以及华银、BPW（梅州）车轴、卡莱、振声科技等骨干企业加快转型升级、增资扩产、做大做强；科华环境设备有限公司等中小企业迅速成长，全年新增规模以上工业企业 8 家。园区经济发展迅速，新引进了博森光能等一批项目落户城东白渡产业园，BPW 车轴六期等一批园区在建项目进展顺利，航鑫科技将于 2015 年春节前投产；启动白渡梅州坑新型电子产业化项目的规划建设，增城市（梅县区）产业转移工业园建设步伐加快；利用整合腾退出来的机关办公楼创办电子商务产业园，引进 52 家电商企业进驻园区；梅雁吉祥产业园建设加快推进。

2014 年，梅县区共引进项目 63 个、投资总额 176 亿元，其中亿元以上项目 30 个、工业项目 21 个。城市经济快速增长，以新城西片区嘉应新区起步区为重点，建设一批城市综合体项目，引进了富力地产、喜之郎、中海油、红星美凯龙等一批国内知名企业集团进驻落户，文化体育、医疗保健、人才教育、汽车文化、家居建材、电子商务等产业集聚区初具规模；全年投入新城建设资金 37.5 亿元，建设项目 56 项，建成中山大学粤东医院等一批公共服务项目，外国语学校、富力城等一批项目建设进展顺利。加大了交通等基础设施的投入，总投资 21.05 亿元、年度投资 6.97 亿元的 24 个城区扩容提质道路、国省道改造、旅游公路、乡村道路等一批项目建设按计划有序推进，完成了 20.5 公里旅游公路和 87 公里新农村公路硬底化建设，剑英大道延长线、205 国道梅县段升级改造等一批交通项目正加快建设；投入 3.56 亿元，建成亲水公园生态休闲带一期工程、新城水质净化厂二期工程等 43 宗的民生水利工程。

三、坚持理财有规，科学理财再上新台阶

梅县区财政局树立科学理念，按照保运作、保稳定、保民生，促进科学发展、促进社会和谐的“三保两促”要求，积极发挥财政“四两拨千斤”的杠杆作用，把有限的资金用到提高地区综合竞争力和地区发展后劲的项目。

一是继续深化预算编制改革。完善预算编制工作流程，进一步规范项目预算编制，提高预算编制质量，强化预算约束力。二是细化部门预算改革。着重从加强部门预算精细化管理入手，从严控制一般性支出和“三公”经费支出，有效控制行政运行成本，把支出规模控制在年度预算范围内。三是不断推进政府采购改革。贯彻落实《政府采购法》，规范采购程序和采购行为，增强采购透明度，扩大采购规模，提高资金使用效益。2014 年，梅县区政府采购资金达 1.85 亿元，节约资金 1 129.52 万元，节约率为 5.76%。四是继续深化国库改革，目前，国库改革试点单位共有 102 个（含二级预算单位），有效提升财政资金的运行调控能力。

四、坚持用财有效，财政管理取得新成效

梅县区财政局切实树立“花了钱要办好事、花少钱多办事、花小钱办大事、不花钱也办事”的理念，加强管理，科学理财。

一是做好地方公共财政预算编制工作。按照“零基预算”的原则，调整优化财政支出结构，推进公共财政基本服务均等化水平，切实保障和改善民生，做到厉行节约，严格控制一般性支出，压缩“三公”经费，增强预算编制科学性、准确性。二是合理调度财政资金，确保财政正常运转。做好收入工作的同时，把收入优先安排在“保工资、保运转”方面，并不断加大社保、民生等方面支出。三是做好财政资金运行情况预测和财政收支测算工作，确保财政收支计划顺利执行。四是以财政监督检查为中心，采取日常监管、事前事中事后全过程监督、跟踪问效、检查回访等方法，重点检查《会计法》执行情况，进一步提高预算单位的财务管理水平。五是严格贯彻落实国务院下发的《关于党政机关厉行节约八项要求》的精神，从严控制“三公”经费，有效降低行政成本，大力压缩一般性支出，集中财力办大事。

（梅州市梅县区财政局供稿，黄钦昌执笔）

惠州市

创新机制建体系　筑网托底保基本

惠州市是广东省基本公共服务均等化综合改革首个试点市。2012 年以来，惠州以保障“学有所教、劳有所得、病有所医、老有所养、住有所居”为重点，创新机制建体系，筑网托底保基本，深入推进基本公共服务均等化综合改革，初步编织了一张保障基本民生的安全网。

一、主要做法

（一）把“构建体系”作为制度设计的核心，完善基本公共服务体系

构建体系，是惠州市基本公共服务均等化综合改革制度设计的核心。为了从根本上破解基本公共服务职能分割、项目零散、标准不一等问题，从市级层面对全市的基本公共服务体系进行整体设计。

2012 年，在公共教育、公共卫生、公共文化体育、公共交通，生活保障、住房保障、就业保障、医疗保障，生态环保、农村公用设施、社会安全、社会管理等 12 个领域实施 208 个基本公共服务项目。

2013 年，参照国务院 2012 年 7 月发布实施的《国家基本公共服务体系“十二五”规划》（以下简称《国家规划》中的 9 个服务领域，在 2012 年实施 12 个服务领域的基础上，新增人口和计划生育、残疾人基本公共服务 2 个服务领域，共包含 14 个服务领域。从服务项目和实施标准来看，惠州在 2013 年已基本实现国家基本公共服务体系“十二五”规划目标。

2014 年，在前两年基本公共服务设施建设攻坚补短打下良好基础、一批建设性项目纳入中长期规划有序实施的背景下，健全服务体系，重点聚焦民生基本服务需求，着重在基本公共教育、劳动就业服务、社会保险、基本社会服务、基本医疗卫生、基本住房保障、公共文化体育、公共交通、生态环保、公共安全等 10 个领域实施 115 个服务项目。

目前，惠州已初步构建成一个与现阶段市情财力相适应，并随着经济社会发展而动态调整的、可持续实施的基本公共服务体系。在构建体系的过程中，惠州始终把握了两个原则：一是坚持尽力而为，量力而行，不冒透支未来财力的风险，不搞民生政绩工程；二是坚持“保基本、广覆盖、促均等、可持续”，确保随着市情财力的发展，持续增加服务项目，扩大覆盖范围，提高服务标准，缩小水平差距。

（二）把“创新机制”作为综合改革的关键，完善基本公共服务供给机制

创新机制，是惠州市推进基本公共服务均等化综合改革的关键。在改革过程中，惠州创新了“五大机制”，形成了支撑基本公共服务体系的“五大支柱”。

1. 建立政府主导、社会参与的多元投入机制。为了破解基本公共服务资金不足的难题，惠州市积极践行“民生财政”理念，坚持把市级新增财力的 75% 以上、县级新增财力的 60% 以上投入民生，确保财政投入稳定增长。2012－2014 年，全市公共财政基本公共服务支出 340.55 亿元，其中，2014 年全市公共财政基本公共服务支出占公共财政预算支出的比重达 35.7%。同时，探索实行市属国有资本收益收缴机制，收缴资金全额用于基础性服务项目。充分发挥政策杠杆效应，引导社会资本多元投入。比如：在生态环保领域，建立“以奖代补”和“多元化资金募集”机制，2012－2014 年市级财政安排奖励资金 1.86 亿元；县（区）财政投入 2 400 万元、撬动社会资金 16.43 亿元投入污水处理设施建设。

2. 建立筑网托底、强化基本的服务保障机制。为了防止基本公共服务“碎片化”推进，惠州市各个领域所实施的服务项目，均逐项明确服务对象、服务标准、覆盖水平和支出责任。其中，服务标准以国家标准、行业标准为基础，实行全市统一的基本标准；服务对象则覆盖了全体城乡居民，重点向农村、贫困地区和生活困难群体倾斜。以服务项目为经、以服务标准为纬，编织了一张保障基本民生的安全网。

3. 建立问需于民、双向反馈的需求反应机制。坚持把执政为民与问需于民、立足公平与兼顾效率有机结合。在改革方案内容设计上，赋予群众话语权：方案起草之初，市领导带队深入县（区）、镇（街）调研，听取基层干部和群众代表意见；方案形成之后，又召开人大代表、政协委员座谈会，充分征求各界代表的意见。在服务主体的选

择上，赋予群众自主权：比如，在保障性住房补助方面，把原来的“补砖头”改为“补人头”，将补助资金直补到人；在教育、文化、养老等领域，推出电子教育券、文化惠民卡和养老服务券等，让群众自主选择服务提供主体。在服务结果的评价上，赋予群众参与权，引入第三方机构对服务供给效果进行绩效考评，以群众满意度调查结果作为考评的重要依据。

4. 建立共建共享、均衡发展的资源配置机制。为了解决县区财力不均衡、城乡资源配置不均衡问题，惠州市不仅实施教师“县管校用”的“巡教”制度、公立医院医护人员在城乡间定期交流的“巡医”制度、大型产业园区与周边镇（办）的学校、医院等公共资源共建共享制度，还设立市级基本公共服务均等化专项统筹资金，各县（区）按上年公共财政预算收入的3%上解到市级统筹，市财政每年安排不少于1亿元共同作为统筹资金，2012－2014年全市统筹资金规模分别为5亿元、6.5亿元和7.8亿元，主要用于向各县（区）进行横向转移支付，保障基本公共服务中最基础、最核心的项目，有力促进了不同县（区）基本公共服务均衡发展。

5. 建立服务范围、服务标准的动态调整机制。为使基本公共服务水平、均等化程度保持与经济社会发展水平相适应，惠州市每年都根据群众需求和市情财力，动态扩大服务对象范围、提高服务标准。在2014年实施的115个项目中，对应2013年的103个延续项目，就有义务教育生均公用经费、职工基本养老保险、城乡居民社会养老保险、企业退休人员基本养老金待遇等25个项目提高了服务标准；对应《国家基本公共服务体系“十二五”规划》适用于惠州的73个项目，有城镇贫困家庭和农村义务教育学生“营养午餐”、城乡居民医保等7个项目的服务对象大于国家“十二五”期末的范围，残疾人就业培训补助、职工医保及城乡居民医保住院报销比例等20个项目的服务标准高于国家“十二五”期末的标准，其余项目均达到国家规划的范围和标准；对应《广东省基本公共服务均等化规划纲要（2009－2020年）》（2014年修编版）确定的87个服务项目，有城乡居民医保、免费殡葬服务、公共租赁住房保障等5个项目的服务对象大于省“十二五”期末的范围，学前教育资助、职工医保及城乡居民医保住院报销比例等25个项目的服务标准高于省“十二五”期末的标准，其余项目均达到省规划纲要的范围和标准。从均等程度看，按可比口径，115个项目中，有99个城乡之间标准一致，65个项目户籍人口与非户籍常住人口的标准一致。

二、主要成效与经验

（一）把“惠民利民”作为和谐发展的根本，民生显著改善

深化改革是手段，改善民生是目的。惠州市实施基本公共服务均等化综合改革，让老百姓真正得到了实惠，社会反响良好。

1. 义务教育均衡发展成为全国示范。2014年义务教育年生均公用经费标准，普通小学和普通初中分别提高到950元、1 550元以上。实施“城乡教育联动发展计划”和教师“县管校用”的巡教制度，134所城市学校与155所农村学校结对帮扶，覆盖了全部农村学校，优质教育资源在区域、城乡间有效流动。公办学位向外来工子女开放，异地务工人员随迁子女就读公办学校比例达到59.76%。异地务工人员随迁子女参加中考，与户籍学生同等录取条件，同等缴费标准。入读义务教育民办学校的学生，在免学杂费的基础上每人每年再发放100元“电子教育券”。实施“义务教育阶段学生营养改善计划”，城镇贫困家庭和农村义务教育阶段学生每生每天给予4元营养膳食补助。

2. 劳动就业服务全面覆盖。有就业创业需求的劳动人口免费享有政策咨询、就业创业培训、职业介绍和创业项目推介等服务，符合条件的创业人员可获得小额担保贷款贴息，城镇有就业需求的家庭至少有一人就业。城镇各项就业优惠政策延伸到农村，1 043个行政村村村设有劳动力转移服务站，形成市、县、镇（街）、村（居）四级就业服务网络。全市55.72万农村劳动力转移就业，实现了“能转尽转”，近八成在本市就业。

3. “政府保基本、商业保大病、慈善作补充”的医疗保障制度建立。惠州市在广东省率先实现城镇职工医保、居民医保和新农保“三网合一”，基本医疗保险实现城乡统筹、市级统筹和“全民医保”，医保待遇保持在广东省前列。新生儿“落地参保”，在惠州市中小学、幼儿园就读的外来工随迁子女纳入居民医保范围，与户籍居民享受同等的财政补助和医保待遇。2014年，城乡居民医保财政参保补助标准达到340元/人·年，居民医保A、B档各级住院政策内报销比例均有所提高，职工医保政策内报销比例达到95%。参保人住院当年医保政策内个人自付费用，总额超过1万元的部分，商业大病保险再报销95%。2014年起，参加居民医保的惠州户籍城乡困难居民，1年内医保政策外住院医疗费用在3 000元以上的，可向惠州市慈善总会申请大病医疗求助。

4. 基本社会服务向普惠型发展。城镇居民养老保险与新农保合并实施，基础养老金标准由每人每月60元提高至105元。城乡低保实现一体化，低保标准由城镇最低每月270元、农村最低210元统一提高到482元。高龄老人享受政府津贴，80岁以上、90岁以上和100岁以上老人的津贴标准分别由50元、100元、300元提高到100元、200元、500元。年满60周岁失去劳动能力的低保户籍老人每人每月享有300元的政府补贴。

5. 人人享有经济便捷的基本医疗卫生服务。市县镇村四级医疗服务网络覆盖城乡，形成“15分钟服务圈”。实行综合医疗卫生单位对口帮扶乡镇卫生院，城市医生到农村坐诊、巡诊，促进了优质医疗卫生资源向基层倾斜。全市政府办基层医疗卫生机构100%实

施国家基本药物制度、100%配备使用基本药物、100%实行零差率销售。社区全科医生团队上门服务，提供个性化医疗服务，90%的城乡居民拥有电子健康档案。平价医院、平价诊所、平价药包等平价医疗服务全面推广。

6. 以公租房为主的新型住房保障制度不断完善。采取代建、配建、大型企业自建、企业筹资建设等方式，引导社会资本参与保障性住房建设，2012－2014年累计建成保障性住房7 343套，在建4 430套。率先实行在商住房项目中按比例配建保障性住房，共享公共配套设施。城镇中等偏下收入的住房困难户、在城镇稳定就业的异地务工人员全部纳入保障范围。公租房租金补助直补到住房对象，按照“分档补助、租补分离、适度调整”的原则设定补助标准。实施财政统一补贴农房保费措施，全市农房保险覆盖率达到100%。

7. 公共文化服务不断拓展。全市文化馆、博物馆、纪念馆、图书馆及综合文化站等“三馆一站”100%免费开放，公益电影放映、送戏下乡、送书下乡等文化惠民活动深入开展。2013年试点实施“文化惠民卡”工程，获得文化部第二批国家公共文化服务体系示范项目的创建资格。2014年，在试点工作取得显著成效的基础上，面向全市7个县（区）重点优抚对象、低保家庭、五保供养户、家庭经济困难学生等特殊群体及符合条件的在惠务工人员，约发放15万张文化惠民卡。

8. 公共交通服务体系覆盖城乡。提前四年实现“县县通高速”目标。在广东省率先完成省级贫困村公路硬底化任务。具备通车条件的行政村全部通农村客运班车；城市公交覆盖城镇周边乡村，并与农村客运有序衔接。城市公交和农村客运车辆通行“岭南通·惠州通”公交智能卡。

（二）主要经验

1. 推进基本公共服务均等化，不仅要重视财力投入，还要重视能力建设。推进基本公共服务均等化，不是简单地比财力、拼硬件，更要注重提升政府的组织管理能力，提高公共服务机构的服务水准，促进经济、行政、社会领域各项配套改革，最终实现基本公共服务整体供给能力的增强。

2. 推进基本公共服务均等化，不仅要注重社会公平，还要注重提高效率。均等化不是平均主义，它所强调的核心是机会和效果均等，在注重社会公平的同时，要通过优化资源配置，提高资源使用效率，做到少花钱、多办事，花小钱，办大事。

3. 推进基本公共服务均等化，不仅要突出政府管理，还要突出社会治理。既需要政府自上而下管理推动，又需要社会力量共同治理。在服务项目的提供上，突出群众的需求选择；在服务主体的选择上，增强群众的自主权；在服务结果的评价上，确保群众的参与权；推动形成多元供给、多元分配、多元监督格局。

4. 推进基本公共服务均等化，不仅要立足当前，还要谋划长远。要兼顾群众需求和市情财力，既尽力而为，托住底线、保住基本，又量力而行，当前可承受，未来可持续，确保随着经济发展和财力增强，持续拓宽服务领域，扩大服务范围，提高服务水平，健全服务网络，缩小服务差距。

改革探索无止境，民生改善无止境。先行先试的惠州，正在以基本公共服务均等化，推动城乡发展的一体化、区域发展的协调化，使改革发展的成果更多、更公平的惠及全市人民。

（惠州市财政局供稿，市均等化综改办执笔）

深入推进县级基本公共服务均等化

自2012年起，博罗县认真贯彻落实《惠州市基本公共服务均等化综合改革实施方案（2012－2014年）》，严格按照市委市政府工作部署，结合博罗县实际，科学制定制度文件，积极筹措建设资金，全面落实工作任务，全力推进综合改革试点各项工作。2012－2014年，博罗县实施495宗项目，包括458宗市级项目和37宗县自定项目。截至2014年12月底，累计投入523 435万元，市级项目和县自定项目分别投入496 368万元和27 067万元。博罗县基本公共服务均等化工作取得明显成效。

一、主要做法

按照省市上级部署，博罗县坚持政府主导、社会参与，主要抓好以下几方面工作。

(一) 强化财力保障，加快基本公共服务均等化推进步伐

博罗县积极筹集资金，从2013年起，将县级新增财力投入民生的比重提高到60%以上，确保每年基本公共服务支出增长高出公共财政预算收入增长2-3个百分点。同时按项目进度及时拨付各项专项经费。

(二) 保障底线民生，着力缩小不同群体服务差距

按照“保基本、广覆盖”的原则，促进公共资源向农村人口、贫困人口、残疾人等弱势群体倾斜，向异地务工人员及随迁亲属覆盖，不断缩小不同群体间的基本公共服务差距，努力编织覆盖全民的基本公共服务安全网。

(三) 结合县情实际，建立健全基本公共服务体系框架

结合博罗县实际情况，形成覆盖全体城乡居民、涵盖国家与省级规划纲要所有项目的基本公共服务体系框架。根据经济社会发展水平，持续健全服务网络，提高服务水平。

(四) 创建多元供给，扩大群众对基本公共服务的选择权

对公共服务付费机制进行改革，让群众自主选择服务提供主体，稳步扩大群众对基本公共服务的选择权。比如在教育、文化、养老等领域，尝试推出电子教育券、文化消费卡、养老服务券等。同时推行政府购买服务，以增强竞争性，促进服务提供主体的多元化、提供方式的市场化、选择方式的自主化。

(五) 完善工作机制，促进基本公共服务均等化可持续发展

优化整体设计，由县均等化试点工作领导小组统筹各专题牵头部门全面实施各项目，促进各项制度有效衔接，努力编织衔接有序的基本公共服务工作网络。

二、主要成效和亮点

通过三年综合改革工作，博罗县基本公共服务覆盖面不断扩大，均等化水平不断提升，惠民利民成效显著。

(一) 基本公共教育优质发展

1. 建立健全统一的城乡公共教育经费保障机制。制定城乡统一的公共教育学校建设标准和生均公用经费标准。义务教育免学费、杂费以及农村寄宿生住宿费，小学、初中每年每生公用经费分别提高到950元、1 550元，普通高中免学杂费，中职教育免学费，高中和中职学校都实行助学金机制。实施城镇贫困家庭和农村义务教育学生“营养午餐”计划，发放农村寄宿生生活补助。2012年11月，全县17个镇均成功创建教育强镇；公办义务教育规范化学校覆盖率达到100%，民办义务教育阶段学校规范化覆盖率达到60%以上。成功创建三所国家级示范性普通高中。

2. 推进“统配保用”的城乡学校设施设备建设。义务教育阶段所有公办学校的班级配齐多媒体电教平台，全部农村完全小学以上学校利用光纤接入省、市教育专网，全部学校教师能利用网络资源整合学科教学，全部学校运用市教育专网OA系统处理公文。全县中小学实现师师有电脑、班班有平台、校校有校园网，学校设施设备配备达到省定标准。

3. 加快构建“县（镇）管校用”的教师动态管理机制。落实“两持平一鼓励”政策，加大新增师资向农村的倾斜配置，设立偏远地区教师岗位特殊津贴。建立并完善公办学校师资的城乡定期交流机制，大力开展“名师”支教、教师“刚性”流动及“千校扶千校”等活动，推进校长及高级职称教师定期交流任职与任教制度，实施城乡学校对口帮扶，建立教学资源城乡共享机制。建立农村师资能力培训机制，实施“三名（名教师、名校长、名学校）工程”培养计划。

4. 建立城乡学前教育体系。建立学前教育发展经费保障机制，实行学前教育资助，各镇均建成1所以上规范化中心幼儿园。规范化幼儿园和省级优质幼儿园比例分别达到95%和50%以上。

5. 建成一所标准化特殊教育学校。在特殊学校就读的残疾学生家长每月能领取交通伙食补助400-600元。

6. 支持非户籍学生和民办教育机构。非户籍常住人口子女接受义务教育享受户籍学生同等待遇，幼儿入读普惠性民办园、异地务工人员随迁子女就读民办学校可得到财政补助。

(二) 劳动就业服务体系完善

1. 建设公共人力资源服务信息网络全覆盖。博罗县各街镇、社区的公共人力资源服务信息网络建设覆盖率均保持100%。

2. 完善人力资源社会保障服务体系。各镇行政村设立农村劳动力转移服务站。开展创业带动就业孵化基地建设和农村劳动力职业技能培训基地建设。2014年博罗县街镇、社区、行政村的公共就业服务体系建设覆盖率均保持100%。

3. 积极开展农村劳动力转移就业工作。开展企业缺工情况调查、“春风行动”招聘会、校企合作洽谈会等活动，帮助就业困难人员实现就业。加大财政投入，每成功转移一名农村劳动力，县财政安排100元/人奖励组织者，抓好“一户一技能”计划和镇企、村企对接。

4. 落实就业扶持政策，改善就业创业环境。积极落实各项就业补助政策，向符合条件的个人和企业发出各类就业补贴。发放小额担保贷款，解决创业人员的资金周转困难。

5. 维护劳动者合法权益，保持劳动关系和谐稳定。举

办各类宣传咨询活动、“信访问题主题日”咨询活动，开展好和谐劳动关系示范区建设工程。开展劳动监察执法检查活动，确保劳动者合法权益得到维护。

（三）社会保险水平不断提高

1. 实现城乡居民养老保险全覆盖。推进城乡养老保险一体化，城镇职工养老保险和城乡居民养老保险可衔接转移。2014 年，博罗县城乡居民社会养老保险覆盖率保持为 100%，参保总人数已达 336 219 人。

2. 基本实现医疗保险全覆盖。2014 年，博罗县城乡居民医保参保人数 677 343 人，职工医保参保 247 445 人，城乡居民医疗保险参保率稳定在 100%，城镇职工参保率在 96% 以上，基本实现医疗保障全覆盖。

3. 推进企业职工参加社会保险。各险种参保人数：职工养老保险 30 万人，职工医疗保险 24.7 万人，工伤保险 22 万人，失业保险 19.9 万人，社会保险政策覆盖率 100%。

4. 实现社会保险机构服务覆盖全县。博罗县各镇均建立人力资源社会保障所、社会保险所，同时将邮政储蓄银行引入到城乡居保的金融服务工作中。社会保障“一卡通”、“病历一本通”覆盖率达到 100%。

5. 不断提高社会保险待遇。城乡居民基础养老金标准提高到每人每月 120 元，城乡居民医保各级财政补助标准提高到每人每年 340 元。

（四）基本社会服务惠民得力

1. 对各类困难群体提供救助，对救助标准实行自然增长机制。低保标准提高到每人每月 482 元，五保供养标准提高到每人每月 819 元，城镇“三无”人员供养标准提高到每人每月 1 300 元，孤儿供养标准提高到每人每月 1 300 元。

2. 完善医疗救助体制，保障困难群众的基本医疗服务需求。2013 年起，对城乡低保对象医保政策范围内个人自付住院费用救助比例达到 70% 以上；农村五保对象、城镇“三无”人员和城乡孤儿，其医保政策范围内个人自付住院费用按 100% 比例予以救助。

3. 提升对残疾人的服务保障水平。2013 年至今，全县完成 0－6 岁残疾儿童康复训练 220 名，为 4 616 名贫困残疾人发放生活补贴，为 3 958 名重度残疾人发放护理补贴。

4. 完成县殡仪馆重建工程、县救灾仓库和博罗县庇护中心工程、县残疾人综合服务中心建设。

（五）基本医疗卫生全面加强

1. 建立居民健康档案。为常住人口免费建立居民健康档案，累计建档 950 442 份，建档率达 91.55%。

2. 加强健康教育和三类人群保健。加强健康教育宣传，组织面向公众的健康教育咨询和讲座活动。儿童保健、孕产妇保健、老年人保健管理率分别达到 96.86%、95.69%、79.18%，住院分娩率达 99.99%。加强预防接种，各类疫苗接种率均达到 98% 以上，儿童预防接种信息管理率达 100%。

3. 加强公共卫生工作。实施 11 类国家基本公共卫生服务项目。将常住异地务工人员等人群纳入健康管理，户籍人口和异地务工人员均能免费享有 11 类国家基本公共卫生服务项目。做好传染病报告和处理。加强慢性病和精神疾病管理。加强卫生监督协管。

4. 落实国家基本药物制度。确保药品安全保障，建立“三平”医疗服务体系，在县人民医院设立平价诊室，建成 4 家平价药店，优先使用基本药物。

5. 加强标准化镇卫生院建设。共投入 1.36 亿多元开展镇卫生院标准化建设，其中投入 5 374.4 万元新建和改造一批镇卫生院，投入 8 194 万元添置更新 738 台先进医疗设备。

6. 发展镇村卫生服务一体化。成功创建省卫生县城，创建省、市级卫生村各 4 个，完成 343 间村卫生站与辖区卫生院卫生服务一体化，并选取 35 间村卫生站作为试点开展“全民低成本健康—农村三基医疗网底工程”建设；建成无害化厕所 3 000 户，无害化厕所普及率达 94.37%。

7. 建立健全城乡一体化人口计生服务系统。提高计划生育服务水平，实施多项计划生育津补贴和奖励扶助措施。建计划生育技术服务机构 18 间，形成以县服务站为依托、镇服务所为重点、村服务室为基础，覆盖城乡、功能完备的计划生育技术服务体系。

（六）基本住房保障成效凸显

1. 加强公共租赁住房建设。建立以公租房为保障方式的新型住房保障制度，并将在城镇稳定就业的异地务工人员纳入住房保障范围。

2. 推进农村危房建设和改造。2012－2013 年完成 1 825 户农村低收入住房困难户住房建设和改造，超额完成任务。完成农村泥砖房改造 1 000 户。完成大中型水库移民住房改造。完成华侨农场 1 800 户危旧房改造。

（七）公共体育文化全面繁荣

1. 推进基层文化设施建设。按国家三级馆标准建设县级博物馆，按省一级以上站标准完善 6 个镇级文化站，按“五个有”要求完善 151 个村级文化室建设，实现全县 377 个村（社区）“农家书屋”的全覆盖。

2. 实施公共文化场馆免费开放。免费开放文化馆、博物馆（纪念馆）、图书馆和 17 个镇文化站，提供公共阅读。

3. 开展公益性流动文化服务。把“送戏、送电影、送图书、送展览”活动覆盖到基层，丰富群众文娱需求。

4. 完成国民体质监测，实施乡镇农民体育健身工程 6 个。

（八）公共交通网络日臻完善

1. 提升城乡公交服务水平。开通城乡公交线路，新增 18 条公交线路、280 辆公交车，实现县城至周边乡村的公交 80% 覆盖。

2. 建设改造及养护公路。完成新农村公路改造 462 公里，完成县道改造 21 公里。省级贫困村通自然村公路 100% 硬底化。采取多元化的“管养分离”养护模式，实现 2 431 公里农村公路常态化、规范化管理养护。

3. 完善公共交通设施。完成农村公路危桥改造，完成 95 个农村客运候车亭升级改造，完善标志牌、标线、减速带、指路牌、防护栏等交通安全设施。

4. 推进公共出行一卡通平台建设。在全部公交、农村客运车辆上 100% 通行岭南通卡，并铺设售卡点与 12 个充值网点。同时落实 65 周岁以上户籍老年人免费乘坐公交车政策。

（九）残疾人基本公共服务不断改善

1. 提供生活补助和社会保险保费补贴。贫困残疾人享受生活补助每月 100 元。重度和贫困残疾人参加城乡居民医疗保险、城乡居民养老保险，个人缴费部分由县财政按最低缴费档次缴纳。

2. 提高残疾人康复服务水平。将多项残疾人医疗康复项目纳入基本医疗保险范围；向接受手术、辅具配置和康复训练等 0－6 岁残疾儿童提供资助；完成一批残疾人康复设施的建设。

3. 保障残疾人受教育和就业的权利，完善残疾人文化服务和体育健身服务。

4. 设立县残疾人综合服务中心。

（十）农村公用设施全面完善

1. 优化和完善农村市场流通体系，完善农村金融服务。2012－2013 年建立和完善农资加盟店 26 家，新建和改造 23 家农家店，新建农产品批发市场 2 家，新建平价商店 7 家；开展“助农取款村村通”工程，在行政村投放 293 台“惠农通”智能支付终端机。

2. 开展农村科技服务。开展送农业科技下乡活动，开展农业科技培训，示范推广农作物优新良种和适用技术。

3. 改善农村供电与网络设施。推进农村供电网络建设与改造，为农户开通宽带和互联网电视，440 个自然村实现村村通光纤。

4. 保障农村饮水安全。完成 13 个省级贫困村村村通自来水工程，1.53 万人受益。

5. 发展农田水利建设。推进农田水利工程建设，完成 1 个省级农田水利示范镇建设，实施中低产田改造工程 4.125 万亩；治洪治涝保安工程建设 3 宗，其中中小河流治理工程建设 1 宗，病险水库除险加固建设 1 座，内涝整治工程 1 项。

（十一）生态环保水平逐步加强

1. 完成 11 座城镇污水处理设施建设，对镇级负责建设及运营污水处理设施实行分类补助政策。

2. 完成 8 个镇 16 所学校、杨侨镇农村、7 个国有林场的饮水安全工程。共解决 25 139 人饮水安全问题。

3. 推进生态林木建设。2012－2013 年完成生态景观林带建设 136 公里；2013 年实施森林碳汇重点生态工程，在东江流域完成 0.23 万亩水源涵养林造林抚育，对 6.81 万亩市级生态公益林禁止采伐林木造成经济损失给予补偿。发展市级生态示范村建设。

4. 实现农村环卫实现常态化管理。完成镇街垃圾转运站、自然村垃圾收集点建设，各镇有专门环卫负责人和管理机构，行政村有专门保洁人员，并建立农村环境卫生长效管理机制。

5. 实施总量减排、清洁空气行动计划，开展重污染行业整治。推进重点污染源治理；实现工业固体废物处理；深入开展沙河、马嘶河等重点流域重污染行业整治；完成电镀行业整治任务；建成 2 家国家畜禽标准化示范场和 7 家省重点生猪养殖示范场，带动养殖场环保生态养殖。

6. 创建岭南特色宜居村镇，为名镇名村、历史文化名村、古村落村庄编制规划，开展省名镇名村示范县建设。

（十二）公共安全环境有效保障

1. 健全公共突发事件预防和应对机制。

2. 开展安全生产宣传、教育、培训。

3. 落实食品、药品、农产品安全监督机制。

4. 实施社会治安综合治理防控。

5. 开展基层免费法律服务。

6. 开展社区矫正管理。

（十三）社会管理格局完善健全

1. 推进户籍管理制度改革。免费更换统一的“惠州市居民户口簿”。并加强流动人口服务管理。

2. 加强农村基层组织经费保障。81 条村相对贫困村干部补贴提高到人均每月 2 000 元以上，相对贫困村办公经费补助由每村每年 2 万元提高到 5 万元。

3. 发展行政村和社区基本公共服务能力建设。建成 34 个行政村“一站式”公共服务站，19 个乡镇社区建成“六个一”标准化场所。

4. 培育和扶持社会组织，重点培育兴业类、公益类等社会组织。大力发展农村专业性经济组织，完成社会组织孵化基地建设。

5. 全力推进扶贫开发“双到”工作。采用项目扶贫、产业扶贫等综合扶贫方式，发动农业龙头企业、农民专业合社和种养大户与 13 个省级贫困村、贫困户进行结对帮扶。

6. 选派年轻干部驻村支持基层建设。实现一村一名驻村干部。

（博罗县财政局供稿，梁叶勇执笔）

东莞市

深入推进节能减排　大力建设生态都市

2013年11月，东莞市成功入围全国第二批“节能减排财政政策综合示范城市”，获得3年12亿元（每年4亿元）的奖励资金。东莞市抓住机遇，围绕国家对示范城市的考核任务，迅速成立了专门机构，积极协调各相关部门，积极推进淘汰落后产能、加快转型升级、改善生态环境、建设现代生态都市各项工作建设，取得一定成果。

一、主要做法

（一）狠抓保障工作，凝聚部门合力

一是成立领导小组，召开动员大会。组建工作领导小组，由市长亲任组长。下设办公室负责日常工作，由市财政局局长担任办公室主任。2014年4月10日，组织召开全市节能减排财政政策综合示范城市建设动员大会，市委书记和市长均出席会议。二是分解节能减排任务。由市经信局和环保局将各项指标任务分解下达到各镇街、园区及企业，制定相关责任书。12个节能减排主管部门、34个镇街（园区）与市政府签订责任书。三是出台系列工作方案。市财政局牵头编制《东莞市国家节能减排财政政策综合示范城市建设总体工作方案》、《东莞市进一步加大节能工作力度确保完成节能减排综合示范目标的“1+8”工作方案》和《东莞市节能减排财政政策综合示范城市主要污染物减量化实施项目分工方案》，形成推进节能减排示范城市建设的纲领性文件框架。四是制定专项资金的配套政策。制定东莞市节能减排财政政策综合示范城市专项资金管理暂行办法、专项资金绩效管理暂行办法、项目管理暂行办法等文件，保障了财政资金安全高效使用。五是完成第三方管理机构的招标工作。通过公开招投标的方式，聘请赛迪顾问股份有限公司协助开展管理工作。

（二）狠抓典型示范，发挥带动作用

2014年，东莞市启动计划总投资达360亿元的示范项目建设，全面推进示范城市建设工作。其中，对四大典型示范项目，计划三年投资55.62亿元、2014年度投资19.15亿元（含中央和地方财政资金8.32亿元，企业自筹资金10.83亿元）。

1. 建设“绿色水乡”节能减排综合示范区。通过城市空间重塑、水以及生态环境综合治理等重点项目建设，探索产城融合、绿色低碳的新型城镇化道路。包括水乡地区“两高一低”行业综合整治引导落后产能退出工程及水乡地区实施截污配套管网工程整治生态环境修复工程。其中，“绿色水乡”典型示范项目的实施，可腾出150万吨标煤能耗空间，废水减排7 000万吨，废气减排300亿立方米，氨氮减排780吨，氮氧化合物减排7 000吨。

2. 实施清洁空气行动计划。在全市范围内对降氮脱硝和脱硫设施工艺不符合总量减排要求的燃煤工业锅炉进行改造，实现产业再造。全市所有火电厂完成降氮脱硝工程建设，9家造纸企业的21台热电联产机组完成降氮脱硝工程建设，4家燃气电厂完成低氮燃烧器改造。划定禁止燃用高污染燃料区域，拆除或改用清洁能源的锅炉。支持热电联产项目，替代关停供热范围内的分散工业锅炉。大力推进交通清洁化，淘汰营运黄标车。这一工程可节省20万吨标煤，减少碳排放10万吨，减排氮氧化物4 000吨，为实现2015年度氮氧化物减排目标贡献26.85%，为实现2015年累计氮氧化物减排目标贡献16.88%，实现东莞市空气质量整体明显提升。

3. 实施主要污染物减排工程。完善截污管网建设，重点提升氨氮和COD减排量。出台全市截污次支管网工程建设实施方案及工作指引，启动工程建设。开展水源地存量垃圾综合整治，解决东莞市部分危险废物和严控废物处理能力不足问题，加紧建立生活垃圾处理和存量垃圾治理利益平衡机制。支持环保产业园项目建设，使麻涌基地、沙田基地、长安基地、虎门基地A区、大朗基地初具规模，督促企业进入基地，实现污染行业统一规划、统一定点；制定重点污染企业搬迁入园补助办法，停产整治或关闭部分重点污染企业。该工程可实现新增污水处理能力50万吨/日，新增480万吨存量垃圾处理能力，为东莞市实现2015年度化学需氧量、氨氮减排指标贡献50%，使东莞市全面完成2015年度水体污染物减排指标。

4. 实施节能改造工程。其中的电机能效提升及注塑机伺服改造项目，是东莞市示范期间全力打造的节能“亮点工程”；能源管理中心系统平台及重点企业能源管理中心建

设，能加强对重点用能单位信息化管理水平，实现能耗实时监测、分析、预警，助推产业升级。该工程可实现东莞市853家重点用能单位年节能量超过50万吨标准煤。

二、主要成效

东莞市在开展节能减排典型示范项目建设工作中，成效显著，亮点突出，主要包括：

（一）节能方面，全力打造我国电机能效提升工作样板

一是全国首创，开发启用“东莞电机能效提升网上申报系统”，提高资金申报效率。该系统设立项目实施、第三方核查、废旧电机定点回收、项目验收、政府审核、资金拨付等12个申报环节，实现了全天24小时网上申报，申报周期由原来的2－5个月缩短为22个工作日，政府补贴资金的申报效率提升3－7倍。二是自主设计“电机能效提升标识”二维码，实现电机“三维追溯”。申报系统对每一台申报的电机自动生成唯一编码，形成东莞自行设计的“电机能效提升标识”二维码，实现每台电机走向的可追溯化。三是承办2014年全国电机能效提升工作会议，成为全国借鉴典范。12月1日，“全国电机能效提升工作大会”在东莞市召开，会议充分肯定了东莞市在电机能效提升领域的机制和模式创新，认为其为全国推进电机制造业转型升级、实现绿色制造提供典范。

（二）主要污染物减排方面，大力推动东莞市“两高一低”行业综合整治与引导退出，财政资金效果显著

东莞市安排20亿元财政资金，全面推动年审批生产能力在20万吨以下的包装纸生产企业和年审批生产能力在5万吨以下的生活用纸生产企业引导退出。在严控增量的前提下，这些造纸企业的退出将能削减能耗总量142万吨标准煤；化学需氧量减排量6 844.60吨，超额26.7%完成2015年度示范建设目标；氨氮减排量150.9吨；二氧化硫减排量16 780.90吨，超额完成年度示范建设目标的2.66倍；氮氧化物减排量7 132.50吨，完成年度示范建设总目标的47.9%。保守预计，仅此一项工程即可完成东莞市2015年累计减排示范目标的55%－65%。

（三）能力建设方面，面向“工业4.0”和“大数据挖掘”，推进市级能源管理中心建设

2014年，通过全方位的重构升级，东莞市能源管理中心云平台已拥有基于“私有云”架构的分布式集成信息系统和基于“大数据”技术及成熟工业级采集平台的能源信息管理系统。通过开发基于能源利用状况报告的数据分析模块，实现政府端能耗数据的便捷统计、精准分析和在线监察等，确保数据集成的主动性和安全性，充分挖掘相关数据，直观反映企业能耗波动与区域经济状况、能效与企业节能潜力等关系。全市有119家企业能源数据成功接入该平台。

（四）机制创新方面，实现“两条腿”走路，分别在节能和主要污染物减排两大领域予以重点推进

一是节能方面，首创风险补偿机制，引导金融资本助力节能服务，切实破解中小企业资金难题。东莞市累计安排2 000万元作为合同能源管理项目风险补偿资金，试点金融机构按照不低于风险补偿资金池10倍的规模进行信贷放大，为电机能效提升及注塑机伺服节能改造的合同能源管理项目提供金融支持。二是主要污染物减排方面，启动实施主要河流“河长制”。2014年，东莞市以属地管理为原则，实施由各级政府一把手担任辖区内水生态环境整治的“河长”，履行第一责任人责任的“河长制”。以“河长”的考核评估为抓手，督促综合采用“控源、截污、清淤、修复”等多种措施，实现入河污染物的“控增量、减总量、优布局”，大力促进减排示范建设。

（东莞市财政局供稿，毛存中执笔）

江门市

首创城建投融资规划　引领重大基础设施投融资创新

按照国务院加强城市基础设施建设和建立“借、用、还”相统一的地方政府性债务管理机制等要求，在省委、省政府定位江门“珠江西岸新的增长点”、“珠三角九年大发展新的增长极”和“珠三角先进制造业重点发展区”后，市委、市政府提出“东提西进、同城共融”发展战略，构建‘东部一体，西部协同’交通快进快出一体化网络。另一方面，江门的城市建设在很长一段时期内滞后于经济社会发展，资金问题成为牵制江门大踏步前进的“拦路虎”。如何破解资金需求的瓶颈问题，就成为了摆在江门市各级党委、政府面前一件最现实、最紧迫的大事。正是基于上述的大背景下，江门市创造性引入投融资规划方法，在全国地级市中首次编制实施10年期的城建投融资规划，精心谋划，破解城市大发展、大建设时期资金需求巨大的难题。

一、主要做法

（一）打破传统管理思维，引入投融资规划理念

1. 在全国地级市率先引入投融资规划理念，编制未来10年城建投融资规划。为改变以往政府投融资分散管理、多头融资、盲目举借等状况，在市委、市政府的统一部署下，由市财政局牵头，广集10多个部门以及外脑等多方力量，运用系统工程思想和综合集成研讨等方法，历时一年编制《江门市（本级）城建投融资规划（2013－2023）》，重点规划了江门市5－10年间的城建投资计划、城建资源开发计划和融资方案，从“城建投资与融资的相匹配、历史及新增债务与城市资源相匹配，引导政府城建投融资管理体制、机制转型及城建开发平台转型”四个方面进行系统的规划和科学翔实的论证，力争实现资金平衡、信用平衡和债务平衡。

2. 科学安排土地储备出让和项目投资建设时序，实现规划、城建、土地、国资、财政良性互动。以城市价值提升理论为指导，评判各类基础设施项目建设、运营周期内对周边地价提升作用的影响，按照价值影响的实现时点和先后，将市本级可利用的土地资源分为十大组团，并以基础设施建设前土地预先收储、当前价值高的先出让、升值潜力大的后出让的土地经营原则安排土地收储和出让时序，实现土地出让价值最大化。同时，从项目对城市战略的支持程度、是否涉及土地储备提升土地价值、是否属于上级政府项目、投资强度和融资可行性、建设项目实施难度等五个维度综合评价项目，实现对项目建设时序进行优先度排序，以达到动态调整和优胜劣汰，保证投融资计划总体平衡。

3. 首次试编年度融资计划，规范融资条件，简化决策程序，提升融资效率。2014年，市财政局综合考虑城建计划、打提前量、建设时序、土地升值等因素，首次编制年度政府性融资计划。结合每个城建项目的总体融资需求、当年融资需求以及项目整体成本效益，主动与各大金融机构进行对接，借鉴其他城市优秀经验和案例，经过大量的分析和测算工作，形成可行性的融资方案，提出融资参考条件，加大了对重大交通基础设施和城市道路项目投融资统筹力度，增强政府性融资的计划性和可控性，保障项目建设和债务偿还资金。

（二）有序推动机构改革，完善投融资体系框架

1. 深入开展调查研究，为建立政府投融资体系奠定坚实基础。市财政局组织多次调研，通过对大量文字、数据和案例的分析，对江门市建立投融资管理体制机制的历史基础、现状及存在问题、措施及未来发展进行了充分的论证，先后形成《关于推进市政府投融资改革的思考》、《关于深化江门市城市建设投融资体制改革的调研报告》、《江门市投融资体制改革实施方案（征求意见稿）》等多份调研报告及分析材料，提出“深化政府投融资体制改革，创新政府投融资方式，加强投融资规划建设和项目库建设；整合资源，做大做实做强城建开发公司；同步完善城市建设管理体制、招标采购管理体制、土地收储管理体制，征地、拆迁工作体制等配套改革；加强政府债务管理，建立稳定的偿债机制，促进‘借、用、还’一体化；加强投融资管理专业人才的引进、培养”等建议，进一步夯实了理论基础。

2. 推动组建市政府投资工程建设管理中心、市公共资

源交易中心和市土地储备中心。根据省事业单位分类改革有关要求，江门市加快完善城市建设管理体制、招标采购管理体制、土地收储管理体制等配套改革步伐，先后将市政府投资工程建设管理中心从市住建局属下事业单位中分离，将市土地储备中心从国土资源部门属下事业单位中分离，并整合市政府采购中心、市建设工程交易中心、市产权交易中心、市土地矿业权交易中心组建市公共资源交易中心，三大中心全部为市政府直属事业单位，进一步加大了政府对城市建设、招标采购、土地收储的统筹管理能力。

3. 成立投融资和债务管理中心筹备工作小组，推动组建江门市政府投融资和债务管理中心。为认真贯彻落实党的十八大和十八届三中全会精神，根据新预算法、《国务院关于加强地方政府性债务管理的意见》（国发〔2014〕43号）、《国务院关于深化预算管理制度改革的决定》（国发〔2014〕45号）、《财政部关于推广运用政府和社会资本合作模式有关问题的通知》（财金〔2014〕76号）等系列文件要求，借鉴安徽省合肥市、巢湖市、蚌埠市等和山东济南市、济宁市、威海市、德州市等地的先进经验。2014年，江门市成立政府投融资和债务管理中心筹备工作小组，办公室设在市财政局，以推动组建江门市投融资和债务管理中心（PPP管理中心），统一规范管理本级政府投融资、债务和PPP管理等工作。

（三）全力推进国资改革，实现平台跨越式发展

1. 制定工作方案，建立工作机制。江门市委、市政府出台市属国资整合发展总体工作方案，成立工作领导小组及办公室，将国资整合工作分为清产核资、资产移交、办理资产权属变更、督办核查五个阶段，明确各个阶段的工作时间、措施和目标。通过国资整合和集中监管，综合运用资本运作手段，支持国有企业实现市场化经营的良性循环，确保国有资产保值、增值、促发展。

2. 开展清产核资，实施资产整合。市财政局对市直行政事业单位的土地房产情况以及所办经济实体的经营情况、资产负债情况、企业在册人员、企业退休人员等进行全面的摸底和登记，逐项核对，并对资产量大、资产情况较复杂的30个行政事业单位进行重点抽查复核。对经梳理出的不涉诉、无抵押、证照齐全、权属清晰的经营性资产整体办理过户手续，划转注入国有企业；对权属不清晰的资产通过理顺历史遗留问题、资产重组或重估等方式划转到国有企业，促进国有资产的有效整合。

3. 重组融资平台，增强发展能力。将在银监会备案的原11家平台公司退出平台名单管理，整合为滨江建设公司和建设集团公司两大国有城建开发公司。同时，将市本级非税收入中的户外广告场地占用费收入、污水处理费收入、自动停车收费收入和市直公房租金收入以直接注入或政府购买服务形式注入城建开发平台工作。通过采取“资产注入——企业增加净资产——运营注入资产增加现金流入——企业竞争力能力增强”形式，两家国企的资产、资金和资源均实现跨越式发展。

（四）创新政府融资方式，力保省市重大项目建设

1. 首次统一发布政府融资需求。市财政局牵头组织召开2014年市本级城建项目融资座谈会，发布年度政府融资信息，一方面与广大金融机构进行充分对接，确保信息对称、公平竞争，另一方面在各大银行机构提供的融资方案中好中选好、优中选优，努力降低融资成本。

2. 创新“投融资＋施工总承包”模式。以省重点项目、江门市“头号工程”项目广佛江快速通道为突破口，市财政局起草相关文件请示市委、市政府，经提请市人大常委会决议，促使广佛江快速通道等重大基础设施项目一揽子融资方案获得通过。依据年度融资计划，市本级统筹各市区与央企开展竞争性磋商，创新“投融资＋施工总承包”模式，最终与三家央企签订了5个工程包共计13个项目的投融资加施工总承包合同，确保省市重大项目得以顺利开工建设。同时，江门市提前策划，推进城投债、中票、项目贷款、私募债等多种融资方式落地，项目的前期费用得到保障。

3. 创新BT应收账款资产收益权计划。根据不断变化的新形势、新情况，市财政局广泛对接银行、保险、证券、担保等各大金融机构以及各类社会投资者，及时调整融资思路，反复修正融资方案，共同创新融资方式，通过“买断”江顺大桥及配套道路工程BT回购款21亿元的方式，顺利解决江顺大桥即将到来的巨额BT回购资金压力，加快了广佛江快速通道江门段北线、中线工程建设。

4. 市本级首次统筹各市区重大项目融资。江门市辖下县（市）区以往在各自的行政区域内依靠本级政府的资源和信用融资，融资能力低下、融资成本较高，融资项目都是小打小闹，融资绩效非常有限。2014年，市本级首次统筹广佛江快速通道江门段沿线鹤山、蓬江、江海、新会区境内的路段统一组成项目包，依托江门市政府信用，面向大型央企统一招标建设，一揽子解决各县（市）区重大基础设施融资难的困局。

（五）突出资本高效营运，支持平台市场化转型

1. 紧盯“强现金流”，加大财政资金统筹力度。市财政局调整城建项目还本付息方式支付方式；对市属污水处理资产进行厂、网分离运营，将项目投资和污水处理费由财政拨付改为采用“政府购买服务＋企业自主经营”的模式；实施财政经营性资金股权投资，形成省级产业园专项扶持资金股权投资方案，增加企业现金流，不断增强国有公司壮大自身实力和造血功能，推动转型发展。

2. 紧盯“优质资产”，增强国资公司发展实力。研究市属国有林场改革、市管水库及相关水电站的资产整合；集中清理历年来国有公司未入账的资产和财政划入国有公司用于偿还城建项目贷款本息在往来收入科目挂账的资金；推动调整“三旧”改造国资公司禁入的政策限制，放宽市场准入，拓宽业务空间；推动国资公司通过公开挂牌获得

批量土地资产注入；研究两大国资公司资产优化布局，为加快市场化转型发展创造条件。

3. 紧盯资本市场，推动国资公司融资创新。推动国资公司开展标准化和非标准化融资，国资公司改变了原来依赖单一的银行贷款的融资局面，融资产品已基本覆盖资本市场各种政府融资品种，并且在融资产品、期限、成本上得到优化。

（六）加强政府债务管控，缓释政府债务风险

1. 将融资规模和债务风险紧密结合。坚持以“加强债务管控，化解债务风险”为导向，在融资创新过程中加大与金融机构的磋商力度，反复测算债务指标和控制合理的融资规模，坚持融资利率最低和融资期限最长的底线不放松，最大限度地缓释了市本级偿债风险。

2. 探索建立政府债务风险预警机制。研究开发江门市政府性债务管理信息系统子模块，初步实现与基建科项目管理和国库科债务系统的数据共享、项目资金管理，债务分类统计、风险预警等功能；建立政府性债务统计报告和动态监测制度，动态监测债务风险指标变化。

3. 推动存量项目的 PPP 改造。推动广佛江快速通道江门段、广中江高速公路等项目纳入省财政厅首批向财政部推荐实施 PPP 改造项目；启动上述两个项目的经营性改造工作，一方面大大降低政府债务率，为今后政府举债腾挪更多空间，另一方面解决了项目未来后续建设和管理维护的资金渠道问题，为削减政府债务打下基础。

二、主要成效

（一）通过引入投融资规划理念，统筹协调发展规划、城建计划、土地储备计划、土地出让计划、城建投融资计划，形成了全市投融资可持续与城市经营价值提升的系统性规划与计划机制，相关部门达成基本共识，充分发挥了部门间的协同效应。

（二）通过国资整合和资本营运，成功打造滨江建设公司和建设集团两大国有城建开发公司，企业资产结构和现金流得到优化改善。截至 2014 年年底，滨江建设公司总资产猛增近 200 亿元达到 300 亿元，净资产增加 56 亿元达到 130 亿元；建设集团公司总资产增加 50 多亿元达到 80 亿元，净资增加 26 亿元达到 34 亿元。

（三）通过不断完善体制机制，成功推动城市建设管理体制、公共资源交易管理体制、土地储备管理体制等改革，促进城建投融资工作，保障重大基础设施项目资金需求。

（四）通过重大基础设施融资创新，超额完成年度投融资任务，市本级政府性融资创历史新高，同时创下单笔城建融资规模和期限两个新高，确保了省市重大项目的建设资金。

（五）通过融资创新和加强债务管控，延长债务年限，平滑债务高峰期，改善债务指标。

（江门市财政局供稿，谭昕力执笔）

湛江市

健全完善“湛江模式”　探索医保新路子

湛江市在整合新型农村合作医疗保险（以下简称“新农合”）和城镇居民基本医疗保险（以下简称“城镇居民医保”）两项制度，建立全市统一的城乡居民医保制度的基础上，引入商业保险机构参与服务管理，被誉为医保“湛江模式”。该模式得到国家和省的充分肯定，时任国务院总理温家宝、国务院副总理李克强，现任中央政治局委员、广东省委书记胡春华等同志均对医保“湛江模式”做出重要批示。中央电视台、南方日报等媒体先后做了专题报道，宣传推广“湛江模式”的主要做法和成效。2014 年，湛江市对“湛江模式”进行了进一步完善。

湛江市位于祖国大陆的最南端，总人口 800 多万人，其中农业人口超过 500 万人，是一个农业大市。2004 年和 2007 年，湛江市相继实施新型农村合作医疗保险和城镇居民基本医疗保险，两种分别在农村、城镇运行。随着湛江市城市化进程加快，湛江市每年有大批农业户籍转非农业户籍人员，城镇居民和农民身份模糊，两种独立运行的医保模式难以适应城乡统筹发展的需要，难以适应医疗保险体系建设的需要，难以满足群众提高医疗保障待遇的需求。为解决湛江市医疗保障存在城乡二元结构分割明显，政策差异性大等体制机制性障碍的问题，湛江市从 2009 年 1 月 1 日起，整合建立全市统一的城乡居民医保制度，并引入商业保险机构参与服务管理，开创“湛江模式”。随着改革的深入，该模式进一步完善：2009 年实施湛江市编写的全国第一本医保诊疗常规，2012 年在全国率先开展城乡居民大病保险，2013 年进一步完善商保参与约束和激励的新机制，2014 年进一步完善大病保险制度。

一、健全完善医保“湛江模式”的做法

（一）进一步完善城乡居民医疗保障体系

提高门诊住院报销比例和年度最高支付限额，促进医疗保障能力和管理水平明显提高；健全全民医保体系，保持医保覆盖面稳定 98% 以上，建立健全与经济发展水平相适应的筹资与待遇调整机制，实现人人享受医疗保障的目标；坚持兜住大病，优化城乡居民大病保险制度，建立多层次的大病保障体系，进一步健全大病保险委托管理制度，推进大病保险招标由“以价格为主”向“服务与价格并重”转变；建立完善医保引导基层首诊、双向转诊机制，促进分级诊疗和双向转诊制度的建立。

（二）提升基本医疗保险管理服务水平

以社会保障卡发行运用与计算机审核系统正式运用为契机，加强医保管理和服务信息化建设，将“数字医保”打造成医保“湛江模式”核心内容之一。引进采用临床诊疗规范审核医保单据的信息系统，对医疗机构上传的诊疗明细进行审核以及对数据进行统计分析，建立实时监控应用系统，确保社保经办机构对医护人员医疗服务的网上审核、监测和分析评估，提高医疗行为的透明度。以落实《广东省医保诊疗常规》为契机，充分发挥医保诊疗常规在医保管理中的作用，不断推进付费方式的改革，加强医保管理，保障基金安全，全面提升医保管理服务水平。同时，继续扩大异地就医即时结算范围，实现多向联网即时结算。

（三）不断提高财政补助标准，足额安排补助资金

随着财政补助标准的不断提高，参保人数的大幅增加，湛江市城乡居民医保基金保障能力不断增强，城乡居民医保资金筹措由个人缴纳和政府补助相结合，市及县（市、区）财政每年按标准足额安排补助资金。2013 - 2015 年全市安排补助资金 129 774 万元，其中：2013 年 38 167 万元、2014 年 42 482 万元、2015 年 49 125 万元，保障了参保人的医疗待遇。同时城乡居民医保基金实行财政专户管理，分级核算。

（四）健全商保参与医保管理新机制

坚持政府主导，商保参与的专业运作模式，不断积累引入市场机制的管理的经验，继续探索商保参与医保服务管理的新模式。科学合理评判大病保险筹资的适宜度和承保公司的盈利率，完善商业保险承办大病保险的保费调整机制，健全大病医保费用盈亏共担激励机制，激发商业保险公司提高管理服务水平的主动性和创造性，发挥市场机

制作用，提高大病保险的运行效率、服务水平和质量，建立稳定运行的大病保险长效机制。

（五）建立多层次的重特大疾病保障体系

充分发挥基本医保、医疗救助、商业健康保险、多种形式补充医疗保险和公益慈善的协同互补作用，做好大病保险与基本医疗保险、医疗救助制度之间的衔接，推进医疗保险和医疗救助“一站式”结算服务。加大儿童白血病等困难人群大病患者的救助力度，探索开展重特大疾病特殊项目补助，对基本医保和大病保险报销后个人负担较重的重特大疾病患者实行特殊定额补助。努力构建以基本医疗保险为主体、大病保险为补充、医疗救助为兜底的多层次重大疾病高额负担保障机制，切实缓解部分群众因病致贫、因病返贫的突出问题。

二、医保“湛江模式”的主要特点

截至2014年，“湛江模式”的核心内容已包括城乡一体、市级统筹、商保参与、诊疗规范和大病保险。

（一）城乡一体、市级统筹

推行管理制度、筹资标准、待遇标准、服务规程“四个统一”，构建居民参保、待遇不分城乡，住院就医结算全市一证通的均等化医保大格局。统一管理制度，就是整合新农合和城镇居民医两项制度，实行“两网合一”，统一归口到一个部门管理。同时，将县级统筹提升为市级统筹。统一筹资标准，就是对城乡居民缴费标准进行统一，目前为每人每年50元和80元两个档次，居民以户为单位自由选择缴费档次，按年缴费。统一待遇标准，就是参保人员不分城乡身份，享受水平统一的住院和门诊医保待遇。住院待遇根据乡镇卫生院、一、二、三类医院的级别，报销比例分别为85%、80%、70%、50%，并对四类困难群体（五保户、低保户、重度残疾人、农村70周岁以上的老人）提高10%的报销比例。统一服务规程，就是参保扩面实行统一动员，统一宣传，统一下达参保任务；基金管理实行统一收缴，统一核算，分级管理；参保人可在市内195家定点医院就医，出院就可即时结算，患者只需付清自付部分费用。

（二）政府主导、商保参与

按照“政府主导、资源整合、业务对接”的原则，引入商业保险机构参与城乡医保统筹管理。一是购买商保服务。从个人缴费中按人均12.1元划出一部分保费交由商保公司承保，个人报销超过3万元以上、16万元（二档18万元）以下的费用，由商业保险公司进行赔付，放大医保统筹基金使用效能。二是政商联合服务。医保管理服务以政府社保经办机构为核心，业务经办与商业保险公司合署办公，共同服务。政府医保经办机构主要负责重要环节的把关审核，如待遇复核、基金拨付、业务培训等。商业保险公司主要负责具体的常规性、辅助性的业务办理，如政策咨询、待遇初审、日常监管等工作。商业保险公司聘请143名专业人员参与湛江市医保管理服务，协助市、县（市）社保局和定点医院提供医保服务，用社会力量办群众事，有效弥补政府社保经办机构人力不足，优化了服务。三是规范支付程序。湛江市财政每年分期将保费拨付给商业保险公司，基金支付时，商业保险公司提前划入湛江市医保经办机构专设的基金支出账户，由湛江市医保经办机构支付给医院。四是实施“一站式”服务。湛江市医保经办机构与商保公司在定点医院共同设立服务窗口，负责参保人身份确认、引导病人就医、提供政策咨询、住院巡查、费用结算等工作。同时，湛江市医保经办机构、商业保险公司、定点医院、基层劳动保障平台统一联网，实现资源共享，提升服务效能。

（三）大病保险、扩大保障

“广覆盖、保基本”的医保模式尚未能很好地解决部分群众因患大病造成“因病致贫、因病返贫”的问题。为此，湛江市从2012年1月起实施大病保险制度。大病保险加上原有基本医疗保险待遇，全年最高支付限额一档提高到30万元，二档到50万元，极大地减轻了群众治大病的负担。第一，设立大病保险基金。解决资金问题是建立大病保险制度的最大难题。湛江市量力而行，先从低水平做起，2012年，按2元/人的标准从结余基金中划出一部分，建立大病医疗保险基金，对患重大疾病的参保人实施再次补助。2014年，将筹资标准从每人2元调整到每人15.8元，进一步提高了保障水平。第二，实行分段递增支付。具体政策是：参保人住院，其个人自付2万元以上（不含2万元，下同）5万元以下（含5万元，下同）的医疗费用，由大病保险支付50%；5万元以上8万元以下的，由大病保险支付60%；8万元以上10万元以下的，由大病保险支付70%；10万元以上的，由大病保险支付80%。第三，委托商保公司经办。通过公开招标形式，把大病保险委托给商业保险公司经办，合同约定自负盈亏。即由商保公司在盈亏3%的范围内自我平衡；当保费盈余额超过本年度总额的3%时，从超出的盈余额中提取50%划入城乡居民医保基金；如果保费额亏损超过本年度总额的3%时，超出部分由医保基金分担50%。2012－2014年全市享受大病保险待遇的人数为：2012年3 140人次，人均报销费用3041元（其中：报销2万元以上76人，报销5万元以上14人，报销8万以上6人）；2013年5 638人次，人均报销2 618元（其中：报销2万元以上121人，5万以上23人，8万以上11人）；2014年达59 616人次，人均报销1 235元（其中：报销2万以上338人，5万以上63人，8万以上27人，10万以上16人）。

（四）常规诊疗、规范管理

湛江市组织编写了全国第一本《基本医疗诊疗常规》，从2004年4月开始在全国率先实施医保诊疗常规。诊疗常规主要从诊断标准、入院标准、入院检查、入院治疗、出院标准、出院带药6个方面规范医护人员的诊疗行为，有效抑制参保患者的无限医疗需求及医生的过度治疗，控制非理性的医疗消费行为，降低参保患者的投诉率，促进医保良性运行。鉴于湛江市实施医保诊疗常规成效明显，2013年，在总结湛江市经验做法并结合卫生系统编写的临床路径基础上，广东省人力资源和社会保障厅和广东省卫生厅联合编印《广东省基本医疗保险诊疗常规》，在全省推广使用。

（湛江市财政局供稿，文琪 黄丽云执笔）

茂名市

六措并举创新市级预算管理方式

2014年，茂名市财政局从编制零基预算、大额专项资金分配、盘活财政存量资金、规范专项资金管理、加强政府债务管理、推进财政预决算信息公开等六个方面积极创新预算管理，进一步深化预算管理制度改革，资金分配使用的透明度和有效性进一步提高。其中，编制零基预算的做法在全省财政工作会议上得到肯定。

一、编制零基预算

2014年开始市级部门预算试行零基预算编制改革，打破部门利益分配固化格局，按照“零基”方式重新核定预算项目，遵循“零基预算、定员定额、规范透明、公平公正、盘活存量、确保重点”六点原则，有保有压：保重点、保民生、保工资、保运转，压减一般性支出。明确工资津补贴支出、行政机关及参公事业单位公用经费、财政补助一类事业单位公用经费、公务用车运行经费、住房公积金单位缴存比例等基本支出定员定额标准，合理划分专项业务经费、事业性专项经费和政策性专项资金，重点解决财政资金分配随意性、部门专项经费过多过散、部分单位专项经费过高、部门经费苦乐不均等突出问题。预算编制严格执行“两上两下”程序，各类资金全口径纳入预算编审范围，加强预算编审和执行管理，提高财政资金使用效益。预算单位根据财政部门下达的项目使用计划进行请款，需附上相关的文件和凭证作为审核依据，财政部门根据预算计划据实支付。严格执行政府采购、基建项目招投标和投资审核制度，原则上年度预算执行过程中不再办理经费追加。对于上年度预算执行率未达到50%的市级预算项目予以核减，原则上不安排预算；对于时限较长或工作事项已经完成的预算项目要全面取消。

二、集中分配使用大额专项资金

为进一步规范专项资金分配和使用，解决编制专项资金使用计划过程中专项资金“变身”单位业务经费的问题，真正将专项资金用在实实在在的民生项目和建设项目，要求市级教育费附加、地方教育附加、城市维护建设费、城市基础设施配套费、堤围防护费、残疾人就业保障金、排污费、人防易地建设费等大额专项资金在编制使用计划时，将其中一半以上的资金安排给具体的民生事项和建设项目，集中有限的资金办大事、办实事，切实提高财政资金使用效益。

三、清理盘活财政存量资金

为进一步激活存量财政资金，集中有限的资金用于稳增长、调结构、惠民生等重点领域和关键环节，提高财政资金使用效益，2014年市级清理回收财政存量资金13.68亿元。一是建立结余结转清理机制，压缩结余结转资金规模。2013年年底结余的单位公用经费和专项业务经费，市政府按50%的比例予以收回统筹安排，50%结转下年度使用。对市本级财政安排的专项资金、2011年以前市本级财政安排的专项资金、项目已完工或采购合同执行完毕的市本级结余项目资金分别制定不同的结转清理办法。二是提高预算编制准确性，加快预算执行进度。进一步细化预算编制，早编、细编项目支出预算，将预算细化到“项”级科目和具体项目，减少预算代编和预留项目，提高预算年初到位率，提高项目预算编制的科学性、准确性。尽快启动预算专项资金细化工作，资金分配单位上报使用计划的时间不能超过7月份。对于据实结算的个人补贴和民生项目资金实行预拨清算制度，根据分配因素预拨据实结算资金，下半年进行清算，形成实际支出，盘活资金存量。三是建立健全预算执行监控制度。财政部门定期对未下达的专项资金进行梳理分析，每季度末15日内对超过500万元的省市专项资金执行情况进行统计，及时调整预算和资金调剂使用。清理结余结转盘活的存量资金重点用于保障底线民生、就业社保、城乡教育协调发展、公共卫生医疗服务、等民生实事项目上。

四、规范专项资金管理

为规范市级财政专项资金管理，防范资金风险，提高资金使用效益，出台了《茂名市市级财政专项资金管理办法》。市级财政专项资金实行目录管理，对经批准设立的专项资金存续、调整情况实行动态管理，明确财政部门、业务主管部门、审计部门和监察机关的管理和监督职责。在专项资金设立方面，明确政策依据、明确主管部门、明确设立期限，不得重复设立，每项专项资金明确一个归口主管部门，设立期限原则上不超过3年。财政部门对专项资金定期进行清理、评估，提出调整、撤销，或归并、整合的建议。在专项资金项目申报方面，申请单位不得以同一项目重复申报或多头申报专项资金，同一项目确因特殊情况需申报多项专项资金的，必须在申报材料中注明原因。业务主管部门受理申请单位资金使用申请，对申请项目进行前置审核；在信息平台公布专项资金申请受理情况，包括申请单位、申请项目、申请金额等；对未通过前置审核、不予受理的项目，说明原因并予退回。财政部门会同各业务主管部门对申报项目进行重复申报核查，防止重复、多头申报。在专项资金项目审批方面，建立内部制衡机制和横向并联审批制度。专项资金的分配安排方式应按照资金性质分类确定，其中，支持经济发展、面向生产经营性领域的专项资金，原则上应按照股权投资、产业基金等规定管理；支持社会事业发展、面向非经营性领域的专项资金实施项目，主要采取专家评审、公众评议及市业务主管部门内部集体研究等方式分配；支持民生事业发展、面向个人的专项资金实施项目，省市有具体文件政策的，应明确分配标准、人数等，采取因素法分配；党政机关和事业单位履行管理职责的专项经费按零基预算编审办法分配，应严格按照工作任务和开支标准，采取因素法分配。在专项资金拨付及管理方面，财政部门对按规定批准使用的专项资金按照预算管理及国库管理规定办理预算下达和资金拨付手续，业务主管部门、财政部门和资金使用单位必须加强对专项资金使用的管理，严格执行财务规章制度和会计核算办法，各项支出必须严格控制在批准的范围及开支标准内，严格执行财政资金使用票据销账制度，不得用“白头单”入账或套取现金。在专项资金信息公开方面，除涉及保密要求不予公开外，项目资金申报情况、资金分配程序和分配方式、专项资金分配结果、专项资金绩效评价、监督检查和审计结果、公开接受、处理投诉情况等相关信息均向社会公开。在专项资金监督检查和绩效评价方面，业务主管部门、财政部门和资金使用单位建立健全相互制约、相互监督的内控机制，制定合理分权、规范用权的具体措施，加强岗位之间、工作环节之间的相互制约、相互监督。制订完善专项资金审批主要环节的操作规程、工作细则，有效约束自由裁量权；建立完善档案管理制度，如实记录审批核心环节信息，实现管理全过程可申诉、可查询、可追溯的痕迹管理；敏感岗位人员定期交流轮岗。

五、加强政府性债务管理

出台《茂名市市级政府性债务管理暂行办法》，顺利完成存量债务纳入预算管理的清理甄别和地方政府存量债务置换债券工作，茂名市政府性债务率控制在风险警戒线以内。一是明确政府性债务管理机构和分工。市政府成立市级政府性债务管理领导小组，在市政府的统一领导下，市财政、金融、发改、国资、审计、国土、土储、法制、监察等部门为政府性债务的管理机构，分工合作，各负其责，并授权经济功能区管委会负责管理本区的政府性债务。二是规范政府性债务举借、使用和偿还的审批程序。在举借管理方面，政府性债务举借必须报债务管理机构和市政府批准后方可实施；在使用管理上，对政府性债务资金的提取、调度和支付，实行项目管理部门、举债单位和财政三方联签制度、融资资金预算审批制度和拨款后备案制度，规范资金调度和投资理财行为；在偿还管理方面，建立政府性债务偿还准备金制度，由财政部门设立专户，实行专户核算。三是明确政府性债务计划编制与批准程序。要求政府性债务年度计划的编制必须统筹考虑本行政区域经济社会发展状况和政府综合财力，并对政府性债务的借用还情况实行年度计划管理。同时，明确发改、财政部门以及举债单位在政府性债务计划编制中的相应责任。四是加强政府性债务的风险防范与控制。根据“举债适度、风险可控”的原则，建立政府性债务监测预警机制，制定防范和化解政府性债务风险的应急预案，并加强对政府性债务进行动态监控，全面掌握政府性债务的存量、流量和增量情况，分析评估债务风险。五是强化政府性债务的责任监督。财政、发展改革、国土、国资、审计、监察部门加强对举借政府性债务建设项目的管理和监督检查。将政府性债务的举借、使用和偿还情况，列入市政府及其相关部门领导干部经济责任审计范畴。

六、推进财政预决算信息公开

切实做好地方财政预决算、部门预决算、“三公”经费、民生专项资金等信息公开工作，推进透明财政、阳光财政建设工作。市级93个预算单位全部按照规范统一的格式在政府网站和部门网站公开部门预决算和“三公”经费情况，主动接受社会监督，部门预决算全部公开到支出功能分类的“项”级科目，“三公”经费公开到具体明细项目。财政部门密切跟踪关注社会舆情，主动引导避免误解，定期统计和报送财政信息公开情况。

通过多方面创新预算管理方式，狠抓增收节支，规范财政管理，茂名财政切实保障民生需求、积极支持经济社会发展，顺利完成各项工作任务，并为进一步深化预算管理改革奠定良好基础。

（茂名市财政局供稿，刘海超执笔）

四项举措提升“民生礼包”绩效

2014年，为克服“重分配、轻监督、轻绩效”的弊端，让有限的财政资金发挥最大且长久的民生效益，丰厚的“民生礼包”产生预期的效果，让公共财政的阳光更广泛的照耀到广大人民群众，高州市财政部门着力通过四项举措提升民生工程惠民效益，助力全市人民共享改革发展成果。

一、加强机制建设，推动基层民主理财

坚持以“民主财政”建设促进“民生财政”实现，通过领导干部联系基层、设立民主信箱，开办网络民生论坛等多种形式，关注民生项目效益情况。建立健全民情民意收集和分析处理机制，组织人大代表、政协委员及基层群众参与对民生资金运行的监管，既体现了民主理财，又确保了基层群众知晓民生政策，参与民生监督，使每一笔民生资金都能真正发挥实效。

二、优化民生支出结构，民生投入坚持“四个倾斜”

省“十件民生实事”实施以来，我市始终坚持公共财政支出至少7成用于民生领域，民生投入始终坚持“四个倾斜”，即向困难群众倾斜、向农村倾斜、向基层倾斜，向社会事业薄弱环节倾斜，民生资金投入也已达上百亿，曾经的薄弱环节和热点问题切实得到改善、巩固。实施民生项目绩效评价，关注民生工程实施效益，立足现实适时调整优化民生支出结构，遵循“有增有减、有保有压”的原则，把财政资金投向最紧要处的民生项目。例如：重点支持保障困难群体的民生项目、利于长远可持续发展的民生项目、能够有效弥补“市场失灵”的民生项目和保障社会安全的民生项目，并且既要重视解决群众的物质生活需求，更要重视解决群众的精神文化需求。

三、严格预算编制和执行，确保民生资金及时足额发放

根据已有民生项目的实施情况和社会反应，会同有关部门按照民生项目受惠群众的特点，做好预算执行计划，探索建立民生项目预算执行与安排的挂钩机制，有保有压，突出重点。严格预算编制程序，广泛征求基层群众意见，经人代会依法审批预算后，不折不扣的落到实处，切实维护预算的严肃性。基本支出做到按照年度均衡性原则拨付，项目支出做到结合民生项目特点和进度及时拨付。对于应急性、突发性的资金，则按照特事特办的原则，缩短审批时间、加快拨付速度。

四、完善民生资金绩效管理，提升民生工程“最后一公里”效果

通过民生项目实施后民众的受益程度，综合分析考虑民生项目的成功率和实效性。对专项资金项目的组织申报、筛选立项、实施管理、监督检查等全过程进行考核评价，对项目目标、计划任务的完成情况和资金的运行、专款专用等方面进行重点考核，改变资金“重分配、轻监督、轻绩效”的现状。一是对专项资金的立项评价，包括专项资金设置、投资环节和方向的合理与正确性。二是对专项资金使用情况评价，包括资金的落实到位和及时性、资金拨付的方法和专款专用。三是对目标完成和资金使用效益评价，包括项目预期目标完成情况、完成质量、及时性和项目完成后产生的社会、生态和经济效益。

2014年，高州市“民生礼包”送出35.68亿元，比2013年增支7.3亿元，增长25.8%，占公共财政预算支出的比重为77.8%，支出进度在全省21个省直管县中排名第一，各项民生实事进展显著。

（高州市财政局供稿，李俊执笔）

全力支持推进区级“城乡清洁工程”

茂南区是茂名市中心城区，辖区内生活人口众多，每天产生的生活垃圾数量巨大。几年前，由于缺少垃圾收集转运设备及群众环境卫生意识差等原因，存在较多卫生黑点，严重影响了周边群众的日常生活。为改变全区城乡环境卫生差的状况，2014 年，茂南区财政局积极响应区委、区政府的号召，全力支持推进“城乡清洁工程”。

一、加强领导，广泛开展宣传教育

一是加强领导，统一部署。成立以局主要领导为组长、分管领导为副组长、各相关股室（单位）负责人为成员的“城乡清洁工程”工作领导小组，负责对该项工作的统一协调和组织实施。二是明确职责，落实责任。为进一步健全“城乡清洁工程”工作责任制，明确部门职责，细化目标任务，制定《茂名市茂南区财政局开展“城乡清洁工程”工作方案》，将工作任务分解落实到股室和个人，明确责任单位和责任人，形成一级抓一级、层层抓落实，职责分明、上下联动、通力协作的工作格局。三是强化宣传，营造氛围。在全区开展宣传教育，通过宣传车进村组、宣传资料进家庭、宣传海报进工地、宣传专栏进社区、典型做法进媒体的“五进”措施，其中仅《致全区人民群众的一封信》就发放 5 万多份，不断扩大“城乡清洁工程”宣传面，营造氛围。

二、加大投入，强化人员设备设施

一是加强人员保障。投入 193 万元充实壮大全区环卫城管队伍，以充足的人力推进“城乡清洁工程”顺利开展。区城管局新招聘城市管理协管员 120 人，环卫工人总数达 991 人；各街道（开发试验区）成立 8 个环卫服务公司，共有环卫工人 450 人；各镇、村建立环卫队伍共 156 支，镇级有环卫工人 85 人，村级有清洁工 740 人。二是完善设备设施。投入 3 800 万元加强全区环卫基础设施建设，落实垃圾收集有场所、运转有设备、处理有出路。投入 766 万元新购置垃圾压缩车 14 辆、密封车 5 辆、转运车 6 辆、压缩厢 12 个，以及垃圾箱吊臂车、电动三轮保洁车、道路高压冲洗车等大批先进环卫配套设备，提高作业安全系数和工作效率，实现日清运生活垃圾 400 多吨，清运率达 100%。投入 615 万元在市区新建设生活垃圾压缩站 2 个，使市区垃圾压缩站达 15 个。投入 1 660 万元新建 8 个镇级垃圾压缩中转站，建设村级垃圾收集点 1 500 个。

三、稳步推进，扎实开展清洁保洁

一是化解难题，切实落实“一县一场”。全力配合市政府加快茂名市生活垃圾焚烧发电厂建设，完成该项目 300 米防护距离内的征地拆迁安置工作。目前，该项目已正式运行，每天处理生活垃圾 500 多吨（包括转运市区生活垃圾 400 多吨和化州市生活垃圾 100 多吨），使区内生活垃圾无害化处理率达到 90%，为茂南区乃至周边县（市）的垃圾处理找到出路。二是抓住重点，全面建成“一镇一站”。投入 1 660 万元新建 8 个镇级垃圾压缩中转站，根据方便、实用、便民的原则科学选址，按照双卡位中转站标准进行设计，并配备工具间和公共厕所。采购 412 个压缩厢和 6 辆运输车，由区城管局统筹运输镇级生活垃圾到焚烧发电厂处理，实现全区环卫服务全覆盖，做到农村垃圾处理无害化。三是多方筹资，加快建设“一村一点”。采取“财政补一点，社会捐一点，镇村筹一点，村民出一点”的办法，多方筹集资金加快村级垃圾收集点建设（其中财政投入 700 万元），引导各村制定村规民约，适当收取保洁费用，作为村居保洁、垃圾收集经费。高山、新坡、镇盛等镇已建成一批示范点，正全面铺开，不断扩大覆盖面，预计 2015 年完成“一村一点”建设工作。四是点面结合，做好市区清扫保洁。投入 1 075 万元对市区 399 万平方米主次干道进行清扫保洁，完善“人工清扫保洁、机械化清扫、洒水降尘高压冲洗”三位一体全天候作业新模式，主干道实行每天 16 小时保洁和单人单车作业，次干道每天 3 普扫，由 7 台道路清扫车进行机械化清扫。在各城中村出入口放置 100 多个新型密闭式收集箱，在无物业管理的小区、内街内巷放置 1 000 多个垃圾分类收集箱，全面改善市区卫生环境。

四、健全机制，保障资金常态投入

出台《茂名市茂南区全面实施“城乡清洁工程”资金保障方案》（以下简称《资金保障方案》）和《茂名市茂南区省道、县道保洁工作方案》（以下简称《道路保洁方案》），进一步落实资金和明确责任，确保“城乡清洁工程”各项经费及时拨付到位，保障工程全面深入开展。一是落实资金投入常态化。《资金保障方案》明确由区财政按照“设施完善、设备齐全、队伍稳定、制度落实”的要求，将“城乡清洁工程”各项经费列入本级年度财政预算，2014 年区级共投入“城乡清洁工程”资金 6 419 万元。按每人 10 元的标准补助各镇、按每个居委 3 万元标准补助各街道（开发试验区），共投入 700 多万元，并建立监察审计制度，保证专款专用，确保“一镇一站”正常运营，“一村一点”建设顺利推进，实现“城乡清洁工程”全覆盖。二是明确保洁补助的范围。《道路保洁方案》明确了各镇（街道、开发试验区）与区公路局的责任，避免以往由于责任不明确产生的互相推诿现象。区内所有省道和重要县道均纳入《道路保洁方案》补助范围，按省道每公里 2 万元、县道每公里 1 万元标准进行补助，全年共投入 180 多万元用于道路保洁，解决道路常常出现卫生黑点的难题。

五、以奖代补，创新财政支持模式

一是强化考核监督，确保工作开展常态化。出台《茂名市茂南区 2014 年“城乡清洁工程”考核实施细则》，将考核纳入经济社会发展考核体系，严格对各镇（街道、开发试验区）“城乡清洁工程”实施情况进行考核。实行每月一小考，半年一大考，根据考核结果，对落后的单位除由区主要领导约谈问责其党政主职领导外，还由财政部门按比例扣除其保障资金，用于奖励先进单位，以奖优罚劣，激励先进，鞭策后进，不断巩固和扩大“城乡清洁工程”成果。2014 年共兑付各镇（街道、开发试验区）奖励资金 700 万元，主要用于奖励按时完成垃圾中转站建设任务的镇（街道、开发试验区）。采取领导带队暗访、督查组不定期巡查的方式进行跟踪监督，并为每辆垃圾运输车装备 GPS，对各单位实施“城乡清洁工程”情况进行实时监控，对存在的问题及时曝光通报，限期整改落实，确保工程开展常态化，清除一些已存在十年甚至二十年的垃圾黑点死角，取得良好效果。二是创新支持模式，实现资金效益最大化。创新财政支持“城乡清洁工程”的模式，发挥财政资金的引导作用，对区城管局和各镇（街道、开发试验区）实行以奖代补，鼓励其结合名村示范村、宜居社区、幸福村（居）建设以及市场改造整治等活动，创新城乡生活垃圾收集处理工作，提高工作效率，优化美化环境。区城管局创新环卫作业方式，实行“三大扫、三保洁”作业，每天 3 班人工大扫、3 班车辆巡回保洁，5－21 时不间断作业，实现了环卫服务全覆盖，区财政予以奖励 5 万元。镇盛镇在辖区内省道、县道沿路建设的垃圾屋，既环保实用，又美观大方，成为当地一道亮丽的风景线，区财政予以奖励 4 万元。河东街道办、开发试验区对内街内巷和小区实行“网格化”管理，将清扫保洁工作分片、分段落实到个人，辖区内卫生环境状况明显好转，获得区财政奖励 3 万元。公馆、袂花、鳌头等镇引进社会管理模式，将垃圾清运分段分片向社会招包，其可再生、可循环利用资源归清洁公司管理，取得良好的社会效益和经济效益，区财政给予每镇奖励 3 万元。新坡镇车田、镇盛镇彭村等村制定村规民约，探索出行之有效的村级环卫管理模式，区财政给予每村奖励 1 万元。

2014 年，茂名市茂南区财政部门全力支持该区开展“城乡清洁工程”，重抓统筹、紧抓保障、常抓机制、狠抓落实，消灭垃圾路、垃圾河、垃圾山、垃圾村、垃圾街，有效防止生态环境恶化，城乡环境卫生状况大为改观，受到广大群众的肯定和赞扬。

（茂名市茂南区财政局供稿，江向华执笔）

肇庆市

“四个结合”推进市级专项资金清理整合

2014年，肇庆市财政部门深入贯彻十八届三中全会关于全面深化财税改革的有关部署，按照中央、省、市关于清理整合财政专项资金的工作要求，通过“四个结合”，对市级财政专项资金进行全面清理整合，规范财政专项资金管理。

一、摸清底数与分析问题相结合，明确清理范围

一是调查清理，摸清底数。一方面，摸清资金和项目底，主要是摸清市级专项资金底，包括为支持本市经济社会各项事业发展，由市本级财政安排，具有专门用途和绩效目标的公共财政预算资金、政府性基金、国有资本经营预算资金、社会保险基金和财政专户管理资金。通过填列表格的形式全面梳理现有市级财政专项资金项目，对梳理出来的专项资金进行核对界定，综合资金性质、资金用途、支出情况和管理单位等要素分门别类编列。据初步统计，在市级公共财政预算、政府性基金预算和国有资本经营预算安排的财政专项资金共859项（未含排污费、城维费、堤围防护费和价格调节基金等专项列收列支资金以及财政专户管理资金），资金总量达到38.4亿元，但这些专项资金大部分是预算单位履行职能和自身特殊事项所需要的专项业务费、上级政策规定需落实或需配套的专项资金、基础设施类及设备购置类专项资金。其中，专项业务费类资金686项，上级政策规定需落实或需配套的资金99项，基础设施类和购置设备类资金61项，其他资金13项。另一方面，对相关的政策文件一并进行清理，对现有财政扶持政策进行重新论证规划，以完善各类财政资金监督管理制度。市财政局、市发展改革局、市经济信息化局、市商务局等有关牵头草拟相关政策的单位对涉及应撤销、调整财政专项资金的文件进行自查清理，汇总需清理的文件共18份。二是深入分析问题。在调查摸底的基础上，通过细致的统计和深入的分析，总结出市级财政专项资金管理存在的突出问题，发现分配不合理、使用不规范、监管不到位、效益不明显、期限不明确等影响资金使用效益的问题。三是明确清理整合范围。结合摸底情况和综合分析，根据全市经济社会发展需要，对市级公共财政预算、政府性基金预算和国有资本经营预算安排涉及二次分配的专项资金实行跨部门、跨行业、跨资金性质的清理整合。

二、清理整合与优化结构相结合，支持经济发展

一是确定清理整合形式。按照撤销、调整、保留三种形式对市级专项资金进行清理整合：若专项资金已到期、没有明确的设立依据、任务已经完成或不存在的，撤销不再安排；若专项资金使用方向不清晰的，或预算执行率低、连年结余的，或资金使用绩效评价结果为差，经市财政、审计、监察等部门责成整改仍达不到要求或存在严重违法违纪违规问题的，进行调整；专项资金设立审批依据合法合理，具有明确使用方向和绩效目标的，继续保留。二是优化支出结构。通过清理整合，对财政支出结构和投向进行有效调整，把有限的资金集中到贯彻落实市委、市政府重大决策部署上来，促进全市经济社会事业发展。全年共对市直13项2.31亿元资金进行清理，统一整合为市经济社会发展专项资金，投向市委市政府确定的重点领域、重大平台、重点扶持项目，培育新的经济增长点。

三、强化统筹与创新支持相结合，提高资金绩效

一是加强整合，强化市委、市政府的统筹能力。清理整合后，在确保专项资金专款专用的前提下，将同一领域或同一项目但不同部门的专项资金捆绑在一起，整合使用，用于同一领域、同一项目建设上；或者将部分预算已安排但因故不能立即实施的专项资金捆绑在当前急需但又存在资金缺口的项目上。通过这种“以空间换时间”的方式，实现专项资金的有效整合，并由市委、市政府根据每年的发展计划决定整合资金的投向，更有针对性地支持全市经济社会发展。二是创新方式，统筹支持经济发展。将清理整合后的资金通过股权投资、贷款贴息和财政直接补助等多种方式，由市委、市政府统筹安排用于促进全市重点项目和重大发展平台建设、推动产业集聚发展转型升级、加快新型工业化和新型城市化及其他专项任务，集中财力办

大事，充分发挥财政资金“四两拨千斤”的杠杆作用，提高资金使用绩效，为肇庆市“两区引领两化”战略的实施，建设珠三角连接大西南的枢纽门户城市提供财力保障。

四、建立机制与加强监管相结合，规范资金管理

为巩固专项资金清理整合成果，出台《肇庆市市级财政专项资金管理办法》，严格专项资金设立、申报、审批、拨付、使用、监督检查、绩效考核和信息公开等方面，规范财政专项资金管理全过程，建立资金监督管理长效机制。一是明确专项资金设立原则。明确设立政策依据必须符合国家法律法规规定，省委省政府、市委市政府决定部署，肇庆市国民经济和社会中长期发展规划以及产业政策要求，符合公共财政投入方向。明确每项专项资金原则应是一个归口主管部门，不得多头管理。明确设立期限原则上不超过5年，并建立存续和退出机制，不得重复设立。二是明确专项资金分配安排方式。支持经济发展、面向生产经营性领域的专项资金，资金分配总额在50万元以上（含50万元）的，主要采取招投标、公开评审等竞争性方式进行分配；资金分配总额在50万元以下的，主要采取专家评审、公众评议及市业务主管部门内部集体研究等方式分配。支持社会事业发展、面向非经营性领域的专项资金，主要采取专家评审、公众评议及市业务主管部门内部集体研究等方式分配。支持民生事业发展、面向个人的专项资金，应明确分配标准、人数等，采取因素法或公式法分配。支持党政机关和事业单位履行管理职责的专项经费资金，应严格按照工作任务和开支标准，采取因素法分配。三是大力推行专项资金信息公开及专项资金绩效管理。除涉及保密要求不予公开外，专项资金的相关信息均应由市业务主管部门在政府门户网站的专项资金信息公开专栏向社会公开。积极开展绩效目标申报、绩效自评、实施重点评价和第三方评价等，加强专项资金监管。

通过对市级财政专项资金进行全面清理整合，规范专项资金管理，提高专项资金使用效益，有助于有效调整财政支出结构和投向，把有限的资金集中到贯彻落实市委、市政府重大决策部署上来，促进肇庆市经济社会事业发展。

（肇庆市财政局供稿，李次鹏执笔）

清远市

全面推进市直部门预决算信息公开

清远市在《2014 年中国市级政府财政透明度研究》报告中位居全国 289 个地级以上市的第 19 位，较 2013 年前进 8 位。这体现了清远财政全面推进预决算信息公开工作，指导并督促各市直单位按时按质完成 2014 年预算、决算公开（包含“三公”经费），增强财政透明度所取得的成效。

一、主要做法

（一）完善制度，每年两次晒“三公”

清远市“三公”经费公布将制度化。清远市府办印发《2014 年清远市政府信息公开工作要点》（以下简称《要点》）提出，2014 年起，清远市政府要公开全市和本级财政预算决算、本级部门预决算以及“三公”经费预决算信息。其中，“三公”经费预决算原则上分别于每年 3 月 15 日和 9 月 30 日公开，不仅要公开明细，还要说明增减的原因。除了统一晒“三公”时间外，《要点》提出，从 2014 年起，政府预决算细化到支出功能分类的“项”级科目（涉密部门和内容除外），专项转移支付预算细化到具体项目，“三公”经费预决算要公开明细，并对增减变化的原因进行说明。

（二）加强指导，九成部门如期晒“三公”

根据《要点》的部署，清远市财政部门加强指导和沟通协调，促进预算部门做好信息公开。截至 2014 年 9 月 30 日，共有 141 个单位通过市政府网站或部门网站公开其 2013 年决算情况以及“三公”经费信息。汇总表显示，2013 年清远市市本级“三公”支出合计 9 960 万元，因公出国（境）费用 156 万元，公务接待费用 4 189 万元，公务用车 5 615 万元。在已经公布的部门中，清远市工商局的最为详尽。清远市工商局对于其公开的 2013 年的“三公”经费详细列明各项支出的情况、使用用途、产生理由。如该局的公务用车购置及运行费，2013 年支出为 235.91 万元，主要包括：更新购置 2 辆公务用车，购置支出 39.32 万元；公务车保有量 64 辆，全年运行费支出 196.59 万元，平均每辆 3.07 万元；公务接待费支出 114.05 万元，具体开支内容是按规定开支和各类公务接待，主要用于上级调研、指导、督查、省内外兄弟单位间业务交流、大型活动等工作发生的接待费用。另外，清远市住建局、市工程建设安全监督站、市城市建设档案馆、市人社局、市商务局等单位对“三公”经费使用及变化情况也进行了说明。而市固体废弃物管理中心和市城市综合管理局等两个单位，因涉及机构职能转移或机构撤并等原因，未公开“三公”经费使用及变化情况。

（三）答疑解惑，做好晒“三公”之后的公众沟通

清远市财政局公开的 2013 年市本级“三公”经费决算汇总表显示，2013 年清远市市本级“三公”支出合计 9 960 万元，其中因公出国（境）费用 156 万元，公务接待费用 4 189 万元，公务用车费用 5 615 万元。也就是说，2013 年市本级的“三公”经费中，超过半数是花在了公务用车上。数据另外显示，去年的公务用车中，公车运行维护费为 4 081 万元，公务用车购置费 1 534 万元。通过市政府门户网站查询到的 115 个公开部门中，公务用车运行费同样是占大头。其中，市公安局以 761.13 万元居第一，清远市机关车队以 403 万元居第二。而公务用车购置费方面，这两个单位同样是“独占鳌头”，分别以 357.05 万元和 180 万元居前两位。“公安部门情况比较特别，‘三公’经费预算不能简单与其他部门比较。”公安部门回应，公安系统承担的社会治安管理责任大，任务多且重，人员也可以说是所有职能部门当中最多的，警务活动、区域合作、协调办案等方面用度大。“盘子一大，公务接待经费自然也比其他部门多。”

“三公”经费总支出方面，115 个部门中有 7 个单位的“三公”经费为零，分别是清远市梓琛中学、清远日报社、清远市第二中学、清远市源潭中学、清远市台湾同胞工作站、清远市职业技能鉴定指导中心和清远市股权托管中心。清远市财政局相关负责人表示，出现这种情况可能有两个原因：一是有些财政差额核补单位有一定的经营收入，财政拨款可能用于“三公”之外的行政运行支出；二是有些单位是属于市直部门的直属二级单位，可能没有设立独立账户，或者“三公”方面的支出

由其上级部门统一纳入预决算。2013 年“三公”为零的单位，绝大多数都是财政差额核补单位或市直部门的下属单位。根据《要点》所有财政拨款安排的“三公”经费应公开明细。以清远日报社为例，该单位的性质属于财政差额核补的公益二类单位，财政拨款有指定用途，须专款专用，并没有安排用于“三公”方面的预算，如需要支出须自收自支。市股权托管中心工作人员也表示，该单位为市发改局的二级单位，属于财政差额核补单位，财政的拨款全部用于行政运行方面，并没有用在“三公”上。而市职业技能鉴定指导中心则表示，由于其单位有事业性收费，属于自收自支单位，并没有直接的财政拨款，因此其“三公”经费为零。源潭中学校确实存在公车运行等“三公”经费支出，但这些经费均由学校支出，财政部门并未拨款，所以财政部门公开的该校“三公”为零。梓琛中学表示，梓琛学校没有公车，也没有接待等费用，所以“三公”经费为零。

二、主要成效

清远市深化预算管理，在进一步深化“零基预算”改革，清理整合、优化规范各类专项资金的同时，通过建立和完善全口径预算编报体系，在全省范围内率先实现“公共财政预算、政府性基金预算、国有资本经营预算和社保基金预算”四本账供人大审议和向社会公开。

从数据来看，清远的“三公”经费控制也切实有效。2013 年清远市“三公”预算数合计 10456 万元，而 2014 年“三公”预算费用为 9 395 万元，比 2013 年减少 1 061 万元，下降 10.2%。其中，降幅最大的是公务接待费，减少 547 万元。因公出国（境）预算比 2013 年的 156 万元下降 8.4%，公务购车及运行维护费比 2013 年的 5 905 万元下降 8.5%。

（清远市财政局供稿，侯长红执笔）

潮州市

运用“大数据”理念提升决算报表编审水平

财政决算报表作为大数据的重要数据来源，是集单位各方面数据为一体的综合载体。运用“大数据”理念，创新决算报表编审工作思路，既是深入贯彻落实科学发展观、推进财政改革与发展的客观要求，也是实施科学化精细化管理、提高财政决策水平的重要保障。以“大数据”为理念，创新工作思路，不断提高决算报表的编审水平，可以为领导科学决策和宏观调控提供及时、动态的信息，才能更好地服务和推动财政改革与发展。

一、主要做法

扎实基础数据，以大数据为理念，将数据收集、审核、分析、运用的模式贯穿报表编审的自始至终，逐步完善报表质量，更好发挥其决策辅助作用。

（一）立足日常财务管理，扎实报表基础数据

1. 以技术手段夯实部门决算基础。根据《潮州市市本级财务核算集中监管改革试点方案》，从 2010 年 11 月起，全面铺开财务核算集中监管改革，将支付环节的改革延伸到单位的预算执行环节，不断规范和细化部门单位日常财务管理工作，实现对财政资金使用的全程监管。同时，重视对区县财政部门和预算单位日常财政财务工作的指导和监督，将部门决算工作的关键点前移，提前分解到日常工作之中，夯实部门决算基础工作，极大减轻年终决算的编审压力。

2. 开发财政性资金核对系统以减少资金差错。由于单位会计工作的不规范，单位财政拨款数及使用科目同国库拨款有差异，加大了财政性资金拨款数两套报表类款项核对工作的难度。为保证财政总决算与部门决算衔接一致，市局绩效评价科在年初就与国库科、综合科及业务科室利用国库集中支付系统、非税管理系统的数据及报表通用版平台软件，自行设计一套财政性资金核对系统，并通过对账系统提取国库科分单位分科室分科目的数据，将对账工作制度化、精细化，缩短对账时间，减少对账差错。

3. 推进资产信息化建设以完善资产监管。建立“财政部门 - 主管部门 - 资产占有单位”的三层管理架构，进一步完善行政事业资产以财政为主导的资产监管模式。推进资产精细化管理，规范资产出租出借、处置和国有资产收缴管理程序，完善公开交易方法，确保国有资产数据的核算准确、国有资产价值的保值增值，推进资产管理与预算管理，财务管理相结合，进一步促进部门预算改革。

（二）抓好数据收集工作，确保报表数据完整

1. 领导高度重视，周密部署工作。潮州市各级财政部门领导高度重视决算报表编制，一把手经常过问，分管领导亲抓，使 2014 年度决算报表编审工作落到实处，并在人力、物资和技术条件上给予必要的保障。在全省会计决算工作会议后，及时召开全市会计决算工作布置会，组织决算编审人员认真学习，特别是年度决算报表有调整变动的内容逐项领会，把握决算编审的具体要求，并提出工作要求、确定工作措施、明确工作目标，从“早”上争主动，从“细”中出质量，使全市的报表编审工作按计划有序推进。

2. 明确职责分工，完善工作机制。潮州市已形成绩效评价科与各业务科共同研究报表、共同审核报表的工作机制，实现对外实行统一布置、集中管理、综合服务，形成全市汇总、口径统一的会计决算信息，减轻基层单位工作负担，节省大量的人力和资源，提高会计信息时效性和准确性。如市财政局建立了决算报表联席会议制度，由各科室指派专人负责并配合会计决算编审工作，并要求各业务科室专管员对其分管的单位报表质量一包到底；同时市局由绩效评价科牵头，根据在实际工作中遇到的问题，召开定期或临时协调会议，研究解决难题，座谈、交流工作经验，提出改进的意见，不断完善决算报表。各县（区）根据各地实际，制定各具特色的内部协调工作制度。

3. 加强制度建设，提高部门决算工作的规范性。一是研究决算工作流程，出台 2014 年度部门决算工作方案，制定下发关于做好部门各类会计决算报表工作的通知，明确与各业务科之间的职责分工，确定“事前商量，事中配合，事后协调”的基本原则，将具体工作及责任落实到处、细化到人；同时，从时间进度等环节入手，细化每项工作的

具体时间安排，确保报表数据及时报送。二是制定《潮州市会计决算工作考核评比暂行方法》，明确考评内容和标准，将决算数据的真实性、完整性和及时性，以及填报说明和分析报告等作为重要的考核指标，促进各县（区）财政局提高会计决算编审质量；同时延伸考核范围，把区县和单位的日常财务管理情况列为考核指标，督促其规范日常财务行为，保证报表数据质量。

（三）严把数据审核关，提高决算编审质量

1. 进一步细化审核内容，规范审核流程。一方面提前增设有关审核公式、参数和查询模版，方便本级和各县（区）财政的报表“初审”工作，在收到省财政正式参数之后再正式调整，提高基层单位一审通过的概率，减少报表收集后报表的修改调整工作量；另一方面对报表填报审核工作中出现的问题及时同省厅交流，提出疑问、意见及建议，为报表会审工作顺利进行奠定良好基础。

2. 细化政策性审核内容。按照相关财务核算管理的制度要求，设计使用超过 30 张横向过录表，重点针对县（区）财政和部门单位支出明细“其他支出”比重过大、事业基金增减变动、人员机构变动、人均各类经费过高过低、固定资产与资本性支出是否匹配等情况进行全面、细致的核查；对出错公式采用“有错修改，无错保留说明”的原则，确保账表一致性，同时也充分了解情况，掌握一手数据，为进一步规范财政财务管理提供了参考依据。

3. 利用技术手段自动核对。利用国库科提供的数据增设财政性资金拨款及非税收入核对表，在审核单位数据自动提取单位决算报表相关数据进行核对，确保财政性资金拨款数的准确一致。同时，利用报表通用版平台软件在年度部门决算报表中增设资产明细表，及时全面掌握本市行政事业单位时点存量情况，为编制部门预算和建立资产管理信息系统提供真实可靠的数据基础。

4. 建立“三个步骤，五个方面”的报表审核模式。即采取“初审、业务科室审和组织专人重点审”三个步骤，从“对账审核、上年数据检验审核、政策性审核、报表审核和数据验收”五个方面对单位数据进行审核，通过反复审核、整改，直到将问题全部解决为止，大大降低决算的差错率，也使决算编审水平不断提高。

（四）做细数据分析，全面挖掘价值信息

潮州市始终将部门决算数据的分析与利用，作为决算工作的重中之重。

1. 积极探索新的分析方法和方式。结合当前的经济发展形势，对财政政策、体制变化、收支变动规律等进行深入研究，并深入业务处室及单位，对各种数据进行深层次的分析和挖掘，对行政事业单位的资金使用情况、人员机构、资产状况进行了更近一步的了解，形成完整、实用的分析，发挥决算数据为领导和有关部门决策参考的作用。另外，分析数据充分挖掘潜伏于决算资料中的问题，加以客观的分析，并提出解决问题的具体建议。

2. 加强预、决算管理部门的联系和沟通，保证预决算在管理上的衔接。在部门决算报表的填报和完善上主动征求财政预算部门的意见，主动研究分析财政部明确的部门决算口径与潮州市部门预算口径存在的差异，并提出统一预、决算口径的建议，加强口径衔接；及时向领导及财政预算管理部门反馈决算编审情况、存在的问题，及时提供决算数据，为下一年度的预算编制提供参考依据，加强了数据上的衔接。

3. 分析决算数据，真实反映部门收支全貌和财务管理中存在的问题。在实际执行中，一方面存在部门管理不规范或账务不规范等问题，另一方面又受到部门决算软件审核公式限制，往往为符合软件审核要求而在没有更改账务的情况下人为调整报表数据。通过对数据的分析，揭露部门单位存在的财务管理问题，并及时提出建议和改进意见，让单位不再就决算论决算，有效改善各级各部门“重数字、轻分析；重算账、轻管理”的现象。

（五）加强数据运用，提供强有力的决策依据

从报表数据来源抓起，在编审过程中逐一完善，加强每一个环节，力争报表数据真实可靠，为财政工作提供强有力的数据平台。一方面加强与市审计局的沟通配合，要求市直各有关行政事业单位年度决算报表数据应上报给市审计局，作为年度审计工作的备查核对数据使用，通过审计监督，提高了决算报表质量；另一方面将部门决算质量核查纳入市局监督科年度会计信息质量检查范围，并及时将检查情况进行了反馈和通报，对促进单位加强财政财务管理起到了积极的作用。通过数据收集，审核，分析层层把关，加上审计和会计信息质量检查的监督机制，单位的数据已日益完善和真实，逐步杜绝敷衍填报的行为，发现一个，更正一个，通过近几年的逐步规范，决算报表开始担负起数据运用的重要功能，承载着大数据的光荣使命，未来数据的运用将是我们新方向的一个导航，决算报表在单位预算，三公经费，单位资产管理等各个方面都显现出其特有的数据优势，对领导科学决策提供及时完整的信息，提高数据运用水平，进一步深化财政改革。

二、主要成效

（一）财政大数据理念在提升财政能力中发挥重要作用

财政部门通过横向、纵向多个角度对相关数据进行比较分析，从而对经济活动中的产业政策、税收政策、转移支付政策、财政体制和税制结构的运作效果进行有效评估，及时总结经验教训，找出问题症结，为相关财政政策改革的进一步深化提供科学参考，对提升财政部门的能力具有重要作用。

（二）财政大数据理念为财政决策提供强有力的保证

以大数据理念对财政数据进行分析，可以对财政经济领域某一特定财税活动或现象进行判断，从而调整相关的财政政策。如财政资金在支持生产经营领域的投入产出情况，工业、农业、科技等相关扶持政策实施前后的效果对比，由于具有较强的针对性，效果会更为明显。

（潮州市财政局供稿，陈纯　林洁玲　陆秀娟　佃伟江执笔）

揭阳市

完善市区城市建设管理体制

根据省委、省政府关于推动粤东西北地区中心城市扩容提质的决策部署，揭阳市改革市区城市建设管理体制，合理界定市、区两级城市建设管理职责和权限，建立完善市区城市建设管理事权和财权相匹配的体制机制，促进中心城区扩容提质。

一、完善市区城市建设管理体制的背景

按照省委、省政府推进粤东西北地区中心城区扩容调整的决策部署和省委胡春华书记关于“建设汕潮揭城市群，打造粤东经济增长极”的指示精神，针对市区发展空间小、人口规模小、经济堆头小、辐射带动作用弱的实际，揭阳市委、市政府在争取国务院批准揭东撤县设区、改变市区“小马拉大车”的发展格局后，全力推动市区扩容提质，抢抓政策机遇，对市区行政区划进行优化调整，扩大中心城区规模，规划建设揭阳新区，使市区面积从原先的181平方公里扩大到1 031平方公里，开启市区“东进西联、四轮齐驱、组团发展”的全新发展格局，为中心城区扩容提质和加速城镇化进程积蓄充足的势能。

市委、市政府按照建设粤东经济强市和粤东上善之区的目标定位，印发实施《关于加快中心城区扩容提质努力建设粤东区域中心城市行动计划》，探索一条民生引领型务实发展的新型城镇化发展道路。针对中城市建设管理权责划分不合理，市、区职责设定严重重叠交叉，权责不统一，各区建设管理主体责任不明确等突出问题，揭阳市委五届六次全会提出，要以创新城市管理模式为基本遵循，最大程度向各区下放市级管理权限，建立事权与财权相匹配的管理机制。根据市委全会的决策部署，揭阳市人民政府印发《揭阳市人民政府关于改革和完善市区城市建设管理体制的若干意见》（下简称《意见》），按照加快城镇化进程和推动城市扩容提质的要求，结合揭阳城市建设管理的实际，以改革创新为动力，以管理重心下移为核心，进一步理顺城市建设管理体制机制，合理界定市、区两级城市建设职责和权限，推动城市管理一体化、属地化和城市运行市场化，为揭阳建设粤东经济强市和粤东上善之区创造良好的城市环境。

二、完善市区城市建设管理体制的主要内容

根据《意见》，揭阳市区城市建设管理体制改革按照“重心下移、权责一致、市场运作、为民惠民”等原则推进，重点抓好城市建设权责划分和健全投入机制两个重点。

（一）坚持重心下移，以放权各区为重点理顺市区城市建设管理权限

按照重心下移的要求，除了法律规定有明确规定和需要市级统筹事项外，将城市建设管理权和相应的财权按照属地管理原则下放到区一级，强化市区有关区政府（管委会）在城市建设管理上的主体责任。市级主要负责编制规划、指导协调、监督考核、经费调配和有关重点项目建设、管理、运营等，增强市级在城市建设管理的统筹调控功能；市区有关区政府（管委会）按照属地建设、属地管理的原则，负责辖区内除市级统一建设管护设施外的其他设施的建设管护。具体改革事项有：

1. 强化城市规划管理。城市规划实行市集中统一管理的体制，明确城市规划编制、许可、监督权为市级职责，有关区政府（管委会）参与城市规划的编制和其他重要规划事项的研究、论证、决策，严格执行城市规划。

2. 理顺市政设施建设管理体制。一是市政道路建设管理方面，市级负责国、省道管养，其他道路及配套管网建设管理由区级负责，新建市政道路实行市级规划、区级建设的机制。二是市政道路路灯建设管理由区级负责。三是园林绿化建设管理方面，市级负责市区园林绿化的总体规划，负责黄岐山森林公园的建设管理和保护工作，市区其他景点、公园、广场、绿地、道路绿化、山头等由所在区负责建设管理运营。四是环境卫生和垃圾管理方面，市区污水处理厂、垃圾填埋场及焚烧发电厂的建设管理、榕江南北河市区段水浮莲的打捞清理工作由市级负责，有关区配合，各区负责辖区内垃圾转运站和公厕等环卫设施的建设管理，负责辖区内生活垃圾、建设垃圾的收集清运和辖区内河堤、滩涂、绿地的清障和卫生保洁等工作。五是户外广告管理方面，市区户外广告由市级统一规划、统一审批、统一招投标，门店招牌由区级负责管理。六是其他设

施建设管理方面，老30亿工程由市住房城乡建设部门组织验收核结后，交由各区管理；市区扩容提质相关基础设施建设由市级进行总体规划，各区组织建设，后续管理由各区负责。上述管理体制调整后，原市级相关管理机构及编制、人员随职责调整相应划转各区。

3. 完善城市管理行政执法体系。一是调整城市管理行政执法权限。根据市政府授权或委托，城市市容和环境卫生、城市规划、城市建设、城市道路、市政设施、城市绿化等方面法律、法规、规章规定的行政处罚权集中下放到各区级城市管理行政执法部门统一行使。二是完善城市管理行政执法体制。按照“重心下移、权责统一”的原则，原市城市管理行政执法局各分局调整由各区管理，其编制、人员等随职责调整相应划转各区，并实行由市城市管理行政执法局和区政府（管委会）双重管理体制，人、财、物由各区直接管理。市城市管理行政执法局主要负责城市管理执法工作的指挥协调、监督检查和考核评估，各区承担辖区内城市管理具体执法工作。三是提高数字化管理水平。以现有的数字化城管技术平台为支撑，整合各相关部门的信息管理资源，构筑市区共享、上下联动、左右沟通、全面覆盖的城市管理网络体系，切实提高城市管理的效率和水平。

4. 深化城市管理市场化改革。推进城市管养工作市场化，凡是适合市场化运作的城市基础设施管理养护工作、环境卫生等，通过招投标购买社会服务等方式，交由企业、社会组织承担，通过市场化改革提高专业化管理水平。

（二）坚持钱随事转，建立事权和财权相匹配机制

按照市委五届六次全会提出“建立事权与财权相匹配的管理机制”的要求，在合理划分和界定市、区城市建设管理职责的基础上，按照事权财权统一的原则，健全城市建设管理投入机制，保障区级履行城市建设管理主体责任。

1. 调整市区财政管理体制。出台《揭阳市人民政府印发揭阳市区财政管理体制调整方案的通知》，坚持基本保障性和发展激励性相结合，科学调整市区财政管理体制，以“保工资、保运转、保民生”为原则核定新区划各区财力基数，均衡各区基本财力保障，保证新区划正常运行。合理划分收入，取消“一区一率”，实行“统一分成”，将市、区共享工商税收收入80%留给区，并实行“达标返还、激励超增、奖罚挂钩”的激励型财政机制，激发市区各区发展经济、壮大财源的积极性，促进市区扩容提质。

2. 改革市区土地出让收入分配制度。顺应市区城市建设管理体制改革任务，印发《市区土地征收及出让收入分配办法》，建立市、区土地收益分成分享与建设责任挂钩机制，对各区新增的建设用地出让所取得的收益按市30%、区45%、镇（街道）5%和村20%的比例进行分享，明确各级取得的土地出让收益主要用于各级基础设施建设及配套，保障各区有履行城市建设支出责任的相应财力。

3. 健全经费保障机制。市、区两级财政部门将城市建设管理各项经费纳入年度预算，用于安排环境卫生、市政设施建设维护、园林绿化管理和城管执法等各项经费，并加强审计监督和财政监督检查。

4. 调整市、区税费分配制度。调整完善大型建设项目在建期间税费收入分配机制，对各县（市、区）年度间相关投资额1亿元以上的新开工的大型建设项目在建期间所征收的税收收入地方库部分，由市级收入改为市、县（市、区）4、6分成，调动各县（市、区）加快基础设施建设的积极性。适时调整清洁卫生费等的征收范围和标准，并下放各区自行收取和使用。印发《揭阳市区城市公用事业附加费征收管理和路灯管养方案》，城市公用事业附加费由供电部门代征，实现收支两条线管理，全额用于市区路灯养护和管理，支持理顺路灯管理体制。

（三）坚持长远谋划，改革创新政府投融资机制

随着中心城区扩容提质和城镇化进程加快，市政基础设施建设投入加大，政府投资保持高位运行态势，与此同时，市级政府债务包袱负担重、风险率偏高。揭阳积极探索创新多元化、可持续、控风险的政府投融资机制，促进资源集约配置，防控融资风险，确保城市建设可持续。

1. 探索建立经济财政金融一体化分析评级制度。设计地方政府的经济、财政及金融综合分析框架，对揭阳市经济、财政和金融各方面数据进行系统的量化分析，建立完善资产负债指标体系和政府信用等级评价机制，支持优化政府经济战略决策。一是创新地方政府性债务管理机制，完善债务风险防控机制。运用一体化制度建设成果，市财政局制订出台《关于进一步加强我市地方政府债务管理的意见》，按照信用等级管理思路，建立健全地方政府性债务常态管理目标责任制，探索完善政府债务报告和风险评价预警机制，规范举债程序，规范政府融资行为，防范财政金融风险，促进地方经济持续健康发展。二是拓宽财政投融资模式。探索通过完善政府信用评级体系，结合预算管理制度改革的趋势，透明政府信用管理，优化政府融资环境，引导民间投资，为运用PPP等融资模式打好基础，加快建立完善多元化、普惠型、可持续的政府投融资机制。

2. 推动创新完善城市资源经营体制。按照经营城市的思路，推动创新完善城市资源经营体制，推动城市资源市场化运作，实现城市自我积累、滚动发展。规范市城投公司运行，加强资源整合和资产盘活，支持第一期城投债券，解决省市共建重大交通基础设施建设资金投入问题，既控制政府债务规模和缓解财政支出压力，又稳步推进各项重点工程建设。

三、完善市区城市建设管理体制的成效

（一）理顺城市建设管理职权，明确市区两级事权责任，推动城市扩容提质

坚持重心下移的原则，理顺市政设施建设管理体制等城市建设管理职责和权限，解决市和区城市建设管理事权

交叉重叠、上下一般粗、没有侧重点问题，既提高市级宏观统筹能力，又强化区级主体地位，充分调动各区加快市政设施建设和完善城市管理的积极性，市区城市建设呈现“一核带三、四轮驱动”的发展格局。2014 年开工建设空港新区起步区重要基础设施和中央商务区总部项目，同步推进揭东新城、玉都新城建设，全面实施中心城区扩容提质“八大工程”，进一步拓展城市框架，完善城市功能。

（二）实现政府简政放权，完善城市资源经营体制，更好发挥市场在优化资源配置中的决定性作用

坚持转变政府职能的改革方向，推动城市建设管理简政放权，运用引入市场竞争机制这个抓手，把城市基础设施管养维护、环卫保洁作业等城市管理事务推向市场，通过购买服务等方式，推动城市建设管理市场化、专业化、高效化，提高城市公共管理产品的供给质量和效率。蓝城区已经开展中心城区环卫保洁作业购买社会服务改革，面向市场竞争择优，提高环卫保洁作业精细化、专业化水平。把城市建设主体责任下移，增强各区城市建设的主动权，有利于各区结合自身实际，把城市建设和资源整合盘活有机衔接和统一起来，实现政府投资和资源经营的通盘统筹和滚动发展，提高城市建设管理可持续性。

（三）建立健全城市建设投入机制，增强融资风险防控能力，提高市级财政保障和调控能力

按照事权财权相匹配原则，调整市区财政管理体制，改革市区土地收入分配机制，优化相关税费分配，合理划分市、区事权和支出责任，支持建立市、区城市建设管理财权和事权相匹配机制，推动市政设施属地建设、属地管理，解决市级包揽事权多、财政负担重的问题。同时，通过建立完善经济财政金融一体化分析评级制度，创新融资模式，探索建立城市建设管理多元化投入机制，缓解政府举债压力，加强政府债务风险防控。通过理顺支出责任和完善政府融资机制，有效缓解市级城市建设投入和债务举借压力，提高市级财政保基本、保民生、保重点、保平衡和促进经济转型升级、统筹区域协调发展的调控能力，有效发挥财税体制改革对城市建设管理的支撑和引领作用。

（揭阳市财政局供稿，方松坚执笔）

第六部分

统计资料

GUANGDONG CAIZHENG NIANJIAN

2014 年度广东省公共财政收支决算总表

单位：万元

预　算　科　目	决算数	预　算　科　目	决算数
一、税收收入	65 104 664	一、一般公共服务支出	9 594 419
增值税	12 331 691	二、外交支出	
其中：改征增值税	2 987 628	三、国防支出	190 533
营业税	17 308 720	四、公共安全支出	6 972 307
企业所得税	11 361 900	五、教育支出	18 089 718
企业所得税退税		六、科学技术支出	2 743 315
个人所得税	4 089 137	七、文化体育与传媒支出	1 681 582
资源税	154 544	八、社会保障和就业支出	7 970 135
城市维护建设税	4 137 549	九、医疗卫生与计划生育支出	7 775 461
房产税	2 338 948	十、节能环保支出	2 590 367
印花税	1 120 008	十一、城乡社区支出	7 701 111
城镇土地使用税	1 510 015	十二、农林水支出	5 575 889
土地增值税	5 059 011	十三、交通运输支出	8 828 616
车船税	614 421	十四、资源勘探信息等支出	2 753 700
耕地占用税	863 475	十五、商业服务业等支出	892 080
契税	4 199 057	十六、金融支出	455 642
烟叶税	16 188	十七、援助其他地区支出	497 482
其他税收收入		十八、国土海洋气象等支出	615 897
二、非税收入	15 546 094	十九、住房保障支出	2 648 808
专项收入	2 557 072	二十、粮油物资储备支出	310 323
行政事业性收费收入	4 976 687	二十一、预备费	
罚没收入	1 346 908	二十二、国债还本付息支出	668 068
国有资本经营收入	609 031	二十三、其他支出	2 970 898
国有资源（资产）有偿使用收入	2 816 880		
其他收入	3 239 516		
本年收入合计	80 650 758	本年支出合计	91 526 351

注：此表由省财政厅国库处提供。

2014年度广东省公共财政

预算科目	决算数合计	省级	地级	其中：地级直属乡镇	县级	乡镇级
一、税收收入	65 104 664	16 388 050	25 707 563	1 718 527	19 197 724	3 811 327
增值税	12 331 691	1 173 470	5 615 860	580 899	4 525 380	1 016 981
其中：改征增值税	2 987 628	941 382	1 231 750	914	794 028	20 468
营业税	17 308 720	7 724 308	5 606 241	230 606	3 282 415	695 756
企业所得税	11 361 900	4 372 470	4 124 158	176 325	2 505 434	359 838
企业所得税退税						
个人所得税	4 089 137	1 202 111	1 890 807	57 056	897 614	98 605
资源税	154 544		12 410	324	98 959	43 175
城市维护建设税	4 137 549	3 949	1 405 651	171 688	2 345 176	382 773
房产税	2 338 948		1 165 620	112 355	919 122	254 206
印花税	1 120 008		382 184	56 306	633 637	104 187
城镇土地使用税	1 510 015		551 816	86 992	657 033	301 166
土地增值税	5 059 011	1 911 742	1 857 031	85 645	1 105 398	184 840
车船税	614 421		335 472	30 564	211 655	67 294
耕地占用税	863 475		210 892	11 107	561 628	90 955
契税	4 199 057		2 549 418	118 660	1 440 537	209 102
烟叶税	16 188		3		13 736	2 449
其他税收收入						
二、非税收入	15 546 094	1 017 170	7 384 998	14 574	6 530 870	613 056
专项收入	2 557 072	253 768	1 413 730	1 839	794 248	95 326
行政事业性收费收入	4 976 687	358 520	2 346 572	3 349	1 966 538	305 057
罚没收入	1 346 908	77 351	745 664	93	505 505	18 388
国有资本经营收入	609 031	5	220 028		348 615	40 383
国有资源（资产）有偿使用收入	2 816 880	214 578	997 736	9 229	1 536 058	68 508
其他收入	3 239 516	112 948	1 661 268	64	1 379 906	85 394
本年收入合计	80 650 758	17 405 220	33 092 561	1 733 101	25 728 594	4 424 383

注：此表由省财政厅国库处提供。

收支决算分级表

单位：万元

预算科目	决算数合计	省级	地级	其中：地级直属乡镇	县级	乡镇级
一、一般公共服务支出	9 594 419	997 406	3 017 524	290 839	4 447 717	1 131 772
二、外交支出						
三、国防支出	190 533	52 502	58 648	205	76 521	2 862
四、公共安全支出	6 972 307	842 482	2 651 405	380 332	3 223 825	254 595
五、教育支出	18 089 718	1 646 486	5 225 702	923 990	8 779 786	2 437 744
六、科学技术支出	2 743 315	241 148	1 550 290	47 368	884 721	67 156
七、文化体育与传媒支出	1 681 582	156 678	867 292	77 498	598 786	58 826
八、社会保障和就业支出	7 970 135	404 031	2 468 737	288 624	4 239 696	857 671
九、医疗卫生与计划生育支出	7 775 461	313 742	2 044 988	276 910	4 665 325	751 406
十、节能环保支出	2 590 367	10 545	1 751 262	113 204	703 999	124 561
十一、城乡社区支出	7 701 111	34 672	3 856 552	381 320	3 396 521	413 366
十二、农林水支出	5 575 889	563 346	1 489 005	215 773	2 725 381	798 157
十三、交通运输支出	8 828 616	2 526 467	5 209 937	123 779	969 841	122 371
十四、资源勘探信息等支出	2 753 700	146 053	1 780 868	30 845	755 056	71 723
十五、商业服务业等支出	892 080	63 163	435 793	9 337	375 972	17 152
十六、金融支出	455 642	4 146	423 181	162	21 872	6 443
十七、援助其他地区支出	497 482	190 304	254 387		45 387	7 404
十八、国土海洋气象等支出	615 897	91 504	193 846	12 682	307 052	23 495
十九、住房保障支出	2 648 808	100 000	1 023 265	36 764	1 413 628	111 915
二十、粮油物资储备支出	310 323	78 213	128 557	7 048	100 138	3 415
二十一、国债还本付息支出	668 068	59 361	594 662	1 609	13 690	355
二十二、其他支出	2 970 898	37 595	1 593 612	21 796	1 253 074	86 617
本年支出合计	91 526 351	8 559 844	36 619 513	3 240 085	38 997 988	7 349 006

2014 年度广东省各市一般公共预算收支情况表

单位：万元

科目	一般公共预算收入		一般公共预算支出	
地市	累计完成数	同比增减（%）	累计完成数	同比增减（%）
广州市	12 431 035	8.9	14 362 226	3.6
深圳市	20 827 326	20.3	21 661 841	28.1
珠海市	2 243 064	15.5	2 758 953	9.5
汕头市	1 239 747	10.6	2 137 239	11.7
佛山市	5 011 922	14.4	5 250 119	7.5
韶关市	820 082	14.2	1 971 822	17.1
河源市	604 671	23.9	2 106 054	24.1
梅州市	852 753	22.9	2 700 192	30.9
惠州市	3 007 453	20.2	3 729 722	13.6
汕尾市	492 261	2.2	1 248 517	18.6
东莞市	4 552 119	11.2	4 576 816	2.9
中山市	2 517 448	11.7	2 614 573	10.2
江门市	1 772 018	12.1	2 360 956	11.0
阳江市	629 708	17.2	1 236 039	8.1
湛江市	1 144 168	8.0	2 795 321	5.3
茂名市	1 003 741	11.1	2 632 379	20.4
肇庆市	1 391 326	15.2	2 417 130	20.6
清远市	1 026 461	10.6	2 139 856	15.3
潮州市	412 647	11.3	1 061 183	23.1
揭阳市	736 879	10.5	1 874 139	14.5
云浮市	528 709	15.5	1 331 430	22.1

注：此表由省财政厅国库处提供。

2014 年度广东省地市县

地区										
	收									
	收入合计	税收								
		小计	增值税	营业税	企业所得税	个人所得税	资源税	城市维护建设税	房产税	城镇土地使用税
广东省	80 650 758	65 104 664	12 331 691	17 308 720	11 361 900	4 089 137	154 544	4 137 549	2 338 948	1 510 015
广东省本级	17 405 220	16 388 050	1 173 470	7 724 308	4 372 470	1 202 111		3 949		
广东省地市合计	63 245 538	48 716 614	11 158 221	9 584 412	6 989 430	2 887 026	154 544	4 133 600	2 338 948	1 510 015
广州市	12 431 035	9 962 803	2 536 757	1 479 906	1 385 753	560 349	2 545	1 077 592	752 931	172 463
广州市本级	5 443 396	4 552 345	870 953	531 758	592 902	540 895	13	298 748	333 048	71
广州市区县合计	6 987 639	5 410 458	1 665 804	948 148	792 851	19 454	2 532	778 844	419 883	172 392
越秀区	481 250	335 869	64 427	53 767	49 491			61 513	40 272	7 135
海珠区	505 048	319 727	54 920	72 388	58 469			47 792	45 229	17 080
荔湾区	392 512	290 533	79 968	51 480	24 120			74 660	31 694	10 648
天河区	593 461	500 129	117 419	85 842	53 716			98 502	54 743	12 016
白云区	547 629	390 501	99 937	87 382	44 040		448	60 742	41 876	19 017
黄埔区	178 335	149 782	42 380	8 809	21 999			49 358	4 664	9 318
花都区	692 677	554 570	201 136	95 602	108 280		1 532	58 131	34 514	16 691
番禺区	792 729	616 116	180 591	185 882	71 842			77 931	50 617	12 836
南沙区	628 786	456 912	162 198	49 873	82 754			83 059	24 842	13 786
萝岗区	1 208 206	1 089 647	536 322	105 714	213 044			90 120	58 735	26 353
从化区	311 539	187 859	29 458	44 757	19 571	6 048	75	14 992	11 364	8 488
增城区	655 467	518 813	97 048	106 652	45 525	13 406	477	62 044	21 333	19 024
深圳市	20 827 326	17 548 398	3 156 076	4 798 432	3 450 200	1 684 918		1 077 683	421 652	92 396
深圳市本级	12 760 545	10 221 485	1 653 998	3 452 022	2 371 000	994 201		-163	234 252	
深圳市区县合计	8 066 781	7 326 913	1 502 078	1 346 410	1 079 200	690 717		1 077 846	187 400	92 396
福田区	1 205 797	1 085 479	159 427	158 326	198 986	119 426		227 421	24 120	16 026
罗湖区	653 430	615 188	93 720	107 843	102 121	77 891		120 490	24 081	8 878
盐田区	264 146	228 443	39 490	48 815	40 648	19 209		15 800	7 032	3 688
南山区	1 139 321	1 069 795	175 714	193 290	163 673	88 406		198 760	17 925	17 716
宝安区	2 842 746	2 506 201	678 878	443 374	348 241	134 085		306 883	69 015	27 292
龙岗区	1 961 341	1 821 807	354 849	394 762	225 531	251 700		208 492	45 227	18 796
珠海市	2 243 064	1 820 895	492 041	272 306	271 547	69 970	15	190 167	78 360	40 209
珠海市本级	1 566 749	1 241 108	281 283	191 255	195 428	51 772	15	126 553	50 611	21 795
珠海市区县合计	676 315	579 787	210 758	81 051	76 119	18 198		63 614	27 749	18 414
香洲区	262 404	219 739	89 915	30 009	40 985	7 668		24 028	10 058	1 573
金湾区	186 599	168 425	64 797	21 348	18 001	4 505		19 498	7 906	7 826
斗门区	227 312	191 623	56 046	29 694	17 133	6 025		20 088	9 785	9 015
汕头市	1 239 747	757 162	192 993	94 533	91 001	21 978	3 477	70 564	46 816	47 156
汕头市本级	451 354	311 650	65 479	37 122	36 868	9 496	33	24 483	17 755	27 810
汕头市区县合计	788 393	445 512	127 514	57 411	54 133	12 482	3 444	46 081	29 061	19 346
金平区	96 773	55 257	16 839	8 517	7 901	3 295	731	6 169	5 008	
龙湖区	122 885	76 371	18 320	13 737	12 076	2 650	751	8 046	5 265	
澄海区	188 686	103 678	34 242	10 141	10 655	2 689	441	10 891	5 405	5 786
濠江区	51 350	31 757	6 971	4 908	4 787	570	528	2 585	2 388	
潮阳区	195 262	98 524	27 755	12 341	13 043	1 457	587	10 929	5 472	5 770
潮南区	114 579	67 367	22 446	4 718	4 631	1 441	234	6 882	5 237	5 685

公共财政收支情况表（1－1）

单位：万元

收											支
入											
收　　入				非　税　收　入							
土地增值税	耕地占用税	契税	其他各项税收收入	小计	专项收入	行政事业性收费收入	罚没收入	国有资本经营收入	国有资源（资产）有偿使用收入	其他收入	支出合计
5 059 011	863 475	4 199 057	1 750 617	15 546 094	2 557 072	4 976 687	1 346 908	609 031	2 816 880	3 239 516	91 526 351
1 911 742				1 017 170	253 768	358 520	77 351	5	214 578	112 948	8 559 844
3 147 269	863 475	4 199 057	1 750 617	14 528 924	2 303 304	4 618 167	1 269 557	609 026	2 602 302	3 126 568	82 966 507
652 860	66 657	880 240	394 750	2 468 232	537 427	723 132	184 900		482 726	540 047	14 362 226
598 557		779 172	6 228	891 051	237 486	362 929	96 514		173 653	20 469	5 711 482
54 303	66 657	101 068	388 522	1 577 181	299 941	360 203	88 386		309 073	519 578	8 650 744
			59 264	145 381	20 489	28 788	5 650		30 024	60 430	731 155
	479		23 370	185 321	21 994	28 599	9 439		16 849	108 440	724 438
	258		17 705	101 979	17 156	21 931	4 184		34 726	23 982	532 890
	5 776		72 115	93 332	30 876	22 247	5 765		12 485	21 959	717 077
	8 085		28 974	157 128	28 124	49 479	7 925		13 461	58 139	750 571
	323		12 931	28 553	8 963	8 862	3 763		1 798	5 167	260 067
	11 669		27 015	138 107	35 786	46 489	11 974		9 240	34 618	674 547
	6 148		30 269	176 613	38 933	42 024	16 530		9 185	69 941	884 222
	5 860		34 540	171 874	30 428	17 505	3 966		13 826	106 149	1 050 020
	16 567		42 792	118 559	25 272	34 749	3 295		51 592	3 651	1 057 373
12 574	1 843	18 820	19 869	123 680	8 879	14 866	6 454		91 552	1 929	403 858
41 729	9 649	82 248	19 678	136 654	33 041	44 664	9 441		24 335	25 173	864 526
1 235 524		1 109 992	521 525	3 278 928	487 301	910 550	267 880	6 311	304 786	1 302 100	21 661 841
647 723		617 682	250 770	2 539 060	482 709	735 316	224 952		111 954	984 129	12 666 435
587 801		492 310	270 755	739 868	4 592	175 234	42 928	6 311	192 832	317 971	8 995 406
52 075		51 288	78 384	120 318	366	31 770	13 180	4 111	58 376	12 515	1 256 272
26 431		27 080	26 653	38 242	82	2 239	405		16 193	19 323	775 071
27 070		18 771	7 920	35 703	122	4 720	3 468		23 494	3 899	269 327
73 133		88 158	53 020	69 526	373	23 485	3 571		41 250	847	1 295 858
291 226		144 143	63 064	336 545	3 272	32 358	10 800	2 200	9 190	278 725	3 034 325
117 866		162 870	41 714	139 534	377	80 662	11 504		44 329	2 662	2 364 553
98 403	291	252 791	54 795	422 169	85 064	129 346	36 496	12 945	83 947	74 371	2 758 953
60 554	118	218 598	43 126	325 641	56 646	96 111	31 777	12 884	56 980	71 243	1 986 616
37 849	173	34 193	11 669	96 528	28 418	33 235	4 719	61	26 967	3 128	772 337
12 825			2 678	42 665	10 825	12 625	2 884	61	14 098	2 172	318 091
5 971		15 249	3 324	18 174	8 420	7 175	247		2 282	50	184 609
19 053	173	18 944	5 667	35 689	9 173	13 435	1 588		10 587	906	269 637
44 220	29 877	78 657	35 890	482 585	53 975	157 158	59 517	32 025	51 894	128 016	2 137 239
20 743	3 224	57 106	11 531	139 704	19 426	47 031	30 977		31 170	11 100	522 626
23 477	26 653	21 551	24 359	342 881	34 549	110 127	28 540	32 025	20 724	116 916	1 614 613
3 059			3 738	41 516	2 631	4 209	577		2 351	31 748	198 123
9 504			6 022	46 514	15 556	3 418	7 684	18 000	539	1 317	177 681
3 053	1 979	13 305	5 091	85 008	5 251	8 961	7 723		288	62 785	290 169
2 635	4 837		1 548	19 593	1 262	1 827	983	8 585	818	6 118	102 330
3 031	8 546	5 246	4 347	96 738	5 136	52 507	5 214	5 440	14 957	13 484	438 878
446	11 127	1 176	3 344	47 212	4 285	35 616	5 924		343	1 044	312 130

2014 年度广东省地市县

部	分									
										支
一般公共服务支出	外交支出	国防支出	公共安全支出	教育支出	科学技术支出	文化体育与传媒支出	社会保障和就业支出	医疗卫生与计划生育支出	节能环保支出	城乡社区支出
9 594 419		190 533	6 972 307	18 089 718	2 743 315	1 681 582	7 970 135	7 775 461	2 590 367	7 701 111
997 406		52 502	842 482	1 646 486	241 148	156 678	404 031	313 742	10 545	34 672
8 597 013		138 031	6 129 825	16 443 232	2 502 167	1 524 904	7 566 104	7 461 719	2 579 822	7 666 439
1 366 050		16 028	1 210 339	2 290 438	563 212	239 939	1 495 174	1 163 547	121 720	2 290 328
452 244		56	391 799	469 760	163 193	123 393	667 161	388 460	48 152	1 122 560
913 806		15 972	818 540	1 820 678	400 019	116 546	828 013	775 087	73 568	1 167 768
56 810		1 189	90 764	142 179	15 805	5 249	167 536	95 738	1 403	57 415
75 580		1 233	71 971	228 111	17 397	8 514	85 214	62 431	2 976	95 469
57 312		628	68 005	155 396	6 016	12 985	76 546	48 238	1 125	65 500
72 779		989	75 947	176 539	63 701	9 854	56 376	56 253	1 870	122 074
87 611		281	71 153	189 633	27 749	2 001	68 398	80 948	2 843	113 822
32 698			29 195	59 667	7 155	4 513	30 077	16 614	1 041	22 925
81 987		949	52 720	164 274	23 623	17 211	53 587	90 162	10 205	66 064
88 642		4 726	122 059	221 171	21 663	8 703	78 731	85 882	8 017	69 838
82 782		2 062	61 212	112 268	31 596	4 708	33 246	77 649	11 301	411 791
104 038		3 434	60 290	126 851	169 695	23 013	35 295	39 724	18 399	72 311
89 552		481	34 816	97 780	5 321	9 198	40 103	41 700	1 097	11 304
84 015			80 408	146 809	10 298	10 597	102 904	79 748	13 291	59 255
1 514 366		20 379	1 446 981	3 294 137	945 707	580 070	738 828	1 576 028	1 352 999	2 458 768
597 328		13 595	439 467	1 556 291	793 671	387 994	294 487	680 640	1 193 156	927 399
917 038		6 784	1 007 514	1 737 846	152 036	192 076	444 341	895 388	159 843	1 531 369
74 366		1 514	156 600	291 211	18 225	30 921	65 195	219 835	28 343	165 791
119 451		2 924	106 386	208 874	7 604	10 480	73 015	52 496	2 135	76 659
40 828			35 647	44 698	7 621	7 498	21 768	22 364	5 569	39 408
72 029			158 600	277 608	37 245	32 023	84 697	133 093	35 232	219 748
368 214		30	356 968	511 586	42 947	73 309	120 623	270 613	56 107	660 347
242 150		2 316	193 313	403 869	38 394	37 845	79 043	196 987	32 457	369 416
321 999		10 221	243 829	490 867	125 185	52 273	221 707	155 407	73 439	505 269
215 825		7 332	206 831	237 158	84 421	32 780	145 321	99 558	42 455	447 634
106 174		2 889	36 998	253 709	40 764	19 493	76 386	55 849	30 984	57 635
36 940		697	14 737	111 825	19 976	6 589	29 397	23 702	15 638	38 131
30 203		1 433	11 399	46 212	12 895	6 747	10 832	15 958	6 311	6 579
39 031		759	10 862	95 672	7 893	6 157	36 157	16 189	9 035	12 925
266 376		3 922	172 998	570 293	20 977	24 604	250 236	303 187	38 026	85 906
74 268		2 000	102 532	53 944	8 506	13 119	69 320	33 871	19 875	18 826
192 108		1 922	70 466	516 349	12 471	11 485	180 916	269 316	18 151	67 080
33 190		305	5 011	74 411	3 692	882	26 599	25 715	511	14 586
30 026		389	6 077	63 280	5 557	1 119	13 866	37 494	413	9 219
47 186		381	20 469	87 835	1 236	4 385	26 281	45 017	3 409	13 301
7 347		351	2 213	24 374	596	312	9 707	14 569	679	9 676
40 498			19 506	165 313	672	2 692	52 621	74 689	8 618	14 133
22 518		254	13 385	91 775	311	1 479	46 643	67 656	3 423	4 603

公共财政收支情况表（1－2）

单位：万元

出										
农林水支出	交通运输支出	资源勘探信息等支出	商业服务业等支出	金融支出	援助其他地区支出	国土海洋气象等支出	住房保障支出	粮油物资储备支出	国债还本付息支出	其他支出
5 575 889	8 828 616	2 753 700	892 080	455 642	497 482	615 897	2 648 808	310 323	668 068	2 970 898
563 346	2 526 467	146 053	63 163	4 146	190 304	91 504	100 000	78 213	59 361	37 595
5 012 543	6 302 149	2 607 647	828 917	451 496	307 178	524 393	2 548 808	232 110	608 707	2 933 303
540 979	553 496	976 988	148 800	27 122	67 155	119 152	683 589	54 699	10 846	422 625
140 184	451 380	664 898	30 095	19 147	62 797	14 502	252 531	44 387	8 709	196 074
400 795	102 116	312 090	118 705	7 975	4 358	104 650	431 058	10 312	2 137	226 551
6 563	485	3 000	6 403	3 007		8 801	43 559			25 249
6 695	535	8 134	8 295	18		19 938	29 660	3		2 264
1 058	176	2 706	2 034	13	4 358	216	30 437	141		
13 019	442	8 628	11 256	418		1 451	38 392	96		6 993
40 651	1 415	4 198	2 764	301		14 667	34 085	179		7 872
9 025	1 213	3 678	7 255	109		680	20 393	5		13 824
46 413	8 378	8 967	3 727	7		13 441	29 250	1 857		1 725
54 890	19 263	6 463	5 414	38		4 127	74 762	3 308		6 525
77 419	21 088	63 789	4 503	171		15 987	27 995	25	2 117	8 311
23 348	11 435	193 312	59 183	3 758		12 661	21 283	11	20	79 312
27 263	4 908	5 379	2 151	32		4 573	17 667	1 765		8 768
94 451	32 778	3 836	5 720	103		8 108	63 575	2 922		65 708
566 042	2 938 739	1 057 425	276 071	51 218	161 504	67 892	1 040 211	37 172	533 478	1 003 826
420 701	2 760 407	830 202	228 234	50 600	134 417	51 266	402 649	24 310	533 478	346 143
145 341	178 332	227 223	47 837	618	27 087	16 626	637 562	12 862		657 683
5 168	2 280	8 878	30 081		3 852	100	88 212			65 700
20 864	1 197	5 043	18			846	34 540			52 539
3 965		1 894	1 008				17 569			19 490
22 566	71 113	40 904	10 019		3 968	3 000	89 000			5 013
38 517	61 518	146 703	5 282	618	14 467	3 782	262 102	5 913		34 679
54 261	42 224	23 801	1 429		4 800	8 898	146 139	6 949		480 262
127 441	136 304	76 713	33 683	13 929	300	14 859	22 264	5 076	7 113	121 075
85 175	124 965	73 629	30 593	13 834	300	13 955	12 946	2 446	7 113	102 345
42 266	11 339	3 084	3 090	95		904	9 318	2 630		18 730
6 208		1 328	715			318	379	886		10 625
12 872	10 531	794	773	78		446	8 922	689		935
23 186	808	962	1 602	17		140	17	1 055		7 170
150 990	93 359	14 306	14 830	414		12 466	34 908	8 629	1 881	68 931
22 549	54 723	7 181	2 536	311		5 881	16 168	3 295	1 739	11 982
128 441	38 636	7 125	12 294	103		6 585	18 740	5 334	142	56 949
5 694	6	2 281	1 038	6		102	2 230		9	1 855
3 761	552	1 125	3 185	7		148	560			903
21 447	3 406	1 595	4 856	15		1 662	3 889	1 159	77	2 563
4 605	287	628	677	5		682	1 557	428		23 637
40 525	3 959	747	800			1 777	2 403	1 889		8 036
30 095	4 175	596	1 065	70		1 248	6 910	1 234	15	14 675

2014 年度广东省地市县

地区										收
										税收
	收入合计	小计	增值税	营业税	企业所得税	个人所得税	资源税	城市维护建设税	房产税	城镇土地使用税
南澳县	18 858	12 558	941	3 049	1 040	380	172	579	286	2 105
佛山市	5 011 922	3 690 412	922 049	586 729	415 521	135 045	523	364 716	245 410	146 816
佛山市本级	403 107	297 298	61 556	50 718	38 944	16 844		26 440	20 756	7 652
佛山市区县合计	4 608 815	3 393 114	860 493	536 011	376 577	118 201	523	338 276	224 654	139 164
禅城区	539 498	357 764	75 236	61 989	41 996	20 587		32 315	25 368	9 354
南海区	1 665 889	1 253 683	266 356	233 219	139 862	36 992		122 319	81 513	54 676
顺德区	1 742 052	1 288 257	378 048	177 355	144 130	49 380	90	130 577	83 953	37 472
高明区	267 525	180 330	56 052	22 626	18 260	4 249	123	19 150	11 881	15 599
三水区	393 851	313 080	84 801	40 822	32 329	6 993	310	33 915	21 939	22 063
韶关市	820 082	541 222	114 423	91 522	34 046	13 877	11 864	60 033	26 748	39 908
韶关市本级	327 454	204 471	45 599	19 569	9 982	4 904	1 272	34 951	9 177	14 168
韶关市区县合计	492 628	336 751	68 824	71 953	24 064	8 973	10 592	25 082	17 571	25 740
浈江区	41 610	28 916	4 703	8 933	1 863	1 081	122	2 641	2 593	762
武江区	40 036	29 490	3 699	11 138	3 265	1 329	525	3 132	2 110	288
曲江区	75 340	46 903	13 332	8 755	3 118	1 470	644	4 659	2 676	4 911
乐昌市	60 600	40 352	8 270	10 219	2 877	945	903	3 437	1 734	3 638
南雄市	55 781	37 674	4 312	4 478	2 679	683	377	1 700	1 738	3 770
仁化县	61 017	42 889	10 643	6 200	1 484	787	3 422	2 704	2 308	5 197
始兴县	35 852	25 090	4 499	4 893	1 662	406	257	1 312	655	1 376
翁源县	37 752	26 841	4 618	6 153	1 890	719	1 583	1 680	1 063	1 930
新丰县	34 580	24 440	4 174	5 349	1 476	582	2 305	1 304	599	1 433
乳源瑶族自治县	50 060	34 156	10 574	5 835	3 750	971	454	2 513	2 095	2 435
河源市	604 671	417 340	75 287	82 667	31 950	7 526	12 281	28 965	16 453	25 881
河源市本级	224 257	150 448	24 771	29 905	15 220	2 981	628	11 688	7 273	11 964
河源市区县合计	380 414	266 892	50 516	52 762	16 730	4 545	11 653	17 277	9 180	13 917
源城区	89 579	70 280	11 319	14 726	4 920	1 439	309	5 584	3 552	5 771
东源县	73 540	52 449	12 113	9 478	3 206	701	2 171	3 079	2 335	4 342
和平县	40 889	29 542	4 297	6 241	1 270	294	3 206	1 577	538	695
龙川县	54 443	35 472	7 551	7 570	2 609	711	463	2 361	980	950
紫金县	57 362	40 485	5 422	8 902	2 266	509	1 032	2 079	999	1 286
连平县	64 601	38 664	9 814	5 845	2 459	891	4 472	2 597	776	873
梅州市	852 753	608 031	107 425	82 974	38 356	11 861	34 535	59 088	15 441	32 674
梅州市本级	248 162	168 856	32 829	14 789	7 796	3 549	230	32 576	4 164	14 478
梅州市区县合计	604 591	439 175	74 596	68 185	30 560	8 312	34 305	26 512	11 277	18 196
梅江区	72 567	54 560	9 449	7 475	3 416	1 134	241	6 627	1 654	1 118
兴宁市	74 810	56 517	9 305	10 701	2 598	1 042	224	3 582	1 848	1 530
梅县区	180 068	126 203	18 835	18 210	11 433	2 457	875	6 709	2 643	5 377
平远县	53 640	40 276	9 116	4 907	1 475	436	12 291	1 627	511	1 081
蕉岭县	58 304	42 233	6 042	4 280	2 352	780	5 386	1 848	713	4 667
大埔县	64 587	46 596	7 685	6 757	2 008	823	13 424	2 061	1 869	1 923
丰顺县	57 496	40 437	7 878	8 352	4 377	861	355	2 379	1 192	1 495
五华县	43 119	32 353	6 286	7 503	2 901	779	1 509	1 679	847	1 005

公共财政收支情况表（2－1）

单位：万元

										收	支
入											
收　入				非　税　收　入							支出合计
土地增值税	耕地占用税	契税	其他各项税收收入	小计	专项收入	行政事业性收费收入	罚没收入	国有资本经营收入	国有资源（资产）有偿使用收入	其他收入	
1 749	164	1 824	269	6 300	428	3 589	435		1 428	420	95 302
228 564	50 931	436 963	157 145	1 321 510	191 847	525 435	121 186	65 814	324 547	92 681	5 250 119
19 948	520	37 706	16 214	105 809	7 537	33 498	18 602		32 159	14 013	881 357
208 616	50 411	399 257	140 931	1 215 701	184 310	491 937	102 584	65 814	292 388	78 668	4 368 762
24 380	635	46 086	19 818	181 734	27 741	74 017	20 863		54 839	4 274	657 891
73 145	18 036	169 089	58 476	412 206	62 327	177 653	26 048	47 041	92 099	7 038	1 522 587
91 422	16 492	134 351	44 987	453 795	65 631	173 617	30 013		118 456	66 078	1 563 888
6 384	6 519	13 269	6 218	87 195	10 571	22 286	9 955	18 773	24 899	711	254 550
13 285	8 729	36 462	11 432	80 771	18 040	44 364	15 705		2 095	567	369 846
19 327	56 732	46 101	26 641	278 860	46 229	70 718	30 698	20 833	56 896	53 486	1 971 822
8 318	22 364	26 208	7 959	122 983	26 348	19 698	11 097	14 819	16 588	34 433	565 595
11 009	34 368	19 893	18 682	155 877	19 881	51 020	19 601	6 014	40 308	19 053	1 406 227
	5 781		437	12 694	89	2 307	675		5 492	4 131	86 788
22	3 420		562	10 546	177	2 769	915		5 771	914	79 235
1 355	1 380	3 100	1 503	28 437	3 558	10 543	2 264	576	8 596	2 900	140 688
1 490	1 129	3 456	2 254	20 248	4 091	8 547	2 029		5 453	128	211 388
1 298	6 660	2 058	7 921	18 107	1 324	5 186	1 766	2 000	3 553	4 278	184 442
2 454	3 903	2 897	890	18 128	2 957	4 789	1 253		6 599	2 530	158 476
1 228	3 736	2 840	2 226	10 762	1 366	3 537	1 779	834	2 701	545	115 036
1 149	3 028	2 248	780	10 911	2 254	3 500	3 940	1 084	133		147 478
622	4 357	1 668	571	10 140	1 468	3 310	1 376	1 520	1 496	970	142 213
1 391	974	1 626	1 538	15 904	2 597	6 532	3 604		514	2 657	140 483
21 343	54 496	49 774	10 717	187 331	21 449	77 409	20 295	6 156	26 480	35 542	2 106 054
7 830	11 586	22 044	4 558	73 809	8 589	31 260	6 823	2 479	3 255	21 403	438 830
13 513	42 910	27 730	6 159	113 522	12 860	46 149	13 472	3 677	23 225	14 139	1 667 224
3 857	5 707	10 857	2 239	19 299	2 825	5 836	771		1 539	8 328	175 175
1 908	6 960	4 907	1 249	21 091	2 826	8 425	4 225		4 127	1 488	295 969
2 532	5 479	2 942	471	11 347	1 206	5 544	2 885		1 712		239 532
2 282	5 336	3 688	971	18 971	1 663	8 308	2 416	207	6 377		387 635
1 756	12 314	3 319	601	16 877	1 818	4 859	2 076	3 382	419	4 323	343 677
1 178	7 114	2 017	628	25 937	2 522	13 177	1 099	88	9 051		225 236
39 816	77 230	86 007	22 624	244 722	38 047	92 017	15 884	8 671	61 014	29 089	2 700 192
5 950	28 110	19 901	4 484	79 306	18 813	21 498	3 127	4 358	19 597	11 913	453 352
33 866	49 120	66 106	18 140	165 416	19 234	70 519	12 757	4 313	41 417	17 176	2 246 840
2 263	10 166	8 887	2 130	18 007	1 019	6 769	622		7 203	2 394	144 849
3 958	4 334	15 558	1 837	18 293	2 699	9 643	2 926	2 253	772		463 595
16 186	19 663	19 973	3 842	53 865	5 307	16 687	2 619	5	18 788	10 459	403 853
1 238	3 363	2 647	1 584	13 364	1 300	8 204	855	1 470	1 535		177 404
1 517	6 825	5 732	2 091	16 071	1 736	2 818	1 091	585	6 747	3 094	160 188
3 122	887	3 532	2 505	17 991	1 963	7 382	1 425		6 021	1 200	224 707
3 823	2 949	5 089	1 687	17 059	3 748	12 214	968		100	29	265 546
1 759	933	4 688	2 464	10 766	1 462	6 802	2 251		251		406 698

2014 年度广东省地市县

部 分										
										支
一般公共服务支出	外交支出	国防支出	公共安全支出	教育支出	科学技术支出	文化体育与传媒支出	社会保障和就业支出	医疗卫生与计划生育支出	节能环保支出	城乡社区支出
11 343		242	3 805	9 361	407	616	5 199	4 176	1 098	1 562
786 238		7 372	576 611	1 057 418	153 760	83 248	385 613	346 778	200 011	334 195
77 851		3 205	101 121	89 085	13 958	33 629	53 112	35 374	8 514	14 067
708 387		4 167	475 490	968 333	139 802	49 619	332 501	311 404	191 497	320 128
127 512		1 921	85 379	133 271	17 602	8 092	54 482	37 265	31 651	70 931
227 673			174 973	377 750	56 415	17 932	112 294	113 400	76 018	95 564
234 194		1 010	151 652	327 701	53 886	17 803	106 035	118 248	66 934	115 678
55 480		372	29 345	57 028	5 026	3 291	21 963	24 339	8 224	9 415
63 528		864	34 141	72 583	6 873	2 501	37 727	18 152	8 670	28 540
293 555		3 955	112 904	396 989	24 233	34 306	244 528	194 537	52 032	111 057
71 332		817	46 511	60 678	7 141	6 302	62 621	20 993	13 959	88 302
222 223		3 138	66 393	336 311	17 092	28 004	181 907	173 544	38 073	22 755
10 264		312	3 167	31 202	969	1 574	9 168	12 448	59	5 904
23 623		4	3 130	22 680	914	2 284	8 369	7 919	757	1 943
19 096		263	8 038	28 969	1 192	1 949	25 559	17 481	4 276	1 926
31 521		929	9 517	47 793	2 419	4 218	28 915	25 984	8 190	2 711
22 229		344	8 393	46 637	1 739	4 423	19 737	25 125	2 178	2 305
24 833		386	8 978	35 916	1 588	3 151	12 636	16 887	4 804	1 847
16 607		392	5 804	21 123	2 002	2 001	21 256	15 633	3 662	1 801
28 082			5 158	37 297	1 847	1 860	18 267	18 720	2 960	1 794
20 748		313	7 422	31 514	1 734	3 265	24 676	16 605	4 715	997
25 220		195	6 786	33 180	2 688	3 279	13 324	16 742	6 472	1 527
258 588		2 406	110 403	372 001	42 567	29 243	296 749	230 027	44 177	89 040
59 503		1 728	49 033	41 629	34 636	7 555	16 825	14 393	14 291	15 888
199 085		678	61 370	330 372	7 931	21 688	279 924	215 634	29 886	73 152
27 966		195	5 255	36 569	545	2 296	25 257	12 490	2 253	8 318
46 088		16	11 994	60 425	1 527	2 351	48 516	35 508	5 081	1 826
27 339			9 046	44 971	1 465	1 868	39 137	35 246	5 017	7 442
38 188			11 934	84 927	1 341	4 471	75 980	52 819	6 120	10 924
33 270		467	14 111	67 681	876	4 406	55 469	52 128	5 536	27 390
26 234			9 030	35 799	2 177	6 296	35 565	27 443	5 879	17 252
360 132		7	113 705	556 126	15 046	37 544	411 874	319 654	47 612	89 903
58 766		7	37 343	36 742	2 539	8 347	42 344	14 909	9 626	16 528
301 366			76 362	519 384	12 507	29 197	369 530	304 745	37 986	73 375
18 502			3 358	45 616	282	2 281	22 783	20 072	1 623	6 116
73 848			14 754	98 362	2 908	4 327	86 982	62 153	5 387	7 617
63 779			15 391	75 662	1 699	6 062	53 814	45 676	5 127	37 619
38 197			6 009	35 916	1 005	1 910	18 347	20 235	6 300	2 104
15 290			6 959	33 170	295	2 574	25 300	16 356	7 349	3 375
24 988			8 093	51 218	1 664	5 627	34 056	28 258	5 923	6 249
34 347			7 816	64 248	486	2 173	67 712	42 621	2 236	3 730
32 415			13 982	115 192	4 168	4 243	60 536	69 374	4 041	6 565

公共财政收支情况表（2－2）

单位：万元

出										
农林水支出	交通运输支出	资源勘探信息等支出	商业服务业等支出	金融支出	援助其他地区支出	国土海洋气象等支出	住房保障支出	粮油物资储备支出	国债还本付息支出	其他支出
22 314	26 251	153	673			966	1 191	624	41	5 280
304 043	485 842	136 414	92 421	23 478	43 911	24 651	113 861	18 822	1 814	73 618
18 151	321 253	4 196	1 116	10 858	22 565	5 065	17 112	4 940	412	45 773
285 892	164 589	132 218	91 305	12 620	21 346	19 586	96 749	13 882	1 402	27 845
41 613	16 110	6 129	5 133	518	1 381	3 309	11 529	2 067	288	1 708
101 954	24 945	68 319	7 405	10 477	12 105	10 210	24 312	4 744	315	5 782
89 119	108 452	30 518	75 390	1 510	4 860	2 683	39 274	3 912	444	14 585
23 002	3 013	1 837	1 198		688	1 991	5 006	1 075	66	2 191
30 204	12 069	25 415	2 179	115	2 312	1 393	16 628	2 084	289	3 579
210 393	108 308	16 756	9 469	847		11 930	77 227	6 324	2 041	60 431
13 870	58 475	6 716	6 758	583		4 024	55 639	3 238	484	37 152
196 523	49 833	10 040	2 711	264		7 906	21 588	3 086	1 557	23 279
6 722	24	3 426	306			45	771			427
6 294	86	83	4			333	589		41	182
17 144	3 916	2 732	534	12		760	3 916	622		2 303
31 665	10 779	295	255			1 508	3 696	595	232	166
17 922	8 088	882	-90	167		942	2 382	408	1 066	19 565
27 100	13 495	236	321	67		1 823	3 861	258	103	186
18 552	1 601	271	430	15		428	2 809	399	31	219
22 605	6 509	139	274			774	1 027	163		2
24 041	2 199	524	482	3		792	1 650	451	42	40
24 478	3 136	1 452	195			501	887	190	42	189
281 597	111 096	18 018	22 172	294		13 224	63 355	7 141	6 244	107 712
17 247	76 460	9 755	3 817	164		1 997	19 268	1 870	5 272	47 499
264 350	34 636	8 263	18 355	130		11 227	44 087	5 271	972	60 213
15 036	839	1 154	8 829			210	8 484	650	75	18 754
56 891	3 387	384	3 748			964	7 740	989	125	8 409
46 795	1 843	2 351	1 061			2 859	8 268	1 018	116	3 690
49 973	15 625	1 165	2 302	10		2 078	8 711	663	142	20 262
55 432	8 959	1 316	1 506			1 077	8 115	1 153	411	4 374
40 223	3 983	1 893	909	120		4 039	2 769	798	103	4 724
357 201	155 950	22 862	15 590	1 660		23 989	70 807	7 365	3 028	90 137
29 571	93 260	9 638	3 817	497		1 902	34 772	1 827	2 137	48 780
327 630	62 690	13 224	11 773	1 163		22 087	36 035	5 538	891	41 357
18 288	518	790	374			16	1 326			2 904
66 459	17 049	3 902	2 659	138		6 303	6 978	456	340	2 973
64 458	1 098	1 135	2 473			1 082	8 474	1 136	19	19 149
25 888	7 035	1 238	1 410			866	3 888	332	15	6 709
32 556	560	1 567	663			4 169	4 627	865	78	4 435
41 498	4 131	505	2 598			2 024	2 079	698	79	5 019
24 780	7 410	943	710			772	4 599	516	279	168
53 703	24 889	3 144	886	1 025		6 855	4 064	1 535	81	

2014 年度广东省地市县

地区	收入合计	收								
		税收								
		小计	增值税	营业税	企业所得税	个人所得税	资源税	城市维护建设税	房产税	城镇土地使用税
惠州市	3 007 453	2 041 539	545 805	354 050	190 857	44 414	7 662	210 800	90 297	152 535
惠州市本级	1 591 287	1 149 669	383 781	162 183	119 387	24 722	472	145 711	45 687	63 654
惠州市区县合计	1 416 166	891 870	162 024	191 867	71 470	19 692	7 190	65 089	44 610	88 881
惠城区	325 370	178 580	29 835	41 925	12 489	5 905	157	15 267	9 694	8 715
惠阳区	349 196	222 622	46 132	45 495	14 384	4 888	96	19 713	13 841	34 037
惠东县	302 328	204 132	25 427	49 538	22 819	3 746	456	11 108	7 242	9 228
博罗县	339 168	223 399	46 851	45 033	14 954	4 255	284	15 232	11 838	34 401
龙门县	100 104	63 137	13 779	9 876	6 824	898	6 197	3 769	1 995	2 500
汕尾市	492 261	231 161	38 118	38 358	19 840	4 723	1 455	13 436	21 534	34 335
汕尾市本级	100 590	48 121	15 335	7 094	9 705	1 564	193	4 505	2 786	1 635
汕尾市区县合计	391 671	183 040	22 783	31 264	10 135	3 159	1 262	8 931	18 748	32 700
城区	38 588	21 409	6 761	3 681	3 114	739	43	1 909	702	744
陆丰市	162 451	68 768	4 276	8 110	2 672	729	401	2 458	14 851	21 693
海丰县	153 349	72 051	9 716	16 626	3 623	1 434	715	3 736	2 841	7 077
陆河县	37 283	20 812	2 030	2 847	726	257	103	828	354	3 186
东莞市	4 552 119	3 651 289	1 240 962	476 997	378 775	122 854	137	363 261	237 527	172 466
东莞市本级	4 552 119	3 651 289	1 240 962	476 997	378 775	122 854	137	363 261	237 527	172 466
中山市	2 517 448	1 845 395	537 850	305 101	197 057	58 813	10	159 755	111 514	84 543
中山市本级	2 517 448	1 845 395	537 850	305 101	197 057	58 813	10	159 755	111 514	84 543
江门市	1 772 018	1 328 111	354 527	188 219	136 568	34 913	5 947	120 842	87 000	116 843
江门市本级	355 960	281 539	67 948	44 397	27 414	9 237	718	28 089	20 670	18 744
江门市区县合计	1 416 058	1 046 572	286 579	143 822	109 154	25 676	5 229	92 753	66 330	98 099
蓬江区	189 253	149 405	31 858	25 969	14 147	5 493	105	14 852	11 546	8 927
江海区	90 118	77 240	20 893	10 349	7 802	1 636		7 417	5 816	5 973
新会区	406 302	283 263	101 312	26 936	27 023	7 347	3 572	29 568	14 617	26 764
台山市	227 148	162 828	43 302	21 951	27 618	4 037	84	12 736	8 843	19 168
开平市	193 528	140 566	30 594	22 639	16 705	2 877	3	11 011	9 935	10 550
鹤山市	214 426	160 159	48 151	24 028	11 834	3 345	587	12 939	9 920	12 747
恩平市	95 283	73 111	10 469	11 950	4 025	941	878	4 230	5 653	13 970
阳江市	629 708	388 321	62 511	71 097	40 282	9 163	4 423	24 444	13 740	29 722
阳江市本级	270 557	164 103	19 586	29 765	14 187	3 659	697	9 658	5 806	12 043
阳江市区县合计	359 151	224 218	42 925	41 332	26 095	5 504	3 726	14 786	7 934	17 679
江城区	60 458	27 099	5 212	6 775	3 682	916	154	2 541	1 168	1 594
阳春市	117 595	73 373	14 111	11 470	8 186	2 013	2 848	4 807	2 323	4 233
阳东区	118 370	73 595	14 336	13 083	6 286	1 729	450	4 594	2 499	9 047
阳西县	62 728	50 151	9 266	10 004	7 941	846	274	2 844	1 944	2 805
湛江市	1 144 168	643 311	146 873	142 107	51 513	23 367	1 204	63 780	27 552	32 689
湛江市本级	638 621	340 114	83 130	72 736	26 985	12 351	36	36 255	14 095	16 988
湛江市区县合计	505 547	303 197	63 743	69 371	24 528	11 016	1 168	27 525	13 457	15 701
赤坎区	46 080	28 371	6 895	5 490	3 369	1 015		2 854	1 774	949
霞山区	59 410	36 589	7 289	7 243	3 316	2 488	5	5 827	3 004	2 979

公共财政收支情况表（3－1）

单位：万元

收											支
入											
收　入				非　税　收　入							
土地增值税	耕地占用税	契税	其他各项税收收入	小计	专项收入	行政事业性收费收入	罚没收入	国有资本经营收入	国有资源（资产）有偿使用收入	其他收入	支出合计
108 057	35 735	235 448	65 879	965 914	114 136	283 037	71 040	13 374	223 657	260 670	3 729 722
47 107	9 579	106 649	40 737	441 618	61 609	112 695	46 488	12 852	45 242	162 732	1 645 742
60 950	26 156	128 799	25 142	524 296	52 527	170 342	24 552	522	178 415	97 938	2 083 980
13 493	3 968	29 143	7 989	146 790	13 346	17 487	1 755		111 730	2 472	430 844
12 830	424	25 385	5 397	126 574	8 775	79 189	6 599		2 677	29 334	395 150
22 142	6 744	41 141	4 541	98 196	8 827	23 830	5 773	11	3 221	56 534	528 164
10 055	7 021	27 545	5 930	115 769	15 404	45 844	8 170		41 893	4 458	516 439
2 430	7 999	5 585	1 285	36 967	6 175	3 992	2 255	511	18 894	5 140	213 383
9 641	19 292	25 323	5 106	261 100	12 403	55 923	13 193	15 874	68 222	95 485	1 248 517
980	159	2 335	1 830	52 469	4 729	8 307	6 174	8 200	13 149	11 910	257 939
8 661	19 133	22 988	3 276	208 631	7 674	47 616	7 019	7 674	55 073	83 575	990 578
615	68	2 065	968	17 179	1 100	3 003	377		41	12 658	106 948
2 149	3 701	7 049	679	93 683	1 598	28 399	3 891	500	47 295	12 000	471 556
3 423	10 388	11 167	1 305	81 298	4 319	9 021	2 294	6 520	3 590	55 554	261 348
2 474	4 976	2 707	324	16 471	657	7 193	457	654	4 147	3 363	150 726
185 047	23 986	262 557	186 720	900 830	233 430	397 257	64 531	44 000	107 925	53 687	4 576 816
185 047	23 986	262 557	186 720	900 830	233 430	397 257	64 531	44 000	107 925	53 687	4 576 816
137 685	25 243	163 586	64 238	672 053	112 584	203 777	34 589	2 324	174 925	143 854	2 614 573
137 685	25 243	163 586	64 238	672 053	112 584	203 777	34 589	2 324	174 925	143 854	2 614 573
67 149	44 156	124 543	47 404	443 907	77 105	168 479	65 289	93 215	25 946	13 873	2 360 956
15 752	5 937	31 399	11 234	74 421	17 447	26 503	28 907		1 564		434 272
51 397	38 219	93 144	36 170	369 486	59 658	141 976	36 382	93 215	24 382	13 873	1 926 684
9 283	3 216	17 756	6 253	39 848	6 351	15 982	4 102	6 487	5 358	1 568	238 943
3 796	2 492	7 566	3 500	12 878	3 388	6 085	1 548		1 857		114 728
9 938	2 516	25 114	8 556	123 039	19 569	25 648	11 224	56 538	10 060		469 236
5 490	3 063	11 881	4 655	64 320	8 863	21 060	4 288	21 259	1 654	7 196	394 336
7 726	11 404	11 532	5 590	52 962	8 317	29 918	5 651	8 854	222		270 736
11 829	4 481	14 768	5 530	54 267	9 875	27 101	6 965	77	5 140	5 109	237 685
3 335	11 047	4 527	2 086	22 172	3 295	16 182	2 604		91		201 020
27 582	54 139	37 142	14 076	241 387	23 595	84 806	33 144	28 686	40 937	30 219	1 236 039
9 997	31 070	20 855	6 780	106 454	9 311	26 335	19 344	5 358	16 296	29 810	405 301
17 585	23 069	16 287	7 296	134 933	14 284	58 471	13 800	23 328	24 641	409	830 738
1 970	1 444		1 643	33 359	1 112	14 721	1 226	12 493	3 498	309	115 019
4 473	10 415	6 058	2 436	44 222	8 066	16 970	5 159	1 092	12 935		295 333
5 000	9 211	5 729	1 631	44 775	3 042	21 180	3 141	9 743	7 633	36	225 913
6 142	1 999	4 500	1 586	12 577	2 064	5 600	4 274		575	64	194 473
44 971	14 739	66 872	27 644	500 857	53 942	171 708	36 961	62 982	91 525	83 739	2 795 321
23 470	507	37 670	15 891	298 507	34 301	67 646	13 974	55 919	69 648	57 019	878 856
21 501	14 232	29 202	11 753	202 350	19 641	104 062	22 987	7 063	21 877	26 720	1 916 465
4 731			1 294	17 709	1 939	3 582	637	5	443	11 103	91 607
1 995	615		1 828	22 821	2 130	17 365	307	1 426	842	751	118 738

2014 年度广东省地市县

部　　分										
										支
一般公共服务支出	外交支出	国防支出	公共安全支出	教育支出	科学技术支出	文化体育与传媒支出	社会保障和就业支出	医疗卫生与计划生育支出	节能环保支出	城乡社区支出
533 973		5 269	272 944	850 388	197 644	59 072	339 997	326 325	66 898	408 887
207 499		124	141 766	255 891	167 750	18 890	117 733	93 411	34 304	322 214
326 474		5 145	131 178	594 497	29 894	40 182	222 264	232 914	32 594	86 673
88 819		825	12 963	150 611	9 111	7 213	41 483	44 767	5 109	14 316
69 829		1 860	36 484	112 490	5 631	6 961	31 294	35 746	7 238	30 592
68 001		1 013	36 942	129 820	7 450	8 582	69 851	62 039	6 698	18 211
68 468		606	30 115	147 044	6 798	13 969	57 121	68 778	9 018	20 061
31 357		841	14 674	54 532	904	3 457	22 515	21 584	4 531	3 493
104 988		14	60 176	315 052	11 276	14 696	168 257	145 446	34 744	46 824
35 435			21 242	20 159	2 252	3 762	22 637	12 056	7 667	17 171
69 553		14	38 934	294 893	9 024	10 934	145 620	133 390	27 077	29 653
8 669			2 353	25 795	1 425	1 839	17 134	13 816	165	841
23 550			17 047	140 462	3 402	4 213	61 912	73 249	20 001	26 364
28 514		14	13 648	83 608	2 481	3 275	47 567	28 728	2 639	769
8 820			5 886	45 028	1 716	1 607	19 007	17 597	4 272	1 679
395 318		4 272	536 873	1 189 383	141 031	106 505	289 608	247 210	146 279	403 454
395 318		4 272	536 873	1 189 383	141 031	106 505	289 608	247 210	146 279	403 454
220 398		865	175 357	669 289	82 618	58 463	219 240	165 922	104 656	225 154
220 398		865	175 357	669 289	82 618	58 463	219 240	165 922	104 656	225 154
264 710		29 707	203 117	545 150	51 532	24 440	326 970	244 177	44 124	67 548
49 853		3 783	63 943	45 715	9 819	5 528	38 633	24 658	12 593	6 837
214 857		25 924	139 174	499 435	41 713	18 912	288 337	219 519	31 531	60 711
28 893		611	23 709	57 266	6 629	2 958	29 135	15 725	597	20 558
15 435		409	10 836	20 936	3 925	879	12 744	8 011	1 655	7 181
43 866		6 151	31 055	143 478	17 346	2 869	64 771	45 642	5 164	9 280
48 270		1 933	23 104	100 253	3 308	5 835	67 277	50 076	6 970	4 926
29 275		1 134	20 786	73 396	4 382	2 829	52 758	36 106	3 344	7 584
23 400		15 468	17 172	52 669	3 865	1 578	33 208	31 565	9 140	7 305
25 718		218	12 512	51 437	2 258	1 964	28 444	32 394	4 661	3 877
160 111		2 739	77 263	260 781	11 568	15 933	177 078	146 827	18 767	39 042
46 732		2 537	34 870	42 452	4 153	8 257	41 080	21 424	7 219	19 951
113 379		202	42 393	218 329	7 415	7 676	135 998	125 403	11 548	19 091
15 358		202	3 163	34 248	1 156	1 151	25 608	20 366	375	803
39 765			16 026	72 206	2 333	1 666	58 577	49 675	1 653	4 420
39 001			11 958	54 351	2 159	2 996	21 942	23 682	7 501	11 208
19 255			11 246	57 524	1 767	1 863	29 871	31 680	2 019	2 660
272 463		6 507	167 759	738 280	14 416	32 344	469 102	448 815	49 413	142 424
78 851		3 398	89 761	118 897	7 416	14 248	145 736	50 776	34 677	91 299
193 612		3 109	77 998	619 383	7 000	18 096	323 366	398 039	14 736	51 125
17 134		476	4 231	29 391	358	670	11 717	10 147	1 216	9 829
12 352		413	5 783	39 654	1 108	705	20 015	12 378	2 883	14 339

公共财政收支情况表（3－2）

单位：万元

出										
农林水支出	交通运输支出	资源勘探信息等支出	商业服务业等支出	金融支出	援助其他地区支出	国土海洋气象等支出	住房保障支出	粮油物资储备支出	国债还本付息支出	其他支出
276 954	170 852	29 739	21 718	2 908		35 166	18 097	10 415	4 515	97 961
64 800	122 720	19 040	12 677	2 417		14 617	4 318	3 715	4 233	37 623
212 154	48 132	10 699	9 041	491		20 549	13 779	6 700	282	60 338
26 205	1 693	2 663	1 535	160		116	430	1 383		21 442
26 272	8 812	3 757	1 240	180		5 676	8 634	1 467		987
67 509	12 270	1 674	1 252			8 520	11	1 850		26 471
60 384	16 935	2 139	4 253	151		4 614	1 888	1 212	250	2 635
31 784	8 422	466	761			1 623	2 816	788	32	8 803
170 140	43 801	5 590	12 325	43		20 284	27 251	5 694	2 514	59 402
18 886	26 416	2 949	8 738	8		2 345	5 089	2 009	905	48 213
151 254	17 385	2 641	3 587	35		17 939	22 162	3 685	1 609	11 189
27 367	1 654	743	257			222	233	585		3 850
61 157	5 750	905	500	35		14 844	14 132	1 643	1 538	852
37 588	2 031	720	2 635			1 264	2 380	862	8	2 617
25 142	7 950	273	195			1 609	5 417	595	63	3 870
233 467	358 750	72 818	37 806	308 321	27 115	21 057	47 688	7 164	2 697	
233 467	358 750	72 818	37 806	308 321	27 115	21 057	47 688	7 164	2 697	
187 307	138 791	31 849	27 958	6 555	6 893	16 302	28 107	5 755	1 225	241 869
187 307	138 791	31 849	27 958	6 555	6 893	16 302	28 107	5 755	1 225	241 869
233 651	126 566	37 915	18 288	510	300	14 158	46 769	12 202	1 171	67 951
24 375	91 566	4 704	2 780	313	300	2 366	13 155	6 700	886	25 765
209 276	35 000	33 211	15 508	197		11 792	33 614	5 502	285	42 186
18 293	868	5 766	4 673			848	6 995			15 419
5 017	1 342	12 909	2 190			522	1 305			9 432
58 315	10 046	5 489	2 607	50		4 470	7 810	1 408	73	9 346
53 625	8 839	3 157	1 660			2 610	3 826	1 353	81	7 233
23 167	4 880	1 465	1 732	41		1 086	5 668	791	81	231
26 705	3 386	3 089	1 728	4		1 168	5 128	939	25	143
24 154	5 639	1 336	918	102		1 088	2 882	1 011	25	382
107 771	58 956	8 118	9 526	62		18 342	18 582	7 093	1 152	96 328
22 501	37 687	2 431	6 618	10		7 710	9 446	1 595	932	87 696
85 270	21 269	5 687	2 908	52		10 632	9 136	5 498	220	8 632
5 264	15	508	8			51	866	1 376		4 501
28 525	11 589	614	944	9		1 214	2 141	2 127	124	1 725
29 208	3 882	2 703	1 735	30		8 060	3 488	1 021	32	956
22 273	5 783	1 862	221	13		1 307	2 641	974	64	1 450
179 010	127 178	16 807	19 223	499		20 274	36 749	10 423	3 839	39 796
47 480	97 792	9 172	15 709	453		10 191	23 099	5 962	3 615	30 324
131 530	29 386	7 635	3 514	46		10 083	13 650	4 461	224	9 472
1 744	3	638	186	4		41	765			3 057
5 778	44	1 356	418			1 065	16			431

2014年度广东省地市县

地区	收									
	收入合计	税收								
		小计	增值税	营业税	企业所得税	个人所得税	资源税	城市维护建设税	房产税	城镇土地使用税
麻章区	37 633	25 986	5 443	5 084	1 904	1 046	21	2 525	1 564	1 955
坡头区	50 634	32 502	3 309	7 658	1 119	1 097	349	1 794	607	1 490
雷州市	55 289	29 785	5 503	8 059	3 257	1 285	63	2 596	1 049	1 477
廉江市	94 748	59 281	14 055	15 528	3 335	879	107	5 036	1 298	2 219
吴川市	60 018	36 689	8 102	7 678	3 751	1 241	284	3 011	1 462	987
遂溪县	61 390	33 179	7 758	8 356	2 998	909	230	2 473	1 417	2 162
徐闻县	40 345	20 815	5 389	4 275	1 479	1 056	109	1 409	1 282	1 483
茂名市	1 003 741	597 272	107 994	89 615	35 114	11 364	7 975	54 219	27 117	58 796
茂名市本级	414 220	224 519	64 685	19 500	9 564	4 762	700	32 633	8 806	29 435
茂名市区县合计	589 521	372 753	43 309	70 115	25 550	6 602	7 275	21 586	18 311	29 361
茂南区	69 889	44 874	9 146	6 798	4 546	1 805	347	4 036	2 185	1 521
茂港区										
信宜市	88 164	54 063	6 928	8 868	1 633	779	2 391	3 369	4 971	3 957
高州市	115 157	69 357	8 769	14 041	2 940	1 650	1 479	4 320	2 799	3 172
化州市	110 735	66 912	6 895	12 598	4 304	980	2 983	3 483	5 426	3 549
电白区	205 576	137 547	11 571	27 810	12 127	1 388	75	6 378	2 930	17 162
肇庆市	1 391 326	849 476	122 358	129 427	51 557	17 068	13 417	49 675	34 608	104 523
肇庆市本级	324 181	229 211	32 547	45 489	17 184	5 864	35	16 751	12 005	12 145
肇庆市区县合计	1 067 145	620 265	89 811	83 938	34 373	11 204	13 382	32 924	22 603	92 378
端州区	137 521	91 615	10 027	15 870	5 611	2 528	18	5 839	5 518	14 479
鼎湖区	60 367	44 086	7 423	7 833	2 505	705	8	3 235	1 746	3 850
四会市	244 510	148 264	18 332	20 154	6 916	2 448	506	7 621	5 411	13 858
高要市	276 362	162 550	27 614	13 779	8 806	2 412	5 148	8 113	5 155	47 923
广宁县	78 877	43 463	5 513	6 111	2 010	676	230	1 696	1 274	4 434
德庆县	85 720	43 750	6 223	6 095	1 851	781	1 597	1 912	1 431	4 236
封开县	75 097	36 954	8 098	4 668	4 442	502	3 821	2 203	980	2 140
怀集县	108 691	49 583	6 581	9 428	2 232	1 152	2 054	2 305	1 088	1 458
清远市	1 026 461	671 200	112 521	149 483	57 412	17 520	23 282	47 930	29 103	44 039
清远市本级	330 033	242 740	31 332	60 990	17 446	8 000	1 209	17 181	11 073	14 426
清远市区县合计	696 428	428 460	81 189	88 493	39 966	9 520	22 073	30 749	18 030	29 613
清城区	149 240	92 760	8 785	25 281	6 898	2 887	257	6 557	3 868	4 648
英德市	183 105	111 870	24 259	20 403	12 154	1 668	10 864	8 694	3 999	8 715
连州市	65 481	37 656	6 805	6 556	2 756	873	669	2 392	1 598	4 191
佛冈县	91 131	54 973	12 395	10 406	5 595	1 089	186	3 656	2 542	4 376
清新区	130 722	85 757	20 577	15 279	9 220	1 868	3 075	6 800	4 573	4 211
连山壮族瑶族自治县	13 189	8 622	1 824	3 323	635	270	22	708	273	526
连南瑶族自治县	15 672	8 483	2 075	2 365	749	236	48	665	326	423
阳山县	47 888	28 339	4 469	4 880	1 959	629	6 952	1 277	851	2 523
潮州市	412 647	313 193	93 294	32 003	33 062	10 299	11 097	28 595	20 075	25 009
潮州市本级	190 525	142 754	44 112	19 715	17 787	6 265	4 013	12 328	7 116	6 393
潮州市区县合计	222 122	170 439	49 182	12 288	15 275	4 034	7 084	16 267	12 959	18 616

公共财政收支情况表（4－1）

单位：万元

收											支
入											
收　入				非　税　收　入							支出合计
土地增值税	耕地占用税	契税	其他各项税收收入	小计	专项收入	行政事业性收费收入	罚没收入	国有资本经营收入	国有资源（资产）有偿使用收入	其他收入	
1 155	2 598	1 879	812	11 647	1 045	6 134	808	394	2 804	462	78 425
1 177	3 577	9 553	772	18 132	842	8 596	555		8 038	101	88 864
2 826	854	1 695	1 121	25 504	2 377	9 804	4 394	78	3 880	4 971	353 353
3 896	4 072	6 722	2 134	35 467	3 166	27 790	3 549	218	259	485	446 395
2 899	1 457	4 155	1 662	23 329	3 548	9 876	4 729	3 425	342	1 409	234 658
1 907	804	3 061	1 104	28 211	2 822	9 580	4 406	47	4 400	6 956	230 995
915	255	2 137	1 026	19 530	1 772	11 335	3 602	1 470	869	482	273 430
53 321	56 979	73 219	21 559	406 469	44 566	119 787	61 810	11 376	160 436	8 494	2 632 379
7 762	9 758	27 871	9 043	189 701	27 285	38 679	41 729	1 322	78 409	2 277	606 132
45 559	47 221	45 348	12 516	216 768	17 281	81 108	20 081	10 054	82 027	6 217	2 026 247
2 210	4 296	4 575	3 409	25 015	1 233	5 755	1 792		14 062	2 173	173 378
4 332	10 310	4 199	2 326	34 101	2 229	15 495	2 726	500	13 147	4	400 570
6 558	14 437	7 372	1 820	45 800	3 056	20 128	6 188	9 151	7 277		458 686
6 403	5 943	12 376	1 972	43 823	4 241	21 753	5 572	403	9 528	2 326	404 133
26 056	12 235	16 826	2 989	68 029	6 522	17 977	3 803		38 013	1 714	589 480
69 932	125 196	106 886	24 829	541 850	55 096	149 165	45 635	104 695	167 658	19 601	2 417 130
16 131	17 317	44 433	9 310	94 970	12 209	21 588	20 952	20 457	16 680	3 084	570 639
53 801	107 879	62 453	15 519	446 880	42 887	127 577	24 683	84 238	150 978	16 517	1 846 491
7 075	9 322	12 090	3 238	45 906	3 004	5 417	1 198		36 287		183 006
3 149	6 431	5 849	1 352	16 281	2 008	7 443	533		6 283	14	85 707
18 781	34 153	16 460	3 624	96 246	7 685	17 293	5 506	59 256	5 696	810	322 215
9 766	23 008	7 359	3 467	113 812	8 678	61 413	5 545		33 578	4 598	381 884
3 882	9 284	7 298	1 055	35 414	2 192	10 264	1 889	757	11 986	8 326	192 116
7 744	5 933	5 073	874	41 970	2 407	8 398	4 051	24 225	1 089	1 800	198 883
775	6 841	1 715	769	38 143	14 082	4 226	3 269		16 518	48	192 127
2 629	12 907	6 609	1 140	59 108	2 831	13 123	2 692		39 541	921	290 553
56 755	23 603	86 631	22 921	355 261	45 888	115 037	45 019	3 539	78 799	66 979	2 139 856
26 211	5 916	39 452	9 504	87 293	17 665	40 059	12 846	136	16 079	508	469 432
30 544	17 687	47 179	13 417	267 968	28 223	74 978	32 173	3 403	62 720	66 471	1 670 424
11 647	2 472	15 493	3 967	56 480	3 772	9 700	7 800		1 702	33 506	246 551
3 358	3 495	10 807	3 454	71 235	8 943	13 729	6 143		35 297	7 123	450 845
5 352	2 707	2 640	1 117	27 825	2 692	6 581	5 251	45	1 468	11 788	185 376
3 884	4 387	5 058	1 399	36 158	2 955	13 908	2 519		13 508	3 268	155 019
4 671	3 607	9 440	2 436	44 965	6 653	14 976	5 813	1 037	7 206	9 280	270 203
194	57	574	216	4 567	684	1 263	963		1 657		88 601
454	219	636	287	7 189	633	5 699	804		53		93 329
984	743	2 531	541	19 549	1 891	9 122	2 880	2 321	1 829	1 506	180 500
8 889	18 033	19 390	13 447	99 454	15 625	39 256	15 553	7 067	3 522	18 431	1 061 183
6 174		14 035	4 816	47 771	7 320	12 393	7 189	4 235	1 448	15 186	326 202
2 715	18 033	5 355	8 631	51 683	8 305	26 863	8 364	2 832	2 074	3 245	734 981

2014 年度广东省地市县

部分										
										支
一般公共服务支出	外交支出	国防支出	公共安全支出	教育支出	科学技术支出	文化体育与传媒支出	社会保障和就业支出	医疗卫生与计划生育支出	节能环保支出	城乡社区支出
10 064		293	4 025	26 541	209	539	10 484	11 892	670	3 774
14 749		379	2 790	22 052	108	660	13 151	20 974	1	4 973
34 741		68	13 083	109 077	1 058	4 243	77 022	64 265	2 142	4 618
28 777		66	14 649	166 780	3 100	2 779	60 797	148 215	896	2 950
20 824		285	9 289	74 063	326	2 575	48 622	47 437	1 835	2 825
19 529		289	11 201	79 585	623	3 873	43 102	46 585	1 478	1 684
35 442		840	12 947	72 240	110	2 052	38 456	36 146	3 615	6 133
306 146		1 338	118 534	747 486	6 800	23 022	448 653	295 001	25 477	68 658
93 887		1 338	41 494	77 347	3 066	7 702	74 904	21 380	10 641	40 665
212 259			77 040	670 139	3 734	15 320	373 749	273 621	14 836	27 993
31 287			11 105	42 244	661	1 450	28 573	28 181	1 119	5 542
26 310			15 673	121 262	546	3 289	66 167	63 608	4 332	4 921
32 820			14 338	160 188	667	3 710	121 966	34 476	4 648	8 149
38 232			13 572	150 212	776	2 397	66 949	85 910	2 077	3 907
83 610			22 352	196 233	1 084	4 474	90 094	61 446	2 660	5 474
399 974		8 645	157 400	553 506	40 431	38 318	247 923	267 579	50 888	113 599
83 816		3 124	45 786	58 736	9 533	9 069	53 379	36 697	21 952	35 352
316 158		5 521	111 614	494 770	30 898	29 249	194 544	230 882	28 936	78 247
50 412		639	19 125	47 078	3 486	1 757	18 324	13 238	1 376	19 068
16 385		947	6 672	21 126	1 280	869	7 454	10 233	2 329	1 611
52 655		977	22 996	82 307	5 082	6 774	23 996	38 975	5 809	33 839
71 006		1 887	24 335	97 987	9 110	8 429	41 556	40 025	6 453	15 666
35 701		344	9 297	55 182	2 618	3 463	17 160	32 644	3 107	1 762
22 752		346	9 964	50 433	3 185	3 012	17 013	20 205	3 050	3 440
35 691		97	6 576	48 083	2 746	2 238	27 279	24 551	2 794	476
31 556		284	12 649	92 574	3 391	2 707	41 762	51 011	4 018	2 385
259 857		8 106	143 304	480 781	23 748	26 778	258 084	263 192	31 231	106 653
74 072		6 637	32 801	77 038	5 621	11 094	29 178	12 596	4 377	17 128
185 785		1 469	110 503	403 743	18 127	15 684	228 906	250 596	26 854	89 525
32 199			26 604	55 000	1 526	986	32 051	50 377	2 634	14 439
39 724		767	20 045	112 035	6 413	2 890	64 323	56 406	10 638	31 341
17 874			13 992	45 696	2 421	3 457	22 233	24 034	1 872	16 923
18 555		93	10 115	38 119	2 728	1 563	22 294	29 232	1 207	7 594
35 064		553	19 866	69 885	3 508	1 508	36 276	35 013	2 948	14 306
9 179		56	6 301	17 228	559	2 541	11 283	11 540	1 163	773
11 102			5 992	22 651	213	1 693	16 481	14 482	2 020	1 031
22 088			7 588	43 129	759	1 046	23 965	29 512	4 372	3 118
125 624		767	54 442	250 999	5 737	9 767	122 756	141 265	21 851	25 834
50 813		542	27 198	45 001	3 231	4 111	24 455	14 199	6 060	13 245
74 811		225	27 244	205 998	2 506	5 656	98 301	127 066	15 791	12 589

公共财政收支情况表（4－2）

单位：万元

出										
农林水支出	交通运输支出	资源勘探信息等支出	商业服务业等支出	金融支出	援助其他地区支出	国土海洋气象等支出	住房保障支出	粮油物资储备支出	国债还本付息支出	其他支出
5 329	2 051	1 034	207			187	591			535
3 677	876	1 865	106	31		491	1 517			464
35 545	2 054	768	503			1 777	1 875	320	25	169
13 259	1 496	252	248			1 200	350	200	58	323
13 415	2 669	494	446	6		1 944	4 483	991		2 129
16 450	2 994	420	207			1 336	911	705	9	14
36 333	17 199	808	1 193	5		2 042	3 142	2 245	132	2 350
205 048	198 974	11 538	10 728	700		12 978	58 518	6 631	15 804	70 345
27 646	98 718	7 790	1 782	129		3 396	13 270	2 280	14 839	63 858
177 402	100 256	3 748	8 946	571		9 582	45 248	4 351	965	6 487
19 673	85	446	489	60		825		688	254	696
33 041	19 807	691	2 359	200		2 775	33 547	932	158	952
57 603	8 788	595	1 676	125		2 245	2 286	1 201	224	2 981
27 124	3 485	898	2 459	161		950	2 504	549	113	1 858
39 961	68 091	1 118	1 963	25		2 787	6 911	981	216	
218 828	128 281	17 675	20 052	275		26 486	47 381	5 928	1 279	72 682
37 863	79 457	5 132	5 001	69		2 835	25 131	1 382	1 086	55 239
180 965	48 824	12 543	15 051	206		23 651	22 250	4 546	193	17 443
2 493	85	1 814	1 130	36		2	2 327	428		188
7 505	3 462	1 301	1 073			412	1 356	241		1 451
24 329	3 647	1 496	4 303	126		2 478	8 394	1 132		2 900
37 352	9 862	2 045	1 869	39		4 578	2 839	439	3	6 404
17 000	7 804	652	915	5		1 703	1 578	283		898
47 979	6 020	4 176	4 623			1 230	468	619	3	365
16 215	3 155	434	152			12 313	3 678	553	58	5 038
28 092	14 789	625	986			935	1 610	851	129	199
219 909	161 256	10 931	7 976	226		13 250	37 924	4 619	1 751	80 280
23 112	109 641	6 633	1 414	30		4 052	7 458	2 543	965	43 042
196 797	51 615	4 298	6 562	196		9 198	30 466	2 076	786	37 238
13 284	128	314	902			481	6 181	435	28	8 982
51 211	17 993	1 685	1 838	9		2 119	13 136	294	293	17 685
19 921	8 924	305	770	9		2 676	370	228		3 671
13 036	6 689	321	426	100		832	1 523	210		382
35 516	7 664	464	1 872			1 022	4 221	295	17	205
18 396	2 516	144	452	10		330	2 288	137	85	3 620
11 696	1 405	195	95	50		541	1 419	269	90	1 904
33 737	6 296	870	207	18		1 197	1 328	208	273	789
111 388	53 651	9 359	11 358	2 112		5 403	24 303	1 511	1 194	81 862
15 732	19 766	3 487	3 857	97		1 625	12 403	841	773	78 766
95 656	33 885	5 872	7 501	2 015		3 778	11 900	670	421	3 096

2014 年度广东省地市县

地区	收									
	收入合计	税收								
		小计	增值税	营业税	企业所得税	个人所得税	资源税	城市维护建设税	房产税	城镇土地使用税
湘桥区	40 229	30 747	6 621	4 610	2 731	931	575	2 660	1 862	1 780
饶平县	64 613	48 633	16 818	4 155	7 933	941	917	4 200	3 210	3 018
潮安区	117 280	91 059	25 743	3 523	4 611	2 162	5 592	9 407	7 887	13 818
揭阳市	736 879	496 902	146 254	63 171	56 857	15 617	4 442	47 941	21 061	39 261
揭阳市本级	239 198	154 562	44 813	18 895	14 373	5 465	1 241	15 471	7 224	16 064
揭阳市区县合计	497 681	342 340	101 441	44 276	42 484	10 152	3 201	32 470	13 837	23 197
榕城区	73 793	51 945	17 675	7 371	5 084	1 570	251	5 848	2 344	3 131
普宁市	202 010	139 879	45 340	17 490	19 022	4 895	985	15 289	4 996	6 057
揭东区	114 126	75 003	22 938	6 808	6 819	1 701	951	7 203	3 483	7 252
揭西县	47 048	34 389	7 065	7 187	5 274	1 121	603	2 039	1 753	3 691
惠来县	60 704	41 124	8 423	5 420	6 285	865	411	2 091	1 261	3 066
云浮市	528 709	313 181	52 103	55 715	22 162	11 387	8 253	20 114	14 009	17 751
云浮市本级	142 798	85 886	13 311	16 241	6 154	2 609	758	8 777	4 275	5 342
云浮市区县合计	385 911	227 295	38 792	39 474	16 008	8 778	7 495	11 337	9 734	12 409
云城区	56 383	28 174	5 283	5 756	2 466	1 022	173		1 723	2 217
罗定市	101 175	61 178	9 239	12 027	4 475	1 402	3 248	4 245	2 043	3 864
新兴县	134 977	83 737	13 449	14 235	5 637	4 601	288	4 123	3 065	3 243
郁南县	54 580	32 109	4 924	4 896	1 897	1 111	119	1 527	2 297	1 896
云安区	38 796	22 097	5 897	2 560	1 533	642	3 667	1 442	606	1 189

注：此表由省财政厅国库处提供。

公共财政收支情况表（5－1）

单位：万元

收	支										
入											
收　　入				非　税　收　入							支出合计
土地增值税	耕地占用税	契税	其他各项税收收入	小计	专项收入	行政事业性收费收入	罚没收入	国有资本经营收入	国有资源（资产）有偿使用收入	其他收入	
1 499	4 242	1 626	1 610	9 482	1 134	6 856	120		63	1 309	105 416
642	3 358	1 321	2 120	15 980	2 853	8 375	1 972	363	507	1 910	319 197
574	10 433	2 408	4 901	26 221	4 318	11 632	6 272	2 469	1 504	26	310 368
16 025	36 528	26 506	23 239	239 977	29 215	78 706	34 875	23 201	31 739	42 241	1 874 139
4 970	6 141	10 312	9 593	84 636	7 697	26 744	20 130	8 844	9 282	11 939	339 636
11 055	30 387	16 194	13 646	155 341	21 518	51 962	14 745	14 357	22 457	30 302	1 534 503
2 697	1 575	2 588	1 811	21 848	2 961	5 801	523	4 687	5 889	1 987	115 915
4 965	6 413	7 671	6 756	62 131	9 888	14 740	6 820	1 500	6 037	23 146	545 958
1 571	11 765	1 909	2 603	39 123	4 527	10 784	4 388	4 343	9 927	5 154	291 024
1 065	632	2 734	1 225	12 659	1 482	6 802	1 977	2 059	339		278 107
757	10 002	1 292	1 251	19 580	2 660	13 835	1 037	1 768	265	15	303 499
22 158	49 632	30 429	9 468	215 528	24 380	65 464	11 062	45 938	34 721	33 963	1 331 430
6 122	9 357	9 847	3 093	56 912	10 589	17 248	4 942	21 841	1 733	559	267 680
16 036	40 275	20 582	6 375	158 616	13 791	48 216	6 120	24 097	32 988	33 404	1 063 750
2 143	3 009	3 124	1 258	28 209	1 774	2 046	744	14 805	414	8 426	103 803
3 230	11 326	4 323	1 756	39 997	4 062	12 895	1 363	980	159	20 538	409 016
8 758	15 020	9 155	2 163	51 240	3 874	12 042	1 590	700	31 226	1 808	256 179
1 523	8 914	2 356	649	22 471	1 545	18 335	1 095	778	685	33	184 998
382	2 006	1 624	549	16 699	2 536	2 898	1 328	6 834	504	2 599	109 754

2014 年度广东省地市县

部　　分

支										
一般公共服务支出	外交支出	国防支出	公共安全支出	教育支出	科学技术支出	文化体育与传媒支出	社会保障和就业支出	医疗卫生与计划生育支出	节能环保支出	城乡社区支出
11 057			2 383	35 185	301	611	18 901	22 953	669	2 520
30 248			13 306	81 914	1 146	2 989	45 402	51 783	6 031	290
33 506		225	11 555	88 899	1 059	2 056	33 998	52 330	9 091	9 779
206 436		1 260	113 900	538 482	5 841	17 591	282 279	308 463	30 089	31 157
43 340		112	48 009	60 348	1 179	3 880	40 036	38 006	6 023	9 583
163 096		1 148	65 891	478 134	4 662	13 711	242 243	270 457	24 066	21 574
12 284			2 761	42 208	205	1 030	25 060	20 417	492	2 925
68 296			23 778	189 052	1 886	3 957	79 160	92 843	10 749	4 161
35 726		366	13 895	90 697	949	2 773	42 013	51 877	3 822	5 133
22 349		252	13 017	77 867	496	2 436	42 115	48 436	5 445	6 019
24 441		530	12 440	78 310	1 126	3 515	53 895	56 884	3 558	3 336
179 711		4 252	60 986	275 386	18 838	16 748	171 448	172 332	25 389	22 739
30 393		3 176	17 668	20 159	4 556	2 664	20 927	18 455	4 786	3 295
149 318		1 076	43 318	255 227	14 282	14 084	150 521	153 877	20 603	19 444
23 569		211	2 500	35 628	1 660	1 142	16 338	9 203	618	2 910
54 478			15 603	101 763	5 371	5 456	58 276	70 661	6 832	5 096
37 739		467	10 463	51 397	4 394	3 830	31 562	26 811	5 524	4 818
20 343			8 044	39 241	1 110	2 380	31 635	30 201	5 372	4 814
13 189		398	6 708	27 198	1 747	1 276	12 710	17 001	2 257	1 806

公共财政收支情况表（5－2）

单位：万元

出										
农林水支出	交通运输支出	资源勘探信息等支出	商业服务业等支出	金融支出	援助其他地区支出	国土海洋气象等支出	住房保障支出	粮油物资储备支出	国债还本付息支出	其他支出
7 354	7	1 122	1 265			44	959	36		49
47 415	20 909	1 752	3 790			2 392	6 176	600	38	3 016
40 887	12 969	2 998	2 446	2 015		1 342	4 765	34	383	31
174 505	71 211	14 686	9 779	1 597		20 779	29 479	5 070	3 525	8 010
16 664	38 839	4 615	2 270	97		2 525	14 902	1 523	3 019	4 666
157 841	32 372	10 071	7 509	1 500		18 254	14 577	3 547	506	3 344
3 981	8	576	1 249			1	1 811	694		213
42 168	11 652	1 076	338			13 167	3 463	52	152	8
20 307	7 102	4 933	1 299	1 500		690	5 768	884	291	999
41 150	8 619	951	4 052			1 208	871	1 110	54	1 660
50 235	4 991	2 535	571			3 188	2 664	807	9	464
155 879	80 788	21 140	9 144	8 726		11 751	21 738	4 377	1 596	68 462
21 724	48 871	4 033	2 217	8 688		6 233	8 114	775	143	40 803
134 155	31 917	17 107	6 927	38		5 518	13 624	3 602	1 453	27 659
5 110	744	654	179	36		362	2 243	535		161
50 045	13 106	12 602	2 561			2 570	2 636	1 138	293	529
31 231	10 078	2 213	3 199	2		1 230	6 049	782	206	24 184
31 419	3 789	687	728			691	1 966	702	731	1 145
16 350	4 200	951	260			665	730	445	223	1 640

2014年度广东省非税收入规模及结构情况表

单位：万元

项目	2014年（决算数）
一、纳入公共财政预算管理的非税收入小计	15 546 094
1. 行政事业性收费收入	4 976 687
2. 罚没收入	1 346 908
3. 专项收入	2 557 072
4. 国有资源（资产）有偿使用收入	2 816 880
5. 国有资本经营收入	609 031
6. 其他收入	3 239 516
二、纳入预算管理的政府性基金收入小计	40 641 450
1. 地方教育附加收入	1 283 989
2. 文化事业建设费收入	134 176
3. 小型水库移民扶助基金收入	16 300
4. 残疾人就业保障金收入	376 646
5. 政府住房基金收入	423 678
6. 国有土地使用权出让收入	34 400 345
7. 城市公用事业附加收入	417 742
8. 国有土地收益基金收入	347 310
9. 农业土地开发资金收入	289 439
10. 新增建设用地土地有偿使用费收入	527 206
11. 城市基础设施配套费收入	935 950
12. 新菜地开发建设基金收入	5 531
13. 育林基金收入	23 767
14. 森林植被恢复费	61 498
15. 地方水利建设基金收入	95 954
16. 大中型水库库区基金收入	5 733
17. 水土保持补偿费收入	710
18. 船舶港务费	183
19. 车辆通行费	702 121
20. 港口建设费收入	44 686
21. 无线电频率占用费	603
22. 散装水泥专项资金收入	12 935
23. 新型墙体材料专项基金收入	57 908
24. 彩票公益金收入	502 423
25. 其他政府性基金收入	-25 383
三、纳入预算管理的非税收入合计	56 187 544
四、纳入财政专户管理收入小计	4 981 915
1. 行政事业性收费收入	1 936 699
2. 政府性基金收入	
3. 国有资本经营收入	
4. 国有资产（资源）有偿使用收入	
5. 其他收入	3 045 216
五、非税收入合计	61 169 459

注：1. 此表由省财政厅国库处提供。
　　2. 纳入预算管理的非税收入合计为纳入地方公共财政预算管理的非税收入与纳入预算管理的政府性基金收入之和。

2014年度广东省地方公共财政预算收入超亿元县（市）统计表

单位：万元

序号	县（市）	地方公共财政预算收入	序号	县（市）	地方公共财政预算收入
1	博罗县	339 168	30	连平县	64 601
2	惠东县	302 328	31	大埔县	64 587
3	高要市	276 362	32	阳西县	62 728
4	四会市	244 510	33	遂溪县	61 390
5	台山市	227 148	34	仁化县	61 017
6	鹤山市	214 426	35	惠来县	60 704
7	普宁市	202 010	36	乐昌市	60 600
8	开平市	193 528	37	吴川市	60 018
9	英德市	183 105	38	蕉岭县	58 304
10	陆丰市	162 451	39	丰顺县	57 496
11	海丰县	153 349	40	紫金县	57 362
12	新兴县	134 977	41	南雄市	55 781
13	阳春市	117 595	42	雷州市	55 289
14	高州市	115 157	43	郁南县	54 580
15	化州市	110 735	44	龙川县	54 443
16	怀集县	108 691	45	平远县	53 640
17	罗定市	101 175	46	乳源瑶族自治县	50 060
18	龙门县	100 104	47	阳山县	47 888
19	恩平市	95 283	48	揭西县	47 048
20	廉江市	94 748	49	五华县	43 119
21	佛冈县	91 131	50	和平县	40 889
22	信宜市	88 164	51	徐闻县	40 345
23	德庆县	85 720	52	翁源县	37 752
24	广宁县	78 877	53	陆河县	37 283
25	封开县	75 097	54	始兴县	35 852
26	兴宁市	74 810	55	新丰县	34 580
27	东源县	73 540	56	南澳县	18 858
28	连州市	65 481	57	连南瑶族自治县	15 672
29	饶平县	64 613	58	连山壮族瑶族自治县	13 189

注：此表由省财政厅国库处提供。

2014年度来源于广东省的财政收入和上划中央“四税”情况表

单位：亿元

来源于广东省的财政收入	上划中央“四税”			
	合计	上划“两税”	上划企业所得税	上划个人所得税
19 087.11	5 703.57	3 274.13	1 816.07	613.37

注：此表由省财政厅国库处提供。

2014 年度广东省政府性

地　区							
							收
	收入合计	地方教育附加收入	新增建设用地土地有偿使用费收入	地方水利建设基金收入	残疾人就业保障金收入	政府住房基金收入	城市公用事业附加收入
广东省	40 641 450	1 283 989	527 206	95 954	376 646	423 678	417 742
广东省本级	1 649 270	331 709	512 816	957	59 849		
广东省地市合计	38 992 180	952 280	14 390	94 997	316 797	423 678	417 742
广州市	10 757 379	212 540		15 703	46 394	114 276	84 642
广州市本级	7 521 084	196 126		11 352	25 087	113 798	42 795
广州市区县合计	3 236 295	16 414		4 351	21 307	478	41 847
越秀区	7 955				2 071		
海珠区	3 968				1 390		
荔湾区	87 525				1 186		
天河区	9 537				1 927		
白云区	21 838				1 274		
黄埔区	1 001				541		
花都区	159 917				1 240		8 217
番禺区	482 999				3 363	439	9 634
南沙区	553 893			1 060	1 029		5 766
萝岗区	1 139 257			1 274	2 868		9 521
从化区	186 658	3 071			1 678	8	2 221
增城区	581 747	13 343		2 017	2 740	31	6 488
深圳市	6 870 751	298 262	14 390	55 528	100 808	159 429	17 284
深圳市本级	6 865 308	298 262	14 390	55 528	100 808	159 429	14 641
深圳市区县合计	5 443						2 643
福田区	2 249						
罗湖区							
盐田区							
南山区							
宝安区	237						
龙岗区	2 957						2 643
珠海市	4 040 055	36 345		905	19 534	3 406	13 608
珠海市本级	3 459 190	24 038		905	11 754	3 406	9 635
珠海市区县合计	580 865	12 307			7 780		3 973
香洲区	69 288	4 447			2 543		
金湾区	72 751	3 896			1 596		
斗门区	438 826	3 964			3 641		3 973
汕头市	1 086 154	13 016		3 712	3 337	7 792	15 092
汕头市本级	750 162	4 474		3 711	3 337	7 703	6 502
汕头市区县合计	335 992	8 542		1		89	8 590
金平区	1 433	1 112					
龙湖区	1 454	1 454					
澄海区	178 303	1 935					4 260
濠江区	18 911	509				75	
潮阳区	48 008	2 097					4 330
潮南区	81 264	1 275		1			

基金决算收支表（1－1）

单位：万元

					收	支
入						
国有土地收益基金收入	农业土地开发资金收入	国有土地使用权出让收入	彩票公益金收入	城市基础设施配套费收入	车辆通行费	其他各项政府性基金收入
347 310	289 439	34 400 345	502 423	935 950	702 121	338 647
	48 256	167 895	163 390		232 394	132 004
347 310	241 183	34 232 450	339 033	935 950	469 727	206 643
	64 640	9 603 310	70 932	351 217	135 600	58 125
	46 993	6 747 579	56 701	121 439	135 600	23 614
	17 647	2 855 731	14 231	229 778		34 511
			1 335			4 549
			1 818			760
		85 381	816			142
			1 442			6 168
		16 939	2 440			1 185
			406			54
	382	120 179	1 568	23 878		4 453
	4 526	409 279	1 776	51 543		2 439
	2 469	506 541	312	34 276		2 440
	900	1 079 218	508	41 176		3 792
	7 922	155 129	561	13 736		2 332
	1 448	483 065	1 249	65 169		6 197
198 571	46 300	5 846 386	80 762			53 031
198 571	46 300	5 844 137	80 762			52 480
		2 249				551
		2 249				
						237
						314
	8 102	3 908 624	9 007		29 660	10 864
	7 286	3 356 055	8 672		29 660	7 779
	816	552 569	335			3 085
	268	61 559	250			221
	548	66 490	85			136
		424 520				2 728
32 616	1 690	931 038	12 254	30 116	32 814	2 677
32 038	900	624 875	11 345	20 148	32 814	2 315
578	790	306 163	909	9 968		362
		321				
	160	168 431		3 481		36
578	213	13 155	152	4 224		5
		41 101	415	7		58
	411	79 026	314			237

2014年度广东省政府性

部　　分

支

支出合计	地方教育附加安排的支出	新增建设用地土地有偿使用费安排的支出	地方水利建设基金支出	残疾人就业保障金支出	政府住房基金支出	城市公用事业附加安排的支出
37 933 982	915 666	565 505	292 537	277 903	315 999	356 111
624 489	92 349	61 214	-522	17 210		
37 309 493	823 317	504 291	293 059	260 693	315 999	356 111
10 891 614	121 606	9 304	139 895	35 531	123 052	54 762
6 831 236	58 128		21 261	-2 633	116 045	15 093
4 060 378	63 478	9 304	118 634	38 164	7 007	39 669
28 800	1 107		8 172	2 960		13
20 114	1 446	7	8 058	3 350		
154 668	3 265	3	1 251	3 247		180
79 249	3 299		9 940	2 714		391
205 841	8 445	1 346	25 671	3 791		1 234
151 646	4 289		10 388	1 591		55
287 845	12 947	1 835	17 310	2 943	17	7 623
609 033	11 675	168	8 867	5 273	5 909	9 643
558 449	4 380	3 205	9 712	1 960		3 651
1 149 898	3 569	704	11 945	1 584		8 221
219 864	2 500	620	1 513	3 786		2 148
594 971	6 556	1 416	5 807	4 965	1 081	6 510
4 621 312	232 212		73 166	55 232	100 552	17 589
2 158 539	24		73 166	9 254	100 552	6 500
2 462 773	232 188			45 978		11 089
51 586	14 294			4 792		
112 688	28 606			3 526		
35 407	5 179			821		
97 160	35 311			7 142		
1 313 504	89 089			21 298		
852 428	59 709			8 399		11 089
3 865 916	18 271	3 867	1 093	12 726	2 816	6 602
3 324 244	9 212	744	1 093	3 030	2 816	5 941
541 672	9 059	3 123		9 696		661
61 166	3 826			5 075		
75 108	4 045	276		1 622		
405 398	1 188	2 847		2 999		661
1 058 877	25 849	6 968	1 640	2 492	4 337	14 802
633 251	4 872		90	1 176	4 256	5 715
425 626	20 977	6 968	1 550	1 316	81	9 087
17 040	7 331	303		289		
9 338	5 431	248		257		
181 825	3 109	2 472		305		4 260
25 822	10			45	67	264
62 927	3 181	3 945	750	326		4 563
114 924	1 650		500	76		

基金决算收支表（1－2）

单位：万元

出						
国有土地收益基金支出	农业土地开发资金支出	国有土地使用权出让收入安排的支出	彩票公益金安排的支出	城市基础设施配套费安排的支出	车辆通行费安排的支出	其他各项政府性基金支出
185 004	159 247	32 374 294	380 972	884 893	597 164	628 687
	7 937	143 513	24 337		134 677	143 774
185 004	151 310	32 230 781	356 635	884 893	462 487	484 913
2 700	17 884	9 812 476	55 258	349 542	126 015	43 589
2 700	68	6 363 211	21 913	92 987	125 441	17 022
	17 816	3 449 265	33 345	256 555	574	26 567
		9 323	3 653	924		2 648
		2 798	2 672	1 206		577
		141 644	3 152	1 070		856
		54 293	2 550	2 374		3 688
	971	151 134	3 368	6 279		3 602
	55	132 957	864	936		511
	3 279	222 658	2 507	11 301		5 425
	3 004	487 861	4 391	70 951		1 291
	663	500 991	1 943	31 174	7	763
	69	1 079 474	2 202	40 119		2 011
	6 155	174 944	2 207	23 409		2 582
	3 620	491 188	3 836	66 812	567	2 613
32 761	20 812	3 900 168	57 852			130 968
24 329	11 756	1 778 200	25 434			129 324
8 432	9 056	2 121 968	32 418			1 644
		30 148	2 302			50
35		76 793	3 601			127
		27 900	1 364			143
2 022		46 359	6 180			146
2 174	2 087	1 188 073	10 363			420
4 201	6 969	752 695	8 608			758
	13 446	3 735 770	8 337		29 082	33 906
	12 630	3 223 195	4 923		29 082	31 578
	816	512 575	3 414			2 328
	268	51 160	650			187
	548	68 100	379			138
		393 315	2 385			2 003
20 541	6 198	894 622	13 143	15 845	36 877	15 563
20 045		532 133	7 410	7 237	36 877	13 440
496	6 198	362 489	5 733	8 608		2 123
	43	7 946	1 111			17
		2 731	421			250
	6 051	160 812	1 133	3 631		52
496	51	23 003	383	1 435		68
		47 836	1 493	41		792
		111 265	574			859

2014 年度广东省政府性

地　　区	收						
	收入合计	地方教育附加收入	新增建设用地土地有偿使用费收入	地方水利建设基金收入	残疾人就业保障金收入	政府住房基金收入	城市公用事业附加收入
南澳县	6 619	160				14	
佛山市	5 569 125	68 671		7 885	37 175	17 053	62 952
佛山市本级	317 729	310		4 984	1 104	16 298	
佛山市区县合计	5 251 396	68 361		2 901	36 071	755	62 952
禅城区	809 078	10 040		1 144	6 136	591	8 605
南海区	2 220 442	23 146		820	13 229		24 169
顺德区	1 105 798	24 562		777	12 120	141	18 063
高明区	161 303	4 029		160	2 213	23	4 739
三水区	954 775	6 584			2 373		7 376
韶关市	525 721	12 450			2 104	10 579	7 020
韶关市本级	368 283	6 725			1 413	8 568	4 762
韶关市区县合计	157 438	5 725			691	2 011	2 258
浈江区	1 008	525					
武江区	1 067	630					
曲江区	35 123	906			113	1 973	
乐昌市	19 465	777			82		705
南雄市	11 940	329			58		299
仁化县	18 381	720			127		635
始兴县	20 254	355			71	23	
翁源县	24 154	448			63		
新丰县	21 253	347			103	15	619
乳源瑶族自治县	4 793	688			74		
河源市	473 186	6 394			1 967	2 003	4 545
河源市本级	168 093	2 201			762	1 759	3 216
河源市区县合计	305 093	4 193			1 205	244	1 329
源城区	150 732	1 049			373	152	
东源县	39 748	864			363		
和平县	48 052	403			112		424
龙川县	13 546	622			105		
紫金县	37 616	548			108	92	
连平县	15 399	707			144		905
梅州市	518 895	12 416		900	1 429	4 809	1 323
梅州市本级	282 664	7 705		273	973	4 068	1 083
梅州市区县合计	236 231	4 711		627	456	741	240
梅江区	194						
兴宁市	54 773	725			68		
梅县区	60 155	1 538		600	201	200	
平远县	12 473	440			32		
蕉岭县	29 282	372			39	311	
大埔县	19 745	556		27	23	105	
丰顺县	27 289	640			23		
五华县	32 320	440			70	125	240

基金决算收支表（2－1）

单位：万元

入					收	支
国有土地收益基金收入	农业土地开发资金收入	国有土地使用权出让收入	彩票公益金收入	城市基础设施配套费收入	车辆通行费	其他各项政府性基金收入
	6	4 129	28	2 256		26
42 828	11 629	5 035 809	29 392	107 021	160 766	－12 056
	405	146 089	6 665	398	160 766	－19 290
42 828	11 224	4 889 720	22 727	106 623		7 234
22 340	796	716 954	2 465	37 426		2 581
	2 345	2 120 456	6 768	26 518		2 991
20 488	3 460	989 095	10 229	26 023		840
	843	141 661	1 936	5 117		582
	3 780	921 554	1 329	11 539		240
5 223	7 100	449 277	3 387	23 535		5 046
3 600	1 877	323 417	2 069	15 037		815
1 623	5 223	125 860	1 318	8 498		4 231
			410			73
			160			277
288	3 914	25 463	239	1 771		456
431	173	15 921		843		533
		9 888	272	870		224
		15 473	93	644		689
116	24	18 159		612		894
	671	21 409		1 043		520
687	359	17 655	144	995		329
101	82	1 892		1 720		236
		426 458	4 501	14 972	6 131	6 215
		133 985	4 303	12 519	6 131	3 217
		292 473	198	2 453		2 998
		149 038		16		104
		37 354	29			1 138
		45 260		1 312		541
		12 729				90
		34 533	169	1 125		1 041
		13 559				84
	1 481	462 620	5 414	22 871		5 632
	891	247 931	4 248	15 027		465
	590	214 689	1 166	7 844		5 167
			171			23
		52 866	547	66		501
	294	47 160	114	6 000		4 048
		11 991				10
	101	27 608	57	574		220
	51	18 855	28			100
		26 581				45
	144	29 628	249	1 204		220

2014 年度广东省政府性

部　　分

支

支出合计	地方教育附加安排的支出	新增建设用地土地有偿使用费安排的支出	地方水利建设基金支出	残疾人就业保障金支出	政府住房基金支出	城市公用事业附加安排的支出
13 750	265		300	18	14	
5 353 263	42 746	4 413	27 958	20 714	11 308	60 562
284 571	527		43	1 877	895	
5 068 692	42 219	4 413	27 915	18 837	10 413	60 562
888 365	4 042	-1 524	6 636	4 041	6 147	8 917
1 975 325	10 893	4 035	14 317	3 870	1 615	23 711
1 112 342	21 725	1 058	95	8 417	2 627	18 044
155 793	1 325	844	3 252	816	24	4 315
936 867	4 234		3 615	1 693		5 575
598 551	19 246	39 197	1 447	2 483	4 596	12 370
366 580	9 410		1 332	782	1 097	10 677
231 971	9 836	39 197	115	1 701	3 499	1 693
3 300	1 317	1 001	17	71		
3 778	289	1 789	6	60		
37 481	1 830	3 614	10	191	1 600	
34 200	2 139	5 971	13	243	460	627
15 381	228	161	19	60		299
28 407	1 425	4 878	11	222	278	543
36 777	603	8 534	18	83	175	
35 073	819	5 624	21	417	380	
21 622	346	2 599		239	262	224
15 952	840	5 026		115	344	
527 931	9 113	29 187	425	4 033	794	4 178
144 609	1 380	133		871	494	3 300
383 322	7 733	29 054	425	3 162	300	878
170 615	2 195	34		431	152	
55 930	1 589	3 407		594		
58 529	1 483	4 156		349		424
37 421	1 466	16 239	208	577		
39 186	369	1 337		673	148	
21 641	631	3 881	217	538		454
626 029	22 433	21 554	159	7 709	3 738	2 584
277 405	1 635	330		622	3 610	995
348 624	20 798	21 224	159	7 087	128	1 589
8 061	2 794	141	16	196		
81 174	2 311	5 631	26	2 093		
75 621	4 245	1 802	31	517		1 122
23 926	3 047	1 169	24	171		
37 908	2 242	1 453		122		
31 991	1 947	1 546	44	865	99	
35 900	1 463	3 780		1 163		
54 043	2 749	5 702	18	1 960	29	467

基金决算收支表（2－2）

单位：万元

出						
国有土地收益基金支出	农业土地开发资金支出	国有土地使用权出让收入安排的支出	彩票公益金安排的支出	城市基础设施配套费安排的支出	车辆通行费安排的支出	其他各项政府性基金支出
	53	8 896	618	3 501		85
46 785	14 555	4 832 910	24 938	100 728	160 766	4 880
		117 664	1 839		160 766	960
46 785	14 555	4 715 246	23 099	100 728		3 920
22 185		785 969	2 783	47 857		1 312
1 600	6 266	1 895 906	3 516	9 046		550
23 000	1 910	995 605	14 221	24 950		690
	1 007	135 378	1 550	6 088		1 194
	5 372	902 388	1 029	12 787		174
6 315	3 779	461 468	7 778	25 784		14 088
4 630	65	318 018	1 432	18 090		1 047
1 685	3 714	143 450	6 346	7 694		13 041
	32	5	288			569
	124		633			877
288	336	25 161	1 689	2 128		634
1 219	412	20 556	562	491		1 507
	258	13 107	483	644		122
	416	16 805	864	529		2 436
5	304	24 533	448	596		1 478
	949	23 399	555	930		1 979
173	489	14 860	430	659		1 341
	394	5 024	394	1 717		2 098
	7 690	412 452	9 881	13 846	6 378	29 954
	6 349	108 536	2 611	12 518	6 378	2 039
	1 341	303 916	7 270	1 328		27 915
		159 017	1 074	16		7 696
		36 605	533			13 202
	364	47 667	1 676	1 312		1 098
	352	12 478	2 730			3 371
		34 025	762			1 872
	625	14 124	495			676
	10 394	485 846	28 708	21 032		21 872
	402	249 932	2 990	14 945		1 944
	9 992	235 914	25 718	6 087		19 928
	462	74	3 485			893
	1 819	57 736	4 011	66		7 481
	6 225	51 025	2 397	3 544		4 713
		16 067	2 694			754
	154	29 590	2 896	906		545
	89	22 489	2 525			2 387
		26 924	1 939	65		566
	1 243	32 009	5 771	1 506		2 589

2014 年度广东省政府性

地　区	收						
	收入合计	地方教育附加收入	新增建设用地土地有偿使用费收入	地方水利建设基金收入	残疾人就业保障金收入	政府住房基金收入	城市公用事业附加收入
惠州市	1 118 027	50 859		672	6 719	18 783	16 819
惠州市本级	669 008	33 511		672	4 438	15 092	8 729
惠州市区县合计	449 019	17 348			2 281	3 691	8 090
惠城区	7 307	5 451					
惠阳区	87 307	3 784			641		
惠东县	154 656	2 983			499	109	2 836
博罗县	163 532	4 094			1 065	3 582	3 849
龙门县	36 217	1 036			76		1 405
汕尾市	121 028	3 208			489	329	3 045
汕尾市本级	59 738	1 010			252	329	1 352
汕尾市区县合计	61 290	2 198			237		1 693
城区	522	468			2		
陆丰市	7 284	528			56		
海丰县	48 137	1 006			153		1 460
陆河县	5 347	196			26		233
东莞市	1 942 584	87 142		1 755	48 396	27 091	75 634
东莞市本级	1 942 584	87 142		1 755	48 396	27 091	75 634
中山市	868 884	36 979		1 625	19 926	8 252	25 992
中山市本级	868 884	36 979		1 625	19 926	8 252	25 992
江门市	945 539	25 034		1 445	10 827	13 550	26 473
江门市本级	488 322	4 302		1 124	2 536	5 180	3 735
江门市区县合计	457 217	20 732		321	8 291	8 370	22 738
蓬江区	10 684	2 657			1 508		2 072
江海区	4 310	1 483			874		1 403
新会区	240 781	7 141		152	2 351	2 632	6 051
台山市	75 586	3 040		169	920	1 677	3 060
开平市	48 295	2 441			935	2 387	3 264
鹤山市	49 048	3 061			1 350	877	3 790
恩平市	28 513	909			353	797	3 098
阳江市	347 597	5 401			1 100	28	8 461
阳江市本级	196 250	1 926			496		4 866
阳江市区县合计	151 347	3 475			604	28	3 595
江城区	28 199	455			150		
阳春市	30 461	1 019			125		2 390
阳东区	41 402	1 233			221		581
阳西县	51 285	768			108	28	624
湛江市	682 115	19 655		1 045	4 674	9 006	9 400
湛江市本级	573 718	11 604		1 045	3 486	8 952	5 271
湛江市区县合计	108 397	8 051			1 188	54	4 129
赤坎区	876	825					
霞山区	3 199	3 164					

基金决算收支表（3－1）

单位：万元

收支						
入						
国有土地收益基金收入	农业土地开发资金收入	国有土地使用权出让收入	彩票公益金收入	城市基础设施配套费收入	车辆通行费	其他各项政府性基金收入
19 685	34 190	877 584	16 339	57 938	12 878	5 561
9 480	4 170	514 634	11 204	51 449	12 878	2 751
10 205	30 020	362 950	5 135	6 489		2 810
			1 541			315
	27 388	54 103	1 175			216
4 587	1 669	138 290	1 303	2 037		343
5 618	963	137 908	1 026	4 452		975
		32 649	90			961
263	2 603	100 483	4 907	4 733		968
	1 285	49 173	4 688	943		706
263	1 318	51 310	219	3 790		262
			23			29
263	1 318	5 006	65			48
		41 700	131	3 541		146
		4 604		249		39
	6 553	1 579 651	37 123	15 566	56 746	6 927
	6 553	1 579 651	37 123	15 566	56 746	6 927
752	8 866	707 992	14 401	40 169		3 930
752	8 866	707 992	14 401	40 169		3 930
20 937	6 439	759 793	10 039	66 230		4 772
2 170	2 136	425 826	3 649	36 172		1 492
18 767	4 303	333 967	6 390	30 058		3 280
			1 902	2 545		
			453			97
8 831	1 766	205 318	1 131	4 965		443
5 334	379	53 485	595	6 460		467
4 602	865	24 660	907	7 000		1 234
	912	28 382	1 073	9 088		515
	381	22 122	329			524
	3 447	304 816	4 987	13 988		5 369
	1 165	173 393	4 987	7 129		2 288
	2 282	131 423		6 859		3 081
	662	26 712		184		36
	293	21 911		3 270		1 453
	411	35 922		1 657		1 377
	916	46 878		1 748		215
26 435	6 797	548 971	4 706	45 411	132	5 883
26 435	2 749	472 097	4 564	33 731	132	3 652
	4 048	76 874	142	11 680		2 231
						51
						35

2014 年度广东省政府性

部　　分

支

支出合计	地方教育附加安排的支出	新增建设用地土地有偿使用费安排的支出	地方水利建设基金支出	残疾人就业保障金支出	政府住房基金支出	城市公用事业附加安排的支出
1 109 503	20 763	26 888	11 546	7 406	8 492	13 928
615 924	4 669	509	7 092	1 117	4 120	5 327
493 579	16 094	26 379	4 454	6 289	4 372	8 601
25 123	7 217	2 403	1 290	341		1 777
63 890	1 284	2 730	207	1 268	400	
155 577	4 869	8 438	1 187	1 222	400	2 734
202 703	1 961	7 664	975	3 032	3 572	2 729
46 286	763	5 144	795	426		1 361
158 265	3 534	34 954	2 566	3 254	56	2 181
49 211	490	838		281	36	1 426
109 054	3 044	34 116	2 566	2 973	20	755
2 245	894	143	58	276		
28 909	470	22 320	897	1 244		
66 038	649	7 887	798	1 067	20	550
11 862	1 031	3 766	813	386		205
1 937 381	111 124	5 509	2 666	38 776	27 055	75 318
1 937 381	111 124	5 509	2 666	38 776	27 055	75 318
765 431	22 114	4 384	1 568	16 682	7 732	18 942
765 431	22 114	4 384	1 568	16 682	7 732	18 942
1 038 088	32 847	23 007	1 065	11 066	7 942	23 857
505 466	6 948		205	1 027	2 477	2 673
532 622	25 899	23 007	860	10 039	5 465	21 184
13 166	1 420	100		2 938		2 479
14 563	1 499	165		857		1 498
270 598	9 466	4 655	374	1 786	3 722	5 104
86 188	5 815	287	135	1 439		1 887
53 097	3 517	6 940	216	1 208	194	3 139
53 398	3 785	2 499	22	844	1 216	4 485
41 612	397	8 361	113	967	333	2 592
379 945	7 256	23 062	2 754	3 570		5 909
187 019	1 793	147	988	662		3 220
192 926	5 463	22 915	1 766	2 908		2 689
32 414	2 058	338	381	1 010		
31 651	1 302	235	305	828		1 561
71 706	2 093	14 694	1 080	656		581
57 155	10	7 648		414		547
732 299	17 886	70 089	3 900	8 459	2 815	5 965
390 338	1 926	2 031	3 104	984	2 091	1 720
341 961	15 960	68 058	796	7 475	724	4 245
5 171	581	1		337		
11 803	3 282		99	376		

基金决算收支表（3－2）

单位：万元

出						
国有土地收益基金支出	农业土地开发资金支出	国有土地使用权出让收入安排的支出	彩票公益金安排的支出	城市基础设施配套费安排的支出	车辆通行费安排的支出	其他各项政府性基金支出
25 687	11 201	860 691	14 329	67 616	16 370	24 586
19 581	2 925	483 304	7 599	57 874	16 370	5 437
6 106	8 276	377 387	6 730	9 742		19 149
	405	8 298	1 439	269		1 684
	578	54 585	1 139			1 699
300	1 741	124 562	2 328	1 961		5 835
5 700	4 992	158 972	1 398	7 512		4 196
106	560	30 970	426			5 735
	1 308	87 647	6 150	9 166		7 449
	1 096	41 584	1 906	847		707
	212	46 063	4 244	8 319		6 742
	52	143	529			150
	105	294	1 527	2		2 050
	55	41 516	1 207	8 070		4 219
		4 110	981	247		323
	1 976	1 570 992	35 727	3 996	56 746	7 496
	1 976	1 570 992	35 727	3 996	56 746	7 496
724	9 606	628 841	13 035	40 672		1 131
724	9 606	628 841	13 035	40 672		1 131
23 056	5 022	821 509	11 670	66 399		10 648
2 170	646	447 108	4 411	35 404		2 397
20 886	4 376	374 401	7 259	30 995		8 251
	191	60	2 144	3 453		381
	318	8 036	689	1 493		8
7 994	457	229 001	1 148	6 436		455
7 908	941	58 187	833	5 068		3 688
4 984	1 146	24 833	863	5 024		1 033
	606	27 975	1 012	9 521		1 433
	717	26 309	570			1 253
	1 793	310 689	4 966	12 165		7 781
	1 136	167 475	2 846	7 034		1 718
	657	143 214	2 120	5 131		6 063
		28 166	102	38		321
	102	22 499	510	2 972		1 337
	461	45 541	1 324	1 657		3 619
	94	47 008	184	464		786
26 435	3 987	520 032	6 062	22 131	150	44 388
26 435	892	329 849	1 373	8 397	150	11 386
	3 095	190 183	4 689	13 734		33 002
	12	3 103	475	589		73
		7 751	212	18		65

2014 年度广东省政府性

地区							
							收
	收入合计	地方教育附加收入	新增建设用地土地有偿使用费收入	地方水利建设基金收入	残疾人就业保障金收入	政府住房基金收入	城市公用事业附加收入
麻章区	467	457					
坡头区	379	348					
雷州市	8 379	525			226	10	993
廉江市	21 505	1 033			237		
吴川市	30 160	601			460		1 043
遂溪县	14 342	650			123	28	1 231
徐闻县	29 090	448			142	16	862
茂名市	465 960	23 112			2 063	10 978	5 336
茂名市本级	281 137	19 276			1 336	10 978	4 612
茂名市区县合计	184 823	3 836			727		724
茂南区	30 833	708					
茂港区							
信宜市	21 066	481			90		
高州市	95 877	751			228		
化州市	25 789	681			218		724
电白区	11 258	1 215			191		
肇庆市	811 226	10 440		1 310	3 837	4 761	14 898
肇庆市本级	370 112	3 112		802	1 819	2 286	2 000
肇庆市区县合计	441 114	7 328		508	2 018	2 475	12 898
端州区	25 056	1 040			215	222	2 071
鼎湖区	49 569	616			136		1 301
四会市	134 515	1 576		218	486	796	2 760
高要市	84 656	1 933		161	615	534	5 212
广宁县	46 018	447		78	65	395	846
德庆县	46 623	502			144		
封开县	31 599	596		51	105	301	
怀集县	23 078	618			252	227	708
清远市	898 146	10 727		1 185	1 616	5 931	12 424
清远市本级	574 719	4 788		1 093	921	1 175	
清远市区县合计	323 427	5 939		92	695	4 756	12 424
清城区	11 036					888	5 646
英德市	126 195	1 978		79	209	2 238	
连州市	25 762	531			69	477	1 853
佛冈县	42 893	1 009			102	257	
清新区	99 737	1 681			185	437	4 628
连山壮族瑶族自治县	2 547	189		13	41	316	297
连南瑶族自治县	7 459	180			28	143	
阳山县	7 798	371			61		
潮州市	274 348	5 783		631	1 371	973	1 096
潮州市本级	192 346	2 451		631	755	833	
潮州市区县合计	82 002	3 332			616	140	1 096

基金决算收支表（4－1）

单位：万元

					收	支
入						
国有土地收益基金收入	农业土地开发资金收入	国有土地使用权出让收入	彩票公益金收入	城市基础设施配套费收入	车辆通行费	其他各项政府性基金收入
						10
						31
	79	5 160		730		656
		17 468		2 731		36
		23 742	23	3 784		507
	3 394	6 397	119	2 220		180
	575	24 107		2 215		725
		386 882	5 879	22 024		9 686
		230 336	5 843	7 140		1 616
		156 546	36	14 884		8 070
		25 897		4 052		176
		17 318		2 880		297
		84 689		5 000		5 209
		23 603		321		242
		5 039	36	2 631		2 146
	7 848	704 013	10 096	44 380		9 643
	3 925	320 964	5 761	26 192		3 251
	3 923	383 049	4 335	18 188		6 392
		17 966	587	2 801		154
	779	44 292	129	2 243		73
	1 028	121 792	537	3 946		1 376
	1 127	68 323	396	5 194		1 161
		41 990	438	615		1 144
	174	43 608	400	1 180		615
	441	26 033	1 087	1 809		1 176
	374	19 045	761	400		693
	16 138	768 251	5 940	22 442	35 000	18 492
	12 212	487 315	3 416	18 370	35 000	10 429
	3 926	280 936	2 524	4 072		8 063
	21	2 613	994			874
	1 067	119 149	696			779
	218	20 632		1 293		689
	1 620	36 740	208	2 250		707
	735	88 804	530			2 737
		472	92	438		689
		6 007	4	91		1 006
	265	6 519				582
	367	241 927	3 336	18 048		816
	307	165 374	3 285	18 048		662
	60	76 553	51			154

2014 年度广东省政府性

部　　分

支

支出合计	地方教育附加安排的支出	新增建设用地土地有偿使用费安排的支出	地方水利建设基金支出	残疾人就业保障金支出	政府住房基金支出	城市公用事业附加安排的支出
5 390	42			274		21
90 668	180	693	147	122		
36 296	3 455	12 944	404	1 979		1 257
82 380	4 016	29 476	28	1 459	700	171
43 665	1 558	7 299	29	737	9	1 091
20 746	665	5 862	5	989		894
45 842	2 181	11 783	84	1 202	15	811
617 390	46 850	65 191	2 319	6 357	3 361	1 497
250 663	7 581			624	831	485
366 727	39 269	65 191	2 319	5 733	2 530	1 012
40 175	1 987	3 031		777		
47 872	6 810	10 499		1 595	785	
146 244	11 254	22 695		1 336	754	
63 137	6 840	23 001		327	713	1 012
69 299	12 378	5 965	2 319	1 698	278	
954 952	21 841	40 886	3 419	5 249	4 506	12 542
399 461	7 551	419	449	1 104	2 253	1 209
555 491	14 290	40 467	2 970	4 145	2 253	11 333
33 070	2 517			321	222	1 925
63 330	837	1 639		155		1 312
147 180	2 586	4 526	218	601	796	2 760
98 654	1 364	8 100	1 808	699	458	3 934
60 169	1 155	4 098	418	637	395	846
59 864	1 072	4 772	475	406		
46 065	1 407	6 889	51	503	301	
47 159	3 352	10 443		823	81	556
908 480	13 081	35 968	377	6 009	390	9 045
544 862	5 244		150	891	374	5
363 618	7 837	35 968	227	5 118	16	9 040
16 492	380	2 564	138	518	1 500	5 134
141 493	1 371	16 774	89	1 206	-3 990	
38 713	1 407	5 778		795	477	1 853
43 277	1 592	3 903		423	1 509	
94 373	1 213			592	485	1 970
5 136	249	2 445		195	35	83
8 339	466	194		479		
15 795	1 159	4 310		910		
339 083	9 383	12 974	1 287	3 582	352	962
204 042	727	3	1 007	491	352	
135 041	8 656	12 971	280	3 091		962

基金决算收支表（4－2）

单位：万元

出						
国有土地收益基金支出	农业土地开发资金支出	国有土地使用权出让收入安排的支出	彩票公益金安排的支出	城市基础设施配套费安排的支出	车辆通行费安排的支出	其他各项政府性基金支出
	20	4 980	53			
	157	87 902	74	1 344		49
	462	6 406	860	2 190		6 339
	1 598	20 572	834	2 731		20 795
	263	27 509	1 147	3 154		869
	99	7 759	445	1 649		2 379
	484	24 201	589	2 059		2 433
	53	429 284	14 444	15 899		32 135
		235 192	2 425	2 602		923
	53	194 092	12 019	13 297		31 212
		28 681	5 461			238
		17 572	1 584	4 117		4 910
		86 183	2 030	5 000		16 992
		24 200	1 899	430		4 715
	53	37 456	1 045	3 750		4 357
	13 425	765 332	18 020	53 601		16 131
	7 206	335 825	5 463	33 682		4 300
	6 219	429 507	12 557	19 919		11 831
		20 446	2 114	5 355		170
	2 106	54 155	526	2 183		417
	1 057	127 843	1 110	3 963		1 720
	2 085	73 150	1 535	4 039		1 482
	26	48 844	1 328	632		1 790
	203	47 684	1 804	1 193		2 255
	741	29 799	1 749	1 809		2 816
	1	27 586	2 391	745		1 181
	-402	771 421	5 367	22 793	29 966	14 465
	3 553	483 401	964	18 472	29 966	1 842
	-3 955	288 020	4 403	4 321		12 623
	56	2 243	826	1 452		1 681
	-4 290	123 278	1 107			5 948
	218	25 174	357	1 293		1 361
	60	32 489	423	1 247		1 631
		89 337	544			232
	1	679	402	329		718
		6 734	363			103
		8 086	381			949
	919	280 093	7 171	18 233		4 127
	33	188 166	884	11 664		715
	886	91 927	6 287	6 569		3 412

2014 年度广东省政府性

地区							
	收						
	收入合计	地方教育附加收入	新增建设用地土地有偿使用费收入	地方水利建设基金收入	残疾人就业保障金收入	政府住房基金收入	城市公用事业附加收入
湘桥区	739	496			152		
饶平县	18 833	1 039			75	140	1 096
潮安区	62 430	1 797			389		
揭阳市	380 853	9 447		140	1 646	485	8 322
揭阳市本级	199 765	2 294			614	431	3 020
揭阳市区县合计	181 088	7 153		140	1 032	54	5 302
榕城区	1 698	1 370			93		
普宁市	65 956	3 020		140	445	29	1 609
揭东区	29 726	1 694			185	3	2 944
揭西县	36 294	517			186	16	
惠来县	47 414	552			123	6	749
云浮市	294 607	4 399		556	1 385	4 164	3 376
云浮市本级	134 667	1 145		354	505	1 991	1 096
云浮市区县合计	159 940	3 254		202	880	2 173	2 280
云城区	22 264	464			157		
罗定市	54 094	880		75	360	756	
新兴县	46 452	1 103		123	241	743	1 750
郁南县	24 360	399			68	349	
云安区	12 770	408		4	54	325	530

注：此表由省财政厅国库处提供。

基金决算收支表（5－1）

单位：万元

收　　支						
入						
国有土地收益基金收入	农业土地开发资金收入	国有土地使用权出让收入	彩票公益金收入	城市基础设施配套费收入	车辆通行费	其他各项政府性基金收入
						91
	60	16 401				22
		60 152	51			41
	665	342 718	2 444	13 980		1 006
	437	183 949	2 265	6 300		455
	228	158 769	179	7 680		551
						235
	203	57 970	77	2 325		138
		21 063	42	3 724		71
	25	34 282	23	1 164		81
		45 454	37	467		26
	6 328	245 847	3 187	21 309		4 056
	3 024	112 009	1 917	11 577		1 049
	3 304	133 838	1 270	9 732		3 007
	345	19 721	433	790		354
	367	47 707	325	2 418		1 206
	1 148	36 332	239	3 961		812
	744	19 954	145	2 422		279
	700	10 124	128	141		356

2014 年度广东省政府性

部　　　分

支

支出合计	地方教育附加安排的支出	新增建设用地土地有偿使用费安排的支出	地方水利建设基金支出	残疾人就业保障金支出	政府住房基金支出	城市公用事业附加安排的支出
4 455	845	233	18	599		
45 412	5 626	7 410	232	1 796		962
85 174	2 185	5 328	30	696		
455 944	15 349	25 057	12 813	6 635	857	9 872
186 689	2 476	3 976	134	706	814	2 201
269 255	12 873	21 081	12 679	5 929	43	7 671
7 724	1 584	33	4	346		
93 621	5 852	10 960	180	2 101	26	284
44 613	1 340	2 605	35	881	3	6 733
51 327	2 606	4 007	10	1 249	8	
71 970	1 491	3 476	12 450	1 352	6	654
369 239	9 813	21 832	996	2 728	1 248	2 644
122 452	2 119		716	213	479	1 085
246 787	7 694	21 832	280	2 515	769	1 559
33 436	973	1 292	5	354		
75 372	2 858	8 445	14	891	187	
75 294	1 459	4 599	131	492		1 029
39 227	1 551	4 781	126	483	257	
23 458	853	2 715	4	295	325	530

基金决算收支表（5－2）

单位：万元

出

国有土地收益基金支出	农业土地开发资金支出	国有土地使用权出让收入安排的支出	彩票公益金安排的支出	城市基础设施配套费安排的支出	车辆通行费安排的支出	其他各项政府性基金支出
		302	840	1 329		289
	886	22 728	3 663	240		1 869
		68 897	1 784	5 000		1 254
	2 351	351 847	5 694	13 946		11 523
	82	167 675	1 190	6 793		642
	2 269	184 172	4 504	7 153		10 881
	12	5 275	398			72
	2 041	64 520	1 856	2 325		3 476
		27 237	923	4 710		146
	124	39 616	573			3 134
	92	47 524	754	118		4 053
	5 313	296 691	8 105	11 499	137	8 233
	123	113 652	1 451	1 990		624
	5 190	183 039	6 654	9 509	137	7 609
	345	26 394	1 787	790		1 496
	2 167	54 835	1 530	2 837		1 608
	536	60 369	905	3 961		1 813
	875	25 970	1 297	1 780	137	1 970
	1 267	15 471	1 135	141		722

2014 年度广东省国有资本经营收支总表

单位：万元

预算科目	预算数	决算数	预算科目	预算数	决算数
利润收入	434 000	454 823	教育支出	3 600	3 635
股利、股息收入	239 000	290 618	科学技术支出	41 400	44 438
产权转让收入	79 500	133 691	文化体育与传媒支出	33 200	36 809
清算收入			节能环保支出	500	500
其他国有资本经营预算收入	276 400	334 730	城乡社区支出	44 000	48 543
			农林水支出	1 300	1 667
			交通运输支出	208 800	223 703
			资源勘探信息等支出	377 500	451 189
			商业服务业等支出	167 200	200 764
			其他支出	118 400	163 478
本年收入合计	1 028 900	1 213 862	本年支出合计	995 900	1 174 726

注：此表由省财政厅工贸发展处提供。

2014 年度广东省本级国有资本经营收支总表

单位：万元

预算科目	预算数	决算数	预算科目	预算数	决算数
利润收入	40 316	41 258	教育支出	2 395	1 550
股利、股息收入	70 064	70 064	科学技术支出		
产权转让收入			文化体育与传媒支出	16 044	7 750
清算收入			节能环保支出		
其他国有资本经营预算收入		30	城乡社区支出		
			农林水支出	170	
			交通运输支出	86 460	93 120
			资源勘探信息等支出	46 677	52 486
			商业服务业等支出		
			其他支出	6 870	4 332
本年收入合计	110 380	111 352	本年支出合计	158 616	159 238

注：此表由省财政厅工贸发展处提供。

2014年度广东省财政社会保障支出和就业、医疗卫生支出情况表

单位：万元

预算科目	决算数
社会保障和就业支出	7 970 135
人力资源和社会保障管理事务	600 263
民政管理事务	486 926
财政对社会保险基金的补助	1 318 699
行政事业单位离退休	2 831 649
企业改革补助	25 140
就业补助	265 559
抚恤	402 905
退役安置	241 795
社会福利	320 826
残疾人事业	95 949
城市居民最低生活保障	166 447
其他城市生活救助	45 397
自然灾害生活救助	57 261
红十字事业	6 984
农村最低生活保障	374 201
其他农村生活救助	175 889
补充道路交通事故社会救助基金	2 039
其他社会保障和就业支出（款）	552 206
医疗卫生与计划生育支出	7 775 461
医疗卫生管理事务	177 178
公立医院	991 016
基层医疗卫生机构	786 433
公共卫生	1 024 056
医疗保障	2 945 848
中医药	6 424
人口与计划生育事务	848 137
食品和药品监督管理事务	180 393
其他医疗卫生与计划生育支出（款）	815 976

注：此表由省财政厅社会保障处提供。

2014年度广东省社会保险基金收支决算情况总表

单位：亿元

项目	收入			支出			滚存结余
	金额	预算数	完成比例（%）	金额	预算数	完成比例（%）	
企业养老保险	2 221.09	2 117.61	104.89	1 487.19	1 358.37	109.48	5 128.03
职工医疗保险	774.96	746.64	103.79	581.47	595.57	97.63	1 336.89
失业保险	140.58	138.41	101.56	32.67	48.49	67.37	515.70
工伤保险	69.8	64.82	107.68	47.15	48.75	96.72	217.13
生育保险	45.76	43.09	106.2	31.88	36.66	86.96	73.78
居民医疗保险	287.2	268.67	106.9	252.41	235.39	107.23	222.06
居民养老保险	183.10	160.14	114.34	105.36	104.71	100.62	297.50
合计	3 722.49	3 539.38	105.17	2 538.13	2 427.94	104.54	7 791.09

注：此表由省财政厅社会保障处提供。

2014年度广东省国有企业资产主要项目构成

单位：亿元

项目	金额
流动资产	15 468.33
非流动资产	21 796.57
其中：长期股权投资	2 885.30
固定资产净额	7 189.60
无形资产	1 829.47
其他非流动资产	866.01
资产总计	37 264.90

注：此表不包括深圳数据。

2014 年度广东省国有企业负债主要项目构成

单位：亿元

项　　目	金　　额
流动负债	11 594. 43
非流动负债	11 275. 34
负债合计	22 869. 78

注：此表不包括深圳数据。

2014 年度广东省国有企业所有者权益主要项目构成

单位：亿元

项　　目	金　　额
实收资本	3 920. 03
资本公积	6 223. 32
盈余公积	450. 49
未分配利润	657. 04
少数股东权益	3 051. 19
其他所有者权益	－43. 75
所有者权益合计	37 264. 90

注：其他所有者权益包括专项储备、一般风险准备和外币报表折算差额（不包括深圳数据）。

2014 年度广东省国有企业主要财务指标

地　区	汇编企业户数（家）	资产总额（亿元）	负债总额（亿元）	所有者权益总额（亿元）	国有资本及权益总额（亿元）	营业总收入（亿元）	利润总额（亿元）	净利润总额（亿元）	资产负债率（%）	净资产收益率（%）
广东省	7 983	37 264.9	22 869.78	14 395.12	11 664.8	13 846.8	944.64	706.25	61.4	6.6
省直国	3 001	12 522.18	7 072.22	5 449.96	4 131.8	4 636.83	241.65	160.95	56.5	4.4
地市国	4 982	24 742.72	15 797.56	8 945.16	7 533	9 209.97	702.99	545.3	63.8	7.9
广州市	2 171	14 106.74	9 153.85	4 952.89	3 950.6	5 462.88	354.78	264.46	64.9	7.2
珠海市	448	3 888.75	2 451.33	1 437.42	1 459.8	1 667.01	219.27	177.04	63	15.3
汕头市	236	244.36	228.5	15.86	15.8	41.49	0	-0.43	93.5	0
佛山市	92	1481.01	953.99	527.02	530.2	73.6	8.75	7.79	64.4	1.7
韶关市	78	118.82	76.85	41.97	43.9	32.07	0.94	0.54	64.7	2.2
河源市	77	74.64	34.99	39.65	39.5	6.61	-0.59	-0.59	46.9	-1.5
梅州市	87	43.4	29.82	13.58	13.4	13.63	-0.89	-0.97	68.7	-6.5
惠州市	326	1 570.22	1 069.38	500.85	222.7	1 217.25	54.06	44.31	68.1	10.8
汕尾市	100	40.77	28.55	12.21	12.5	8.21	0.34	0.31	70	2.7
东莞市	127	1 018.03	565.63	452.39	384	144.21	26.65	21.31	55.6	5.9
中山市	85	570.46	328.43	242.04	194.7	44.59	10.54	7.95	57.6	4.4
江门市	137	217.11	103.8	113.31	108.5	34	3.46	3.06	47.8	3.1
阳江市	81	123.59	52.51	71.08	69.5	14.53	0.68	0.6	42.5	1
湛江市	174	510.15	282.54	227.61	192.1	202.53	8.3	6.59	55.4	3.6
茂名市	100	151.43	59.64	91.79	91.6	98.08	2.85	2.27	39.4	3.1
肇庆市	185	328.18	188.52	139.66	136.6	110.21	11	8.8	57.4	7.9
清远市	37	30.45	17.95	12.5	12.5	3.3	0.98	0.74	59	7.9
潮州市	165	90.42	68.39	22.03	23.5	11.94	0.57	0.34	75.6	2.6
揭阳市	225	93.6	78.01	15.59	15.7	12.8	0.48	0.46	83.3	3.1
云浮市	51	40.59	24.88	15.71	15.9	11.05	0.81	0.72	61.3	5.2

注：以上 4 个统计表由省财政厅绩效评价处提供（不包括深圳数据）。由于四舍五入的原因，部分总额数据小数点后第二位数与各分项之和略有差异。

第七部分

地方财经法规选编

GUANGDONG CAIZHENG NIANJIAN

广东省人民政府关于加强广东省省级财政科研项目和资金管理的实施意见

（广东省人民政府2014年6月4日发布，粤府〔2014〕31号）

各地级以上市人民政府，各县（市、区）人民政府，省政府各部门、各直属机构：

为深入贯彻党的十八届三中全会和省委十一届三次全会精神，落实创新驱动发展战略，促进科技与经济紧密结合，按照《中共中央国务院关于深化科技体制改革加快国家创新体系建设的意见》（中发〔2012〕6号）、《国务院关于改进加强中央财政科研项目和资金管理的若干意见》（国发〔2014〕11号）、《广东省省级财政专项资金管理办法》（粤府〔2013〕125号）的有关规定，结合广东科技事业发展实际，现就改进加强广东省省级科研项目和资金管理提出如下意见。

一、改进加强科研项目和资金管理的总体要求

（一）总体目标。通过深化改革，加快建立适应科技创新规律、统筹协调、职责清晰、科学规范、公开透明、监管有力的科研项目和资金管理机制，使科研项目和资金配置更加聚焦我省经济社会发展重大需求，促使基础与应用研究能力稳步提高，公益性研究、前沿与关键技术创新、产业技术创新等取得明显进展，财政资金使用效益有效提升，科研人员的积极性和创造性充分发挥，科技对经济社会发展的支撑引领作用不断增强，为实施创新驱动发展战略提供有力保障。

（二）基本要求。进一步强化科研项目和资金管理，按照“申报要公平、项目要公开、审批要制衡、去向要审计、绩效要评估、考核要问责”的工作要求和“顶层重构、流程再造、分权制衡、功能优化、权责统一、公开透明”的工作思路，坚持遵循规律、改革创新、公正公开和规范高效的原则，更加注重实效，把中央和省级科研项目和资金管理的各项要求落到实处。

二、加强科研项目和资金配置的统筹协调

（一）整合优化各类科技专项资金。省级科技专项资金（包括科技计划、专项、基金等，下同）的设立，应根据我省经济社会发展需求和科技发展需要，按照政府职能转变和中央、省、市、县合理划分事权的要求，明确各自功能定位、绩效目标和时限。优化整合各部门管理的科技专项资金，对定位不清、重复交叉、实施效果不好的，要通过撤、并、转等方式进行必要调整和优化。项目主管部门要根据各自职责，围绕科技专项资金功能定位，突出重点，以点带面，优化提升项目层次和质量，合理控制项目数量。

（二）调整财政科技资金投入结构与方式。加大省级财政科技资金对基础研究和公益性研究的投入力度，引导各方资源向基础研究和公益性研究领域倾斜；发挥科技金融对财政资金的杠杆放大作用和市场资源配置作用，加大对企业和产业科技创新的投入力度。对需要长期投入的基础研究、原始创新和公益性科技事业以及重大关键共性技术研究，财政科技资金以无偿资助为主；对企业技术创新和产业化项目，财政科技投入以股权投资、产业基金等科技金融投入为主，并采取后补助、以奖代补、合同补贴等具有比较明确、客观标准的资助方式。

（三）实行科研项目分类管理。基础、前沿类科研项目要突出原始创新导向，通过公开择优的方式确定研究任务和承担者。公益性科研项目要强化需求导向和应用导向，重点解决制约公益性行业发展的重大科技问题，行业主管部门要加强组织协调，保证项目成果服务社会公益事业发展。市场导向类项目要突出企业主体，充分发挥市场对技术研发方向、路线选择、要素价格、各类创新要素配置的导向作用，政府主要通过制定政策、营造环境，引导企业成为技术创新决策、投入、组织和成果转化的主体。项目主管部门要减少项目执行中的检查评价，营造“鼓励探索、宽容失败”的实施环境。重大科技专项应当面向全省战略需求和长远发展，集中力量办大事，聚焦攻关重点，采取定向择优方式遴选优势单位承担项目。

（四）建立健全统筹协调与决策机制。省科技行政主管部门要充分发挥省部会商、部门协同和省市联动机制的作用，加强对科技工作重大问题的会商与沟通，加强科技发展优先领域、重点任务、重大项目等的统筹协调，形成年度科技专项资金重点工作安排和部门分工，协同推进。涉及国民经济、社会发展和国家安全的重大科技事项，按程序报省政府审定。

（五）建立科研项目和资金管理信息系统。省科技行政主管部门、财政部门要会同有关部门和地方在现有各类科技专项资金科研项目数据库基础上，按照统一的数据结构、

接口标准和信息安全规范建立省级科研项目数据库，打造有效连通国家、省、市各级科技管理部门和科研任务承担单位，充分实现信息共享、信用体系共建、责任主体明确的科技管理信息系统，并与省政府网上办事大厅专项资金管理平台互联互通。

三、改进科研项目管理流程

（一）改革项目指南制定和发布机制。省项目主管部门要结合科技专项资金的特点，针对不同项目类别和要求编制项目指南。扩大项目指南编制工作的参与范围，项目指南发布前要充分征求科研单位、企业、相关部门、地方、协会、学会等有关方面意见，并建立各方共同参与的项目指南论证机制。项目主管部门每年相对固定时间发布项目指南，并通过多种方式扩大项目指南知晓范围，鼓励符合条件的科研人员申报项目。自指南发布日到项目申报受理截止日，原则上不少于30天，以保证科研人员有充足时间申报项目。

（二）规范项目立项。项目申请单位应当认真组织项目申报以及绩效目标申报，如实填报项目申报信息，根据实际需要选择合作单位。项目主管部门要完善公平竞争的项目遴选机制，通过公开择优、定向择优等方式确定项目承担者；规范立项审查和审批，健全决策、执行、监督三方协作制约的项目管理机制，严格审核项目申请者及其合作方的资质和科研能力，加强项目查重，杜绝项目打包和人为干预。推行网络评审和视频答辩评审，减少会议答辩评审，评审意见应当及时反馈项目申请者。自项目申报受理截止日到项目立项公示原则上，不超过120个工作日。

（三）实施项目全过程痕迹管理。立项过程应该建立完善档案管理制度，如实记录指南编制、专家评审、立项及资金安排、实施、评价等核心环节信息，对视频与会议评审等关键环节进行录音录像，实现项目管理全过程可申诉、可查询、可追溯的痕迹管理。

（四）明确项目过程管理职责。加强对获得财政支持的科研项目全过程监督、检查。建立科研项目管理分层责任制，项目承担单位负责项目实施的具体管理，科研项目组织单位切实履行项目推荐审查、日常管理职责。建立直接推荐（受理）部门责任制及问责机制，保证申报材料的真实性。省项目主管部门要健全服务机制，积极协调解决项目实施中出现的新情况、新问题，针对不同科研项目管理特点，结合绩效评估和财务审计组织开展巡视检查或抽查，对项目实施不力的要加强督导，对存在违规行为的要责成项目承担单位限期整改，对问题严重的要暂停项目实施。

（五）加强项目验收和结题审查。项目完成后，项目承担单位应及时做好总结，编制项目决算，按时提交验收或结题申请，无特殊原因未按时提出验收申请的，按不通过验收处理。省项目主管部门要及时组织开展验收或结题审查，并严把验收和审查质量，省财政资助100万元以上（含100万元）的项目要在结题验收前组织财务验收，财务验收不合格的项目按不通过验收处理。根据不同类型项目，可以采取同行评议、第三方评估、用户测评等方式，依据项目任务书组织验收，将项目验收结果纳入科技报告。探索开展重大项目决策、实施、成果转化的后评价。

四、改进科研项目资金管理

（一）规范项目预算编制。项目申请单位应当按规定科学合理、实事求是地编制项目预算，并对仪器设备购置、合作单位资质及拟外拨资金进行重点说明。省项目主管部门要完善预算编制指南和评估评审工作细则，健全预算评估评审的沟通反馈机制。评估评审工作的重点是项目预算的目标相关性、政策相符性、经济合理性，在评估评审中不得简单按比例核减预算。除以定额补助方式资助的项目外，应当依据科研任务实际需要和财力可能核定项目预算，按照科研项目重要程度分类，设定预算控制额度区间。劳务费预算应当结合当地实际以及相关人员参与项目的全时工作时间等因素合理编制。

（二）及时拨付项目资金。省项目主管部门和财政部门要合理控制项目和预算评估评审时间，加强项目立项和预算下达的衔接，及时批复项目和预算。相关部门和单位要按照财政国库管理制度相关规定，结合项目实施和资金使用进度，及时、合规办理资金支付。对于有明确目标的重大项目，按照关键节点任务完成情况进行拨款。

（三）规范科研项目经费的财务管理。规范直接费用支出管理，科学界定与项目研究直接相关的支出范围，各类科技专项资金的支出科目和标准原则上应保持一致。调整劳务费开支范围，将项目临时聘用人员的社会保险补助和住房公积金纳入劳务费科目中列支。进一步下放省项目主管部门对同一项目预算调整审批权限，并严格控制会议费、差旅费、国际合作与交流费，项目实施中发生的三项支出之间可以调剂使用，但不得突破三项支出预算总额。完善间接费用管理，间接费用用于补偿项目承担单位为项目实施所发生的现有仪器设备、房屋、水、电、气、暖等消耗、管理费用和绩效支出，项目承担单位应当建立健全间接费用的内部管理办法，合规合理使用间接费用，结合一线科研人员实际贡献公开、公正安排绩效支出，体现科研人员价值，充分发挥绩效支出的激励作用。项目承担单位不得在核定的间接费用以外再以任何名义在项目资金中重复提取、列支相关费用。

（四）改进项目结转结余资金管理办法。项目在研期间，年度剩余资金可以结转下一年度继续使用。项目完成任务目标并通过验收，且承担单位信用评价好的，项目结余资金按规定在一定期限内由单位统筹安排用于科研活动的直接支出，并将使用情况报项目主管部门；未通过验收和整改后通过验收的项目，或承担单位信用评价差的，结余资金按原渠道收回。财政资金按国库集中支付规定尚未拨付至用款单位的，年度结余按财政结余结转办法办理，结转超过1年予以收回。

五、加强科研项目和资金监管

（一）规范科研项目资金使用行为。项目承担单位及其科研人员要依法依规使用项目资金，不得擅自调整外拨资金，不得利用虚假票据套取资金，不得通过编造虚假合同、虚构人员名单等方式虚报冒领劳务费和专家咨询费，不得通过虚构测试化验内容、提高测试化验支出标准等方式违规开支测试化验加工费，不得修改记账凭证或随意调账变动支出、以表代账应付财务审计和检查。项目承担单位要建立健全科研和财务管理等相结合的内部控制制度，规范项目资金管理，在职责范围内及时审批项目预算调整事项。对于从省财政以外渠道获得的项目资金，按照有关财务会计制度和科研项目经费监管有关规定以及相关资金提供方的具体要求管理和使用。

（二）改进科研项目资金结算方式。科研院所、高等学校等事业单位承担项目所发生的会议费、差旅费、小额材料费和测试化验加工费等，要按规定实行银行转账、支票、“公务卡”等非现金方式结算；企业承担的项目，上述支出也应当采用非现金方式结算。项目承担单位对设备费、大宗材料费和测试化验加工费、劳务费、专家咨询费等支出，原则上应当通过银行转账方式结算。

（三）健全信息公开制度。除涉密及法律法规另有规定外，各类科技专项资金管理办法、申报指南、申报情况、分配程序、分配方式、分配结果、绩效评价、监督检查和审计结果、处理投诉情况等信息，应当在省政府网上办事大厅省级专项资金管理平台实时向社会公众进行公开公示，接受社会监督。项目承担单位应当在门户网站公开项目立项、主要研究人员、资金使用、大型仪器设备购置等情况，接受社会各方监督；在单位内部公开项目经费支出明细、报销单据等财务信息以及项目研究成果，接受内部监督。

（四）完善科研信用管理制度。建立覆盖指南编制、项目申请、评估评审、立项、执行、验收全过程的科研信用记录制度，由省项目主管部门委托专业机构对项目承担单位和科研人员、评估评审专家、中介机构等参与主体进行信用评级，按信用评级实行分类管理，并实现各项目主管部门共享信用评价信息。建立“黑名单”制度，将严重不良信用记录者记入“黑名单”，限制其申请财政资助项目或参与项目管理。

（五）加大对违规行为的惩处力度。建立完善覆盖项目决策、管理、实施主体的逐级考核问责机制。有关部门要加强科研项目和资金监管工作，严肃处理违规行为，按规定采取通报批评、暂停项目拨款、终止项目执行、追回已拨项目资金、取消项目承担者一定期限内项目申报资格等措施，涉及违法的移交司法机关处理，并将有关结果向社会公开。建立责任倒查制度，针对出现的问题倒查项目主管部门相关人员的履职尽责和廉洁自律情况，经查实存在问题的依法依规严肃处理。

（六）改进专家遴选制度。充分发挥专家咨询作用，项目评估评审应当以同行专家为主，吸收省外、国外高水平专家参与，评估评审专家中科研一线人员的比例应当达到75%左右。扩大企业专家参与市场导向类项目评估评审的比重。推动学术咨询机构、协会、学会等更多参与项目评估评审工作。建立专家库，实行评估评审专家轮换、调整机制和回避制度。项目评估评审从专家库中随机抽取同行业专家。

（七）建立省级科技报告制度。省科技行政主管部门要会同有关部门建立省级科技报告制度，制定科技报告的标准和规范，完善国家和省级科技报告的共享服务，实现科技资源持续积累、完整保存和开放共享。省级财政资金支持的科研项目，项目承担者必须按规定提交科技报告。

（八）完善激发创新创造活力的配套制度。完善科研人员收入分配政策，健全与岗位职责、工作业绩、实际贡献紧密联系的分配激励机制。健全科技人才流动机制，鼓励科研院所、高等学校与企业创新人才双向交流。加强知识产权运用和保护，推进科技评价和奖励制度改革，充分调动项目承担单位和科研人员的积极性和创造性。

六、明确和落实各方管理责任

（一）项目承担单位要强化法人责任。项目承担单位是科研项目实施和资金管理使用的责任主体，要切实履行在项目申请、组织实施、验收和资金使用等方面的管理职责，加强支撑服务条件建设，提高对科研人员的服务水平，建立常态化的自查自纠机制，严肃处理本单位出现的违规行为。科研人员要弘扬科学精神，恪守科研诚信，强化责任意识，严格遵守科研项目和资金管理的各项规定，自觉接受有关方面的监督。项目承担单位的内审和监督部门要建立抽查和核实制度。

（二）有关部门要落实管理和服务责任。省科技行政主管部门要会同有关部门根据本意见精神制定科技工作重大问题会商与沟通的工作规则。项目主管部门要会同财政部门制定或修订各类科技专项资金管理制度。各有关部门要建立健全本部门内部控制和监管体系，加强对所属单位科研项目和资金管理内部制度的审查；督促指导项目承担单位和科研人员依法合规开展科研活动，做好常态化的政策宣传、培训和科研项目实施中的服务工作。

（三）财政部门要加强监督检查和绩效评价。省财政部门和业务主管部门要制定或修订各类科技专项资金管理办法。省财政部门对专项资金预算执行、资金使用效益和财务管理实行监督检查，对重点项目资金实施重点检查；按照《广东省省级专项资金管理办法》等有关规定以及年度工作计划，组织开展重点评价或引入第三方评价。省业务主管部门按规定开展绩效自评，并配合省财政部门做好其他绩效评价工作。

（四）审计部门要加强审计监督。省审计部门独立对各类科研项目资金使用管理情况实施审计，监督财政资金的分配、使用和效果；对审计发现的违规违纪线索，要及时移交省纪检监察机关。

（五）监察部门依法实施监督。省纪检监察机关派驻（出）机构应协助所在部门针对关键岗位、重点环节廉政风险点建立健全规章制度，开展制度廉洁性审查，加强对科研项目资金管理全过程的监督，针对审批等重点环节建立抽查制度。

各地级以上市可参照本意见，制订加强本地财政科研项目和资金管理的具体办法。

广东省财政一般性转移支付资金管理办法

（广东省人民政府办公厅2014年6月3日发布，粤府办〔2014〕31号）

第一章　总　则

第一条　为规范广东省财政一般性转移支付资金管理，提高资金使用效益，根据《中华人民共和国预算法》、《中华人民共和国预算法实施条例》以及《广东省预算审批监督条例》，结合广东省实际，制定本办法。

第二条　本办法所称省财政一般性转移支付资金，是指为均衡省内地区间财力差距，推动全省经济社会协调发展，促进基本公共服务均等化，省财政按一般性转移支付方式统筹安排的、由市县政府根据地方实际统筹使用的中央和省级财力性补助资金。

第三条　一般性转移支付资金包括中央下达广东省的一般性转移支付资金和省级财力安排对市县的一般性转移支付资金。

第四条　一般性转移支付项目主要包括：均衡性转移支付、激励性转移支付、县级基本财力保障机制奖补资金、重点生态功能区转移支付、财力困难地区转移支付、革命老区及民族和边境地区转移支付、资源枯竭型城市转移支付、调整工资转移支付、农村税费改革转移支付、成品油价格和税费改革转移支付等项目资金，以及公共安全、教育、社会保障和就业、医疗卫生、农林水等专项领域未指定具体使用项目的其他一般性转移支付资金等。

第五条　本办法所称一般性转移支付资金管理，包括设立审批、资金分配、资金核算、使用监管、绩效评价、信息公开等事项。

第六条　一般性转移支付资金管理应遵循以下原则：

（一）依法依规。严格按法律法规以及国家和省有关政策规定的权限和程序设立、调整、分配、拨付、使用、管理资金。

（二）明确责任。市县政府对资金使用的安全性、合规性、规范性和有效性负责；省财政、审计、监察等部门对资金使用负有监管职责。

（三）界定政策。市县财政统筹使用资金，按照保障民生支出、运转支出和协调发展支出的顺序，确保国家和省有关政策的落实。

（四）明确绩效。省对市县实施绩效评价，以落实政策为资金使用目标，明确绩效，将评价结果与资金分配挂钩。

（五）公平分配。以国家和省相关政策为资金分配依据，原则上采用因素法、公式法分配，有效约束自由裁量权。

（六）公开透明。资金分配、使用、监管、绩效评价等信息按规定公开，接受人大、审计、监察和社会公众监督。

第二章　设立、调整和撤销

第七条　中央下达广东省的一般性转移支付项目依据法律法规以及国务院和财政部制定的政策设立、调整和撤销。

第八条　省级财力安排的一般性转移支付项目依据法律法规以及国家和省制定的政策设立、调整和撤销，并按规定的程序报批。

第九条　省级财力安排的一般性转移支付项目属下列情形之一的，应报省政府审批：

（一）新增设立的一般性转移支付项目。

（二）清理合并专项转移支付项目纳入一般性转移支付管理的项目。

（三）调整一般性转移支付项目的原定实施内容，包括：调整补助对象和范围、分配办法、资金用途、有效期限等事项。

（四）整合、撤销一般性转移支付项目。

（五）按规定需报批的其他项目。

第十条　省级财力安排的一般性转移支付项目属下列情形之一的，无须重复报批：

（一）现行法律、法规已明确设立及规定使用的项目。

（二）按国务院和财政部要求在全国范围内统一设立和实施、并明确管理使用的项目。

（三）省委、省人大、省政府决定设立并明确规定使用的项目。

（四）现行财政体制已明确规定清算方法的项目。

（五）根据国家和省现行专项政策设立、并按因素法安排用于个人补助的项目。

第十一条　省级财力安排的一般性转移支付项目的设立、调整和撤销，由省财政部门提出申请，按程序报省政府审批。

（一）设立、调整申请的内容包括：设立或调整一般性转移支付项目的政策依据、主要目标、补助对象和范围、分配办法、资金用途、有效期限、规模测算、资金来源等。

（二）撤销申请的内容包括：一般性转移支付项目的设立文件、资金安排情况、撤销的政策依据等。

第三章　管理责任

第十二条　省财政部门应履行下列管理责任：

（一）建立完善省以下转移支付制度。按照建立事权与支出责任相适应制度的要求，完善省以下转移支付制度，提高一般性转移支付的比重，重点增加对困难地区的一般性转移支付，提高省内地区间的财力均衡度。

（二）按照本办法规定组织实施省财政一般性转移支付具体工作。分配和拨付省财政一般性转移支付资金，制定资金分配方案，及时将资金拨付地级以上市及财政省直管县（市、区）（以下简称财政省直管县）财政部门。

（三）承担省级支出责任。按照省以下事权和支出责任划分的有关规定，由省负担的事权，省应足额安排资金；由省与市县共同负担的事权，省应足额安排市县转移支付资金，承担相应的支出责任。

（四）履行指导落实县级基本财力保障责任。建立和实施县级基本财力保障机制，统筹省、市、县财力，提高县级财力水平和均衡度，促进县级财力与保障责任相匹配。

（五）按规定由省财政部门承担的其他管理责任。

第十三条　地级以上市财政部门应履行下列管理责任：

（一）承担市级和市辖区的支出责任。按照省以下事权和支出责任划分的有关规定，由市负担的事权，市应足额安排资金，不得将支出缺口留给县（市、区）。履行对市辖区基本财力保障的主体责任，保障市辖区基本财力保障支出。

（二）承担对县（市，含财政省直管县）的帮扶责任。按照省以下事权和支出责任划分的有关规定，由市、县共同负担的事权，市应足额安排县（市）转移支付资金，承担相应的支出责任，提高辖区内县（市、区）之间的财力均衡度。

（三）执行省财政部门制定的资金分配办法和方案。严格按照省定分配方案确定的对县（市、区）补助标准及金额执行，不得擅自调整省定分配方案。

（四）限时拨付省财政一般性转移支付资金。省定分配方案明确规定对县（市、区）补助标准及金额的，市在收到省下达指标后 10 个工作日内，将资金分配拨付指定县（市、区）；省未明确对县（市、区）补助金额的，市在收到省下达指标后 30 个工作日内，制定分配方案并拨付资金。

（五）按规定由地级以上市财政部门承担的其他管理责任。

第十四条　县（市、区，含财政省直管县）财政部门应履行下列管理责任：

（一）承担县级支出责任。按照省以下事权和支出责任划分的有关规定，全面履行辖区内各项事权，承担相应的支出责任，不得将支出缺口留给乡镇（街道）、村（社区）。

（二）执行国家和省制定的支出政策。统筹使用上级财政一般性转移支付资金和本级财力，优先保障国家和省确定的各项公共服务和社会管理政策目标和支出标准落实到位。

（三）按规定由县（市、区，含财政省直管县）财政部门承担的其他管理责任。

第十五条　用款单位应履行下列管理责任：

（一）执行国家和省制定的各项支出政策。按照法律法规和政策规定以及上级行业主管部门的工作要求使用资金，不得擅自改变资金用途。

（二）落实财政补助和项目支出。严格执行预算，真实、客观反映补助和项目支出的实施情况。

（三）承担资金使用主体责任。配合有关部门履行资金使用的监管责任，按规定定期向同级财政部门及上级行业主管部门报送政策落实、项目实施、支出绩效等情况，资金管理使用公开透明。

（四）按规定由用款单位承担的其他管理责任。

第四章　使用范围

第十六条　市县统筹使用上级财政一般性转移支付资金，落实本级政府事权范围内相对应的各项支出责任，并将未确定具体使用方向的一般性转移支付资金按照以下使用范围和先后顺序安排使用。

（一）民生支出。

1. 底线民生。包括城乡最低生活保障、农村五保供养、医疗救助、基础养老金、残疾人生活津贴及护理补贴、孤儿供养保障等关系社会弱势群体基本生活的底线民生项目。

2. 基本民生。包括国家和省有关政策明确规定补助标准的教育、文化体育与传媒、社会保障和就业、医疗卫生、节能环保、城乡社区、农林水、交通运输、住房保障、粮油物资储备、妇女儿童、人口计生等基本民生项目和民生实事支出；基本公共服务均等化规划纲要确定的最低支出目标等。

3. 其他民生。包括生态环境保护、农田水利维护、食品安全保障、防灾减灾等其他民生项目，以及市县政府在落实国家和省有关民生政策的基础上，根据地方实际确定的民生项目。

（二）运转支出。

1. 工资保障。包括国家和省统一规定或批准的行政机关事业单位基本工资、奖金和津贴补贴，离退休人员离退休费，工资性附加支出等工资性支出。

2. 政权运转经费保障。包括地方政府机关事业单位以及省明确保障标准的县级公安（含武警、消防、边防）、司法等部门正常运转经费保障。

3. 公共安全保障。包括综治维稳、应急救援、突发性事件处理等支出。

4. 县级基本财力保障。包括县级基本财力保障机制明确规定保障标准的运转支出等。

5. 村级组织经费保障。包括省明确保障标准的村干部补贴、村级办公经费补助、离任村干部生活补助。

6. 事业单位事业经费保障。

7. 法律法规以及国家和省有关政策规定的其他运转支出。

（三）协调发展支出。

按照省以下事权和支出责任划分的有关规定，本级政府承担促进当地经济社会发展以及协调辖区内经济社会发展等事权所对应的支出责任。包括市场调控支出、产业发展支出、社会管理支出等。

第十七条　市县不得将上级财政一般性转移支付资金用于下列用途：

（一）违规提高人员经费和公用经费标准。

（二）违规增加“三公”经费支出。

（三）违规新建政府性楼堂馆所和超标准装修办公用房。

（四）劳民伤财的“形象工程”和“政绩工程”建设。

（五）违规用于对企业和个人实行税费减免或返还。

（六）法律法规以及国家和省有关政策明确限制或禁止的其他项目。

第五章　预决算管理

第十八条　省级预决算管理。省财政一般性转移支付资金实行提前预拨、年中下达、年度结算制度。

（一）每年年底前，省财政部门将按因素法分配且金额相对固定的一般性转移支付资金按不低于90%的比例，于11月底前提前通知地级以上市及财政省直管县财政部门，并按一定比例将下一年度一般性转移支付资金提前预拨下级财政部门。

（二）年度执行过程中，省财政部门根据省委、省人大、省政府决定事项以及中央下达一般性转移支付情况和有关因素核算情况等，逐笔下达一般性转移支付资金，及时拨付下级财政部门。

（三）预算年度终了后，省财政部门根据当年省与市县财政年终结算办法和事项，清算省财政一般性转移支付资金。清算资金原则上在指标文件下达后拨付；对于上一年度批复决算后欠省往来款金额较大的市县（地级以上市超过5 000万元，财政省直管县超过2 000万元），清算资金通过批复决算下达。

（四）中央提前下达广东省以及省级财力安排的一般性转移支付资金，纳入省级年度预算报请省人大审议。省财政部门当年下达的一般性转移支付资金，全额列入省级年度决算报省人大审议。

第十九条　地级以上市预决算管理。地级以上市财政部门将省提前下达的一般性转移支付资金全部纳入市本级年度预算，准确列入相关收支科目，报请同级人大审议，并按省规定的时限提前下达县（市、区）；对省未提前通知的其他一般性转移支付资金，依据历年情况和当地实际，按照积极稳妥的原则预计和编制相关预算；将年度执行中省下达的一般性转移支付资金，在规定时限和开支用途范围内支出，并列入年度决算报同级人大审批。

第二十条　县（市、区，含财政省直管县）预决算管理。县级财政部门将上级提前下达的一般性转移支付资金全部纳入本级年度预算，报请同级人大审议；对上级财政在年度执行中下达的一般性转移支付资金，应在收到指标后30个工作日内制定分配方案，在规定时限和开支用途范围内支出，并列入年度决算报同级人大审批。严格按规定编列决算，真实反映预算执行和支出，不得人为调整支出科目。

第二十一条　建立一般性转移支付资金使用定期备案制度。地级以上市和财政省直管县财政部门每个季度汇总一般性转移支付资金安排的具体项目，报送省财政部门备案。县（市、区）财政部门每个季度汇总上级财政下达一般性转移支付资金安排的具体项目，报送地级以上市财政部门备案。

第六章　监督检查

第二十二条　省、市、县财政部门在职责范围内对一般性转移支付资金管理和使用情况实施监督检查。上级财政部门负责对下级财政部门实施不定期巡查监督和每年重点抽查；下级财政部门负责定期开展自查，并向上级财政部门报告自查情况。

第二十三条　一般性转移支付资金监督检查的内容包括：

（一）预决算管理。包括年度追加预算下达资金安排情况、提前下达资金编列预算完整性等。

（二）资金分配。包括资金分配的合理性、及时性和公开性，国家和省出台的政策和资金分配方案的执行情况等。

（三）资金使用。包括本办法第十一条、第十二条规定的执行情况及合规性等。

（四）资金拨付。包括按规定程序和时限拨付资金的情况等。

（五）资金核算。包括科目编列的真实性、相关会计核算管理制度的执行情况等。

（六）资金使用绩效。包括民生支出、运转支出的保障程度，相关支出绩效目标的完成情况等。

（七）法律法规以及国家和省有关政策规定的其他事项。

第二十四条　一般性转移支付资金监督检查按照下列程序实施：

（一）县（市、区）财政部门每年年初将上一年度管理和使用上级财政一般性转移支付资金的自查情况报送地级以上市财政部门；财政省直管县同时报送省财政部门。

（二）地级以上市财政部门对市本级及县（市、区）使用一般性转移支付资金情况实施监督检查，并于当年4月底前将上一年度全市使用一般性转移支付资金情况的书面材料和表格报送省财政部门。

（三）省财政部门根据以前年度财政监督检查情况及市县财政部门的自查情况，将市县使用一般性转移支付资金情况列入年度监督检查计划，对市县财政部门实施不定期巡查监督和每年重点抽查，每年开展巡查监督或重点抽查的比例应达到当年一般性转移支付资金总量的10%以上。

第二十五条　省审计、监察部门按照省委、省政府工作部署和年度计划安排，每年有重点地对一般性转移支付资金管理和使用情况实施审计和监督检查。对审计、监督检查中发现的截留挪用、闲置浪费、骗取套取、贪污侵占等问题，按有关法律法规的规定处理。情节严重构成犯罪的，由司法机关依法追究刑事责任。

第二十六条　省、市、县财政部门应自觉接受人大、审计、监察、社会公众和媒体舆论监督，对涉及一般性转移支付资金的有关来信来访和舆论热点问题，按照信访、宣传等有关政策规定的时限和形式予以答复。

省财政一般性转移支付资金监督检查的相关办法由省财政部门另行制定。

第七章　绩效评价

第二十七条　省财政部门每年对市县上一年度使用省财政一般性转移支付资金的总体情况实施综合绩效评价。

第二十八条　一般性转移支付资金绩效评价的内容包括：

（一）支出保障程度。包括：底线民生、基本民生和其他民生项目，县级基本财力保障，人员经费，行政政法机关、事业单位及村级组织运转经费，重大基础设施建设投入等支出项目的保障水平。

（二）支出结构合理性。

（三）资金分配的合理性、及时性和公开性以及资金拨付到位率。

（四）资金使用合规性。

（五）资金使用效益。包括资金使用产生的直接或间接的经济效益、社会效益、生态效益等。

（六）需纳入绩效评价的其他事项。

第二十九条　一般性转移支付资金绩效评价按照下列程序实施：

（一）县（市、区）财政部门每年3月底前将上一年度上级财政一般性转移支付资金使用绩效自评报告及相关证明材料报送地级以上市财政部门，财政省直管县同时报送省财政部门。

（二）地级以上市财政部门对所辖县（市、区）及市本级使用一般性转移支付资金的绩效情况进行核查、汇总，每年4月底前将上一年度本市资金使用绩效自评报告及有关材料报送省财政部门。

（三）省财政部门根据各地自评情况，组织开展重点评价或引入第三方评价，形成评价报告。每年省财政部门开展重点评价或引入第三方评价应达到当年省财政一般性转移支付资金总量的10%以上。

第三十条　省财政部门负责建立省财政一般性转移支付资金绩效评价指标体系，选取定性指标和定量指标，运用目标比较法、综合分析法等方法实施绩效评价。

第三十一条　省财政部门对各市县使用省财政一般性转移支付资金绩效评价情况予以通报，并将评价结果作为下一年度分配一般性转移支付资金的主要依据。

省财政一般性转移支付资金绩效评价的相关办法由省财政部门另行制定。

第八章　信息公开

第三十二条　省财政部门应将省财政一般性转移支付资金的设立依据、资金规模、分配方案、管理办法等信息在提交省人大的年度预算报告中说明。

第三十三条　市县财政部门应将上级财政一般性转移支付资金的使用范围及方向、使用情况、管理措施等信息在提交同级人大的年度预决算报告中说明。

第三十四条　除涉及保密要求不予公开外，省、市、县财政部门应将财政一般性转移支付资金管理的信息通过本部门网站向社会公开。公开信息的内容包括：

（一）资金管理办法。

（二）资金分配依据、分配范围、分配因素、分配规则、计算公式、分配结果等。

（三）用款单位信息、资金使用项目及金额等。

（四）资金绩效评价、监督检查和审计结果。

（五）其他按规定应公开的内容。

第九章　奖　惩

第三十五条　省财政部门根据市县使用省财政一般性转移支付资金绩效评价结果，按照优劣情况排序，设置相应的绩效评价系数，作为下一年度一般性转移支付资金分配的主要依据。在其他分配因素同等的情况下，资金分配向绩效评价结果较好的市县倾斜。

第三十六条　财政部门和用款单位违反本办法规定管理使用省财政一般性转移支付资金的，由财政、监察、审计等部门按照有关法律法规的规定进行处理、处罚或处分，并扣减下一年度相应的一般性转移支付资金。

第十章　附　则

第三十七条　本办法由省财政部门负责解释。

第三十八条　本办法自印发之日起实施。

政府向社会力量购买服务暂行办法

（广东省人民政府2014年7月2日发布，粤府办〔2014〕33号）

为贯彻落实《国务院办公厅关于政府向社会力量购买服务的指导意见》（国办发〔2013〕96号）精神，规范和推进我省各级政府开展向社会力量购买服务工作，结合我省开展政府向社会力量购买服务实践，制定本办法。

一、指导思想

以邓小平理论、“三个代表”重要思想、科学发展观为指导，深入贯彻落实党的十八大和十八届三中全会精神，牢牢把握加快转变政府职能、推进政事分开和政社分开、在改善民生和创新管理中加强社会建设的要求，进一步放开公共服务市场准入，改革创新公共服务提供机制和方式，推动具有广东特点的公共服务体系建设和发展，努力为全省人民群众提供优质高效的公共服务。

二、基本原则

（一）稳妥有序。各级政府根据转变政府职能的要求和事权与支出责任相适应的原则，结合本地区经济社会发展水平和财政承受能力，充分发挥政府的主导作用，科学合理确定本级政府购买服务范围和项目，加强对政府向社会力量购买服务的组织领导、政策支持、财力保障和监督管理，引导社会力量有序参与服务供给，形成改善公共服务的合力。

（二）公开择优。按照公开、公平、公正的原则，通过竞争性方式选择承接政府购买服务的社会力量，确保具备条件的社会力量平等参与竞争，实现“多中选好、好中选优”。加强监督检查和科学评估，建立优胜劣汰的动态调整机制。

（三）注重绩效。强化绩效观念，坚持精打细算，切实提高财政资金使用效率，把有限的资金用在刀刃上，用到人民群众最需要的地方，不断降低行政成本，提升行政效能，确保政府向社会力量购买服务取得实实在在的成效。

（四）探索创新。及时总结改革实践经验，借鉴国内外成熟做法和先进经验，大胆探索，勇于创新，不断完善政府向社会力量购买服务体制机制。

三、购买主体

政府向社会力量购买服务的主体包括使用国家行政编制、经费由财政承担的机关单位，纳入行政编制管理、经费由财政承担的群团组织，以及行政类和公益一、二类事业单位。

四、承接主体

承接政府购买服务的主体包括依法在民政部门登记成立或经国务院批准免于登记的社会组织，以及依法在工商管理或行业主管部门登记成立的企业、机构等社会力量。

承接政府购买服务的主体应具有独立承担民事责任能力，具备提供服务所必需的设施、人员和专业技术的能力，具有健全的内部治理结构、财务和资产管理制度，具有良好的社会和商业信誉，具有依法缴纳税收和社会保险的良好记录，并符合登记管理部门依法认定的其他条件。

承接主体的具体条件由购买主体会同财政部门根据购买服务项目的性质和质量要求确定。

五、购买内容

除法律法规另有规定，或涉及国家安全、保密事项以及司法审判、行政决策、行政许可、行政审批、行政处罚、行政强制等特定事项外，属于政府承担的基本公共服务、社会事务服务、行业管理与协调、技术服务以及政府履职所需辅助性事务等事项，适合采取市场化方式提供、社会力量能够承担的，原则上通过政府向社会力量购买服务的方式，逐步转由社会力量承担。

政府新增的或临时性、阶段性的公共服务事项，凡适合社会力量承担的，原则上都按照政府购买服务方式进行。

六、购买服务目录

各级财政部门应会同有关部门紧紧围绕转变政府职能、

提升服务质量水平和资金效益的目标，在准确把握公众需求的基础上，按照积极稳妥的原则，综合考虑本地区社会公众需求、经济社会发展水平、党委和政府中心工作及财力水平等因素，拟订本级政府向社会力量购买服务指导目录，报同级政府批准后按规定公布实施，并在总结经验的基础上及时动态调整。

购买主体应依据指导目录及时确定并按规定公布本部门（单位）向社会力量购买服务具体项目目录。

七、购买方式

政府向社会力量购买服务，主要采取以下方式：

（一）服务外包。引入竞争机制，将政府购买服务事项通过合同、委托等方式，交给符合条件的承接主体来完成，根据其所提供服务的数量和质量支付服务费用。承接主体不得转包。

（二）补助或奖励。对兼顾或义务提供公共服务的社会力量，政府通过给予资金支持来降低特定产品或服务的价格，从而使消费者具备购买能力，或弥补特定社会力量的生产成本，提高其提供公共服务的水平和能力。

（三）政府确定的其他方式。

八、购买程序

（一）制订购买计划。购买主体应根据政府向社会力量购买服务指导目录，结合同级党委、政府工作部署以及部门预算安排、本单位工作实际等因素，编制年度购买服务计划，经同级财政部门审核后，及时、充分向社会公布所需购买服务项目的范围、标的、数量、质量要求、评价方法以及承接主体的条件、服务期限等内容，按规定开展向社会力量购买服务。

（二）实施购买服务。政府向社会力量购买服务采取补助或奖励方式的，按现行财政专项资金管理规定执行。采取其他方式的，应根据《中华人民共和国预算法》、《中华人民共和国政府采购法》、《中华人民共和国合同法》和《政府采购非招标采购方式管理办法》等有关规定组织实施。其中：

1. 达到公开招标数额标准的项目，应采用公开招标的方式实施。其中属重大项目、重大民生事项或党委、政府因工作需要临时确定的重要事项需向社会力量购买服务的，由财政部门委托第三方机构通过公开招标方式组织实施。

2. 采购限额标准以上但未达到公开招标数额标准，或达到公开招标数额标准、经批准采用非招标采购方式的项目，应按照《中华人民共和国政府采购法》和《政府采购非招标采购方式管理办法》等相关规定实施。

3. 单笔金额较小、未达到采购限额标准的项目，应按照“透明、节约、效能”原则自行选择其他竞争性方式实施。

4. 不具备竞争性条件的项目，经财政部门审核并报同级政府批准，可以采取委托、特许经营、战略合作等合同方式实施。

（三）严格合同管理。通过以上方式确定承接主体后，购买主体应及时与承接主体签订购买服务合同，明确购买服务的时间、范围、标的、数量、质量要求、资金支付和违约责任等，并负责对合同的履行进行跟踪监督，及时验收结算。承接主体要严格履行合同义务，按时完成服务项目，确保服务数量、质量和效果。

九、资金安排及支付

根据现行财政财务管理制度，购买主体购买服务所需资金从其部门预算安排的公用经费或经批准使用的专项经费中解决。重大项目、重大民生事项或党委、政府因工作需要临时确定的重要事项，按照财政专项资金管理规定和“一事一议”原则，专项研究确定购买服务资金规模和来源。资金支付按以下规定执行：

（一）购买服务所需资金从购买主体部门预算安排的公用经费或经批准使用的专项经费中解决的，由各部门依据购买服务合同，按现行的部门预算政府采购资金支付程序支付。

（二）购买服务所需资金未纳入购买主体部门预算，但经批准可在部门管理的财政专项资金中列支的，由财政部门审核购买服务合同后，采取财政直接支付方式支付。

（三）政府购买服务项目属于重大项目、重大民生事项或党委、政府因工作需要临时确定的重要事项，购买主体应在项目实施前，按照省级财政专项资金管理办法的有关规定向财政部门提出申请，确定资金来源和数额，比照前述（一）、（二）点规定支付。

十、组织保障

（一）明确分工。政府向社会力量购买服务工作涉及面广，各有关部门要加强配合协作，做到各负其责、齐抓共管。

1. 财政部门负责牵头拟订政府向社会力量购买服务制度，制订政府向社会力量购买服务指导目录，监督、指导购买主体依法开展购买服务工作，建立健全购买服务预算管理体系和监管规则，牵头做好政府向社会力量购买服务的资金管理、监督检查和绩效评价等工作。

2. 机构编制部门负责制订政府转移职能目录，明确政府职能转移事项，深化事业单位分类改革，建立健全与部门履行职责相适应的机构编制管理标准体系，不断提高机构编制管理科学化、规范化、法制化水平。

3. 发展改革部门负责会同有关部门编制和实施政府投资计划，推动政府投资项目列入向社会力量购买服务计划。

4. 登记管理机关负责核实承接主体的相关业务资质及条件，参与购买服务绩效评价。

5. 监察部门负责对政府向社会力量购买服务工作进行监督。

6. 审计部门负责对政府向社会力量购买服务资金的使用情况进行审计监督。

7. 购买主体负责购买服务的具体组织实施，会同财政部门细化购买服务项目的质量标准和建立本单位购买服务项目库，对承接主体提供的服务进行跟踪监督，在项目完成后组织考核评估和验收。

（二）信息公开。按照“谁组织，谁负责”原则，购买主体应按《中华人民共和国政府信息公开条例》等规定，主动将购买服务相关的购买内容、承接主体、购买方式、资金安排、绩效评价和监督检查结果等内容向社会公开，接受财政、监察、审计等部门的监督及社会监督。法律法规和国家政策另有规定的，从其规定。

（三）绩效评价。政府向社会力量购买服务的绩效评价，由财政部门组织或通过引入第三方实施；有关部门予以积极配合，并做好绩效自评工作。评价范围包括购买主体购买服务的财政资金使用绩效和承接项目的社会力量的服务绩效两个方面。评价结果作为以后年度预算安排及社会力量承接政府购买服务的重要参考依据。

（四）监督检查。购买主体应建立健全内部监督管理制度。财政、监察、审计等部门应加强对购买服务的监督，对违法违规行为，按规定予以处罚、处分或移交司法机关处理。

（五）宣传引导。各级政府和有关部门要广泛宣传政府向社会力量购买服务工作的目的、意义、目标任务和相关要求，做好政策解读，加强舆论引导，主动回应群众关切，充分调动社会参与的积极性。

十一、附则

（一）本办法所称政府向社会力量购买服务，是指通过发挥市场机制的作用，把政府直接向社会公众提供的一部分公共服务事项和履职所需的辅助性事项，按照一定的方式和程序，交由具备条件的社会力量承担，并由政府根据服务数量和质量向其支付费用。

（二）本办法中作为承接主体之一的其他机构，是指按事业单位分类改革规定设立的公益一、二、三类事业单位，以及一些根据个别行业法律、法规规定，不在工商、机构编制和民政部门登记的中介组织，如律师事务所。

（三）本办法自印发之日起实施，由省财政厅负责解释。原《政府向社会组织购买服务暂行办法》（粤府办〔2012〕48号）同时废止。

广东省生态保护补偿办法

（广东省人民政府办公厅2014年10月24日发布，粤府办〔2014〕57号）

为进一步完善我省生态保护补偿机制，加强生态环境保护，加快推进主体功能区建设，逐步建立生态文明制度体系，制定本办法。

一、指导思想

以邓小平理论、“三个代表”重要思想、科学发展观为指导，深入贯彻落实党的十八大、十八届三中全会和省委十一届三次全会精神，紧紧围绕“三个定位，两个率先”总目标，按照国家实施主体功能区规划的要求并结合我省实际情况，进一步完善生态保护补偿机制。通过不断加大财政对生态环境保护的投入力度，安排省级财政一般性转移支付给予重点生态功能区和禁止开发区适当的补偿和奖励，增强所属地政府提供基本公共服务的能力，充分调动其保护生态环境的积极性，促进全省经济发展与生态环境相协调，可持续发展水平不断提高。

二、基本原则

（一）明确责任，重在保护。市县政府是地方生态环境保护的责任主体，要牢固树立科学发展的观念，以加快推进生态文明建设为导向，统筹用好本级财力和上级转移支付，加大生态环境保护的投入力度，促进当地经济社会和生态环境的协调发展。

（二）奖补结合，强化激励。坚持“谁保护，谁得益”、“谁改善、谁得益”的原则，给予生态地区合理补偿，提高当地县级基本财力保障水平，并在此基础上加强激励导向，对保护和改善生态环境成效较好的地区予以适当奖励，充分调动积极性。

（三）公平分配，公开透明。综合考虑生态地区生态保护成本、环境资源要素、经济财力条件等实际情况，采用因素法分配资金，严格运用统一的公式计算，有效约束自由裁量权。生态环境指标考核情况和资金分配、使用、管理等信息按规定公开，接受人大、审计、监察和社会公众监督。

（四）加强监管，明确绩效。省级有关部门加强对市县使用生态保护补偿资金的监督管理和绩效评价，确保政策落实到位，提高资金使用效益。建立健全生态环境指标考核体系和实施机制，将考核结果与资金分配挂钩，引导市县切实保护和改善生态环境。

三、生态补偿资金来源

生态保护补偿资金是公共财政预算安排的一般性转移支付资金，资金来源包括：

（一）中央财政下达广东的重点生态功能区转移支付资金。

（二）省级财政预算安排用于生态保护补偿的一般性转移支付资金。

省财政厅根据省级财力实际情况，逐步建立生态保护补偿资金稳定增长机制。

四、生态补偿对象范围

生态保护补偿的对象是我省欠发达地区的生态地区，补偿资金分配核算到县级，补偿对象范围包括：

（一）《国家主体功能区规划》确定的国家重点生态功能区所属县（包括县、县级市、市辖区，以下统称县）。

（二）《国家主体功能区规划》确定的国家禁止开发区。

（三）《广东省主体功能区规划》确定的省级重点生态功能区所属县。

上述第（一）、（三）项规定的对象统称为重点生态功能区县。

五、生态环境指标考核

省财政厅会同有关省级业务主管部门选取真实反映水质保护、大气保护、森林保护、节能减排等情况的科学指标，建立健全生态环境考核指标体系，实施横向和纵向两个维度的考核评价。考核结果予以通报并用于生态保护补偿资金等转移支付资金的分配，引导督促有关地区加快推进生态文明建设。

生态环境指标考核实施细则详见附件1。

六、补偿资金分配办法

（一）重点生态功能区县。对重点生态功能区县的生态补偿资金分为基础性补偿和激励性补偿两部分，两者的比例分别为40%和60%。其中，基础性补偿部分根据县级基本财力保障需求和国土面积情况辅以调整系数计算确定；激励性补偿部分根据生态环境指标考核结果计算确定。

（二）禁止开发区。对禁止开发区的生态补偿资金根据禁止开发区的面积和个数等因素计算确定。补偿资金分配下达至禁止开发区所属县，由县级政府统筹由于指定禁止开发区的保护和建设。

生态保护补偿资金分配实施细则详见附件2。

七、补偿资金使用管理

（一）根据《广东省人民政府办公厅关于印发广东省财政一般性转移支付资金管理办法的通知》（粤府办〔2014〕31号），加强对生态保护补偿资金的分配核算、使用监督、绩效评价、信息公开等管理。

（二）市县政府应按规定将生态补偿资金用于辖区内生态环境保护和修复、保障和改善民生、维持基层政权运转和社会稳定等方面，严禁用于国家限制或禁止的项目以及劳民伤财的“形象工程”和“政绩工程”，不得用于新建楼堂馆所和超标准装修办公用房。

（三）县级财政部门每年年底前将生态补偿资金使用情况报送市级财政部门，市级财政部门汇总后，报省财政厅备案。省直管县财政改革试点县直接上报省财政厅备案，同时抄报所在市级财政部门。

八、信息公开

（一）省财政厅应通过本部门网站公开生态保护补偿资金的总体规模、分配因素、分配办法、分配结果、管理办法等信息；通过下达资金文件通报上一年度生态环境指标考核结果以及各项指标基础数据等信息。

（二）市级财政部门应通过本部门网站公开生态保护补偿资金省下达数额、对所辖县分配结果、管理办法等信息。

（三）县级财政部门应通过本部门网站公开上级下达生态保护补偿资金数额、资金使用情况等信息。

九、附则

（一）本办法由省财政厅负责解释。省财政厅会同有关省级业务主管部门根据生态保护补偿机制运行情况，适时进行修订。

（二）本办法自印发之日起执行。《印发广东省生态保护补偿办法的通知》（粤府办〔2012〕35号）、《关于印发〈广东省生态保护补偿机制考核办法〉的通知》（粤财预〔2013〕246号）同时废止。

附件：一、生态环境指标考核实施细则

二、生态保护补偿资金分配实施细则

附件一

生态环境指标考核实施细则

一、考核对象

生态环境指标考核的对象主要包括：

（一）列入生态保护补偿范围的重点生态功能区县，按照生态环境考核指标体系实施全面考核。

（二）列入省级财政一般性转移支付补助范围的其他县，参照生态环境考核指标体系实施主体指标考核。

（三）省委、省政府决定纳入考核的其他地区。

二、考核责任分工

（一）省财政厅主要负责考核工作的组织和协调，会同省级业务主管部门建立健全生态环境考核指标体系，按照严格的公式进行统计测算，开展对考核对象的评价工作，并按规定应用考核结果。

（二）省经济和信息化委、省环境保护厅、省住房城乡建设厅、省农业厅、省林业厅等省级业务主管部门主要负责研究提出建立健全生态环境考核指标体系的意见，组织收集和审核各年度指标数据，根据数据对各项指标进行初步评分，并提供省财政厅汇总。

（三）各地级以上市人民政府负责指导和监督所辖县接受考核，并按要求开展总结和整改等有关工作。

三、考核指标

生态环境考核指标体系设置两级指标。一级指标包括水质保护类指标（权重为25%，下同）、大气保护类指标（25%）、森林保护类指标（20%）、节能减排类指标（15%）、其他指标（15%）等；二级指标的内容、权重以及数据来源见表1。

表1　生态保护考核指标体系

一级指标	二级指标	权重（%）	数据来源单位
水质保护类指标（25%）	集中式饮用水源地水质达标率	10	省环境保护厅
	跨行政区域河流交界断面水质达标率	10	省环境保护厅
	地表水环境功能区水质达标率	5	省环境保护厅
大气保护类指标（25%）	可吸入颗粒物（PM10）/细颗粒物（PM2.5）年均浓度	15	省环境保护厅
	环境空气质量优良天数比率	10	省环境保护厅
森林保护类指标（20%）	森林资源保护管理水平	5	省林业厅
	森林覆盖率	5	省林业厅
	森林蓄积量	5	省林业厅
	重点林业生态工程建设和森林抚育任务完成率	5	省林业厅
节能减排类指标（15%）	单位GDP主要污染物排放强度	5	省环境保护厅
	单位GDP能耗	5	省经济和信息化委
	重点重金属污染物排放量	5	省环境保护厅
其他指标（15%）	耕地土壤质量调查点位达标率	5	省农业厅
	建成区绿地率	5	省住房城乡建设厅
	污水处理率	2.5	省住房城乡建设厅
	生活垃圾无害化处理率	2.5	省住房城乡建设厅

根据生态环境考核的技术条件，结合经济社会发展实际情况，选取部分二级指标作为主体指标，用于对非重点生态功能区县的考核。

四、考核方法

从横向和纵向两个角度进行比较考核。其中，横向考核主要比较同一年度内各考核对象的优劣情况，纵向考核主要比较年度之间同一考核对象的变动情况。考核得分采用百分制计算。

（一）横向考核。

在单项生态指标中，同一年度指标数据最高的考核对象得分计为100分，其他考核对象得分按指标数据与最高值的差距比例计算确定（逆向指标按反向处理）。单项得分乘以各自的权重，加总后确定生态保护横向考核得分。用公式表示：

生态保护横向考核得分 = $\sum$（单项指标数据 ÷ 该项指标数据最高值 ×100 × 指标权重）

（二）纵向考核。

将考核对象最近两个年度的各项指标数据逐项进行对比（逆向指标按反向处理），计算得出单项原始增长率，并进行标准化处理。当年指标数据差于上年的，单项指标增长率为负值。单项指标增长率乘以各自的权重，加总得出生态综合增长率。将生态综合增长率最高的考核对象得分计为100分，其他考核对象得分按生态综合增长率与最高值的差距比例计算确定。用公式表示：

生态综合增长率 = $\sum$［单项指标增长率（标准化处理）× 指标权重］

生态保护纵向考核得分 = 考核对象生态综合增长率 ÷ 生态综合增长率最高值 ×100

（三）考核得分总计。

横向考核和纵向考核分别占50%比重，两者得分按权重加总后确定生态保护考核得分。用公式表示：

生态保护考核得分总计 = 横向考核得分 ×50% + 纵向考核得分 ×50%

五、考核结果应用

（一）省财政厅每年将上一年度生态环境指标考核结果以及各项指标基础数据进行通报。

（二）考核总得分将作为安排生态保护补偿资金的主要依据，用于分配激励性补偿资金。将各考核对象的得分按其占全部考核对象得分总和的比例转换为激励系数，激励系数越高，获得激励性补偿资金越多，反之则越少。

（三）生态综合增长率将作为安排省级财政一般性转移支付资金的主要依据，用于计算总体的综合增长率和分配协调发展奖。将生态综合增长率按权重纳入总体的综合增长率计算，综合增长率越高，获得协调发展奖资金越多，反之则越少。

附件二

生态保护补偿资金分配实施细则

一、重点生态功能区县补偿资金分配

对重点生态功能区县的生态补偿资金分为基础性补偿和激励性补偿两部分，两者的比例分别为40%和60%。

（一）基础性补偿。基础性补偿部分根据重点生态功能区县的基本财力保障需求和国土面积情况，辅以调整系数计算确定。用公式表示：

某县基础性补偿额 =〔（某县基本财力保障需求因素 + 国土面积因素）× 生态任务系数 × 人均财力系数 × 民族系数〕÷ $\sum$〔（县级基本财力保障需求因素 + 国土面积因素）× 生态任务系数 × 人均财力系数 × 民族系数〕×（重点生态功能区县补偿资金总额 ×40%）

其中：

1. 基本财力保障需求因素。基本财力保障需求额按照"保工资、保运转、保民生"各项支出人均定额标准乘以相应的保障人口加总计算确定（参照财政部县级基本财力保障机制规定的保障范围和保障标准）。用该县基本财力保障需求额与各县平均基本财力保障需求额的比值乘以85%，作为该县基本财力保障需求因素的取值。

2. 国土面积因素。国土面积根据各县行政区划面积确定，并辅以森林覆盖面积做适当调整。用该县国土面积与各县平均国土面积的比值乘以15%，作为该县国土面积因素的取值。

3. 生态任务系数。为体现不同类别的县承担生态保护责任的差异，相应给予不同的系数：国家级、省级自然保护区面积占国土面积比例8%以上的县或经省政府批准的水源保护区面积占国土面积比例5%以上的县，生态任务系数为1.2；其他县的系数为1。

4. 人均财力系数。对按财政供养人口计算的人均财力水平较低的地区适当加大补助力度。分档情况如下：人均财力水平低于东西两翼和粤北山区县级平均水平30%（含30%）的，系数为1.3；低于平均水平15%（含15%）-30%的，系数为1.2；低于平均水平0（含0）-15%的，系数为1；高于平均水平0-15%（含15%）的，系数为0.9；高于平均水平30%的，系数为0.8。

5. 民族系数。对少数民族地区予以适当倾斜支持，三个少数民族县的系数为1.3；其他县的系数为1。

（二）激励性补偿。激励性补偿部分根据生态环境指标考核结果计算确定。用公式表示：

某县激励性补偿额 = 某县生态环境指标考核得分 ÷ $\sum$（各县生态环境指标考核得分）×（重点生态功能区县补偿资金总额 ×60%）－惩罚性扣款

其中：

1. 生态环境指标考核得分：由横向考核得分和纵向考核得分按权重加总计算，按百分制计算。

2. 惩罚性扣款：对生态环境变差、甚至恶化的县，予以扣减激励性补偿额的惩罚。在纵向考核中，某县生态综合增长率小于 0 的，每负 1 个百分点扣减 200 万元。

二、禁止开发区补偿资金分配

禁止开发区补偿资金根据某县所辖禁止开发区的个数、面积，以及该县人均财力等计算确定，资金下达到禁止开发区所在市县。用公式表示：

禁止开发区补偿额 =（某县禁止开发区个数因素 × 禁止开发区面积因素 × 所在县人均财力因素）÷ $\sum$（各县禁止开发区个数因素 × 禁止开发区面积因素 × 人均财力因素）

其中：

（一）禁止开发区个数因素：某县所辖禁止开发区的个数越多，反映其承担生态任务越重。用该县禁止开发区的个数乘以 50%，作为该县禁止开发区个数因素的取值。

（二）禁止开发区面积因素：某县所辖禁止开发区的面积越多，反映其承担生态任务越重。将各县禁止开发区的面积运用功效系数法在 0.5－1.5 之间排布，作为禁止开发区面积因素的取值。

（三）所在县人均财力因素：将各县按供养人口计算的人均财力水平，运用功效系数法在 0.5－1.5 之间排布，作为禁止开发区面积因素的取值。

三、建立生态保护补偿资金稳定增长机制

省财政厅根据省级财力实际情况，不断加大投入力度，逐步建立生态保护补偿资金稳定增长机制。为保障各县财政运行的年度间稳定性，以当年生态保护补偿资金总额比上年增长率为基准，对超过（或低于）基准增长率一定幅度的县适当调减（或调增）补偿资金额。

广东省财政厅关于规范财政行政处罚自由裁量权的规定

（广东省财政厅 2014 年 11 月 21 日发布，粤财法函〔2014〕134 号）

第一条　为规范财政行政处罚自由裁量权，保护行政相对人的合法权益，根据《中华人民共和国行政处罚法》、《广东省行政执法责任制条例（修订）》、《广东省规范行政处罚自由裁量权规定》等法律法规，制定本规定。

第二条　本规定所称财政行政处罚自由裁量权，是指财政部门依据法定职权对行政相对人涉及财务会计、政府采购、资产评估等财政行政管理的违法行为，决定是否给予处罚、给予何种处罚以及何种幅度处罚的权限。

第三条　省级财政部门依法实施财政行政处罚适用本规定。法律、法规和规章另有规定的，从其规定。省以下各级财政部门可结合工作实际参照适用。

第四条　财政部门行使财政行政处罚自由裁量权，应当遵循下列原则：

（一）教育处罚结合原则。财政行政处罚对情节轻微并能及时纠正，没有造成严重社会危害后果的财政违法行为应当坚持教育为主、处罚为辅的工作方式。

（二）合法裁量处罚原则。财政行政处罚不得与法律、法规和规章相抵触，应当在法定的种类、幅度范围内进行，依法保障行政相对人的知情权、陈述申辩权和救济权。

（三）公正裁量处罚原则。财政行政处罚应当与行政相对人财政违法行为过错程度相一致，适用的处罚依据、处罚种类、处罚幅度相一致。

第五条　财政部门行使财政行政处罚自由裁量权，应当遵守下列程序：

（一）收集行政相对人财政违法行为的证据，确认事实、性质、情节、主客观因素以及社会危害后果。

（二）根据《广东省财政厅财政行政处罚自由裁量权标准》（以下简称《标准》）的规定，界定行政相对人的财政违法程度。

（三）综合考虑行政相对人是否具有不予行政处罚、从轻或减轻行政处罚、从重行政处罚的情形，决定是否对财政违法行为予以处罚，予以何种处罚以及何种幅度的处罚。

第六条　有下列情形之一的，财政部门应当经集体讨论后作出处罚决定并作好立卷归档工作：

（一）重大财政违法行为，拟给予较重行政处罚且适用财政听证程序的案件。包括拟作出暂停会计师事务所经营业务、暂停注册会计师执行业务、吊销注册会计师证书、吊销会计从业资格证书、撤销会计师事务所、撤销资产评

估机构、较大数额罚款等案件。

（二）案情复杂、争议较大的案件。包括在违法事实认定、证据采信、法律适用、管辖权确定等方面存在争议的案件。

（三）其他社会影响较大的案件。

第七条　同一财政违法行为可以适用多部法律、法规和规章的，财政部门应当按照下列法律适用规则给予处罚：

（一）上位法优于下位法。

（二）特别法优于一般法。

（三）新法优于旧法。

第八条　财政违法行为的违法程度分为轻微、一般和严重三个层次，法律、法规和规章设立特别严重情形的，增设特别严重层次。确定违法程度时应当综合考虑以下因素：

（一）财政违法行为的事实。

（二）财政违法行为的性质。

（三）财政违法行为的情节。

（四）财政违法行为的主客观因素。

（五）财政违法行为的社会危害后果。

（六）财政违法行为的次数。

（七）财政违法行为是否与其他违法行为并存。

（八）其他相关因素。

第九条　财政行政处罚裁量结果分为不予行政处罚、从轻或减轻行政处罚、一般行政处罚和从重行政处罚四个等级。

第十条　行政相对人有下列情形之一的，财政部门应当依法不予行政处罚：

（一）不满14周岁的人有财政违法行为的。

（二）精神病人在不能辨认或者控制自己行为时有财政违法行为的。

（三）财政违法行为轻微且及时纠正，没有造成危害后果的。

（四）除法律另有规定外，财政违法行为在2年内未被发现的。

（五）依法不予行政处罚的其他情形。

第十一条　行政相对人有下列情形之一的，应当依法从轻或减轻行政处罚：

（一）已满14周岁不满18周岁的人有财政违法行为的。

（二）受他人胁迫有财政违法行为的。

（三）主动消除或减轻财政违法行为危害后果的。

（四）配合财政部门查处财政违法行为有立功表现的。

（五）依法应当从轻或减轻行政处罚的其他情形。

第十二条　行政相对人有下列情形之一的，可以从轻或减轻行政处罚：

（一）主动向财政部门报告自身财政违法行为的。

（二）在共同财政违法行为中起次要或辅助作用的。

（三）财政违法行为社会危害后果较小的。

（四）积极配合财政部门查清案件事实的。

（五）及时中止或主动纠正财政违法行为的。

（六）依法可以从轻或减轻处罚的其他情形。

第十三条　行政相对人有下列情形之一的，应当依法从重行政处罚：

（一）扰乱公共秩序，妨害公共安全，侵犯人身权利、财产权利，妨害社会管理，情节严重，尚未构成犯罪的。

（二）经财政部门及其执法人员责令停止、责令纠正财政违法行为后，继续实施财政违法行为的。

（三）伪造、变造、隐匿、故意销毁财政违法行为证据的。

（四）在共同财政违法行为中起主要作用或授意、指使、强令、教唆、胁迫、诱骗他人实施财政违法行为的。

（五）多次实施财政违法行为的。

（六）对举报人、证人或者财政执法人员打击报复的。

（七）妨碍财政执法人员查处财政违法行为的。

（八）依法应当从重行政处罚的其他情形。

第十四条　行政相对人有下列情形之一的，可以从重行政处罚：

（一）不听劝阻继续实施财政违法行为的。

（二）财政违法行为涉案数额或违法所得数额较大的。

（三）财政违法行为社会危害后果较大的。

（四）在突发公共事件中借机实施财政违法行为的。

（五）依法可以从重行政处罚的其他情形。

第十五条　法律、法规和规章规定应当对财政违法行为先予以责令改正或责令限期改正的，财政部门应当依法先责令行政相对人改正，不得直接处罚。

法律、法规和规章规定应当对财政违法行为予以并处的，财政部门应当依法予以并处，不得单处。

财政部门依法行使财政行政处罚自由裁量权的，应当在财政行政处罚决定书中予以说明。

第十六条　财政部门应当建立健全行使财政行政处罚自由裁量权内部工作流程制度。

财政部门应当指定法制机构或其他机构对案件承办机构行使财政行政处罚自由裁量权的合法性、合理性和适当性进行复核。

第十七条　财政部门应当加强对本部门财政行政处罚自由裁量行使情况的监督，对违法或不当行使行政处罚自由裁量权的行为，应当及时予以纠正。

上级财政部门应当加强对下级财政部门行使财政行政处罚自由裁量权的监督，对下级财政部门违法或不当行使财政行政处罚自由裁量权的行为，应当责令纠正。

第十八条　财政部门应当将规范财政行政处罚自由裁量权的情况纳入财政行政执法评议考核、财政行政执法案卷评查和财政行政执法责任追究的参考范围。

第十九条　财政部门发现行政相对人财政违法行为涉嫌犯罪的，应当依法移送司法机关处理。

第二十条　本规定由广东省财政厅负责解释。

第二十一条　本规定自2015年1月1日起实施。

广东省财政厅法律顾问管理办法

（广东省财政厅2014年11月21日发布，粤财法函〔2014〕133号）

第一条 为促进依法行政、依法理财，推进省财政厅法律顾问工作制度化、规范化，加强对法律顾问的管理，根据《中华人民共和国行政诉讼法》、《中华人民共和国政府采购法》、省政府《政府向社会力量购买服务暂行办法》等规定制定本办法。

第二条 本办法所称法律顾问，是指省财政厅聘请的为财政立法、重大决策、预算监督、执法监督、行政审批以及复议诉讼等工作提供法律顾问服务，具有专业法律知识和法务实践经验的专家学者、执业律师。

第三条 省财政厅选聘法律顾问应当遵循公开、公平和择优原则。受聘法律顾问为省财政厅提供法律顾问服务，应当坚持以事实为依据、以法律为准绳，依法维护公共财政合法权益。

第四条 省财政厅法律顾问工作范围包括：

（一）为省财政厅重大项目、重大决策、重大行政行为等非诉讼法律事务提供法律意见或进行法律论证。

（二）为省财政厅财政立法、规范性文件制定、执法监督、行政复议和诉讼工作提供法律意见。

（三）经省财政厅委托以法律顾问身份进行调查、参加会议或谈判，协助起草、审查各类合作协议或法律文书。

（四）经省财政厅委托代理参加庭审、仲裁、执行等涉诉事务。

（五）依法办理双方约定的其他事项。

第五条 受聘法律顾问应符合下列条件：

（一）受聘专家学者应是在法律教学科研和政府法制工作等领域中具有较高学术研究成果、较高职业技术职称、较高行业知名度和丰富工作实践经验的法律专业人士。

（二）受聘律师应是依法取得律师执业资格，具有10年以上法律执业经验的专职律师，执业期间未受到司法行政部门的行政处罚和主管律师协会的行业处分。

（三）首次受聘年龄应在40周岁以上，65周岁以下。有特殊需要的，经省财政厅厅党组同意，可不受上述年龄限制。

（四）应政治坚定、守法依规、廉洁自律、尽责履职、身体健康。

第六条 受聘律师所在律师事务所应符合以下条件：

（一）应在广州市内依法注册成立或设有分所，具有600平方米以上固定办公场所，交通便利、设备齐全、制度规范、档案管理严格。

（二）应具备注册执业律师人数在60人以上。

（三）应具有国家行政部门、国有大型企业、外资知名企业、重点大型公共建设项目法律顾问经验，近3年年均营业收入1 000万元以上。

（四）应拥有高素质的法律服务团队，具备良好服务责任意识、优秀律所文化和丰富社会资源。

第七条 省财政厅法律顾问由法规税政处会同厅办公室、政府采购监管处、监察室等相关处室（单位）依据选聘条件，严格按照国家和省有关政府采购、政府向社会力量购买服务等规定，采用竞争性方式开展选聘工作。

选聘结果由法规税政处签报厅领导确认时应提供备选受聘法律顾问参评材料、评审推荐分数结果及理由。

第八条 法规税政处具体负责法律顾问的组织、协调和管理工作，会同厅办公室、行政政法处、政府采购监管处等相关处室（单位）不断完善省财政厅法律顾问工作制度。

第九条 省财政厅各处室（单位）应在涉及财政立法、规范性文件制定、转发公文、行政审批等工作时充分发挥法律顾问的参谋助手作用，严格按照法定职权和程序履行职责。

省财政厅各处室（单位）需要个案委托法律顾问提供法律服务的，应会同法规税政处签报厅领导同意。

第十条 省财政厅法律顾问工作报酬包括常年法律顾问费用和个案委托代理费用。

（一）常年法律顾问费用按年支付，由法规税政处根据选聘结果按程序签报厅领导确定。

（二）个案委托代理费用由省财政厅具体委托处室（单位）按照国家和省有关政府采购、政府向社会力量购买服务等规定，按程序签报厅领导确定。

（三）常年法律顾问费用从省财政厅有关法制工作办公经费中列支，个案委托代理费用从省财政厅有关业务工作办公经费中列支。

第十一条 省财政厅应与法律顾问签订聘用合同或协议，是法律顾问关系成立的依据。聘用合同或协议应包括以下内容：

（一）关于聘用期限、工作范围和职责权限的规定。

（二）关于双方权利义务的规定。

（三）关于服务费用及支付方式的规定。

（四）关于合同或协议依法中止、变更或解除的规定。

（五）关于违约责任的规定。

（六）双方约定的其他事项。

聘用合同或协议经当事双方代表签名盖章后生效。

第十二条 省财政厅法律顾问聘期应在2年以内，期满前60个工作日内由法规税政处会同有关处室（单位）对法律顾问的工作情况进行考核，就是否续聘提出意见建议，按程序签报厅领导决定续期或重新选聘。

第十三条 省财政厅对自身行政行为或民事行为所提供的法律事实、证据和文件的真实性承担法律责任。

法律顾问对出具的法律意见和其他法律服务的合法性承担法律责任。

第十四条 有下列情形之一的，省财政厅应依法解除聘用合同或协议，构成犯罪的，依法移交司法机关处理：

（一）受聘法律顾问不符合聘用条件的。

（二）受聘法律顾问不依法维护省财政厅权益、形象和声誉的。

（三）受聘法律顾问严重违反法律执业纪律的。

（四）受聘法律顾问以省财政厅名义谋求利益、泄露秘密、营私舞弊、严重失职的。

（五）受聘法律顾问被依法追究刑事责任的。

（六）受聘法律顾问行为过错造成其他严重后果的。

第十五条 有下列情形之一的，法律顾问可以书面向省财政厅提出解除聘用合同或协议：

（一）因身体健康原因不能继续担任法律顾问工作的；

（二）因工作变动依法不能继续担任法律顾问工作的；

（三）因其他原因申请不再继续担任法律顾问工作的。

第十六条 本办法由法规税政处负责解释。

第十七条 省财政厅各处室（单位）在本办法实施前自行聘请法律顾问的，合同期满后不再续约。

第十八条 本办法自2015年1月1日起实施。

广东省民族地区转移支付资金管理暂行办法

（广东省财政厅2014年5月19日发布，粤财预〔2014〕51号）

第一章 总 则

第一条 为了支持少数民族地区加快发展，促进各民族共同繁荣，按照《中华人民共和国民族区域自治法》、《国务院实施〈中华人民共和国区域自治法〉若干规定》、《财政部关于印发〈中央对地方民族地区转移支付办法〉的通知》（财预〔2010〕448号）的有关规定，制定本办法。

第二条 民族地区转移支付目的是增强少数民族地区的财政保障能力，逐步缩小少数民族地区与其他地区的基本公共服务差距，促进少数民族地区科学发展、社会和谐。

第二章 资金分配和下达

第三条 省财政根据中央下达的民族地区转移支付数额，结合本地区实际情况，在年度预算中安排民族地区转移支付资金，由省级财政分配到县，拨付至市级财政（或省直管县），转拨到民族县。

第四条 省财政按照人均可支配财力、人均公共财政预算支出、国土面积、人口等因素，并参考对县级财政管理使用民族地区转移支付资金和项目实施情况的绩效评价和监督检查结果，分配民族地区转移支付资金。

人均可支配财力的确定。可支配财力，是指地方可以用于安排公共财政预算支出的可用财力。可支配财力根据财政部统一口径确定，数据来自《广东省财政总决算报表》。主要项目包括：地方本级收入、返还性收入、一般性转移支付收入，扣除体制上解、税务经费上划专项上解和出口退税专项上解。人均可支配财力按财政供养人口计算。

人均公共财政预算支出的确定。公共财政预算支出，根据财政部统一口径确定，数据来自《广东省财政总决算报表》。主要项目包括：一般公共服务、外交、国防、公共安全、教育、科学技术、文化教育与传媒、社会保障和就业、医疗卫生、环境保护、城乡社区事务、农林水事务、交通运输、工业商业金融等事务。人均公共预算支出按照常住人口计算。

国土面积的确定。国土面积，根据民政部门行政区划统一口径确定，数据来自《广东省政区图册》。

人口的确定。人口，按照户籍人口、常住人口、财政供养人口数据综合确定，数据来自《广东省统计年鉴》、《广东省部门决算报表》。

绩效评价和监督检查情况的确定。绩效评价和监督检查情况按照实际结果确定，并赋予调整系数。

第五条 市级财政可根据本地区实际情况，在年度预算中安排一定资金，与省财政补助资金一并使用。

第三章 资金管理和使用

第六条 按照《财政部关于印发〈中央对地方民族地

区转移支付办法〉的通知》（财预〔2010〕448号）有关要求，民族地区转移支付资金用于我省管辖的民族自治县，即韶关市乳源瑶族自治县、清远市连山壮族瑶族自治县、清远市连南瑶族自治县。

第七条　民族地区转移支付资金的使用实行分级管理。省财政负责制定本地区民族地区转移支付政策，分配、下达转移支付资金；组织实施对市县财政管理和使用转移支付资金的绩效评价和监督检查。

市县财政负责向省财政报送上年度民族地区转移支付分配结果和资金使用情况。

第八条　民族地区转移支付资金属于一般性转移支付资金，由省级财政部门按一般性转移支付方式统筹安排，由市县政府根据地方实际统筹使用的财力性补助资金。民族地区转移支付资金应用于保障和改善民生、保障机构正常运转以及偿还到期债务，严禁用于"形象工程"和"政绩工程"，严禁用于新建党政机关楼堂馆所和超标准装修办公用房等。

第四章　监督检查和绩效评价

第九条　省财政厅定期对民族地区转移支付资金的使用和管理等情况开展监督检查和绩效评价。市县财政定期进行自查，自查有关情况应当及时报告省财政厅。

第十条　对民族地区转移支付资金使用和管理中的违法行为，依照《财政违法行为处罚处分条例》（国务院令第427号）等有关规定追究法律责任。

第五章　附　则

第十一条　市县财政部部门可以根据本办法并结合本地区实际情况，制定本地区的民族地区转移支付资金管理办法，并报省财政厅备案。

第十二条　本办法自印发之日起实施。

第十三条　本办法由省财政厅负责解释。

广东省省级财政专项资金联席审批办法

（广东省财政厅2014年5月4日发布，粤财预〔2014〕98号）

第一条　为规范省级财政专项资金（以下简称专项资金）联席审批管理，加强专项资金审批的约束监督，根据《广东省省级财政专项资金管理办法》（粤府〔2013〕125号，以下简称《专项资金管理办法》），制定本办法。

第二条　实行联席审批的专项资金是指设立总金额在5亿元及以上且涉及不同部门工作职能的专项资金及省政府认为应进行横向并联审批的其他专项资金。

第三条　联席审批的参与部门包括专项资金所属的省业务主管部门（牵头部门）、省财政部门、按职能范围与专项领域相关的省业务部门。涉及多个主管部门的，由省政府在审批设立专项资金时，明确其中一个部门作为牵头部门。联席审批部门按照职责参与联席审批工作。

第四条　联席审批遵循"各司其职、协同配合、相互制约、权责一致"的原则。

第五条　联席审批的主要内容：

（一）工作实施方案。包括项目组织申报、评审、资金分配的原则和方法等。

（二）项目评审方案。包括项目评审办法、程序，评审内容和指标等。

（三）资金分配方案。包括资金分配原则、因素、方法，分配对象及分配结果等。

（四）省政府要求应进行联席审批的其他事项。

第六条　联席审批的工作规程：

（一）工作实施。牵头部门会同有关部门以召开联席会议或联合发文形式研究确定工作实施方案。

（二）资金分配。牵头部门会同有关部门开展项目评审；召开联席会议，研究拟订资金分配方案（包括分配对象及分配结果等内容）。

（三）省政府审批。牵头部门会同财政部门，将经联席会议审核通过的资金分配方案及各部门意见拟文呈报省政府审批。

（四）资金下达。财政部门根据省政府批准的资金分配方案下达资金。

第七条　财政监督、审计、纪检监察等监督部门对联席审批工作进行监督检查。如发现违规违纪问题的，依据《中华人民共和国预算法》和《财政违法行为处罚处分条例》等有关规定处理，按照"谁主管、谁负责"，"谁审批、谁负责"，"谁用款、谁负责"的原则，追究相关部门及相关人员责任。

第八条　本办法规定范围以外的其他管理事项按照《广东省省级财政专项资金管理办法》执行。

第九条　本办法涉及的联席审批和联席会议不属于省级议事协调机构、不刻制公章、不正式行文。

第十条　本办法由省财政厅负责解释。

第十一条　本办法自印发之日起执行。

广东省省级财政资金项目库管理试行办法

（广东省财政厅2014年4月29日发布，粤财预〔2014〕107号）

第一章　总　则

第一条　为加强和规范省级财政资金（下称财政资金）项目库管理，根据《广东省省级财政专项资金管理办法》（粤府〔2013〕125号）等有关规定，制定本办法。

第二条　本办法所称省级财政资金项目库（下称项目库），是指对申请使用财政资金的项目进行收集储备、分类筛选、评审论证、排序择优和预算编制的数据库系统。

第三条　实行项目库管理的财政资金是指执行期在3年以上（含3年）的专项资金，可滚动实施或分期实施的财政资金，以及建立跨年度滚动预算机制所需的其他财政资金。

第四条　实行项目库管理的财政资金，应按照编制年度预算或滚动预算的规定，提前申报入库项目。未进入项目库原则上不编入财政资金安排计划。除突发性因素或临时性急需开支外，新增预算的项目原则上应从项目库中筛选。

第五条　项目库管理遵循以下原则：

（一）统一建库，信息共享。项目库由省财政部门会同省业务主管部门统一规划建设和管理，与省业务主管部门信息共享，共同使用和维护。

（二）分类管理，明确标识。入库项目按支出类别和所属行业、存续状态进行分类，每个项目编列唯一代码。

（三）严格论证，动态管理。入库项目必须经过严格评审论证、规范审批，入库项目实行动态管理，根据实际情况适时调整。

（四）择优选用，滚动预算。入库项目编制滚动计划，细列至具体用款单位、项目、金额、年限及分年度安排。按照入库项目的排名和财力状况，择优编制财政资金项目预算计划，按法定程序纳入年度预算草案报批。

（五）强化监督，信息公开。项目库依托项目库管理系统实行信息公开，接受社会和人大、审计、纪检监察等部门监督。

第二章　职责分工

第六条　省财政部门主要职责：

（一）制订财政资金项目库管理制度；会同省业务主管部门建设、维护项目库管理系统。

（二）审核省业务主管部门入库项目申请；协同省业务主管部门按程序报省政府审批；审核入库项目新增、变更、退出申请。

（三）根据财力状况及在库项目滚动计划、项目排序等因素，择优筛选项目编报年度预算和跨年度滚动预算，批复下达财政资金。

（四）对资金执行情况进行监督检查和绩效评价；协同省业务主管部门实行信息公开。

第七条　省业务主管部门主要职责：

（一）会同省财政部门制定、发布财政资金项目申报指南，组织项目申报，录入及维护项目库管理系统的有关信息。

（二）会同有关部门组织项目评审论证，会同省财政部门对入库项目编制滚动实施计划。

（三）提出入库项目新增、变更、退出申请，会同省财政部门按程序报省政府审批。

（四）对项目执行情况进行监督检查和绩效自评，会同省财政部门进行信息公开。

第三章　项目入库管理

第八条　入库条件。

（一）符合国家和省法律、法规、规章及相关行业发展规划。

（二）符合事权与支出责任相适应的原则及政府支持的范围。

（三）符合有关财政资金管理办法、申报指南规定的扶持政策、方向、范围和内容。

（四）项目方案切实可行。包括计划任务、实施方案、实施年限及分年度计划，预期效益、绩效目标明确清晰，投资及资金筹集方案科学合理等。

（五）基建项目等有专门审批规定的，按照有关规定办理。

第九条　项目申报。

（一）省业务主管部门会同财政部门向社会公开发布申报指南（涉密信息除外），组织项目申报。

（二）省业务部门会同省财政部门对申报项目进行资格审核。

第十条　项目评审。省业务部门会同有关部门组织实施项目评审论证。

（一）评审内容。主要包括项目实施的必要性、项目申报单位的合规性、项目方案的可行性、投资方案的可靠性、绩效目标的合理性，以及申报材料的真实性、规范性和完整性等。

（二）评审方式。主要包括部门内部集体研究、专家评审论证、委托第三方专业机构评审、公开竞争立项、公开招投标和公开征询民意等。专业技术性较强的项目采取专家评审论证或委托第三方专业机构评审的方式；面向社会、分配对象不固定的项目采取公开竞争立项或公开招投标的方式；对经济、社会和民生有重大影响的项目应同时公开征询民意。

（三）评审结论。项目评审应出具正式评审报告，说明评审方法、评审流程、总体评价等情况，并明确评审结论（“可行”或“不可行”）和项目排名，由评审人（评审专家、机构）签名盖章确认。评审报告作为项目入库的原始凭证，项目排名作为择优选用的主要依据。

第十一条 编制滚动计划。省业务主管部门对通过评审的拟入库项目编制跨年度的滚动计划，细列至年度安排具体项目、用款单位、金额、年限。项目滚动计划连同评审结果报送省财政部门复核。

第十二条 项目复核。省财政部门复核拟入库项目，内容主要包括：

（一）项目合规性。重点审查项目的申报依据是否充分，是否符合法律法规、方针政策以及事权与支出责任相适应的原则及政府支持范围，是否符合专项资金管理办法和项目申报指南有关规定和要求。

（二）项目可行性。重点审查项目方案是否可行、技术方案是否科学、实施措施是否得当、项目承担单位是否具备资格、项目预期效益是否能够实现等。

（三）项目预算。重点审查项目支出是否符合有关标准、项目结构是否合理、资金测算是否准确、资金来源是否明确、所需资金是否在财力可承受范围之内等。

（四）项目评审。重点审查项目评审是否采取恰当的评审方式，是否按照经批准的评审方案和评审程序进行，提交的评审资料是否符合要求等。

（五）项目绩效目标。结合以前年度相关项目资金安排绩效目标实现情况及监督检查情况，重点审查项目绩效目标的合规性、完整性、合理性、科学性。

（六）是否重复申报。通过项目库管理系统，排查项目是否存在多头申报和重复申报。

第十三条 入库审批。省业务主管部门会同省财政部门将拟入库项目（含滚动计划、项目评审结论、项目排名等内容）按程序上报省政府审批。经省政府批准的项目正式列入项目库管理。

第四章 入库项目更替

第十四条 项目新增。省业务部门会同省财政部门在编制下一年度预算前，按本办法第三章规定办理新增项目入库手续。因特殊原因在年度执行中需新增入库的项目，按照特事特办原则专项上报省政府审批，纳入当年度实施或跨年度滚动预算备选范围。

第十五条 项目变更。项目入库后，项目内容原则上不得随意变更，确需变更的，按以下规定办理变更手续。

（一）项目变更涉及主要任务、筹资方案、承担单位等关键内容的，由省业务部门会同省财政部门专项上报省政府审批。

（二）其他不涉及资金调整或资金调整额度在10%以内的项目调整事项，纳入预算编报程序办理。

（三）项目变更涉及当年预算调整的，按照《预算法》以及相关规定办理；涉及以后年度预算调整的，相应纳入跨年度滚动预算调整。

第十六条 项目退出。每年年度预算批复后，省业务主管部门会同省财政部门组织对项目库进行清理，上报省政府审批。有以下情形的，应退出项目库：

（一）申报或入库中存在弄虚作假行为或被认定属于重复申报的。

（二）因原定政策发生变化或项目自身条件变化，不能再实施的项目。

（三）财政监督和审计检查发现实施过程中存在违法违规违纪问题，情节严重或整改无效的。

（四）已完成建设任务或工作目标的。

项目退出涉及当年预算调整的，按照《预算法》以及相关规定办理；涉及以后年度预算调整的，相应纳入跨年度滚动预算调整。

第五章 入库项目分类

第十七条 行业分类。入库项目按照所属行业领域分类管理，同一项目具有多种属性的，择其主要属性归为其中一类。

（一）基建类项目。指按照专门的基建管理办法和程序进行管理的项目。

（二）经济发展类项目。指面向生产经营性领域，扶持相关经济行业、产业发展的项目。

（三）科研类项目。指开展科学（包含自然科学、社会科学和软科学）研究、技术研究及应用示范的项目。

（四）民生类项目。指与群众生活直接相关的项目，包括在教育、文化体育与传媒、社会保障和就业、医疗卫生、节能环保、农林水事务、住房保障等方面惠及到个人的项目。

（五）公共管理类项目。指党政机关和事业单位履行公共管理职责的项目。

（六）公共安全类项目。指维护国家安全、社会公众安全和公私财产安全与社会秩序稳定的项目。

（七）其他项目。其他省政府认为可实行项目库管理的项目。

第十八条 资金属性分类。入库项目涉及专项转移支付的，按照资金属性分类管理。

（一）引导类项目。指上级政府为鼓励和引导下级按照上级政府的政策意图办理事务而设置的属于下级政府事权的专项转移支付。

（二）应急类项目。指下级政府事权范围事务内，出现可能形成全省性或跨区域突发事件，下级政府无法及时筹集相应财力履行事权时，上级政府安排给下级政府应急使用的特定专项转移支付。

（三）救济类项目。指出现区域性自然灾害等导致减收、增支，下级政府没有相应财力履行其事权，上级政府实施救济的特定专项转移支付。

（四）其他项目。其他入库的专项转移支付。

第十九条　存续状态分类。项目根据入库状态分类管理。

（一）备选项目。指批准入库后处于备选状态、未批准实施的项目。

（二）在建项目。指被列入年度预算或滚动预算计划且已获批复实施，正在实施环节的项目。

（三）退出项目。指按照第四章第十六条规定批准退出的项目。

第六章　项目库使用和管理

第二十条　信息共享。每个入库项目编列唯一代码，录入基础信息，各类项目之间实现信息关联，部门之间实现信息共享。根据管理权限（或授权），按项目代码、项目年度、项目名称、项目排名、申报单位、专项资金名称、支出类别、流转环节等方式，可查询、筛选、提取相关项目信息，生成分类数据库。

第二十一条　预算管理。省财政部门会同省业务部门通过项目库，择优遴选项目，编制项目年度预算或滚动预算。

（一）编制年度预算。根据可用财力状况、入库项目年度计划、项目排名、上年度监督检查和绩效评价结果及其他资金分配因素，择优遴选项目，编列年度项目预算，包括所属的省业务主管部门、资金名称、具体用款单位、项目明细、金额、当年度资金使用计划等内容。

（二）编制滚动预算。与跨年度预算编制相衔接，相应编制项目滚动预算，包括所属的省业务主管部门、资金名称、分年度滚动预算计划等内容。

（三）预算报批。项目年度预算和滚动预算按法定程序纳入预算草案或预算调整方案报批。获批后，省业务主管部门、省财政部门按程序批复项目计划、下达资金计划，其中跨年度滚动预算计划和资金分年度下达。

第二十二条　项目库管理。

（一）项目管理。省业务部门要规范项目申报、评审、筛选、入库报批工作，严格执行项目计划，加强重点项目督查。项目完成后，及时开展项目验收和资金决算。

（二）资金管理。省财政部门要加强入库项目的复核、规范预算编制，强化资金执行的跟踪和监管，加快资金拨付进度。

（三）监督检查。省业务主管部门、财政部门、审计部门、监察部门要根据职能分工，定期或不定期开展专项检查或审计，强化对项目、资金管理的监督。对存在违规违纪问题的，依法依规严肃处理。监督检查结果作为下一年度分配财政资金和编制预算的重要依据。

（四）绩效评价。省业务主管部门开展项目绩效自评，省财政部门根据省业务主管部门自评情况，组织重点评价或委托第三方机构实施独立评价。绩效评价结果作为下一年度分配财政资金和编列预算的重要依据。

（五）信息公开。按规定在项目库管理系统中公开项目、资金相关信息，逐步扩大公开范围，细化公开内容。属于目录内的专项资金，按照《广东省省级财政专项资金管理办法》（粤府〔2013〕125 号）规定公开。

（六）责任追究。各有关部门、单位、人员在项目库管理过程中存在违法违纪行为的，按照“谁申报、谁负责”、“谁审批、谁负责”的原则，承担连带责任，并依照相关法律法规处理。其中，申报单位、组织或个人存在违法违纪的，并处以追回财政资金，5 年内停止其申报专项资金资格，并向社会公开其不守信用信息等处罚。

第七章　附　则

第二十三条　本办法由省财政厅负责解释。

第二十四条　本办法自印发之日起实施。

广东省省级财政专项资金目录管理办法

（广东省财政厅 2014 年 4 月 29 日发布，粤财预〔2014〕108 号）

第一条　根据《广东省省级财政专项资金管理办法》（粤府〔2013〕125 号，以下简称《专项资金管理办法》），为加强省级财政专项资金（下称专项资金）管理，专项资金实行目录管理，反映专项资金存续、调整等动态管理情况，制定本办法。

第二条　本办法所称专项资金目录（下称目录）是指

对列入专项资金管理平台管理的专项资金进行认定并实行动态管理的清单。

第三条　纳入目录管理的专项资金严格按照《专项资金管理办法》规定执行。《目录》通过省级财政专项资金管理平台公开发布。

第四条　省财政部门是目录的管理机构，负责目录的制订、调整、公开等工作。

第五条　目录的制订和发布，应遵循公开、公正、科学、高效的原则，并接受社会监督。

第六条　目录为年度目录，原则上每年发布一次。

第七条　列入目录管理的专项资金应符合《专项资金管理办法》的规定，同时符合以下条件：

（一）符合国家和省有关政策规定，支持经济社会各项事业发展，具有专门用途和绩效目标。

（二）分配对象具有可选择性，资金使用主体为业务主管部门以外的省级或省以下部门（单位）的。

（三）有明确的组织实施计划和详细的项目预算。

（四）符合事权与支出责任相适应的原则及政府支持的范围。

（五）省政府已明确列入目录管理的专项资金。

人员经费、公用经费等基本支出、基建工程项目支出以及部门自身使用的项目支出不纳入目录管理。

第八条　目录由省财政部门会同省业务主管部门研究制定，按程序报批。

（一）目录拟订。每年5－6月，省财政部门根据当年专项资金预算安排情况，清理下一年度专项资金目录，按以下原则办理：

1. 撤销设立期限已满、原定目标不符合现实需要或已经完成，以及不适用《专项资金管理办法》管理的专项资金。

2. 新增经省政府批准新设立的专项资金。

3. 整合使用性质、管理特点相同或相近的专项资金。

4. 调整支出结构有待优化的专项资金。

5. 保留符合公共财政管理要求、设立审批依据合法合理、具有明确使用方向和绩效目标的专项资金。

（二）研究论证。省财政部门会同省业务主管部门组织研究、论证专项资金目录。

（三）目录审批。省财政部门将专项资金目录报省政府审核，按法定程序提交省人民代表大会审查批准。

（四）信息公开。专项资金目录获批后，通过省级财政专项资金管理平台公布。

第九条　有下列情形之一的，省财政部门应会同省业务主管部门调整或更新目录，按程序报省政府审核后报省人大审批。

（一）按《专项资金管理办法》规定调整、撤销、归并、整合专项资金的；

（二）因主管部门或单位工作职责调整，专项资金管理事项发生变化的；

（三）其他应予调整更新的情形。

第十条　目录适用日期为自发布之日起至下一次发布之日。

第十一条　本办法由省财政部门负责解释。

第十二条　本办法自印发之日起实施。

广东省财政对市县财政部门建设补助资金实施办法

（广东省财政厅2014年4月30日发布，粤财预〔2014〕110号）

第一章　总　则

第一条　为进一步规范省对市县财政部门建设补助资金管理，提高资金使用效益，根据《财政部关于印发〈中央对地方财政部门自身建设补助资金管理暂行办法〉的通知》（财预〔2014〕51号）规定，结合我省实际，制定本办法。

第二条　按照现行财政管理体制规定，财政部门建设补助资金应由本级财政负担。为支持市县推进财政部门业务工作的开展和办公条件的改善，省财政统筹中央补助资金、省财政预算安排资金，适当补助市县财政部门建设。

第三条　财政部门建设补助资金的分配对象主要为市县财政部门。

第四条　财政部门建设补助资金的管理应遵循统筹规划、突出重点、规范管理、确保实效的原则。

第二章　资金分配和下达

第五条　省财政根据中央补助资金规模、省级财力状况以及市县财政部门建设需要，在年度预算中安排财政部门建设补助资金。

第六条　财政部门建设补助资金采用因素法进行分配。分配因素包括：人均财力、财政供养人口、工作任务量、地区分类、预算管理考评、特殊困难程度等因素，并参考对市县财政管理使用补助资金和项目实施情况的绩效评价和监督检查结果。

第七条　每年11月30日前，省财政将当年财政部门建设补助资金分批下达市县财政。

第八条　市县财政可根据本地区实际情况，在年度预算中安排一定资金，与省财政补助资金一并使用。

第九条　市县财政应将省年度执行中下达的财政部门建设补助资金按规定列入年度决算报同级人大常委会审批。

第三章　资金管理和使用

第十条　财政部门建设补助资金的使用实行分级管理。省财政负责制定省以下财政部门建设补助政策，分配、下达补助资金；组织实施对市县资金管理和使用情况的监督检查和绩效评价。

市县财政负责管理、安排和使用本地区财政部门建设补助资金，重点向基层和困难地区倾斜，并接受上级财政对自身资金管理和使用情况的监督检查和绩效评价。

第十一条　财政部门建设补助资金应用于以下支出：

（一）业务信息化建设经费。

（二）业务人员培训经费。

（三）开展重点改革工作经费。

（四）灾后受损修缮经费。

（五）改善基层财政部门办公条件经费。

第十二条　财政部门建设补助资金不得用于以下支出：

（一）提高人员经费和公用经费标准。

（二）增加“三公”经费支出。

（三）违规新建政府性楼堂馆所和超标准装修办公用房。

（四）“形象工程”和“政绩工程”建设。

（五）法律法规以及国家和省有关政策明确限制或禁止的其他项目。

第四章　监督检查和绩效评价

第十三条　财政部门建设补助资金的使用情况接受监察、财政、审计等部门的监督检查、绩效评价和审计。凡挪用补助资金安排其他项目的，将视情节轻重给予处罚，停拨、减拨或追回省补助资金，直至依照法规追究有关人员责任。

市县财政定期进行自查，自查有关情况应当及时报告省财政厅。

第十四条　对财政部门建设补助资金管理和使用中的违法行为，依照《财政违法行为处罚处分条例》（国务院令第427号）等有关规定追究法律责任。

第五章　附　则

第十五条　市县财政可根据本办法，结合本地区实际情况，制定具体的实施办法，并报省财政厅备案。

第十六条　本办法自印发之日起施行。省财政厅《关于印发〈广东省财政部门建设经费管理暂行办法〉的通知》（粤财办〔2002〕11号）同时废止。

广东省省级预备费管理办法

（广东省财政厅2014年5月27日发布，粤财预〔2014〕120号）

第一条　为加强省级预备费管理，强化预算约束，根据《预算法》、《预算法实施条例》和《广东省省级财政专项资金管理办法》（粤府〔2013〕125号），制定本办法。

第二条　省级预备费是指按《预算法》等法律法规规定，用于当年预算执行中的自然灾害救灾开支及其他难以预见的特殊开支。

第三条　省级预备费按照省级公共财政预算支出金额的1%－3%设置，依法提请省人民代表大会审查批准。

第四条　省级预备费的使用范围包括：

（一）当年预算执行中的自然灾害救灾开支，包括水灾、海啸、旱灾、风灾、低温冰冻、地质灾害、森林火灾、虫灾、疫病灾害等。

（二）应对突发公共事件等临时性急需开支。

（三）当年预算执行中国家和省新出台政策造成的新增开支。

（四）其他不可预见开支。

第五条　省级预备费原则上不得用于以下方面支出：

（一）违规用于提高行政机关事业单位人员经费和公用经费标准以及“三公”经费、会议费、办公费等行政经费。

（二）庆典、研讨会、论坛、晚会、展览、纪念会、节庆等活动支出。

（三）违规修建楼堂馆所和超标准装修办公用房。

（四）“形象工程”和“政绩工程”建设。

（五）法律法规以及国家和省有关政策明确限制或禁止的项目支出。

（六）其他不符合预备费使用范围和规定的支出。

第六条　动支省级预备费程序及规定。省财政部门根据自然灾害、突发公共事件等应急情况提出动支预备费意见，或者由省业务主管部门提出申请报省财政部门审核后由省财政部门提出动支预备费意见。

（一）安排资金1亿元以上的（含1亿元），由省财政部门提出意见，报分管财政的常务副省长审核，经省长审批后提交省政府常务会议审定，遇救灾等突发性应急支出，采取省政府有关领导同志会签办法审批。

（二）安排资金3 000万元（含3 000万元）至1亿元的，由省财政部门提出意见，报分管财政的常务副省长审批后，报省长审定。

（三）安排资金3 000万元以下的，由省财政部门提出意见，报分管财政的常务副省长审定，报省长备案。

第七条　省级预备费的拨付及管理。省财政部门按照经省政府批复的文件，根据用款单位性质、预算管理级次以及用款进度办理预算下达和资金拨付手续。

（一）用款单位属省级单位，原则上实行国库集中支付，由省财政部门将款项直接拨付到用款单位。其中，用于基本建设项目的，按照基本建设程序办理资金拨付；属于政府采购范围的，按政府采购有关规定办理资金拨付。

（二）用款单位属市县单位，由省财政部门向市县财政部门办理预算追加拨付手续，市县财政部门按照具体用款项目及要求，在收到省拨资金的10个工作日内将资金拨付到用款单位，不得截留、挪用、挤占资金。

（三）用款单位属中直驻粤单位或其他与省财政没有常规经费划拨关系单位，由省财政部门直接将款项拨付到用款单位。

第八条　资金使用单位及其主管部门必须加强对资金使用的管理，严格遵循节约原则，严格执行财务规章制度和会计核算办法，各项支出必须严格控制在批准的范围及开支标准内，严格执行财政资金使用票据销账制度，严禁用“白头单”入账或套取现金。

第九条　预算年度终了后，资金使用单位应根据省财政部门年度决算要求，及时编列年度决算报表，报送省财政部门。

第十条　动用省级预备费安排的支出项目，按项目的实际支出用途，列入相应预算支出科目。

第十一条　省财政部门要加强对省级预备费的审核和管理，定期向分管财政的常务副省长报送省级预备费使用进度，年终报送省级预备费使用情况汇总。

第十二条　省级预备费年终结余可用于以后年度省委、省政府重点支出或难以预见的必需支出，由省财政部门提出资金安排意见，按本办法第六条规定履行报批手续。

第十三条　财政监督、审计、纪检监察等监督部门对资金预算执行、使用效益和财务管理等方面的情况进行监督检查，如发现截留、挤占、挪用资金或其他财政违法行为的，依据《中华人民共和国预算法》和《财政违法行为处罚处分条例》处理，并追究相关部门（单位）和责任人的责任。

省业务主管部门加强对本部门（系统）使用预备费情况的检查监督，及时反映和纠正存在的问题。

第十四条　省财政部门负责组织对资金使用情况进行绩效评价，具体按照《广东省省级财政专项资金管理办法》（粤府〔2013〕125号）规定执行。

第十五条　本办法由省财政部门负责解释。

第十六条　本办法自印发之日起执行。

关于财政支持稳定经济增长的政策措施

（广东省财政厅2014年5月21日发布，粤财预〔2014〕128号）

为有效应对当前经济形势，促进经济平稳运行，现就财政支持稳定经济增长提出政策措施如下：

一、主要目标

综合运用财政资金及政策手段，2014年省财政安排资金647亿元左右（其中：存量资金435亿元，新增安排资金212亿元），并落实税收优惠、减免部分涉企行政事业性收费，为企业减负约380亿元，通过扩大财政投资，加快资金拨付进度，支持基础设施建设、稳定外贸增长、扩大消费需求、促进转型升级等，促进经济平稳健康运行，确保2014年我省国内生产总值实现增长8.5%的目标。

二、主要措施

（一）支持基础设施建设。筹集财政资金332亿元（其中：存量资金248亿元，新增安排84亿元），重点加大对交通、水利、环保等基础设施建设的投入，以财政资金投入带动社会固定资产投资平稳增长。

1. 加快交通基础设施项目建设。安排资金235亿元（其中存量资金165亿元，新增安排资金70亿元），通过注入项目资本金、公私合作（PPP）等多种途径，重点加快高速公路和普通公路、国铁干线、珠三角城际轨道交通、疏港铁路等项目的建设进度，落实对广州白云国际机场扩建和惠州机场改扩建工程以及电子政务畅通工程、电子政务外网云计算平台基础设施建设项目的资金投入。对符合开工、动工条件的项目，抓紧拨付年度资金。

2. 加大农田水利基础设施建设投入。安排资金92亿元（其中存量资金78亿元，新增安排资金14亿元），重点加大对省重点水利工程和水毁水利工程的投入力度，加快我省水利工程进度；加大对高标准基本农田建设省级补助资金投入，将补助标准从1 200元/亩提高到1 500元/亩。

3. 支持环境保护基础设施建设。安排资金5亿元（全部为存量资金），继续采取“以奖促减”方式支持城镇污水处理设施建设，以及采取“以奖代补”方式支持农村生活垃圾处理设施建设。

（二）支持稳定外需，促进外经贸转型发展。安排资金30亿元（其中存量资金18亿元，新增安排资金12亿元），用于支持扩大出口、促进进口和综合服务平台建设等，推动外经贸稳定增长。

4. 支持外贸企业做强做大出口市场。安排资金7.2亿元（其中存量6.2亿元、新增安排资金1亿元），重点支持外贸企业加快实施品牌、资本、市场、人才、技术国际化战略，提高自身竞争优势。

5. 支持外贸综合服务平台和项目建设。安排资金2.2亿元（其中存量1.2亿元、新增安排资金1亿元），重点对具有带动外贸企业开拓国际市场作用的各类外贸服务平台和项目给予支持。

6. 支持企业投保信用保险。安排资金5亿元（其中存量1亿元、新增安排资金4亿元），支持企业投保信用保险，提高资助比例，扩大支持范围，满足企业投保需求。

7. 促进扩大进口。安排资金8.5亿元（其中存量2.5亿元、新增安排资金6亿元），安排3.5亿元用于进口服务平台建设、进口交易中心以及进口促进等，安排5亿元用于对省内企业进口列入《广东省鼓励进口技术和产品目录》的先进技术、关键设备和国内短缺资源性产品给予贷款贴息。

8. 实施购买品牌及“走出去”战略。安排资金7.1亿元（全部为存量资金），对企业对外并购和对外投资等进行支持。

（三）着力扩大消费。筹集财政资金12.5亿元（其中存量资金6.5亿元，新增安排资金6亿元），重点促进信息消费、支持广货网上行、促进传统商贸服务业发展等，切实增强经济发展的内生动力。

9. 促进信息消费。安排资金5.55亿元（其中存量资金2.55亿元，新增安排资金3亿元），安排2.55亿元用于支持信息领域新业态发展；安排1亿元用于支持网上办事大厅建设；安排2亿元用于加大对物联网的支持力度，支持10个物联网技术产业示范基地，8个物联网技术创新孵化中心，10个物联网应用服务平台等。

10. 支持广货网上行。安排资金5亿元（其中存量资金2亿元，新增安排资金3亿元），其中安排1亿元支持促进广货网上行的公共信息平台建设；安排3亿元用于推动万家企业参与广货网上行活动，奖励参与广货网上行成效突出的市场主体，支持中小微企业上网触电，支持建设一批电子商务服务平台，积极开拓广货市场；安排1亿元支持鼓励电网与企业加强对接。

11. 促进传统商贸服务业发展。安排资金1.85亿元（全部为存量资金），促进商贸流通发展和农村流通服务网络建设。一是安排1.5亿元，综合引导全省流通服务业发展，配套争取国家服务业发展引导资金。二是安排0.35亿元，支持供销合作社农资、农副产品、日用和再生资源回收利用等服务体系建设。

（四）支持产业发展项目。筹集财政资金198亿元（其中存量资金114亿元，新增安排资金84亿元），重点支持重大产业项目建设、企业技术改造和淘汰落后产能、加快战略性新兴产业发展，促进产业转移等。

12. 支持重大产业科技装置建设。安排资金12亿元（其中存量资金11亿元，新增安排资金1亿元），重点用于推进广州超算中心、星光中国芯物联网工程、广州生产性服务业示范园区、江门中微子实验室项目、东莞散裂中子源项目等重大产业项目建设、北斗卫星应用产业基地等。

13. 支持市县承接重大产业项目。从财政部下达的2014年地方政府债券资金中转贷市县78亿元，支持市县落实重大产业项目落地配套和重大项目建设。

14. 支持企业技术改造。安排资金16.6亿元（其中存量资金11.6亿元，新增安排资金5亿元），推进企业技术改造。一是安排5亿元（全部为新增资金），对重点企业技术改造给予贷款贴息。二是安排4.95亿元（全部为存量资金），支持全省20个地级以上市（不含深圳）实施电机效能提升改造计划。三是安排6.61亿元（全部为存量资金），支持传统优势产业“设备换人工程”、“生产系统与生产线改造工程”、区域优势产业改造提升等。

15. 支持自主创新。统筹安排省财政重大科技专项资金、产业技术研究与开发资金、关键领域重点突破专项资金、高新技术开发区引导资金等16亿元（全部为存量资金），集中投入使用，重点扶持具有创新能力、创新产品，成长性好的行业和企业，以自主创新为导向，促进产业转型升级，提升企业核心竞争力。

16. 支持产业园区建设。安排产业转移园建设补助资金40亿元（全部为存量资金），以竞争性方式，支持欠发达地区产业转移园区建设，重点支持产业园区基础设施、招商选资、产业集聚和企业创新。

17. 支持战略性新兴产业发展。安排资金32亿元（全部为存量资金），采用股权投资和直接补贴等方式，支持实施战略性新兴产业三大重点产业突破、核心技术攻关、高端人才奖励、创业风险投资、再担保等，支持促进战略性新兴产业加快发展。

18. 支持淘汰落后产能。安排资金3.8亿元（全部为存量资金），重点支持节电改造、节能降耗、重点行业淘汰落后产能；实施工业锅炉污染整治奖励计划，支持珠三角地区工业锅炉整治；对珠三角地区提前报废黄标车给予补贴等。

（五）保障和改善民生。安排财政资金62亿元（其中存量资金48亿元，新增安排14亿元），重点支持棚户区改造、农村泥砖房改造以及改善农业农村生产条件。

19. 支持棚户区和农村泥砖房改造。安排资金44亿元（其中存量资金30亿元，新增安排资金14亿元），重点支持实施国有工矿棚户改造项目，对全省所有国有工矿棚户区改造统一按2万元/户的标准给予补助；加快推进农村泥砖房改造和农村低收入住房困难户住房改造，实施新一轮农村泥砖房改造；支持公共租赁住房建设；继续推进边远革命老区不具备生产生活条件的贫困村实行整村搬迁安置等。

20. 支持农业农村生产条件改善。安排资金18亿元（全部为存量资金），重点支持幸福村居建设、现代农业产业发展等。

（六）落实税费减免政策。认真落实国家结构性减税政策，并加大正税清费力度，减免部分涉企行政事业性收费，有效减轻企业负担，提振企业发展信心。

21. 落实国家结构性减税政策。稳步推进营业税改征增值税改革，扩大改革试点范围，做好将铁路运输业和邮政业纳入改革试点范围工作，预计可为企业减税200亿元；落实对中小微企业的税收优惠政策，预计可为企业减税125亿元；落实国家对珠海横琴、深圳前海的所得税优惠政策；落实2014年对东西北新区、中新知识城和珠海横琴、广州南沙的税费返还共约26亿元。

22. 减免涉企行政事业性收费（新增安排支出12亿元）。从2014年5月1日起，除车辆通行费（限于政府还贷）、诉讼费、排污收费、水资源费外，对全省范围内所有企业免征32项中央设立和7项省设立涉企行政事业性收费的省级收入，预计2014年可为企业减负15亿元。需相应由省财政新增安排减少收费后的保障支出12亿元。

三、工作要求

（一）增强紧迫感。各级、各部门要从全局和战略的高度，充分认识当前稳定经济增长的重要性和紧迫性，把思想和行动统一到省委、省政府关于稳增长的决策部署上来。各级、各部门要充分认识运用财政手段促进经济稳定运行的重要意义，积极采取有效措施，落实资金安排，加快支出进度，确保财政支持经济稳定增长各项政策措施和工作部署落到实处。

（二）落实工作责任。全省各级各部门要坚持上下协同，分工负责，加大力度，落实好财政支持经济稳定增长各项政策措施，按照上述措施细化具体实施意见。各市、县政府要落实主体责任，积极筹措资金，结合实际制订政策措施，有效稳定经济增长。省直各部门要按照职责分工，抓好各项政策措施的贯彻落实。要用足用好各项税费优惠政策，各级、各有关部门要加强对政策执行的督促检查，确保国家和省各项税费优惠政策得到落实。

（三）加快支出进度。要加快财政支出进度，提高资金使用的时效性，力争资金早投入、早见效。省直各业务主管部门要落实预算执行主体责任，抓紧就财政支持稳增长各项政策措施提出资金使用计划；省直有关部门要抓紧落实121亿元广东（人保）粤东西北地区振兴发展股权基金和150亿元高速公路债权基金的提款使用工作，提高财政投融资效率，充分发挥基金杠杆作用。省财政部门要及时安排支出，部分资金履行报批程序后可提前安排使用，加快资金拨付进度，提高资金支付效率。

（四）严格资金管理。财政支持稳定经济增长各项资金暂不切块到部门，由各有关部门按分工筛选项目，按程序审定后由财政部门在各项资金额度内统筹安排使用，按程序报批。省级各有关部门要按照《广东省人民政府关于印发广东省省级财政专项资金管理办法的通知》（粤府〔2013〕125号）的规定，尽快制订各项资金管理办法，严把资金投向，确保各项财政资金按既定的方向投入到基础性、民生性领域等稳增长项目，不得用于提高人员经费、增加“三公”经费支出、低水平重复建设以及党政机关楼堂馆所等消费性项目。各级财政、审计、监察部门要加强对资金使用的监督管理，健全管理制度，明确各项资金使用范围、拨付程序和工作要求，严防资金滞留、挤占、截留或挪用，确保资金严格按规定使用，提高效率，公开透明。

广东省财力困难地区转移支付资金管理办法

（广东省财政厅2014年5月30日发布，粤财预〔2014〕146号）

第一章 总 则

第一条 为缩小地区间财力差距，帮助经济欠发达地区提高基本公共服务保障能力，逐步实现区域协调发展，根据《中华人民共和国预算法》和《印发〈广东省分税制财政管理体制实施方案〉的通知》（粤府〔1995〕105号），省财政设立财力困难地区转移支付资金。

第二条　按照现行财政管理体制和预算管理制度规定，国家实行一级政府一级预算，各级预算应当做到收支平衡。经济欠发达地区应当按照“量入为出、收支平衡”的原则，统筹使用本级财力和上级转移支付，合理安排预算支出，确保年度收支平衡。

第三条　本办法所称财力困难地区转移支付包括中央下达的财力运行补助以及省级预算安排的财力困难地区补助，属一般性转移支付资金，由市县政府根据本地区实际情况统筹使用。

第四条　财力困难地区转移支付资金的管理遵循公平公正、公开透明、注重实效、强化监督的原则。

第二章　补助范围

第五条　财力困难地区转移支付主要向年度间财力运行困难的贫困地区、基层地区倾斜。

第六条　财力困难地区转移支付的补助对象包括：

（一）上年度存在收不抵支的市县。

（二）当年遭受自然灾害、损失比较严重的市县。

（三）受财政体制调整、国家和省新出台的政策等因素影响，财力下降幅度较大的市县。

（四）人均财力和人均财政支出水平排名靠后的市县。

第三章　资金分配

第七条　省对市县财力困难地区转移支付测算及下达由省财政厅负责。省财政厅根据客观情况变化及各方意见，完善转移支付办法，资金测算过程和分配结果向市县财政部门公开。

第八条　财力困难地区转移支付测算所需资料原则上来源于统计年鉴、财政总决算报表等统计资料，确有需要可采用相关部门提供的权威数据。

第九条　财力困难地区转移支付采用因素法进行分配。分配因素综合考虑人均可支配财力系数、人均支出系数、地区系数、人口规模系数、特殊困难程度系数等因素，并参考市县财政管理使用转移支付资金的绩效评价和监督检查结果进行分配。用公式表示为：

财力困难地区转移支付资金分配系数＝〔（人均可支配财力系数×30%＋人均支出系数×30%＋地区系数×20%＋人口规模系数×20%）＋特殊困难程度系数〕×绩效评价和监督检查系数。

（一）人均可支配财力系数。

人均可支配财力系数＝全省欠发达地区人均可支配财力/该地区人均可支配财力

其中，按财政部口径，可支配财力＝地方本级收入＋返还性收入＋一般性转移支付－体制上解－税务经费上划专项上解－出口退税专项上解，人口按财政供养人口计算。

（二）人均支出系数。

人均支出系数＝全省欠发达地区人均支出/该地区人均支出，人口按常住人口计算。

（三）地区系数。

按地区类别进行分档，其中扶贫开发重点县和少数民族自治县地区系数为2，生态县为1.5，山区县为1.2，其他县为1，市辖区为0.7。

（四）人口规模系数。

人口规模系数＝户籍人口×25%＋常住人口×25%＋财政供养人口规模×50%

（五）特殊困难程度系数。

特殊困难程度指由于自然灾害、财政体制调整、国家和省新出台的政策等特殊因素造成的市县减收增支、财力平衡压力较大等情况。

第四章　资金管理和使用

第十条　财力困难地区转移支付资金使用实行分级管理。省财政负责制定省对财力困难市县的补助政策，分配、下达财力困难地区转移支付资金。

市县财政负责管理、安排和使用本地区财力困难地区转移支付资金，并重点向财政困难县（市、区）倾斜。

第十一条　省财政根据中央下达的财力困难地区转移支付数额，结合省级财力状况和市县财政运行状况，在年度预算中安排财力困难地区转移支付资金。

第十二条　省明确安排县（市、区）补助标准及金额的资金，市在收到省下达指标10个工作日内，分配下达对县（市、区）的转移支付资金；对省未明确县（市、区）补助金额的资金，市在收到省下达指标15个工作日内，制定方案分配下达，资金分配文件同时抄报省财政厅。

市县财政应将省年度执行中下达的财力困难地区转移支付资金按规定列入年度决算报同级人大常委会审批。

第十三条　财力困难地区转移支付资金应用于以下方面：

（一）保障底线民生、基本民生和其他民生项目支出。

（二）保障各级政府机关正常运转和行政事业单位工资的正常发放。

（三）受自然灾害等特殊影响后的救灾复产重建支出。

（四）本级政府承担促进当地经济社会发展以及协调辖区内经济社会发展等事权所对应的相关支出。

第十四条　财力困难地区转移支付资金不得用于以下方面：

（一）违规提高人员经费和公用经费标准。

（二）违规增加“三公”经费支出。

（三）违规新建政府性楼堂馆所和超标准装修办公用房。

（四）劳民伤财的“形象工程”和“政绩工程”建设。

（五）法律法规以及国家和省有关政策明确限制或禁止的其他项目。

第五章 监督检查和绩效评价

第十五条 财力困难地区转移支付资金的使用情况接受监察、财政、审计等部门的监督检查、绩效评价和审计。市县财政部门应定期开展自查，并向省财政部门报告自查情况。

第十六条 对财力困难地区转移支付资金管理和使用中的违法行为，依照《财政违法行为处罚处分条例》（国务院令第427号）等有关规定处理。

第六章 附 则

第十七条 市县财政可根据本办法，结合本地实际情况，制定具体的实施办法，并报省财政厅备案。

第十八条 本办法由省财政厅负责解释。

第十九条 本办法自印发之日起施行。

广东省省级财政专项资金竞争性分配管理办法

（广东省财政厅2014年5月30日发布，粤财预〔2014〕155号）

第一章 总 则

第一条 为规范省级财政专项资金管理，提高资金使用效益，根据《中华人民共和国预算法》、《中华人民共和国预算法实施条例》、《广东省预算审批监督条例》、《广东省省级财政专项资金管理办法》和《省级财政专项资金试行竞争性分配改革的意见》等法律法规及文件要求，制定本办法。

第二条 本办法所称省级财政专项资金（以下简称专项资金）竞争性分配，是指按照《广东省省级财政专项资金管理办法》规定，对于资金分配结果具有可选择性、不固定使用对象的专项资金，在明确扶持范围和预期绩效目标的基础上，通过招投标、专家评审、公众评议、委托第三方机构或社会组织评审以及其他创新竞争性方式进行的分配。

第三条 按照财政支出体现公共性、普惠性的原则，逐步减少财政用于竞争性领域的支出比例，逐步减少财政资金实施竞争性分配方式的支出比例。推进基本公共服务均等化的财政资金逐步纳入一般性转移支付管理，按规范的因素法分配。

第四条 纳入项目库管理的专项资金，依照项目库管理办法通过竞争性方式确定入库项目。

第五条 专项资金竞争性分配遵循以下原则：

（一）公开透明原则。竞争性分配工作方案、项目申报及分配结果等信息通过省级财政专项资金管理平台（以下简称管理平台）公开发布，主动接受社会监督。

（二）绩效优先原则。竞争性分配资金安排体现绩效性和可监督性，确保资金分配的公平、公开、透明，提高竞争性分配资金的使用效果和效益。

（三）权责不变原则。竞争性分配不改变现行的资金管理权责，省业务主管部门按有关规定履行专项资金管理职能，落实管理责任。

（四）简化流程原则。科学选择竞争性分配方式，优化、简化分配程序，节约行政成本。鼓励选择成本较低、成效较好的网上申报、网上评审、书面评审等竞争方式，减少程序复杂、耗费较高的公开演讲、集中辩论等面对面的竞争方式。

第二章 职责分工

第六条 省财政部门主要职责：

（一）拟订专项资金竞争性分配管理制度，会同省业务主管部门确定竞争性分配的资金及额度。

（二）协同省业务主管部门开展竞争性分配工作。

（三）审核资金分配结果；协同省业务主管部门按程序报批；拨付财政资金。

（四）开展监督检查和绩效评价。

第七条 省业务主管部门主要职责：

（一）会同省财政部门制定、发布专项资金竞争性分配方案和项目申报指南，组织项目申报。

（二）会同省财政部门及有关部门组织开展竞争性分配具体工作。

（三）制订资金分配初步方案，会同省财政部门按规定程序报批。

（四）开展监督检查和绩效自评，会同省财政部门进行信息公开。

第三章 分配方式

第八条 竞争性分配方式。实行竞争性分配的专项资金，均应通过招标投标、专家评审、公众评议、委托第三方机构或社会组织评审以及其他创新方式进行分配。

（一）招标投标。指省业务主管部门或其委托的招标投标代理机构，通过制定标书、发布招标公告，以公开招标投标或邀请招标投标的方式确定中标人的资金分配方式。具体事宜按照《中华人民共和国招标投标法》、《广东省实施〈中华人民共和国招标投标法〉办法》和《省级财政专项资金支持项目竞争性安排暂行办法》等有关规定执行。

（二）专家评审。指省业务主管部门会同省财政部门通过省级财政专家库随机抽选专家，组成专家评委会（或评审组，下同），由专家评委会根据评审标准、规定，评审、论证申报项目，择优遴选扶持项目的资金分配方式。其具体组织形式有书面评审、集中评议、公开评审、集中答辩和实地考察等。优先选择网上申报、网上评审、书面评审等方式，推行专家及申报项目双向匿名评审。

（三）公众评议。指省业务主管部门会同省财政部门通过公开渠道广泛征询社会公众、专业机构和有关单位意见，并以征集意见为主要依据确定扶持项目的资金分配方式。

（四）委托第三方机构或社会组织评审。指省业务主管部门会同省财政部门委托具有相应资质的第三方机构或社会组织开展评审，并以第三方机构或社会组织出具的评审结果为主要依据确定扶持项目的资金分配方式。具体按照《政府向社会组织购买服务暂行办法》、《广东省财政厅关于政府向社会组织购买服务供应方竞争性评审的管理办法》和《省级财政专项资金支持项目竞争性安排暂行办法》等有关规定执行。

第九条　竞争性分配方式选择。省业务主管部门会同省财政部门应按照规范、有效、节俭的原则，选择合适的竞争性分配方式：

（一）单批分配总额在3 000万元以下或单个项目金额500万元以下的专项资金，可根据实际情况采取专家评审或公众评议等方式分配。受益对象为特定范围群众的专项资金，可采取公众评议的方式分配。

（二）单批分配总额在3 000万元以上（含3 000万元）或单个项目金额500万元以上（含500万元）的专项资金，应采取专家评审或招标投标等方式分配。具有较强专业性的专项资金，应采取专家评审方式分配。分配金额较大、涉及面广的项目或者国家和省人民政府规定必须进行招标投标的项目，必须通过招标投标方式分配。

（三）分配因素较复杂、工作量较大的专项资金，可以委托具备相应资质和资格的第三方机构或社会组织开展评审工作。

第四章　基本程序

第十条　竞争性分配主要按照以下程序进行：

（一）确定范围。省财政部门会同省业务主管部门每年明确专项资金竞争性分配范围，纳入专项资金目录一并编报，按程序报分管副省长、分管财政的常务副省长审核，报省长或省政府常务会议审定。

（二）制订方案。省业务主管部门会同省财政部门制订专项资金竞争性分配实施方案，明确竞争性分配方式，按规定予以公开。

（三）组织申报。省业务主管部门会同省财政部门组织项目申报、资格审核。

（四）项目评审。省业务主管部门会同省财政部门，通过招投标、专家评审、公众评议、委托第三方机构或社会组织以及其他创新方式开展竞争性评审。

（五）下达资金。省业务主管部门会同省财政部门制订资金安排方案，在管理平台公示无异议后按规定程序报省领导批准，由省财政部门下达资金。当年度资金报请、审批及下达程序应在当年9月底前完成。

第五章　保障措施

第十一条　专家库。省财政部门会同省业务主管部门建立统一规范的专家库。专家库专家由相关行业和领域专家组成，选取专家时按所属类别随机抽选。公开抽选专家的，当场宣布抽选结果；抽选专家需要保密的，严格按照保密工作的有关规定执行。

第十二条　评审机制。评审专家应签订评审承诺书，严格遵守公正独立评审、保密、回避和廉洁等有关规定。按照“谁评审、谁负责”的原则对评审结论签名确认。省财政部门会同省业务主管部门对评审专家进行评议和考核，考核不及格的，取消专家资格。

第十三条　工作经费。省业务主管部门、财政部门组织开展竞争性分配工作、委托专家评审、委托第三方机构或社会组织等所需工作费用，应按照厉行节约、实报实销的原则开支，从省业务主管部门的部门预算或相关现有资金中统筹安排，其中会议费、专家费、委托费等相关费用标准，按照《省直党政机关和事业单位会议费管理办法》（粤财行〔2013〕443号）等有关规定执行。

第十四条　监督检查。省业务主管部门、财政部门、审计部门、监察部门根据职能分工，实施竞争性分配工作的监督检查或委托第三方机构实施独立检查，强化竞争性分配全过程监管。监督检查结果作为下一年度分配财政资金和预算编制的重要依据。发现申报单位弄虚作假或干扰竞争性分配工作的，终止其项目申报资格，5年内不得申报相关财政资金。发现专家在评审工作中违反公正评审、保密、回避和廉洁等有关规定的，取消其专家资格。发现违规违纪行为的，依照有关规定严肃处理。有关责任人涉嫌犯罪的，依法移送司法机关追究刑事责任。

第十五条　绩效评价。省业务主管部门开展竞争性分配资金绩效自评，省财政部门根据省业务主管部门自评情况，组织重点评价或委托第三方机构实施独立评价，建立严格的资金项目全过程跟踪问效制度。专项资金竞争性分配绩效评价结果将作为以后年度预算安排的重要依据。

第十六条　信息公开。按照《广东省省级财政专项资金管理办法》规定，资金管理办法、申报指南、竞争性分配方案、项目申报情况、资金分配程序和分配方式、分配结果、绩效评价、监督检查、审计结果、接受处理投诉情况等信息通过管理平台和省业务主管部门、省财政部门门户网站向社会公开。

第六章　附　则

第十七条　本办法由省财政部门负责解释。

第十八条　本办法自印发之日起实施。2012 年 11 月 23 日广东省财政厅印发的《广东省省级财政资金竞争性分配管理办法》（粤财预〔2012〕92 号）同时废止。

广东省革命老区转移支付资金管理办法

（广东省财政厅 2014 年 6 月 9 日发布，粤财预〔2014〕161 号）

第一章　总　则

第一条　为促进革命老区各项社会事业发展，支持革命老区改善和保障民生，进一步规范革命老区转移支付资金管理，提高资金使用效益，根据《财政部关于印发〈革命老区转移支付管理办法〉的通知》（财预〔2012〕293 号），制定本办法。

第二条　本办法所称革命老区转移支付资金，是指中央和省财政设立，主要用于加强革命老区专门事务工作和改善革命老区民生的一般性转移支付资金。

第三条　革命老区转移支付资金分配对象为由中央党史研究室认定、对中国革命作出重大贡献、经济社会发展相对落后、财政较为困难的原中央苏区县（市、区，以下简称原中央苏区县）。

第四条　革命老区转移支付资金的管理应当遵循突出重点、公开透明、注重实效、强化监督的原则。

第二章　资金分配和下达

第五条　省财政根据中央上一年度提前告知的革命老区转移支付数额，结合本地区实际情况，在年度预算中安排革命老区转移支付资金，由省级财政分配到县，拨付至市级财政（或省直管县），由市级财政转拨到原中央苏区县。

第六条　中央下达我省的革命老区转移支付资金，采用因素法进行分配。分配因素包括人口、人均可支配财力、人均公共财政预算支出、国土面积等因素，并参考对县级财政管理使用转移支付资金和项目实施情况的绩效评价和监督检查结果。

人口的确定。人口，按照户籍人口、常住人口、财政供养人口数据综合确定，数据来自《广东省统计年鉴》、《广东省部门决算报表》。

人均可支配财力的确定。可支配财力，是指地方可以用于安排公共财政预算支出的可用财力。可支配财力根据财政部统一口径确定，数据来自《广东省财政总决算报表》。主要项目包括：地方本级收入、返还性收入、一般性转移支付收入，扣除体制上解、税务经费上划专项上解和出口退税专项上解。人均可支配财力按财政供养人口计算。

人均公共财政预算支出的确定。公共财政预算支出，根据财政部统一口径确定，数据来自《广东省财政总决算报表》。主要项目包括：一般公共服务、外交、国防、公共安全、教育、科学技术、文化教育与传媒、社会保障和就业、医疗卫生、环境保护、城乡社区事务、农林水事务、交通运输、工业商业金融等事务。人均公共预算支出按照常住人口计算。

国土面积的确定。国土面积，根据民政部门行政区划统一口径确定，数据来自《广东省政区图册》。

绩效评价和监督检查情况的确定。绩效评价和监督检查情况按照实际结果确定，并赋予调整系数。

第七条　省财政安排的革命老区转移支付资金，经省政府批准，采用定额法进行分配。每个原中央苏区县每年固定安排 1 000 万元。

第八条　每年 6 月 30 日前，省财政将当年革命老区转移支付下达市县财政；当年 11 月 30 日前，按一定比例将下一年度革命老区转移支付提前下达市县财政。

第九条　市级财政可根据本地区实际情况，在年度预算中安排一定资金，与省财政补助资金一并使用。

革命老区转移支付资金不要求县级财政配套，不得为其他专项资金进行配套。

第十条　市县财政应将省财政提前下达革命老区转移支付资金全额列入年度预算；将省年度执行中下达的革命老区转移支付资金按规定列入年度决算报同级人大常委会审批。

第三章　资金管理和使用

第十一条　革命老区转移支付资金的使用实行分级管理。省财政负责制定本地区革命老区转移支付政策，分配、下达转移支付资金；组织实施对市县财政管理和使用转移支付资金的绩效评价和监督检查。

市县财政负责向省财政报送上年度工作总结和当年度工作计划，管理、安排和使用本地区革命老区转移支付资金。

第十二条　革命老区转移支付资金主要用于以下方面：

（一）革命老区专门事务。包括革命遗址保护、革命纪念场馆的建设和改造、烈士陵园的维护和改造、老红军及军烈属活动场所的建设和维护等。

（二）革命老区民生事务。主要是指改善革命老区人民群众生产生活条件的有关事务，包括教育、文化、卫生等社会公益事业方面的事项和乡村道路、饮水安全等设施的建设维护。

第十三条　革命老区转移支付资金不得有偿使用，不得用于行政事业单位人员支出和公用支出，不得用于投资经商办企业，不得用于购置交通工具（专用车船等除外）、通讯设备，不得用于能够通过市场化行为筹资的项目以及不符合革命老区转移支付资金使用原则及范围的其他开支。

第十四条　使用革命老区转移支付资金实施的项目，应当设立革命老区转移支付资金项目标志。

革命老区转移支付资金项目标志的具体样式由财政部统一制定（附后）。

第四章　监督检查和绩效评价

第十五条　省财政定期对市县财政管理和使用革命老区转移支付资金情况开展监督检查和绩效评价。市县财政定期进行自查，自查有关情况应及时报告省财政厅。

第十六条　对革命老区转移支付资金管理和使用中的违法行为，依照《财政违法行为处罚处分条例》（国务院令第427号）等有关规定追究法律责任。

第五章　附　则

第十七条　市县财政可按照财政科学化、精细化管理的要求，根据本办法并结合本地区实际情况，制定本地区的革命老区转移支付资金管理办法，并报省财政厅备案。

第十八条　本办法自印发之日起施行。

粤东西北地级市新区基础设施建设补助资金实施办法

（广东省财政厅2014年6月12日发布，粤财预〔2014〕169号）

第一条　根据省委、省政府《关于进一步促进粤东西北地区振兴发展的决定》（粤发〔2013〕9号）精神，为规范省对粤东西北地区新区基础设施建设补助资金的管理，制定本实施办法。

第二条　从新区设立第二年起，省5年内每年按新区范围内产生的上划省“四税”超出设立年的增量部分安排补助资金，专项用于新区基础设施建设。

第三条　本办法所称新区，是指经省政府批准成立的粤东西北地区地级市12个新区发展总体规划明确的规划面积和区域范围（不含协调区、拓展区）。

第四条　本办法所称新区上划省“四税”包括新区范围内产生的营业税（含“营改增”部分，不含金融保险营业税）、企业所得税、个人所得税和土地增值税省级收入部分（按汇算清缴数计算，不含对待分配收入的财政调库）。

新区上划省“四税”的缴税主体为纳税义务发生地和生产经营地均在新区范围内的纳税人。在新区仅进行税务登记，生产经营地不在新区范围内的纳税人不纳入核算范围。总机构在新区范围外、在新区设立无法人资格的分支机构的企业，参照《跨地区经营汇总纳税企业所得税征收管理办法》关于分支机构分摊税款比例的规定核算。

第五条　新区基础设施建设补助数额＝新区设立第二年起年度上划省“四税”数额－新区设立当年上划省“四税”数额。

第六条　新区位于县（市）范围内的上划省“四税”增量部分不纳入本办法第五条计算范围，按照现行激励性转移支付政策纳入省对县（市）财政增量返还范围统一执行。

新区范围内的珠三角地区与粤东西北地区对口帮扶市共建产业园区产生的上划省“四税”增量中，按现行政策规定需返还珠三角地区帮扶市的部分，未经帮扶市以书面形式证明将返还部分给予被帮扶市作为新增帮扶资金的，不纳入本办法第五条计算范围。

第七条　除本办法规定的新区上划省“四税”增量补助政策外，同时有其他涉及新区范围内上划省“四税”返还补助政策的，不重复返还，按返还比例较高的政策执行。

第八条　补助资金按以下程序办理：

（一）核定基数。2013年底前和2014年设立新区的，所在地级市财政部门分别于2014年6月30日、2015年6月30日前向省财政厅报送新区设立年上划省“四税”基数申报材料。

新区设立年上划省“四税”基数申报材料包括新区设立年度、省政府批准设立新区文号、新区设立当年上划省“四税”完成情况，经同级国家税务局、地方税务局和人民银行盖章确认的上划省“四税”基数申报表。

省财政厅会同省国家税务局、省地方税务局和人民银行广州分行核定新区设立年上划省“四税”基数，基数一经核定，不再更改。

（二）申报补助。粤东西北地区地级市财政部门于新区设立第三年起5年内，每年1月31日前按上年度新区上划省“四税”增量初步数向省财政厅申报新区基础设施建设补助资金；每年6月30日前按上年度新区上划省“四税”增量汇算清缴数向省财政厅再次申报补助资金。

新区基础设施建设补助资金申报材料包括新区上划省“四税”上年完成情况、增量和申请补助数额，经同级国家税务局、地方税务局和人民银行盖章确认的上划省“四税”增量申报表，经珠三角地区帮扶市确认的新区范围内共建产业园区上划省“四税”完成情况等。

（三）核定下达。省财政厅会同省国家税务局、省地方税务局和人民银行广州分行核实新区上划省“四税”年度完成情况和增量，按增量核定新区基础设施建设补助资金数额。

省财政厅对粤东西北地区各地级市初步申报材料核对后，按一定比例将新区基础设施建设补助资金下达有关地级市财政；对各地级市再次申报材料核实后，下达剩余补助资金。

第九条 各地级市财政部门和新区管理部门应合理安排省财政下达的新区基础设施建设补助资金，用于新区范围内的公共交通、市政设施、环保治污、绿化、港口等基础设施建设投入或还贷支出。

第十条 新区基础设施建设补助资金不得用于经常性支出、对企业和个人的返还性支出、中央和省明令禁止的楼堂馆所等以及新区范围以外的建设项目。

第十一条 省财政厅负责会同省国家税务局、省地方税务局和人民银行广州分行核实新区设立年上划省“四税”基数和以后年度增量，下达新区基础设施建设补助资金。

第十二条 粤东西北地区各地级市财政部门负责向省财政厅申报新区设立年上划省“四税”基数和新区基础设施建设补助，在规定期限内制定分配方案，并将分配方案报省财政厅备案。

第十三条 人民银行广州分行负责对符合《国家金库管理条例》设立国库条件的新区，单独设立新区国库；组织新区国库每月向所在地级市财政部门和上级国库提供新区省级预算收入月报表；每月10日前向省财政厅提供粤东西北地区设有国库的新区省级预算收入月报表。

第十四条 新区所在地级市国家税务局、地方税务局负责合理配置新区税收征管机构和人员，并将机构设置和职责范围告知财政部门；对新区范围内的税源单位进行详细甄别，实施“动态清单式”管理，按月对税源单位清单进行更新维护，并提供新区管理机构核对确认；每月向所在地级市财政部门和上级税务机关提供新区上划省“四税”上月完成情况。

省国家税务局、省地方税务局每月10日前向省财政厅提供粤东西北地区地级市12个新区上划省“四税”上月完成情况；每年6月30日前向省财政厅提供上年度粤东西北地区地级市12个新区上划省“四税”（汇算清缴数）。

第十五条 新区管委会及不设管委会的新区范围内各有关部门负责协助所在地级市财政、税务、人民银行等有关部门做好国库和税务机关设置、税源单位核实确认、财政数据报送等工作；严格按照政策规定，将上级下达的新区基础设施建设补助资金用于新区基础设施建设，真实反映补助收入和项目支出情况；配合上级有关部门加强对补助资金使用的监管。

第十六条 经省有关部门核实认定虚报新区上划省“四税”基数或增量的，责令改正，扣减当年新区基础设施建设补助，并停止下一年度申报补助资格。

第十七条 经省财政厅监督检查或审计部门审计认定违规使用新区基础设施建设补助资金的，收回违规使用的资金，扣减下一年度新区基础设施建设补助资金，并按照有关法律法规的规定处理、处罚或处分。

第十八条 本办法由省财政部门负责解释。

第十九条 本办法自印发之日起实施。

广东省省级财政专项资金信息公开办法

（广东省财政厅2014年7月4日发布，粤财预〔2014〕181号）

第一章 总 则

第一条 为加强省级财政专项资金（以下简称专项资金）管理，推进预决算信息公开工作，根据《广东省省级财政专项资金管理办法》（粤府〔2013〕125号，以下简称《管理办法》），制定本办法。

第二条 本办法所称专项资金信息公开，是指按照《管理办法》规定应实行信息公开的专项资金，其相关信息主动向社会公开（含公示，下同），接受社会监督的工作。

第三条 本办法适用于省级实行目录管理的所有专项资金以及按照《管理办法》规定应实行信息公开的其他专项资金。除涉及保密要求不予公开外，专项资金的相关信息均应向社会公开。

第四条　省网上办事大厅省级财政专项资金管理平台（以下简称管理平台）以及省业务主管部门和省财政部门的门户网站为专项资金信息公开的主要载体。

第二章　职责分工

第五条　省财政部门职责。

（一）负责拟定省级财政专项资金信息公开办法，指导、协调、监督信息公开工作。

（二）负责拟定、调整、公开、更新专项资金目录，会同省业务主管部门及其他相关部门确定信息公开范围及公开方式。

（三）负责公开省财政部门开展专项资金重点抽查和重点评价的结果。

（四）负责管理平台的管理、功能完善、维护和技术支持等工作。

（五）负责本部门主管专项资金的信息公开工作。

第六条　省业务主管部门职责。

（一）负责本部门专项资金信息公开的具体工作，依法依规、按时公开、动态监控、及时更新相关公开信息。

（二）负责专项资金管理办法、申报指南（或申报通知，下同）的公开。

（三）负责项目前置性审核及初审结果公开；会同省财政部门进行资金分配明细计划公示；公开资金最终分配结果。

（四）负责受理信息公开过程中公民、法人和其他社会组织的投诉及意见，并公开处理结果。

（五）负责公开本部门专项资金其他应公开的信息。

第七条　其他相关部门职责。

（一）省监察部门负责监督、检查省业务主管部门专项资金信息公开情况。

（二）省审计部门负责公开专项资金的审计结果。

（三）省信息中心负责管理平台与省网上办事大厅的对接工作。

第三章　公开内容

第八条　公开内容。

（一）专项资金管理办法。

（二）专项资金申报指南，包括申报条件、扶持范围、扶持对象、审批部门、经办部门、经办人员、查询电话等。

（三）项目资金申报情况，包括申报单位、申报项目、申请金额等。

（四）资金分配程序和分配方式，包括资金分配各环节的审批内容和时间要求、资金分配办法、审批方式等。

（五）专项资金分配结果，包括资金分配明细项目、金额、项目所属单位、项目负责人等。

（六）专项资金绩效评价、监督检查、审计结果和验收结果（结论），包括项目财务决算报告、项目验收情况、绩效自评、重点评价和第三方评价报告、财政财务监督检查报告、审计结果公告等。

（七）接受、处理投诉情况，包括投诉事项和原因、投诉处理情况等。

（八）其他按规定应公开的内容。

按因素法分配且无申报环节的专项资金无需公开第（二）、（三）点内容及申报环节的其他相关信息（下同）。

第九条　公开途径。实行目录管理的专项资金信息须通过管理平台公开，同时应在省业务主管部门和财政部门门户网站公开。

第十条　公开时限。按照管理流程次序，应公开的各项信息均应在审批生效之日起7个工作日内予以公开。除政策另有规定外，应公示信息的公示时间不得少于7个工作日。

第十一条　公开次序。应公开的各项信息按照资金管理流程次序分阶段公开。项目申报前应公开管理办法和申报指南；前置性审核后应公开申请单位资格合规性和申请材料完备性的初审结果；资金分配方案报批前应进行公示；资金分配方案批准后应公开最终分配结果。资金下达后应根据监督检查、审计、绩效评价、处理投诉意见的实际情况及时公开相关信息。

第十二条　信息录入。

（一）省财政部门按程序报批年度专项资金目录并在管理平台公开，确定实行管理平台公开的专项资金范围。

（二）省业务主管部门根据公开的专项资金目录，在管理平台录入《专项资金基本情况表》。专项资金的基本信息包括专项资金名称、省业务主管部门、设立年限、设立依据、专项资金适用范围和方向、专项资金绩效目标等。

（三）专项资金基本情况发生调整和变更的，省业务主管部门向省财政部门提出申请，填报《省级财政专项资金基本信息变更申请表》。省财政部门按程序报经批准后，由省业务主管部门在管理平台更新信息。

第十三条　资金申报公开。

（一）省业务主管部门组织项目申报前，在管理平台公开专项资金管理办法、申报指南。

（二）省业务主管部门依托管理平台开展申报材料前置性审核等工作，出具审核意见后，公开项目申报情况及项目申请单位资格合规性和申请材料完备性的初审结果。

（三）实行项目库管理并纳入预算草案（或预算调整方案）报批的专项资金项目预算，由省业务主管部门在省财政部门公开专项资金目录后（或预算调整方案批复后）在管理平台公开相关信息。

第十四条　资金审批公开。

（一）省业务主管部门会同省财政部门制定专项资金初步分配计划（按照项目制管理的专项资金分配计划需明细至项目、金额及承担单位等具体内容）后，按统一格式在管理平台公示。

（二）省业务主管部门对公示期间的投诉及意见进行核实处理，修改分配计划涉及分配对象取消、新增或不同分配对象之间金额调整且额度超过同批次分配资金总额10%以上的，应重新进行公示。

（三）省业务主管部门会同省财政部门将公示无异议或处理公示投诉意见后的分配计划，按程序报省领导批准后在管理平台公开。

第十五条　项目实施公开。

（一）项目实施完成并需出具项目财务决算报告和项目验收报告的，省业务主管部门在项目财务决算报告、项目验收报告生效后，通过管理平台公开相关信息。

（二）项目实施完成后，省业务主管部门按规定进行绩效自评，省财政部门进行重点评价或委托第三方机构实施独立评价，在相关绩效评价报告生效后，省业务主管部门、省财政部门按职责分工在管理平台公开相关信息。

（三）省财政、审计、监察部门按规定开展重点抽查，抽查结果应在管理平台公开。

第四章　加强监督

第十六条　监督检查。省财政、审计、监察部门根据职能分工，定期或不定期开展专项资金信息公开工作监督检查，并将结果予以通报。对违反本办法规定、有下列情形之一的，由监察部门按《中华人民共和国政府信息公开条例》（中华人民共和国国务院令第492号）及粤府〔2013〕125号文规定责令改正；情节严重的，对主管部门直接负责的主管人员和其他直接责任人员依法给予处分；构成犯罪的，依法追究刑事责任。

（一）未按规定公开专项资金信息及专项资金信息公开不准确、不完整、不及时的。

（二）专项资金信息公开违反审批程序或审批手续不完备的。

（三）专项资金信息公开投诉意见不依法依规进行处理的。

（四）专项资金信息公开存在弄虚作假行为的。

（五）专项资金信息公开违反保密规定的。

（六）存在其他违反信息公开相关法律法规规定行为的。

第十七条　工作考评。省财政部门会同有关部门，根据信息公开的规范性、准确性、及时性、完整性，以及投诉意见处理和监督检查等情况进行工作考评，并作为省依法行政考评（政府信息公开）和专项资金绩效评价考评因素。专项资金信息公开工作考评细则另行制订。

第五章　附　则

第十八条　本办法由省财政部门负责解释。

第十九条　本办法自印发之日起实施。

广东省“规范化财政所”建设标准体系（修订）

（广东省财政厅2014年7月28日发布，粤财预〔2014〕198号）

类别	序号	规范化标准	分值	评分说明	得分
总　分			100		
一、机构队伍规范化					
机构设置	1	明确乡镇财政所机构性质，实行以县级财政部门或乡镇政府为主的管理体制	2	以乡镇政府或上级主管部门正式文件为依据，无文件的扣2分，未明确机构性质的扣1分，未明确管理体制的扣1分	
	2	明确乡镇财政预算编制、收支管理、涉农补贴发放、财政性资金监管、乡镇单位财务管理、国有资产管理、债务管理、政府采购等基本职能	2	以乡镇政府或上级主管部门正式文件为依据，无文件的扣2分；职能缺少一项扣0.5分，扣完2分为止；有正式文件证明有关职能由县级财政统管的，不扣分。	
岗位编制	3	明确工作岗位，包括所长、副所长、总预算会计、单位会计、出纳、涉农补贴发放、收入征管、资金监管、票据管理、资产管理、档案管理等。工作岗位可一人多岗或一岗多人，按照财经纪律不可兼任的岗位必须由不同人员担任	2	以工作人员岗位职责书面文件为依据，无文件的扣2分；所长兼任总预算会计、单位会计或出纳的扣1分，总预算会计兼任单位会计的扣0.5分，会计兼任出纳的扣0.5分	
	4	合理确定乡镇财政所人员编制性质和数量，保证乡镇财政工作正常开展	2	以乡镇政府或上级主管部门正式文件为定编依据，无文件的扣2分	

续表

类别	序号	规范化标准	分值	评分说明	得分
人员配备	5	建立上岗考试制度，人员录用信息公开，考试程序统一规范	2	以招考、录用等文件为依据，粤财预〔2013〕21号文下发后，除其他单位调入外，新进人员未经规定考试程序的，发现一起扣1分	
	6	新录用人员学历在大专以上（含大专），年龄在35岁以下（含35岁）	2	本文印发之日起，以人事档案为依据，新录用人员学历、年龄不符合要求的分别扣1分	
	7	会计管理岗位人员具备从业资格证书	1	无会计从业资格证书的扣1分	
	8	每年组织三分之一以上人员参加业务培训	2	以培训名单为依据，参加培训人员不足三分之一的扣1分，未组织参加培训的扣2分	
二、业务管理规范化					
预算编制	9	严格按照县级财政部门统一的乡镇财政预算编制政策、编制要求和编制格式，按时完成预算编制工作	2	以县级财政部门下发的预算编制文件通知为依据，逾期上报的扣1分，不符合编制要求的扣1分	
	10	坚持“量入为出，收支平衡”的原则，预算编制不列赤字，预算执行不发生赤字	1	以人大正式批准的年度预算文件为依据，当年预算列赤字的扣0.5分，上年决算列赤字的扣0.5分	
	11	预算编制细化到项级	1	以人大正式批准的年度预算文件为依据，未细化到项级的扣1分	
	12	年度财政预算按程序报乡镇人大批准或由县级财政部门统编报县级人大批准	1	无人大对年度预算批准文件的扣1分	
	13	年度预算经人大批准后，30日内批复或通知乡镇部门单位	1	以批复文件为依据，30日内未批复或通知的扣1分	
	14	按时报送年度乡镇财政决算（基本信息）报表，确保数据无误	2	以县级财政部门文件通知为依据，未按规定时间报送的扣1分；以省财政厅审核修改记录为依据，经审核有误的扣1分	
收支管理	15	定期向乡镇政府和上级财政报送收入情况信息，制定乡镇财源建设办法	2	以向乡镇政府和上级财政报送收入信息的书面文件为依据，未报送的扣1分；以乡镇财源建设办法书面文件为依据，未制定的扣1分	
	16	规范非税收入征管，严格执行“收支两条线”，不得截留、坐支、挪用	1	非税收入专户账和票据数额不一致的，扣1分。非税收入由县级财政统管的，不扣分	
	17	明确乡镇财政支出范围、支出标准和审批程序	1	无书面文件的扣1分	
	18	严格管理财政账户，对乡镇财政管理的账户分类并明确对应的管理规定	1	以开户文件为依据，违规开设账户的扣0.5分；账户管理无书面规定的扣0.5分	
	19	根据县级制定的乡镇财政和村级财务管理方式改革方案，全面实施改革	2	无改革方案的扣2分，未按改革方案实施的扣1分	

续表

类别	序号	规范化标准	分值	评分说明	得分
资金监管	20	明确乡镇财政资金监管办法和工作流程，监管责任落实到具体岗位	3	未制定监管办法的扣1分，未制定工作流程的扣1分，未明确监管岗位的扣1分	
	21	建立资金信息通达制度，对接收到上级财政部门的资金信息分类统计，建立乡镇财政资金监管台账，指定专人为资金监管信息联络员，定期与县级财政部门核对资金信息	3	无资金信息统计记录的扣1分，未建立台账的扣1分，无联络员的扣0.5分，无与县级对账记录的扣0.5分	
	22	建立公开公示制度，设立公开公示栏，设立举报箱或举报电话，对补助类资金和项目类资金按规定要求公开公示	3	无公开公示栏的扣0.5分；无举报箱或举报电话的扣0.5分；以图片、文字等记录资料为认定依据，未按规定公开公示的资金1－3项扣1分，3项以上扣2分	
	23	建立抽查巡查制度，开展乡镇财政资金抽查巡查工作，抽查巡查情况向县级财政部门报告	3	以书面记录为认定依据，未开展抽查巡查的扣1分，检查记录未装订归档的扣1分，未向县级财政部门报告检查情况的扣1分	
	24	按规定将个人补助资金纳入一卡（折）通发放，明确一卡（折）通资金发放办法	2	以上级财政部门下达资金文件为依据，明确要求纳入一卡（折）通发放的资金，未实行一卡（折）通发放的扣1分；无书面资金发放办法的扣1分	
财务管理	25	严格现金和银行存款管理，对出纳保管的库存现金至少每半月进行对账盘查，银行存款按月对账，确保账实相符	2	以书面对账记录为依据，无对账记录的扣2分；未按规定期限对账的扣1分	
	26	分设乡镇财政会计核算账和单位财务会计账	1	无单独的乡镇财政会计核算账和单位财务会计账的扣1分	
	27	建立财务审批制度，完善支出审批手续，不得白条入账	2	无书面财务审批制度的扣1分；抽查支出凭证，无审批手续的扣0.5分，原始凭证存在白条的扣0.5分	
	28	会计报表、账簿、凭证等区分类别和年度妥善保管	2	会计报表、账簿、凭证等未区分类别或年度的扣1分；在《会计档案管理办法》规定年限内有缺失的，扣1分	
	29	建立票据管理办法，完善票据领、销、存等手续，确保票款一致	2	无书面票据管理办法的扣1分，发现票款不一致的扣1分	
债务管理	30	做好债务统计工作，实施动态管理，及时准确将债务信息录入债务管理系统	2	以县级财政部门债务统计通知为依据，未按规定时间报送的扣1分；以省财政厅系统审核修改记录为依据，经审核有误的扣1分。乡镇债务由县级财政统管的，该项不扣分	
	31	严格执行上级关于加强地方政府性债务管理的规定，制定债务管理制度，不违规举债	2	以债务管理制度书面文件为依据，无乡镇债务管理制度的扣1分；以债务档案资料为依据，管理制度印发后仍违规举债的扣1分。乡镇债务由县级财政统管的，该项不扣分	
	32	努力消化存量债务，建立偿债机制	1	无债务偿还计划书面文件的扣1分。乡镇债务由县级财政统管的，该项不扣分	

续表

类别	序号	规范化标准	分值	评分说明	得分
资产管理	33	建立健全乡镇行政事业单位资产台账和明细账，制定资产购置、使用、租借、处置、报废等管理制度	2	无台账、明细账的扣1分，无资产管理制度书面文件的扣1分。资产管理由县级财政统管的，该项不扣分	
政府采购	34	按规定程序实行政府采购，形成完整记录备案	2	政府采购无完整记录的扣1分，发现违规采购的扣1分。政府采购由县级财政统管的，该项不扣分	
三、内部管理规范化					
制度汇编	35	制定岗位责任、财务管理、印鉴管理、召开会议、请假审批、保密工作、档案管理、廉政建设、安全卫生等制度办法，并汇编成册	2	无制度汇编的扣2分，制度不全的扣1分	
内部稽核	36	对各类账表由经办人员与其他工作人员定期进行内部稽核，形成稽核记录，发现错误及时纠正	2	以书面稽核记录为依据，无稽核记录的扣1分，稽核发现错误3日内未纠正的扣1分	
召开会议	37	定期召开会议研究、部署、总结工作，形成会议记录	1	未召开会议的扣1分，无正式会议记录的扣0.5分	
信息反馈	38	定期将财政工作总结和动态管理信息向上级财政部门反馈	2	以信息文件为依据，无信息反馈的扣2分，1年不足4次的扣1分	
档案管理	39	档案管理责任到人，分类标注，设置档案日志	2	无档案管理员扣1分，档案无分类标签扣0.5分，无档案日志扣0.5分	
四、作风建设规范化					
制度公开	40	制定窗口岗位值班制度、服务承诺制度，首问责任制度、限时办结制度、岗位责任制度、责任追究制度、政务公开制度等，并上墙公示，接受监督	3	制度不全的扣1分，未上墙公示的扣1分，检查发现或群众投诉工作人员不遵守制度的扣1分	
加强学习	41	每年组织内部学习3次以上，内容包括政治理论、法律法规、业务知识、操作规范、廉政教育等，形成学习记录	2	以书面学习记录为依据，未组织学习的扣2分，学习不足3次的扣1分	
规范服务	42	制定为民服务流程，上墙公示或制作便民手册	2	无服务流程的扣1分，未公示的扣1分	
	43	窗口标明业务范围，应包括政策咨询、补贴发放、财务代理、资金结算等	1	无窗口业务范围标识的扣1分，标识范围不全的扣0.5分	
	44	放置窗口工作岗位牌，标明工作人员姓名工号	1	无岗位牌的扣1分，标注内容不全的扣0.5分	
	45	上班时间窗口工作人员必须在岗	1	检查发现缺岗的扣1分	
主动服务	46	以宣传栏、宣传册、显示屏或其他方便群众知悉的信息平台对财政强农惠农政策、民生政策和产业政策进行宣传	1	无信息宣传平台的扣1分	
	47	熟悉业务，认真负责，对群众反映的重要问题和意见研究答复或办理	2	无意见记录扣1分，未答复办理扣1分	
文明服务	48	张贴文明服务标语，对群众态度热情、言行文明	2	无文明标语扣1分，检查发现不文明行为或群众有服务态度投诉的扣1分	

续表

类别	序号	规范化标准	分值	评分说明	得分
五、基础建设规范化					
服务设施	49	设置为民服务大厅和服务窗口（可归并在乡镇综合服务大厅一同建设）	2	无服务大厅扣2分	
	50	档案资料专室专柜保管，保持整洁干燥	2	无档案室扣0.5分，无完好档案柜扣1分，脏乱潮湿扣0.5分	
	51	配备便民服务设施，设置等候座椅、饮水设备、宣传橱窗、资料取阅架、意见箱等	3	等候座椅、饮水设备、宣传橱窗、资料取阅架、意见箱等缺一项扣0.5分	
信息化建设	52	工作电脑按人均1台配置，配备复印机、打印机、票据专用打印机、传真机、扫描仪等必要的办公设备	1	电脑配置不足的扣0.5分，其他设备不全的扣0.5分	
	53	县级财政部门和乡镇财政所实现内部网络互通，实现网上审批、查询、监控等事项办理常态化	2	县镇未联网扣2分	
	54	按要求安装运行业务管理系统	2	未按照上级财政部门要求安装运行财政管理、财务核算、财政补贴等各类业务管理系统的，每缺一个系统扣0.5分	
	55	专人负责信息系统维护和网络安全工作	2	无维护人员的扣1分，发生网络安全事故的扣2分	

2015年省级财政零基预算改革试点工作实施细则

（广东省财政厅2014年8月5日发布，粤财预〔2014〕203号）

按照《广东省省级财政零基预算改革方案》有关要求，为进一步做好2015年省级财政零基预算改革试点工作，特制定本实施细则。

一、实施范围

按照2015年关于建立事权与支出责任相适应制度、省级财政资金项目库管理等有关要求，为协同推进改革，2015年拟选取具有代表性或已纳入上述改革试点的6个部门（含下属单位）作为零基预算改革试点单位，分别为：省司法厅、省财政厅、省人力资源社会保障厅、省交通运输厅、省水利厅和省文化厅本部及其下属单位。试点部门（以下简称单位）自身使用的以及分管领域的全部预算资金纳入2015年零基预算改革试点范围。

二、编制原则

（一）审慎稳妥原则。2015年预算安排应量入为出，稳妥合理，原则上应与上年度预算控制水平（含年初预算、年中追加）基本相当。通过制定科学合理的基本支出定员定额标准，在适当做实年初部门预算的基础上，审慎研究逐步提高标准，合理控制2015年部门预算规模增长幅度。

（二）优先保障原则。预算安排要先保证基本工资、离退休费和日常办公经费等基本支出，避免预算执行中频繁调整，增强年初预算刚性。项目预算编制要量力而行，量财办事。

（三）定额管理原则。部门预算基本支出实行以定员定额为主的管理方式。同时结合部门资产占有情况，通过人员定额标准和实物费用定额标准，实行资产管理与定额管理相结合的方式核定。

（四）科学论证原则。项目申报要进行可行性论证和严格审核，分轻重缓急合理排序后视当年财力情况择优进行安排。

三、基本支出预算编制

基本支出指保障行政事业单位机构正常运转、完成日常工作任务、正常履行公共管理和服务职能必需的基本开支，包括人员经费和公用经费两类。

（一）基本支出定额项目。人员经费定额项目包括基本工资、津补贴及奖金、社会保障缴费、离退休费、助学金、医疗费、住房补贴和其他人员经费8个具体项目，在支出经济分类科目中体现为“工资福利支出”和“对个人和家庭的补助”。

公用经费定额项目包括办公及印刷费、办公用房水电费、邮电费、办公用房物业管理费、公务用车运行维护费、租赁费、办公用房取暖费、因公出国（境）费、差旅费、日常维修费、会议费、专用材料费、一般购置费、福利费和其他费用15个具体项目，在支出经济分类科目中体现为“商品和服务支出”和“其他资本性支出”等。

（二）制定标准的依据。定员定额标准应依据国家、省的政策规定和有关财务制度，同时统筹考虑实际支出因素的变化。人员经费的定额标准，严格按照国家、省的工资制度和有关政策规定的开支范围、开支标准核定。公用经费定额标准有文件规定的，原则上按文件规定为准；没有文件规定的，参照相关因素结合实际情况核定。

（三）基本方法。

1. 明确定额的计算对象。人员经费定额以人作为计算对象。公用经费分为人员定额和实物费用定额两类。人员定额指以人为计算对象的定额标准，包括差旅费、因公出国（境）费、会议费、福利费、办公及印刷费、邮电费、租赁费、专用材料费、一般购置费及其他费用等；实物费用定额指以物耗为计算对象的定额标准，包括按面积计算的办公用房水电费、维修费、物业管理费以及按车辆台数计算的公务用车运行维护费和购置费。

2. 收集分析基础数据。包括单位收支数据以及人员、资产、工作任务、业务性质等基础数据。一般以单位各年度财务决算数据为依据，同时参考单位预算数据或通过专项调查收集有关数据资料。为确保各项数据资料准确并在测算口径上具有可比性，在收集基础数据的基础上进行整理分析，剔除不合理因素。

3. 核定定额标准。定额标准是根据财力可能，结合部门工作量、占有资源、实际支出状况及部门分类，以人或实物资产为计算对象制定的。在测算各类部门的单项基准定额的基础上，兼顾公平和现状，确定同类部门的分档定额标准，再确定所应执行的各个单项定额标准。各个单项定额标准的总和，构成单位基本支出的综合定额。

人员经费定额测算。根据单位2014年省人力资源社会保障厅工资发放情况，结合调资政策和国家、省对工资福利和社会保障等方面的规定，按照实有人员及职务职级构成等情况，测算提出2015年人员经费定额平均标准。

公用经费定额测算。根据单位2015年履行职能情况、有关政策调整、物价水平变化和经济发展状况等因素，结合单位实有人员数、办公用房、公务用车等资产占用情况，以及省级财力情况、单位类别，测算提出2015年公用经费定员定额标准。

事业单位因有不同的收入来源，适用“双定额”——综合定额和财政补助定额。2015年财政部门测算、下达单位的定员定额标准仍为财政补助定额。

（四）基本程序。

1. 单位提出定额标准建议。单位整理汇总近3年人员经费和公用经费支出情况，填报《2011－2013年基本支出开支情况表》、《2015年人员经费安排预算表（总表和明细表）》、《2015年公用经费安排预算表》，提出人员经费和公用经费定额标准安排建议。其中，事业单位应区分财政拨款、其他资金来源填列。

2. 财政部门审核定额标准。财政部门对各单位报送的基本情况进行整理、审核。编制人数应以省编办正式文件为依据，实有人数按2014年6月底人数据实审核。同时结合同类部门间的横向比较情况，进行修正后确定2015年人员经费定额标准。

3. 基本支出预算控制数测算。财政部门根据制定的定额标准和核实的人员情况，测算形成各单位的基本支出预算控制数或财政拨款补助数。其中，人员经费根据编制内实有人数与各项定额标准核定；日常公用经费分为两部分，以人员为计算对象部分，根据实有人数与各项定额标准核定；以物耗为计算对象部分，根据单位实物配置标准与实物费用定额核定。

四、项目支出预算编制

项目支出指部门为完成其特定的工作任务或事业发展目标，在基本支出预算之外编制的年度支出计划。

（一）基本分类。项目支出按照资金性质，分为专项性工作经费、基建项目和事业发展性支出三类。专项性工作经费指单位自身开展专项性工作，一次性发生或阶段性发生的业务经费，包括大型会议、大型修缮、大型购置、专项培训、大型设施的专项运行维护等按照项目支出管理的工作经费。原则上纳入部门预算编制。基建项目指省级财政资金投资的基本建设项目。事业发展性支出指除单位自身使用资金及基建项目外，由其分管的其他所有资金。

根据项目的重要程度，将项目区分“非常重要”、“比较重要”、“一般”三类进行标示，同时按照以下类别排序：

1. 国家和省已确定的重点项目，主要包括：（1）国家、省有关文件中明确规定省级预算安排的项目；（2）已按程序呈报省政府批准由省财政予以安排、保障的项目；

具备上述条件之一的，方可列为国家、省已确定项目。

2. 重点民生支出项目，主要包括社会影响面广、与人民群众生活密切相关、群众普遍反映的底线民生、基本民生等项目。

3. 部门必须开展的业务所需专项性业务经费，主要包括单位为维持其正常运转而发生的大型设施、大型设备、大型专用网络运行费和为完成特定工作任务而持续发生的项目支出。

4. 符合有关政策，具有明确的绩效目标，经部门协商确需安排的项目支出。

5. 其他项目，是指除上述项目以外，单位为完成其职责需安排的项目支出。

（二）基本要求。

1. 项目安排应有明确依据。国家、省已确定项目应提供项目安排依据（国家、省文件，财政部门批复文件）；跨年度支出项目应提供项目分年度实施计划以及切实可行的用款申请；专项性工作经费项目应提供部门工作规划或其他政策文件，确实不能提供安排依据的，要说明理由，并逐项说明项目支出范围。

2. 申报前需进行可行性论证。项目安排应严格审核论证，其中500万元以上支出项目要明确绩效目标和实施步骤。

3. 实行项目清理。申报2015年预算前，单位应对原有项目进行清理评估：（1）工作目标已完成的应及时取消；（2）实际情况发生变化的应调整优化；（3）性质相近的应整合归并；（4）新增的项目应严格准入条件，经过多方评审论证。

4. 按工作量据实安排。专项性工作经费应根据部门单位当年开展专项业务的工作量和任务量据实申请，按照“一事一预算”的程序和原则审核。

5. 项目安排要有保有压、有先有后。保障重点支出，控制一般性支出。同时按照轻重缓急的原则对项目支出进行合理排序。其中，“非常重要”和“比较重要”的项目占所有申报项目中的比例分别不超过30%、40%。

6. 细化支出用途。项目支出预算应细化到具体单位和具体用途，上级单位不得代编下级单位预算。确实无法细化到具体执行单位的，不列入部门预算编制，按照专项资金管理规定，制定具体细化方案后按程序呈批使用。

（三）基本程序。

1. 专项性工作经费。单位提出支出计划建议。单位填报2015年拟安排预算数、测算情况、资金用途等信息，附《2015年单位专项性工作经费预算表》及详细申报说明。

财政部门审核经费申请。财政部门根据轻重缓急和绩效目标等情况，审核单位提交的专项性工作经费申请，在部门预算“一下”环节下达单位专项性工作经费控制数。

单位调整编报预算。单位根据专项性工作经费控制数调整专项经费预算，纳入部门预算在“二上”环节报送财政部门。

2. 事业发展性支出和基建项目预算。

（1）纳入2015年项目库试点范围的资金。在编制2015年初预算时细化具体使用计划，具体程序按照《关于印发〈广东省省级财政资金项目库管理试行办法〉的通知》（粤财预〔2014〕107号）和《关于开展2015年省级财政资金项目库管理试点的通知》（粤财预〔2014〕192号）规定执行。

（2）未纳入2015年项目库试点范围的资金。

资金申请。单位按“一上”时间要求向财政部门提交有关资金2015年拟安排预算数、支持范围、绩效目标等信息。基建项目需填报项目建设单位、投资总额、资金来源、立项文号、是否具备开工条件等信息。附《2015年单位事业发展性支出预算表》和《2015年单位基建支出预算表》。

预算编报。财政部门根据部门申报数，结合财力情况提出各项资金的2015年预算数安排建议数，纳入省级总预算汇总编报，按程序报批。

五、时间要求

（一）准备阶段。

1. 召开改革单位座谈会。组织单位座谈会，布置零基预算改革的基本要求和主要思路（7月21日之前）。

2. 单位提交近三年数据（8月8日之前）。

（二）编审阶段。

1. 单位提交预算安排建议。包括部门预算基本支出、专项工作经费、事业发展性支出和基建项目预算（8月8日之前）。

2. 财政部门审定部门定员定额标准和审核专项性工作经费（8月30日前）。

3. 财政部门下达（“一下”）定员定额标准和专项性工作经费初审情况（9月15日前）。

4. 单位再次提交数据（“二上”）。单位根据部门预算控制数重新编报2015年部门预算草案（10月10日前）。

5. 财政部门对单位事业发展性支出和基建项目预算提出审核意见（10月15日前）。

（三）呈批阶段。

1. 汇总编制省级预算草案和部门预算草案，按程序呈报省政府。（10月30日前）

2. 将省级预算草案和部门预算草案按程序提交省人代会审议。（根据省人代会召开时间确定）

广东省乡镇财政管理改革补助资金管理办法

（广东省财政厅2014年8月12日发布，粤财预〔2014〕207号）

第一章　总　则

第一条　为规范我省乡镇财政管理改革补助资金管理，按照《广东省财政一般性转移支付资金管理办法》（粤府办〔2014〕31号）有关规定，制定本办法。

第二条　乡镇财政管理改革补助资金，是指由省财政安排，用于提高乡镇财政管理水平、促进乡镇财政改革工作的一般性转移支付补助资金。

第三条　乡镇财政管理改革补助资金的补助对象为由民政部门行政区划确定的镇、乡及民族乡（不含街道）财政所（分局）。

第二章　资金分配和下达

第四条　乡镇财政管理改革补助资金采用因素法分配，各项因素的数据来源为国家或省有关部门公布的统计数据、有关财政报表以及地方财政部门报送的统计数据等。分配因素如下：

（一）乡镇财政所数量。按民政部门行政区划的镇、乡及民族乡个数确定。

（二）“规范化财政所”建设情况。按各县（市、区）每年应完成“规范化财政所”建设的乡镇财政所个数和实际完成率确定。

（三）乡镇财政工作量。按每年乡镇财政涉农补贴资金和项目资金的总量确定。

（四）乡镇财政干部培训情况。按每年地方组织的乡镇财政干部培训人数确定。

（五）人均可支配财力。可支配财力根据财政部统一口径确定，数据来自《广东省财政总决算报表》。主要项目包括地方本级收入、返还性收入、一般性转移支付收入，扣除体制上解、税务经费上划专项上解和出口退税专项上解。人均可支配财力按财政供养人口计算。

除上述因素外，对省级乡镇财政工作联系点、省级确定的有关乡镇财政管理改革试点单位，按定额标准给予适当补助，并参考对乡镇财政管理改革补助资金的监督检查和绩效评价结果设定调整系数。

第五条　省财政在年度预算中安排乡镇财政管理改革补助资金，分配到县（市、区），每年6月30日前将当年度资金下达至地级以上市〔或财政省直管县（市）〕财政。地级以上市财政在收到省财政下达指标后10个工作日内，应按省财政确定的分配方案将资金拨付至县（市、区）财政；县（市、区）财政收到上级财政下达指标后30个工作日内，除省财政另有规定外，应将资金分配至乡镇财政。

第六条　市县财政可根据本地区实际情况，在年度预算中安排一定资金，与省财政乡镇财政管理改革补助资金一并使用。

第七条　市县财政应将省财政年度执行中下达的乡镇财政管理改革补助资金按规定列入年度决算报同级人大审批。

第三章　资金管理和使用

第八条　乡镇财政管理改革补助资金的使用实行分级管理。

省财政厅负责制定资金管理办法，分配、下达补助资金，组织实施对各地乡镇财政管理改革补助资金管理使用情况的监督检查和绩效评价。

市县财政部门负责将乡镇财政管理改革补助资金逐级分配下达至乡镇财政，向省财政厅报送资金分配结果和使用情况，市县财政部门不得截留、挪用乡镇财政管理改革补助资金。

乡镇财政所负责规范合理使用乡镇财政管理改革补助资金，向上一级财政部门报送资金使用情况。

第九条　乡镇财政管理改革补助资金应用于以下用途：

（一）创建“规范化财政所”。

（二）乡镇财政所完善自身建设。

（三）补充乡镇财政管理改革工作经费。

（四）组织人员培训。

（五）开展政策宣传。

（六）其他与乡镇财政管理改革工作相关的事项。

第十条　乡镇财政管理改革补助资金不得用于以下用途：

（一）人员经费支出。

（二）公款吃喝。

（三）违规新建党政机关楼堂馆所。

（四）超标准装修办公用房。

（五）超标准购买公务用车。

（六）不属于乡镇财政管理改革工作支出范围的其他事项。

第四章　监督检查和绩效评价

第十一条　省财政厅将乡镇财政管理改革补助资金的使用和管理等情况纳入省财政一般性转移支付资金监督检查和绩效评价范围。市县财政部门定期进行自查，自查有关情况应当及时报告省财政厅。

第十二条　对乡镇财政管理改革补助资金使用和管理中的违法违规行为，依照《财政违法行为处罚处分条例》（国务院令第427号）等有关规定追究法律责任。

第五章　信息公开

第十三条　省财政部门应通过本部门网站公开乡镇财政管理改革补助资金的总体规模、分配因素、分配办法、对市县分配结果、管理办法等信息。

第十四条　市级财政部门应通过本部门网站公开乡镇财政管理改革补助资金省下达数额、对所辖县（市、区）分配结果、管理办法等信息。

第十五条　县级财政部门应通过本部门网站公开乡镇财政管理改革补助资金省（市）下达数额、分配因素、分配办法、对所辖乡镇分配结果、管理办法、资金使用情况等信息。

第六章　附　则

第十六条　市县财政部门可以根据本办法并结合本地区实际情况，制定本地区的乡镇财政管理改革补助资金管理办法，并报省财政厅备案。

第十七条　本办法自印发之日起实施。

第十八条　本办法由省财政厅负责解释。

广东省资源枯竭城市转移支付资金管理办法（修订稿）

（广东省财政厅2014年9月1日发布，粤财预〔2014〕227号）

第一章　总　则

第一条　为促进资源枯竭城市实现经济转型，增强资源枯竭城市基本公共服务保障能力，进一步规范资源枯竭城市转移支付资金管理，提高资金使用效益，根据《国务院关于促进资源型城市可持续发展的若干意见》（国发〔2007〕38号）和《财政部关于印发〈中央对地方资源枯竭城市转移支付管理办法〉的通知》（财预〔2014〕82号），制定本办法。

第二条　本办法所称资源枯竭城市转移支付资金，是由中央财政设立，用于解决资源枯竭城市因资源开发产生的历史遗留问题，重点用于社会保障、教育卫生、环境保护、公共基础设施建设和棚户区改造等公共服务和社会管理领域的一般性转移支付资金。

第三条　中央对地方资源枯竭城市转移支付的补助对象包括：

（一）经国务院批准的资源枯竭城市。

（二）参照执行资源枯竭城市转移支付政策的城市。

（三）部分转型压力较大的独立工矿区。

广东省获得中央对地方资源枯竭城市转移支付资金的地区为经国务院批准、属于第三批资源枯竭城市的韶关市。

第四条　资源枯竭城市转移支付资金分配遵循以下原则：

（一）客观公正。选取影响资源枯竭城市财政运行的客观因素，采用统一规范的方式进行分配。

（二）公开透明。转移支付测算过程和分配结果公开透明。

（三）分类补助。体现资源枯竭市（县、区）的类别差异。

（四）激励约束。建立考核机制，根据考核情况予以相应的奖惩。

第二章　资金分配

第五条　中央资源枯竭城市转移支付第一轮补助期限为4年。期满后，根据国务院有关部门的评价结果，转型未成功的延续补助5年；转型成功的以上一年补助为基数，分3年按75%、50%和25%的比例给予退坡补助。

第六条　省财政每年将中央资源枯竭城市转移支付全额通知韶关市，由韶关市结合财政部规定以及地方实际，按因素法提出资金分配方案及项目安排意见，报省财政厅审核。

第七条　资源枯竭城市转移支付资金按以下办法分配：50%资金由韶关市本级专项用于棚户区改造建设；剩余50%资金，按6∶4比例在市本级与10个县（市、区）中进行分配，分配给县（市、区）的资金由韶关市按照因素法计算，不得少于资源枯竭城市转移支付资金总额的20%。

其中，资源枯竭城市因素补助 = 资源枯竭城市转移支付资金总额的20% × 非农人口占比 × 人均财力系数 × 资源枯竭程度系数 × 资源类型系数。

资源枯竭程度系数参照可利用资源储量占累计查明储量的比重分档确定。

资源类型系数分煤矿、铁矿、铅锌矿等资源类型。

第三章　资金申报和下达

第八条　韶关市收到省通知转移支付额度后30日内向省财政厅上报资金申请和分配方案，省财政厅按规定对资金分配方案进行审核并下达转移支付资金。

第九条　韶关市财政局收到转移支付资金后，尽快下达有关县（市、区），并于当年11月30日前将资金使用情况上报省财政厅。韶关市上一年度项目建设进度、资金管理措施、资金使用进度和使用效益等情况，将作为省财政下一年度资金拨付的参考。

第十条　韶关市可根据本地区实际情况，在年度预算中安排一定资金，与上级补助资金一并使用。资源枯竭城市转移支付资金不要求县级财政配套。

第十一条　韶关市及有关县（市、区）应将省财政提前下达资源枯竭城市转移支付资金全额列入年度预算；将省年度执行中下达的资源枯竭城市转移支付资金，按规定列入年度决算报同级人大常委会审批。

第四章　资金管理和使用

第十二条　资源枯竭城市转移支付资金的使用实行分级管理。省财政厅负责制定本地区资源枯竭城市转移支付政策，审核韶关市上报资金分配方案并下达转移支付资金；组织实施对市县财政管理和使用转移支付资金的绩效评价和监督检查。

市县财政负责向省财政报送上年度工作总结以及当年度工作计划、绩效目标和自评报告，管理、安排和使用本地区资源枯竭城市转移支付资金。

第十三条　资源枯竭城市转移支付资金主要用于解决资源枯竭城市因资源开发产生的历史遗留问题，重点用于社会保障、教育卫生、环境保护、公共基础设施建设和棚户区改造等公共服务和社会管理领域。

资源枯竭城市转移支付资金中直接用于企业搬迁和支持企业技术改造等方面的支出不得超过总额的10%。

第十四条　资源枯竭转移支付资金不得用于违规提高人员经费和公用经费标准，不得用于违规增加“三公”经费支出，不得用于违规新建政府性楼堂馆所和超标准装修办公用房，不得用于劳民伤财的“形象工程”和“政绩工程”建设以及不符合资源枯竭转移支付资金使用原则及范围的其他开支。

第五章　绩效评价

第十五条　韶关市应按照《转发财政部关于印发〈资源枯竭城市绩效评价暂行办法〉的通知》（粤财评〔2011〕59号）规定，加强对项目执行情况和资源枯竭城市转移支付资金使用情况的追踪问效，严格按照规定的程序、内容和要求做好绩效管理工作。

第十六条　绩效目标申报。对于省财政提前下达以及年度中间新增下达的资源枯竭城市转移支付资金，韶关市财政局应制定资源枯竭城市转移支付资金使用计划，并填报绩效目标申报书，分别于上一年度12月30日前、省财政下达当年新增资金15个工作日内将绩效目标申报书上报省财政厅。

省财政厅汇总、审核韶关市财政局上报的绩效目标后上报财政部。

第十七条　绩效评价。预算年度执行完毕后，韶关市财政局对转移支付资金使用情况进行自评，评价资金管理情况、绩效目标完成情况，分析存在的问题，并形成自评报告，于2月15日前上报省财政厅。

省财政厅汇总、分析韶关市财政局自评报告，对省财政资金分配、下达、管理等情况进行自评，形成全省自评报告上报财政部。

第十八条　绩效评价结果应用。绩效评价结果作为完善资源枯竭城市转移支付政策以及分配资源枯竭城市转移支付资金的重要参考因素。对绩效评价过程中发现的问题，韶关市以及各有关县（市、区）财政部门应当制定切实可行的改进办法，加强资金管理，提高资金使用效益。

第六章　监督检查

第十九条　省财政厅适时对韶关市财政局管理和使用资源枯竭城市转移支付资金情况开展监督检查。

第二十条　韶关市财政局应加强对项目执行情况和资金使用情况的管理，确保棚户区改造工作落到实处以及所辖县（市、区）可支配财力和基本公共服务保障能力只增不减。对于上一年度考核结果较差的市县，省财政将扣减下一年度一定比例的转移支付增量和存量资金。

第二十一条　对资源枯竭转移支付资金管理和使用中的违法行为，依照《财政违法行为处罚处分条例》（国务院令第427号）等有关规定追究法律责任。

第七章　附　则

第二十二条　韶关市财政局可按照财政科学化、精细化管理的要求，依据本办法，结合本地区实际情况，制定资源枯竭转移支付资金管理的具体办法，并报省财政厅备案。

第二十三条　本办法自印发之日起实施，《关于印发〈广东省资源枯竭城市转移支付资金管理办法〉的通知》（粤财预〔2011〕307号）同时废止。

广东省财政部门政府性债务统计工作考核评比暂行办法

（广东省财政厅2014年8月27日发布，粤财预〔2014〕228号）

第一条　为进一步做好全省政府性债务统计工作，强化各级政府性债务管理，有效防范财政风险，根据《关于做好地方政府性债务统计工作有关问题的通知》（财办预〔2011〕30号）、《财政部关于印发〈地方政府性债务统计工作考核评比暂行办法〉的通知》（财预〔2011〕550号）等要求，制定本办法。

第二条　本办法适用于省财政厅考核评比各地级以上市政府性债务管理工作。考核主要包括以下内容：

（一）政府性债务的统计分析情况。考核政府性债务统计数据的及时性、准确性、完整性和真实性；考核政府性债务分析材料的数量、质量和主动报送专题材料的情况。

（二）政府性债务的风险管控情况。考核政府性债务规模风险和信用风险情况。

第三条　政府性债务统计工作实行量化考核，根据考核重点设置相应的指标及分值，满分100分。其中：

（一）政府性债务统计分析60分：政府性债务数据统计的及时性20分、准确性20分、完整性5分、真实性5分；政府性债务材料报送10分。

（二）政府性债务风险管控40分：政府性债务的规模风险管控20分、信用风险管控20分。

第四条　政府性债务数据统计的及时性（20分）。

（一）月报：2月、3月、5月、6月、8月、9月、11月、12月6日前（节假日顺延），汇总报送全市债务月报数据。

（二）季报：4月、7月、10月6日前（节假日顺延），汇总报送全市债务季报数据。

（三）年报：每年1月10日前（节假日顺延），汇总报送全市债务年报数据。

省直管县债务数据由所属地级以上市负责汇总报送。

第五条　政府性债务统计的准确性（20分）。

（一）严格按照财政部、省财政厅规定的数据口径填报。

（二）债务数据准确无误，各地区要在债务系统上对债务数据实行公式审核和数据检查，对重要信息进行人工核对。

（三）表格之间相关数据衔接一致。

（四）月份之间、季度之间、年度之间数据衔接一致，本期期末与上期期初各类债务余额差异不得超过1%，对存在差异的，应予以文字说明。

（五）债权、债务数据衔接一致，贷出、贷入数据衔接一致。

第六条　政府性债务统计的完整性（5分）。

（一）政府性债务统计要按照有关填报要求，完整反映各级政府及其所属部门、机构、事业单位（含供水、供气、供热等公用事业单位）和融资平台公司等的政府性债务情况。

（二）政府性债务统计需符合财政部规定的格式，填列齐全，无漏填漏报。

（三）特殊事项应予以说明，说明事项要内容完整、口径清晰。

第七条　政府性债务统计的真实性（5分）。

（一）根据核实无误的账户记录等填报各项数据，不得估列、代编，切实做到账表相符，有根有据。数据一经上报，不得自行修改。

（二）凡属统计期内发生的债务业务和事项，均应如实在统计数据中反映；上下级之间的债务数据不得违规调整、转列；不同债务主体、不同债务性质之间的数据不得随意调剂；“借、用、还”情况真实。

第八条　政府性债务分析材料上报的数量和质量（10分）。

（一）完成省财政厅统一布置的材料上报工作，格式规范、内容翔实、数据准确、上报及时。

（二）主动上报地方政府性债务管理专题材料。包括本地区政府性债务出现的新情况、新问题；地方政府性债务管理新举措及其效果；对进一步加强地方政府性债务管理的政策建议。

第九条　政府性债务的规模风险管控情况（20分）。

（一）运用一般债务率、专项债务率2个风险指标，评价各地级以上市政府性债务规模与对应综合财力的关系，确保各地区债务规模适中，风险指标值采用财政部通报结果。其中：

一般债务率=一般债务余额/综合财力

专项债务率=专项债务余额/综合财力

（二）凡出现以下情况的，规模风险管控情况不得分：

1. 下辖任一地区的一般债务率、专项债务率2个指标均超过风险警戒线水平。

2. 下辖每个地区的一般债务率、专项债务率均有 1 个指标超过风险警戒线水平。

（三）根据各地级以上市下辖各级一般债务率、专项债务率超警戒线地区占比情况，相应同比例扣减规模风险管控情况得分。

第十条　政府性债务的信用风险管控情况（20 分）。

（一）运用逾期债务率评价各地区债务履约能力，确保各地区良好的政府信誉，风险指标值采用财政部通报结果。其中：

逾期债务率 = 逾期债务余额/政府性债务余额

（二）根据各地级以上市下辖各级逾期债务率超警戒线地区占比情况，相应同比例扣减信用风险管控情况得分。

第十一条　政府性债务管理工作每年考核评比一次。由省财政厅负责组织实施。考评结果分为优秀、良好、一般三档。考评结果将通报各地级以上市财政部门。

第十二条　建立政府性债务管理工作奖惩机制。

（一）考评结果纳入预算部门管理工作评比范围。

（二）考评结果作为下一年度地方政府债券额度分配因素之一。其中，考评结果为优秀、良好的，分类分档适当增加地方政府债券转贷额度；考评结果为一般的，相应按一定比例扣减地方政府债券转贷额度。

第十三条　各地级以上市财政部门可参照本办法，制定本地区的政府性债务管理工作考核评比办法。

第十四条　本办法自印发之日起实施。《地方政府性债务统计工作考核评比暂行办法》（粤财预〔2012〕104 号）同时废止。

第十五条　本办法由省财政厅负责解释。

粤东西北地区中心城区基础设施建设贷款贴息资金管理办法

（广东省财政厅 2014 年 10 月 23 日发布，粤财预〔2014〕294 号）

第一章　总　则

第一条　为支持粤东西北地区中心城区公益性基础设施项目建设，加强贴息资金管理，提高资金使用绩效，根据《预算法》、《中华人民共和国预算法实施条例》等法律法规，制定本办法。

第二条　本办法所称粤东西北地区中心城区基础设施建设贷款贴息资金（以下简称贴息资金），是指省财政根据《中共广东省委　广东省人民政府关于进一步促进粤东西北地区振兴发展的决定》有关规定设立，专项用于支持粤东西北中心城区公益性基础设施项目建设贷款贴息的资金。

第三条　贴息资金分配范围包括粤东西北地区 12 市及肇庆市的中心城区。

第四条　贴息资金采用项目制管理，遵循科学规范、公平公正、公开透明、加强监管、注重绩效原则。

第二章　使用范围

第五条　本办法所称粤东西北地区中心城区公益性基础设施建设项目包括：

（一）各市中心城区内道路、桥涵、隧道等交通基础设施。

（二）各市中心城区内污水、生活垃圾处理等生态环保设施。

（三）各市中心城区内供电、供水、供气、通信等生活基础设施。

（四）各市中心城区内企业技术服务基础设施（含软硬件设备系统购置、软件开发）及标准厂房，能量优化、绿色照明等节能工程。

（五）各市中心城区内教育、文化、卫生、社保等社会事业项目及其他公共服务平台建设项目等。

第六条　贴息的范围包括：2013 - 2017 年，粤东西北地区中心城区运用贷款开展的公益性基础设施项目建设（贷款包括项目贷款、地方政府债券、企业债、公司债、中期票据、基金等），所产生的贷款利息、股权收益等融资成本。

第七条　以下情形不予贴息：

（一）未正式批复立项的基础设施建设项目所产生的贷款利息（股权收益、融资成本）。

（二）已办理竣工决算或已交付使用但未按规定办理竣工决算的项目发生的贷款利息（股权收益、融资成本）。

（三）项目未按规定归还的逾期贷款利息（股权收益、融资成本）、加息、罚息等。

（四）已享受其他财政性贴息政策的贷款利息。

（五）高于银行同期贷款基准利率部分的贷款利息。

第八条　贴息资金不得用于违规新建政府性楼堂馆所

和超标准装修办公用房、“形象工程”和“政绩工程”建设以及粤发〔2014〕7号文规定的其他不得使用的范围。

第三章　资金申报

第九条　符合本办法规定的基础设施项目，由项目单位填报资金申报材料，经贷款办理机构加具证明意见后提交市财政部门；市财政部门对申报材料进行初审，加具审核意见后向省财政厅汇总申报。申报材料包括：

（一）中心城区基础设施建设贷款贴息资金申报表。

（二）申报单位法定代表人承诺书。

（三）项目建设批准文件（批复立项文件）、贷款合同、贷款资金到位凭证、贷款机构利息确认单据、利息支付凭证等书面证明材料。

上述申报材料应按具体项目逐项填报，并按本办法第五条所列分类整理。不同项目的申报材料不得打捆上报，项目贷款为打包贷款的，应分类详细列清各项目具体信息。

第十条　任何单位和个人不得以虚报、冒领等手段骗取贴息资金。项目单位应如实填报贴息项目信息，并提供真实、完整的申报材料。市财政部门应严格核对项目单位报送的申报材料，对其真实性负责。

第四章　资金审核和拨付

第十一条　省财政厅对各市财政部门上报的申报材料进行审核，核定符合贴息条件和申报要求的项目及贴息资金额，并呈报省政府批准后，将贴息资金拨付至有关市财政部门。

第十二条　市财政部门收到省财政厅下达贴息资金文件后，应在15日内按照省财政厅核定的项目和数额将贴息资金拨付至项目单位。

第十三条　市财政部门应加强监督管理，确保贴息资金专款专用，任何单位和个人不得以任何理由、任何形式截留、挪用、挤占贴息资金。

第十四条　项目单位必须按照本办法规定支出贴息资金，并严格执行财务规章制度和会计核算办法。

第五章　监督检查和绩效评价

第十五条　省财政厅适时对贴息资金的管理和使用情况开展监督检查。各市负责定期开展自查，并向省财政厅报告自查情况。

检查内容包括：贴息资金拨付的合规性、及时性和公开性，资金使用的规范性以及资金支出绩效目标的完成情况等。

第十六条　预算年度执行完毕后，各市财政部门对贴息资金使用情况进行自评，评价资金管理情况、绩效目标完成情况，分析存在的问题，并形成自评报告，于下一年度2月15日前上报省财政厅。对绩效评价过程中发现的问题，各市财政部门应采取切实可行的整改措施，规范资金管理，提高资金使用效益。

第十七条　对贴息资金管理使用存在违法违纪行为的，依照相关法律法规严肃处理，并收回有关项目贴息资金，5年内停止该项目单位申报资格。绩效评价结果将作为核定下一年度贴息资金的重要依据。

第六章　信息公开

第十八条　除涉及保密要求不予公开的情况外，省、市财政部门应将贴息资金管理信息在部门网站上向社会公开。公开信息内容包括：

（一）资金管理办法。

（二）资金申报情况，包括申报单位、申报项目、申请金额等。

（三）资金分配程序和分配结果。

（四）资金绩效评价、监督检查和审计结果。

（五）其他按规定应公开的内容。

第七章　附　则

第十九条　本办法由省财政厅负责解释。

第二十条　本办法自印发之日起实施。

关于建立健全市县预算支出执行管理体系的实施意见

（广东省财政厅2014年11月3日发布，粤财预〔2014〕297号）

为加强市县预算支出执行管理工作，充分发挥财政职能作用，盘活存量财政资金，提高财政资金使用效益，有效发挥财政资金在稳增长、调结构、惠民生等方面的重要作用，省财政厅制定了关于建立健全预算支出执行管理体系的实施意见。同时，根据财政部《地方预算支出进度考核办法》及有关要求，省财政厅制定了《广东省市县预算支出进度考核办法》，现印发给你们，请一并执行。

一、强化预算执行组织管理

（一）明确预算执行基本原则。预算执行以序时进度为标杆，坚持时效性，完善支付方式，减少资金滞留，尽快发挥资金效益；坚持均衡性，避免月度间支出水平大起大落，保持合理的支出规模；坚持安全性，加快支出进度不得放松审核条件、不得减少必要的拨付流程，坚决防止超预算、超进度拨款、违规“以拨作支”等行为。

（二）明确层级支出责任体系。全面建立从财政部门局长、主管业务科（处）长到经办人员的层级支出责任体系。各层级应各司其职，加强沟通协调，形成齐抓共管、齐心协力做好预算执行管理的局面。同时，健全财政支出风险监督管理体系，严控财政支出预算执行风险。

（三）明确预算执行主体。各部门、各单位是本部门、本单位的预算执行主体，对预算支出进度负有直接责任，主要负责同志应抓好预算执行工作。各级财政部门履行指导和督促各行业主管部门加快预算执行的责任，加强联系协调，提醒细化预算，及时做好用款计划及时申请。

（四）健全联络沟通机制。巩固和加强现行预算执行日常管理联系机制。各级财政负责预算执行管理的部门统一组织开展本级及对下级预算执行的具体联系工作，及时了解和掌握预算执行情况。对预算执行过程中出现的问题，各级财政部门应及时反映，加强联系沟通，尽快解决问题。

二、强化预算执行计划管理

（一）全年支出目标分解。每年年初省财政厅将根据各市县人代会通过的当年收入预算数，结合税收返还、转移支付、地市上解、当年转贷地市地方政府债券额度等情况，将财政部下达我省的支出目标分解落实到各市及各财政省直管县。年度预算执行期间，省财政厅将根据财政部调整我省支出目标情况以及各市县预算调整情况适时对各市及各财政省直管县支出目标作出调整。

（二）制订支出计划。市县财政部门应根据省财政厅分解的支出目标，结合同级人代会通过的地方财政预算，制订本市（县）年度支出执行计划，按序时进度分月份、分科目、分项目、分市县、分科室、分经办人进行分解细化。

（三）实行台账管理。市县财政部门预算管理部门应建立支出进度台账，全面掌握各项支出科目、支出项目执行进度，梳理支出偏慢的科目、项目情况，提醒和督促相应支出管理单位对支出项目进行清理和排查，跟进落实。各支出管理单位对管理的项目资金支出逐一记录当月发生额、累计数、支出进度和余额，主动与资金使用部门沟通，及时了解资金使用情况，更新和掌握实际进度。

（四）预算执行预警。市县财政部门应按旬将支出执行结果与支出执行计划进行对比分析，按照重点科目、大额支出等具体情况细分排查影响支出进度的原因。对支出进度偏慢的部门和下级财政部门，要及时预警提示，采取电话、书面告知、约谈等方式，了解情况，分析原因，尽快解决问题，确保完成每月支出进度。

（五）执行计划调整。市县财政部门每月应根据上月执行情况进行分析，对支出偏慢的科目、项目分析原因及影响因素，研究当月加快支出进度的措施。同时，市县财政部门要结合上级财政部门转移支付下达资金等情况及时调整当月支出计划，调整后的支出计划应及时上报省财政厅（预算处）。

三、强化预算执行过程管理

（一）加快下达年初预算。市县财政部门应按照规定时间下达转移支付预算。对上级财政提前下达的转移支付，本级财政要尽快分解到本级有关部门和下级财政。

（二）细化落实各项预算。对于年初尚未落实到具体单位的本级代编预算、执行中上级下达的转移支付等财政资金，各级财政部门应会同资金使用部门抓紧落实到具体单位。对超过9月30日仍未落实到部门的单位且无正当理由的，除据实结算项目外，全部收回总预算。上级转移支付要在收到后30日内分解下达到本级有关部门和下级财政。对于执行中情况发生变化而无法执行的项目，以及无需再支出的据实结算项目，应及时收回总预算。

（三）加快资金拨付进度。市县财政部门应会同有关部门做好资金拨付的前期准备，特别是重大项目的准备工作，要根据项目实施进度等情况，做好项目论证，编制分月用款计划，督促用款单位及时提交用款申请。对于转移支付资金，各级财政部门要会同有关部门做好资金使用方案，做到资金一到即用。对具备拨付条件的，要抓紧予以拨付；对暂不具备拨付条件的，要在依法依规的前提下，创造条件实现拨付。

（四）加快资金审核拨付。市县财政部门应认真审核用款申请，对交通、水利、基建、十件民生实事、扶持发展资金和民生支出等重点和大额支出项目，审核后跟进后续资金使用情况。对基本支出按照年度均衡性原则支付，对项目支出按照项目实施进度和合同约定支付，对据实结算项目根据实际需要引入预拨和清算制度。

（五）清理消化以前年度结转资金。市县财政部门应加快以前年度结转资金执行进度，定期清理结转资金，对不再使用的结转资金及时收回总预算。对结转资金常年居高不下、使用不力的部门，相应减少预算安排。2014年底，财政结余结转资金要在2013年基础上压缩15%。2015年底，各市公共财政预算结余结转资金占公共财政支出的比重不得超过9%，目前比重低于9%的只减不增。

四、强化预算执行考核管理

（一）支出进度通报制度。省财政厅实行预算支出进度通报制度，根据市县预算支出进度考核办法，按月对各市及各省直管县预算支出进度情况进行考核排名通报，通报情况同时抄送市县政府分管财政工作的领导。

（二）支出进度分片问责。省财政厅实行厅领导分片抓支出进度制度，各市财政部门应于支出进度通报下发后3个工作日内主动向分片负责的省财政厅厅领导书面报送预算支出执行情况，同时抄送预算处。在此基础上，支出进度通报中排名倒数5名以内的地市及财政省直管县应对本地区当月及累计支出执行情况进行认真分析梳理，剖析影响预算执行进度的主要原因，重点分析财政拨款规模较大的重点单位、重点项目执行进度情况、存在问题及下一步工作措施。

（三）预算执行考核问责。省财政厅分月度、年度对全省各市及各财政省直管县进行考核。月度考核情况于下月月初通报考核结果，对排名倒数5名以内的地市及财政省直管县通报批评。其中，半年内有2次及以上通报批评的市县财政局（委）主管局长（主任），应到省财政厅进行当面说明。年度考核于次年年初通报考核结果，排名倒数5名以内的地市财政局（委）一把手需到省财政厅进行当面说明。省财政厅将年度考核结果作为省级相关转移支付补助资金安排的参考因素。

各市县财政部门应相应制定支出进度执行考核制度，强化考核问责力度，对预算支出执行相关经办人任务落实情况进行考评，记入工作业绩，纳入干部年度考核内容。

各市县财政部门应对预算单位进行考核评比，将其预算执行情况与预算编制有机结合，把上一年的预算执行情况作为编制下一年度预算的重要参考依据，对预算执行率低的预算单位，相应核减其下一年度预算。

广东省财政厅　广东省环境保护厅关于排污权有偿使用费和交易出让金征收使用的管理办法

（广东省财政厅　广东省环境保护厅2014年12月8日印发，粤财综〔2014〕231号）

第一章　总　则

第一条　为推进我省排污权有偿使用和交易试点工作开展，切实规范排污权有偿使用费和交易出让金的征收、使用管理，根据《国务院办公厅关于进一步推进排污权有偿使用和交易试点工作的指导意见》、《关于在我省开展排污权有偿使用和交易试点工作的实施意见》及《广东省排污权有偿使用和交易试点管理办法》等有关规定，制定本办法。

第二条　本办法适用于本省范围内对排污权有偿使用费和交易出让金的征收、使用管理。

第三条　本办法所称的排污权有偿使用费是指排污单位依法取得排污权并按规定缴纳的使用费。

本办法所称的交易出让金是指政府出让储备的排污权指标所取得的收益。

第四条　排污权有偿使用费按省与市（县、区）1∶9的比例分成，其中，10%作为省级收入，90%作为市级或县（市、区）级收入，就地分别缴入省级和同级国库；交易出让金作为省、市或县（市、区）级收入，缴入出让储备排污权指标的同级国库。

第二章　征缴管理

第五条　按照“谁发证谁征收”的原则，发放排污许可证的县级以上环境保护主管部门负责征收经本级核定的排污权有偿使用费。

按照“谁储备谁得益”的原则，排污权交易出让金由储备排污权的环境保护主管部门负责征收。

第六条　征收排污权有偿使用费的，由环境保护主管部门根据核定的排污权指标和排污权有偿使用费征收标准，向排污单位下达“缴款通知书”。交易出让储备排污权指标的，由环境保护主管部门按交易价格向缴款单位下达“缴款通知书”。

暂未实施非税收入收缴管理制度改革的地区，由环境保护主管部门填开财政部门统一印制的“缴款通知书”；缴款单位在接到缴款通知书的7个工作日内，同时使用“一般缴款书”将排污权有偿使用费或交易出让金全额就地缴入国库。

已经实施非税收入收缴制度改革的地区，通过非税收入管理系统收缴排污权有偿使用费或交易出让金，并由环境保护主管部门在非税收入管理系统中打印“缴款通知书”。缴款单位在接到“缴款通知书”的规定时间内，按“缴款通知书”要求将排污权有偿使用费或交易出让金全额缴入国库。

第七条　排污单位缴纳排污权有偿使用费的，不免除其治理污染、缴纳排污费、污染减排的责任和法律法规规定的其他责任。

第三章　使用管理

第八条　排污权有偿使用费和交易出让金作为非税收入，全额纳入环境保护专项资金管理，专项用于下列项目支出：

（一）大气污染、水污染等环境污染防治。

（二）环境污染应急事故处置。

（三）排污权指标回购与储备。

（四）污染减排设施建设。

（五）污染源在线监控系统建设与运行管理。

（六）排污权交易管理平台建设和管理。

（七）省政府批准的其他污染防治支出。

第九条　排污权有偿使用费和交易出让金安排的支出，预算科目根据当年《政府预算收支分类科目》有关规定填列。

第十条　县级以上环境保护行政主管部门应当编制排污权有偿使用费和交易出让金收支预算，报同级财政部门审核。财政部门应严格核定排污权有偿使用费和交易出让金收支预算。

第十一条　排污权有偿使用费和交易出让金具体使用管理办法，按照《广东省省级环境保护专项资金使用管理办法》（粤财工〔2014〕176号）及各地根据《广东省省级环境保护专项资金使用管理办法》制定的具体办法有关规定执行。

第四章　监督管理

第十二条　排污权有偿使用费和交易出让金属于政府非税收入，全额纳入一般公共预算管理。

第十三条　征收排污权有偿使用费或交易出让金，应使用省级财政部门统一印制的财政票据。

第十四条　排污权有偿使用费和交易出让金的征收、使用情况接受审计、监察等部门的监督检查。

第十五条　排污权有偿使用费和交易出让金征收过程中的违法违规行为，按照《财政违法行为处罚处分条例》等有关法律、法规进行查处，涉嫌犯罪的，移交司法机关依法处理。

第五章　附　则

第十六条　各市、县（市、区）财政主管部门可会同同级环境保护主管部门，结合各地实际，制定实施细则，并报省财政主管部门、省环境保护主管部门备案。

第十七条　本办法由省财政主管部门和环境保护主管部门负责解释。

第十八条　本办法自印发之日起施行。

省直党政机关和事业单位因公临时出国经费管理办法

（广东省财政厅　广东省人民政府外事办公室2014年2月11日发布，粤财行〔2014〕32号）

第一章　总　则

第一条　为进一步规范省直党政机关（含参照公务员法管理的事业单位，下同）和事业单位人员因公临时出国经费管理，根据《中华人民共和国预算法》、《党政机关厉行节约反对浪费条例》、财政部外交部《因公临时出国经费管理办法》（财行〔2013〕516号）及相关管理规定，结合我省实际，制定本办法。

第二条　本办法适用于省直党政机关和事业单位（以下简称省直单位）因公组派临时代表团组的出国人员，党政机关包括党的机关、人大机关、行政机关、审判机关、检察机关、民主党派机关和人民团体机关。

第三条　省直单位因公组派临时出国团组应当坚持强化预算约束、优化经费结构、厉行勤俭节约、讲求务实高效的原则，严格控制因公临时出国规模，规范因公临时出国经费管理。

第二章　预算管理和计划管理

第四条　因公临时出国经费应当全部纳入预算管理，并按照下列规定执行：

（一）省财政厅应当加强因公临时出国经费的预算管理，严格控制因公临时出国经费总额，科学合理地安排因公临时出国经费预算。

（二）省直单位应当加强预算硬约束，认真贯彻落实厉行节约的要求，在核定的年度因公临时出国经费预算内，务实高效、精简节约地安排因公临时出国活动，不得超预算或无预算安排出访团组。确有特殊需要的，按规定程序报批。

第五条 出访团组实行计划审批管理，并按照下列规定执行：

（一）省直单位应当认真贯彻中央和省有关外事管理规定，科学制订年度因公临时出国计划，认真履行因公临时出国计划报批制度，严格控制因公临时出国团组人数、国家数和在外停留天数，正确扰行限量管理规定。组团单位和派出单位要明确责任，谁派出、谁负责。

（二）因公临时出国应当坚持因事定人的原则，不得因人找事，不得安排照顾性和无实质内容的一般性出访，不得安排考察性出访。

（三）因公临时出国审核审批部门应当加强因公临时出国计划的审核审批管理，严格把关，对违反规定、不适合成行的团组予以调整或者取消。

第六条 省直单位出国经费的支付，应当严格按照国库集中支付制度和公务卡管理制度的有关规定执行。

省直单位应当严格执行各项经费开支标准，不得擅自突破，严禁接受或者变相接受企事业单位资助，严禁向同级机关、下级机关、下属单位、企业、驻外机构等摊派或转嫁出访费用。

第七条 省直单位应当建立因公临时出国计划与财务管理的内部控制制度，出访团组应当事先填报《因公临时出国任务和预算审批意见表》，由本单位以及主管部门外事和财务机构分别出具审签意见，明确审核责任。出国任务、出国经费预算未通过审核的，不得安排出访团组。

第三章 经费管理

第八条 因公临时出国经费包括：国际旅费、国外城市间交通费、住宿费、伙食费、公杂费和其他费用。

国际旅费，是指出境口岸至入境口岸旅费。

国外城市间交通费，是指为完成工作任务所必需发生的，在出访国家的城市与城市之间的交通费用。

住宿费是指出国人员在国外发生的住宿费用。

伙食费是指出国人员在国外期间的日常伙食费用。

公杂费是指出国人员在国外期间的市内交通、邮电、办公用品、必要的小费等费用。

其他费用主要是指出国签证费用、必需的保险费用、防疫费用、国际会议注册费用等。

第九条 国际旅费按照下列规定执行：

（一）选择经济合理的路线。出国人员应当优先选择由我国航空公司运营的国际航线，由于航班衔接等原因确需选择外国航空公司航线的，应当事先报经单位外事和财务部门审批同意。不得以任何理由绕道旅行，或以过境名义变相增加出访国家和时间。

（二）按照经济适用的原则，通过政府采购等方式，选择优惠票价，并尽可能购买往返机票。

（三）因公临时出国购买机票，须经本单位外事和财务部门审批同意。机票款由本单位通过公务卡、银行转账方式支付，不得以现金支付，单位财务部门应当根据《航空运输电子客票行程单》等有效票据注明的金额予以报销。

（四）出国人员应当严格按照规定安排交通工具，不得乘坐民航包机或私人、企业和外国航空公司包机。

（五）省部级人员可以乘坐飞机头等舱、轮船一等舱、火车高级软卧或全列软席列车的商务座；厅局级人员可以乘坐飞机公务舱、轮船二等舱、火车软卧或全列软席列车的一等座；其他人员均乘坐飞机经济舱、轮船三等舱、火车硬卧或全列软席列车的二等座。所乘交通工具舱位等级划分与以上不一致的，可乘坐同等水平的舱位。所乘交通工具未设置上述规定中本级别人员可乘坐舱位等级的，应乘坐低一等级舱位．上述人员发生的国际旅费据实报销。

（六）出国人员乘坐国际列车，国内段按国内差旅费的有关规定执行；国外段超过 6 小时以上的按自然（日历）天数计算，每人每天补助 12 美元。

第十条 出国人员根据出访任务需要在一个国家城市间往来，应当事先在出国计划中列明，并报本单位及主管部门外事和财务部门批准。未列入出国计划、未经本单位及主管部门外事和财务机构批准的，不得在国外城市间往来。出国人员的旅程必须按照批准的计划执行，其城市间交通费凭有效原始票据据实报销。

第十一条 住宿费按照下列规定执行：

（一）出国人员应当严格按照规定安排住宿，省部级人员可安排普通套房，住宿费据实报销；厅局级及以下人员安排标准间，在规定的住宿费标准之内予以报销。

（二）参加国际会议等的出国人员，原则上应当按照住宿费标准执行。如对方组织单位指定或推荐酒店，应当严格把关，通过询价方式从紧安排。经批准，住宿费可据实报销。

第十二条 伙食费和公杂费按照下列规定执行：

（一）出国人员伙食费、公杂费可以按规定的标准发给个人包干使用。包干天数按离、抵我国过境之日计算。

（二）根据工作需要和特点，不宜个人包干的出访团组，其伙食费和公杂费由出访团组统一掌握，包干使用。

（三）外方以现金或实物形式提供伙食费和公杂费接待我代表团组的，出国人员不再领取伙食费和公杂费；

（四）出访用餐应当勤俭节约，不上高档菜肴和酒水，自助餐也要注意节俭。

第十三条 出访团组对外原则上不搞宴请，确需宴请的，应当连同出国计划一并报批，宴请标准按照所在国家一人一天的伙食费标准掌握。

出访团组与我国驻外使领馆等外交机构和其他中资机

构、企业之间一律不得用公款相互宴请。

第十四条　出访组团在国外期间，收授礼品应当严格按有关规定执行。原则上不对外赠送礼品，确有必要赠送的，应当事先报经本单位外事和财务部门审批同意，按照厉行节约的原则，选择具有民族特色的纪念品、传统手工艺品和实用物品，朴素大方，不求奢华。

出访团组与我国驻外使领馆等外交机构和其他中资机构、企业之间一律不得以任何名义、任何方式互赠礼品或纪念品。

第十五条　出国签证费用、防疫费用、国际会议注册费用等凭有效原始票据据实报销，根据到访国要求，出国人员必须购买保险的，应当事先报经本单位以及主管部门外事和财务部门批准后，按照到访国驻华使领馆要求购买，凭有效原始票据据实报销。

第十六条　出国人员回国报销费用时，须凭有效票据填报有团组负责人审核签字的国外费用报销单（具体表格由各单位制定）。各种报销凭证须用中文注明开支内容、日期、数量、金额等，并由经办人签字。

省直单位财务部门应当根据本办法制定本单位财务报销审批的具体规定，加强对因公临时出国团组的经费核销管理，各单位财务部门应当对因公临时出国团组提交的出国任务批件、护照（包括签证和出入境记录）复印件及有效费用明细票据进行认真审核，严格按照批准的出国团组人员、天数、路线、经费预算及开支标准核销经费，不得核销与出访任务无关的开支，并按规定据实编列决算。

第十七条　省财政厅根据各单位申请核定省级购汇数额，并确定一家外汇指定银行具体办理购汇手续。

省直单位根据出国经费预算，结合实际购汇需求，向外汇指定银行购买外汇。

第四章　党政机关经费先行审核

第十八条　省直党政机关因公临时出国实行经费先行审核制度。省直党政机关提交出访团组因公临时出国申请时，应同时提交团组经费预算先行审核材料。因公临时出国审核审批部门受理党政机关因公临时出国团组申请后，对党政机关出访团组进行合规性审核。经初审同意的团组，因公临时出国审核审批部门在《因公出国（境）先行审核意见表》填写团组拟出访国家、人数、天数、公务活动日程等基本信息，同时将省直党政机关提交的经费先行审核材料一并转省财政厅办理经费审核。

第十九条　省直党政机关提交的经费先行审核材料应包括：

（一）《因公临时出国任务和预算审批意见表》。

（二）团组详细经费预算（应列明国际旅费、住宿费、伙食费、公杂费和其他费用等明细项目金额和计算标准、折算汇率、依据，事先报批的支出事项预算情况及依据，其他事项预算情况及依据，具体经费来源渠道），购买国际机票的应提供咨询函，参加国际会议需由会议主办方集中安排食宿导致超出标准的，应在预算中作相关说明并附相关文件。

（三）出访团组经费如需在部门预算之外向省财政申请追加解决来源渠道的，应按现行经费管理规定同时提交经批准的安排经费文件。

（四）经审核审批部门合规性审核的团组详细行程、公务活动内容、团组人员及职务。

（五）财政部门核定的本单位年度出访经费预算额度及已使用额度、额度余额情况，超出本单位预算额度申请使用因公临时出国经费的，应对出访必要性作特别说明，提交相关文件依据。

（六）其他需要说明的材料。

第二十条　省财政厅收到因公临时出国审核审批部门转来的送审材料后，材料不完整的应一次性通知申请单位联系人补齐相关材料。

第二十一条　省财政厅按照厉行节约、严控因公临时出国经费原则，根据国家现行经费开支标准及相关预算、财务管理规定审核因公临时出国团组经，费开支，规范办理审核事项。

在材料齐全并符合规定条件的情况下，省财政厅原则上应在7个工作日内完成经费先行审核。符合条件的核定团组经费控制数，向因公临时出国审核审批部门出具经费审核意见，抄送申请单位；不符合条件的将相关情况告知申请单位。

第二十二条　省直党政机关出访团组应以省财政厅核定的经费控制数为团组开支总额上限，按节约原则制订详细出访开支计划，按规定开支。

第五章　监督检查

第二十三条　除涉密内容和事项外，因公临时出国经费的预决算应当按照预决算信息公开的有关规定，及时公开，主动接受社会监督。

第二十四条　省外事办、财政、审计等部门对因公临时出国情况进行定期或不定期联合检查。省财政厅应当定期或不定期对各部门各单位因公临时出国经费管理使用情况进行监督检查。审计部门应当对各部门各单位因公临时出国经费管理使用情况进行审计。

省直单位财务部门应当建立健全因公临时出国团组内部监督检查机制，主管部门每半年向省外事办、省财政厅报送本部门本单位因公临时出国经费使用情况，严格按照预算绩效管理的有关规定，加强因公临时出国经费预算绩效评价，切实提高预算资金的使用效益。

第二十五条　组团单位应当采取集中形式，对团组全体人员进行行前财经纪律教育。对出国人员违反本办法规定，有下列行为之一的，除相关开支一律不予报销外，按照《财政违法行为处罚处分条例》等有关规定严肃处理，并追究有关人员责任：

（一）违规扩大出国经费开支范围的。

（二）擅自提高经费开支标准的。

（三）虚报团组级别、人数、国家数、天数等，套取出国经费的。

（四）使用虚假发票报销出国费用的。

（五）其他违反本办法的行为。

第六章 附 则

第二十六条 省直单位因公临时赴香港、澳门、台湾地区的，适用本办法。

第二十七条 省直单位可以根据本办法，结合实际制定具体规定，由主管部门报省财政厅备案。

第二十八条 对与新建交或未建交国家，相关经费开支标准暂按照经济水平相近的邻国标准执行。

第二十九条 相关经费开支按财政部、外交部制定标准执行，并由财政部、外交部根据出访国家或地区经济发展、物价等变动情况，适时调整，省财政厅及时通知省直单位。

第三十条 国有企业和其他因公临时出国人员参照本办法执行。

第三十一条 本办法由省财政厅、省外事办负责解释。

第三十二条 本办法自印发之日起施行。财政部、外交部《关于印发〈临时出国人员费用开支标准和管理办法〉的通知》（财行〔2013〕73号）和财政部、原中国民用航空总局《关于加强因公出国机票管理的通知》（财外字〔1998〕283号）不再执行。

省直党政机关和事业单位差旅费管理办法

（广东省财政厅2014年3月14日发布，粤财行〔2014〕67号）

第一章 总 则

第一条 为进一步加强和改进省直党政机关和事业单位（以下简称省直单位）差旅费管理，厉行节约反对浪费，制定本办法。

第二条 本办法所称差旅费，是指工作人员因公到常驻地以外地区出差期间所发生费用，包括城市间交通费、住宿费、伙食补助费和市内交通费，但不包括因公出国（境）所发生的费用。

第三条 省直单位应当建立健全国内出差内部审批制度，因公出差必须按规定履行报批手续，从严控制出差人数和天数，严禁无实质内容、无明确公务目的的学习、交流、考察、调研等活动，严禁以公务差旅为名变相旅游。

第四条 省直单位应当将差旅费纳入部门预（决）算管理，在保障公务活动正常开展前提下，严格控制差旅费在机关运行经费预算总额中的规模和比例，不得以任何方式转嫁差旅费。

第五条 省财政厅根据国家和省有关政策以及经济社会发展水平制定差旅费开支标准，并根据市场价格及消费水平变动情况适时调整。

第二章 城市间交通费

第六条 城市间交通费是指工作人员因公到常驻地以外地区出差乘坐火车、轮船、飞机等交通工具所发生的费用。

第七条 出差人员在不影响公务、确保安全的前提下，按照经济、便捷原则选择合适的交通工具，按规定等级乘坐，凭据报销。未按规定等级乘坐交通工具的，超支部分自理。乘坐交通工具的规定等级如下：

交通工具 级别	火车（含高铁、动车、全列软席列车）	轮船 （不包括旅游船）	飞机	其他交通工具 （不包括出租小汽车）
省级及相当职务人员	软席（软座、软卧），高铁/动车商务座，全列软席列车一等软座	一等舱	头等舱	凭据报销
厅级及相当职务人员	软席（软座、软卧），高铁/动车一等座，全列软席列车一等软座	二等舱	经济舱	凭据报销
其他人员	硬席（硬座、硬卧），高铁/动车二等座、全列软席列车二等软座	三等舱	经济舱	凭据报销

第八条　省级及相当职务人员出差，因工作需要，随行一人可以乘坐同等级交通工具。

科级及以下人员原则上不乘坐飞机，因出差旅途较远或出差任务紧急需乘坐飞机要从严控制，需经本单位领导批准方可乘坐飞机。

第九条　乘坐飞机、轮船、火车等交通工具的，每人每次可以购买交通意外保险一份。所在单位已统一购买交通意外保险的，不再重复购买。

第十条　乘坐飞机的，机场往返市区接驳专线费用、民航发展基金、燃油附加费可以凭据报销。

第三章　住宿费

第十一条　住宿费是指工作人员因公出差期间入住宾馆（包括饭店、招待所，下同）所发生的房租费用。

第十二条　出差人员住宿以单间或标准间为主，省级及相当职务人员可住普通套间。住宿费限额标准：省级及相当职务人员每人每天800元，厅级及相当职务人员每人每天490元，其他人员每人每天340元。

对于住宿价格季节性变化明显的城市，住宿费限额标准在旺季可适当上浮一定比例。具体依照财政部发布的有关规定办理。

第十三条　出差人员应当在职务级别对应的住宿费限额标准以内，选择安全、经济、便捷的宾馆住宿，凭据报销。无住宿费发票的，一律不予报销住宿费。

第四章　伙食补助费和市内交通费

第十四条　伙食补助费是指对工作人员因公出差期间伙食费用给予的适当补偿，按出差自然（日历）天数实行定额包干，省内省外同一标准，每人每天100元。

第十五条　市内交通费是指工作人员因公出差期间发生的市内交通费用，按出差自然（日历）天数实行定额包干，每人每天80元。

第十六条　凡由接待单位统一安排用餐或提供交通工具的，出差人员应当向接待单位交纳相关费用。参加会议和培训期间由举办方按规定统一安排的除外。

第五章　与会、外派等的差旅费

第十七条　工作人员到广州市区以外参加会议和培训班，市内交通费和报到或返程在途期间发生的城市间交通费、住宿费、伙食补助费回所在单位按照前款有关规定报销。会议和培训期间住宿费、伙食费及其他费用，由举办方按照会议费管理规定统一开支。

除法律法规有明文规定或经物价部门批复同意的强制性培训项目外，省直单位及其工作人员原则上不参加要求食宿费用自理的会议或培训。确有需要的，需经本单位领导批准，并凭会议或培训通知、审批文件及住宿费发票回所在单位报销差旅费。

第十八条　到广州市区以外实（见）习、挂职锻炼和参加支援工作的人员，在途期间的住宿费、伙食补助费和市内交通费按照差旅费规定执行；在基层单位工作期间，每人每天发放伙食补助费40元，不再报销住宿费和市内交通费。

援藏、援疆干部的生活待遇按照有关规定执行。

第十九条　广州市区以外的基层单位工作人员被省直单位选调（抽调）到省直单位挂职锻炼或开展专项工作的，按以下规定报销差旅费：

（一）报到或返程在途期间的城市间交通费、住宿费、伙食补助费，按基层单位所在地的差旅费补助标准回原工作单位报销。

（二）在省直单位挂职锻炼或专项工作期间，每人每个工作日发放伙食补助费40元，由选调（抽调）人员的省直单位报销，在原工作单位不再报销伙食补助费和市内交通费。

第六章　报销管理

第二十条　出差人员应当严格按规定开支差旅费，费用由所在单位承担，在“差旅费”支出经济科目中统一核算，不得以任何方式转嫁。

第二十一条　省直单位财务部门应当严格按规定审核差旅费开支，对未经批准以及超范围、超标准开支的费用不予报销。其中：

（一）城市间交通费按乘坐交通工具的等级凭据报销，订票费、经批准发生的签转或退票费、乘坐交通工具的交通意外保险费凭据报销。

（二）住宿费在标准限额之内凭发票据实报销。

（三）伙食补助费和市内交通费按规定标准报销。

（四）实际发生住宿而无住宿费发票的，不得报销住宿费以及城市间交通费、伙食补助费和市内交通费。未按规定标准开支差旅费的，超支部分由个人自理。

第二十二条　出差人员差旅活动结束后应当及时办理报销手续。差旅费报销时应当提供出差审批单、机票、车船票、住宿费发票等凭证。住宿费、机票支出等按规定使用公务卡或银行转账结算。

第七章　监督问责

第二十三条　省直单位应加强对本单位工作人员差旅活动和经费报销的内控管理，对本单位差旅审批制度、差旅费预算及规模控制负责，相关领导、财务人员等对差旅费报销进行审核把关，确保票据来源合法，内容真实完整、合规。对未经批准擅自出差、不按规定开支和报销差旅费的人员进行严肃处理。

一级预算单位要强化对所属下级预算单位的监督检查，发现问题及时处理，重大问题向省财政厅报告。

第二十四条　工作人员出差期间，因游览或非工作需要的参观而开支的费用，均由个人自理。出差人员不得向接待单位提出正常公务活动以外的要求，不得在出差期间接受违反规定用公款支付的宴请、游览和非工作需要的参观，不得接受礼品、礼金和土特产品等。各接待单位要根据各类出差人员住宿费限额标准和伙食补助费包干标准适当安排，不得以任何名义免收或少收食宿费。

第二十五条 省财政厅会同有关部门对省直单位差旅费管理和使用情况进行监督检查。主要内容包括：

（一）差旅审批制度是否健全，出差活动是否按规定履行审批手续。

（二）差旅费开支范围和开支标准是否符合规定。

（三）差旅费报销是否符合规定。

（四）是否转嫁差旅费。

（五）差旅费管理办法规定的其他情况。

第二十六条 违反本办法规定，有下列行为之一的，由前款所列监督检查部门责令改正，依法依规追究相关单位和人员的责任，对违规定资金予以追回，并视情况予以通报。对直接责任人和相关负责人，报请其所在单位按规定给予行政处分。涉嫌违法的，移送司法机关处理：

（一）单位无差旅审批制度或差旅审批控制不严的。

（二）弄虚作假，虚报冒领差旅费的。

（三）违规扩大差旅费开支范围，擅自提高开支标准的。

（四）不按规定报销差旅费的。

（五）转嫁差旅费的。

（六）违反差旅费管理规定的其他行为。

第八章 附 则

第二十七条 省直单位应当按照本办法规定，结合实际情况，制定本单位差旅费管理具体规定，报省财政厅备案。

非驻穗单位可根据本办法，结合所在地区物价水平，在省定标准上限内合理确定本单位差旅费开支标准。

第二十八条 本办法由省财政厅负责解释。

第二十九条 本办法自印发之日起施行。

省直党政机关外宾接待经费管理办法

（广东省财政厅2014年3月18日发布，粤财行〔2014〕80号）

第一章 总 则

第一条 为进一步规范外宾接待工作，加强外宾接待经费管理，强化预算监督，根据《中华人民共和国预算法》、《党政机关厉行节约反对浪费条例》、财政部外交部《中央和国家机关外宾接待经费管理办法》（财行〔2013〕533号）及相关管理规定，结合我省实际，制定本办法。

第二条 本办法适用于省直党政机关和参照公务员法管理的事业单位（以下简称省直单位）接待国外、境外来宾，省直党政机关包括省级党的机关、人大机关、行政机关、政协机关、审判机关、检察机关、民主党派机关和人民团体机关。

第三条 省直单位外宾接待工作应当坚持服务外交、友好对等、务实节俭的原则。

第四条 省直单位邀请外宾来访应当按照有关外事管理规定，严格执行计划审批规定。未经批准或授权，不得对外发出正式邀请或作出承诺。接待计划应当明确外宾团组中由我方招待的人数、天数，费用开支范围以及资金来源、列支渠道、预算等。计划编制必须严格控制在年度外宾接待费预算内，不得突破。

第二章 预算管理

第五条 外宾接待经费应当纳入部门预算管理。省直单位应当加强外宾接待费预算管理，控制预算规模，在核定的年度外宾接待费预算内安排外宾接待活动，不得超预算或无预算安排外宾接待。

第六条 对应邀来粤的外宾，省直单位应当根据互惠对等原则或外事交流协议等，区分为全部招待、部分招待和外宾自理。

无互惠对等原则及外事交流协议的，招待天数不得超过5天（含抵、离境当天），招待人数可由省直单位按内部规定执行，超出规定天数和人数的，一律由外宾自理。

第七条 省直单位应当从严从紧控制外宾接待经费，严格执行接待费开支标准，不得擅自突破，不得向同级机关、下级机关、下属单位和企业等摊派、转嫁费用。

第八条 外宾接待费的报销支付应当严格按照国库集中支付和公务卡管理的有关制度执行，采用银行转账或公务卡方式结算，不得以现金方式支付。

第三章　开支范围及标准

第九条　外宾接待经费开支范围主要包括：住宿费、日常伙食费、宴请费、交通费、赠礼等。

外宾接待经费原则上不得列支外宾来粤旅费。

第十条　住宿费按照下列规定执行：

（一）外宾住宿应当注重安全舒适，不追求奢华。副部（省，下同）长级及以上人员率领的外宾代表团，可安排在五星级、四星级宾馆；司（厅，下同）局级及以下人员率领的代表团以及其他一般外宾代表团，安排的宾馆最高不超过四星级。

（二）外宾住房标准：副部长级及以上人员可安排套间，其他人员安排标准间。

（三）省直单位选择外宾住宿接待宾馆可结合实际情况与符合条件的宾馆签订长期合作协议，争取优惠价格。

第十一条　日常伙食费按照下列规定执行：

（一）外宾日常伙食招待应当注意节俭，严格根据伙食费标准选择菜品，提倡采用自助餐等形式。

（二）外宾日常伙食费（含酒水、饮料）标准：国家元首、政府首脑级每人每天600元；副总统、副总理和正、副议长级每人每天550元；正、副部长级每人每天500元；其他人员每人每天300元。

第十二条　宴请费按以下办法执行：

（一）宴请外宾严禁讲排场，原则上安排在宴请举办单位内部的宾馆和招待所，不上高档菜肴和酒水，杜绝奢侈浪费。除宴会外，提倡采用冷餐会、酒会、茶会等多种宴请形式。

（二）外宾宴请费（含酒水、饮料）标准：正、副部长级人员出面举办的宴会，每人每次400元；厅局级及以下人员出面举办的宴会每人每次300元。冷餐会、酒会、茶会分别为每人每次150元、100元、60元。

（三）外宾在粤期间，宴请不得超过2次，包含赴地方访问时，由地方接待单位或有关单位联合安排的1次宴请。

第十三条　交通费按以下办法执行：

（一）外宾用车应当根据实际情况安排，除少数重要外宾乘坐小轿车外，其他外宾可视人数多少安排小轿车、中巴士或大巴士。在符合礼宾要求的前提下，外宾出行应当集中乘车，减少随行车辆。

（二）接待外宾确需租用车辆的，省直单位应当与资质合格、运营规范的汽车租赁公司签订租赁合同。

（三）外宾赴地方访问时，应当按级别乘坐相应等级标准交通工具，副部长级及以上外宾可提供飞机头等舱、轮船一等舱和火车软席（含高铁/动车商务座、全列软席列车一等座、火车高级软卧），其他人员可提供飞机经济舱、轮船二等舱和火车软席（含高铁/动车一等座、全列软席列车一等座、火车软卧）。

确因工作需要并经接待单位领导批准，外方主宾的重要随行人员可随主宾乘坐相应舱位，原则上按随行不超过1人来安排。

外宾途中伙食费按日常伙食费标准执行。

第十四条　对外赠礼按以下办法执行：

（一）对外赠礼应当节约从简，实物礼品应当尽量选择具有中国特色的纪念品、传统手工艺品和实用物品，朴素大方，不求奢华。

（二）赠礼对象仅为外方团长夫妇，必要时可包括主要陪同人员，原则上由接待单位赠礼1次，其他单位不得重复赠礼。如外方赠礼，可按对等原则回礼。

（三）对外赠礼以赠礼方式或受礼方级别较高一方的级别确定赠礼标准。赠礼方或受礼方为正、副部长人员的，每人次礼品不得超过400元；赠礼方或受礼方为司局级人员的，每人次礼品不得超过200元；其他人员，可以视情况赠送小纪念品。

（四）对访问我省的著名友好人士、社会名流、专家学者，确有必要赠礼的，按照正、副部长级人员标准执行。

第十五条　外宾在粤期间的医药、邮电通讯、洗衣、理发等费用，除国家元首、政府首脑外，均由外宾自理。

第四章　陪同人员及经费管理

第十六条　我方陪同人员人数，应当根据礼宾要求，从严掌握。

第十七条　接待国家元首、政府首脑级外宾的重大外交外事活动，我方参加宴请人数应当根据礼宾要求安排。其他宴请，外宾5人（含）以内的，中外人数原则上在1∶1以内安排；外宾超过5人的，超过部分中外人数原则上在1∶2以内安排。

第十八条　陪同外宾赴地方访问期间，陪同人员的伙食费、住宿费、交通费等开支标准按照省直机关国内差旅费管理的有关规定执行，并由所在单位分别负担。确需与外宾同餐、同住、同行的，经所在单位领导批准，可按对应的外宾接待标准实报实销。

第十九条　省直单位的接待工作人员在接待活动期间，确因工作需要不能按时用餐的，经接待单位领导批准，可以领取误餐补助，标准为每人每次50元。

第五章　支出责任

第二十条　外宾接待原则上由邀请单位负担经费。省直单位邀请的外宾团组经费支出由省直单位负担；地方单位邀请的外宾团组经费支出由地方负担。

第二十一条　由省直单位邀请的外宾团组，确需到地方访问的，接待单位应当事先在接待方案中明确划分省级与地方分别承担的接待费用。

第六章　监督检查

第二十二条　除涉密内容和事项外，外宾接待经费的预决算应当按照预决算信息公开的有关规定，及时公开，接受社会监督。

第二十三条 外事、财政、审计等部门应当加强对外宾接待管理和经费使用情况的监督检查。省直单位应如实提供包括接待计划、经费预算、开支报销凭证等在内的相关资料，主动配合接受检查，并认真落实检查意见。

第二十四条 违反本办法规定，有下列行为之一的，按照《财政违法行为处罚处分条例》、《党政机关厉行节约反对浪费条例》等有关规定，责令整改，追回资金，并追究有关人员责任：

（一）擅自提高经费开支标准的。

（二）计划未经批准接待外宾的。

（三）违规扩大外宾接待开支范围，或报销与接待无关的费用的。

（四）虚报外宾接待级别、人数、天数，套取接待经费的。

（五）使用虚假发票报销接待费用的。

（六）其他违反本办法的行为。

第七章 附 则

第二十五条 各地级以上市财政部门应当根据本办法制定本地区外宾接待经费管理办法和开支标准，报省财政厅、省外事办备案。

第二十六条 省直单位邀请的外宾团组赴地方访问时，执行当地的外宾接待经费开支标准。

第二十七条 省级事业单位的外宾接待经费管理参照本办法执行。

第二十八条 在粤举办国际会议涉及的外宾接待费用管理按照在粤举办国际会议的有关规定执行。

第二十九条 本办法由省财政厅负责解释。

第三十条 本办法自印发之日起施行。《关于调整我省外宾接待费开支开支标准的函》（粤财行〔2003〕152 号）同时废止。

省直单位因公短期出国培训费用管理办法

（广东省财政厅 广东省外国专家局2014 年7 月16 日发布，粤财行〔2014〕322 号）

第一条 为进一步规范因公短期出国培训费用管理，加强预算监督，提高资金使用效益，保证出国培训工作的顺利开展，根据《中华人民共和国预算法》、《党政机关厉行节约反对浪费条例》和财政部、国家外国专家局《因公短期出国培训费用管理办法》（财行〔2014〕4 号）及相关管理规定，结合我省实际，制定本办法。

第二条 本办法适用于省直党政机关和事业单位（以下简称省直单位）因公短期出国培训费用管理，省直党政机关包括省级党的机关、人大机关、行政机关、政协机关、审判机关、检察机关、民主党派机关和人民团体机关。

第三条 因公短期出国培训，是指单位选派各类专业技术人员和管理人员到国外进行 90 天以内（不含 90 天）的业务培训。

第四条 因公短期出国培训应当坚持强化预算约束、优化培训结构、因事立项定人、加强监督管理的原则，严控批次人数和费用规模，严格计划执行。

第五条 因公短期出国培训费用纳入预算管理。省直单位安排因公短期出国培训项目应当实行经费预算先行审核，无预算或超预算的不得安排出国培训。

第六条 因公短期出国培训实行计划审核审批管理。组织、外专等有关部门应当加强出国培训的总体规划，严格控制出国培训规模，科学设置培训项目，择优选派培训对象，注重出国培训的质量和实效。

第七条 因公短期出国培训应当重点支持加快我省经济社会发展急需的，符合我省产业转型升级要求的，围绕省委、省政府中心工作开展的，以及旨在提高决策水平、经营管理水平、专业技术水平的培训。

第八条 省直单位应当建立因公短期出国培训计划与预算管理的内部控制制度。组团单位应当填报《因公短期出国培训任务与预算审批意见表》，由本单位出国培训管理部门和财务部门分别审核并出具审签意见，经单位领导办公会或党组（党委）审议确定。培训任务、培训费用预算审核未通过的，不得列入单位出国培训计划，不得安排出国培训。

第九条 因公短期出国培训费用开支范围包括：培训费、国际旅费、国外城市间交通费、住宿费、伙食费、公杂费和其他费用。

其中，培训费是指出国培训团组用于授课、翻译、场租、资料、课程设计、对口业务考察或业务实践活动等在国外培训所必须发生的费用。

与培训主题无关的参观访问及礼节性拜访等活动经费不得列入培训费用开支范围。

第十条 国际旅费、国外城市间交通费、住宿费、伙食费、公杂费和其他费用的管理要求和开支标准参照《省直党政机关和事业单位因公临时出国经费管理办法》（粤财行〔2014〕32号）执行。

培训费开支按本办法所附分国家和地区标准执行，并在规定的标准之内据实报销。

出国培训团组需在国内开展预培训和培训总结所发生的费用，参照国内培训费相关规定执行。

第十一条　省直单位党政机关（含参照公务员法管理事业单位，下同）干部因公短期出国培训经费额度纳入因公临时出国经费管理。

党政机关干部因公短期出国培训应按规定办理干部因公临时出国审批手续，并由财政部门实行经费先行审核制度。财政部门经费先行审核按照《省直党政机关和事业单位因公临时出国经费管理办法》（粤财行〔2014〕32号）第四章“党政机关经费先行审核”规定执行，同时将先行审核材料中《因公临时出国任务和预算审批意见表》更换为《因公短期出国培训任务和预算审批意见表》。

第十二条　组团单位和培训项目境外承办机构双方应当签订培训协议，明确境外培训活动的时间、地点、内容、费用明细支出等情况，以及派出、接待双方的责任和义务。

国家外国专家局对培训项目境外承办机构定期进行资格认定和监督检查，认定结果予以公开。省直单位选择的承办机构应为经国家外国专家局认定且符合培训优势需求的培训机构，专业对口的著名国际大公司、科研机构、大学等。

第十三条　中央财政安排出国培训专项经费，对专业技术人才、高技能人才、农村实用及社会工作人才类培训予以重点资助。

第十四条　由外方资助出国培训经费的，省直单位不得重复支付。外方对费用开支有明确规定的，按其规定执行；没有规定的，参照本办法规定的标准和要求执行。外方资助经费不足以弥补规定培训费用开支的，可以按照本办法的开支标准，由省直单位补足其费用差额部分。

第十五条　培训人员回国报销费用时，应当凭出国任务批件和出国培训审核件，填报《因公短期出国培训费用报销单》，并附各项经费开支有效票据。

省直单位财务部门应当对因公短期出国培训团组提供的任务批件、护照（包括签证和出入境记录）复印件及有效费用明细票据进行认真审核，严格按照批准的出国培训团组人员、天数、路线、经费预算及开支标准核销经费，超出部分不得核销。

第十六条　省直单位不得组织计划外营利性出国培训项目，也不得安排照顾性质、无实质内容、无实际需要及参观考察等一般性出国培训项目。

第十七条　培训团组在国外期间，原则上不赠送礼品，一律不安排宴请。

培训团组严禁接受或变相接受企事业单位资助，严禁向同级机关、下级机关、所属单位、我驻外机构等摊派或转嫁出国培训费用。

第十八条　建立出国培训项目信息公开制度和成果共享机制。除涉密内容和事项外，省直单位应当将培训的项目、内容、人数、经费、培训总结报告等情况，以单位内部局域网、公告栏等适当方式分别在培训前和培训后进行公开。

第十九条　省级出国培训管理、外事、财政、审计等部门对因公短期出国培训项目执行情况和培训费用管理使用情况进行定期或不定期检查。

省直单位应当建立健全因公短期出国培训项目内部监督检查机制，每半年向同级出国培训管理、外事、财政部门报送本单位因公短期出国培训项目执行和费用使用情况。

第二十条　省直单位以及培训人员违反本办法规定，有下列行为之一的，相关开支一律不予报销，并按照《财政违法行为处罚处分条例》、《党政机关厉行节约反对浪费条例》等有关规定予以处理：

（一）无预算或未经财务部门同意安排出国培训项目的。

（二）违规扩大出国培训费用开支范围的。

（三）擅自提高出国培训费用开支标准的。

（四）擅自增加培训人数或延长培训时间超支费用的。

（五）虚报培训团组人数、天数等，套取出国培训费用的。

（六）使用虚假票据报销出国培训费用的。

（七）培训期间存在铺张浪费、公款旅游行为的。

（八）其他违反本办法的行为。

第二十一条　省直单位因公短期赴香港、澳门、台湾地区培训的，适用本办法。

第二十二条　确有必要到未列培训费开支标准的国家（地区）开展因公培训的，可按照经济社会发展水平相近的国家（地区）标准执行。

第二十三条　省级国有企业和其他机构因公短期出国培训参照本办法执行。

第二十四条　本办法由省财政厅、省外专局负责解释。

第二十五条　本办法自印发之日起施行。国家外国专家局、财政部《关于出国（境）实习培训团组集体开支的培训费标准和管理办法的暂行规定》（外专发〔1994〕162号）及国家外国专家局、财政部《关于调整短期出国（境）培训生活费开支标准和部分国家培训费币种的通知》（外专发〔2002〕95号）不再执行。

省直党政机关和事业单位培训费管理办法

（广东省财政厅　中共广东省委组织部　广东省人力资源和社会保障厅2014年11月13日发布，粤财行〔2014〕514号）

第一章　总　则

第一条　为规范省直党政机关和事业单位（以下简称省直单位）培训工作，加强培训费管理，节约培训费开支，根据《党政机关厉行节约反对浪费条例》和我省实施细则，参照《中央和国家机关培训费管理办法》，制定本办法。

第二条　省直单位使用财政性资金在境内举办的各类业务培训适用本办法。使用其他性质的资金举办培训参照本办法执行。

第三条　省直单位举办培训应当坚持厉行节约、反对浪费的原则，实行单位内部统一管理，增强针对性和实效性，保证培训质量，节约培训资源，提高培训经费使用效益。

第二章　计划和备案管理

第四条　省直单位举办培训实行培训计划编报制度，分级审批：

（一）省直单位举办各类业务培训，由单位培训部门制订本单位年度培训计划，详细列明培训项目名称、对象、内容、时间、地点、参训人数、所需经费及列支渠道等内容，经单位财务部门审核后，报单位领导办公会议或党组（党委）会议批准后施行。

（二）选调市、县党政领导班子成员参训的，应当报省委组织部审批同意，纳入年度培训计划。未纳入年度培训计划的，不得选调市、县党政领导班子成员参训。

第五条　年度培训计划一经批准，原则上不得调整。因工作需要确需临时增加培训及调整预算的，报单位领导办公会议或党组（党委）会议审批。

第六条　省直单位使用财政性资金在境内举办的各类业务培训，其年度培训计划应于每年3月份前报省委组织部、省财政厅、省人力资源和社会保障厅备案。

第三章　开支范围和标准

第七条　培训费是指省直单位举办培训直接发生的各项费用支出，包括住宿费、伙食费、培训场地费、讲课费、培训资料费、交通费、其他费用。

（一）住宿费是指参训人员及工作人员培训期间发生的租住房间的费用。

（二）伙食费是指参训人员及工作人员培训期间发生的用餐费用。

（三）培训场地费是指用于培训的会议室或教室租金。

（四）讲课费是指聘请师资授课所支付的必要报酬。

（五）培训资料费是指培训期间必要的资料及办公用品费。

（六）交通费是指用于接送以及统一组织的与培训有关的考察、调研等发生的交通支出。

（七）其他费用是指现场教学费、文体活动费、医药费以及授课教师交通、食宿等支出。

参训人员及工作人员报到或返程在途期间发生的城市间交通费、伙食费、住宿费和市内交通费等，按照所在单位差旅费管理规定回本单位报销。

培训所在地的参训人员、工作人员及参训人员随行司机一律不安排食宿，也不发放任何费用，符合所在单位差旅费管理有关规定的，回本单位报销。

第八条　省直单位举办各类业务培训实行综合定额标准，分项核定、总额控制。综合定额标准是培训费开支的上限，各项费用之间可以调剂使用。各单位应在综合定额标准以内结算报销。培训费支出标准如下：

单位：元/人·天

住宿费	伙食费	场地费和讲课费	资料费、交通费和其他费用	合计
190	120	100	40	450

第九条　培训时间、参训人数按照批准文件从严控制。培训报到和撤离时间合计不得超过1天。工作人员控制在参训人员数量的5%以内，最多不超过10人。

15天以内的培训按照综合定额标准控制；超过15天的培训，超过天数按照综合定额标准的80%控制；超过30天的培训，超过天数按照综合定额标准的70%控制。上述天数含报到撤离时间。

第十条　讲课费执行以下标准（税后）：

（一）副高级技术职称专业人员每半天最高不超过 1 000 元。

（二）正高级技术职称专业人员每半天最高不超过 2 000 元。

（三）院士、全国知名专家每半天一般不超过 3 000 元。

其他人员讲课参照上述标准执行。会议、评审、学习、研讨等其他活动中聘请专业人员或专家学者讲课可参照该标准。

第四章　培训组织

第十一条　省直单位可以采取自主培训方式进行单位或系统内部业务培训，也可通过委托等方式择优确定培训机构。承担培训项目的机构应当符合组织人事部门认可的资质条件。

第十二条　省直单位举办培训应尽量利用网络、视频等信息化手段，充分利用单位内部培训场地和既有条件，大力推行干部选学、在职自学等方式，降低培训成本，提高培训效率。

第十三条　外聘师资授课的，省直单位或委托培训机构应事前通过公函等书面形式与授课人员所在单位沟通，明确授课时间、内容、费用负担等事项。因培训内容需要确需聘请社会专业人士的，应当报举办单位负责同志批准。

第十四条　严禁借培训名义安排公款旅游；严禁借培训名义组织会餐或安排宴请；严禁组织高消费娱乐、健身活动；严禁使用培训费购置电脑、复印机、打印机、传真机等固定资产以及开支与培训无关的其他费用；严禁在培训费中列支公务接待费、会议费；严禁套取培训费设立“小金库”。

培训住宿以标准间为主，不安排高档套房，不额外配发洗漱用品；培训用餐不得上高档菜肴，不得提供烟酒；7 天以内的培训不得组织调研、考察、参观。

第五章　报销结算

第十五条　培训结束后，各单位应及时办理培训费结算手续。报销培训费时应当提供培训通知、实际参训人员签到表、与授课人员所在单位沟通公函或有关批件、讲课费签收单、培训机构出具的原始明细单据，以及电子结算单等凭证。

第十六条　各单位财务部门应当严格按照规定审核培训费开支，对未履行审批备案程序的培训，以及超范围、超标准开支的费用不予报销。

第十七条　讲课费、小额零星开支以外的培训费用，应当按照国库集中支付和公务卡管理的有关制度执行，采用银行转账或公务卡方式结算，不得以现金方式支付。

第十八条　培训费原则上由培训举办单位在其部门预算公用经费或经批准使用的专项经费中列支，在“培训费”支出经济科目中统一核算。除法律法规有明文规定或省物价部门批复同意的强制性培训项目外，举办单位不得以任何方式向有关单位和个人转嫁、摊派培训费用。

第十九条　培训费用未列入部门预算、经批准由省财政专项安排的，举办单位应在培训开班前 15 个工作日内按规定向省财政厅提出书面申请，申请文件应包括批准文件、日程安排及费用预算。未按规定事前报批的，省财政厅不予安排培训经费。

第六章　监督检查

第二十条　各单位应当将培训的项目、内容、人数、经费等情况，以适当方式进行公开。

第二十一条　各单位应当于每年 3 月前将上年度培训计划执行情况（包括培训名称、主要内容、时间、地点、培训对象及人数、工作人员数、经费开支及列支渠道、培训成效等）报送省委组织部、省财政厅、省人力资源和社会保障厅备案。

第二十二条　省委组织部、省财政厅、省人力资源和社会保障厅、省审计厅等有关部门对各单位培训活动和培训费管理使用情况进行监督检查。主要内容包括：

（一）培训计划的编报是否符合规定。

（二）培训费开支范围和开支标准是否符合规定。

（三）培训费报销和支付是否符合规定。

（四）是否存在虚报培训费用的行为。

（五）是否存在转嫁、摊派培训费用的行为。

（六）是否存在向参训人员乱收费的行为。

（七）是否存在其他违反本办法的行为。

第二十三条　对于检查中发现的违反本办法的行为，由前款所列监督检查部门责令改正，追回资金，并予以通报；相关责任人员，所在单位按规定予以党纪政纪处分；涉嫌犯罪的，移送司法机关处理。

第七章　附　则

第二十四条　省直单位应当按照本办法规定，结合本单位业务特点和工作实际，制定培训费管理具体规定。

第二十五条　省委组织部、省人力资源和社会保障厅组织的调训和统一培训，不适用本办法。国（境）外举办培训的，执行国家和省因公出国（境）培训经费管理规定。

第二十六条　本办法由省财政厅会同省委组织部、省人力资源和社会保障厅负责解释。

第二十七条　本办法自发布之日起施行。

广东省财政厅　广东省教育厅关于中小学校的预算管理办法（试行）

（广东省财政厅　广东省教育厅2014年4月21日印发，粤财教〔2014〕83号）

第一章　总　则

第一条　为加强中小学校预算管理，提高资金使用效益，根据《中华人民共和国预算法》及其实施条例和《财政部教育部关于印发〈中小学校财务制度〉的通知》（财教〔2012〕489号）要求，结合我省实际，制定本办法。

第二条　本管理办法适用于我省各级政府举办、与财政部门发生缴拨关系的普通中小学、中等职业学校、特殊教育学校。

第三条　中小学校预算是指中小学校根据教育事业发展、学校教育教学活动的目标和计划，按照有关法律法规和政策要求，编制的年度财务收支计划，由收入预算和支出预算组成。

第二章　预算管理体制

第四条　中小学校预算编制管理体制按照办学体制和财政缴拨关系，在本级人民政府统一领导下，具体由本级财政、主管部门（教育部门办中小学由教育行政部门主管，其他部门办中小学由其他部门主管，下同）共同组织实施。

第五条　中小学校实行核定收支、定额或者定项补助、超支不补、结转结余按照规定使用的预算管理办法。

各级财政应按照法律、法规和政策要求，足额保障中小学校经费需求，确保实现“三个增长”等要求。义务教育学校经费全面纳入财政预算，由各级人民政府依法予以保障。

第六条　中小学校预算由学校编制，经主管部门审核汇总报同级财政部门，经法定程序审核批复后执行，具体按当地政府部门确定的预算编审程序执行。

第七条　中小学校预算编制以独立设置的学校为基本单位，非独立设置教学点纳入其所隶属的学校统一编制。独立设置、独立编制预算的中小学校应独立核算，建立独立账务，编制独立报表。确属不具备独立核算条件的学校，由财政部门和主管部门确定的核算点实行代理记账，代理记账不改变财务主体地位，不改变资金所有权和财务审批权。核算点不得挤占各中小学的公用经费和向各中小学摊派有关费用。代理记账单位的资质应符合《代理记账管理办法》（财政部令第27号）的相关要求。

第八条　中小学校长是学校预算管理第一责任人，领导和组织学校财会机构和相关人员编制预算，带头严格执行预算，对学校预算编制、调整、执行等负领导责任。

第三章　预算管理原则

第九条　中小学校预算管理应遵循如下原则：

（一）真实完整原则。中小学校预算要实事求是、稳妥可靠。编制预算的机构、编制、人员、资产等基础数据资料要真实可靠。各项收入全部纳入预算，统一核算，统一管理。支出预算严格执行有关财政规章制度规定的开支范围及标准，没有统一规定的，由学校结合实际制订，报主管部门和财政部门备案。各项支出要全部纳入学校预算，保工资、保运转、保安全、保发展等必要支出足额保障，不得留硬缺口。

（二）量入为出原则。中小学预算编制必须量入为出、收支平衡，不得编制赤字预算。义务教育阶段学校不得举借债务，非义务教育阶段学校不得违规举借债务。中小学校不得提供担保。义务教育阶段学校不得对外投资。

（三）统筹兼顾原则。中小学校预算编制要统筹兼顾，保证重点，合理安排各项资金。先保证基本支出，后安排项目支出；先安排重点项目、急需项目，后安排一般项目。

（四）公开透明原则。中小学校预算管理要发扬民主，在校长的统一领导下，由财务部门具体实施，组织学校教务、总务和教职工代表等参与预算编制，并经学校决策机构集体研究决定。预算执行要公开透明，依法公开预算和财务信息。

（五）绩效导向原则。中小学校预算要以项目绩效目标及其保障机制科学性、可行性为依据，科学合理编制、执行，确保预算管理规范、高效。

第四章　预算编制程序和方法

第十条　中小学校预算编制程序一般为“二上二下”，具体可按同级人大确定的预算程序执行。

“一上”：中小学校根据财政部门编制年度预算要求，结合学校的基本情况和事业发展需求，编制预算建议数，报主管部门，由主管部门审核，汇编成主管部门预算建议数，报同级财政部门。

"一下"：财政部门根据主管部门汇编上报的预算建议数，结合公用经费补助标准和财力可能，统筹安排中小学教育经费，编制预算初步草案报本级人民政府审定，经批准后向主管部门下达预算控制数，再由主管部门向中小学校下达预算控制数。

"二上"：中小学校根据预算控制数，对"一上"编报的预算进行修改和调整，经学校决策机构集体研究后将预算草案报主管部门。主管部门对中小学校预算草案进行审核，汇编成主管部门预算草案，报同级财政部门。

"二下"：经人民代表大会审议后，财政部门向主管部门正式批复年度预算，由主管部门正式批复中小学校预算。

第十一条　收入预算编制。

中小学校收入包括财政补助收入、事业收入、上级补助收入、附属单位上缴收入、经营收入、其他收入等。收入预算应以上年度预算执行情况为基础，考虑预算年度的收入增减因素进行测算。

县级财政部门应将省、市、县（市、区）财政免费教育公用经费补助按在校生数、补助标准和补助比例编入年度预算，并分解到有关的每所学校，确保学校预算完整。

第十二条　支出预算的编制。

（一）基本支出预算编制。工资福利支出、对个人和家庭的补助支出预算采用定员定标准法编制，即根据规定的分类定额标准和核实的单位人员状况，测算出工资福利支出、对个人和家庭的补助支出数。助学金支出应按实际享受助学金的学生人数和规定的定额标准计算编制。商品和服务支出采取定员和定额相结合的办法。

（二）项目支出预算编制。中小学校的项目支出预算主要包括房屋构筑物购建、大型修缮、办公设备购置、专用设备购置、交通工具购置、信息网络购建、其他资本性支出等。编制项目支出预算时，需同时编报项目支出绩效目标。项目支出预算应以满足学校的基本办学条件为目标，由学校提出年度预算建议数和绩效目标。主管部门根据教育事业发展规划，建立中小学校项目库，按照轻重缓急的原则，统筹确定中小学校项目支出建议报财政部门或由财政部门根据教育事业发展规划，建立中小学校项目库，按照轻重缓急、择优排序的原则，统筹确定中小学校项目支出。地方可视实际情况确定重点支出项目。

（三）政府采购预算编制。中小学校应将符合当地政府采购目录的项目编入政府采购预算，填报《政府采购预算表》。

第五章　预算报表体系

第十三条　中小学校预算报表体系由预算基表、预算综合报表和预算编制说明书三部分组成。预算基表由学校基本情况表、学校收支预算表和政府采购预算表等报表组成。预算综合报表在预算基表的基础上自动生成，由中小学校基本情况汇总表、收支预算汇总表、支出预算明细表、政府采购预算汇总表等报表构成。预算说明书包括学校年度主要工作目标任务完成情况、预算收支情况、存在的问题及建议等。

第十四条　省财政厅按国家规定印发或制订中小学校预算报表及指标，全省统一实施。市、县（市、区）财政、主管部门原则上不再增加预算报表与指标，确需增加的，应本着简洁明了的原则，可另行设计附表，不得过多加重学校预算编报负担。

第六章　预算执行

第十五条　中小学校应当严格执行批准的预算，以绩效目标为导向，规范办理收支，加强预算执行管理；应当在经批复预算基础上，进一步细化各收支项目，明确收支项目控制额度，经学校决策机构审定后严格执行，不得随意调整，确需调整应当由学校决策机构决定。

第十六条　中小学校组织收入应当合法合规，各项收费应当严格执行规定的收费范围、收费项目和收费标准，使用符合规定的票据。对按规定上缴国库或财政专户的资金，应当按国库集中收缴的有关规定及时足额上缴，不得隐瞒、滞留、截留、挪用和坐支。

第十七条　中小学校从财政部门和主管部门取得的专项资金，应当专款专用、单独核算，并按照规定向财政部门或主管部门报送资金使用情况。

第十八条　中小学校应当严格执行国库集中支付制度、政府采购制度，并按规定实行预算公开，加强支出绩效管理，提高资金使用效益。

第十九条　中小学校预算执行中，财政补助收入和财政专户管理资金的预算原则上不予调整。如果国家有关政策或者事业计划有较大调整，对预算执行影响较大，确需调整的，中小学校应当报主管部门审核后报财政部门调整预算。财政补助收入和财政专户管理资金以外部分的预算需要调整的，由学校自行调整并报主管部门和财政部门备案。收入预算调整后，相应调增或者调减支出预算。

第七章　预算监督

第二十条　地方财政、主管部门要定期和不定期对中小学校预算编制和执行情况进行监督检查，对预算编制和执行情况好的地区和学校要给予鼓励或奖补倾斜，对不按要求编制和管理预算的地区和学校要予以批评教育，直至扣减转移支付拨款。地方财政、主管部门及中小学校应当加强对财政资金的管理，建立财政资金使用跟踪问效和绩效评价机制。

第二十一条　在资金管理和使用中，有违反财经法律法规的，按照《财政违法行为处罚处分条例》有关规定处理，并依法追究相关单位和个人的责任。

第八章　附　则

第二十二条　市、县（市、区）财政部门应会同主管部门根据本办法，制定本地区具体的预算管理办法。中小学校也应制定本校的预算管理实施办法。

第二十三条　我省各级政府举办、与财政部门发生缴拨关系的幼儿园依照执行。

第二十四条　本办法从2014年6月1日起实施。

第二十五条　本办法由省财政厅、省教育厅负责解释。

广东省财政厅　广东省教育厅关于义务教育学校公用经费支出的管理办法

（广东省财政厅　广东省教育厅2014年4月21日印发，粤财教〔2014〕83号）

第一条　为规范和加强义务教育学校公用经费支出管理，提高资金使用效益，根据《中小学校财务制度》、《财政部、教育部关于印发〈农村中小学公用经费支出管理暂行办法〉的通知》（财教〔2006〕5号）和广东省人民政府《关于贯彻国务院深化农村义务教育经费保障机制改革的实施意见》（粤府〔2006〕130号）等文件精神，制定本实施细则。

第二条　本实施细则适用于各级人民政府举办的普通小学、初中、九年一贯制学校。

第三条　公用经费是指各级财政补助的、保证学校正常运转、教学活动和与教学相关的后勤服务等方面支出的费用。其来源主要包括：各级财政预算安排补助的生均公用经费、免费义务教育公用经费补助、用于公用经费性质用途的专项、其他收入返还用于补充公用经费等。各地应建立健全公用经费保障机制，根据教育发展需要和地方财力状况，适时提高公用经费补助标准和保障水平。

第四条　公用经费开支范围包括：教学业务与管理、教师培训、实验实习、文体活动、水电、交通差旅、邮电，仪器设备及图书资料等购置，房屋、建筑物及仪器设备的日常维修维护、学生健康体检费等。

第五条　公用经费应按照“勤俭办学”、“建设节约型校园”要求使用，优先用于学校教育教学最急需、最紧迫的方面，重点安排保障教学业务费（包括实验实习费、教研教改费、教学差旅费、印刷资料费、体育耗材文体活动费等）、日常维持维修维护费（包括学校水电费，物业管理费，房屋建筑物、道路、运动场地、设备、课桌椅、门窗的维修维护更新，校园花草树木维护费等）、教师培训和仪器设备图书购置等方面。学校应安排适当经费用于课桌椅维修和更新补充。

第六条　农村义务教育阶段学校教师培训费按照不少于学校年度公用经费预算总额的5%安排，用于教师按照学校年度培训计划参加培训所需的差旅费、伙食补助费、资料费和住宿费等开支。教师参加培训的差旅费、伙食补助费和住宿费等支出的开支标准按照当地财政部门的有关规定执行。

第七条　农村义务教育阶段学校的仪器设备、教学办公用品、图书资料购置原则按不少于学校年度公用经费预算总额的10%安排。

第八条　学校要厉行节约，反对浪费，严格按照有关人事编制政策要求聘用非财政供养人员，严格控制非财政供养人员经费支出；严格控制国内差旅费、因公临时出国（境）费、公务接待费、公务用车购置及运行费、会议费、培训费等支出，严格执行有关管理规定和开支标准。

学校公用经费不得用于财政供养人员的工资、津贴、福利和社会保障支出；不得用于基本建设投资、偿还债务支出等；不得支付外单位摊派的费用；不得在接待费中列支应当由接待对象承担的费用，不得以举办会议、培训等名义列支、转移、隐匿接待费开支。

第九条　市、县（市、区）财政、教育行政部门分配中小学公用经费，应主要依据在校学生人数，同时兼顾不同规模学校运转的实际情况，适当向办学规模小、条件薄弱的学校（教学点）倾斜，保证较小规模学校和教学点的基本需求、扶持薄弱学校发展。对学生规模不足100人的村小学和教学点，按100人核定公用经费，保证其正常运转，所需资金由县级财政另行安排或在省提高公用经费补助标准的新增部分中统筹安排。

第十条　学校应当遵循先有预算、后有支出的原则，严格执行预算，严禁超预算或者无预算安排支出，严禁虚列支出、转移或者套取预算资金。学校要按照轻重缓急、统筹兼顾的原则安排使用公用经费，按上述要求编入学校年度预算，既要保证开展日常教育教学活动所需的基本开支，又要适当安排促进学生全面发展所需的活动经费、完善办学条件的项目开支。主管部门、财政部门应严格审核学校预算，对不符合要求的预算予以退回，并由主管部门责成学校调整预算。

第十一条　学校应当按照规定，制定本校公用经费内部管理办法，细化支出范围与标准，按季度编制学校公用经费使用具体计划，经学校决策机构同意后严格执行。学校应加强实物消耗核算，建立规范的经费、实物等管理制度，厉行节约，提高经费使用效益。

学校要建立资产和物品采购登记台账，建立健全资产和物品验收、进出库、保管、领用制度，明确责任，严格管理。

第十二条　学校购置仪器设备、教学办公用品及图书资料等，属于政府采购范围的，应当实行政府采购，并编制政府采购预算，统一纳入预算，按照《政府采购法》的规定，由有关部门组织实施政府采购。通过政府购买服务方式能够满足学校教育教学需要的设施、设备和服务的，可选择通过政府购买服务方式提供。

县级有关部门应将批准的公用经费资产和物品采购计划书面通知到各有关学校；向学校提供物品时，须同时向学校提供资产和物品清单，包括物品的种类、数量、型号、单价、供货单位等内容，以方便学校核验、建账和管理。

第十三条　学校在每学期和每年度结束时，应将本学期和本年度公用经费使用情况作为校务公开、财务公开的重要内容在校内公开。

第十四条　地方财政部门要按照有关规定以及教学活动的特点，及时、足额做好学校公用经费支付工作，确保学校教学工作的正常运转。地方财政、主管部门及学校应当加强对公用经费的管理，建立资金使用跟踪问效和绩效评估机制。地方财政、主管部门要定期组织检查，对不按规定使用公用经费的，要及时纠正；造成不良后果或有违纪违法行为的，要依法严肃查处，并追究相关单位和人员的责任。

第十五条　特殊教育学校、完全中学、十二年一贯制学校、民办中小学校接受的免费义务教育公用经费财政补助依照执行。

第十六条　本细则自2014年6月1日起实施。省财政厅、教育厅《关于印发〈广东省农村中小学公用经费支出管理实施细则〉的通知》（粤财教〔2007〕54号）同时停止执行。

第十七条　本细则由省财政厅、省教育厅解释。

广东省战略性新兴产业发展扶持基金管理暂行办法

（广东省财政厅2014年2月27日发布，粤财工〔2014〕68号）

第一章　总　则

第一条　为深化财政专项资金管理改革，引入市场机制促进我省战略性新兴产业发展，规范广东省战略性新兴产业发展扶持基金使用，提高资金使用效益，根据《广东省省级财政专项资金管理办法》等规定，制定本办法。

第二条　本办法所称广东省战略性新兴产业发展扶持基金（以下简称扶持基金）是指根据省政府决定，省财政统筹安排用于支持我省战略性新兴产业发展的资金。资金来源主要包括：

（一）2013－2014年省财政安排省发展改革委、省经济和信息化委（包括战略性新兴产业政银企合作专项调整纳入切块管理的资金）、省科技厅的省战略性产业发展专项资金，2013－2015年安排省科技厅的省战略性新兴产业核心技术攻关专项资金等。

（二）扶持基金产生的收益。原则上纳入扶持基金管理，滚动使用，必要时按程序报批后纳入公共预算统筹使用。

（三）经省政府批准纳入扶持基金管理的其他资金。

第三条　扶持基金产生的收益由省产业主管部门会同省财政厅督促受托管理机构按规定缴入省级财政国库，具体处理办法由省财政厅另行制订。

第四条　扶持基金的安排和使用坚持以下原则：

（一）集体决策，分工负责。省政府批准成立的广东省促进战略性新兴产业发展领导小组（以下简称领导小组）是扶持基金的决策机构，对扶持基金使用实行联席审批。省有关部门按职责分工组织实施，在项目申报、审核、分配过程中分工负责，强化各部门之间的审批制约机制。

（二）拟订方案，充分论证。省发展改革委、省经济和信息化委、省科技厅等（以下简称省产业主管部门）制订本部门扶持基金年度使用方案并进行充分论证。

（三）创新方式，分类支持。扶持基金主要采用股权投资和直接补贴等支持方式，发挥杠杆作用，引导各类社会资本支持战略性新兴产业发展。

（四）竞争择优，公平公开。扶持基金使用引入竞争机制优选支持对象，并按《广东省省级财政专项资金管理办法》（粤府〔2013〕125号）规定开展信息公开、监督检查、资金审计、绩效评价等，广泛接受监督。

（五）绩效导向，强化监督。建立实施前有明确绩效目标，实施中进行绩效追踪管理，实施后及时评价的绩效管理机制。财政部门、纪检监察部门、审计部门按职能开展监督检查和资金审计。

第五条　扶持基金重点支持省政府确定的高端新型电子信息、新能源汽车、LED、生物、高端装备制造、节能环保、新能源、新材料等八大类战略性新兴产业，并根据我省战略性新兴产业发展形势支持经省政府批准的其他产业类型、重点项目等。

第二章　管理模式

第六条　扶持基金由省产业主管部门会同省财政厅根据《广东省省级财政专项资金管理办法》有关实行年度安排总计划及具体实施项目复式审批，以及不同额度对应不同审批权限等规定管理使用，管理模式如下：

（一）省产业主管部门按省政府明确的产业分工，在组织论证的基础上提出本部门年度产业发展重点、发展领域等。

（二）省产业主管部门根据产业发展重点编制本部门年度资金使用计划方案。年度资金使用计划方案应包括资金需求额度、提出依据、使用方式、预期绩效目标、组织实施方案、职责分工、工作进度安排等。

（三）省财政厅结合扶持基金预算安排，汇总审核省产业主管部门提出的资金使用计划方案，按照分类支持、合理使用、保障重点、兼顾平衡原则提出年度扶持基金总体安排方案报省领导批准后提交领导小组审议。

第七条　经领导小组审批确定的扶持基金总体安排方案由省产业主管部门会同省财政厅按产业和支持方式等划分，分别制订具体实施方案，按程序组织实施。

第八条　省产业主管部门应结合扶持基金使用方式等情况，研究制定扶持基金支持项目实施管理办法，对扶持基金使用实行合同制管理，明确政府部门与其他主体之间的责权利关系，规范项目实施、扶持基金使用、项目考核等，建立扶持基金跟踪管理制度。

第三章　支持方式及操作流程

第九条　扶持基金主要采用股权投资和直接补贴等支持方式，兼顾采用产业基金、偿债基金以及其他经省政府批准的扶持方式。

第十条　股权投资方式。扶持基金采用股权投资方式，通过阶段性持有股权、适时退出获得合理回报实现财政资金良性循环和保值增值。按照省财政经营性资金实施股权投资管理有关规定，主要程序如下：

（一）发布指南。根据领导小组批准的资金额度，省产业主管部门会同省财政厅公开发布股权投资项目申报指南。

（二）项目评审。省产业主管部门会同省财政厅组织专家对申报材料进行科学审核、竞争择优。

（三）尽职调查。省产业主管部门会同省财政厅将入围的股权投资项目交由受托管理机构开展尽职调查，并由受托管理机构提出投资方案建议。

（四）下达项目计划。根据审核意见及受托管理机构尽职调查报告、投资方案建议等，省产业主管部门会同省财政厅结合扶持基金安排额度按程序办理项目立项手续、下达项目计划。财政资金由省财政厅按程序拨付受托管理机构。

（五）具体实施。受托管理机构按委托协议、项目计划、资金计划和投资方案等实施股权投资。

第十一条　直接补贴方式。完善扶持基金对战略性、前沿性科学研究和关键共性技术研究的支持机制，加强对新兴产业新技术、新产品初期市场的引导和培育，继续发挥财政杠杆作用，采取直接补贴方式扶持新兴产业公益性产业创新平台、公共技术服务平台、标准制定、新产品新业态推广等项目，并严格项目资金审计和绩效评价等后续管理工作。

第十二条　产业基金方式。通过与国家创投基金、地方政府资金、社会资金等共同发起设立创业投资基金、产业投资基金等，体现政府政策导向，重点引导扶持初创期和早中期创新型企业发展。主要程序如下：

（一）根据领导小组批准的资金额度，省产业主管部门、省财政厅公开发布有关指南或实施定向募集，征集基金发起意向。

（二）尽职调查。参照省财政经营性资金实施股权投资有关规定明确受托管理机构选取办法及主要职责。省产业主管部门会同省财政厅委托受托管理机构进行尽职调查，出具尽职调查报告及投资方案建议。

1. 扶持基金参股创业投资基金的，原则上创业投资基金募集规模应不低于2.5亿元，扶持基金参股比例不超过基金总规模的30%，且不能成为第一大股东；创业投资基金投资于初创期和早中期创新型企业的比例不低于基金注册资本或承诺出资额的60%，投资于广东省行政区域内的资金应不低于基金总规模的60%。

2. 扶持基金参股产业投资基金的，产业投资基金募集规模应不低于10亿元，扶持基金参股比例不超过10%，募集基金投资于广东省行政区域内的资金应不低于基金总规模的60%。

（三）评审论证。省产业主管部门会同省财政厅对受托管理机构尽职调查报告、参股方案建议等进行评审论证，根据评审论证意见研究确定基金发起设立意向。

（四）省产业主管部门会同省财政厅对基金发起设立意向进行公示，公示无异议后按程序办理审批立项手续、下达项目计划。财政资金由省财政厅按程序拨付受托管理机构。

（五）受托管理机构按委托协议、项目计划、资金计划和参股方案等管理运作扶持基金，协助基金管理机构按市场化原则开展产业基金项目投资。

产业基金发起设立操作方案由省产业主管部门会同省财政厅按产业基金管理有关规定另行研究制定。

第十三条　偿债基金方式。扶持基金出资与地方政府资金、社会资金等合作发起设立偿债基金，为战略性新兴产业企业发行债券提供增信，当发行企业无法偿付到期资金时，依次由地方担保机构、增信机构、偿债基金按约定限额进行偿付，如未发生风险损失，可视情况收回或滚动用于下一批债券发行。具体由省发展改革委或其他省产业主管部门会同省财政厅参照《广东省战略性新兴产业区域集优集合票据试点工作方案》（粤发改〔2013〕18号）制定具体实施细则按程序报批实施。

第十四条　扶持基金在落实省委、省政府重大工作部署，以及配套国家战略性新兴产业区域集聚发展试点等重大项目时，可按国家和省有关规定和要求确定支持方式，并给予优先保障。

第四章 监督检查和绩效评价

第十五条 省产业主管部门要加强扶持基金使用情况的监督检查，加强直接补贴方式支持项目的绩效评价等后续管理工作，及时反映和纠正存在的问题，及时督促受托管理机构按规定建立健全内部控制制度。受托管理机构应督促扶持基金项目承担单位建立健全内部控制制度，落实项目实施中的各项承诺和约定。

第十六条 省产业主管部门应在预算年度结束后，及时会商受托管理机构组织本部门经管资金使用情况自查，并将自查情况报财政部门。对重大项目及重大资金安排可视情况由省产业主管部门会同财政部门将检查及使用情况报省政府。

第十七条 省财政厅依照《预算法》及其他相关法律规定对扶持基金预算执行、资金使用效益和财务管理实行监督检查。

第十八条 省财政厅根据财政资金绩效管理的有关规定，统一部署、组织扶持基金绩效管理工作；省产业主管部门要确定扶持基金年度扶持方向和绩效目标，并按要求对扶持基金使用情况进行绩效自评，积极配合开展其他绩效管理工作。绩效管理结果作为以后年度扶持基金安排的重要依据。

第十九条 省级审计部门应根据工作安排将扶持基金纳入年度重点资金审计工作范围，独立对扶持基金使用管理情况实施审计监督。

第二十条 省级纪检监察机关派驻（出）机构（或主管部门内设纪检机构）协助所在部门针对关键岗位、重点环节廉政风险点建立健全规章制度，开展制度廉洁性审查，加强对专项资金管理全过程的监督，针对审批等重点环节建立一定比例随机抽查制度。

第二十一条 扶持基金应专款专用，对弄虚作假、截留、挪用、挤占扶持基金等行为，按《财政违法行为处罚处分条例》（国务院令427号）的相关规定进行处理。

第五章 附 则

第二十二条 本办法由省财政厅负责解释。

第二十三条 本办法自公布之日起实施。原《广东省战略性新兴产业发展专项资金管理办法（修订）》（粤财工〔2013〕212号）、《广东省战略性新兴产业核心技术攻关专项资金管理办法》（粤财工〔2011〕313号）同时废止。

广东省省级安全生产专项资金管理办法

（广东省财政厅 广东省安全生产监督管理局2014年6月3日发布，粤财工〔2014〕127号）

第一章 总 则

第一条 为加强和规范对省级安全生产专项资金的管理，提高资金使用效益，根据《广东省省级财政专项资金管理办法》（粤府〔2013〕125号）等规定，结合我省安全生产工作实际，制定本办法。

第二条 本办法所指专项资金是省级财政预算安排用于安全生产事故隐患排查和治理、应急救援体系建设、重大危险源监管等项目的专项扶持资金。

第三条 专项资金管理按照公开、公平、公正、依法依规、突出重点、绩效管理、科学分配的原则。

第二章 部门职责

第四条 省财政厅负责专项资金预算管理，牵头制定专项资金管理办法；配合省安全监管局印发申报指南、评审、编制、下达项目计划，审核拨付专项资金，组织实施专项资金财政监督检查和重点绩效评价等。

第五条 省安全监管局负责专项资金的具体管理和项目管理工作，会同省财政厅编制专项资金年度安排总体计划、组织项目申报、评审、报批；负责组织项目实施、验收、信息公开、监督和绩效自评等工作。

第六条 地方安监部门负责组织当地项目审核及申报工作，负责组织当地项目实施、验收和绩效自评工作。省直单位、中央驻粤单位负责组织本系统项目审核及申报工作，负责组织项目实施、验收和绩效自评等工作。

第七条 地方财政部门负责配合当地安监部门组织项目审核及申报工作，及时按规定拨付项目资金，对项目资金进行监督检查。

第三章 支持范围

第八条 专项资金重点扶持重大隐患监控防治、应急救援建设、安全生产示范区建设，包括：

（一）事故隐患排查和治理。

（二）重大危险源监管。

（三）生产安全事故应急救援、救护建设。

（四）工作场所职业危害预防和控制。

（五）安全生产监管监察能力建设，安全生产宣传、教育、培训和安全文化建设。

（六）安全生产技术推广和应用。

（七）省委、省政府确定安排的其他项目。

第九条 安全生产专项资金的申报单位必须是省内各级政府机构、在粤的高等院校、科研院所或者是在广东省境内注册，具有独立法人资格、健全的财务管理机制和财务管理制度、诚信经营、依法纳税的生产经营单位及其他有关单位。

第四章 分配管理

第十条 专项资金审批实行年度安排总体计划及具体实施项目复式审批制度。

年度专项资金具体安排额度确定后，省财政厅在15个工作日内下达执行通知，省安全监管局在省财政厅通知后15个工作日内对专项资金提出年度安排总体计划（含专项资金安排额度、分配办法、支持方向和范围等），按规定报省领导审批。

第十一条 专项资金采用因素法和竞争性分配相结合的方式进行资金分配。

省安全监管局会同省财政厅综合考虑各地市安全生产形势、财力状况以及省委、省政府确定的安全生产重点工作、专项资金使用绩效考核情况等确定当年度因素法分配指标体系，并制定下达因素法分配计划额度，各地根据因素法分配计划额度审核上报项目计划。

省安全监督管理局会同省财政厅按规定组织项目竞争性评审。项目竞争性评审采用专家书面评审方式进行，必要时可增加现场答辩、实地考察等环节。具体按照《广东省省级财政专项资金竞争性分配管理办法》规定办理。

第五章 资金申报

第十二条 省安全监管局会同省财政厅联合下发年度专项资金申报通知，明确申报条件、扶持范围、扶持对象等内容，依托省政府网上办事大厅省级财政专项资金管理平台做好专项资金申请受理、前置审核和信息公开等工作。

第十三条 各地市和省直单位按照年度专项资金申报指南要求，制定拟支持的具体项目计划上报省安全监管局和省财政厅。省财政直管试点县、市（区）安全监管局和财政部门可直接上报，同时报地级以上市安监、财政部门备案。申请单位应对申报材料的真实性负责，不得弄虚作假和套取、骗取财政专项资金。

第十四条 原则上同一个项目只能申请一项专项资金。申请单位不得以同一项目重复申报或多头申报专项资金。同一项目确因特殊情况需申报多项专项资金的，应在申报材料中注明原因。

第六章 资金审核及拨付

第十五条 省安全监管局会同省财政厅按规定通过管理平台受理项目申请，按省级财政专项资金管理办法有关规定采取竞争性评审方式对具体项目计划进行评审。符合省级财政资金项目库管理要求的项目，逐步纳入项目库管理，实行滚动支持或分期实施，具体按照《广东省省级财政专项资金项目库管理试行办法》的规定执行。

第十六条 专项资金分配计划按规定由省安全监管局会同省财政厅按程序进行公示，并按规定报批。

第十七条 专项资金明细分配计划经批复后，省安全监管局会同省财政厅下达专项资金项目计划，省财政厅按规定办理预算下达和资金拨付手续。

第七章 信息公开

第十八条 专项资金实行信息公开。省安全监管局会同省财政厅按规定在省级财政专项资金管理平台及部门门户网站上公开如下信息：

（一）专项资金管理办法。

（二）专项资金申报通知，包括申报条件、扶持范围、扶持对象等内容。

（三）项目资金申报情况，包括申报单位、申报项目、申请金额等。

（四）资金分配程序和分配方式，包括资金分配各环节的审批内容和时间要求、资金分配办法、审批方式等。

（五）专项资金分配结果，包括资金分配项目及扶持金额，项目所属单位或企业的基本情况等。

（六）专项资金绩效评价、监督检查和审计结果，包括项目财务决算报告、项目验收情况、绩效评价自评和重点评价报告。第三方评价报告、财政财务监督检查报告、审计结果公告等。

（七）接受、处理投诉情况，包括投诉事项和原因、投诉处理情况等。

（八）其他按规定应公开的内容。

第八章 监督检查和绩效评价

第十九条 专项资金使用计划下达后，省、市安监部门分别与省直和各地市项目承担单位签订合同，明确项目承担单位的责任。预算年度结束后，专项资金使用单位应根据本级财政部门年度决算要求，及时编列专项资金年度决算报表，报送本级财政部门。

第二十条 建立包括绩效目标申报审核、绩效跟踪督查、绩效评价和绩效问责的绩效管理机制。省财政厅负责组织开展绩效评价工作，并视工作需要组织开展重点绩效评价工作。省安全监管局负责制定专项资金绩效目标，组织做好绩效自评工作，会同省财政厅落实绩效监测督查、绩效评价和绩效问责工作。

第二十一条　省安全监管局、省财政厅根据实际情况，可采取定期检查、不定期抽查或委托项目所在地安监和财政部门（或评审机构）等方式，对资金的使用和项目实施情况进行督促检查。各级安监部门负责对项目实施情况进行管理和监督，各级财政部门负责对专项资金的使用情况进行管理和监督。

第二十二条　获得专项资金的单位要切实加强对专项资金的使用管理，自觉接受财政、审计、监察部门的监督检查，严格执行财务规章制度和会计核算办法。

第二十三条　专项资金管理实行责任追究机制。对弄虚作假、截留、挪用、挤占专项资金等行为，按《财政违法行为处罚处分条例》（国务院令427号）的相关规定进行处理，并依法追究有关单位及其相关人员责任。

第二十四条　项目在执行过程中因故变更或中止时，须按项目资金申报程序报省安全监管局和省财政厅批复同意，对因故中止的项目，省财政厅收回全部或部分专项资金。

第九章　附　则

第二十五条　本办法由省财政厅、省安全监管局负责解释。

第二十六条　本办法自印发之日起实施，《广东省安全生产专项资金管理暂行办法》（粤财工〔2006〕144号）同时废止。

广东省水质保护专项资金使用管理暂行办法

（广东省财政厅　广东省环境保护厅2014年5月14日发布，
粤财工〔2014〕131号）

第一章　总　则

第一条　为加强和规范对省水质保护专项资金的管理，提高资金使用效益，保护和改善我省水环境质量，根据省政府印发的《广东省省级财政专项资金管理办法》（粤府〔2013〕125号）、《南粤水更清行动计划（2012－2020年）》等规定，结合我省水环境保护工作实际，制定本办法。

第二条　省水质保护专项资金（以下简称专项资金）由省财政设立，专项用于支持我省水环境保护工作，逐步改善我省水环境质量。

第三条　各地人民政府是水质保护工作实施的责任主体。水质保护以地方投入为主，省财政安排专项资金予以适当支持。

第四条　专项资金管理按照公开、公平、公正、依法依规、突出重点、绩效管理、科学分配的原则。

第二章　部门职责

第五条　省财政厅按规定安排专项资金，负责专项资金管理，审核拨付专项资金，组织实施专项资金财政监督检查和重点绩效评价等。

第六条　省环境保护厅负责专项资金项目管理，会同省财政厅编制专项资金年度安排总体计划、组织项目申报、评审、报批；负责组织项目实施、验收、监督和绩效自评等工作。

第七条　市县环境保护部门负责组织当地项目申报工作，负责组织当地项目实施、验收和绩效自评工作。

第八条　市县财政部门负责配合当地环境保护部门组织项目申报工作，及时按规定拨付项目资金，对项目资金进行监督检查。

第三章　支持范围和方式

第九条　专项资金专项用于补助欠发达地区水环境综合整治等项目，对东江水系重点饮用水源地区进行倾斜。具体包括：

（一）水环境综合整治项目。包括与流域水环境直接相关的生活污水垃圾处理、畜禽养殖污染治理、面源污染综合整治和水生态功能恢复等项目。

（二）集中式生活饮用水源地保护项目。包括饮用水源保护区清理整顿、污染治理、水库的富营养化生态治理工程、饮用水源保护区隔离防护工程、饮用水源地标识与警告设施建设等项目。

（三）水质监管项目。包括水质监测及预警预报、监察执法、应急能力建设等项目。

（四）配套中央安排我省的江河湖泊生态环境保护等水质保护项目。

（五）省委、省政府确定安排的其他水质保护项目。

第十条 专项资金项目采取无偿补助方式安排。

第四章 分配办法和审批制度

第十一条 专项资金采用因素法和项目竞争性评审相结合办法分配，省环境保护厅会同省财政厅综合考虑各地水环境敏感程度和水源保护重要性、跨市河流交接断面水质达标情况、南粤水更清行动计划实施情况等因素下达各地分配资金安排额度。各地根据分配额度选定项目上报。省环境保护厅、省财政厅按规定对各地上报的项目组织竞争性评审。

第十二条 专项资金审批实行年度安排总体计划及具体实施项目复式审批制度。

（一）年度安排总体计划审批。省环境保护厅在收到省财政厅下达的预算执行通知后15个工作日内，提出年度安排总体计划（含专项资金安排额度、分配办法、支持方向和范围等），会同省财政厅按程序报批。

（二）年度具体实施项目审批。省环境保护厅会同省财政厅对年度申报项目提出专项资金明细分配计划（列至具体用款单位、项目、金额），按程序报批。

第五章 资金申报

第十三条 省环境保护厅会同省财政厅联合下发年度专项资金申报通知，明确申报条件、扶持范围、扶持对象等内容，按照《广东省省级财政专项资金管理办法》有关规定，依托省级专项资金管理平台做好专项资金申请受理、审核和信息公开等工作。

第十四条 各地按照年度专项资金申报通知要求和省下达的资金额度，组织评审后将项目上报省环境保护厅和省财政厅。项目申报单位对上报项目的真实性和可行性负责。

第十五条 项目申报单位原则上不得以同一实施内容的项目重复申报或多头申报专项资金，同一实施内容的项目确因特殊情况已申报其他专项资金的，必须在申报材料中注明原因。

第六章 资金安排及拨付

第十六条 省环境保护厅会同省财政厅按规定通过专项资金统一管理平台受理项目申请，按省级财政专项资金管理办法有关规定对各地上报项目进行竞争性评审。省环境保护厅会同省财政厅根据评审情况，形成专项资金分配计划，符合省级财政资金项目库管理要求的项目，逐步纳入项目库管理，实行滚动支持或分期实施。

第十七条 专项资金分配计划按规定由省环境保护厅集体审议后会同省财政厅按程序进行公示，并按规定报分管省领导审核，报分管财政的常务副省长审批，报省长审定。

第十八条 专项资金分配计划经审定后，由省环境保护厅会同省财政厅下达项目计划。省财政厅按资金管理规定下达资金，办理预算下达和资金拨付手续。

第七章 监督检查和绩效评价

第十九条 专项资金实行信息公开。省环境保护厅按专项资金信息公开办法在专项资金管理统一平台上公开专项资金管理办法、专项资金申报指南、项目资金申报情况、资金分配程序和分配方式、分配结果、绩效评价、监督检查和审计结果等，公开接受、处理投诉情况。

地方财政、环保部门可参照省专项资金信息公开相关要求向社会公开专项资金相关信息。

第二十条 建立包括绩效目标申报审核、绩效监测督查、绩效评价和绩效问责的绩效管理机制。省财政厅负责组织开展绩效评价工作，并视工作需要组织开展重点绩效评价工作。省环境保护厅负责制定专项资金绩效目标，组织做好绩效自评工作，会同省财政厅落实绩效监测督查、绩效评价和绩效问责工作。

第二十一条 省环境保护厅、省财政厅根据实际情况，可采取定期检查、不定期抽查或委托项目所在地市、县环保和财政部门（或评审机构）等方式，对资金的使用和项目实施情况进行督促检查。各级环保部门负责对项目实施情况进行管理和监督，各级财政部门负责对专项资金的使用情况进行管理和监督。

第二十二条 获得专项资金的单位要切实加强对专项资金的使用管理，自觉接受财政、审计、监察部门的监督检查，严格执行财务规章制度和会计核算办法。专项资金项目经费使用完毕后，各资金使用单位应及时对项目经费使用情况进行财务决算，并向各地环境保护部门提出验收申请。各地环境保护部门应及时组织资金使用单位进行项目验收，并根据资金使用情况进行检查抽查。

第二十三条 专项资金管理实行责任追究机制。对弄虚作假、截留、挪用、挤占专项资金等行为，按《财政违法行为处罚处分条例》（国务院令427号）的相关规定进行处理，并依法追究有关单位及其相关人员责任。

第二十四条 项目在执行过程中因故变更或中止时，项目承担单位应逐级报环保部门、财政部门申请项目终止或变更。对因故中止的项目，省财政厅将收回全部或部分专项资金。

第八章 附 则

第二十五条 本办法由省财政厅、省环境保护厅负责解释。各地财政部门、环保部门可根据本办法的有关要求，研究制定符合本地区实际的具体办法，及时上报省财政厅、省环境保护厅备案，并向社会公布。

第二十六条 本办法自印发之日起施行。原《广东省东江水系水质保护经费使用管理细则》（粤财农

〔2000〕17 号)、《广东省珠江流域水质保护专项资金使用管理办法》(粤财企〔2004〕180 号)、《广东省水污染防治专项资金使用管理办法》(粤财企〔2001〕375 号)同时废止。

广东省省级地质灾害防治专项资金管理办法

(广东省财政厅　广东省国土资源厅2014 年6 月12 日发布，粤财工〔2014〕139 号)

第一章　总　则

第一条　为规范对省级地质灾害防治专项资金的管理，提高资金使用效益，根据《广东省省级财政专项资金管理办法》(粤府〔2013〕125 号)等规定，结合我省地质灾害防治工作实际，制定本办法。

第二条　本办法所称广东省省级地质灾害防治专项资金(以下简称专项资金)是指由省级财政预算安排用于我省地质灾害防治的资金。

第三条　专项资金的安排应遵循依法依规、规范管理、科学分配、绩效优先、公开透明、突出重点的原则，确保资金的使用效益。

第二章　部门职责

第四条　省财政厅负责专项资金预算管理，牵头制定专项资金管理办法；配合省国土资源厅印发申报指南、评审、编制、下达项目计划，审核拨付专项资金，组织实施专项资金财政监督检查和重点绩效评价等。

第五条　省国土资源厅负责专项资金的具体管理和项目管理工作，会同省财政厅编制专项资金年度安排总体计划、组织项目申报、评审、报批；负责组织项目实施、验收、信息公开、监督和绩效自评等工作。

第六条　地方国土资源部门负责组织当地项目审核、申报、实施、验收和绩效自评工作。省直单位、中央驻粤单位负责组织本系统项目审核及申报工作，负责组织项目实施和绩效自评等工作。

第七条　地方财政部门负责配合当地国土资源部门组织项目审核及申报工作，及时按规定拨付项目资金，对项目资金进行监督检查。

第三章　支持范围

第八条　专项资金使用范围包括：

(一)地质灾害应急救灾。

(二)地质灾害预警预报系统建设和维护。

(三)地质灾害调查和防治规划制订。

(四)地质灾害应急预案编制与演练、地质灾害巡查与应急处理、地质灾害隐患点勘查治理与搬迁避让、地质灾害防治技术研究、地质灾害防治宣传、培训。

(五)省委、省政府确定安排的其他项目。

第九条　专项资金的申报单位应当是县级以上政府机构、事业单位、在粤的高等院校、科研院所或者是在广东省境内注册，具有独立法人资格、健全的财务管理机制和财务管理制度、诚信经营、依法纳税的生产经营单位及其他有关单位。

第四章　分配管理

第十条　专项资金审批实行年度安排总体计划及具体实施项目复式审批制度。

年度专项资金具体安排额度确定后，省财政厅在15 个工作日内下达执行通知，省国土资源厅在省财政厅通知后15 个工作日内提出专项资金年度安排总体计划(含专项资金安排额度、分配办法、支持方向和范围等)，按规定报省领导审批。

第十一条　专项资金原则上采用因素法和竞争性分配相结合的方式进行资金分配。具体按照《广东省省级财政专项资金竞争性分配管理办法》规定办理。

省国土资源厅会同省财政厅综合考虑各地地质灾害现状、地质灾害防治经费投入、专项资金使用绩效考核情况等确定当年度因素分配指标体系，并制订下达因素法分配计划，各地根据因素法分配计划审核上报项目计划。

省国土资源厅会同省财政厅按规定组织项目竞争性评审。项目竞争性评审采用专家书面评审方式进行，必要时可增加现场答辩、实地考察等环节。

对省委、省政府确定的地质灾害重点防治项目及应急项目，由省国土资源厅会同省财政厅按规定另行办理。

第五章　资金申报

第十二条　省国土资源厅会同省财政厅联合下发年度专项资金申报通知，明确申报条件、扶持范围、扶持对象等内容，依托省政府网上办事大厅省级财政专项资金管理平台做好专项资金申请受理、前置审核和信息公开等工作。

第十三条 各地按照年度专项资金申报通知要求和省下达的资金额度申报具体项目，经地级以上市国土资源部门会同同级财政部门审核后联合上报省国土资源厅和省财政厅。省属及中央驻粤单位的项目直接向省国土资源厅、省财政厅申报。申报单位应对申报材料的真实性负责，不得弄虚作假和套取、骗取财政专项资金。

第十四条 原则上同一个项目只能申请一项专项资金。申报单位不得以同一项目重复申报或多头申报专项资金。同一项目确因特殊情况需申报多项专项资金的，应在申报材料中注明原因。

第六章 资金审核及拨付

第十五条 省国土资源厅会同省财政厅按规定通过管理平台受理项目申请，按省级财政专项资金管理办法有关规定采取竞争性评审方式对具体项目计划进行评审。符合省级财政资金项目库管理要求的项目，逐步纳入项目库管理，实行滚动支持或分期实施，具体按照《广东省省级财政专项资金项目库管理试行办法》的规定执行。

第十六条 专项资金分配计划按规定由国土资源厅会同省财政厅按程序进行公示，并按规定报批。

第十七条 专项资金分配计划经批准后，省国土资源厅联合省财政厅下达专项资金使用计划，省财政厅按规定办理预算下达和资金拨付手续。

第七章 信息公开

第十八条 专项资金实行信息公开。省国土资源厅会同省财政厅按规定在省级财政专项资金管理平台及部门门户网站上公开如下信息：

（一）专项资金管理办法。

（二）专项资金申报通知，包括申报条件、扶持范围、扶持对象等内容。

（三）项目资金申报情况，包括申报单位、申报项目、申请金额等。

（四）资金分配程序和分配方式，包括资金分配各环节的审批内容和时间要求、资金分配办法、审批方式等。

（五）专项资金分配结果，包括资金分配项目及扶持金额，项目所属单位或企业的基本情况等。

（六）专项资金绩效评价、监督检查和审计结果，包括项目财务决算报告、项目验收情况、绩效评价自评和重点评价报告。第三方评价报告、财政财务监督检查报告、审计结果公告等。

（七）接受、处理投诉情况，包括投诉事项和原因、投诉处理情况等。

（八）其他按规定应公开的内容。

第八章 监督检查和绩效评价

第十九条 专项资金支持项目实行合同管理，省直单位、中央驻粤单位的项目由省国土资源厅与项目承担单位签订合同，其他项目由各地市国土资源部门与项目承担单位签订合同，明确项目承担单位的责任。项目完毕后，各项目承担单位应及时对项目经费使用情况进行财务决算，并向上一级主管部门提出验收申请。相关部门应及时组织资金使用单位进行项目验收，并根据资金使用情况进行检查。

第二十条 建立包括绩效目标申报审核、绩效跟踪督查、绩效评价和绩效问责的绩效管理机制。省财政厅负责组织开展绩效评价工作，并视工作需要组织开展重点绩效评价工作。省国土资源厅负责制定专项资金绩效目标，组织做好绩效自评工作，会同省财政厅落实绩效监测督查、绩效评价和绩效问责工作。

第二十一条 省国土资源厅、省财政厅根据实际情况，可采取定期检查、不定期抽查或委托项目所在地国土资源部门和财政部门（或评审机构）等方式，对资金的使用和项目实施情况进行督促检查。各级国土资源部门负责对项目实施情况进行管理和监督，各级财政部门负责对专项资金的使用情况进行管理和监督。

第二十二条 获得专项资金的单位要切实加强对专项资金的使用管理，自觉接受财政、审计、监察部门的监督检查，严格执行财务规章制度和会计核算办法。

第二十三条 专项资金管理实行责任追究机制。对弄虚作假、截留、挪用、挤占专项资金等行为，按《财政违法行为处罚处分条例》（国务院令 427 号）的相关规定进行处理，并依法追究有关单位及其相关人员责任。

第二十四条 项目在执行过程中因故变更或中止时，须逐级上报省国土资源厅、省财政厅批复同意。对因故中止的项目，省财政厅将收回全部或部分专项资金。

第九章 附 则

第二十五条 本办法由省财政厅和省国土资源厅负责解释。各地财政部门、国土资源部门可根据本办法的有关要求，研究制定符合本地区实际的具体办法，及时上报省财政厅、省国土资源厅备案，并向社会公布。

第二十六条 本办法自印发之日起施行。原《广东省地质灾害防治专项资金管理暂行办法》（粤财工〔2006〕135 号）同时作废。

广东省省级低碳发展专项资金使用管理办法

（广东省财政厅 广东省发展和改革委员会2014年7月11日发布，粤财工〔2014〕150号）

第一章 总 则

第一条 为加强和规范对省低碳发展专项资金的管理，提高资金使用效益，根据《广东省省级财政专项资金管理办法》（粤府〔2013〕125号）等规定，结合我省低碳发展工作实际，制定本办法。

第二条 本办法所称广东省省级低碳发展专项资金（以下简称专项资金）是指由省级财政预算安排专项用于推进全省低碳发展的资金。

第三条 专项资金管理按照公开、公平、公正、依法依规、突出重点、绩效管理、科学分配的原则。

第二章 部门职责

第四条 省财政厅负责专项资金预算管理，牵头制定专项资金管理办法；配合省发展改革委印发申报指南、评审、编制、下达项目计划，审核拨付专项资金，组织实施专项资金财政监督检查和重点绩效评价等。

第五条 省发展改革委负责专项资金的具体管理和项目管理工作，会同省财政厅编制专项资金年度安排总体计划、组织项目申报、评审、报批；负责组织项目实施、验收、信息公开、监督和绩效自评等工作。

第六条 地方发展改革部门负责组织当地项目审核及申报工作，负责组织当地项目实施、验收和绩效自评工作。省属企业集团（或主管部门）、中央驻粤单位负责组织本系统项目审核及申报工作，负责组织项目实施、验收和绩效自评等工作。

第七条 地方财政部门负责配合当地发展改革部门组织项目审核及申报工作，及时按规定拨付项目资金，对项目资金进行监督检查。

第三章 支持方式和范围

第八条 专项资金支持项目主要采用无偿补助等支持方式，有条件的可探索实行股权投资等方式。

第九条 专项资金的支持对象为在广东省内注册，具有独立法人资格、健全的财务管理机构和财务管理制度、依法纳税的生产经营单位及其他有关单位。

第十条 专项资金重点用于支持低碳发展相关基础性和示范性工作。具体包括：

（一）加强碳排放管理，对企业碳排放信息报告进行核查、抽查和复查，组织碳排放配额竞价发放、配额分配方案研究制定和评估。

（二）开展低碳应用技术研发，推广应用低碳新技术，支持低碳城市（县、区）、园区、社区和企业等示范项目建设。支持发展有关低碳经济、低碳产业试点工作。

（三）开展低碳发展相关基础性研究，建立完善低碳发展管理工作体系。

（四）配套中央或省委、省政府决定的其他支出。

第四章 分配管理

第十一条 专项资金采用竞争性分配等方式进行分配。

第十二条 专项资金审批实行年度安排总体计划及具体实施项目复式审批制度。

（一）年度安排总体计划审批。省发展改革委在收到省财政厅下达的预算执行通知后15个工作日内，提出年度安排总体计划（含专项资金安排额度、分配办法、支持方向和范围等），会同省财政厅按程序报省领导审批。

（二）年度具体实施项目审批。省发展改革委会同省财政厅对年度申报项目提出专项资金分配计划（列至具体用款单位、项目、金额），按程序公示后报省领导审批。

第五章 资金申报

第十三条 省发展改革委会同省财政厅联合下发年度专项资金申报指南，明确申报条件、扶持范围、扶持对象等内容，依托省政府网上办事大厅省级专项资金管理平台做好专项资金申请受理、前置审核和信息公开等工作。

第十四条 各地按照年度专项资金申报指南要求，组织评审后由各地发展改革部门会同财政部门将项目联合上报省发展改革委和省财政厅。省属及中央驻粤单位的项目由省属企业集团（或主管部门）、中央驻粤单位参照各地要求直接向省发展改革委、省财政厅申报。项目申报单位对上报项目的真实性和可行性负责。

第十五条 项目申报单位原则上不得以同一实施内容的项目重复申报或多头申报专项资金，同一实施内容的项目确因特殊情况已申报其他专项资金的，必须在申报材料中注明原因。

第六章 资金审核及拨付

第十六条 省发展改革委会同省财政厅按规定通过专项资金管理平台受理项目申请，按《广东省省级财政专项资金竞争性分配管理办法》规定对各地上报项目进行竞争性评审。省发展改革委会同省财政厅根据评审情况，形成专项资金分配计划，符合省级财政资金项目库管理要求的项目，逐步纳入项目库管理，实行滚动支持或分期实施，具体按照《广东省省级财政资金项目库管理办法》的有关规定执行。

第十七条 专项资金分配计划按规定由省发展改革委会同省财政厅按程序进行公示，并按规定报省领导审批。

第十八条 专项资金分配计划经审定后，由省发展改革委会同省财政厅下达项目计划。省财政厅按资金管理规定下达资金，办理预算下达和资金拨付手续。

第七章 信息公开

第十九条 专项资金实行信息公开。省发展改革委会同省财政厅按《广东省省级财政专项资金信息公开办法》分别在专项资金管理平台及省发展改革委、省财政厅门户网站公开如下信息：

（一）专项资金管理办法。

（二）专项资金申报指南，包括申报条件、扶持范围、扶持对象等内容。

（三）项目资金申报情况，包括申报单位、申报项目、申请金额等。

（四）资金分配程序和分配方式，包括资金分配各环节的审批内容和时间要求、资金分配办法、审批方式等。

（五）专项资金分配结果，包括资金分配明细项目及扶持金额，项目所属单位或企业的基本情况等。

（六）专项资金绩效评价、监督检查和审计结果，包括项目财务决算报告、项目验收情况、绩效评价自评和重点评价报告。第三方评价报告、财政财务监督检查报告、审计结果公告等。

（七）接受、处理投诉情况，包括投诉事项和原因、投诉处理情况等。

（八）其他按规定应公开的内容。

第八章 监督检查和绩效评价

第二十条 专项资金支持项目实行合同管理，正式立项的项目单位需与省发展改革委签订项目合同。项目完毕后，各项目承担单位应及时对项目经费使用情况进行财务决算，并向各地发展改革部门提出验收申请。各地发展改革部门应及时组织进行项目验收，并根据资金使用情况进行检查抽查。

第二十一条 建立包括绩效目标申报审核、绩效跟踪督查、绩效评价和绩效问责的绩效管理机制。省财政厅负责组织开展绩效评价工作，并视工作需要组织开展重点绩效评价工作。省发展改革委负责制定专项资金绩效目标，组织做好绩效自评工作，会同省财政厅落实绩效跟踪督查、绩效评价和绩效问责工作。

第二十二条 省发展改革委、省财政厅根据实际情况，可采取定期检查、不定期抽查或委托项目所在地发展改革和财政部门（或评审机构）等方式，对资金的使用和项目实施情况进行督促检查。各级发展改革部门负责对项目实施情况进行管理和监督，各级财政部门负责对专项资金的使用情况进行管理和监督。

第二十三条 获得专项资金的单位要切实加强对专项资金的使用管理，自觉接受财政、审计、监察部门的监督检查，严格执行财务规章制度和会计核算办法。

第二十四条 专项资金管理实行责任追究机制。对弄虚作假、截留、挪用、挤占专项资金等行为，按《财政违法行为处罚处分条例》（国务院令427号）的相关规定进行处理，并依法追究有关单位及其相关人员责任。

第二十五条 项目在执行过程中因故变更或中止时，项目承担单位应逐级报发展改革部门、财政部门申请项目终止或变更。对因故中止的项目，省财政厅将按规定收回专项资金。

第九章 附 则

第二十六条 本办法由省财政厅、省发展改革委负责解释。

第二十七条 本办法自印发之日起施行。原《关于印发〈广东省低碳发展专项资金管理暂行办法〉的通知》（粤财工〔2011〕131号）同时废止。

广东省省级治污保洁专项资金管理暂行办法

（广东省财政厅　广东省住房和城乡建设厅2014年5月21日发布，粤财工〔2014〕160号）

第一章　总　则

第一条　为加强和规范对省治污保洁专项资金的管理，提高资金使用效益，根据《广东省省级财政专项资金管理办法》（粤府〔2013〕125号）、《印发关于进一步加强我省城乡生活垃圾处理工作实施意见的通知》（粤府办〔2012〕2号）等规定，结合我省治污保洁工作实际，制定本办法。

第二条　本办法所指省级治污保洁专项资金（以下简称专项资金），是指由省财政预算安排，专项用于生活垃圾清运处理设施建设的资金。

第三条　各地人民政府是治污保洁工作实施的责任主体。治污保洁以地方投入为主，省财政安排专项资金予以适当支持。

第四条　专项资金管理按照公开、公平、公正、依法依规、突出重点、绩效管理、科学分配的原则。

第二章　部门职责

第五条　省财政厅负责专项资金预算管理，牵头制定专项资金管理办法；配合省住房城乡建设厅印发申报指南、评审、编制、下达项目计划，审核拨付专项资金，组织实施专项资金财政监督检查和重点绩效评价等。

第六条　省住房城乡建设厅负责项目管理工作，会同省财政厅编制专项资金年度安排总体计划、组织项目申报、评审、报批；负责组织项目实施、验收、信息公开、监督和绩效自评等工作。

第七条　地方住房城乡建设部门负责组织当地项目审核及申报工作，负责组织当地项目实施、验收和绩效自评工作。

第八条　地方财政部门负责配合当地住房城乡建设部门组织项目审核及申报工作，及时按规定拨付项目资金，对项目资金进行监督检查。

第三章　支持范围

第九条　专项资金支持范围主要包括：

（一）重点支持经济欠发达地区新建、改造和扩建生活垃圾无害化处理场（厂）建设项目。

（二）重点支持生活垃圾清运设施项目。

（三）适当支持城乡生活垃圾处理规划编制、宣传工作及垃圾分类示范点项目。

（四）适当支持行业技术指引、管理规范、信息化监管体系和绩效评价等监督管理项目。

（五）省委、省政府确定安排的其他相关项目。

第四章　分配管理

第十条　专项资金采用因素法和项目竞争性评审相结合办法分配，省住房城乡建设厅会同省财政厅综合考虑各地人均财力水平、常住人口、生活垃圾无害化处理量、生活垃圾年度重点建设项目情况等因素分配下达各地资金安排额度。各地根据分配额度选定项目上报。省住房城乡建设厅、省财政厅按规定对各地上报的项目组织竞争性评审。

第十一条　专项资金审批实行年度安排总体计划及具体实施项目复式审批制度。

（一）年度安排总体计划审批。省住房城乡建设厅在收到省财政厅下达的预算执行通知后15个工作日内，提出年度安排总体计划（含专项资金安排额度、分配办法、支持方向和范围等），会同省财政厅按程序报省领导审批。

（二）年度具体实施项目审批。省住房城乡建设厅会同省财政厅对年度申报项目提出专项资金分配计划（列至具体用款单位、项目、金额），按程序报批。

第五章　资金申报

第十二条　省住房城乡建设厅会同省财政厅联合下发年度专项资金申报通知，明确申报条件、扶持范围、扶持对象等内容，按照《广东省省级财政专项资金管理办法》有关规定，依托省级专项资金管理平台做好专项资金申请受理、审核和信息公开等工作。

第十三条　各地按照年度专项资金申报通知要求和省下达的资金额度，组织评审后将项目上报省住房城乡建设厅和省财政厅。项目申报单位对上报项目的真实性和可行性负责。

第十四条　项目申报单位原则上不得以同一实施内容

的项目重复申报或多头申报专项资金，同一实施内容的项目确因特殊情况已申报其他专项资金的，必须在申报材料中注明原因。

第六章　资金安排及拨付

第十五条　省住房城乡建设厅会同省财政厅按规定通过专项资金管理平台受理项目申请，按省级财政专项资金管理办法和《广东省省级财政专项资金竞争性分配管理办法》的有关规定对各地上报项目进行竞争性评审。省住房城乡建设厅会同省财政厅根据评审情况，形成专项资金分配计划，符合省级财政资金项目库管理要求的项目，逐步纳入项目库管理，实行滚动支持或分期实施，具体按照《广东省省级财政资金项目库试行办法》的规定办理。

第十六条　专项资金分配计划按规定由省住房城乡建设厅会同省财政厅按程序进行公示，并按规定报省领导审批。

第十七条　专项资金明细分配计划经审定后，由省住房城乡建设厅会同省财政厅下达项目计划。省财政厅按资金管理规定下达资金，办理预算下达和资金拨付手续。

第七章　信息公开

第十八条　专项资金实行信息公开。省住房城乡建设厅会同省财政厅按专项资金信息公开办法在专项资金管理平台和部门门户网站公开如下信息：

（一）专项资金管理办法。

（二）专项资金申报通知，包括申报条件、扶持范围、扶持对象等内容。

（三）项目资金申报情况，包括申报单位、申报项目、申请金额等。

（四）资金分配程序和分配方式，包括资金分配各环节的审批内容和时间要求、资金分配办法、审批方式等。

（五）专项资金分配结果，包括资金分配明细项目及扶持金额，项目所属单位或企业的基本情况等。

（六）专项资金绩效评价、监督检查和审计结果，包括项目财务决算报告、项目验收情况、绩效评价自评和重点评价报告。第三方评价报告、财政财务监督检查报告、审计结果公告等。

（七）接受、处理投诉情况，包括投诉事项和原因、投诉处理情况等。

（八）其他按规定应公开的内容。

第八章　监督检查和绩效评价

第十九条　建立包括绩效目标申报审核、绩效跟踪督查、绩效评价和绩效问责的绩效管理机制。省财政厅负责组织开展绩效评价工作，并视工作需要组织开展重点绩效评价工作。省住房城乡建设厅负责制定专项资金绩效目标，组织做好绩效自评工作，会同省财政厅落实绩效监测督查、绩效评价和绩效问责工作。

第二十条　省住房城乡建设厅、省财政厅根据实际情况，可采取定期检查、不定期抽查或委托项目所在地住房城乡建设和财政部门（或评审机构）等方式，对资金的使用和项目实施情况进行督促检查。各级住房城乡建设部门负责对项目实施情况进行管理和监督，各级财政部门负责对专项资金的使用情况进行管理和监督。

第二十一条　获得专项资金的单位要切实加强对专项资金的使用管理，自觉接受财政、审计、监察部门的监督检查，严格执行财务规章制度和会计核算办法。专项资金项目经费使用完毕后，各资金使用单位应及时对项目经费使用情况进行财务决算，并向各地住房城乡建设部门提出验收申请。各地住房城乡建设部门应及时组织资金使用单位进行项目验收，并根据资金使用情况进行检查抽查。

第二十二条　专项资金管理实行责任追究机制。对弄虚作假、截留、挪用、挤占专项资金等行为，按《财政违法行为处罚处分条例》（国务院令 427 号）的相关规定进行处理，并依法追究有关单位及其相关人员责任。

第二十三条　项目在执行过程中因故变更或中止时，项目承担单位应逐级报住房城乡建设部门、财政部门申请项目终止或变更。对因故中止的项目，省财政厅将按规定收回专项资金。

第九章　附　则

第二十四条　本办法由省财政厅、省住房城乡建设厅负责解释。各地财政部门、住房城乡建设部门可根据本办法的有关要求，研究制定符合本地区实际的具体办法，及时上报省财政厅、省住房城乡建设厅备案，并向社会公布。

第二十五条　本办法自印发之日起施行。《广东省治污保洁工程（垃圾清运处理设施）专项资金管理暂行办法（修订）》（粤财工〔2012〕73 号）同时废止。

广东省省级重金属污染防治专项资金使用管理办法

（广东省财政厅　广东省环境保护厅2014年5月19日发布，粤财工〔2014〕172号）

第一章　总　则

第一条　为加强和规范省重金属污染防治专项资金的管理，提高资金使用效益，根据《广东省省级财政专项资金管理办法》（粤府〔2013〕125号）、《中央财政重金属污染防治专项资金管理办法》等文件，并结合我省重金属污染防治工作实际，制定本办法。

第二条　省级重金属污染防治专项资金（以下简称专项资金）由省财政设立，支持我省重金属污染防治工作，逐步改善我省重金属污染状况。

第三条　各地人民政府是重金属污染防治工作实施的责任主体。重金属污染防治以地方投入为主，省财政安排专项资金予以适当支持。

第四条　专项资金管理按照公开、公平、公正、依法依规、突出重点、绩效管理、科学分配的原则。

第二章　部门职责

第五条　省财政厅负责专项资金预算管理，牵头制定专项资金管理办法；配合省环境保护厅印发申报指南、评审、编制、下达项目计划，审核拨付专项资金，组织实施专项资金财政监督检查和重点绩效评价等。

第六条　省环境保护厅负责专项资金的具体管理及项目管理工作，会同省财政厅编制专项资金年度安排总体计划、组织项目申报、评审、报批；负责组织项目实施、验收、信息公开、监督和绩效自评等工作。

第七条　地方环境保护部门负责组织当地项目审核及申报工作，负责组织当地项目实施、验收和绩效自评工作。

第八条　地方财政部门负责配合当地环境保护部门组织项目申报工作，及时按规定拨付项目资金，对项目资金进行监督检查。

第三章　支持范围

第九条　专项资金重点用于补助列入国家和省重金属污染综合防治规划计划的区域重金属污染防治项目，适当补助欠发达地区重金属监管能力建设等，主要包括：

（一）区域重金属污染治理项目，包括土壤重金属污染治理与修复等项目。

（二）重金属污染源综合防治项目，主要支持减少重金属排放、防止重金属污染事故发生、重金属污染源环境风险防控与治理、防止重金属污染开展的饮用水水源保护、应急处置等项目。

（三）重金属环境监管能力建设项目，包括重金属环境监测、监察执法和应急处置能力建设等。

（四）省委、省政府确定的其他与重金属污染综合防治工作密切相关的项目。

第四章　分配管理

第十条　专项资金采用因素法和竞争性分配相结合办法分配，省环境保护厅会同省财政厅综合考虑各地重金属污染物减排年度考核情况、重点区域情况、重金属规划计划年度重点任务等因素分配下达各地分配资金安排额度。各地根据分配额度选定项目上报。省环境保护厅、省财政厅按规定对各地上报的项目按规定组织竞争性评审，具体按照《广东省省级财政专项资金竞争性分配管理办法》的规定执行。

第十一条　专项资金审批实行年度安排总体计划及具体实施项目复式审批制度。

（一）年度安排总体计划审批。省环境保护厅在收到省财政厅下达的预算执行通知后15个工作日内，提出年度安排总体计划（含专项资金安排额度、分配办法、支持方向和范围等），会同省财政厅按程序报省领导审批。

（二）年度具体实施项目审批。省环境保护厅会同省财政厅对年度申报项目提出专项资金分配计划（列至具体用款单位、项目、金额），按程序报省领导审批。

第五章　资金申报

第十二条　省环境保护厅会同省财政厅联合下发年度专项资金申报通知，明确申报条件、扶持范围、扶持对象等内容，按照《广东省省级财政专项资金管理办法》有关规定，依托省级专项资金管理平台做好专项资金申请受理、审核和信息公开等工作。

第十三条　各地按照年度专项资金申报通知要求和省下达的资金额度，组织评审后将项目上报省环境保护厅和省财政厅。项目申报单位对上报项目的真实性和可行性负责。

第十四条 项目申报单位原则上不得以同一实施内容的项目重复申报或多头申报专项资金，同一实施内容的项目确因特殊情况已申报其他专项资金的，必须在申报材料中注明原因。

第六章 资金安排及拨付

第十五条 省环境保护厅会同省财政厅按规定通过专项资金管理平台受理项目申请，按省级财政专项资金管理办法有关规定对各地上报项目进行竞争性评审。省环境保护厅会同省财政厅根据评审情况，形成专项资金分配计划，符合省级财政资金项目库管理要求的项目，逐步纳入项目库管理，实行滚动支持或分期实施，具体按照《广东省省级财政资金项目库管理办法》的有关规定执行。

第十六条 专项资金分配计划按规定由省环境保护厅会同省财政厅按程序进行公示，并按规定报批。

第十七条 专项资金分配计划经审定后，由省环境保护厅会同省财政厅下达项目计划。省财政厅按资金管理规定下达资金，办理预算下达和资金拨付手续。

第七章 信息公开

第十八条 专项资金实行信息公开。省环境保护厅会同省财政厅按规定在专项资金管理平台和门户网站公开如下信息：

（一）专项资金管理办法。

（二）专项资金申报通知，包括申报条件、扶持范围、扶持对象等内容。

（三）项目资金申报情况，包括申报单位、申报项目、申请金额等。

（四）资金分配程序和分配方式，包括资金分配各环节的审批内容和时间要求、资金分配办法、审批方式等。

（五）专项资金分配结果，包括资金分配明细项目及扶持金额。

（六）专项资金绩效评价、监督检查和审计结果，包括项目财务决算报告、项目验收情况、绩效评价自评和重点评价报告。第三方评价报告、财政财务监督检查报告、审计结果公告等。

（七）接受、处理投诉情况，包括投诉事项和原因、投诉处理情况等。

（八）其他按规定应公开的内容。

第八章 监督检查和绩效评价

第十九条 建立包括绩效目标申报审核、绩效跟踪督查、绩效评价和绩效问责的绩效管理机制。省财政厅负责组织开展绩效评价工作，并视工作需要组织开展重点绩效评价工作。省环境保护厅负责制定专项资金绩效目标，组织做好绩效自评工作，会同省财政厅落实绩效监测督查、绩效评价和绩效问责工作。

第二十条 省环境保护厅、省财政厅根据实际情况，可采取定期检查、不定期抽查或委托项目所在地环保和财政部门（或评审机构）等方式，对资金的使用和项目实施情况进行督促检查。各级环保部门负责对项目实施情况进行管理和监督，各级财政部门负责对专项资金的使用情况进行管理和监督。

第二十一条 获得专项资金的单位要切实加强对专项资金的使用管理，自觉接受财政、审计、监察部门的监督检查，严格执行财务规章制度和会计核算办法。专项资金项目经费使用完毕后，各资金使用单位应及时对项目经费使用情况进行财务决算，并向各地环境保护部门提出验收申请。各地环境保护部门应及时组织资金使用单位进行项目验收，并根据资金使用情况进行检查抽查。

第二十二条 专项资金管理实行责任追究机制。对弄虚作假、截留、挪用、挤占专项资金等行为，按《财政违法行为处罚处分条例》（国务院令427号）的相关规定进行处理，并依法追究有关单位及其相关人员责任。

第二十三条 项目在执行过程中因故变更或中止时，项目承担单位应逐级报环保部门、财政部门申请项目终止或变更。对因故中止的项目，省财政厅将按规定收回专项资金。

第九章 附 则

第二十四条 本办法由省财政厅、省环境保护厅负责解释。各地财政部门、环保部门可根据本办法的有关要求，研究制定符合本地区实际的具体办法，及时上报省财政厅、省环境保护厅备案，并向社会公布。

第二十五条 本办法自印发之日起施行。

广东省省级农村环保专项资金使用管理办法

（广东省财政厅　广东省环境保护厅2014年5月19日发布，
粤财工〔2014〕173号）

第一章　总　则

第一条　为加强和规范对省农村环保专项资金的管理，提高资金使用效益，促进我省农村环境保护事业的发展，根据《广东省人民政府关于印发广东省省级财政专项资金管理办法的通知》（粤府〔2013〕125号）、财政部　环境保护部《中央农村环境保护专项资金管理暂行办法》（财建〔2009〕165号）等有关规定，并结合我省农村环保工作特点，制定本办法。

第二条　省级农村环保专项资金（以下简称专项资金）由省财政设立，专项用于支持农村环境保护，鼓励各地有效解决危害群众身体健康的突出环境问题，促进农村生态示范建设。

第三条　各地人民政府是农村环境保护工作实施的责任主体。农村环境保护以地方投入为主，省财政安排专项资金予以适当支持。

第四条　专项资金管理按照公开、公平、公正、依法依规、突出重点、绩效管理、科学分配的原则。

第二章　部门职责

第五条　省财政厅负责专项资金预算管理，牵头制定专项资金管理办法；配合省环境保护厅印发申报指南、评审、编制、下达项目计划，审核拨付专项资金，组织实施专项资金财政监督检查和重点绩效评价等。

第六条　省环境保护厅负责项目管理工作，会同省财政厅编制专项资金年度安排总体计划、组织项目申报、评审、报批；负责组织项目实施、验收、信息公开、监督和绩效自评等工作。

第七条　地方环境保护部门负责组织当地项目审核及申报工作，负责组织当地项目实施、验收和绩效自评工作。

第八条　地方财政部门负责配合当地环境保护部门组织项目审核及申报工作，及时按规定拨付项目资金，对项目资金进行监督检查。

第三章　支持范围

第九条　专项资金优先支持位于东江、西江和北江等重点流域以及有工作基础、后续维护保障能力强、辐射效应明显的地方开展农村环境连片整治和群众反映强烈的突出环境问题的村庄开展整治，配套中央农村环保专项资金。主要包括：

（一）以农村饮用水源地保护为重点的农村环境连片整治。

（二）农村生活污水和垃圾处理。

（三）畜禽养殖污染治理及废弃物综合利用。

（四）历史遗留的农村工矿污染治理。

（五）受污染农田的治理修复试点示范。

（六）奖励通过省环境保护厅验收并命名的省级生态示范创建项目。

（七）省委、省政府确定安排的其他农村环境保护项目。

第四章　分配管理

第十条　专项资金采用因素法和竞争性分配相结合的方式进行分配。因素法综合考虑各地区域环境敏感性（重点生态功能区）、农村环境保护规划计划确定的整治任务情况、农村环境综合整治基础及配套能力、农村环境综合整治目标责任制试点实施情况等因素分配下达各地分配资金安排额度。各地根据分配额度选定项目上报。省环境保护厅、省财政厅按规定对各地上报的项目组织竞争性评审。

用于农村环境综合整治示范县建设的资金，由省环境保护厅会同省财政厅直接对各地上报的项目组织竞争性分配，择优予以支持。竞争性分配有关要求具体按照《广东省省级财政专项资金竞争性分配管理办法》的规定办理。

第十一条　专项资金审批实行年度安排总体计划及具体实施项目复式审批制度。

（一）年度安排总体计划审批。省环境保护厅在收到省财政厅下达的预算执行通知后15个工作日内，提出年度安排总体计划（含专项资金安排额度、分配办法、支持方向和范围等），会同省财政厅按程序报省领导审批。

（二）年度具体实施项目审批。省环境保护厅会同省财政厅对年度申报项目提出专项资金分配计划（列至具体用款单位、项目、金额），按程序报省领导审批。

第五章　资金申报

第十二条　省环境保护厅会同省财政厅联合下发年度专项资金申报通知，明确申报条件、扶持范围、扶持对象等内容，依托省级专项资金管理平台做好专项资金申请受理、审核和信息公开等工作。

第十三条　各地按照年度专项资金申报通知要求和省下达的资金额度，组织评审后将项目上报省环境保护厅和省财政厅。项目申报单位对上报项目的真实性和可行性负责。

第十四条　项目申报单位原则上不得以同一实施内容的项目重复申报或多头申报专项资金，同一实施内容的项目确因特殊情况已申报其他专项资金的，必须在申报材料中注明原因。

第六章　资金安排及拨付

第十五条　省环境保护厅会同省财政厅按规定通过专项资金管理平台受理项目申请，按省级财政专项资金管理办法有关规定对各地上报项目进行竞争性评审。省环境保护厅会同省财政厅根据评审情况，形成专项资金分配计划，符合省级财政资金项目库管理要求的项目，逐步纳入项目库管理，实行滚动支持或分期实施，具体按照《广东省省级财政资金项目库试行办法》规定办理。

第十六条　专项资金分配计划按规定由省环境保护厅会同省财政厅按程序进行公示，并按规定报分管省领导审批。

第十七条　专项资金分配计划经审定后，由省环境保护厅会同省财政厅下达项目计划。省财政厅按资金管理规定下达资金，办理预算下达和资金拨付手续。

第七章　信息公开

第十八条　专项资金实行信息公开。省环境保护厅会同省财政厅按规定在专项资金管理平台和部门门户网站公开如下信息：

（一）专项资金管理办法。

（二）专项资金申报通知，包括申报条件、扶持范围、扶持对象等内容。

（三）项目资金申报情况，包括申报单位、申报项目、申请金额等。

（四）资金分配程序和分配方式，包括资金分配各环节的审批内容和时间要求、资金分配办法、审批方式等。

（五）专项资金分配结果，包括资金分配明细项目及扶持金额，项目所属单位或企业的基本情况等。

（六）专项资金绩效评价、监督检查和审计结果，包括项目财务决算报告、项目验收情况、绩效评价自评和重点评价报告。第三方评价报告、财政财务监督检查报告、审计结果公告等。

（七）接受、处理投诉情况，包括投诉事项和原因、投诉处理情况等。

（八）其他按规定应公开的内容。

第十九条　专项资金支持的村镇应当按照政务公开要求，将专项资金安排和使用详细情况、项目安排和具体实施情况等向受益地区农民张榜公布。有条件的地方应当将有关情况在当地环保和财政部门的政府门户网站上公布，接受社会监督。

第八章　监督检查和绩效评价

第二十条　建立包括绩效目标申报审核、绩效跟踪督查、绩效评价和绩效问责的绩效管理机制。省财政厅负责组织开展绩效评价工作，并视工作需要组织开展重点绩效评价工作。省环境保护厅负责制定专项资金绩效目标，组织做好绩效自评工作，会同省财政厅落实绩效监测督查、绩效评价和绩效问责工作。

第二十一条　省环境保护厅、省财政厅根据实际情况，可采取定期检查、不定期抽查或委托项目所在地环保和财政部门（或评审机构）等方式，对资金的使用和项目实施情况进行督促检查。各级环保部门负责对项目实施情况进行管理和监督，各级财政部门负责对专项资金的使用情况进行管理和监督。

第二十二条　获得专项资金的单位要切实加强对专项资金的使用管理，自觉接受财政、审计、监察部门的监督检查，严格执行财务规章制度和会计核算办法。专项资金项目经费使用完毕后，各资金使用单位应及时对项目经费使用情况进行财务决算，并向各地环境保护部门提出验收申请。各地环境保护部门应及时组织资金使用单位进行项目验收，并根据资金使用情况进行检查抽查。

第二十三条　专项资金管理实行责任追究机制。对弄虚作假、截留、挪用、挤占专项资金等行为，按《财政违法行为处罚处分条例》（国务院令427号）的相关规定进行处理，并依法追究有关单位及其相关人员责任。

第二十四条　项目在执行过程中因故变更或中止时，项目承担单位应逐级报环保部门、财政部门申请项目终止或变更。对因故中止的项目，省财政厅将按规定收回专项资金。

第九章　附　则

第二十五条　本办法由省财政厅、省环境保护厅负责解释。各地财政部门、环保部门可根据本办法的有关要求，研究制定符合本地区实际的具体办法，及时上报省财政厅、省环境保护厅备案，并向社会公布。

第二十六条　本办法自印发之日起施行。原《广东省农村环保专项资金使用管理暂行办法》（粤财工〔2013〕45号）同时废止。

广东省省级邮政基本公共服务均等化专项资金管理办法

（广东省财政厅　广东省邮政管理局2014年5月16日发布，粤财工〔2014〕174号）

第一章　总　则

第一条　为规范广东省省级邮政基本公共服务均等化专项资金管理，提高资金使用效益，加快推进我省邮政基本公共服务均等化建设，提高我省邮政服务水平，根据《广东省省级财政专项资金管理办法》（粤府〔2013〕125号）等规定，制定本办法。

第二条　本办法所指广东省邮政基本公共服务均等化专项资金（以下简称专项资金），是指由省财政设立，专项用于支持我省（深圳市除外）邮政基本公共服务均等化建设和发展，提高我省邮政普遍服务水平。

第三条　专项资金管理按照公开、公平、公正、依法依规、突出重点、绩效管理、科学分配的原则。

第二章　部门职责

第四条　省财政厅负责专项资金预算管理，牵头制定专项资金管理办法；配合省邮政管理局印发申报指南、评审、编制、下达项目计划，审核拨付专项资金，组织实施专项资金财政监督检查和重点绩效评价等。

第五条　省邮政管理局负责专项资金的具体管理及项目管理工作，会同省财政厅编制专项资金年度安排总体计划、组织项目申报、评审、报批；负责组织项目实施、验收、信息公开、监督和绩效自评等工作。

第六条　地方邮政管理部门负责组织当地项目审核及申报工作，负责组织当地项目实施、验收和绩效自评工作。

第七条　地方财政部门负责配合当地邮政管理部门组织项目申报工作，及时按规定拨付项目资金，对项目资金进行监督检查。

第三章　支持范围

第八条　专项资金用于补助广东省邮政基本公共服务均等化项目，重点支持我省邮政基本公共服务落后的经济欠发达地区，主要包括：

（一）邮政服务网点改造、迁移和整治。

（二）村邮站建设、村邮站油料补贴。

（三）城镇居民楼信报箱补建。

（四）邮政机要通信保密设施改造、建设。

（五）邮政机要投递机动车辆购置。

（六）邮政基础交通设施补助。

（七）实施邮政基本公共服务均等化所需的其他项目和省委、省政府确定的其他邮政服务项目。

第四章　分配管理

第九条　专项资金采用因素法和项目竞争性评审相结合办法进行分配，省邮政管理局会同省财政厅综合考虑各地信报箱补建、村邮站油料补助、网点整治等因素分配下达各地分配资金安排额度。各地根据分配额度选定项目上报。省邮政管理局、省财政厅按规定对各地上报的项目组织项目竞争性评审。

第十条　专项资金审批实行年度安排总体计划及具体实施项目复式审批制度。

（一）年度安排总体计划审批。省邮政管理局在收到省财政厅下达的预算执行通知后15个工作日内，提出年度安排总体计划（含专项资金安排额度、分配办法、支持方向和范围等），会同省财政厅按程序报批。

（二）年度具体实施项目审批。省邮政管理局会同省财政厅对年度申报项目提出专项资金分配计划（列至具体用款单位、项目、金额），按程序报批。

第五章　资金申报

第十一条　省邮政管理局会同省财政厅联合下发年度专项资金申报通知，明确申报条件、扶持范围、扶持对象等内容，按照《广东省省级财政专项资金管理办法》有关规定，依托省级专项资金管理平台做好专项资金申请受理、审核和信息公开等工作。

第十二条　各地按照年度专项资金申报通知要求和省下达的资金额度，组织评审后将项目上报省邮政管理局和省财政厅。省属及中央驻粤单位的项目由省属企业集团（或主管部门）、中央驻粤单位参照各地要求向省邮政管理局、省财政厅申报。项目申报单位对上报项目的真实性和可行性负责。

第十三条　项目申报单位原则上不得以同一实施内容的项目重复申报或多头申报专项资金，同一实施内容的项目确因特殊情况已申报其他专项资金的，必须在申报材料中注明原因。

第六章　资金安排与拨付

第十四条　省邮政管理局会同省财政厅按规定通过专项资金统一管理平台受理项目申请，按省级财政专项资金管理办法有关规定对各地上报项目进行竞争性评审。省邮政管理局会同省财政厅根据评审情况，形成专项资金分配计划，符合省级财政资金项目库管理要求的项目，逐步纳入项目库管理，实行滚动支持或分期实施。

第十五条　专项资金分配计划按规定由省邮政管理局集体审议后会同省财政厅按程序进行公示，并按规定报批。

第十六条　专项资金分配计划经审定后，由省邮政管理局会同省财政厅下达项目计划。省财政厅按资金管理规定下达资金，办理预算下达和资金拨付手续。

第十七条　地级以上市邮政管理局根据专项资金明细分配计划，向当地财政部门办理资金拨付申请手续。

第七章　监督检查及绩效评价

第十八条　专项资金实行信息公开。省邮政管理局按专项资金信息公开办法在专项资金管理统一平台上公开专项资金管理办法、专项资金申报指南、项目资金申报情况、资金分配程序和分配方式、分配结果、绩效评价、监督检查和审计结果等，公开接受、处理投诉情况。

第十九条　建立包括绩效目标申报审核、绩效跟踪督查、绩效评价和绩效问责的绩效管理机制。省财政厅负责组织开展绩效评价工作，并视工作需要组织开展重点绩效评价工作。省邮政管理局负责制定专项资金绩效目标，组织做好绩效自评工作，会同省财政厅落实绩效监测督查、绩效评价和绩效问责工作。

第二十条　省邮政管理局、省财政厅根据实际情况，采取定期检查、不定期抽查或委托项目所在地邮政管理部门（或评审机构）等方式，对资金的使用和项目实施情况进行督促检查。各市邮政管理局、财政局负责对本行政区域内的专项资金实施情况进行管理和监督。

第二十一条　获得专项资金的单位要切实加强专项资金使用管理，自觉接受财政、审计、监察部门的监督检查，严格执行财务规章制度和会计核算办法。专项资金项目经费使用完毕后，各资金使用单位应及时对项目经费使用情况进行财务决算，并向地方邮政管理、财政部门提出项目验收申请。各地邮政管理、财政部门应及时组织资金使用单位进行项目验收，并根据资金使用情况进行检查抽查。

第二十二条　专项资金管理实行责任追究机制。对弄虚作假、截留、挪用、挤占专项资金等行为，按《财政违法行为处罚处分条例》（国务院令427号）的相关规定进行处理，并依法追究有关单位及其相关人员责任。

第二十三条　项目在执行过程中因故变更或中止时，项目承担单位应逐级报批申请项目终止或者变更。对因故中止的项目，省财政厅将按规定收回专项资金。

第八章　附　则

第二十四条　本办法由省财政厅、省邮政管理局负责解释。

第二十五条　本办法自印发之日起施行。原《广东省邮政基本公共服务均等化专项资金管理暂行办法（2013年修订）》（粤财工〔2013〕62号）同时废止。

广东省省级环境保护专项资金使用管理办法

（广东省财政厅　广东省环境保护厅2014年5月19日发布，粤财工〔2014〕176号）

第一章　总　则

第一条　为加强和规范省环境保护专项资金的管理，提高资金使用效益，根据《广东省省级财政专项资金管理办法》（粤府〔2013〕125号）等文件，并结合我省环境保护工作实际，制定本办法。

第二条　省环境保护专项资金（以下简称专项资金）由省财政设立，用于支持我省环保事业发展，保障我省环境保护相关政策和规划的实施，推动解决突出的环境问题，改善我省环境质量。

第三条　各地人民政府是环境保护工作实施的责任主体。环境保护以地方投入为主，省财政安排专项资金予以适当支持。

第四条　专项资金管理按照公开、公平、公正、依法依规、突出重点、绩效管理、科学分配的原则。

第二章　部门职责

第五条　省财政厅负责专项资金预算管理，牵头制定专项资金管理办法；配合省环境保护厅印发申报指南、评审、编制、下达项目计划，审核拨付专项资金，组织实施专项资金财政监督检查和重点绩效评价等。

第六条　省环境保护厅负责专项资金的具体管理及项目管理工作，会同省财政厅编制专项资金年度安排总体计划、组织项目申报、评审、报批；负责组织项目实施、验收、信息公开、监督和绩效自评等工作。

第七条　地方环境保护部门负责组织当地项目审核及申报工作，负责组织当地项目实施、验收和绩效自评工作。

第八条　地方财政部门负责配合当地环境保护部门组织项目申报工作，及时按规定拨付项目资金，对项目资金进行监督检查。

第三章　支持范围和方式

第九条　专项资金优先支持解决突出环境问题的重点项目以及重大科研、规划、标准、专题调研等项目，支持地方环境监管能力建设。主要包括：

（一）支持挂牌督办的突出环境问题整治项目。

（二）列入国家和省环境保护相关规划计划的重点环境工程项目及绿色升级示范工业园区项目奖励等。

（三）省级环境监管能力建设，包括省本级环境监测、监察、信息、宣教、应急管理、预警预报、固体废物管理、核与辐射等能力建设，按国家和省要求开展的专题专项工作、重点环保技术示范工程、重大环保科研项目等。

（四）地方环境监管能力建设，包括环境监测、监察、信息、宣教、应急管理、预警预报、固体废物管理、核与辐射等能力建设等。

（五）省委、省政府确定安排的其他环境保护项目。

第四章　分配办法和审批制度

第十条　专项资金采用因素法和项目竞争性评审相结合的办法分配，省环境保护厅会同省财政厅综合考虑各地环境监测、监察、信息、宣教、应急管理、固体废物管理、核与辐射管理等能力建设情况分配下达各地分配资金安排额度，各地根据分配额度遴选项目上报，省环境保护厅、省财政厅按规定对各地上报的项目组织竞争性评审；竞争性分配的项目由地方或申报单位按专项资金申报通知要求组织申报，省环境保护厅、省财政厅按规定组织专家进行审核。

第十一条　专项资金审批实行年度安排总体计划及具体实施项目复式审批制度。

（一）年度安排总体计划审批。省环境保护厅在收到省财政厅下达的预算执行通知后15个工作日内，提出年度安排总体计划（含专项资金安排额度、分配办法、支持方向和范围等），会同省财政厅按程序报省领导审批。

（二）年度具体实施项目审批。省环境保护厅会同省财政厅对年度申报项目提出专项资金分配计划（列至具体用款单位、项目、金额），按程序报省领导审批。

第五章　资金申报

第十二条　省环境保护厅会同省财政厅联合下发年度专项资金申报通知，明确申报条件、扶持范围、扶持对象等内容，按照《广东省省级财政专项资金管理办法》有关规定，依托省级专项资金管理平台做好专项资金申报受理、审核和信息公开等工作。

第十三条　各地按照年度专项资金申报通知要求和省下达的资金额度，组织评审后将项目上报省环境保护厅和省财政厅。省属及中央驻粤单位的项目由省属企业集团（或主管部门）、中央驻粤单位参照各地要求直接向省环境保护厅、省财政厅申报。项目申报单位对上报项目的真实性和可行性负责。

第十四条　项目申报单位原则上不得以同一实施内容的项目重复申报或多头申报专项资金，同一实施内容的项目确因特殊情况已申报其他专项资金的，必须在申报材料中注明原因。

第六章　资金安排及拨付

第十五条　省环境保护厅会同省财政厅按规定通过专项资金管理平台受理项目申请，按省级财政专项资金管理办法有关规定对各地上报项目进行竞争性评审。省环境保护厅会同省财政厅根据评审情况，形成专项资金分配计划，符合省级财政资金项目库管理要求的项目，逐步纳入项目库管理，实行滚动支持或分期实施，具体按照《广东省省级财政资金项目库管理试行办法》的规定执行。

第十六条　专项资金分配计划按规定由省环境保护厅会同省财政厅按程序进行公示，并按规定报省领导审批。

第十七条　专项资金分配计划经审定后，由省环境保护厅会同省财政厅下达项目计划。省财政厅按资金管理规定下达资金，办理预算下达和资金拨付手续。

第七章　信息公开

第十八条　专项资金实行信息公开。省环境保护厅会同省财政厅按规定在专项资金管理平台和部门门户网站公开如下信息：

（一）专项资金管理办法。

（二）专项资金申报通知，包括申报条件、扶持范围、扶持对象等内容。

（三）项目资金申报情况，包括申报单位、申报项目、申请金额等。

（四）资金分配程序和分配方式，包括资金分配各环节的审批内容和时间要求、资金分配办法、审批方式等。

（五）专项资金分配结果，包括资金分配明细项目及扶持金额，项目所属单位或企业的基本情况等。

（六）专项资金绩效评价、监督检查和审计结果，包括项目财务决算报告、项目验收情况、绩效评价自评和重点评价报告。第三方评价报告、财政财务监督检查报告、审计结果公告等。

（七）接受、处理投诉情况，包括投诉事项和原因、投诉处理情况等。

（八）其他按规定应公开的内容。

第八章　监督检查和绩效评价

第十九条　建立包括绩效目标申报审核、绩效跟踪督查、绩效评价和绩效问责的绩效管理机制。省财政厅负责组织开展绩效评价工作，并视工作需要组织开展重点绩效评价工作。省环境保护厅负责制定专项资金绩效目标，组织做好绩效自评工作，会同省财政厅落实绩效监测督查、绩效评价和绩效问责工作。

第二十条　省环境保护厅、省财政厅根据实际情况，可采取定期检查、不定期抽查或委托项目所在地环保和财政部门（或评审机构）等方式，对资金的使用和项目实施情况进行督促检查。各级环保部门负责对项目实施情况进行管理和监督，各级财政部门负责对专项资金的使用情况进行管理和监督。

第二十一条　获得专项资金的单位要切实加强对专项资金的使用管理，自觉接受财政、审计、监察部门的监督检查，严格执行财务规章制度和会计核算办法。专项资金项目经费使用完毕后，各资金使用单位应及时对项目经费使用情况进行财务决算，并向各地环境保护部门提出验收申请。各地环境保护部门应及时组织资金使用单位进行项目验收，并根据资金使用情况进行检查抽查。

第二十二条　专项资金管理实行责任追究机制。对弄虚作假、截留、挪用、挤占专项资金等行为，按《财政违法行为处罚处分条例》（国务院令427号）的相关规定进行处理，并依法追究有关单位及其相关人员责任。

第二十三条　项目在执行过程中因故变更或中止时，项目承担单位应逐级报环保部门、财政部门申请项目终止或变更。对因故中止的项目，省财政厅将按规定收回专项资金。

第九章　附　则

第二十四条　本办法由省财政厅、省环境保护厅负责解释。各地财政部门、环保部门可根据本办法的有关要求，研究制定符合本地区实际的具体办法，及时上报省财政厅、省环境保护厅备案，并向社会公布。

第二十五条　本办法自印发之日起施行。原《广东省环境保护专项资金使用管理办法》（粤财工〔2010〕4号）同时废止。

广东省省级中小企业发展专项资金管理办法

（广东省财政厅　广东省经济和信息化委员会2014年6月12日发布，粤财工〔2014〕179号）

第一章　总　则

第一条　为加强和规范对省中小企业发展专项资金的管理，提高资金使用效益，根据《广东省省级财政专项资金管理办法》（粤府〔2013〕125号）等规定，结合我省中小企业发展工作实际，制定本办法。

第二条　本办法所称广东省省级中小企业发展专项资金（以下简称专项资金）是指由省级财政预算安排专项用于推进全省中小企业发展的资金。

第三条　专项资金管理按照公开、公平、公正、依法依规、突出重点、绩效管理、科学分配的原则。

第二章　部门职责

第四条　省财政厅负责专项资金预算管理，牵头制定专项资金管理办法；配合省经济和信息化委印发申报指南、评审、编制、下达项目计划，审核拨付专项资金，组织实施专项资金财政监督检查和重点绩效评价等。

第五条　省经济和信息化委负责专项资金的具体管理和项目管理工作，会同省财政厅编制专项资金年度安排总体计划、组织项目申报、评审、报批；负责组织项目实施、验收、信息公开、监督和绩效自评等工作。

第六条　地方中小企业主管部门负责组织当地项目审

核及申报工作，负责组织当地项目实施、验收和绩效自评工作。省属企业集团（或主管部门）、中央驻粤单位负责组织本系统项目审核及申报工作，负责组织项目实施、验收和绩效自评等工作。

第七条　地方财政部门负责配合当地中小企业主管部门组织项目审核及申报工作，及时按规定拨付项目资金，对项目资金进行监督检查。

第三章　支持范围

第八条　专项资金的支持对象，为在广东省内注册，具有独立法人资格、健全的财务管理机构和财务管理制度，诚信经营、依法纳税，符合工业和信息化部、国家统计局、国家发展改革委、财政部联合制定的《中小企业划型标准规定》（工信部联企业〔2011〕300 号）的中小微型企业及其他有关单位。

第九条　专项资金支持范围主要包括：

（一）支持中小企业（民营企业）创新转型。支持培育中小企业（民营企业）创新产业化示范基地、中小企业公共（技术）服务示范平台等重点平台建设；支持高成长性中小企业（民营企业）发展，培育后备民营骨干企业发展，鼓励和引导各地市加快自主创新和转型升级步伐，支持各地市开展中小企业创新转型试点工作。

（二）支持中小企业服务体系建设。支持中小企业公共服务平台建设，中小企业信息化和小企业创业基地发展，促进民营企业家素质提升，支持中小企业服务活动和服务机构建设，推动全省性和区域性中小企业公共服务平台网络建设。

（三）支持中小企业融资服务创新。支持小微企业贷款贴息项目，以贴息方式支持小微企业贷款融资。支持中小企业融资服务机构创新融资方式，组织开展中小企业融资服务对接活动。建立中小企业引导基金，以基金化运作方式重点引导社会资本扶持初创期中小企业加快发展等。

（四）省委、省政府要求扶持的其他相关项目支出。

第四章　分配管理

第十条　专项资金采用因素法和项目竞争性评审相结合等办法进行分配。省经济和信息化委会同省财政厅综合考虑各地中小企业发展情况、以往项目完成情况和工作绩效等因素分配下达各地资金安排计划额度。各地根据分配计划额度遴选项目上报。省经济和信息化委、省财政厅按规定组织项目竞争性评审。中小企业基金以基金化方式运作管理。

第十一条　专项资金审批实行年度安排总体计划及具体实施项目复式审批制度。

（一）年度安排总体计划审批。省经济和信息化委在收到省财政厅下达的预算执行通知后 15 个工作日内，提出年度安排总体计划（含专项资金安排额度、分配办法、支持方向和范围等），会同省财政厅按程序报省领导审批。

（二）年度具体实施项目审批。省经济和信息化委会同省财政厅对年度申报项目提出专项资金分配计划（列至具体用款单位、项目、金额），按程序公示后报省领导审批。

第五章　资金申报

第十二条　省经济和信息化委会同省财政厅联合下发年度专项资金申报通知，明确申报条件、扶持范围、扶持对象等内容，依托省政府网上办事大厅省级财政专项资金管理平台做好专项资金申请受理、前置审核和信息公开等工作。

第十三条　各地按照年度专项资金申报通知要求和省下达的资金额度，组织评审后由各地中小企业主管部门会同财政部门将项目联合上报省经济和信息化委和省财政厅。省属及中央驻粤单位的项目由省属企业集团（或主管部门）、中央驻粤单位参照各地要求直接向省经济和信息化委、省财政厅申报。项目申报单位对上报项目的真实性和可行性负责。

第十四条　项目申报单位原则上不得以同一实施内容的项目重复申报或多头申报专项资金，同一实施内容的项目确因特殊情况已申报其他专项资金的，必须在申报材料中注明原因。

第六章　资金审核及拨付

第十五条　省经济和信息化委会同省财政厅按规定通过省级财政专项资金管理平台受理项目申请，对各地上报项目按《广东省省级财政专项资金竞争性管理办法》规定进行竞争性评审。省经济和信息化委会同省财政厅根据评审情况，形成专项资金分配计划，符合省级财政资金项目库管理要求的项目，逐步纳入项目库管理，实行滚动支持或分期实施，具体按照《广东省省级财政资金项目库管理办法》规定办理。

第十六条　专项资金分配计划按规定由省经济和信息化委会同省财政厅按程序进行公示，并按规定报批。

第十七条　专项资金分配计划经批准后，由省经济和信息化委会同省财政厅下达项目计划。省财政厅按资金管理规定下达资金，办理预算下达和资金拨付手续。

第七章　信息公开

第十八条　专项资金实行信息公开。省经济和信息化委会同省财政厅按规定在省级财政专项资金管理平台及部门门户网站上公开如下信息：

（一）专项资金管理办法。

（二）专项资金申报通知，包括申报条件、扶持范围、扶持对象等内容。

（三）项目资金申报情况，包括申报单位、申报项目、申请金额等。

（四）资金分配程序和分配方式，包括资金分配各环节的审批内容和时间要求、资金分配办法、审批方式等。

（五）专项资金分配结果，包括资金分配项目及扶持金额，项目所属单位或企业的基本情况等。

（六）专项资金绩效评价、监督检查和审计结果，包括项目财务决算报告、项目验收情况、绩效评价自评和重点评价报告。第三方评价报告、财政财务监督检查报告、审计结果公告等。

（七）接受、处理投诉情况，包括投诉事项和原因、投诉处理情况等。

（八）其他按规定应公开的内容。

第八章　监督检查和绩效评价

第十九条　专项资金支持项目实行承诺函管理，项目单位提出资金申报时需向省经济和信息化委、省财政厅提交承诺函，确保申报项目和材料的真实性、符合性及资金专款专用。项目完毕后，各项目承担单位应及时对项目经费使用情况进行财务决算。各地中小企业主管部门、财政部门根据资金使用情况进行检查抽查，并按规定对有关项目组织验收。

第二十条　建立包括绩效目标申报审核、绩效跟踪督查、绩效评价和绩效问责的绩效管理机制。省财政厅负责组织开展绩效评价工作，并视工作需要组织开展重点绩效评价工作。省经济和信息化委负责制定专项资金绩效目标，组织做好绩效自评工作，会同省财政厅落实绩效监测督查、绩效评价和绩效问责工作。

第二十一条　省经济和信息化委、省财政厅根据实际情况，可采取定期检查、不定期抽查或委托项目所在地中小企业主管部门和财政部门（或评审机构）等方式，对资金的使用和项目实施情况进行督促检查。各地中小企业主管部门负责对项目实施情况进行管理和监督，各地财政部门负责对专项资金的使用情况进行管理和监督。

第二十二条　获得专项资金的单位要切实加强对专项资金的使用管理，自觉接受财政、审计、监察部门的监督检查，严格执行财务规章制度和会计核算办法。

第二十三条　专项资金管理实行责任追究机制。对弄虚作假、截留、挪用、挤占专项资金等行为，按《财政违法行为处罚处分条例》（国务院令427号）的相关规定进行处理，并依法追究有关单位及其相关人员责任。

第二十四条　项目在执行过程中因故变更或中止时，项目承担单位应逐级报中小企业主管部门、财政部门申请项目终止或变更。对因故中止的项目，省财政厅将按规定收回专项资金。

第九章　附　则

第二十五条　本办法由省财政厅、省经济和信息化委负责解释。

第二十六条　本办法自印发之日起施行。《广东省财政扶持中小企业发展专项资金管理暂行办法》（粤财工〔2012〕107号）作废。

广东省省级困难职工帮扶专项经费管理办法

（广东省财政厅2014年5月23日发布，粤财工〔2014〕180号）

第一章　总　则

第一条　为加强和规范省级困难职工帮扶专项经费管理，充分发挥资金使用效益，根据《广东省人民政府关于印发〈广东省省级财政专项资金管理办法〉的通知》（粤府〔2013〕125号）等有关规定，制定本办法。

第二条　本办法所称广东省省级困难职工帮扶专项经费（以下简称帮扶资金），是指为支持各地工会组织开展向困难职工的帮扶工作，由省财政设立的专项资金。

第三条　帮扶资金管理应遵循依法依规、公开公正、扶贫济困、强化监督的原则。

第四条　省财政厅、省总工会按职责分工负责帮扶资金管理和监督工作。

（一）省财政厅负责帮扶资金预算管理，牵头制订帮扶资金管理办法；按规定安排帮扶资金，下达帮扶资金，组织帮扶资金监督检查和总体绩效评价工作。

（二）省总工会负责帮扶资金的具体管理和项目管理工作；根据各地工会申报的困难职工群体帮扶情况提出资金分配方案，送省财政厅审核；负责加强帮扶资金的监管，组织实施绩效自评，进行信息公开等。

（三）各地工会部门按照“依档帮扶、因困施助、动态管理”的原则负责审查本地区困难职工群体的数量、分布、成因及困难程度，制定帮扶措施，并对所申报的帮扶实情的真实性、可行性、合规性负责。

第二章　帮扶对象和使用范围

第五条　帮扶对象为困难职工群体。包括：

（一）家庭人均收入低于当地最低生活保障线，经政府救助后生活仍然困难的职工。

（二）家庭人均收入虽略高于当地最低生活保障线（控制在当地最低生活保障线 150% 以内），但由于疾病、子女教育或意外灾难等原因，不能维持基本生活的困难职工。

（三）本人或配偶、其供养的子女、父母身患重大疾病、严重伤残、医疗费用支出巨大，造成生活特别困难的职工。

（四）因各类灾害或重大意外事故造成生活特别困难，需要临时救助的职工。

（五）因疾病、子女教育、意外灾害、重大事故等原因造成生活特别困难的农民工群体、异地务工人员。

（六）其他特殊原因造成生活特别困难的职工。

第六条　帮扶资金使用范围。包括各级工会困难职工帮扶中心开展临时性生活救助、医疗救助、子女助学、工伤探视、法律援助、职业培训、职业介绍等帮扶活动发放的救助金。

对职业培训、职业介绍的帮扶从严审核。若困难职工已享受了其他财政专项资金相关补助或领取了失业保险金相关补贴的，不得再享受帮扶资金的职业培训和职业介绍救助政策。

第七条　帮扶资金不得用于下列支出：支付帮扶中心工作人员工资或办公经费；发放各种奖金、津贴和福利补助；购买车辆、手机等交通工具及通讯设备；帮扶中心基本建设投资；其他与困难职工群体帮扶无关的支出。

第三章　帮扶资金的申报和审批

第八条　帮扶资金审批实行年度安排总体计划及具体实施项目复式审批制度。

年度帮扶资金具体安排额度确定后，省财政部门应在 15 个工作日内下达执行通知，省总工会应在省财政部门通知后 15 个工作日内对帮扶资金提出年度安排总体计划（含帮扶资金安排额度、分配方法、支持方向和范围等）报省领导审批。

第九条　帮扶资金年度安排总体计划获批后，省总工会根据各市困难职工人数、困难类型、困难程度、受灾情况、地方财力、资金配套等因素，采取因素法方式，科学、合理地提出资金分配方案，报送省财政厅审核。

第十条　省财政厅对省总工会提交的分配方案进行审核，审核内容包括：具体项目、安排额度、分配方法、支持方向和范围等。

第十一条　省总工会和省财政厅对资金分配方案进行公示，公示无异议后按规定程序报省领导审批。

第十二条　省财政厅根据审批结果向省总工会下达资金。

第四章　帮扶资金的管理

第十三条　省财政厅对按规定批准使用的帮扶资金按照预算及国库管理规定办理预算下达和资金拨付手续。

帮扶资金采取财政直接补助方式。

省总工会按规定将帮扶资金及时足额拨付到省级和各市县帮扶中心，并督促各级帮扶中心将救助金及时发放给相关的困难职工。

第五章　信息公开

第十四条　帮扶资金的相关信息必须向社会公开。省总工会和省财政厅按照《广东省省级财政专项资金信息公开办法》的有关规定，分别在省级财政专项资金管理平台和省总工会、省财政部门门户网站做好帮扶资金信息公开工作。

公开的信息包括专项资金管理办法、资金分配程序和分配方式、资金分配结果、资金绩效评价、监督检查、审计结果、接受投诉及处理情况等。

第六章　监督检查和绩效评价

第十五条　省总工会应加强对帮扶资金管理使用情况的监督检查，及时发现和纠正存在的问题。省财政、审计、监察部门将根据需要开展定期或不定期的专项检查或审计，确保帮扶资金发挥最佳效益。

第十六条　建立绩效管理综合机制，包括绩效目标审核、绩效监测督查、绩效评价和绩效问责等。

省总工会负责制定帮扶资金绩效目标，组织做好绩效自评工作，会同省财政厅落实绩效监测督查、绩效评价和绩效问责工作。

省财政厅负责组织开展绩效评价工作，并视工作需要组织开展重点绩效评价工作。

第十七条　帮扶资金专款专用，对弄虚作假、截留、挪用、挤占帮扶资金等行为，按《财政违法行为处罚处分条例》（国务院令 427 号）的相关规定进行处理，并依法追究有关单位及其相关人员责任。

第十八条　获得帮扶资金的单位要切实加强对帮扶资金的使用管理，确保专款专用，严格执行财务规章制度和会计核算办法；自觉接受财政、审计、监察部门的监督检查，并接受职工群众和社会的监督。

第七章　附　则

第十九条　本办法自印发之日起施行。

第二十条　本办法由省财政厅负责解释。

广东省差别电价电费收入使用管理暂行办法（修订稿）

（广东省财政厅　广东省经济和信息化委员会2014年7月7日发布，粤财工〔2014〕181号）

第一章　总　则

第一条　为加强我省差别电价电费收入（含差别电价、惩罚性电价电费收入）管理，规范差别电价电费收入的收缴和使用，根据省政府办公厅《转发国务院办公厅转发发展改革委关于完善差别电价政策意见的通知》（粤府办〔2006〕66号）、《转发国家发展改革委、财政部、国家电力监管委员会关于进一步工程落实差别电价政策有关问题的通知》（粤价〔2008〕1号）、《转发国家发展改革委、国家电监会、国家能源局关于清理对高耗能企业优惠电价等问题的通知》（粤价〔2010〕133号）等规定，按照《广东省人民政府关于印发广东省省级财政专项资金管理办法的通知》（粤府〔2013〕125号）的要求，制定本办法。

第二条　本办法所称差别电价电费收入（以下简称收入资金），是指根据国家产业政策的有关规定对淘汰类、限制类高耗能企业执行高于普通电价的差别电价所增加的电费收入，以及对能耗超过国家和地方规定的能耗限额标准的企业实施惩罚性电价所增加的电费收入。

第三条　收入资金安排使用应遵循依法依规、公开公正、突出重点的原则，确保资金的安全、规范。

第四条　收入资金全额上缴地方国库，纳入省级财政预算，实行“收支两条线”管理。

省财政厅、省经济和信息化委按职责分工共同负责收入资金的使用管理和监督。

（一）省财政厅负责收入资金预算管理，审核资金安排事项，办理资金拨付，组织实施资金财政监督检查和重点绩效评价等。

（二）省经济和信息化委负责收入资金项目管理，负责支持项目审核，按“谁使用、谁负责”的原则负责资金绩效自评、信息公开等。

第二章　资金收缴和使用

第五条　收入资金由广东电网公司按规定标准代收代缴。广东电网公司按照省实行差别电价、惩罚性电价政策工作小组公布的企业名单，在直供直管的供电范围内及时足额收取并按规定全额缴入省级国库。

第六条　收入资金实行按季度缴纳，广东电网公司需在每个季度终了后20个工作日内清缴。

第七条　收入资金支持范围和方向主要包括：

（一）实行差别电价、惩罚性电价的高耗能企业关停困难补助。

（二）产业结构调整重点项目和节能减排自主技术研发。

（三）节电改造。

（四）火电厂脱硝、脱硫、除尘改造及相关节能降耗。

（五）节能发电调度体系建设、电力需求侧平台及体系。

（六）保障省委、省政府确定的产业结构调整、节能减排重大项目及配套中央项目。

（七）重点支持水泥行业的节能技术改造、淘汰落后和转型升级。

（八）经省委、省政府批准的其他项目。

第八条　收入资金实行以收定支、统筹安排，由省财政部门对收入情况进行核算。

第九条　收入资金由省财政厅、省经信委报经省政府批准后，按现行财政专项资金管理相关规定执行，涉及补助企业及市县的，具体实施程序按粤府〔2013〕125号文办理。

第十条　收入资金的使用安排，综合采用财政直接补助或事后奖励、股权投资等支持方式。符合股权投资条件的支持项目按省财政经营性资金股权投资有关规定实施。

第十一条　各级经济和信息化部门、财政部门和项目资金使用单位必须加强对收入资金使用的管理。项目资金使用单位应严格执行财务规章制度和会计核算办法，各项支出必须严格控制在批准的范围及开支标准内，严格执行财政资金使用票据销账制度，严禁用“白头单”入账或套取现金。

第十二条　收入资金使用单位要对项目资金实行专账核算，专款专用，严禁截留或挪用。

第三章　监督检查和绩效评价

第十三条　省经济和信息化委要加强对收入资金管理

使用情况的督促检查，及时反映和纠正存在的问题。省财政、审计和监察部门根据需要进行定期和不定期的专项检查或审计。

第十四条　经济和信息化、财政部门和项目资金使用单位要建立健全互相制约、互相监督的内控机制，制定合理分权、规范用权的具体措施，加强岗位之间、工作环节之间互相制约、互相监督；制定完善收入资金审批主要环节的操作规程、工作细则；建立完善档案管理制度；实行谁审批谁负责，建立考核问责制。

第十五条　项目资金使用单位要按省的有关规定认真做好支持项目实施工作。在执行过程中，如发生项目变更、终止及项目预算调整等行为，必须重新按程序向省经济和信息化委和省财政厅报批。项目完成后，应及时按有关规定申请项目验收。

第十六条　按照分级管理的原则，省属、省直项目由省经济和信息化委会同省财政厅组织专家进行验收；属市县上报项目的，省经济和信息化委、省财政厅委托所在地级以上市、财政省直管县（市）经济和信息化局、财政局组织专家进行验收。

第十七条　收入资金实行绩效考核。省财政厅按规定组织实施绩效评价，省经济和信息化委按规定开展绩效自评。

第十八条　实行项目资金管理责任追究机制。按照“谁审批、谁负责”和“谁使用、谁负责”的原则，对项目资金管理、使用过程中存在违法违纪违规行为的，依照相关法律法规实施责任追究和处罚。

第四章　附　则

第十九条　本办法自印发之日起施行，原《广东省差别电价电费收入专项资金管理暂行办法》（粤财工〔2009〕7号）同时废止。

第二十条　国家对收入资金有特殊政策要求的，按其规定执行。

第二十一条　本办法由省财政厅会同省经济和信息化委负责解释。

广东省省级产业园扩能增效专项资金管理办法

（广东省财政厅　广东省经济和信息化委员会2014年5月23日发布，
粤财工〔2014〕195号）

第一章　总　则

第一条　为加强省级产业园扩能增效专项资金管理，规范资金使用，提高资金使用效益，根据《广东省省级财政专项资金管理办法》（粤府〔2013〕125号）等有关规定，制定本办法。

第二条　本办法所称产业园（以下简称省产业园，详见附件1），是指经省政府批准设立的省产业园和享受省产业转移政策的园区。

第三条　本办法所称省级产业园扩能增效专项资金（以下简称专项资金），是指根据《中共广东省委　广东省人民政府关于进一步促进粤东西北地区振兴发展的决定》（粤发〔2013〕9号）、《中共广东省委办公厅　广东省人民政府办公厅关于印发〈促进粤东西北地区产业园扩能增效工作方案〉的通知》（粤办发〔2013〕22号）等规定，2013－2017年省财政预算安排135亿元用于支持省产业园扩能增效的资金。

第四条　专项资金管理应遵循依法依规、公开公正、突出重点的原则，确保资金的安全、规范和使用效果。

第二章　部门职责

第五条　省财政厅、省经济和信息化委、各地经济和信息化部门和财政部门按职责分工负责专项资金管理和项目实施等工作。

（一）省财政厅负责专项资金预算管理，批复下达专项资金安排计划，会同省经济和信息化委组织专项资金项目申报、实施项目审核及下达项目计划，办理专项资金拨付，组织实施专项资金财政监督检查和重点绩效评价等。

（二）省经济和信息化委负责专项资金具体管理和项目管理工作，牵头组织专项资金项目申报工作，办理专项资金审核立项及报批手续，负责专项资金实施情况的监督、绩效自评、信息公开等。

（三）各地经济和信息化部门会同财政部门负责组织所在地专项资金项目申报，按照所在地政府批准同意的股权投资方案实施专项资金股权投资，负责组织所在地专项资金项目的实施和绩效自评。

第三章 支持范围和分配方式

第六条 专项资金支持范围包括：

（一）支持省产业园（含新享受政策园区）基础设施建设。重点用于鼓励园区运用贷款、基金、公私合作（PPP）或其他市场化融资方式，发挥财政资金引导和杠杆作用，带动社会资金投入，加快园区道路、环保、供水、供电、消防、通信、商贸、教育、医疗、文化、体育等基础设施，以及金融、科技、物流、信息服务、质量检测等公共服务平台、公共设施建设。其中：

对经省政府批准，由汕头、湛江、茂名、揭阳四市自建的省产业园（以下简称自建园），有限期的给予融资及基础设施建设等方面的专项帮扶资金。

对2013年后经省政府批准新享受省产业转移政策、纳入省产业园管理的园区以及尚未获得上一轮产业转移扶持资金支持的省产业园给予一次性资金支持。

（二）支持省产业园加快产业集聚发展。重点用于吸引重点产业链、重点龙头企业项目或项目团组入园，完善园区产业配套环境，园区内主导产业龙头项目、主导产业上下游产业链、中小企业投融资平台及相关公共服务平台建设等，推动产业集聚发展。

（三）支持省产业园招商选资。重点用于吸引世界500强、中国500强及省内外大型骨干企业及其他优质项目入园，改善园区招商环境等。

（四）支持省产业园企业创新。重点用于对园区内企业技术创新项目和创新性企业进行奖励。

（五）支持示范产业园开发建设。重点用于对粤东西北地区（不含江门、惠州、肇庆市）12个已成立园区投资开发公司（国有或国有控股）的示范产业园建设给予一次性资金扶持，鼓励和引导示范产业园投资开发公司多渠道筹措基础设施建设资金，大力推动示范产业园基础配套设施、公共服务平台开发建设等。

（六）省委、省政府确定支持的其他项目。

第七条 专项资金根据支持方向不同分类确定分配方式和标准：

（一）支持省产业园基础设施建设的，根据园区2013年及以后年度基础设施建设通过贷款、股权、公私合作（PPP）及其他方式形成的融资情况，分类进行竞争性评审，每年最多扶持6个示范产业园和4个其他产业园。其中，示范产业园每个给予扶持资金1.5亿元，其他产业园每个给予扶持资金1亿元。已获得资金的园区可在间隔不少于两年后再次申报，且每个园区可获得支持不超过两次、当年度评审结果中已支持过的园区数量不超过该类别的50%。

支持汕头、湛江、茂名、揭阳4市自建园建设的，2013－2017年每市每年给予专项帮扶资金5 000万元。

支持新认定享受省产业转移政策的园区建设的，给予每个园区所在地政府一次性启动资金5 000万元。

（二）支持省产业园加快产业集聚发展的，根据基础条件、主导产业集聚及近年变化情况、主导产业上下游产业链构建、重点龙头企业带动作用、土地节约集约利用等情况，每年奖励6个园区，每个园区奖励资金1亿元。已获得资金的园区可在间隔不少于两年后再次申报，且每个园区可获得支持不超过两次、当年度评审结果中已支持过的园区数量不超过该类别的50%。

（三）支持省产业园招商选资的，对2013年及以后省产业园新建成或试产成功项目，根据企业及项目不同情况给予不同标准的奖励（详见附件2）。根据园区招商工作的实际情况，省经济和信息化委会同省财政厅可在奖励额度范围内适当调整项目奖励标准，并在年度资金申报通知中予以明确。

（四）支持省产业园企业创新的，分类实施奖励，包括：

1. 股权投资项目。鼓励企业技术创新，每年支持不超过5个具有自主知识产权的产业（行业）主导技术项目，结合项目投资情况，采取股权投资方式给予每个项目不超过1 000万元的资金支持。

2. 以奖代补项目。对各类创新型企业进行奖励。如每年符合条件的企业应奖励金额超过奖励资金限额，按照企业研发投入金额进行排序并对排名靠前的给予奖励。同时符合多条奖励标准的企业，按照就高不就低的原则进行奖励。其他鼓励企业创新型的国家和省的奖励项目据年度企业创新型奖励资金安排情况，如前一年度预算有结余再在以后年度适当增加创新型奖励项目。根据园区创新工作的实际情况，省经济和信息化委会同省财政厅可在奖励额度范围内适当调整项目奖励标准，并在年度资金申报通知中予以明确。

（五）支持示范产业园开发建设的，对粤东西北地区（不含江门、惠州、肇庆市）12个已成立投资开发公司（国有或国有控股）的示范产业园，每个园区安排资金1亿元。

第八条 创新专项资金投入方式。专项资金支持项目中除用于对各类创新型企业进行奖励外，其余资金均采取股权投资支持方式，由地所在地政府通过委托有资质的受托管理机构管理或直接注资方式投入园区开发公司，实行公司化运营管理，5年内政府投资收益不分成，全部留存园区滚动发展。地级以上市所辖县产业园区实施股权投资具体办法由地级以上市参照省的做法确定。

第四章 项目申报和审批

第九条 年度安排总体计划审批。省经济和信息化委按程序提出专项资金年度安排总体计划（安排额度、分配方法、支持方向和范围等），会同省财政厅按程序报省领导审批。

第十条 省经济和信息化委会同省财政厅通过省级财政专项资金管理平台（以下简称管理平台）发布专项资金申报指南，明确申报条件、支持范围、支持对象等内容。

第十一条 省产业园所在地经济和信息化部门会同同

级财政部门按要求组织项目申报单位填报专项资金使用申请资料（同时提供电子数据和纸质资料），通过管理平台上报省经济和信息化委和省财政厅。

第十二条　省经济和信息化委会同省财政厅通过管理平台对申请材料进行审核，在管理平台公布专项资金申请受理情况，对未通过前置审核、不予受理的项目，说明原因并予以退回。

第十三条　省经济和信息化委会同省财政厅按程序对申报项目实施合规性审核、竞争性评审等。具体评审办法由省经济和信息化委会同省财政厅另行制定。

第十四条　省经济和信息化委会同省财政厅按照管理权限办理专项资金项目的审核并编制专项资金分配使用计划（列至具体用款单位、项目、金额），按程序公示后报省领导审批。符合专项资金项目库管理办法条件的，按照专项资金项目库管理办法逐步纳入项目库管理，具体按《广东省省级财政资金项目库管理办法》的有关规定执行。

第十五条　省经济和信息化委会同省财政厅根据审批结果下达项目计划，省财政厅按规定下达资金。

第五章　项目资金管理

第十六条　专项资金原则上采取滚动使用方式，在总额度内可视年度实际执行情况进行适当调整，纳入滚动预算编报实行滚动支持。

第十七条　省财政厅对依规批准使用的专项资金按照预算及国库管理规定办理预算下达和资金拨付手续。

第十八条　各级经济和信息化部门、财政部门和资金使用单位必须加强对专项资金使用的管理，严格执行财务规章制度和会计核算办法，各项支出必须严格控制在批准的范围及开支标准内，严格执行财政资金使用票据销账制度，严禁用“白头单”入账或套取现金。

第十九条　专项资金使用单位要按国家有关规定进行会计处理，对专项资金实行专账核算，专款专用，严禁截留或挪用。

第二十条　省经济和信息化委组织项目审核、开展后续监管工作等发生的费用，由省财政厅按规定审核后在省产业园扩能增效资金中列支。

第六章　信息公开

第二十一条　除涉及保密要求不予公开外，专项资金的相关信息均应向社会公开。

第二十二条　省经济和信息化委会同省财政厅按《广东省省级财政专项资金信息公开办法》规定分别在管理平台及省业务主管部门、财政部门门户网站上公开如下信息：

（一）专项资金管理办法。

（二）专项资金申报指南，包括申报条件、支持范围、支持对象、审批部门、经办部门、经办人员、查询电话等。

（三）项目资金申报情况，包括申报单位、申报项目、申请金额等。

（四）资金分配程序和分配方式，包括资金分配办法、审批方式等。

（五）专项资金分配结果，包括资金分配明细项目及其金额，项目所属单位或企业的基本情况等。

（六）专项资金绩效评价、监督检查和审计结果，包括项目财务决算报告、项目验收情况、绩效评价自评和重点评价报告、第三方评价报告、财政财务监督检查报告、审计结果公告等。

（七）公开接受、处理投诉情况，包括投诉事项和原因、投诉处理情况等。

（八）其他按规定应公开的内容。

第七章　监督管理和绩效评价

第二十三条　省经济和信息化委要加强对专项资金使用情况的督促检查，及时反映和纠正存在的问题。省财政、审计和监察部门根据需要进行定期和不定期的专项检查或审计。

第二十四条　各地经济和信息化部门、财政部门和资金使用单位要建立健全互相制约、互相监督的内控机制，制定合理分权、规范用权的具体措施，加强岗位之间、工作环节之间互相制约、互相监督；制定完善专项资金审批主要环节的操作规程、工作细则，有效约束自由裁量权；建立完善档案管理制度；敏感岗位人员定期交流轮岗，实行谁审批谁负责，建立考核问责制。

第二十五条　专项资金实行绩效考核。省财政厅按规定组织实施专项资金绩效评价；省经济和信息化委按规定开展专项资金绩效自评。

第二十六条　实行专项资金管理责任追究机制。按照“谁审批、谁负责”和“谁使用、谁负责”的原则，对专项资金管理、使用过程中存在的违法违纪违规行为，依照《财政违法行为处罚处分条例》（国务院令427号）等相关法律法规实施责任追究和处罚。

第八章　附　则

第二十七条　本办法由省财政厅会同省经济和信息化委负责解释。

第二十八条　本办法自印发之日起实施。原《广东省产业园基础设施建设扶持资金管理办法》（粤财工〔2013〕328号）、《广东省产业园招商选资奖励资金管理办法》（粤财工〔2013〕329号）、《广东省产业园加快产业集聚发展奖励资金管理办法》（粤财工〔2013〕393号）、《广东省产业园企业创新专项资金管理办法》（粤财工〔2013〕479号）同时废止。

广东省省级新能源汽车推广应用专项资金管理办法

（广东省财政厅　广东省发展和改革委员会2014年7月9日发布，粤财工〔2014〕209号）

第一章　总　则

第一条　为加强和规范对省级新能源汽车推广应用专项资金的管理，提高资金使用效益，加快促进我省推广应用新能源汽车，根据《广东省人民政府关于印发广东省省级财政专项资金管理办法的通知》（粤府〔2013〕125号）、《关于加快推进珠江三角洲地区新能源汽车推广应用的实施意见》（粤发改高技术〔2014〕345号）等规定，并结合我省实际，制定本办法。

第二条　省级新能源汽车推广应用专项资金（以下简称专项资金）由省财政设立，专项用于引导和支持全省新能源汽车推广应用。

第三条　各地级市人民政府是新能源汽车推广应用工作的责任主体，省财政安排专项资金予以适当支持。

第四条　专项资金的安排应遵循公平公开公正、依法依规、突出重点、科学分配等原则。

第二章　部门职责

第五条　省财政厅负责专项资金预算管理，牵头制定专项资金管理办法；配合省发展改革委编制专项资金年度安排总体计划、清算专项资金，审核拨付专项资金，组织实施专项资金财政监督检查和重点绩效评价等。

第六条　省发展改革委负责统筹推进全省新能源汽车推广应用工作，会同省财政厅编制和下达专项资金年度安排总体计划、组织清算专项资金；负责专项资金信息公开、监督和绩效自评等工作。

第七条　地方发展改革部门负责推动本地区新能源汽车推广应用，会同当地财政部门安排使用专项资金、组织清算专项资金，开展绩效自评等工作。

第八条　地方财政部门负责配合当地发展改革部门组织清算专项资金，及时按规定拨付资金，对资金使用情况进行监督检查。

第三章　支持范围

第九条　专项资金专项用于补助符合要求的纯电动汽车、插电式混合动力汽车、燃料电池汽车的推广应用。省级新能源汽车补助包括：购车综合补助、充换电基础设施奖励等。

省财政购车综合补贴按地区分类和标准补贴，充换电基础设施奖励按国家规定及各市推广情况另行制定。

第十条　购车综合补贴分类和标准。购车综合补贴按照新能源汽车推广应用城市人均财政收入水平将全省分四类地区：广州市为一类地区；珠海、佛山、惠州、东莞、中山市为二类地区；江门、肇庆市为三类地区；粤东西北城市为四类地区。购车综合补贴标准按照国家购车补助标准的一定比例确定。

第十一条　购车综合补贴拨付到各地级以上市，由各市人民政府根据所选择的技术路线和商业运营模式，综合用于车辆购置、整车租赁、电池租赁、基础设施等。

第四章　分配管理

第十二条　专项资金采用标准法和因素法等进行分配。购车综合补贴采用标准法分配各地级市，充换电基础设施奖励按因素法分配。

第十三条　专项资金审批实行年度安排总体计划及具体实施项目报批制度。

（一）年度安排总体计划审批。省发展改革委在收到省财政厅下达的预算执行通知后15个工作日内，提出年度安排总体计划（含专项资金安排额度、分配办法、支持方向和范围等），会同省财政厅按程序报省领导审批。

（二）年度具体实施计划审批。省发展改革委会同省财政厅根据总体计划提出专项资金具体分配计划（列至具体用款单位、项目、金额），按程序报省领导审批。

第五章　资金拨付

第十四条　专项资金由省财政先按一定比例拨付各地级市，年度终了后据实清算。根据省财政预算安排的专项资金额度以及各市提出的新能源汽车年度推广应用计划，省发展改革委会同省财政厅提出专项资金年度安排总体计划及专项资金分配计划，按规定公示、报省领导审批。

第十五条　专项资金分配计划经审定后，由省发展改革委会同省财政厅下达年度资金安排计划。省财政厅按资金管理规定下达资金，办理预算下达和资金拨付手续。

第六章　资金清算

第十六条　专项资金实行年度清算制度。各推广应用城市发展改革部门和财政部门于次年一季度内，向省发展改革委和省财政厅提交经市政府审核后的清算材料，主要包括：

（一）本地区新能源汽车推广应用情况报告，包括上一年推广应用数量、车型、运行效果以及当年推广应用计划等，并提出需追加下达或需退回的财政资金额度。

（二）广东省新能源汽车推广应用补助资金清算信息明细表。

（三）相关附件。

1. 车辆购销发票复印件；

2. 机动车行驶证复印件；

3. 由车辆销售方提供的车型列入国家《节能与新能源汽车示范推广应用工程推荐车型目录》批次凭证；

4. 其他需要提供的相关证明材料。

第十七条　省发展改革委会同省财政厅按规定进行项目资金清算，由省发展改革委会同省财政厅下达项目清算计划，省财政厅按资金管理规定下达清算资金，办理资金清算手续。

第七章　信息公开

第十八条　专项资金实行信息公开。省发展改革委会同省财政厅按规定在省级财政专项资金管理平台和部门门户网站公开如下信息：

（一）专项资金管理办法。

（二）专项资金扶持范围、扶持对象等内容。

（三）项目资金安排年度计划、资金年度清算情况。

（四）资金分配程序和分配方式等。

（五）专项资金分配情况，包括资金分配明细项目及扶持金额等。

（六）专项资金绩效评价、监督检查和审计结果，包括绩效评价自评和重点评价报告。第三方评价报告、财政财务监督检查报告、审计结果公告等。

（七）接受、处理投诉情况，包括投诉事项和原因、投诉处理情况等。

（八）其他按规定应公开的内容。

第十九条　有条件的地方应当将有关情况在当地发展改革委和财政部门的门户网站上公布，接受社会监督。

第八章　监督检查和绩效评价

第二十条　省财政厅负责组织开展绩效评价工作，并视工作需要组织开展重点绩效评价工作。省发展改革委负责制定专项资金绩效目标，组织各推广应用城市做好绩效自评工作，会同省财政厅落实绩效监测督查、绩效评价和绩效问责工作。

第二十一条　省发展改革委、省财政厅根据实际情况，可采取定期检查、不定期抽查或委托地市发展改革和财政部门（或评审机构）等方式，对资金的使用和新能源汽车推广应用情况进行督促检查。各级发展改革部门负责对本地新能源汽车推广应用情况进行管理和监督，各级财政部门负责对专项资金的使用情况进行管理和监督。

第二十二条　获得专项资金的单位要切实加强对专项资金的使用管理，自觉接受财政、审计、监察部门的监督检查，严格执行财务规章制度和会计核算办法。

第二十三条　专项资金管理实行责任追究机制。对弄虚作假、截留、挪用、挤占专项资金等行为，按《财政违法行为处罚处分条例》（国务院令427号）的相关规定进行处理，并依法追究有关单位及其相关人员责任。

第九章　附　则

第二十四条　本办法由省财政厅、省发展改革委负责解释。各地财政部门、发展改革部门可根据本办法的有关要求，研究制定符合本地区实际的新能源汽车推广应用综合补助政策，及时上报省财政厅、省发展改革委备案，并向社会公布。

第二十五条　本办法自印发之日起实施。原《广东省战略性新兴产业专项资金新能源汽车示范应用项目资金管理办法》（粤财工〔2011〕218号）同时废止。

广东省省级污染减排专项资金管理办法

（广东省财政厅　广东省环境保护厅2014年6月26日发布，粤财工〔2014〕236号）

第一章　总　则

第一条　为加强和规范对省级污染减排专项资金的管理，提高资金使用效益，根据《广东省省级财政专项资金管理办法》（粤府〔2013〕125号）、《中央财政主要污染物减排专项资金管理暂行办法》（财建〔2007〕112号）等有关规定，结合我省污染减排工作的实际情况，制定本办法。

第二条　本办法所称省级污染减排专项资金（以下简称专项资金），是指为支持我省主要污染物减排工作，推动主要污染物减排目标的实现，由省财政设立的专项资金。

第三条　各地人民政府是污染减排工作实施的责任主体。污染减排以地方投入为主，省财政安排专项资金予以适当支持。

第四条　专项资金管理按照公开、公平、公正、依法依规、突出重点、绩效管理、科学分配的原则。

第二章　支持范围

第五条　专项资金支持范围包括：

（一）重点领域污染减排支持范围。

1. 工业锅炉污染整治。

2. 营运“黄标车”淘汰补助。

按照省政府部门职能分工，污染减排专项资金中的工业锅炉污染整治、淘汰黄标车资金的业务主管部门是省环境保护厅。

（二）污水处理设施补助范围。

1. 污水处理设施建设补助。支持位于国家和省重点生态功能区的26个县，且纳入《广东省人民政府办公厅关于印发广东省“十二五”后半期主要污染物总量减排行动计划的通知》（粤府办〔2013〕47号）新建城镇生活污水处理设施项目表所列的污水处理设施建设项目。

2. 污水处理设施“以奖促减”。根据环保部核定的减排量，对东西北地区（除重点生态功能区外）以及惠州市、肇庆市、江门市新增削减化学需氧量、氨氮，按标准给予补助。“以奖促减”资金重点用于污水处理设施（包括管网）的建设、养护和运营。

按照省政府部门职能分工，污染减排资金中的污水处理设施建设补助、污水处理设施“以奖促减”资金的业务主管部门是省住房城乡建设厅。

（三）省委、省政府确定的其他污染减排项目。

第三章　联席审批

第六条　专项资金联席审批。专项资金涉及多个主管部门，按规定实行联席审批。专项资金联席审批的参与部门包括省环境保护厅、省财政厅、省住房城乡建设厅。省环境保护厅为专项资金的牵头部门，牵头联席审批工作。联席审批遵循“各司其职、协同配合、相互制约、权责一致”的原则。

第七条　联席审批主要内容：

（一）工作实施方案。包括项目组织申报、评审、资金分配的原则和方法等。

（二）项目评审方案。包括项目评审办法、程序，评审内容和指标等。

（三）资金分配方案。包括资金分配原则、因素、方法，分配对象及分配结果等。

（四）省政府要求应进行联席审批的其他事项。

第八条　联席审批工作规程：

（一）工作实施。省环境保护厅会同省财政厅、省住房城乡建设厅以召开联席会议或联合发文形式研究确定工作实施方案。

（二）资金分配。省环境保护厅会同省财政厅、省住房和城乡建设厅开展项目评审；召开联席会议，研究拟订资金分配方案（包括分配对象及分配结果等内容）。

（三）省政府审批。省环境保护厅会同省财政厅，将经联席会议审核通过的资金分配方案及各部门意见拟文呈报省政府审批。

（四）资金下达。省财政厅根据省政府批准的资金分配方案下达资金。

第四章　部门职责

第九条　省财政厅负责专项资金预算管理，牵头制定专项资金管理办法；按照联席审批工作规程配合省级项目主管部门（含省环境保护厅、省住房城乡建设厅，下同）研究确定工作实施方案、印发申报指南、评审、报批、下达项目计划，审核拨付专项资金，组织实施专项资金财政监督检查和重点绩效评价等。

第十条　省环境保护厅牵头负责联席审批工作。省住房城乡建设厅按照职责参与联席审批工作。

第十一条　工业锅炉污染整治、淘汰黄标车污染减排专项资金工作实施方案、项目评审、资金分配方案，由省环境保护厅会同省财政厅研究提出初步意见；污水处理设施建设补助和污水处理设施“以奖促减”资金工作实施方案、项目评审、资金分配方案，由省住房城乡建设厅会省财政厅研究提出初步意见；上述两项的初步意见送省环境保护厅按联席审批工作规程汇总作出总体方案，按规定召开联席会议或联合发文确定。

第十二条　省级项目主管部门按职能分工分别负责相应项目具体管理工作，会同省财政厅编制专项资金年度安排总体计划、按照联席审批工作实施方案组织项目申报、评审、报批；负责组织项目实施、验收、信息公开、监督和绩效自评等工作。

第十三条　市县项目主管部门（含环境保护部门、住房城乡建设部门，下同）分别负责组织当地项目审核及申报工作，负责组织当地项目实施、验收和绩效自评工作。

第十四条　市县财政部门负责配合当地项目主管部门组织项目审核及申报工作，及时按规定拨付项目资金，对项目资金进行监督检查。

第五章　分配管理

第十五条　专项资金采用因素法进行分配。其中：

（一）工业锅炉污染整治奖励资金。工业锅炉污染整治奖励资金，对纳入《广东省人民政府办公厅关于印发广东省“十二五”后半期主要污染物总量减排行动计划的通知》（粤府办〔2013〕47号）工业锅炉综合治理项目表的工业锅炉，对珠三角地区（不含深圳）按整治每蒸吨锅炉给予8 000元的奖励。

（二）营运“黄标车”淘汰补助资金。对纳入《广东省人民政府办公厅关于印发广东省“十二五”后半期主要污染物总量减排行动计划的通知》（粤府办〔2013〕47号）营运类“黄标车”淘汰项目表的“黄标车”，对珠三角地区（不含深圳）提前报废的黄标车，按照不同年份不同车型给予6 000－30 000元/辆的财政补贴，按照“分级负担、地方为主、省适当补贴”的原则，省财政按照此标准的20%（即1 200－6 000元/辆）给予补贴。

（三）污水处理设施建设补助资金。对纳入“十二五”减排计划的生态发展地区污水处理厂，按照新建城镇生活污水处理设施设计处理能力每1万吨/日补助1 000万元给予事前补助。

（四）污水处理设施“以奖促减”资金。根据环保部核定的减排量，东西北地区（除重点生态功能区外）以及惠州、肇庆不属于珠三角的县按新增削减化学需氧量每1吨奖励1万元，新增削减氨氮每1吨奖励3万元；惠州、肇庆属于珠三角的县（市、区）及江门市按新增削减化学需氧量1吨奖励0.5万元，新增削减氨氮1吨奖励1.5万元。

第十六条　专项资金审批实行年度安排总体计划及具体实施项目复式审批制度。

（一）年度安排总体计划审批。省级项目主管部门分别在收到省财政厅下达的预算执行通知后15个工作日内，按联席审批的有关规定提出年度安排总体计划（含专项资金安排额度、分配办法、支持方向和范围等），会同省财政厅按程序报省领导审批。

（二）年度具体实施项目审批。省级项目主管部门按联席审批的有关规定分别会同省财政厅对年度申报项目提出专项资金分配计划（列至具体用款单位、项目、金额），按规定报省领导审批。

第六章　资金申报

第十七条　省级项目主管部门按联席审批的有关规定分别会同省财政厅联合下发年度专项资金申报通知，明确申报条件、扶持范围、扶持对象等内容，按照《广东省省级财政专项资金管理办法》有关规定，依托专项资金管理平台做好专项资金申请受理、审核和信息公开工作。

第十八条　各地按照年度专项资金申报通知要求，按部门职能分工分别组织审核后将项目上报省级项目主管部门和省财政厅。项目申报单位对上报项目的真实性和可行性负责。其中，污水处理设施“以奖促减”资金，根据国家和省的核定结果制定下达专项资金安排计划。

第十九条　项目申报单位原则上不得以同一实施内容的项目重复申报或多头申报专项资金，同一实施内容的项目确因特殊情况已申报其他专项资金的，必须在申报材料中注明原因。

第七章　资金安排及拨付

第二十条　省级项目主管部门分别会同省财政厅按规定通过专项资金管理平台受理项目的申请，按联席审批的有关规定组织专家开展技术审核，形成专项资金分配计划，符合省级财政资金项目库管理要求的项目，逐步纳入项目库管理，实行滚动支持或分期实施，具体按照《广东省省级财政资金项目库管理办法》的有关规定执行。

第二十一条　专项资金分配计划按规定分别由省级项目主管部门按联席审批的有关规定会同省财政厅按程序进行公示，并按规定报省领导审批。

第二十二条　专项资金分配计划经审定后，分别由省级项目主管部门按联席审批的有关规定会同省财政厅下达项目计划。省财政厅按资金管理规定下达资金，办理预算下达和资金拨付手续。

第八章　信息公开

第二十三条　专项资金实行信息公开。省级项目主管部门会同省财政厅按《广东省省级财政专项资金信息公开办法》规定在专项资金管理平台和部门门户网站公开如下信息：

（一）专项资金管理办法。

（二）专项资金申报通知，包括申报条件、扶持范围、扶持对象等内容。

（三）项目资金申报情况，包括申报单位、申报项目、申请金额等。

（四）资金分配程序和分配方式，包括资金分配各环节的审批内容和时间要求、资金分配办法、审批方式等。

（五）专项资金分配结果，包括资金分配明细项目及扶持金额，项目所属单位或企业的基本情况等。

（六）专项资金绩效评价、监督检查和审计结果，包括项目财务决算报告、项目验收情况、绩效评价自评和重点评价报告。第三方评价报告、财政财务监督检查报告、审计结果公告等。

（七）接受、处理投诉情况，包括投诉事项和原因、投诉处理情况等。

（八）其他按规定应公开的内容。

第九章 监督检查和绩效评价

第二十四条 建立包括绩效目标申报审核、绩效跟踪督查、绩效评价和绩效问责的绩效管理机制。省财政厅负责组织开展绩效评价工作，并视工作需要组织开展重点绩效评价工作。省级项目主管部门分别负责制定专项资金绩效目标，组织做好绩效自评工作，会同省财政厅落实绩效监测督查、绩效评价和绩效问责工作。

第二十五条 省级项目主管部门、省财政厅根据实际情况，可采取定期检查、不定期抽查或委托项目所在地项目主管部门和财政部门（或评审机构）等方式，对资金的使用和项目实施情况进行督促检查。各级项目主管部门负责对项目实施情况进行管理和监督，各级财政部门负责对专项资金的使用情况进行管理和监督。

第二十六条 获得专项资金的单位要切实加强对专项资金的使用管理，自觉接受财政、审计、监察部门的监督检查，严格执行财务规章制度和会计核算办法。专项资金项目经费使用完毕后，各资金使用单位应及时对项目经费使用情况进行财务决算，并向各地项目主管部门提出验收申请。各地项目主管部门应及时组织资金使用单位进行项目验收，并根据资金使用情况进行检查抽查。

第二十七条 专项资金管理实行责任追究机制。对弄虚作假、截留、挪用、挤占专项资金等行为，按《财政违法行为处罚处分条例》（国务院令427号）的相关规定进行处理，并依法追究有关单位及其相关人员责任。

第二十八条 项目在执行过程中因故变更或中止时，项目承担单位应逐级报项目主管部门、财政部门申请项目终止或变更。对因故中止的项目，省财政厅将按规定收回专项资金。

第十章 附 则

第二十九条 本办法由省财政厅、省环境保护厅负责解释。省级项目主管部门会同省财政厅视工作需要制订具体实施细则。各地财政部门、项目主管部门可根据本办法的有关要求，研究制订符合本地区实际的具体办法，及时上报省财政厅、省级项目主管部门备案，并向社会公布。

第三十条 本办法自印发之日起施行。原《广东省污染减排专项资金使用管理暂行办法》（粤财工〔2013〕150号）同时废止。

广东省省级战略性新兴产业政银企合作专项资金管理办法

（广东省财政厅 广东省经济和信息化委员会2014年7月16日发布，粤财工〔2014〕257号）

第一章 总 则

第一条 为加强和规范对省级战略性新兴产业政银企合作专项资金的管理，提高资金使用效益，更好地发挥财政贴息政策的杠杆引导作用，根据《广东省人民政府关于印发广东省省级财政专项资金管理办法的通知》（粤府〔2013〕125号）、《印发广东省战略性新兴产业发展“十二五”规划的通知》（粤府办〔2012〕15号）等有关规定，结合我省战略性新兴产业政银企合作工作实际，制定本办法。

第二条 本办法所称战略性新兴产业政银企专项资金（以下简称专项资金），是指根据省政府决定，2011－2015年省财政统筹安排的用于支持战略性新兴产业政银企合作项目贷款等资金。

第三条　战略性新兴产业政银企合作项目贷款是指用于战略性新兴产业领域产品技术开发、产业化项目建设的各类银行贷款。

第四条　专项资金管理按照公开、公平、公正、依法依规、突出重点、绩效管理、科学分配的原则。

第二章　部门职责

第五条　省财政厅负责专项资金预算管理，牵头制定专项资金管理办法；配合省经济和信息化委制发申报指南、评审、编制、下达项目计划，审核拨付专项资金，组织实施专项资金财政监督检查和重点绩效评价等。

第六条　省经济和信息化委负责项目管理工作，会同省财政厅编制专项资金年度安排总体计划、组织项目申报、评审、报批；负责组织项目实施、验收、信息公开、监督和绩效自评等工作。

第七条　地方经信部门负责组织当地项目审核及申报工作，负责组织当地项目实施、验收和绩效自评等工作。省属企业集团（或主管部门）、中央驻粤单位负责组织本系统项目审核及申报工作，负责组织本系统项目实施、验收和绩效自评等工作。

第八条　地方财政部门负责配合同级经信部门组织项目审核及申报工作，及时按规定拨付项目资金，对项目资金进行监督检查。

第三章　支持范围和方式

第九条　专项资金支持范围包括：

（一）广东省战略性新兴产业发展“十二五”规划明确的八大产业领域的项目贷款，且属于已落实贷款并支付银行贷款利息的项目（以下简称《贴息类项目》）。

（二）根据省委、省政府要求，以及产业发展需要确定的其他战略性新兴产业重点项目（以下简称其他类项目）。

第十条　专项资金支持方式：

（一）专项资金实行先付后贴的原则，即项目单位必须凭贷款银行开具的利息支付清单申请贴息。对未按合同规定归还的逾期贷款利息、加息和罚息，不予贴息。

（二）贴息率：由省财政厅、省经济和信息化委根据年度专项资金预算控制指标和当年贴息资金申报需求等因素一年一定，最高不超过当年中国人民银行同期贷款基准利率。

（三）贴息期限：原则上按项目建设期限贴息。所有项目享受财政贴息期限不得超过 3 年。

（四）贴息时间：每年集中办理一次贴息申请，具体办理贴息时间以当年通知为准，过期不予办理。

（五）贴息额：单个项目贴息总额原则上不超过 5 000 万元。单个贴息额度需超过 5 000 万元的特殊项目由省财政厅、省经济和信息化委研究报批后确定支持金额。

第十一条　其他类项目由省财政厅、省经济和信息化委研究报批后确定项目支持方式。专项资金支持方式根据战略性新兴产业发展形势适时进行调整。

第四章　分配管理

第十二条　专项资金实行标准法分配。省经济和信息化委会同省财政厅对申报项目组织专家进行审核，对符合条件的项目按照贴息率安排省财政贴息资金。

第十三条　专项资金审批实行年度安排总体计划及具体实施项目复式审批制度。

（一）年度安排总体计划审批。省经济和信息化委在收到省财政厅下达的预算执行通知后 15 个工作日内，提出年度安排总体计划（含专项资金安排额度、分配办法、支持方向和范围等），会同省财政厅按程序报省领导审批。

（二）年度具体实施项目审批。省经济和信息化委会同省财政厅对年度申报项目提出专项资金分配计划（列至具体用款单位、项目、金额），按程序报省领导审批。

第五章　资金申报

第十四条　省经济和信息化委会同省财政厅联合下发年度专项资金申报通知，明确申报条件、扶持范围、扶持对象等内容，依托省政府网上办事大厅省级财政专项资金管理平台做好专项资金申报受理、审核和信息公开等工作。

第十五条　各地按照年度专项资金申报通知要求，组织评审后将项目上报省经济和信息化委和省财政厅。省属和中央驻粤单位的项目由省属企业集团（或主管部门）、中央驻粤单位参照各地要求直接向省经济和信息化委、省财政厅申报。项目申报单位对上报项目的真实性和可行性负责。

第六章　资金安排和拨付

第十六条　省经济和信息化委会同省财政厅按规定通过专项资金管理平台受理项目申报，组织专家对申报项目进行符合性审查。省经济和信息化委会同省财政厅根据评审情况，形成专项资金分配计划。

第十七条　专项资金分配计划按规定由省经济和信息化委会同省财政厅按程序进行公示，并按规定报省领导审批。

第十八条　专项资金分配计划经审定后，由省经济和信息化委会同省财政厅下达项目计划。省财政厅按资金管理规定下达资金，办理预算下达和资金拨付手续。

第七章　信息公开

第十九条　专项资金实行信息公开。省经济和信息化委会同省财政厅按规定在省网上办事大厅专项资金管理平台和部门门户网站公开如下信息：

（一）专项资金管理办法。

（二）专项资金申报通知，包括申报条件、扶持范围、扶持对象等内容。

（三）项目资金申报情况，包括申报单位、申报项目、申请金额等。

（四）资金分配程序和分配方式，包括资金分配各环节的审批内容和时间要求、资金分配办法、审批方式等。

（五）专项资金分配情况，包括资金分配明细项目及扶持金额，项目所属单位或企业的基本情况等。

（六）专项资金绩效评价、监督检查和审计结果，包括项目财务决算报告、项目验收情况、绩效评价自评和重点评价报告。第三方评价报告、财政财务监督检查报告、审计结果公告等。

（七）接受、处理投诉情况，包括投诉事项和原因、投诉处理情况等。

（八）其他按规定应公开的内容。

第八章　监督检查和绩效评价

第二十条　建立包括绩效目标申报审核、绩效跟踪督查、绩效评价和绩效问责的绩效管理机制。省财政厅负责组织开展绩效评价工作，并视工作需要组织开展重点绩效评价工作。省经济和信息化委负责制定专项资金绩效目标，组织做好绩效自评工作，会同省财政厅落实绩效跟踪督查、绩效评价和绩效问责工作。

第二十一条　省经济和信息化委、省财政厅根据实际情况，可采取定期检查、不定期抽查或委托项目所在地经信和财政部门（或评审机构）等方式，对资金的使用和项目实施情况进行督促检查。各级经信部门负责对项目实施情况进行管理和监督，各级财政部门负责对专项资金的使用情况进行管理和监督。

第二十二条　获得专项资金的单位要切实加强对专项资金的使用管理，自觉接受财政、审计、监察部门的监督检查，严格执行财务规章制度和会计核算办法。各地经信部门应及时组织资金使用单位进行项目完工评价。

第二十三条　专项资金管理实行责任追究机制。对弄虚作假、截留、挪用、挤占专项资金等行为，按《财政违法行为处罚处分条例》（国务院令427号）的相关规定进行处理，并依法追究有关单位及其相关人员责任。

第二十四条　项目在执行过程中因故变更或中止时，项目承担单位应逐级报经信部门、财政部门申请项目终止或变更。对因故中止的项目，省财政厅将按规定收回专项资金。

第九章　附　则

第二十五条　本办法由省财政厅、省经济和信息化委负责解释。

第二十六条　本办法自印发之日起施行。原《广东省战略性新兴产业政银企合作专项资金管理办法（修订)》（粤财工〔2013〕213号）同时废止。

广东省省级前沿与关键技术创新专项资金管理办法

（广东省财政厅　广东省科学技术厅2014年7月30日发布，
粤财工〔2014〕258号）

第一章　总　则

第一条　为加强和规范对省级前沿与关键技术创新专项资金的管理，提高资金使用效益，根据《广东省省级财政专项资金管理办法》（粤府〔2013〕125号）等规定，结合我省科技创新发展工作实际，制定本办法。

第二条　本办法所称广东省省级前沿与关键技术创新专项资金（以下简称专项资金）是指由省级财政预算安排专项用于支持我省开展前沿技术研究、实施重大科技专项、相关领域技术攻关、技术创新的资金。

第三条　专项资金管理坚持公开、公平、公正、依法依规、突出重点、产业导向、带动集成、绩效管理、科学分配的原则。

第二章　部门职责

第四条　省财政厅负责专项资金预算管理；配合省科技厅印发申报指南、组织项目评审、编制和下达项目计划，审核拨付专项资金，组织实施专项资金财政监督检查和重点绩效评价等。

第五条　省科技厅负责专项资金的具体管理和项目管理工作，会同省财政厅编制专项资金年度安排总体计划、组织项目申报、评审、报批；负责组织项目实施、验收、信息公开、监督和绩效自评等工作。

第六条　市县科技主管部门负责组织当地项目审核及申报工作，负责组织当地项目实施、验收和绩效自评工作。省属企业集团（或主管部门）、中央驻粤单位负责组织本系统项目审核及申报工作，负责组织项目实施、验收和绩效自评等工作。

第七条　市县财政部门负责配合当地科技主管部门组织项目审核及申报工作，及时按规定拨付项目资金，对项目资金进行监督检查。

第三章　支持范围

第八条　专项资金的支持对象，为在广东省内注册，具有独立法人资格、健全的财务管理机构和财务管理制度的企业及其他有关单位。

第九条　专项资金围绕全省重点领域、重点产业的重大科技需求，重点支持以下项目：

（一）对我省产业发展具有重要支撑作用的关键核心和共性技术攻关、重大科技专项。

（二）第一、二、三产业和社会民生事业中涉及的行业关键和共性技术攻关及研发。

（三）粤港联合创新项目。

（四）科技型中小型企业技术自主创新项目。

（五）省委、省政府要求扶持的其他相关项目支出。

第四章　分配管理

第十条　专项资金采用竞争性评审方式进行分配。

第十一条　专项资金审批实行年度安排总体计划及具体实施项目复式审批制度。

（一）年度安排总体计划审批。省科技厅在收到省财政厅下达的预算执行通知后15个工作日内，提出年度安排总体计划（含专项资金安排额度、分配办法、支持方向和范围等），会同省财政厅按程序报省领导审批。

（二）年度具体实施项目审批。省科技厅会同省财政厅对年度申报项目提出专项资金分配计划（列至具体用款单位、项目、金额），按程序公示后报省领导审批。

第五章　资金申报

第十二条　省科技厅会同省财政厅联合下发年度专项资金申报通知，明确申报条件、扶持范围、扶持对象等内容，依托省政府网上办事大厅省级财政专项资金管理平台做好专项资金申请受理、前置审核和信息公开等工作。

第十三条　各地按照年度专项资金申报通知要求，组织审核后由各地科技部门会同财政部门将项目联合上报省科技厅和省财政厅。省属及中央驻粤单位的项目由省属企业集团（或主管部门）、中央驻粤单位参照各地要求直接向省科技厅、省财政厅申报。项目申报单位对上报项目的真实性和可行性负责。

第十四条　申请项目须具备以下条件：

（一）项目符合国家、省产业政策及申报或招标指南的要求，实施地和成果转化地在广东省境内。

（二）申报单位两家以上的，须合作基础良好且签订了合作协议。

（三）申报单位具有较强的技术实力或者较高的科研水平，并有一定人员、资金或设备投入。

（四）项目资金预算合理可行。

第十五条　项目申报单位原则上不得以同一实施内容的项目重复申报或多头申报专项资金，同一实施内容的项目确因特殊情况已申报其他专项资金的，必须在申报材料中注明原因。

第六章　资金审核及拨付

第十六条　省科技厅会同省财政厅按规定通过省级财政专项资金管理平台受理项目申请，对各地上报项目按《广东省省级财政专项资金竞争性分配管理办法》规定进行竞争性评审。省科技厅会同省财政厅根据评审情况，形成专项资金分配计划，符合省级财政资金项目库管理要求的项目，逐步纳入项目库管理，实行滚动支持或分期实施，具体按照《广东省省级财政资金项目库管理办法》规定办理。

第十七条　专项资金分配计划按规定由省科技厅会同省财政厅按程序进行公示，并按规定报批。

第十八条　专项资金分配计划经批准后，由省科技厅会同省财政厅下达项目计划。省财政厅按资金管理规定下达资金，办理预算下达和资金拨付手续。

第十九条　专项资金采用事前补助、事前立项事后补助、以奖代补等多种方式予以支持。支持方式在当年申报指南中一并予以明确，并按照有关配套的操作细则进行管理。

第七章　信息公开

第二十条　专项资金实行信息公开。省科技厅会同省财政厅按《广东省省级财政专项资金信息公开办法》规定在省级财政专项资金管理平台及省科技厅、省财政厅部门门户网站上公开如下信息：

（一）专项资金管理办法。

（二）专项资金申报通知，包括申报条件、扶持范围、扶持对象等内容。

（三）项目资金申报情况，包括申报单位、申报项目、申请金额等。

（四）资金分配程序和分配方式，包括资金分配各环节的审批内容和时间要求、资金分配办法、审批方式等。

（五）专项资金分配结果，包括资金分配项目及扶持金额，项目所属单位或企业的基本情况等。

（六）专项资金绩效评价、监督检查和审计结果，包括项目财务决算报告、项目验收情况、绩效评价自评和重点评价报告；第三方评价报告、财政财务监督检查报告、审计结果公告等。

（七）接受、处理投诉情况，包括投诉事项和原因、投诉处理情况等。

（八）其他按规定应公开的内容。

第八章　监督检查和绩效评价

第二十一条　专项资金支持项目实行承诺函及合同制管理，项目单位提出资金申报时需向省科技厅、省财政厅提交承诺函，确保申报项目和材料的真实性、符合性及资金专款专用。项目立项时，由科技厅与项目承担单位签订项目合同书。项目完毕后，各项目承担单位应及时对项目经费使用情况进行财务决算。各地科技主管部门、财政部门根据资金使用情况进行检查抽查，并按规定对有关项目组织验收。

第二十二条　建立包括绩效目标申报审核、绩效跟踪督查、绩效评价和绩效问责的绩效管理机制。省财政厅负责组织开展绩效评价工作，并视工作需要组织开展重点绩效评价工作。省科技厅负责制定专项资金绩效目标，组织做好绩效自评工作，会同省财政厅落实绩效监测督查、绩效评价和绩效问责工作。

第二十三条　省科技厅、省财政厅根据实际情况，可采取定期检查、不定期抽查或委托项目所在地科技主管部门和财政部门（或评审机构）等方式，对资金的使用和项目实施情况进行督促检查。各地科技主管部门负责对项目实施情况进行管理和监督，各地财政部门负责对专项资金的使用情况进行管理和监督。

第二十四条　获得专项资金的单位要切实加强对专项资金的使用管理，自觉接受财政、审计、监察部门的监督检查，严格执行财务规章制度和会计核算办法。

第二十五条　专项资金管理实行责任追究机制。对弄虚作假、截留、挪用、挤占专项资金等行为，按《财政违法行为处罚处分条例》（国务院令427号）的相关规定进行处理，并依法追究有关单位及其相关人员责任。

第二十六条　实行重大事项报告审批制度。项目承担单位按照合同书的规定组织项目的实施和管理。项目在执行过程中因故变更或中止时，项目承担单位应逐级报科技主管部门、财政部门申请项目变更或中止。对省级科技部门、财政部门联合批复中止的项目，省财政厅将按规定收回专项资金。对擅自变更或中止项目的，除收回资金外，取消项目承担单位申报省级科技类财政资金资格，涉及本章第二十五条行为的，按照第二十五条规定处理。

第九章　附　则

第二十七条　本办法由省财政厅、省科技厅负责解释。

第二十八条　本办法自印发之日起施行。

广东省产业技术创新与科技金融结合专项资金管理办法

（广东省财政厅　广东省科学技术厅2014年7月30日发布，粤财工〔2014〕262号）

第一章　总　则

第一条　为加强和规范对省产业技术创新与科技金融结合专项资金的管理，提高资金使用效益，根据《广东省省级财政专项资金管理办法》（粤府〔2013〕125号）等规定，结合我省科技创新发展工作实际，制定本办法。

第二条　本办法所称广东省产业技术创新与科技金融结合专项资金（以下简称专项资金）是指由省级财政预算安排专项用于引导和带动社会资本参与科技创新、支持自主创新成果转化与产业化的资金。

第三条　专项资金管理坚持公开、公平、公正、依法依规、市场导向、杠杆带动、绩效管理、科学分配的原则。

第二章　部门职责

第四条　省财政厅负责专项资金预算管理，牵头制定专项资金管理办法；配合省科技厅印发申报指南、评审、编制、下达项目计划，审核拨付专项资金，组织实施专项资金财政监督检查和重点绩效评价等。

第五条　省科技厅负责专项资金的具体管理和项目管理工作，会同省财政厅编制专项资金年度安排总体计划、组织项目申报、评审、报批；负责组织项目实施、验收、信息公开、监督和绩效自评等工作。

第六条　市县科技主管部门负责组织当地项目审核及申报工作，负责组织当地项目实施、验收和绩效自评工作。省属企业集团（或主管部门）、中央驻粤单位负责组织本系统项目审核及申报工作，负责组织项目实施、验收和绩效自评等工作。

第七条　市县财政部门负责配合当地科技主管部门组织项目审核及申报工作，及时按规定拨付项目资金，对项目资金进行监督检查。

第三章　支持范围

第八条　专项资金的支持对象，为在广东省内注册，具有健全的财务管理机构和财务管理制度的企业及其他有关单位。

第九条　专项资金围绕全省重点领域、重点产业的重大科技需求，重点用于以下范围：

（一）调动全省信贷机构扩大科技项目和科技型中小企业信贷规模和提升科技项目和科技型中小企业信贷额度。

（二）调动全省风险投资机构对科技型中小企业的投资。

（三）科技型企业研发费用、科技保险费用补贴。

（四）全省科技金融服务体系建设。

（五）产业技术创新和产业化项目以及省委省政府指定需要支持的其他项目。

第四章　分配管理

第十条　专项资金主要采用竞争性评审方式进行分配。具体按照《广东省省级财政专项资金竞争性分配管理办法》（粤财预〔2014〕155号）规定办理。

其中采取股权投资方式扶持的按《广东省人民政府办公厅关于省财政经营性资金实施股权投资管理的意见（试行）》（粤府办〔2013〕16号）等有关规定执行。

第十一条　专项资金审批实行年度安排总体计划及具体实施项目复式审批制度。

（一）年度安排总体计划审批。省科技厅在收到省财政厅下达的预算执行通知后15个工作日内，提出年度安排总体计划（含专项资金安排额度、分配办法、支持方向和范围等），会同省财政厅按程序报省领导审批。

（二）年度具体实施项目审批。省科技厅会同省财政厅对年度申报项目提出专项资金分配计划（列至具体用款单位、项目、金额），按程序公示后报省领导审批。

第五章　资金申报

第十二条　省科技厅会同省财政厅联合下发年度专项资金申报通知，明确申报条件、扶持范围、扶持对象等内容，依托省政府网上办事大厅省级财政专项资金管理平台做好专项资金申请受理、前置审核和信息公开等工作。

第十三条　各地按照年度专项资金申报通知要求，组织审核后由各地科技部门会同财政部门将项目联合上报省科技厅和省财政厅。省属及中央驻粤单位的项目由省属企业集团（或主管部门）、中央驻粤单位参照各地要求直接向省科技厅、省财政厅申报。项目申报单位对上报项目的真实性和可行性负责。

第十四条　项目申报单位原则上不得以同一实施内容的项目重复申报或多头申报专项资金，同一实施内容的项目确因特殊情况已申报其他专项资金的，必须在申报材料中注明原因。

第六章　资金审核及拨付

第十五条　省科技厅会同省财政厅按规定通过省级财政专项资金管理平台受理项目申请，对各地上报项目按《广东省省级财政专项资金竞争性分配管理办法》规定进行竞争性评审。省科技厅会同省财政厅根据评审情况，形成专项资金分配计划，符合省级财政资金项目库管理要求的项目，逐步纳入项目库管理，实行滚动支持或分期实施，具体按照《广东省省级财政资金项目库管理办法》规定办理。

第十六条　专项资金分配计划按规定由省科技厅会同省财政厅按程序进行公示，并按规定报批。

第十七条　专项资金分配计划经批准后，由省科技厅会同省财政厅下达项目计划。省财政厅按资金管理规定下达资金，办理预算下达和资金拨付手续。

第十八条　专项资金采用无偿补助、融资补贴、股权投资、产业基金、引导性投资、风险补偿、创新联动等多种方式予以支持。支持方式在当年申报指南中一并予以明确，并按照有关配套的操作细则进行管理。

第七章　信息公开

第十九条　专项资金实行信息公开。省科技厅会同省财政厅按《广东省省级财政专项资金信息公开办法》规定在省级财政专项资金管理平台及省科技厅、省财政厅部门门户网站上公开如下信息：

（一）专项资金管理办法。

（二）专项资金申报通知，包括申报条件、扶持范围、扶持对象等内容。

（三）项目资金申报情况，包括申报单位、申报项目、申请金额等。

（四）资金分配程序和分配方式，包括资金分配各环节的审批内容和时间要求、资金分配办法、审批方式等。

（五）专项资金分配结果，包括资金分配项目及扶持金额，项目所属单位或企业的基本情况等。

（六）专项资金绩效评价、监督检查和审计结果，包括项目财务决算报告、项目验收情况、绩效评价自评和重点评价报告。第三方评价报告、财政财务监督检查报告、审计结果公告等。

（七）接受、处理投诉情况，包括投诉事项和原因、投诉处理情况等。

（八）其他按规定应公开的内容。

第八章 监督检查和绩效评价

第二十条 专项资金支持项目实行承诺函及合同制管理，项目单位提出资金申报时需向省科技厅、省财政厅提交承诺函，确保申报项目和材料的真实性、符合性及资金专款专用。项目立项时，由科技厅与项目承担单位签订项目合同书。项目完毕后，各项目承担单位应及时对项目经费使用情况进行财务决算。各地科技主管部门、财政部门根据资金使用情况进行检查抽查，并按规定对有关项目组织验收。

第二十一条 建立包括绩效目标申报审核、绩效跟踪督查、绩效评价和绩效问责的绩效管理机制。省财政厅负责组织开展绩效评价工作，并视工作需要组织开展重点绩效评价工作。省科技厅负责制定专项资金绩效目标，组织做好绩效自评工作，会同省财政厅落实绩效监测督查、绩效评价和绩效问责工作。

第二十二条 省科技厅、省财政厅根据实际情况，可采取定期检查、不定期抽查或委托项目所在地科技主管部门和财政部门（或评审机构）等方式，对资金的使用和项目实施情况进行督促检查。各地科技主管部门负责对项目实施情况进行管理和监督，各地财政部门负责对专项资金的使用情况进行管理和监督。

第二十三条 获得专项资金的单位要切实加强对专项资金的使用管理，自觉接受财政、审计、监察部门的监督检查，严格执行财务规章制度和会计核算办法。

第二十四条 专项资金管理实行责任追究机制。对弄虚作假、截留、挪用、挤占专项资金等行为，按《财政违法行为处罚处分条例》（国务院令427号）的相关规定进行处理，并依法追究有关单位及其相关人员责任。

第二十五条 实行重大事项报告审批制度。项目承担单位按照合同书的规定组织项目的实施和管理。项目在执行过程中因故变更或中止时，项目承担单位应逐级报科技主管部门、财政部门申请项目变更或中止。对省级科技部门、财政部门联合批复中止的项目，省财政厅将按规定收回专项资金。对擅自变更或中止项目的，除收回资金外，取消项目承担单位申报省级科技类财政资金资格，涉及本章第二十四条行为的，按照第二十四条规定处理。

第九章 附 则

第二十六条 本办法由省财政厅、省科技厅负责解释。

第二十七条 本办法自印发之日起施行。

广东省产业园建设管理考核评价奖励资金管理办法（2014年修订稿）

（广东省财政厅 广东省经济和信息化委员会2014年9月15日发布，粤财工〔2014〕367号）

第一章 总 则

第一条 为加强广东省产业园考核评价奖励资金管理，规范资金使用，提高资金使用效益，根据《广东省省级财政专项资金管理办法》（粤府〔2013〕125号）和《广东省人民政府办公厅关于印发广东省产业园建设管理考核评价办法的通知》（粤办函〔2014〕23号）等规定，制定本办法。

第二条 本办法所称广东省产业园是指经省政府批准设立的省产业转移工业园和享受省产业转移政策的园区。

第三条 本办法所称广东省产业园建设管理考核评价奖励资金（以下简称奖励资金）是指根据省推进产业转移和劳动力转移工作领导小组第六次会议精神和《中共广东省委办公厅 广东省人民政府办公厅关于印发〈促进粤东西北地区产业园区扩能增效工作方案〉的通知》（粤办发〔2013〕22号）、《广东省人民政府办公厅关于印发广东省产业园建设管理考核评价办法的通知》（粤办函〔2014〕23号）等规定，省财政于2011－2015年预算安排，用于奖励2010－2014年度省产业园建设管理考核评价获得优秀等次的省产业园的资金。

第四条 奖励资金管理应遵循依法依规、公平公正的原则，确保资金安全、规范和使用效果。

第二章 部门职责

第五条 省财政厅、省经济和信息化委按职责分工负责专项资金管理和项目实施等工作。

（一）省财政厅负责专项资金预算管理，批复下达专项资金安排计划，办理专项资金拨付，组织实施专项资金财政监督检查和重点绩效评价等。

（二）省经济和信息化委负责按规定牵头会省有关部门组织开展省产业园年度建设管理考核评价，将考核评价结果报请省政府审定，并根据省政府审定通报的年度考核评价结果会同省财政厅下达项目计划；负责专项资金实施情况的监督、绩效自评、信息公开等。

第三章　奖励范围和使用管理

第六条　奖励资金每年预算安排9 000万元，对省经济和信息化委牵头组织的上一年度考核评价中综合评价为优秀等次的省产业园给予奖励。其中，优秀等次的示范园（不超过5个）每个园区给予奖励资金1 000万元，预算额度内剩余资金平均奖励给一般园、起步园（原则上不超过园区数量的30%）中考核为优秀的园区。

第七条　奖励资金专项用于园区基础设施建设，优先用于道路、污水处理设施等配套建设。

第八条　奖励资金安排应遵循以下程序：

（一）根据省政府对省产业园建设管理考评情况通报，省经济和信息化委会同省财政厅按程序对奖励资金安排计划进行公示。

（二）经公示无异议，省经济和信息化委会同省财政厅将项目资金安排计划报省领导审批。

（三）根据省领导审批意见，省经济和信息化委会同省财政厅下达项目计划，省财政厅按规定拨付奖励资金。

第九条　除涉及保密要求不予公开外，奖励资金的相关信息均应向社会公开。

第十条　省经济和信息化委会同省财政厅按《广东省省级财政专项资金信息公开办法》有关规定分别在省级财政专项资金管理平台及省业务主管部门、财政部门门户网站上公开奖励资金相关信息。

第十一条　奖励资金使用单位必须加强对资金使用管理，严格执行财务规章制度和会计核算办法，按国家有关规定进行会计处理，对专项资金实行专账核算，专款专用，严禁截留或挪用。

第四章　监督管理和绩效评价

第十二条　省经济和信息化委要加强对奖励资金使用情况的督促检查，及时反映和纠正存在的问题。省财政、审计和监察部门根据需要进行定期和不定期的专项检查或审计。

第十三条　奖励资金实行绩效考核。省财政厅按规定组织实施奖励资金绩效评价；省经济和信息化委按规定组织奖励资金绩效自评。

第十四条　实行奖励资金管理责任追究机制。按照“谁审批、谁负责”和“谁使用、谁负责”的原则，对奖励资金管理、使用过程中存在的违法违纪违规行为，依照《财政违法行为处罚处分条例》（国务院令427号）等相关法律法规实施责任追究和处罚。

第五章　附　则

第十五条　本办法由省财政厅会同省经济和信息化委负责解释。

第十六条　本办法自印发之日起实施。原《广东省产业转移工业园目标责任考核评价奖励资金管理办法》（粤财工〔2011〕538号印发）同时废止。

关于进一步完善省财政经营性资金股权投资改革有关工作的意见

（广东省财政厅2014年12月16日发布，粤财工〔2014〕518号）

各地级以上市财政局（委），顺德区财税局，财政省直管县（市）财政局，省有关部门，有关受托管理机构、持股主体：

2013年以来，按照省委、省政府关于“推进省财政经营性资金实施股权投资改革，扩大股权式投资比例”的重点改革工作安排，省财政厅会同省有关部门积极推进股权投资改革试点工作，取得了明显进展，初步形成了财政经营性资金“专业管理、市场运作、循环使用、滚动支持”的管理模式。为进一步完善省财政经营性资金股权投资管理，防范投资风险，经省政府同意，现将有关事项通知如下：

一、进一步简化完善股权投资管理流程

规范股权投资资金申报审批。依托省财政专项资金管理平台发布股权投资资金专题申报通知，组织开展申报项目审核工作。由省行业主管部门会同省财政厅根据审核情况研究提出股权投资初步计划。

丰富完善股权投资方式。支持采用优先股方式开展股权投资，具体经省行业主管部门、省财政厅审核后由受托管理机构与被投资企业签订优先股投资协议，简化企业申报要求。

鼓励支持市县政府持股。符合规定条件可委托给市县政府持股的省财政资金，由其受托管理机构及持股主体股权投资操作等应参照省的有关规定执行并制定相应的实施方案，由市县政府及所属部门履行监管职责，省有关部门按规定进行监督检查。

加快工作及资金拨付进度。对省行业主管部门和省财政厅已定的投资项目，原则上受托管理机构尽职调查时间应不超过20个工作日，参股谈判时间应不超过15个工作日，资金拨付时间应不超过10个工作日。相关工作开展及资金拨付进度情况纳入对受托管理机构的考核。

二、进一步规范受托管理机构管理

按照《省财政经营性资金受托管理机构股权投资操作管理办法（试行）》，加强股权投资受托管理机构管理，规范和管控受托管理机构股权投资操作和职权，避免受托管理机构影响或干预财政资金安排。

加强股权投资资金管理。在确保资金安全情况下，由受托管理机构或持股主体母公司对其所属承担股权投资操作业务的二级公司或机构投资资金流向进行监管。

规范受托管理机构操作流程。受托管理机构应按照省主管部门、省财政厅提出的投资项目计划开展股权投资调查、参股谈判等工作。

调整股权投资年度管理费用额度。适当降低费用标准，1亿元及以下、1亿-5亿元（含5亿元）、5亿元以上分别按1%、0.8%、0.6%的反向递减比例支付。

三、进一步完善投资风险管控机制

受托管理机构及持股主体（即注入资本金类项目的注资对象或其管理机构）应按法律法规规定发挥股东作用，防范股权投资债务风险，按照《公司法》及相关法律对有限责任公司的规定开展股权投资，有关股权投资管理协议应明确以所投资金额为限承担有限责任，防止债务连带风险。

省有关部门要加强股权投资实施管理，省财政厅将把股权投资资金纳入公共财政考核评价体系，负责实施重点评价或引入第三方评价政策实施效果，省行业主管部门应负责开展绩效自评。

加强股权投资政策宣传，建立省有关部门、受托管理机构、持股主体和企业间的信息沟通机制，及时发现和防范存在的问题和风险。

四、进一步调动企业参与股权投资积极性

实施股权投资企业奖励，参照对受托管理机构的奖励办法，将来源于被投资企业的股权投资收益按10%比例奖励给该企业，提高企业参与股权投资积极性。

鼓励受托管理机构按照市场化原则对企业进行直接持股投资，发挥专业投资优势为企业提供增值服务，扶持企业发展壮大，共享企业发展利益。

按照国家和省有关政策及改革工作安排，逐步将支持产业发展和实行基金化管理的专项资金，以及符合财政资金管理规定且可实施开展股权投资的农业、水利、文化产业、外经贸等领域财政专项资金纳入股权投资改革试点。原则上，今后省财政对符合条件的经营性领域的财政资金投入应优先采用股权投资方式。

附件：1. 省财政经营性资金受托管理机构股权投资操作管理办法（试行）

2. 省财政经营性资金股权投资收入收缴实施办法（试行）

附件1

省财政经营性资金受托管理机构股权投资操作管理办法（试行）

第一章　总　则

第一条　为加强省财政经营性资金股权投资管理，规范受托管理机构股权投资操作，防范投资风险，根据《广东省人民政府办公厅关于省财政经营性资金实施股权投资管理的意见（试行）》（粤府办〔2013〕16号）和《省财政经营性资金实施股权投资管理操作规程（2014年修订）》等有关规定，制定本办法。

第二条　本办法所称受托管理机构是指按规定与省行业主管部门签订委托管理协议，受托管理省财政经营性资金的省属国有独资投资公司。按规定由市县政府持股的省财政资金，受托管理机构由市县政府确定并参照本办法有关规定执行。

第三条　省行业主管部门会同省财政厅按规定加强受托管理机构管理，督促指导受托管理机构开展股权投资业务，对股权投资操作及股权投资资金运作情况进行监督检查等。

第四条　受托管理机构应按照依法依规、规范操作、接受监督的原则实施省财政经营性资金股权投资。

第二章　投资程序

第五条　项目来源。省行业主管部门会同省财政厅根

据股权投资项目审核情况研究提出股权投资初步计划。

省行业主管部门会同省财政厅将股权投资初步投资项目（或企业，下同）、投资额度、申报材料等转交受托管理机构。股权投资涉及基本建设投资项目的，按现行基建项目管理规定办理相关审批手续。

第六条　尽职调查。受托管理机构对计划投资项目进行全面调研，按规定聘请相关行业专家或中介机构进行评估，综合形成项目尽职调查报告，在20个工作日内向省行业主管部门和省财政厅提出参股谈判项目建议并对不投资项目作出说明。

第七条　参股谈判。受托管理机构按照省行业主管部门和省财政厅确定的计划投资项目、投资额度与被投资企业进行参股谈判，在15个工作日内形成投资方案建议报省行业主管部门和省财政厅。

支持采用优先股方式开展股权投资，具体经省行业主管部门、省财政厅审核后由受托管理机构与被投资企业签订优先股投资协议，以优先股方式参股投资的收益按不高于银行同期贷款基准利率的原则确定，投资期限一般为3－5年，到期股权依据投资协议由被投资企业回购。

第八条　项目确认。省行业主管部门会同省财政厅对受托管理机构投资方案建议进行审核，按程序报批后下达投资项目计划，省财政厅按规定将资金拨付至受托管理机构联合印鉴账户。

第九条　资金划转。受托管理机构委托其绝对控股或全资控股、且具有独立法人的子公司或业务相对独立的机构（以下简称二级公司）承担股权投资业务的，省财政资金可从联合印鉴账户划转至二级公司账户，由受托管理机构对划转资金实行与二级公司联合印鉴管理，负责资金安全及流向监管，有关资金划转及使用情况按要求报省财政部门备查。

第十条　项目实施。受托管理机构根据下达的投资项目计划与被投资企业签订投资协议，按有关规定和要求办理投资资金划转手续，并将资金划转情况报省财政厅备案。对省行业主管部门和省财政厅已明确的投资项目，原则上受托管理机构应在收到省财政资金10个工作日内将资金拨付被投资企业，未能及时拨付的应书面向省行业主管部门和省财政厅作出说明，资金拨付进度情况纳入对受托管理机构的考核。

第三章　项目管理和费用支付

第十一条　受托管理机构以投资额为限对被投资企业行使出资人权利，包括向被投资企业派遣董事、监事等。受托管理机构应切实保障被投资企业经营自主权，不得介入被投资企业的日常经营管理。

第十二条　受托管理机构应通过被投资企业股东会、董事会、监事会等决策层面发挥股东作用，发挥专业投资优势为被投资企业提供公司治理、发展战略、资源整合、融资等增值服务，更好地促进企业发展。

第十三条　受托管理机构应通过效果评估、跟踪检查等方式加强项目跟踪管理，按规定每年对受托管理资金投资运作、保值增值、项目实施等情况进行评估。评估结果应于每年4月底前报送省行业主管部门和省财政厅。

第十四条　项目调整和处置。股权投资项目实施过程中，针对项目管理需要和投资情况，受托管理机构可提出投资调整或处置建议：

（一）项目调整。原则上，对已确定的股权投资项目，省财政投资额度不变的，由省行业主管部门会同省财政厅审批调整意见；省财政投资额发生变化的，由省行业主管部门会同省财政厅按财政资金使用管理程序审批办理调整意见。

（二）项目处置。如增加投资、继续持有、收回投资、坏账处置等，由省行业主管部门会同省财政厅按程序确定处置意见。

第十五条　项目退出。受托管理机构应在投资协议及相关合同中载明股权投资项目的退出条件和方式。在达到项目退出条件时，向省行业主管部门和省财政厅提出退出申请，经批复后实施。

（一）正常退出。按照委托管理协议，达到投资年限或约定投资条件时，应适时进行股权转让、股票减持、股东回购以及清算等，实现资金退出。

（二）其他退出。当出现下述情形时，受托管理机构应拟订合理可行的退出方案，内容包括退出的时间、价格和出让对象等：

1. 投资企业违反国家相关法律法规。

2. 投资进度缓慢，预计难以完成。

3. 投资项目估值连续三年低于原始出资额的70%（如受托管理机构认为确有必要暂不退出的，报经省有关部门评估后可暂不退出）。

4. 项目核心管理团队或经营策略发生重大变动，无法继续按约定实现正常目标。

5. 其他需退出的情况。

第十六条　受托管理机构应根据省行业主管部门和省财政厅批复的退出方案，委托具有资质的中介机构开展必要的法律、审计、评估等审核，办理股权转让手续及资金回收等。

第十七条　收益管理。省财政股权投资资金退出后形成的收益（扣除被投资企业奖励资金），除支付第4－5年度的管理费用和奖励外，本金和剩余收益部分由受托管理机构负责上缴省财政。

第十八条　管理费用。省财政股权投资资金第1－3年度的管理费用按支付标准一次计提，逐年拨付受托管理机构。

第十九条　按照“先回本后分利”的原则，将投资净收益的10%左右用作受托管理机构的奖励资金。

第四章　风险控制和绩效评估

第二十条　省行业主管部门会同省财政厅应督促受托管理机构建立市场化运作风险规避机制和退出机制，每年对受托管理机构履职情况及委托管理资金经营情况、财务状况等进行监督检查。

第二十一条 受托管理机构应指定机构负责人负责指导和监督受托管理资金运作，设置相应的业务机构、配备足够的专业人员，指定独立于业务部门的审核部门对项目投资运作全过程进行合规性审核。

第二十二条 受托管理机构或持股主体指定的具体承担股权投资操作业务的管理机构应为具有独立法人地位的有限责任公司，并严格按照《公司法》及相关法律对有限责任公司的规定开展股权投资管理，以所投资金额为限承担有限责任。

第二十三条 受托管理机构应每半年向省行业主管部门和省财政厅报送股权投资资金管理运作情况、被投资企业项目进展情况、股本变化情况等，投资管理过程中的重大事项应在7个工作日内向省行业主管部门和省财政厅。

第二十四条 省级行业主管部门、省财政厅负责对受托管理机构进行考核。对连续3年未完成财政资金保值增值目标的受托管理机构，省级行业主管部门会同省财政厅可撤销其受托管理资格，并相应扣减其受托管理的相关省财政股权投资资金管理费用及奖励。

第二十五条 省财政厅将股权投资资金纳入公共财政考核评价体系，以3年为一阶段实施重点评价或引入第三方评价，按规定对评价结果进行通报和公开，评价结果作为今后财政资金预算安排的重要依据。

第二十六条 省财政厅按规定对省财政经营性资金股权投资政策进行绩效评估，分析政策实施情况，总结经验成效和存在的问题，为完善政策、深入推进改革提供支撑。

第五章 附 则

第二十七条 持股主体实施的省财政经营性资金股权投资操作可参照本办法有关规定执行。

第二十八条 本办法由省财政厅负责解释。

第二十九条 本办法自公布之日起执行。

附件2

省财政经营性资金股权投资收入收缴实施办法（试行）

第一章 总 则

第一条 为加强省财政经营性资金股权投资收入管理，规范收缴操作程序和资金使用，根据《广东省人民政府办公厅关于省财政经营性资金实施股权投资管理的意见（试行）》（粤府办〔2013〕16号）、《省财政经营性资金实施股权投资管理操作规程（2014年修订）》及财政资金使用管理有关规定，制定本办法。

第二条 本办法所称省财政经营性资金股权投资收入（以下简称投资收入）是指按程序实施股权投资的省财政经营性资金收回的原始投资及应取得的收益。

第三条 投资收入由受托管理机构按规定上缴省财政。为调动企业参与股权投资积极性，省财政将来源于被投资企业的股权投资收益按10%比例奖励给该企业，该部分奖励资金在投资收入上缴前予以扣除。

第四条 投资收入纳入省财政专户管理，实行独立核算。

第二章 收入收缴

第五条 省财政经营性资金股权投资项目达到退出条件时，由受托管理机构或持股主体组织中介结构等对退出项目进行审计、资产评估等，向省行业主管部门和省财政厅报送退出方案，提出退出申请。

第六条 省行业主管部门和省财政厅对有关申请和方案进行审核，出具审核意见并批复受托管理机构组织实施。

第七条 受托管理机构按规定办理股权转让、收入收缴等手续。投资收入应在项目退出后10个工作日内由受托管理机构缴至省财政厅指定的专户。

第三章 使用管理

第八条 投资收入纳入省级财政预算管理，除支付管理费用和奖励外，原则上按原渠道滚动使用，必要时按程序报批后可统筹使用。

第九条 投资收入全额缴入省财政专户后，由受托管理机构或持股主体向省行业主管部门和省财政厅提出管理费用和奖励资金申请，经审核后按程序安排拨付资金。

第十条 按有关规定，投资收入支付的管理费用，扣除股权投资项目实施当年已预留3年费用外，最长应不超过2年，受托管理时间具体按日计算。管理费用主要由受托管理机构或持股主体用于支付评估费用、调查费用等。

第十一条 按照“先回本后分利”的原则，将投资净收益的10%左右用作受托管理机构的奖励资金。

第四章 监督管理和绩效评价

第十二条 省行业主管部门和省财政厅负责督促受托管理机构按规定及时、足额缴交投资收入，未及时、足额缴纳的，由省行业主管部门和省财政厅对其进行通报批评，视情况暂停或取消其受托管理资格，并相应扣减其受托管理的相关省财政股权投资资金管理费用及奖励。

第十三条 投资收入资金使用按规定实行绩效评价，对资金使用过程中存在的违法违纪违规行为，依照《财政违法行为处罚处分条例》（国务院令427号）等法律法规依法予以处理。

第五章　附　则

第十四条　持股主体实施的省财政经营性资金股权投资收入收缴参照本办法有关规定执行。

第十五条　本办法由省财政厅负责解释。

第十六条　本办法自印发之日起实施。

广东省小型水库移民扶助基金管理办法

（广东省财政厅　广东省发展和改革委员会2014年12月17日发布，粤财农〔2014〕503号）

第一章　总　则

第一条　为加强和规范小型水库移民扶助基金的管理，提高资金使用效益，根据《国务院关于完善大中型水库移民后期扶持政策的意见》（国发〔2006〕17号）、省政府《印发广东省水库移民后期扶持政策实施方案的通知》（粤府〔2006〕115号）以及《关于印发广东省省级财政专项资金管理办法的通知》（粤府〔2013〕125号）等有关规定，结合我省实际，制定本办法。

第二条　小型水库移民扶助基金，是指通过提高全省全部销售电量（扣除农业生产用电）每千瓦时0.5厘钱的电价筹集，用于解决我省境内农村安置的小型水库移民遗留问题和改善生产生活条件的基金（以下简称扶助基金）。

第三条　扶助基金的扶持对象为：2006年6月30日前已搬迁，经省、市政府批准核定的小型水库移民现状人口；2006年7月1日以后搬迁的小型水库移民原迁人口。转为非农业户口和跨省安置的小型水库移民不纳入扶助基金扶持范围。

第四条　对经核定并纳入扶持范围的小型水库移民，原则上按照每人每年600元的标准给予扶持。对2006年6月30日前搬迁的水库移民现状人口，自2006年7月1日起扶持20年；2006年7月1日以后搬迁的水库移民原迁人口，自完成搬迁之日起扶持20年。

第五条　扶助基金的管理应遵循统筹兼顾、规范管理、注重绩效、尊重民意、公平公开、强化监督等原则。

第二章　部门职责

第六条　财政部门职责：

省财政厅负责牵头制定扶助基金管理制度和基金征收工作，审核省级水库移民主管部门编制的专项资金年度安排计划、扶助基金分配计划的合规性，办理资金拨付，组织实施财政监督检查和总体绩效评价等。市级财政部门负责审核同级水库移民主管部门编制的扶助基金分配计划的合规性，办理资金拨付、组织实施财政监督检查和总体绩效评价等工作。县级财政部门负责办理资金拨付，组织实施财政监督检查和总体绩效评价等工作。

第七条　发展改革部门职责：

省发展改革委负责参与制定资金管理制度。市级发展改革部门参与扶助基金项目投资计划审批工作。

第八条　水库移民主管部门职责：

省级水库移民主管部门负责扶助基金的具体使用管理工作，负责制定项目实施管理制度、参与制定资金管理制度，牵头编制专项资金年度安排计划、扶助基金分配计划并联合省财政厅报省政府审批，对全省项目实施情况进行检查指导和监督管理。市级水库移民主管部门负责会同同级发展改革部门审批扶助基金项目投资计划，负责对项目指导和监督管理、项目资金的绩效评价。县级（含财政省直管县）水库移民主管部门负责扶助基金项目计划的编制和组织实施、项目资金信息的公开。

第九条　有关农垦、林场单位职责：

有关农垦、林场单位参照履行县级财政、水库移民主管部门职责；省农垦总局、省国有林场服务总站参照履行市级发展改革、财政、水库移民主管部门职责。

第十条　其他部门或单位职责：

（一）扶助基金代征单位按照本办法规定及时足额上缴代征的扶助基金，并向省财政厅提交报表。

（二）项目实施和资金使用单位按照批准后的资金项目计划和专款专用等规定，组织项目实施和资金使用，分类归档各类文件、资料和凭证，交县级水库移民主管部门归档管理。

第三章　扶持范围和分配方式

第十一条　在充分尊重小型水库移民意愿的前提下，扶助基金的使用按照总体规划、一村一策、分步实施的原则，统一实行项目扶持，主要统筹用于补助移民个人住房改造及配套基础设施建设。移民住房改造完成后，统筹用于移民村村道、饮水、供电、农田水利、通信、生态与环境保护等公共基础设施建设，以及扶持移民发展生产和劳动技能与职业培训等。扶助基金不得用于违反中央八项规定、厉行节约有关规定的支出，不得用于购置公车、违规新建楼堂馆所、补贴公用经费。

第十二条 水库移民主管部门所需的业务经费应纳入同级财政预算予以保障。任何部门和个人不得在省下达的扶助基金中提取或安排管理费、干部培训费、咨询评审费和日常办公经费。项目的前期工作经费、规划设计费、建设监理费、实施管理和验收费等费用，按国家行业规定标准在项目成本费用中列支。

第十三条 扶助基金采用因素法分配，在扣除代征手续费后按核定的小型水库移民人数比例分配，并下达给有关单位和市县，无需申报。

第十四条 年度财政预算经省人大通过后，由省级水库移民主管部门会同省财政厅将扶助基金的年度安排计划报送省政府审批。

第十五条 扶助基金的年度安排计划经省政府批复同意后，省级水库移民主管部门根据扶助基金的征收情况和移民人数的分布情况，编制扶助基金分配计划并报送省财政厅审核。分配计划通过省财政厅合规性审查后，按本办法的有关规定进行公示。公示期间没有收到异议的，由省级水库移民主管部门会同省财政厅将扶助基金分配计划报请省政府审批。

第十六条 扶助基金分配计划经省政府审定后，由省财政厅下达资金。市级水库移民主管部门根据省下达的扶助基金，编制各县（市、区）的扶助基金分配计划，报同级财政部门审核下达给有关县（市、区），同时报省财政厅和省级水库移民主管部门备案。分配给财政省直管县（市、区）的资金，由省财政厅直接下达。

第四章 基金征收和管理

第十七条 扶助基金征收标准为每千瓦时0.5厘钱，征收的范围为我省区域内扣除农业生产用电后的全部销售电量。扶助基金属于政府性基金，纳入省财政基金预算实行“收支两条线”管理。未经省人民政府批准，任何单位和部门不得减免扶助基金。

第十八条 扶助基金的征收由省财政厅委托广东电网有限责任公司（以下简称广东电网公司）代征，按月上缴省国库，省财政厅按代征额的2‰支付代征手续费。代征手续费在该项资金预算支出中安排，由省财政厅拨付给广东电网公司。广东电网公司不得在代征收入中直接计提和留用代征手续费。

第十九条 省财政厅负责对全省扶助基金的监缴工作。广东电网公司应在每月15日前，将征缴的扶助基金及时足额上缴省国库，不得延期缴纳。如发生延期缴纳，从逾期之日起按每日2‰的标准加收滞纳金。省财政厅根据广东电网公司全年实际销售电量，定期清算征缴。

第二十条 广东电网公司代省财政征收的扶助基金采取专账核算，不计征企业所得税。

第二十一条 县级水库移民主管部门应按上级财政下达给本县（市、区）扶助基金额度，及时编制年度项目投资计划并报市水库移民主管部门审批，市水库移民主管部门自收到年度项目投资计划之日起3个月内，应会同同级发展改革、财政等有关部门批复，并及时下达相关资金，同时报省发展改革委、财政厅、水库移民局备案。小型水库移民扶助基金年度项目投资计划一经批准，必须严格执行，如确需调整，应按原申报程序进行申报审批。

第二十二条 各县（市、区）财政局应严格按照经批准的项目投资计划和后期扶持项目完成进度及时拨付资金，其中：

（一）移民建房补助、特困移民困难补助等补助到水库移民个人或农户的扶助基金，根据《关于进一步做好我省涉农补贴资金管理工作的意见》（粤财农〔2014〕31号）的有关规定，由县（市、区）财政部门组织通过“一卡（折）通”方式直接发放到农民个人，不得再通过现金等其他方式发放或由乡（镇）、村代领代发。

（二）非直接补助到人或到户的其他扶助基金，具备国库集中支付条件的，采取国库集中支付方式管理；暂不具备国库集中支付条件的，一律按照省财政厅《关于印发〈广东省财政支农专项资金报账制实施办法〉的通知》（粤财农〔2005〕117号）的规定，实行财政报账制方式进行管理。

第二十三条 各级政府上一年扶助基金的结转资金，应当在下一年用于结转项目的支出；连续两年未用完的结转资金，应当作为结余资金管理。

第二十四条 各地级以上市水库移民管理部门会同同级财政部门、发展改革部门应于每年2月底前，将上年度扶助基金使用情况（含财政省直管县）以书面形式报省发展改革委、省财政厅、省级水库移民主管部门。

第五章 信息公开

第二十五条 扶助基金实行信息公开制度。除涉及保密要求不予公开外，扶助基金的相关信息均按规定向社会公开。

第二十六条 信息公开分工：

（一）省财政厅负责将扶助基金的管理办法、资金分配计划在省财政厅网站上公开。

（二）省级水库移民主管部门负责将扶助基金的以下信息在省级专项资金管理平台和省水利厅网站同时公开：

1. 扶助基金管理办法。
2. 资金分配方式。
3. 资金分配计划。
4. 资金分配结果。
5. 绩效评价情况、监督检查和审计结果。
6. 公开接受、处理投诉情况。
7. 其他按规定应公开的内容。

（三）省级水库移民主管部门负责将扶助基金的资金项

目计划审批结果在广东水工程移民网公开。

第六章　监督管理和绩效评价

第二十七条　各级财政部门和水库移民管理部门应加强对扶助基金使用管理情况的监督检查，及时发现和纠正存在问题。根据需要定期或不定期开展扶助基金使用情况的稽察审计和绩效考评工作，并将稽查审计和绩效考评结果定期向本级人民政府、上一级财政和移民管理部门报告。

第二十八条　各级水库移民管理部门应将扶助基金纳入移民资金专账管理，实行独立核算。对直接补助到移民个人的扶助基金，各级移民管理部门要建立移民个人或家庭档案以及资金发放记录；对项目扶持的资金，各级移民管理部门要建立扶助基金项目档案，定期对项目进度、完成情况进行监督检查，确保扶助基金按规定使用。

第二十九条　任何部门和个人不得以任何理由截留、挤占和挪用扶助基金。对于擅自改变扶助基金征收范围、标准对象和期限，以及截留、挤占和挪用后扶基金的单位和个人以及有关负责人，将严格按照《财政违法行为处罚处分条例》（国务院令第427号）及其他有关法律法规和文件规定追究法律和行政责任。

第七章　附　则

第三十条　扶助基金从2006年7月1日起开始征收，按每月月底抄表电量计征。

第三十一条　市、县财政部门可参照本办法制定市、县扶助基金管理办法的实施细则。

第三十二条　本办法由省财政厅会同省发展改革委、省水利厅负责解释。

第三十三条　本办法自印发之日起执行，原《广东省小型水库移民后期扶持基金征收使用管理暂行办法》（粤财综〔2009〕129号）同时废止。

广东省中小河流治理重点县综合整治及水系连通项目和资金管理办法

（广东省财政厅　广东省水利厅2014年7月28日发布，粤财农〔2014〕268号）

第一章　总　则

第一条　为规范我省中小河流治理重点县综合整治及水系连通项目建设，切实加强项目和资金管理，确保工程质量和充分发挥投资效益，根据《财政部　水利部关于印发〈中小河流治理重点县综合整治项目和资金管理暂行办法〉的通知》（财建〔2012〕671号）等有关规定，结合我省实际，制定本办法。

第二条　本办法所称中小河流治理重点县（以下简称重点县），是指由财政部、水利部审核确认，并经省水利厅和省财政厅批复中小河流治理重点县综合整治及水系连通试点规划（以下简称县级规划）的县（市）级行政区。

第三条　中央和省级财政设立中小河流治理重点县综合整治及水系连通项目专项资金（以下分别简称中央专项资金和省级专项资金，统称专项资金），对中小河流治理重点县综合整治及水系连通项目予以补助支持。各地要多渠道筹集落实配套资金，确保工程顺利实施并发挥效益。

第四条　专项资金管理实行公开、公平、公正的原则，接受社会监督。

第五条　中小河流治理重点县综合整治及水系连通项目建设，由各重点县人民政府具体负责组织实施。

第二章　前期工作

第六条　重点县应以批复的县级规划为依据，编制实施方案。

第七条　实施方案以项目区为单元编制，达到初步设计深度，符合《中小河流治理重点县综合整治和水系连通试点项目区实施方案编制技术要求》，以及有关技术标准和规划。

第八条　实施方案编制需对原规划确定的建设内容和投资进行调整的，可在重点县内不同项目区之间平衡调剂。调整后重点县总河道整治长度及主要建设内容不得少于县级规划确定的数量，总投资不得突破县级规划所列投资。

第九条　设计实施方案应贯彻建设生态河流的理念，尽量做到因地制宜、因害设防、就地取材，减少浆砌石和混凝土的使用量，避免河道渠化现象。

第十条　实施方案由重点县水行政主管部门按年度统一上报省水利厅。省水利厅组织技术审查，并由省财政厅进行概算审核后，由省水利厅会同财政厅予以批复。项目建设如涉及征地、环保等，要履行相应程序。

每年7月，各重点县水行政主管部门要向省水利厅报送下一年度实施方案编报计划。

第十一条　设计变更要履行相应程序。参照《广东省水利工程设计变更暂行规定》（粤水建管〔2009〕235号），一般性变更由项目法人组织施工、设计、监理等参建单位审查，报项目主管水行政主管部门会同级财政部门审批后实施。重大设计变更要报原审批部门审批。

第十二条　地方政府要切实落实和保障前期工作经费，做好项目储备。

第三章　专项资金补助范围和标准

第十三条　专项资金的补助范围是列入水利部、财政部《全国中小河流治理重点县综合整治和水系连通试点规划》，并经省水利厅会同省财政厅批复的县级规划内的项目。

第十四条　中央专项资金按照项目核定投资概算的一定比例补助。省级补助标准按照地区类型分别确定，其中，山区县按项目核定投资概算的40%补助，东西两翼和粤北一般地区按项目核定投资概算的30%补助，珠三角地区按照项目核定投资概算的10%补助。

第十五条　有关市县要多渠道筹措项目建设资金，保证自筹资金及时、足额到位，确保治理项目顺利实施，如期完成规划任务。

第十六条　省将对市县项目完成情况进行监督考核和绩效评价，考核和绩效评价结果与后续资金安排直接挂钩。

第四章　专项资金的安排拨付和使用

第十七条　重点县按年度提出资金申请。各重点县财政、水行政主管部门于每年7月，联合向省财政厅、省水利厅报送下一年度的资金需求计划。省水利厅会同省财政厅根据项目规划、前期工作、建设进度和市县配套资金落实等情况，将专项资金分解下达重点县。

第十八条　根据省级水利建设资金专户管理的有关规定，中央和省级专项资金由省财政厅直接拨付至各市县财政局设立的水利建设资金专户。其中，市属项目资金由市财政实行国库集中支付；县（市、区）属项目资金，原则上由县（市、区）财政实行国库集中支付，确不具备国库集中支付条件的，按省财政厅《关于印发〈广东省财政支农专项资金报账制实施办法〉的通知》（粤财农〔2005〕117号）的规定拨付。

第十九条　市县财政、水行政主管部门根据项目建设进度及时拨付资金，资金拨付到项目区时要遵循“逐个安排、逐一销号”的原则。按照“早建早补、晚建晚补、不建不补”的原则，对前期工作进度快、地方配套资金和管理措施落实的项目，省级将及时安排补助资金，争取尽快建成。

第二十条　专项资金实行专户管理，专款专用。主要用于清淤疏浚、清障拓宽、护岸护坡、堤防加固、水生态修复等河道综合整治工程，以及必要的水系连通工程建设支出。专项资金不得用于移民征地、城建景观、交通工具和办公设备购置，以及楼堂馆所建设等支出，防止将投资集中用于县城河道治理。

第五章　建设管理

第二十一条　项目建设管理实行项目法人制、招标投标制、建设监理制、合同管理制。

第二十二条　县级人民政府对项目建设管理负总责，在项目开工前应明确项目法人，成立项目建设领导小组，落实地方建设资金，以及协调征地拆迁等工作，确保项目按期推进。

第二十三条　市、县（市、区）水行政主管部门应当建立项目信息月报制度，安排专人负责信息报送工作，及时将重点县各项目区建设情况上报省水利厅、省财政厅，省水利厅对项目全程进行跟踪，及时发现和处理建设过程中出现的问题。

第二十四条　各级水行政主管部门和有关项目单位要加强项目的档案管理，按规定收集整理和归档保存从项目前期、施工组织、工程监理到竣工验收等建设管理全过程的相关文件、技术资料、统计数据、影像资料等。

第六章　绩效评价和竣工验收

第二十五条　中央和省将对项目开展绩效评价，根据项目完成情况和绩效评价结果，采取相应的奖惩措施。

第二十六条　单个项目区任务完成后，由县级水行政、财政主管部门根据有关验收办法组织完工验收，报省级水行政、财政主管部门备案，省级水行政、财政主管部门视情况组织抽查复验。县级规划全部实施完毕、全部项目区完工验收后，由地级市水行政、财政主管部门联合组织对重点县综合整治和水系连通项目进行总体竣工验收。以市为单位开展重点县建设的，由省水利厅、省财政厅组织总体竣工验收。

第二十七条　项目竣工验收后，项目法人应及时办理移交手续，明晰产权，明确管护主体和责任，落实管护经费，保证项目区设施长期发挥效益。

第七章　监督管理

第二十八条　省水利厅、省财政厅将不定期对项目建设和资金使用情况进行监督检查。检查内容包括组织领导、前期工作、投资落实、建设管理、项目进度、工程质量、资金使用、运行管护等。

第二十九条　各重点县要建立项目区公示公告制度，及时将项目法人、建设内容、建设地点、建设时间及期限、投资组成等情况在受益区范围内张榜公布或公示，主动接受社会监督。

第三十条　对于自筹资金不能及时到位、项目建设进度滞后，未能及时报送项目进度、项目建设绩效评价结果较差的重点县，省将扣减专项资金。在已安排项目销号前，不予安排新的项目。

第三十一条　对于截留、挤占、挪用专项资金，以及虚报项目、虚列支出、进行虚假绩效考核等弄虚作假的重点县，一经核实，省将予以通报批评，相应收回已安排专项资金，并按有关规定进行处理。

第八章　附　则

第三十二条　本办法由省水利厅、省财政厅负责解释。

第三十三条　本办法自印发之日起实行。

广东省特大三防资金管理办法

（广东省财政厅　广东省防汛防旱防风总指挥部 2014 年 8 月 19 日发布，粤财农〔2014〕255 号）

第一章　总　则

第一条　为规范我省特大三防资金的管理，确保资金使用安全，提高资金使用效益，根据《财政部　水利部关于印发〈特大防汛抗旱补助费管理办法〉的通知》（财农〔2011〕328 号）和省政府《关于印发广东省省级财政专项资金管理办法的通知》（粤府〔2013〕125 号）等有关规定，制定本办法。

第二条　省特大三防资金是指省财政专项安排用于补助相关市县和单位开展防汛防旱防风防冻相关工作的专项资金。

第三条　根据具体用途不同，省特大三防资金主要分为省特大防汛补助费、省特大抗旱补助费和省特大防冰冻补助费。

第四条　省特大三防资金使用应遵循以下原则：

（一）遵守国家有关法律、法规和财务规章制度。

（二）按照“明确责任、分级管理、突出重点、统筹兼顾、优先应急、逐步完善、注重实效、专款专用”的原则使用。

1. 明确责任，分级管理。市县是救灾工作的责任主体，救灾资金安排应坚持市县为主。中央和省视受灾情况、财力状况等因素，对确有困难的市县给予适当补助。

2. 突出重点、统筹兼顾。省特大三防资金安排体现三防应急管理的要求和以人为本的理念，突出政策性、时效性和有效性，重点做好防汛抢险和重灾区的水毁水利设施修复、应急抗旱、灾后复产重建等工作，尤其是涉及群众生产生活困难的项目，兼顾做好一般灾区的相关防灾、抗灾、救灾工作。

3. 优先应急，逐步完善。省特大三防资金优先解决涉及人民群众生命财产安全和生产生活的问题。

4. 注重效率，专款专用。各地要按照特事特办、急事急办的要求，将省特大三防资金及时足额落实到位。

第二章　部门职责

第五条　财政部门职责：

（一）省财政厅职责。负责与省三防办共同组织审核，确定资金分配方案；及时下达资金预算，按规定拨付资金；加强对资金拨付、使用的监管。

（二）市县财政部门职责。联合同级三防部门开展资金申报与审核；联合同级三防部门确定资金分配方案，严格按照国库集中支付和财政报账制规定及时审核拨付资金；对资金拨付、使用以及管理情况开展专项检查，加强监管。

第六条　三防部门职责：

（一）省三防办职责。负责与省财政厅共同组织资金审核，制订资金分配方案；加强对资金使用的监管；开展资金绩效评价自评工作。

（二）市县三防部门职责。联合同级财政部门开展资金申报与审核，对本级申报材料的审核结果负责；联合同级财政部门制订资金分配方案，及时了解资金到位、项目实施、资金使用等情况，加强资金的监督和管理；开展资金绩效评价自评工作。

第七条　项目单位职责：

对项目申报材料的真实性以及可行性负责；认真组织项目实施，按期完成任务；确保资金专款专用，及时提供报账凭证，并确保报账凭证真实、完整；按照有关规定年终编报支出决算。开展资金绩效评价自评工作。

第三章　补助范围和分配方式

第八条　省特大三防资金补助范围为发生水旱风冻灾情的受灾地区或开展防汛防旱防风防冻工作需要补助的相关市县和单位。

第九条　省特大防汛补助费是指省特大三防资金中用于特大防汛的支出，主要用于补助防汛抗洪抢险、水利工程设施（江河湖泊堤坝、水库、蓄滞洪区围堤、海堤及涵闸、泵站、河道工程等）水毁修复，水文测报设施设备修复，防汛通讯设施修复，抢险应急物资及设备购置，组织蓄滞洪区群众安全转移等。具体开支范围包括：

（一）伙食费。参加现场防汛抗洪抢险和组织分蓄洪区群众安全转移的人员伙食费用。

（二）物资材料费。防汛抗洪抢险及修复水毁水利工程设施所需物资材料的购置费用。

（三）防汛抢险专用设备费。在防汛抗洪抢险期间，临时购置用于巡堤查险、堵口复堤、水上救生、应急监测、预警预报等小型专用设备的费用，以及为防汛抗洪抢险租用专用设备的费用。

（四）通信费。防汛抗洪抢险、组织蓄滞洪区群众安全转移、临时架设租用防汛通信线路、通信工具及其维修的费用。

（五）水文测报费。防汛抗洪抢险期间水文、雨量测报费用，以及为测报洪水临时设置水文报汛站所需的费用。

（六）运输费。防汛抗洪抢险、修复水毁水利工程设施、组织蓄滞洪区群众安全转移，租用及调用运输工具所发生的租金和运输费用。

（七）机械使用费。防汛抗洪抢险、修复水毁水利工程设施动用的各类机械的燃油料、台班费及检修费和租用费。

（八）省级防汛物资储备费用。省水利厅、三防办购置、补充、更新省级防汛物资及储备管理费用。

（九）其他费用。省属防汛抢险队伍年度运行、防汛抢险慰问，以及防汛抗洪抢险期间耗用的电费和临时防汛指挥机构在发生特大洪水期间开支的办公费、会议费、邮电费等。

第十条　下列各项费用不得在省特大防汛补助费中列支：

（一）灌溉渠道、渡槽等农田水利设施的水毁修复费用。

（二）列入中央或省、市、县（市、区）基本建设计划项目的在建水利工程水毁修复及应急度汛所需经费。

第十一条　省特大抗旱补助费是指省特大三防资金中用于特大抗旱的支出，主要用于修建应急抗旱水源和抗旱设施，打井、引水、缺水、提运水等抗旱的设备购置及运行等。具体开支范围包括：

（一）抗旱设备添置费。因抗旱需要添置水泵、汽（柴）油发电机组、输水管、找水物探设备、打井机、洗井机、移动浇灌、喷灌滴灌节水设备和固定式拉水车、移动净水设备、储水罐等抗旱设备发生的费用。

（二）抗旱应急设施建设费。因抗旱需要应急修建的泵站、拦河坝、输水渠道、打井、塘坝、集雨设施等费用。

（三）抗旱用油用电费。抗旱期间，采取提水、输水、运水等措施而产生的油、电费用。

（四）抗旱设施应急维修费。抗旱期间，抗旱设施、设备应急维修发生的费用。

（五）旱情信息检测费。抗旱期间临时设置的旱情信息测报点及测报费用。

（六）省级抗旱物资储备费用。省水利厅、三防办购置、补充、更新省级抗旱物资及储备管理费用。

（七）其他费用。抗旱新技术、新产品示范、推广费用。

第十二条　下列各项费用不得在省特大抗旱补助费中列支：

（一）正常的人畜饮水和乡镇供水设施的修建费用。

（二）印发抗旱材料、文件等耗用的宣传费用。

（三）各级抗旱服务组织的人员机构费用。

第十三条　省特大防冰冻补助费是指省特大三防资金中用于特大防冰冻的支出，主要用于防冰冻设备和物资购置、应急抢险、演练等。

第十四条　除省委、省政府具体部署或明确要求外，省特大三防资金原则上采取因素法分配。其中：特大防汛补助费按受灾市县的财力状况（权重20%）、水利设施直接经济损失（权重35%）、洪涝灾害直接经济总损失（权重10%）、农作物受灾面积（权重10%）、因灾伤亡人数（权重15%）、受灾人口（权重10%）等因素分配；特大抗旱补助费按受灾市县的财力状况（权重20%）、因旱直接经济总损失（权重20%）、因旱饮水困难人畜数（权重40%）、作物受旱面积（权重20%）等因素分配，并综合考虑受灾地区的灾情等情况进行调整，适当向存在严重影响群众生活生产和存在严重安全隐患的水毁水利设施项目的欠发达地区倾斜。

第四章　申报和审批

第十五条　年度预算执行通知下达后，省三防部门应在15个工作日内将年度总体计划（含年度安排额度、分配办法、支持方向和范围等）按规定呈报省政府审批。

第十六条　在发生水旱风冻灾情时，省三防办根据灾情和资金情况，按照本办法第十四条的有关规定，拟订资金分配方案后报送省财政厅。

第十七条　省财政厅根据灾情、资金情况和本办法的有关规定，对资金分配方案进行审核。审核同意后，由省财政厅、省三防办将资金分配方案在专项资金管理平台和各自门户网站上公示。

第十八条　资金分配方案公示无异议后，由省三防办会同省财政厅，按照有关规定呈报省政府审批。

第五章　资金管理

第十九条　资金下达与拨付。资金分配方案经呈报省政府批准后，省财政厅发文下达并拨付资金。省特大三防资金拨付实行水利建设资金专户制度管理，安排给市县的资金，原则上由省财政厅直接拨付至项目所属市、县（市、区）水利建设资金专户。市县财政部门按照资金具体用款项目及要求，在收到省下拨资金后尽快将资金拨付到用款单位，不得截留、挪用、挤占资金。

第二十条　省特大三防资金严格执行现行财政资金拨付的有关规定。安排省属项目和市属项目的，一律执行国库集中支付。安排县（市、区）属项目的，原则上执行国库集中支付；确不具备国库集中支付条件的，按照财政支农资金报账制管理的有关规定支付。

第二十一条　资金使用涉及政府采购和招投标的，按照政府采购和招投标管理有关规定执行。

第二十二条　市县财政、三防、水利部门和项目实施单位必须加强对省特大三防资金使用的管理，严格执行财务规章制度和会计核算办法，各项支出必须严格控制在批准的范围及开支标准内，严禁用“白头单”入账或套取现金。

第二十三条　市县财政、三防、水利部门对资金安排使用情况应按相关规定履行公示、公开程序。

第六章　信息公开

第二十四条　省财政厅、省三防办按照有关规定在专项资金管理平台和各自的门户网站上公开如下信息：

（一）特大三防资金管理办法。

（二）资金分配程序和分配方式，包括资金分配各环节的审批内容和时间要求、资金分配办法、审批方式等。

（三）特大三防资金分配方案，包括资金分配金额、单位等。

（四）专项资金绩效评价、监督检查和审计结果，包括财务决算报告、绩效评价自评和重点评价报告、第三方评价报告、财政财务监督检查报告、审计结果公告等。

（五）公开接受、处理投诉情况，包括投诉事项和原因、投诉处理情况等。

（六）其他按规定应公开的内容。

第二十五条　涉及保密要求的信息不予公开。

第七章　监督管理和绩效评价

第二十六条　市、县（市、区）财政、三防部门负责省特大三防资金使用及项目实施日常监督管理工作，并以书面形式定期向省财政厅、省三防办报送项目实施和资金检查情况。省三防办、省财政厅不定期组织检查。

第二十七条　市县三防、财政部门和项目实施单位要建立健全相互制约、相互监督的内控机制，制定合理分权、规范用权的具体措施，加强岗位之间、工作环节之间的相互制约、相互监督；建立完善档案管理制度，如实记录审批核心环节信息，实现管理全过程可申诉、可查询、可追溯的痕迹管理；建立考核问责制度。

第二十八条　预算年度结束后，省三防办要及时组织本部门开展专项资金使用情况自查，并将自查情况报省财政部门。省财政部门按规定组织巡查监督或重点抽查。

第二十九条　省特大三防资金资金管理按《广东省省级财政专项资金管理办法》实行责任追究机制。对负责资金管理的省业务主管部门领导、内设部门领导、经办人员，以及其他部门、中介机构有关人员和评审专家在专项资金分配、审批过程中存在违法违纪行为的，按照“谁审批、谁负责”的原则，承担连带责任，并按照相应法律法规处理；申报单位、组织或个人在专项资金管理、使用过程中存在违法违纪行为的，依照相应法律法规严肃处理，追回财政专项资金，5 年内停止申报专项资金资格，并向社会公开其不守信用信息；市县有关部门未按规定将资金拨付到用款单位的，依照相应法律法规实施责任追究和处罚。涉嫌犯罪的责任人员，依法移送司法机关追究刑事责任。

第三十条　省、市、县（市、区）财政部门和三防部门要按照《关于印发〈广东省财政支出绩效评价试行方案〉的通知》（粤财评〔2004〕1 号）等有关规定对专项资金开展绩效评价。评价结果要及时上报并向有关部门通报，并作为下一年度资金安排的重要依据。

第八章　附　则

第三十一条　本办法由省财政厅会同省防总负责解释。

第三十二条　本办法自印发之日起施行。原《广东省省级防汛抗旱资金管理暂行办法》（粤财农〔2012〕468 号）中有关省财政预算安排的特大三防经费的规定同时废止。

广东省省级水利建设与改革发展专项资金管理办法

（广东省财政厅　广东省水利厅 2014 年 8 月 13 日发布，粤财农〔2014〕193 号）

第一章　总　则

第一条　为加强和规范省级水利建设与改革发展专项资金管理，提高资金使用效益，根据《广东省人民政府关于印发广东省省级财政专项资金管理办法的通知》（粤府〔2013〕125 号，以下简称《办法》）等有关规定，结合我省水利建设实际，制定本办法。

第二条　本办法所称省级水利建设与改革发展专项资金（以下简称专项资金），是指由我省省级财政预算安排用于支持我省水利建设与改革发展、具有专门用途的公共预算资金。

第三条　专项资金的使用和管理遵循科学发展、量力而行，依法依规、公开公正，规范管理、专款专用，加强监管、注重绩效的原则。

第四条　专项资金使用的绩效目标为贯彻落实省委、省政府关于加快水利改革发展的决策部署，充分发挥专项资金的支持和促进作用，基本建成人水和谐的水利工程体系、科学严格的水资源管理体系、良性发展的城乡水利保障体系等，使我省水利对经济社会发展的支撑能力明显提高。

第二章　部门职责

第五条　各级财政部门、水行政主管部门和资金使用单位必须按照国家有关法律、法规和职责分工，各司其职，各负其责，共同做好专项资金使用、管理和监督工作。

第六条　财政部门职责。

（一）省财政厅主要职责：

1. 组织专项资金预算编制及执行、负责专项资金管理的牵头组织和协调、联合制定专项资金管理制度。

2. 联合制定专项资金年度安排总体计划和专项资金分配计划并报省政府审批。

3. 联合组织专家对申报入库项目进行评审。

4. 审核专项资金安排计划的合规性，并及时下达专项资金。

5. 加强对专项资金使用监管，组织实施总体绩效评价等工作。

（二）市、县（市、区）财政部门主要职责：

1. 严格按照国库集中支付和财政支农资金报账制管理的有关规定及时审核拨付资金。

2. 对专项资金使用及管理情况开展检查，加强资金监管。

第七条　水行政主管部门职责。

（一）省水利厅主要职责：

1. 贯彻贯彻执行水利项目各项规章制度、组织编制有关水利发展规划和专项工程规划。

2. 负责专项资金的具体管理和项目管理工作，负责专项资金预算申报、联合制定专项资金管理规定，牵头制定专项资金年度安排总体计划和专项资金明细分配计划，并报省政府审批。

3. 牵头建立专项资金项目库。对专项资金需申报的项目，组织项目申报，牵头组织专家对申报入库项目进行评审。根据评审结果，通过集体研究等程序及时提出专项资金分配方案。

4. 根据国库集中支付的有关规定严格资金管理，对有关支付凭证严格审核，确保支付金额、内容及相关资料的真实、合规和完整。

5. 加强对项目和专项资金的监督与管理，及时了解项目实施、专项资金使用以及项目验收等情况，组织专项资金绩效自评工作，并履行专项资金有关信息公开等手续。

（二）市、县（市、区）水利（水务）部门主要职责：

1. 及时组织项目单位进行申报、提出项目和年度资金计划安排申请，并对申报材料的真实性、可行性和合规性负责。

2. 贯彻执行水利项目各项规章制度、组织编制有关区域水利发展规划和专项工程规划，严格按照规划（实施方案）组织项目建设，加强专项资金的监督和管理，及时了解项目实施、专项资金使用等情况，认真组织项目验收和专项资金绩效自评等。

3. 根据国库集中支付以及财政支农资金报账制的有关规定严格资金管理，对有关支付凭证严格审核，确保支付金额、内容及相关资料的真实、合规和完整。

第八条　资金使用单位主要职责。

（一）履行项目报批程序，对申报项目，根据本办法和年度申报指南的要求，在规定时限内实事求是进行申报。

（二）贯彻执行水利项目各项规章制度，严格按照经批准的实施方案组织项目实施，筹集项目建设资金，确保按期按质完成项目建设任务。

（三）建立健全专项资金内部管理制度，确保项目资金专款专用，及时提供报账凭证，并确保报账凭证真实、完整，主动接受财政、审计等相关部门的监督。

（四）加强项目管理，做好项目验收工作，提高项目实施绩效，并按规定开展绩效自评，确保项目建设达到申报的绩效目标。

第三章　扶持范围和标准

第九条　专项资金的使用范围为我省纳入国家或省水利发展规划（实施方案），省委、省政府确定的工作计划，省人大有关决定的水利项目建设，以及水利事业改革发展项目建设等。

第十条　各年度专项资金的具体用途和补助标准由省财政厅、省水利厅根据《印发广东省农田水利万宗工程建设方案的通知》（粤府办〔2011〕56号）、《印发广东省千里海堤加固达标工程建设方案的通知》（粤府办〔2011〕60号）、《印发广东省千宗治洪治涝保安工程建设方案的通知》（粤府办〔2011〕61号）、《印发广东省村村通自来水工程建设方案的通知》（粤府办〔2011〕62号）、《印发广东省最严格水资源管理制度实施方案的通知》（粤府办〔2011〕89号）等有关规定，以及中央和省委、省政府工作部署，结合年度专项资金额度等研究确定。

第四章　专项资金项目库管理

第十一条　专项资金实行项目库管理，符合项目库管理条件的项目逐步申报纳入省级财政资金项目库，具体按照《广东省省级财政资金项目库管理试行办法》（以下简称《项目库管理办法》）的有关规定执行。

第十二条　省级财政资金项目库是指对申请使用财政资金的项目进行收集储备、分类筛选、评审论证、排序择优和预算编制的数据库系统。

第十三条　专项资金项目分为基建项目和非基建项目。其中基建项目以及参照基建项目管理的小型病险水库、中小河流治理、小型农田水利重点县、中小河流治理重点县综合整治、农村水电增效扩容等非基建项目纳入项目库管理，细化至具体项目；省级水土保持、水资源节约与保护、欠发达地区小型水利基础设施建设、水利科技创新、白蚁防治及灌溉试验专项资金、水利应急专项资金等非基建项目根据实际情况纳入项目库管理，逐步细化至具体项目，未能细化至具体项目的按总体项目纳入项目库管理。

第十四条　纳入项目库管理的资金应按照以下程序进行申报及审批：

（一）省水利厅依据国家和省水利发展规划，省委、省政府审定的工作计划、省人大有关决定，会同省财政厅提前制订和发布资金项目申报指南，通过管理平台组织申报项目，进行项目前置审核，公开项目初审情况。

（二）省水利厅会同省财政厅对通过前置审核的项目组织评审论证，对通过评审的项目以评审结论作为主要依据进行项目排序，并编制1－3年滚动计划，按程序报省政府审批。

（三）经省政府批准的项目正式纳入省级财政资金项目库管理。年度预算时，省财政厅按财力状况及项目排序等因素择优筛选项目，编制年度预算或跨年度预算，纳入年度预算草案报省人代会审议。年度预算草案通过后，对于已细化至具体项目的预算计划，省财政厅直接批复下达预算并拨付资金。

第十五条　基建项目及参照基建管理的非基建项目有专门管理规定的，应按各自规定结合《项目库管理办法》的有关规定完善工作流程及审批手续。如基建项目纳入省级财政资金项目库前应按权限提前报发展改革部门会同同级财政部门审批，参照基建管理项目纳入省级财政资金项目库前应提前开展投资审核等。

第十六条　省三防办防汛物资购置、省飞来峡水利枢纽和潮州供水枢纽电站维持运营等纳入部门预算管理的支出项目，应比照部门预算的编制要求编制申报材料。

第十七条　部分总体项目根据实际情况纳入项目库管理未细化至具体项目的，年度预算批复后按照《广东省省级财政专项资金管理办法》的有关规定进行申报和审批。

第十八条　申请单位不得以同一项目重复申报或多头申报专项资金（如同一项目确因特殊情况需申报多项专项资金的，必须在申报材料中注明原因）。

第五章　资金拨付及管理

第十九条　省财政厅对按规定批准使用的专项资金按照预算及国库管理规定办理资金预算下达和拨付手续。

（一）用款单位属省级单位的，一律由省财政厅实行国库集中支付。其中，用于基建项目的专项资金，按照基建程序办理资金拨付；属于政府采购范围的资金，按政府采购有关规定办理资金拨付。

（二）用款单位属市县单位的，由省财政厅向市县财政部门办理资金预算拨付手续；市县财政部门按照专项资金具体用款项目及要求，在收到专项资金后，及时转下达资金预算及按相关规定程序拨付到用款单位，不得截留、挪用、挤占资金。

第二十条　专项资金计划一经批准下达，各级水行政主管部门、财政部门及项目建设单位不得自行调整。如需变更、终止、撤销实施项目或调整资金预算的，按原上报程序逐级审核批准。

第二十一条　各级水行政主管部门、财政部门和资金使用单位必须加强对专项资金使用的管理，严格执行财务规章制度和会计核算办法，各项支出必须严格控制在批准的范围及开支标准内，严格执行财政资金使用票据销账制度，严禁使用“白头单”入账或套取现金。

第二十二条　预算年度结束后，专项资金使用单位应根据本级财政部门年度决算要求，及时编列专项资金年度决算报表，报送本级财政部门。

第六章　信息公开

第二十三条　除涉及保密要求不予公开外，省水利厅、省财政厅按《广东省省级财政专项资金信息公开办法》规定在专项资金管理平台以及省水利厅、省财政厅门户网站上公开如下信息：

（一）专项资金管理办法。

（二）专项资金申报指南，包括申报条件、扶持范围、扶持对象、审批部门、经办部门、经办人员、查询电话等。

（三）项目资金申报情况，包括申报单位、申报项目、申请金额等。

（四）专项资金分配程序和分配方式，包括资金分配各环节的审批内容和时间要求、资金分配办法、审批方式等。

（五）专项资金分配结果，包括资金分配明细项目及其金额，项目所属单位的基本情况等。

（六）专项资金绩效评价、监督检查和审计结果，包括项目财务决算报告、项目验收情况、绩效评价自评和重点评价报告、第三方评价报告、财政财务监督检查报告、审计结果公告等。

（七）公开接受、处理投诉情况，包括投诉事项和原因、投诉处理情况等。

（八）其他按规定应公开的内容。

第七章　监督管理和绩效评价

第二十四条　省水利厅要加强对本部门（系统）管理使用专项资金情况的监督检查，及时发现和纠正存在的问题。省财政厅、审计厅、监察厅根据需要开展定期或不定期的专项检查或审计。

第二十五条　省水利厅、省财政厅和资金使用单位要建立健全相互制约、相互监督的内控机制，制定合理分权、规范用权的具体措施，加强岗位之间、工作环节之间的相互制约、相互监督；制订完善专项资金审批主要环节的操作规程、工作细则，有效约束自由裁量权；建立完善档案管理制度，如实记录审批核心环节信息，实现管理全过程可申诉、可查询、可追溯的痕迹管理；建立考核问责制度。

第二十六条 省财政部门依照《中华人民共和国预算法》及其相关法律规定对专项资金预算执行、资金使用效益和财务管理实行常态化监督检查，主要包括以下内容：

（一）财税法规、政策和专项资金管理办法等执行情况。

（二）专项资金预算编制、执行、调整和决算情况。

（三）专项资金分配办法和申报、审批程序执行情况。

（四）专项资金拨付情况。

（五）专项资金使用过程中执行政府采购法规、政策情况。

（六）专项资金使用过程中执行行政、事业单位国有资产管理情况。

（七）专项资金使用过程中财务会计制度的执行情况。

（八）法律法规规定的其他事项。

预算年度结束后，省水利厅要及时组织本部门开展专项资金使用情况自查，并将自查情况报省财政部门。省财政厅按规定组织巡查监督或重点抽查。

第二十七条 省审计部门依托专项资金管理平台、国库实时在线支付系统等的互联对接及可依法采用的其他方式，收集专项资金预算执行数据，监督专项资金的分配、使用和效果；按规定将审计情况报告省政府，反馈省财政厅、省水利厅并依法向社会公告；对审计发现的违法违纪案件线索，及时移交省纪委监察机关。

各级财政部门和水行政主管部门、资金使用单位等应积极配合，及时完整地提供审计所需的资料。

第二十八条 实行专项资金管理责任追究机制。

（一）对负责专项资金管理的省财政厅、省水利厅等省直有关部门的领导、内设处室领导、经办人员，以及其他部门、中介机构有关人员和评审专家在专项资金分配、审批过程中存在违法违纪行为的，按照“谁审批、谁负责”的原则，承担连带责任，并依照相应法律法规处理。

（二）申报单位、组织或个人在专项资金管理、使用过程中存在违法违纪行为的，依照相应法律法规严肃处理，追回财政专项资金，5 年内停止其申报专项资金资格，并向社会公开其不守信用信息。

（三）对涉及违纪违法的责任人员，一律依照有关规定严肃处理。涉嫌犯罪的，依法移送司法机关追究刑事责任。

（四）市县有关部门未按规定将资金拨付到用款单位的，依照相应法律法规实施责任追究和处罚。

第二十九条 专项资金实行绩效考核。省、市、县（市、区）财政部门和水行政主管部门根据项目实施情况与工作需要，负责组织实施绩效评价工作。评价结果作为下一年度资金安排的重要依据。

（一）各实施单位按照绩效评价有关规定和要求，在资金申请时确定科学合理的绩效指标，确定所要达到的绩效目标；在工作实施期内主动开展绩效自评，汇报工作进展及成效，按照资金申请方式逐级报送；由省水利厅于当年12 月 31 日前汇总报省财政厅。

（二）专项资金支出完成的项目应按规定实施绩效评价。省水利厅按规定开展绩效自评，省财政厅对 1 亿元以上（含1 亿元）或单个项目 500 万元以上（含 500 万元）的专项资金进行重点评价或委托第三方机构实施独立评价；对 1 亿元以下或单个项目 500 万元以下的专项资金，实施常规性绩效评价，省财政厅抽查不低于 10% 的项目实施重点评价。上述绩效评价结果由省财政厅汇总后专题报省政府，作为专项资金安排、调整、撤销以及责任追究的重要依据。

（三）对到期后需继续安排使用专项资金的专项，其绩效评价结果必须达到优良等次方可按程序申报。

第八章　附　则

第三十条 本办法由省财政厅会同省水利厅负责解释。

第三十一条 本办法自印发之日起执行。以前发布的专项资金使用和管理的有关规定与本办法相抵触的，以本办法为准。

广东省省级财政预算内基建统筹资金管理办法

（广东省财政厅　广东省改革和发展委员会 2014 年 6 月 16 日发布，粤财建〔2014〕50 号）

第一章　总　则

第一条 为加强省级财政预算内基建统筹资金管理，提高省级财政预算内基建统筹资金使用效益，根据《中华人民共和国预算法》、《中华人民共和国预算法实施条例》、《国务院关于投资体制改革的决定》、《广东省省级财政专项资金管理办法》及《广东省省级财政性资金投资民用建筑项目管理暂行办法》等有关规定，结合我省实际，制定本办法。

第二条 本办法所称省级财政预算内基建统筹资金，是指由省发展改革委统筹，主要用于省直单位基本建设项目、重大项目前期工作，以及省委省政府确定的工作及项目，纳入年度省级预算并用于与基本建设支出相关的资金，由省发展改革委下达年度投资计划、省财政厅下达年度资金预算。

第三条 省级财政预算内基建统筹资金的管理遵循依法依规、严格审批、统筹平衡、绩效优先、突出重点、强化监督的原则，确保资金的使用效果。

第四条 省财政厅和省发展改革委按职责分工负责省级财政预算内基建统筹资金的管理和监督工作。

（一）省财政厅负责组织省级财政预算内基建统筹资金的预算编制及执行，对省发展改革委编制的省级财政预算内基建投资计划的合规性进行审核，负责办理资金拨付、组织开展财政监督检查和总体绩效评价等。

（二）省发展改革委负责省级财政预算内基建统筹资金的具体管理工作，负责项目审核，编制并下达年度投资计划，负责年度投资计划执行情况的监督检查以及按规定组织项目绩效自评和信息公开等。

第二章 资金安排范围和条件

第五条 省级财政预算内基建统筹资金安排使用范围包括：

（一）省直单位基本建设项目，主要包括：党政机关建设项目、民生保障及社会事业发展项目、大中型基础设施的配套设施项目。

（二）中央预算内投资项目需由省级配套的基本建设项目。

（三）重大项目前期工作费用，以及与基本建设有关的评审费用。

（四）省委、省政府确定的工作及项目。

第六条 申报基本建设项目，由项目单位于当年8月底前向省发展改革委提出本部门下一年度使用省级财政预算内基建统筹资金有关项目及金额。申报要求主要包括：

（一）省直单位已批准基本建设项目，项目单位根据项目立项批准文件确定的资金来源，结合项目建设进度和财政资金上年结余结转情况，合理确定下一年度投资需求及资金使用绩效目标，提出下一年度使用省级财政预算内基建统筹资金申请。

（二）省直单位新申请基本建设项目，项目单位提供项目建设的必要性和可行性有关论证文件及相关建设政策依据文件，确定项目绩效目标，结合项目建设前期工作开展情况提出申请。

（三）中央预算内投资项目需由省级配套的基本建设项目，项目单位提供项目建设的必要性和可行性相关文件及中央有关政策依据文件，确定项目绩效目标，结合项目工作开展情况提出申请。

（四）项目单位申请项目须在下一年度明细资金计划报批前（4月底）已完成项目立项审批手续并已需用款。对明细资金计划批准前未完成立项审批手续和未需用款的项目，省发展改革委将会同省财政厅调整项目投资计划和资金预算安排，并对该单位下一年度投资申报予以适当限制。

第七条 申报重大项目前期工作费用，以及与基本建设有关的评审费用，由省发展改革委统一提出申请，申报要求主要包括：

（一）重大项目前期工作费用。重大项目是党委、政府统筹推进、事关发展全局，对经济社会发展具有重大带动作用的项目。安排费用主要用于重大项目取得施工许可前的立项、报建等各项前期工作。

（二）委托评审费用。主要用于省发展改革委依据政府采购或招投标的有关规定选定的中介组织进行项目建议书、可行性研究、初步设计概算委托评审，固定资产投资项目节能评估文件委托审查等费用。

第三章 资金计划预算管理

第八条 省级财政预算内基建统筹资金安排基本建设项目纳入省级财政资金项目库管理。省发展改革委会同省财政厅组织项目申报，对拟入库项目编制滚动计划，并按轻重缓急进行排序，统筹安排年度投资计划。

省财政厅根据经批准纳入项目库排序情况和当年省级财政预算内基建统筹资金可用财力情况，按法定程序纳入年度预算草案报批。

第九条 省级财政预算内基建统筹资金年度计划和预算草案按照以下程序编制：

（一）省发展改革委根据申报情况于每年9月底前编制下一年度省级财政预算内基建统筹资金总体计划预算草案（含资金安排额度、具体项目名称、分配办法、年度绩效目标等），草案经省发展改革委主任办公会议讨论通过后送省财政厅。

（二）省财政厅按规定审核后，将省级财政预算内基建统筹资金总体计划预算草案按法定程序提交省人民代表大会审议。

（三）省级财政预算内基建统筹资金总体计划预算草案经省人民代表大会审议通过后，省发展改革委会同省财政厅按照《广东省省级财政专项资金管理办法》有关规定确定资金明细分配计划。资金明细分配计划经省发展改革委办公会议集体审议，会同省财政厅按照程序报分管省领导审核，报分管财政的副省长审批，报省长审定。

第十条 省级财政预算内基建统筹资金分配计划一经批准必须严格执行，不得擅自调整；确需调整的，按原批准程序办理。

第四章 资金拨付

第十一条 省级财政预算内基建统筹资金分配计划经审定后，由省发展改革委下达项目投资计划，省财政厅下达项目资金预算，按照国库集中支付有关规定，“按预算、按计划、按合同、按工程进度”等原则审核拨付资金。其中：

（一）属于省级项目的，在预算指标下达后，由省财政厅按照《省级基本建设项目财政性资金集中支付暂行办法》（粤府〔2000〕41号）以及《关于省级基本建设项目资金国库集中支付网上申报有关问题的通知》（粤财库〔2005〕28号）等有关规定，按照国库集中支付程序办理拨款。

（二）属于市县项目的，由省财政部门向市县财政部门办理预算追加拨付手续；市县财政部门按照具体用款项目及要求，及时将资金拨付到用款单位，不得截留、挪用、挤占资金。

第五章　信息公开

第十二条　省发展改革委按照《广东省省级财政专项资金管理办法》和《广东省省级专项资金信息公开办法》的有关规定，在省专项资金管理平台上公开相关信息（涉及保密要求不予公开除外）。

第十三条　公开信息内容：

（一）省级财政预算内基建统筹资金管理办法。

（二）省级财政预算内基建统筹资金申报指南。

（三）省级财政预算内基建统筹资金申报情况。

（四）省级财政预算内基建统筹资金分配程序和分配方式。

（五）省级财政预算内基建统筹资金分配结果。

（六）资金绩效评价、监督检查和审计结果等。

（七）公开接受、处理投诉情况。

（八）基建项目基本情况、执行情以及其他按规定应公开的内容。

第六章　监督检查和绩效评价

第十四条　加强省级财政预算内基建统筹资金监督检查，提高资金使用效益和效率。

（一）省发展改革委严格按照基建程序办理项目审批等手续，及时下达投资计划，加强对省级财政预算内基建统筹资金计划执行、项目实施情况监督检查和项目稽察。

（二）省财政厅依照《预算法》及其他相关法律法规，加强对省级财政预算内基建统筹资金预算执行、资金使用效益以及财务管理的监督检查。

第十五条　省财政厅根据财政资金绩效管理的有关规定，统一部署、组织绩效评价工作；省发展改革委要确定省级财政预算内基建统筹资金年度扶持方向和绩效目标，按要求组织使用单位对省级财政预算内基建统筹资金使用情况进行绩效自评，并形成总结自评报告，积极配合开展其他绩效评价管理工作。绩效评价结果作为以后年度省级财政预算内基建统筹资金安排的重要依据。

第十六条　项目单位要加强资金管理，严格按批准用途专款专用。对资金管理、使用过程中存在违法违纪违规行为的单位和个人，依照《财政违法行为处罚处分条例》（国务院令第427号）等法律法规依法予以处理。

第七章　附　则

第十七条　本办法由省财政厅会同省发展改革委负责解释。

第十八条　本办法自印发之日起执行。

广东省山区和农村边远地区乡镇卫生院医务人员岗位津贴实施方案

（广东省财政厅　广东省人力资源和社会保障厅　广东省卫生和计划生育委员会2014年10月23日发布，粤财社〔2014〕249号）

为深入推进医药卫生体制改革，妥善解决山区和农村边远地区乡镇卫生院人才引进难题，缓解山区和农村边远地区基层医疗卫生人才“引不进、留不住”的突出矛盾，稳定山区和农村边远地区乡镇卫生院医务人员队伍，根据《广东省人民政府办公厅关于印发广东省巩固完善基本药物制度和基层运行新机制实施方案的通知》（粤府办〔2013〕37号）和《广东省人力资源社会保障厅　广东省财政厅　广东省卫生厅关于加强粤东西北地区乡镇卫生院人才引进工作的指导意见》（粤人社规〔2013〕4号）要求，制定本实施方案。

一、指导思想

以科学发展观为指导，坚持以人为本，加大省级统筹力度，强化市、县政府责任，整体规划，创新机制，进一步提高山区和农村边远地区乡镇卫生院医务人员工资福利待遇，加强山区和农村边远地区医务人员队伍建设，促进我省乡镇卫生院服务能力稳步提升。

二、工作目标

进一步完善保障山区和农村边远地区乡镇卫生院医务人员工资福利待遇的长效机制，建立适应当前经济社会发展的医务人员岗位津贴制度，鼓励和吸引优秀人才到山区和农村边远地区基层医疗卫生机构工作，促进基层医疗卫生机构服务能力稳步提升，充分发挥其承担基本公共卫生服务和诊疗常见病、多发病的功能，解决基层群众看病就医问题。

三、范围对象

我省山区县（不含县城所在镇，下同）和非山区县（市、区）农村边远地区乡镇卫生院工作的在编在岗工作人员。

四、发放标准

各县（市、区）应按照不低于人均每月 500 元的标准确定本地山区、农村边远地区乡镇卫生院在编在岗人员岗位津贴，按月发放。职称分档参考标准为：一类人员人均每月 650 元，包括“执业医师”、“护师”、“药师”、“检验技师”、“影像技师”；二类人员人均每月 500 元，包括“执业助理医师”、“护士”、“药士”、“检验技士”、“影像技士”；三类人员人均每月 400 元，包括“其他卫生技术人员”、“其他技术人员”、“管理人员”和“工勤技能人员”。

其中，在距离县城 10 - 25 公里的乡镇卫生院工作的，发放标准不低于同等职称人员人均标准；在距离县城 25 公里以上的乡镇卫生院工作的，发放标准不低于同等职称人员人均标准的 160%；其他在乡镇卫生院工作的，发放标准不低于同等职称人员人均标准的 60%。

岗位津贴不按照工作年限划分补助标准。

五、工作原则

（一）强化地方政府责任。坚持“以县为主”的乡镇卫生院管理体制，明确地方政府是提高医务人员工资福利待遇和落实山区和农村边远地区乡镇卫生院医务人员岗位津贴制度的责任主体。

（二）因地制宜分类实施。根据不同地区乡镇卫生院医务人员队伍数量、医务人员待遇、地方财力状况等因素，分类制定科学可行的工作措施。

（三）省、市、县分级负担补贴资金。省财政安排专项资金对部分经济欠发达地区乡镇卫生院医务人员岗位津贴予以补助。各市、县（区）按要求落实应负担的资金，确保津补贴资金落实到位。

六、程序和补助安排

（一）做好人员统计工作。各市、县（市、区）卫生计生部门会同财政部门、人社部门全面核实本地区乡镇卫生院医务人员编制及在编人数情况，以县（市、区）为单位确定本地乡镇卫生院数和医务人员数。省补助的县（市、区）的有关数据统计结果需及时报送省卫生计生委、省财政厅和省人力资源社会保障厅。

（二）制定实施办法。各县（市、区）可根据本方案要求及当地实际制定本地山区和农村边远地区乡镇卫生院医务人员岗位津贴制度实施办法。各地在实施办法中可根据乡镇卫生院医务人员的实际情况、所在卫生院与县城的距离、医务人员职称等因素分档确定具体的津贴发放办法。在发放津贴前，应对符合发放要求的人员名单予以公示。各地在制定实施办法过程中应充分征求当地乡镇卫生院医务人员的意见。各县（市、区）的实施办法报省财政厅、省人力资源社会保障厅和省卫生计生委备案。

（三）落实资金安排。地级以上市、县两级应落实山区和农村边远地区乡镇卫生院医务人员岗位津贴制度所需资金。省财政根据有关县（市、区）乡镇卫生院在编在岗人员数，对经济欠发达地区部分县（市、区）按人均每月 500 元的标准和以下比例与地方分担：

1. 对省级扶贫开发重点县、中央苏区县、革命老区县、省生态县（共 36 个县区）给予 80% 的补助。

2. 对澄海区等 34 个县（市、区）给予 50% 补助。

（四）山区和农村边远地区乡镇卫生院医务人员岗位津贴不纳入绩效工资总量。各县（市、区）制定当地医务人员岗位津贴制度实施办法后，须从 2014 年 1 月 1 日起补发当地医务人员岗位津贴。

七、工作要求

（一）加强组织领导。各地财政、人力资源社会保障、卫生计生部门要加强组织领导，及时制定具体实施办法，统筹协调，积极推进山区和农村边远地区乡镇卫生院医务人员岗位津贴相关工作。

（二）保障资金落实。各地要切实筹措和落实山区和农村边远地区乡镇卫生院医务人员岗位津贴制度所需资金，不得减少应依法依规落实的医务人员工资福利待遇，不得将山区和农村边远地区乡镇卫生院医务人员岗位津贴纳入乡镇卫生院绩效工作总量和实施范围，不得减少应按标准安排给乡镇卫生院的公用经费，不得因省财政增加补助而减少本级财政应安排的卫生支出。

（三）加强监督检查。省级财政、人力资源社会保障、卫生计生部门将加强对各市、县（市、区）落实山区和农村边远地区乡镇卫生院医务人员岗位津贴制度情况的监督检查，对不按规定落实地方财政资金、政策执行不到位或补助金额不达标的地区，将予以全省通报，并暂停或扣减省级补助资金。扣减部分省级补助资金由地方财政补足。

附件：1. 省给予80%补助的县（市、区）

2. 省给予50%补助的县（市、区）

附件1

省给予80%补助的县（市、区）

所在市	拟补助的县（市、区）	数量
合计		36
韶关市	南雄市、乐昌市、仁化县、乳源县、始兴县、翁源县、新丰县	7
肇庆市	封开县、广宁县、德庆县	3
茂名市	信宜市	1
梅州市	兴宁市、梅县、蕉岭县、丰顺县、大埔县、五华县、平远县	7
汕尾市	陆丰市、陆河县、海丰县	3
河源市	东源县、龙川县、紫金县、连平县、和平县	5
清远市	清新区、连州市、连山县、连南县、阳山县	5
潮州市	饶平县	1
揭阳市	普宁市、揭东县、揭西县、惠来县	4

附件2

省给予50%补助的县（市、区）

所在市	拟补助的县（市、区）	数量
合计		34
汕头市	澄海区、潮阳区、潮南区、南澳县	4
韶关市	曲江区	1
湛江市	坡头区、麻章区、雷州市、廉江市、吴川市、徐闻县、遂溪县	7
肇庆市	高要市、四会市、怀集县	3
江门市	台山市、开平市、恩平市	3
茂名市	高州市、化州市、电白区	4
惠州市	博罗县、惠东县、龙门县	3
阳江市	阳春市、阳东县、阳西县	3
清远市	英德市、佛冈县	2
潮州市	潮安县	1
云浮市	罗定市、郁南县、新兴县、云安县	4

省级财政到期资金使用绩效评价暂行办法

（广东省财政厅2014年2月17日发布，粤财评〔2014〕7号）

为做好省级财政到期资金绩效评价工作，强化部门单位绩效主体责任观念，提高财政资金使用绩效，根据财政部《财政支出绩效评价管理暂行办法》（财预〔2011〕285号）、《广东省人民政府关于印发广东省省级财政专项资金管理办法的通知》（粤府〔2013〕125号）及省政府同意印发的《广东省财政支出绩效评价试行方案》（粤财评〔2004〕1号）等规定，制定本办法。

第一章　总　则

第一条　省级财政到期资金（以下简称到期资金）绩效评价是指根据设定的绩效目标，设置合理的评价指标及标准，运用科学的评价方法，遵循规范的评价程序，对到期确需继续安排的财政资金使用全过程及其支出的经济性、效率性、效果性和公平性进行客观公正的综合评判。

第二条　对到期资金绩效评价应遵循如下原则：

（一）目标导向，规范程序。以到期资金预期绩效目标为评价标杆，遵循评价制度规范，采用定量与定性、主观与客观分析相结合的评价方法，通过严格的评价程序，对到期项目实施全过程的评价，全面检测到期资金使用的科学性、合规性和有效性。

（二）明确分工，协同推进。为提高评价的公信力，评价工作采取重点评价或委托第三方机构评价等方式实施；同时，明确财政部门、评价机构、到期资金主管部门和资金使用单位的责任分工要求，协同推进，提高评价效率和质量。

（三）基于事实，客观公正。引入各相关领域专家，以客观事实为依据，对到期资金及具体支出项目前期准备、实施过程和项目绩效三个环节成效开展综合评价，并实施公共属性分析或满意度调查，确保评价工作的客观、公正。

第三条　到期资金评价主要依据国家相关法律、法规和规章制度，财政部门制定的资金管理办法，绩效评价管理制度与工作规范，到期资金及具体支出项目实施方案等制度文件实施。

第二章　评价对象、内容与方法

第四条　评价对象为每年度到期确需继续安排的省级财政资金使用绩效。评价基准日依据省财政安排的到期资金下达时间具体确定。

第五条　绩效评价涉及绩效影响因素和绩效表现因素两个层面，主要包括前期准备、资金管理、项目管理和绩效表现等内容。

（一）前期准备。主要包括到期资金分配及其支出项目确定（论证决策科学性）目标设置及确认（目标设置完整性、目标设置科学性）、保障措施（组织机构健全性、制度完整性、预算安排科学性和进度安排合理性）。

（二）资金管理。实施过程资金管理主要包括资金到位情况、资金支付情况、支出规范性等内容。

（三）项目管理。实施过程项目管理主要包括实施程序、项目监管。

（四）绩效表现。主要包括经济性（预算成本控制）、效率性（完成进度及质量）、效果性（社会经济效益和可持续性）和公平性（支出的公共属性或公众满意度）。

（五）财政部门认定的其他内容。

第六条　根据到期资金实际情况综合运用目标比较法和满意度调查法等多种评价方法：

（一）目标比较法。将到期资金实施效果与绩效目标进行对比，综合分析绩效目标的实现程度。

（二）满意度调查法。由评价机构采用现场发放问卷调查表或网络问卷等方式进行抽样调查，了解到期资金惠及对象以及其他有关人员对支出项目实施的满意情况。

（三）财政部门认定的其他方法。

第三章　评价指标及标准

第七条　评价指标由一至三级共性指标和反映个性要求的基础信息构成。一至三级指标全面涵盖到期资金及其支出项目申报的前期准备工作、资金使用及其支出项目实施过程和资金使用及其支出项目绩效水平（详见附件）；基础信息应根据具体某项到期资金属性和评价工作需要创建。

第八条　评价标准包括计划标准和行业标准。计划标准是指以具体政策实施方案及政策扶持项目预先制定的目标、计划、预算、定额等数据作为评价的标准值；行业标准是指将参照国家公布的行业指标数据和技术标准制定相应的评价标准值。具体按基础信息分类确定绩效点评分标准。

第四章　评价程序

评价工作程序主要分为前期准备、评价实施、形成评价报告等阶段。

第九条　评价的前期准备工作如下：

（一）省业务主管部门上一个预算年度结束后1个月内，确定本年度到期确需继续安排的财政资金清单，并报省财政厅按规定程序审核确认。

（二）省财政厅对省业务主管部门提出的到期需继续安排资金清单进行审核，并会同省业务主管部门确认后的1个月内，制订、印发到期资金使用绩效评价通知和评价方案。

第十条　省财政厅根据到期资金的具体情况，组织实施或整体委托第三方机构实施绩效评价。第三方机构的选购将按照省府办公厅印发的《政府向社会组织购买服务暂行办法》（粤府办〔2012〕48号）等规定执行。

（一）绩效自评。省业务主管部门应按省财政厅的部署，组织开展到期资金使用绩效自评工作；省业务主管部门和资金使用单位应评价规范要求，真实、客观填报到期资金基础信息及有关佐证材料，按时完成自评报告。绩效自评，应在省财政厅印发评价通知后的2个月内完成。

（二）自评审核、分析。省财政厅（或第三方机构）组织专家评价小组对到期资金使用单位和省业务主管部门提交的绩效自评资料进行收集、分类整理、评审分析，为开展现场评价提供情况参考。自评审核、分析，应在省业务主管部门和资金使用单位完成绩效自评任务后的1个月内完成。

（三）现场评价。省财政厅（或第三方机构）根据到期资金属性、区域分布、自评情况，按照一定比率随机选取项目，组织专家评价小组开展现场评价。现场评价采取座谈会、答辩会、问卷调查，以及核查与项目实施和评价有关的资料，实地查看项目建设情况等方式进行。现场评价，应在省业务主管部门和资金使用单位完成绩效自评任务后的2个月内完成。

（四）综合评价。省财政厅（或第三方机构）根据现场评价结论，并参考自评报告和对自评情况的审核、分析结果，对到期资金使用绩效进行全面、综合评价。综合评价，应在完成现场评价任务后的1个月内完成。

第十一条　省财政厅（或第三方机构）依据综合评价情况形成评价报告，内容涵盖项目概况、绩效自评及审核分析、现场评价、综合评价结果等内容，主要包括对被评价对象的概述、评价指标分析、评价结论、存在问题、具体改进措施和建议等。评价结果根据综合评价意见分为优、良、中、低、差五个等级：100－90分为优；89－80分为良；79－70分为中；69－60分为低，59分以下为差。评价报告的形成，应在完成综合评价任务后的1个月内完成。

第五章　报告公开与结果应用

第十二条　评价报告按规定程序报批后，将采用适当方式在政府部门内部公开，或适时向社会公开，接受公众监督。

第十三条　评价结果主要应用如下：

（一）反馈省业务主管部门，用于检验到期资金执行效果，促使部门单位进一步加强资金管理，提升绩效管理水平。对评价过程中发现的问题，有关部门单位应制定切实可行的整改措施，并将落实整改情况及时报送省财政厅。

（二）作为到期资金继续安排以及支出结构调整的重要依据。评价结果达到良及以上等级的，可由省业务主管部门按程序申报继续设立和安排该项资金；评价结果为中等级的，省业务主管部门应提出整改方案并报省财政厅审核后，再按程序申报继续设立和安排该项资金；评价结果为低和差等级的，原则上应予调整或撤销。

第六章　组织保障

第十四条　建立财政部门、业务主管部门、资金使用单位和评价机构分工明确、各负其责的组织体系。财政部门负责评价工作的组织管理、指导、协调和监督；业务主管部门负责组织绩效自评，配合评价机构完成其他相关评价工作；资金使用单位负责做好绩效自评工作，配合评价机构完成其他相关评价工作，收集、报送基础信息等资料；评价机构负责客观、规范开展各项评价工作。

第七章　附　则

第十五条　到期确需继续安排的资金绩效评价范围，包括粤府〔2013〕12号文所指的各项专项资金；其他类型资金到期确需继续安排的，参照本办法执行。

附件：省级财政到期资金使用绩效评价指标体系

附件：

省级财政到期资金使用绩效评价指标体系

<table>
<tr><th colspan="6">评价指标</th><th rowspan="3">指标说明</th></tr>
<tr><th colspan="2">一级指标</th><th colspan="2">二级指标</th><th colspan="2">三级指标</th></tr>
<tr><th>名称</th><th>权重（%）</th><th>名称</th><th>权重（%）</th><th>名称</th><th>权重（%）</th></tr>
<tr><td rowspan="8">绩效影响</td><td rowspan="8">50</td><td rowspan="3">前期准备</td><td rowspan="3">20</td><td>论证决策</td><td>7</td><td>反映专项资金投向和结构是否合理，是否符合相关管理办法，符合公共财政扶持方向及资金设立目标；项目申报内容是否符合资金管理办法、申报指南等规定的要求，是否具体明确、合理可行；项目设立是否经过科学决策程序</td></tr>
<tr><td>目标设置</td><td>7</td><td>反映目标设置是否包含总目标和阶段性目标，是否包括预期提供的公共产品或服务的产出数量、质量、成本指标，预期达到的效果性指标；反映资金绩效目标设置是否明确，合理、细化、量化，是否与资金或项目属性特点、支出内容相关，体现决策意图，同时合乎客观实际</td></tr>
<tr><td>保障措施</td><td>6</td><td>反映资金管理及项目实施的保障机构是否健全，人员分工是否明确；资金管理办法、项目管理管理办法以及实施方案（计划）等制度是否健全；工作进度、预算执行进度安排是否合理</td></tr>
<tr><td rowspan="3">资金管理</td><td rowspan="3">17</td><td>资金到位</td><td>5</td><td>反映各类资金的到位情况，包括到位比率及到位及时性</td></tr>
<tr><td>资金支付</td><td>4</td><td>反映各类资金的实际支出情况</td></tr>
<tr><td>支出规范性</td><td>8</td><td>反映支出预算调整的规范性，是否履行调整报批手续；项目支出的合规性，资金管理、费用标准、政府采购、集中支付或财政报账等制度是否得到严格执行，是否超范围、超标准支出，是否虚列项目支出，是否存在截留、挤占、挪用项目资金的情况；会计核算规范性，是否规范执行会计核算制度，是否专账核算，支出凭证是否合规有效</td></tr>
<tr><td rowspan="2">项目管理</td><td rowspan="2">13</td><td>实施程序</td><td>8</td><td>反映项目实施程序的规范性，包括项目调整是否按规定履行报批手续；项目招投标、建设、验收等是否严格执行相关制度规定</td></tr>
<tr><td>管理情况</td><td>5</td><td>反映资金使用单位内部管理及自查情况；业务主管部门对项目的检查、监控、督促等管理情况</td></tr>
<tr><td rowspan="5">绩效表现</td><td rowspan="5">50</td><td>经济性</td><td>5</td><td>预算（成本）控制</td><td>5</td><td>反映项目预算（成本）控制的合理性，即反映预算执行结果是节约还是超支等具体情况及原因</td></tr>
<tr><td>效率性</td><td>10</td><td>完成进度及质量</td><td>10</td><td>反映项目实施（完成）的进度、质量和产出数量等情况</td></tr>
<tr><td rowspan="2">效果性</td><td rowspan="2">30</td><td>社会经济效益</td><td>25</td><td>反映资金使用或项目实施直接产生和带动的社会、经济效益，主要通过具体效果性基础信息项反映</td></tr>
<tr><td>可持续发展</td><td>5</td><td>反映项目完成后，后续政策、资金、人员机构安排和管理措施等影响项目持续发展的因素，以及项目实施对人、环境、资源是否带来可持续发展影响</td></tr>
<tr><td>公平性</td><td>5</td><td>满意度</td><td>5</td><td>反映资金及支出项目与增加公共利益、公共福利和保障公共安全等方面的相关联程度，以及公众对资金补助政策、项目建设等情况的满意度</td></tr>
</table>

注：（1）基础信息，根据具体某项到期资金属性和评价工作需要创建。

（2）具体评价标准，按基础信息分类确定绩效点评分标准。

广东省财政一般性转移支付资金使用绩效评价暂行办法

（广东省财政厅2014年5月27日发布，粤财评〔2014〕21号）

为衡量我省省级财政一般性转移支付资金综合使用绩效，以及市县（市、区，下同）财政其他财力性资金综合使用绩效，检验市县履行事权和落实相应支出责任情况，以评价机制推动市县财政提高公共服务水平，完善资金使用管理，根据财政部《财政支出绩效评价管理暂行办法》（财预〔2011〕285号）和经省政府同意印发的《广东省财政支出绩效评价试行方案》（粤财评〔2004〕1号）等有关规定和要求，制订本办法。

第一章 总 则

第一条 财政一般性转移支付资金使用绩效评价，是指根据设定的绩效目标，设置合理的评价指标及标准，运用科学的评价方法，遵循规范的评价程序，主要对省级财政按一般性转移支付方式统筹安排的、由市县政府根据地方实际统筹使用的中央和省级财力性补助资金预算安排、使用过程及其支出绩效进行客观公正的综合评判。具体实施时，延伸对市县本级财政安排的财力性资金的综合绩效评价。

第二条 财政一般性转移支付资金绩效评价应遵循如下原则：

（一）目标导向，程序规范。以资金优先保障民生，推动全省经济社会协调发展，促进基本公共服务均等化等预期目标为评价标杆，采用定量与定性、主观与客观分析相结合的评价方法，遵循评价制度规范和评价程序，对财政一般性转移支付资金使用管理和支出绩效等情况进行全面衡量、评价。

（二）明确分工，协同推进。为提高评价的公信力，省财政部门将采取重点评价或委托第三方机构评价等方式实施评价；市县财政是使用管理一般性转移支付资金的绩效责任主体，负责组织绩效自评，收集、报送基础信息等资料，配合省财政部门做好其他相关评价工作。

（三）基于事实，客观公正。引入相关领域专家，以客观事实为依据，对财政一般性转移支付资金及具体支出项目的绩效影响和绩效表现等因素进行综合评价，并实施公共属性分析或满意度调查，确保评价工作的客观、公正。

第三条 财政一般性转移支付资金使用绩效评价主要依据国家相关法律、法规和规章制度，财政部门制定的资金管理办法，绩效评价管理制度与工作规范，一般性转移支付资金管理的有关制度文件实施。

第二章 评价对象、内容与方法

第四条 评价对象为每年度省级财政按一般性转移支付方式统筹安排的中央和省级财力性补助资金使用绩效，具体评价时延伸至市县本级财政安排的所有财力性支出；评价范围为获得财政一般性转移支付资金的市县；评价基准日依据省财政安排的一般性转移支付资金下达时间具体确定。

第五条 评价内容主要包括预算管理、资金管理和绩效表现等。

（一）预算管理。主要包括一般性转移支付资金预算安排的科学性、进度安排合理性、决算完整性等。

（二）资金管理。主要包括资金到位支付、支出结构合理及支出合规情况等。

（三）绩效表现。主要包括底线民生及基本民生支出保障水平、运转支出保障水平情况及资金带动的社会经济效益等情况。

（四）省财政部门认定的其他内容。

第六条 根据财政一般性转移支付资金实际情况运用目标比较法和综合分析法等多种评价方法：

（一）目标比较法。将财政一般性转移支付资金实施效果与绩效目标进行对比，分析绩效目标的实现程度。

（二）综合分析法。通过核查一般性转移支付资金预决算管理、资金使用和资金带动效益情况，并进行横、纵向比较，综合分析一般性转移支付政策实施的规范性、科学性和效益性。

（三）省财政部门认定的其他方法。

第三章 评价指标及标准

第七条 评价指标由一至三级共性指标和反映个性要求的基础信息构成。一至三级指标全面涵盖一般性转移支付资金的预决算管理、资金使用管理和支出绩效水平。

第八条 评价标准包括计划标准和行业标准。计划标准是指以政策预先制定的目标、预算、定额等数据作为评价的标准值；行业标准是指依据财政部、我省有关支出政策及统计数据制定相应的评价标准值。具体评价标准结合基础信息分类确定。

第四章　评价程序

第九条　省财政部门根据一般性转移支付资金安排使用情况，组织开展重点评价或引入第三方评价。第三方机构的选购按照省府办公厅印发的《政府向社会组织购买服务暂行办法》（粤府办〔2012〕48号）等规定执行。评价过程遵循各市县财政部门自评、省财政部门或第三方机构现场评价、综合评价，评价结果公布等程序进行。

（一）各县财政部门自评。

各县财政部门对本地上年度财政一般性转移支付资金使用绩效情况进行自评，填报《财政一般性转移支付资金绩效评价基础信息表》；对照《财政一般性转移支付资金绩效评价指标表》自评打分；撰写自评报告，于每年3月底前将自评材料及有关佐证资料报送地级以上市财政部门，财政省直管县同时报送省财政部门。

（二）地级以上市财政部门自评。

地级以上市财政部门对所辖县及市本级使用省级财政一般性转移支付资金绩效情况进行核查、汇总，填报《财政一般性转移支付资金绩效评价基础信息表》；对照《财政一般性转移支付资金绩效评价指标表》自评打分；撰写自评报告，于每年4月底前将自评材料报送省财政部门。

（三）现场评价。

省财政部门（或第三方机构）在对各市提交的绩效自评资料进行评审、分析的基础上，按不低于10%的资金比例选取样本开展现场评价工作，重点核查保障资金到位支付情况、支出合规性、支出结构及带动效益等内容，最终形成现场评价结论，作为各项指标的评分依据。各地财政部门要配合完成现场评价工作。

（四）综合评价。

省财政部门（或第三方机构）将依据现场核查结论、各地财政总决算及部门决算数据、各市县自评材料（重点是佐证材料）和有关统计数据等材料，对照《财政一般性转移支付资金绩效评价指标表》，对评价年度财政一般性转移支付资金使用绩效等情况进行综合评价，确定绩效得分。

第十条　省财政部门（或第三方机构）依据综合评价情况形成评价报告，内容涵盖项目概况、绩效自评及审核分析、现场评价、综合评价结果等内容，主要包括对被评价对象的概述、评价指标分析、评价结论、存在问题、具体改进措施和建议等。评价结果根据综合评价意见分为优、良、中、低、差五个等级：100－90分为优；89－80分为良；79－70分为中；69－60分为低，59分以下为差。评价报告的形成，应在完成综合评价任务后的1个月内完成。

第五章　结果应用

第十一条　评价结果主要应用如下：

（一）呈报省政府，作为省政府完善省级财政一般性转移支付和民生政策决策的重要依据。

（二）省财政部门根据市县使用省级财政一般性转移支付等资金绩效评价得分，按照优劣情况排序，设置相应的绩效评价系数，作为下一年度省级财政一般性转移支付资金分配的重要依据。根据绩效优先原则，对评价得分较高的市县，在其他分配因素同等的情况下，省级财政一般性转移支付资金分配向其倾斜；对评价得分较低的市县，督促其采取措施优化支出结构，提高资金使用绩效。

第六章　附　则

第十二条　各地级以上市依据本办法内容，制定对所辖或代管县一般性转移支付资金使用绩效评价办法，组织开展绩效自评，依据省财政部门对各市的评价结论和各市对县自评审核结论，确定对县评价意见。各地级以上市制订的评价办法和对县评价意见应报省财政部门备查。

第十三条　对不积极配合开展绩效评价或提供资料不实，弄虚作假者，按有关规定追究相关责任人的责任。

关于规范党政机关办公用房使用管理的指导意见

（广东省财政厅2014年2月28日发布，粤财资〔2014〕5号）

根据中央和省关于党政机关停止新建楼堂馆所和清理办公用房的文件精神，针对全省党政机关办公用房清理工作中发现的办公用房面积超过规定标准、企事业单位违规占用党政机关办公用房和党政机关自行出租、出借办公用房等问题，为规范党政机关办公用房使用管理，现提出以下意见：

一、严格按照规定标准配置办公用房

（一）各级党政机关办公用房人均建筑面积和各级工作人员办公室使用面积必须严格执行《党政机关办公用房建

设标准》规定标准。超过规定的面积标准占有、使用办公用房的，应予以腾退。

（二）领导干部办公室使用面积超过标准的，应结合具体情况按如下原则进行整改：办公用房（含休息室，不含卫生间）超标面积占标准面积30%以下（含30%）且目前无现成用房可调剂的，可暂不腾退或隔断；超标面积占标准面积超过30%、不足50%的，可暂继续使用，待下次办公用房维修改造或领导干部职务变动调换办公用房时一并整改；超标面积占标准面积50%以上（含50%）的必须整改。副省级城市、副部级单位副职领导干部办公用房，参照地市级正职标准执行。

（三）已列入文物保护单位的党政机关办公用房面积超过标准，应采取符合有关文物保护法律法规、不破坏文物的措施进行整改，并依照《文物保护法》的相关规定报相应的文物行政主管部门审批。

二、严格控制办公用房维修改造项目

（一）党政机关办公用房因使用时间较长、设施设备老化、功能不全、存在安全隐患，不能满足办公需求的，方可申请维修改造。维修改造项目要以消除安全隐患、恢复和完善使用功能、降低能源消耗为重点。各部门、各单位年终应把办公用房维修改造项目实施情况作为政务公开的重要内容，主动接受社会监督。

（二）党政机关办公用房维修改造项目必须严格履行审批程序，严格执行维修改造标准，严禁豪华装修。各地要根据本地区实际制定本地办公用房配置及维修改造标准。

三、严格规范办公用房使用功能

（一）党政机关未经批准改变办公用房使用功能的，原则上应恢复原使用功能。

（二）严禁出租、出借办公用房。已经出租、出借的办公用房，到期必须收回；租赁合同未到期的，租金收入严格按政府非税收入管理规定上缴财政，实行收支两条线管理，到期后不得续租。

（三）合理区分办公用房和技术业务用房。不得以技术业务用房为名，安排行政办公用房。已有国家建设标准的技术业务用房，严格按相关标准划分办公用房和技术业务用房；没有国家建设标准的技术业务用房，一律不得挤占行政办公用房。

四、规范党政机关办公用房使用范围

（一）除在办公用房立项批复中明确事业单位和党政机关办公用房一并建设外，所属其他企事业单位一律不得占用党政机关办公用房。在立项批复中已明确和党政机关办公用房一并建设的事业单位，可继续使用党政机关办公用房，但应严格按照《党政机关办公用房建设标准》进行核定。

（二）公益一类事业单位和未与所属党政机关改制脱钩的协会占用的行政办公用房，按照《党政机关办公用房建设标准》和事业单位业务用房需求进行核定，符合规定标准的可继续使用，超出部分应予以清理腾退；公益二类事业单位和其他协会占用的行政办公用房原则上应予以清理腾退，确有困难的，由行政事业资产管理部门统一调整安排，实行有偿使用，租金收入严格按照收支两条线规定管理；其他事业单位占用的党政机关办公用房，原则上应予以清理腾退。

（三）部门和单位在机构变动中转变为企业的，所占用的党政机关办公用房应予腾退，确实难以腾退的，经批准可以租用原办公用房或按规定程序转为企业国有资本金，租金收入严格按照收支两条线规定管理。企业已自建或购置办公用房的，应将占用行政办公用房及时腾退。

五、领导干部不得多占办公用房

领导干部应当按照标准配置使用一处办公用房，确因工作需要另行配置办公用房的，应严格履行审批程序，由领导干部兼职单位提供小于标准面积的适当工作用房。其中，地级以上市和省直各部门党政主要负责同志报省委办公厅、省府办公厅审批；其他相关负责同志由地级以上市和省直各部门党政主要负责同志审批；各地、各单位参照执行。领导干部在不同部门同时任职的，由主要工作部门安排办公用房，其他任职部门不再安排办公用房。领导干部工作调动的，由调入部门安排办公用房，原单位的办公用房不再保留。领导干部在人大或政协任职，人大或政协没有安排办公用房的，由原单位根据本人承担工作的实际情况，安排适当的办公用房；异地转任人大或政协各专门委员会副主任委员以上职务领导干部的办公用房，按照保留一处办公用房的原则，由人大或政协及时与领导干部原任职单位和本人沟通后办理。领导干部在协会等单位任职的，由协会等单位根据工作需要安排办公用房，原单位的办公用房不再保留。领导干部已办理退休手续或调离的，原办公用房应及时腾退并由原单位收回。领导干部不得长期租用宾馆、酒店房间作为办公用房。

六、建立健全办公用房管理制度

各级政府要建立健全相关管理制度，明确党政机关办公用房管理权限及职责。建立党政机关办公用房调配机制，新建、调整办公用房的部门和单位，要按照“建新交旧”、“调新交旧”原则，在搬入新建或新调整办公用房的同时，及时将原办公用房腾退移交行政事业资产管理部门统一调剂使用。因机构增设、职能调整确需增加办公用房的，应当在本单位现有办公用房中解决；本单位现有办公用房不能满足需要的，由行政事业资产管理部门整合办公用房资源调剂解决；无法调剂、确需租用办公用房的，要严格履行审批手续，不得以变相补偿方式租用由企业等单位提供的办公用房。各部门、各单位要制定本部门、本单位办公用房使用管理制度，严格办公用房使用管理。

省直行政事业单位国有资产处置管理暂行办法

（广东省财政厅2014年5月16日发布，粤财资〔2014〕16号）

第一条　为了加强省直行政事业单位国有资产处置的管理，维护资产安全和完整，提高资产使用效益，根据《行政单位国有资产管理暂行办法》（财政部令第35号）、《事业单位国有资产管理暂行办法》（财政部令第36号）等规章的规定，结合省直行政事业单位实际情况，制定本办法。

第二条　本办法所称省直行政事业单位，是指省委各工作部门、省人大机关、省政府各部门（含政府组成部门和直属机构）、省政协机关、省检察院、省法院、各民主党派、省直参照公务员管理的各人民团体及各类占有、使用国有资产的省属事业单位。

第三条　本办法所称资产处置，是指省直行政事业单位对其占有、使用的国有资产进行产权转移及产权注销的行为，包括无偿调出、出售、出让、转让、置换、报废、报损等行为。

（一）无偿调出，指以无偿转移的方式变更资产占有、使用权的行为，包括：

1. 省直行政事业单位资产在本部门内上下级之间调拨。

2. 省直行政事业单位资产在本部门内同级之间调拨。

3. 省直行政事业单位因隶属关系改变而发生的资产上划或下划。

4. 省直行政事业单位因撤销、合并、分立、改制而发生的资产移交。

5. 经国家和省特殊批准的资产调拨。

（二）出售、出让、转让，指以有偿转让的方式变更资产所有权或占有、使用权，并收取相应收益的处置行为。

（三）置换，指以非货币性资产为主进行的交换，这种交换不涉及或只涉及少量的货币性资产（即补价）。

（四）报废，指按国家和省有关规定或经技术鉴定，对已不能继续使用的资产注销产权的行为。

（五）报损，指对已发生的资产呆帐损失及其他非正常损失，按有关规定注销产权的行为。

第四条　行政事业单位需处置的资产范围包括：

（一）闲置资产。

（二）因技术原因并经过科学论证、确需报废、淘汰的资产。

（三）因单位分立、撤销、合并、改制、隶属关系改变等原因发生的产权或者使用权转移的资产。

（四）非正常损失的资产。

（五）已经超过使用年限无法使用的资产。

（六）依照国家有关规定需要进行资产处置的其他情形。

第五条　资产处置应当按照公开、公正、公平的原则进行。资产的出售、出让、转让与置换应当采取拍卖、协议转让及国家法律、行政法规规定的其他方式进行。

第六条　拟处置的资产权属应当清晰。权属关系不明确或者存在权属纠纷的资产，须待权属界定明确后予以处置。

第七条　资产处置实行分类审批：

资产处置应当由行政事业单位资产管理部门会同财务部门、技术部门审核鉴定，提出意见，按审批权限报送审批。

（一）无偿调出。省直行政事业单位在本部门内的资产调拨，且资产单位价值（原价）20万元以下（不含20万元）的，由省直行政事业单位主管部门审批；除此之外的资产调出，由省直行政事业单位主管部门审核后报省财政厅审批，其中资产单位价值（原价）500万元以上（含500万元）的，由省财政厅审核后报省人民政府审批。

（二）出售、出让、转让。资产单位价值（原价）20万元以下的，由省直行政事业单位主管部门审批；资产单位价值（原价）在20万元以上（含20万元）的，由省直行政事业单位主管部门审核后报省财政厅审批，其中资产单位价值（原价）500万元以上（含500万元）的，由省财政厅审核后报省人民政府审批。

（三）置换。省直行政事业单位在本部门内的资产置换，且资产单位价值（原价）20万元以下（不含20万元）的，由省直行政事业单位主管部门审批；除此以外的资产置换，由省直行政事业单位主管部门审核后报省财政厅审批，其中资产单位价值（原价）500万元以上（含500万元）的，由省财政厅审核后报省人民政府审批。

（四）报废。固定资产报废应当符合国家有关报废标准或达到规定的使用年限。达到使用年限尚能继续使用的，不得报废。使用年限可按照《省直行政事业单位常用固定资产使用年限表》（附件1）确定，国家另有规定的，从其规定。

固定资产达到或超过规定使用年限需要进行报废的，由省直行政事业单位主管部门审批；固定资产未达到规定使用年限需要提前进行报废，且单位价值（原价）20万元以下的，由省直行政事业单位主管部门审批；固定资产未达到规定使用年限需要提前进行报废，且单位价值（原价）在20万元以上（含20万元）的，由省直行政事业单位主管部门审核后报省财政厅审批，其中资产单位价值（原价）500万元以上（含500万元）的，由省财政厅审核后报省人民政府审批。

（五）报损。资产单位价值（原价）20万元以下的，由省直行政事业单位主管部门审批；资产单位价值（原价）在20万元以上（含20万元）的，由省直行政事业单位主管部门审核后报省财政厅审批，其中资产单位价值（原价）500万元以上（含500万元）的，由省财政厅审核后报省人民政府审批。

第八条 省直行政事业单位应当报省财政厅审批的资产处置，按以下程序执行：

（一）申报。省直行政事业单位提交资产处置意见，填报《行政事业单位国有资产处置申报表》（附件2），并提供有关文件、证件及资料，由省直行政事业单位主管部门审核后上报省财政厅。

（二）审批。省财政厅根据国家和省的有关规定予以审批，其中资产单位价值（原价）500万元以上（含500万元）的，由省财政厅审核后报省人民政府审批。

（三）评估。省直行政事业单位应当委托具备相关资质的资产评估机构对出售、出让、转让、置换资产进行评估，评估报告须报省财政厅备案，其中资产单位价值（原价）500万元以上（含500万元）的，评估报告须报省财政厅核准。经核准后，省直行政事业单位以评估价作为资产出售或变价转让的底价。

（四）处置。属于资产无偿调出，调入、调出单位应当办理交接手续；属于资产出售、出让、转让、置换，出售、出让、转让、置换单位应当到法定的交易机构或管理机构办理相关手续；属于资产报废，申报单位应当到法定的机构办理报废手续。资产出售或变价转让价低于评估价90%的，须报省财政厅审批。

（五）备案。经省人民政府、省财政厅审批的资产处置事项，省直行政事业单位主管部门应在资产处置后一个月内将处置结果报省财政厅备案；属于省直行政事业单位主管部门审批的资产处置事项，省直行政事业单位主管部门应在每季度结束后，10日内将处置结果报省财政厅备案。

第九条 省直行政事业单位在申报资产处置时，应根据不同情况提供相关的文件、证件及资料。

（一）资产无偿调出，必须提供以下资料：

1. 资产名称、数量、规格、性能、用途、价值凭证（如购货发票或收据、工程决算副本、记账凭单影印件、固定资产卡片等）及产权证明。

2. 资产目前的使用情况说明。

3. 资产调入单位同类资产的需求情况及申请材料。

4. 因隶属关系改变而上划或下划资产的，须提供改变隶属关系的批文。

5. 因撤销、合并、分立、改制而移交资产的，须提供撤销、合并、分立、改制的批文。

6. 经国家特殊批准调拨的资产的，须提供国家批准文件。

（二）资产出售、出让、转让，必须提供以下资料：

1. 资产名称、数量、规格、性能、用途、价值凭证（如购货发票或收据、工程决算副本、记账凭单影印件、固定资产卡片等）及产权证明。

2. 资产目前的使用情况说明。

3. 资产评估机构的评估报告。

（三）资产置换，必须提供以下资料：

1. 资产名称、数量、规格、性能、用途、价值凭证（如购货发票或收据、工程决算副本、记账凭单影印件、固定资产卡片等）及产权证明。

2. 置换资产目前的使用情况说明。

3. 进行资产置换的理由。

4. 资产评估机构出具的双方拟置换资产的评估报告。

（四）资产报废，必须提供以下资料：

1. 资产名称、数量、规格、性能、用途、价值凭证（如购货发票或收据、工程决算副本、记账凭单影印件、固定资产卡片等）。

2. 报废价值清单及产权证明。

3. 国家和省有关规定或技术鉴定机构出具的鉴定报告。

（五）资产报损，必须提供以下资料：

1. 资产名称、数量、规格、性能、用途、价值凭证（如购货发票或收据、工程决算副本、记账凭单影印件、固定资产卡片等）及产权证明。

2. 损失价值清单。

3. 造成损失的有效证明。

4. 对非正常损失责任者的处理文件。

第十条 财政部门或者主管部门对行政事业国有资产处置事项的批复是财政部门重新安排行政事业单位有关资产配置预算项目的参考依据，是行政事业单位调整相关会计账目的凭证。

第十一条 行政事业单位资产处置后，应当在进行财务账务处理的同时，及时更新行政事业资产管理信息系统中相应资产卡片信息，进行资产账目处理，做到“账实相符”、“账账相符”。

第十二条 省直行政事业单位资产出售、出让、转让收入、置换补价收入、报废残值收入、报损补偿取得的收入，在按规定扣除相关税费后，按照政府非税收入管理的规定上缴省财政，实行“收支两条线”管理。国家或省另有规定的，从其规定。

第十三条 行政事业单位应当按照档案管理的有关规定，加强资产处置档案管理。资产处置过程和结果的资料应当完整、真实。

第十四条　省财政厅和省直各行政事业单位主管部门，要加强省直行政事业单位资产处置的监督管理，制止资产处置中的各种违法、违纪行为，防止国有资产流失，维护国有资产的合法权益。

第十五条　对违反本办法的省直行政事业单位及其主要负责人、直接责任人，依据国务院《财政违法行为处罚处分条例》及其他有关规定追究其责任。

第十六条　省直各行政事业单位主管部门可根据本办法，结合本部门实际情况，制定具体实施细则，并报省财政厅备案。

第十七条　对涉及国家安全和秘密的资产处置，应当按规定做好保密工作，防止失密和泄密。

第十八条　本办法实施前有关省直行政事业单位资产管理规定与本办法不一致的，依照本办法的规定执行。

第十九条　本办法由省财政厅负责解释。

第二十条　本办法自2014年7月1日起执行。

关于进一步规范和加强省直行政事业单位物业对外出租出借管理的通知

（广东省财政厅2014年9月18日发布，粤财资〔2014〕23号）

省直各单位：

近期，省审计厅向省领导报送《审计重要信息要目》，指出部分省直单位没有认真执行资产使用相关规定，存在未经报批擅自对外出租物业、物业出租对象和租金标准的确定比较随意、隐瞒或转移租金收入等违规对外出租、出借物业的问题。省领导高度重视，要求我厅督促违规单位认真进行整改。为进一步规范和加强省直行政事业单位物业对外出租、出借管理，避免类似问题再次发生，根据国家和省的相关规定，现就有关事项通知如下：

一、进一步规范省直行政事业单位物业对外出租、出借管理

（一）按照《关于印发〈关于规范党政机关办公用房使用管理的指导意见〉的通知》（粤财资〔2014〕5号）等规定，省直行政单位办公用房不得对外出租、出借。办公用房包括办公室用房、公共服务用房、设备用房和附属用房等（具体见《党政机关办公用房建设标准》）。已经出租、出借的办公用房，到期必须收回；租赁合同未到期的，租金收入严格按政府非税收入管理规定上缴省财政，实行收支两条线管理，到期后不得续租。

省直行政单位要严格控制除办公用房以外的物业对外出租、出借行为，严格履行报批手续。各行政单位如有闲置物业可供对外出租、出借的，经报请省政府同意后，将由省财政厅收回统一调配使用或集中管理。对于产权证明登记在行政单位而委托所属事业单位经营管理的物业，应严格按照行政单位物业对外出租、出借管理规定执行。

（二）省直行政事业单位拟将占有、使用的物业对外出租、出借的，无论是本单位实施，还是委托后勤服务单位或其他单位实施，都应按照规定程序履行报批手续；未经批准，不得擅自对外出租、出借。权属关系不明确或存在权属纠纷的物业，不得对外出租、出借。

省直行政事业单位主管部门应按规定权限负责下属单位物业对外出租、出借的审批报批工作，其中物业单项或批量价值在50万元以下或物业出租出借期限在6个月以内（含6个月）的，由主管部门进行审批；物业单项或批量价值在50万元以上（含50万元）及物业出租出借期限在6个月以上的，经主管部门审核后省财政厅审批。

（三）省直行政事业单位物业对外出租、出借，须在保证单位正常运转和完成正常工作的前提下，严格按照《关于印发〈广东省财政厅关于省直行政事业单位国有资产使用管理的暂行办法〉的通知》（粤财资〔2011〕18号）有关规定执行。

1. 物业对外出租、出借应在严格论证的基础上以“公开、公平、公正”的方式进行，物业招租信息应在公开媒介进行披露；

2. 物业对外出租、出借价格必须通过评审或资产评估的方法确定；

3. 物业对外出租、出借应以公开招租的形式进行，出租期限原则上不超过5年。

（四）省直行政单位物业对外出租、出借收入应按照《关于印发〈广东省省直行政单位国有资产处置收入和出租出借收入管理暂行办法〉的通知》（粤财资〔2010〕83号）规定，抵扣物业对外出租、出借应缴纳的税款和所发生的相关费用（资产评估费、技术鉴定费、交易手续费、清理费用等），抵扣后的余额按政府非税收入管理的规定上缴省财政，实行“收支两条线”管理。

省直事业单位物业出租、出借取得的收入，应按照预算管理及事业单位财务和会计制度的有关规定纳入单位预算，统一核算、统一管理。国家或省另有规定的，从其规定。

（五）省直行政事业单位公有住房出租出借及租金收入，按照国家和省现行住房分配货币化改革有关规定执行。

二、进一步加强对省直行政事业单位物业对外出租、出借行为的监管

（一）省直各单位要增强法制意识和责任意识，认真履行监管职责，落实监管责任，加强对所属行政事业单位国有资产的监督管理，严格执行国家和省有关国有资产出租、出借及其收支管理的各项规定，杜绝违规擅自对外出租、出借物业，确保国有资产安全完整。省财政厅将联合有关部门进一步加强督促检查，不定期抽选省直相关单位对物业对外出租、出借情况开展检查，及时发现问题，堵塞漏洞。

（二）省直各单位要进一步完善内部管理制度，根据国有资产管理的有关规定，研究制订本部门国有资产管理的实施办法并组织实施；要进一步建立健全资产管理责任制，将资产管理责任落实到人，对资产管理人员进行考核和监督；要完善内部管理流程，加强单位物业出租、出借的内部管理，通过建立台账对资产实现动态跟踪管理，充分发挥国有资产的使用效益，切实维护国有资产合法权益。

（三）全面开展自查自纠工作。省直各单位要对照出租、出借的有关规定及以往各年度财政部门、审计部门检查发现的问题，对本单位的物业对外出租、出借的情况开展自查自纠。重点对是否存在未经审批擅自对外出租、出借行为，物业对外出租、出借对象、出租期限、租金是否合理，租金收入是否按规定管理等问题开展自查，对违反规定的对外出租、出借事项是否及时予以清理纠正。

省直各单位要在对本单位及所属行政事业单位物业对外出租、出借情况进行认真核查的基础上，自行填报《省直行政事业单位物业对外出租、出借自查情况表》，对存在问题的原因逐一进行分析，并制订有效的整改措施，形成自查自纠工作情况报告，连同《省直行政事业单位物业对外出租、出借自查情况表》于10月30日前报送省财政厅（行政事业资产管理处）。

三、认真做好违规出租出借物业整改工作

此次审计查出存在违规问题的12家省直单位，应严格按照审计意见和现行政策法规认真及时进行整改，确保整改措施符合政策规定，整改工作落实到位。一是要严格履行审批手续。各单位应严格按照审批权限申报物业出租、出借事项，未经批准不得擅自将物业对外出租、出借；各主管部门要严格把关，对所属行政事业单位物业出租、出借事项进行严格控制，从严审核、审批。二是对违规出租、出借行为，应立即予以清理纠正，终止相关出租、出借合同。三是要规范物业对外出租、出借行为，按照“公平、公正、公开”的原则开展物业出租、出借工作，禁止串通作弊、暗箱操作。四是要严格按照有关规定加强物业对外出租、出借收入管理，如实反映和及时足额上缴租金收入，不得隐瞒、截留、挤占、坐支和挪用。相关单位的整改情况请于9月30日前报送省财政厅（行政事业资产管理处）。

关于进一步加强和深化公务卡改革工作的通知

（广东省财政厅2014年11月28日发布，粤财支付〔2014〕13号）

省直有关单位：

为进一步加强和深化省级公务卡改革，积极贯彻落实《广东省党政机关厉行节约反对浪费实施细则》关于全面实行公务卡制度的要求，现将有关工作要求通知如下：

一、统一思想，进一步提高公务卡改革重要意义的认识

公务卡改革不仅是深化财政管理制度改革、完善公共财政管理体系的必然要求，也是方便单位用款、提高财务管理水平的重要措施，对提高政府支出透明度，规范单位公务支出，健全源头防腐和惩防体系建设具有重要意义。各单位要从加强党风廉政建设和源头预腐制度建设的高度出发，进一步提高对公务卡改革的重要性的认识，切实落实公务卡结算制度和公务卡强制结算目录的有关规定，进一步提升公务卡开卡率和结算率，切实推动公务卡改革向纵深发展。

二、狠抓落实，扎实推进公务卡改革各项工作

按照“分类指导、稳步推进、强化督导”的原则对预

算单位（以下简称单位）进行分类管理，进一步深入推进公务卡改革：

（一）分类管理，确保公务卡改革稳步推进。一是党政机关和公益一类事业单位，必须全面实行公务卡制度，对于纳入公务卡强制结算目录范围的经费支出（涉密支出除外，下同），除按规定实行财政直接支付或银行转账外，全部严格按规定使用公务卡结算；二是公益二类事业单位对于纳入国库集中支付的财政性资金必须严格按规定实行公务卡结算，对于使用其他自有资金的，鼓励使用公务卡进行结算；三是公益三类事业单位必须严格按照国库集中支付制度使用财政资金，鼓励开立和使用公务卡。

（二）强化单位财务管理，确保公务卡制度落实到位。一是各单位财务部门要加强公务卡报销支出的审核工作，除核实发票、消费交易凭条的真实性外，还应核实与公务卡系统相关电子信息的一致性；二是对于网上购买机票、用品等难以取得消费交易凭条的公务卡消费支出，单位财务部门应在核实消费合规性和真实性的基础上予以报销；三是切实规范现金支出管理，对纳入强制结算目录但使用现金结算的，应采取严格的审批流程，如报销时提交书面说明；四是按规定发放给在职职工个人的出差补助等津贴性补助，如一次性发放额超过1千元的，建议通过转账的方式发放到公务卡或工资卡，减少现金使用。

（三）加强业务督导，推动基层单位加快公务卡改革进度。一级预算单位要进一步强化主管责任意识，在做好本级相关工作的同时，督促基层预算单位开立和规范使用公务卡，严格执行公务卡强制结算目录。每年应至少开展一次公务卡工作督导或业务培训，及时协助基层预算单位解决公务卡改革过程中遇到的困难和问题。

（四）查漏补缺，完善公务卡改革基础性工作。一是尚未开立公务卡的党政机关及公益一、二类单位应于明年2月底前开立公务卡；二是尚未制定本部门公务卡强制结算目录管理办法或尚未报备的一级预算单位，应抓紧制定并于明年2月底前向省财政厅（国库支付局）备案；三是提高公务卡结算率，减少现金支出。单位公务卡结算金额与现金结算金额的比值应逐年提高。

省财政厅将继续加强公务卡业务培训和工作督导，并适时对公务卡改革情况进行通报。

请各单位及时向基层预算单位转发本通知，在执行中如遇到问题，请及时向省财政厅（国库支付局）反映。

广东省省级财政专项资金实时在线联网监督管理办法

（广东省财政厅2014年5月26日发布，粤财支付〔2014〕17号）

第一章　总　则

第一条　为加强省级财政专项资金监督管理，防范财政风险，根据《中华人民共和国预算法》、《中华人民共和国预算法实施条例》以及《广东省预算审批监督条例》、《广东省省级财政专项资金管理办法》等法律法规，制定本办法。

第二条　本办法适用于纳入省网上办事大厅省级财政专项资金管理平台（以下简称管理平台）的省级财政专项资金。涉密资金按照有关保密规定进行监督。

第三条　本办法所称专项资金实时在线联网监督，是指财政、审计、监察部门、业务主管部门和资金使用单位等对省级财政专项资金的申报、评审、分配、拨付、使用、绩效评价、监督检查等环节全过程的实时在线联网监督。

第四条　财政、审计、监察部门、业务主管部门和资金使用单位主要通过省级财政专项资金实时在线联网监督系统（以下简称监督系统）开展信息收集、反馈、预警、监督等工作，实现互联互通、信息共享。

监督系统是依托管理平台建立的子系统，子系统反映的内容是在包含管理平台上有关省级财政专项资金信息的基础上，新增省级财政专项资金用款单位、使用流向及监督检查情况。

第二章　职责分工

第五条　财政部门职责。

（一）省财政厅职责。

1. 负责拟定省级财政专项资金实时在线联网监督管理办法，建立省级财政专项资金实时在线联网监督工作协调机制，组织协调有关部门开展省级财政专项资金监督工作。

2. 负责监督系统的建设和管理，端口开放、权限设置等系统维护、技术支持等工作，负责组织全省各级财政部门健全省级财政专项资金跟踪监督机制，统一省市县三级相关数据标准，及时汇集省级下达至市县、市县分配到使用单位的省级财政专项资金拨付数据信息并传送至监督系统。

3. 依照有关法律法规，对省级财政专项资金预算执行、资金使用效益、财务管理、绩效评价等开展实时在线监督检查工作，开展定期或不定期的专项检查。

4. 按照信息共享原则，及时向监督系统提供监督检查所需的资料。

（二）市县财政部门职责。

负责配合省财政厅健全本辖区内省级财政专项资金跟踪监督机制，加强对省级财政专项资金的管理和监督，按照省财政厅的要求准确、及时传送省级下达至市县、市县分配到使用单位的省级财政专项资金拨付数据信息。

第六条　省审计部门职责。

（一）按照有关法律法规，依托监督系统，对省级财政专项资金管理和使用情况进行审计监督。

（二）按照信息公开规定，及时在监督系统公开有关监督检查结果。

第七条　省监察部门职责。

（一）按照有关法律法规，依托监督系统，对省级财政专项资金管理情况开展监督检查工作。

（二）按照信息公开规定，及时在监督系统公开有关监督检查结果。

第八条　省业务主管部门职责。

（一）按照有关法律法规，开展对本部门（本系统）管理使用省级财政专项资金情况的监督检查，及时发现和纠正存在的问题。

（二）对审计、监督检查结果中反映的问题进行整改，并将整改情况反馈相关监督部门。

（三）按照信息共享原则，及时向监督系统提供监督检查所需的资料。

第九条　资金使用单位职责。

（一）按照有关规定对省级财政专项资金专款专用，并及时传送资金具体使用情况信息。

（二）开展对本单位管理使用省级财政专项资金情况的监督检查，及时发现和纠正存在的问题。

（三）按照有关法律法规，接受有关部门对本单位管理使用省级财政专项资金情况的监督检查。

（四）按照信息共享原则，及时向监督系统提供监督检查所需的资料。

第三章　监督内容和方式

第十条　监督内容。

（一）省级财政专项资金管理办法的公开、管理等实施情况。

（二）省级财政专项资金申报指南的公开、管理等实施情况。

（三）省级财政专项资金申报情况的公开、管理等实施情况。

（四）省级财政专项资金分配程序和分配方式的公开及依法依规情况。

（五）省级财政专项资金分配结果的公开及依法依规情况。

（六）省级财政专项资金的办理进程和拨付情况的公开及依法依规情况。

（七）省级财政专项资金具体使用情况的公开及依法依规情况。

（八）公开接受、处理投诉情况的公开情况。

（九）其他按规定应公开的内容。

第十一条　监督工作按照时效性的不同分为实时监督和事后监督。

（一）实时监督是监督部门通过监督系统实时对专项资金业务办理全过程进行监督，对实时监督中发现的疑点，监督部门应及时向相关部门发送预警信息及纠错意见，相关部门根据预警信息及纠错意见纠正有关业务。主要监督流程如下（详见附图）：

1. 监督系统从管理平台中实时获取省级财政专项资金目录、基础信息、申报指南、管理办法、分配程序和方式等信息，作为监督系统的基础数据源。

2. 监督系统通过联网实时在线财政预算监督系统实时获取省级财政专项资金流向情况等信息。市县财政部门要及时将省级下达至市县、市县分配到使用单位的省级财政专项资金拨付数据等信息反馈至监督系统。资金使用单位将收到资金的信息及相关省级财政专项资金使用情况反馈至监督系统。

3. 财政部门、审计部门、监察部门、业务主管部门和资金使用单位按照职能分工，分别通过监督系统账户登录对资金管理、使用和流向情况进行实时监督。如发现资金使用存在疑点，应及时向相关部门反馈预警信息及纠错意见，相关部门根据预警意见纠正有关业务。

（二）事后监督是在省级财政专项资金项目经费使用完毕后，相关监督部门根据监督系统中反映的省级财政专项资金全过程信息，开展线下监督检查工作，相关部门应根据监督意见及时纠正、整改有关问题。

第四章　监督责任追究

第十二条　对违反本办法规定、有下列情形之一的，由监督部门按照国家有关法规及《广东省省级财政专项资金管理办法》规定责令有关部门及时改正；情节严重的，对有关部门直接负责的主管人员和其他直接责任人员依法依规处理。

（一）有关部门对监督部门提出的预警信息及纠错意见不依法依规进行纠正处理的。

（二）资金使用单位截留、挤占、挪用资金或其他违规使用财政资金的违规行为。

（三）未按规定向监督系统传送专项资金信息及传送信息不准确、不完整、不及时的。

（四）存在其他违反相关资金管理规定的行为。

第五章　附　则

第十三条　省财政、审计、监察部门应根据职能分工开展省级财政专项资金实时在线联网监督工作。各部门要加强互联互通，及时共享有关信息，加强对实时在线联网监督有关数据信息的分析利用，形成监督合力。

第十四条　市、县可参照本办法制定市、县专项资金实时在线联网监督管理办法。

第十五条　本办法结合《广东省省级财政专项资金管理办法》和《广东省省级财政专项资金信息公开办法》实施。

第十六条　本办法由省财政厅负责解释。

第十七条　本办法自印发之日起实施。

第八部分

财经文选

GUANGDONG CAIZHENG NIANJIAN

全面深化财税体制改革
力争率先建立现代财政制度

全国人大代表、省财政厅厅长　曾志权

党的十八届三中全会从全局绘就了未来我国改革的总路线图，对深化财政体制改革也提出了新目标、新任务、新要求。李克强总理在2014年政府工作报告中也提出要抓好财税体制改革这个重头戏，并对实施全面规范、公开透明的预算制度、提高一般性转移支付比例、推进税收制度改革、研究调整中央与地方事权和支出责任等提出了具体的要求。要使市场在资源配置中起决定性作用和更好发挥政府作用，唱好财税体制改革这个“重头戏”，必须切实转变财政工作理念，深化财税体制改革，建立现代财政制度，着力创造有利于市场机制充分发挥作用的条件和环境。

广东省作为改革开放的先行地区，市场化程度相对较高，市场机制较为健全，在建立健全与社会主义市场经济相适应的财税体制方面也进行了积极的探索。特别是近年来，广东财政按照社会主义市场经济的改革方向和加快转变政府职能的要求，坚持有所为、有所不为，奋力推动改革创新，优化支出结构，不断加大民生投入，同时积极探索开展了财政资金竞争性分配、财政经营性资金股权投资、政府购买社会服务等改革，不断提高满足公共服务需要的保障水平，促进政府职能转变，取得了明显的成效。但总体上看，仍面临政府职能转变未完全到位、政府与市场关系有待进一步理顺、财税体制促进市场在资源配置中起决定性作用的效能仍有待提高、财政调控经济社会发展的观念和方式有待改进等问题。

一是政府与市场的边界不清晰。政府往往以“全能者”的身份出现，习惯用“有形之手”干预经济活动，对市场竞争性领域管得过细，微观事务管理较多，导致很多财政资源直接投向了微观经济主体——企业以及竞争性领域，财政支出范围过宽、包揽过多。同时，政府包揽了许多社会可以自主治理的事务，存在习惯以行政方式管理公共事业，替代社会自行管理、行业自律，导致企业和社会对政府的依赖。

二是事权与支出责任不相适应。除了由于政府与市场的边界不清晰造成的政府事权界定不清、政府该做什么、不该做什么尚未明确之外，政府层级之间事权划分也不合理，上级政府条条块块下指标、布置任务，“上级点菜、下级买单”情况普遍，资源配置“行政主导”的意味仍较强烈。

三是调控经济社会发展的方式滞后。习惯采取计划和行政手段管理经济，经济手段和法律手段未得到充分利用；政府向各类投资主体在公平配置资源方面还存在不平等对待问题，存在“玻璃门”、“弹簧门”等现象，习惯“点对点”对企业个性方面的支持，统筹考虑提高公共服务质量、优化发展环境、“点对面”的统一性和普惠性支持措施不够，导致企业特别是国有企业认为“找市场不如找市长”，把大量的精力和时间用在“要政策、争资金”上。

四是财政公共服务职能发挥不到位。政府公共服务供给“错位”和“缺位”并存，受人均财力水平较低、区域发展不均衡等因素影响，公共服务存在保障标准偏低、保障范围未能实现全覆盖等问题。政府公共服务体系和机制还不健全，公共服务缺乏有效综合管理机制和制度的刚性约束，造成资源分散，项目交叉重复，衔接不畅；部分公共服务重“养人”、轻“养事”，重直接投入、轻机制创新，重分配、轻管理的支出格局没有改变，影响了公共服务的整体效果。

同时，受制于政府与市场的关系尚未理顺，财政供给出现“越位”、“缺位”和“错位”问题，收支矛盾与支出结构不合理并存，预算安排“基数加增长”，部门肢解财力、固化财力分配的情况比较突出，影响了财政资金使用效益的提高。

深化财税体制改革，必须正确处理好政府和市场的关系，使市场在资源配置中起决定性作用和更好发挥政府弥补市场失灵的作用，相应地要更加准确定位财政职能，界定支出范围，明确支出责任。下一步，广东省将按照十八届三中全会的决策部署，结合实际，按照立足当前、着眼长远的要求，从以下五个方面推进财税体制改革，力争率先建立现代财政制度。

一是建立事权和支出责任相适应的制度。一方面，强化财政宏观调控、公共服务等职能，弱化财政直接配置资源职能，重点做好经济社会发展中关乎前沿、底线和未来，企业和社会不愿做、也做不好的事情。按照这一思路，制定政府职能清单，合理界定政府与市场、社会的关系，并通过取消、转移、强化部分事权以及事权的上收、下放，理顺政府部门职责关系，确保制度长期有效运转。另一方面，在明晰政府职能范围、制定政府事权清单的基础上，根据统一、明晰、可操作的原则，合理划分省市县政府支出责任，形成支出责任清单，研究制定省市县镇事权与支出责任划分方案。就省以下各级而言，可坚持以下原则：由本级独立承担的事权，由各级统筹财力安排，承担支出责任；对各级共同承担的事权，按照事务的信息复杂性和跨区域外部性确定省市县分担比例；对年度预算执行中的新增事权，原则上由出台新增事权的一级全额承担支出责任。同时，通过理顺省以下政府间收入划分、完善转移支付制度等，建立事权和支出责任相适应的制度。

二是完善公共财政体系，力争率先建立现代财政制度。与提高现代国家治理水平相适应，建立健全预算编制科学完整、预算执行规范有效、预算监督公开透明及其三者有机衔接、相互协调为核心的现代预算管理制度。包括建立健全政府预算体系，增强预算完整性；细化预算编制，提高预算准确性；通过改进年度预算控制方式，建立跨年度预算平衡机制；完善转移支付制度，理顺政府间分配关系；推进征询与审核相结合，完善预算编制决策机制；进一步完善支出管理改革，提高预算执行时效性和均衡性；建立政府性债务管理体系，防范和化解财政风险；实施全面规范的预算公开制度，提高财政透明度等，全面深化预算管理改革。

三是转变财政配置资源的理念和方式。建立政府公共资源向各类投资主体公平配置的机制，在政府可配置的自然性资源、公用性资源、资产性资源、行政性资源以及经营性财政资金等各类公共资源配置领域引入竞争机制，打破各种行政垄断，放宽市场准入，健全完善公开招标、公开拍卖、挂牌交易、竞争性评审、网上竞价、在线洽谈、公众评议等市场化配置方式，并实现政府有效监管，确保各类投资主体参与配置的权利平等、机会平等、规则平等，促进完善现代市场体系，提高公共资源配置效率。在财政资金配置领域，扭转财政支持经济发展就是给钱或减税让利的思维，清理规范和控制新批各类财税优惠政策，经营性财政资金分配要体现杠杆性和股权性，推进财政资金竞争性分配和经营性财政资金股权投资管理改革，逐步减少甚至取消竞争性领域专项支持政策，转向支持公共服务平台、营造国际化法制化营商环境，使各类市场主体平等受益。

四是进一步强化政府公共服务职能。逐步增加财政用于保障和改善民生等公共支出，省级公共财政预算安排应更多用于保障和改善民生、均衡区域基本公共服务水平以及帮助市县增强发展后劲等公共性领域支出，切实增进民生福祉。要以贯彻实施《广东省基本公共服务均等化规划纲要（2009－2020年）》为抓手，扩大基本公共服务保障范围，完善基本公共服务保障制度；进一步完善保障底线民生、基本（普惠）民生政策体系，不折不扣地落实各项民生实事资金，对社会困难群体“雪中送炭”；健全社会保障财政投入制度，完善社会保障预算制度，支持建立更加公平可持续的社会保障制度。

五是探索建立地方税体系。加强调查研究，充分反映本省地方实际，积极配合国家层面财税改革工作，研究提出在财税改革中发挥好中央和地方两个积极性的意见建议。如在明确政府间事权和支出责任的基础上，完善财政体制，理顺中央与地方的收入划分关系，并加快建立地方税体系，明确地方主体收入，将具备一定规模、收入来源稳定、与产业密切相关的税种作为地方税种，促进形成具有地方特色的产业体系和税源结构，确保地方承担事权范围内相应支出责任的财力需要，增强地方自主发展的积极性。

（本文作者系全国人大代表、省财政厅厅长曾志权，原载于《中国财政》2014年第8期）

努力探索　勇于创新
积极推进政府购买服务改革

省财政厅厅长　曾志权

开展政府购买服务改革，是培育发展社会组织、加强创新社会管理的重要举措，对促进政府职能转变、创新公共服务供给方式、提高公共服务水平和效率具有重要意义。广东省开展政府向社会组织购买服务工作起步较早，在实施政府采购改革之初，就将政府购买服务类项目作为政府采购的重要内容。2008年，广东省明确提出要采取购买服务等方式重点扶持一批具有示范导向作用的公益服务性组织，并制定了《关于开展政府购买社会组织服务试点工作的意见》，决定在公益服务等六类社会组织内率先开展政府购买社会服务改革。经过几年的实践与探索，广东省政府购买服务改革进展顺利，已在实现政府购买服务的制度化、规范化、常态化方面，探索出了一条具有广东特色的政府购买服务路径。

一、积极推进政府向社会组织购买服务改革

（一）构建政府购买服务制度体系

广东省从2008年试水政府购买服务改革。经过四年的

探索和尝试，到2012年已形成较为完善的制度体系，印发实施了《政府向社会组织购买服务暂行办法》、《关于政府向社会组织购买服务供应方竞争性评审的管理办法》等，从购买服务主体、购买范围、供应方条件、购买程序与方式、资金安排及支付等方面规范政府向社会组织购买服务行为，明确除法律法规另有规定或涉及国家安全、保密事项以及司法审判、行政许可等事项外，社会公共服务与管理事项和政府履行职责所需要的服务事项原则上应通过政府向社会组织购买服务的方式，逐步转由社会组织承担。同时，突出竞争择优选择供应方，一事一议事项由省财政部门委托第三方机构进行公开招标，常规事项由各部门按照政府采购等相关规定及公开公平、竞争择优的原则组织竞争性评审确定供应方。

（二）编制政府购买服务目录

根据广东省经济社会发展水平、加快政府职能转变要求、财政收支状况等因素，立足现有部门职能，研究制定《省级政府向社会组织购买服务目录（第一批）》并于2012年印发实施。该目录将政府购买服务事项划分为政府承担的社会公共服务和履行职责所需服务两大类，具体包括一级目录5项、二级目录49项、三级目录262项，为提高政府向社会组织购买服务项目透明度，引导社会组织承接政府购买服务、参与社会管理提供了良好的指引与保障。

（三）健全政府购买服务监管机制

制定实施了《政府向社会组织购买服务监督管理暂行办法》，加强对政府购买服务的监督管理，规范政府购买服务行为，确保依法依规。一是建立购买服务统计报告制度。要求各级财政部门、省直有关单位定期上报本地区（部门）政府购买服务政策措施的制定以及购买服务项目的组织实施情况。二是建立监督检查制度。明确财政、监察、审计、民政、编制部门和购买服务主体的职责分工，对购买服务全过程实施监督。三是建立第三方评价机制。委托独立的第三方机构，对购买服务项目实施绩效评价。四是建立服务供应方退出机制。购买服务实施过程中出现不当情形，可依法解除购买服务合同或对社会组织实行市场禁入。

（四）注重培育发展社会组织

广东省在开展政府购买服务改革过程中，始终把培育和发展社会组织作为重要目标。一是安排专项资金扶持社会组织发展。从2012年起安排省级培育发展社会组织专项资金，对新创办（成立不超过3年）的社会组织在办公条件、社会服务项目成本费用和培训费用等方面予以10万－30万元资金支持。为确保资金分配公平公正，发挥最大效益，创新资金分配方法，通过公开招标引入独立的第三方机构组织竞争性评审，确定资金扶持对象。2012－2013年，全省共有774家社会组织通过竞争获得扶持资金1.77亿元。各地财政部门也参照省厅做法，出台扶持政策。如东莞市每年安排专项资金1 000万元，大力扶持社会组织开展能力建设；佛山市每年安排专项资金640万元用于扶持公益服务类、经济服务类、科学研究类、文化体育类四类共40个社会组织发展。二是落实对社会组织税收优惠政策。严格贯彻执行国家扶持社会组织发展的各项税收政策，认真做好公益性群众团体、公益性社会团体公益性捐赠税前扣除资格和非营利组织免税资格的认定工作。截至2013年底，累计认定公益性捐赠税前扣除资格社会团体292家、公益性捐赠税前扣除资格群众团体40家、非营利组织免税资格1388家，为社会组织发展创造了良好的条件。三是建立社会组织孵化基地。为扶持新成立的社会组织的初期发展，建立社会组织孵化基地，而向社会组织开展注册咨询、活动策划、能力建设、筹资指导、帮助参与公益创投等各项服务。目前，全省已有近10个地级以上市建立了社会组织孵化基地，共有近250家社会组织入驻。

二、政府购买服务改革取得了明显成效

通过近年来的改革实践，广东省政府购买服务改革取得了明显成效，购买服务范围、规模不断扩大，不仅拓宽了社会组织的发展空间，创新了社会管理新模式，而且通过招投标择优选择社会组织提供公共服务，有效发挥了市场作用，提高了政府公共服务效率和财政资金使用效益。

一是建立了制度框架体系。初步搭建起政府购买服务的制度框架，使政府购买服务有法可依，有章可循，推动政府购买服务工作逐步纳入政府日常性工作范围。

二是增强了政府提供公共服务的能力。目前，广东省大部分省直部门已按规定公布了本部门年度向社会组织购买服务目录，并按规定向社会组织购买服务，规模不断扩大，特别是在社区建设、公益服务、教育服务等领域，向社会组织购买服务已成为政府提供公共服务的重要方式。

三是促进了社会组织发展。政府购买服务改革为社会组织发展拓宽了空间，社会组织在承接政府职能转移和提供政府购买的服务过程中，自身也得到了发展。截至2013年底，全省经各级民政部门依法登记成立的社会组织共41 025个，比上年增长了19%，位居全国前列，其中社会团体18 823个，民办非企业单位21771个，基金会431个。

四是探索了社会管理新模式。政府通过购买服务，搭建起公共需求和社会组织间的平台，实现合理分工，优化资源配置，通过社会组织提供的专业化、多层次服务，提高了服务效率，促进了社会管理创新。

五是提高了政府公共服务效率和财政资金使用效益。通过招投标择优选择社会组织提供公共服务，有效发挥市场作用，提高了服务效率和财政资金使用效益。

三、进一步推进政府购买服务改革的思路

推行政府向社会组织购买服务是一项创新性的改革工作，从近年情况看，主要面临三个方面的困难和阻力：一是虽然政府购买服务工作已迈出了实质性步伐，但同时还

存在社会组织发育不成熟、业务能力不足、与承接公共服务的需求不相适应等问题。二是由于各地各部门对该项工作的认识和重视程度不一。三是政府向社会组织购买服务的相关配套管理政策措施亟待完善。下一步，广东将重点从以下方面进一步推进政府购买服务改革。

（一）完善制度体系

按照政府购买服务改革工作实际要求，修订完善《政府向社会组织购买服务暂行办法》，编制新一批《省级政府向社会组织购买服务目录》。同时，抓紧完善政府购买服务配套管理办法，包括修订完善省级培育发展社会组织专项资金管理暂行办法、枢纽型社会组织扶持办法等。

（二）健全机制程序

完善政府购买服务资金分配竞争性评审程序、指标体系和标准，提高资金分配的科学性、合理性和效率性；进一步规范政府购买服务计划管理，实现政府购买服务与政府采购、部门预算管理的无缝对接；扩大承接政府购买服务主体范围，特别是与事业单位分类改革相衔接，通过政府向公益类事业单位购买服务，推进有条件的事业单位转为企业或社会组织；创新对枢纽型社会组织的扶持方式，增强社会组织承接政府购买服务的能力。

（三）强化监督管理

推进政府购买服务信息公开，建立健全购买服务信息平台；加强资金管理，开展政府购买服务资金绩效评价，强化部门支出责任；加强监督管理，会同监察、审计等部门建立监督检查机制，规范政府购买服务行为。

（四）加强政策指导

加强对各级财政部门的指导，推动市县财政部门准确把握政府购买服务的政策措施和操作规范，并及时制定完善本地区购买服务的实施办法，形成与中央、省级衔接配套、操作性强的政府购买服务制度体系。同时，做好正面引导，让社会了解、参与政府购买服务改革，营造良好舆论氛围。

四、不断完善政府购买服务改革的建议

党的十八届三中全会明确提出，推广政府购买服务，凡属事务性管理服务，原则上都要引入竞争机制，通过合同、委托等方式向社会购买。政府购买服务改革作为一项系统性的重要改革，必须加强顶层设计，完善制度，明确规范，不断完善改革工作。

（一）逐步规范政府购买服务的范围

一方面，科学界定政府购买服务的范围，明晰政府的事权，既要避免政府过度揽权，也要防止政府卸责。另一方面，要推动机关事业单位逐步扩大政府购买服务的实施范围，目前政府部门较多的是把部分职能转给相关的行业协会，而在教育卫生、扶贫济困、环境保护等公益领域的购买服务较少，应逐步扩大。

（二）合理确定政府购买服务资金来源

确定常规资金从部门预算中解决的渠道，政府购买服务事项在机关或事业单位现有职能范围内产生，机关或事业单位不能以此为理由申请增加现有经费，从而加大财政负担。确定重大项目和特殊事项，按照财政专项资金管理规定和“一事一议”原则，专项研究确定购买服务资金规模和来源。除了财政资金支持外，还应探索引导社会投入等多元化渠道。

（三）推进政府后勤服务社会化

根据行政事业单位机构改革和职能调整，按照“养事不养人”的原则，相应调整财政供给关系，将原用于“养人”的资金逐步调整为政府向社会购买服务，加大政府购买服务的投入力度，为社会力量的发展提供更大的发展空间。同时防止机关事业单位以政府购买服务名义不断增加为自身服务的编外人员数量，杜绝体制外隐性机构膨胀。

（四）建立政府购买服务的市场竞争机制

所有政府购买服务项目，无论采取何种采购方式，都应该依法进行信息公开，建立充分有效的竞争机制，避免政府部门未经规定程序直接委托或指定供应方。

（五）健全政府购买服务的绩效评估制度

事前评估，重点评估政府购买服务的必要性、需求的合理性；事中监督，重点督促项目实施主体规范有序地开展服务采购工作，切实履行合同约定；事后评价，重点是建立健全绩效评价指标体系和评分标准，征求社会公众的意见，主动接受舆论监督；根据绩效评价的结果建立“优胜劣汰”的工作机制。

（本文作者系省财政厅党组书记、厅长曾志权，原载于《中国财政》2014 年第 13 期）

个党员都参加了所在党支部专题组织生活会。

（四）动真碰硬、正风肃纪，整改问题全面到位

坚持把整改落实、建章立制作为教育实践活动的关键环节，以过硬的措施、管用的办法，全面整改“四风”问题。一是履职尽责，全面落实省委省政府专项整治行动。根据省委、省政府开展15个专项整治行动的部署，积极履行职责，牵头开展了整治“小金库”和违规使用财政专项资金、整治超预算或无预算安排支出、严格公务接待标准、整治超标配备公车和严格公车经费支出4个专项整治行动，协助开展了整治违规修建楼堂馆所、清理办公用房和整治公款送礼、公款吃喝、奢侈浪费等2个专项整治行动，8位厅党组成员分别带队到全省21个地级以上市开展了专项整治督导工作，负责牵头开展的整治行动均制订了具体的行动方案，明确了整治的对象、范围，细化了整治的方法、步骤，并布置各地各单位开展了自查自纠，切实做到了认识到位、措施到位、检查到位，取得了初步成效。二是动真碰硬，全面整治厅领导班子“四风”问题。针对查找出来的问题，厅领导班子精心制订整改方案，明确了8个方面的41项整改措施，并建立整改台账，向社会作出了改进作风的8项承诺，以敢于动真碰硬的勇气，全面抓好整改工作的落实。目前，整改时限在2013年底前的25项整改措施已基本落实到位，整改时限为长期性的16项整改措施，也已细化整改目标和整改措施，有步骤、分阶段地加以推进。三是立改立行，全面整治厅领导班子成员“四风”问题。各班子成员严肃对待自身整改工作，边查边改，小有小改，大有大改，并对照个人整改措施，逐项抓好落实。四是正风肃纪，全面整治厅机关“四风”问题。认真开展厉行节约反对浪费专项整治行动，全面整治办公经费管理、国内差旅、因公临时出国（境）、公务接待、公务用车、文件会议、办公用房、检查评比、工作作风等方面存在的问题，全面开展了省委统一部署的整治“小金库”和违规使用财政专项资金、公款吃喝公款送礼、违建楼堂馆所、形象工程政绩工程等方面的自查自纠。五是巩固成效，全面加强反对“四风”制度建设。围绕全面整治“四风”问题、改进机关作风，着力建立健全了7个方面46项制度，其中：体现群众意愿的科学民主决策制度5项、领导干部直接联系服务群众制度8项、改革行政审批提高服务质量制度1项、严格厉行节约管理制度9项、规范财政管理加强源头治腐制度10项、突出作风考核加强队伍建设制度6项、加强机关管理制度7项，并建立制度台账，明确分工，落实责任，限时完成。目前，计划于2013年底前健全完善的40项制度已基本完成。

总结我厅教育实践活动的做法和经验，主要体现为以下“四个突出”：一是突出抓好组织保障，加强领导、落实责任。成立了由我任组长、各厅党组成员任成员的厅教育实践活动领导小组及其办公室，明确了厅党组是责任主体，我是第一责任人，厅各党支部主要负责人为具体责任人，各厅党组成员、厅实践办认真履行职责，督促指导厅各党支部深入开展教育实践活动，从严要求，从严把关，同时主动接受省委督导组的督查指导，有力确保了我厅教育实践活动的不虚、不空、不偏、不走过场。二是突出领导干部带头，营造氛围、全员发动。各厅领导班子成员率先垂范，切实做到学习教育从自己抓起、查摆问题从自己做起，整改落实从自己改起，善始善终全程践行“认真”二字，为广大党员干部提供了很好的示范样本。同时，多种形式广泛发动，活动期间累计编发教育实践活动简报92期，汇编学习资料5期，《中国财经报》、《南方日报》及省委实践办简报等媒体报道10余篇次，营造了我厅深入开展教育实践活动的浓厚氛围。三是突出把握问题导向，创新载体、有序推进。把查摆问题、解决问题、形成长效机制作为出发点、落脚点，以问题整改开局亮相、以问题整改注入动力、以问题整改交出答卷。在活动开始前，围绕边查边改、开门搞活动，精心制订实施方案；在活动开展期间，创新开展“下基层、接地气”教育实践、“五查五改”自我剖析等系列“自选动作”；在每一环节工作结束后，都组织开展全面“回头看”，及时检验活动成效，有效防止了我厅教育实践活动“上热下冷”、“前热后冷”的现象。四是突出财政实践特色，统筹兼顾、推动工作。坚持突出财政实践特色，正确处理好开展教育实践活动与转作风、提能力、优服务、建机制、促发展等方面的关系，紧密联系财政部门和财政工作实际，把反对“四风”突出问题与落实省委省政府中心工作相结合，与深化财政改革和加强财政管理相结合，把边查边改的要求贯穿于财政工作和开展教育实践活动的全过程，有效防止了为活动而开展活动、把手段当成目的的现象，有力推动了我省财政工作的新发展。

通过扎实抓好教育实践活动的各项工作，我厅教育实践活动实现了党建与业务两促进、双丰收。主要体现在以下“六个新”：

一是思想认识有了新提高，践行群众路线的自觉性和积极性明显增强。教育实践活动的深入开展，使广大党员干部普遍受到了一次马克思主义群众观点和党的群众路线教育，受到了一次思想上政治上的洗礼；普遍深刻理解了习近平总书记重要讲话中一系列紧密联系、相互贯通的新思想、新观点、新论断，深刻把握了党的群众路线的丰富内涵、坚持“两个务必”的时代意义；普遍认清了“四风”问题的严重性和危险性、产生“四风”问题的思想根源，深化了对用好批评和自我批评武器、党内生活新变化、贯彻民主集中制的认识，提高了发现和解决自身问题的能力；普遍强化了政治意识和大局观念，与党中央保持高度一致的自觉性进一步提高，真正做到了认识上一致、思想上统一、政治上同心、行动上同步。

二是整治“四风”有了新成效，全厅倡节俭、强服务、讲廉洁蔚然成风。通过对“四风”问题进行“大扫除”，取得了群众看得见、摸得着的整治成果。全面杜绝了接受超规格接待、超标准宴请、超标准住房等现象；全面改进了文风会风，会议少了、讲话短了、文风实了，全面杜绝了会议费超标准、转嫁会议费等问题；全面刹住了公款吃喝现象，会员卡实现了“零持有”，贺年卡、台历实现了

"零制作"；厅机关办公费、会议费、培训费、公务用车运行维护费、电话费等经费支出总额与上年同比降低46.01%，简报从16种清理至6种，刊物从9种清理至5种，收文从22种归并至14种，发文从13种归并至7种，清理腾退具备条件的超标准办公室18间。

三是履职尽责有了新作为，落实政府机关作风转变的各项财政措施取得成效。负责牵头开展的专项整治行动取得实实在在的成效，并制定实施了新的省级财政专项资金管理办法、省直党政机关和事业单位会议费管理办法、加强党政机关一般公务用车管理等系列制度办法，并着手研究制定省直党政机关和事业单位差旅费管理、行政经费节约考核、规范党政机关办公用房使用管理等制度。同时，认真落实中央八项规定和我省实施办法，严控一般性支出，实行公用经费"五个零增长"，2013年省直部门会议费及"三公"经费支出与上年同比下降23.08%，有力地推动了省直机关"四风"问题的改进。

四是制度建设有了新突破，形成了改进作风的长效机制。通过教育实践活动的开展，我厅巩固形成了厅领导带头上门走访预算单位、人大代表，下基层、接地气，倡节俭、强服务、讲廉洁等许多有效做法。在此基础上，着力把整改"四风"和开展教育实践活动的成果固化下来，建立完善了厅领导直接联系服务工作对象制度、工作人员问责暂行办法、厅党组成员专题调研和重点工作抓落实、厅机关会议费管理等一系列的制度办法，形成了我厅改进党员领导干部作风、加强机关管理、抓工作落实等方面的制度体系、长效机制。

五是推动工作有了新进步，我省财政改革发展取得明显成效。教育实践活动营造了务实实干的良好风气，形成了推动工作的强大动力，有力推动我省财政改革发展取得明显成效。财政收入总量连续23年位居全国第一，全年部署共开展五个方面31项改革，出台实施了完善省级一般性转移支付政策、压减省级财政专项转移支付扩大一般性转移支付等一系列制度办法，推进了全口径编制预算、经营性财政资金股权投资管理改革、清理整合财政专项资金、财政预决算信息公开、绩效评价改革、财政稽核体系等一系列的改革，部分改革事项已走在全国前列，"营改增"改革试点工作得到了中央和省委省政府的充分肯定。

六是为民服务有了新举措，保障和改善民生的范围不断扩大、标准不断提高。坚决落实中央和省委省政府各项民生政策，着力完善保障民生基本制度机制，修编了我省基本公共服务均等化规划纲要，拓宽了保障范围，细化了目标措施；会同有关部门制定了提高底线民生保障水平的实施方案，明确了底线民生的保障范围、逐年提标的目标任务，分类建立了底线民生保障标准；全年全省11类民生支出累计完成5552亿元，占全部支出的67.17%，同比上年提高1.38个百分点，其中拨付十件民生实事1764亿元，完成全年预算的111.95%，有力推动解决了人民群众最关心、最迫切的问题。

在充分肯定成绩的同时，我们也要清醒地看到，我厅改进作风的整体成效与中央和省委省政府要求相比、与人民群众期盼相比仍有一定的距离，个别党员干部改进作风的成效还不够明显，仍在一定程度上存在虚、懒、浮、松、软、庸、散、奢等问题。进一步解决好这些问题，把教育实践活动成果体现到日常财政工作，我们还有大量的工作要做。特别是在党的十八届三中全会、省委十一届三次全会精神部署全面深化改革新形势下，要确保顺利完成深化财税体制改革、率先建立现代财政制度的艰巨任务，我们更应该坚定改进作风的决心，加大改进作风的力度，统一思想、凝心聚力，以更优良的作风做好各项财政工作。

二、巩固活动成果、持续改进作风，为我省财政改革发展提供更强劲的动力

开展党的群众路线教育实践活动，作为党内一项集中教育活动是有期限的，但贯彻群众路线则是没有休止符的。根据中央和省委第一批总结暨第二批部署会议精神，我们要以这次教育实践活动为新的起点，着力巩固活动成果，持之以恒、坚持不懈地抓好作风建设，当好机关作风建设的排头兵，努力为我省财政改革发展提供更坚实的保障、更强劲的动力。

（一）集中精力，继续抓落实、推整改

要继续以动真碰硬的姿态，集中精力，乘势而上，切实抓好各项整改落实工作，确保我厅教育实践活动有始有终，防止虎头蛇尾、功亏一篑。一方面，要继续抓好省委省政府部署的专项整治行动，各牵头处室、配合处室要真正负起责任，真抓实干，着力加大推进力度、加快整治进度，并注重把整治成果制度化、规范化、常态化，形成长效机制，确保整治成效。另一方面，要继续抓好我厅自身的整改落实工作。厅各处以上领导班子及各班子成员都要对照既定的整改方案，对照改进作风的要求，经常性地组织开展"回头看"，全面查看是否逐一落实了整改措施和建章立制计划，是否对"四风"问题进行了真整真改，是否真正改进了作风，是否真正将为民务实清廉的要求内化于心、外化于行。要通过开展"回头看"，找出短板和漏项并迅速"补课"。

（二）持之以恒，继续改作风、扬正气

要认真贯彻落实中央、省委和厅党组的有关要求，继续盯住作风问题不放，思想不松、标准不降、力度不减，持之以恒地改作风、扬正气。一是坚持做到思想不放松，深刻认识"四风"问题的严重性和危险性，深刻认识党和人民对改进作风的高要求、高期盼，始终绷紧改进作风这根弦，不逾矩、不越线、不出格。二是坚持做到标准不降低，始终把"认真"作为一条重要准则，坚持以党章为镜，用严的标准对待"四风"问题，用硬的措施解决"四风"问题，用铁的纪律整治"四风"问题。三是坚持做到力度不减弱，继续全面整改急功近利、作风漂浮、不求实效等

形式主义问题，脱离群众、消极应付、推诿扯皮等官僚主义问题，精神懈怠、纪律松散、执行不力、贪图享受等享乐主义问题，铺张浪费、勤俭节约意识衰退、廉洁自律意识不强等奢靡之风问题，持续不断让群众感受我们作风改进的新气象。

（三）着眼长远，继续建制度、促长效

作风问题具有顽固性、反复性，必须把改进作风的制度笼子扎得紧一些、密一些。一是要落实好建章立制计划。按进度至今尚未完成的，要抓紧起草、尽快出台；计划在2014年完成的，也要抓紧推进、尽快完成。二是要继续推进制度建设。本着务实管用的原则，对现有制度作进一步的梳理，完善已有制度，制定新的制度，废止不适用的制度，把教育实践活动中强化学习教育、严格党内生活、开展批评与自我批评、改进工作作风、提高执行力等方面的好经验好做法用制度形式固定下来。三是要强化制度执行。对已有的制度规定，要加强监督检查和跟踪问效，不折不扣地抓好贯彻执行，对有令不行、有禁不止的行为予以严肃查处，坚决维护制度的严肃性和权威性，推动改进作风常态化长效化。

（四）领导带头，继续严律己、作表率

加强作风建设要从领导干部抓起，改进作风要从领导干部改起，厅各处以上党员领导干部要继续坚持做到以身作则、严于律己、知行合一、作好表率，继续坚决贯彻民主集中制，进一步强化政治意识和大局观念，在践行群众路线、改进工作作风、推动财政改革发展中发挥模范带头作用，以实际行动带动我厅作风建设，努力打造一支为民、务实、清廉的财政干部队伍。

（本文系省财政厅党组书记、厅长曾志权2014年1月26日在党的群众路线教育实践活动总结大会上的讲话节选）

在厅深化财政体制改革工作小组办公室第一次全体会议上的讲话

（节选）

省财政厅党组书记、厅长　曾志权

全面深化财政体制改革，是当前和今后一个时期我厅各项工作的重中之重。厅党组高度重视，在2月10日召开的厅党组会议上，决定在我厅成立财政体制改革工作小组的基础上，从有关处室、单位抽调人员集中办公，充实力量，确保各项改革顺利推进、取得实效。

首先，我对厅改革办各位工作人员提几点要求。

一是提高认识，牢记使命。抽调在座各位参与我厅深化财政体制改革工作，既是厅党组对大家的充分肯定和信任，也是深化我省财政体制改革工作的需要，更是落实党的十八届三中全会和省委第十一届三次全会精神、率先建立现代财政制度的需要，希望大家深刻认识财政改革在全面深化改革中的重要作用，深刻认识自己所肩负的重大责任，切实增强深化财政改革的使命意识、机遇意识、责任意识，将参加厅改革办各项工作作为开阔视野、提升能力的良好锻炼机会，激发内生动力，全力以赴、积极主动做好各项工作。

二是认真学习，吃透精神。学习文件、熟悉政策、吃透精神，这是全面推进财政改革各项工作的前提和基础。根据党的十八届三中全会和省委十一届三次全会的决策部署，前段时间厅党组对我省全面深化财政体制改革进行了布置，对重点改革事项也做了调查研究，明确了改革的路线图、时间表，下一步是要尽快细化工作方案，深入推进实施。厅改革办各位工作人员都要深入学习中央、省委和厅党组关于深化改革的会议和文件精神，准确把握中央、省委和厅党组关于深化改革的部署要求，突出问题导向，深入思考如何推进落实各项具体改革工作。

三是积极履职，讲求实效。当前我省深化财政体制改革的方向已定、目标已明、措施已有，要求也很具体，很重要的就是提高执行力，抓好各项改革工作的落实。希望厅改革办各位工作人员安下心来，尽快进入角色，把工作重心转移到厅改革办各项工作上来，认真履职尽责，积极贡献力量。要讲求工作实效，脚踏实地，扎实工作，按照既定部署抓好各项工作的推进落实；要讲求工作时效，采取倒排的办法，列出工作清单，明确工作时限，责任到人、具体到事，确保各项改革工作如期完成。

四是注重协调，形成合力。在全厅范围内抽调工作人员，集中力量推进财政体制改革，是整合全厅资源、突破重点工作的一个重要方式。在座的各位要服从厅改革办的统一安排，遵守工作纪律，注重协调配合，形成工作合力。对外，要积极做好与厅各处室、单位以及外单位的沟通协调，既敢抓敢管，又注意方式方法；对内，要讲团结、讲合作、比贡献，形成“1+1>2”的效果，确保各项改革的顺利推进，确保尽早见到改革的成效，用成绩回报厅党组的信任。

同时，我对厅改革办工作提几点要求。

一是完善架构，抓紧搭建厅改革工作平台。为扎实做好我省财政体制改革的组织实施工作，我厅已经初步搭建了由深化财政改革工作小组、厅改革办、相关责任处室三个层次组成的厅改革工作架构。厅深化财政体制改革工作小组牵头负责全省财政改革工作的总体设计、统筹协调、整体推进和督促落实工作。厅改革办作为我厅深化财政改革的办事机构，具体负责协调推进改革的各项日常工作。当前要抓紧明确厅改革办的职能定位，拟订工作规程，做好分组分工，明确工作职责，进一步完善工作架构，搭建好厅改革工作平台。

二是理清思路，抓紧梳理分解改革任务。财政改革链条长、涉及面广，首先要理清思路，做到明确任务，才能有序推进。要在我厅前期制订的一揽子改革方案的基础上，对照省委办公厅、省政府办公厅关于印发《广东省贯彻落实党的十八届三中全会精神2014年若干重要改革任务要点》的通知要求以及胡春华书记、朱小丹省长、徐少华常务副省长在省委全面深化改革领导小组第一次会议和省政府推进落实2014年深化改革任务工作会议上的讲话精神，进一步梳理分解改革任务。其中，除建立事权与支出责任相适应制度、改进预算管理制度率先建立现代财政制度和建立公共资源配置竞争机制三项重点改革事项由厅改革办牵头实施外，将其他包括扩大基本公共服务均等化综合改革试点、建立跨年度预算平衡机制、推动制定专项资金细化管理办法等改革事项分解到各相关处室，要建立改革任务台账、明确完成期限，倒逼工作落实。

三是突出重点，抓紧推进重点改革工作。按照省委、省政府工作部署，2014年我厅承担的财政重点改革任务为建立事权与支出责任相适应制度、改进预算管理制度率先建立现代财政制度和建立公共资源配置竞争机制。这些改革政策性强、影响面广，难度大、任务重，需要厅改革办全力以赴、重点突破。要抓紧落实三项重点改革事项的政策草拟、咨询论证、修改报批和开展试点等工作。一是要抓紧完成各项改革事项的文稿拟订及意见征求工作，近期要做好徐少华常务副省长主持的征求意见座谈会和财政专家咨询座谈会的会务组织工作，力争在2月中旬完成。二是对政策文稿作进一步完善，力争在3月底前完成。三是将修改完善后的文稿按程序报省领导审阅，并报请省全面深化改革领导小组批准，在5月底前完成。四是制定改革推进工作方案，并根据工作方案选择试点地区、部门、行业开展试点，在6月底前完成。

四是营造环境，加大改革宣传督导力度。改革需要良好的内外环境作保障。一方面，要加大宣传力度，加强改革解读、专栏宣传、舆情跟踪等，为改革鼓与呼，营造良好的舆论氛围。另一方面，要加大督导力度，加强对改革任务落实情况的跟踪督办，形成紧张有序的工作氛围。厅改革办要制订相应的宣传、督导方案，确保各项改革任务有布置、有督促、有检查，形成声势，营造氛围。

五是忠于职守，确保改革目标顺利实现。厅改革办负责我厅深化财政改革的具体协调、推进、督导工作，省委、省政府的改革部署能不能落实、厅党组的改革思路能不能实现，与厅改革办的工作效果密切相关。大家重任在肩，希望厅改革办的同志们忠于职守、勤奋工作，特别是要做好同厅内各处室单位及厅外各地各部门的协调沟通工作，发挥好厅改革办在全厅深化财政改革工作中上传下达、内外联系的桥梁和纽带作用，凝聚改革共识、形成改革合力，确保改革目标顺利实现，不辜负厅党组的期望。

（本文系省财政厅党组书记、厅长曾志权2014年2月12日在厅深化财政体制改革工作小组办公室第一次全体会议上的讲话节选）

在全省财政反腐倡廉建设工作会议上的讲话

（节选）

省财政厅党组书记、厅长　曾志权

一、领会精神，统一思想，增强做好财政反腐倡廉建设工作的责任感、紧迫感

党的十八届三中全会提出，必须构建决策科学、执行坚决、监督有力的权力运行体系，健全惩治和预防腐败体系，建设廉洁政治，努力实现干部清正、政府清廉、政治清明。习近平总书记在十八届中央纪委三次全会上全面分析了党面临的党风廉政建设和反腐败斗争的形势，深刻阐述了事关党的建设的重大理论和现实问题，明确提出了党风廉政建设和反腐败斗争的总体思路和主要任务。胡春华书记在省纪委十一届三次全会上对当前我省党风廉政建设和反腐败斗争的形势任务作了全面分析阐述，强调要持之以恒地推进作风建设，要以零容忍的态度惩治腐败，深化

改革不断健全反腐败的制度机制，形成反腐倡廉强大的工作合力。楼继伟部长在全国财政反腐倡廉建设工作会议上提出，要以改革的精神进一步加强财政惩治和预防腐败体系建设，重点强调了严明政治纪律、组织纪律和财经纪律问题，要求加快推进财政内控机制建设，规范财政权力运行，有效防控廉政风险。中央和省领导的讲话精神是一脉相承的，保持了高度一致，都体现了严管严查严办、惩治和预防相结合、以改革促廉政、落实责任等关于党风廉政建设和反腐败斗争的核心精神，为我们扎实推进财政反腐倡廉建设工作指明了方向。

财政是国家治理的基础和重要支柱。财政反腐倡廉建设，是全面深化财政改革、推进财政事业健康发展的内在需要，是发挥财政源头治本作用、保障我省实现“三个定位、两个率先”总目标的必然要求。全省财政系统广大党员干部要认真学习贯彻落实有关会议精神，特别是习近平总书记的讲话精神，要更加清楚地认识反腐败斗争的长期性、复杂性和艰巨性，更加坚定地做好财政反腐倡廉建设工作的决心、信心和紧迫感、责任感，打起十二分精神，切实把思想和行动统一到中央和省委、省政府对反腐败形势的判断和任务部署上来，统一到以深化改革推进党风廉政建设和反腐败斗争的要求上来，统一到对严明党的纪律、增强组织纪律性的要求上来，把加强党风廉政建设贯穿于财政工作的各方面、全过程，把党中央和省委、省政府对党风廉政建设和反腐败斗争的各项部署抓好抓实。

二、认清形势，明确任务，扎实推进全省财政反腐倡廉建设

2013年，全省财政部门坚定不移地贯彻落实中央和省委、省政府决策部署，稳中求进、改革创新，围绕中心、服务大局，真抓实干、攻坚克难，有力地保障了全省稳增长、调结构、促改革、惠民生取得显著成效。同时，财政反腐倡廉建设工作不松懈，认真贯彻落实中央和省委、省政府的一系列重大决策部署，取得了积极成效。一是认真落实中央八项规定，精心组织开展党的群众路线教育实践活动，聚焦“四风”问题，深入查摆、整改，建立健全了办公、会议和公车使用等经费情况定期公示机制等，机关作风建设有了积极改观。同时，严控一般性支出，实行公用经费“五个零增长”，促进省直部门会议费及“三公”经费支出同比下降23.08%。二是建章立制，把权力关进制度的笼子里。制定实施了进一步加强廉政建设工作的意见和工作人员问责暂行办法等一批廉政制度办法。同时，以规范财政权力运行为重点，积极建立健全财政内控管理体系，完善了加强财政专项资金管理、规范财政系统业务联系等制度措施50多项。三是深化改革，筑牢源头治腐防线。扎实部署推进了包括财政体制、财政管理、财政服务其他领域的改革等30多项改革，出台实施了完善省级一般性转移支付政策的意见、压减省级财政专项转移支付扩大一般性转移支付的意见以及省级财政专项资金管理办法等一系列制度办法，深入开展整治“小金库”、违规使用专项资金专项行动，得到省委、省政府领导的充分肯定。四是抓队伍建设，切实增强财政部门组织纪律性。把好选人用人关，完善财政干部人事制度和干部考核指标体系，以品德、能力、实绩为导向指标选人用人；加强对党员干部的廉政教育，对党员干部行为规范提出更加严格的要求，守住思想防线、法纪红线和从政底线。五是坚持惩治腐败高压态势，对腐败现象和腐败分子零容忍。对违规违法行为进行了严肃查处。同时，认真开展以案治本工作，开展上党课和廉政专题教育，并加强监督检查，及时堵塞腐败漏洞。

在肯定成绩的同时，我们也要清醒地看到，我省财政反腐败形势仍较为严峻，财政反腐倡廉建设工作艰巨而复杂。部分党员干部组织纪律观念不强，在我们财政系统内一定程度上仍存在庸、懒、散、奢等问题；个别党员干部财经法纪意识淡薄，预防腐败的意识有待提高；有的领导班子和领导干部党风廉政建设责任制落实不到位；财政权力运行的监督制约长效机制还不够健全；财政工作领域失范失序问题偶有发生。这些都需要我们在以后的工作中不断改进。

今年是全面贯彻落实党的十八届三中全会和省委十一届三次全会精神、全面深化改革的第一年。全省各级财政部门要认真贯彻落实十八届三中全会和省委十一届三次全会精神，按照十八届中央纪委三次全会和省纪委十一届三次全会部署，认真总结财政反腐倡廉工作的宝贵经验，深刻把握新形势下反腐败斗争的特点和要求，不断完善反腐倡廉基本原则、工作方针、工作格局、领导体制和工作机制。根据这一要求，当前和今后一个时期全省财政反腐倡廉建设工作的总体思路是：坚持党要管党、从严治党，以改革创新的精神全面推进财政党风廉政建设；加快财政惩防体系制度建设，规范财政权力运行，有效防控廉政风险；严明党的纪律，确保财政干部严格遵守党的政治纪律、组织纪律、财经纪律、保密纪律、工作纪律和生活纪律；进一步加强作风建设，巩固扩大群众路线教育实践活动成果，形成党风廉政建设的长效机制。

与此同时，要注重把握以下四点：一是财政反腐倡廉建设要坚决贯彻落实中央和省委、省政府加强党风廉政建设的决策精神。要认真贯彻中央和省委、省政府加强党风廉政建设的一系列重大决策部署，把反腐倡廉工作摆在突出位置，推动党风廉政建设取得新进展、新成效。二是财政反腐倡廉建设要不断适应新的形势要求，深刻审视财政反腐倡廉建设所处环境的新特点新变化，要看到我们面临的外部环境考验更加复杂，承担的源头治腐任务更加繁重，加强财政队伍建设的要求更加迫切，始终保持清醒头脑，使财政反腐倡廉建设体现时代性、把握规律性、增强时效性。三是财政反腐倡廉建设要服从服务于全面深化财政改革的需要。反腐倡廉建设从来都是公共财政改革的强大推动力和保驾护航的“利器”，在当前全面深化财政改革的形势下，更要通过加强财政反腐倡廉建设，为全面深化财政改革、推动率先建立现代财政制度消除阻力、扫除障碍。

四是财政反腐倡廉建设要全系统上下协同推进，形成合力。反腐倡廉建设是全省各级财政部门的共同任务，要坚持上下联动，逐级负责把关，逐级落实责任，齐抓共管，共同推进，推动全省财政系统反腐倡廉建设取得更大成效。

三、突出重点，强化责任，扎实推进财政反腐倡廉建设

今年我省全面深化财政改革的工作任务很重。各项改革工作既是从源头上构建反腐倡廉长效机制的关键，同时也需要党风廉政建设的成果作保障。全省各级财政部门必须始终把反腐倡廉工作作为重大的政治任务抓紧抓好，以改革推动反腐，以廉政保障改革，扎实推进财政党风廉政建设和反腐败工作，为财政改革发展提供坚实的组织和纪律保障。重点做好以下五个方面工作：

（一）加强领导，落实党组（党委）主体责任

十八届中央纪委三次全会提出，要在党风廉政建设中落实党组（党委）的主体责任。党组（党委）能否落实好主体责任直接关系党风廉政建设成效。实践证明，在党风廉政建设上，党组织主体责任到位，可以形成风清气正、积极向上的良好氛围，党组织主体责任缺位，必然使党风廉政建设流于形式，起不到实效。全省各级财政部门党组（党委）要对党风廉政建设真正负起主体责任，做到守土有责。一是要在组织领导上发挥统揽作用。近年来，我省财政系统党风廉政建设之所以能取得突出成效，一个重要方面就是全省各级财政部门党组主体责任落实到位，组织领导到位，形成了健全的反腐败领导体制和工作机制。我们要倍加珍惜并且巩固发展这种局面，各级财政部门党组（党委）要在组织领导上发挥统揽作用，对党风廉政建设问题常研究、常部署，做到业务和廉政工作“两手抓、两手都要硬”。要选好用好干部，按照新修订发布的《党政领导干部选拔任用工作条例》，强化干部选用的政治导向和廉政导向，从严培养选拔干部，从严监督管理干部。二是在健全制度上发挥指导作用。制度带有根本性、全局性、稳定性和长期性，要坚持全面规划、统筹兼顾、稳步推进的原则，紧紧围绕教育、监督、改革、惩治等各个方面和环节，加快构建惩治和预防腐败体系基本框架，逐步建立全面系统、具体明确、功能齐全、机制完善的财政反腐倡廉制度体系，切实从源头上堵住产生腐败的漏洞。要以推进权力规范运行为取向，深入开展廉政风险防控，加强程序性、操作性制度建设，推动法规制度上规定的“不准”向财政权力运行规范下的“不能”深化，以制度规范形成抓资金安全、干部安全的刚性机制。要进一步完善督促检查和责任追究机制，研究制定切实可行的责任追究办法，加大问责工作力度，健全责任分解、检查监督、倒查追究的完整链条，健全推进党风廉政建设的工作机制。三是在廉政自律上发挥表率作用。各级财政部门领导干部要带头严格执行《中国共产党党员领导干部廉洁从政若干准则》，自觉接受监督。各党组（党委）的主要负责同志，必须管好班子，带好队伍，管好自己，当好廉洁从政的表率。正人先正己，在这里本人再次作出承诺：“第一，欢迎大家对我监督，可随时向我提意见建议；第二，亲友或假借我的亲友的名号来厅里联系办私事要求提供方便的，一律不办；第三，打我或我的亲友名号来办公事的，要严格审查，不符合法规的一律不办”，欢迎全厅干部监督我，发现苗头性、倾向性问题请及时向我提出。党组（党委）每位同志都要牢固树立不抓党风廉政建设就是严重失职的意识，落实“一岗多责”，种好自己的“责任田”，确保党风廉政建设责任制的严格落实。

（二）坚定信念，筑牢思想防线

“清其流者必洁其源”，思想纯洁是马克思主义政党保持纯洁性的根本。许多案例表明，腐败分子堕落的过程，无一不是从思想防线的退败开始的。要通过加强党风廉政建设，让党员干部“不想腐”、“不敢腐”和“不能腐”。其中“不想腐”作为第一道防线，是建立在主观基础上的高度自觉，在反腐倡廉建设中具有基础性、长期性地位。财政部门掌握资金分配和监管权力，面临的各种挑战和诱惑较多，更要求财政系统广大党员干部坚定理想信念，“志正则众邪不生”，不断加强党性修养，筑牢思想防线。当前我省财政系统干部队伍总的来说作风是好的、纪律是严的，但在思想观念上仍存在一些问题，不及时纠正将十分危险，突出体现为：一是“吃点喝点拿点不算什么”的麻痹心态，不能慎初、慎微；二是“有权不用、过期作废”的庸俗心态，把人民赋予的权力作为谋取私利的工具；三是“人生苦短及时行乐”的享乐心态，流连于迎来送往，喜好摆排场讲阔气；四是“法不责众”的从众心态，认为社会传统人情很重，收取一些“小恩小惠”算不了什么；五是“事不关己、高高挂起”的老好人心态，对一些错误的言行风气不加以批评和制止；六是“偶尔河边走一走不会湿了鞋”的侥幸心态，没有意识到“手莫伸，伸手必被捉”。党员干部都要自警内省，常算“七笔账”，算好政治账，不要断送自己的前程；算好经济账，不要做金钱的俘虏；算好名誉账，不要毁了自己的名声；算好家庭账，不要让家人担惊受怕；算好亲情账，不要弄得家散亲离；算好自由账，不要深陷牢笼失自由；算好健康账，不要终日惶恐伤身心。算好以上七笔账，自觉加强自律意识，保持廉洁本色。

（三）巩固成果，发扬优良作风

2013年以来，按照中央和省委的统一部署，省厅作为第一批教育实践活动单位，圆满完成了教育实践活动学习教育、听取意见，查摆问题、开展批评，整改落实、建章立制的各项工作，得到了省委、省政府领导的充分肯定和社会好评。市县财政部门作为第二批开展教育实践活动的单位，要用好用活第一批活动单位的经验成果，坚持高标准严要求，以开展教育实践活动为契机，进一步转变作风，健全制度，并抓好落实，推动建立改进作风的长效机制，树立财政部门良好形象。要盯住作风问题不放，思想不松、标准不降、力度不减，持之以恒地改作风、扬正气。因为

形式主义、官僚主义、享乐主义和奢靡之风和腐败只有“一墙之隔”，几顿饭、几杯酒、几张卡，好像无伤大雅，实则公私不分，不防微杜渐，必然千里之堤毁于蚁穴。厅各处室、单位要按照巩固整改落实成果的要求，把教育实践活动中强化学习教育、严格党内生活、开展批评与自我批评、改进工作作风等方面的好经验好做法保持下来，时不时“回头看一看”，真正将为民务实清廉的要求内化于心、外化于行。正在开展第二批党的群众路线教育实践活动的市县财政部门，要把教育实践活动和党风廉政建设、反腐倡廉结合起来，着力解决人民群众反映强烈的突出问题，持续不断让群众感受我们改进作风的新气象。

（四）纠风肃纪，严明党的纪律

“没有规矩，不成方圆。”党的规矩，党组织和党员、干部必须遵照执行。要严明党的政治纪律，始终在政治上与党保持高度一致，坚决维护党的领导的权威性和统一性，个人利益服从组织的利益，保证政令畅通、政策落实，绝不说违背中央和省委决定的话，绝不做违背党组织决定的事。要严明党的组织纪律，自觉把个人置于党的组织之中，坚持个人服从组织，个人利益服从党的利益。在原则问题上旗帜鲜明，坚决纠正好人主义、实用主义和在原则问题上患得患失、回避矛盾、推卸责任等行为。习近平总书记在十八届中央纪委三次全会上强调，“对违反民主集中制原则、拒不执行或擅自改变党组织作出的决定、个人或少数人决定重大事项的，对在党内搞非组织活动、破坏党的团结统一的，对不严格执行请示报告制度的，对长期不参加党组织活动、不能履行党员义务的，必须及时批评教育，情节严重的要给予组织处理或纪律处分”，全省财政系统要深入学习领会，坚决贯彻执行。要严明党的财经纪律。十八届中央纪委三次全会第一次将财经纪律与政治纪律、组织纪律并列，我们对此要有清醒认识。要坚决制止搞小金库、两本账，挤压腐败空间；坚决制止大把花钱、铺张浪费，珍惜公共财政的每一分钱；坚决反对讲排场比阔气，严控“三公”经费等一般性支出。财政干部作为财经纪律的执行者，更要以身作则、克己奉公，绝不允许当掮客、做商人、弄权谋私，坚决防止出现地方领导游山玩水带着财政局长当“钱包”这种现象。同时，对于纪律问题，各级财政部门党组（委）要敢抓敢管，加强对纪律执行情况的监督检查，严肃违纪责任追究，有错必纠、有责必问，使纪律真正成为带电的高压线。

这里，我再强调一下规范财政部门上下级工作联系问题。全省各级财政部门都要加强对干部的纪律教育，增强干部对纪律的敬畏心和遵从度。上下级工作联系要坚持依法依规，按章办事，严格执行中央“八项规定”和相关制度要求，上级既要加强工作指导和联系，上下级联系又要防止低俗、违规的迎来送往或权钱交易等，严禁通过各种“跑关系”、“拉人情”、“要政策”、“争资金”的行为，严禁节前或节日期间没有任何公务任务的迎来送往，堵“偏门”、开“正门”，形成秩序井然、风清气正的良好氛围。

（五）源头防腐，健全体制机制

“立法令者以废私也，法令行而私道废。”反腐倡廉的最坚实防线，还是要靠制度铸就。要把反腐倡廉工作与推进财政体制改革紧密结合起来，着力完善财政制度和内控机制，推进财政预决算公开，强化财经纪律约束，促进权力规范运行和透明运行，用制度管人管事，压缩“寻租”空间、减小自由裁量权，推动从源头上预防和惩治腐败，真正发挥财政职能作用，把中央严明财经纪律的要求落到实处。一是突出“节省”，建立健全厉行节约反对浪费长效机制。按照中央和省的部署，对照《党政机关厉行节约反对浪费条例》要求，进一步梳理完善现行规章制度，形成相对完备、针对性和可操作性强的公务支出财政财务标准体系和管理制度体系。二是突出“优化”，完善财政转移支付制度。进一步优化转移支付结构，增加一般性转移支付规模和比例，清理、整合、规范专项转移支付，严格控制新增项目和资金规模，建立健全定期评估和退出机制。三是突出“效益”，改革完善财政资金配置方式。探索建立公共资源竞争性配置机制，推进省级经营性财政资金实施股权投资管理改革，扩大政府购买社会服务改革试点，深化公共资源交易机制改革，继续深入推进政府采购制度改革和财政资金竞争性分配改革。四是突出“透明”，深入推进财政预决算公开。规范政府预决算公开制度，扩大部门预决算公开范围，细化部门预决算公开内容，积极稳妥推进“三公”经费公开，大力推进市县财政预决算信息公开。五是突出“制衡”，强化财政内控机制建设。健全预算编制、执行、监督相互制约、相互协调的财政运行机制。继续加强廉政风险防控，深入查找工作中可能遇到的各类风险，进一步规范流程、明晰责任，通过优化流程设计，压缩和规范各种权力的自由裁量空间，最大限度地防范和控制风险。同时，财税改革举措要始终体现惩治和预防腐败要求。在推进财税体制改革过程中，如经营性财政资金股权投资管理改革、政府购买社会服务改革、财政资金竞争性分配改革等，要注重改革的系统性、整体性、协同性，改革措施要与防治腐败同步考虑、同步部署、同步实施，避免出现制度真空、腐败漏洞、寻租空间。

（本文系省财政厅党组书记、厅长曾志权2014年2月19日在全省财政反腐倡廉建设工作会议上的讲话节选）

以身作则　率先垂范
建设坚强有力的领导班子

（节选）

省财政厅党组书记、厅长　曾志权

一、带头讲政治，坚定理想信念

作为一名厅级干部，更应该带头讲政治，坚定理想信念。理想信念是总开关，任何时候都不能动摇。必须努力改造自己的世界观，树立正确的人生观、价值观，坚定共产主义信仰。政治纪律是首要的纪律，我们必须忠诚于党的事业，坚定地与习近平总书记为核心的党中央保持一致。

二、带头加强学习

学习是进步的阶梯。习近平总书记指出，读书学习可以让人保持思想活力、得到智慧启发、滋养浩然正气。作为领导干部，学习不仅是新时期做一名称职的领导干部、胜任地履行领导职责的内在要求，更要从推动建设学习型机关的责任和示范带动的需要来看待。厅党组要通过带头读书学习，激发全厅党员、干部形成崇尚知识、热爱学习的良好风气。注重学习在财政工作中显得尤其重要，突出体现在：第一，只有自觉加强学习才能不断增强政治坚定和理论清醒。邓小平理论、“三个代表”重要思想以及科学发展观等重大战略思想，是马克思主义中国化的最新成果，是我们党最宝贵的政治和精神财富，也是领导干部做好工作的强大思想武器。厅党组要带头学习和运用中国特色社会主义理论体系以及习近平总书记一系列重要讲话精神，力争学深一些，学透一些，真正掌握贯穿其中的立场、观点、方法，并用于指导工作，做到真学、真懂、真信、真用。第二，只有自觉加强学习才能强化理论的指导。任何工作都离不开理论的指导，包括政治理论的指导和业务理论的指导，财政工作也是如此。财政工作政策性、业务性、综合性都很强，需要有关经济、财政、管理乃至政治、文化、社会、生态等各方面理论的指导。作为领导干部，要带头学习做好本职工作所必需的知识，“干什么、学什么，缺什么、补什么”，使学习的过程成为培养世界眼光、增强战略思维能力、提高综合素质的过程，真正成为内行的领导。特别是当前处于新一轮改革创新的关键时期，我厅正积极推进全面深化改革、率先建立现代财政制度工作，不加强新时期预算管理、财政体制等方面现代财政制度理论的学习研究，就无法适应领导工作的需要。第三，只有自觉加强学习才能把握工作规律。财政作为宏观调控和二次分配的重要手段，具有内在十分丰富的内涵和规律，而且随着时代的发展和改革的进程不断发展变化。只有主动学习和运用各种新思想和方法论，积极开动脑筋，善于积累和分析，才能把握工作规律，找准存在问题的实质和原因，理清工作思路，形成有效对策，始终确保财政工作的正确方向。当前，深化财政改革成果的新制度、新规定不断出台，只有积极加强学习，熟练掌握各项新要求，才能适应新时期财政工作需要。如新的省级财政专项资金管理办法已发布实施，我们一些处室仍在按原来的规定或习惯开展工作。自己制定的规定都不执行，还谈什么加强管理？第四，只有自觉加强学习才能开阔视野和眼界。过去一个人读几年书就够用一辈子，而当今时代，知识更新不断加快，形势变化日新月异，只有抓紧学习、坚持不断地终身学习，拓展学习的领域和层次，才能不断适应工作的需要。作为领导干部，在广泛学习各方面知识的同时，也要尽可能多地学习和掌握一些历史知识。以史为鉴可以知兴替，我们党一贯重视历史经验的借鉴和运用，总是从中获取智慧、认识规律、把握方向。为加强学习，要进一步完善厅理论学习中心组学习制度，每年集体学习不少于4次；建立厅党组务虚会议制度，深入分析财政经济发展形势，提高班子成员运用新思想新方法解决新问题的能力和水平，增强敢闯的进取意识；建立重大问题专题研究制度，选择关系财政改革发展的长远和战略问题，定期进行集体研究，集中精力谋大事、议大事；建立学习考勤、建档和考核制度，由我带头，各班子成员结合实际制订年度理论学习计划，保证学习内容和时间。通过加强学习，不断增强领导班子工作的原则性、系统性、预见性和创造性，提升对财政改革发展工作的领导力和推进力。

三、严格执行民主集中制

民主集中制是我们党的根本组织制度和领导制度。关于坚持民主集中制的重要性和必要性，新中国成立后党和国家历代领导人都有深刻的论述，习近平总书记在党的十八大以来一系列重要讲话中也对贯彻民主集中制提出了明确的要求。习近平总书记在参加河北省委常委班子专题民主生活会时，专门强调了要坚持贯彻执行民主集中制，强调“民主集中制，是领导班子的根本工作制度”，“我们党有什么法宝可以保证党的创造力、凝聚力、战斗力，保证党的团结统一？坚持民主集中制，开展批评和自我批评，严格党内生活，加强党的团结统一，是其中很重要的法宝”，“民主和集中辩证统一、不可分割。只有既充分发扬民主，又实行正确的集中，才能及时集中正确意见，及时纠正不正确的意见和做法”，并指出“有的领导干部个人主义、本位主义思想严重，只讲民主不讲集中，班子讨论问题时没有采纳自己的意见就很不高兴，或者脑袋长在屁股上，为了自己的那点权力争得不可开交”。在第十八届中央纪律检查委员会第三次全体会议上，习近平总书记指出：“民主集中制、党内组织生活制度等党的组织制度都非常重要，必须严格执行”，“在党组织面前，党员干部不能隐瞒自己，不能信口雌黄。党员之间也应该言行一致、表里如一，讲真话，讲实话，讲心里话”。应该肯定，我厅的领导班子是一个团结、务实、勤政、廉洁、有战斗力的领导班子。但是，也必须按照新形势的要求，从讲政治的高度，从维护团结统一、提高班子战斗力的高度，按照民主集中制的要求，充分认识坚持民主集中制的重要性，加强对民主集中制的学习，熟悉民主集中制的规矩，懂得民主集中制的方法，增强坚持和执行民主集中制的自觉性。一是要维护班子的权威，服从集体决定。贯彻民主集中制，既不能只有集中没有民主，搞“一言堂”，也不能只讲民主不讲集中，搞个人主义、本位主义，把分管领域当成自己的“自留地”，别人碰不得。对于厅党组已经作出决定的事项和部署的工作，对外不宜再说“杂音”，要坚决按照分工抓好落实，不能合意的就执行，不合意的就不执行，更不能搞阳奉阴违。如果认为班子集体决定有不妥之处，可以按照组织程序提出意见和建议，但在厅党组没有改变决定之前，必须毫无保留地执行，不允许以任何借口阻挠和拖延厅党组集体决定的执行。二是要增强班子团结。团结出战斗力。贯彻执行民主集中制，一个重要目的就是增强班子团结。近年来我厅各项工作之所以能取得突出成绩，得到省委、省政府的充分肯定，一个重要方面就是全厅上下心齐气顺、政通人和。这首先是厅领导班子风雨同舟、齐心协力、互相支持的结果。我们要倍加珍惜并且巩固发展这种局面，视班子团结为生命，以维护班子团结为己任。我们说“相互补台，好戏连台；相互拆台，一起垮台”，班子成员在工作中要相互补台，不能“事不关己，高高挂起”，更不能观望甚至拆台，正确界定和分清“补台”和“揽权”的差异，防止出现“补台就是越权揽权、补台就是‘捞过界’”的错误观点，形成掏心见胆、并肩奋斗的真团结。我想，只要班子成员都能心往一处想，劲往一处使，勤沟通，多补台，一把尺子待人、一个标准行事，就没有迈不过的坎，就没有办不成的事。三是要落实请示报告制度。在最近召开的第十八届中央纪律检查委员会第三次全体会议上，习近平总书记讲到遵守组织制度时特别强调了执行请示报告制度问题，指出“请示报告制度是我们党的一项重要制度，是执行党的民主集中制的有效工作机制，也是组织纪律的一个重要方面”；“作为干部特别是领导干部，在涉及重大问题、重要事项时按规定向组织请示报告，这是必须遵守的规矩，也是检验一名干部合格不合格的试金石”；“领导干部要有组织观念、程序观念，该请示的必须请示，该报告的必须报告，绝不能我行我素，绝不能遮遮掩掩甚至隐瞒不报”。关于请示报告制度，中央和省委都有明确要求，我厅也制定了相关的工作规则、工作运行规程以及领导干部工作报告、外出报告、保持通讯联系通畅等各项制度，厅各班子成员都要自觉带头遵守。

四、做严守纪律的表率

严明的纪律，既是我们党的光荣传统，也是我们各项事业取得成功的重要保障。党的纪律，党员干部特别是领导干部必须遵照执行，当好表率，不能搞特殊，不能有例外。作为财政厅的领导班子成员，更要明确自身的责任，更要从严要求。为此，厅领导班子成员要做好三方面工作：第一个方面，要带头执行纪律。一要严守政治纪律。始终在政治上与党保持高度一致，坚决维护党的领导的权威性和统一性，个人利益服从组织的利益，保证政令畅通、政策落实，绝不说违背中央和省委决定的话，绝不做违背党组织决定的事。二要严守组织纪律。自觉把个人置于党的组织之中，坚持个人服从组织，个人利益服从党的利益。班子成员互相信任、互相支持、团结共事。在原则问题上旗帜鲜明，坚决纠正好人主义、实用主义和在原则问题上患得患失、回避矛盾、推卸责任等行为。中央明确，“对违反民主集中制原则、拒不执行或擅自改变党组织作出的决定、个人或少数人决定重大事项的，对在党内搞非组织活动、破坏党的团结统一的，对不严格执行请示报告制度的，对长期不参加党组织活动、不能履行党员义务的，必须及时批评教育，情节严重的要给予组织处理或纪律处分”，我厅要严格执行这一规定。三要严守廉政纪律。古语说“公生明、廉生威”。领导干部能够廉洁自律，说话就响亮，就有号召力，干部职工就信服你。作为省级财政部门的领导干部，我们必须严格要求，坚持秉公用权，廉洁从政，干净干事。四要严守工作纪律、生活纪律。在工作纪律方面，首先要遵守厉行节约、反对铺张浪费的相关规定，在出差、调研等公务活动中，要自觉遵守有关差旅、接待规定，按规定等级乘坐交通工具和选择住宿条件，坚持轻车简从，杜绝层层陪同和迎来送往。其次在工作条件上，要落实党政领导干部办公用房的规定要求。请钟炜同志牵头尽快落实厅领导班子使用办公用房规范工作。生活中提倡艰苦奋斗，培养健康的生活情趣，洁净生活圈、朋友圈，防止别有用心的人有机可乘。第二个方面，要带头抓纪律。对于纪律问题，各班子成员都要敢抓敢管，要使纪律真正成为带电的高压线。要消除担心批评得罪人的心态，要敢于板起脸来批评，防止不仅不敢批评，不愿批评，而且还以表扬代替批评的现象，平常有问题就要及时批评，不要等到犯了大错误才批评就迟了。第三个方面，要落实好党风廉政建设责任制的各方面规定。没有规矩，不成方圆。首先，要加强制度建设，从源头上筑牢反腐的制度防线。要加强厅的各项制度建设，近期要按照省委、省政府的工作部署，尽快制订权责清单，此项工作请邓桂明同志牵头。其次，要落实好党风廉政建设各项工作安排，树立不抓党风廉政建设就是严重失职的意识，落实"一岗多责"，种好自己的"责任田"，确保党风廉政建设责任制的严格落实。

五、始终抓好作风建设

2013年以来，我厅通过开展党的群众路线教育实践活动，对"四风"问题，按照八项规定的要求进行了"大扫除"，取得了"看得见、摸得着"的整治成果，作风建设有了很大转变。但作风问题具有顽固性和反复性，必须持之以恒地抓紧抓好，切实防止不良风气的反弹：一是要强化长期观念，巩固党的群众路线教育活动成果。正所谓"由俭入奢易，由奢入俭难"，在落实中央八项规定和省的实施意见及我厅有关工作要求上，绝不能抱观望、暂避风头的态度，更不允许使歪招、打折扣、搞变通的现象发生。现在有的公款吃喝转入地下，有的送礼和收礼穿上"隐身衣"，有的违规活动换个名目披上"马甲"等，这些都表明，贯彻群众路线没有休止符，作风建设永远在路上，必须力度不减、常抓不懈。厅领导班子成员要带头严格执行规定，认真学习中央《印发〈关于贯彻执行中央八项规定情况的报告〉的通知》对照规定，抓好落实，带好风气。要继续狠刹一些歪风邪气，形成作风建设经常抓、长期抓的工作机制，实现在巩固中坚持，在坚持中巩固。二是要强化实干精神，大力弘扬雷厉风行、敢抓敢管的作风。一方面，班子成员要带头抓落实，在提高执行力上下工夫，认真落实厅党组会议和厅长办公会议决策部署，加强督促指导，部署工作雷厉风行、抓紧实施、减少差错、提高质量效率；对各级领导干部不执行上级决议、违规决策、玩忽职守等行为，要按照《广东省财政厅实行党政领导干部问责的实施意见》规定进行严格问责。另一方面，要落实集体领导下的分工负责制，强化"守土有责"意识，带好队伍，管好下属，看好自己的门，管好自己的人。对分管处室不依规办事、不履行或者不正确履行工作职责，以及满于现状、只求过得去、不求过得硬，办事拖沓、不作为、慢作为、出工不出力等"庸懒散"行为，要敢抓敢管，敢于批评，敢于负责，切实把工作抓起来，扭转不利工作局面，带领干部踏实肯干、埋头苦干、真抓实干，营造敬业、务实、进取的良好风气。三是要强化制度硬约束，增强工作的规范意识和程序意识。我厅已制定了许多好的制度，形成了一整套较为完善的制度办法，关键是要抓好落实。从目前情况看，制度落实不力、执行不到位仍是我们要下决心解决的问题。要强化"秉公办事、规范运行"的规则意识，包括民主决策、行政监督、公文审批、办会办事、政务运行等都要依照程序、按章办事，特别是领导干部要自觉当好定规立矩的"明白人"、遵章守纪的"带头人"、执法执纪的"铁面人"，坚持依规办事，严格按照职责权限落实工作责任，包括民主集中决策、按分工抓工作落实等，维护制度执行的权威性，营造机关按制度办事的浓郁氛围。要支持厅办公室、预算处开展工作协调、统筹资金调度、审核把关等工作，保证全厅各项工作规范运作、运转顺畅。

六、努力打造一支战斗力强的干部队伍

干事创业，关键在人！我们的工作需要怎样的干部？习近平总书记明确提出了"信念坚定、为民服务、勤政务实、敢于担当、清正廉洁"的好干部标准。近期，中央修订出台了新的《党政领导干部选拔任用工作条例》，进一步体现了20字好干部标准要求，在干部选拔任用程序中增加了"动议"环节，强化了党组织在干部选拔任用工作中的领导和把关作用，规范了公开选拔、竞争上岗、破格提拔、干部交流等工作。2014年初，徐少华常务副省长在听取厅党组工作汇报后，在廉政方面对我们进一步提出了"秉公用权、一身正气，无私理财、两袖清风"的要求，这些都为我们加强班子和干部队伍建设指明了方向，我们要深刻领会，抓好落实。一是厅党组要带头执行好各项规定和要求。厅党组成员要认真学习贯彻条例规定，坚持党管干部原则，坚持"凭能力定使用、靠实绩求进步"用人导向，严格按规定选拔任用干部，强化厅党组在干部选拔任用中的权重和干部考察识别的责任，建立简便易行、科学有效的选人用人机制，真正把踏实干事、实绩突出、不跑不要的干部提拔使用，引导干部把心思用在干事创业上，在实干、实绩上竞争。要抓好分管处室、单位党员干部的思想政治工作，加强干部的教育引导，努力提升干部的业务能力及思想水平，按照"下管一级"的组织原则，各班子成员加强与处级干部的沟通交流，落实谈话制度，并加强与科以下干部的沟通交流，实行厅领导与科以下干部集体沟通和约谈制度；认真落实厅党组成员参加所在支部组织生活、非分管单位组织生活和教育实践活动联系点等制度，各班子成员每年要参加3个以上非分管单位组织生活；落实厅领导上党课制度，我每年至少为全厅党员干部上1次党课，各厅党组成员也要切实履行职责，每年至少到所在支部、非分管处室上1次党课。要关心干部成长和培养，积极创造条件加大干部交流轮岗、下挂锻炼的力度，为干部成长提供环境和机会。二是要弘扬正气，营造风清气正的氛围。对勤奋工作、任劳任怨、成绩突出的干部及好人好事，应积极表扬，如厅办公室、预算处、农业处、社保处等部分处室的同志；对工作拖沓、表现不好或工作作风不好的干部，要敢于批评。三是要引导各处室、单位认真落实"一岗双责"。处室、单位一把手是本处室、单位业务工作和队伍建设的第一责任人，能不能尽职尽责对全厅干部队伍建设影响很大。各班子成员要按分工抓好对处室、

单位负责同志的教育引导，督促各处室、单位认真学习中央和省委有关精神，做到队伍建设与业务建设“两手抓、两手硬”。各处室、单位主要负责同志要对干部经常开展同志式的谈心谈话，既指出缺点不足，又给予鞭策鼓励，对年轻干部敢于交任务、放担子，培养业务骨干；同时，加强自身业务学习，切实解决管理粗放、底数不清、抓而不紧等问题，真正成为本处室、单位业务工作的带头人。四是要完善干部考核机制，强化工作问责。按照中央和省委的统一部署，进一步深化人事制度改革，加强对干部日常工作的监督考核，建立完善科学分类、良好考核、奖勤罚懒的综合考核体系和干部评价机制，确保干多干少、干好干坏不一样。要强化工作问责，对作风不实、纪律不严、工作不力等行为进行严格问责。问责要动真格，对群众意见大、不能认真查摆问题、没有明显改进的干部，要进行组织调整。

七、强化抓工作的担当精神

坚持原则、敢于担当是领导干部必须具备的基本素质。“为官避事平生耻”，担当大小，不仅体现领导的胸怀、勇气、格局，更体现对工作的责任。近日，习近平总书记接受俄罗斯电视台专访时，谈到他的执政理念就是：为人民服务，担当起该担当的责任。“担当起该担当的责任”，这也是我对各党组成员的基本要求和嘱托。当前，各项财政工作方针政策已定，全面深化财政改革方向已明，关键在于抓落实。各班子成员要在职权范围内充分行使职权，敢担当、敢负责，以十分的担当精神抓好工作落实。在继续落实好厅党组成员年度重点工作抓落实和专题调研制度的基础上，我再提三点要求：一是要靠前指挥，亲自上阵。对于厅党组部署的各项中心工作，特别是重点改革工作，包括建立事权与支出责任相适应的制度、改进预算管理制度、建立向各类投资主体公平配置公共资源的机制等，各分管领导要按职责分工亲力亲为、以身作则、带头冲锋，加强指导和督促推进，突出重点，以点带面，切实抓出样子、抓出特色、抓出成效。要认真落实2014年厅党组重点工作抓落实制度和专题调研制度，发挥表率作用，带动全厅形成拼搏进取、干劲十足的良好局面。二是要一抓到底，善作善成。抓工作既不能样子像抓、但抓而不紧，也不能容易抓的就抓，难抓的就放，而要全面抓、抓全过程，以钉钉子的精神一抓到底，切实把工作落到实处。要牢固树立“不以事小而不为”的意识，既要抓方向、抓重点，也要深入研究，善于从基础性工作做起，不完全依赖处室和经办同志，包括数据的积累，文件、资料的分析等，利用做小事的功夫积累和提升办大事的水平，做到摸清底数、胸有成竹。三是要创新思路，敢作敢为。当前改革的任务很重、难度很大，方方面面的工作错综复杂，考验着我们的能力和勇气。面对困难和挑战，必须迎难而上、敢拼敢闯、创造性地开展工作，要坚持用创新的思维、改革的办法、市场的手段去适应新变化、解决新问题、求得新发展。

（本文系省财政厅党组书记、厅长曾志权2014年2月21日在加强厅领导班子建设专题学习讨论会上的讲话节选）

依法依规　扎实做好预算编制工作

（节选）

省财政厅党组书记、厅长　曾志权

一、充分认识加强预算编制工作的紧迫性和重要性

预算编制工作是履行政府职能，做好财政工作的重要基础，完善预算编制工作是建立现代财政制度的重要任务。我们要充分认识完善推进预算编制工作的紧迫性和重要性，切实增强做好预算编制工作的责任感。

（一）做好预算编制工作是落实中央和省委、省政府决策部署的根本要求

党的十八届三中全会明确提出实施全面规范、公开透明的预算制度。我省全面落实中央深化改革和先行试点方案中，关于预算编制改革的任务很重。做好预算编制工作，既是贯彻落实中央和省委、省政府决策部署，深化预算管理改革的内在要求，也是各部门、单位的职责所在。我们必须提高认识，增强改革创新意识，积极抓好新形势下的预算编制工作，努力使预算编制工作在增创我省发展新优势的过程中发挥更加重要的作用。

（二）做好预算编制工作是依法理财民主理财的重要内容

随着民主法治进程加快，预算透明度越来越高，社会各界对预算工作的关注度也越来越高，人大、审计部门也在多个层面提出了有关细化预算编制、加强全口径

预算管理的意见建议；每年两会期间，预算草案都会成为社会关注的焦点，人大代表提出的有关完善征询机制、强化预算约束等方面的议案比重逐年提高。这些都对预算编制工作提出了新的更高要求，我们必须完善工作机制，认真听取和合理吸纳各方意见建议，提高预算编制的完整性、细化性、精确性和规范性，提高依法理财民主理财水平。

（三）做好预算编制工作是强化预算执行、提高财政资金使用效率的迫切需要

预算编制是预算执行的前提，预算编制的细化、完善程度直接影响着预算执行的效果，决定着财政职能的发挥和资金使用效益的高低。近年来，我省预算编制工作不断取得新成效，但随着发展阶段的变化也暴露出一些问题，主要表现在：财力固化现象突出；专项资金分散，配套项目过多，经2013年清理整合后，仍有专项资金358项、450亿元，占省级公共财政预算支出比重将近1/5；结余结转规模仍然较大，部分专项资金执行率仍然较低等，这些都必须通过完善预算编制，推进预算编制改革来解决。

二、周密部署，积极推进预算编制改革工作

《预算法》、《预算法实施条例》等法律法规已对政府预算编制的职责、原则、内容和程序作出了统一规定，包括“各部门应当根据政府和财政部门的部署，结合本部门具体情况，提出编制本部门预算草案的要求，具体布置所属单位编制预算草案”；“各级政府预算应参考上年预算执行情况和本年收支预测进行编制”；“各级预算支出的编制，应当贯彻厉行节约、勤俭建国的方针”等。因此各部门必须依法依规，严格按照统一要求编制预算。

按照中央和省委、省政府关于预算编制工作的决策部署，我们对2015年预算编制工作进行了认真的研究，形成了工作方案并呈报省政府领导批准同意。这里重点讲一下2015年预算编制改革创新内容：

（一）进一步细化预算编制

按照财政部的要求，预算要细化到“项”级科目，专项转移支付落实到具体项目。从2015年开始，在部门预算编制中增加按功能分类、经济分类汇总的统计。支出按功能分类后再按经济分类，每个项目支出就会按照工资福利支出、商品和服务支出等经济科目进行分类。

（二）开展零基预算改革试点

在2015年预算编制时，将选取几个部门开展零基预算改革试点，探索建立科学合理、符合实际的定员定额开支标准体系。实行零基预算改革，打破了“基数加增长”的原则，在确定新年度财政支出预算时，不考虑上年各项支出的实际水平和历史状况，按照新的情况对支出项目进行分析、审查、评价，根据财力可能和支出项目的重要程度，确定各个项目的支出额度。

（三）试行建立跨年度预算滚动平衡机制

党的十八届三中全会明确提出建立跨年度预算平衡机制，这是预算管理上的一项重大突破和创新，有利于增强财政政策的前瞻性和预算的可持续性。目前我厅正在起草关于建立跨年度预算滚动平衡机制的试行办法，准备选取一些重点领域同步编制专项预算中期规划，制定未来一定时期的明细支出计划，为编制跨年度的滚动预算提供政策依据和基础数据。同时，结合零基预算改革试点，选取部分项目开展项目库管理，编制跨年度的滚动计划，提前一年或更早组织项目申报，改变了以往项目选项、立项时间仓促，前期准备工作不足的缺点，为科学论证、项目顺利实施奠定基础。

（四）提高预算编制精准度

一是建立预算编制与预算执行相衔接的机制。在明确省委、省政府重大决策部署和法定支出有效保障的前提下，对相关支出设置准入条件，根据部门提供的项目开工条件和年度用款计划分期编报预算，并作为年度预算执行的依据。二是建立预算编制与结余结转相适应的机制。目前，社会各界和人大、审计等对存量资金非常关注，多次提出要压缩结余结转规模；财政部对结余结转规模占比提出了硬性要求，同时将各地的支出进度与转移支付挂钩，支出进度慢的地方相应扣减转移支付；朱小丹省长也指示要将当年未支出的项目资金收回统筹。我们要高度重视这一问题，切实加快支出进度，对于结转规模大的资金，将统一收回，确需继续使用的再列入下一年预算申报。

（五）继续实施专项资金清理整合

从2012年开始，我们开展了省级财政专项资金清理，2013年省委常委会第53次会议将专项资金清理整合作为五个专项行动之一，朱小丹省长、徐少华常务副省长高度重视，作出批示要求迅速开展此项工作。按照省领导批准的清理整合方案，2014年省级财政专项资金在2013年压减43%的基础上，再压减30%。各部门要积极做好整合方案，确保完成清理整合目标。

（六）健全预算编制征询机制

在2015年预算编制过程中，省人大常委会将开展民生项目调研工作，在农村住房、教育、环保领域各选取一个或多个项目，提前征询省级有关部门、省人大代表意见，我们要积极配合省人大常委会开展调研工作，进一步健全完善预算编制征询机制，使得预算编制工作更加符合民意，提高民主决策水平。

（七）增强预算观念，提高预算约束力

预算编制工作要严格依照《预算法》及其实施条例的规定进行，预算经法定程序审定通过后，具有法律效力。我们要进一步增强预算法治观念，牢固树立依法理财、严格预算约束的理念，切实把预算编制工作重视起来，依法依规、科学合理编制预算。一方面，要做好项目前期准备和基础工作，在申报项目前应进行充分的可行性论证和调查研究，切实提高预算执行的效率；另一方面，充分考虑年中可能出现的政策变化因素，做细、做实、做准年初预

算，坚决纠正目前存在的漏报少报预算、编制预算马虎、年中频繁调整支出用途，甚至预算还未批准就出现追加资金的问题。

三、扎实推进，确保2015年预算编制工作取得实效

推进预算编制工作是一项复杂的系统工程，牵涉面广，影响深远。为确保工作稳步有序推进，结合实际情况，我再提几点希望和要求。

（一）高度重视，把思想认识统一到省委、省政府决策部署上来

推进预算编制工作，是中央和省里的统一部署，也是各部门、各单位的共同责任。希望大家回去后将这次会议精神向单位的主要负责人汇报，全面部署2015年预算编制工作，认真制定实施方案，组织精干力量积极推进，切实把思想和行动统一到中央的要求上来，统一到省委、省政府的决策部署上来，统一到推进改革的具体实践中来。

（二）积极行动，把具体有效的措施落实到工作中去

今天的工作会议后，就要着手准备2015年的预算编制工作了，在这短短数月内要开展的工作很多，而且很多工作是全新的，推进过程中可能出现一些难以预料的问题需要去协调，任务十分艰巨。我们必须增强紧迫感，按照预算编制的时间表、路线图，把握好时间进度，把具体有效的措施落实到工作中去，确保2015年预算编制工作有效推进。

（三）密切配合，把良好的沟通协调机制贯穿到整个改革过程中

预算编制涉及面广，与各个职能部门的工作密切相关，没有大家的鼎力支持，是无法顺利推进的。我们要切实加强协调配合，不断理顺工作关系，建立经常性的沟通联络机制，齐心协力把工作措施落实到位。对推进工作过程中出现的问题和矛盾，要认真加以研究，互相体谅，及时沟通，形成促改革、抓落实的强大合力。

（本文系省财政厅党组书记、厅长曾志权2014年6月10日在省级2015年预算编制工作布置暨培训会议上的讲话节选）

加强廉政建设　守住纪律红线

（节选）

省财政厅党组书记、厅长　曾志权

一、深刻认识加强廉政建设、守住纪律红线的重要性和紧迫性

国有国法，党有党纪，家有家规。党的纪律，就是党的各级组织和全体党员必须遵守的行为准则。无论从历史经验还是现实需要，从干事创业还是立德修身的要求，我们都应当深刻认识加强廉政建设、严明党的纪律的极端必要性和紧迫性，把坚持廉洁从政、严格执行党的纪律摆在更加突出的位置。

（一）加强廉政建设、守住纪律红线是严明党的纪律的必然要求

纪律严明是党的光荣传统和独特优势，是维护党的团结统一、完成党的任务的保证。从革命战争年代我们党团结带领人民战胜敌人、取得革命胜利，到和平建设时期推进改革开放，实现社会主义现代化，靠的都是铁的纪律保证。但在长期执政的条件下，一些领导干部经受不住诱惑，突破了党纪红线，走上了违纪违法的道路，给党、国家和人民利益造成了巨大损害。党中央把党风廉政建设和反腐败斗争提到关系党和国家生死存亡的高度来认识，作出了以铁的纪律坚持党要管党、从严治党的重要部署，切实加大了对不正之风和违纪违规的查处力度。据不完全统计，党的十八大以来，查处落马的省部级以上官员已近40人；今年上半年，全省纪检监察机关新立案5 588件5 704人，其中厅级干部46件46人，县处级干部307件309人，给予党政纪处分3 173人，移送司法机关追究刑事责任311人。这些数据，既说明党中央对腐败和不正之风的“零容忍”，也说明了严明党的纪律的长期性、复杂性和艰巨性。我们一定要认清形势，提高认识，切实加强廉政建设、守住纪律红线。

（二）加强廉政建设、守住纪律红线是我们立德修身的内在需要

“当官之法惟有三事最重，一曰清、二曰慎、三曰勤”。三事清为首，为官清最重。作为一名党员干部、国家工作人员，只有学法纪、懂法纪、守法纪，才能对各种腐朽思

想和诱惑保持足够警惕，才能使自己在诱惑面前不动心，得意之时不忘形，法纪面前不栽跟头。特别是财政作为权力相对集中部门、资金密集领域，旁人看来，好像是“手握大权”，不管权力大小，要始终坚持做到公私分明、清正廉洁，做到“常在河边走，就是不湿鞋”。这里我要特别强调一点，加强廉政建设、严明党的纪律并非仅仅对那些在业务处室、掌握资金分配权的处室和同志的要求，而是对全厅和全省财政系统每位干部职工的共同要求。常言道“宰相门前七品官”，只要有一点权力的部门，动了私心邪念，权再小，都有充当“掮客”利用单位影响力寻租的空间；官再小，都有权钱交易搞腐败的机会。例如，林少丹利用在财政厅信息中心工作的身份、与省经信委经办同志的师姐弟关系，充当“掮客”，通过协助企业申报财政专项资金拿“好处费”；又如，陈炳坤利用经办会计证申领的便利，大肆为不符合报考条件的人办理报名手续，为不符合申领条件的人办理会计从业资格证书。从全省财政系统来看，据初步统计，近三年来，全省财政系统受到党纪政纪处分的干部有 28 人、刑事处理的有 10 人。这些例子和数据，让人痛心，也应引起警觉。一个干部从起步到成熟再到走上领导岗位，凝结了组织、家人的殷切期望和鼎力支持，但却因为触碰了党纪国法这条“高压线”，受到了应有的惩罚，葬送了个人前途，给党抹了黑，教训之深值得每一名党员干部永远警醒和反思。

（三）加强廉政建设、守住纪律红线是财政事业健康发展的保障

财政是国家治理的基础和重要支柱，财政反腐倡廉建设是推进财政事业健康发展的内在要求，也是从机制上、源头上防治腐败、推进国家治理体系和治理能力现代化的重要举措。加强廉政建设、严明党的纪律，既是党的优良传统，也是确保全系统上下一心，统一思想、步调一致，确保财政事业取得成功的基石。我厅一直以来高度重视廉政建设，始终作为事关财政工作全局的一件大事来抓。我厅的主要任务，一方面是抓好财政改革发展，另一方面是带好队伍。近年来，面对复杂的经济财政形势和繁重的财政工作任务，我省财政改革发展能够不断取得新成绩新突破，与我们致力建设一支政治坚定、严守纪律、勇于奉献的干部队伍是分不开的。当前，财政改革发展面临的任务越来越重，财政工作的要求越来越高，如果没有风清气正、清正廉洁的干事环境作保障，没有铁的纪律、优良的作风作基础，财政事业发展的动力就会减弱，财政职能作用的发挥就会受限，各项改革任务的落实就会打折扣。因此，我们要深刻认识加强廉政建设、守住纪律红线的重要意义，严明纪律，统一思想、凝聚力量，为推动我省财政事业健康发展奠定基础。

二、坚持问题导向，正视我厅及财政系统在廉政和纪律方面存在的不足

严守党的纪律、坚持廉洁从政，是我们每一位党员干部必须坚守的基本要求，是我们每一个国家工作人员不可逾越的红线。厅党组对我厅和全省财政系统的廉政建设和纪律问题始终高度重视，一方面，切实履行好财政部门的职责，通过清理整合专项资金、加强转移支付资金管理、实施竞争性分配改革、建立“五位一体”财政监督体系等，基本建立了贯穿财政资金运行各环节的体制制度，有效发挥了财政源头治腐和监督财经纪律执行的作用；另一方面，进一步加强内部管理，健全内控机制、规范权力运行、加强廉政风险防控、推进惩防体系建设，并在贯彻落实中央“八项规定”、严明党的各项纪律方面出台了一系列制度办法，取得了很好的效果。总的来说，我厅机关及全省财政系统的面貌和风气是好的，整个干部队伍党性强、作风好、素质高，厅领导班子是一个团结、和谐、勤政的领导班子，为做好工作、带好队伍竭尽全力、兢兢业业，发挥了很好的表率作用；厅各处室、单位工作得力、执行力强，精神面貌好，责任心强，拼劲很足，特别是有些处室的一些同志经常加班加点，节假日都自觉加班；全省财政系统广大干部职工心往一处想、劲往一处使，在工作中表现出很强的凝聚力、战斗力和执行力，这些是主流，应予以肯定和发扬。与此同时，我们也要看到，虽然廉政建设和纪律问题上级有要求，党组有布置，身边好人好事有榜样，但在某些方面有个别同志或不以为然，或心存侥幸，还存在不守纪律、以权谋私的现象。我们必须正视我厅及全省财政系统在廉政和纪律方面存在的不足，并采取有针对性的措施加以解决。

（一）政治纪律方面

一直以来，我厅和全省财政系统都坚持把讲政治、顾大局摆在首要位置，在贯彻落实中央和省委、省政府的各项决策部署上态度坚决、行动迅速，工作到位。但就个别同志来看，由于思想认识上的偏差，还存在政治纪律执行不够到位的情况。例如，有的同志错误地认为“讲政治”是虚无缥缈的，是离自己很遥远的事情，对中央关于遵守党的政治纪律的“九个绝不允许”了解不深、把握不透，甚至根本就不知道有这个规定；有的同志忘记了自己的党员身份、入党誓词，身为党员却不爱党、不为党、不忧党，甚至说党坏话，传播丑化党和国家形象的言论；有的同志执行力存在问题，对上级决策和工作部署喜欢讲条件、搞变通，不在如何干好上想办法，而在如何不干上找理由，对厅党组或处领导布置的工作，合意的就执行，不合意的就变相抵制，“你吹你的号，我唱我的调”。比较离谱的是，省领导对某项工作作出了批示，我也连续作了几次批示，但相关经办处室、经办同志就是落实不到位。

（二）组织纪律方面

从我厅的情况来看，总体是好的，组织纪律执行到位，但也有个别同志存在组织观念不够强、不能严格遵守组织纪律的问题。例如，有的同志个人主义观念比较重，把个人利益凌驾于组织之上，喜欢跟组织讨价还价，甚至不服从组织安排。组织安排他在综合处室，他埋怨工作枯燥，不能管钱，觉得没意思；安排他到业务处室，他觉得工作

太忙，任务太重，约束太多，牢骚很多，总不如意。有的同志“崇尚”自由主义，喜欢“我的生活我做主”，不严格执行请示报告制度，私自外出，人跑哪去了、干了什么，组织上都不知道，有什么急事，找不到人。有的同志心存私心杂念，思考问题、推进工作不是站在厅党组的角度出发，而是站在自己的角度出发，不管是处理文件还是研究资金问题，“屁股指挥脑袋”，站在本处室甚至外单位部门的角度出发，争利益、争资金，丝毫没有全局意识、预算盘子整体观念，把工作当作了自己的家事来办，跑风漏气，阳奉阴违，当面不提意见，背后诸多非议。有的同志不相信组织，爱发牢骚、口无遮拦，甚至捕风捉影，不负责任地捏造事实，制造杂音。这在有的同志对干部选拔任用的态度上尤为突出，他们心思不在工作上而在“位子”上，急功近利，心浮气躁，不能正确对待进退流转和职务升迁，“两年不提拔、心里有想法，三年不挪动，就想去活动”，干工作时推三阻四，提拔干部时却非常踊跃，没有得到理想的位置就牢骚满腹。有的党支部组织涣散，缺乏严肃认真的组织生活，对党员干部疏于教育管理，对党员干部的不良思想、不良行为听之任之。组织生活正常化是机关党建的基础，组织生活不正常的党组织谈何战斗力？组织观念、组织程序、组织纪律都要严起来。不严起来，就是一盘散沙，什么事也办不成。对此，每位同志都要有清醒的认识。

（三）工作纪律方面

总体上看，我厅干部队伍的执行力强，素质高，绝大部分干部职工执行工作纪律是到位的。但仍有个别同志存在不遵守工作纪律的现象，一定程度上影响了财政工作的质量和效率，突出有以下几种表现：有的同志工作不紧不慢，份内工作能推就推、不能推就拖，遇到困难既不上报、也不解决，小问题拖成大问题。例如，厅里对省领导和厅领导批示件、厅长办公会议议定事项的办结时间都有明确的规定，但有的同志拿到了不是第一时间去办，而是塞到柜子里，放到文件堆里，一放十几天甚至几个月，实在催得急了，就随便办结了事。有的资金该拨不拨，等着别人上门来求，甚至拿这个作筹码，讨价还价，搞利益交换。现在预算执行进度上不来，原因固然是多方面的，但有没有这方面的原因，相关的同志都要自问一下。有的同志工作态度有问题，责任心不强，甚至敷衍塞责。例如，有的同志桌面上的文件经常堆成山，也许真的是事情太多工作太忙，但我想有的也是因为办事拖拖拉拉，长期积压造成的，首先一条“今日事今日毕”他就没有做到。又如，有的同志答复建议提案，答复的内容、格式几年甚至十几年不变，总是大书特书如何重视，投入了多少，做了什么工作，至于代表建议的回应，最后来一句“我们会在今后的工作中认真研究吸纳您的建议”。我认为，这种工作方式不仅是能力问题，更是态度问题，是极端不用心的表现。有的同志工作纪律意识不强，我行我素，自由散漫，上班迟到早退，工作时间吃东西、玩游戏、炒股票、聊天，等等。在年初省委巡视组巡视我厅时，就发现了上班时间坐在桌子上，边吃零食边聊天的违反工作纪律现象。

（四）廉政纪律方面

习近平总书记说过，当官了就不要想发财，想发财就不要当官。不论是党员领导干部，还是普通国家工作人员，既然都是从事公职工作，就必须严守廉政纪律。总的来说，我厅和全省财政系统有着风清气正的良好氛围，绝大多数干部职工能自觉抵制诱惑，坚持廉洁从政，但也有个别干部职工廉政意识不强，不懂敬畏，存在违反廉政纪律的现象。有的认为“有权不用、过期作废”，违规干预和插手管理服务对象的资金使用、资产处置、人事安排、采购招标等内部管理事项；有的将经办工作、分管领域当成“私人领地”，水泼不进，不愿接受他人监督；有的将本应公开的财政专项资金分配管理有关信息，也想方设法规避公开。有的认为“吃点喝点拿点不算什么”，搞“小动作”，主动伸手要人家送礼、要人家买单，甚至收受红包、购物卡的也有，半推半就接受的也有，认为只要数额不大就没有什么。大家千万别小看小小的红包、购物卡，“千里之堤，溃于蚁穴”，如果不及时纠正，红包、购物卡就是贪欲的种子，一发不可收拾。中纪委网站公布的几个财政系统干部贪腐案件中，就是从小钱小礼收起，然后贪欲疯长，胆子越来越大，贪腐金额越来越多。如前段时间，省纪委在查办某单位贪腐案件的过程中，发现该单位有送购物卡等给我厅相关人员的情况，涉及一些处室、一些干部，送受卡的时间跨度也很长。这次根据省纪委的要求，我厅纪检组作了认真查处，应引起我们的高度重视，不管每一张购物卡数额大小，但积少成多，拿的次数多了，累计的违纪金额也就大了。大家要引以为戒，吸取教训。又如去年查处的福建省仙游县财政局一个股级干部，从初次收受50元礼金，到后来逢年过节便盼望别人前来送礼，最后发展成为公开索贿，连上级批准安排的资金都想雁过拔毛。从这些案例中，我们应该清醒地认识到“贪如火，无制则燎原；欲如水，不遏必滔天”，清醒认识到慎初、慎微的重要性，切实把好第一关，别让贪欲的种子生根发芽。

（五）生活纪律方面

当前，一些社会不良风气对党员干部和国家工作人员多多少少产生了一些影响，主要有两种表现：一是贪图物质生活享受。从纪检机关查处的违纪违法案件和媒体报道的来看，对物质生活的追求、轻视精神生活已成为党员干部生活作风的主要问题之一，包括热衷大吃大喝、沉溺于灯红酒绿、出没于赌场牌桌等。二是社会交往庸俗复杂。从对查处的违纪违法案件剖析看，社会关系复杂、庸俗，交友不慎、交往失当也是党员干部生活纪律的突出问题。包括用江湖义气代替党纪国法、沉迷爱好而授人以柄等。这些问题在我厅和财政系统极个别干部身上也有体现。例如，有的同志不能很好地处理工作与休闲的关系，片面地认为“8小时”之外干什么应自己说了算，只要工作干得还可以，工作之余玩一玩、乐一乐无关紧要，认为吃个饭、打个牌不算什么。但要知道人的精力始终有限，张弛必须有度，低级趣味多一些，读书学习、用心工作就会少一些；

更为重要的是，贪图享乐往往是滑人贪污腐败深渊的开端，稍有不慎就会信念动摇、道德滑坡，这才是最大的危险。有的同志在交什么朋友上把握不清，讲“哥们义气”，在应酬交际中迷失了方向，给了别有用心的人钻空子的机会。特别现在是网络时代，“好事不出门，坏事传千里”，一些不适当的个人行为，一旦被别有用心的人上网，所产生的不良影响，都会被无限放大，最后毁了一个干部的前途，甚至毁了一个单位、一个系统的形象。希望每位干部职工都引以为戒，无论何时都不要放松对自我的约束，时刻检点自己的生活言行，做到慎独、慎微。

（六）财经纪律方面

在第十八届中纪委三次全会上，习近平总书记突出强调了严肃财经纪律的问题，第一次把财经纪律与政治纪律、组织纪律并列。财政部门负有制定和监督财经纪律的职责，理应在执行财经纪律方面发挥表率作用。近年来，通过推进内控机制建设、加强廉政风险防控、健全财务管理制度等，我厅及全省财政系统执行财经纪律总体情况是好的，但从近年来审计和省委巡视组对我厅巡视反馈的情况来看，也存在一些执行财经纪律不够严格的问题。在厅机关财务管理方面，存在执行财务制度不严格、超标准开支会议费、转嫁会议费、记账不够科学准确等问题。在执行预算管理制度方面，还存在厅部门预算编制较粗、厅属物业租金收入没有纳入“收支两条线”管理等问题；在政府采购方面，还存在有些处室想方设法规避公开招标、采购过程不够公开透明等问题；在落实“八项规定”方面，还存在有的处室、干部缺乏节俭意识，习惯于大手大脚花钱，购买办公用品追求高档化，用纸、用水、用电没有节俭观念，存在一定的浪费现象。我经常强调，财政部门是监督别人执行财经纪律的，自己都做不好，还怎么要求别人做到。执行财经纪律，财政部门一定要带头严起来，不要出现管不好、管不到位的情况，更不能出现“严于律人、宽以待己”的问题，不能“拿手电筒只照别人不照自己”。另外，在履行监督财经纪律方面还存在不到位的情况，由于监管不到位，资金分配、拨付、使用等环节存在管理漏洞。

以上这些纪律问题，虽然面不广，但负面影响很大。全厅党员干部都应该以对组织负责、对工作负责、对自己负责的态度，把自己摆进去，逐一对照检查，有则改之、无则加勉，积极清除消极的、错误的思想和行为，严守党的纪律、坚持廉洁从政，努力做一个有理想、守纪律，讲党性、做表率的人。

三、突出真整真改，加强廉政建设、守住纪律红线

习近平总书记在中央政治局第十六次集体学习时指出，领导干部要坚守正道、弘扬正气，坚持以信念、人格、实干立身；要襟怀坦荡、光明磊落，对上对下讲真话、实话，绝不搞弄虚作假、口是心非那一套；要坚持原则、恪守规矩，严格按党章国纪办事，绝不搞看人下菜、翻云覆雨那一套；要严肃纲纪、疾恶如仇，对一切不正之风敢于亮剑，绝不搞逃避责任、明哲保身那一套；要艰苦奋斗、清正廉洁，正确行使权力，在各种诱惑面前经得起考验。这不仅是对党员领导干部的要求，也是对每位普通党员干部和国家公职人员的要求。无数事实证明，谁的党性强，他就一定是遵守纪律的模范；谁出了问题，他就一定是在某些方面违反甚至践踏了党纪国法。针对查找出来的问题，我们一定要进一步牢固树立纪律意识，从自己做起，从本职工作做起，从小事做起，勿以恶小而为之、勿以善小而不为。下面，我重点讲讲如何严守党的政治纪律、组织纪律、工作纪律、廉政纪律、生活纪律和财经纪律。其他没有讲到的纪律，我们也必须严格执行。

（一）严守党的政治纪律，做政治上的“明白人”

严守政治纪律，首先要解决理想信念这个“总开关”问题。习近平总书记说，理想信念是共产党员精神之“钙”。每一位党员干部和国家公职人员，都应该保持政治清醒，在思想上、政治上、行动上自觉与党中央保持高度一致，在任何情况下都做到政治信仰不变、政治立场不移、政治方向不偏，做政治上的“明白人”。在日常的工作生活中，一要认真学习党章，严格遵守党章，自觉用党章规范自己的一言一行，时时处处以严格的党性要求自己，牢固树立正确的世界观、人生观、价值观。二要牢固树立大局观念和全局意识，坚决贯彻执行党的政治纪律“九个绝不允许”，绝不说违背党组织决定的话，绝不做违背党组织决定的事，对于集体研究的事项，做到一个声音、一个步调，不折不扣地贯彻落实。三要强化为民服务的宗旨意识，把严守党的政治纪律与做好本职工作结合起来，把促进发展、改善民生作为奋斗目标、人生追求，努力做好本职工作。厅监察室以及各位组工干部对违反政治纪律的苗头性倾向性问题要敢于纠正，对违反政治纪律的行为要坚决制止，严肃违纪责任追究，使党的政治纪律真正成为带电的高压线。

（二）严守党的组织纪律，做组织上的“可靠人”

组织纪律性是党员对组织的正确态度。从我厅的情况来看，就有很多组织纪律性很强的“可靠人”，他们服从组织安排，维护组织权威，对于组织决定的事情坚决落实、不打折扣；对于组织安排的工作不讲条件、不会挑三拣四，即使工作有难度，也是加倍努力而不是找借口；对待进退流转和职务升迁，能保持一颗平常心。什么人可靠？这些人就是可靠的。每位干部职工都要学有榜样，向好人好事看齐。一是要严格遵守“四个服从”，坚持个人服从组织、少数服从多数、下级服从上级、全党服从中央；二是要严格执行民主集中制、请示报告制等党的组织制度，在任何时候任何情况下都自觉接受组织安排和纪律约束；三是对于集体研究决定的事项，在作出决定前可以提出意见建议，但在经过民主集中制作出决定后，必须维护组织权威，服

从组织安排，不允许再说三道四、跑风漏气，再发不和谐的声音。厅各处室、单位要切实负起加强教育管理的职责，经常性地开展批评与自我批评，对党员干部和工作人员的不良思想、不良行为及时提醒、教育，做到“五必谈”，即各支部负责同志在党员干部和工作人员工作变动时必谈，受到表彰或处分时必谈，遇到困难和挫折时必谈，出现矛盾和分歧时必谈，群众有不良反映时必谈。厅领导和各支部负责同志都要加强思想政治工作，把思想政治工作作为一件大事来抓，加强与分管处室、单位及所在支部党员干部职工的沟通交流，及时疏解思想上的“结”，营造团结和谐的良好氛围，切实增强党组织的凝聚力、战斗力。

（三）严守党的工作纪律，做工作上的“实在人”

今年年初，我向大家推荐了《用心去工作》这本书，希望大家能从中得到启迪。各处室、单位都认真组织了学习交流，开展了专题研讨，部分同志还撰写了心得体会。我之所以向大家推荐这本书，是因为我很认同这本书的观点，就是工作是要用心的。应该说，在我们厅里，爱岗敬业，用心工作的例子不胜枚举。例如，有的同志甘当“老黄牛”，踏实肯干，任劳任怨，几十年如一日；有的同志不怕吃苦、不怕吃亏，经常加班加点，通宵达旦，承担了许多又苦又累、他人不愿做又做不了的工作；有的同志勇挑重担、敢于担当，在时间紧、任务重的紧要关头打得了硬仗，拿得出成果；还有的同志执行力强，抓工作落实的效率高，一旦厅党组作出部署，就能迅速抓好落实。这些同志在本职岗位上都发挥了先锋模范作用，我们应该向他们好好学习，进一步激发用心工作的热情，增强责任意识，发扬钉钉子的精神，落实好本职岗位工作。就领导干部而言，要充分发挥“主心骨”的作用，敢抓敢管、一抓到底，凡重大工作，要靠前指挥、带头冲锋，团结带领干部群众把复杂的事情办好，把难办的事情办成；就一般同志而言，要进一步提高执行力，立足本职岗位，用心把组织交办的每项工作做好，一步一个脚印地把看似平凡的“小事”做实，在集体成就中体现自我。同时，要进一步严明工作纪律，严格落实我厅首问责任制、限时办结制、重点工作重点督办等制度规定，进一步完善选人用人制度和干部考评体系，着力营造风清气正的干事创业氛围，引导大家真抓实干，让想干事的有机会、会干事的有舞台、干成事的有地位。

（四）严守党的廉政纪律，做廉政上的“执行人”

干净干事、清正廉洁，是对我们每一位从政人员的最基本要求。要落实好厅党组抓党风廉政建设的主体责任，严格落实我厅党风廉政建设责任制考核暂行办法、工作人员问责暂行办法、廉洁从政若干规定等规章制度，加强党员干部廉政教育，完善廉政风险防控机制，发挥领导干部带头表率作用，引导党员干部和工作人员进一步增强廉洁从政意识，坚守廉政纪律红线，坚持做到廉洁从政。在这里，我再次向大家郑重承诺，要求你们做到的，我一定带头做到；要求你们不做的，我一定带头不做。欢迎大家监督。希望各位厅党组成员、各位处领导，在廉洁从政上进一步严格要求自己，为普通干部做出表率，树立标杆，用“做出样子”来代替“喊破嗓子”。要强化厅各处室、单位在党风廉政建设中的责任，落实好“一岗双责”，发现一些小问题多拉拉袖子，咬咬耳朵，早点提醒，对苗头性倾向性问题及时处理。这是对干部的爱护。对于全厅每一位工作人员，都要坚持从自身做起，从小事抓起，慎微、慎初，不折不扣地贯彻落实中央八项规定，使之成为一种习惯，一种风气。俗话说：“小洞不补，大洞吃苦”。大家一定要学会听进不同意见，不能“一说就跳，一表扬就笑”。一些人在腐败泥坑里越陷越深，一个重要的原因就是对其身上出现的一些违法违纪的小错，组织提醒不够，批评教育不力，甚至睁一只眼闭一只眼。所以，在日常的工作生活中，大家要本着对自己、对同志、对集体、对党高度负责的态度，正视存在的问题，出以公心，敢于直言，勇于担当，立行立改。

（五）严守党的生活纪律，做生活上的“正派人”

党的生活纪律，是加强党的作风建设的重要内容。大家在紧张工作之余需要休闲娱乐、劳逸结合，但必须掌握一个度，守住做人、处事、交友的底线，防止“玩物丧志”。在日常的生活中，有的人向往灯红酒绿、夜夜笙歌、餐餐美食的所谓“高品质”生活，有的人情趣高雅，不图物质享受，只求精神上的满足。这实际上是一个人生幸福的价值取向问题。俗话说，“广厦三千，夜眠不过六尺；家财万贯，一日不过三餐”。如果工作顺利、家庭幸福、心情愉快，粗茶淡饭满是香，补破遮寒也有爱。以前，我讲过要在提升修养保持平和包容的心态中感悟幸福，在开心工作中获取幸福，在快乐学习中提升幸福，在和谐温馨的家庭生活中享受幸福，这个要求现在也没有过时。希望大家守住自己的“精神家园”，保持严肃的生活态度，把好欲望之度、把好交友之准则、把好生活之小节，通过干事创业不断陶冶健康情操、培养高尚情趣，纯洁社交圈、净化生活圈、规范工作圈、管住活动圈，管住个人爱好，不以“人不知”而放纵自己，不以“下不为例”而开脱自己，守住做人、处事、用权、交友的底线。

（六）严守党的财经纪律，做经济上的“清白人”

我们既是制定财经纪律的部门，也是执行财经纪律的部门，还负有监督职责，角色重要，要有担当，既要当好财政资金的“守护神”，也要做好严守财经纪律的表率，做经济上的“清白人”。一方面，要严格内部管理，针对省委巡视组、省审计厅提出的问题认真抓好整改，在执行财经纪律上为全省作出表率。要严格厅机关和厅属单位财务管理，强化会议费、接待费、差旅费管理及用餐登记等制度的执行，严禁超标准开支会议费、转嫁会议费、记账不够科学准确等问题的再次发生；要带头落实好“收支两条线”、政府采购等财经纪律，规范厅属单位的财务管理，自党接受监督；要规范财政系统上下级沟通联系，既要加强对市县工作的指导和联系，热情接待市县同志到我厅办事，提供良好服务，又要防止低俗、违规的迎来送往或权钱交易等，严禁通过各种跑关系、拉人情要政策、争资金的行为，形成秩序井然、风清气正的良好氛围。在这里，特别要强调指出的是，有的同志在“八项规定”出台后，不以为然甚至有抵触情绪，至今还存在违反规定公车私用、目无组织私自外出、节假日到基层游玩和接受吃请等现象。这种人一定要警醒！另一方面，要严肃财经纪律，坚决整顿财经秩序，坚决制止铺张浪费行为。加强专项资金管理，把好资金审核关，强化财政监督处罚，把所有政府财政资金纳入监督管理范围，坚决制止搞小金库、账外账、预算外，铲除腐败的温床，当好财政资金的“守护神”。希望大家常思贪欲之害，常怀感恩之心，切实算好“七笔账”。

特别要指出的是，厅党组对违纪问题将“零容忍”，对不知收敛、顶风作案的，发现一起，严查一起，绝不姑息，始终保持反腐高压态势，既加强教育做好预防腐败体系建设，又高举惩治手段，加大查办案件力度。

（本文系省财政厅党组书记、厅长曾志权2014年8月5日在教育学习月活动中为全厅党员干部职工上党课时的讲话节选）

在全省财政局长座谈会上的讲话

（节选）

省财政厅党组书记、厅长　曾志权

一、上半年工作回顾

今年以来，在省委、省政府的正确领导下，全省各级财政部门围绕中心、服务大局、突出重点，全面贯彻中央和省委、省政府的决策部署，认真落实各项财政政策措施，推进财政改革发展，取得了一定成绩。在增收节支方面，1－7月，来源于广东的财政收入累计完成11 700.41亿元，同比增长21.07%；全省地方公共财政预算收入累计完成4 781.06亿元，同比增长14.61%，比全国地方平均水平高3.78个百分点，增幅在沿海五省市中排名第二位。全省民生类支出完成3 258.82亿元，同比增长23.33%，比全省支出平均增幅高2.41个百分点，占全省支出总量的比重由上年同期的66.65%提高到67.98%；主要用于行政运行的一般公共服务支出同比增长3.06%，低于支出平均增幅17.86个百分点。在稳定增长方面，2014年省财政安排资金近1 000亿元支持稳定经济增长，并为贯彻落实中央有关稳增长部署，制定实施《关于财政支持稳定经济增长的政策措施》，通过扩大财政投资，加快资金拨付进度，支持基础设施建设、稳定外贸增长、扩大消费需求、促进转型升级等，促进经济平稳健康运行；积极落实税收优惠、减免部分涉企行政事业性收费，为企业减负约380亿元。广州、珠海、惠州等市也出台了稳定经济增长的财政政策措施。在保障民生方面，着力完善保障民生基本政策体系，修订实施《广东省基本公共服务均等化规划纲要（2009－2020年）》，扩大基本公共服务均等化综合改革试点，将江门、阳江、清远市纳入改革试点范围；1－7月，全省各级财政拨付十件民生实事1 297.28亿元，快于时间进度16.78个百分点，其中省级财政拨付581.58亿元，快于时间进度26.66个百分点。各地结合本地实际，加大投入力度，完善民生保障措施。江门市财政充分整合资源，积极支持开展“大民政”工作；中山市加大财政支持力度，促进就业创业工程建设。在协调发展方面，紧紧围绕加强交通基础设施建设、推进产业园区建设、支持地级市中心城区建设“三大抓手”确定的目标任务，通过新增财政预算、新增融资、以后年度资金提前使用以及积极落实新区税收增量返还政策和县改区保留财政体制待遇等，加大对粤东西北地区的支持力度。政策效果开始显现，粤东西北地区主要经济指标增速快于珠三角，粤北山区、县域财政收入增长快于全省平均水平。河源、揭阳等市也通过支持发展平台扩能增效、完善园区收入分配机制、整合优化引导资金分配等方式，积极推进产业园区建设。在促进改革方面，按照党的十八届三中全会和省委十一届三次全会部署，着力深化改革创新，在研究推进预算管理改革、建立省以下事权和支出责任相适应的制度、建立地方税体系等财税改革的同时，积极配合做好建立土地增值收益合理分配机制、加快养老保险制度改革、推进公立医院改革、落实司法体制改革各项举措、深化省属国有企业改革等工作。佛山、茂名、清远等市也在完善预算编制征询机制、加强结余结转资金管理、推进零基预算改革等方面作出了积极探索。今年以来我省财政工作具体情况，已以会议参阅材料印发给大家，在此我不再赘述。总的来看，上半年我省财政工作取得了一定成效，得到省委、省政府的充分肯定。8月3日，徐少华常务副省长在省财政厅《关于贯彻落实全国财政厅（局）长座谈会精神的请示》上作出批示：“同意所拟工作意见。今年上半年，省财政厅坚决贯彻落实中央和省的决策部署，充分发挥财政政策的杠杆作用，在推进稳增长、促改革、调结构、惠民生、防风险等多方面，奋发有为，履职尽责。下半年，希望省财政厅领导班子和全体同志，认真领会全国财政厅（局）长座谈会的精神和部署，以深化财政体制改革为抓手，统筹落实各重点任务。涉及改革方面的事项，望及时组织研究，成熟一项、呈报一项，也好及时组织协调一致，早出成效。"

在肯定成绩的同时，我们也要清醒地认识到，财政工作面临的国内外经济形势仍然复杂，经济下行的压力仍然较大，全省上半年生产总值增速与全年目标相差1个百分点，21个地级以上市均未达到年初预期目标任务，其中差距在2个百分点以上的地级以上市有13个。一是外贸进出口形势比较严峻，且短期内难以提振。上半年，全省外贸进出口总值同比下降14.9%。在当前加工贸易仍处于转型升级阵痛期、国际贸易环境依然趋紧、转型升级过程中企业向外省迁移等背景下，外贸形势短期内难有明显改善。我省作为外贸大省，经济外向依存度高，外贸疲软对经济构成了较大下行压力。二是金融业风险加大，融资难、融资贵问题凸显。起源于上海的钢贸信贷危机在2013年底蔓延到我省，受此影响，一季度末我省（不含深圳）银行业金融机构不良贷款率同比提高0.02个百分点，银行贷款审批更加谨慎，融资成本提高，影响了一些重点项目建设和来源于金融业的地方税收。三是房地产市场波动影响经济和财政平稳运行。上半年有8个市国有土地使用权出让收入负增长，直接影响固定资产投资增长。同时，商品房销售面积和销售额持续回落，导致房地产业营业税收入下降4.8%，全省来源于房地产业的税收同比仅小幅增长5%。四是市场消费动力不足，消费拉动能力不够强。上半年全省社会消费品零售总额同比增长11.8%，比2013年全年增幅（12.2%）低0.4个百分点。

财政是经济发展状况的综合反映。经济下行的压力直接反映在财政运行中：一是财政收入可持续增长压力加大。受企业生产经营压力仍然较大，房地产业税收增长大幅回落，结构性减税和收费减免政策落实等因素影响，减收效应进一步释放。同时，我省财（税）源结构有待优化，第二产业税收贡献率和固定资产投资规模偏低，主体税种占比在东部5省市中仅处于中等水平，财政收入持续高速增长压力加大。二是新增支出需求大，收支矛盾突出。在经济社会发展和结构调整进程中，财政承担的基础设施建设、新区开发投入等支出压力巨大。同时，落实就业、教育、医疗卫生、社会保障、推动农业人口市民化等民生政策的支出任务也非常繁重。据有关研究机构的初步测算，农业转移人口市民化的人均成本包括一次性成本13.4万元和每年公共服务成本6 851元，预计到2020年，按本省600万人和外省700万农业人口及其他常住人口入户城镇，全省人口城镇化率达到73%计算，全省需付出一次成本17 433亿元，每年公共服务支出达到890.63亿元。三是各地市收入增长不均衡。1－7月，有4个市增幅高于20%，但也有3个市收入增幅低于10%。广州、湛江等市公共财政预算收入只有个位数增长，汕尾市甚至是负增长。四是部分地区收入质量及非税收入增长过快的问题仍比较突出。1－7月，全省税收占比为83.32%，总体收入质量较好，但有7个市税收占比低于65%，其中6个属于粤东西北地区，最低的汕尾只有50.08%。部分地区非税收入增长过快，有5个地级市非税收入累计增幅高于30%，最高的河源达到81.03%。另根据2013年审计工作报告反映，省审计厅在对汕头、汕尾、云浮、清远和韶关等地政府财政决算和全省地税税收征管情况进行审计时，发现部分欠发达地区为完成年度财税收入任务、有关业绩考核奖励指标或平衡财政预算等，使用各种手法虚增财税收入，数额巨大，严重违反了《中华人民共和国预算法》等规定，扰乱了正常的经济财政秩序，我们要予以高度警惕和重视。五是部分地市支出进度偏慢。1－7月，全省地市公共财政预算支出进度为51.78%，比2013年同期（50.83%）快0.95个百分点，但全省有8个市支出进度慢于平均水平，其中广州、湛江近3个月支出进度排名都居后5位，且慢于上年同期进度。与此同时，财政工作仍然存在着省以下财政体制需进一步完善、财政供给范围过宽、预算编制不尽科学、预算执行时效性和均衡性不够、财政资金使用边际效用不高等深层次问题，需要在深化财政改革的过程中认真研究解决。

总的来看，尽管国内外经济形势不容乐观，财政收入持续增长面临诸多挑战，但综合考虑全面深化改革释放新的政策"红利"、促进粤东西北地区振兴发展政策实施效果显现、推动转型升级步伐加快、中央持续出台一系列稳增长的微刺激政策等积极因素，预计全年财政收入将基本与经济增长速度相适应，经过努力有望实现预期目标。

二、关于我省财税体制改革工作的意见

今年是我省深化财税体制改革，力争率先建立现代财政制度的开局之年。省委、省政府高度重视财税体制改革工作，胡春华书记、朱小丹省长、徐少华常务副省长等省领导多次对深化财税体制改革作出指示批示，亲自召集会议研究讨论改革文稿。按照省委、省政府关于我省全面落实中央有关部门深化改革重要举措和分工方案及我省推进改革先行试点工作安排，省财政厅承担的改革任务有80项，其中作为第一牵头单位的有38项；承担的先行试点改革有25项，其中作为第一牵头单位的有11项，财政改革的任务很重。对此，全省各级财政部门高度重视，围绕中央和省的部署，积极抓改革工作落实。目前，各项工作进展顺利，省里已经出台实施了《广东省财政一般性转移支付资金管理办法》、《广东省省级财政资金项目库管理试行办法》、《广东省省级财政专项资金目录管理办法》、《广东省省级财政专项资金竞争性分配管理办法》、《广东省省级财政专项资金信息公开办法》、《政府向社会力量购买服务暂行办法》等一系列改革文件。省财政厅作为第一牵头单

位的11项先行改革试点事项中，已经开展的有扩大权责发生制政府综合财务报告试编工作试点、推进地方政府自行发债试点、扩大政府购买服务试点、扩大城乡基本公共服务均等化综合改革试点、扩大“营改增”试点行业范围5项，其余各项为向中央申请的改革试点工作，也都建立了对口沟通联系机制，争取财政部支持我省先行试点。我省一些地方也结合本地实际，积极作为，在抓改革、建机制等方面做了大量工作，如广州市在加强政府性债务管理方面取得一定成效，惠州市在推进基本公共服务均等化综合改革方面进展顺利，清远市在加强预算管理方面积累了一定经验。对一些地方好的做法，会上已经印发了参阅材料，供大家相互学习交流。

按照省委十一届三次全会有关率先建立现代财政制度的部署和省委、省政府有关今年重点改革工作的安排，省财政厅承担了三大类十项重点改革任务。为此，在积极推进面上各项改革的同时，我们以改进预算管理制度、探索建立事权和支出责任相适应的制度和建立政府公共资源向各类投资主体公平配置机制为重点，力争改革取得突破性进展。在省领导的亲自部署下，通过认真学习、深入调研、广泛征求各地各部门意见，牵头起草了三项重点改革文稿，并多次组织对改革文稿进行研究、审议。6月26日，胡春华书记、马兴瑞副书记、徐少华常务副省长等省领导专门听取了省财政厅关于建立事权和支出责任相适应制度研究成果的汇报，从坚持正确的改革方向、进一步明确改革目标、合理选取改革路径和步骤等方面对我省深化财税体制改革提出了要求。会后，根据省领导指示精神，省财政厅在前期工作基础上，按照中央政治局审议通过的《深化财税体制改革总体方案》精神，拟订了《广东省深化财税体制改革率先建立现代财政制度总体方案》（以下简称我省《方案》），并结合全国财政厅（局）长座谈会有关工作部署和财政专家专题座谈会征集的意见，对文稿作了进一步修改完善。楼继伟部长在全国财政厅（局）长座谈会上明确指出，新一轮财税体制改革不是政策上的修修补补，更不是扬汤止沸，而是一场关系国家治理现代化的深刻变革，是一次立足全局、着眼长远的制度创新和系统性重构。因此，我省《方案》坚持中央顶层设计和地方工作实际相结合，从梳理财税体制和财政运行中存在的问题入手，突出重点、稳步推进，全面深化财税体制改革，率先建立统一完整、法治规范、公开透明、运行高效，有利于优化资源配置、维护市场统一、促进社会公平、实现长治久安的可持续的现代财政制度，为广东实现“三个定位、两个率先”总目标提供财税制度保障。我省《方案》整体框架与中央基本一致，同时除中央方案确定的三项重点任务外，结合我省正在推进的重要改革工作，将推进基本公共服务均等化和政府公共资源公平配置纳入重点改革任务，并注重在各项改革措施中融入我省近年已开展的改革创新工作，持续推进，凸显我省改革特色。考虑到中央强调当前改革工作重点在今、明两年，我省《方案》中还设定了到2015年的阶段性改革目标。主要内容包括以下五个方面：

（一）改进预算管理，加快建立规范完整、透明高效的现代预算制度

中央《方案》明确提出，要从建立透明预算制度、完善政府预算体系、改进年度预算控制方式、完善转移支付制度、加强预算执行管理、规范地方政府债务管理、全面规范税收优惠政策等七个方面推进预算管理制度改革，加快建立现代预算制度。我省《方案》遵循中央改革要求，结合近年来我省狠抓预算管理改革的工作实际，针对预算管理规范性、约束力、透明度不够，不适应治理现代化要求等问题，围绕预算编制、执行、绩效、监督和信息公开各环节工作，提出了健全完善预算编制、建立跨年度预算平衡机制、提高预算执行时效性和均衡性、加强专项资金管理、建立政府性债务管理体系、调整完善转移支付制度、强化财政监督和绩效管理以及推进财政信息公开等八个方面的改革措施。其中既包括按照中央部署开展的创新性举措，如改进年度预算控制方式、实行中期财政规划管理等，又包括我省已率先开展、需继续拓展和深化的改革举措，如完善专项资金管理平台建设、推进专项资金竞争性分配、规范一般性转移支付资金管理、完善多元化绩效评价管理机制等。

（二）理顺财政关系，建立省以下各级事权和财政支出责任相适应的制度

中央提出，这项改革的目标是围绕推进国家治理体系和治理能力现代化，进一步明确中央和地方的事权与支出责任，在保持中央与地方收入格局大体不变的前提下，合理调整中央和地方收入划分，形成中央和地方财力与事权相匹配的财政体制。鉴于这项改革是处理好中央和地方关系最重要的制度安排，是现代财政制度有效运转的基础，因此中央《方案》在改革时间安排上提出要在今明两年达成共识，在措施上目前仅是从进一步理顺中央和地方收入划分、合理划分各级政府间事权与支出责任两方面提出改革思路。我省近年来在调整完善省以下财政体制、规范转移支付制度、健全县级基本财力保障等方面进行了改革探索，积累了许多实践经验，为我省积极推进建立事权和支出责任相适应的制度创造了有利的条件。因此，省委、省政府将此项改革作为一项先行先试的举措，要求我们结合工作实际，抓紧研究推进。按照6月26日省领导听取省财政厅关于建立事权和支出责任相适应制度研究成果汇报时的指示要求，省财政厅进一步梳理了改革思路和目标，主要是针对省以下各级政府间事权和支出责任划分不清晰、不合理，支出责任缺乏健全的协调机制等问题，坚持从财权到事权的改革思路，提出了划分省以下事权和支出责任、置换调整省以下各级事权、明确省以下支出责任、调整省市县财政收入划分和建立与事权和支出责任改革相适应的制度等五个方面的改革措施。

（三）推进税制改革，探索构建符合广东实际的地方税收体系

税权集中在中央，中央对这项改革坚持统筹协调与分类推进相结合的原则，提出今明两年要在立法、推进方面取得明显进展，地方主要是配合中央推进税制改革。我省《方案》针对地方税体系尚未形成、收支矛盾日益突出、保障经济社会持续健康发展的压力加大等问题，提出了配合中央推进相关税制改革、构建完善地方税收体系、加强地方税源管控和清理规范税收优惠政策等四个方面的改革措施。主要目标是按照中央已明确的改革方向和举措，在地方权限范围内，探索构建符合广东实际的地方税体系，加强税源管控和税收管理，营造有利于经济社会持续健康发展的环境。

（四）构建民生保障长效机制，加快推进基本公共服务均等化

中央改革部署已明确，深化财税体制改革的主要目的之一是更好地推进基本公共服务均等化。省委、省政府年初也明确将推进基本公共服务均等化及综合改革试点作为财政改革的一项重要内容。我省2009年率先推进基本公共服务均等化以来，取得了显著成效，但仍然存在地区、城乡间基本公共服务水平差异明显，不同群体享受基本公共服务不均衡，基本公共服务投入数量、公平程度不足等问题。当前正值此项改革需要进一步深化和拓展的关键时期，因此将其纳入深化财税体制改革的重点任务，结合实施《广东省基本公共服务均等化规划纲要（2009－2020年）》（修编版），从完善基本公共服务体系、提高基本公共服务保障水平、建立健全基本公共服务多元化供给机制、探索基本公共服务民主决策机制、开展基本公共服务均等化综合改革试点五个方面推进改革，在巩固已有成果的基础上，进一步推动形成政府主导、覆盖城乡、功能完善、分布合理、管理有效、可持续的基本公共服务体系，建立健全民生保障长效机制。

（五）深化公共资源交易体制改革，构建政府公共资源向各类投资主体公平配置机制

近年来，我省积极探索公共资源交易体制改革，取得了突出成效，积累了许多经验。因此，省委、省政府在部署财税体制改革任务时，明确将构建政府公共资源向各类投资主体公平配置机制作为一项重要内容。我省《方案》针对公共资源交易体制改革遇到的问题，特别是政府公共资源市场化配置水平较低、制约公平统一市场建设的问题，围绕提高公共资源配置的效率和公平性，提出明确政府公共资源范围及准入领域、规范政府公共资源公平配置方式、建立统一规范的公共资源交易平台体系、建立公共资源交易综合监管机制、建立责权明确的公共资源交易综合管理架构和探索政府与社会资本在公共资源配置领域的合作六个方面的改革措施。

目前，《广东省深化财税体制改革　率先建立现代财政制度总体方案》稿已按徐少华常务副省长批示精神进行修改完善。8月20日，徐少华常务副省长主持省经济体制和生态文明体制改革专项小组第三次全体会议，会议对该文稿进行了审议，要求按审议意见完善后按程序报批，争取9月出台，10月开始逐步部署实施，以便于2015年预算编制工作能按照改革意见办理，为今明两年重点改革工作取得实质性进展打好基础开好头，当前省级需要重点抓好的有关改革工作包括：一是结合2015年预算编制工作，进一步健全完善预算编制，开展零基预算试点，推动项目库管理，探索建立跨年度预算平衡机制，研究制订关于编制中期财政规划、推进财政信息公开及加强政府性债务管理等配套改革文稿。二是按照从财权到事权的改革思路，梳理现行省以下财政承担的支出责任和事权范围，做好置换调整省以下事权测算工作，选取有代表性的个别市，在教育、民政、社保、交通、水利等领域开展省以下各级事权置换试点。三是按照中央部署，会同有关部门做好将营改增试点范围扩大到生活服务业、建筑业、房地产业等领域的准备工作，确保如期顺利完成“营改增”改革；继续推进清理和规范税收优惠政策工作，密切跟进中央部署，做好相关政策调整或取消的应对和衔接工作。四是完善推进基本公共服务均等化的财政政策措施，扩大基本公共服务均等化综合改革试点，协同各试点市扎实推进试点工作。五是从完善公共资源交易体制入手，探索构建政府公共资源交易平台体系、监管机制和管理架构；积极推进重大基础设施建设项目政府和社会资本合作（PPP）等融资模式试点，完善改革方案。各地也要按照中央和省的改革部署，结合本地实际，认真研究、制定、实施相关改革措施，特别是各项改革试点地区，要加强同省的沟通联系，采取有力措施积极推进先行试点，并适时评价改革政策实施效果，深入总结工作经验，为全省其他地区开展改革提供借鉴。

这次会议印发了《广东省深化财税体制改革　率先建立现代财政制度总体方案》等十个改革方案，希望大家认真研究，提出修改完善意见，并于会后以书面形式反馈。

三、关于今后几个月重点抓好的几项具体工作

按照“改革要迈出关键一步，同时抓好各项政策落实”的要求，今后几个月，在推进财税体制改革的同时，要重点抓好以下工作：

（一）努力完成全年财政收支目标

针对各地收入增长不均衡、部分地区收入质量不高的问题，要进一步加强对财税收入运行形势的分析研究，完善收入组织工作机制，着力提高收入质量。同时，进一步加强支出管理，严格按照“先有预算、后有支出”的原则，强化预算执行刚性约束；在确保资金安全的前提下，提高预算执行的均衡性和时效性；坚持厉行节约反对铺张浪费，继续实行“五个零增长”，严格控制一般性支出尤其是“三公”经费，按规定停止楼堂馆所资金审批，确保完成全年收支目标任务。

（二）做好2015年预算编制工作

当前我省预算编制工作总的来看是好的，但也存在各地进度不一、水平不一的情况。要紧紧围绕改革部署，紧密结合经济财政形势，按照依法依规、收支平衡、民生优

先、确保运转、厉行节约、盘活存量、规范管理、防控风险、深化改革、透明预算等原则，做好2015年预算编制工作。要加强与深化财税体制改革工作的衔接，在细化预算编制、推动预算公开透明、建立项目库管理机制、试行零基预算管理、建立跨年度预算平衡机制、清理规范重点支出挂钩事项、完善一般性转移支付增长机制等方面进行积极探索。要注重厉行节约，严格落实各项经费管理规定，腾出财力空间确保重点支出。要做好提前下达2015年转移支付指标工作，将中央和省提前下达的转移支付核定到市、县，并将其编入年初预算，提高地方预算编制的完整性。要加强与人大的沟通协调，做好省人大提前介入2015年预算编制议题实施工作，继续完善预算编制意见征询机制。

（三）继续抓好稳定增长各项财政政策落实

增强“主动买单”的意识，提高财政工作前瞻性和主动性。继续支持以交通建设为重点的立足当前、着眼长远的各项基础设施建设，以财政资金投入带动社会固定资产投资平稳增长；大力支持扩大出口、促进进口和综合服务平台建设，推动外经贸稳定增长；积极促进信息消费、支持广货网上行、促进传统商贸服务业发展，增强经济发展的内生动力；积极支持重大产业项目建设、企业技术改造和淘汰落后产能、支持珠江西岸先进制造业产业带建设、加快战略性新兴产业发展、促进产业转移，推动产业发展；认真落实好国家结构性减税和部分涉企行政事业性收费减免政策，切实减轻企业负担。坚持保障和改善民生，大力支持棚户区改造、农村泥砖房改造，继续做好十件民生实事资金拨付工作，组织开展新一轮十件民生实事项目遴选工作，抓好基本公共服务均等化2014年重点工作任务和基本公共服务一体化2014－2015年工作要点的组织实施工作。

（四）认真做好其他重要改革工作

在推进重点改革任务落实的同时，协调推进其他改革事项，进一步加大工作力度，抓好督办、通报、沟通、协调工作，全面落实好财政部门承担的各项改革任务。近期要按照财政部的部署，并结合我省实际，抓紧研究推进的改革工作包括：做好养老保险和工资改革准备工作，开展土地制度改革相关政策研究工作，推进城市公立医院综合改革试点，组织开展事业单位科技成果使用、处置、收益管理改革试点，继续做好司法体制改革相关工作，实施涉农补贴政策改革试点，探索农田水利设施产权制度改革与运行管护机制创新，稳步推进财政支持农民合作社创新试点，制定主要由市场决定技术创新项目和经费分配、评价成果的具体办法，制定政府支持基础性、战略性、前沿性科学和共性技术研究的配套政策等。

（五）加强政府性债务管理

从统计情况看，当前全省政府性债务风险总体可控，但部分地区存在局部风险，不容忽视。全省共有2个市、7个市本级、9个区共18个地区总债务率超警戒水平，粤东西北过半数地区逾期债务率超警戒水平。国务院将出台加强地方政府性债务管理的意见，要求建立以政府债券为主体的地方政府举债融资机制，我省加强政府性债务管理的意见也已印发给大家讨论。各地要切实采取有效措施，加强地方政府性债务管理，有效防控债务风险。要认真甄别存量债务，做好逾期债务清理工作，妥善处置存量债务；要规范新增债务举借，举借债务需按规定审核，并报人大、政府审批；要建立政府性债务规模控制和风险预警机制，防止局部性风险引发区域性、系统性风险；要强化责任追究，把政府债务作为一个硬指标纳入政绩考核。

（六）推进财政信息公开

公开透明是现代财政制度的基本特征，是建设阳光政府、责任政府和服务政府的需要。预算透明本质上是政府行为的透明，把财政运行置于阳光之下，可以推动和倒逼其他改革。国务院即将出台关于深入推进财政信息公开工作的意见，财政部也把建立透明预算制度作为改进预算管理制度的首要内容。我省推进财政信息公开工作行动较早、措施较实、成效较好，但仍有一些地区进度不理想。截至7月底，仍有1个市未公开市本级2014年“三公”经费总预算情况，2个县（市）未公开2014年政府总预算情况，39个县（市）未公开2014年部门预算情况，37个县（市）未公开2014年县（市）“三公”经费总预算情况。各地要充分认识推进财政信息公开的重要意义，进一步细化公开内容、强化公开责任、规范公开格式、完善公开机制，并依法做好保密审查，将公开透明贯穿财政改革和管理全过程。

（七）进一步推进财政信息化建设

今年以来，我们下大力气推进财政信息化建设，取得了一定成绩，但同财政改革发展要求、财政业务管理需要以及其他部门和兄弟省、市相比，我省财政信息化工作仍有较大差距，各系统建设各自为政、信息孤岛、衔接不畅、效率低下等问题仍然突出。省财政厅制定了《加快推进财政信息化建设的实施意见》，正在以整合利用现有网络信息资源和不断优化完善应用系统功能为重点，尽快建成业务规范化、办公自动化、管理智能化、决策数据化、服务高效化的财政信息化体系，更好地服务财政管理工作的改革和发展。省财政厅还将于近期组织分批进行信息化培训和考核。对财政信息化工作，全省各级财政部门负有共同的责任，目前正在推进的业务系统对接、数据库建设、专项资金实时在线监督体系建设等工作，都对市县财政部门协同推进信息化建设提出了迫切的要求。各地要继续予以高度重视，加大力度推动财政信息化建设，要加强与省的上下联动，通过统一业务规范和技术标准、整合核心业务信息系统、建设高效办公系统、搭建一体化综合管理平台及财政数据库和决策分析平台等，促进各级财政信息系统的互联互通和数据共享，为新一轮财政改革提供数据基础和信息保障，切实提高我省财政信息化整体水平。

（八）进一步加强财政监督工作

严肃财经纪律是当前一项摆在突出位置的重要工作，财政部门负有义不容辞的责任。近年来，纪检监察、审计等部门不断披露了一些违反财经纪律的问题和现象，如一些部门私设“小金库”、违规使用专项资金；一些市场主体使用虚假资料申报、骗取财政专项资金；部分直接发放给群众个人的补贴资金，到了基层镇村政策走样、虚报冒领的现象在个别地区十分严重等，从一个侧面反映了财政监督工作的“缺位”。要重振财政纲纪，整饬财政秩序，迫切要求改变财政监管“疲软”的局面，切实提高财政监督的权威性、及时性与有效性。要扩大财政监督的覆盖面，对财政资金收支活动的全过程、执行财务制度的所有单位和个人进行监督；要规范财政监督的方式，实现事前、事中、事后监督检查相结合、财政监督与财政具体业务管理相结合、日常检查与专项检查、重点抽查相结合；要健全财政监督的体系，处理好与审计监督、监察监督、人大监督、社会和舆论监督的关系，整合资源，形成合力；要突出监督的重点，当前要突出抓好省级财政专项资金管理和使用情况的巡查监督和重点抽查、会议费及“三公”经费重点检查和加强一般性转移支付资金监管等。

（九）进一步加强财政干部队伍建设

干事创业，关键在人。当前财政改革任务繁重，迫切需要我们转变思想观念，跳出以往财政工作就是“收收支支”的固有观念，加强作风建设，加快财政工作转型，建设一支政治坚定、作风优良、业务精湛、思路创新的财政干部队伍。一是要强化大局意识、担当意识、机遇意识和“本领恐慌”意识，以强烈的历史使命感、高度的政治责任感和时不我待的紧迫感，认真学习、深入钻研、敢于担当、肯下功夫，把各项改革举措落到实处。二是要大力弘扬脚踏实地、埋头苦干、求真务实的优良作风，营造财政系统风清气正、积极向上、勤奋工作的良好氛围，锤炼实干精神，提高执行能力。三是要引导财政干部树立正确的人生观、价值观，认真落实廉洁从政各项规定，确保全省财政系统的资金安全和干部安全。总之，要切实加强对财政干部的教育管理，引导财政干部严守纪律红线，做政治上的“明白人”、组织上的“可靠人”、工作上的“实在人”、廉政上的“执行人”、生活上的“正派人”和经济上的“清白人”。要继续深入开展好党的群众路线教育实践活动，省财政厅将继续抓好整改落实，并加强对财政系统第二批教育实践活动的指导；各地财政部门要坚持高标准、严要求，善始善终，扎实开展好后续环节活动；要坚持上下衔接，进一步巩固扩大活动成果，以优良作风推动财政改革发展。

（本文系省财政厅党组书记、厅长曾志权2014年8月22日在全省财政局长座谈会上的讲话节选）

在全省财政局长座谈会上的总结讲话

（节选）

省财政厅党组书记、厅长　曾志权

一、关于财政改革任务的落实

率先建立现代财政制度，既是省委、省政府赋予我们的光荣任务，也是我们财政部门义不容辞的责任。我们一定要牢固树立担当意识、机遇意识和责任意识，敢于啃硬骨头，聚精会神、全力以赴，把全面深化财政改革当作当前和今后一个时期全省各级财政部门的头等大事抓紧抓实抓好。深化财税体制改革的总体方案已印发会议讨论，各项改革重点任务的目标任务和推进路径我在上午也作了介绍，关键是要行动起来，抓好落实。一是把握正确方向。要按照胡春华书记关于改革要推动经济社会发展和提高政府治理能力的指示精神，始终坚持从服务全省经济社会发展大局出发，设定改革目标任务、制定实施改革措施、总结评价改革效果，确保改革沿着既定正确目标推进。二是坚持统筹兼顾。财政改革作为全面深化改革中具有“四梁八柱”意义的重要组成部分，涉及经济社会发展各个方面，可谓牵一发而动全身。这就要求我们坚持立足全局，通盘考虑，注重改革的整体性和适应性，既要充分发挥财税体制改革作为整体改革突破口和基础支撑作用，又要与其他改革相互衔接、协同推进、形成合力。三是注重重点突破。省厅拟定的总体方案坚持突出重点、以点带面，选取改进预算管理制度、建立事权和支出责任相适应制度、探索构建地方税体系、推进基本公共服务均等化、政府公共资源向各类投资主体公平配置作为重点改革任务。各地既要突出与中央和省的总体部署保持一致，又要从本地实际出发，把握好改革的重点和节奏。四是加强上下联动。省厅负责各项改革的牵头处室要加强业务指导，主动与市县财政部门沟通联系，注意听取各方面的意见，周密制定具体实施方案，并加强对地方改革经验的宣传。市县财政部门要在积极配合省厅开展各项改革的同时，积极探索，争取在某些领域改革方面先行先试，并及时反馈改革推进中的有关情况和意见建议，形成上下联动、合力推进的良好局面。

二、关于抓好收支管理工作

收支管理是财政工作的“主业”。目前，全省财政收支管理总体情况是好的，但同时也面临三个突出问题：一是部分地区非税收入比重过高；二是支出进度偏慢；三是结余结转资金规模过大。分组讨论时，相关市也对这些问题进行了分析说明。应该说，收入质量不高、支出进度偏慢以及结余结转资金规模过大的原因是多方面的，包括历史原因，管理缺失，制度和政策上的调整等，要解决这些问题既不是一朝一夕的事情，也不是财政部门能够独立处理好的，但作为收支管理的主要负责部门，财政部门必须多想一些办法，认真研究行之有效的解决措施，总体思路是“一改革一提高一加快一降低”，即改革收入考核办法、提高收入质量、加快支出进度、降低结余结转资金规模。一是改革收入考核办法。财政收入考核由收入任务向收入预期转变，取消任务下达，抑制地方政府过分的“增收冲动”。二是切实解决非税收入比例过高的问题。首先在思想上要认识到非税收入多数是一次性收入，不具有可持续性，一旦政策上有变化，便对整个收入盘子造成极大影响。按照使市场在资源配置中起决定性作用和更好发挥政府作用的要求，清理减免行政事业性收费是大势所趋，过多依赖非税收入将难以为继。同时，财政收入质量下降虽然体现的是收入问题，但与支出问题密切相关，必须把提高收入质量与加强支出控制结合起来考虑。一方面，要严格执行“收支两条线”制度，将非税收缴与财政拨款支出脱钩，抑制执收部门增加非税收入的冲动，坚决制止为追求财税收入增幅而充大非税收入行为。另一方面，要通过严格控制一般性支出，降低行政运行成本，减少非税收入增长需求，增强财政综合平衡能力。三是采取有效措施把支出进度抓上去。通过建立健全支出台账制度、优化资金拨付工作流程、完善预算资金拨付制度、建立支出提醒督促工作机制等，多措并举加快支出进度。近日，财政部已经印发了预算支出进度考核办法，明确规定对省级支出进度进行考核，对支出进度排名靠后的，由厅领导到财政部当面说明。下一步，省厅将参照财政部的做法，对预算执行排名靠后的市县财政局负责人进行约谈通报，并探索将支出进度考核情况与转移支付相挂钩。四是切实把结余结转资金规模压下来。全省各级财政部门要继续把盘活存量财政资金、压减结余结转资金作为一项重要工作抓好，把闲置、沉淀的财政资金用好。首先，要结合近年来审计部门对存量资金的审计情况，进行全面清理，尽快摸清底数。对需要保留的，要尽快分解下达，加快支出进度；对连续多年结转的资金，要及时调整用于稳增长惠民生等重点领域和急需支出。其次，对一定额度以上的支出项目，在预算编制和执行环节进行绩效管理，对项目执行进度慢，绩效水平低、可能形成较多结余转资金的项目，要及时消减预算，提高资金使用效率。最后，要探索建立支出进度与预算分配挂钩制度，对结余转资金规模较大、预算执行率较低的部门，从编制2015年预算开始，相应压减其专项支出控制数规模。

三、关于完善转移支付制度

在讨论中，部分市、县提出，转移支付制度还不尽完善，能够发挥调节作用、具有均等化功能的一般性转移支付规模偏小，专项转移支付项目繁杂、交叉重复、资金分散、配套过多，影响了改革目标的实现和政策实施效率，建议推进压减专项扩大一般工作，增强市县自主理财权。另外，有些市县特别是欠发达地区市县提出省级要加大转移支付力度、减少地方配套或配套要求不能“一刀切”，这些实际上也与完善转移支付制度密切相关。解决这个问题的核心不在于转移支付资金规模的大小，而在于是否实现了事权和支出责任相适应，关键要按照“压专项、增一般、提绩效”的思路，调整完善转移支付的结构和方式。党的十八届三中全会关于全面深化改革若干重大问题的决定明确提出，要完善一般性转移支付增长机制和清理、整合、规范专项转移支付项目，逐步取消竞争性领域和地方资金配套，这是财政部门推进压减专项扩大一般、完善转移支付制度的“尚方宝剑”，我们一定要用好用到位，破解部门阻力，扎实推进改革。近两年，按照省委、省政府的决策部署，省级开展了压减专项扩大一般改革，对省级财政专项资金进行了全面清理整合，仅公共财政预算专项资金的项目数量就压减了274项、下降43%，金额减少151亿元、下降25%，效果明显，2014年省级一般性转移支付占转移支付的比重达53%以上，比2012年提高了约17个百分点，计划在2015年要提高到60%左右。但推进清理整合专项转移支付工作需要全省各级财政部门形成合力，市县财政部门要发挥贴近基层的优势，承担起部分适合地方管理的专项转移支付项目审批和资金分配工作，加强对本级专项转移支付资金的清理整合。同时，统筹使用好省财政一般性转移支付资金，按照民生、运转、协调发展三方面支出的先后顺序安排，重点保障国家和省出台的各项政策和补助标准足额落实。

四、关于加强专项资金管理

省委、省政府对加强专项资金管理高度重视，去年省政府出台了新的省级财政专项资金管理办法，对专项资金的申报、拨付、监督检查、绩效评价和信息公开提出了更为严格的要求。省厅配套制定了专项资金目录管理、联席审批、信息公开、竞争性分配的办法及常规性监督检查工作方案，并将在近期完成对400多项专项资金具体管理办法的制定和修订，构成比较完备的省级财政专项资金管理体系。同时，依托省政府网上办事大厅建立专项资金管理统一平台，办理所有省级专项资金的申报和信息公开等，目前已经上线运行，效果很好。各级财政部门对加强专项资金管理都要高度重视，这不仅是提高财政管理水平的一项重要内容，对发挥财政源头防腐作用也有重要意义。首先，要严格按照省级财政专项资金管理的各项规定要求，发挥就近监管的优势，做好资金的组织申报、审核拨付工作，配合省厅把好关。省厅每年将组织开展巡查监督和重点抽查，加强对违规申报、审批、拨付和使用专项资金管理的责任追究。其次，各地也要加强对本级专项资金的管理，研究完善专项资金管理制度，建立覆盖专项资金管理使用全过程的监管机制。

五、关于推进预决算信息公开

当前，推进预决算信息公开、提高财政透明度是社会关注的一个焦点问题，是大势所趋。近年来我省在推进预决算公开方面做了大量工作，很多举措走在全国前列，但全省来看，省级做得较好，市级次之，县级还有待提高；政府预决算公开情况较好，部门预决算公开还要加大力度。按照财政部的要求，除涉密信息外，所有使用财政资金的部门均应公开本部门预决算，尤其是财政资金安排的“三公”经费要全部公开，政府预决算要细化公开到项级科目，专项转移支付预决算按项目按地区公开。这些部署和要求，对我们而言既是压力也是动力，必须认真落实好。首先，要转变工作思维和理念。对我们财政部门而言，推进预决算信息公开是“好事一桩”，有利于借助外部监督力度倒逼部门规范用财，减轻财政部门压力，应积极主动推进。其次，要认真做好预决算公开的组织实施工作。预决算公开是一项政策性、技术性很强的工作，全省各级财政部门要按照统一部署，规范工作程序，做好保密审查，严肃公开纪律，积极稳妥推进；要注重加强对部门的指导，及时掌握进展，加强督促考核。对预决算公开过程中社会普遍关注的问题，及时主动回应，注意引导舆论。最后，要把基础工作做细作实，通过提高预算编制水平、严格预算执行等，让公开的预决算信息经得起“曝晒”。

六、关于加强财政监督工作问题

既要充分发挥财政监督职能，也要配合做好其他监督工作。一是完善财政自身监督体制机制。进一步提高财政监督的权威性、及时性与有效性，严肃财经纪律，重振财政纲纪，整饬财政秩序。二是自觉接受审计监督。要积极配合审计部门做好土地出让金审计、年度收支审计工作，注意工作方式方法、加强同审计部门的沟通协调。三是自觉接受人大监督。这里我特别强调一点，加强与人大代表的沟通联系是财政部门自觉接受人大监督的必然要求。这两年，省厅在加强与人大代表沟通方面采取了一些措施，例如，预算编制工作开始前发函征求人大代表的意见；预算编制中由党组成员带队到各地市，与省人大代表进行座谈，听取对预算编制的意见建议等。总体来看，效果不错。这项工作得到了各市的积极支持，但我们也发现，各地参加座谈的省人大代表比例不高，与人大代表沟通的覆盖面还有待进一步提高。现在，2015 年预算编制工作已经陆续开展，各级财政部门要进一步抓好同人大代表的沟通工作，听取对预算编制工作的意见建议。希望市县财政“一把手”要亲自抓，既要积极配合省厅做好与本地省人大代表的沟通交流工作，也要切实加强与本级人大代表的沟通交流，特别是要做好 2015 年预算编制的意见征询工作，采取多种方式听取人大代表的意见建议，提高人大代表对预算编制工作的满意度。四是关注社会舆情，自觉接受社会监督。要及时关注社会舆情、民情民意，特别是有些批评的声音尽管很出格、很刺耳，但也应正确看待，使接受监督的过程成为提高认识、改进工作的过程，把社会监督的压力转变为深化财政改革发展的强大动力。五是认真做好绩效评价工作，探索建立绩效预算。我省推进预算支出绩效评价工作行动早、措施实、效果好。要在前期工作的基础上，继续深化绩效评价改革，完善财政支出绩效社会评价体系，强化财政支出监督，探索建立绩效预算，提高资金使用效益和政府公信力。

（本文系省财政厅党组书记、厅长曾志权 2014 年 8 月 22 日在全省财政局长座谈会上的总结讲话节选）

领导干部要做清正廉洁的表率

（节选）

省财政厅党组书记、厅长　曾志权

一、增强廉政意识，做一名敬畏纪律的领导干部

古人说：“心有所敬，行有所循；心有所畏，行有所止”。对党员领导干部而言，应有对纪律和廉政的敬畏之心，遵循廉政要求、止于纪律禁令，首要的就是增强廉政意识，做到内化于心，外化于行。具体而言，就是要强化身份意识、规矩意识和红线意识。一是要强化身份意识。纪律与身份紧密相关，对不同的人，有不同的纪律要求，只有准确把握好自己的身份，才能更好地守纪执纪。我曾

经讲过，作为党员领导干部，有共产党员、国家公职人员、领导干部等多重身份。作为共产党员，有党纪约束；作为国家公职人员，有政纪规范；作为领导干部，有以身作则、率先垂范的高标准要求，这决定了我们党员领导干部必须时刻牢记自己的身份，坚持以党纪政纪法纪为准则，谨言慎行，使自己的言行与共产党员、公职人员、领导干部的身份相符，绝不说与身份不符的话，绝不做与身份不符的事。二是要强化规矩意识。“没有规矩，不成方圆”。对党员领导干部而言，党纪政纪法纪就是我们的行为规矩。任何时候我们都要将自己的所言所行纳入到党纪政纪法纪的规矩之内，纳入到廉洁从政的要求之中，无论是制定财政政策、分配财政资金、监督资金使用，还是开展行政审批、加强资产管理、实施绩效评价，都要依法行使权力、履行职责，时时以党纪政纪法纪来规范自己，事事以廉洁从政规定来约束自己。三是要强化红线意识。红线就是警戒线、高压线，不可触摸、不可逾越，这是纪律的特征。全厅每位党员领导干部都要真正把党纪政纪法纪和廉洁从政各项规定作为带电的高压线，切实把纪律和廉洁要求转化为自己的行为规范，对政治纪律、组织纪律、廉政纪律、工作纪律、生活纪律、财经纪律、人事纪律、保密纪律等各项纪律要心存敬畏，绝不做违反党纪政纪法纪红线的事。特别要指出的是，要严格遵守保密纪律，密件流转、移动办公设备使用等必须严格遵守保密各项制度规定，绝不能在保密纪律上出问题。

二、主动接受监督，做一名用权谨慎的领导干部

主动接受监督，是领导干部的责任和义务，也是抵制各种不正之风、正确行使权力的坚实屏障。王岐山同志在我省工作的时候，在一次全省财政工作会议上曾说过：“信任不能代替监督”。领导干部在腐败问题上没有“终身免疫力”，只有自觉接受监督，才能及时发现和纠正各种错误的认识，才能保证正确履行职责，才能经受住社会上各种各样的诱惑。当前，我厅绝大部分领导干部都能认识到自觉接受监督的重要性，落实领导干部个人重要事项报告等有关规定也比较到位，但仍然有极个别同志对主动接受监督还认识不清、把握不准，不能正确对待监督。有的同志提到“监督”两字就反感，浑身不舒服，认为这是组织和上级领导对自己的不信任，是同事和群众与自己过不去，总是想方设法逃避监督，更不用说主动接受监督；有的同志虽然认识到应该主动接受监督，但对监督的作用不以为然，认为监督不过是“摆设”，起不了作用；有的同志认为接受监督只是在工作范围内，“8 小时”之外应该自己说了算，可以不接受监督，如此等等。

自觉接受监督是领导干部应有的政治胸怀。在座的每位同志都要对照一下，看看自己是能主动接受监督，还是一听到批评意见，就暴跳如雷、气急败坏，甚至要采取各种手段去报复别人。从根本上讲，监督不仅是约束，更是对干部的关心和保护。陶铸同志说过，“心底无私天地宽”。每位党员领导干部要有主动接受监督的自觉性，做带头接受监督的表率。一方面，要在认识上到位。大家都知道，培养一个领导干部不容易，加强对领导干部的监督，就是为了防止和减少领导干部犯错误，实际上就是保护领导干部。说到底，自觉接受监督是为自己好，要做到乐于接受监督、主动争取监督、真诚欢迎监督，切不可“叶公好龙”，表面上“欢迎监督”，实际上“不要监督”，出事了“后悔没有监督”，真正养成在监督下工作和生活的习惯。另一方面，要在行动上到位。首先，要带头发扬民主、接受批评。要坚持集体领导，不以个人意志代替集体意志，不以个人表态代替集体讨论，做到兼听则明，特别是对于资金分配、行政审批等重要事项，要严格落实处务会议集体决策制度，不能一个人或极少数人说了算。要有接受批评的气度，“有则改之、无则加勉”，在班子内部营造敢于监督、敢于批评的良好氛围。其次，要带头执行监督制度，牢固树立制度约束没有例外的意识，严肃认真地对待民主生活会、述职述廉等，如实向组织报告个人重大事项，资金分配、行政审批等职权行使过程中要严格按规定做到公开透明，主动接受监督。再次，要带头运用监督手段来促进工作，特别是当前社会各方对财政工作越来越关注、财政改革步入深水区面临更大阻力的情况下，要善于借助监督发现问题、解决问题，比如通过推进预决算信息公开倒逼部门规范用财，通过实施专项资金“八公开”借助社会监督加强财政专项资金管理等。

三、提高履职能力，做一名守土有责的领导干部

对领导干部来说，责任无处不在，担当义不容辞，党把我们放在领导岗位上，从事重要的财政工作，就应该做到守土有责、守土负责、守土尽责。守土有责，首先要解决守什么土、尽什么责的问题。我认为，在其位，就必须谋其政、尽其职、竭其力。落实省委、省政府的决定和厅党组交办的工作，就是应当守住的土，应尽的责。总的来说，在座的绝大部分责任心都很强，都有担当精神，这是近年来我省财政能够一步一个脚印、一年一个台阶，各项改革顺利推进、各项工作取得突出成效的重要保障。但同时，也有个别同志责任心不强，对待工作挑三拣四、怕苦畏难，办事拖拉、敷衍塞责，不思进取、不敢担当，在按照厅的统一部署，推进财政改革、落实各项工作任务的进程中，还存在着力度不一、决心不一、进度不一、成效不一的现象。希望这些同志能够明白，在其位就要谋其政，如果在其位而不谋其政，那就是失职！

“打铁还需自身硬”。守土有责体现的是责任，但基石是能力。要做到守土有责，就必须加强学习修养，注重实践锻炼，既要有守土有责的高度自觉，也要有守土有责的能力本领。具体而言，就是要强化担当意识，敢于担责负重，敢于攻坚克难，“明知山有虎，偏向虎山行”，对自己

主管和分管的工作，不管是多尖锐的问题也要迎难而上，不管是多繁重的任务也能站得出来。要练就过硬本领，时刻保持强烈的“本领恐慌”，注重在“学中干”、在“干中学”，敢于突破固有的思维定式，创造性地开展工作，不断提高履职能力。要提高执行力，强化效率意识，有“等不起”的紧迫感、“慢不得”的危机感，落实省委、省政府的决策部署和厅党组交办的工作任务雷厉风行、一抓到底；严格执行首问责任制和重点工作限时办结制以及党政领导干部问责办法，对工作落实不力、效率不高的严格问责。要改进工作作风，充分发挥领导干部的“主心骨”的作用，躬身亲为，发扬钉钉子的精神。落实到具体工作中，每位同志都要坚持从我做起，无论在哪个工作岗位上，都要把自己摆进去，做好服务全局的工作；要从本职工作做起，忠于职守，脚踏实地，高标准地做好分内的事；要从日常小事做起，一步一个脚印地把看似单调的“小事”做实，把看似平凡的“小事”做好。要强化导向作用，进一步完善选人用人制度，坚持“凭能力定使用、靠实绩求进步”，以德选人、以能取人、以实绩用人，同时强化治庸问责，奖勤罚懒，营造风清气正的干事创业氛围。

四、坚持严于律己，做一名率先垂范的领导干部

“火车跑得快，全靠车头带”。检验领导干部是否称职、是否优秀的一个重要标准，就是能否做到以身作则，率先垂范，通过自己的言行，做一个好的表率。我认为，每位党员领导干部都要以高于普通党员干部的标准要求自己，时时、事事、处处严于律己，讲党性、重品行、守纪律、比贡献，做到“已身先，以率人之行”，当好“旗帜”、竖好“标杆”、带好队伍。具体体现在以下三个方面：

一是坚持立德修身。古人云：“修身齐家治国平天下”，把修身放在第一位，足见其重要性。《党政领导干部选拔任用条例》明确规定，在选拔干部过程中要坚持德才兼备、以德为先。实践也证明，只有具备好的道德品行，做人才有底气，做事才有硬气，做官才有正气。如何立德修身？习近平总书记指出：“严以修身，就是要加强党性修养，坚定理想信念，提升道德境界，追求高尚情操，自觉远离低级趣味，自觉抵制歪风邪气”。我们要按照习近平总书记的要求，坚持立德修身，做道德品行的表率。一方面，加强党性修养，坚定理想信念。要不断改造锤炼自我，树立正确的世界观、人生观、价值观和权力观；要坚定政治立场，在思想上、政治上、行动上自觉与党中央保持高度一致，始终保持清醒的头脑，在任何情况下都做到信仰不变、立场不移、方向不偏。另一方面，保持高尚精神追求，培养良好生活情趣。要保持淡泊名利、感恩知足的心态，克服心浮气躁、急功近利的观念，正确对待个人职务变动、进退留转，以律人之心律己，做到容人、容事、容言；要加强自律自省，坚守正道、弘扬正气，襟怀坦荡、光明磊落，不做“两面人”，人前和人后一个样，工作时间和业余时间一个样。同时，要严肃生活纪律，培养健康的生活情趣，管好自己“八小时”之外，尽量减少不必要的应酬活动，正确处理对外交往和人际关系，不和社会上一些别有用心的人或者是与我们财厅有资金往来的企业单位搅在一起，谨记省纪委黄先耀同志书记在省“三纪教育”学习班上提出的“六点警示”，对什么事情不能做、什么东西不能拿、什么地方不能去、什么朋友不能交，要做到心中有数。

二是带头遵纪守法。前不久在给全厅党员干部上党课时，我提出每位党员干部要做政治上的“明白人”、组织上的“可靠人”、工作上的“实在人”、廉政上的“执行人”、生活上的“正派人”、经济上的“清白人”。每位领导干部要以身作则，带头执行，做到“言有承诺行有示范”。厅党组要履行好党风廉政建设的主体责任，作为党组书记，本人也应履行好第一责任人的责任，在这里，我向大家承诺，要求你们做到的，我一定带头做到；要求你们不做的，我一定带头不做。希望各位厅党组成员、各位处领导带头，为普通干部作出表率。一是要强化全局意识，牢固树立全厅“一盘棋”的整体意识，凡事从维护全厅形象的角度去思考、研究和处理，绝不能“屁股指挥脑袋”，打个人、处室的“小算盘”，更不能“胳膊肘往外拐”，做有损我厅集体形象和整体利益的事情。二是要坚持令行禁止。“上下同欲者胜”。党员领导干部带头遵纪守法，重要的一条就是要带头做到令行禁止。对于厅党组或厅长办公会议已经确定的工作任务要坚决落实，严禁有令不行，有禁不止，坚决反对自由涣散和各行其是。要做到对外一个声音，不允许对厅党组集体做出决定的事情发出杂音，干扰甚至阻扰决策执行。三是要提高执行政策的能力和水平，强化自我约束，带头严格执行厅机关工作规则及各项规章制度，不允许个人凌驾于组织之上，不允许有不服从纪律的“特殊党员”、“特殊干部”。

三是落实“一岗多责”。“一岗多责”，对于各级领导干部来讲，就是既要做好本职工作，确保各项目标任务圆满完成，又要承担加强党风廉政建设、带好队伍等职责。在座各位同志应该认识到，能不能落实“一岗多责”，对下属干部的成长、全厅干部队伍的建设影响都很大，必须牢固树立抓不好党风廉政建设、带不好队伍就是严重失职的理念，坚持“谁主管、谁负责，一级抓一级、层层抓落实”。各厅领导要在改进自身作风当好表率的同时，落实好“一岗双责”、谈心谈话等制度，抓好分管处室、单位的党风廉政建设工作；各处室、单位也要种好自家的“责任田”，教育好、管好下属党员干部。要按照我厅党风廉政建设责任制考核暂行办法，强化厅各处室、单位在党风廉政建设中的责任，对发生违纪违规的，发现一起处理一起，实行一票否决，对该处室、单位年度党风廉政建设责任制的考核得分直接得零分，并取消该处室、单位年度考核评优和评选各类先进的资格。

五、坚持善抓善管，做一名言传身教的领导干部

领导干部的言传身教，可以影响和带动周围一批人，对于营造良好的风气、推动各项工作开展具有不可估量的作用。加强言传身教，做好“传帮带”，领导干部责无旁贷。一直以来，我厅在上下传承方面是做得很好的，厅各党组成员带头抓，各处室也做了大量工作，绝大部分处级领导干部在坚持敢抓敢管、善抓善管，做好言传身教带好队伍方面是到位的。但也有一些领导干部在这方面的认识和措施不到位。特别是在个别处级领导干部身上，还存在着如下不足：一是只管业务不带队伍，片面地认为只要把业务工作搞好就可以了，对干部的教育管理则不够重视，平时不注意掌握干部的思想动态，对苗头性问题不能早发现、早提醒、早纠正。二是只交工作不教方法，对厅党组的工作部署，对厅长办公会议议定事项，回来就吩咐经办同志去干，至于如何干，则完全不讲，既不开会研究、也不给予指导，完全靠经办人摸索，自己当“甩手掌柜”。三是只会批评不懂激励，有的处室负责同志缺乏领导艺术，只会批评式地开展工作，自己水平一般，但对下属工作却是百般挑剔、吹毛求疵，让经办同志无所适从，做得好也没有肯定和鼓励，功劳都是自己的，责任都是他人的，整个处室气氛压抑。四是只会签名不管把关，有的处领导喜欢当“签名处长”、“二传手”，不审核不把关，有的公文在副处长、处长签名后，还错漏百出，甚至是错别字、错用年份、大段重复、数据前后不一致等低级错误。这些不仅没有体现领导干部言传身教的作用，反而起了很不好的负面影响。

领导干部和一般干部相比工作时间相对较长，岗位锻炼和阅历较多，实践经验更加丰富，将自己掌握的知识、经验传授给年轻同志，当好干部成长的“垫肩人”，我们的财政事业才能一代代传承、发展。领导干部都是一步步成长上来的，某种意义上，现在的领导干部曾经也是言传身教和“传帮带”的受益者。因此，每位领导同志都应有这样的觉悟，要坚持善抓善管，发挥言传身教“润物细无声”的作用。要坚持既交工作也教方法，敢于放手放胆让下属开展工作，并注重教工作方法，毫不保留地将自己掌握的知识、经验，甚至是“看家本领”传授给下属，让年轻干部尽快成长，让实践证明的好办法、好经验、好作风不断传承下去。要坚持批评促动和激励引导相结合，善于做干部的思想工作，对做得不好的，要及时指出，批评指正，促进不断改进提高；对做得好的，要予以肯定，勉励继续发扬；对尽力了但因为能力所限做得不够的，要把握批评的分寸，尽量不要挫伤下属的积极性；对态度不正、作风不实的，要严肃批评，坚决制止，总之要引导形成弘扬先进、摒弃落后、奋发向上、创先争优的良好氛围。要做到身教重于言传，“喊破嗓子不如做出样子”，领导干部要身体力行地做到言行统一，能用行动作示范的，绝不用生硬的说教；该自己分内把关的，绝不敷衍塞责，把责任下移，自觉做到用好的作风带干部。

六、坚持预防和惩罚相结合，做一名讲原则敢担当的领导干部

习近平总书记指出，坚持原则、敢于担当是党的干部必须具备的基本素质。什么是讲原则敢担当？我认为，就是事不避难，勇于负责，不回避矛盾，不推卸责任，不前怕狼后怕虎；就是忠于职守，尽职尽责，开展工作不计个人得失，批评教育不瞻前顾后，敢抓敢管、一抓到底。讲原则敢担当，体现的是胆识、魄力和责任感；不讲原则不敢担当，只当“好人”不唱“黑脸”，该管的事情不敢管、不敢抓，怕得罪人，则必然风气不正事业难成。在廉政和纪律建设方面，对一名领导干部而言，关键是用好预防和惩处两个手段。一是抓预防。要抓好对干部的教育管理工作，对于一些不良的苗头性倾向性问题和现象，要尽早发现，及时纠正，多诫勉谈话，多敲警钟，敢于指出干部出现的错误，绝不可当“老好人”，视而不见、放任自流，让其在错误的道路上越走越远。对自身存在的各种问题，也要时时反省，加以纠正。要加强对关键岗位的廉政风险防控，按全厅惩防体系建设的统一部署，不断完善各项规章制度，堵塞漏洞，让干部少犯错误、不犯错误。二是抓惩处。在大是大非面前敢于坚持原则，在各种歪风邪气面前敢于坚决斗争，遇到问题敢抓、敢管，敢碰硬，不怕得罪人。要严格落实我厅党风廉政建设责任制考核暂行办法、工作人员问责暂行办法、廉洁从政若干规定等规章制度，凡事出于公心，一把尺子量到底，该“唱黑脸”的时候“唱黑脸”，严肃违纪责任追究，绝不姑息迁就，绝不遮丑护短，有效发挥惩处的震慑和警示作用。

最后，我还要强调一点，这次“三纪”教育学习会的效果，既要体现在思想上有触动，更要体现在工作中有行动，不能“只见楼梯响，不见人下来”。希望大家将这次学习讨论和思考的成果真正运用到各项工作中去，抓落实，见行动，动真格，以遵守纪律、推进工作的实际成效检验学习教育的成果。

（本文系省财政厅党组书记、厅长曾志权2014年8月27日在全厅副处级以上干部“三纪”教育学习会上的讲话节选）

再接再厉　扎实推进
努力当好基本公共服务均等化排头兵

（节选）

省财政厅党组书记、厅长　曾志权

一、求真务实、扎实工作，惠州市综合改革试点取得明显成效

从2012年被省委、省政府确定为基本公共服务均等化综合改革首个试点市以来，惠州市凝聚共识、精心组织、周密安排、积极探索、扎实推进，综合改革试点工作成效明显，实现预期目标，得到了省委、省政府的充分肯定和各界的一致认同。省政府办公厅在《关于扩大基本公共服务均等化综合改革试点的通知》中对惠州市的综合试点工作给予高度评价，指出“惠州市在构建有利于基本公共服务均等化的体制机制及解决基本公共服务均等化深层次、结构性矛盾等方面取得了较好的成效，积累了一定的经验”。在建设幸福广东测评中，惠州市主观评价连续两年居全省第一；在2012年度全省基本公共服务均等化绩效考评中，惠州市的所有指标均达到优秀等级，目标任务完成率达到99.74%，居全省第一；在2013年省实施珠三角规划纲要工作评估中，惠州市以较大优势高居榜首。

我认为，惠州之所以能够取得如此令人欣喜的成绩，根本一点就是惠州市能够结合实际、大胆创新，在经济社会发展各项工作同步推进的基础上，对基本公共服务均等化试点工作下大力气，在试点中突出了改革的全局性、创新性和协同性，探索出一套具有示范性的制度体系和工作框架。主要体现在以下“六个突出”：一是突出组织保障，搭建高效工作推进框架。建立了由书记、市长亲自抓，常务副市长具体抓，横向覆盖到部门、纵向延伸到县（区）甚至到镇（衔）的工作推进网。根据专题领域，明确对口部门为牵头部门，负责制定专题实施细则，并制订详细的综合改革试点工作进度安排表，分工负责明确，定期进行考核，形成目标倒逼机制，确保工作扎实推进。二是突出系统覆盖，编织基本公共服务均等化网络。确定基础保障项目，由公共财政统一标准、托底保障，适度集中力量，优先解决群众最基本、最关心、最迫切的公共服务需求。在此基础上，加快顶层设计，编织完善保障有力、覆盖全民、充分体现底线公平、机会均等的基本公共服务体系，2014年覆盖的基本公共服务项目已达到231项。三是突出多元参与，完善公共服务投入体系。通过加大财政投入力度、设立专项统筹资金、建立横向转移支付机制和国有资产收益收缴机制等，建立财政投入保障机制。并在坚持公益事业发展由政府主导的原则下，用财政贴息、补助、奖励、竞争性分配等方式引导和撬动社会资金投入，探索基本公共服务多样化供给形式，提高了公共服务效率和质量。四是突出公平公正，改革公共服务付费方式。通过完善公共租赁住房租金补助方式等，将政府对公共服务生产者的补助转变为对消费者的直接补助，让老百姓在享受公共服务时更有自主性；大力推行电子教育券、文化消费卡、公共卫生券等公共服务券，将基本公共服务向困难群体倾斜，向异地务工人员延伸，保障每一位公民平等享有基本公共服务。五是突出管理创新，构建公共服务要素流转机制。打破城市中小学与农村中小学属地管理、条块分割的格局，在全省率先实施“城乡教育联动发展计划”和“县管校用”的巡教制度；出台综合医疗卫生单位对口帮扶乡镇卫生院实施方案，促进优质医疗卫生资源向基层倾斜。六是突出以人为本，确保群众得到更多实惠。通过推进改革试点，基本公共服务支出占比持续提高，基本公共服务水平差距不断缩小，基本公共服务覆盖范围明显扩大，基本公共服务保障标准显著提高，群众得到了实实在在的实惠，社会反响良好。

惠州这些成功的做法和经验，为全省推广提供了有益的借鉴。省委、省政府对惠州改革试点工作成绩予以充分肯定，指示我厅跟踪总结，及时推广，支持惠州市进一步深化改革试点。

二、再接再厉、勇创佳绩，努力当好基本公共服务均等化排头兵

为巩固和发展惠州市综合改革试点工作成果，创建更多的基本公共服务示范区，带动全省加快基本公共服务均等化步伐，省委、省政府决定扩大综合改革试点范围，作为深化财政改革的一项重要内容和我省推进改革先行先试的一项重要举措。按照省委、省政府的部署，今年将江门、阳江、清远纳入均等化综合改革试点，下一步还将扩大到全省范围。惠州作为我省首个试点市，有必要也有能力为

全省改革试点提供更多的实践经验。希望惠州市继续积极开拓进取、大胆创新，当好综合改革试点的开路先锋和均等化工作的排头兵。下面，就继续推进综合改革试点工作，我提三方面建议：

（一）适应新形势新要求，进一步明确目标路径

经济社会发展的新要求、全面深化改革的新形势、推进基本服务均等化的新任务，都要求惠州市摆脱思维定式和路径依赖，根据新形势新要求，调整完善目标路径，赋予更多创新元素，做到"三个结合"。一是与促进经济社会发展相结合。要按照省委、省政府的工作部署，把改革试点工作纳入经济社会发展大局进行统筹谋划，增强改革试点的系统性，更多地释放改革"红利"，推动惠州市经济发展和民生改善。二是与其他各项改革相结合。一方面，要突出基本公共服务均等化与其他改革事项、特别是民生领域改革事项间的内在联系，协同推进改革，增强改革合力。另一方面，惠州市已经成为纵向权责清单试点市，我厅也准备报请省委、省政府决定将惠州作为建立事权和支出责任相适应制度的试点市，要积极探索市以下基本公共服务权责划分，促进各级政府事权和财政支出责任相适应，以财力均衡促进基本公共服务均衡。三是与贯彻实施《规划纲要》修编版相结合。今年，我省对《广东省基本公共服务均等化规划纲要（2009－2020年）》进行了修编，进一步拓宽了基本公共服务保障范围，细化了实施阶段目标和措施，重新测算了财力需求和完善了配套政策体系，并对推进基本公共服务均等化常住人口全覆盖、创新基本公共服务供给方式等提出了明确要求。惠州市要按照《规划纲要》修编版要求，结合本地实际，进一步细化目标任务，完善政策措施，使改革试点更加符合新形势的要求。

（二）坚持问题导向，进一步增强改革实效

我省2009年率先推进基本公共服务均等化以来，取得了显著成效，但仍然存在地区、城乡间基本公共服务水平差异明显，不同群体享受基本公共服务不均衡，基本公共服务投入数量、公平程度不足等问题。从我省对率先全面建成小康社会量化指标的监测结果看，很多短板指标反映了我省民生领域的薄弱环节，包括城乡居民人均收入指数、人均公共文化财政支出、城乡居民家庭人均住房面积达标率、基本社会保险覆盖率、主要污染物排放强度指数、城市生活垃圾处理率等。同时，惠州在近两年多推进基本公共服务均等化的过程中，也遇到了一些如政府主导和社会参与如何协调、无限需求和有限财力如何统筹、户籍人口和非户籍常住人口诉求如何兼顾等比较棘手的问题。针对这些问题和矛盾，要进一步强化问题意识，找准症结，理清思路，采取有针对性的改革措施加以解决，确保改革落到实处、取得人民满意的实效。

（三）丰富方案设计，勇于探索创新

基本公共服务均等化是一项复杂的系统工程，对其长期性、艰巨性要有充分的认识和准备。随着经济社会的发展，基本公共服务均等化内涵外延不断拓展，党的十八届三中全会和省委十一届三次全会对各项民生领域改革作出了新部署，提出了新要求，我们要认真贯彻落实，在更多新的领域探索新的经验。如在推进城乡要素平等交换和公共资源均衡配置方面，要鼓励社会资本投向农村建设，允许企业和社会组织在农村兴办各类事业，统筹城乡基础设施建设和社区建设。在推进农业转移人口市民化方面，要稳步推进城镇基本公共服务常住人口全覆盖，把进城落户农民完全纳入城镇住房和社会保障体系，在农村参加的养老保险和医疗保险规范接入城镇社保体系。在大力促进教育公平方面，要健全家庭经济困难学生资助体系，实行公办学校标准化建设和校长教师交流轮岗，构建利用信息化手段扩大优质教育资源覆盖面的有效机制，逐步缩小区域、城乡、校际差距。在深化基层医疗卫生机构综合改革方面，要健全网络化城乡基层医疗卫生服务运行机制，充分利用信息化手段，促进优质医疗资源纵向流动，加强区域公共卫生服务资源整合。在建立公共文化服务体系建设协调机制方面，要统筹服务设施网络建设，促进基本公共文化服务标准化、均等化；建立群众评价和反馈机制，推动文化惠民项目与群众文化需求有效对接。在完善社会保障制度方面，要建立健全合理兼顾各类人员的社会保障待遇确定和正常调整机制，完善社会保险关系转移接续政策，扩大参保缴费覆盖面，适时适当降低社会保险费率。在完善基本公共服务均等化投入机制方面，要提高国有资本收益上缴公共财政比例，更多用于保障和改善民生等。希望惠州市继续发扬敢为人先的精神，在新的领域进一步探索推进基本公共服务均等化体制机制新经验。省财政厅作为全省推进基本公共服务均等化的牵头职能部门，也将一如既往地继续给予惠州市最大的服务和支持，密切与惠州的工作联系，加强对惠州取得成效和经验的总结推广，共同把综合改革工作抓紧抓好、抓出成效。

（本文系省财政厅党组书记、厅长曾志权2014年8月28日在惠州市基本公共服务均等化综合改革推进会上的讲话节选）

带头学习　抓好落实
争当学习贯彻新预算法的表率

（节选）

省财政厅党组书记、厅长　曾志权

一、充分认识新预算法的重要意义，增强带头学习贯彻新预算法的责任感和紧迫感

预算法是预决算编制、审查、批准、监督以及预算执行和调整的依据，素有“经济宪法”之称。因此，对预算法进行修订，在财政制度建设上具有里程碑意义，从预算法修订的内容看，在诸多方面取得了重大突破，意义尤为重大，我认为主要体现在以下三个方面：

（一）新预算法是适应形势发展的现实需要

1994年，我国启动了影响深远的分税制财政管理体制改革，政府间财政关系、税收制度等财税重大改革相继推开。与之相适应，1994年3月，八届全国人大常委会第二次会议通过了预算法，并于1995年开始施行，形成了预算制度的基本框架。预算法的颁布实施，对于规范政府预算管理，加强国家宏观调控，促进经济社会发展，推进依法理财发挥了积极作用。但随着我国社会主义市场经济体制和公共财政体制的逐步建立，原预算法已不能完全适应形势发展的要求，主要体现在对预算内容的完整性、预算编制的科学性、预算执行的规范性、预算监督的严肃性、预算活动的公开性以及对违反预算法律制度的处罚等重大问题缺乏明确而严格的规定。此次预算法的修订，从破解这些问题出发，对原预算法条文作了较大规模的修改，在预算管理的各个环节都实现了改革创新。

（二）新预算法是巩固财政改革成果的必然要求

预算法修订历时十年，是国家和我省财政改革不断取得新成绩和新突破的重要时期。如在预算编制领域，开展了以部门编制独立完整预算为内容的部门预算改革，实现“一个部门一本预算”；在预算执行领域，开展了财政国库集中收付制度改革，通过国库单一账户进行集中的资金收缴和支付；在预算管理科目上，开展了政府收支分类改革，建立了收入分类和支出分别按功能分类、经济分类的收支分类科目；在预算体系上，随着各类预算外收入纳入预算管理，开始编制公共预算、政府性基金预算、国有资本经营预算、社保基金预算，并逐步纳入统一的编制体系。为巩固和扩大这些改革成果，新预算法对分散在各层次文件中行之有效的改革举措相应作出规定，以法律形式确定实践经验，深入推进预算管理的规范化、制度化。

（三）新预算法是推进治理体系和治理能力现代化的重要保障

党的十八届三中全会确立了全面深化改革的总体目标，强调财政是国家治理的基础和重要支柱，提出要完善立法、建立现代财政制度。预算是财政的核心，现代预算制度是现代财政制度的基础，是国家治理体系的重要内容。此次新预算法的修订，充分体现了新一轮财税体制改革要求。新预算法第一条开宗明义地规定，其立法目的是为了规范政府收支行为，强化预算约束，加强对预算的管理和监督，建立健全全面规范、公开透明的预算制度，与原预算法规定相比，使预算法由过去的政府管理法变成了规范政府的法，实现财政预算工作理念的根本转变，进而促进治理理念的根本转变。各项规定突出增强预算的完整性、科学性和透明度，规范预算执行，强化政府债务管理，加强预算审查监督，为治理体系和治理能力现代化提供了重要保障。

厅领导班子是全厅工作的领导核心，各处室、单位的主要负责人是厅各项工作落实的中坚力量，都要带头深化对新预算法重要意义的认识，增强学习贯彻新预算法的责任感和紧迫感，牢固树立预算法治意识，认真学习、深入研究、狠抓落实，真正把新预算法的各项要求贯彻到财政改革发展的各项具体工作之中，当好学法、懂法、用法的先锋和楷模。

二、准确把握新预算法精神实质，提高贯彻执行新时期预算法律制度的能力水平

与原预算法相比，新预算法共作出82处修改，其中新增条文27处，删除条文5处，修改条文50处，主要是从完善政府预算体系、改进预算控制方式、规范地方政府债务管理、完善转移支付制度、硬化预算支出约束等方面进行了强化和突出，促进建立现代预算管理制度，主要表现

在以下几个方面：

（一）着力完善政府预算体系，实行全口径预算管理

实行全口径预算管理，是建立现代财政制度的基本前提。原预算法只对一般公共预算作了规定，其他政府收入缺乏统一的法律规定，有的政府收入游离于预算管理之外。新预算法总结近年来预算实践经验，强调政府的全部收入和支出都应当纳入预算，确立了一般公共预算、政府性基金预算、国有资本经营预算和社会保险基金预算组成的全口径预算体系，并对四本预算分别细化了规定，对四本预算功能定位、编制原则及相互关系予以明确，使四本预算成为有机衔接的整体。同时，按照一级政府一级预算的原则，新预算法明确了中央、省、市、县、乡五级预算的体系，将乡级预算纳入法定预算范围。

（二）着力健全透明预算制度，全面推进预算公开

公开透明是现代财政制度的基本特征，是建设阳光政府、责任政府的需要。新预算法围绕建立健全公开透明的预算制度，一方面从范围、主体、时限等方面对预算公开作出全面规定，明确了各项工作要求，对预算、预算调整、决算、预算执行情况的报告、报表及政府举债情况、政府采购情况、预算执行和其他财政收支的审计工作报告等均要求公开，对转移支付、政府债务、机关运行经费等社会高度关注的事项还要求公开作出说明，并规定了违反预算公开应承担的法律责任，将公开透明贯穿预算工作的全过程。另一方面，针对以往预算不够细化的问题，新预算法明确了编制预算的六方面依据，要求各级预算应根据年度经济社会发展目标、国家宏观调控总体要求和跨年度预算平衡的需要，参考上一年预算执行情况、有关支出绩效评价结果和本年度收支预测进行编制，并要求按规定程序征求各方面意见；对于报送人大审批的预算草案，明确要求进行细化，一般公共预算支出按其功能分类应当编列到项，按其经济性质分类，基本支出应当编列到款等。

（三）着力改进预算控制方式，增强预算的适应性和稳定性

以往预算的重点是实现收支平衡，偏重收入管理和当期管理，对支出管理、政策绩效及长期的动态管理重视不够。为此，党的十八届三中全会在深化财税体制改革方面提出要改进年度预算控制方式，预算编制和审查的重点由收支平衡更多向支出预算和政策转变，并建立跨年度预算平衡机制。新预算法进一步明确规定，各级人大预算审查的重点包括，预算安排是否符合国民经济和社会发展的方针政策，收支政策是否可行；重点支出和重大投资项目的预算安排是否适当；对下级政府的转移性支出预算是否规范、适当等内容。同时，为确保收入预算从约束性转向预期性，新预算法要求各级预算收入的编制应与经济和社会发展水平相适应，与财政政策相衔接；各级政府不得向预算收入征收部门和单位下达收入指标。这些规定将有效解决以往预算偏重收支平衡及强调收入征收部门完成增收任务引起的经济财政运行问题。与改进预算控制方式相适应，新预算法为确保财政的可持续，强调各级政府应当建立跨年度预算平衡机制，明确各级政府按规定可以设置预算稳定调节基金，用于弥补以后年度预算资金的不足；预算年度执行中有超收收入的，只能用于冲减赤字或者补充预算稳定调节基金；省级一般公共预算年度执行中如出现短收，通过调入预算稳定调节基金、减少支出等方式仍不能实现收支平衡的，经本级人大或者其常委会批准，可以增列赤字，报财政部备案，并应当在下一年度预算中予以弥补。这些规定都是预算审批制度重大改革的体现，将有利于加强人大对政府预算的审查监督，也有利于改善政府宏观调控、促进依法理财。

（四）着力规范地方政府债务管理，完善政府债务管理机制

原预算法规定各级预算不列赤字，但由于建设发展的需要，许多地方政府借道其他方式融资，形成了地方政府性债务且未纳入预算管理，存在风险隐患。为规范地方政府债务管理，新预算法按照疏堵结合，“开前门、堵后门，筑围墙”的改革思路，允许地方政府举借债务，从五个方面予以严格规范，建立借、用、还相对统一的地方政府性债务管理机制：一是经国务院批准的省级政府方可举借债务；二是举借债务只能用于公益性资本支出，不得用于经常性支出；三是举借债务的规模由国务院报全国人大或者全国人大常委会批准，省级政府在国务院下达的限额内举借的债务，列入本级预算调整方案，报本级人大常委会批准；四是举借债务只能采取发行地方政府债券的方式，不得采取其他方式筹措；五是举借债务应当有偿还计划和稳定的偿还资金来源，建立地方政府债务风险评估和预警机制、应急处置机制以及责任追究制度。这些规定从偿债主体、用途、规模、方式、监督等方面在法律上解决地方政府性债务怎么借、怎么管、怎么还的问题。

（五）着力调整政府间财政关系，完善转移支付制度

目前存在专项转移支付设置过多、配套资金压力过大、资金下达不及时等问题。为进一步规范和完善转移支付制度，新预算法着眼于调整理顺政府间财政关系，明确了财政转移支付的设立原则、目标、预算编制方法、下达时限、违法责任等，强调了转移支付应规范、公平、公开，以推进地区间基本公共服务均等化为主要目标，重点对专项转移支付进行规范。新预算法明确规定，财政转移支付以均衡地区间基本财力、由下级政府统筹安排使用的一般性转移支付为主体；建立健全专项转移支付定期评估和退出机制；市场竞争机制能够有效调节的事项不得设立专项转移支付；除按照国务院规定应当由上下级政府共同承担的事项外，上级政府在安排专项转移支付时不得要求下级政府承担配套资金；上级政府应当提前下达转移支付预计数，地方各级政府应当将上级提前下达的预计数编入本级预算等。这些规定将有利于优化转移支付结构，提高转移支付资金分配的科学性、公平性和公开性，有利于减少“跑部钱进”现象和上级对下级事权的不适当干预，也有利于地方统筹安排预算，提高地方预算编报的完整性。

（六）着力增强预算约束力，强化违法责任追究

针对以往预算刚性不强，约束力不够的问题，新预算法明确将强化预算约束力作为立法的目标之一，并从三方面予以保障：一是增强预算刚性。对规范预算执行作出了一系列规定，如经人民代表大会批准的预算，非经法定程序，不得调整；各级政府、各部门、各单位的支出必须以经批准的预算为依据，未列入预算的不得支出。再如，在预算执行中，各级政府一般不制定新的增加财政收入或者支出的政策和措施，也不制定减少财政收入的政策和措施；必须作出并需要进行预算调整的，应当在预算调整方案中作出安排。二是加强了人大监督。新预算法对加强人大审查监督预算也作出了一系列规定，包括要求报人大审批的预算草案应进一步细化，完善预算初审制度及明确预决算审查的重点内容等，要求包括财政部门在内预算管理部门必须增强法治意识，主动接受监督。三是严格责任追究。原预算法对违法预算法的行为及其处理缺乏明确规定，这是以往预算约束力不够的一个重要原因，针对这方面的问题，新预算法第九十二条至第九十五条明确了法律责任，逐项对应有关规范预算管理的条款，明确了预算违法行为的类型及责任追究方式，并相应加大人大、政府及其财政、审计等部门监督力度，确保责任追究落实到位。

三、坚持学以致用，抓好新预算法贯彻落实有关工作

学习新预算法的根本目的在于贯彻实施，在于按新预算法的精神要义和具体规定指导我们的工作，真正做到依法办事、依法行政、依法理财。当前应着重做好以下工作：

（一）做好新预算法的学习宣传工作

预算法是财政工作的基本法律，财政部门主动抓好新预算法的学习宣传是义不容辞的责任。前期已经制订了专门的工作方案，明确了做好各层次学习宣传预算法的措施和要求，今天组织厅理论学习中心组集中学习只是学习的开始，下一步还要邀请专家举行专题辅导报告会。厅各处室（单位）要组织全体工作人员进行专题学习，深入开展新预算法学习活动，全面理解新预算法，准确掌握新预算法的精神、原则和各项具体规定，自觉把新预算法的各项规定作为从事预算管理活动的基本依据，营造学习贯彻新预算法的良好氛围。同时，要积极主动配合省有关部门组织对省直各单位相关人员进行集中学习培训，努力让各预算单位对新预算法理解执行到位，进一步增强各单位的预算法治意识，真正把新预算法的各项规定作为预算编制、执行、管理、监督活动的行为准则，切实履行主体责任。要更新理念、转变工作方式、工作思维，严格按新预算法的要求重新梳理全厅的工作规程。请预算处将2015年预算编制新要求通知各相关处室办理；请厅办公室会预算处、人教处重造工作规程；请人教处结合新预算法研究我厅内部处室工作分工意见；请监察室重新修订责任追究制度；请厅办公室牵头组织厅机关及各处室单位财会人员学习新预算法相关规定。

（二）做好新预算法实施面临问题的梳理和应对工作

要抓紧对新预算法进行逐条梳理，落实责任处室、单位，研究制定贯彻落实措施。特别是对当前预算工作中与新预算法相比存在的具体问题、新旧制度和做法的差异，要认真研究比较，深入查找差距及其原因，采取有针对性的措施加以解决，确保新预算法各项规定落实到位。如国有资本经营预算要安排资金调入一般公共预算；各级政府、各部门、各单位应当将政府采购的情况及时向社会公开；上级在安排专项转移支付时，不得要求下级政府承担配套资金；一般性转移支付和专项转移支付，应当分别在本级人代会批准预算后的30日和60日内正式下达；经批准的预算、预算调整、决算、预算执行情况的报告及报表应当在批准后20日内向社会公开并对重要事项作出说明；决算草案报本级政府审定前需经本级审计部门审计等。同时，作为预算单位，我们厅也要严格遵守关于细化部门预算编制、限时公开预决算等规定，带头严守财经纪律和法律规定。

（三）按照新预算法要求做好2015年预算编制工作

新预算法将于2015年1月1日起正式施行，2015年预算将是按照新预算法编制的首部预算。当前，我省2015年预算编制工作正在紧锣密鼓地开展，迫切要求我们在学习领会新预算法各项规定基础上，严格按照新预算法规定进行预算编制。特别是对新预算法中一些新要求、新规定，要早研究、早部署、早实施，避免被动。如预算应当根据年度经济社会发展目标、国家宏观调控总体要求和跨年度预算平衡的需要，参考上一年预算执行情况、有关支出绩效评价结果和本年度收支预测进行编制；专项转移支付应当分地区、分项目编制；超收收入只能用于冲减赤字或者补充预算稳定调节基金等。

（四）做好新预算法实施和深化财税改革的协调推进工作

新预算法充分体现了财税体制改革的总体要求，既认真总结并继承了近年来预算管理实践的经验，也明确了今后预算管理活动的方向，为深化预算管理制度提供了法律保障。近日，国务院《关于深化预算管理制度改革的决定》出台，标志着作为新一轮财税体制改革“先行军”的预算管理制度改革进入实质操作阶段。我省《深化财税体制改革　率先基本建立现代财政制度总体方案》也将深化预算制度改革，加快建立规范完整、透明高效的预算管理机制作为深化财税体制改革突破口之一，制定了较为具体、可行的改革措施。要在改革工作推进中增强预算法治意识，注重与预算法立法精神及具体条款相衔接，相互协调、同

步推进，以制度引领改革，以改革完善制度。

（五）做好财政监督检查有关工作

新预算法指出，财政部门负责监督检查本级各部门及其所属各单位预算的编制、执行，并向本级政府和上一级政府财政部门报告预算执行情况。同时明确规定了需要承担法律责任的四类17种违法行为及其责任追究形式。我们要用好新预算法这个“尚方宝剑”，通过扩大财政监督的覆盖面、规范财政监督的方式、健全财政监督的体系，切实加强对预算编制、执行的监督，提高财政监督的权威性、及时性与有效性，有效杜绝违法现象的发生。在充分发挥财政监督职能的同时，也要按照新预算法的要求，配合人大、审计等部门做好其他监督工作，并积极创造条件主动接受群众和舆论的监督。

（本文系省财政厅党组书记、厅长曾志权2014年10月16日在厅党组理论学习中心组集中学习会上的讲话节选）

领会精神　狠抓落实
扎实推进依法行政依法理财

（节选）

省财政厅党组书记、厅长　曾志权

一、深刻领会全会精神实质，切实增强依法行政依法理财的责任感和紧迫感

党的十八届四中全会是在我国改革开放新的重要关头召开的一次重要会议，通过了《中共中央关于全面推进依法治国若干重大问题的决定》。这是我国历史上第一个关于加强法治建设的专门决定，是指导新形势下全面推进依法治国的纲领性文件，必将开启建设社会主义法治国家的新征程，我们要按照中央的部署和省委的要求，把学习贯彻全会精神作为一项重要政治任务扎实抓好落实。首要的是必须深入领会全会精神实质，主要应从以下三方面来把握：

（一）要从全会召开的时代背景来把握全会精神实质

全会指出，法律是治国之重器，法治是国家治理体系和治理能力的重要依托。当前，全面建成小康社会进入决定性阶段，改革进入攻坚期和深水区，改革发展稳定任务之重前所未有、矛盾风险挑战之多前所未有，迫切需要通过全面推进依法治国，从法治上解决面临的一系列重大问题、提供制度化方案，充分发挥法治在国家治理和社会化管理中的作用。因此，全会以依法治国为主题，在全面推进依法治国上作出部署，是适应形势发展要求，深刻总结我国社会主义法治建设成功经验和深刻教训作出的重大抉择，具有十分重大和深远的意义。我们要进一步提高思想认识，切实增强贯彻落实中央决策部署的自觉性和坚定性。

（二）要从全会关于依法治国的总体部署来把握全会精神实质

全会鲜明提出了坚持走中国特色社会主义法治道路、建设中国特色社会主义法治体系的重要论断，提出了全面推进依法治国的指导思想、总目标、基本原则，以及关于依法治国的一系列新观点、新举措、新要求，回答了党的领导和依法治国的关系等一系列重大理论和实践问题，对科学立法、严格执法、公正司法、全民守法、法治队伍建设、加强和改进党对全面推进依法治国的领导作出全面部署、进行顶层设计，有针对性地回应了人民群众呼声和社会关切，必将有力推进依法治国进程。我们要按照中央部署，牢牢把握建设中国特色社会主义法治体系、建设社会主义法治国家的总目标，坚守“五个必须坚持”，围绕科学立法、严格执法、公正司法、全民守法四大任务，积极推动依法治国各项工作任务和要求落到实处。

（三）要从全面推进依法行政依法理财来把握全会精神实质

财政是国家治理的基础和重要支柱，在全面推进依法治国的过程中可以也应该发挥重要作用。一方面，法治财政是法治政府的重要组成部分，必须坚持依法理财、依法行政。要按照全会精神和各项相关法律要求，特别是新预算法要求，依法全面履行职能、健全依法决策机制、自觉接受监督，确保政府财政工作在法治轨道上运行，为加快建设职能科学、权责法定、执法严明、公开公正、廉洁高效、守法诚信的法治政府夯实基础。另一方面，深化财政改革是依法治国重点任务和法治领域改革的重要保障。全会针对法治领域的突出问题，部署了180多项重要改革举措，许多是涉及利益关系和权力格局调整的“硬骨头”，要求我们在做好对各项重点任务的财力保障的同时，积极参与和服务于法治领域各项改革工作，为贯彻落实中央决策部署、扎实推进法治广东建设提供坚强支持和有力保障，同时也为深化财税改革、推进依法行政依法理财，创造良

好的法治环境和条件。

二、充分发挥财政职能作用，服务全面推进依法治省各项工作

省委传达学习贯彻大会对贯彻落实全会精神，全面推进依法治省作出了部署。我们要在深刻领会全会精神实质的基础上，牢固树立大局意识、法治思维，充分发挥职能作用，服务我省全面推进依法治省各项工作。

（一）着力服务地方立法工作

全会指出，建设中国特色社会主义法治体系，必须坚持立法先行。省委大会提出，要扎实推进科学立法、民主立法，提高地方立法质量。结合财政工作实际，我们要从以下两方面抓工作落实。一方面，积极推动财政领域地方立法工作。要配合省人大修订我省预算审批监督条例，并推动预算绩效管理、财政投资评审、行政事业资产管理等方面的地方立法。同时，进一步完善清理财政规章制度的工作机制，坚持立改废并举，增强财政规章制度的及时性、系统性、针对性和有效性。另一方面，积极配合其他领域地方立法工作。积极参与我省涉及市场经济体制、文化、民生、社会治理、生态文明等重点领域的法规制度建设，对其中涉及财政的体制机制、经费安排、收费管理和机构设置等方面的内容，要坚持依法依规的原则，严格审核把关，提出修改完善建议，防止部门利益和地方保护主义法律化。

（二）着力服务法治政府建设

全会指出，要深入推进依法行政，加快建设法治政府。财政制度安排体现政府与市场、社会的关系，涉及政治、经济、社会、文化和生态文明等各个方面，深化财税体制改革、建立现代财政制度是加快转变政府职能，推动法治政府建设的迫切需要。特别是新预算法的出台，对政府工作的影响很大，如各级政府依据法定权限作出决定或者制定行政措施，凡涉及新增或者减少财政收入、支出的，应当在预算批准前提出并在预算草案中作出相应安排；在预算执行中，各级政府一般不制定新的增加财政收入或者支出的政策和措施；政府的全部收入和支出都应当纳入预算，未列入预算的不得支出。对此，要围绕加快法治政府建设，按照新预算法和我省深化财税体制改革总体方案，抓紧推进各项财政改革工作，重点是深化预算管理改革，规范政府收支行为；推进建立省以下事权和支出责任相适应制度，规范政府行政行为；推进建立政府公共资源向各类投资主体公平配置机制，约束政府配置公共资源行为。同时，要大力支持深化行政执法体制改革、推进综合执法、推行政府权力清单制度、探索省以下地方审计机关人财物统一管理等工作，做好财政保障工作；要严格执行罚缴分离和收支两条线管理制度，严禁收费罚没收入同部门直接或者变相挂钩。

（三）着力服务司法体制改革

全会强调，要完善司法管理体制和司法权力运行机制。根据省委、省政府部署，前段时间，我厅牵头开展了省以下法院、检察院财物统管工作，在调研摸底的基础上，按“1+3”的模式草拟了省以下法院、检察院财物统一管理实施方案和两院经费划转保障方案、两院资产管理工作方案、两院非税收入收缴实施方案3个子方案，并由省委政法委牵头上报中央审批。要根据中央关于推进依法独立公正行使审判权检察权、健全司法权力运行机制、完善人权司法保障制度三大任务的部署，继续做好以下几方面的工作：一是认真研究两院财物统一管理实施工作，包括确定上划基期年及基数，科学合理保障市县两院人员经费和公用经费。二是认真研究做好资产管理、上划移交工作，做好各单位资产、债务进行全面自查清理、盘点和核实后的上划移交工作。三是认真研究非税收入收缴工作，进一步完善现有上缴非税收入政策，完善非税系统相关功能。同时，要按照职责分工，积极配合省人社厅做好健全法院、检察官、人民警察职业保障制度，配合省法院做好广州知识产权法院设立纳入预算保障，做好财政经费保障、测算及预算编制等相关工作。

（四）着力服务法治社会建设

全会强调，要增强全民法治观念，扎实推进法治社会建设。财政部门在服务法治社会建设方面要着重抓好以下几方面工作：一是支持完善覆盖城乡居民的公共法律服务体系。积极支持完善法律援助制度、推进综合治理，政法干警、律师进村居、社区工作及公共法律服务信息化网络平台建设等工作，着力强化省级政府统筹推进区域内基本公共服务均等化职责。二是支持法制宣传教育，增强全民法治观念。坚持把全民普法和守法作为一项长期的基础性工作，一方面，积极支持我省开展法治宣传工作，加强社会诚信建设和公民道德建设，推动全社会树立法治意识；另一方面，积极抓好财政普法宣传，不断创新财政法制宣传教育载体，组织广大财务会计人员深入学习财税法制知识；积极采取多种形式向社会公众宣传财政法规制度，全面提高社会公众的财政法律意识和法治观念，营造依法行政依法理财的良好氛围。三是积极推进我省注册会计师行业、评估行业依法治理，自我约束、自我管理。同时，要创新会计管理方式，适应新的发展形势，积极推广行政事业单位内部控制规范，促进各单位完善内控机制，完善内部治理结构，实现科学有效治理；积极培育和推广管理会计，在传统财务会计的基础上，发挥管理会计的优势，帮助各单位提升科学决策、识别风险、规范管理的能力，为依法治理提供重要的基础环境。

（五）着力加强法治财政建设

一直以来，我省始终高度重视依法行政依法理财，在2010年时就提出了建设法治财政，并将其作为建设“五大财政”的首要任务，法治财政建设取得了显著的成绩。但同时，我省法治财政建设仍然存在不少的问题，财政工作面临的法律风险不断增多，2013年我厅复议诉讼案件共22件（其中受理复议10件、被提起复议和诉讼12件），比2011年2件和2012年8件大幅度增长，2014年已达16件，

政府采购、信息公开、财政监督等是被诉的热点；一些财政改革措施还停留在政府文件层面，没有上升到地方法规和规章，不符合于法有据的要求；财政预算、专项资金、行政审批管理还有待进一步规范；一些财政干部法治观念不强，缺乏法律思维，不依法办事的情况仍然存在等。针对这些存在问题，根据中央和省委的部署、要求，我们要进一步牢固树立法治观念，扎实推进法治财政建设，当好依法行政依法理财的表率。一是全面规范财政重大事项决策。完善财政重大事项决策机制，进一步明确财政重大事项界定范围，实行依法决策、科学决策、民主决策。探索建立法律顾问制度、重大决策终身责任追究制度及责任倒查机制，健全重大决策合法性审查机制，对超出法定权限或与法律法规相抵触的，不得作出决策。二是全面规范财政行政行为。梳理财政职权清单，明确每项职权的具体内容、法律依据、办事规范和责任，落实法定职责必须为、法无授权不可为的要求；深入推进财政行政审批制度改革，对现行的17项审批事项进行全面清理，除有法律依据的，原则上该取消的都要取消；要强化对内部权力的制约，实行分事行权、分岗设权、分级授权，定期轮岗，强化内部流程控制；要优化办事流程，落实网上办事，提高办事效率和群众满意度。三是全面规范财政执法行为。严格落实行政执法责任制，统一裁量标准、减少自由裁量；规范执法办案程序，定期开展执法检查和案卷评查，将行政审批、行政处罚纳入重点检查范围，规范执法行为；加强财政法制监督，建立行政执法重大决定合法性审查制度；认真办理司法机关提出的司法建议书，规范财政复议诉讼案件办理，强化业务处室协助办案责任，今后凡是我厅被提起复议诉讼的案件，有关业务处室要积极协助法规处办理案件、出庭应诉，开庭时处室领导要参加出庭应诉、旁听，法规处要对案件办理情况在全厅进行定期通报，各处室单位也要从源头上预防案件的发生。四是强化法治财政建设考核评价。制定广东法治财政建设量化指标体系及评价办法，坚持日常考核与年度考核相结合，使法治财政建设具体化、明晰化。同时，要进一步完善我厅综合考核办法和干部选拔任用办法，把依法行政依法理财作为重要内容纳入考核指标体系。

（六）着力发挥领导干部表率作用

领导干部是依法行政的组织者和实践者，对于全面推进依法行政，具有不可替代的决定性作用，必须认清使命，强化责任，身体力行，做好表率。全会已经明确把法治建设成效作为衡量各级领导班子和领导干部工作实绩重要内容、纳入政绩考核指标体系。厅各处以上党员领导干部，都要对法律怀有敬畏之心，牢记法律红线不可逾越、法律底线不可触碰，带头遵守法律；要树立法治思维，注意运用法治精神、法治方式处理财政工作中存在的各种问题，带头依法办事，不得违法行使权力，更不能以言代法、以权压法，为广大党员干部学法、懂法、用法作出表率。要进一步加强党员干部法制教育培训，以组织深入学习新预算法为重点，弘扬法治财政文化，切实提高党员干部法治思维和依法办事能力。

三、狠抓工作落实，全面完成今年各项工作任务

学习贯彻全会和省委传达学习贯彻大会精神，关键是要结合思想实际和本职工作落实到推动我省财政改革发展上来。当前，主要是要扎实做好年底前各项工作。

一是努力实现全年财政收支目标。受今年经济形势下行压力较大、结构性减税政策加大、房地产市场调整等因素的影响，我省财政收入增幅呈现稳中趋缓的走势，实现财政收入目标有一定的压力。同时，财政支出进度特别是省级支出进度一直不够理想。今年只剩下最后2个月时间，抓好财政收支管理工作刻不容缓。要切实加大工作力度，加强与国地税的沟通配合，支持税务部门依法治税、应征尽收，努力完成今年财政收入目标任务；要认真排查各支出项目，采取有效措施切实加快预算支出进度，各有关处室、单位主要负责同志作为预算执行的第一责任人，必须落实责任，切实抓好预算支出进度工作。要回顾梳理年初工作计划、平时布置工作的完成情况，抓紧推进已经布置的工作，如财政信息化工作、重新梳理制定厅工作流程、落实预算计划和资金稽核系统执行情况、厅内设机构职能调整等。

二是加快推进全面深化财税体制改革。在全厅上下的共同努力下，我厅各项改革工作稳步有序开展，工作抓得比较紧，改革势头比较好，我省深化财税体制改革总体方案经省委常委会审议通过，正在以省政府名义印发实施。按照胡春华书记在省委传达学习贯彻大会上关于“进一步加快改革任务的落实”的要求，我们要切实加快改革进度，年底前要按计划完成改革任务，重点抓好深化预算管理制度改革、建立事权和支出责任相适应制度、公共资源向各类投资主体公平配置、加强政府债务管理等重点改革，有试点任务的还要抓紧起草方案，抓紧推进试点工作。其他各项改革工作也要加快推进。点面结合、全面推进，继续保持财政改革的良好势头。厅改革办要加强对各处室、单位改革工作进展情况的检查、督办。

三是切实保障和改善民生。要抓紧做好2015年十件民生实事项目遴选和资金测算工作，提出方案报省领导决策参考。同时，要积极准备做好岁末年初困难群众生活保障工作，包括给全省低收入群体及困难群众发放一次性临时价格补贴、安排冬春期间受灾群众生活救助资金、做好各项扶贫济困、送温暖活动的经费保障等。

四是抓紧做好2015年预算编制工作。要紧紧围绕深化财税改革总体方案和新预算法的要求以及国务院关于深化预算管理制度改革的决定，结合我省财政经济形势，坚持依法理财、统筹兼顾，抓紧做好2015年预算编制工作。要认真抓好零基预算编制试点、进一步加大基金预算、国资预算与公共预算的统筹力度，进一步做准预算项目、预算科目、预算级次，细化预算编制，抓紧提前下达转移支

付，确保一般性转移支付提前下达比例不低于90%；抓紧制定2015年资金分配方案，确保预算批准后能及时下达资金。

五是毫不松懈地抓好作风建设。要认真领会中央和省委、省政府的对作风建设提出的新要求，继续坚持聚焦“四风”查摆整改问题，继承和拓展教育实践活动成果，推进形成作风建设新常态。要继续加强领导干部党风廉政建设，健全完善财政廉政风险防控机制，加强服务型党组织建设，努力打造一支为民、务实、清廉的财政干部队伍，为推动财政改革发展工作提供坚实组织保障。

六是统筹谋划明年工作。展望明年，财政改革发展的任务将更加繁重。各处室、单位要树立大局意识、责任意识，早动手、早谋划，针对财政工作面临新形势、新问题，增强工作的前瞻性和主动性，更新理念，锐意改革，对明年要开展的重点工作、重大改革进行梳理谋划，如重要工作方面按新预算法要求抓好预算编制、执行、监督、公开、绩效评价等，重要改革方面如开展事权和支出责任置换试点、推进建立跨年度预算平衡机制等工作进行深入思考研究，谋划做好明年的财政工作。

（本文系省财政厅党组书记、厅长曾志权2014年10月31日在厅党组理论学习中心组集中学习会上的讲话节选）

关于2013年度依法行政考评有关情况的汇报

（节选）

省财政厅党组成员、副厅长　欧　斌

一、我厅依法行政考评自查自评情况

根据省依法行政考评领导小组办公室的统一部署，2013年底以来，我厅按照要求扎实做好依法行政自查自评工作，积极迎接省政府考核检查。厅党组书记、厅长曾志权同志亲自部署，法规处结合自查自评进一步推进财政法制建设，转发了有关考评办法和方案，下发通知部署各处室做好考核自查及迎检准备工作。一是抓好自查，认真对照评价。我厅对照省考评办考评方案，采取全厅自查与处室自查相结合，逐条逐项、逐一核查，对财政法制案件进行重点梳理，对重点处室实施行政许可、行政执法情况进行重点核查。二是总结分析，认真查漏补缺。及时收集全年依法行政工作的典型经验做法等，在日常工作基础上进一步归集工作资料，总结分析经验教训、查漏补缺。三是制定计划，认真改进提高。针对自查自评中发现存在的不足，认真研究制定了下一步的工作计划，提出下一阶段建设法治财政的目标任务，结合实际认真落实，力求实现法治建设新突破。经过对照自评，我们向省考评办提交了自查自评报告及有关材料。

二、我厅2013年依法行政、依法理财工作情况

2013年，在省委、省政府的正确领导下，在省依法治省办、省法制办等有关部门的指导下，我厅围绕广东“三个定位、两个率先”的目标任务，以法治财政建设为核心，围绕中心、服务大局，坚持把依法行政、依法理财贯彻财政管理工作全过程，真抓实干，创新机制，着力狠抓财政规范管理，凝心聚力打造法治财政，使全省财政干部法治意识明显增强，法律素质和依法行政水平明显提升，法治财政建设取得了明显成效。在法治财政的保障下，我省财政工作取得良好成绩，省委、省政府领导对我省2013年财政工作给予了充分肯定，1月20日，朱小丹省长作出批示：“过去一年全省财政系统围绕中心、服务大局，恪尽职守，攻坚克难，出色完成各项任务，为全省稳增长、调结构、促改革、惠民生作出重要贡献。新一年要以深化改革为引领，以强化预算管理为关键，以保障民生为重点，努力保持财政稳定增长，提高财政支出绩效，加快现代财政体制建设。”1月6日，徐少华常务副省长作出批示：“过去一年，省财政厅及全省财政系统立足大局提供保障，解放思想推进改革，规范管理履职尽责，转变作风队伍过硬，为全省经济社会顺利实现各项目标任务付出了宝贵心血和辛勤劳动，谨向财政部门广大职工致以衷心感谢和崇高敬意。期望新的一年，大家以全面深化改革为引领和动力，为我省率先建立现代财政制度、开创财政工作新局面奋发有为、再出新贡献！”我厅依法行政工作的主要做法有：

（一）加强组织领导，将法治财政建设摆上首要位置

厅党组充分认识到，法治是社会文明的根本，建设法治财政是做好财政工作的前提。一是将法治财政建设作为财政工作的重要任务。我厅提出建设“五大财政”（法治、

民生、绿色、绩效、阳光五大财政）的目标任务，将法治财政建设摆在首位，明确提出改革创新要在依法行政、依法理财上实现新突破。我省各级财政部门均成立了由主要负责人担任组长的财政法制宣传教育和依法理财工作领导小组，建立了财政行政执法责任制和联络员制度，切实加强领导，健全责任机制。据统计，全年厅长办公会议和党组会议26次，涉及依法行政达10多次。二是将法治财政建设纳入财政五年发展规划。为加强对法治建设的部署，在广东财政改革发展“十二五”规划中单列一章，大篇幅提出广东法治财政建设方略，之后又组织编制《广东财政法治五年规划2011－2015)》及实施意见，明确了法治财政建设26项措施，使法治财政建设具体化、明晰化。三是将法制宣传教育纳入财政干部教育体系。按照《广东省财政厅关于加强财政干部教育的意见》，将法制宣传教育作为财政干部“五大教育”的重要内容，与干部思想政治、廉政纪律、作风建设、能力素质等教育活动整体安排，集中举办干部党纪政纪法律培训班，由处以上干部和资金处室经办组长参加，切实保障法制宣传教育的针对性和实效性。四是将依法行政纳入干部综合考核。我厅从2012年起建立了干部综合量化考核体系，坚持考核处室与考核个人相结合，考核结果按比例整体计入干部考核总分，与干部提拔、奖罚和考核等直接挂钩，激发了干部践行法治的自觉性。

（二）狠抓财政改革，扎实推进依法行政、依法理财

以改革求突破，以创新激活力，紧紧围绕依法行政、依法理财，推进财政科学化、精细化、规范化管理。一是深化财政体制改革，增强法治财政的导向性。重点抓了5项改革：（1）进一步完善省级财政一般性转移支付政策。以省府办名义印发《关于完善省级一般性转移支付政策的意见》，建立健全科学规范的一般性转移支付体系，实现省对市县“保基础”的转移支付比重不低于60%，激励引导地方加快科学发展。（2）大力压减专项转移支付、扩大一般性转移支付，以省府办名义印发《关于压减省级财政专项转移支付　扩大一般性转移支付的意见》，2013年省级一般性转移支付占比提高13个百分点（2012年为35.7%）。（3）进一步完善生态保护补偿机制。（4）积极推进省直管县财政改革。进一步扩大试点范围，试点县（市、区）达到21个。（5）健全县级基本财力保障机制，促进地方改善县级财力均衡度，有效引导地方政府行为，为法治政府建设提供有效的财力保障。二是深化预算编制改革，增强预算编制的民主性。重点抓了4项改革：（1）完善预算编制体系，实现全口径预算编制，扩大社保基金预算编报范围，并与公共财政预算、政府性基金预算、省级国有资本经营预算一并报送省人代会审议，在全国率先实现全口径预算管理。（2）严格执行专项资金到期收回制度，积极探索零基预算改革，研究制订实施零基预算改革的意见。（3）进一步细化预算编制，省级预算教育、科技、农林水等重点支出细化公开到“项”级科目，增加支出重点情况、省级“三公”经费预算。（4）完善预算编制征询机制，健全与人大工作沟通机制，“两会”期间设立财政预算24小时热线和预算咨询台，预算报告提前1周发送代表委员，预算透明度走在全国前列；选取4项民生项目探索开展为民办事征询民意改革试点，预算编制的民主参与度大为提高。三是深化预算执行改革，保障财政支出的有效性。重点抓了3项改革：（1）加强财政专项资金管理。重新制定省级财政专项资金管理办法，加强专项资金目录、专项资金项目库、专项资金信息管理统一平台“三个载体”建设，确保专项资金规范管理，提高效益。清理压减财政专项资金，对纳入清理整合范围的670项、759.58亿元省级专项资金压减274项、150.87亿元，分别减少43%、25%。（2）在全国率先开展财政资金竞争性分配，进一步扩大试点范围，全省418项、324.8亿元财政专项资金已纳入试点，其他公益性资金也要选择因素法进行分配，既注重注公平，又注重效率。（3）深入推进绩效评价改革，对28项、18.52亿元到期专项资金进行重点评价，对包括省十件民生实事资金在内的多项资金实施第三方评价，评价结果予以通报和公开，并与预算安排挂钩，构建财政资金绩效评价体系，建立健全覆盖所有政府性资金和财政运行全过程的监督机制。2013年，全国财政预算管理考核中广东名列第一名。四是探索推进政府购买服务改革，增强服务供给的开放性。在全国率先制定《政府向社会组织购买服务暂行办法》及各项配套制度措施，组织编制政府购买服务目录，构建了政府购买服务规范体系，首次投入近亿元通过公开招标对360家社会组织给予培育性扶持，有力地支持社会组织发展壮大。五是深化国库管理改革，保障财政资金管理的安全性。推进国库管理改革，建立了预算执行动态监控、资金支出内部稽核、会计核算信息集中监管、公务卡结算、财政资金存放招标等10多项管理制度，特别是2013年以来完善资金拨付管理流程，在预算处、支出处室和国库支付局之间引入“双稽核”制度，确保财政资金拨付的安全可靠。积极推进财政国库支付系统与人大、监察等部门联网，实现对每笔支出的实时在线监督。会同监察部门实施行政经费节约考核制度，促进了公务行为规范化。六是开展专项整治，切实增强公务活动的规范性。组织开展对“小金库”、“三公”经费、专项资金、党政机关办公用房等专项清理行动，累计制定实施10项制度办法，查处“小金库”31个，涉及金额约2 372万元；查处违规专项资金项目697个，涉及资金约2.38亿元。七是强化会计行业监管，提升行业管理的科学性。依法对全省800家会计师事务所、8 000名注册会计师、160万会计从业人员、30家资产评估机构、3万名评估从业人员实施行业监管，开展行业执业质量检查，探索采取行业惩戒与政府监管相结合，不断提升行业管理水平，推动行业监管规范化。

（三）强化内控建设，健全财政法治管理体系

按照科学化、民主化、规范化的要求，加强财政内控管理。一是大力推进行政审批制度改革。按照简政放权、转变职能的要求，经认真梳理行政职能，在2012年改革审批事项10项的基础上，加强与省编办沟通，进一步减少审批事项8项，保留行政许可事项6项，非行政许可事项13项，改革率近50%，各项改革事项基本落实到位并全部进驻省网上办事大厅，推动了财政职能转变，提高了工作效能，实现了便民办事。二是建立财政专家咨询委员会。成立了由40名各界知名专家组成的广东省财政专家咨询委员会，先后举办4次咨询论证会，对20多项财政改革发展重大问题进行公开咨询论证，促进财政决策科学、民主、公开、透明。三是规范行政决策程序。制定了省财政厅工作规则，明确了行政决策的各项程序规范；制定了《广东省财政厅重大决策事项法律咨询论证审核办法》，对重大决策听取法律专家的意见和建议；在厅内，明确凡是制度性文件草拟、行政执法事项以及重点疑难问题必须先会签法规处，由法规处进行合法性审查论证，保障财政行为的合法性。四是依法推进财政信息公开。我省是财政预算信息公开较早、公开程度较高的省份，多项公开工作走在全国前列。2011年公开了上年省级“三公”经费财政拨款决算总额，成为全国较早公开“三公”经费的四个省市之一；2013年率先在年度预算报告中增加行政经费和“三公”经费预算表，“三公”经费预算细化到项级科目，试行将25个省级专项资金使用情况向社会公开，全力打造透明预算。五是健全财政内部监督体系。按照强化财政内部稽核的要求，明确各处室、单位分工及权限，在处室内部设置专门稽核岗位和不相容岗位，加强对财政预算计划和资金支付的实时稽核和事后稽核，实现上下游之间相互监督，保障资金安全；进一步加强财政内部循环监督制度建设，完善财政内部按照资金流向的循环监督系统，一个环节监督下一个环节，实现财政监督工作动态化。六是切实加强财政风险防控。对本厅职责权限事项进行全面梳理，全部467项工作逐项明确办事规程，绘制运行流程图，编制形成规范权力运行工作手册。组织开展重点岗位、敏感环节风险点清理，制订规范措施2006项，严控财政工作风险；全面修订完善厅机关管理制度，制定《广东省财政厅工作人员问责暂行办法》，做到各项工作有法可依、有章可循、问责有据，进一步提升机关管理水平。

（四）强化法制工作，切实增强财政法治能力素质

坚持财政法制工作为财政筑牢防火墙、安全网，扎实抓好法治建设。一是抓财政立法，力促规范，防范风险。参与预算法、环境保护税法、社会救助法、税收征管法修正案等立法工作；对上级和省有关部门转来的近70份法律、法规和规范性文件研提意见；对80余份党内规范性文件进行备案审查，提请省政府发布《广东省会计从业资格管理办法》规范性文件；对各处室草拟的制度文件共200多件进行合法性审查，切实守好法制的“大门”。二是抓法制案件，维护公平、化解矛盾。2013年共办理行政复议诉讼案件22件，比2012年9件增长一倍多，其中受理行政复议案件10件，被申请复议案件6件，行政应诉案件6件，涉及政府采购、政府信息公开、财政监督等。针对案件高发的势头，我厅积极应对、妥善处理，对受理案件切实维护公平正义，对被诉案件主动应诉，积极化解矛盾。同时，向全省财政系统通报情况，要求各地配合做好工作。经过多方努力，22件案件全部结案，没有出现一起引发纠纷和败诉的案件，做到案结事了。三是抓财政普法，加强教育、营造氛围。落实干部学法用法制度，厅党组带头开展了19次集中学习，厅党组成员累计参加联系点、所在支部专题学习会37次；依托广东财政大讲堂等平台开展普法活动，邀请广州市中院行政庭长到厅举办法制培训，加强法制教育宣讲，营造良好的法治氛围。开展了全省财政“六五”普法中期督导，对部分地级市财政普法和依法理财工作进行了督导，财政部对我厅和江门市财政局进行了检查，得到了财政部督导组的好评。四是抓法制服务，主动分忧、保驾护航。做细做实法制服务，在财政资金股权化投资、破产债权管理、国库代理银行招标、政府采购投诉裁决、融资平台管理等事项提供法律支持，加强重大事项合法性审查，为财政工作保驾护航。

尽管我厅依法行政、依法理财工作取得了较大的成绩，但也存一些不足。一是法治财政建设与不断加快的财政改革发展步伐不相适应，财政法规制度不够完善，公众对预算安排、预算公开、财税政策等意见建议明显增多，对依法行政、依法理财带来挑战。二是财政法制工作水平与财政中心工作要求不相适应，法制工作深入财政核心业务不足，结合不够紧密，对财政法治建设整体规划不足，前瞻性、指导性、预见性仍有欠缺。三是有的财政干部法治意识与法治政府建设的要求不相适应，仍有的财政干部习惯于传统的工作方法，对政府信息公开、信访投诉、监督检查等方面的复议、诉讼案件增多应对不足。四是法规队伍力量与承担的职责任务不相适应，人手少、任务重的矛盾仍较突出。

三、下一步的努力方向

下一步，我厅依法行政、依法理财工作将以党的十八届三中全会精神为指针，以法治财政建设为核心，进一步加强统筹部署，改进工作方法，创新工作机制，增强服务意识，提升服务实效，结合此次考评发现的不足，进一步完善提高、抓好落实，努力争创全国财政依法行政、依法理财示范区。主要做好以下几方面的工作。

（一）编制一个体系

编制《广东法治财政建设量化指标体系及评价办法》，逐步实现对厅内处室和各地市进行指导评价，使法治财政建设具体化、量化、明晰化，整体推进法治财政建设。考评办法目前已经初稿。

（二）完善两项机制

一是健全财政立法及规范性文件质量管理机制，引入公示、咨询等制度，紧密配合财政中心工作，增强财政立法的权威性和指导性。二是健全财政风险排查和防控机制，密切关注执法动态，定期排查制度隐患和行为风险，加强工作预见和风险防控，提升财政法治的实效性和创新性。

（三）抓好三类财政改革

一是推进各项财政体制改革，提高一般性转移支付，夯实地方财力保障，规范政府行为，进一步为法治政府建设提供制度保障。二是抓好各项财政管理改革，深化预算编制和执行改革，规范专项资金管理，推进财政信息公开、建立健全法治化的财政管理体系。三是抓好各项财政部门自身改革，推进行政审批制度改革和权责清单制定工作，规范财政权力运行，切实转变财政职能，实现法治惠民。

（四）做好四项重点工作

一是推动法制宣传教育常态化。开展互动式普法、案例式考试以及形式多样的普法宣讲，构建财政大讲堂、法治专栏等普法平台，积极探索新形式、新方法。二是推进财政行政行为规范化。组织开展财政复议应诉案例分析活动，编印财政法制典型案例集，定期举办财政法制案例专题讲座，加强法制业务培训，指导规范财政行为。三是推进财政法制服务专业化。开展面向处室和基层单位的法律服务活动，为厅党组、处室和基层建立主动提供专业法律服务制度。四是推进依法理财示范创建样板化。从厅内处室和地市选择部分单位有重点地建设依法行政、依法理财示范点，树立样板典型，通过改革试点和引领带动，进一步推动财政法治建设。

（本文系省财政厅党组成员、副厅长欧斌2014年3月12日在省政府依法行政考评组到省财政厅检查指导工作时的汇报讲话节选）

在全省特殊教育工作会议上的讲话

（节选）

省财政厅党组成员、副厅长　沈梅红

一、尽职尽责，全力促进特殊教育事业发展

按照党中央、国务院和省委、省政府关于优先发展教育和加快特殊教育发展的一系列决策部署，我省各级财政部门把支持发展特殊教育作为实现教育公平、推进基本公共服务均等化的重要内容，围绕改善特殊教育办学条件，保障残疾人受教育权益，不断加大财政投入，不断完善财政经费保障机制，较好发挥了财政职能作用。一是逐年加大对特殊教育学校建设的投入，改善特殊教育办学条件。如省财政2011－2013年共安排2.53亿元，对欠发达地区特殊教育学校、随班就读资源教室和无障碍设施等建设给予补助。二是落实义务教育阶段残疾学生生均公用经费，提高保障能力。目前我省特殊教育学校义务阶段学生生均公用经费，按不低于普通生生均公用经费的8－10倍拨付，普通学校附设特教班学生按不低于5倍拨付。省财政建立公用经费的比例分担机制，对扶贫开发重点县省财政负担达到100%。据统计，2011－2013年各级财政累计投入特殊教育经费14.29亿元，年均增长率达到21.98%，分别高于同期财政支出年均增幅11.92和8.13个百分点。

今年初国务院印发了《特殊教育提升计划（2014－2016年）》，对我国特殊教育改革和发展作出全面部署。我省制定的《广东省特殊教育提升计划（2014－2016年）》也提出了明确的目标、任务和要求：经过三年努力，初步建立布局合理、学段衔接、普职融通、医教结合的特殊教育体系，办学条件和教育质量进一步提升；建立财政为主、社会支持、全面覆盖、通畅便利的特殊教育服务保障机制，基本形成政府主导、部门协同、各方参与的特殊教育工作格局；到2016年，全省基本普及残疾儿童少年义务教育，视力、听力、智力残疾儿童少年义务教育入学率达到90%以上，残疾儿童学前教育毛入园率达到80%以上。与上述新要求、新目标相比，我省目前的财政投入机制和资助政策体系有待进一步完善，财政管理需进一步加强，各级财政部门要以更加认真的态度，更加积极的作为，更加有效的措施，明确工作目标，落实支出责任，健全保障机制，为全面落实特殊教育提升计划提供有力的财力支撑。

二、千方百计，落实特殊教育提升计划政策措施

我省制定实施的《广东省特殊教育提升计划（2014－2016年）》，在财政保障政策措施上突出了几个特点：一是注重系统设计。相关政策措施经过深入研讨、实地调研、反复测算，并充分征求各部门意见。财政经费保障相关政策涉及特殊教育硬件建设、质量提升具体措施到支出分担机制的形成，都是一个有机系统整体，以一揽子方案提出并省、市、县联动，有利于形成合力和政策有效落实。二

是加大投入力度。2014－2016年全省计划投入资金21.62亿元，其中省级财政资金15.16亿元，占全省投入的70%，是2011－2013年省级财政投入的4.83倍。三是保障全面覆盖。经费保障全面覆盖特殊教育各类机构和各学阶，立足全面推进全纳教育体系，让每一个残疾孩子都能接受合适的教育，着力完善以财政为主的特殊教育服务保障机制。

为全面落实《广东省特殊教育提升计划（2014－2016年）》，我省各级财政将在以下五方面加大经费投入：

（一）完善公用经费补助政策，支持特殊教育义务教育生均经费保障提前达标

在现行公用经费补助政策的基础上，对未达到中央特殊教育提升计划政策要求的普通学校、儿童福利机构、残疾人托养机构附设特教班学生按不低于免费义务教育生均公用经费标准的5倍且每年不低于6 000元的标准拨付公用经费，对随班就读和送教上门学生按每年不低于6 000元的标准拨付公用经费，计划提前两年达到中央特殊教育提升计划政策要求的“义务教育阶段特殊教育学校生均预算内公用经费标准要在三年内达到6 000元的要求”。据测算，2014－2016年全省义务教育阶段特殊教育学生公用经费和课本费共约5.39亿元，省财政将负担2.44亿元。

（二）支持实施残疾学生延伸免学费年限政策

从2015年春季学期起，实施高中阶段残疾学生免学费政策，免学费补助标准按不低于普通中等职业学校学生免学费补助标准的1.1倍拨付。支持有条件的地区实施从学前教育到高中阶段残疾学生免费教育。2015－2016年全省高中阶段残疾学生免费教育补助经费共投入约800万元，省财政将分担500万元。

（三）支持特殊教育基础能力建设

一是支持标准化特殊教育学校建设。为实现30万人口以上县（市、区）建成1所以上符合国家标准的综合性特殊学校目标，全省需投入资金11.6亿元（平均每所学校4 000万元）。省级财政设立“新建标准化特殊教育学校建设专项资金”（为期3年），对经济欠发达地区12个市29所新建的特殊教育学校所需资金，按平均70%的标准给予资金补助，2014－2016年省财政共将投入8.12亿元。二是支持已建成特殊教育学校的达标工作，特别是欠发达地区已建成但未达到国家标准的65所特殊教育学校开展达标工作。省财政将会同有关部门根据各地的达标验收情况，对这部分学校给予一定的资金奖补。为此，省财政设立“特殊教育学校建设维护专项资金”，2014－2016年省财政共安排4.5亿元（每年安排预算1.5亿元），建立特殊学校建设维护的长效保障机制。

（四）加强特殊教育师资队伍建设

从2015年起，到特殊教育学校任教的高校应届毕业生将纳入“上岗退费”政策范围。经测算，2015年和2016年省财政需新增投入“上岗退费”经费超过500万元。

（五）进一步提高残疾学生资助水平

各级财政在“两免一补”基础上，可根据实际对残疾学生提供交通补助，优先保障家庭经济困难非义务教育残疾学生享受学前教育、普通高中、中等职业学校和高等学校助学政策。优先资助6周岁以下残疾儿童康复项目。

三、落实责任，加强资金监管

（一）落实责任，强化保障

全省各级财政部门要结合本地实际落实好我省特殊教育提升计划的政策，强化对资金的监管，把有限资金用好管严，把握好以下四点：

一是保障到位。在坚持“以县为主”的基础教育管理体制，明确各级政府支出责任的同时，财政经费安排要从学前教育到高等教育，从运转经费到基建和长效机制建设资金，从学生资助到师资补助，做到全面保障、全面覆盖。

二是多方筹资。各级财政在安排资金的时候要充分考虑本地特殊教育发展和财政收支的实际，从建立健全以政府投入为主、多渠道筹措特殊教育经费的机制出发，积极开源节流，积极拓宽来源渠道，通过调整优化支出结构，引导社会力量捐资助学，统筹整合、突出重点，科学运用各类资金，做到巧用财力、善用财力。

三是突出绩效。特殊教育学校建设类专项资金应实行以奖代补，体现绩效优先。省财政补助将根据欠发达地区各地级市人均财力、学生人数、完成时间等因素分档确定奖补标准，资金分配将向扶贫开发重点县、民族自治县、原中央苏区县适当倾斜。

四是阳光透明。要健全对特殊教育提升计划的财政保障经费制度。

（二）规范操作，强化监管

严格执行专项资金申报、评审、分配等信息公开有关规定，加强预算执行进度考核，充分提高财政资金的使用效率。

属建设类项目资金必须用于特殊教育学校的校园校舍建设和维修改造、教学设施设备采购等方面，不得用于发放教职工工资福利、个人的奖励和消费性支出。属于工程招投标和政府采购范围的，应当严格按照有关规定执行。

要完善特殊教育投入绩效评价、督查和公告制度，切实加强对特殊教育发展各项财政资金的全过程监督管理，违规使用资金或挪用、截留、挤占资金的行为按规定严肃处理。省级财政部门将适时会同省级教育部门对资金的使用情况进行检查，并通过绩效评价，督促各地管好用好财政资金，提高财政资金使用效益。

（本文系省财政厅党组成员、副厅长沈梅红2014年7月16日在全省特殊教育工作会议上的讲话节选）

切实加强省级财政投资项目造价控制

（节选）

省财政厅党组成员、副厅长　郑贤操

目前，我省大部分省直部门和建设单位都能够严格执行基本建设程序、认真做好项目前期工作，保证财政资金的投资使用效益。但是，仍有个别部门和单位在财政投资项目建设过程中忽视了对造价的控制，部分项目不按批准的建设规模、内容进行建设，部分项目工程建设不规范，随意改变建设规模、内容、招标方式，随意进行设计变更、签证变更，结果是工程造价大幅超出批复预算、概算，造成了国家财政资金的损失和浪费。有的单位不仅一次调整概算，还有二次调整概算，甚至二次调整概算后还没完没了。这反映了有些单位未能正确区分造价管理与成本，未能正确认识工程计价和工程造价的区别、合同管理和造价管理的区别；说明有些单位不能正确理解造价管理的宗旨和原则，不少建设单位对造价管理无流程、无组织保障，未能够抓住造价控制重点、手段跟不上、过程跟踪不到位。在新的形势下，我们要高度重视财政投资管理工作，遵循基本建设客观规律，切实采取措施控制好财政投资项目造价。

一、强化责任主体意识，切实加强省财政投资项目管理工作的领导

项目建设单位、基建管理部门、相关领导要切实加强对本系统财政投资管理工作的领导，进一步完善本系统财政投资监管体制，把国家和省对财政投资管理的各项要求贯彻落实到基层建设单位。项目建设单位要加强对本单位财政投资项目工作的领导，健全财政投资项目管理组织机构，加强对项目管理工作人员的管理，督促有关工作人员了解政策，熟悉业务，切实提升专业水平。

二、关口前移，强化对财政投资项目前期的造价控制

从工程建设的实际经验来看，项目在正式施工前的设计、招标、签订合同等工作对项目造价的影响较大，是财政投资项目造价控制的关键阶段。在设计阶段，建设单位要合理运用限额设计等技术手段，在批准的概算总投资规模内，在保证达到使用功能的前提下，按分配的投资限额控制设计，保证总投资限额不被突破；在招标阶段，建设单位要合理组织施工图预算编制，并按规定报请财政部门审核，以财政部门批准的预算造价作为招标控制价，严格执行招投标管理各项规定；在签订合同阶段，建设单位要详细审查合同条款，确保合同内容完整、准确，不得违背法律法规、招标文件、投标文件及施工单位承诺的内容和结算原则。必要时，建设单位可将拟签订的合同送财政部门评审，作为签订合同的参考依据。

三、严格管理，加强对财政投资项目建设过程的造价控制

在项目建设过程中，建设单位要安排精通政策熟悉业务的技术人员参与管理，规范项目建设内部控制管理程序，确保财政投资项目严格按照批准的建设规模进行施工建设。在建设过程中要特别重视严格控制设计变更和现场签证，对确实需要进行工程变更、设计修改的，必须由建设单位、设计单位、监理及有关监管部门等单位联合进行必要的技术论证和经济可行性论证。在变更内容的审查过程中，要遵循控制投资、保证质量、加快进度、提高效益的原则，严格审查工程变更的必要性和可行性，不得随意提高设计标准、扩大工程范围、增加工程内容，涉及重大的设计变更还须报原项目审批的有关部门批准，确保变更后的总造价严格控制在投资规模范围之内。

四、认真配合开展财政投资评审相关工作

财政投资评审是对财政投资项目的成果全面展示，反映了财政资金向固定资产转化的重要过程。省级各部门、各单位要一如既往地积极配合开展财政投资评审相关工作。一是做好省级财政投资项目的评审资料收集工作。要严格按照城建档案和财政投资评审送审资料的要求，做好建设项目施工过程资料的新建、搜集和整理归档等工作。建设项目工程竣工验收后应先委托具有资质的中介机构先行审核并报主管部门批准后，再及时送省财政厅审核。二是及时报送评审项目并提交评审所需材料。建设单位要充分重

视项目送审的完整性和及时性，估算、概算、预算要按照管理程序需要送审，工程结算项目应在建设项目工程竣工验收后60日内送审，竣工财务决算项目应当在建设项目工程竣工验收后90日内送审。建设单位要按照《广东省建设工程造价管理规定》等有关要求，要求施工单位及时编送工程结算，并对施工单位报送的工程结算进行及时审查，双方取得一致意见后再报送财政部门审查。同时，注重规范报送项目资料。建设单位要按要求分类别类完整提供评审相关资料，编制好送审资料目录，并在每册资料的侧面骑缝加盖建设单位公章。三是配合做好评审过程中的核实和取证工作。财政投资评审过程中需要现场勘察的，建设单位应派人参加，并在必要时协调施工、监理等单位派人参加。四是强化主管部门的指导和督促作用。强调要对按规定报送财政投资评审项目的送审条件进行初步审核；督促项目建设单位及时向省财政厅报送评审项目；加强项目建设全过程中的跟踪管理，督促建设单位主动配合提供资料和及时反馈意见。

（本文系省财政厅党组成员、副厅长郑贤操2014年10月31日在省级财政投资评审业务培训班上的讲话节选）

着力深化改革　提高分析水平
全面建立现代财政国库制度

（节选）

省财政厅党组成员、副厅长叶梅芬

一、我省财政国库管理改革成绩显著，预算执行管理工作稳步推进

近年来，全省各级财政国库部门坚持依法、科学、民主理财，全面推进财政国库管理改革，健全国库管理职能，着力强化财政资金安全管理，抓好预算执行分析工作，不断提高预算执行管理科学化、规范化、信息化水平，初步构建功能完善的现代国库运行机制，取得了显著成绩。主要表现在：

（一）国库集中支付制度改革的基础性地位进一步牢固

一是改革覆盖面不断扩大。根据财政部布置的全面完成国库集中支付制度改革任务的要求，各级财政多措并举、多管齐下，全面推进国库集中支付制度改革。省、市、县三级财政100%的预算单位纳入改革范围，改革资金范围基本覆盖所有公共财政预算资金和政府性基金预算资金，确立了国库集中支付制度在财政财务管理中的核心基础性地位。在此基础上，部分乡镇探索开展了国库集中支付制度改革试点。二是国库集中支付资金运行和预算执行管理机制不断完善。在资金拨付、会计核算、资金清算、内部控制等方面制定一系列制度办法，形成了较为科学严谨的监督制衡约束体系，按规范程序有效控制财政资金拨付，有效提高财政资金运行效率，不断提高国库管理科学化精细化水平。

（二）财政资金管理基础工作进一步夯实

一是财政资金安全管理制度进一步健全。制定《广东省财政专户开户银行选择管理暂行办法》，修订完善《广东省省级与下级财政往来资金管理暂行办法》等，推动全省财政专户及资金管理工作的制度化、科学化和规范化。二是总预算会计管理基础工作不断夯实。各级财政部门高度重视国库基础管理工作，主动履行资金管理职责，及时准确办理资金收付和会计核算，定期清理、核销暂存暂付等往来挂账款项，并按照财政部统一部署开展财政对外借款清查、财政库款月报编报等工作，有力保障财政资金拨付和资金存放安全，提高财政总预算会计管理水平。三是财政专户管理进一步强化。严格按照财政部《财政专户管理办法》要求，规范办理财政专户的开立、银行选择、资金管理，加强对财政资金开户及存放银行的督促、监管，切实防范资金安全外部风险。按照财政部的统一部署，2014年开展了全省存量财政专户清理工作，目前，省级存量财政专户已由财政部核准，正在办理相关账户清理撤并手续，市县存量财政专户已进行初审并报财政部核定。

（三）财政国库专项改革进一步推进

一是自行发行地方政府债券机制逐步完善。我省于2011年起纳入地方政府自行发债试点，并于2014年起开展地方政府债券自发自还试点。我厅严格遵循“公开公正，阳光透明，规范操作”的原则，扎实做好债券发行工作，连续4年顺利全额发行了地方政府债券，以较低成本筹集了我省经济社会发展所需资金。同时，在各部门和市县的配合下，通过严格的还本付息管理树立了广东政府债券的良好信用形象。二是权责发生制政府综合财务报告试编逐步扩面。自2011年起开展政府综合

财务报告编制试点以来，我省以“探索政府综合财务报告编制路径、建立试编工作协调机制、培养政府会计改革相关人才”为目标，高度重视，全力做好试编工作。2013 年，在 7 市 6 县（市、区）开展试编权责发生制政府综合财务报告试点，初步积累了试编不同层级政府财务报告的工作经验，2014 年试点范围进一步扩大到 10 市 8 县（市、区）。三是部门决算批复和公开工作不断规范。2013 年，省财政全口径批复了 116 个省级部门的 2012 年度部门决算，积极指导省级部门有序开展部门决算和“三公经费”信息公开，2013 年公开了部门决算信息和“三公经费”信息的省级部门均为 96 个。与此同时，督促各地财政部门按照统一要求做好 2012 年部门决算批复及公开工作。

（四）国库管理信息化水平进一步提升

一是国库支付系统功能逐步完善，省级建成涵盖预算计划管理、资金支付、会计核算、预算单位银行账户管理等功能的预算执行管理系统。以财政支出管理电子平台建设为契机，将国库支付系统全面覆盖到全省各级财政国库部门，有力提升了财政国库管理工作效率和信息化水平。二是预算执行分析工作信息化水平显著提升。按照财政大数据战略的要求，完成了综合决策分析系统第一期建设工作，完善财政收入预测模型，并利用模型开展了全年收入预测工作，显著提升了预算执行分析工作效率和数据准确性。按财政部部署，实施了财政收支旬月报系统升级，认真做好数据审核工作，准确及时汇总编报财政收支运行数据。上线试运行决算审核平台，加强财政总决算数据与部门决算、社保决算数据的衔接，有效提升了总决算报表审核的工作效率和数据准确性。

上述这些工作成果的取得，是我省各级党委政府正确领导和有关部门大力支持的结果，是各级财政国库部门共同努力奋斗的结果。在此，谨向大家及国库战线的所有同志表示衷心感谢和诚挚敬意！

在看到成绩的同时，我们也要清醒认识到，我们所取得的成绩，与面临的新任务、新挑战相比，与建立现代财政制度的要求相比，还存在着差距。如各地国库集中支付制度改革进展不平衡，一些地方改革仍然滞后；部分地方制度执行和规范管理不到位，资金管理存在安全隐患；国库信息化建设有待进一步强化；国库管理和预算执行分析水平有待进一步提升等。主要原因：一是思想认识不到位。部分地方对推进国库集中支付制度改革存在畏难情绪，缺乏攻坚克难的主动意识，改革推进力度不够。部分市县资金安全意识淡薄，内部管理松懈。二是人员机构设置不到位。部分县、乡级国库管理和执行机构设置不到位，受人员编制限制人员配备不足，国库工作中不兼容岗位难以分设，使国库职能难以履行到位。三是国库基础工作不到位。一些地区会计基础工作比较薄弱，在账务处理、对账管理、印鉴管理等方面存在不规范的现象等等。这些问题的存在，必须引起我们的高度重视，并在今后的工作中努力克服和认真解决。

二、认清形势，准确定位，明确财政国库工作发展方向

2013 年，党的十八届三中全会通过《中共中央关于全面深化改革若干重大问题的决定》，指出财政是国家治理的基础和重要支柱，科学的财税体制是优化资源配置、维护市场统一、促进社会公平、实现国家长治久安的制度保障，必须完善立法、明确事权、改革税制、稳定税负、透明预算、提高效率，建立现代财政制度，发挥中央和地方两个积极性。要改进预算管理制度，完善税收制度，建立事权和支出责任相适应的制度。

党的十八届三中全会对深化财税体制改革提出了新定位、新目标、新任务，是指导我们进一步做好财政国库管理工作的行动纲领。2014 年 4 月份在全国财政国库改革与发展座谈会上，刘昆副部长指出，深入学习和领会《决定》精神，落实到财政国库改革与发展工作中，就是要牢固树立法治化理念、信息化理念和国际化理念三种理念，着力打造服务保障型、决策支撑型、运营管理型和风险防控型“四型”财政国库，明确了我们加强财政国库管理、建设现代国库制度的发展方向。在此，围绕深化财政国库改革，提升财政服务能力，建设现代国库制度，提几点要求：

（一）高度重视，强化意识

财政国库部门作为财政的基础核心部门，是财政收支的总关口，是连接预算编制、预算执行、预算监督的中转轴。而预算编制科学完整、预算执行规范有效、预算监督公开透明及三者的有机衔接、相互制衡，是现代预算管理制度的核心内容。因此，深化推进财政国库改革，构建现代国库管理制度，关系到建立完整、规范、透明、高效的现代预算管理制度，是一项重要的基础性改革内容。各级财政国库部门要进一步认识全面深化改革的重大意义，以坐不住、等不起、慢不得的责任感和紧迫感，将财政国库管理工作抓紧、抓实、抓到位。

（二）找准定位，把握方向

财政国库工作是财政管理中的基础性支撑工作，推进国库改革必须服务于经济社会发展，服务于财政改革工作大局。各地要认真研究全国财政国库改革与发展座谈会会议精神，找准财政国库管理在整个财政管理中的职能定位，按照打造服务保障型、决策支撑型、运营管理型和风险防控型财政国库的定位和方向，既不越位，也不缺位，按照财政国库“十二五”规划的要求，重点强化财政国库的预算执行管理监控、筹资理财、信息分析报告和政策实施等四项功能。

（三）理清思路，创新观念

目前国库改革已经进入深水区和攻坚区，改革任务十分艰巨。继续深化推进财政国库改革，各级财政要按照全国财政国库改革与发展座谈会精神，牢固树立法治化理念、信息化理念和国际化理念 3 种理念，以法规制度为依据和

约束，以信息化管理为抓手，借鉴国际上和兄弟省市的成功经验，结合本地实际，加快理论和实践创新。要进一步强化改革的创新意识和担当精神，敢于突破传统观念和思维束缚，敢于突破利益格局，敢于攻坚克难，确保各项改革稳步推进，取得实效。

三、明确任务，落实措施，全面深化财政国库管理制度改革

当前建立现代国库制度的定位和发展方向已明确，在深刻领会中央精神的基础上，关键是要抓好落实。全省各级财政国库部门要齐心协力，突出重点，真抓实干，扎实做好财政国库管理各项工作。重点做好以下几个方面的工作。

（一）全面强化财政资金安全管理

保障财政资金安全是财政国库管理的首要任务，各级国库要充分认识加强财政资金管理工作的极端重要性和紧迫性，在抓好制度建设的同时，扎扎实实做好各项工作。

一是注重扎实做好国库基础工作。严格按照预算指标、用款计划、规定程序和项目进度拨付财政资金，加强内外部账务核对，及时准确进行会计核算处理，严格库款收支管理、提高财政资金调度安全性，将财政资金收支管理纳入信息系统严格控制、强化内部制衡，确保每项工作均严格按制度执行并落实到每个工作细节，做到重在日常管理，重在防微杜渐，重在自控自纠，做好风险排查，通过规范的管理和严格的执行来减少风险的发生，切实杜绝财政资金安全隐患。

二是注重规范总预算会计核算。要严格按照《财政总预算会计制度》和《财政总预算会计管理基础工作规定》等要求，规范进行财政收支核算，真实反映预算执行情况。要严格界定权责发生制核算范围，除国家规定外，一律不得按权责发生制列支。要进一步规范专户资金管理，除依照规定纳入财政专户管理的资金外，预算安排的资金应全部实行国库集中支付制度，坚决杜绝违规采取“以拨作支”方式将库款转入财政专户、虚列支出、挤占挪用资金等行为。此外，财政部正在研究修订《财政总预算会计制度》，此前已多次征求各地意见，可能下半年就会出台，各地财政部门要做好准备，做好新旧核算制度的衔接工作。

三是加大力度清理暂存暂付款挂账。去年以来，财政部要求各地清理盘活财政存量资金，全面清理财政暂存款、暂付款规模，规范借款管理。各级财政部门应科学、合理调度国库资金，完善财政支出结构，建立业务台账，安排专人负责跟踪对账、定期清理，积极督促有关部门及时归还财政垫付资金。2014 年底，暂付款要在上年的基础上压缩 30% 以上；暂存款在上年的基础上只减不增。同时，健全财政对外借款管理制度和审批程序，进一步完善对外借款管理制度，严格控制新增财政对外借款，绝不能出现老的借款还未收回，又新增大量借款的现象。建立有效的借款回收保证机制和责任追究机制，针对借款情况制定切实可行的还款计划，对于尚未到期的借款，应加强对借款单位的跟踪及督促；对于逾期未归还的借款，应加大催收力度或实施财政扣款收回；对于挂账时间较长且确实难以回收的借款，可考虑列入预算并按规定报批后予以核销。

四是狠抓财政专户清理规范。按照财政部的要求，我厅已将市县存量财政专户清理的初审意见上报，经财政部下发市县财政专户的核准意见后，各地要按照财政部的要求对未予核准的财政专户限期予以撤并。同时，要从严控制新设财政专户，严格把握地方新设财政专户报经财政部核准的这条“红线”，不允许突破，严禁先开设后补报。各市财政部门要切实做好审核、监督。

（二）深化推进国库集中支付制度改革

财政国库因改革而诞生，因改革而发展。要把国库改革作为财政国库工作的主线，在国库改革以往成绩的基础上，继续深化推进国库集中支付制度改革。

一是以乡级为主攻方向继续深化改革。乡镇财政是我国财政体系的基础层级，直接服务于广大农村和农民群众，强化乡镇财政资金管理的意义不言而喻。一直以来，由于不同乡镇的财政状况不一，财政管理模式不一，金融服务基础不一等因素制约，我省乡级国库集中支付制度改革的总体进度偏慢。多数乡镇仍然沿用传统的财政资金拨付方式，不利于提高财政资金运行效率和透明度，也不利于保证财政资金安全。根据全国财政国库改革与发展座谈会精神，财政部已经明确将把乡镇国库集中支付改革作为下一步深化国库改革的重点，正在研究起草指导性意见，争取下半年出台。各地要统一思想，克服困难，充分认识到推进乡镇国库集中支付制度改革的重要意义，按照“因地制宜、分类管理、稳步推进”的总体要求，以“有利于增强财政透明度、有利于保障财政资金安全、有利于提高财政资金运行效率”为原则，结合乡镇实际，选择合适的改革模式，加快推进乡级财政国库改革。

二是巩固县级以上财政国库集中收付改革成果。重点是省、市、县三级的公共财政预算资金和政府性基金预算资金要全部纳入国库集中支付范围。同时积极研究探索，逐步将国有资本经营预算资金及社会保险基金预算资金纳入国库集中支付范围。

三是不断规范国库集中支付资金运行机制。要合理界定财政国库部门和预算单位在预算执行管理中的职责，既要突出预算单位的预算执行主体地位，对属于预算单位的权限财政部门不应过多干预，也要通过事前、事中、事后的监管手段，保障预算单位严格执行各项财经纪律，把该管住的管好。要合理划分国库集中支付方式，优化集中支付业务流程，在确保资金安全的前提下进一步提高资金拨付效率。

四是继续完善国库单一账户体系建设。随着国库集中支付制度的全覆盖，预算单位银行账户大量存在的情况已不适应进一步深化改革要求，也不符合改革初衷。各地要根据国库集中收付制度实施情况，进一步明确预算单位银

行账户设立标准。在此基础上，对预算单位银行账户开展新一轮清理工作，对违规设置的账户、没有保留必要的账户要一律撤销。要继续按照预算单位银行账户审批制度把好审批关口，已实行国库集中支付制度改革的预算单位，原则上不允许新设实有资金账户。

（三）积极做好国库管理新业务随着国库改革的深入，国库工作不断拓展、职能不断延

伸和管理不断加强，出现了很多新问题、新情况，需要我们不断加强研究和探索。

一是做好权责发生制政府综合财务报告试编工作。建立权责发生制政府综合财务报告制度，是十八大三中全会《决定》明确提出的改革要求。权责发生制政府综合财务报告试编工作是一项系统工程，技术复杂、信息量大，虽然我们已经在往年积累了一定的经验，但目前仍处于探索阶段。2014 年纳入试点范围的 10 市 8 县，要认真研究试编方法，通过试编发现问题，逐步解决编制中的重点难点问题，完善试编方法和工作机制，逐步挖掘报告中的信息价值。尚未开展试编工作的市县，也要深刻认识到权责发生制政府综合财务报告的发展趋势，认真学习，积极参与，加强研究，积累经验，为正式实施权责发生制政府综合财务报告制度奠定基础。

二是积极推进部门决算公开工作。要按照财政部有关要求做好部门决算批复及信息公开工作，提高部门决算信息和“三公”经费公开的质量和时效，有序推进全省各级部门决算批复和公开工作。

三是高度重视地方债还本付息工作。及时办理地方债还本付息，直接关系到地方政府信用形象。对于未及时还本付息的市县，省财政厅严格按照转贷协议规定按天收取罚息，并在年度终了后予以通报。各市县还本付息情况，还将作为以后年度转贷资金分配的参考。因此，各地应高度重视还本付息工作，明确职责分工，做好还款时间台账，提前做好资金筹措准备，确保及时、足额偿还广东省政府债券本息资金。

四、把握形势，紧扣热点，做好预算执行分析工作

据快报统计，上半年来源于广东的财政收入累计完成 9 722.41 亿元，同比增长 21.2%；全省地方公共财政预算收入累计完成 4 015.5 亿元，同比增长 15.27%；全省地方公共财政预算支出累计完成 4 125.68 亿元，同比增长 22.97%，其中民生类支出完成 2 807.18 亿元，同比增长 26.18%，占全部支出的 68.04%，比上年同期提高 1.73 个百分点。全省财政运行总体呈现增长平稳、结构优化、区域协调等特点，但同时金融业、房地产业等部分行业下行，下半年可能对财政稳定增长产生不利影响，也需引起重视。具体体现在：一是财政收入增幅回稳，实现“时间过半、任务过半”。4 月份以来全省地方公共财政预算收入累计增幅稳定在 15% 左右，且呈逐月小幅回升态势，上半年全省地方公共财政预算收入完成年初代编预算的 51.59%，快于时间进度 1.59 个百分点，其中省级完成年初预算的 52.9%，比时间进度快 2.9 个百分点，为顺利完成全年预算任务打下了良好基础。二是主体税种、中小税种和非税收入增长“一稳二快”。“一稳”是国内增值税等主体税种收入保持平稳增长，上半年同比增长 12.53%，二季度以来各月累计增幅基本持平；“二快”是中小税种和非税收入增长较快，上半年中小税种收入同比增长 18.71%；非税收入在深圳、惠州、河源等地清理历年非税收入结余的带动下，上半年同比增长 20%。三是县域收入和山区 5 市收入较快增长，各级次各区域增长协调性有所增强。省委、省政府促进粤东西北地区振兴发展的一系列政策效果开始显现并逐步反映在财政收入上。分级次来看，以粤东西北地区县（市）为主的县域财政收入增长较快，上半年全省 60 个县（市）地方公共财政预算收入同比增长 18.49%，高于市（区）和省级。分区域来看，粤北山区 5 市收入同比增长 18.49%，增幅比珠三角 9 市（16.99%）高 1.5 个百分点；东西两翼虽然受上年较高基数和规范收入征管等不可比因素影响，收入增幅相对较低（10.96%），但累计增幅已连续两个月小幅提高，呈回升态势。四是支出进度加快、结构优化。上半年全省公共财政预算支出累计增幅从 1－4 月份的 8.51% 提高到 22.97%，支出进度明显加快。同时支出结构继续优化：第一，行政运行成本压减有力，主要用于保障行政运行的一般公共服务支出同比增长 2.69%，远低于支出平均增幅；第二，民生支出占比提高，教育、社会保障等民生类支出同比增长 26.18%，占全部支出的 68.04%，比重比上年同期提高 1.73 个百分点；第三，重点支出保障到位，全省交通运输支出同比增长 52.59%，为加快全省特别是东西北地区交通基础设施建设提供了有力保障；第四，十件民生实事支出进度较快，1－6 月份全省已拨付民生实事资金 1169.95 亿元，完成全年预算的 67.74%，快于时间进度 17.74 个百分点。

上半年我省财政运行情况总体良好，但也存在以下值得关注的问题：一是银行惜贷，对财政收入增长产生下行压力。受钢贸危机影响，一季度末我省（不含深圳）银行业金融机构不良贷款率有所上升，银行贷款审批更加谨慎，一方面将直接影响金融业税收增长，另一方面将制约经济发展，影响重点项目建设，间接影响财政增收。二是企业外迁导致税源流失。近年来，一些劳动密集型企业受用工成本提高、工业用地紧缺等因素影响向省外迁移，一些重点税源企业也出现外迁现象，如宝洁在上海成立销售中心导致税收转移等。三是房地产市场波动影响经济和财政平稳运行。当前房地产市场仍处于观望态势，上半年全省有 8 个市国有土地使用权出让收入负增长，直接影响投资增长，同时商品房销售面积和销售额持续回落，来源于房地产业的地方税收收入同比仅小幅增长 4.9%。四是财政支出进度虽然明显加快，但“钱等项目”的问题仍然突出。上半年，为落实稳增长调结构政策，我省地方公共财政预算支出同比增长 22.97%，比 1－4 月份提高 14.46 个百分点，但部

分专项资金出现“钱等项目”的问题，不能及时发挥作用，如全省科学技术、节能环保、商业服务业支出分别只完成年初代编预算的28.76%、28.13%、30.83%。五是部分地区财政收入质量欠佳。虽然全省收入质量总体较好，但部分地区税收占比偏低的问题仍然比较突出，且主要集中在欠发达地区。上半年，全省有8个市税收占比低于65%，其中7个属于粤东西北。综合以上因素，初步预计下半年我省财税收入走势将基本与经济增长速度相适应，在经济增长不出现较大波动的情况下，经过全省各级财政部门的努力，全年财政收入可望完成增长10%以上的预期目标，并争取有所提升。

下一步，各市要认真分析财政运行中存在的突出矛盾，找准原因，对症下药。一是要做好收入组织工作。下半年全省财政收支压力依然较大，目前仍有14个地市收入进度未实现“时间过半，任务过半”，特别是部分地市收入质量欠佳和收入增幅较低的问题并存，要切实加大力度组织抓好收入。二是要着力加快支出进度。今年以来，省财政厅高度重视支出进度问题，采取了建立健全支出台帐制度、抓好大额支出拨付工作和完善预算执行进度考核问责机制等措施，同时进一步加强对市县预算支出工作的指导督促，取得了一定成效，但目前仍有部分市县支出进度不理想，各地务必提高认识，进一步加大力度，多管齐下，争取支出进度在三季度有较大改观。三是要加强预算执行分析。预算执行分析工作直接服务于领导决策和中心工作，在我国经济面临“三期叠加”阶段性特征之时，经济形势错综复杂，要求我们必须更加准确预判收入走势，及时发现问题并有针对性地提出政策建议。我们要通过预算执行分析为科学决策提供参考，不仅使之成为领导了解财政运行和财政工作情况的重要渠道，也成为宣传财政的重要窗口，成为反映财政工作质量水平的重要标志。因此，各级财政部门一定要高度重视执行分析工作，特别是必须确保财政收支数据报送的及时准确，同时要拓宽分析渠道，与国地税和有关宏观经济部门加强沟通，密切关注经济运行情况，着力提升数据利用水平，采用科学的分析方法，结合财政大数据战略探索新的分析手段，切实提升分析水平。

（本文系省财政厅党组成员、副厅长叶梅芬2014年7月23日在全省财政国库管理制度改革推进会暨2014年上半年预算执行分析会上的讲话）

增强纪律观念　切实改进作风
扎实推进广东财政党风廉政建设和反腐败工作

（节选）

省财政厅党组成员、纪检组长　项天保

一、2013年党风廉政建设和反腐败工作回顾

2013年，全省财政部门坚持“两手抓、两手硬”，认真落实上级的各项工作部署，统一思想、凝聚共识，围绕中心、狠抓落实，财政党风廉政建设和反腐败工作取得了新成效。

（一）纠风肃纪，切实改进作风，认真落实中央八项规定精神和省委实施办法

一是明确要求，细化贯彻落实意见。紧密联系财政部门和财政工作实际，制定实施《关于进一步改进机关工作作风的意见》，从7个方面作出了21项具体规定，要求广大财政党员干部严格遵守纪律，确保令行禁止。二是认真组织开展党的群众路线教育实践活动，切实纠正“四风”问题。省财政厅坚持从严要求，聚焦“四风”问题广泛征求意见，研究提出改进工作、解决问题的措施，夯实作风建设的思想基础。厅党组带头开展教育活动，共开展“下基层、接地气”活动33次，主动“走出去、请进来”征集意见，深入查摆了163条“四风”问题，制定了8个方面的41项整改措施，向社会作出了改进作风的8项承诺并抓好整改落实；全厅党员干部积极投入到教育实践活动中，深挖思想根源、深刻查摆问题、深入调查研究，建立健全了改进机关作风的46项制度，营造了务实实干的良好风气。三是加强对廉洁从政规定执行情况的监督。认真贯彻中央纪委有关禁止性通知，制定《关于春节期间加强廉洁自律的通知》和“六个严禁”等规定，重申节假日期间廉洁自律有关规定并加强对执行情况的监督检查，坚决刹住收送“红包”礼金、公款吃喝、奢侈浪费等不正之风。2013年，省财政厅机关办公费、会议费、培训费、公务用车运行维护费、电话费等经费支出总额与上年同比降低46.01%，清理腾退超标准办公室18间，机关作风建设取得明显成效。四是全面落实政府机关作风转变的各项财政措施。进一步完善了省直党政机关和事业单位会议费管理办法、加强党政机关一般公务用车管理等系列制度办法。严控一般性支出，实行公用经费“五个零增长”，2013年

省直部门会议费及“三公”经费支出与上年同比下降23.08%，有力地推动了省直机关“四风”问题的改进。

（二）有案必查，严厉惩治腐败，严肃查处违纪违法案件

厅党组高度重视信访举报工作，大力支持纪检监察机构履行职责，及时研究解决反腐倡廉工作中存在的突出问题。把严肃查办案件与关心保护干部相结合，严肃查处财政干部违反廉政准则和纪律规定的行为。注重抓早抓小，对苗头性、倾向性问题，及时提醒诫勉，防止小错酿成大错。2013年，驻厅纪检组共收到群众信访举报38件（不含重复件），按照“属地管理、分级负责，谁主管、谁负责”的原则分类进行处理，对9条信访线索开展了初步核查，了结7件，自办案件1件。按照有关程序规定，对厅数据信息中心严重违纪违法的原科长林少丹给予开除党籍、开除公职处理。对厅会计服务大厅工作人员陈炳坤因涉嫌赌博违规发放会计从业资格证书问题，督促依法解除了劳动合同并进行立案查处。指导协调有关市县财政局协助配合当地纪检监察机关，查核涉及危金峰案件的有关问题，并积极配合省纪委、省检察院的办案取证工作。同时，认真开展以案治本工作，厅党组成员深入各处室、单位上党课和开展廉政专题教育38次，指导督促各处室、单位健全制度、强化监督、堵塞漏洞。

（三）完善制度，规范权力运行，建立健全廉政风险防控长效机制

一是认真落实党风廉政建设责任制。制定印发《关于进一步加强省财政厅廉政建设工作的意见》和《广东省财政厅工作人员问责暂行办法》等制度办法，定期召开党风廉政建设工作落实情况汇报会，建立健全贯彻执行党风廉政建设责任制的检查、考核和报告制度，强化治庸问责。二是切实加强廉政教育。深入剖析危金峰等财政系统违法违纪案件，充分发挥党支部对党员干部的思想教育作用，加强与干部的沟通交流，日常谈话谈心，切实增强廉政意识和风险意识；认真开展纪律教育学习月活动，组织全厅副处以上及部分重点岗位干部近200人开展“三纪”教育学习和到省反腐倡廉教育基地接受教育，多次召开以“反腐倡廉”为主题的专题辅导报告会，组织党员干部观看廉政教育片，开展“正能量·中国梦”、“读廉洁书”等专题活动，筑牢党员干部的思想道德底线、廉洁自律防线和党纪国法红线。三是建立健全廉政风险防控管理长效机制。以规范财政权力运行为重点，组织各处室、单位继续深入排查岗位风险，通过强化业务流程积极推动财政内控体系建设，有针对性地建立完善了厅党组成员专题调研和重点工作抓落实、加强财政专项资金管理、规范财政系统业务联系等制度措施50多项，努力确保财政资金安全和干部成长安全。四是加强干部人事管理和监督工作。树立正确的用人导向，驻厅纪检组对援藏援疆干部选拔、干部选任、新录用人员面试等进行认真监督，严格执行述职述德述廉、领导干部个人有关事项报告、离任审计、任前廉政谈话、诫勉谈话和“三课一会”等制度，强化对权力运行的监督制约。

（四）深化改革，创新机制体制，筑牢财政源头治腐防线

一是继续推进源头治腐各项财政管理制度改革。进一步加大预算公开力度，增强财政预算约束，不断完善预算执行和监督管理；充分发挥“制度+科技”的防腐作用，制定实施预算指标和资金支付稽核系统，完善预算执行动态监控机制；多方面推进财政改革，全年共部署推进财税体制、财政管理、专项整治等方面改革31项，其中已完成10项，部分改革走在全国前列，工作得到省委、省政府的充分肯定。二是全面规范省级财政专项资金管理。出台实施了《关于完善省级一般性转移支付政策的意见》、《关于压减省级财政专项转移支付 扩大一般性转移支付的意见》、《广东省省级财政专项资金管理办法》等一系列制度办法，将659项、756.63亿元的专项资金纳入清理范围。推进省财政经营性资金股权投资管理改革，探索实行因素法、贷款贴息等科学分配办法和专项资金基金化等，促进资金分配的阳光、透明，有效提高财政资金使用效益。三是加大监督检查力度。积极开展宏观调控政策、保障和改善民生政策财政资金使用情况的监督检查，对中小学校舍安全工程等七项教育专项资金开展检查，涉及金额12.5亿元，查处违规金额1 355万元。牵头开展的整治“小金库”、违规使用专项资金专项行动取得显著成效，全省发现和处理“小金库”31个，涉及金额约2 371万元；查处专项资金违规项目697个，追回、收回、上缴、扣减资金5 856万元，相关违纪违法人员被追究责任，整治工作得到省领导的批示肯定。

（五）提高认识，加强队伍建设，全面提升纪检监察干部执行力

财政纪检监察干部坚持正人先正己，围绕中心任务，认真转方式、转作风、提能力，有效提升队伍执行力。一是积极参加群众路线教育实践活动，作出加强作风建设的八项公开承诺，深入查摆“四风”存在问题，认真开展批评与自我批评，进一步改进了作风，增强了党性。二是落实中央纪委、省纪委部署，认真开展会员卡专项清退活动，全部做到“零持有”“零报告”。三是建立纪检组长接访制度，主动开门听取党员干部对纪检监察工作的意见和建议。四是深入开展“反对特权思想和特权现象”专题调研，组织纪检监察干部参加中央纪委、财政部、省纪委举办的纪检监察业务培训学习，不断提高纪检监察干部业务能力和履职水平。

在肯定成绩的同时，我们也清醒地看到仍存在一些问题和不足。干部教育监督方面还存在薄弱环节；个别党员干部法纪意识还比较淡薄，对一些“寻租”现象防范意识淡薄，在一定程度上仍存在虚、懒、浮、松、软、庸、散、奢等问题；有的领导班子和领导干部党风廉政建设责任制落实不到位；财政权力运行的监督制约长效机制还不够健全；财政工作领域失范失序问题时有发生。这些都需要我们在以后的工作中不断改进。

二、2014年我省财政党风廉政建设和反腐败工作的主要任务

2014年是全面贯彻落实党的十八届三中全会精神和省委十一届三次全会精神的第一年，财政改革任务将更加繁重，党风廉政建设和反腐败斗争形势依然严峻复杂。全省财政部门要深入贯彻落实十八届中央纪委三次全会、十一届省纪委三次全会和全国财政反腐倡廉建设工作会议的部署，坚持党要管党、从严治党，以改革的精神进一步加强财政惩治和预防腐败体系建设；严明党的各项纪律，加强思想政治教育，坚持不懈纠正“四风”，坚决克服组织涣散、纪律松弛问题；加强财政内控机制建设和财政廉政风险防控管理，规范财政权力运行，坚决惩治各种腐败行为，扎实推进财政党风廉政建设和反腐败工作，为开创我省财政工作新局面提供坚强保障。重点做好以下四项工作：

（一）以贯彻落实中央八项规定精神和省委实施办法为重点，建立改进作风、严肃纪律的长效机制

严明党的政治纪律。各级财政部门党组（党委）要切实担负起执行和维护政治纪律的责任，认真开展政治纪律教育，教育督促党员干部严格按照党员标准和廉政准则要求自己，自觉按照党的组织原则和党内政治生活准则办事，自觉维护中央权威，确保省委省政府重大决策部署落到实处。要切实加强党的纪律建设，严格执行党的政治纪律、组织纪律、工作纪律、财经纪律和生活纪律等各项纪律，严守各种禁止性规定。要加强对纪律执行情况的监督检查，严肃违纪责任追究，使纪律真正成为带电的高压线。需要强调的是，财政干部既是财经纪律的制定者，也是执行者，还负有监督职责，必须以身作则，廉洁公正地履行公职，为国家和人民管好钱，绝不允许弄虚作假、弄权谋私。

坚持不懈加强作风建设。作风问题具有顽固性和反复性，必须常抓不懈。各级财政部门要始终把作风建设牢牢抓在手上，紧紧抓住落实中央八项规定精神和省委实施办法，切实抓好《党政机关厉行节约反对浪费条例》在财政部门的贯彻执行，巩固清退会员卡和严禁公款购赠月饼、贺年卡、年货等工作成果，继续下大力气整治收送“红包”礼金问题。要集中整治衙门作风，对消极应付、不作为、乱作为，门难进、脸难看、事难办的问题开展专项治理。要切实增强财政党员干部推进财政改革发展的责任感和紧迫感，牢固树立财政工作的大局意识、创新意识、进取意识和中长期观念，把握发展规律，转变理财思路，推动经济社会健康发展。要建立健全党员干部不断改进工作作风、坚持为民务实清廉的长效机制，深入开展整治庸懒散奢行动，大力弘扬脚踏实地、埋头苦干、求真务实的优良作风，营造财政系统风清气正、积极向上、勤奋工作的良好氛围。

积极发挥财政职能作用。各级财政部门要认真履行财政职责，进一步梳理现行相关制度，推进厉行节约反对浪费的长效机制建设。对与条例规定不相适应的及时修订，形成相对完备、可操作性强的公务支出管理制度体系。加快建立符合实际的公务支出标准体系、调整机制和管理信息平台，促进公务支出管理科学、规范、透明。抓好制度执行与落实，强化监督问责，提高制度约束力。

（二）以加强财政惩治和预防腐败体系建设为重点，建立财政廉政风险防控管理长效机制

建立健全惩治和预防腐败体系。认真落实中央、省惩治和预防腐败体系2013－2017年工作规划，按照省纪委和财政部部署，细化落实措施，抓好责任分解和任务分工，有重点、分步骤做好财政承担的牵头工作和配合工作。一是改进预算管理制度，率先建立现代财政制度。进一步细化预算编制，改进预算决策方式和程序；实施全面规范的预算公开制度，细化公开内容，规范公开程序，健全公开手段，强化监督检查。二是研究建立政府公平配置公共资源机制。全面深化国库集中收付制度改革，继续深入推进政府采购制度改革；推进省级经营性财政资金实施股权投资管理改革和政府购买社会服务改革试点，深化公共资源交易机制改革。三是完善省以下财政体制，加强转移支付资金管理。针对专项转移支付管理问题较多、腐败案件时有发生的状况，要开展专题调研剖析，完善监管措施；继续压减专项、扩大一般，切实规范管理，主动接受人大和社会公众监督。四是加强财政专项资金管理，最大限度压缩自由裁量权。严格实施《广东省省级财政专项资金管理办法》规定，全面加强和规范专项资金管理，加大清理整合力度。五是继续清理规范政府性基金和行政事业性收费，促进政府职能转变，减轻企业和社会负担。六是进一步改进财政监督，加强财政内控机制建设。提升财政监督成效，强化对预算执行过程的监控，加大对遵守财经纪律情况的监督，维护财政监督法规的严肃性，确保财政资金管理的程序规范、责任明确、权力透明、监督有力。

推进廉政风险防控管理长效机制建设。一是继续深化廉政风险防控管理。认真评估财政业务及管理中的内外部风险，通过制订、完善相关制度、流程和方法，结合财政管理信息化建设，构建财政内部控制框架体系，加强风险防控。同时，完善廉政风险防控考核办法，推动长效机制建设。二是加强反腐倡廉宣传教育。巩固党的群众路线教育实践活动成果，采取多种形式开展理想信念宗旨教育和社会主义核心价值体系教育，加强党风党纪、廉政法规、廉洁自律和警示教育。继续开展纪律教育学习月和党纪政纪法纪教育活动，引导财政干部筑牢拒腐防变思想道德防线，营造以廉为荣、以贪为耻的廉政氛围。三是强化对领导干部的监督。认真落实党内监督各项制度，加强和改进对各级财政领导干部行使权力的制约和监督。进一步强化财政内部审计，高度重视审计等机关的整改意见和建议，切实抓好有关问题整改。严格落实外出报告、出入境审批、个人重大事项报告等管理制度，按要求对领导干部报告个人有关事项的情况开展有针对性的抽查核实。四是健全民主科学决策机制。凡是重大问题决策、重要人事任免、重

大项目安排和大额资金使用，都必须实行集体决策。五是继续深化干部人事制度改革。健全干部选任、考核和交流机制，切实加强对干部选拔任用的监督，提高选人用人公信度，充分调动财政干部干事创业的积极性。六是提升财政系统上下联动合力。牢固树立全省财政工作“一盘棋”思想，在全面深化财政改革进程中强化上下联动，提升合力。

（三）以遏制权力寻租空间为重点，着力保持惩治腐败的高压态势

坚持有案必查、有腐必惩。各级财政部门党组（党委）要坚持对腐败零容忍的政治态度，旗帜鲜明支持财政纪检监察机构履行监督职责及查办案件。要突出查办案件的重点，严肃查处财政干部以权谋私、贪污受贿、腐化堕落、滥用职权、失职渎职、违反财经纪律、违反组织人事纪律等案件。要依法依规受理信访举报，加大办理力度，严肃执纪问责，切实维护法纪权威。要按照徐少华常务副省长提出的“秉公用权、一身正气，无私理财、两袖清风”的要求，加大预防腐败和廉政建设力度，对以权谋私实施零容忍。要严格责任追究，对发生重大腐败案件的单位，实行“一案双查”制度，既要追究当事人责任，又要追究相关领导责任。

坚持请示报告，明确责任。各级财政部门发生违法违纪案件，或者对财政部门声誉和履行职责可能造成严重影响的其他问题，必须及时向主管领导和纪检监察机构报告，不得瞒报、谎报、拖延不报。下级财政部门发生类似问题，在向本地领导和纪检监察机关报告的同时，要及时报告上级财政部门和纪检监察机构。

坚持抓早抓小，治病救人。对党员干部身上的问题要早发现、早提醒、早纠正、早查处，对苗头性、倾向性问题要及时批评教育，防止小错酿成大错。对反映的问题线索，要及时采取约谈、函询等方式核实，加强提醒和戒勉谈话工作。要强化以惩促防、以案治本，推动建章立制、规范管理。

（四）以落实党风廉政建设责任制为重点，加强财政反腐倡廉制度机制创新和组织保障

落实主体责任，做到守土有责。各级财政部门党组（党委）要切实担负起党风廉政建设的主体责任，牢固树立不抓党风廉政建设就是严重失职的意识，对党风廉政建设问题要常研究、常部署，种好自己的“责任田”；党组（党委）书记是第一责任人，党组（党委）各位成员根据工作分工对职责范围内的党风廉政建设负领导责任。要通过选好用好干部、加强权力监督制约、支持执纪办案、当好廉洁表率等方式，加强对党风廉政建设的统一领导。要建立完善谈心约谈制度，将党风廉政建设和反腐败工作作为谈心的主要内容。班子成员要经常交流谈心。要进一步完善督促检查和责任追究机制，加大问责工作力度，健全责任分解、检查监督、倒查追究的完整链条，有错必究，有责必问。要高度重视财政纪检监察干部队伍建设，为发挥纪检监察的重要作用创造良好的环境和条件。

明确监督职责，提高履职能力。面对新的形势，财政纪检监察工作任务更加艰巨。各级财政纪检监察机构要履行好监督责任，进一步完善工作机制，做到不越位、不缺位、不错位。财政纪检监察干部要坚持正人先正己，增强责任感，苦练内功，全面提高履职能力；要带头改进作风，坚决纠正“四风”；要严守各项纪律，自觉接受监督，认真践行广东省纪检监察干部行为规范，树立忠诚可靠、服务人民、刚正不阿、秉公执纪的纪检监察干部良好形象。

（本文系省财政厅党组成员、纪检组长、监察专员项天保2014年2月19日在全省财政反腐倡廉建设工作会议上的工作报告节选）

在全厅保密工作会议上的讲话

（节选）

省财政厅党组成员、总会计师、厅保密委主任　钟　炜

一、2013年我厅保密工作有进步、见成效

2013年，在厅党组的正确领导下，厅保密委认真履行职责，围绕全厅工作大局，坚持教育、管理与服务并重，主要抓了四个方面的工作：一是突出抓组织领导。厅党组始终坚持把保密工作列入重要议事日程，厅主要负责同志经常听取保密工作的汇报，对保密工作作出具体指示和要求。厅各处室、单位主要负责同志认真执行保密各项制度规定，确保在保密问题上不出差错。去年，厅保密委及时对厅保密委成员及厅各处室、单位保密责任人、保密员进行了调整，进一步健全完善了我厅保密工作队伍架构。二

是突出抓保密教育。开展“保密法纪宣传教育月活动”，组织全厅公务员观看《密战警示录》、《涉密经济数据泄露警示录》、《全国窃密泄密案例警示教育展》等保密警示教育片，300多人次参加。组织各处室、单位开展网络涉密、档案涉密等方面文件的学习活动。加大对全厅新录用人员保密培训力度，开展专题培训。三是突出抓制度建设。起草了《广东省财政厅国家秘密载体销毁管理规定》、《广东省财政厅涉密计算机、通信和办公自动化设备定点维修维护管理规定》和《广东省财政厅定密管理规定》，进一步完善厅保密管理制度体系。四是突出抓督促检查。建立了定期及不定期保密检查制度，定期重点检查计算机及相关的移动存储介质、办公网络使用管理以及互联网邮箱等情况，并按省委统一部署，组织开展了办公自动化设备定点维修维护、外网计算机检查及全厅保密普查等工作。通过以上措施，2013年我厅保密工作在教育管理、创新思路、完善机制、队伍建设等方面取得了新进展、新成绩，顺利完成了各项工作任务，未发生失泄密事件，得到省保密委的充分肯定。去年，我厅被省委机要局评为“2013年度密码工作成绩突出单位”，给予了通报表扬。成绩的取得，是厅党组高度重视、正确领导的结果，同时离不开厅各处室、单位的努力工作。在此，我代表厅党组和厅保密委对大家表示衷心的感谢！

二、做好保密工作极端重要

“保密工作无小事”，“保密工作是条红线，实行一票否决”，这些大家都已经耳熟能详。但保密工作的这种重要性、敏感性，离自己到底有多远，有的同志的认识并不是十分深刻、到位。有的同志认为保密工作“与我关系不大”，有的认为“无须过度紧张”，有的心存“侥幸心理”，这些都是十分危险的。关于保密工作的重要性，我简单强调以下两点：

一方面，要从经济社会发展大局的高度去认识做好保密工作的极端重要性。保密工作历来是我们党和国家的一项重要工作。革命战争年代，保密就是保生存、保胜利；和平建设时期，保密就是保安全、保发展。由于渗透与反渗透、颠覆与反颠覆斗争的长期存在，越是在我国改革发展的转型期、综合国力和国际影响力提升的关键期，保密工作越显得重要。窃密泄密事件对于党和国家来讲是重大损失，对于我们个人，如果在保密工作上出现了失误，则会极大影响单位、个人的工作甚至断送政治前程。特别是我省地处改革开放和对敌斗争的“两个前沿”，财政部门掌握大量涉密数据，我们每个处室、单位、每个岗位同志在工作中经常与涉密敏感信息或涉密设备、载体接触，必须时刻保持清醒的头脑，时刻绷紧保密安全这根弦。

另一方面，要从解决突出问题的角度去认识做好保密工作的现实必要性。保密工作的危险不仅在于各种势力的窃密活动，很大程度上在于内部人员的思想麻痹、丧失警惕。去年省保密局传达通报的几起网络、档案失泄密案件的发生，大多数岗位的人员就是无意或偶然之间引起的，在自己经手的环节淡化甚至忘记了保密管理规定的约束，一时的疏忽酿成了不可挽回的大祸。我们要认识到，保密工作不是单纯的一项工作，具有兼容性、相关性，融入在各项具体财政业务中。各项财政业务规范化了，将有效堵塞泄密的漏洞；同时，保密工作做好了，也将有力促进各项业务的规范化。去年我们在各项保密检查工作中发现，我厅保密工作仍存在一些认识不到位、管理不规范、制度执行不严、工作责任制不落实等问题，这些工作漏洞和薄弱环节是保密安全的“定时炸弹”，必须及时挖出来、排除掉，否则将来是要吃大亏的。主要体现在：一是认识不到位。认识不到位、思想不警觉，是一切隐患产生的源头，是最大的安全隐患。一些同志对在现代化、新技术条件下窃密与反窃密斗争的尖锐性、复杂性、隐蔽性认识不足，不认真了解和掌握信息化条件下保密常识，缺少始终保持高度警惕的“保密”那根弦，缺乏保密防范的基本技能。二是工作责任制不落实。部分处室、单位频繁更换保密员，特别是要害部门、部位的重要涉密人员上岗前没有进行审查、培训，也没有及时向厅保密委报告；部分处室、单位由聘请的临时工作人员接触甚至管理涉密文件和资料。三是制度执行不严。个别同志对保密法规制度执行不严，甚至“对内不设防”，密件的接收、流转、印发、复制等不按规定履行有关手续，存在失控、丢失或扩散的隐患。四是定密不科学。定密工作中存在密件“宁多勿少”、密级“宁高勿低”、没有保密期限、随意性大等问题，加大了保密管理难度。五是日常管理不规范。我们在不定期保密检查中发现，部分处室、单位和个别同志在日常工作中未能严格按规定管理，或不注意细节，存在较大泄密隐患。对于管理上不规范、不严谨的现象，必须更好地认识“不抓不行、不严不行、不管不行”的要求，对存在问题必须及时整改，切不可因小失大、贻误前程。

三、全力以赴抓好2014年我厅保密工作

厅党组高度重视保密工作，2月18日，曾志权厅长在全省保密工作会议材料上作出批示：“请按照会议部署，认真抓好我厅的保密工作。从当前情况看，我厅保密工作隐患多、意识淡薄、制度有待完善。适时召开厅保密工作会议予以布置。”曾志权厅长的批示，既是对我们的鞭策和要求，又指出了当前我厅保密工作存在的问题，为今后工作指明了方向。我们要化压力为动力，进一步查摆不足，找准工作的切入点和突破口，切实采取有力举措，提高全厅保密工作质量水平。

根据曾志权厅长批示精神，针对存在问题和薄弱环节，2014年要围绕“提高保密工作科学化、规范化、法制化水平”这一总目标，着力在组织领导、教育引导、完善制度、强化管理、技术支撑、监督检查等六方面下工夫：

（一）在加强领导、落实责任上下功夫

领导的重视程度，决定抓工作的力度。在保密工作中，领导干部既是保密管理的重点，又是做好保密工作的示范者、带头人。厅各处室、单位负责同志要切实将保密工作纳入“一岗多责”范畴。一方面，要从自身做起，带头学习保密法规制度，带头遵守各项保密纪律规定，带头自觉接受保密监督检查；另一方面，要坚持“守土有责”，抓好本处室、本单位的保密教育和管理，配好、配强兼职保密员，确保一方平安。对因落实责任制不到位而发生泄密案件或存在严重泄密隐患的，要严肃追究有关领导和责任人的责任。同时，各处室、单位兼职保密员也要发挥工作积极性，既要履行好保密员职责，又要对本处室、单位的保密工作大胆指出存在问题，对单位负责、对财政工作负责。目前，厅各处室、单位主要负责同志及涉密工作人员均按规定签订了保密责任书、承诺书，但责任书和承诺书不能一签了之，而是要不折不扣地落实到日常工作中去。大家要清楚一旦失责、一旦泄密应受的问责和惩罚。这里，我和大家一起重温学习一下保密责任书、承诺书的有关承诺要求：

1. 行为规范。一是认真遵守国家保密法律、法规和规章制度，履行保密义务。二是不违规记录、存储、复制、携带国家秘密信息，不违规持有国家秘密载体。三是不以任何方式泄露所接触和知悉的国家秘密。四是不隐瞒本人应报告的重大事项。五是未经单位审查批准，不擅自发表涉及未公开工作内容的文章、著述。六是国家保密法律、法规规定应当履行的行为。

2. 个人重大事项报告。保证主动、及时向组织报告如下事项：一是发生或发现泄密。二是有涉外婚恋行为。三是拟因私出国（镜）或到境外定居。四是有直系亲属在国（境）外学习、工作和定居。五是拟辞职脱离本岗位。六是其他可能影响履行保密职责的重大事项。

3. 出境申报。因私出境须依照保密规定和按程序向本单位申报批准。

4. 离岗承诺。离岗时自愿接受脱密期管理和签署《离岗保密承诺书》。

5. 领导责任。明确领导职责，在职权范围内认真履行党和国家所规定的保密工作领导责任和管理责任，包括：制定完善本部门保密管理制度；选配政治可靠、责任心强的在编干部负责本部门日常保密管理工作；定期对所属涉密人员、保密环境、涉密载体、涉密通信、计算机信息系统和办公自动化设备等进行检查；自觉接受厅保密委及保密工作部门的指导和监督检查，对发现、指出的问题及时整改；每年向厅保密委报送保密工作总结等。

以上承诺，希望各处室、单位负责同志和全体涉密人员牢记在心，付诸实践，确保落实到位。今后凡是上级有关部门监控或检查发现的保密问题，一律在全厅进行通报，我厅自行开展的检查情况也要在全厅范围进行通报。

（二）在教育引导、系统培训上下工夫

加强全厅干部保密教育培训，强化保密意识，掌握保密技能，做到懂保密、会保密、善保密。一是创新学习方式。通过创建网络保密学习园地、编发保密工作手册、保密知识竞赛、举办专题讲座等形式，提升学习效果。二是完善学习制度。各处室、单位要定期组织开展保密业务知识的学习，每年至少集中学习三次。要把理想信念教育、保密形势教育和保密业务培训紧密结合起来，大力提倡严谨细致的工作作风。三是加大培训力度。认真贯彻《2013－2017年全国干部教育培训规划》，定期安排兼职保密员学习培训。人教处要继续把保密教育培训列入公务员初任培训和任职培训的重要内容。

（三）在完善制度、规范运作上下工夫

一方面，要适应新的形势变化，对我厅现有各项保密工作制度和规定进行梳理，该修改的地方修改，该完善的地方完善，不断增强我厅保密制度与新《保密法》的适应性。另一方面，要按照省保密委的工作要求，补充制定新的管理制度规定，重点针对定密解密、涉密设备定点维修维护及涉密文件载体定点销毁等工作建章立制、完善措施，力争实现对保密工作各流程、各环节的全覆盖。同时，各处室、单位要结合实际制订完善相关保密管理工作规定，规范工作流程。

（四）在把握要点、从严管理上下工夫

抓住保密工作的三个要点，强化管理工作：一是强化定密规范管理。制定我厅定密实施细则，明确定密基本操作流程，完善定密责任、定密授权和定密鉴定制度，建立权责明晰、程序规范、定密准确、解密及时、监督有力的定密工作机制。二是强化涉密人员管理。今年要对全厅涉密人员进行全面排查，建立涉密人员管理检查机制、监督考核机制和违规违纪约谈制度；涉密人员上岗前要严格审查并参加保密培训，在岗时要加强监督管理、定期考核，不合适的要及时调整调离，离岗时要严格执行脱密期的规定。在此，我重申强调，全厅所有兼职保密员必须是本厅的在编干部，请各处室认真对照检查，及时与人事教育处做好甄别工作，规范使用相关人员。三是强化网络保密管理。加强涉密网络、涉密计算机和单机管理，抓好政务外网、OA办公网等非涉密工作网络日常监控和管理。

（五）在依靠技术、科学管控上下工夫

技术管理是保密工作的重要环节。对此，根据省保密委的工作部署，今年我厅要以技术为依托，突出抓好“三张网”，彻底扭转计算机网络“重使用、轻管理”的现象：一是管好涉密网。对我厅来说，就是涉密单机和党政内网的监管，要严格遵守涉密单机和党政内网接入端口的保密环境、保密操作等规定要求，确保无懈可击。二是管好非涉密工作内网（OA办公网）。今年，厅保密委计划对内网U盘操作软件进行升级，在提高便利性的同时，强化对各内网计算机的实时监控。厅各处室、单位要加强对内网U盘等涉密存储介质，做到专门标识、专本登记和专人管理，扫除保密管理的“灰色地带”。三是加强互联网涉密监管检测。按照省保密委的工作部署，今年将全面清理厅机关上

互联网计算机，一律要求通过党政外网接入，不得自行开设商业接口，配合省委保密局做好部署互联网接入口保密检查工作。同时，要严格执行厅门户网站信息公开保密审查制度，确保不出纰漏。

（六）在强化监督、以查促改上下工夫

保密工作必须常抓不懈。今年将继续实施定期和不定期相结合的保密检查制度，既要有一季度一次的常规性面上检查，又要有不定期的突击检查，事前不通知，直接到处室、单位进行专项检查。按照中央和省委关于保密工作的有关部署，结合我厅实际，不定期保密检查突出检查以下八个方面，即日常要求做到的“八个严禁”：一是严禁在连接国际互联网、办公内网的计算机上处理或存储涉密文件、资料和信息。二是严禁用涉密或办公内网使用计算机登录互联网。三是严禁使用互联网电子邮箱存放或发送涉密及其他内部工作文件。四是除规定的保密U盘外，严禁移动存储介质在涉密和非涉密网络、计算机之间交叉使用。五是严禁保密U盘不按规定通过中转机导入、导出。六是严禁由聘请的临时工作人员接触甚至管理涉密文件和资料。七是严禁密件的接收、流转、印发、复制、存放、归档等不按规定履行相关手续。八是严禁未经审批随意对计算机、复印机、打印机、电话机、传真机等涉密办公自动化设备进行维修、报废、销毁等工作。

（本文系省财政厅党组成员、总会计师、厅保密委主任钟炜2014年4月4日在全厅保密工作会议上的讲话节选）

第九部分

财政机构人员

GUANGDONG CAIZHENG NIANJIAN

2014 年省财政厅机关及所属单位领导名单

一、厅级干部

党组书记、厅长：曾志权
党组成员、巡视员：邓桂明
党组成员、副厅长：欧　斌
党组成员、副厅长：沈梅红
党组成员、副厅长：郑贤操
党组成员、副厅长：叶梅芬
党组成员、纪检组长：项天保
党组成员、总会计师：钟　炜
副巡视员：曾毓昌
副巡视员：何谢带
副巡视员：王春陪

二、厅机关各处室及厅直属行政机构领导

（一）办公室

主　任：胡建斌
副主任：邹善杰（兼）　黄志坚　鲁锦锋　徐艳芬

（二）法规税政处

处　长：戴穗生
副处长：宋俊华　姜　波

（三）预算处

处　长：肖映波
副处长：罗　睿　丘晓敏

（四）地方财政处

处　长：冯宝璇

（五）国库处

处　长：姚　露
副处长：康颖朝　杨　娟　曾　毅

（六）综合处

处　长：张仿松
副处长：李树林　张雅丽

（七）行政政法处

处　长：孙祖通
副处长：李广文　穆慧姝

（八）教科文处

处　长：邹清莲
副处长：彭　琳　张　锐

（九）工贸发展处

处　长：肖红梅
副处长：陈瑞雄　张毓斌　余玩冰

（十）农业处

处　长：钟　凯
副处长：施映民　范小花　吴　科

（十一）经济建设处

处　长：朱莉萍
副处长：杨新枝　罗德富

（十二）社会保障处（与广东省社会保险基金财政管理办公室合署）

处　长：苏凤玲
副处长：曾桓先　邢保华
广东省社会保险基金财政管理办公室
主任：陈锡荣
副主任：陈蔚兰

（十三）外经金融处

处　长：周修群
副处长：彭钿基　卢　丹

（十四）会计处

处　长：林　华
副处长：古小丽　张景涛

（十五）绩效评价处

处　长：丁跃文
副处长：詹俊青　吴小林

（十六）行政事业资产管理处

处　长：刘小聪
副处长：林树发

（十七）农业综合开发办公室

主　任：翟登军
副主任：曾小芳

（十八）农村财务管理处

处　长：吴金华
副处长：夏　清

（十九）政府采购监管处

处　长：邝　慧
副处长：刘瑞麟　陈胜文　何国斌

（二十）公务用车管理处

处　长：贺黎阳
副处长：蚁文娟

（二十一）监督检查局

局　长：黄　山
副局长：郑定标　李　舸　肖小华

（二十二）人事教育处

处　长：洪清阳
副处长：曹远潮　张　槟

（二十三）机关党委办公室

主　任：黄志伟

（二十四）省监察厅派驻厅监察室

副主任：邱立新

（二十五）离退休人员服务处

处　长：柳捍国
副处长：吴志胜

（二十六）国库支付局

局　长：云　峰
副局长：陈　苹　饶伟强　陈　琼　陈　岚

（二十七）国际金融组织债务管理办公室

主　任：郭　为
副主任：刘　捷　曾小红

三、厅属各单位领导

（一）省直行政事业单位物业管理中心

主　任：江振河
副主任：朱国银　黄志辉

（二）投资审核中心

主　任：刘云梅
副主任：蓝　波　黄　瀛

（三）票据监管中心

主　任：黎旭东
副主任：陈周华

（四）省农业综合开发评估中心

主　任：汤如武
副主任：刘建林

（五）政务服务中心

主　任：邹善杰
副主任：古志东　许桃初

（六）省财政数据信息中心

主　任：刘雄威
副主任：李建业　姚　敏

（七）省财政科学研究所

所　长：刘华伟
副所长：谭笑凤

（八）省会计函授职业技术学校

校　长：李柏生
副校长：黄腾达

（九）省注册会计师协会

秘书长：袁　庆
副秘书长：李楚雄　葛　芸　唐祝光

（十）省资产评估协会

秘书长：陈桓考
副秘书长：陈　坚

（十一）省财政职业技术学校

校　长：张新华
副校长：林　斌　张贤基

2014年各地级以上市财政局（委）领导名单

一、广州市财政局

党委书记、局　长：袁锦霞
党委委员、巡视员：吴国伟
党委委员、副局长：段彩英　朱建华　梁少婷　颜　强
纪委书记、纪检组长：熊国平
副巡视员：李伟棠、彭建湘、钟茂祥

二、深圳市财政委员会

党组书记、主任：乔家华
兼任党组成员、副主任：钱　勇（市地税局党组书记、局长）
党组成员、副主任：汤暑葵　张福通　黄亦平　王虎善
党组成员、机关党委书记：温焕强
巡视员：伍秀琼

三、珠海市财政局

局　长：周　昌
副局长：黎达强　李九泉　陈　刚　袁凌云
纪检组组长：王景坚
财政国库支付中心主任：何富仔
财政投资审核中心主任：曾　涓
总会计师：高　松
调研员：张柏峰
副调研员：司徒伟民　李伟权　张晓东　吕　航

四、汕头市财政局

党组书记、局　长：林毅荣
党组成员、副局长：黄业龙（2014 年 9 月调出）
卢永健　李　宁　林晓曈（2014 年 2 月调出）
郑　珊（2014 年 2 月调入）
党组成员、纪检组长：许文颖
党组成员、总会计师：张　磊
调研员：官惠林（2014 年 12 月退休）
副调研员：马振文（2014 年 9 月退休）林湘彦

五、佛山市财政局

党组书记、局　长：黄福洪
党组成员、副局长：曾祥钳　钟永平　伍志强
吴伟明
党组成员、纪检组长：黄建明

六、韶关市财政局

党组书记、局　长：孙江平
党组成员、副局长：胡敏倩　陈树川　谢运洪
胡列峰
党组成员、纪检组长：张　毅
党组成员、总会计师：肖少康

七、河源市财政局

党组书记、局　长：肖振兴
党组成员、副局长：温文忠　诸鸿伟
贺新彬（2014 年 5 月免职）
何仕军　郭剑玮
党组成员、纪检组长：欧阳克念
党组成员、总经济师：何忠良
党组成员、财务总监：李桂生

八、梅州市财政局

党组书记、局　长：丘孝东
党组副书记、副局长（正处级）：丘燕玲
党组成员、副局长（正处级）：邓国良
党组成员、副局长：卓小玫（任至 2014 年 1 月）
范利民（2014 年 5 月起任）
吴家云
党组成员、总会计师：凌挥明（2014 年 1 月起任）
党组成员、市世行办主任：魏仲权

九、惠州市财政局

党组书记、局　长：陈国煌
党组成员、副局长：陈益明　陈雪梅　谢开亮
党组成员、纪检组长：廖升安
调研员：李政良
副调研员：王山汕

十、汕尾市财政局

局　长：詹伟忠（2014 年 11 月任）
调研员：黄　聪（2014 年 11 月任）陈兴初
副局长：赵小川　林海生　钟雪欢（2014 年 11 月任）
纪检组长：吴堂煜
副调研员：蔡振钦（2014 年 12 月任）

十一、东莞市财政局

党组书记、局　长：罗军文
党组成员、调研员：陈锐康
党组成员、副局长：谢　涛　王　标　陈志标
　　翟才善　姚慧怡
党组成员、纪检组长：莫桂冰
党组成员、国库支付中心主任：王天广

十二、中山市财政局

局　长：黄国庆
副局长：吴竹科　黄健华　顾竹林　梁志军　黄玉珊
纪检组长：袁凯斌
总会计师（副处级）：林永光

十三、江门市财政局

党组书记、局　长：汤惠红
党组副书记、副局长：梁炎浓
党组成员、纪检组长：谢兆启
党组成员、副局长：胡其波　李健斌　徐东亮
党组成员、总会计师：梁山涛
国库支付中心主任：梁润方

十四、阳江市财政局

局　长、党组书记、国资委主任：梁　文（2012 年 2 月任职）
副局长：林业玺（2014 年 10 月任职）
　　冯秀恳（2006 年 11 月任职）
　　谭世健（2010 年 1 月任职）
　　林　军（2013 年 6 月任职）
纪检组长：张小兰（2010 年 1 月任职）

十五、湛江市财政局

党组书记、局　长：林海武
党组成员、副局长：庞彩红　李　光　张蔚蓝　王　区
党组成员、纪检组长：孙黄洲
党组成员、总会计师：岑丹红
党组成员、副调研员：胡毅华

十六、茂名市财政局

党组书记、局　长：王伯昌
党组成员、副局长、调研员：张龙衍（2014 年 1 月免党组成员，2014 年 2 月免副局长）
党组成员、副局长：吴海强（2014 年 9 月离任）
　　郑忠义（2014 年 7 月任职）
　　潘勇生　陈一标
党组成员、纪检组长、调研员：麦俊球（2014 年 9 月免党组成员、纪检组长，任调研员）
党组成员、副调研员：邓华顺　钟扬芬

十七、肇庆市财政局

党组书记、局　长：江军洲
党组成员、机关党委书记：刘小良
党组成员、调研员：钟国祥
党组成员、副局长：陈　亮
党组成员、市纪委派驻市财政局纪检组组长：毛祖武
党组成员、副局长：朱景亮
党组成员、机关党委副书记、纪委书记：麦伟刚
党组成员、副局长：黄文生　卓　萍
党组成员、总经济师：苏亦文（2014 年 9 月任职）
党组成员、副调研员：黎尚华
副调研员：乡瑞标
党组成员、总经济师：赵少芬（2014 年 7 月退休）

十八、清远市财政局

党组书记、局　长：钟鸿辉
党组副书记、副局长：朱昭斌
副局长：邵　军
党组成员、副局长：王　洁
党组成员、副调研员：唐先明
党组成员、副局长：杨日举
党组成员、市住房公积金主任：肖　宁
党组成员、市公共资产管理中心主任：刘浩文

十九、潮州市财政局

党组书记、局　长：林景雄
党组成员、调研员：苏岳良
党组成员、副局长：陈章发　邢玉荣　佘维昭
　　　　　　　　　林　鹤　孙少珊
党组成员、总会计师：黄　航

二十、揭阳市财政局

党组书记、局　长：江林生
党组副书记、副局长：陈少伦（2014 年 2 月起）
党组成员、纪检组长：陈少雄
党组成员、副局长：严俊江（2014 年 2 月起）
　　　　　　　　　陈坤明　林勇慎
党组成员、副调研员：王耿明（至 2014 年 7 月）
调研员：李鹏亮　方海宏　陈若波
副调研员：刘佩如　谢小明（2014 年 1 月起）

二十一、云浮市财政局

党组书记、局　长：谢月浩
党组成员、副局长：刘洁洲
党组成员、纪检组长：陈华坚
党组成员、副局长：魏荣新　叶章森　林淑仪
党组成员、总会计师：康国干（2014 年 6 月免职）
副调研员：梁卓兴

2014 年各县（市、区）财政局领导名单

一、广州市

（一）越秀区财政局

党委书记：梁淑宁
局　长：徐卉瑜
副局长：陈伟雄　廖敏之　马伟荣
副调研员：唐小梅

（二）海珠区财政局

局　长：张日麟
副局长：张慧英　谢　强　黄治平
副调研员：王红薇

（三）荔湾区财政局

局　长：高启超
党委书记：刘春梅
正处级领导：彭爱玲
调研员：谢彦校
副局长：何　敏　雷智文　薛　军
副调研员：高小奇　杨木源　陈惠波

（四）天河区财政局

局　长：陈树军
副局长：曾莉嫦　吴伟俊　张　敏
总会计师：刘　建

（五）白云区财政局

党委书记、局　长：张坤艳
党委副书记、纪委书记：何　伟
副局长：周华光
调研员：潘协义　欧阳惠敏
副调研员：李菁菁　夏　玮

（六）黄埔区财政局

局　长：陈红燕
党委书记：黄　俊
副局长：邓国锋　赵瑞元
结算中心主任：徐家科

（七）花都区财政局

党委书记、局　长：潘宪泳
党委副书记：任俊东
纪委书记：张敏生
副局长：吴　丹　江文铸　林伟梅
党委委员：李沩粼

（八）番禺区财政局

局　长：卢永青
副局长：周健民　陈志明　郭剑光

（九）南沙区财政局

开发区（区）财政局局长：曾燕萍
区国资局副局长：吕丹雄
区财政局副局长：刘志辉
纪检组长：黄壮羽
区财局副局长：杨勇华
调研员：赖　丰

（十）广州经济技术开发区（萝岗区）财政局

局　长：江　洲
副巡视员：周振标
副局长：陈俩国　梁玉军　何练红

（十一）从化市财政局

局　长：潘锦峰
副局长：何耀源　黎伟洲
纪检组长：黄镜标
副局长：朱翼虹　沈惠森

（十二）增城市财政局

党委书记、局　长：毛敢良
副局长：范　辉
纪委书记：叶润林
总会计师：黄双亮
副局长：李焕柯　朱月琴　龚尔雅

二、深圳市

（一）福田区财政局

局　长：肖艳玲
副局长：叶有励　潘晓文　朱　江
副调研员：王亦文　黄富兴　萧莉珍　邹　梅

（二）罗湖区财政局

局　长：文　政
副局长：彭世平　黄志红　丘宇辉
调研员：叶敏海
副调研员：牛建海　边瑞彬

（三）南山区财政局

局　长：江宁鹏
副局长：吴伟军　马键珍　杨剑华

（四）盐田区财政局

局　长：江　涛
副局长：毋晓敏　谢彦红　陈静
调研员：张秋娴

（五）宝安区财政局

局　长：查红俐
副局长：翁保荣　王映芬　林　戈　王　玮
调研员：邓剑平
副调研员：叶曼华

（六）龙岗区财政局

局　长：肖建军
副局长：杨俊奇　杨建忠　彭爱民　杨　艳
党委副书记、纪委书记：蒋　杰

（七）光明新区发展和财政局

局　长：胡汝林
副局长：初进效　高　亮　谭红霞　李新贵　张敏敌

（八）坪山新区发展和财政局

局　长：张宗武
副局长：王　晋　黄泽文　伍本山
副调研员：李　球

（九）龙华新区发展和财政局

局　长：浦文浩
副局长：曾文峰　费晓愈　付　妍

（十）大鹏新区发展和财政局

局　长：陈马林
副局长：杨　涛　鲁　南
调研员：冯　军　王禄贵

三、珠海市

（一）横琴新区财金事务局

局　长：阎　武
副局长：池腾飞　赵国沛
副调研员：赖高华

（二）香洲区财政局

局　长：潘群娣
副局长：杨素芬　黎希健　李晓伟　陈友元　温建锋

（三）金湾区财政局

局　长：林树青
副局长：宋　芬　马　玲
国库支付中心主任：魏湘宁

（四）斗门区财政局

局　长：吴坤荣
副局长：吴国华　钟伟源　廖秋燕

（五）高新区发展改革和财政局

局　长：李凤屏
副局长：谭春欢

（六）高栏港经济区财金事务局

局　长：陈少忠
副局长：何怀玉　周健权　鄢智敏

（七）保税区

局　长：林卫红

（八）万山财金事务局

局　长：卢小婷
副局长：江炳高

四、汕头市

（一）金平区财政局

党组书记、局　长：周　彦
党组成员、副局长：张　宏　王　淳　袁盛辉
党组成员、正科职干部：于永章
党组成员、主任科员：魏云生
党组成员：林佳迎

（二）龙湖区财政局

局　长：郑伟光
副局长：蔡俊鸿　谢玉泉　张　越

（三）濠江区财政局

党组书记、局　长：陈昌熊
党组成员、副局长：詹泽鹏　陈光杰

（四）澄海区财政局

区政协副主席兼党组书记、局　长：叶逸群（2014 年 5 月调出）
党组书记、局　长：陈泽标（2014 年 5 月任职）
党组成员、副局长：王睦雄（2014 年 12 月调出）
蔡懿祥（2014 年 12 月调出）
党组成员、副局长、纪检组长：蔡旭群（2014 年 12 月任职）
党组成员、副局长：邵楷廷（2014 年 12 月任职）

（五）潮阳区财政局

党组书记、局　长：郑文伟（2014 年 1 月调出）
党组书记、局　长：赵少雄（2014 年 1 月任职）
党组成员、副局长（正科级）：蔡文华
党组成员、副局长、主任科员：邱建瑞
党组成员、副局长：翁健璇　郑创平　张文英
党组成员、副主任科员：侯洪锋

（六）潮南区财政局

党组书记、局　长：吴茂财
党组副书记成员、副局长（正科级）：葛镇炎
党组成员、副局长：张林财　陈焕基
副主任科员：江少荣

（七）南澳县财政局

县政协副主席、党组书记、局长：章旭光
党组成员、副局长、县国资办主任：柯鹏城
党组成员、副局长（正科级）：朱振成
党组成员、副局长：章俊锋
党组成员、县国资办副主任：黄卓伟

五、佛山市

（一）禅城区财政局

副区长兼局长：乔　羽
党组书记、常务副局长：吴莉芬
党组副书记、常务副局长：吴　华
常务副局长、总会计师：许雪蘅
副局长：李源章
党组成员、副局长：唐威景　陈先鸿　伦雄良
党组成员、纪检组长：贺洪涛
党组成员、纪检组副组长：王建祥

（二）南海区财政局

党组书记、局　长：林平武
党组成员、副局长：陈胜安　崔永诗　孔月娥
　　韦伴玲
党组成员、纪检组长：黎远鸿

（三）顺德区财税局

区政务委员兼党组书记、局　长：关世良
党组副书记、常务副局长：陈炳宜　劳伟源
党组成员、副局长：黎辉雄　周冬生　刘红文
　　苏伟林　陈国雄　李锦添
党组成员、纪检监察组组长：潘丽卿

（四）高明区财政局

党组书记、局　长：蒋　卫
党组成员、副局长：练明娇　程双喜　严杰雄
党组成员、国库支付中心主任：黄月婵
党组成员、纪检组长：欧文忠

（五）三水区财政局

区政协副主席兼党组书记、局　长：彭建国
党组成员、副局长：钱静瑜　余志斌　林均泉
党组成员、机关党委书记：宗仕强
党组成员、纪检组长：梁悦雅

六、韶关市

（一）浈江区财政局

党组书记、局　长：何绍福（2014 年 5 月离任）
　　张爱军（2014 年 5 月任命）
党组成员、副局长：肖　伟　黄远花　刘裕庭
　　曾繁荣（2014 年 2 月离任）

（二）武江区财政局

局　长：陈雪延
副局长：华新凤　邓明晖　周建雄（2014 年 1 月离任）
　　刘川晖（2014 年 1 月离任）　孙青文（2014 年 9 月任命）

（三）曲江区财政局

党组书记、局　长：张以荣
党组副书记、副局长：吴东华
党组成员、副局长：林春花　吴远清

（四）南雄市财政局

党组书记、局　长：李传忠
副局长：邱隆全（2014年9月离任）
杨建雄（2014年9月离任）
郭蕙梅（2014年9月任命）　马新路
纪检组长：曾冠华
党组成员：曾　炳
工会主席：凌海滨（2014年1月任命）
总会计师：张成林

（五）乐昌市财政局

党组书记、局　长：湛常春
党组成员、副局长：林永红　彭荣华
朱史文（2014年8月任命）
党组成员：胡志乐

（六）仁化县财政局

局　长：周锦才
副局长：周群信　朱少媚　李庆明

（七）始兴县财政局

党组书记、局长：汤爱亮（2014年4月离任）
黄月文（2014年4月任命）
副局长：陈社好　李宏勇　孙　庞

（八）翁源县财政局

局　长：阮炳溪
党组支书记：张伙添
副局长：沈鹏飞　肖春兰　陈桂福

（九）新丰县财政局

党组书记：胡志彬（2014年7月免职）
欧锦梧（2014年7月任职）
局　　长：胡志彬（2014年8月免职）
欧锦梧（2014年8月任职）
党组成员、副局长：陈旭日　吕松媚　陈参恒
党组成员：赵葵花

（十）乳源瑶族自治县财政局

局　长：禤继文
副局长：盘良叁　邹国忠　何　娟
党组成员：刘文泉

七、河源市

（一）源城区财政局

党组书记、局　长、财税金融线党委书记：刘小平
党组副书记：李可才
党组纪检组长：丘永龙
副局长：黄江清　杨伟忠　叶丽华　刘碧青
党组成员：邹爱平　曾仕传　吴小珍　王加洪
黄翠芳

（二）东源县财政局

财贸系统党委书记、局　长：许小强
财贸系统党委副书记：钟声辉　刘伟光
副局长：张桂平　朱志青　廖三妹

（三）和平县财政局

局　长：陈仕华
党组副书记：罗春生
副局长：陈仕相　骆周俊　廖春林
财务总监：林日雨
党组成员：朱小瑜
工会主席：黄展奕

（四）龙川县财政局

局　长：卢洪元（2014年7月免职）
副局长：邹思伟　杨洪德　邹消强
工会主席：冯　坤

（五）紫金县财政局

党组书记、局　长：龚子岳
党组副书记、副局长：戴小洪　彭定山
党组成员、副局长：张利华　黄岳基　刁国文
党组成员：钟国平

（六）连平县财政局

党组书记、局　长：唐锦明
党组副书记：黄康心
副局长：熊丰见　黄维清　郑志强
财税线副书记：谢智良
纪检组长：张楚彬

党组成员：黄伟均 吴忠强 佘建辉 卓亚山
胡家道

（七）高新区财政局

局 长：唐 丰
副局长：杨 波
主任科员：汪秀红

（八）江东新区发展财政局

局 长：丘云飞（2014年9月任职）
副局长：赖紫辉（2014年9月任职）

八、梅州市

（一）梅江区财政局

党组书记、局 长：梁 旅（2014年11月任局长、2014年12月任党组书记）
范文辉（2014年11月免局长、2014年12月免党组书记）
党组成员、副局长：饶 锐（2014年1月免副局长、2014年2月免党组成员）
党组成员、系统党委书记：翁学勤
党组成员、副局长：黄立明 孙 蔚
蔡雪花（2014年1月任副局长、2014年2月任党组成员）
党组成员、系统党委副书记：叶 俊
党组成员、纪检组长：李奋达
党组成员、人秘股股长：李国浩

（二）梅县区财政局

局 长：黄钦昌
副局长：梁志英 李华新 罗文兴
纪检组长：肖 梅

（三）兴宁市财政局

党组书记、局 长：刘小炎
党组成员、副局长、主任科员：刘建华 罗 镁（2014年2月免党组成员、3月免副局长）
党组成员、副局长：张永坚
党组成员、纪检组长：肖福辉
党组成员、副局长：刘海波 彭萍萍
党组副书记：曾晓波
党组成员、工会主席：张展岑
党组成员、办公室主任：张东红
党组成员、预算股负责人：陈 兵
党组成员、财政监察股股长：邹晗娟（2014年12月任财政监察股股长）

（四）平远县财政局

局 长：韩 旭
副局长：曾 平 黄永华 余永灵 谢 锐
总会计师：郭大忠
纪检组长：谢文毅
党组成员：王碧芳

（五）蕉岭县财政局

党组书记、局 长：徐杞文（2014年5月起任）
党组书记、局 长：黄 东（任至2014年5月）
党组成员、副局长：林小琼（任至2014年12月）
傅学秀
林英勤（2014年12月起任）
徐京雄（2014年12月起任）
党组成员、副主任科员：徐海红（2014年12月任党组成员）
党组成员、办公室主任：张荣涛（2014年12月任党组成员）
党组成员、工会主席：张 生（2014年12月任党组成员）
党组成员、社会保障股股长：丘筱丽（2014年12月任党组成员）

（六）大埔县财政局

局 长：刘广明
党组副书记：刘建成
副局长：刘志达（任至2014年8月）赖丕汉 戴可良
房向东 张海琳

（七）丰顺县财政局

局 长、党委书记：黄建斐
党委成员、副局长：杨家业 蔡少颢 罗鸿辉
张喜堂
党委成员、纪委书记：陈魁翰
党委成员、县国资办主任：王宁州
党委成员、人事股股长：李逊浩
党委成员、预算股股长：张晓明
党委成员、办公室主任：王庆良

（八）五华县财政局

党组书记、局　长：张　裕
党组成员、副局长：曾胜良（2014 年 10 月起任）
　　曾小强
　　李红兰（2014 年 10 月起任）
党组成员、财税系统党工委专职副书记：谢广春

九、惠州市

（一）惠城区财政局

党组书记、局　长：黄冠奕
党组成员、副局长：刘佩斯　林伟群　黄文辉
　　马建安
党组成员、纪检组长：蔡志权

（二）惠阳区财政局

局　长：曾国华
副局长：罗建明　杨文峰　黄文胜
纪检组长：周秀霞
财税机关副书记：许红利

（三）惠东县财政局

局　长：林汉琴
副局长：黄伟坚　陈玉强　李勇城

（四）博罗县财政局

党组书记、局　长：李满海
党组成员、副局长：陈　可　王天树　曾文华
　　陈小飙　巫三移
党组成员、纪检组长：邹东平
党组成员：张馨燕　丁永光　肖东平　黄映帆

（五）龙门县财政局

党组书记、局　长：黄碧炎
党组成员、副局长：李秀林　廖敏贤　黄碧浪
　　罗伟文

（六）大亚湾开发区财政局

党组书记、局　长：黄伟强
党组成员、副局长：何艳军　阙光虎　何隽环
党组成员、纪检组长：戴　凡
党组成员：王　维

（七）仲恺高新区财政局

局　长：刘子尧
党组书记、副局长：陈镇坤
党组成员、副局长：张伟忠　叶添庭
党组成员、纪检组长：林锋华
党组成员：李绍光

十、汕尾市

（一）市城区财政局

局　长：吴秋业（2014 年 5 月任职）
副局长：刘贵文　蔡奋雄
主任科员：吕丰民（2014 年 5 月任职）

（二）海丰县财政局

局　长：林国义
副局长：林建秀　刘　宁　林瑞清
工会主席：林舜杰

（三）陆河县财政局

局　长：叶杰雄
副局长：林少坚　叶晓丽　彭伟通
工会主席：叶天明

（四）华侨区财政局

局　长：舒　怀
副局长：彭家岸

（五）红海湾财政局

局　长：谢锡城（2014 年 9 月任职）
　　颜常青（2014 年 9 月免职）
副局长：马秋萍　陈　洪
副主任科员：刘远航

（六）陆丰市财政局

局　长：郑振强

副局长：林一纲　李成容　卓国财
主任科员：李文义
副主任科员：陈焕典　陈伟波

十一、东莞市（略）

十二、中山市（略）

十三、江门市

（一）蓬江区财政局

局　长：廖炳华
副局长：劳汝钊　叶春兰　雷锦暖　谢栋华
总会计师：冯敏欢
国库支付中心主任：谢　颖
纪检组长：刘坚森

（二）高新·江海区财政局

党组书记、局　长、资产办主任：庞正华
党组副书记、高新区财政局常务副局长、江海区财政局副局长：赵英梅
党组成员、副局长：刘宗进
党组成员、副局长、资产办副主任：赵少源
党组成员、高新区、江海区财政局总会计师：林荣耀
党组成员、高新区、江海区财政局纪检组长：邓北江

（三）新会区财政局

局　长、书　记、公资办主任：李俊杰
党组成员、纪检组长：周全美
党组成员、副局长：许建平　叶　文　许福明
党组成员、非税分局局长：梁鸿华
党组成员、公资办副主任：李欣源
总会计师：汤达强

（四）台山市财政局

党组书记、局　长：吴东文
党组成员、纪检组长：颜伟聪
党组成员、副局长：冯剑波　颜运龙　陈健洪　袁思民

（五）开平市财政局

党组书记、局　长：肖章兴
党组成员、副局长：张瑞球　林培进　周翠杏　张伟赞
党组成员、纪检组长：岑蔚文
党组成员、总会计师：冯树芬

（六）鹤山市财政局

党组书记、局　长：崔常平
党组成员、副局长：李家杰、刘　斐
党组成员、主任科员：冯小岩
党组成员、国库支付中心主任：杨茂坚
党组成员、资产办主任：吕海鹰

（七）恩平市财政局

党组书记、局　长：岑儒确
党组成员、副局长：林河芬　吴伟锋　卢土庆　冯庭芳
党组成员、纪检组长：许忠耀
党组成员、总经济师：吴皓洁
党组成员、总会计师：李敏基

十四、阳江市

（一）阳春市财政局

局　长、党组副书记：覃世宽（2013 年 7 月任职）
党组书记：马　湛（2013 年 7 月任职）
党组副书记：吴茂郊（2010 年 12 月任职）
副局长：钟　毅（2007 年 3 月任职）
　　　　叶　雨（2008 年 5 月任职）
　　　　严　洪（2013 年 6 月任职）

（二）阳东区财政局

局　长：欧家意（2014 年 9 月任职）
党组书记、副局长：周江帆（2014 年 10 月任职）
党组副书记、副局长：卢慧敏（2014 年 10 月免职）
党组副书记、局　长：欧家意（2014 年 10 月任职）
党组成员、副局长：钟德伟　阮永春　梁永东

（三）阳西县财政局

局　长：谭厚保（2011 年 12 月至 2014 年 3 月任职）

张　海（2014 年 3 月任职）
副局长：李孟新（2011 年 3 月任职）
黄光娇（2011 年 9 月任职）
陈永光（2012 年 6 月任职）
梁正敢（2011 年 3 月任职）

（四）高新区财政局

局　长：阮晓峰（2013 年 3 月任职）
副局长：林景周（2006 年 12 月任职）
曾献明（2010 年 1 月任职）
潘欧醒（2013 年 11 月至 2014 年 11 月任职）
关雄波（2014 年 11 月任职）

（五）滨海新区财政金融局

局　长：林　军（2014 年 7 月任职）

（六）海陵区财政局

局　长：敖立柱（2013 年 4 月任职）
党组书记：陈章星（2013 年 10 月任职）
副局长：杨计多（2010 年 4 月任职）
程振挺（2007 年 6 月任职）
钟健文（2012 年 12 月任职）

（七）江城区财政局

局　长：阮　敏（2011 年 1 月任职）
副局长：林志雄（2010 年 10 月任职）
何文海（2012 年 12 月任职）
黄志东（2012 年 12 月任职）

十五、湛江市

（一）赤坎区财政局

局　长：李　雄
副局长：曾剑鸣　林伟强　梁　俭

（二）霞山区财政局

局　长：龙日图
副局长：李巨波　麦健华

（三）开发区财政局

党组书记、局　长：唐　坚
党组成员、副局长：唐国华　王　东
副局长：郑毅芳

（四）麻章区财政局

副区长兼财政局局长：李　曜
副局长、纪检组长：杨　奇
副局长：吕珠明　吕红波

（五）坡头区财政局

局　长：林茂粒
主任科员：钟日南
副局长：郑建辉　莫志斌
纪检组长：招祥义
副主任科员：李国权

（六）吴川市财政局

局　长：龚启图
副局长：易东生
纪委书记：黄永强
副局长：詹伟雄　李永华　曾观胜

（七）廉江市财政局

局　长、党组副书记：江维峰
党组书记、副局长：颜海涛
党组成员、主任科员：全　强
党组成员、副局长：罗　柏　潘　立　李伟崇
党组成员、收费管理中心主任：陈　聪

（八）雷州市财政局

局　长：吴　玉
副局长：邓兴球　莫颂军　苏　兄　李智华

（九）徐闻县财政局

副县长兼党组书记、局　长：吴宗燕
党组成员、副局长（正科级）：刘　盈　符　珍
党组成员、副局长：符　坚　张安典
党组成员、纪检组长：曾　帆
党组成员、副主任科员：郑　需
党组成员、开发区财政局长：李　天
党组成员：胡俊峰

（十）遂溪县财政局

县政协副主席、局　长：周　宝

副局长：罗　益　朱家燕　黄文汉

十六、茂名市

（一）茂南区财政局

茂南区政协副主席兼局党组书记、局　长：杨康权
党组成员、副局长（主任科员）：柯业涌　罗　龙
党组成员、副局长：谭国立
党组副书记：朱国华
党组成员、总会计师：黄剑铭
党组成员（副主任科员）：张燕芬
党组成员、茂南区城乡建设投资有限公司董事长（副科级）：董伟钊

（二）电白区财政局

党组书记、局　长：田业海（2014年5月免职）
电白区副区长兼局党组书记、局　长：陈一标（2014年7月任职）
党组副书记：陈志民（2014年6月任职）
周建明（2014年8月任职）
党组成员、副局长：李国焕（2014年7月免职）
吴云波（2014年11月免职）
崔　璀　崔雄斌　周　宁
陈经杰（2014年10月任职）
党组成员、国资办主任：黄红源（2014年10月任职）
党组成员、主任科员：张帝保（2014年8月任职）
党组成员、副主任科员：邓　光（2014年7月免职）
张　田（2014年8月任职）
林　尧（2014年8月免职）
邵舜明　邓小扬（2014年8月任职）

（三）信宜市财政局

副市长兼局长：何　江
党组书记：罗魏冰
党组副书记：吕澜业
党组成员、副局长：张　海　原喜怀
党组成员、纪检组长：冯广胜
党组成员、总会计师：李荣海
党组成员：陈光松

（四）高州市财政局

党组书记、局　长：梁逸峰
党组成员、副局长：甘　钊　余苏松　黄　颖
副局长：邓振杰
党组成员、总会计师：黄汉良
党组成员：曾焕志　刘　瑞　傅志昂　钟建亮

（五）化州市财政局

党组书记、局　长：李　雅
党组成员、副局长：郑建伟（2014年8月免职）
卢一鹏　王　丹　陈　武
李　活（2014年10月任职）
党组副书记：王信志
党组成员：朱秀华　李盛芳　吴伟亮

（六）滨海新区财政和国资管理局

局　长：杨裕全
副局长：黄广平
副局长：钟　珣

（七）高新区财政社保局

局　长：吴　冰
副局长：林华盛、潘华春

十七、肇庆市

（一）端州区财政局

党组书记、局　长、区政府性资产管理中心主任：邓　宇
主任科员、总会计师：赵万金
党组成员、副局长：张国安
区政府性资产管理中心副主任：黄杰智

（二）鼎湖区财政局

党支部书记、局　长：陈伟庆
副局长：卢振亮
副局长、国资办主任：张满强
副局长、预算股股长：张　艳
党支部副书记：葛晓玲
工会主席：梁　虹

（三）四会市财政局

党组书记、局　长：罗文光
党组副书记、局机关党委书记：潘国良
党组成员、总经济师：欧沛荣

党组成员、副局长：卢继业　黄志坚
党组成员、局机关党委副书记：邹雪松
党组成员、市公共资产管理中心主任：陈金盛
副局长：李伟坚
党组成员、副局长：何文毅

（四）高要市财政局

党组书记、局　长、市国有资产监督委员会主任：李国华
党组成员、局直属机关党委书记：李小玉
党组成员、副局长：谢海明　冯汝棠　张　涛
党组成员、市国有资产监督委员会副主任：赖广华
党组成员、市公共资产管理中心主任：廖超尤
党组成员、局直属机关党委副书记：容海华

（五）广宁县财政局

党委书记、局　长：王成金
党委常务副书记、工会主席：陈家全
党委副书记、纪委书记：叶宗银
党委委员、副局长：黄　捷
副局长：祝继红

（六）德庆县财政局

党组书记、局　长，财金系统党委书记：杨海燕
财金系统党委书记、局党组副书记：江军球（2014 年 8 月调出）
局党组成员、副局长、金融工作局局长：何汉标
局党组成员、副局长、财金系统工会主席：徐燕文
局党组成员、副局长：冼业权　邓　云
局党组成员、系统党委副书记、纪委书记，局工会主席：聂继安
党组副书记兼预算股股长：谢树生
党组成员、公共资产管理中心主任：岑锐强
局党组成员、悦城分局局长：陈世良

（七）封开县财政局

党组书记、局　长：李荣茂
党组成员、县公有资产管理中心主任、副局长：康清平
党组成员、副局长：孔　坚
党组成员、工会主席：李明洪
党组成员：吴喜雄

（八）怀集县财政局

局　长：严耿文
副局长：岑金兴　盘卫平　李健荣
党委副书记：陈剑锋
党委副书记（兼）纪委书记：陈　彤
总经济师：邓志坚

（九）肇庆高新区财政局

党组书记、局　长：朱雪洪
副处级干部：邝俊民
局党组成员、副局长：陈　德　冼美群
局党组成员：卓卫斯
局党组成员、公共资产管理中心主任：冼宇明

（十）肇庆新区财政金融局

局　长：李健晖

十八、清远市

（一）市高新区财政局

局　长：罗钦辉
副局长：罗阳柱

（二）清城区财政局

党组书记、局　长：谢宇辉
党组成员、副局长：黎　力　黄翠珊　林志伟

（三）清新区财政局

局　长：陈永常
副局长：罗永康　陈映徽　江聪慧

（四）英德市财政局

党组书记、局长：胡康立
党组成员、副局长：何久航　吴亮明　吴基丽　何树林
党组成员、副局长、纪检组长：刘学军
党组成员、主任科员：黄成朝
党组成员、兼任清远市住房公积金中心英德管理部主任：余志坚

（五）连州市财政局

局　长：夏海华
副局长：周春艳　欧映刚　林玉静

（六）佛冈县财政局

局长：冯庆洲
副局长：罗　杰　黄建中　谭庆忠
纪检组长：梁浩锋

（七）连山壮族瑶族自治县财政局

党组书记、局　长：张伟平
党组成员：黄志光
党组成员、副局长：陈文坚
党组成员、县公共资产管理中心主任：郑　阳
党组成员、副局长：王冠华

（八）连南瑶族自治县财政局

局长：黎钟罗
副局长：李　洪、盘振云、邵卫勇

（九）阳山县财政局

局　长：王　建（县政协副主席）
党组书记、副局长：邹小玲
党组成员、副局长：谭雄辉、丘国庆

十九、潮州市

（一）潮安区财政局

局　长：苏锡伟
副局长：林建安　雷佩霞　刘从礼

（二）饶平县财政局

局　长：麦安之
副局长：黄实得　黄学鑫　黄惠敏

（三）湘桥区财政局

局　长：马晓斌
副局长：吴长青　章雪燕　苏潮炜

（四）枫溪区财政局

局　长：廖永创
副局长：陈林英　江慧群　刘愈宋

二十、揭阳市

（一）榕城区财政局

局　长：黄济勇
纪检组长：黄鸿飞
副局长：魏伟祥　林奕彬　陈冬辉（2014 年 9 月起）

（二）普宁市财政局

党组书记、局　长：林杰丹
党组成员、副局长：李秋琼（至 2014 年 3 月）
党组副书记、主任科员：李秋琼（2014 年 3 月起）
局党组成员、副局长：吴粤林　王础鹏（至 2014 年 8 月）
局党组成员、纪检组长：陈国盛（至 2014 年 9 月）
局党组成员、副主任科员：陈国盛（2014 年 9 月起）

（三）揭东区财政局

党组书记、局　长：陈豪杰（2014 年 6 月起任党组书记）
党组书记：洪培藩（至 2014 年 6 月）
副局长：黄冀生（至 2014 年 6 月）章合武　卢伟彬
纪检组长：谢壮松（至 2014 年 10 月）
副局长：谢壮松（2014 年 10 月起）

（四）揭西县财政局

党组书记、局　长：邱旭辉
党组成员、主任科员：李俊强
副局长：蔡育群
党组成员、副局长：黄建群　陈国富
党组成员、副主任科员：李凤权

（五）惠来县财政局

局　长：吴俊平
副局长：方汉文　施惠芳
纪检组长：蔡场龙
副局长：杨光辉　吴春荣

（六）空港经济区财政局

区委委员、区管委会副主任兼局长：洪　波
常务副局长：魏炳江

副局长：洪亮春　林志鸿　黄可彬
　　　　杨锐锋（至2014年10月）
　　　　杨明才（2014年10月起）

（七）蓝城区财政局

党组书记、局　长：杨劲华
党组副书记：涂德建
党组成员、副局长：郑旭峰　蔡宏生　许海彪

（八）普宁侨区财政局

局　长：蔡如龙
副局长：黄坤松

（九）大南山侨区财政局

局　长：林小斌
副局长：江清溪　黄耿丰
主任科员：黄明来

（十）大南海石化工业区财政局

局长：陈育瑜
副局长：詹文宏　钟福武

（十一）高新区财政局

局　长：郑旭山

二十一、云浮市

（一）云城区财政局

局　长：廖文华
财税系统党委书记：万远宁
副局长：梁桂友　梁　明　曹国强
财税系统党委专职副书记：余金培
总会计师：钟爱华

（二）云安区财政局

党组书记、局　长：欧　永
党组成员、副局长：刘贤鉴（2014年4月退休）
　　　　张杰雄　李进才
　　　　周泽贤（2014年9月任职）
党组成员、主任科员：黄坚洪　叶一帆
主任科员：范桂才

（三）罗定市财政局

党组书记、局　长：梁祥源
党组副书记、支部书记、工会主席：尹荣灿
党组成员、副局长：陈　成　张志强　谭炳权
正科级干部：区淑芝（2014年9月免党组成员、主任科员，保留正科级干部）
党组成员、主任科员：梁敏嫦
党组成员、副局长：莫志毅（2014年4月免副主任科员；5月任副局长）
党组成员、副主任科员：欧其慧（2014年4月任职）

（四）新兴县财政局

党组书记、局　长：黄定昌
党组副书记：何之宏
党组成员、副局长：麦锦雄　麦树忠　苏国坚
党组成员：冼勇锋
主任科员：黄伙进

（五）郁南县财政局

局　长：黄重阳
副局长：李声亮　李家婷　黄子桐

（六）云浮新区财政局

新区管委会副主任兼局长：肖益玫

新区财政局常务副局长兼国有资产管理办公室主任：张俊明

新区财政局副局长兼审计局局长：陈红坚

2014年度全省财政系统职工情况统计表

一、

项目	合计	分布			
		省（区、市）厅局	市（地、州）局	县（市、区）局	乡（镇）所
合计	22 956	1 183	3 882	9 548	8 343
%	100.00	5.15	16.91	41.59	36.34

二、

项目	行政职务					专业职务			
	厅级以上	处级	科级	一般干部	工勤人员	合计	高级	中级	初级
合计	25	642	3 661	13 883	4 745	6 990	288	2 378	4 324
%	0.11	2.80	15.95	60.48	20.67	100.00	4.12	34.02	61.86

三、

项目	性别		民族		政治面貌			
	男	女	汉	其他	党员	团员	民主党派	其他
合计	13 701	9 255	22 733	223	15 329	836	98	6 693
%	59.68	40.32	99.03	0.97	66.78	3.64	0.43	29.16

四、

项目	年龄					文化程度				
	25岁及以下	26－35岁	36－45岁	46－54岁	55－59岁	研究生	大学本科	大专	中专	高中及以下
合计	1 030	5 583	8 485	6 277	1 568	13	958	10 431	8 368	3 199
%	4.49	24.32	36.96	27.34	6.83	0.06	4.17	45.44	36.45	13.94

五、

项目	参加工作时间					
	1965年前	1966－1970年	1971－1980年	1981－1990年	1991－2000年	2001年以后
合计	16	2 623	6 726	7 335	4 781	1 475
%	0.07	11.43	29.30	31.95	20.83	6.43

六、

项　　目	变化情况				
	上年实有人数	本年实有人数	增加或减少总数		
			合计	绝对增加数	绝对减少数
合计	23 092	22 956	-136	1 055	1 191
省（区、市）厅局					
市（地、州）局	1 187	1 183	-4	64	68
县（市、区）局	3 847	3 882	35	189	154
乡（镇）所	9 616	9 548	-68	380	448

七、

项目	人　员　性　质									
	行政			事　　业					企业	其中：聘用制
		其中：		合计	财政补助	其中：参照公务员管理	经费自理	聘用制		
		公务员数	聘用制							
合计	11 562	9 539	652	11 346	10 186	4 878	650	510	48	26
省（区、市）厅局										
市（地、州）局	692	679	12	491	419	108	72			
县（市、区）局	2 313	2 119	58	1 569	1 326	783	204	39		
乡（镇）所	5 517	4 741	174	4 004	3 686	1 509	156	162	27	13

2014年省财政系统全国性和全省性先进集体、先进个人名单

获奖单位或个人	获奖名称	表彰单位
广东省财政厅	2014年度新闻宣传工作先进单位	中国财经报社
广东省财政厅办公室	2013年度信息工作先进单位	广东省人民政府办公厅
广东省财政厅社会保障处	广东省助残先进集体单位	广东省人力资源社会保障厅、广东省残联
广东省注册会计师协会	2013年度地方协会工作综合评比优异奖	中国注册会计师协会
佛山市财政局	2014年度全国财经科研成果宣传工作特别奖	财政部财政科学研究所
肇庆市财政局	2014年度全国财经科研成果宣传工作特别奖	财政部财政科学研究所

续表

获奖单位或个人	获奖名称	表彰单位
清远市财政局	2014 年广东省民族团结模范集体	广东省人民政府
江门市会计学会	全国先进社科组织	全国大中城市社科联工作会议主席团
清远市会计学会	全国先进社科组织	全国大中城市社科联工作会议主席团
鲁锦锋	2013 年度信息工作先进个人	广东省人民政府办公厅
许彬杉	2013 年度信息工作先进个人	广东省人民政府办公厅
胡建斌	中国财经报社 2014 年度新闻宣传工作先进个人	中国财经报社
李桦	中国财经报社 2013 - 2014 年度优秀通讯员	中国财经报社
杨晓华	中国财经报社 2014 年度新闻宣传工作先进个人	中国财经报社
冯耀烽	2014 年度全国财经科研成果宣传工作先进个人	财政部财政科学研究所
黄宇晖	2014 年度全国财经科研成果宣传工作先进个人	财政部财政科学研究所
谢迪生	2013 年度广东省节能先进个人	广东省经济和信息化委员会

第十部分

大事记

GUANGDONG CAIZHENG NIANJIAN

1 月

1 月 8 日　△厅党组书记、厅长曾志权主持召开厅长办公会议，传达学习全国财政工作会议精神，研究省财政厅贯彻落实意见；传达省委常委、常务副省长徐少华听取省财政厅工作汇报时的指示精神，总结 2013 年财政工作及研究部署 2014 年工作；研究贯彻落实《广东省省级财政专项资金管理办法》。邓桂明、欧斌、沈梅红、郑贤操、钟炜等厅领导参加会议。

1 月 10－12 日　△厅党组书记、厅长曾志权出席在广州召开的中共广东省委第十一届三次全体会议。

1 月 13 日　△厅党组书记、厅长曾志权主持召开厅党组理论学习中心组集中学习会，学习贯彻省委十一届三次全会精神。

1 月 14 日　△厅党组成员、总会计师钟炜参加在广州召开的 2013 年省十件民生事实完成情况新闻发布会，通报了 2013 年全省和省级十件民生实事财政投入情况及省财政厅牵头负责的“深入开展价格惠民”民生实事落实情况。

△省委督导组到省财政厅召开专题座谈会，听取干部群众、服务对象对省财政厅党的群众路线教育实践活动整改落实建章立制工作情况的评价。厅党组成员、总会计师钟炜主持会议并作汇报。

1 月 16－20 日　△厅党组书记、厅长曾志权列席在广州召开的广东省十二届人民代表大会第二次会议。

1 月 22 日　△全省财政工作会议在广州召开，会议学习贯彻党的十八届三中全会、中央经济工作会议、全国财政工作会议及省委十一届三中全会精神，总结 2013 年全省财政工作，研究部署 2014 年全省财政工作。厅党组书记、厅长曾志权作讲话，厅党组成员、巡视员邓桂明主持会议，欧斌、沈梅红、郑贤操、叶梅芬、钟炜等厅领导参加会议。

1 月 23 日　△曾志权、邓桂明、欧斌、沈梅红、郑贤操、叶梅芬、钟炜等厅领导在广州参加省纪委十一届三次全会第二次会议。

1 月 24 日　△以粤财综〔2014〕18 号文件印发《关于下达省财政 2014 年元旦春节期间低收入群体和困难群众一次性临时价格补贴补助资金的通知》。

1 月 25 日　△厅党组书记、厅长曾志权参加在广州召开的全省党的群众路线教育实践活动第一批总结暨第二批部署会议。

1 月 26 日　△省财政厅召开党的群众路线教育实践活动总结大会，厅党组书记、厅长曾志权作总结讲话，邓桂明、欧斌、沈梅红、郑贤操、叶梅芬、钟炜等厅领导参加会议。

△曾志权、邓桂明、欧斌、沈梅红、郑贤操、叶梅芬、钟炜等厅领导在广州参加全国财政反腐倡廉建设工作电视电话会议（广东分会场）。

△受厅党组书记、厅长曾志权委托，厅党组成员、巡视员邓桂明主持召开厅工作会议，传达省直民主评议政风行风暨广东民声热线工作会议精神，部署省财政厅 2014 年民主评议政风行风工作。

1 月 28 日　△省委组织部下发粤组干〔2014〕23 号、24 号文件，项天保同志任省财政厅党组成员，省纪委、省监察厅派驻省财政厅纪检组长、监察专员。

2 月

2 月 10 日　△厅党组书记、厅长曾志权参加在广州召开的中共广东省委全面深化改革领导小组第一次会议。

2 月 11 日　△厅党组书记、厅长曾志权在广州参加国务院第二次廉政工作视频会议、广东省政府第二次廉政工作会议。

2 月 12 日　△厅党组书记、厅长曾志权参加在广州召开的广东省政府推进落实 2014 年深化改革任务工作会议。

2 月 17 日　△厅党组书记、厅长曾志权，厅党组成员、总会计师钟炜参加在云浮召开的建立事权和支出责任相适应制度征求意见座谈会。省委常委、常务副省长徐少华主持会议并讲话，曾志权厅长就制定建立事权和支出责任相适应制度的有关政策文件作了说明。

2 月 19 日　△省财政厅在广州召开全省财政反腐倡廉建设工作视频会议，厅党组书记、厅长曾志权作讲话，厅党组成员、巡视员邓桂明主持会议，厅党组成员、纪检组长项天保作工作报告，欧斌、沈梅红、叶梅芬等厅领导参加会议。

2月25日　△厅党组书记、厅长曾志权主持召开厅长办公会议，研究布置推进财政改革有关工作，审议《省直行政事业单位资产处置管理暂行办法（修订稿）》和部分省直单位编制事项。邓桂明、沈梅红、郑贤操、叶梅芬、项天保、钟炜等厅领导参加会议。

△厅党组书记、厅长曾志权参加在广州召开的全省地方政府职能转变和机构改革工作电视电话会议。

2月26日　△广东省财政专家咨询委员会召开年度第一次专家咨询座谈会，听取专家委员对建立省以下事权和支出责任相适应的制度、政府向各类投资主体公平配置公共资源、改进预算管理建立现代财政制度等相关重点改革事项的意见建议。曾志权、邓桂明、欧斌、沈梅红、郑贤操、叶梅芬、项天保、钟炜等厅领导参加会议。

2月27日　△厅党组书记、厅长曾志权参加在广州召开的2014年广东省实施《珠三角规划纲要》领导小组会议。

2月28日　△厅党组书记、厅长曾志权，厅党组成员、纪检组长项天保参加在广州召开的省直有关单位落实2014年党风廉政建设和反腐败工作分工会议。

3月

3月2-13日　△厅党组书记、厅长曾志权出席在北京召开的第十二届全国人民代表大会第二次会议。

3月18日　△厅党组书记、厅长曾志权主持召开厅长办公会议，传达省委副书记、省长朱小丹关于弥补部分民生保障短板项目，切实加强民生保障工作的指示精神，研究布置加强民生保障工作。欧斌、沈梅红、叶梅芬、钟炜等厅领导参加会议。

3月24-26日　△厅党组书记、厅长曾志权陪同省委副书记、省长朱小丹赴西藏自治区考察援藏工作。

3月25-28日　△厅党组成员、纪检组长项天保参加财政部2014年会计监督和金融监督培训班，并介绍广东会计监督工作主要做法和经验。

3月31日　△厅党组书记、厅长曾志权参加在广州召开的省委全面深化改革领导小组第二次会议。

4月

4月1日　△厅党组书记、厅长曾志权主持召开厅长办公会议，研究部署财政改革及其他有关工作；审议《省级预算计划与资金支付稽核系统考核办法（暂行）》（送审稿）、《广东省省级财政资金项目库管理办法》、《广东省省级财政专项资金目录管理办法》、《广东省省级财政专项资金联席审批办法》、《广东省省级预备费管理办法》及进一步加强政府性债务管理的意见；研究关于减免中央、省设立的涉企行政事业性收费省级分成收入方案。邓桂明、欧斌、沈梅红、郑贤操、叶梅芬、项天保等厅领导参加会议。

4月8-9日　△全省市、县（市、区）长现代财政制度专题培训班在广州举办，省委常委、常务副省长徐少华出席培训班并作讲话，厅党组书记、厅长曾志权为培训班作财政实务专题授课。邓桂明、欧斌、沈梅红、郑贤操、叶梅芬、项天保、钟炜等厅领导参加培训班。

4月9日　△厅党组书记、厅长曾志权陪同省委副书记、省长朱小丹在广州会见澳大利亚新南威尔士州州长一行。

4月15-16日　△厅党组书记、厅长曾志权陪同省委副书记、省长朱小丹赴汕尾调研扶贫工作。

4月21日　△厅党组书记、厅长曾志权带队赴省审计厅开展信息化建设专题调研，沈梅红、叶梅芬等厅领导参加调研。

4月21-23日　△厅党组书记、厅长曾志权陪同省委副书记、省长朱小丹在韶关、清远调研林业工作。

4月27日　△厅党组书记、厅长曾志权主持召开厅长办公会议，传达一季度全省经济形势分析会议精神，研究财政支持稳定经济增长的政策措施。郑贤操、叶梅芬等厅领导参加会议。

4月28日　△厅党组书记、厅长曾志权主持召开厅长办公会议，研究部署厅信息化建设工作；审议《政府向社会力量购买服务暂行办法》（修订稿）、《广东省省级财政专项资金竞争性分配管理办法》、《广东省省级财政专项资金信息公开办法》（送审稿）、《广东省财政一般性转移支付资金使用管理办法》等。欧斌、郑贤操、项天保等厅领导参加会议。

5 月

5 月 6 日　△厅党组书记、厅长曾志权参加广东省政府常务会议，汇报《关于免征中央、省设立的涉企行政事业性收费省级收入的意见》、《关于财政支持稳定经济增长的政策措施》及《广东省省级预备费管理办法》。

△厅党组书记、厅长曾志权参加在广州召开的第二批党的群众路线教育实践活动视频会议。

5 月 7 日　△厅党组书记、厅长曾志权参加在广州召开的广东省经济体制和生态文明体制改革专项小组全体会议。

5 月 9 日　△受厅党组书记、厅长曾志权委托，厅党组成员、巡视员邓桂明主持召开厅工作会议，研究部署省委巡视组反馈问题的整改落实工作分工。项天保纪检组长参加会议。

5 月 10 日、12－13 日　△厅党组书记、厅长曾志权陪同省委书记胡春华在珠海、中山、江门等市参加省推进珠三角“九年大跨越”工作现场会。

5 月 14 日　△以粤财办〔2014〕23 号文件发布《关于印发〈广东省基本公共服务均等化规划纲要（2009－2020 年）〉（修编版）的通知》。

5 月 15 日　△厅党组书记、厅长曾志权参加广东省政府常务会议，汇报《广东省财政一般性转移支付资金管理办法》、《广东省省级财政专项资金竞争性分配管理办法》、《关于免征中央、省设立的涉企行政事业性收费省级收入的方案》及《关于设立粤桂九洲江流域跨界水环境保护合作资金的意见》。

5 月 17 日　△以粤财综〔2014〕89 号文件印发《关于免征中央省设立的涉企行政事业性收费省级收入的通知》。

5 月 18 日　△厅党组书记、厅长曾志权参加在广州召开的广东省推进珠三角“九年大跨越”工作总结会。

5 月 19 日　△厅党组书记、厅长曾志权主持召开厅长办公会议，传达全国财政系统加强财政支出预算执行管理视频会议精神，通报广东省 1－4 月预算执行进度情况，研究部署当前及今后一个时期加快预算执行进度工作。邓桂明、欧斌、郑贤操、叶梅芬、项天保等厅领导参加会议。

△以粤财资〔2014〕16 号文件发布《关于印发〈省直行政事业单位国有资产处置管理暂行办法〉的通知》。

5 月 22 日　△厅党组书记、厅长曾志权参加广东省政府常务会议，汇报《关于建立省以下事权和支出责任相适应制度的实施办法》及《关于安排中山大学附属医院和暨南大学部省共建附属第一医院资金的意见》。

△以粤财预〔2014〕128 号文件发布《关于印发财政支持稳定经济增长政策措施的通知》。

5 月 30 日　△厅党组书记、厅长曾志权陪同朱小丹省长在清远察看灾情并指导救灾工作。

6 月

6 月 1 日　△经国务院批准，电信业在全国范围内开展营业税改征增值税试点。

6 月 4 日　△厅党组书记、厅长曾志权陪同胡春华书记在清远检查指导防汛抗灾工作。

△省府办公厅以粤办函〔2014〕276 号文件印发《广东省人民政府办公厅关于扩大基本公共服务均等化综合改革试点的通知》，将广东省基本公共服务均等化综合改革试点地区范围扩大到江门、阳江、清远市。

6 月 9 日　△省府办公厅以粤府办〔2014〕31 号文件发布《广东省人民政府办公厅关于印发广东省财政一般性转移支付资金管理办法的通知》。

6 月 10 日　△厅党组书记、厅长曾志权主持召开厅党员领导干部专题民主生活会，对照省委巡视组反馈意见，查摆问题，分析原因，进一步明确整改目标方向、措施。邓桂明、欧斌、沈梅红、项天保、钟炜等厅领导参加会议。

6 月 13 日　△厅党组书记、厅长曾志权主持召开厅长办公会议，通报 1－5 月预算支出进度情况，审议《关于加快财政预算支出进度的工作方案》、《广东省财政厅相关资金管理规定（修订）》、《广东省省级财政专项资金信息公开办法》、《关于运用跨年度预算平衡机制编制省级财政预算中期（三年）规划的实施办法（试行）》、《广东省财政厅省十件民生实事办理工作规程（暂行）》、《广东省财政厅财政专项资金内部控制管理暂行规定》和部分省直单位编制事项。郑贤操、项天保、钟炜等厅领导参加会议。

6月15日　△厅党组书记、厅长曾志权参加在广州召开的全省城镇化工作会议。

6月17日　△省财政厅通过门户网站等渠道发布2014年广东省政府债券信用评级报告，2014年广东省政府债券获得AAA评级。该报告是国内首份地方政府债券信用评级报告。

6月18日　△厅党组书记、厅长曾志权参加在广州召开的全省经济工作座谈会。

△厅党组书记、厅长曾志权出席江门市基本公共服务均等化综合改革试点动员大会并作讲话。

6月21－24日　△厅党组书记、厅长曾志权参加广东省党政代表团赴新疆考察援疆工作。

6月23日　△厅党组成员、副厅长沈梅红带队赴北京开展2014年广东省政府债券公开招标，顺利发行148亿元广东省政府债券。

6月25日　△厅党组书记、厅长曾志权主持召开厅长办公会议，审议《2015年省级预算编制工作方案》，布置2015年省级预算编制工作。欧斌、沈梅红、郑贤操等厅领导参加会议。

△省府办公厅以粤办函〔2014〕308号文件印发《广东省人民政府办公厅关于开展省直管县财政改革第四批试点的通知》，将乳源县、大埔县、陆丰市、廉江市、化州市、德庆县、连山县、连南县、新兴县9个县（市）纳入省直管县财政改革第四批试点范围。

6月26日　△厅党组书记、厅长曾志权参加胡春华书记主持召开的首批重要改革研究课题成果汇报会，并汇报建立各级事权和财政支出责任相适应制度改革研究成果。

6月28日　△厅党组书记、厅长曾志权陪同省委书记胡春华在江门考察深茂铁路开工建设情况。

△厅党组书记、厅长曾志权参加在广州召开的中科院与广东省共建国家重大科技基础设施领导小组第一次会议。

7月

7月1日　△曾志权、邓桂明、欧斌、沈梅红、郑贤操、叶梅芬、项天保、钟炜等厅领导参加省财政厅扶贫济困日捐款活动。

7月3日　△厅党组书记、厅长曾志权参加在广州召开的全省重要改革课题成果汇报会，并就建立省以下事权和支出责任相适应制度研究问题作了汇报。

7月7－8日　△厅党组书记、厅长曾志权陪同省委副书记马兴瑞赴浙江省调研新农村建设工作。

7月9日　△省府办公厅以粤府办〔2014〕33号文件发布《广东省人民政府办公厅关于印发政府向社会力量购买服务暂行办法的通知》。

7月11日　△厅党组书记、厅长曾志权主持召开厅长办公会议，审议《省级财政零基预算改革试点工作方案》、《关于建立跨年度预算滚动平衡机制的试行办法》以及关于进一步优化省级财政资金拨付流程工作等事项。邓桂明、欧斌、沈梅红、郑贤操、叶梅芬、项天保、钟炜等厅领导参加会议。

7月13日　△厅党组书记、厅长曾志权陪同胡春华书记会见新疆送行团。

7月14日　△厅党组书记、厅长曾志权参加在广州召开的省委全面深化改革领导小组第三次会议。

△以粤财预〔2014〕181号文件发布《关于印发〈广东省省级财政专项资金信息公开办法〉的通知》。

7月15日　△厅党组书记、厅长曾志权主持召开厅长办公会议，研究财政数据库建设工作。邓桂明、叶梅芬、项天保、钟炜等厅领导参加会议。

7月17日　△厅党组书记、厅长曾志权参加在广州召开的全省上半年经济运行情况工作汇报会。

7月18日　△厅党组书记、厅长曾志权参加省政府常务会议，并就整合设立省级科技专项资金方案作了汇报。

7月22日　△以粤财预〔2014〕192号文件印发《关于开展2015年省级财政资金项目库管理试点的通知》。

7月22－26日　△厅党组书记、厅长曾志权陪同省委书记胡春华赴汕尾等四市检查粤东西北振兴发展工作。

7月23日　△受厅党组书记、厅长曾志权委托，厅党组成员、纪检组长项天保参加在广州召开的落实中共广东省委《贯彻落实中央〈建立健全惩治和预防腐败体系2013－2017年工作规划〉实施办法》分工会议并发言。

7月28日　△厅党组书记、厅长曾志权参加在广州召开的全省进一步促进粤东西北地区振兴发展工作总结会。

7月29日　△厅党组书记、厅长曾志权列席省人大常委会第十次会议全体会议。

7月30－31日　△厅党组书记、厅长曾志权参加在北京召开的全国财政厅（局）长会议。

8 月

8 月 1 日　△厅党组书记、厅长曾志权主持召开厅长办公会议，传达全国财政厅（局）长座谈会精神，研究省财政厅贯彻落实意见；研究部署粤东西北各市请求省财政支持事项有关工作。邓桂明、沈梅红、郑贤操、叶梅芬、项天保等厅领导参加会议。

8 月 4 日　△厅党组书记、厅长曾志权参加在广州召开的省长与专家座谈会。

8 月 5 日　△厅党组书记、厅长曾志权参加在广州召开的 2014 年全省上半年经济形势分析会。

△厅党组书记、厅长曾志权为全厅党员干部职工上题为“加强廉政建设，守住纪律红线”的主题党课，邓桂明、欧斌、沈梅红、郑贤操、叶梅芬、项天保、钟炜等厅领导参加了党课教育活动。

8 月 6 日　△厅党组书记、厅长曾志权陪同朱小丹省长到省广业资产经营有限公司、省广晟资产经营有限公司、广东粤海控股有限公司调研。

8 月 7 日　△厅党组书记、厅长曾志权参加省政府常务会议，并就广东省省以下法院、检察院财务物统一管理实施方案作了汇报。

8 月 7 –8 日　△厅党组书记、厅长曾志权参加全省第 13 届领导干部党纪政纪法纪教育培训班。

8 月 8 日　△厅党组书记、厅长曾志权陪同省委书记胡春华会见中国人民保险集团股份有限公司领导。

△以粤财预〔2014〕202 号文件发布《关于印发〈广东省省级财政零基预算改革方案〉的通知》。

8 月 11 日　△厅党组书记、厅长曾志权参加在广州召开的广东省教育体制改革领导小组全体会议。

8 月 16 日　△厅党组书记、厅长曾志权参加在广州召开的广东省纪念邓小平同志诞辰 110 周年座谈会。

8 月 18 –19 日　△厅党组书记、厅长曾志权陪同省长朱小丹在清远调研西江、北江黄金水道建设有关工作。

8 月 20 日　△厅党组书记、厅长曾志权陪同省长朱小丹在韶关调研棚户区改造有关工作。

△省经济体制和生态文明体制改革专项小组第三次全体会议审议通过《广东省深化财税体制改革 率先基本建立现代财政制度总体方案》。

△以粤财行〔2014〕389 号文件发布《关于印发省直机关事业单位行政经费节约考核办法（修订）的通知》。

8 月 21 日　△厅党组书记、厅长曾志权主持召开厅长办公会议，传达朱小丹省长关于加快启动西江、北江航道扩能升级建设和推进棚户区改造工作的指示精神，研究布置省财政厅有关贯彻落实措施；布置落实建立巨灾保险制度等其他有关工作。叶梅芬、钟炜等厅领导参加会议。

8 月 22 日　△省财政厅在广州召开全省财政局长座谈会，贯彻落实省委、省政府对财政工作的部署以及全国财政厅（局）长座谈会精神和省领导对财政工作的指示精神，总结 2014 年以来全省财政工作，分析当前财政经济形势，研究部署推进广东省财税体制改革和下半年财政工作。厅党组书记、厅长曾志权出席会议并讲话，厅党组成员、巡视员邓桂明主持会议，欧斌、沈梅红、郑贤操、叶梅芬、项天保、钟炜等厅领导参加会议。

8 月 26 日　△厅党组书记、厅长曾志权陪同省委书记胡春华在广州市黄埔区、番禺区考察花莞高速公路、虎门二桥项目建设情况。

8 月 26 –27 日　△省财政厅在广州举办全厅副处以上及重点岗位干部党纪政纪法纪“三纪”教育学习会。厅党组书记、厅长曾志权主持会议并作总结讲话，厅党组成员、纪检组长项天保通报近期反腐倡廉形势有关情况以及全省财政系统信访案件处理情况，邓桂明、欧斌、沈梅红、郑贤操、叶梅芬、钟炜等厅领导参加会议。

8 月 28 日　△以粤财监〔2014〕46 号文件发布《关于印发〈广东省财政一般性转移支付资金监督检查办法〉的通知》。

8 月 29 日　△十二届 31 次省政府常务会议审议通过《广东省深化财税体制改革 率先基本建立现代财政制度总体方案》。

9 月

9 月 2 日 △厅党组书记、厅长曾志权参加省纪委召开的“以案治本，加强廉政风险防控工作座谈会”并作发言。

9 月 3 日 △厅党组书记、厅长曾志权主持召开厅长办公会议，通报省财政厅 5－7 月办事群众满意度手机短信测评有关情况，研究省财政厅改进意见；审议《广东省财政厅差旅费管理办法》、《广东省政府采购代理机构管理办法》、《广东省财政厅工作人员考勤管理办法》等文稿及部分省直单位编制事项。邓桂明、沈梅、郑贤操、叶梅芬、钟炜等厅领导参加会议。

9 月 9 日 △以粤财预〔2014〕233 号文件印发《关于印发〈广东城乡居民人均收入指数实现全面建成小康社会目标工作方案〉的通知》。

9 月 12－16 日 △厅党组书记、厅长曾志权参加广东省党政代表团赴西藏自治区考察对口援藏工作。

9 月 18－27 日 △厅党组书记、厅长曾志权随朱小丹省长率领的广东省政府代表团出访澳大利亚、美国、加拿大三国。

9 月 30 日 △厅党组书记、厅长曾志权出席在广州举行的广东省、广州市 9·30 烈士公祭活动暨向广州起义纪念碑敬献花篮仪式。

10 月

10 月 8 日 △厅党组书记、厅长曾志权参加在广州举行的全省党的群众路线教育实践活动总结大会。

10 月 9 日 △厅党组书记、厅长曾志权参加在广州召开的广东省纪念中国人民政治协商会议成立 65 周年暨广东省政协成立 59 周年座谈会。

△厅党组书记、厅长曾志权参加在广州召开的省委全面深化改革领导小组第四次会议。

10 月 11 日 △厅党组书记、厅长曾志权参加广东省委全体（扩大）会议。

10 月 16 日 △厅党组书记、厅长曾志权主持召开厅党组理论学习中心组集中学习会，学习贯彻《预算法（2014 年修订)》。邓桂明、欧斌、沈梅红、郑贤操、叶梅芬、项天保、钟炜等厅领导参加。

10 月 27 日 △曾志权、邓桂明、沈梅红、邓贤操、叶梅芬、项天保、钟炜等厅领导，参加全省传达学习贯彻党的十八届四中全会精神大会。

△厅党组书记、厅长曾志权参加在广州召开的 2014 年全省前三季度经济形势分析会。

10 月 28 日 △《广东省深化财税体制改革 率先基本建立现代财政制度总体方案》经广东省政府常务会议、省委全面深化改革领导小组会议和省委常委会审议通过，由广东省人民政府以粤府〔2014〕64 号文件印发实施，明确了广东省新一轮财税体制改革的路线图、时间表。

10 月 31 日 △曾志权厅长主持召开厅党组理论学习中心组集中学习会，深入学习党的十八届四中全会精神和全省传达学习贯彻大会精神，研究布置省财政厅贯彻落实工作。邓桂明、沈梅红、郑贤操、钟炜等厅领导参加。

11 月

11 月 3 日 △厅党组书记、厅长曾志权主持召开厅长办公会议，研究部署省财政厅配合审计署广州特派办做好财政存量资金审计有关工作。沈梅红、叶梅芬等厅领导参加会议。

11月6日　△厅党组书记、厅长曾志权主持召开厅长办公会议，研究广东省2014年预算执行情况和2015年预算草案编制工作。邓桂明、欧斌、沈梅红、郑贤操、叶梅芬、项天保、钟炜等厅领导参加会议。

11月10日　△厅党组书记、厅长曾志权主持召开厅长办公会议，审议《广东省财政厅聘请常年法律顾问管理办法》、《广东省财政厅关于规范行政处罚自由裁量权的规定》和《广东省财政厅行政处罚自由裁量权标准》等事项。邓桂明、欧斌、沈梅红、郑贤操等厅领导参加会议。

11月11日　△以粤财预〔2014〕310号文件印发《关于开展广东省地方政府存量债务清理甄别工作的通知》，部署广东省地方政府存量债务清理甄别工作。

11月12日　△省委常委、常务副省长徐少华到省财政厅视察，听取2015年预算编制工作情况汇报。曾志权厅长代表省财政厅向徐少华常务副省长汇报了广东省2014年预算执行情况和2015年预算草案编制情况。

11月13日　△以粤财行〔2014〕514号文件发布《关于印发〈省直党政机关和事业单位培训费管理办法〉的通知》。

11月14日　△厅党组书记、厅长曾志权参加在广州召开的广东省高水平大学建设工作进展情况汇报会。

11月15日　△省财政厅举办第十六届全民健身运动会。

11月18日　△厅党组书记、厅长曾志权参加由中共中央政治局委员、国务院副总理刘延东在湛江主持召开的医改和卫生计生工作座谈会。

11月19日　△厅党组书记、厅长曾志权主持召开厅长办公会议，研究部署加快年底预算执行工作。欧斌、沈梅红、叶梅芬等厅领导参加会议。

11月20日　△省人大常委会副主任陈继兴率领省人大财经委委员和部分省人大代表到省财政厅视察工作。厅党组书记、厅长曾志权向视察组汇报了2014年有关财政工作情况。

11月24日　△厅党组书记、厅长曾志权参加在广州召开的珠三角地区对口帮扶粤东西北地区工作会议。

12月

12月4日　△厅党组书记、厅长曾志权参加在广州召开的省委全面深化改革领导小组第五次会议。

12月5日　△厅党组书记、厅长曾志权主持召开厅长办公会议，研究抓好2014年12月预算支出工作、布置2015年预算编制相关工作及预算执行准备工作。邓桂明、欧斌、沈梅红、郑贤操、叶梅芬、项天保、钟炜等厅领导参加会议。

12月9日　△财政部以《关于批复广东省财政国库集中支付电子化管理试点实施方案的函》（财库便函〔2014〕460号）批准广东省报送方案，广东省财政国库集中支付电子化管理试点改革工作正式启动。

12月15日　△以粤财资〔2014〕32号文件印发《关于进一步做好办公用房清理整改工作的通知》，布置开展全省办公用房进一步清理整改工作。

12月18日　△厅党组书记、厅长曾志权参加在广州召开的省委听取省政协各界别委员代表建议座谈会。

12月22日　△厅党组书记、厅长曾志权主持召开厅长办公会议，审议《广东省财政厅定密工作规程》、《农业转移人口市民化成本负担测算工作方案》及《广东省省级国库现金管理操作细则（试行）》等事项。邓桂明、沈梅红、郑贤操、叶梅芬、项天保、钟炜等厅领导参加会议。

12月24日　△厅党组书记、厅长曾志权参加在广州召开的全国人大代表集中视察汇报座谈会。

△厅党组书记、厅长曾志权参加在广州召开的关于加强广东省基层治理工作会议。

△省府办公厅以粤府办〔2014〕70号文件发布《广东省人民政府办公厅关于印发编制2015年省级财政收支预算总体思路和基本原则的通知》。

△省“两新”组织党工委以《关于同意调整中共广东省注册会计师协会委员会的批复》（粤两新工委〔2014〕3号）同意调整省注协党委组成人员，厅党组成员、总会计师钟炜任书记。

12月26日　△以粤财支付〔2014〕17号文件印发《广东省省级财政专项资金实时在线联网监督管理办法》。

12月31日　△厅党组书记、厅长曾志权陪同省委书记胡春华在连山、怀集考察二广高速开通和汕昆高速公路开工情况。

△厅党组书记、厅长曾志权参加在广州召开的广东省政府常务会议，并就清理省级财政存量资金问题作了汇报。

△以粤财行〔2014〕653号文件发布《关于印发〈广东省省级培育发展社会组织专项资金评审管理办法〉的通知》。

第十一部分

媒体报道

GUANGDONG CAIZHENG NIANJIAN

• 中央级

2014年预算报告解读

财力，更多用于民生

2014年，是我国全面深化改革的开局之年。财政作为国家治理的基础和重要支柱，今年预算报告的重点是什么？又有哪些新亮点和新看点？

亮点一 突出财税改革“重头戏”，加快建立现代财政制度

“今年预算报告最突出的特点，就是用了很大的篇幅来谈改革，确实令人耳目一新、精神振奋。特别是将十八届三中全会提出的建立现代财政制度的目标，一项一项地分解转化为具体的工作安排，这为全面深化改革开了个好头。”广东省财政厅厅长曾志权代表，作为一名从事财政工作30多年的“老财政”，用行家的眼光给出了这样的评判。

“整个报告，文风朴实，语言精练，数据清晰，层次合理，脉络清楚，让人一目了然。报告体例更加直观，更便于代表全面了解与审议。”曾志权说。

预算报告是国家的“账本”，但在报告今年中央和地方的预算草案时，并没有一上来就忙着“算账”，而是用了相当大的篇幅，专门介绍了2014年财税改革工作重点和财税政策，从预算管理制度、税收制度和财政体制三个方面提出了一系列的改革措施，并对支出预算和政策进行了重点说明。

比如，财政如何促进农业可持续发展和推进城镇化，完善医药卫生和社会保障制度，推进教育科技文化改革发展等，预算报告对这些重点政策都作了详细解释。

“不但要让公众知道财政收了多少钱、花了多少钱，还要让公众了解财政收入是怎么收上来的，支出政策和支出重点是什么。”财政部财科所副所长白景明认为，这样可以进一步增强透明度，让社会各界对预算和财政政策有一个更全面的了解。

亮点二 四大预算统筹财力，更多调入公共财政

“今年在收入预算上有两大看点，一是弱化对收入预算的考核；二是首次完整报告政府预算，全口径接受人大监督。”白景明表示。

白景明说，依法征税，该收多少就收多少，可以有效避免因“过头税”加重企业负担，更有利于增强经济发展的后劲。特别是在当前实体经济面临困难较多、经营压力较大的情况下，这项重大的机制变化非常及时。

也有人担心，如果税收该收多少收多少，国家财力不够怎么办？解决办法在预算报告中也提到了，就是改进年度预算控制方式，建立跨年度预算平衡机制。也就是说，预算不需要一年一平衡，通过实行中期财政规划管理实现跨年度平衡。这样做的好处，是对一些重大项目可以有更长远的考虑，而不是政策一年一定，更好地体现政策的前瞻性和财政可持续性。

四大预算完整“亮相”接受监督，同时加大预算之间的财力统筹，是预算报告的另一大看点。报告明确了公共财政预算、政府性基金预算、国有资本经营预算、社会保险基金预算的支出范围和重点，并加强统筹协调，避免交叉重复。

“统筹财力，将政府性基金预算和国有资本经营收入预算中的资金，更多地调入公共财政预算，用于保障政府提供基本公共服务，这是一个非常重要的变化，与百姓的切身利益息息相关。”白景明指出，这一改革着眼点，就是在现有财力的基础上，怎么把钱花得更有效益，更多地向民生领域倾斜。

在统筹财力的同时，进一步盘活财政存量资金，腾出资金重点用于农业、教育、社会保障、卫生、大气污染治理和生态环境保护等领域的支出。

亮点三 优化支出结构，重点支出据实安排不“填空”

根据预算报告，2014年，预计我国全国公共财政收入13.95万亿元，增长8%；全国公共财政支出拟安排15.3万亿元，增长9.5%；财政赤字拟安排1.35万亿元，赤字率为2.1%左右。这样一个安排，主要是出于什么考虑？

“收支安排更加科学、合理、务实，体现了稳妥合理和积极而为的原则。”曾志权表示，支出结构合理、重点突出，稳增长、惠民生、调结构等重点支出得到保障；我国继续实施积极的财政政策，适当扩大财政赤字，可以保持一定的刺激力度；同时赤字率保持不变，体现了宏观政策的稳定性和连续性，有利于经济持续健康发展和财政平稳运行。

在优化财政支出结构、提高资金使用效益方面，报告明确提出，要厉行勤俭节约，严控“三公”经费等一般性支出。清理规范重点支出同财政收支增幅或生产总值挂钩事项，一般不采取挂钩方式，编制预算时据实安排重点支出，不再采取先确定支出总额再填项目的办法。

同时，进一步优化转移支付结构，重点增加对革命老区、民族地区、边疆地区、贫困地区的转移支付。清理、整合、规范专项转移支付，严格控制新增项目和资金规模，建立健全定期评估和退出机制。将专项转移支付项目由2013年的220个减少到150个左右。

（2014年3月6日《人民日报》12版，记者：李丽辉）

起跑之年　带劲开局

肩负着为全面深化改革赢得良好开局的重任，2014年注定要闯关夺隘、攻坚克难，在新的历史画卷中留下光辉一页。起跑决定后程。今年工作抓得怎么样，对起好步、开好局意义重大。请听代表委员的声音。

要有逢山开路的闯劲

“改革的本质要求就是创新，创新就要敢于走别人没有走过的路。没有闯的劲头、冒的精神，如何能打开海阔天高的发展新境界？”全国人大代表、山西昔阳县大寨村党总支书记郭凤莲表示，对今年满怀信心、充满期待。

“改革要蹚出一条新路，没有现成答案，需要不断探索，必须迎难而上。”全国人大代表、海南洋浦经济开发区工委副书记张磊认为，敢于吃螃蟹，敢于涉险滩，敢于破藩篱，敢于担责任，转变发展方式、强化权力监督、治理环境污染都不是难题。

要有甩开膀子的干劲

“遇到阻力就畏难而退，不行。”全国人大代表、武汉铁路局局长汪亚平表示，必须要有“做则必做到底，做到最后胜利”的干劲，才能行动比较快，指向比较准，落点比较实。

“稍有不确定因素就偃旗息鼓，不行。”全国人大代表、中建三局董事长兼党委书记陈华元认为，必须要有“少说空话、多干实事”的精神，才能倾尽全力抓落实，赢得群众认同。

“碰到矛盾就绕开甚至退缩，不行。”全国人大代表、河北中烟工业公司总经理段铁力表示，只有放开手脚、甩开膀子的行动者，才能用披荆斩棘的奋斗，建立功勋、成就大业。

要有久久为功的韧劲

“改革是一场只有进行时没有完成时的远征，不能幻想毕其功于一役。”全国人大代表、福建疾控中心副主任郑奎城表示，不能因久攻不下而泄了干劲、乱了章法，而要步步为营。

“改革是一个循序渐进、兴利除弊的艰辛过程，解决问题不可能药到病除。”全国人大代表、宁夏发改委主任张八五认为，不可急于求成、心浮气躁，而要久久为功，善作善成。

“越是攻坚克难，越要有坚韧不拔的意志，不为各种干扰所左右”。全国人大代表、广东省财政厅厅长曾志权表示，只有坚持整体谋划，尊重规律、顺势而为，才能防止虎头蛇尾。

要有勇毅笃行的稳劲

“改革必须稳中求进。”全国人大代表、复旦大学党委书记朱之文表示，无论是提出改革方案，还是大胆先行先试，都需要在“小步快跑”中不断探索、找出规律、凝聚共识。

“改革到了深水区，不容易摸到石头，更需要稳妥。”全国政协委员、南师大副校长朱晓进认为，每一步改革都需要纠错机制和评估机制，对于重大改革，要先行先试、逐步推开。

“在敢闯敢试中做好统筹协调。”全国人大代表、重庆市两江新区管委会常务副主任汤宗伟表示，该尽早推进的不要拖宕，该试点的不要仓促推开，真正做到张弛有度、推进有序。

要有众人拾柴的心劲

“凝聚共识、群策群力，这是改革成功的根本保证。”全国人大代表、中联重科董事长詹纯新表示，将亿万人民凝聚在共同的理想和信念下，只要全国人民众志成城，各项事业就能再上新台阶、展现新气象。

“全面深化改革，需要凝聚最大共识。”全国人大代表、广东增城市石滩镇沙头村党支部副书记冼润霞认为，在实现民族复兴的中国梦这个时代的“最大公约数”下，以众人拾柴的心劲儿，心往一处想，劲往一处使，就没有我们战胜不了的困难。

（2014年3月12日《人民日报》，人民日报记者报道）

公共服务规划纲要修编　粤财厅增6千亿元投入

近日，经广东省人民政府同意，广东省财政厅印发《广东省基本公共服务均等化规划纲要（2009－2020年）》（修编版），预计2013年至2020年，全省共投入基本公共服务领域的财政资金30 786亿元，年均增长12.5%，年均新增投入450亿元，较原规划预计的2009－2020年投入24 812亿元增加5 974亿元。

此外，修编的内容还包括，拓宽基本公共服务保障范围，细化实施阶段目标和措施，明确服务项目标准与支出责任划分，完善配套政策体系四个方面内容。

具体为，在此前8项基本公共服务项目的基础上，增加公共安全和生态环境保障2项基本公共服务项目，形成了“5+5”框架体系，即5项基础服务和5项基本保障的基本公共服务框架。

为体现广东实现“三个定位、两个率先”要求，将原规划到2020年的阶段目标提前至2018年完成，同时新增了2020年阶段目标，形成了2015年重点实现基本公共服务的广覆盖、2018年重点实现城乡基本公共服务均等化、2020年重点实现全体居民基本公共服务均等化的梯度阶段目标。

此外，特别按照党的十八届三中全会提出的建立事权和支出责任相适应的制度要求，对各项基本公共服务项目的支出责任在省以下层面作出了原则性划分，区域性较强的公共服务作为地方事权，省级政府主要负责全省基本公共服务标准确定、地方政策法规制定、涉及省级事权的基本公共服务提供与财力保障，确保基本公共服务均等化权责统一。

2009年，广东省率先编制实施了《广东省基本公共服务均等化规划纲要（2009－2020年）》。由于经济社会环境的发展变化，《国家基本公共服务体系“十二五”规划》也从国家层面明确了基本公共服务体系建设的制度安排、基本范围、重点任务和保障措施，故广东对《规划纲要》进行了修编。财厅方面表示，此举使广东推进基本公共服务均等化进程既符合国家政策规定，又切合本省经济社会发展的实际。

（2014年5月29日人民网，王媛、岳才轩）

广东自发自还地方债148亿元

今天下午，2014年广东省政府债券主承销商公开招标会在广州市举行，通过公开招标方式，中国建设银行、中国工商银行、中国农业银行及交通银行等4家机构中标成为2014年广东省政府债券主承销商。

今年国务院批准广东省的发债规模限额为148亿元，可组合发行5年、7年和10年期债券，结构比例为4∶3∶3。广东省拟将债券资金主要用于转贷市县保障性安居工程和普通公路建设，在确保完成国家有关重大公益性项目建设要求的前提下，将债券资金用于广东省重要交通基础设施项目等方面。

记者从广东省财政厅了解到，过去债券还本付息手续由财政部统一代办，今年转变为由地方政府自行负责。

（2014年6月10日《人民日报》，记者：李刚）

广东调整分税模式纾解基层“事多钱少”

广东省财政厅近日向媒体通报：广东着手部署新一轮深化财税体制改革，其中“建立省以下事权和财政支出责任相适应的运行机制”是本轮改革的重点之一。

“事权与财权不匹配”是各地改革的焦点问题之一，有“责任在基层，钱包在上级”“责任如西瓜，财力如芝麻”的说法。所以，基层不得不“跑部钱进”，镇里跑县里，县里跑市里，市里跑省里……探索“事权与财权相匹配”运行机制已经成为基层的呼声。

广东本轮改革将合理调整省以下分税制财政体制，实现省以下事权和支出责任相适应。到2015年，广东将完成部分事权和支出责任在省以下的划分调整，明确部分共担事权（重大民生项目）各级分担资金的比例和标准，初步形成省与市县事权和支出责任划分的基本框架。到2018年，通过省级限制列举、剩余归属市县的方式，理顺全部事权的支出责任，并建立动态调整机制，基本实现全部事权和支出责任在省与市县间的科学、清晰、合理配置，形成健全完善的事权和支出责任相适应制度。

广东省将关系全省统一市场建设、促进区域协调发展等事务集中到省级，减少委托事务，加强全省的统一管理；将直接面向基层、由基层管理更加方便有效的经济社会事项下放给市县管理；超出市县管辖范围或超越市县管理能力的跨区域事务，由省级承担。省级财政承担省级事权的支出责任，市县级财政承担市县级的支出责任。对各级共同承担的事权，按照合理的比例承担相应的支出责任。

（2014年11月13日《人民日报》，记者：李刚）

广东基本公共服务明年覆盖常住人口

在一省范围内实现“基本公共服务均等化”，最大的难题是各地财政保障能力不均衡，导致基本公共服务水平难以同步。记者近日从广东省财政厅获悉：广东正以建立基本公共服务均等化的财力支撑机制为目标，进一步深化民生财政保障制度改革。

结合《广东省基本公共服务均等化规划纲要（2009－2020年）》，广东省从保障城乡居民生存和发展的基本需求入手，明确财政保障基本公共服务的范围，逐项细化财政保障目标、措施和实现路径；逐步提高各项基本公共服务的财政保障标准和覆盖水平，增强公共财政保障能力，进一步调整和优化公共财政支出结构，合理界定各级政府的基本公共服务事权和支出责任，完善财政转移支付制度，不断提高欠发达地区市县基本公共服务供给水平。

广东省计划到2015年，完善以基本公共服务均等化为导向的财政投入保障机制，推进异地务工人员享受基本公共服务办法，基本公共服务逐步覆盖全部常住人口；完善省对市县的转移支付制度，实现区域间基本公共服务财政能力大致均等，区域间基本公共服务差距明显缩小；同时建立健全城乡居民基本公共服务需求表达机制。到2018年，广东将建立起相对完善的基本公共服务均等化财力保障机制，促进城乡、地区基本公共服务制度衔接和统一，为在全省范围内总体实现基本公共服务均等化、人人都能平等地享受基本公共服务提供财政制度支撑。

（2014年11月17日《人民日报》，记者：李刚）

广东近百亿元支持中小微企

记者今日从广东省财政厅获悉：广东省已安排近百亿元财政资金，通过加大资金投入、创新支持方式、落实优惠政策等，多措并举推动解决中小微企业融资难、融资贵、融资慢等老大难问题。

2014 年广东已安排中小企业发展专项资金 2.5 亿元，支持中小企业技术改造和技术创新，推进中小企业服务体系和担保体系建设等。2014－2018 年，广东每年安排 7 亿元围绕全省重点领域、重点产业的重大科技需求支持研发创新项目，促进创新链与产业链相结合；另安排企业技术中心专项资金 0.91 亿元，安排出口企业开拓国际市场专项资金 2.7 亿元，安排促进进口专项资金 8.5 亿元，以及“走出去”专项资金 4 800 万元。与此同时，2014－2018 年，广东每年安排 5 亿元，以科技金融方式支持中小微企业科技创新、创业发展、融资贷款等；每年安排 5 000 万元对小额贷款公司涉农贷款给予适当的补助，财政累计注入资本金 18.1 亿元，鼓励为中小微企业融资提供信用担保。

（2014 年 12 月 10 日《人民日报》，记者：李刚）

国家“大账本”处处见改革

建立跨年度预算平衡机制，预算审核重点由财政收支平衡状态向支出政策拓展，收入预算从约束性转为预期性。

党的十八届三中全会决定，把预算管理制度和税收制度改革作为财税体制改革的重点。就预算管理制度改革而言，其中不乏新机制的引入。今年的预算报告提出，建立跨年度预算平衡机制，预算审核重点由财政收支平衡状态向支出政策拓展，收入预算从约束性转为预期性。

对于建立跨年度预算平衡机制，预算报告指出，预算执行中如出现超收，原则上用于削减财政赤字、补充预算稳定调节基金；如出现短收，通过调入预算稳定调节基金、削减支出或增列赤字并在经全国人大审定的国债限额内发债平衡。“预算执行结果有别于预算预期的平衡状态，将成为常态。”全国人大代表、广东省财政厅厅长曾志权就这一变化谈到。

为实现跨年度预算平衡，今年的预算报告还提出实行中期财政规划管理。曾志权认为，制定中长期财政规划，科学合理预测中期经济发展和财政收入趋势，合理确定中期支出水平和结构，以此作为年度支出预算的编制依据，未纳入规划的项目不安排预算，可以有效强化中长期财政规划对年度预算的约束性，将有利于解决目前财力固化严重的问题。

今年预算报告还有一个亮点，那就是更加完整地报告政府预算。2013 年政府的公共财政预算、政府性基金预算、国有资本经营预算和全国社会保险基金预算首次全部亮相，但全国社会保险基金预算只报告了当年的安排情况，没有编报上一年度的执行情况。今年预算报告实现了除公布本年度的预算数额外，还公布了上一年收入、支出以及结余数额。

此外，预算报告强调，今年将进一步加大对“三公”经费的公开力度，细化公开内容，所有财政拨款安排的“三公”经费都要公开。

税制改革步伐加快，继续推进“营改增”，加快房地产税立法进程和推进环境保护税立法工作

2013 年，我国坚持顶层设计与分步实施相结合的原则，在研究提出深化财税体制改革总体思路的同时，不失时机地推出一系列改革措施。

以“营改增”为例，交通运输业和部分现代服务业“营改增”试点顺利推向全国，2013 年全年减轻企业税负超过 1 400 亿元，促进了服务业发展和产业结构优化。

预算报告显示，2014 年，推进税收制度改革的第一步就是继续推进“营改增”，在全国范围内实施铁路运输和邮政服务业“营改增”试点，抓紧研究将电信业纳入“营改增”范围的政策，力争今年4月1日实施。

“全面深化财政体制改革，要从整体性、系统性和协调性全面推进。”全国人大代表、四川财政厅厅长王一宏强调。伴随着“营改增”进程的加快，其他税种的改革也在进行中。

对于老百姓比较关心的房产税，报告显示将加快房地产税立法进程，同时加快推进环境保护税立法工作。全国人大代表、全国人大财政经济常委会副主任郝如玉表示，这是对党的十八届三中全会提出的落实税收法定原则的贯彻。目前我国有18个税种，其中3个是全国人大立法征收的，包括个人所得税、企业所得税和车船税，其他15个税种是全国人大授权国务院通过制定税收暂行条例来征收的。加快房地产税等立法，有助于贯彻落实“费改税”。同时，税收法制化进程加快，也使得税制改革于法有据，为深化税制改革提供了健全的法律保障。

今年还将进一步扩展小型微利企业税收优惠政策，并完善促进养老、健康、信息、文化等服务消费发展的财税政策。全国人大代表、成都市工商联主席孙明认为，这将有助于让税收公平惠及更多企业。

继续实施积极的财政政策，优化财政支出结构，提高财政资金使用效益

今年，受我国经济潜在增长率放缓、推进税收制度改革等因素影响，财政收入增长将趋于平缓，财政收支矛盾因而更为突出。支持全面深化改革、调整优化经济结构和促进各项社会事业发展，都需要增加投入，这就加大了继续实施积极财政政策的必要性。

预算报告显示，今年我国将维持2.1%的赤字率，保持一定的刺激力度。“这是根据当前经济发展形势而做出的选择。”曾志权说，对于赤字问题，要辩证地看待。实施积极的财政政策，增加财政支出，当期会扩大赤字规模，但随着积极财政政策的实施，经济发展了，财政收入也会增加，长期来看能弥补赤字，实现收支平衡。因此，只要赤字规模控制在合理的范围内，就能起到有效调节经济运行，确保财政可持续的作用。

要让有限的财政资金用到“刀刃上”，还需要优化财政支出结构，提高财政资金使用效益。今年的预算报告指出，要清理规范重点支出同财政收支增幅或生产总值挂钩事项，一般不采取挂钩方式，编制预算时据实安排重点支出，不再采取先确定支出总额再填项目的办法。

此外，对于地方政府性债务管理，报告指出，将研究赋予地方政府依法适度举债融资权限，建立以政府债券为主体的地方政府举债融资机制。除严格授权举借的短期债务外，地方政府举借债务只能用于城市建设等公益性资本支出或置换存量债务，不得用于经常性支出。

同时，地方政府也将抓紧剥离融资平台公司承担的政府融资职能，实行分类管理和限额控制管理。比如，没有收益的公益性事业发展举债，由地方政府发行一般债券融资，以公共财政收入和举借新债偿还；有一定收益的公益性事业举债，主要由地方政府发行市政债券等专项债券融资，以对应的政府性基金或专项收入偿还。报告还提出，推广运用政府与社会资本合作模式（PPP）。

（2014年3月6日《经济日报》，记者：崔文苑）

为企业减负38.6亿元　广东免征39项涉企行政事业性收费

近日广东发布《关于免征中央、省设立的涉企行政事业性收费省级收入的方案》，自5月1日起对全省范围内所有企业免征39项中央、省设立涉企行政事业性收费的省级收入，预计今明两年为企业减负38.6亿元。

据悉，自2012年以来，中央及广东为切实减轻企业负担，先后推出了20多次减免收费政策。目前广东行政事业性收费项目已缩减至220项，其中包括涉企行政事业性收费77项。根据方案，广东重点清减省级有收入的涉企行政事业性收费项目，对堤围防护费等32项中央设立和7项省设立项目实行免征政策。据透露，在39项免征项目当中，堤围防护费涉及金额最大。除免征省级收入外，市、县将同步免征或按现行标准下调20%征收堤围防护费。

（2014年5月21日《经济日报》，记者：庞彩霞）

广东：8 000 万元救灾资金已到位

记者庞彩霞从广东省财政厅获悉：广东省财政今天紧急安排 8 000 万元资金支持“威马逊”救灾复产重建工作。这 8 000 万资金包括两个部分，一是预拨省级救灾复产重建补助资金 7 000 万元，其中湛江市 5 000 万元，茂名市、阳江市各 1 000 万元，由各市统筹安排用于救灾复产重建工作；二是下达自然灾害生活应急补助资金 1 000 万元。

为加快推进防灾减灾，当地官兵也纷纷取消休假。从 19 日开始，广东茂名边防支队深入村庄，上门询问群众受灾情况；驻守海滩，检查渔船受损情况；开展巡逻，劝导游客远离海岸，确保辖区群众生命财产安全。

（2014 年 7 月 21 日《经济日报》，记者：庞彩霞）

建立地方政府举债融资新机制

——广东省地方债“自发自还”试点情况调研

今年 5 月，经国务院批准，财政部决定在上海、浙江、广东、山东等 10 省区市试点地方政府债券自发自还，试点地区在国务院批准的发债规模限额内，自行组织本地区政府债券发行、支付利息和偿还本金。6 月 23 日，首单自发自还地方政府债券落地广东，148 亿元地方债顺利发行。

这是我国地方政府债券发行的一大突破。地方政府债券发行始于 2009 年，当时由财政部代理发行、代办还本付息，其后相继在 6 省份试点“自发代还”，即自行发行债券，但由财政部代办还本付息。

作为首个“试水者”，广东是如何完成这次自发自还债券发行的，效果如何，又有哪些经验值得借鉴？《经济日报》记者对此进行了调查，敬请关注。

自发自还——一道规范的市场化流程

为实现中央赋予的广东“三个定位、两个率先”总目标，广东正大力推进基础设施等重大公益性项目建设，以促进全省城乡区域协调发展。“为促进发展，适度举债很有必要，关键是风险要可控，债务管理要有序，投向要符合规定。”广东省财政厅厅长曾志权介绍说。

自 2011 年起，广东省开展地方政府自行发债试点，实行“自发代还”，初步建立起规范的发行工作机制，为此次“自发自还”积累了经验。2009 – 2013 年，通过财政部代理发行和自行发行的方式，广东省累计发行了 7 期政府债券，总计金额 430 亿元（其中自行发债 276 亿元）。这些资金被用于中央投资地方配套的公益性建设项目、保障性安居工程建设以及普通公路发展等重大项目。

“作为自发自还试点，我们严格按照财政部《2014 年地方政府债券自发自还试点办法》和关于信用评级、信息披露的两个指导意见规范发行工作，整个过程体现了市场化和公开、公平、公正的原则。”曾志权说。

预算调整。5 月底召开的广东省十二届人大常委会第九次会议通过了批准 2014 年省级财政预算调整方案的决议，增加地方政府债券收入 148 亿元，并对资金进行分配：安排省重要交通基础设施项目 70 亿元，转贷市县 78 亿元，用于保障性安居工程、普通公路建设和重点项目建设。

信用评级。债券信用评级是投资者分析债券发行人和债券信用的重要参考，是地方政府债券自发自还试点引入的新机制。作为试点后首个发行债券的省份，广东省率先规范实施信用评级。

信息披露。6 月 17 日，广东省通过中国债券信息网和省财政厅门户网站发布了《2014 年广东省政府债券信息披露文件》，全面披露债券发行信息、信用评级报告、经济运行、财政状况、债务状况及还本付息事项等有关信息。

确定债券承销商。2013 年，省财政厅通过公开形式组建了广东省政府债券承销团，共有16家机构。根据“资金实力雄厚、发行经验丰富、服务质量最优、资金成本最低”原则，选定建设银行、工商银行、农业银行、交通银行为2014年广东省政府债券主承销商。

债券招标发行。借用财政部国债招投标发行系统，6月23日，广东省财政厅采取公开招标形式面向公开市场顺利发行148亿元2014年广东省政府债券。5年期政府债券的最终中标利率为3.84%，7年期债券最终中标利率为3.97%，10年期政府债券的最终中标利率为4.05%。

资金拨付。在成功发行后，广东省财政厅按照经省人大审议通过的债券资金分配情况，按程序与市县及省有关部门签订转贷协议后，拨付资金。

“整个发行过程规范、有序，在前几年发行经验的基础上，增加了新机制、新做法，初步建立起规范的发行工作机制。”曾志权说。

信用评级——一项前所未有的积极探索

过去，地方政府债券无论是“代发代还”还是“自发代还”，都隐含着中央政府信用。在“自发自还”模式下，财政部强化了地方自行偿还债务的责任，债券的安全性取决于地方政府的信用，对债券进行信用评级成为不可或缺的一环。

“对地方政府债券进行信用评级，在国内是一项前所未有的工作。这个机制有利于推进地方政府债务管理，促进地方政府债务市场化、透明化和规范化，倒逼政府自觉规范举债行为。”曾志权说。

信用评级涉及到地方政府的财政、经济、债务和政府治理等，很大程度上就是对地方政府“打分”，评级如何进行成为市场关注的焦点。广东省财政厅一开始就明确，按照市场化原则择优选择信用评级机构、实施信用评级工作，对提供信息的真实性、准确性负责。

“省财政厅面向具备债券市场信用评级资质的评级机构发出投标邀请，按照‘机构实力最强、评级经验丰富、方案高效合理、费用成本较低’的原则进行招标。”广东省财政厅党组成员、总会计师、新闻发言人钟炜介绍。

5月26日，6家符合资质要求的信用评级公司参与招标，最终，上海新世纪资信评估投资服务有限公司中标。广东省财政厅与上海新世纪评级签署了信用评级协议，由评级机构按照独立、客观、公正的原则开展信用评级。

地方政府债券信用评级不同于地方融资平台发行债券和企业债券评级，如何确立科学的评价方法和指标体系，对于评级报告能否被市场接受至关重要。“地方政府评级不是简单的模型运算和参数套用，评级方法本身也不是简单的指标比较，而是围绕地方政府偿债能力的分析框架。”上海新世纪评级相关人士表示。

上海新世纪评级开展了半个多月的工作后完成了评级报告。6月17日，广东省财政厅通过门户网站和中国债券信息网公开披露了《2014年广东省政府债券信用评级报告》。这份长达30页的评级报告，从债券概况、中国宏观经济与财政管理体制、广东省经济增长与发展、广东省财政平衡能力和稳定性、广东省政府性债务、广东省政府治理等方面进行了分析。

评级报告认为，广东省财力强，且债务增速较慢，财政资金流动性较好，不良贷款率低，地方金融生态环境较好，评定2014年广东省自发自还148亿元地方政府债券为AAA级。AAA级在财政部关于地方政府债券评级的指导意见中是最高等级。

“评级报告内容基本符合我省实际，评级结论准确反映了我省债券风险水平，也得到了市场的广泛认可。”钟炜表示。

根据协议，在2014年广东省政府债券存续期内，上海新世纪评级每年开展一次跟踪评级。

显然，这次评级只是开端，地方政府债券信用评级的完善、成熟还需要一个过程。“国内地方政府信用评级体系的建立是一个系统工程，更多取决于财税制度的改革、地方政府履约机制的建立、地方政府信息披露制度的完善、地方政府融资方式的完善和透明化以及地方政府发行债券服务体系的完善。”上海新世纪评级相关人士表示。

债务安全——一套有效的偿债保障机制

“多年来，我省在合理利用债券资金的同时，高度重视地方政府性债务管理工作，积极采取措施加强管理，注意防范风险。”钟炜说。

为加强政府债券风险管控，广东通过多项举措建立了有效的偿债保障机制，对这次148亿元债券的还本付息也有具体的安排：

——加强预算管理。广东省专门制定了地方政府债券预算管理办法，明确规定市县政府、主管部门以及使用单位对资金管理的责任，明确资金绩效目标、使用范围、使用时限、审批程序、还本付息办法以及监督评价等。同时，债券资金的使用在规范管理的前提下提高资金分配和使用效率，加快资金拨付进度，最大限度地发挥债券资金的使用效益。

——明确债券资金偿还来源。广东省人大审批同意的方案对本次发债的偿还问题作出了安排，其中用于省级项目的债券资金本息在项目收益中偿还，如项目收益难以偿还，从中央返还的燃油税替代性收入等财政性资金中先行垫付；转贷市县的债券资金由各市县财政统借统还。

——建立还本付息抵扣机制。在与市县签订转贷协议时，明确对市县未按时足额上缴债券资金本息的，省财政厅按逾期支付额和逾期天数，以及当期债券票面利率折成日息支付罚息，并按规定对广东省财政厅垫付的还本付息资金及应收罚息实施财政扣款。

——建立偿债准备金。早在1998年，广东各级政府就设立了防范化解金融风险准备金制度（2013年更名为偿债准备金），对资金来源、使用方式、审批程序等进行了详细规定，为各级政府防范和化解可能存在的财政、债务风险提供了有效的制度支持和资金保障。

“总体来看，我省债务规模适中，债务风险总体可控。

经审计认定，2012 年我省总债务率远低于国际控制标准，也低于全国水平。政府负有偿还责任的债务、政府负有担保责任的债务、可能承担一定救助责任的债务的逾期债务率也远低于国际警戒标准。”钟炜说。

（2014 年 7 月 28 日《经济日报》，记者：曾金华、庞彩霞）

自发自还地方债“试水”，亮点是“市场化”

十省区市将试点自发自还地方债

财政部 21 日发布消息，经国务院批准，今年将在上海、浙江、广东、深圳、江苏、山东、北京、江西、宁夏、青岛试点地方政府债券自发自还，此举被视为我国进一步规范地方政府举债、探索市场化发债的重要举措。

从 2011 年四季度开始，财政部曾允许上海、广东、浙江和深圳四地试点自行发债，去年又将试点范围扩至江苏和山东。那么，新推出的自发自还试点与此前的自行发债试点有何不同？

对此，财政部在其最新发布的《2014 年地方政府债券自发自还试点办法》中明确，自发自还是指试点地区在国务院批准的发债规模限额内，自行组织本地区政府债券发行、支付利息和偿还本金的机制。也就是说，新办法更强调了地方自行还债。

对于试点发债的额度，办法明确试点地区实行年度发行额管理，全年发行债券总量不得超过国务院批准的当年发债规模限额。2014 年度发债规模限额当年有效，不得结转下年。

此外，试点地区发行的政府债券为记账式固定利率附息债券。2014 年政府债券期限为 5 年、7 年和 10 年，结构比例为 4：3：3。

与以往试点相比，办法更强调试点地区按照市场化原则发行政府债券，并提出要按有关规定开展债券信用评级，择优选择信用评级机构。

办法还进一步规范了试点地区信息披露、承销、招标等方面管理，试点地区政府债券资金收支实行预算管理，并强调试点地区政府债券资金收支实行预算管理，试点地区承担债券还本付息责任。要求试点地区应当建立偿债保障机制，统筹安排综合财力，及时支付债券本息、发行费等资金，切实履行偿债责任，维护政府信誉。

自行发债的“升级版”与自主发债仍有距离

权威财经专家指出，此试点与自主发债并非一回事，实为此前推出的地方政府自行发债试点的“升级版”。

目前，我国地方政府债券由财政部代理发行已进入第六年，从 2011 年四季度起，国务院批准上海、浙江、广东、深圳率先试点自行发债，并于去年新增山东、江苏试点。

在财政部财科所副所长白景明看来，此次自发自还试点，并非完全的自主发债，实际是自行发债的升级版。不同之处在于，自行发债虽允许地方自己组织发行，但还是中央财政代为还本付息，再从地方扣除还债本息；而自发自还则强调地方要自行还本付息。

中国政法大学教授李曙光认为，自发自还试点的推出，走出了原先地方政府举债、中央提供隐性担保的框架，有助于提高地方财政自主权，推进阳光化举债。

对于市场关注的“自主发债”，专家指出，理论上应满足“项目自主、发债规模自主、用途自定、偿债自负”的要求。从目前看，自发自还试点地区在发债额度、期限等方面都受到严格限制。

此次纳入试点的上海财政局相关人士也表示，自发自还离自主发债还有距离。自主发债需要具体一系列前提，包括地方债务公开，取消地方融资平台，地方政府负债全部纳入预算，并报人大批准。目前各地方融资平台还没有纳入财政预算。

10 年期新品为地方融资减压

专家指出，此次出台的自发自还试点办法，更是释放出市场化发债的积极信号，加快地方政府举债的阳光化进程。

去年纳入自行发债试点的山东省，此次也出现在自发自还试点省份中。此次试点办法强调按“市场化原则”发行政府债券，并提出要开展债券信用评级，让山东省财政厅办公室主任高剑锋眼前一亮。

“去年山东省首次自行组织发债，没想到市场反映非常好，认购高且发行利率低，显示了市场对地方经济发展的认可。”高剑锋认为，自发自还试点将更强调市场的作用，利率市场决定，信用市场评级，发债市场监管，更有利于规范和约束地方政府举债行为。

国泰君安首席债券研究员徐寒飞注意到此次试点新增 10 年期债券产品。他认为，当前，地方债一个重要风险来源就是再融资压力。过去政府债期限较短，不到 7 年，地方债务不断滚动，借新还旧，利息越滚越大，融资成本高压力大，延长举债期限可替代一部分城投债，有利于降低地方融资成本，缓解再融资压力。

防范债务风险，多道防火墙规范地方举债

市场化举债，意味着不被市场认可的地方，有可能背上更高的融资成本。如果地方政府没有能力偿债怎么办？面对地方举债热情，如何防止地方通过收费、转移公共服务资金等途径，把还债压力转移给老百姓？

“要理顺中央和地方政府的权力、义务、责任关系，对发行主体也就是地方政府的行政长官要有问责制，避免‘击鼓传花’、前任借钱后人赖账等恶性循环，对发债规模、用途、期限、程序、偿还资金来源、发债项目本身等都要有监督措施，否则后患无穷。”李曙光说。

白景明认为，在推进自发自还试点的同时，此次中央更完善了对地方债务的管理体制。如对地方发债的规模、期限、发行方式、定价、信用评级、信息披露、兑付等有一整套清楚的规定，是对地方发债的全面规范。

此外，在此前自行发债试点要求地方披露债券、财政经济运行信息基础上，此次试点更强调地方要披露债务情况。徐寒飞表示，只有对地方财政数据、负债状况、现金流、地方信用等信息阳光化、透明化，市场对地方债的认可接受程度才会提高。

而此次试点推出的信用评级制度，也被视为防范风险的重要一环。不过，对于这一新机制，专家指出，谁来担任评级机构，如何开展客观公正的评估，对于这些市场关注的问题，还需要办法进一步细化。

（2014 年 5 月 22 日《新华每日电讯》，
记者：韩洁、高立）

广东：决战“区域断崖”

面对全面建成小康社会的发展目标，广东最大的短板在哪里？本刊记者调研了解到，这一问题的答案是：不在经济增速，不在结构转型，而在区域平衡。

“广东省的区域结构状况是全国的微缩版，广东破题均衡发展，可以为全国提供巨大的经验借鉴。”广东省社科院研究员向晓梅说，2020 年为期不远，广东需要在粤东西北振兴的道路上快马加鞭。

广东省统计局不久前对广东、江苏、山东、浙江 62 个地级以上市 2013 年主要经济情况进行了对比分析——

经济总量上，2013 年 62 个地级以上市总排名最后的 10 个市，广东有 7 个，浙江 2 个，山东 1 个，江苏没有；人均 GDP 上，排名后 10 位的市中，广东占了 9 个；城镇居民收入上，排名后 10 位的市中，广东有 8 个，江苏 1 个，山东 1 个；农村居民收入上，排名后 10 位的市中，广东多达 7 个，山东 2 个，浙江 1 个。

分析数据可以发现，广东的“后十”全部分布在粤东西北地区。“在广东，珠三角高度发达，比较起来粤东西北落差极大，拉了后腿。经测算，2013 年广东地区发展差异系数高达 0.698，而苏、鲁、浙地区发展差异系数分别只有 0.413、0.452 和 0.263，均远低于广东，广东区域不协调问题十分突出。”广东省统计局的分析人士这样说。

中山大学岭南学院财税研究中心主任杨卫华说，珠三角与粤东西北存在“区域断崖”。以农民人均纯收入为例，2013 年粤东西北地区为 9 948 元，而珠三角地区为 16 663 元，粤东西北不到珠三角的六成。

“2013 年，粤东西北地区人口城镇化率为 48.76%，比全省平均水平（67.76%）低 19 个百分点。广东要实现全面建成小康社会发展目标，粤东西北必须奋起直追、迎头赶上。否则短板效应显现，整个发展都会受影响。”杨卫华说。

对策

为了弥补经济社会发展的“短板”，早在 2008 年，广东省委、省政府就推出了产业和劳动力转移的“双转移”战略。2013 年，广东再度提出了粤东西北振兴发展战略。

距离 2020 年只有 6 年时间，在这样的时间压力下如何破解区域协调发展难题，实现粤东西北与珠三角比翼齐飞。本刊记者采访的有关专家认为，目前广东正在探索的路子是正确的，但需要把握好以下三方面的问题。

第一，“不走发展老路”。“不能单纯模仿珠三角或者其他先发地区模式，要发掘和利用好自身优势资源，形成特点、特色。”向晓梅说，粤东西北必须根据自身禀赋，因地制宜地打造具有区域特色的产业体系和产业结构，走出一条与珠三角地区工业形成错位发展、互补发展、协作发展之路。

在他看来，广东省在规划上已经对粤东、粤西、粤北各市都进行了各具特色的定位。目前的问题有两点，一是如何防范高速发展压力下定位出现“变形”；二是如何在各自的总定位下根据自身情况和客观形势作出“适度创新”；三是如何确保不会出现“污染西进”和“简单转移”局面。

多位受访专家认为，包括珠三角在内的发达区域在发展中都先后经历了“先污染，后治理”的过程，粤东西北地处珠江三角洲水系的上游或中游，在承接产业、要素转移中，应高度重视产业生态系统的打造，以维护粤东西北地区良好的生态环境。

第二，“探索帮扶新路”。目前，广东在探索先发帮后发的“对口帮扶”机制中进行了不少创新，如将位于粤东西北的“产业转移园区”建设发展状况纳入珠三角对口帮扶市的考核，探索“产业转移园区”的公司化运作等。

广东省财政厅有关人士指出，当前广东在粤东西北的发展中应积极探索生态补偿财政转移支付新模式。粤东西北为珠三角的环境作出并将继续作出牺牲和贡献，可以按北江、西江、东江进行流域划分，探索生态补偿标准测算、财政转移支付。由于财政收入的有限性，对于粤东西北有条件的、有资源优势的，应多增加分类转移支付，给予“重点帮扶”，使其成为相对欠发达区域的“发动机”，带动周边其他地区。

第三，“创新资金来路”。杨卫华等专家建议，在粤东西北发展中应多渠道引进资金，共同开发建设。他说，在当前情况下，应开放思想、大胆创新，更多地思考在粤东西北产业园区、基础设施建设等方面中如何有效引入混合所有制，更多地给予 PPP 模式、BOT 模式、BT 模式等公私伙伴关系以生存空间。

（2014 年 10 月 12 日《瞭望》；10 月新闻周刊，记者：王凯蕾、武卫红）

基本公共服务均等化让群众得实惠

基本公共服务一般指为全体居民在社保、教育、就业、养老、住房、健康、文化等领域提供制度性安排，保障居民取得最基本的生存和发展需求。基本公共服务均等化则指的是在基本公共服务领域应使得居民享有同样的权利，享受水平大致相当的基本公共服务。随着经济发展和社会转型，我国居民的基本需求也发生了深刻变化，这就要求加快建立覆盖全体社会成员的基本公共服务体系，逐步实现基本公共服务均等化。党的十六届六中全会首次明确提出实现城乡基本公共服务均等化目标以来，基本公共服务均等化总体实现已成为到 2020 年全面建成小康社会战略目标的重要内容。

近年来，我国基本公共服务的范围不断扩大、服务质量不断提高，各地在推进基本公共服务均等化方面取得了明显成效。如广东省推进基本公共服务均等化工作起步早、工作实，各级财政部门牢固树立民生优先的观念，加快推进基本公共服务均等化进程，财政支出向民生社会领域倾料，向基层倾料，向欠发达地区倾料，向弱势群体倾料，人民群众享受到了实实在在的实惠。2008－2013 年，广东各级财政对公共教育、公共卫生、社会保障等民生领域的投入达到 22 797 亿元，占全省一般预算支出的比重从 53.06% 提高到 67.7%。2011－2013 年，全省各级财政累计投入 4 609 亿元，着力解决群众最关心、最直接、最现实的利益问题。全省基本公共服务保障标准进一步提高，区域、城乡不同群体间基本公共服务均等化差距进一步缩小，居民对政府提供的基本公共服务均等化满意度逐年提高。

但随着基本公共服务均等化的深入推进，一些深层次、结构性问题不断显露，如城乡之间基本公共服务供给不均等，农村基本公共服务水平远低于城市；区域之间基本公共服务供给差异大；社会成员之间享有的基本公共服务不均等。因此，要进一步深化认识、扎实工作，加快提高基本公共服务水平和均等化程度。

一是加快建设服务型政府。进一步推动政府职能向创造良好发展环境、提供优质公共服务和维护社会公平正义转变，强化基本公共服务均等化理念，科学合理划分各级各类政府职能部门公共服务职责，加大基本公共服务投入。深化行政审批制度改革，清理、优化、规范行政市批项目和程序。推进政府机构改革，加快事业单位改革，是涉及基本公共服务均等化的教育、卫生、文化、就业等领域的事业单位根据公共性、非公共性和营利性标准进行分类改革，更有效地提供公共服务。

二是加强基本公共服务均等化法制建设。党的十八届四中全会提出要深入推进依法行政，加快建设法治政府。要适应实际需要，尽快制定出台有关基本公共服务均等化的法律法规，从法律制度上确保基本公共服务供给主体、资金来源和管理体制的规范性。完善考核评价体系，确保墓本公共服务均等化落到实处。

三是加大基本公共服务均等化制度保障。推进收入分配制度改革，通过“保低、扩中、控高、打非”缩小收入差距，为基本公共服务均等化创造良好环境和基础。深化财政体制改革，建立健全以提供优质公共服务为取向的公共财政制度。改革转移支付制度，探索促进基本公共服务均等化的财政转移支付模式，增加一般性转移支付比重，优化转移支付项目，严格转移支付标准和程序，同时探索经济发达地区对经济欠发达地区的财政帮扶方式。

四是着力解决群众关注的重点、热点问题。当前，群众关注的基本公共服务问题主要集中在就业、教育、医疗、文化、环境、安全等领域，应积极回应群众在这些方面的诉求。建立健全就业公共服务体系，确保基本就业服务均等化；继续完善社会保障体系，加快实现城乡社会保障一体化；坚持教育优先发展，加大基础教育尤其是农村基础教育投入，逐步实现城乡教育资源配置均等化；建立覆盖城乡居民的基本医疗卫生制度，深化文化体制改革，积极发展城乡公共文化事业，努力实现医疗卫生和文化服务均等化；加大农村基础设施建设力度，推动城乡发展一体化；解决群众普遍关心的食品、药品、生态领域的安全问题，让人民群众享有更美好的生活。

（2014 年第 24 期《中国财政》，评论员）

广东财政助力基本公共服务均等化

早在 2009 年，广东省就发布了《基本公共服务均等化规划纲要（2009－2020 年）》，提出要建立完善覆盖城乡、功能完善的基本公共服务体系。多年来，广东省财政积极发挥职能作用，调整支出结构，加快推进基本公共服务均等化，取得了显著成效。今年 5 月，广东省财政厅印发《基本公共服务均等化规划纲要（2009－2020 年）》（修编版），进一步拓宽了基本公共服务保障范围，细化了实施阶段目标和措施，明确了服务项目标准与支出责任划分，健全了支出保障机制，完善了配套政策体系。为此，本刊记者就广东推进基本公共服务均等化及下一步改革的主要思路采访了广东省财政厅党组成员、总会计师、新闻发言人钟炜。

记者：您认为基本公共服务均等化的内涵是什么？要达到的目标是什么？

钟炜：准确把握基本公共服务均等化的内涵非常重要，是制定相关政策、安排资金投入的前提。在深入研究的基础上，我们认为，基本公共服务是指建立在一定社会共识基础上，由政府主导提供，与经济社会发展水平和阶段相适应，旨在保障全体公民生存和发展基本需求的公共服务。基本公共服务均等化就是全体公民都能公平地获得大致均等的基本公共服务，其核心是机会均等，而不是简单的平均化和无差异化，即在承认地区、城乡、人群间存在合理差别的前提下，保障居民都享有一定标准之上的基本公共服务，确保全体公民在基本公共服务上的权利得到基本满足和维护。根据广东经济社会发展水平和社会对公共服务的需求，我们确定了现阶段基本公共服务的范围，包括公共教育、公共卫生（含人口和计划生育）、公共文化体育、公共交通、公共安全和生活保障（含养老保险、最低生活保障、五保、残疾人保障）、住房保障、就业保障、医疗保障、生态环境保障十个方面。

广东省确定的基本公共服务均等化总体目标是：到 2018 年，全省率先建立城乡统一的基本公共服务体制，率先实现省内各地区基本公共服务财政保障能力均等化，率先建立基本公共服务多元化供给机制，基本公共服务标准明显提高、服务方便可及、群众比较满意，基本公共服务水平在国内位居前列。到 2020 年，全省基本建成政府主导、覆盖城乡、功能完善、分布合理、管理有效、可持续的基本公共服务体系，实现城乡、区域和不同社会群体间基本公共服务制度的统一、标准的一致和水平的均衡，实现人人平等地享受基本公共服务。

记者：请您介绍一下《广东省基本公共服务均等化规划纲要（2009－2020 年）》出台及修编的背景。

钟炜：基本公共服务均等化是党的十六届六中全会提出、中央部署推进的一项重大战略决策，是落实以人为本、推动科学发展的重要制度性安排。2009 年，广东省委、省政府结合经济社会发展实际，部署财政厅牵头率先编制实施《广东省基本公共服务均等化规划纲要（2009－2020 年）》。按照基本公共服务的含义和特征，根据广东经济发展水平和社会对公共服务的需求综合考虑，明确了基本公共服务的范畴，并提出了推进基本公共服务均等化的目标任务和实施路径。

基本公共服务是一个动态范畴，随着经济社会发展，基本公共服务的内涵和外延都会发生变化。2012 年，国务院印发了《国家基本公共服务体系“十二五”规划》，明确了基本公共服务体系建设的制度安排、基本范围、重点任务和保障措施。党的十八届三中全会对公共教育、社会保障和医药卫生等公共服务领域进一步深化改革和健全体制机制作了重要部署。省委、省政府审时度势，决定对《规划纲要》进行修编。修编后的《规划纲要》已于今年 5 月印发实施，进一步拓宽了基本公共服务保障范围，细化了实施阶段目标和措施，重新测算了财力需求，完善了配套政策体系，使广东推进基本公共服务均等化进程既符合国家政策规定，又切合本省经济社会发展的实际。

记者：广东财政在推进基本公共服务均等化方面做了哪些工作？

钟炜：广东省委、省政府高度重视保障和改善民生工作，坚持把实现好、维护好、发展好最广大人民群众根本利益作为一切工作的出发点和落脚点，以推进基本公共服务均等化为抓手，着力解决“基本民生”、“底线民生”和“热点民生”问题，切实增进百姓福社。按照省委、省政府的决策部署，全省各级财政部门牢固树立民生优先的观念，加快推进基本公共服务均等化进程，财政支出向民生社会领域倾斜，向基层倾斜，向欠发达地区倾斜，向弱势群体倾斜，人民群众享受到了实实在在的实惠。

一是注重制度设计，加强规划引领。按照中央推进基本公共服务均等化的决策部署，深入开展基本公共服务均等化的体制政策研究，加强推进基本公共服务均等化的制度设计和规划引领，率先编制并实施基本公共服务均等化规划纲要并适时进行修编。同时，建立年度工作任务分解机制、实施情况定期统计机制等进一步健全工作机制，完善配套措施。

二是加大投入力度，完善投入机制。全省各级财政部门不断调整优化支出结构，加大对民生领域的财政投入力度，扩大民生保障范围，提高民生保障标准。2008－2013年，全省各级财政对公共教育、公共卫生、社会保障等民生领域的投入达到22 797亿元，占全省一般预算支出的比重从53.06%提高到67.7%；预计到2020年，全省投入基本公共服务领域的财政资金将超过3万亿元。同时，按照省委、省政府集中力量为人民群众办好十件民生实事的决策部署，2011－2013年，全省各级财政累计投入资金4 609亿元，着力解决人民群众最关心、最直接、最现实的利益问题。

三是开展综合改革，推进重点突破。2012年，省政府印发《深入推进基本公共服务均等化综合改革工作方案》，确定以惠州市为首个试点市，开展基本公共服务均等化综合改革。改革推进两年多来，取得了明显成效，惠州市纳入综合改革范畴的12个专题年度安排的208项目标任务、七个县区1 189项目标任务全部按期完成。2014年，在惠州继续开展试点的基础上，将江门、清远、阳江三市纳入试点，进一步扩大试点范围。

四是创新供给方式，强化体制保障。坚持推进基本公共服务均等化政府主导的原则，探索基本公共服务多样化供给形式，形成公共服务事业供给主体多元化格局，提高公共服务效率和质量；探索基本公共服务民主决策机制，2012年选取村级公益事业建设“一事一议”、小型农田水利项目、农村危房改造和基层医疗机构建设等四项民生决策事项开展为民办事征询民意试点；深化省以下财政体制改革，通过调整完善分税制财政管理体制、建立县级基本财力保障机制、建立生态保护补偿机制、推进省直管县改革等，为《规划纲要》实施提供财力和体制保障。

五是开展绩效考评，加强评估问效。制定《广东省基本公共服务均等化绩效考评办法》，并从2011年起开始实施基本公共服务均等化绩效考评，并引入公众满意度调查，充分听取民众民意。目前，已连续三年对全省基本公共服务均等化进行绩效考评。

记者：自2009年《基本公共服务均等化规划纲要》实施以来，取得了哪些成效?

钟炜：总的来看，广东省推进基本公共服务均等化工作起步早、工作实、效果好，取得阶段性成效。突出表现在以下几个方面：

一是基本公共服务均等化理念深入人心。全省各级政府深刻认识到基本公共服务均等化是政府的基本责任，社会各界高度关注此项工作，并积极参与和投入基本公共服务均等化事业建设。

二是《规划纲要》实施工作机制不断完善。基本形成了由财政部门承担日常工作、各有关部门按职能分工主动参与推进的大工作架构，特别是按照党的十八届三中全会提出的建立事权和支出责任相适应的制度要求，对各项基本公共服务项目的支出责任在省以下层面作出了原则性划分，区域性较强的公共服务作为地方事权，省级政府主要负责全省基本公共服务标准确定、地方政策法规制定、涉及省级事权的基本公共服务提供与财力保障，确保基本公共服务均等化权责统一。

三是基本公共服务保障标准进一步提高。如从2005年起广东省已经连续9年为企业退休人员提高养老保险待遇水平，2013年已达到每人每月1 958元；2013年城乡居民社会养老保险基础养老金标准提高到每人每月65元，全省近800万城乡老年居民受益；2013年将义务教育公用经费标准提高到小学每生每年750元、初中每生每年1 150元，支持义务教育均衡优质标准化发展。

四是区域、城乡不同群体间基本公共服务均等化差距进一步缩小。如城镇职工医保、城镇居民医保、新农合和城乡医疗救助实现了制度衔接和区域内关系转移接续；非户籍常住人口在住房、医疗、随迁子女教育等方面逐步纳入基本公共服务均等化、一体化保障范围等。

五是公众满意度逐年提高。绩效考评结果显示，2012年广东省公众对基本公共服务均等化满意度综合评分为81.5分，达到比较满意的水平。与2011年相比提高了1.6分，与2010年相比提高了5.3分，反映了全省居民对政府提供的基本公共服务均等化的满意程度保持持续提高的趋势。

记者：基本公共服务均等化推进过程中还存在哪些问题和不足?

钟炜：广东省基本公共服务均等化在稳步推进、取得阶段性成效的同时，随着均等化推进的深入，也暴露出一些深层次、结构性的问题：

一是基本公共服务支出逐年加大，但仍存在供给总最不足问题。一方面，广东省人口规模大，对提供以常住人口为基数的基本公共服务造成很大压力。特别是外来务工人员多，落实就业、教育、医疗卫生、社会保障等民生政策的支出任务重。另一方面，除了需求主体扩大所带来的基本公共服务总量增长效应外，一般公众对公共服务的需求也在不断增长。当前广东公共需求结构从消费型转向发展型，教育、住房、社会保障、基本医疗卫生等成为最重要的公共需求。

二是基本公共服务均等化取得重要进展，但区域不均衡的问题仍很突出。广东省区域发展不平衡，粤东西北地区财力薄弱，受地区经济发展和财政收入不平衡以及财政体制因素的影响，发达地区和欠发达地区公共服务供给水平存在明显差异。同时，基本公共服务资源在城乡之间配置不均衡，基本公共服务设施、基础教育、社会保障水平、城乡医疗卫生资源配置在城乡之间存在较大差距。

三是县域经济财政实力薄弱，基层财政承受能力不足。广东省县域（不含区）公共财政预算收入、人均公共财政预算收入和支出与同期同属东部地区的江苏、浙江等相比均有较大差距。同时，近年中央财政积极推进各项民生政策，不断提高保障标准，扩大保障范围，对县级保障各项民生支出提出了更高要求，尤其是与人口挂钩安排的公共财政支出标准提高较快，基层财政增支压力较大。

四是基本公共服务均等化成效与公众满意度的差距仍然存在。公众的主观感受与实际客观成效并不完全一致，客观评价结果普遍高于公众满意度，政府提供的公共服务与普通民众的“三最”（最关心、最直接、最现实）需求并不完全吻合。这些问题都需要认真研究解决。

记者：对《基本公共服务均等化规划纲要》进行修编，主要体现在哪些方面？

钟炜：修编后的《规划纲要》更加符合广东实际，特点更加鲜明，主要体现在四个方面：

一是进一步拓宽了基本公共服务保障范围，在公共教育、公共卫生、公共文化体育、公共交通 4 项基础服务和生活保障、住房保障、就业保障、医疗保障 4 项基本保障共 8 项基本公共服务项目的基础上，增加公共安全和生态环境保障 2 项基本公共服务项目，形成了“5＋5”框架体系，即 5 项基础服务和 5 项基本保障的基本公共服务框架。

二是细化了实施阶段目标和措施。为体现广东实现“三个定位、两个率先”要求，将原规划到 2020 年的阶段目标提前至 2018 年完成，同时新增了 2020 年阶段目标，形成了 2015 年重点实现基本公共服务的广覆盖、2018 年重点实现城乡基本公共服务均等化、2020 年重点实现全体居民基本公共服务均等化的梯度阶段目标，最终建成政府主导、覆盖城乡、功能完善、分布合理、管理有效、可持续的基本公共服务体系。

三是重新测算了财力需求。预计 2013－2020 年，全省共投入基本公共服务领域的财政资金 30 786 亿元，年均增长 12.5%，年均新增投入 450 亿元，较原规划预计的 2009－2020 年投入 24 812 亿元增加 5 974 亿元，全省基本公共服务支出占公共财政预算收入的比重从 2012 年的 35.07% 提高到 2020 年的 37.67%。

四是完善了配套政策体系。包括完善以基本公共服务均等化为导向的财政投入及保障机制，进一步调整和优化公共财政支出结构；推进城乡基本公共服务一体化，努力实现城镇基本公共服务常住人口全覆盖；进一步深化事业单位分类改革，推动资源整合优化配置和结构调整；建立健全基本公共服务多元化供给机制，提高公共服务效率和质量；探索基本公共服务民主决策机制，促进财政民生资金从“舍得花”向“花得好”转变；完善基本公共服务均等化绩效考评机制，将绩效评价结果作为分配省对市县转移支付资金的重要依据等。

记者：请您谈谈下一步推进基本公共服务均等化改革的主要思路？

钟炜：推进基本公共服务均等化，是一个系统庞大的民心工程，也是一个渐进的过程。下一步，广东省将按照《规划纲要》（修编版）确定的目标任务，继续加大投入力度，进一步创新和完善体制机制，扎实推进基本公共服务均等化，确保人民群众均等共享公共财政阳光。

一是加大财政保障基本公共服务的投入力度。坚持既要尽力而为又要量力而行原则，根据经济社会发展不同阶段，按照不同的时间节点细化和量化阶段目标任务，逐步提高各项基本公共服务的财政保障标准和覆盖水平。增强公共财政保障能力，进一步调整和优化公共财政支出结构，合理界定各级政府的基本公共服务事权和支出责任。完善财政转移支付制度，不断提高欠发达地区市县基本公共服务供给水平。加快建立稳定规范的县以下各项社会事业发展的基本财力保障机制，加强基层公共服务机构设施和能力建设。

二是创新财政保障基本公共服务的政策措施。把加大投入与完善制度有机结合，增强民生财政政策的普惠性、公平性、可持续性，提高民生财政政策的实施效果。加强部门之间的协调配合，围绕使教育投入着重促进教育公平和质量提高，社保投入着重完善制度、堵塞漏洞，就业投入着重强化政策落实、实施更加积极的就业政策，医药卫生投入着重建立可持续的筹资机制、支持深化医药卫生体制改革，住房保障投入着重发挥财政资金引导作用、多渠道吸引社会资金投入等，着力推进财政民生投入创新。完善异地务工人员享受基本公共服务办法，逐步把非户籍常住人口纳入基本公共服务保障范围，实现基本公共服务常住人口全覆盖。

三是完善财政保障基本公共服务的供给机制。深化政府购买社会服务改革，鼓励和引导社会组织、工青妇等枢纽型组织参与提供多层次、多样化社会公益服务，满足城乡居民基本生活服务需求。完善国有资本经营预算制度，提高国有资本收益上缴公共财政比例，更多用于提供基本公共服务。在基本公共服务供给主体具有选择性的领域，积极探索实行竞争性分配方式，让资质优良、社会信誉良好的社会组织通过科学合理的竞争程序优先得到财政的支持。创新政府基本公共服务投资体制，放宽基本公共服务投资的准入限制，探索建立基本公共服务多元化供给机制。

四是强化财政保障基本公共服务的政策效应。积极探索在财政民生投入政策和项目决策、实施过程中引入征询社会公众意见机制，选取部分基本公共服务项目投入开展为民办事征询民意试点，对不同性质的基本公共服务项目实行不同的征询民意方式，并逐步扩大试点范围，提高社会公众对财政民生投入政策实施的认可度和满意度。将财政民生投入纳入重点监督检查、重点绩效评价范围，规范财政民生资金使用管理，将监督检查、绩效评价情况作为财政民生投入预算编制的重要依据。

（2014 年第 24 期《中国财政》，记者：李烝）

广东严抓“三公”经费预算管理　治理“小金库”

20日从广东省财政厅获悉，广东省日前印发了《广东省深入开展贯彻执行中央“八项规定”严肃财经纪律和“小金库”专项治理工作实施方案》，严抓“三公”经费预算管理，开展“小金库”专项治理。

据介绍，此次专项治理针对广东省内纳入预算管理或有财政拨款的部门和单位，重点是各级党政机关、事业单位和社会团体，围绕2013年以来违反中央八项规定和财经纪律以及设立“小金库”的有关问题开展专项治理。

广东省财政厅称，此次专项治理将涉及预算收入管理、预算支出管理、政府采购管理、资产管理、立“小金库”等方面，重点检查各单位依法取得的罚没收入、行政事业性收费、政府性基金、国有资产收益和处置等非税收入，未按规定及时足额上缴国库，隐瞒、截留、挤占、挪用、坐支或者私分，以及违规转移到所属工会、培训中心、服务中心等单位使用等问题；严肃查处各种形式的乱收费、乱罚款、乱摊派。

对于“三公”经费问题，广东省财政厅表示，专项治理将突出对“三公”经费的监督检查，重点检查违规扩大出国经费开支范围，擅自提高出国经费开支标准和虚报出国团组级别、人数等套取出国经费，擅自增加出访国家、地区及城市，接受企事业单位资助或向下属单位摊派出国费用等问题；超标准配置公务用车、违规配置和向下属单位或其他单位转移摊派公务用车购置及运行经费等问题；超规格、超标准接待和赠送礼品、礼金、有价证券、纪念品及土特产品等问题。

广东省财政厅称，专项治理还将开展“小金库”治理工作，对违反法律及其他有关规定，应列入而未列入规定账户、账簿的各项资金（含有价证券）及其形成的资产进行清理检查，坚决查处贪污、私分、行贿、受贿，以及套取会议费、培训费和出国（境）费用等设立“小金库”问题。

（2014年8月20日中国新闻网，记者：陈启任、代兰兰）

广东省政府债券信用评级：开“自发自还”地方政府债券先河

近日，《2014年广东省政府债券评级报告》（以下简称《评级报告》）出炉，这是我国首份地方政府债券信用评级报告。在获准地方债“自发自还”试点的10个地区中，广东作为第一个“吃螃蟹”的省份，将于6月23日发行148亿元政府债券，由上海新世纪资信评估公司发布的这份报告，将广东省政府债券评为最高等级——AAA。

中国国际经济交流中心信息部部长徐洪才对记者表示，《评级报告》从广东省公共预算收支、政府性基金预算收支的平衡能力和稳定性等多个方面进行评估，最终评定为三等九级中的最高级。这说明信用评级机构对广东省政府的偿债能力、未来经济发展的前景持乐观态度，该省偿还债务的能力极强，违约风险极低。

“地方政府要‘自发自还’债，重要的一关就是债券评级，给市场上的投资者拿出一个客观公正的标准，克服投资者信息不全的问题。”财政部财科所金融研究室主任赵全厚分析，“自发自还”债最重要的就是中央政府不代发、不代偿，而地方政府要走自主发债的路子，必须强调信用评级环节，目前财政部对地方政府债券的信用评级和信息披露作出了明确规定，借此一方面解决了政府信息披露的规范性问题，同时还培育了我国的第三方评级机构和市场，令双方都能在互动中良性发展。

对投资者而言，信用评级是对债券信用和投资价值进行分析的重要参考，而且我国许多地区的政府债务结构非常复杂，就必须引入专业的第三方机构对其进行具有公信力的评级。而在“自发自还”的地方政府债券中，地方政府作为发行方和融资方，是直接的市场主体，必须遵循债券市场的规则。

这显然是一个需要不断探索的过程，特别是如果将来地方政府债券向省级以下推开，信息披露和信用评级就成为债券发行成功与否的关键，因为在我国的分税制改革中，地方税种缺乏稳定的收入来源，在财政支出上对中央财政转移支付和土地出让依赖度较高，且存在着较大的土地财政和隐性负债问题。根据审计署去年年底发布的全国政府性债务审计结果显示，部分地方违规通过“建设—移交”（BT）等方式举借政府性债务，而将公益性资产违规注入地方政府融资平台的地方也有不少。

同时，在“自发自还”地方政府债券中，发行者、管理者、投资者的责、权、利将更为明晰，能否克服地方政府的“特殊身份”对信用评级的影响，也是评级报告是否具有公正性和公信力的关键。

按照财政部规定，地方政府不得以任何形式干预评级机构的评级公正。“债券发行评级多采用招标竞标的方式，评级机构向卖方收费，而不是向买方收费，然而买方要以此为参考，这就要求第三方评级机构的公信力必须很强。”徐洪才认为。

“同时社会投资者也应对第三方评级机构进行监督和约束，使其不能有与被评估者合谋的行为。”赵全厚说，让评级机构更具有公信力，地方政府还必须尽到及时全面信息披露的责任，让发债方全面系统地进行透明度改革。如果有些应当披露的信息被内部控制，或者是秘而不宣，那么将加大第三方机构的信息收集成本，甚至导致评级结果出现误差，这些问题在未来的发展中都要逐步解决。

由于近些年地方政府融资平台鱼龙混杂，地方违规、过度举债现象屡有发生。特别是2009年经济刺激计划出台后，地方政府融资平台采用城投债筹集资金的做法增多，但是存在着责、权、利不明确及透明度不高等弊端，地方隐性负债和隐性担保严重，对规范地方政府举债的讨论逐渐升温。“自发自还”地方政府债券，实际上承载着探索地方投融资改革道路的重任，有利于规范地方举债行为，促使地方政府增强信用意识，使得部分隐性负债显性化。

（2014年6月21日《金融时报》，记者：李文龙）

在预算安排、规范管理、风险防控、编报体系、细化预算和意见建议征询机制等方面——

广东预算编制将实现多项突破

广东省财政厅在2014年预算编制工作中，将紧紧围绕党的十八届三中全会对深化财税体制改革提出的新定位、新目标、新任务，锐意创新，改革完善，比以前年度实现多项突破。

在预算安排上有突破。2014年，广东将有保有压，进一步优化支出结构。

加大重点支出的保障力度。2014年安排民生支出1 210.74亿元，比上年增加158.62亿元，增长15.08%；安排农林水事务投入213.12亿元，比上年增加21.38亿元；筹集1 367亿元，促进粤东西北地区振兴发展；筹集38亿元引入重大项目、打造知名品牌，加强技术创新等；安排科学技术投入57.41亿元，比上年增加5.82亿元，增长11.27%；加大生态保护力度，安排66.96亿元，比上年增加35.2%。

提高预算编制的刚性。一是通过进一步细化预算编制，将具体支出项目提交人代会审议，增强年初预算编制的约束力，减少预算执行过程中调整、追加。二是严格执行到期不再安排制度，对到期确需延续安排的专项资金，需先按程序完成绩效评价和审计检查。三是新增支出原则上在现有存量中调整安排，并严格执行多方论证制度，切实提高资金使用效益。四是严格控制一般性支出尤其是“三公”经费，确保公务购车和用车经费、会议经费、公务接待费用、党政机关出国（境）经费、办公经费实现“五个零增长”或略有下降。五是按规定停止楼堂馆所资金审批，全面清理党政机关和领导干部办公用房。六是对博览会、论坛等支出项目进行严格控制，确实要举办的，其费用按原预算压减25%，节约2014年预算资金0.27亿元。

提高一般性转移支付比重。按照已经确定的、将一般性转移支付占省级财政转移支付支出的比重从2012年的35.7%提高到2017年的60%或以上的目标，积极落实《关于压减省级财政专项转移支付、扩大一般性转移支付的意见》和《关于完善省级财政一般性转移支付政策的意见》。

在规范管理上有突破，开展专项资金清理整合工作。

第一，开展整治“小金库”及违规使用专项资金行动，清理各级、各部门设立“小金库”现象，对各级、各部门违规设立、审批、使用、监管专项资金情况进行专项整治。

第二，全面梳理省级预算支出，裁减、合并、收回、优化一批财政专项资金，共涉及341项专项资金。力争到2017年，将省级专项资金逐年压减至250项左右，占省级预算支出的比例20%左右，减少的专项资金全部统筹用于加大对市县的一般性转移支付。

第三，出台实施新的省级财政专项资金管理办法，最大限度减少资金分配自由裁量权和压缩权力寻租空间。

在防控风险上有突破，建立健全地方政府性债务管理机制。一是研究制定关于加强全省政府性债务管理工作的意见，严格政府举债程序，严禁违法违规举债，规范债务资金使用偿还管理，严控债务规模，提高举债透明度。二是建立政府性债务风险预警机制，加强对各市县政府性债务风险进行监控，建立风险监控和提示制度。三是研究完善政府性债务偿债准备金制度，提高偿还政府性债务能力，防范化解债务风险。

此外，广东财政2014年的预算编制在编报体系和意见建议的征询机制等方面也有新的举措。

在编报体系上，2014年将全面实现全口径预算编制。提交省人代会审议的财政预算涵盖公共财政预算、政府性基金预算、国有资本经营预算、社会保险基金预算；按规定将应纳入预算管理的行政事业性收费全部纳入预算管理；将上级各项固定补助收入和提前下达转移支付全部列入年初预算编列。

在细化预算上，进一步加大预算编制的公开力度和细化力度。包括进一步细化专项资金、底线民生支出、政府性基金预算和国有资本经营预算，进一步规范支出科目编报，增列近3年对比数据，进一步扩大提前下达市县转移支付补助范围等。

在征询机制上，更加充分研究采纳人大代表意见建议。如同步发送资料，让人大代表同步了解预算编制流程和进展情况，及时研究有关意见建议；以书面发函、召开座谈会等形式广泛征询省人大代表对2014年预算编制的意见建议，累计征询1 100多人次、收集意见600余条，在逐一研究和落实后，回复到相关代表。

（2014年1月21日《中国财经报》，李桦）

公开听证　试水透明预算再发力

——广东省佛山市南海区对民生项目实施方案进行民主听证

2013年12月31日，广东省佛山市南海区财政预算编制民主公开“马上迎新”——在省财政厅财科所的设计和指导下，该区试水项目实施方案民主听证制度。这是该区在此前实施部门项目预算编制专家评审、部门对项目再分配公开竞争的基础上，进一步强化预算管理刚性，实现向预算编制公开透明，预算执行规范有效的又一次探索。

当天上午，在区人大、政协、监察及部分区直部门的共同观摩下，来自南海区各界的26名代表，对该区民政和外事侨务局518万元敬老院建设补助项目、区人口和卫生药品监督局535万元专科建设发展专项进行了公开听证问询。

“项目依据的文件是社会养老还是农村五保政策？绩效目标是按照社会养老还是农村五保来确定？”“如何加大力度激发调动民办福利机构对养老事业的积极性，以减轻财政压力？”……

“区级医院总体实力比镇级医院强，项目资金能否向镇级医院倾斜？”“扶持潜力专科的申报条件、工作方案含糊，评审专家是否应该公示”……

在项目申请单位对项目做简要介绍后，听证代表一一发问。整场听证会持续了三个多小时，与记者预想有所不同，听证会上没有太多争论，更多的是“改错”。

广东省财政厅财科所所长黎旭东表示，听证阶段是一个求大同存小异的过程，听证是手段，其目的是通过听取民意挑错捡漏来完善项目实施方案，实现花钱“办好事”，办人民群众高兴、满意的事。据介绍，被听证预算单位要现场对听证代表意见以及由区财政局征集的社会公众意见做出初步回答，对代表提出的合理意见要表态落实改进，如落实有困难要说明原因；对代表提出的不符合实际情况的意见，要说明不予采纳的充分理由；对于不能当场回答的问题，被听证单位可以在一个星期后进行书面回答。1月8日、9日，记者在两部门官方网站上看到了有关答复，据了解，两部门也将修改后的预算方案发给了听证代表。

“这些听证代表的提问都有专业水平。”参与观摩的专家、国务院发展研究中心宏观经济研究部副部长孟春表示。

据了解，为了保证听到有建设性的意见，区财政对报名参加听证的代表进行了认真筛选。记者在区财政制作的《南海区项目预算听证代表资格申请表》上看到，除了个人基本信息外，报名参加听证的市民代表还要答题，问题包括：有无相关经验；通过何种渠道了解本区卫生、养老事业发展情况；对本区卫生、养老事业的认识或建议。根据报名代表的打听情况，确定代表人选后，区财政还进行了简单的培训。

为保证被听证预算单位认真采纳民意完善方案，财政部门将根据被听证预算单位的回答文本情况是否及时、准确、翔实，决定是否将听证项目报人大审批，如因未及时提供回答文本导致错过报人大审批时间，则项目不再安排预算；区财政局则将已完成的听证项目纳入财政绩效管理的重点关注对象，包括中间管理过程，事后绩效评价。

同时，该区还通过一系列后续公开工作切实调动民众监督政府的积极性，实现预算绩效目标。该区规定，听证会结束后被听证的预算单位要在本单位门户网站公开回复听证代表的询问；被听证的预算单位要根据听证代表意见改进项目实施方案或管理措施等，以提高项目管理水平；项目预算经人大批准后，实施方案要通过本单位门户网站定期公开听证项目的实施进度、管理情况及绩效目标的实现情况等信息，自觉接受人大代表、政协委员和社会公众的监督。

据了解，民主听证是该区进一步强化预算管理刚性，实现向预算编制公开透明，预算执行规范有效的新探索。据介绍，在省财政科研所的设计和指导下，该区早在2003年就在全国率先开启项目预算编制专家评审，评审范围逐渐扩大至50万元以上的财政支出项目，有力破解了部门利益切割和固化问题，逐步形成了以绩效管理为导向的项目预算评审机制，大大提高了财政资金分配的科学性和资金的使用效益。该区还率先探索具有南海特色的竞争性分配改革，将以往对项目"一对一"的单向式审批和撒胡椒粉式的平均分配，转向"多中选好、好中选优"和集中优化配置，成为公共财政改革的一次突破。目前，竞争性分配的方式已拓展至科技、教育、医疗卫生、民政、文化体育、党建等民生、社会管理领域，并从区级向镇级政府扩展。截至2013年底，该区共有16项专项资金实施竞争性分配，涉及资金约1.1亿元。

（2014年1月23日《中国财经报》，记者：宋凯）

广东284万困难群众获4亿元"红包"

近日，广东省财政安排约4.2亿元，按照人均150元的标准，为城乡困难群众发放2014年元旦春节期间一次性临时价格补贴。这是2011年广东省建立低收入群体与困难群众临时价格补贴与价格上涨联动机制以来，连续4年在"两节"期间向困难群众发放临时价格补贴。

参考上年补贴范围，此次补贴对象包括全省城乡低保对象、农村五保对象、农村籍60岁以上退役士兵、享受国家抚恤补助的优抚对象、新中国成立前入党的农村老党员和未享受离退休待遇的城镇老党员等，补贴标准统一为人均150元。经测算，目前全省符合条件的补贴对象共284.45万人。

为确保在春节前发放到每个低保人员手中，广东省财政厅发出通知，要求各地财政部门及时会同民政等部门抓紧组织实施，务必在春节前将补贴资金足额发放到符合条件的补贴对象手中。其中：城乡低保对象、农村籍60岁以上退役士兵、享受国家抚恤补助的优抚对象、新中国成立前入党的农村老党员和未享受离退休待遇的城镇老党员、分散供养的五保对象的补贴资金，由各地、省民政厅通过银行、信用社、邮局等机构，直接发放到个人账户；集中供养的五保对象的补贴资金，由各地通过集中支付方式拨付到供养机构，再由供养机构发放给个人。同时要求各地加强和规范资金使用管理，做到资金发放公开、透明、快捷、便利，确保专款专用，严禁挤占挪用。

（2014年1月30日《中国财经报》）

为财政改革发展提供坚实保障和强劲动力

——广东省财政厅总结教育实践活动情况并对进一步抓好作风建设进行再动员再部署

广东省财政厅日前召开党的群众路线教育实践活动总结大会，对全厅教育实践活动情况进行总结，并对进一步抓好作风建设进行再动员、再部署。

省财政厅党组书记、厅长曾志权指出，在教育实践活动中，省财政厅严格按照中央和省委的部署要求，坚持领导带头，全程践行“认真”二字，不折不扣落实好各项规定动作，创新开展了“下基层接地气”体验式教育活动、“走出去、请进来”征求意见活动、“解民情、纾民困”专题调研活动等8项自选动作，全面落实了8个方面41项的厅领导班子“四风”整改措施，牵头开展了省委省政府统一部署的4个专项整治行动，并结合机关实际开展了厉行节约反对浪费专项整治，建立健全了省级财政专项资金管理办法、省直党政机关和事业单位会议费管理办法、加强党政机关一般公务用车管理等7个方面46项制度，以实际行动争当机关作风建设排头兵，为全省财政改革发展提供坚实保障和强劲动力，得到了省委省政府的充分肯定。2013年，省财政厅办公、会议、公车等经费支出总额与上年同比降低46.1%；推动省直部门会议费及“三公经费”支出与上年同比下降23.08%；全年共部署推进财税体制、财政管理、专项整治、支持其他领域等方面改革31项，其中2013年已完成10项，需今后继续推进21项，部分改革事项走在全国前列；全省11类民生支出累计完成5 552亿元，与上年同比提高1.38个百分点，其中拨付10件民生实事1 764亿元，完成全年预算的111.95%。

广东省委第十一督导组组长罗继东出席会议。他对省财政厅的教育实践活动给予了充分肯定和高度评价，认为活动始终坚持边学边改、立行立改和边整边改，取得了明显成效，做到了“参与广、认识高、措施实、执行力强、效果好”，并对省财政厅继续做好教育实践活动后续工作提出了具体要求。

（2014年2月11日《中国财经报》，李桦）

预算亮点多　改革分量重　惠民求实效

——来自东、中、西部的三位全国人大代表、省财政厅长评议预算报告

今年两会，除了预算报告文本，每位代表还拿到一本漫画彩图版的《政府预算解读（2014）》。这本近200页厚、由全国人大常委会预算工作委员会和财政部联合编写的读本，有如知识普及一样，为代表们了解财政工作、审议预算报告提供了帮助。三位分别来自东、中、西部的全国人大代表、省财政厅长在接受记者采访时，也对这一改进赞赏有加。

当然，更令他们看重的，是报告中的“干货”。

预算报告三大亮点

“2013年工作总结客观实际，2014年中央预算安排和总体工作部署科学可行。财政预算报告与总理的政府工作报告一脉相承，体现了党中央、国务院推进国家治理体系和治理能力现代化的总体要求。”全国人大代表、安徽省财政厅厅长罗建国对记者谈了他的总体感受。

对于预算报告首次提出的跨年度平衡机制，他表示，这是非常符合实际的务实之举，是一大亮点。

“有的项目当年不可能完成，尤其是事关国计民生的项目，需要进行跨年度预算平衡。”全国人大代表、广东省财政厅厅长曾志权表示，预算并不需要一年一平衡，通过实行中期财政规划管理实现跨年度平衡，对一些重大项目可以有更长远的考虑，更好地体现政策的前瞻性和财政可持续性。

曾志权说，预算报告按照“审核预算的重点由平衡状态、赤字规模向支出预算和政策拓展”这一要求，对支出预算和政策进行了重点说明，增强了政府预算和财政政策的透明度，也方便代表更好地了解财政政策和财政工作的重点。这也是预算报告的一大亮点。“同时，今年预算报告的收入预算由约束性转向预期性，由任务数变为预计数，这对促进税收依法征管、提高财政收入质量起到非常重要的导向作用。”他说。

四大预算完整“亮相”接受监督，同时加大预算之间的财力统筹，是预算报告的第三大亮点。报告明确了公共财政预算、政府性基金预算、国有资本经营预算、社会保险基金预算的支出范围和重点，并加强统筹协调，避免交叉重复。“这体现了依法理财，集中财力支持科学发展、保障改善民生，用实实在在的举措，回应社会各界对财政乃至政府工作的期盼。”罗建国表示。

财税改革分量重

“比预算数字分量更重的是财税改革的相关内容，显示了构建现代财政制度的框架图景。”全国人大代表、四川省财政厅厅长王一宏对记者说。

预算报告是国家的“账本”，但在报告今年中央和地方的预算草案时，并没有一上来就忙着“算账”，而是用了相当大的篇幅，专门介绍了2014年财税改革工作重点和财税政策，从预算管理制度、税收制度和财政体制三个方面提出了一系列的改革措施，并对支出预算和政策进行了重点说明。

“用这么大篇幅的内容描述改革相关内容，这在以往是没有的。”有着30多年财政工作经验的王一宏，对预算报告作出专业评价。

王一宏说，“这里描绘了财税体制的整体框架，是个‘三维空间’的改革框架。”从纵向看，是划分中央和地方事权和支出责任；从横向看，是政府强化预算管理尤其是专项资金管理；第三维就是财税改革的厚度，处理好政府和市场的关系。总之，报告提出构建财税体制的整体框架，是立体而非平面、单一的。

曾志权认为，报告最显著的特点，就是用很大的篇幅来谈改革，确实令人耳目一新、精神振奋。“报告全面贯彻落实党的十八届三中全会精神，通篇贯穿了改革的理念，把三中全会决定的有关目标任务分解转化为具体的工作安排，专门介绍了2014年财税体制改革重点任务，对预算管理制度、税收制度和财政体制等方面提出了一系列的改革措施，充分体现了分类推进改革的要求。”他说。

支出更多倾向民生并花出效益

“支出结构合理，重点突出，稳增长、惠民生、调结构等重点支出得到保障。”曾志权说。

报告显示，公共财政预算收入按13.95万亿元安排，增长8%；支出按15.30万亿元安排，增长9.5%；赤字1.35万亿元，赤字率2.1%。曾志权说，“收支安排更加科学合理务实。收支计划非常符合实际，体现了稳妥合理和积极而为的原则。”

王一宏说，“在现有财力的基础上，体现出怎么把钱花得更有效益，更多地向民生领域倾斜，满足老百姓的需求，让老百姓在经济发展中普遍受惠是财政的重要工作。”

报告在统筹财力的同时，进一步盘活财政存量资金，腾出资金重点用于农业、教育、社会保障、卫生、大气污染治理和生态环境保护等领域的支出。

在优化财政支出结构、提高资金使用效益方面，报告明确提出，要厉行勤俭节约，严控“三公”经费等一般性支出。清理规范重点支出同财政收支增幅或生产总值挂钩事项，一般不采取挂钩方式，编制预算时据实安排重点支出，不再采取先确定支出总额再填项目的办法。

同时，进一步优化支出结构，重点增加对革命老区、民族地区、边疆地区、贫困地区的转移支付。清理、整合、规范专项转移支付，严格控制新增项目和资金规模，建立健全定期评估和退出机制。将专项转移支付项目由2013年的220个减少到150个左右。

罗建国说，“这是一份彰显改革、理财为民、厉行节约的好报告，我们全力支持并将认真落实。”

（2014年3月8日《中国财经报》，记者：王劲松）

做财政改革的“先行者”

——访全国人大代表、广东省财政厅厅长曾志权

3月6日上午，习近平总书记来到全国人大广东代表团，勉励广东要继续发扬敢为人先的精神，勇于先行先试，大胆实践探索，在全面深化改革中走在前列。

“这给我们指明了进一步改革的方向，作为一个财政人，又身处改革前沿的广东，一定要为全国的财政改革带个好头。”中午12点多，刚从人民大会堂广东代表团小组讨论会上赶回驻地的全国人大代表、广东省财政厅厅长曾志权顾不上吃饭，就在会客厅与记者畅谈起了财政改革。

全面深化改革的践行者

“作为一名人大代表，是个监督者，要监督一府两院的工作；作为一名财政干部，代表政府的职能部门，又是一个被监督者，感觉很特别。”曾志权谈起自己的代表生活，对依法行政、依法理财有着深刻的感受。

“人大对财政工作的要求越来越高，关注度也越来越高，给我们带来了压力和动力。”曾志权说。

他说，以往的财政工作更多停留在收支上，现在更多地考虑如何发挥财政的宏观调控功能，如何更加有效地促进经济社会的健康发展。“当了人大代表以后，就会更多地从宏观角度去思考，从问题导向推进各项改革。”

事实上，改革一直是广东省财政工作的主旋律。“财税体制改革、预算改革、财政管理改革，这三大改革是我们全面深化改革的重要内容。”曾志权说。

2013年，根据新的形势要求，广东省财政厅在近年来推进40多项改革的基础上，继续全力推进财政体制、财政管理和自身改革。

在财税体制改革方面，广东省财政厅研究制定了《关于完善省级一般性转移支付的意见》《关于压减省级财政专项转移支付扩大一般性转移支付的意见》，在增强市县理财自主权的同时，进一步完善省级财政一般性转移支付政策。

在财政管理改革方面，广东省财政厅突出深化预算编制改革，进一步细化预算编制，延长了预算编制时间，扩大了政府预算编制范围，实现全口径预算编报；突出加强专项资金管理，重新制定《广东省省级财政专项资金管理

办法》，加强专项资金目录、项目库和信息管理统一平台“三个载体”建设，完善专项资金的设立、项目申报和审批、资金拨付、信息公开、监督检查和绩效评价等；组织对省级专项资金进行全面清理整合，公共财政预算专项资金的项目数量压减274项、下降43%，金额减少151亿元、下降25%。

在财政自身改革方面，广东省以构建内控机制，提高决策和执行效率为重点，建立实施了省级财政预算计划和资金支付稽核工作体系。

“改革打破了惯性思维，实现了工作转型、理念转型，促进了经济社会转型。”曾志权说。

有所为有所不为

“改革就是要跳出财政看财政，变被动买单为主动买单。”曾志权说。

曾志权表示，做好财政工作，必须贯彻“预则立”的工作准则，坚持“主动买单”，着力解决公共财政“缺位”问题，把转变经济发展方式的要求前瞻性地体现到财力的分配和使用中，才能牢牢掌握工作主动权。

“底线民生”是省财政厅主动买单的一个典型例子。

“改革到底有没有成效，老百姓心里有杆秤，那就是有没有让他们得到实惠。”去年，曾志权参加了全国人大代表对“底线民生”保障问题的专题调研。调研结束后，他就组织财政厅有关力量对“底线民生”保障问题进行了研究，主动向省政府提出大幅度提高低保、五保、残疾人保障、医疗救助等“底线民生”补助标准的建议，并为省政府所采纳。“这个钱拿得很顺。”他说。

不但自身注重改革，广东省财政厅还主动买单支持其他领域改革。如2013年广东省财政厅开展了经营性领域财政资金股权投资管理改革，选择17项专项资金实施试点，涉及资金203.72亿元；开展政府购买服务改革，完善省级政府向社会组织购买服务制度体系。

“有所为，有所不为。”曾志权说，改革下一步要解决政府“越位”和“缺位”并存的问题。

改革要调动两个积极性

“2014年是全面深化改革的开局之年。我们将按照建立现代财政制度的要求，充分发挥财政职能作用，服务于政府职能转变、推进经济体制改革、促进经济转型与结构调整、保障和改善民生。”曾志权说。

不过，曾志权也提出，希望中央的改革政策更多地支持改革的领跑者，不要“鞭打快牛”，改革方案要加强上下联动，要有利于调动地方和中央两个积极性。

曾志权说，新一轮财税制度改革的首要任务是中央与地方各自明确自己的事权和支出责任，“多少事权配多少财力，确定哪一级政府最适合处理哪一项公共事务。”

“这方面的改革我们打算今年在省市县三级先行先试，中央出台政策后再完善。”曾志权说，哪些事权是省的、哪些是市的，哪些是县的，根据你做的事大概要匹配多少财力，划分哪个税种该给你，哪个税种该给他。”广东财政还将探索建立政府向各类投资主体公平配置公共资源机制，即在明确界定政府可配置公共资源与各类投资主体的范围和类别，理清各类公共资源可选择和适用的市场化配置方式的基础上，积极推进公共资源交易平台建设、加强多方综合监管、推行竞争性配置等三个层次改革，并强化改革的综合配套。“厘清政府和市场的边界，进一步发挥市场在资源配置中的决定性作用和更好地发挥政府作用，这是我们始终坚持的改革大方向。”曾志权说。

（2014年3月12日《中国财经报》，
记者：王劲松）

唱好财税改革“重头戏”

——全国人大代表热议财税体制改革

李克强总理在政府工作报告中指出，要抓好财税体制改革这个重头戏。这在代表委员中引起强烈反响。无论是实施全面规范、公开透明的预算制度，实行全口径预算管理，还是抓紧研究调整中央与地方事权和支出责任，建立规范的地方政府举债融资机制等表述，都引人关注。

财税改革缘何成为“重头戏”

财税体制改革缘何成为“重头戏”？在全国人大代表、山东省财政厅厅长于国安看来，主要有两方面的考虑：一方面，三中全会强调指出“财政是国家治理的基础和重要支柱。科学的财税体制是优化资源配置、维护市场统一、促进社会公平、实现国家长治久安的制度保障”；另一方面，财政作为调整社会利益分配格局的重要手段，在整个改革布局中处于枢纽位置，具有牵一发而动全身的战略作用。

“改革开放以来，无论是20世纪80年代的‘分灶吃饭'和两步'利改税'，还是90年代初期的分税制改革，以及21世纪以来的农村税费改革、燃油税费改革、营改增改革等，财税改革一直发挥着'领跑者'的作用。”于国安说，当前我国正处于转型发展的关键时期，重视并加快财税改革步伐至关重要，有利于引领和推动其他改革、促进经济健康发展。

全国人大代表、广东省财政厅厅长曾志权认为，今年的政府工作报告之所以明确要抓好财税体制改革这个重头戏，是因为财税体制改革乃顶层设计的重要组成部分。财政是国家治理的基础和重要支柱，这凸显了财税体制改革在全面深化改革、完善和发展社会主义市场经济制度中的重要作用。

2013年，我国的财政收入达到12.9万亿元，全国政协委员、财政部财科所所长贾康说，如何管理好日益丰盈的“钱袋子”，需要更加符合国家治理逻辑的现代财政制度。在他看来，不论是预算报告的“变脸”，还是2014年被列为财税改革年，变化的背后是，十八届三中全会决定提出了“财政是国家治理的基础和重要支柱”的概念。

改革税制：稳定税负凸显公平

政府工作报告指出，推进税收制度改革，把营改增试点扩大到铁路运输、邮政服务、电信等行业，清费立税，推动消费税、资源税改革，做好房地产税、环境保护税立法相关工作。

对此，王增力代表建议，应制定有利于促进发展的财税政策。根据不同区域、不同发展水平、不同发展潜力制定政策导向，促使中等发展水平的省份加快发展。制定有利于促进加快产业结构调整的财税政策。尝试使用中央财政转移支付补贴地方发展高新技术产业减免的税收，以鼓励地方政府发展高新技术产业的积极性。

全国人大代表、上海经济和信息化委员会副主任邵志清表示，全面深化改革过程中的一项重要工作，就是要全面清理现行的各项税收优惠政策。他建议，应该制定实施专门的法律，统一规范所有的税收优惠政策，进而在全国范围内建立统一的流通市场。同时，对于新的经济业态和新兴产业，国家应该及时制定财税优惠政策予以鼓励。

信春鹰代表说，税收法定是一项很重要的宪法原则。目前我国只有个税、企业所得税、车船税三个税种有法律规定，其他都是以法规或低于法规的规范性文件作为依据。这些税种已经成型，应该上升为法律，以更好地协调各方面关系，更好地维护人民群众的权益。

罗建国代表建议，加快构建地方税体系，积极培育地方主体税种；加大地方政府债券自发自还改革，扩大地方自主权。

透明预算：盘活存量用好增量

政府工作报告指出，要实施全面规范、公开透明的预算制度。许多代表委员认为，目前，我国虽然实现了编制四本预算的全口径预算，但管理办法却有差别。因此，亟待进一步规范政府预算制度，实现全口径预算公开透明。

曾志权代表建议，严格控制预算追加，并增加转移支付补助地区结构表，使代表直观了解各省区转移支付情况。抓紧修改转移支付办法，均衡性转移支付应更多考虑各省区人均财力、人口因素、承接外来人口、区域发展不平衡等因素，尽可能计算到县。除扶贫资金外的专项转移支付资金分配应以工作量、工作效率为主要因素。

陈金彪代表建议，要全方位公开专项资金相关信息，尤其是转移支付测算办法，推进部门预决算公开。要通过立法设定专项资金占公共预算支出的比重，对现有项目进行清理规范。调整转移支付结构，提高一般性转移支付规模和比例，增强省一级政府调配能动性。改进转移支付方式，采用“一对多”竞争式、招标式分配和项目所在地自主申报、择优选取的双向选择方式，并对专项资金使用绩效引进第三方评审机制。

闫小培代表说，要加快推进全过程预算绩效管理，加强对预算执行过程的监控，提高资金使用效益和质量。周琦代表也建议，加大预算执行结果公开力度，尤其是“三公”经费、基础设施建设、民生改善等方面的预算执行结果的公开。

明确事权：发挥中央和地方两个积极性

政府工作报告指出，抓紧研究调整中央与地方事权和支出责任，逐步理顺中央与地方收入划分，保持现有财力格局总体稳定。

有代表委员认为，当前，财税体制改革面临的问题是，地方支出责任偏大，中央支出责任偏小，事权重心过度下移，容易引发矛盾并导致政府效率低下。如何理顺中央和地方事权与财权关系问题，就是要发挥中央和地方两个积极性，建立事权和支出责任相适应的制度。其中，上移部分支出责任和事权是今后改革的方向。

宗庆后代表建议，在推进财税制度改革中，要解决中央和地方财政收入分配问题及财权与事权相统一的问题。要降低企业与老百姓的税负，特别是实体经济企业的税负，增加老百姓收入。政府要把钱用在民生领域，并将财政收支平衡作为官员考核内容。

柳树林代表建议，将现行的土地出让金一次性征收，改为由房屋产权人分年度向政府缴纳。“这样可以将房屋的成本摊薄，减轻居民购房的压力，有利于拉动居民购房消费。”

“加强财税体制改革的顶层设计，加快出台中央与地方事权和支出责任相适应的制度，已势在必行。”曾志权代表说。

（2014年3月13日《中国财经报》，解希民）

广东 2014 年种粮农民直补资金发放完毕

广东省 2014 年种粮农民直补资金兑付工作日前全面完成，实现了在春耕前全部落实到位，不误农时。据统计，全省共兑付补贴资金 26.41 亿元，其中：种粮直补资金 2.50 亿元，农资综合直补资金 23.91 亿元，补贴资金兑付率 100%，惠及全省种粮农户 736 万户共计 3 427.56 万人。

为确保提高资金发放时效性和准确性，自 2013 年起，广东省种粮补贴由乡镇财政所发放，变更为县级财政部门通过银行直接发放到种粮农户的“一折（卡）通”上。从 2004 年国家实施种粮直补政策至今，广东省共发放种粮农民直补资金 163.63 亿元。

（2014 年 4 月 3 日《中国财经报》，李桦）

广东创新“三查”会计监督机制

近年来，为强化会计监督，广东省财政不断创新工作体制，创建并完善自查自纠、巡查督导、重点检查的“三查”工作机制。

“我们从 2009 年开始，每年年初，在广东省级行政事业单位、省管企业及会计师事务所开展会计信息质量和执业质量自查自纠工作，之后全省各市陆续参照实行。全省行政事业单位和国有企业会计监督自查面已经达到 100%。”广东省财政厅监督检查局局长黄山告诉记者，自查自纠期间，通过对全省行政事业单位、企业、会计师事务所自查情况进行综合分析，建立了各单位会计信息资料库。

针对广东省内各单位开展会计监督检查工作力度和工作质量参差不齐等问题，广东省财政厅结合自查自纠工作情况，有针对性地对部分单位和地区开展巡查督导。在巡查督导过程中，采取“走下去”、“请上来”等多种方式，组织巡查督导检查小组到单位开展巡查督导，或者邀请单位来省财政厅召开座谈会。

在开展自查和巡查的基础上，广东省财政厅根据财政部确定的检查重点，选取会计管理工作薄弱的单位以及涉及民生的行业作为重点检查对象，开展重点检查。各检查小组采取实地巡视、现场点评、组织座谈、召开交流汇报会、电话沟通、网络 QQ 群交流、微信朋友圈等多种方式，充分利用现代信息技术，提高检查组整体作战能力。同时，做好集中交叉审理，确保检查质量。

“实施‘三查’制度以后，取得的成效还是很明显的。”黄山介绍说，自查自纠树立了单位的自我监督意识。而且几年自查工作积累下来，广东省财政厅逐步建立了省级单位会计信息资料库。这些会计信息资料，对广东省开展财政专项资金检查、“三公经费”检查等工作也起到了极大的帮助作用，便于在重点检查工作开始前就可以查找一手资料，提高工作效率。同时，建立了自查情况通报制度：近两年，在全面自查工作结束后，广东省财政厅都及时发布省直单位、省管企业和会计师事务所自查情况的通报，向各单位、企业、会计师事务所通报自查的总体情况、好的经验做法、存在问题及下一步加强会计信息质量和执业质量的工作要求，达到了鼓励先进、鞭策后进，切实增强会计监督成效的作用。

（2014 年 4 月 26 日《中国财经报》，刘明中）

广东省常务副省长徐少华：
全面深化财税改革建立现代财政制度

日前，广东省常务副省长徐少华对广东省2014年财政工作提出五点要求。

一是明确财政事业改革发展总体目标。组织开展财政专题研究，听取专家学者意见建议，学习借鉴国内外财政管理先进经验，进一步明确现代财政制度的内涵，形成推进现代财政制度建设的举措。

二是确定深化财政体制改革重点。既注重财税自身改革，又要积极发挥财税政策支持全省重大改革的作用，通过明确事权归属、强化预算刚性等措施，逐步建立事权和支出责任相适应的制度。

三是强化财政资金管理。加强财政资金安排使用信息公开，健全财政资金支出审批权力的制衡机制，进一步规范财政资金安排使用程序，强化财政资金安排使用的各方监督，注重财政资金使用绩效评估，不断改进评估方法，突出评估实效。

四是巩固群众路线教育实践活动成果。坚持治标和治本相结合，进一步建立健全各项制度，调整优化财政支出结构，切实压减不合理支出。

五是加强财政干部队伍建设，提升财政干部队伍综合素质。

（2014年4月29日《中国财经报》）

广东：加减法并用稳增长

近日，广东省政府加减法并用，出台财政支持稳定经济增长的政策措施，通过扩大财政投资，加快资金拨付进度，支持基础设施建设、稳定外贸增长、扩大消费需求、促进转型升级等，促进经济平稳健康运行。为此，省财政筹集资金600亿元左右，并落实税收优惠、减免部分涉企行政事业性收费，将为企业减负380亿元以上。

省财政按照重点支持全省经济发展关键领域和重点环节、加大投资和促进消费能产生即期效应、基础设施建设近期与长远效应相结合的原则，将主要从六个方面促进经济稳定增长：一是支持基础设施建设。重点加大对交通、水利、环保等基础设施建设的投入，以财政资金投入带动社会固定资产投资平稳增长。二是支持稳定外需。重点用于支持扩大出口、促进进口和外贸综合服务平台建设，推动外经贸稳定增长。三是着力扩大消费。重点用于促进信息消费、支持广货网上行、传统商贸服务业发展等。四是支持产业发展项目。重点支持企业技术改造和淘汰落后产能、加快战略性新兴产业发展，促进产业转移等。五是保障和改善民生。重点支持推进国有工矿棚户区改造、农村贫困户住房改造等。六是落实税费减免政策。一方面，落实国家结构性减税政策；另一方面，加大减免涉企行政事业性收费力度。

为确保财政支持经济稳定增长，各项政策措施和工作部署落到实处，省政府要求各级、各部门要加快支出进度，提高资金使用时效性，力争资金早投入、早见效；要用足用好各项税费优惠政策，各级、各有关部门要加强对政策执行的督促检查，确保国家和省各项税费优惠政策得到落实。同时按照《广东省人民政府关于印发广东省省级财政专项资金管理办法的通知》的规定，尽快制定各项资金管理办法，严把资金投向，严格资金管理，确保财政资金按照既定方向投入到基础性、民生性领域等稳增长项目，不得用于提高人员经费、增加“三公”经费支出、低水平重复建设以及党政机关楼堂馆所等消费性项目。各级财政、审计、监察部门将加强对资金使用的监督管理，健全管理制度，明确各项资金使用范围、拨付程序和工作要求，严防资金滞留、挤占、截留或挪用，确保资金严格按规定使用。

（2014年6月7日《中国财经报》，代兰兰）

广东：免征中央、省设立的涉企行政事业性收费省级收入

经广东省人民政府同意，广东省财政厅、发展和改革委员会近日发布通知，决定在全省范围内对所有企业免征中央、省设立的涉企行政事业性收费省级收入。

通知明确，自2014年5月1日起，对全省范围内的所有企业免征矿产资源补偿费、土地登记费、征（土）地管理费等32项中央设立、特种作业安全技术考试费、IC卡道路运输电子证件工本费等7项省设立涉企行政事业性收费的省级收入。

同时，对堤围防护费，鼓励有意愿、有条件的市将地方收入与省级收入同步免征，具体由各市结合实际情况自行决定；对没有同步免征地方收入的市，征收标准按照2014年1月1日起实施的新政策执行，即：按现行征收标准下调20%，对不能按营业额计征的个体工商户及月营业额2万元以下的中小微企业免征，同时各地级以上市政府可以实行“封顶”征收政策。

通知要求，有关部门和单位应通过转变政府职能、压减机构编制、降低行政成本，按照厉行节约原则安排工作经费，切实减轻省级财政负担。其中按实事求是原则确需省财政安排支出保障的，行政机关和财政补助事业单位的经费支出，通过部门预算予以安排；自收自支事业单位的经费支出，通过安排其上级主管部门项目支出予以解决。各执收单位不得因免征收费而影响正常履行职责和正常工作。

（2014年6月10日《中国财经报》）

广东“一增一减”优化企业发展环境

——为企业减负约380亿元，安排财政资金647亿元加大投入，释放出政府与企业共渡难关的强烈信号

今年5月以来，广东省继出台向企业免征行政事业性收费省级收入政策后，又出台《关于财政支持稳定经济增长的政策措施》，以支持稳增长。据悉，该省今年将为企业减负约380亿元，并安排财政资金647亿元加大投入，一增一减合计逾千亿元，不仅有利于经济平稳运行，更向市场释放出政府与企业共渡难关、优化企业发展环境的强烈信号。

据了解，广东为企业减免税费约380亿元主要体现在两个方面。一是出台政策，从5月1日起，对全省范围内所有企业免征32项中央设立和7项省设立涉企行政事业性收费的省级收入，今年涉及的总免征额约15亿元。为此，省财政将新增安排减收后的保障支出12亿元。二是落实国家结构性减税政策，仅“营改增”试点范围扩大，预计可为企业减税200亿元，落实中小微企业税收优惠预计可为企业减税125亿元。而647亿元投入主要在支持基础设施建设、稳定外贸增长、扩大消费需求、促进转型升级等方面。具体来看，围绕投资、消费、外贸三大调控手段，重点加大对交通、水利、环保等基础设施的投入，积极支持扩大出口、促进进口和综合服务平台建设，以稳定外贸增长，并加大对信息消费、广货网上行、传统商贸服务业发展等的支持力度，切实增强经济发展的内生动力，扩大消费需求。

今年以来，广东经济运行总体平稳，但增速有所回落，运行压力显现，不确定因素增加。广东省统计局的数据显示，受出口形势严峻、房地产增速回落及内贸拉动力减弱的影响，一季度该省GDP完成13 636.91亿元，同比增长7.2%，较上年同期回落1.3个百分点。1-4月，主要经济指标增长平稳，物价有所回落，但总体来看，经济企稳回升的基础仍不牢固。

广东省财政厅厅长曾志权表示，财政政策是政府调控

经济运行的手段之一。在遵循市场规律、发挥市场在配置资源中起决定性作用的情况下，根据经济运行形势变化，适时适度地采取财政政策措施，有利于更好地发挥政府的作用，保持经济平稳增长。更重要的是，一增一减释放出强烈信号，特别在为企业减负方面，"这不仅仅是钱的问题，更体现出政府与企业共渡难关，优化企业发展环境，规范政府与企业利益关系的意图。"曾志权说。

专家分析，600多亿元的投入相对于广东的经济体量较为适度，不会导致短期流动性过剩的问题；资金来源方面，也主要根据当年可支配财力进行安排。据曾志权介绍，647亿元中，有400多亿元是年初经省人大审议批准的预算存量资金，这些资金重点支持基础设施建设、技术进步、转型升级等，针对的不仅是该省经济发展关键领域和重点环节，更是既有利于长远发展、又能够产生即期效应的领域。新增的200多亿元则主要在地方政府性债券及清理历年存量资金中安排。曾志权表示，稳定经济增长需要多措并举，投资拉动是重要一环，但主要还是靠市场在资源配置中起决定性作用，财政政策只能起导向作用。从整个经济发展需要资金支持的量上来说，这次安排的资金数量是适度的，"希望通过这种安排，发挥财政资金的放大作用，四两拨千斤，撬动5－10倍的社会资金投入"。

（2014年6月11日《中国财经报》，宗禾）

广东拓宽基本公共服务保障范围

预计2013－2020年，全省共投入基本公共服务领域的财政资金30 786亿元，年均增长12.5%

广东省财政厅近日印发《广东省基本公共服务均等化规划纲要（2009－2020年）》（修编版），进一步拓宽了基本公共服务保障范围，在原有8项基本公共服务项目的基础上，增加公共安全和生态环境保障2项基本公共服务项目。

2009年，广东省编制实施了《广东省基本公共服务均等化规划纲要（2009－2020年）》。近五年来，全省各地各部门积极健全工作机制，加大投入力度，完善配套措施，加快推进基本公共服务均等化，成效显著。但随着经济社会发展，基本公共服务的范围、阶段目标和实现措施都发生了变化。为此，广东对《规划纲要》进行了修编，进一步拓宽了基本公共服务保障范围，细化了实施阶段目标和措施，明确了服务项目标准与支出责任划分，健全了支出保障机制，完善了配套政策体系，使广东推进基本公共服务均等化进程既符合国家政策规定，又切合本省经济社会发展的实际。

一是拓宽基本公共服务保障范围。在公共教育、公共卫生、公共文化体育、公共交通4项基础服务和生活保障、住房保障、就业保障、医疗保障4项基本保障共8项基本公共服务项目的基础上，增加公共安全和生态环境保障2项基本公共服务项目，形成了"5＋5"框架体系，即5项基础服务和5项基本保障的基本公共服务框架。同时，将国家规划中规定的人口和计划生育服务纳入公共卫生项目，将残疾人保障有关内容分别归入公共教育、公共文化体育、生活保障、就业保障等项目，确保修编后的基本公共服务保障范围既与国家规划相衔接，又更加符合当前广东经济社会发展水平和社会对公共服务的需求。

二是细化均等化实施阶段目标和措施。为体现广东实现"三个定位、两个率先"要求，将原规划到2020年的阶段目标提前至2018年完成，同时新增了2020年阶段目标，形成了2015年重点实现基本公共服务的广覆盖、2018年重点实现城乡基本公共服务均等化、2020年重点实现全体居民基本公共服务均等化的梯度阶段目标，最终建成政府主导、覆盖城乡、功能完善、分布合理、管理有效、可持续的基本公共服务体系。同时，按照既要尽力而为，又要量力而行原则，根据不同阶段，进一步细化和量化了阶段目标任务和工作措施，区分轻重缓急，确立优先顺序，统筹兼顾，重点突破。

三是明确服务项目标准与支出责任划分。为增强规划的指导性和实操性，按照2013－2015年、2016－2018年两个阶段，修编后的规划详细列出了各项基本公共服务的服务项目、服务对象、保障标准、支出责任和覆盖水平。特别是按照党的十八届三中全会提出的建立事权和支出责任相适应的制度要求，对各项基本公共服务项目的支出责任在省以下层面作出了原则性划分，区域性较强的公共服务作为地方事权，省级政府主要负责全省基本公共服务标准确定、地方政策法规制定、涉及省级事权的基本公共服务提供与财力保障，确保基本公共服务均等化权责统一。

四是健全基本公共服务均等化支出保障机制。为实现基本公共服务均等化财力供求总体平衡和区域间基本公共服务支出水平均衡，根据调整后的基本公共服务范围，重新测算了实施《规划纲要》的财力需求，在保证基本公共服务支出增长适当高于公共财政预算收入增长的前提下，预计2013－2020年，全省共投入基本公共服务领域的财政资金30 786亿元，年均增长12.5%，年均新增投入450亿元，较原规划预计的2009－2020年投入24 812亿元增加5 974亿元，全省基本公共服务支出占公共财政预算收入的比重从2012年的35.07%提高到2020年的37.67%。同时，通过发展区域经济、加大转移支付力度、推进人口迁移等措施实现区域人均基本公共服务支出均等的目标。

五是完善基本公共服务均等化配套政策体系。深入贯彻落实党的十八届三中全会精神，按照《中共中央关于全面深化改革若干重大问题的决定》中关于平衡区域间基本公共服务支出水平的要求，健全完善了财政保障、管理运行和监督问责等政策，形成较为成熟、统一的配套政策体系，构建保障基本公共服务体系有效运行的长效机制。如：完善以基本公共服务均等化为导向的财政投入及保障机制，进一步调整和优化公共财政支出结构；推进城乡基本公共服务一体化，努力实现城镇基本公共服务常住人口全覆盖；进一步深化事业单位分类改革，推动资源整合优化配置和结构调整；建立健全基本公共服务多元化供给机制，提高公共服务效率和质量；探索基本公共服务民主决策机制，促进财政民生资金从“舍得花”向“花得好”转变；完善基本公共服务均等化绩效考评机制，将绩效评价结果作为分配省对市县转移支付资金的重要依据等。

（2014年6月12日《中国财经报》）

广东为一般性转移支付资金“立规矩”

——在赋予市县政府更多理财自主权的同时，切实采取措施确保资金依法依规分配使用，提高资金使用效益

近日，广东印发实施《广东省财政一般性转移支付资金管理办法》，从设立审批、分配使用、预算管理、监督检查、绩效评价、信息公开等方面对一般性转移支付资金进行全面规范。

2013年，广东提出力争到2017年底前将省级一般性转移支付占省级财政转移支付支出的比重提高到60%或以上，不断扩大市县统筹使用上级财力性补助资金规模。随着一般性转移支付资金增加、比重提高，如何在赋予市县政府更多理财自主权同时，切实采取措施确保资金依法依规分配使用，提高资金使用效益成为新的亟待解决的问题。

《办法》明确，省财政一般性转移支付资金不规定具体使用项目，市县政府可以根据地方实际统筹使用。目前主要包括均衡性转移支付、激励性转移支付、县级基本财力保障机制奖补资金、重点生态功能区转移支付等10个项目资金，以及公共安全、教育、社会保障和就业、医疗卫生、农林水等专项领域未指定具体使用项目的其他一般性转移支付资金等。

按照这一《办法》，市县应将省未确定具体使用方向的一般性转移支付资金按照有关民生、运转、协调发展三方面支出的先后顺序安排使用，重点确保国家和省出台的各项政策和补助标准足额落实，不得将省财政一般性转移支付资金用于违规提高“三公”经费、新建楼堂馆所、形象或政绩工程等6类禁止性支出。

广东省规定，对省级一般性转移支付资金实行提前预拨、年中下达、年度结算制度。各级财政部门要按照公平公正公开的原则，以国家和省相关政策为省财政一般性转移支付资金分配依据，采用因素法、公式法进行分配，有效约束自由裁量权。财政部门应将资金规模、分配方案、管理办法等信息在提交同级人大的年度预算报告中说明。同时，除涉及保密要求不予公开外，省、市、县财政部门应将一般性转移支付资金管理办法、分配依据、用款单位、资金使用项目等信息向社会公开。同时，对一般性转移支付资金建立监督检查和绩效评价机制，将绩效评价结果作为下一年度一般性转移支付资金分配的重要依据。

（2014年6月14日《中国财经报》，代兰兰）

广东省财政厅2014年扶贫济困日活动启动

根据省委、省政府关于2014年广东扶贫济困日活动的部署，广东省财政厅迅速行动，于7月1日组织全厅党员、干部、职工在厅大院开展扶贫济困现场捐款活动。厅党组成员带头捐款、广大党员、干部、职工积极参与，当日共筹集捐款近7万元，正式启动省财政厅2014年扶贫济困日活动。

（2014年7月5日《中国财经报》，代兰兰）

广东筹建棚户区改造省级融资平台

广东省财政厅有关负责人在接受记者采访时称，广东目前正在紧锣密鼓地推进棚户区改造省级融资平台组建工作。

据介绍，广东省棚户区改造省级融资平台将按“政府引导、市场化运作”模式组建，初步方案是由省财政出一部分资本金作为引导，由省有关部门协商确定一家符合条件的企业，组建企业背景的融资平台公司，作为独立市场主体开展运营。

“该平台不等于政府融资平台，广东省政府、省财政对该平台的债务不能做担保承诺。”广东省财政厅有关负责人说，目前的方案既保证依法合规，同时由有实力和运营经验的企业组建融资平台公司，在控制风险、提高效率方面更具优势。

这位负责人还称，棚户区改造资金来源渠道是多方位的，除各级财政补助资金及企业、个人资金外，融资渠道也包括地方政府债券、商业信贷、融资平台融资等。

按照今年初广东省政府关于加快棚户区改造工作的实施意见，2014－2017年，广东棚户区改造的目标任务约13.8万户。其中城市棚户区改造约7.4万户、国有工矿棚户区改造约4.6万户、华侨农场危房改造约1.8万户。

（2014年7月29日《中国财经报》）

广东多措并举提高评审效率

为规范财政投资行为，加快财政投资项目建设，广东省财政厅投审中心全面梳理业务流程，从制度建设、中介管理、审核流程、限时督办4个方面入手，不断提高财政投资评审工作质量和效率。2014年1－6月，共完成审核任务222项，审核项目金额45.41亿元，核减金额4.57亿元，其中工程结算审核121项，比上年同期增长236%。

一是加强制度建设，明确审核责任。印发《关于配合做好省级财政投资项目审核工作有关事项的通知》，明确项目建设单位负有配合做好省级财政投资项目审核工作的职责，项目主管部门负有督促协调所属单位做好评审工作的职责，投审中心负有及时受理审核资料、限时完成评审工作的职责。

二是加强中介管理，提高审核质量。建立专管员制度，强化对省级财政投资评审中介机构的日常管理，及时跟踪项目审核进度，协调解决审核问题；定期开展中介机构审核业务培训，提高审核人员业务水平；建立科学高效的中介机构项目委托滚动安排机制，做到审核项目初审受理后即来即委托；制定中介机构审核业务办理指南，开展中介机构完成项目稽核复审，加强中介机构服务质量控制；完善财政投资审核委托中介机构业务考核办法，将考核结果与中介机构任务分配和审核费支付挂钩，促进中介机构规范审核、高效服务。

三是优化审核流程，提高审核效率。在确保风险可控的前提下，全面优化业务流程，减少审核冗余环节。一方面，简化小额项目业务流程，50万元以下项目取消复审环节；50万元以上项目由投资审核评审系统自动随机确定是否进入复审环节；另一方面，定期通报稽核复核复审工作中发现的审核问题，组织第三方对已完成评审成果开展稽核。

四是实行限时督办，确保按期审核。明确财政投资审核各业务环节的办理时限，每季度制定督办计划，对列入督办范围的项目落实责任，指定专组专人负责督办，及时跟踪办理情况，定期汇报督办结果，对重点或难点项目开展层层督办，通过复审会议及时解决问题，确保审核项目如期完成。

（2014年9月13日《中国财经报》，代兰兰）

广东：逾10亿元支持台风重灾区救灾复产重建

今年以来，受超强台风“威马逊”、“海鸥”影响，广东省湛江等粤西地区出现严重暴雨洪涝灾害，造成重大经济损失。灾害发生后，广东省委、省政府高度重视，立即部署防汛救灾复产工作，省财政厅会同省直相关部门积极研究制订支持湛江等重灾区救灾复产重建补助资金一揽子方案并报经省政府同意，先后安排湛江等重灾区应急及救灾复产重建资金共约10.81亿元。

此次安排的救灾复产重建资金，按照突出重点、统筹兼顾的原则，主要用于支持受灾地区农业救灾复产、水利应急、自然灾害生活救助、“全倒户”恢复重建补助、水毁公路抢修保通等方面救灾复产重建工作。考虑到各地受灾实际情况存在差别，需财政支持的重点各有不同，省财政明确受灾市、县对财政转移支付资金，可按轻重缓急的原则，在落实好重点救灾项目资金后，其余可调剂使用，但只能用于救灾，不得挪作他用。

在加大资金支持力度的同时，省财政会同审计、监察等部门积极采取措施加强资金管理，严格资金使用，明确对救灾款、物发放逐户登记造册、公开发放，任何单位和个人不得截留、挪用或擅自改变用途，确保专款专用。

（2014年10月23日《中国财经报》，代兰兰）

广东财政六方面服务依法治省

广东省财政厅日前召开厅党组理论学习中心组集中学习会，深入学习党的十八届四中全会精神和全省传达学习贯彻大会精神，研究部署财政部门贯彻落实有关工作，提出从六个方面服务全省全面推进依法治省各项工作。

一是着力服务地方立法工作。结合财政工作实际，从积极推动财政领域地方立法工作、积极配合其他领域地方立法工作两方面抓工作落实。

二是着力服务法治政府建设。围绕加快法治政府建设，按照新预算法和该省深化财税体制改革总体方案，抓紧推进各项财政改革工作，重点推进深化预算管理改革、建立省以下事权和支出责任相适应制度、建立政府公共资源向各类投资主体公平配置机制等。

三是着力服务司法体制改革。根据中央关于推进依法独立公正行使审判权检察权、健全司法权力运行机制、完善人权司法保障制度三大任务的部署，认真研究做好两院财物统一管理、资产管理、非税收入收缴等工作。

四是着力服务法治社会建设。着重抓好支持完善覆盖城乡居民的公共法律服务体系、支持法制宣传教育、增强全民法治观念、推进该省注册会计师行业、评估行业依法治理等方面工作。

五是着力加强法治财政建设。进一步牢固树立法治观念，扎实推进法治财政建设，全面规范财政重大事项决策，规范财政行政行为，规范财政执法行为，强化法治财政建设考核评价，当好依法行政依法理财的表率。

六是着力发挥领导干部表率作用。进一步加强党员干部法制教育培训，弘扬法治财政文化，切实提高党员干部法治思维和依法办事能力。

（2014 年 11 月 15 日《中国财经报》，代兰兰）

广东发布方案：率先基本建立现代财政制度

广东省政府近日印发实施《广东省深化财税体制改革率先基本建立现代财政制度总体方案》（以下简称《总体方案》）。

《总体方案》提出，以改进预算管理、明晰事权和支出责任、构建地方税收体系、推进基本公共服务均等化、公平配置政府公共资源为重点，全面深化财税体制改革，推动率先基本建立统一完整、法治规范、公开透明、运行高效，有利于优化资源配置、维护市场统一、促进社会公平、实现长治久安的可持续的现代财政制度，为广东实现“三个定位、两个率先”总目标提供财税制度保障。

《总体方案》将建立基本公共服务均等化的财力支撑机制和构建政府公共资源投入的公平配置机制纳入重点改革任务，构成五项重点改革任务：

一是深化预算制度改革，加快建立规范完整、透明高效的预算管理机制。围绕深化预算制度改革、规范政府收支行为、强化预算约束、加强对预算的管理和监督，提出了八个方面的改革措施，包括健全完善预算编制、建立跨年度预算平衡机制、提高预算执行时效性和均衡性、全面规范专项资金使用管理、完善政府性债务管理体系、调整完善转移支付制度、强化财政监督和绩效管理、推进财政信息公开等。其中既包括按照中央部署开展的改革举措，如改进年度预算控制方式、实行中期财政规划管理等，又包括广东省已率先开展、需继续拓展和深化的改革举措，如完善专项资金管理平台建设等。

二是调整省以下政府间财政关系，建立省以下事权和财政支出责任相适应的运行机制。按从财权到事权的改革思路，提出了划分省以下事权和支出责任、明确省以下各级事权、明确省以下各级支出责任的改革推进路径。在划分省以下事权和支出责任时，适当上移并强化省级事权和支出责任，并在保持收入格局大体不变的前提下，合理调整省以下分税制财政体制，实现省以下事权和支出责任相适应。

三是深化民生财政保障制度改革，建立基本公共服务均等化的财力支撑机制。结合实施《广东省基本公共服务均等化规划纲要（2009－2020 年）》（修编版），提出了明确实施范围、加大投入力度、创新政策措施、完善供给机制、强化政策效应等五个方面的改革举措。通过完善财政投入体制机制，增强财政保障能力，有效保障改善民生，建立完善基本公共服务均等化的财力支撑机制，促进形成政府主导、覆盖城乡、功能完善、分布合理、管理有效、可持续的基本公共服务体系。

四是深化财政投融资制度改革，构建政府公共资源投入的公平配置机制。探索推进财政投融资改革，深化公共资源交易体制改革，构建政府公共资源向各类投资主体公平配置机制，推进公平统一市场建设，提高公共资源配置的效率和公平性。主要改革举措包括探索推进财政投融资改革、明确政府公共资源投入范围、规范政府公共资源公平配置方式、规范公共资源交易平台、完善公共资源交易监管机制等。

五是深化税收制度改革，探索建立符合广东实际的地方税收征管机制。在中央的部署指导下和地方权限内，按照完善立法、稳定税负、改革税制的要求，推进各项税制改革，优化税制结构，探索建立符合广东实际的地方税收体系，完善征管机制。主要改革举措包括根据中央的统一部署积极推进税制改革、探索建立地方税收征管机制、着力加强地方税源管控、清理规范税收优惠政策等。

《总体方案》突出改革特点：突出体制创新，注重制度衔接；突出问题导向、注重财政绩效；突出重点任务，注重全面推进；突出统筹兼顾，注重增强合力；突出积极稳妥，注重试点先行。

（2014 年 11 月 22 日《中国财经报》，代兰兰）

广东多措并举支持中小微企业发展

近年来，广东省财政积极发挥职能作用，通过加大资金投入、创新支持方式、落实优惠政策等，多措并举推动中小微企业健康发展。

加大投入，增强创新能力

发挥财政资金引导作用，提高中小微企业科技创新水平，提升市场拓展能力。从2003年起，广东财政设立中小企业发展专项资金。2014年安排资金2.5亿元，支持中小企业技术改造和技术创新，推进中小企业服务体系和担保体系建设，引导和鼓励中小企业加大技术改造和研究开发投入，提高产品质量和市场竞争力。广东财政设立前沿与关键技术创新专项资金，2014－2018年，每年安排7亿元围绕全省重点领域、重点产业的重大科技需求支持研发创新项目，促进创新链与产业链相结合。安排企业技术中心专项资金0.91亿元，支持承担省产业结构调整任务的省级企业技术中心进行产业技术研究。安排专项资金支持中小微企业进出口，促进外贸发展。2014年省财政安排出口企业开拓国际市场专项资金2.7亿元，支持该省企业参加境内外贸易活动、应用电子商务开拓国际市场；安排促进进口专项资金8.5亿元，支持包括中小微企业在内企业的促进进口工作；拨付“走出去”专项资金4 800万元，支持企业对外投资合作、跨国经营和并购等。

整合资源，缓解融资难题

整合各类资源，拓宽中小微企业融资渠道，努力破解中小微企业融资难、融资贵、融资慢等问题。一是设立省产业技术创新与科技金融结合专项资金，2014－2018年，每年安排5亿元，以科技金融方式支持中小微企业科技创新、创业发展、融资贷款等。二是设立小额贷款公司风险补偿专项资金，2012－2014年，每年安排5 000万元对小额贷款公司涉农贷款给予适当的补助，并对小额贷款公司上年度的涉农贷款等贷款损失给予适当风险补偿。三是推进信用担保体系建设。省财政累计注入资本金18.1亿元，支持广东省融资再担保有限公司建立省级担保平台与市、县政策性担保平台及各商业性担保机构的联动平台，鼓励为中小微企业融资提供信用担保。

减轻负担，优化发展环境

认真落实中央和省各项税费优惠，着力减轻中小微企业负担。一是落实各项税收优惠政策。包括自2013年8月起小微企业月销售额和营业额2万元以下暂免征增值税和营业税；自2012年1月1日起至2015年12月31日止，年应纳税所得额低于6万元（含6万元）的小型微型企业，其所得减按50%计入应纳税所得额，按20%的税率缴纳企业所得税；被认定为高新技术企业的中小企业，减按15%的税率征收企业所得税；对中小企业的技术转让所得，在一个纳税年度内不超过500万元的部分，免征企业所得税，超过500万元部分，减半征收企业所得税；2011年11月1日起至2014年10月31日止，对金融机构与小型、微型企业签订的借款合同免征印花税等。二是减免缓征涉企行政事业性收费。在2013年取消、免征、缓征、降低行政事业性收费标准143项、减轻负担72亿元的基础上，于2014年5月1日起，对全省范围内所有企业免征32项中央设立和7项省设立涉企行政事业性收费的省级收入，并鼓励有意愿、有条件的地方对堤围防护费市县级收入与省级收入同步免征。

（2014年12月11日《中国财经报》，代兰兰）

广东：强预算　重问效

历经三次专家和人大代表的面对面质询、论证，细化到去哪个学校进修，差旅费多少，预算总额、培训要达到的预期效果……这就是2015年广州市教师继续教育项目预算编制背后的“曲折”历程。广州市财政局部门预算编审处处长张文虹告诉记者，近乎苛刻的程序就是为了进一步提高预算编制精确性、完整性和易读性，方便人大代表和公众深入了解和审核预算编制情况。

2009年，广州市首开部门预算公开的先河。2013年，广州市在全市12个区（市）、164个街（镇）全部公开了“三公”经费决算信息，成为全国首个实现市、区县、街镇三级政府“三公”经费全面公开的城市。2014年，广州市实现全口径预算报告制度，并对各级、各单位的决算信息全公开——在清华大学公共经济、金融与治理研究中心课题组发布的全国289个城市财政透明度排名中，广州市名列第一。

放眼广东全省，不仅有广州的透明财政改革，还有深圳的预算执行管理和监督改革，有中山的预算项目库改革……一大批改革试点汇聚成一个立体的预算管理改革“广东版”。

系列“细化”做实预算

提前按新预算法的要求，细化全口径预算编制，是广东省2015年政府预算编制的一大亮点。

据介绍，2015年广东省本级的总预算和部门预算全部细化到了支出功能分类的项级科目，省级一般公共预算的本级支出细化到经济分类，其中基本支出细化到款级，基建支出按项目编列，专项转移支付细化到分地区分项目编制。并在部门预算草案中增加按功能分类、经济分类汇总的支出统计表，以清晰反映政府部门预算支出结构。省级国有资本经营预算在按支出功能分类编制项级的基础上，再按支出性质分类细化至支出项目。社会保险基金预算按支出性质进行分类，并细化各项社保基金支出项目。

“通过细化到支出功能科目最末一级的项级，使政府支出更加明晰，政府办了什么事、花了多少钱一目了然。”广东省财政厅厅长曾志权说。

广东省财政还进一步细化区分了省本级支出与转移支付补助支出，并细化了专项资金和一般性转移支付资金等主要支出说明。这一系列的“细化”为建立完整的预算体系夯实了根基。

压减专项转移支付，扩大一般性转移支付比重和规模也是广东省2015年预算编制改革的一大着力点。该省将部分现行属于地方事权且适合地方管理的专项转移支付项目转为一般性转移支付，将资金审批分配工作下放地方。“在2015年的财政预算中，一般性转移支付占省级转移支付的比重高达60%。”

与此同时，广东省建立起预算编制与预算执行相衔接的机制，根据往年预算执行和资金结余结转率等情况，更科学、准确编制财政支出预算。在2015年的预算编制中，该省改变了过去“基数加增长”的编制方式，启动了零基预算和预算项目库改革试点，力求编准编细预算项目，提高年初预算到位率。

400亿元专项“全生命周期”透明化

在做实做细预算“账本”的同时，广东的专项资金管理也进入了提速增效阶段。

为规范省级财政专项资金管理，提高专项资金管理的公开性、透明度和信息化、网络化水平，广东省依托省政府网上办事大厅，建立了省级财政专项资金管理平台，在省级财政专项资金申报、审批、分配、公开、监督等各环节实行全过程网络化管理，对纳入平台管理专项资金的管理办法、申报指南、申报情况、分配方式和分配程序、分配结果、绩效评价、监督检查和审计结果以及接受和处理投诉情况等进行全方位公开，实现专项资金“全生命周期”的网络化管理和透明化运行。

平台于2014年4月9日正式上网运行，分两批将280多项、400多亿元的省级财政专项资金纳入平台统一管理，涉及经济发展、教育、文化、社保、医疗卫生、节能环保、农林水事务、住房保障等各个行业、领域，关系到社会各界、企业、单位及人民群众的切身利益。平台运行8个月来，社会受众面广、点击率高、宣传推广效果好，切实提高了省级财政专项资金管理的公开性、透明度，有效规范和强化专项资金监督，确保了专项资金分配的公开、公平、公正。

预算执行管理动“大手术”

新修订的预算法颁布后，广东省财政厅在做好2015年预算编制的同时，专门研究了做好2015年预算执行的准备工作，要求加快本级预算批复、审核和拨付进度，一般性转移支付资金提前下达的比例不低于当年预算的90%。

为避免各部门年底突击花钱，广东省建立了预算支出进度月度通报制度。通报重点科目、大额项目进展情况及各市、各省直管县预算支出进度，并实行支出进度与预算安排挂钩机制，对资金支出进度慢、支出执行不力的部门及地区，减少预算安排额度。2015年将进一步强化预算支出计划管理，将资金拨付计划落实到相应责任部门、责任人，预算调整须按法律规定进行，强化预算执行管理，加快预算支出进度。

此外，广东省还按照新修订的预算法和财政部的有关规定，建立了财政结余结转资金实时监控和定期清理制度，科学控制结余结转规模，加大结余结转资金统筹力度。上一年预算的结转资金，在下一年用于结转项目的支出，连续两年未用完的作为结余资金管理，按规定及时收回预算统筹。进一步促使有关部门落实支出责任，加强预算申报管理，加快预算支出进度，促进盘活存量资金，缩小结余结转资金规模。

全过程预算绩效管理

近年来，广东省从项目支出事后绩效评价的常态化稳步走向绩效管理全过程、多方位覆盖，绩效已成为预算管理的核心和主线。

为推进绩效目标管理，增强部门预算支出管理的绩效导向，该省规定，凡达到500万元的支出项目必须申报绩效目标，并经财政部门审核、批复，以此作为预算安排重要条件和绩效评价的依据。

对专项资金，广东确立了全过程绩效管理模式。在专项资金设立环节，必须设置专项资金总体绩效目标；在分配环节，同时申报项目绩效目标，并将绩效目标评审结果作为项目安排的主要依据以及今后实施绩效评价的标杆。

与此同时，广东构建起主管部门和资金使用单位绩效自评、财政部门实施重点评价以及引入第三方中介机构评价相结合的多元化评价体系，提高了绩效评价的科学性和公信力，强化了绩效责任制约。

建立结果应用管理机制是增强预算管理的绩效导向的关键。广东省将项目支出绩效评价结果与下一年项目预算安排挂钩，形成结果导向的绩效约束；将绩效管理结果通报给人大、监察、审计和人事等部门，加大外部监督力度；将重大项目的评价报告呈报本级政府，为其实施经济社会发展重大决策提供绩效参考。

广州市财政局绩效评价处副处长庄海涛告诉记者，前文中提到的教师继续教育项目，按照法律规定，广州市教育局在申报2015年预算时可以申请9 000万元培训资金。由于绩效管理的推行，广州市教育局最初申报资金时主动压减500万元，只申报了8 500万元。经过三次专家论证后，绩效目标定位更加清晰，最终审核批复6 000多万元。

“精细化管理让大家牢记，预算资金不是财政的钱，而是纳税人的钱。作为财政资金的守护人，我们要珍惜每一分钱，对公众负责。”曾志权说。

（2014年12月25日《中国财经报》，
记者：韩福恒）

有什么样的财政就有什么样的国家

一本A4纸大小的彩色漫画读本，让全国人大代表、浙江省湖州市长兴县煤山镇新川村书记张天任觉得，今年的预算报告理解起来容易多了。数千组枯燥的数字在200页的漫画解读材料中变得生动起来。

张天任还发现，今年的预算报告与去年的完全不一样。去年报告主体是一张接一张的表格，看起来就是个账本。而今年的报告用了相当大的篇幅，专门介绍2014年财税改革的路径，从预算改革到税收改革，还有中央与地方的财政关系改革，以往账本的内容都在图册里了。

在全国人大代表、广东省财政厅厅长曾志权看来，预算报告着力谈改革，大背景是政府工作报告所提到的，今年要把财政作为改革的重头戏。干了30年财政工作的曾志权说，预算报告这样的变化，他也是头一回看见。

曾志权的判断得到了财政部办公厅主任、新闻发言人戴柏华的认可。他说，报告结构的改变，就是突显了2014年是深化财税体制改革关键年的特色，同时也希望告诉代表们，预算报告不再是简单地向代表报账，还要请代表一起商议财政改革的路线图。

2013年，我国的财政收入已经达到12.9万亿元，全国政协委员、财政部财科所所长贾康说，如何管理好日益丰盈的“钱袋子”，需要更加符合国家治理逻辑的现代财政制度。

在他看来，不论是预算报告的“变脸”，还是2014年被列为财税改革年，变化的背后是，十八届三中全会决定提出了“财政是国家治理的基础和重要支柱”的概念。

这个概念的“横空出世”，甚至让学者都有些措手不及。当时有学者说，这个提法跑到了大多数学者研究的前面。可是，在一些财政成熟的国家，现代财政不只是简单的技术或工具的问题，而是塑造现代国家的利器，甚至已经被提到“有什么样的财政就有什么样的国家”的高度。

国内很多学者都记得，十八届三中全会后的一两个月里，各类论坛密集举办，主题都是研讨财政被定义为“国家治理的基础和重要支柱”究竟有什么内涵。

中国社科院财经战略研究院院长高培勇认为，财政能成为国家治理的基础，是因为财政的改革可以看作是撬动政府职能转变的突破口。

高培勇说，与政府职能部门活动相关的有两条线索：一条是“事”，就是政府职能所管的领域；另一条是“钱”，就是为政府部门履行职能所配置的资金。

两条线索相比，显然从“事”入手直接调整政府的职能难度大，但如果从“钱”入手就会容易一些：符合市场经济发展方向的政府职能部门，可以多拨款支持；不符合市场经济发展需要的职能部门，就少拨款，甚至不拨款。

今年预算中一个与之相关的变化是，中央政府提出今年要减少1/3专项转移支付项目，而且专项转移支付在整个转移支付盘子中所占的比例，也要从2013年的43%左右降到37%左右。

与“跑部钱进”密切相关的专项转移支付制度近年来饱受诟病。

其中一个弊端是，相同的职能分散在若干个不同的部门，每个部门都希望有分配资金的权力，结果专项成了“撒胡椒面”。

在全国政协委员、审计署副审计长董大胜看来，专项转移支付项目的合并减少，可以倒逼政府职能的整合。

这样改革的逻辑在中央政府那里早就有表述。在2013年5月召开的国务院机构职能转变动员电视电话会议上，李克强总理就曾指出，事权调整必然涉及财权，必须加快推进财政转移支付制度改革。

在中央财经大学教授王雍君看来，将财税改革与国家治理紧密相连，超越了以往对财税改革的常规认识，与中央政府提出的“将权力关进制度的笼子”的逻辑一脉相承。最明显的对应就是政府削减三公经费，以及推进预算公开透明。

张天任注意到，今年的预算报告提到，今后除涉密部门外，中央和地方政府所有使用财政拨款的部门均应公开本部门预决算。此外，还要加大三公经费的公开力度，细化公开内容，所有财政拨款安排的三公经费都要公开。

王雍君说，传统财税改革强调财税制度的合规性管理和绩效管理，而治理视角的财税改革强调财政受托责任、透明度、预见性和参与度，这些都是“善治”的基本元素。

在我国现行的分税制体制下，财税还承载着中央与地方政府间财权与事权划分的关系。近年来，关于中央与地方政府间的财税关系一直是学界研究的重点，核心的内容是，哪些支出该由中央政府埋单，哪一部分该由地方负担。

对此，今年的预算报告中也针对性地提出，要合理划分各级政府间事权和支出责任，适度加强中央事权和支出责任。

张天任此次的建议与养老有关，他希望政府能加大对养老行业的扶持，通过加大财政资金的投入，起到四两拨千斤的作用，吸引市场上更多的资金进入养老行业。事实上，养老、医疗卫生、住房等诸多民生领域的改革，都需要财政资金发挥引导作用——今年的预算报告则明确要发挥财政资金的协同引导作用。

（2014年3月8日《中国青年报》，记者：刘世昕、林衍）

让社会组织生得下来活得下去

——访全国人大代表、广东省财政厅厅长曾志权

全国人大代表、广东省财政厅厅长曾志权日前接受《中国政府采购报》记者采访时表示，根据政府职能转变的推进要求和政府购买服务工作发展形势的需要，广东省将推出新一批《省级政府向社会组织购买服务目录》，转出更多的政府职能，“让社会组织生得下来活得下去”。

今年政府工作报告提到，各级政府要创新政府管理理念和方式，推进政府向社会购买服务改革。作为率先在全省探索试行政府购买服务改革的省份，广东省将继续深化这项改革，要让社会组织生得下来活得下去。

改革的绳子将越绑越紧

曾志权说，今年广东省将重点从四个方面推进政府购买服务改革。一是完善制度体系。根据政府购买服务工作发展形势需要，修订完善《政府向社会组织购买服务暂行办法》，编制新一批《省级政府向社会组织购买服务目录》。同时，抓紧完善政府购买服务配套管理办法，包括修订完善省级培育发展社会组织专项资金管理暂行办法、枢纽型社会组织扶持办法等。二是健全机制程序。包括完善政府购买服务资金分配竞争性评审程序、指标体系和标准，提高资金分配的科学性、合理性和效率性；进一步规范政府购买服务计划管理，实现政府购买服务与政府采购、部门预算管理的无缝对接；扩大承接政府购买服务主体范围，特别是与事业单位分类改革相衔接，通过政府向公益类事业单位购买服务，推进有条件的事业单位转为企业或社会组织；创新对枢纽型社会组织的扶持方式，增强社会组织承接政府购买服务的能力。三是强化监督管理。包括推进政府购买服务信息公开，建立健全购买服务信息平台；加强资金管理，开展政府购买服务资金绩效评价，强化部门支出责任；加强监督管理，会同监察、审计等部门建立监督检查机制，规范政府购买服务行为。四是加强政策指导。加强对地市财政部门的指导，推动地市财政部门准确把握政府购买服务的政策措施和操作规范，并及时制订完善本地区购买服务的实施办法，形成与中央、省级衔接配套、操作性强的政府购买服务制度体系。同时，做好正面引导，让社会了解、参与政府购买服务改革，营造良好舆论氛围。

曾志权说，一项改革从来都不是一蹴而就的，需要一个过程来逐步形成共识，通过一些时间来实现规范，就像绳子一样越绑越紧。

政府职能“转得出”，社会组织“接得好”

曾志权说，政府购买公共服务，除了政府相关职能“转得出”，还需要社会组织能够“接得好”，这是政府购买服务改革顺利推进的关键点。尤其要培育发展社会组织，要让社会组织生得下来活得下去。

因此在多年的实践与探索中，广东省始终注意从制度、机制、执行等多方设计上予以确保：一是注重加强制度建

设。制定印发《关于政府向社会组织购买服务供应方竞争性评审的管理办法》等一系列制度办法，保障政府向社会组织购买服务工作规范、有序开展。二是注重依法依规、公平公正。按照《政府采购法》等法律法规和相关政策规定组织实施，确保政府购买社会组织服务依法依规、公平公正进行。三是注重培育发展社会组织。采取了设立省级培育发展社会组织专项资金、落实对社会组织税收优惠政策、推进政府后勤服务社会化、建立社会组织孵化基地等措施，发挥社会机构的专业特长，确保改革顺利推进。

改革成效已经显现

从2008年出台《关于开展政府购买社会组织服务试点工作的意见》，到2012年印发《政府向社会组织购买服务暂行办法》，编制《省级政府向社会组织购买服务目录（第一批）》，如今，广东省级以及广州、东莞等发达地区已经在社会福利、社区建设以及婚姻家庭服务等领域广泛开展政府购买社会服务，政府购买服务规模不断扩大。对此，曾志权认为，广东省的改革，对于促进政府职能转变、提高公共服务水平等，成效已经显现。

一是增强了政府提供公共服务的能力。目前，大部分省直部门已按规定公布了本部门年度向社会组织购买服务目录，并按规定向社会组织购买服务，规模不断扩大，特别是在社区建设、公益服务、教育服务等领域，向社会组织购买服务已成为政府提供公共服务的重要方式。二是促进了社会组织发展。政府购买服务改革为社会组织发展拓宽了空间，社会组织在承接政府职能转移和提供政府购买的服务过程中，自身得到了发展。三是探索了社会管理新模式。政府通过购买服务，将一些社会管理事务交由社会组织完成，很好地解决了一些社会问题，为创新社会管理提供了宝贵经验。四是提高了政府公共服务效率和财政资金使用效益。通过招投标择优选择社会组织提供公共服务，有效发挥市场作用，提高了服务效率和财政资金使用效益。

（2014年3月10日《中国政府采购报》，记者：周黎洁、李桦）

政府购买服务要无缝对接政府采购和预算

——访全国人大代表、广东省财政厅厅长曾志权

政府购买服务是政府采购业界乃至全社会的热点话题之一。广东省充分发扬先行先试的改革精神，在推进政府购买服务方面走在前列。

两会期间，全国人大代表、广东省财政厅厅长曾志权向《政府采购信息报》记者分享了该省在推进政府购买服务方面的创新举措以及一些好经验、好做法。

三个注重推进政府购买服务

《政府采购信息报》：广东推进政府购买服务起步早、发展快。请问您如何看待政府购买服务？广东省是怎样高效推进政府购买服务的？

曾志权：开展政府购买服务改革，是培育发展社会组织、加强创新社会管理的重要举措，对促进政府职能转变，建设服务型政府，创新公共服务供给方式，提高公共服务水平和效率具有重要意义。推广政府购买服务是一项新的综合性改革，政策性强，涉及面广，任务艰巨，需要周密部署，统筹兼顾，协同推进。

广东省早在2008年就出台了《关于开展政府购买社会组织服务试点工作的意见》，在全省试行政府向社会组织购买服务。2012年，在总结试点经验的基础上，我们又印发了《政府向社会组织购买服务暂行办法》，明确了购买服务主体、范围、程序与方式、供应方条件等内容。另外，《省级政府向社会组织购买服务目录（第一批）》的编制让这项工作更具操作性。

经过几年的实践与探索，我省在政府购买公共服务方面积累了一些经验，这得益于注重加强制度建设，注重依法依规、公平公正以及注重培育发展社会组织“三个注重”。

四举措深化改革

《政府采购信息报》：去年全国两会您曾说过，广东省要积极探索实施政府购买社会服务的方法。请问目前工作成效如何？下一步有何打算？

曾志权：目前，我省大部分省直部门已按规定公布了本部门年度向社会组织购买服务目录，并积极推进购买服务工作，规模不断扩大，特别是在社区建设、公益服务、教育服务等领域，向社会组织购买服务已成为政府提供公共服务的重要方式。在此过程中，我省不仅拓宽了社会组织的发展空间，探索了社会管理新模式，而且通过招投标择优选择社会组织提供公共服务，有效发挥了市场作用，提高了政府公共服务效率和财政资金使用效益。

下一步我省将重点从四个方面深入推进政府购买服务工作。一是健全制度体系，修订完善《政府向社会组织购买服务暂行办法》，编制新一批《省级政府向社会组织购买服务目录》，抓紧修订完善其他配套管理办法。二是健全机

制程序，进一步规范政府购买服务计划管理，实现政府购买服务与政府采购、部门预算管理的无缝对接，扩大承接政府购买服务主体范围，增强社会组织承接政府购买服务的能力。三是强化监督管理，推进信息公开，建立健全政府购买服务信息平台，加强资金管理，开展政府购买服务资金绩效评价，强化部门支出责任。四是加强对地市的政策指导，形成与中央、省级衔接配套、操作性强的政府购买服务制度体系，并做好正面引导，让社会了解、参与政府购买服务改革，营造良好的舆论氛围。

延伸阅读：

广东2013年采购规模1 704亿元

（记者：王少玲）3月5日，在广东代表团驻地，全国人大代表、广东省财政厅厅长曾志权向《政府采购信息报》记者介绍了该省2013年政府采购工作成效以及今年的工作重点。

曾志权说，近年来该省政府采购工作在扩面增量、建章立制、试点创新等方面取得明显成效，2013年全省政府采购规模达1 704亿元，相比2012年增长38.24%，节约财政资金118亿元。

曾志权表示，今年该省将按照加快政府职能转变的要求，由重审批向强化监管转变，创新监管方式，完善市场规则，规范采购行为，提高采购质量效益，拓展政府采购政策功能，努力实现政府采购的规范化、专业化管理。

具体来说，就是要以重点工作为突破口，积极推进公共资源交易体制改革，推进批量集中采购试点，继续推进政府采购信用担保试点；以现代财政理念为指引，强化政府采购预算执行管理；以建章立制为抓手，建立健全政府采购制度体系，努力做到“用制度管采”和“用制度管人”；以高新技术为保障，加快推进政府采购信息化建设。

（2014年3月10日《政府采购信息报》）

政府采购“双保险”护航国家信息安全

对于日益严峻的国家信息安全问题，政府采购绝对不能袖手旁观，一方面要尽快建立政府采购领域信息安全审查制度，对国外企业设置防火墙；另一方面可以考虑采用战略供应商的方式，将拥有自主核心技术的国内企业“送一程”。这是在日前由本报举办的“国家信息安全与政府采购座谈会”上，与会代表达成的共识。

当前，非传统领域安全问题受到前所未有的重视，网络和信息安全已成为国家安全战略的重要组成部分。实践中，充分发挥政府采购政策功能，支持和促进企业技术创新，提升国家信息安全保障能力，推动国家安全战略落地，已成为当务之急。为了更好地探讨政府采购贯彻国家信息安全战略的路径，分析自主可控国产软硬件和服务的发展和应用路径，本报召集部分省市的政府采购监管部门、执行机构、专家学者及相关行业的供应商代表等近30人召开了此次座谈会。

“政府采购在落实国家的信息安全战略、支持国产品牌、引导民族产业发展等方面有着现实和深远的影响。”与会代表一致认为，从信息化角度看，我国网络安全有两个最核心的基础问题，即IT核心技术的自主可控问题与关键基础设施有效防御的问题。为保障政府采购的信息安全，需要强调购买自主可控的国产产品。2009－2013年，中央国家机关信息类产品协议供货采购的相关数据显示，近年来，国产产品在政府采购领域中的比例快速增加，但也存在着缺乏法律法规支撑、国产产品无法界定和保障、部分国产品牌竞争力不足等问题，亟须加强对国产基础软件的研发支持和应用推广。

珠海赛纳打印科技股份有限公司董事长兼首席执行官汪东颖的发言，更是用打印机行业的实例说明了建立相关政策法规的迫切性。据汪东颖介绍，无论是1991年的海湾战争中，美国通过打印机入侵伊拉克防空计算机系统，导致伊拉克未战先败；还是2005年，媒体曝出打印机厂商在用户打印输出的文件中设置只有自己能读懂的识别信息暗记，都为我们敲响了信息安全的警钟。但是，目前在泄密风险极高的打印机领域，政府、金融、企事业单位大量采购国外产品，这本身就存在重大信息安全隐患，希望引起有关部门的关注。

国家信息中心助理研究员、博士后吕汉阳介绍说，2006年4月，“联想安全门”之后，联想不但在美国市场受到限制，还彻底无缘于日本防卫厅电脑采购招标。WTO框架下歧视政策的例外是国家安全、GPA等。因此，在政府采购领域建立信息安全审查合规，不但符合相关法律规定，也符合国际惯例。“美国的安全审查制度不但有严密的法律体系，而且还有外商投资审查委员会、美中经济安全审查委员会这类的专业操作机构为美国信息安全进行把关。”吕汉阳强调。

中国中关村电子信息产品指数主任郭旭提出，政府采购要想完成从关注产品价格的“小采购”向物有所值的“大采购”的转变，必须建立政府采购与战略供应商的双赢计划。即，通过对供应商分类管理的方式，把供应商分为战略供应商、优选供应商、合格供应商和淘汰供应商。对于不同类型的供应商，要采取不同的采购策略。从政府采购范畴看，战略供应商分为三类：一是技术复杂、生产周期长的产品，从“单一来源”采购方式采购来的产品生产供应商；二是可能有替代供应商，但替换成本高、风险大的供应商，比如计算操作系统等；三是国家希望通过政府采购工具发展的战略性供应商，比如奔图打印就属于这类供应商。郭旭认为，政府采购战略供应商的维护和发展，关系到采购的成败。政府采购对战略供应商应该着眼长远，培养长期关系，合则双赢，分则双输。

广东省财政厅政府采购监管处副处长刘瑞麟介绍，目前，广东省科技厅、省经信委、省财政厅等单位正在研究支持以珠海赛纳公司为代表的国产信息安全生产企业的有关措施。省财政厅也在研究系列举措，拟将信息安全产品纳入政府采购的试点范围，通过这些措施促进各级政府的国家信息安全建设。

（2014 年 10 月 9 日《中国政府采购报》，
记者：范春荣）

● 省级

粤去年新增财力81亿元　逾八成用于民生事业

昨日，记者从省政府提交省十二届人大常委会第六次会议的《关于2013年省级财政预计超收收入安排使用情况的报告》（以下简称“报告”）获悉，2013年省级公共财政预算预计完成1 559.5亿元，比上年增长13%，与人大批准的年初预算1 451亿元相比，超收108.5亿元（其中税收收入81亿元、非税收入27.5亿元），剔除需列收列支项目27.5亿元后，新增可安排财力为81亿元。据统计，2013年省级超收收入中约86%用于改善社会民生事业。

其中，为贯彻落实省委、省政府关于加快重要基础设施建设的决策部署，2013年省级超收收入中的43.91亿元用于支持我省交通基础设施建设。

补助粤东西北新区建设4.5亿元

为贯彻落实《中共广东省委广东省人民政府关于进一步促进粤东西北地区振兴发展的决定》，省政府从2013年省级超收收入中安排26.5亿元用于支持粤东西北地区振兴发展。其中，安排粤东西北地区新区基础设施建设专项补助资金4.5亿元，对省政府批准设立的新区，从设立第二年起，省5年内将其产生的省级税收收入增量部分，专项用于新区基础设施建设。

省政府将安排粤东西北地级市城区扩容提质基本建设贷款贴息6亿元，对粤东西北地区中心城区道路交通、生态环保等公益性基础设施项目给予一次性贷款贴息；安排粤东西北地区信息化建设专项资金1亿元。

我省将探索建立财政手段与金融手段相配合的投入机制，省财政分期出资40亿元，推动建立粤东西北地区振兴发展股权式基金，重点支持产业园区、中心城区及新区的基础设施建设。根据安排，2013年省级超收收入中有5亿元用于促进粤东西北地区振兴发展基金。

此外，省财政也安排粤东西北地区撤县改区的区5年内保留原省对县财政体制3亿元，对新批准“县改区”的县，从成立第二年起，省5年内保留对县的转移支付待遇不变。

今年城乡医疗救助水平提至934元/年

省政府还从2013年省级超收收入中安排6.68亿元支持社会民生事业发展，其中将安排城乡居民基本医疗保险补助3亿元，安排医疗救助金1亿元。

根据省政府批准的《关于审定提高我省底线民生保障水平实施方案》的请示，支持将全省城乡医疗救助水平从2013年的330元/年逐步提高到2014－2017年的934元/年、1 556元/年、2 178元/年和2 828元/年。

此外，按照国务院要求，我省将新型农村合作医疗和城镇居民医保财政补助标准从280元/年·人提高到320元/年·人，其中省财政对欠发达地区补助标准从182元/年·人提高到208元/年·人。

（2014年1月10日《南方日报》，
记者：辛均庆，通讯员：任宣）

“全口径”预算草案首次亮相省人大会议

广东人大对政府“钱袋子”的监督又迈出坚实的一步，今天（16日）提交省十二届人大二次会议审查的预算草案呈现出多个亮点。其中最受人大代表关注的是：社会保险基金预算的首次亮相和底线民生保障项目省级资金安排单列成表。

此前已收到预算草案的省人大代表还发现，227页的《广东省2013年预算执行情况和2014年预算草案附件》的2014年预算草案部分增加了15张“表”，分别为省级公共财政预算专项资金预算表、底线民生保障项目省级资金安排情况表、省级政府性基金重点投入情况表以及12张社会保险基金预算草案表。

亮点1：首年实现全口径预算审查和监督

党的十八大明确提出要加强对政府全口径预算决算的审查和监督，这对人大的预算决算的审查监督工作提出了更高的要求。近年来，广东省人大就政府财政预算审查开展了一系列的制度创新，改革步伐一直走在前列。

继国有资本经营预算去年1月首次提交省十二届人大一次会议审查后，社会保险基金预算作为政府预算草案的新增项目，提交省十二届人大二次会议审查。至此，广东省2014年预算草案包括了完整的四部分：公共财政预算、政府性基金预算、国有资本经营预算、社会保险基金预算，实现了人大对政府“钱袋子”的全口径审查和监督。

省人大财经委员会副主任委员林秀玉指出，2009年的预算草案附有9张表，去年增加到了34张表，今年又增加了15张表，此外“2013年公共财政政策读本”的编制也更为细致，这体现了广东人大预算监督又向前迈出一大步。但她也指出，公共财政预算、政府性基金预算、国有资本经营预算、社会保险基金预算提交省人大会议审查后，还要推动预算的进一步细化，真正实现“全口径”，才能不断增强预算审查和监督的效力。

亮点2：底线民生保障资金安排单列成表

看懂预算是人大代表看好政府“钱袋子”首先要解决的问题。那么，人大对政府预算的有效审查和监督要达到什么标准？要审查到哪一级？细化到何种程度？

在《广东省2013年预算执行情况和2014年预算草案附件》中，很多省人大代表注意到“公共财政预算”部分增加了“底线民生保障项目省级资金安排情况表”，将城乡低保、农村五保、医疗救助、基础养老金、残疾人保障和孤儿保障等6类12项的底线民生保障资金安排逐一细化列入。

根据省政府的实施方案，2014－2017年，我省在底线民生保障上投入820亿元，惠及5 400万人。省财政厅在编制2014年预算草案时，对实施方案进行了具体的细化。据安排，2014年全省各级财政拟投入150多亿元，比上年增长将近50%，其中省级公共财政的投入增长超过60%。预计6类12项的底线民生保障项目中，除城乡医疗救助标准将于2015年达到全国平均水平外，各项底线民生保障均达到并超过全国水平。

林秀玉表示，提高底线民生保障的水平，是今年省人大常委会一项重点监督内容。将这150多亿元底线民生保障预算资金的单列，真正从复杂的政府公共财政预算草案中剥离出来，让底线民生保障的资金安排更加一目了然，便于人大代表和社会的监督。

亮点3：今年分两批专项提前介入预算编制

把有限的财政资金用在刀刃上，在于找准切入点。去年，省人大常委会选取底线民生保障作为切入点，专项提前介入预算编制，取得了社会的广泛认同和良好的监督效果。

按照省级预算审查工作流程，省人大财经委于每年11月下旬或12月上旬组织部分省人大代表视察省财政工作，对下一年度的预算安排提出意见和建议。但往年12月才进行的视察已经太晚，此时预算草案已基本成型。省财政厅根据代表和省人大财经委反映的意见，也只能做出局部调整，没有办法通盘考虑代表意见，无法充分体现群众的心声和诉求。

去年省人大常委会组织的代表视察提前到9月，正值财政部门编制下一年的财政预算之时。“专项提前介入财政预算编制，是让财政部门在通盘考虑预算的时候，能够充分考虑代表的意见和建议。”林秀玉说。

省人大财经委表示，提前介入预算编制监督，是人大对财政“事前监督”重要方式。今年将在2013年探索创新的基础上，建立专项提前介入预算编制监督的长效机制。据悉，省人大常委会今后每年都会选择一到两个最关乎百姓福祉的民生问题以及社会关注的热点问题提前介入财政预算编制。据初步考虑，今年9月和11月将分两批组织省人大代表到省财政厅视察，对有关问题进行交流互动。

（2014年1月15日《南方日报》，
记者：辛均庆，通讯员：任宣）

2014年全省公共财政预算收入预期增长10%，人均收入较去年增1 011元

省级“三公”经费预算降13.31%

昨日，《广东省2013年预算执行情况和2014年预算草案的报告》（下称《预算报告》）提交省十二届人大二次会议审查。《预算报告》显示，2013年全省地方公共财政预算收入7 075.54亿元，完成年度预算的106.11%，同比增长13.60%，

收入总量连续23年位居全国各省（市、区）首位。

省财政部门建议财政收入按略高于GDP增速确定，参考“十二五”时期广东地方生产总值预期年均增长率8%以上的目标，2014年全省公共财政预算收入按增长10%安排，预计7 783亿元，人均收入7 347元，比上年增加1 011元。全省公共财政预算支出按增长9%安排9 010亿元，人均支出8 505元，比上年增加1 312元。

记者研读《预算报告》发现，经专项资金清理后，2014年公共财政预算专项资金的项目数量下降43%，金额减少了150.87亿元、下降25%，接近于被“拦腰折半”，并逐一列进《省级公共财政预算专项资金预算表》。预计到2017年广东的省级专项资金将逐年压减至200项左右。

亮点1：清理掉274项公共财政预算专项资金

省财政厅介绍，按照省委的决策部署，省财政厅去年将省级公共预算、政府性基金预算、国有资本预算安排的具有二次分配性质的专项性公用经费进行了全面清理，全面梳理省级预算支出，裁减、合并、收回、优化一批财政专项资金。同时，我省开展了整治“小金库”及违规使用专项资金行动，清理各级、各部门设立“小金库”现象，对各级、各部门违规设立、审批、使用、监管专项资金情况进行专项整治。

纳入清理范围的专项资金共达到670项、759.58亿元。清理后，公共财政预算专项资金的项目数量比清理前减少274项、下降43%，金额减少了150.87亿元、下降25%。

具体措施：

① 撤销或收回146项设立期限已满、原定目标不符合现实需要，或需要完成的特定任务已经完成的专项资金。

② 整合182项使用性质、管理特点相同或相近的专项资金。

③ 根据省委、省政府工作重点，适当调整13项支出结构有待优化的专项资金的用途。

④ 继续保留291项符合公共财政管理要求、设立审批依据合法合理、具有明确使用方向和绩效目标的专项资金。

亮点2：省级专项资金逐年压减至200项

《预算报告》提出，力争到2017年，将省级专项资金逐年压减至200项左右，占省级预算支出的比例15%左右，减少的专项资金全部统筹用于加大对市县的一般性转移支付。省财政厅介绍，经报请省政府批准，省财政计划将部分属于地方事权且信息复杂程度较高，适合地方管理的专项转移支付项目审批和资金分配工作下放地方。

具体措施：

① 今后在严格控制新增专项资金项目及规模的基础上，逐步将涉及群众切身利益和基层政府事权的转移支付项目尽量转入一般性转移支付范围，争取在2017年底前将省级一般性转移支付占省级财政转移支付支出的比重从目前的35.7%提高到60%或以上。《预算报告》指出，2014年均衡性转移支付补助216.8亿元，比2013年增加56亿元，增长34.2%。

② 落实《关于压减省级财政专项转移支付扩大一般性转移支付的意见》，省财政将每年新增财力和清理专项转移支付形成的可用财力重点用于加大均衡性转移支付力度；将需保留安排并适宜市县政府负责监管、与市县事权相匹配的专项转移支付逐步纳入一般性转移支付范围。

亮点3：社保基金预算首入政府预算体系

在去年底省人大常委会组织人大代表到省财政厅视察时，不少代表建议省财政部门在年初预算编制上增列近3年数据，便于年度间对比参考，并新增编制2014年省级公共财政专项资金预算表，反映经清理整合后继续安排的专项资金预算安排情况。此次政府预算编制积极采纳了人大代表提出的意见建议，在年初预算编制上增列近3年数据，便于年度间对比参考。并新增编制2014年省级公共财政专项资金预算表，反映经清理整合后继续安排的专项资金预算安排情况。

具体措施：

① 今年的预算编制范围与去年相比有所扩大。在2013年首次将国有资本经营预算提交省人代会审议的基础上，2014年全面实现全口径预算编制。将社保基金预算与公共财政预算、政府性基金预算、国有资本经营预算一并报送省人代会审议，建立全口径预算编报体系。

② 值得注意的是，备受社会关注的社保基金预算首入政府预算体系。2014年，省级社会保险基金预算的预算收支结余为98.98亿元，年滚存结余为617.47亿元。2012年，我省委托全国社会保障基金理事会投资运营1 000亿元的年化收益率为6.73%。

③ 除此之外，加大预算编制的公开力度还体现在推进专项资金信息公开，进一步加大专项资金预算编制、分配办法、申报情况、审计结果等方面的公开力度。进一步拓宽预决算信息公开的范围，进一步细化部门预算信息公开内容。

④ 预算将政府性基金预算中教育、科学技术、社会保障和就业、节能环保、农林水等重点支出科目细化到“项”及支出科目。比如，在环境保护领域，记者发现了多项备受公众关注的项目具体投入。如“实施环境空气质量新标准监测能力建设省级配套资金”省级公共财政投入为1 000万元，“污染减排专项资金”投入为58 830万元，“重金属污染防治专项资金”5 000万元。2014年，省级公共财政对于环保专项资金的总投入达到17.16亿元。

亮点4：省级“三公”经费预算较上年下降1.15亿元

随着新一届政府对于廉洁规范之风的大力建设，此次预算也体现出预算编制的刚性不断提高。在此次预算的编制中通过进一步细化预算编制，将具体支出项目提交人代会审议，增强年初预算编制的约束力，减少预算执行过程中调整、追加。严格执行到期不再安排制度，对到期但确需延续安排的专项资金，需先按程序完成绩效评价和审计检查。

具体措施：

① 此次预算严格控制一般性支出尤其是“三公”经费，确保公务购车和用车经费、会议经费、公务接待费用、党政机关出国（境）经费、办公经费实现“五个零增长”或略有下降。2014 年，省级财政拨款“三公”经费 7.49 亿元，比上年下降 1.15 亿元，下降 13.31%。

② 按规定停止楼堂馆所资金审批，全面清理党政机关和领导干部办公用房。对博览会、论坛等支出项目进行严格控制，确实要举办的，其费用按原预算压减 25%，节约 2014 年预算资金 0.27 亿元。

（2014 年 1 月 17 日《南方日报》，记者：辛均庆、邓圣耀，通讯员：任宣、岳才轩）

全省财税收入 13 年来增幅首次高于江苏

2013 年全省财税收入实现了平稳较快增长，全年增幅比全国地方平均水平（12.92%）高 0.68 个百分点，分别比江苏、上海、浙江、山东高 1.52 个、3.83 个、3.33 个和 1.27 个百分点，这也是我省自 2000 年以来增幅首次高于江苏，总量连续 3 年位居全国第一。这是昨日省财政厅长曾志权公布的消息。

据了解，去年全省各级次、各区域财政收入增长协调。全年省、市、县级公共财政预算收入分别增长 13.45%、12.93%、14.97%，各级次增长均衡；珠三角和东西北地区公共财政预算收入同比分别增长 13.03%、17.23%，区域财力比重差距进一步缩小。

支出结构优化，保障也更有力。11 类民生支出累计完成 5 552.22 亿元，占全部支出的 67.17%。重点支出保障到位。为进一步促进粤东西北地区振兴发展，积极筹措资金支持高速公路、铁路、城轨等重要交通基础设施建设，全年全省交通运输支出同比增长 34.06%，其中省本级该项支出同比增长了 77.24%。

根据财政厅昨日公布的数据，尽管 2013 年全省公共财政预算收入中税收占比达到 81.45%，比 2012 年微降 0.01 个百分点，但全省 21 个地级以上市有 11 个税收占比下降，最低的湛江市只有 56.15%。区域发展仍然不平衡，财力分布差距仍较大。2013 年，珠三角 9 市公共财政预算收入总额占全省市县级收入总额的 84.71%，是东西北 12 市的 5.54 倍，其中珠三角 9 市税收收入总额占全省市县级的 87.43%，是东西北 12 市的 6.96 倍。支出进度不均衡，近三成支出集中在最后两个月，年底集中支出的现象仍未改善，11 月、12 月支出占全年支出的比重分别为 11.50%、18.18%。

曾志权表示，总体来看，广东的财政收入质量是比较好的。非税收入占比，在全国来说是比较低的。以省为单位，质量结构比广东好的，只有江苏，但税收收入占比广东仅高出不到 1 个百分点。考虑到广东的财政收入总量比较大，能保证这样的财政结构，仍是比较好的成绩。

据了解，今年省财政厅将以全面深化改革为统领，重点推进四大方面、约 40 项改革。其中，在预算管理制度方面，将建立全口径预算编报体系，省属国有企业利润收缴比例将从 10% 提高到 15%，争取到 2020 年上缴公共财政比例提高到 30%，更多用于保障和改善民生；政府性基金预算中教育、科学技术、社会保障和就业、节能环保、农林水利等重点支出科目细化到“项”级支出科目，减少“其他”科目支出的编排；加大专项资金清理整合、优化规范力度，力争到 2017 年将省级专项资金逐年压减至 250 项左右，占省级预算支出的比例 20% 左右。

（2014 年 1 月 21 日《南方日报》）

省财政厅厅长曾志权在预算审查座谈会上表示，今年我省将对财政体制进行改革

明年财政预算案将“更完善更科学”

昨日，省十二届人大二次会议财经委员会召开预算审查座谈会，省财政厅厅长曾志权在听取了与会代表的意见和建议之后当即表态，对于符合法律法规的马上采纳；对于目前实施条件还不具备的，将在调查研究之后积极创造条件采纳；对于因体制或政策法规所限暂时无法采纳的，也会对大家一一作出回复。

曾志权表示，无论是专项资金问题、社保资金问题，还是政府事权与财权不匹配问题，最终还是落到了财政体制上。今年我省将对财政体制进行改革，更完善更科学的财政预算相信在明年的预算案上将得到明显体现。

财政倾斜：东西北与珠三角将“两手抓”

一向财政紧张的粤东西北代表对今年财政预算向粤东西北倾斜尤其肯定。

省人大代表、河源和平县县长何伟光第一个发言，他称今年的财政预算大大提升了欠发达地区人民实现振兴的信心，特别是在实现公共服务均等化方面，省财政对增强贫困山区的发展后劲做了很大努力。同时，何伟光也希望省财政加大对基础公共服务均等化的支持，进一步下沉财权，以及减少项目的地方配套资金。

茂名团、潮州团等多个粤东西北市代表同时提到，当前我省建设重大交通设施方面正迎来新一轮高峰，高速铁路和高速公路是欠发达地区实现突围的基础和关键，但地方要配套30%的建设资金，这对原本就紧巴巴的市级财政来说是极大的困难，建议省里能出更大的份额。

曾志权表示，当前我省举全省之力振兴粤东西北，今年在区域协调发展方面，将筹集1 367亿元（比上年增加218亿元），尽全力促进粤东西北地区振兴发展。但他也表示，根据推进事权与财权相匹配的要求，省级财政占据全省总财力的1/4，其中80%已经给到市县，但这依然是不够的，很多工作需要发挥多方面积极性才能完成。

呼唤财政倾斜的不仅是粤东西北，珠三角也有同样的需求。

中山团的徐小莉代表提出，尽管属于珠三角地区，中山内部区域发展不平衡的状况也十分严重。她说，有些镇之间的财力相差10倍之多，中山要把财力欠发达镇的民生运作倾斜，实现公共服务均等化后，能够拿出来用于发展的资金已经十分有限。但市级财政可支配收入仅占财政收入的1/3，市里能够办大事的能力越来越弱。她建议，省级财政在向粤东西北倾斜的同时，也要考虑到珠三角一些非中心城市的发展后劲问题，应该在财政制度上做一些考虑。

曾志权说，协调区域发展应该两手抓，欠发达地区加快发展，珠三角地区优化发展，这是省委十一届三次全会作出的战略部署，具体的财政措施将择日公布。

社保基金：目前运营收益率略高于存款利率

今年，社保金预算首度被纳入预算案，如何保值、增值成为代表们关注的问题。有代表提出，社保金的保值增值应该纳入财政监督。

曾志权回应说，社保基金滚存结余问题，主要是政策问题。在中央没有明确新的政策前，基金主要存在银行获得利息收益，以及探索与全国社保基金理事会进行保值增值运营。此项运营目前年收益率达6.73%，略高于存款利息率。对于代表关注的社保基金缺口问题，曾志权说，从目前来看，部分经济欠发达地区可能存在缺口，但整个广东的情况还较为乐观。

社保基金是老百姓的保命钱。对于社保基金上市的做法，有代表担心社保基金的安全。曾志权说，放到股市是一种带投机性的投资行为，风险较大，而社保基金首先要力求稳健、安全，对老百姓负责，在此基础上再寻求保值增值的途径。

还有代表提出，此前公布的社会抚养费出现财政部门数据与省卫生计生部门数据存在10多亿元的差距。曾志权回应说，这主要是统计口径的差异，财政部门的统计是按照收付实现制，以前年度收上来的钱，用在哪个科目，目前还是沿用这个科目；而卫生计生部门是指当年度的，财政部门是包括了以前年度应缴未缴的。

对于代表提出，财政报告应显示社会抚养费的使用明细，他解释说，社会抚养费主要用于生育和其他公益性支出。

民生实事：今年推进主体，相当部分在基层

多次参加预算座谈会的江门团俞雪花代表指出，去年“十件民生实事”的支出中，存在数项未完成的预算，这其中有的完成率还很低，“这也许是财政体系导致的”。

俞雪花说，很多预算支出的权力被放在厅局，这个厅

局又是方案制订者，又是执行者，也是监督者，“一方面钱在那里睡大觉，一方面基层又没有钱办事，实践证明，单个部门管不了那么多事。”2014 年“十件民生实事”省级财政投入将高达 684 亿元，比上年增长 15.57%，俞雪花对此建议，许多以往采用专项支出方式的，能否变成一般性预算支出，让更多资金下沉激活，让基层政府成为主体。

曾志权对此解释说，去年是若干小项当中的 5 项没有完成。曾志权强调，今年“十件民生实事”的资金已经有保证，而相当一部分推进主体也是在市县基层，财政部门会密切跟踪资金的落实情况。

梅州团的张裕代表则对扩大一般性转移支付政策表示赞赏。他称，此举能切实让县里有了解决实际问题的资金。

曾志权回应说，按照建立事权和支出责任相适应制度的要求，2014 年预算年度结束后，我省一般性转移支付占转移支付总数的比重会有所上升，初步预计为 50% 或以上，到 2017 年，一般性转移支付比重将达到 60% 以上。

“三公”经费：去年减少 1.15 亿元，较上年下降 13.31%

对于备受关注的“三公”经费问题，有代表认为，在八项规定下，“零增长”依然不合时宜。曾志权表示，对于预算编制来说，在物价上涨的背景下，“零增长”实际上就是负增长了，而我们在执行过程中，去年“三公”经费的确是负增长的，比上年下降 1.15 亿元，下降 13.31%，减少的支出主要用于民生。

今年的财政报告对国有资本经营预算编制细化到“项”级，并对省属国有企业的资产总额、负债总额、归属母公司的所有者权益总额、利润总额等情况作出说明。惠州团的代表说，由于省属国有企业上缴利润依然比较低，能否提高省属国有企业的利润上缴比例，预算案能否提供省属企业的合并报表，并加强对国有企业的绩效评价。

曾志权回应说，要解决这些问题，主要还是坚持把蛋糕做大，加大国有企业改革力度，提高活力，让其创造更多的效益。

（2014 年 1 月 19 日《南方日报》，记者：黄颖川、辛均庆，实习生：周鹏程）

省财政厅厅长曾志权、副厅长叶梅芬等专程到广州团一组解答疑问：

“人大代表审得越细　越有利于财政工作”

日前，省人大会议广州团一组代表对财政预算报告的审议建议引发热议。昨日下午，省财政厅厅长曾志权和副厅长叶梅芬等专程来到广州团向代表们解答。

曾志权澄清，叶梅芬前日在广州团听取报告审议时“提前离席”，是因为要到其他组听取审议，造成了一些误解。而对于此前有代表追问“去年财政超支的 700 亿元去了哪里”，曾志权回应，是由于执行中出现了地方债计划追加等因素，造成了预决算相差，“其实不存在超支的问题”。

副厅长提前离场因赶着去其他组

“这次来到广州一组有几层意思：一是更进一步听听代表们对财政预算草案有什么疑问和建议；二是向各位代表解释一下，昨日叶梅芬副厅长在报告审议中提前离场的原因。”曾志权一到会场便开门见山地向代表们解释道。

昨日有媒体报道，叶梅芬在听取人代会广州一组审议省财政预算时，受到多位代表的追问，两度欲离场“被拦”。“我了解过这件事，叶副厅长当时是因为要到广州其他组听取代表审议，解答代表们的问题，由此引起了一些误解。”曾志权澄清。

对于此前有代表提出，希望在财政报告中加入与兄弟省市的横向比较，曾志权坦言“确实难以办到”。他解释，按照国家的财政制度，同一级人大监督同一级财政，除非各省市公开了财政报告后才能看到数据。“各省有各省的情况，有些科目可能别的省市没有，希望代表们理解。”

曾志权坦言，对于预算，人大代表审得越精准越细，越有利于推动做好财政工作。“我非常愿意接受大家监督。”他透露，本次人代会已收到 511 个关于财政预算的建议，能采纳的都会采纳，各位代表的意见已逐一记录在案。

他还特别面向现场的媒体记者席，感谢记者们对广东财政工作一如既往的支持，“作为财政厅长，我会放开胸怀听取大家的意见”。

司法公共服务方面考虑资助弱势群体

曾志权介绍，在财政改革和预算公开方面，广东一直走在全国前列。而今年的财政预算报告中，还专门将专项资金的细目列出。“因为数据量很大，确实很难做到一张纸就能看懂，细化的难度很大，如果代表们看的过程中有什么疑问，随时可以向我们提出。”曾志权说。

“我有个问题想请教曾厅长。”来自法律界的省人大代表刑益强随即提问：“省政府工作报告中提出构建公共服务法律体系，对于这个关乎我省持续健康发展的重要问题，怎么通过财政预算来解决?”

曾志权回应，省财政厅从2009年起开始编制并实施《广东省基本公共服务均等化规范纲要（2009－2020年）》和《珠三角公共服务一体化规范纲要》，有关构建公共服务体系提出10个方面的保障。“有关司法公共服务，我厅与司法厅也在考虑一些措施：一是对弱势群体进行资助，二是对整个行业发展扶持，三是对行业发展提供资金支持和环境。”

热点回应：所谓“超支700亿元”实为“预决算相差”

记者：此前有代表追问“去年财政超支的700亿元去了哪里”，对此财政部门有何回应?

曾志权：其实不存在超支的问题。严格说，超支部分是预决算相差，这有多方面的原因。有的是执行过程中，在年中追加的。打个比方说，中央的一些支出，年初并不知道，有一部分是在执行过程中才告诉我们的。另外，去年我省地方债发了120多亿元，这也是省追加的计划。每年编制预算时，待全国人大批准财政部发债计划后，年中才通知，这些也都是经过人大批准的。还有一部分是预算收入增长过快，超收的。

行政支出减70亿元是统计口径问题

记者：财政预算报告中写道，去年行政支出减了70多亿元，这些钱流向了哪里?

曾志权：70多亿元是统计口径问题，这些是“八项规定”出台后，清理楼堂馆所减下来的，也有压缩行政开支省出的。预算像一个大水缸，这里水少了，那里就多了。要请大家注意，今年“底线民生”支出一下增加了60多亿元，这些是各方面省下来的钱。

虽然行政支出减了，但今年我省支持民生、经济转型升级、教育和科技等6个方面支出，都增长10%以上。广东虽然发展快，也是人口大省，发展非常不均衡，享受中央转移支付比兄弟省份少，今年人均可支出财力又比去年降一位，降至全国28位。尽管如此，对民生支出还要加大投入，要“保底线”，希望媒体多鼓与呼，让社会资本多支持底线民生。

预算细化方面内地与香港情况有别

记者：有代表反映预算不够细，能不能像香港那样，细化到每一项花了多少钱?

曾志权：内地跟香港的情况不一样。这包括财政供给面不一样；核算制度不一样；政府管的事务也不一样，我们管得比较多。

在预算细化方面，财政部也在酝酿建立跨年度预算平衡机制，预算项目库等制度，让预算监督更有力。

厅长支招：如何看预算报告?

先看总数再看结构

昨日从会场走出，20多位记者蜂拥而上将曾志权团团围住。有记者发问，代表反映预算报告不好懂，能否邀请专家或第三方机构解读，在大会上念，这在未来能实现吗?

曾志权说，尽可能让代表看明白预算报告，一直是财厅的目标和方向。“其实真正去学，也不难。”在记者要求下，曾志权现场“支招”：

先看总数，总的收入来源有多少，从哪里来，支出方向是什么。而对于每个支出方向，要看总数，用到哪里。再看结构，沿着每个部门往下看，花了多少钱，用到什么地方。这样横向和纵向看，形成网络状，就看懂了。如果对部门预算有疑问，还有五六百页的专门部门预算报告。“这样来看，就看懂了。”

（2014年1月20日《南方日报》，
记者：毕嘉琪、雷雨）

地方债纳入领导干部经济责任审计

昨日，广东省审计厅发布了《广东省地方政府性债务审计结果》。围绕此次公告有关内容，省审计厅新闻发言人、副厅长卢荣春接受南方日报记者专访，一一回应了热点、焦点问题。

债务规模：须偿还债务6 900多亿元

南方日报：请介绍一下此次广东省地方政府性债务审计的总体情况。

卢荣春：按照国务院要求，在审计署的统一组织下，审计署驻广州特派员办事处、审计署驻深圳特派员办事处以及广东省各级审计机关于2013年8～9月共组织2 063名审计人员，按照“见人、见账、见物，逐笔、逐项审核”的原则，对广东省省本级以及21个地级以上市、121个县（市、区）、1 140个镇的地方政府性债务情况进行了全面审计。此次共审计广东省2173个政府部门和机构、270个融资平台公司、3 196个经费补助事业单位、161个公用事业单位和996个其他单位，涉及28 076个项目、89 249笔债务。对每笔债务，审计人员都依法进行了核实和取证，审计结果分别征求了有关部门、单位和地方各级政府的意见。审计结果显示，截至2013年6月底，广东省各级政府负有偿还责任的债务6 931.64亿元，负有担保责任的债务1 020.85亿元，可能承担一定救助责任的债务2 212.88亿元。

举债目的：主要用于基础性公益性项目

南方日报：地方政府性债务在广东经济社会发展过程中主要发挥了哪些积极作用?

卢荣春：广东省经济社会处于快速发展阶段，近年来，先后建成了一大批基础设施、民生工程等项目。这些项目的投入仅靠财政资金难以满足需求，资金缺口较大，政府性债务发挥了重要的和必要的资金补充作用。

从此次审计情况看，在广东省已支出的政府负有偿还责任的债务6 322.15亿元中，用于市政建设、交通运输、土地收储、农林水利建设、教科文卫、生态建设和环境保护、保障性住房等基础性、公益性项目的支出5 619.49亿元，占88.89%。特别是近年来，政府性债务资金较好地保障了地方经济社会发展的资金需要，扎实推进了地铁、城际轨道、高速公路、机场、重大水利枢纽等重要基础设施和项目建设，积极推动了教育、住房、医疗卫生、生态环保等重大民生实事和社会事业发展。如2008－2012年，广东省新增铁路营运里程858公里、城市轨道交通278公里、高速公路1 986公里、港口万吨级以上泊位47个，揭阳潮汕机场、乐昌峡水利枢纽、广州西江引水等重点工程相继建成；加大保障性住房建设力度，全省开工建设保障性住房66.3万套、基本建成30.8万套；成功举办广州亚运会、亚残运会和深圳世界大运会等体育盛会，极大地提升广东经济社会发展水平和国际影响力。

债务管理：完善制度　化解存量　规范平台

南方日报：近年来广东省各级政府为加强政府性债务管理主要采取了哪些措施?

卢荣春：广东省委、省政府高度重视地方政府性债务问题。近年来，广东省各级政府和有关部门积极采取有效措施完善相关制度，化解存量债务，清理规范融资平台公司等，取得了较好的成效。

一是政府性债务管理制度逐步完善。广东省在2005年和2007年印发《转发省财政厅关于加强我省地方政府债务管理意见的通知》、《关于严格控制地方政府新增债务的通知》两项制度的基础上，在2011年之后又出台了《地方政府性债务统计工作考核评比暂行办法》等债务管理制度，对控制新增债务、化解历史债务、明确偿债责任和建立偿债机制等方面作出了针对性规定，为具体管理措施的实施提供了政策依据和制度保障，并要求实行政府性债务报表的月报、季报和年报。2011年以来，广东省各级政府共出台债务管理制度105项，从债务举借、资金使用及管理等方面加强管理。省本级、18个市、58个县（市、区）制定了综合性的债务管理制度。

二是债务风险防范措施不断强化。截至2013年6月底，广东省有8个市和29个县（市、区）建立了债务风险预警制度，省本级以及16个市本级和45个县（市、区）建立了政府性债务偿债（还贷）准备金制度，上述地区各类偿债准备金余额合计578.85亿元。同时，广东省按照分类管理、区别对待、逐步化解的原则，通过增加预算安排、提高资产开发收益和企业经营效益、出让企业资产（股权）、引入社会资金等措施，对2010年底的部分存量债务进行了处理。其中通过对公益性乡村历史债务的清理，化解农村义务教育债务40.01亿元。

三是融资平台公司偿债能力有所增强。2010年以来，广东省按照国务院《关于加强地方政府融资平台公司管理有关问题的通知》要求，进一步清理规范融资平台公司及其债务，通过注入优质资产、扩大经营范围增收、预算安排资金还贷等方式，提高融资平台公司的资产质量和偿债能力。审计了解到，与2010年相比，2012年省市县融资平台公司收入总额和利润总额分别增长46.83%和26.25%，平均资产负债率从65.74%下降到57.86%，下降了7.88个百分点。

四是积极探索自行发债。2011年和2012年，广东省作为国家首批自行发行地方政府债券试点省市，通过公开招标投标方式分别成功发行地方政府债券91亿元和113亿元。债券发行筹集的资金和还款来源均纳入预算管理，债券资金须编制预算调整方案并报同级人大批准后使用，提高了债务管理的规范性和透明度，在促进建立更加科学、透明、风险可控的地方政府债务管理机制方面做了积极探索。

专家点评：省社科院竞争力研究中心主任丁力——风险总体不大投资性负债规模要控制

针对公众最为关心的广东省地方政府性债务风险情况，《南方日报》记者昨日采访了省社科院竞争力研究中心主任丁力。丁力认为，无论从本次公告的数据看，还是从我省经济社会发展的宏观面来看，广东的地方政府性债务风险总体是可控的。

第一，从债务规模看，公告显示，虽然我省的政府性债务有一定规模，但与广东的经济发展总规模相比，还是相适应的。从省统计局发布的数据看，去年广东GDP同比增长8.5%，经济总量、进出口总额双双破万亿美元。这表明广东经济实力进一步得到增强，债务是有经济实力支持的。

第二，从偿债能力看，国际货币基金组织对债务率控制标准的参考值是90%－150%，而我省2012年政府负有偿还责任债务的债务率是54.41%，大幅度低于参考值；逾期债务率也比较低，仅为1.9%。这是由于我省经济多年来呈现平稳较快增长的良好态势，地方经济和政府收入不断提高。去年我省的预算执行报告显示，来源于广东的财政总收入是16 946亿元，地方公共财政预算收入和政府性基金预算收入合计已突破1万亿元。随着全面深化改革的利好不断释放，城镇化进程不断加快，各级地方政府的偿债能力将进一步提高。

第三，从债务资金的效益看，与一些国家的政府性债务主要用于消费性支出，缺乏一定的自偿性不同，我省的债务资金主要投资于基础设施建设和公益性项目，可能大家感受最明显的就是交通基础设施建设的飞速发展，如地铁、城际轨道、高速公路、机场等，这些都形成了大量的优质资产，大多有持续稳定的经营性收入作为偿债来源，必要时，政府还可以通过变现这些优质资产增强偿债能力，具有较强的建设性、发展性和自偿性。这些足以说明，我省地方政府性债务风险不大，总体可控，大可不必谈政府性债务而色变。

但丁力也同时指出，政府要加快职能转变，用于投资的负债规模要进行控制，一些经济效益好的可以交给市场与民间力量发展，以进一步规避政府负债的风险，同时，针对部分地区和行业债务负担较重的现象，必须采取有效措施，加强对这些行业与地区的政府性债务的动态化监控，建立风险防范预警机制，严格控制新增政府性债务，防范政府债务风险，让人民群众放心满意。

总体风险：债务率、逾期债务率均处较低水平

南方日报：为什么说目前广东省地方政府性债务的风险总体可控？

卢荣春：审计结果表明，从广东省经济发展水平、政府性债务的现状和增长速度以及资产与负债的相互关系看，全省地方政府性债务风险总体可控。

一是2013年，广东省经济综合实力跃上历史性新台阶。国内生产总值预计达6.23万亿元，突破1万亿美元，总量继续居全国首位；进出口总额达1.09万亿美元；来源于广东的财政总收入16 946亿元，地方公共财政预算收入和政府性基金预算收入分别达7 076亿元和3 674亿元。我们认为，目前广东省地方政府性债务规模与经济发展总规模、财政收入等方面是相适应的。

二是从衡量地方政府债务风险的债务率和逾期债务率两个指标看，截至2012年底，全省地方政府负有偿还责任债务的债务率为54.41%。若按照2007年以来，各年度全省政府负有担保责任的债务和可能承担一定救助责任的债务当年偿还本金中，由财政资金实际偿还的最高比率折算后，总债务率为59.41%。政府负有偿还责任的债务（除去应付未付款项形成的逾期债务）、政府负有担保责任的债务、可能承担一定救助责任的债务的逾期债务率分别为1.90%、3.39%和1.55%。债务率、逾期债务率两个指标均处于较低水平。

三是截至2013年6月底，广东省省市县三级政府负有偿还责任的债务余额6 551.92亿元，比2010年底同口径债务余额5 891.76亿元增加660.16亿元，年均增长4.34%，债务规模增长相对较慢。

四是从债务资金的投向看，广东省地方政府性债务资金主要用于基础设施建设和公益性项目，而且形成了大量的优质资产，大多有相应的收入作为偿债保障。

所以，目前广东省地方政府性债务风险总体可控。

南方日报：为什么此次地方政府性债务的风险分析只用了债务率和逾期债务率两个指标？

卢荣春：债务率是指年末债务余额与当年政府综合财力的比率，是衡量债务规模大小的指标。逾期债务率是指年末逾期债务余额占年末债务余额的比重，是反映政府到期不能偿还债务所占比重的指标。根据国际通行做法，负债率（年末债务余额与GDP的比率）、政府外债与GDP的比率等指标是衡量全国政府性债务风险的，不能用于衡量地方政府债务风险。所以，此次审计，参考一些国家和国际组织的通常做法，我们采用了衡量地方政府债务风险的债务率和逾期债务率两个指标，对2012年底全省地方政府性债务负担状况进行分析。

存在问题：部分地区和行业债务负担较重

南方日报：审计发现广东省地方政府性债务存在的主要问题以及问题产生的主要原因是什么？

卢荣春：此次审计发现广东省地方政府性债务管理、使用等方面存在的主要问题有：一是政府性债务对土地出让收入有一定程度的依赖。二是部分地区和行业债务负担较重。三是部分地区和单位违规融资、违规使用政府性债务资金。

产生上述问题的主要原因：一是广东经济社会处于快速发展阶段，市政建设、交通运输、保障性住房、农林水利、生态建设等基础性、公益性项目建设都需要大量资金投入，但由于财税体制不够完善，地方政府财力有限，基础性、公益性项目建设存在资金缺口，地方较普遍通过举债弥补资金缺口。二是国家从法律层面未赋予地方政府举债权，地方政府性债务管理制度尚不健全，加之一些地方和单位的法制意识不强，违规融资、违规使用债务资金问题仍不同程度存在。三是虽然近年来国家有关部门和广东省各级政府陆续出台了一些加强地方政府性债务管理的相关规定，但在政府性债务的预算管理、规模控制和风险预警等方面仍显薄弱，制度执行也不到位。

动态化常态化管理审计地方债

应对措施：

南方日报：针对目前广东省地方政府性债务管理现状以及审计发现的问题，省里将采取什么措施？

卢荣春：省委、省政府高度重视这次全省政府性债务审计结果。下一步，将针对发现的存在问题，采取有力措施整改：一是进一步强化政府性债务的预算管理和监督。二是落实债务归口管理责任，建立科学有效的政府性债务“借、管、用、还”相衔接的管理机制。三是积极消化历史债务，健全政府性债务偿还机制，完善偿债风险准备金制度。四是建立和完善政府性债务风险预警和余额控制机制，对政府性债务进行动态监测和评估。五是建立完善政府性债务管理问责机制，将政府性债务管理情况作为领导干部经济责任审计的重要内容，加大责任追究力度。

南方日报：下一步将如何加强对地方政府性债务的审

计监督？

卢荣春：下一步，全省审计机关将按照省委、省政府的部署进一步加强对地方政府性债务的审计监督，建立起对地方政府性债务“借、管、用、还”各环节的动态化、常态化审计监督机制，并将地方政府性债务审计与各级财政管理、部门预算执行、地方财政收支、党政主要领导干部任期经济责任等方面的审计有机结合起来。特别是按照中央组织部《关于改进地方党政领导班子和领导干部政绩考核工作的通知》要求，加强对党政领导干部任期内政府性债务状况的审计监督，强化责任追究。通过审计，促进完善地方政府性债务相关制度，强化和规范债务管理，提高债务资金使用效益，防范债务风险。

（2014 年 1 月 24 日《南方日报》，记者：卢轶，通讯员：蔡炯）

广东代表委员热议政府工作报告

核心提示

GDP 增长 7.5% 左右、平安中国、两个宣战、创新驱动、三个 1 亿人、宽带中国……在李克强总理政府工作报告中，一个个关键词成为关注焦点，展示了新一届政府全面深化改革的新年新局。

一年之计在于春。广东的代表“连线广东”，认真审议讨论谋发展，进一步坚定了实现“三个定位、两个率先”总目标的信心。

关键词：7.5%

报告：国内生产总值增长 7.5% 左右，居民消费价格涨幅控制在 3.5% 左右，城镇新增就业 1 000 万人以上，城镇登记失业率控制在 4.6% 以内。

连线广东　广东要不断提高 GDP 质量

去年，中央释放出强烈的淡化 GDP 考核指标而强化经济效益的信号，许多省市纷纷调低 GDP 目标。从全国整体来看，地方调低 GDP 目标，更注重调结构和增长效益，无疑给中国经济转型带来希望。

全国人大代表、省发改委主任李春洪在接受《南方日报》采访时认为，今年 GDP 增速 7.5%，比较适中。从总体上看，我们还处于社会主义初级阶段，发展还是首要的问题。但是也必须看到，我们发展条件已经发生了很大的变化，包括资源、能源、环境的制约以及自身的条件、产能过剩等问题，同时还受到国际市场的制约，再加上转型升级的任务重，所以把发展的速度定在 7.5%。

李春洪认为，7.5% 的增速既照顾了充分的就业，通过发展提供更多的就业岗位，解决民生问题，同时也照顾到转型升级中避免“中等收入陷阱”。我国要在科技进步、转变发展方式方面迈出新的步伐，如果一味追求高速度，不转变发展方式，发展就无法持续。但是如果经济发展速度过慢，失业率提高，民生问题解决起来也没有财力，可能出现社会不稳定，所以 7.5% 是一个比较合适的速度。

关键词：市场活力

报告：着力深化改革开放，激发市场活力和内生动力。

连线广东一元钱也能办公司

就在十二届全国人大二次会议开幕的前一天，在顺德工作 10 余年的白玉开在佛山市顺德区市场安全监管局大良分局拿到了涂料公司营业执照。这意味着广东全面推开工商登记制度改革后的首个“一元公司”正式诞生。

事实上，这种“一元钱也能办公司”的白手起家现象，正是得益于广东工商登记制度改革的深入。据了解，今年 3 月 1 日起广东全面推进改革后，有限责任公司最低注册资本 3 万元、一人有限公司最低注册资本 10 万元、股份有限公司最低注册资本 500 万元等限制都被取消，市民可以“一元钱办公司”，创业几近零门槛。省工商局外资处处长吴本鹏认为，这表明越来越多的人可以通过自主创业的方式参与市场活动，可以最大限度地激发市场活力。

全国政协委员、华南理工大学工商管理学院副院长沙振权认为，推进工商注册制度便利化，是建立公平开放透明的市场规则、完善现代市场体系的题中应有之义。作为改革开放先行地，广东再次走在了全国前列。

根据《广东省商事登记制度改革方案》部署，今年 6 月 1 日前，全省将全面实施改革方案的各项措施，确保今年底前完成各项改革任务。

关键词：创新驱动

报告：推进创新驱动发展。全社会研发支出占国内生产总值比重超过 2%。

连线广东　广东加快构建区域创新体系

全国人大代表、广东珠海格力集团有限公司董事长董明珠在接受《南方日报》记者采访时表示，创新已经摆在国家发展全局的核心位置。以企业来说，科技创新是企业发展的原动力，一个企业仅靠模仿，就不能说自己是有优势和创造性的企业，不能真正引领行业的发展。近年来，广东大力实施创新驱动发展战略，产业转型升级步伐加快，自主创新能力进一步增强。广东加快构建区域创新体系，去年研究与实验发展经费支出占生产总值比重达2.25%，技术自给率提高到69.8%，有效发明专利量和PCT国际专利申请量继续保持全国第一，高新技术产品产值增幅高于全省工业总产值增幅。

董明珠认为，要通过创新驱动，进一步擦亮“中国制造”的品牌，还要进一步强化企业在技术创新方面的主体地位，提升产品的科技含量，严格保护知识产权。

全国人大代表、广东昭信集团董事长梁凤仪说，创新驱动可持续发展，需要一个良好的创新大环境。当前，院校教育和企业人才需求难以对接的现象比较突出。建议教育培训要与实际需求对接，希望相关院校根据国家提出的产业方向设置专业学科，让教育学科适应社会需求。应借力金融创新，推动产业、金融融合创新发展，为持续发展服务。一方面给予扶持政策，另一方面要加强监管，使产业、科技、金融结合，成为科技创新发展的主要驱动力。

关键词：进退并举

报告：产业结构调整要依靠改革，进退并举。进，要更加积极有为。退，要更加主动有序。坚持通过市场竞争实现优胜劣汰，鼓励企业兼并重组。

连线广东　广东首次三产超二产

去年以来，广东省现代产业体系建设成效明显。三次产业比重调整为4.9：47.3：47.8，第三产业比重提高1.3个百分点、超过第二产业。其中，属于高端服务业的金融业迅猛发展引人注目——去年广东省金融业增加值增长18.0%，本外币各项存贷款余额、社会融资规模和跨境人民币结算量均居全国第一。

全国人大代表、中国人民银行广州分行行长王景武表示，我国三产首次在国民经济中的比重超二产，是个历史性突破。广东去年也是首次三产超二产，这意味着广东的经济社会发展迈入新的发展阶段。其中，去年金融业占到广东国民经济总量超过6%，成为三产中十分重要的组成部分。王景武说，当前，互联网金融正掀起热潮，要继续稳定发展三产，应注意引导商业银行等金融机构在互联网金融领域发挥好主力推动作用，以促进互联网金融实现规范发展。

关键词：权力清单

报告：从政府自身改起，把加快转变职能、简政放权作为本届政府开门第一件大事。今年要再取消和下放行政审批事项200项以上。确需设置的行政审批事项，要建立权力清单制度，一律向社会公开。

连线广东　工商登记制度改革向珠三角铺开

全国人大代表、省社会科学院产业经济研究所所长向晓梅在接受《南方日报》记者采访时表示，从李克强总理的报告可以看出中央政府深入推进行政体制改革的决心和信心，具有风向标的意义。在加快转变职能、简政放权的背后，是尊重市场主体地位，让市场主体更好地发挥作用。报告中提出的权力清单制度，是对政府职能范围的进一步明确。

全国人大代表、玉柴船舶动力股份有限公司工会主席余天亮表示，政府加快转变职能、简政放权，企业是受益方。他以自身企业举例，去年该公司在珠海有一个投资项目，按照以往的规定是要经过国家发改委审批的，但国务院下放一部分审批权，可以直接由广东省直接审批，加快了投资决策和项目建设进度。

向晓梅说，近年来广东行政体制改革走在全国前面，提供了先行先试的经验。去年，广东在重点领域和关键环节的改革深入推进，抓住制约经济社会科学发展的突出问题，加大改革攻坚力度，重点推进行政审批制度改革，取消、转移、下放国家设定和省权限内的行政审批事项共508项。工商登记制度改革从试点地区向珠三角各市铺开。企业投资管理体制改革全面推进，民间投资准入进一步放开。

关键词：税制改革

报告：推进税收制度改革，扩大“营改增”试点。抓紧研究调整中央与地方事权和支出责任，逐步理顺中央与地方收入划分，保持现有财力格局总体稳定。

连线广东　研究建立广东地方税体系

全国人大代表、省财厅厅长曾志权认为，今年的政府工作报告明确要抓好财税体制改革这个重头戏。财税体制改革乃顶层设计的重要组成部分。财政是国家治理的基础和重要支柱，科学的财税体制是优化资源配置、维护市场统一、促进社会公平、实现国家长治久安的制度保障，这凸显了财税体制改革在全面深化改革、完善和发展社会主义市场经济制度中的重要作用。

曾志权表示，广东省作为改革开放的先行地区，市场化程度相对较高，市场机制较为健全，今年，广东也将积极推进深化财税体制改革。我们必须正确处理好财政和市场的关系，使市场在资源配置中起决定性作用和更好发挥财政弥补市场失灵的作用。具体措施包括，建立事权和支出责任相适应的制度，改进预算管理制度、建立现代财政制度，抓好税制改革，研究建立我省地方税体系，支持其他重点领域和关键环节改革四个方面。

关键词：产权保护

报告：完善产权保护制度，公有制经济财产权不可侵犯，非公有制经济财产权同样不可侵犯。

连线广东　民营经济对广东经济增长贡献度超半

全国人大代表、潮州市市长李庆雄表示，政府工作报告对增强市场主体活力作了较大篇幅表述，尤其是提到要完善产权保护制度，公有制经济财产权不可侵犯，非公有制经济财产权同样不可侵犯。这意味着未来非公有制经济将在市场竞争、法律保护、知识产权等各方面，获得平等和统一的待遇，必将大大激发非公有制经济发展的活力和创造力。

民营经济是非公有制经济的重要组成部分，去年民营经济对广东经济增长贡献度超过一半，已占全省经济总量的半壁江山。近几年，为给民营经济“松绑”，提升发展速度和质量，广东出台了一系列政策措施鼓励和支持民营经济发展，以中小微企业为主的民营经济已成为推动我省经济社会发展的重要力量。

李庆雄认为，要激发市场主体活力，应紧紧结合当前财税、国企、金融等多项改革，利用新的改革红利，深入惠及更大范围的企业，为企业发展松绑。

关键词：最后一公里

报告：农业投入只增不减。解决好用水“最后一公里”问题。

连线广东　发展农村公共事业工作是重中之重

全国人大代表、罗定市合生竹制品专业合作社理事长张群英在接受《南方日报》记者采访时表示，这为农村改革、农村经济、农民增收等农村工作，指明了方向。特别是关于“坚持家庭经营基础性地位”、“不管财力多么紧张，都要确保农业投入只增不减”的提法，令人振奋。今年，广东也把大力发展农村公共事业工作放在重中之重，推进村村通自来水建设，抓好中小河流治理和病险水库水闸除险加固，实施农村中型及重点小型机电排灌项目，这些措施将进一步提高农村生产生活水平。

全国人大代表、连平县三洞玉仙堂茶叶种植场农民谢舒雯称，粤东西北边远山区，经济发展和城乡建设面貌与城市相比较仍有较大差距。“尽管广东经济总量全国第一，但是在边远山区，依旧存在水电路气信等基础设施不完善的问题。特别是道路交通，是农村经济发展的一大瓶颈，通过多年的摸索，有些地方通过打造特色农产品，大大提高农产品附加值，但是受限于交通而难以发展更广阔的市场，农民增收受到约束。因此，农村水电路气信等基础的完善十分重要。”

关键词：宽带中国

报告：要促进信息消费，实施“宽带中国”战略，加快发展第四代移动通信，推进城市百兆光纤工程和宽带乡村工程，大幅提高互联网网速，在全国推行“三网融合”，鼓励电子商务创新发展。

连线广东：为 4G 开通“绿色通道”

“加快 4G 无线宽带和光纤宽带建设是落实‘宽带中国’战略的关键举措，对于拉动内需、促进产业升级具有重要意义。”听完总理关于信息产业发展的阐述，全国人大代表、中国移动广东公司总经理钟天华十分兴奋，他建议国家进一步加大投资和政策支持力度，加快 4G 无线宽带和光纤宽带的发展，推动“宽带中国”战略的落地。

据记者了解，广东一直是推动我国信息产业发展的排头兵，多项指标在全国均名列前茅。受益于良好的信息产业发展氛围，广东成长起了腾讯这样一个被国内外数亿网民广泛熟悉的知名互联网企业。而华为、中兴等数十个全球知名的移动终端厂商均在广东，亚马逊、阿里巴巴、百度、新浪等知名企业均在广州或者深圳设立了研发和运营中心。广东地区在智能终端、网页游戏、电子商务、智能手机、开发者规模等多方面位居全国前列。

据了解，去年前三季度，广东信息消费规模约为 5 000 亿元，而根据广东省政府发布的《促进信息消费的实施方案（2013 - 2015 年）》，到 2015 年，全省信息消费总额争取达到 9 000 亿元，年均增长 20% 以上。

钟天华说，加快 4G 无线宽带和光纤宽带建设，有利于拉动信息消费，有利于建设现代产业体系，有利于智慧城市管理，还有利于提升人民生活品质。他建议各级政府部门在 4G 的建设用地、选址施工、电力供应、地铁 4G 引入、高铁 4G 覆盖等方面进行支持和协调，开放公共楼宇的天面用于 4G 建设，为 4G 网络建设开通“绿色通道”。政府应建立快速的绿色通道审批机制，在推动光纤宽带的管道铺设方面给予政策支持。

关键词：海洋强国

报告：要坚持陆海统筹，全面实施海洋战略，发展海洋经济，保护海洋环境，坚决维护国家海洋权益，大力建设海洋强国。

连线广东：广东要做足海上丝路文章

全国人大代表、湛江市市长王中丙称，总理在报告中提到建设海洋强国的宏伟战略，并指明，一方面要保护海洋环境，一方面要发展海洋经济，这明确了中央政府关于海洋战略的方向。

广东省明确提出 2014 年要着力提升对外开放水平，积极参与 21 世纪海上丝绸之路和中国—东盟自贸区升级版建设。广东作为海上丝绸之路的发祥地，将率先做好“东盟文章”，大力发展与陆路比翼齐飞的对外贸易海上经济带。

作为中国古代海上丝绸之路的始发港城市，在建设海洋强国、大力推进建设 21 世纪海上丝绸之路的大战略指导之下，湛江希望能够获得更多政策支持。

全国人大代表、汕头市市长郑人豪则表示，汕头历史上就是海上丝绸之路的重要节点，现在提出在汕头规划建设中国华侨经济文化合作试验区，依托汕头、依托海湾新区建设华侨经济文化合作试验区，作为参与建设海上丝绸之路的空间载体。

（2014 年 3 月 6 日《南方日报》，记者：雷雨、黄颖川、李强、吴晓芳、杨磊、吴哲）

全国人大代表、省财政厅厅长曾志权解读预算报告

广东率先推进新一轮财税改革

习近平总书记要求广东要勇于改革，善于改革。当前，对经济社会运行起基础性作用的我省新一轮财税体制改革正在积极推进。作为国家治理的基础和重要支柱，今年预算报告的重点和亮点正是我省新一轮财政体制改革的重要方向。

为此，《南方日报》记者邀请全国人大代表、省财政厅厅长曾志权就预算报告进行了解读。曾志权说，财税体制改革是广东30多年前改革开放的突破口，我省此轮财税体制改革也必将为我省经济社会发展带来有效促进。

解读财政预算报告报告改革主题十分突出

《南方日报》：2014年是全面深化改革的开局之年，今年的预算报告用了很大篇幅来谈深化财税体制改革。能否谈谈您对今年预算报告特别是改革方面的感受？

曾志权：今年的预算报告，给我耳目一新的感觉。和以前年度相比，无论是报告内容、结构体例，还是改革创新的力度，都有突破性的进步。总的来看，今年的预算报告内容丰富，重点突出，文风简练，清晰易读，全面体现了党中央、国务院的各项决策部署，体现了稳中求进、改革创新的工作总基调，体现了民生优先、协调发展的理念要求，收入预算比较稳妥，支出安排重点突出。

今年的预算报告亮点很多，首先是今年的预算报告更加全面完整，包括了公共财政预算、政府性基金预算、国有资本经营预算和全国社会保险基金预算，全面反映了政府收支情况，并且首次完整编报了社会保险基金预算上一年度和本年度的安排情况，在建立全口径政府预算编报体系方面迈出了重要一步。

从收支安排的科学性来看，预算支出结构合理，重点突出，稳增长、惠民生、调结构等重点支出得到保障。公共财政预算收入按13.95万亿元安排，增长8%，支出按15.30万亿元安排，增长9.5%，赤字1.35万亿元，赤字率2.1%，收支计划非常符合实际，体现了稳妥合理和积极而为的原则。

《南方日报》：今年的预算报告专门介绍了财税改革工作重点和财税政策，从预算管理制度、税收制度和财政体制三个方面提出了一系列的改革措施。

曾志权：是的，今年的预算报告十分突出改革主题。报告全面贯彻落实党的十八届十八届三中全会精神，通篇贯穿了改革的理念，把三中全会决定的有关目标任务分解转化为具体的工作安排，还专门介绍了2014年财税体制改革重点任务，对预算管理制度、税收制度和财政体制等方面提出了一系列的改革措施，充分体现了分类推进改革的要求。

预算报告还按照审核预算的重点由平衡状态、赤字规模向支出预算和政策拓展的要求，对支出预算和政策进行了重点说明，增强了政府预算和财政政策的透明度，也方便代表更好地了解财政政策和财政工作的重点。同时，今年预算报告的收入预算由约束性转向预期性，由任务数变为预计数，这对促进税收依法征管、提高财政收入质量将起到非常重要的导向作用。

贯彻中央财政政策广东是“压专项、扩一般”排头兵

《南方日报》：政府工作报告提出，要提高一般性转移支付比例，专项转移支付项目要减少1/3，今后还要进一步减少。我们知道，这是财税体制改革、改进预算管理制度部署的重要举措。具体到广东是怎样的？

曾志权：在中央部署开展“压专项、扩一般”工作之前，我省就已经着手开展专项资金清理整合工作，2012年对414项、307.64亿元专项资金开展清理整合工作。2013年，按照中央关于“压专项、扩一般”的决策部署，我省出台了《关于压减省级财政专项转移支付扩大一般性转移支付的意见》，进一步扩大了清理范围、加大了清理力度，将670项、759.58亿元专项资金纳入清理范围。在编制2014年预算时，省财政厅认真贯彻中央和省委、省政府的决策精神，充分体现“压专项，扩一般”的部署要求。

一是清理整合专项资金。对省级预算支出进行了全面梳理，裁减、合并、收回、优化一批财政专项资金。通过清理整合，省级公共财政预算专项资金的数量减少274项、下降43%，金额减少151亿元、下降25%，减少的专项资金全部统筹用于加大对市县的一般性转移支付。二是扩大一般性转移支付。落实《关于压减省级财政专项转移支付扩大一般性转移支付的意见》和《关于完善省级财政一般性转移支付政策的意见》，2014年，一般性转移支付占转移支付的比重达53%以上，比2013年一般性转移支付占比提高了5个百分点。以河源为例，根据初步对账数，2013年，省对河源市一般性转移支付约58亿元，约占该市获得省转移支付总量的53.7%，比2012年提高了7.9个百分点。

《南方日报》：为什么要压减专项转移支付，扩大一般

性转移支付？

曾志权提出，我省开展专项资金清理整合，实施“压专项、扩一般”，主要有以下几方面考虑：一是解决专项资金使用管理中存在的突出问题，进一步提高专项资金的使用效益。二是破解部门固化财力的问题。目前，预算安排“基数加增长”，部门肢解财力、固化财力分配的情况比较突出。省级包括专项资金在内的大部分财力每年都需继续安排，超过90%的资金已经固化，用于新增的重点支出、民生支出的财力有限。三是支持地方政府更好地履行职能。我省是财政大省，但也是财力弱省，区域发展极度不平衡，县级财力薄弱、运转困难。通过“压专项、扩一般”，将有力增强欠发达地区基层政府资金分配自主权，统筹用好上级转移支付财政资金，解决不同地区之间、不同级次政府之间财力分布的不均衡问题，落实各项民生政策支出和社会事业发展，为促进基本公共服务均等化提供财力保障。

《南方日报》：在此过程中，有什么困难？

曾志权：首先需进一步深化改革，调整部门对财政资金的管理职能。此外，也是最为基础的，我们认为，需要进一步厘清权责，明确划分政府间事权与支出责任。压减专项、扩大一般是完善财政转移支付制度的重要方面，而明确各级政府的事权与支出责任是建立科学的财政转移支付制度的基本前提。

目前我国政府间事权和责任划分较为模糊，许多转移支付项目的设立不是直接与政府间事权划分相联系，而是与上级部门出台的相关政策相衔接。因此，需进一步厘清权责，在明确划分政府间事权与支出责任的基础上，才能按照权责，科学划分专项转移支付和一般性转移支付的比重。

揭秘广东财税改革明确划分政府间事权与支出责任

《南方日报》：那么，我省财税体制改革的突破口在哪里？

曾志权：就是明确划分政府间事权与支出责任。此外，改进预算管理以及公平配置政府公共资源也是改革重要的内容。

《南方日报》：围绕这三点，将如何深化改革？

曾志权：在建立省以下事权和支出责任相适应的制度方面，改革的基本方向是，围绕使市场在资源配置中起决定性作用和更好发挥政府作用的要求，加快转变政府职能，合理界定省以下各级事权范围，科学划分省以下事权和支出责任，并调整省以下分税制财政体制，完善财政转移支付制度，实现省以下事权和支出责任相适应。

它的基本思路已经明确：一是坚持问题导向，注重改革措施的实效性。通过明晰事权和支出责任划分，解决事权划分不清晰、事权和支出责任不适应的问题。同时，通过取消、转移、强化部分事权以及事权的上收、下放，并理顺政府部门职责关系，确保制度长期有效运转。二是坚持权责明晰，制定事权和支出责任划分清单。三是坚持系统配套，加强整体制度设计。在理顺省市县政府收入划分、调整完善转移支付制度的同时，推进政府购买社会服务、完善政府行政决策机制等。四是坚持积极稳妥，选取部分地区和事权开展试点。今年将在珠三角和粤东、粤西、粤北地区各选一个市进行试点。

政府向各类投资主体公平配置公共资源的主要思路是，先明确界定政府可配置公共资源和各类投资主体的范围和类别，再理清各类公共资源可选择和适用的市场化配置方式，在此基础上，积极推进公共资源交易平台建设、加强多方综合监管、推行竞争性配置三个层次改革，并强化改革的综合配套，确保改革有序推进、取得实效。

改进预算管理，将率先建立现代财政制度，其基本方向是要建立预算编制科学完整、预算执行规范有效、预算监督公开透明及三者有机衔接、相互协调为核心的现代预算管理制度。

（2014年3月8日《南方日报》，记者：黄颖川）

徐少华在全省市县区长专题培训班上强调增强改革意识

推进落实财政体制改革任务

4月8－9日，省政府在广州举办全省市、县（市、区）长现代财政制度专题培训班。9日上午，省委常委、常务副省长徐少华出席培训班并讲话。

徐少华指出，举办培训班既是对我省全面深化财政体制改革、率先建立现代财政制度的动员部署，也是贯彻省委开展大规模培训干部决策的积极行动。他强调，要深刻领会党的十八届三中全会决策部署，准确把握深化财政体制改革的目标方向，全面理解现代财政制度的内涵外延，针对我省财政运行中的矛盾和问题，树立问题导向的改革意识，有的放矢、大胆实践，把各项财政体制改革任务落实好、完成好。

徐少华围绕现行财政体制在运行中存在的矛盾问题、

下一步贯彻落实深化财政体制改革的重点任务，举了许多实例予以阐述。他表示，为全面落实中央的改革任务，近期我省对应梳理改革举措项目和分工共330多项，其中涉及财政改革方面的近80项，将重点推进建立省以下事权与支出责任相适应的制度、建立政府向各类投资主体公平配置公共资源机制、改进预算管理制度、探索构建地方税体系等财政体制改革。他特别指出，改革能否推进、工作能否落实，关键在人。他要求全省财政干部要加强学习、提升能力，转变作风、注重实效，依法理财、廉洁自律，推动我省继续在深化财政改革中走在前列。

本次培训班安排了现代财政制度、改进预算管理制度、财政实务和税制改革等专题。全省各市、县（市、区）财税工作分管领导、财政部门负责同志等近300人参加培训。

（2014年4月10日《南方日报》，记者：黄颖川，通讯员：符信）

压专项　扩一般　迈向现代财政　广东率先破题

年初在做2014年预算时，河源市财政局分管预算的副局长何仕军得知消息，今年省财政对河源的财力性补助从2013年的73.3亿元增加到了92.6亿元。“增加了近20个亿，安排今年的各项支出肯定宽松多了！”

省财政对河源转移支付的大幅增加，得益于2012年、2013年广东连续两年对专项转移支付资金清理整合。两年下来，专项资金的数量减少274项、下降43%，金额减少151亿元、下降25%，减少的专项资金全部用于加大对市县的一般性转移支付。

广东的这项改革先于中央部署开展“压专项、扩一般”工作，因而使广东更早地尝到甜头。目前，“压专项、扩一般”已成为广东推动建立现代财政制度的一个突破口，也为全国提供了经验。

甜蜜的负担：8.8亿元专款，需地方配套6亿元

河源是广东转移支付的最大受益市之一，何仕军以往做年度预算时，总感觉有种“甜蜜的负担”。

数据显示，2010－2012年，河源获得的省级转移支付补助分别为67.5亿元、86.6亿元和109.3亿元，分别是当年地方公共财政收入的2.69倍、2.76倍和2.9倍，成为维持河源运转和发展的重要力量。

但在转移支付中，专项转移支付占了较大的比重，其中许多项目还要求地方配套资金，这让何仕军颇为头疼。他以2012年为例介绍，当年省财政对河源安排的109.3亿元转移支付中，专项资金达56.2亿元，占总量的51.4%。在这些专项资金中，要求河源配套资金的项目就达到147项，涉及资金27.3亿元，占到当年地方公共财政预算收入的72.6%。“之前我市东源县和紫金县分别竞得了4亿元和4.8亿元竞争性水利建设资金，但需要两个县县级财政配套约6亿元，相当于两个县2012年地方公共财政预算收入的71.4%。”何仕军说道。

何仕军的烦恼在粤东西北各地其实颇为普遍。兴宁市财政局副局长刘小炎也介绍，2013年兴宁来自于市本级的财政收入约4.7个亿，来自于中央和省级的转移支付共约24亿元。这些钱对财政吃紧的兴宁来说无疑是“及时雨”，但每年10亿元左右的专项转移支付由于都是专款专用，当地几乎没有“话事权”，另一方面又往往需要地方配套资金，“今年的配套资金大约需要6个亿，压力不小”。

何仕军说，欠发达地区往往很难进行足额配套，一定程度上会影响项目的实施，也使得争取项目的难度更大。而有时为了落实配套资金，欠发达地区往往不得不借款或举债，导致了政府债务的增加。

在省财政厅厅长曾志权看来，专项资金占比过大所带来的问题远不止这些。

专项资金的膨胀，其实正是各有关部门肢解预算、固化财力的表现，甚至出现了部门之间争编制、争资金，部门无形中干预市场的现象。由此，又带来了省市县政府层级之间事权划分不合理，事权上移、责任下移，上级政府条条块块下指标、布置任务，导致“上面点菜、下面埋单”。此外，很多财政资源直接投向了微观经济主体——企业以及竞争性领域，导致“企业找市场变成了找市长”。

何仕军在地方财政系统工作多年，他认为专项资金不但零零碎碎，数量众多，而且在使用上还暴露出部分领导、部门权力过大的问题。“一笔钱如果是批给一个创业阶段的企业也许还有点扶持作用。有的直接批给一些大型企业，我看就作用不大”。

活起来的资金：一个市有了近20亿元“活钱”

曾志权说，专项资金的问题，几乎到了不“拆庙搬神断香火”就不行的地步。于是在2012年，广东先于全国，开始对专项资金动刀。改革的核心是处理好政府与市场、上下级政府之间、同级部门之间这三组关系，建立事权和支出责任相适应的制度。当年，广东就对414项、307.64亿元专项资金进行了清理整合。

这轮清理整合效果立竿见影，也让全省财政系统颇为振奋。以河源为例，何仕军介绍，一般性转移支付的占比从2012年的45%一下子提高到了2013年的53%，增加了8亿多元。一些原本零零碎碎、效率不高的专项资金也消失了，“比如大农业范畴的专项资金，2013年就比2012年减少了5 300多万元”。

很快，党的十八届三中全会结束后，全国范围内开始部署开展“压专项、扩一般”工作，广东更添改革动力。

分管财政工作的副省长徐少华明确要求，广东应该按照中央和省有关部署，进一步压减专项转移支付、扩大一般性转移支付，将部分现行属于地方事权、适合地方管理的专项转移支付项目审批和资金分配工作下放地方。清理合并专项转移支付，根据专项转移支付的设立依据、使用效益、资金性质，对现行专项转移支付进行全面梳理和分类，严格控制新增专项转移支付项目，到期专项不再安排，撤销不合理专项，整合归并同类专项。

短短几个月内，广东相继出台《关于压减省级财政专项转移支付扩大一般性转移支付的意见》、《关于完善省级财政一般性转移支付政策的意见》和《广东省省级财政专项资金管理办法》三份文件。进一步扩大清理范围、加大清理力度，将670项759.58亿元专项资金纳入清理范围。

曾志权介绍：“对设立期限已满、原定目标不符合现实需要，或需要完成的特定任务已经完成的146项专项资金予以撤销或收回；对使用性质、管理特点相同或相近的182项专项资金予以整合；对支出结构有待优化的13项专项资金根据省委、省政府工作重点适当调整资金用途；对符合公共财政管理要求、设立审批依据合法合理、具有明确使用方向和绩效目标的291项专项资金予以继续保留”。

在编制2014年省级财政预算时，“压专项、扩一般”的精神也得以充分体现。通过清理整合，省级公共财政预算专项资金的数量减少274项、下降43%，金额减少151亿元、下降25%，减少的专项资金全部统筹用于加大对市县的一般性转移支付。由此，一般性转移支付的占比达53%以上，比2013年一般性转移支付占比提高了5个百分点。根据规划，到2017年，广东将力争省级一般性转移支付占省级财政转移支付支出的比重从2012年的35.7%提高到60%或以上。

何仕军介绍，今年初在做预算时就从省里获悉，通过压缩专项调整出更多资金用于一般性转移支付，今年对河源的财力性补助从2013年的73.3亿元增加到了92.6亿元，包括四税增量返还、生态补偿等。“这增加的20亿元，不仅有利于我们安排各项支出，而且地方的自主性也大大加强”。

刘小炎也高兴地说：“我们可以将钱更有效地用在最为需要的地方。而且未来地方可灵活运用的资金将更多，我们可以更好地根据自身实际，根据发展需要来安排、整理财力”。

改革破题：建现代财政制度　改革思路已明确

“压专项、扩一般”既是广东深化财政体制改革、推动建立现代财政制度的一个缩影，也是一个重要的突破口。

根据《中共广东省委贯彻落实〈中共中央关于全面深化改革若干重大问题的决定〉的意见》以及年初召开的省委全面深化改革领导小组第一次会议精神，率先建立现代财政制度是近期我省改革的重点任务之一，具体包括建立省以下事权和支出责任相适应制度、公平配置政府公共资源以及改进预算管理等。

尽管以“压专项、扩一般”为代表的多项改革推进顺利，但要真正建立现代财政制度，难度和障碍不可谓不小。值得高兴的是，在省委、省政府的部署和省财政厅的推进下，目前各项改革思路基本已经明确。

曾志权介绍，在建立省以下事权和支出责任相适应的制度方面，改革的基本方向是，围绕使市场在资源配置中起决定性作用和更好发挥政府作用的要求，加快转变政府职能，合理界定省以下各级事权范围，科学划分省以下事权和支出责任，并调整省以下分税制财政体制，完善财政转移支付制度，实现省以下事权和支出责任相适应。

具体来说，一是坚持问题导向，注重改革措施的实效性。通过明晰事权和支出责任划分，解决事权划分不清晰、事权和支出责任不适应的问题。同时，通过取消、转移、强化部分事权以及事权的上收、下放，并理顺政府部门职责关系，确保制度长期有效运转。二是坚持权责明晰，制定事权和支出责任划分清单。三是坚持系统配套，加强整体制度设计。在理顺省市县政府收入划分、调整完善转移支付制度的同时，推进政府购买社会服务、完善政府行政决策机制等。他透露，今年将在珠三角和粤东、粤西、粤北地区各选一个市进行试点。

政府向各类投资主体公平配置公共资源的主要思路，则是先明确界定政府可配置公共资源和各类投资主体的范围和类别，再理清各类公共资源可选择和适用的市场化配置方式，在此基础上，积极推进公共资源交易平台建设、加强多方综合监管、推行竞争性配置等三个层次改革，并强化改革的综合配套，确保改革有序推进、取得实效。

而在改进预算管理方面，基本方向是要建立预算编制科学完整、预算执行规范有效、预算监督公开透明及其三者有机衔接、相互协调为核心的现代预算管理制度。曾志权透露，在2015年前，各级政府将建立覆盖公共财政预算、国有资本经营预算、政府性基金预算和社保基金预算的预算体系。同时健全涵盖财政部门监督、审计监督、监察监督、人大监督及社会和舆论监督等五层次监督体系，以强化财政监督和绩效评价。此外，我省还将实施全面规范的预算公开制度，提高财政透明度。

（2014年4月15日《南方日报》，
记者：卢轶，通讯员：岳才轩）

《广东省排污权有偿使用和交易试点管理办法》公布

逾900家单位纳入排污权交易试点

自去年底广东启动排污权交易试点，完成以政府分配取得排污指标的一级市场首宗交易后，以市场为主导的二级市场排污权交易也有章可循。昨日，省环保厅在其官网上公布了省环保厅与省财政厅联合印发的《广东省排污权有偿使用和交易试点管理办法》（下称《办法》），《办法》从本月13日起施行。《办法》首次对排污权交易试点的范围、排污权初始分配的原则、有偿使用及交易的前提等作出规定。

其中，年排放二氧化硫100吨（含）以上的新改扩建项目和现有排污单位，将纳入全省排污权有偿使用和交易试点，涵盖现有排污单位900多家。《办法》实施后，环保主管部门每年4月1日前须对上一年度排污权有偿使用和交易情况进行公布，接受社会监督。

看点1：年排二氧化硫100吨以上项目纳入试点

据记者从省环保厅了解，省环保厅、省财政厅去年1月在联合印发了《关于在我省开展排污权有偿使用和交易试点工作的实施意见》（下称《意见》）。为进一步推进排污权有偿使用和交易，《办法》在《意见》的基础上制定，并于去年通过省法制办规范性审查。去年12月18日，我省排污权交易试点正式启动，当时完成的首批交易已按照《意见》的要求进行操作。昨日《办法》全文公布后，今后我省排污权交易试点的总体规则进一步明确。

《办法》规定，二氧化硫排污权有偿使用和交易试点在全省范围内开展，由省环境保护主管部门负责组织实施。化学需氧量有偿使用和交易试点在限定的流域或区域范围内开展，由试点市、县（区）环境保护主管部门负责组织实施。

《办法》要求，二氧化硫年排放100吨以上的新建、改建、扩建项目和现有排污单位纳入全省排污权有偿使用和交易试点，允许排放二氧化硫的其他单位自愿纳入试点范围。化学需氧量排污权有偿使用和交易试点适用对象及范围由试点地区自行确定，并报省环境主管部门备案。

看点2：排污权有偿使用费考虑资源稀缺程度

与碳排放权交易相似，排污权初始分配的量也备受企业关注。

《办法》提出了分配原则，排污权初始分配实行分级负责制，各级环境保护主管部门根据排污许可证管理权限，按照全省统一的分配方法，对排污单位初始排污权进行核定分配。但《办法》并未明确排污权初始分配具体操作方法，并表示需由“省级环保主管部门另行制定”。

《办法》同时指出，排污权原则上实施有偿使用，试点期间现有排污单位暂不征收排污权初始有偿使用费。无偿取得排污指标的排污单位如通过二级市场出让排污指标，应当按照排污权初始有偿使用费征收标准补缴排污指标出让部分的有偿使用费。

《办法》要求，排污权有偿使用费征收标准应遵循市场经济规律，综合考虑经济发展水平、污染治理成本、环境资源稀缺程度等因素。“具体定价方案还要由省物价部门会同省财政、省环保部门制定。”省环保厅相关负责人说。

看点3：完成减排任务才能参与排污权交易

除了政府部门主导的排污权初始分配外，《办法》也对排污权二级市场的交易作出规定。《办法》指出，排污权交易可以采取四种方式进行，包括在交易机构系统进行电子竞价、买卖双方协商确定价格转让、环保部门定向出让储备排污权以及法律法规规章规定的其他方式。

排污权交易价格由市场决定，试点期间，省价格主管部门可以会同省财政、省环保主管部门制定政府交易指导价。

“排污权交易，并不等于有钱就可以无限制排污！”省环保厅相关负责人指出，根据《办法》，排污单位在完成减排任务的前提下，通过污染治理、结构调整及加强管理获得的富余排污指标，或因破产、关停被取缔以及迁出本行政区域，其有偿取得的排污指标，可以通过排污权交易市场转让。

对于新建、改建、扩建项目来说，需新增污染物排放量的，必须满足环保规划、环境功能区划和区域总量控制等相关要求，按照环评批复的总量指标通过排污权交易取得排污指标，验收时排放量大于购买量的，其不足部分应在项目验收前追加购买。

“也就是说，企业根据环保部门许可的排污量指标，完成减排任务后，才能符合交易的条件。如果企业有扩充产能等需求，想增加排污指标，也有钱通过购买取得更多的排污权，也需要先经过环评等程序得到排污许可，购买的排污权并不能超出许可的量。参加排污权交易试点的企业不免除其治理污染、缴纳排污费、污染减排的责任和法律法规规定的其他责任。”省环保厅相关负责人说。

看点4：超标河段排污单位不得购买水排污指标

为防止排污权交易造成跨区域的污染转移，《办法》也明确了调控措施——排污单位的排污指标在符合污染物排放标准和环境质量要求的前提下可以跨区域流转，但是不得突破区域国民经济社会发展规划期的总量控制目标。未完成年度减排任务的地区，下一年度不得从其他区域购入排污指标。

此外，珠三角地区作为国家大气污染联防联控重点区域，该地区排污单位不得从区域外购买大气主要污染物排污指标。供水通道和水质超标河段的排污单位不得从其他流域购买水主要污染物排污指标。我省还将建立排污权储备制度，保障重大项目建设，调控排污权交易市场。

据悉，除了昨日公布的《办法》外，《关于二氧化硫和化学需氧量排污权有偿使用和交易价格的通知》、《广东省排污权有偿使用收入和交易出让金征收使用管理办法》等都将在近期相继出台，广东排污权有偿交易使用的制度体系将逐渐完善。

（2014年4月17日《南方日报》，记者：谢庆裕）

省委办省府办印发《广东省党政机关国内公务接待管理办法》

公务接待按年度公开经费支出

近日，省委办公厅、省政府办公厅印发了《广东省党政机关国内公务接待管理办法》，要求各地区各部门遵照执行。

《办法》根据《党政机关厉行节约反对浪费条例》、《党政机关国内公务接待管理规定》、《广东省党政机关厉行节约反对浪费实施细则》精神制定，共分26条，覆盖了我省国内公务接待活动的适用范围、接待原则、管理部门、接待对象、接待标准、接待项目、接待礼仪、配套改革等各个方面，规范了接待活动事前审批控制、事中规范、事后监督问责等有关事项，细化了接待活动各项要求和标准。

《办法》规定，县级以上党政机关公务接待管理部门负责管理本级党政机关国内公务接待工作，应当会同财政部门按年度组织公开本级国内公务接待制度规定、标准、经费支出、接待场所、接待项目等有关情况，接受社会监督；纪检监察机关应当加强对国内公务接待违规违纪行为的查处，严肃追究接待单位相关负责人、直接责任人的党纪责任、行政责任并进行通报，涉嫌犯罪的移送司法机关依法追究刑事责任。

《办法》要求，积极推进国内公务接待服务社会化改革，有效利用社会资源为国内公务接待提供住宿、用餐、用车等服务；推进机关内部接待场所集中统一管理和利用，建立健全服务经营机制，推行企业化管理，推进劳动、用工和分配制度与市场接轨。

（2014年4月29日《南方日报》）

我省出台财政政策措施支持经济稳定增长

今年将为企业减负380亿元以上

为更好地促进我省经济平稳健康运行，近日，省政府常务会议研究决定出台财政支持稳定经济增长的政策措施，包括扩大财政投资，加快资金拨付进度，支持基础设施建设、稳定外贸增长、扩大消费需求、促进转型升级、落实税收优惠、减免部分涉企行政事业性收费等。2014年省财政统筹使用资金600亿元左右，同时大力减轻企业负担，预计将为企业减负380亿元以上。

按照重点支持我省经济发展关键领域和重点环节、加大投资和促进消费能产生即期效应、基础设施建设近期与长远效应相结合的原则，主要从六个方面促进经济稳定增长：一是支持基础设施建设。重点加大对高速公路、普通公路、城际轨道、机场等交通基础设施和农田水利设施、环境保护设施建设的投入，以财政资金投入带动社会固定资产投资平稳增长。二是支持稳定外需。重点用于支持外贸企业做强做大出口市场、促进进口和外贸综合服务平台建设，推动外经贸稳定增长。三是着力扩大消费。重点用于促进信息消费、支持广货网上行、传统商贸服务业发展等。四是支持产业发展项目。重点支持企业技术改造和淘汰落后产能、加快战略性新兴产业发展和重大产业科技装置建设，促进市县承接重大产业项目等。五是保障和改善民生。重点支持推进国有工矿棚户区改造、农村贫困户住房改造等。六是落实税费减免政策。一方面，落实国家结构性减税政策，稳步推进营业税改征增值税改革，研究扩大改革试点范围；另一方面，加大减免涉企行政事业性收费力度。

此次出台财政政策措施支持经济稳定增长，要求由各有关部门先筛选项目，按照程序审定后由财政部门在各项资金额度内统筹安排使用，按程序报批，以确保财政支持经济稳定增长各项政策措施和工作部署落到实处。

省政府要求各地、各部门要加快支出进度，提高资金使用时效性，力争资金早投入、早见效；要用足用好各项税费优惠政策，各级、各有关部门要加强对政策执行的督促检查，确保国家和省各项税费优惠政策得到落实。同时，尽快制订各项资金管理办法，严把资金投向，严格资金管理，确保财政资金按照既定方向投入到基础性、民生性领域等稳增长项目，不得用于提高人员经费、增加“三公”经费支出、低水平重复建设以及党政机关楼堂馆所等消费性项目。各级财政、审计、监察部门将加强对资金使用的监督管理，健全管理制度，明确各项资金使用范围、拨付程序和工作要求，严防资金滞留、挤占、截留或挪用，确保资金严格按规定使用，发挥效应。

（2014 年 5 月 9 日《南方日报》）

坚持民生优先增进百姓福祉
广东居民收入增幅跑赢 GDP

民生支出连年大幅增长

党的十八大报告强调“多谋民生之利，多解民生之忧”，把保障和改善民生放到更加突出的位置。广东作为第一经济大省、第一财政大省和第一人口大省，更是把保障和改善民生作为一切工作的出发点和落脚点，财政工作也始终坚持民生优先和增进百姓福祉，切实解决底线民生、基本民生和热点民生问题。

省统计局的最新数据显示，一季度我省地方公共财政预算支出 1 732.50 亿元，增长 9.9%，其中民生支出 1 152.67 亿元，增长 11.4%，成为一季度数据的亮点之一。

实际上，广东已经连续多年保持对民生投入的大幅增长。2010 年，全省民生支出 3 099 亿元，占公共财政预算支出的比重为 57.23%；2011 年这一数据为 4 233 亿元，所占比重达到 63%；2012 年，全省财政民生支出达 4 781.18 亿元，占总支出的 65.8%；2013 年财政预算报告显示，全年全省民生支出 5 367 亿元，占公共财政预算支出的比重达 71%，首次超过七成。

而根据今年的预算草案，全年民生支出预计将达到 6 696 亿元，占到全省公共财政预算支出的比重将达到 74.32%。其中，省级预算支出中用于保障和改善民生、均衡区域基本公共服务水平和帮助市县增强发展后劲的支出 2 325.46 亿元，占到省级总支出的 80.46%，比上年提高 1.34 个百分点。

尤其值得一提的是，从 2011 年开始，广东省政府开始每年集中力量为人民群众办好十件民生实事。当年全省各级财政累计投入资金达到 1 195 亿元；2012 年投入资金逾 1 649 亿元；2013 年投入 1 764.45 亿元；今年，全省各级财政将投入 1 727 亿元，其中省财政投入 684 亿元、增长 15.6%，集中力量办好十件民生实事。4 年 40 件民生实事所涉及的均是群众反映强烈、解决呼声最高的“热点民生”。

收入增长激活消费品市场

如果说民生投入对很多老百姓来说，看起来似乎只是抽象的数字，那么物价和收入则要直观得多。

像张阿姨这样的普通市民，日常买菜可以到“小鲜驿站”这样的社区平价商店，物价即便涨了还有政府发放的价格补贴，这样的实惠解决了她们一家日常生活的大问题。

从全省的统计数据来看，居民消费价格（CPI）方面，一季度同比上涨 3.0%。其中，城市上涨 3.0%，农村上涨 2.7%。其中，3 月 CPI 同比上涨 3.0%，环比下降 0.5%。而根据 5 月 11 日公布的最新数据，4 月我省 CPI 环比上涨 0.1%，同比上涨 2.1%，涨幅比 3 月收窄 0.9 个百分点。1－4 月，CPI 累计上涨 2.8%，涨幅比 1－3 月收窄 0.2 个百分点。

此外，根据城乡一体化住户调查，一季度广东居民人均可支配收入7 138.68元，同比增长10.6%，扣除价格因素，实际增长7.4%，高于GDP增速0.2个百分点。其中，广东农村常住居民人均可支配收入3 520.39元，同比增长10.7%，扣除价格因素，实际增长7.8%；城镇常住居民人均可支配收入8 900.56元，同比增长9.8%，扣除价格因素，实际增长6.6%。

收入和物价这一快一慢的变化，不仅提振信心、改善民生，也直接带动了消费品市场的稳定增长。一季度，广东完成社会消费品零售总额6 658.45亿元，同比名义增长11.3%，扣除价格因素实际增长9.3%。其中，3月社会消费品零售总额同比名义增长11.6%，扣除价格因素实际增长9.4%。

财政增收提供坚实支撑

从一季度来看，广东实现地区生产总值13 636.91亿元，按可比价格计算，同比增长7.2%。尽管增速有所放缓，但运行总体平稳。特别是经济转型升级继续稳步推进，经济发展的质量较高、内生动力充足，预示着未来持续健康发展的后劲不小。

财政方面，一季度来源于广东的财政总收入4 754.28亿元，同比增长23.7%。累计完成地方公共财政预算收入1 891.52亿元，增长16.2%，其中税收收入1 552.35亿元，增长13.5%。以上指标均高于全国平均水平。

省财政厅厅长曾志权在今年省"两会"做2014年预算草案报告时指出，尽管影响今年财政增收有一些不利因素，但总体来看，全省财政收入增幅仍有望保持在稳定增长区间，并将基本与经济增长速度相适应。他表示，我省将继续加大民生投入，切实解决底线民生、基本民生和热点民生问题；坚持民生优先，以实施《广东省基本公共服务均等化规划纲要（2009－2020年）》和落实民生实事为主要抓手，切实加大教育、医疗、卫生、文化体育、就业、"三农"等社会事业领域投入，努力解决好低保、五保、孤儿、残疾人供养、医疗救助等底线民生问题，增进百姓福祉。

今年以来，省人力资源和社会保障部门深入实施就业优先战略和更加积极的就业政策，取得了明显成效。截至一季度末，全省城镇新增就业人数40.9万人，失业人员实现再就业15.8万人，就业困难人员就业4.5万人，分别完成年度任务的34.1%、31.6%和45%。城镇登记失业率2.30%，控制在3.5%的目标内。全省就业局势总体平稳。

记者从省人社厅了解到，今年以来，全省各级公共就业服务机构积极引导和促进异地务工人员等各类重点群体就业。截至2月25日，有973万人节后返粤，企业员工返岗率超过92%，情况好于往年。

省人社厅负责人表示，下阶段将开展就业政策落实专项行动，继续抓好高校毕业生就业服务，推动异地务工人员转移就业，并落实就业困难人员的就业援助。

为了促进异地务工人员等重点群体就业，各地市纷纷使出浑身解数。据了解，依托"广州市就业培训信息系统"，广州为从业人员建立实名制就业、失业登记管理和电子档案，一季度支出就业专项资金1.1亿元，惠及48.3万人次，4.27万名登记失业人员实现再就业。

省人社厅负责人告诉《南方日报》记者，早在春节前，东莞市人力资源社会保障部门就组织了"平安回家·相约东莞"异地务工人员就业服务专项活动，节后又陆续开展"春风行动"系列招聘活动和每月"就业服务日"集中服务活动，促进市场供求对接匹配。与此同时，东莞市人社部门还为青年、高校毕业生提供"导师带徒"帮扶创业服务，根据企业用工需求组织开展"东莞校企合作洽谈会"等活动，推动公共就业服务普惠化。

揭阳通过搭建"学校＋孵化基地＋市场"的培训平台，打造创业培训新品牌，自去年8月以来累计发放小额担保贷款1 931万元，有效缓解创业资金周转困难等问题。

（2014年5月13日《南方日报》，记者：刘熠）

投入600多亿元　广东出招稳增长

同时将为企业减负约380亿元　释放政府与企业共渡难关信号

继日前出台新政，从5月1日起对全省范围内所有企业免征39项涉企行政事业性收费的省级收入，近日，我省又出台《关于财政支持稳定经济增长的政策措施》（以下简称《措施》），以有效应对当前经济形势，促进经济平稳运行。

2014年，省财政将安排资金约647亿元，并为企业减负约380亿元。一增一减合计逾千亿元，不仅是对今年我省实现GDP8.5%增长目标的支持，更向市场释放出政府与企业共渡难关、优化企业发展环境的强烈信号。

支持稳增长从两方面入手

本次财政支持稳定经济增长的措施主要从两方面入手。一方面是为企业减免税费约380亿元。根据日前出台的新政，我省将从5月1日起，对全省范围内所有企业免征32项中央设立和7项省设立涉企行政事业性收费的省级收入。其中，今年涉及的总免征额约15亿元，为此省财政将新增安排减收后的保障支出12亿元。而在落实国家结构性减税政策方面，仅营改增试点扩大范围，预计就可为企业减税200亿元，落实中小微企业税收优惠则预计可减税125亿元。

另一方面，省财政在支持基础设施建设、稳定外贸增长、扩大消费需求、促进转型升级等方面，安排资金647亿元左右。

具体来看，围绕投资、消费、外贸三大调控手段，重点加大对交通、水利、环保等基础设施的投入，积极支持扩大出口、促进进口和综合服务平台建设，以稳定外贸增长，并加大对信息消费、广货网上行、传统商贸服务业发展等的支持力度，切实增强经济发展的内生动力，扩大消费需求。

稳增长同时促转型。重点支持重大产业项目建设、企业技术改造和淘汰落后产能、加快战略性新兴产业发展，促进产业转移等。

此外在保障和改善民生方面，重点支持棚户区改造、农村泥砖房改造以及改善农业农村生产条件。

适时适度出台财政措施

今年以来广东经济运行虽然总体平稳，但增速有所回落，运行压力显现，不确定因素增加，这些是《措施》赶在5月出台的重要原因。

来自省统计局的数据显示，受出口形势严峻、房地产增速回落及内贸拉动力减弱的影响，一季度我省GDP完成13 636.91亿元，同比增长7.2%，较上年同期回落1.3个百分点。1－4月，主要经济指标增长平稳，物价有所回落，但总体来看经济企稳回升基础仍不牢固。

省财政厅厅长曾志权表示，财政政策是政府调控经济运行的手段之一。在遵循市场规律，发挥市场在配置资源中起决定性作用的情况下，根据经济运行形势变化，适时适度地采取财政政策措施，有利于更好地发挥政府的作用，保持经济平稳增长。

更重要的是，一增一减之间释放出强烈的信号，特别在为企业减负方面，“这不仅仅是钱的问题，更体现出政府与企业共渡难关，优化企业发展环境，规范政府与企业利益关系的意图”，曾志权说。

希望带动5－10倍社会投入

本轮财政支持稳增长的政策措施，实际上可以理解为政府对市场的适度“微调整”。

财政专家分析，600多亿元的投入相对于广东的经济体量比较适度，不会导致短期流动性过剩的问题；资金来源方面，也主要是根据当年可支配财力进行安排。

曾志权介绍，647亿元中，有400多亿元是年初经省人大审议批准的预算存量资金，“本来就是打算用于支持经济发展，只是现在更侧重在重点领域及加快资金支出进度，尽早发挥效益”，“这些财政资金重点支持基础设施建设、技术进步、转型升级等，针对的不仅是我省经济发展关键领域和重点环节，也是既利于长远发展，又能够产生即期效应的领域”。

新增安排的200多亿元则主要在地方政府性债券及清理历年存量资金中安排，“其中今年国务院批准的广东省政府债券规模控制数为148亿元，另外通过清理历年存量资金拿出了几十个亿”。

曾志权表示，稳定经济增长需要多措并举，投资拉动是很重要的一环，但主要还是靠市场在资源配置中起决定性作用，财政政策只能起导向作用。从整个经济发展需要资金支持的量上来说，这次安排的资金数量是适度的，“希望通过这种安排，发挥财政资金的放大作用，四两拨千斤，撬动5－10倍的社会资金投入”。

将加大支持转型升级力度

据了解，为确保财政支持经济稳定增长各项政策措施和工作部署落到实处，省政府要求各级、各部门要加快支出进度，提高资金使用时效性，力争资金早投入、早见效；同时加强对各项税费优惠政策执行的督促检查，确保国家和省各项税费优惠政策得到落实。

曾志权特别强调，我省将尽快制订各项资金管理办法，严控资金投向，严格资金管理，确保财政资金按照既定方向投入到基础性、民生性领域等稳增长项目，不得用于提高人员经费、增加“三公”经费支出、低水平重复建设以及党政机关楼堂馆所等项目。各级财政、审计、监察部门也将加强对资金使用的监督管理，健全管理制度，明确各项资金使用范围、拨付程序和工作要求，严防资金滞留、挤占、截留或挪用，确保资金严格按规定使用。

他还独家向南方日报透露，除了日前出台的《关于免征中央、省设立的涉企行政事业性收入省级收入的方案》和最新的《措施》，下一步我省还将加大财政支持产业转型升级的力度。5月26日，省财政厅也专门开会研究部署相关工作。

曾志权介绍，财政支持转型升级将重点围绕几个方面。一是奖补结合支持企业自主创新；二是支持研发、服务等重要平台建设；三是支持企业技术改造，特别是不能丢掉有生命力、有发展前景的传统产业，使其通过技术改造，实现工业化与信息化、智能化相融合；四是支持战略性新兴产业、高新技术企业发展；五是支持进口先进技术及设备。

链接：

粤148亿元地方债78亿元转贷市县

近日，财政部网站公布了关于印发《2014年地方政府债券自发自还试点办法》的通知，广东成为了10个地方政府债券自发自还试点之一。

经国务院批准，2014年广东省政府债券规模控制数为148亿元。按照相关文件要求，我省需要编制预算调整方案，报同级人大常委会审查批准后才能正式发行。

而根据我省最新出台的《关于财政支持稳定经济增长的政策措施》，今年财政部下达的148亿元地方政府债券资金中，将安排78亿元转贷市县，用于支持市县落实重大产业项目落地配套和重大项目建设，支持市县承接重大产业项目。

对话：省财政厅厅长曾志权谈出台新政策时机

有利加快支出进度　尽早发挥政策效应

一方面要安排资金600多亿元，另一方面又为企业减负300多亿元。这一增一减是否会对财政形成压力？这些资金会怎么落实？今年财政收支目标又能否实现？26日，省财政厅厅长曾志权接受《南方日报》专访，就上述问题一一解惑。

尽量在上半年投出资金

南方日报：为什么要在这个时候推出财政措施支持稳增长？

曾志权：新政出台前，我们也做过调研。目前社会各界对经济走势有信心也有担忧，也有呼吁采取一些措施的。比如希望加大对实体经济支持，提供税费方面的一些优惠，为企业提供一个宽松的环境，等等。从调研情况和企业的呼声来看，有必要进行适度的微调。

此外，在近期出台新的政策措施，也是考虑到如果再不采取措施，三、四季度的压力太大，可能导致全年的经济增长目标无法完成。而尽快出台扶持政策，也有利于加快支出进度，尽量在上半年把资金投出去，尽早地使政策发挥出效应。

短期内财政运行有压力

南方日报：支出的增加和收入的减少这一增一减，是否会对财政形成较大压力？如何落实这些资金？

曾志权：短期肯定会对收支产生一定的影响，对财政运行产生一定压力。但从长远来看，根据经济运行形势，通过增加支出和减免税费，发挥“相机抉择”财政政策的逆向调控作用，可以有效拉动投资、刺激内需、稳定外贸，促进经济平稳健康增长，进而实现财政收入增加、预算收支动态平衡的目标。

经省政府授权，我们已将此次财政支持稳定经济增长的政策涉及资金安排情况专门向省人大常委会报告。

此外，我们还会通过压缩一般性支出，特别是压缩行政经费、“三公经费”来减少支出，把钱用到最需要的地方。2013年，我省“三公”经费支出比上年下降16.69%，其中省级下降15.53%；今年第一季度，全省“三公”经费支出同比下降17.37%，其中省级下降19.42%。

财收增长目标完成有望

南方日报：今年财政增收形势如何？增长10%的目标能否实现？

曾志权：今年以来，受经济增长放缓、结构性减税力度加大等因素影响，我省财政收入增幅呈现回落态势。1－4月，全省地方公共财政预算收入完成2 621.35亿元，同比增长14.32%，增幅比一季度低1.9个百分点、比上年同期低2.37个百分点。

总体来看，当前财政增收面临较多不利因素：一是经济增长面临较大下行压力；二是结构性减税力度进一步加大；三是为减轻企业负担，优化企业发展环境，今年我省将继续加大减免涉企行政事业性收费力度。

尽管财政增收面临上述各种各样的困难，但随着改革深入推进激发市场活力、稳定经济增长各项措施提振市场信心、经济结构调整成效继续显现，我省经济发展有望延续去年以来企稳向好、稳中有进的态势，为财政增收提供有力支撑，全年预算收入增长目标有望完成。

（2014年5月27日《南方日报》，记者：卢轶）

2020年前广东投入基本公共服务领域财政资金将加码

每年加投450亿元　年均增长12.5%

经省政府同意，省财政厅近日印发了修订版的《广东省基本公共服务均等化规划纲要（2009－2020年）》（以下简称《规划纲要》）。这是继2009年广东在《规划纲要》、2012年出台实施《深入推进基本公共服务均等化综合改革工作方案（2012－2014年）》（以下简称《工作方案》）后，又一次对我省基本公共服务均等化政策体系的完善调整。对比2009年版的《规划纲要》，修订版主要体现了四大变化。

变化1：范围扩大　基本公共服务形成“5＋5”框架体系

所谓基本公共服务，是指建立在一定社会共识基础上，由政府主导提供，旨在保障全体公民生存和发展基本需求的公共服务。实际上，基本公共服务是一个动态范畴。随着经济社会发展，基本公共服务的内涵和外延都会发生变化。

2009年广东率先出台的规划纲要，首次在国内将公共教育、公共卫生、公共文化体育、公共交通、生活保障、住房保障、就业保障、医疗保障等八项公共服务纳入到基本公共服务的范围，解决了什么是基本公共服务的问题。

2012年5月，广东出台实施《工作方案》，进一步将公用设施、社会安全、社会服务、权益保障、人居环境、生态环保等纳入到基本公共服务的范畴。

在广东的先行先试效应下，2012年7月，国务院印发了《国家基本公共服务体系“十二五”规划》。这份国家规划共包括9个领域。其中，广东已基本涵盖基本公共教育、劳动就业服务、社会保险、基本社会服务、基本医疗服务、基本住房保障、公共文化体育等7项，但未涉及人口和计划生育、残疾人基本公共服务两项。

本次修订规划纲要在公共教育、公共卫生、公共文化体育、公共交通4项基础服务和生活保障、住房保障、就业保障、医疗保障4项基本保障（共8项基本公共服务项目）的基础上，增加公共安全和生态环境保障2项基本公共服务项目，形成了“5+5”框架体系，即5项基础服务和5项基本保障的基本公共服务框架。

变化2：目标加码　阶段目标提前两年完成

修订版《规划纲要》的另一大变化是，将原规划到2020年的阶段目标提前至2018年完成，同时新增了2020年阶段目标，从而形成了2015年重点实现基本公共服务的广覆盖、2018年重点实现城乡基本公共服务均等化、2020年重点实现全体居民基本公共服务均等化的梯度阶段目标。

根据修订版《规划纲要》，到2018年，全省率先建立城乡统一的基本公共服务体制，率先实现省内各地区基本公共服务财政保障能力均等化，率先建立基本公共服务多元化供给机制，基本公共服务标准明显提高、服务方便可及、群众比较满意，基本公共服务水平在国内位居前列。到2020年，全省基本建成政府主导、覆盖城乡、功能完善、分布合理、管理有效、可持续的基本公共服务体系，实现城乡、区域和不同社会群体间基本公共服务制度的统一、标准的一致和水平的均衡，实现人人平等地享受基本公共服务。

结合“十二五”规划，修订版《规划纲要》总体目标分2013－2015年、2016－2020年两个阶段推进。

变化3：增加投入　财政资金增额达5 974亿元

由于范围扩大、目标加码，修订版的《规划纲要》也重新测算了实施《规划纲要》的财力需求。

按照实现基本公共服务总体适度均衡的要求，修订版的《规划纲要》列明了到2020年实现珠三角地区与粤东西北之间人均基本公共服务支出差距控制在30%以内的目标。预计2013－2020年，全省共投入基本公共服务领域的财政资金30 786亿元，年均增长12.5%，年均新增投入450亿元，较原规划预计的2009－2020年投入24 812亿元增加5 974亿元。

由此，全省基本公共服务支出占公共财政预算收入的比重也从2012年的35.07%提高到2020年的37.67%。其中，珠三角地区（含广州、深圳、珠海、佛山、东莞、中山、江门市，根据经济发展梯度未含惠州、肇庆市，下同）从2012年的24.25%提高到2020年的26.05%；欠发达地区从2012年的40.86%提高到2020年的47.37%。

而根据测算，预计2013－2020年，广东省公共财政预算收入年均增长11.5%，同期基本公共服务支出从2 458亿元增加到5 605亿元，年均增长12.5%，我省财力增长总体可满足基本公共服务支出增长的需要。

变化4：责任清晰　明确服务项目和支出责任

修订版《规划纲要》的另一大变化是明确了服务项目标准与支出责任划分。

修编后的规划详细列出了各项基本公共服务的服务项目、服务对象、保障标准、支出责任和覆盖水平。

特别是按照党的十八届三中全会提出的建立事权和支出责任相适应的制度要求，修订版《规划纲要》对各项基本公共服务项目的支出责任在省以下层面作出了原则性划分，区域性较强的公共服务作为地方事权，省级政府主要负责全省基本公共服务标准确定、地方政策法规制定、涉及省级事权的基本公共服务提供与财力保障，确保基本公共服务均等化权责统一。

以“非户籍常住人口子女接受义务教育”这一服务项目为例，修订版《规划纲要》明确其服务对象为“非户籍常住人口的适龄儿童、少年”，保障标准为“实现符合条件的非户籍常住人口子女接受义务教育与当地户籍学生享有同等待遇”，支出责任则是“中央与地方财政按比例分担”，覆盖水平则需达到“目标人群覆盖率90%”。

相关：

基本公共服务　推进城乡一体化

修订版《规划纲要》进一步完善了基本公共服务均等化配套政策体系，以构建保障基本公共服务体系有效运行的长效机制。涉及完善以基本公共服务均等化为导向的财政投入及保障机制，进一步调整和优化公共财政支出结构；推进城乡基本公共服务一体化，努力实现城镇基本公共服务常住人口全覆盖；探索基本公共服务民主决策机制，促进财政民生资金从“舍得花”向“花得好”转变；完善基本公共服务均等化绩效考评机制，将绩效评价结果作为分配省对市县转移支付资金的重要依据等六大方面。

值得一提的是，为了提高公共服务效率和质量，在坚持市场在资源配置中起决定性作用和公益事业发展由政府主导的原则下，我省将着力建立健全基本公共服务多元化供给机制。由此，我省也将进一步深化事业单位改革。

修订版《规划纲要》指出，按照政事分开、事企分开、管办分离的要求，进一步深化事业单位分类改革，推动资源整合优化配置和结构调整，加大政府购买公共服务力度，推动公办事业单位与主管部门理顺关系和去行政化，创造条件，逐步取消学校、科研院所、医院等单位的行政级别，建立现代事业单位管理体制和运行机制，逐步形成“养事不养人”的运行机制，降低基本公共服务成本。探索管办分离的有效实现形式，完善法人治理结构，使事业单位真正转变为独立的事业单位法人和公共服务提供主体。

（2014 年 5 月 30 日《南方日报》，
记者：卢轶，通讯员：岳才轩）

广东出台省财政一般性转移支付资金管理办法
优先保障民生　禁止 6 类支出

近日，省政府印发实施《广东省财政一般性转移支付资金管理办法》（下称《办法》），对我省一般性转移支付资金进行全面规范。《办法》明确，省未确定具体使用方向的一般性转移支付资金按照有关民生、运转、协调发展三方面支出的先后顺序安排使用。市县不得将其用于违规提高“三公经费”、新建楼堂馆所、形象或政绩工程等 6 类禁止性支出。

一般性转移支付 2017 年超六成

省财政一般性转移支付资金是指为均衡省内地区间财力差距，推动全省经济社会协调发展，促进基本公共服务均等化，由省财政安排给市县政府的中央和省级财力性补助资金。这类资金不规定具体使用项目，市县政府可以根据地方实际统筹使用。

目前，省级一般性转移支付资金主要包括均衡性转移支付、激励性转移支付、县级基本财力保障机制奖补资金、重点生态功能区转移支付等 10 个项目资金，以及公共安全、教育、社会保障和就业、医疗卫生、农林水等专项领域未指定具体使用项目的其他一般性转移支付资金等。

2013 年以来，按照中央和省委、省政府的工作部署，广东省级财政积极调整优化支出结构，大力压缩专项转移支付规模和种类，提高一般性转移支付比重，力争 2017 年底前将省级一般性转移支付占省级财政转移支付支出的比重提高到 60% 或以上，不断扩大市县统筹使用上级财力性补助资金规模。

随着一般性转移支付资金增加、比重提高，如何在赋予市县政府更多理财自主权同时，切实采取措施确保资金依法依规分配使用，提高资金使用效益，成为各界普遍关注的焦点。因此继此前出台《广东省省级财政专项资金管理办法》，日前省政府又出台《办法》对一般性转移支付资金进行全面规范。

不得用于违规提高“三公经费”

《办法》分层次明确了省、市、县三级政府财政部门管理责任：

省级主要承担建立完善省以下转移支付制度、组织实施省财政一般性转移支付资金的分配和拨付、落实省级支出责任、建立和落实县级基本财力保障机制等方面的职责；

地级以上市主要承担市级和市辖区的支出责任、对县（市）的帮扶责任、执行省制定的分配方案并限时拨付资金等职责；

县级主要承担县级支出责任、执行国家和省制定的支出政策等职责。

市县应统筹使用省财政一般性转移支付资金，落实本级政府事权范围内相对应的支出责任，将省未确定具体使用方向的一般性转移支付资金按照有关民生、运转、协调发展三方面支出的先后顺序安排使用，重点确保国家和省出台的各项政策和补助标准足额落实。其中城乡最低生活保障、农村五保供养、医疗救助、基础养老金、残疾人生活津贴及护理补贴、孤儿供养保障等关系社会弱势群体基本生活的底线民生项目优先安排资金。

《办法》特别明确，市县不得将省财政一般性转移支付资金用于违规提高“三公”经费、新建楼堂馆所、形象或政绩工程等 6 类禁止性支出。

建立监督检查和绩效评价机制

在省级一般性转移支付资金的预算管理方面，《办法》规定对省级一般性转移支付资金实行提前预拨、年中下达、年度结算制度，同时要求建立一般性转移支付资金使用定期备案制度，下级财政部门需按季度汇总一般性转移支付资金安排的具体项目，报上级财政部门备案。

《办法》要求对一般性转移支付资金建立监督检查和绩效评价机制。一方面，各级财政和人大、审计、监察部门按规定对一般性转移支付资金管理各个方面进行监督，对存在违规问题的单位和个人依法处理、处罚或处分。同时，省审计、监察部门按照省委、省政府工作部署和年度计划，每年有重点地对一般性转移支付资金管理和使用情况进行审计和监督；另一方面，省级财政部门建立绩效评价指标体系，选取定性指标和定量指标实施评价，并将绩效评价结果作为下一年度一般性转移支付资金分配的重要依据。

（2014年6月12日《南方日报》，记者：卢轶，通讯员：岳才轩）

基本公共服务均等化综合改革试点新增江门、阳江、清远三市

17日，江门召开基本公共服务均等化试点动员大会。笔者获悉，在2012年惠州启动基本公共服务均等化综合改革试点的基础上，我省又将江门、阳江和清远纳入了试点范围。

2009年，广东率先出台《广东省基本公共服务均等化规划纲要》，首次在国内将公共教育、公共交通、生活保障、住房保障、医疗保障等八项公共服务纳入到基本公共服务的范围，并明确了“底线均等”的精神。2012年5月，广东又出台实施《深入推进基本公共服务均等化综合改革工作方案（2012－2014年）》，并将惠州明确为继续深化基本公共服务均等化综合改革试点。

日前，省财政厅又对《规划纲要》进行了修订，不仅扩大了基本公共服务范围到十项，也对任务目标进行了加码。为做好贯彻实施，继续深入探索基本公共服务均等化综合改革经验，近日，经省政府同意，我省将改革试点范围扩大到江门、阳江、清远。

省财政厅厅长曾志权表示，两年来，惠州市的试点工作取得了较好成效，也积累了一定经验，希望江门能够在解决基本公共服务均等化深层次、结构性矛盾等方面，继续探索有益经验。江门市委书记刘海、市长庞国梅表示，江门将以综合改革试点为契机，深入探索基本公共服务均等化综合改革，争取多出成效、出亮点、出经验。

据悉，《江门市全面深化基本公共服务均等化综合改革试点方案（2014－2015年）》近日已经印发。江门市将确定底线均等保障项目，建立全市统筹资金机制和转移支付机制，各县市（区）在每年公共财政预算收入增量中按一定比例安排专项上缴到市级统筹，市本级财政每年统筹安排不少于1亿元，结合“大民政”和底线民生保障建立全市统一标准底线均等项目的转移支付制度，加强全市基本公共服务薄弱环节和提高底线保障水平。

（2014年6月18日《南方日报》，记者：卢轶，通讯员：岳才轩）

上半年广东十件民生实事进展顺利

基本实现时间过半任务过半

省委、省政府高度重视改善和保障民生。今年年初，中共中央政治局委员、省委书记胡春华在省委十一届三次全会上指出，“要扎扎实实为改善民生办实事办好事，让广东的民生工作每年都有新进步”。省长朱小丹在省人大十二届二次会议上作政府工作报告时提出，今年要集中力量办好十件民生实事，涉及底线民生保障、就业社保、教育、医疗、文化、助困扶残、住房保障、农村、物价、防灾减灾等领域。为确保每件实事落到实处，省政府把十件民生实事分解为32项具体事项，分别由17个省直单位牵头组织实施，并加大督促检查力度。全省各地、省直各有关单位按照省委、省政府切实保障和改善民生的工作部署，精心制订工作方案，采取切实有效措施，认真推进省十件民生实事。目前，省十件民生实事总体进展顺利，基本实现“时间过半、任务过半”。

底线民生保障水平不断提高

截至6月底，全省121个县（市、区）中，83个人均城

镇低保补差水平达到或超过333元/月。全省109个有农村的县（市、区）中，83个月人均农村低保补差水平达到或超过147元/月；91个农村五保供养标准已达到或超过当地上年度农村居民人均纯收入的60%。21个地级以上市全部实现人均医疗救助水平达到或超过934元，其中政策范围内住院自负医疗费用的救助比例提高到70%以上。按照孤儿基本生活集中供养1 150元/人/月和分散供养700元/人/月的新标准，中央和省级财政有关补助资金已于1月下拨各地市，全省各市均已按照新标准落实了市、县（区）配套资金，广州、深圳、珠海、佛山、惠州、东莞6市已超过标准。1－6月省财政共下拨各项底线民生保障资金56.6亿元，为年度预算的78.9%。

提升就业社保水平取得明显成效

上半年，全省城镇新增就业90万人，失业人员再就业30万人，促进创业9.8万人，培训农村劳动力31.8万人，分别完成全年任务的75%、60%、98%、53%。全省社会保障卡持卡人达7 987万人，户籍人口发卡率为92%，珠海、河源、中山等10个地市以社保卡为载体推进政府公共服务“一卡通”。中央和省财政对城乡居民医保每人年补助提高到320元的补助资金共118.2亿元已下拨。组织8.1万人和5 351艘渔船参加渔业政策性保险，分别完成全年目标的72.3%和53.5%。

推进城乡教育协调发展迈出新步伐

根据山区和农村边远地区义务教育学校教师岗位津贴省补助提高到人均700元/月的新标准，已按去年基数提前下拨今年省补助资金，其余部分将在核准人数后下拨。城乡义务教育生均公用经费补助标准小学已提高至950元，初中已提高至1 550元。从今年9月起，省属普通本科学校生均综合定额提高到9 100元，将按时拨付经费。今年进城务工人员随迁子女报考高职院校的报名、资格审查工作已完成，认定符合在我省报名参加高职招生考试的随迁子女767人，目前高考成绩已公布。

医疗卫生服务日益完善

按照人均基本公共卫生服务经费标准提高到35元以上的新标准，下拨省级财政补助经费9.4亿元。实施欠发达地区边远乡镇卫生院在编人员岗位津贴补贴政策，省级财政预算已安排2.45亿元。为欠发达地区基层医疗卫生机构配置“五个一”医疗设备，省财政补助经费分配方案已拟定。落实国家县级公立医院改革政策，已有38个县市78家医院开展县级公立医院改革试点，占全省65个县市（包括5个县改区）的58%，75家医院已取消药品加成，试点医院基本药物平均使用比例达到53.3%；同时有18个县市申报第三批试点，累计将占全部县（市）的86%。全省已为42万例孕产妇提供艾滋病、梅毒、乙肝感染情况的检测服务，积极落实各项免费干预医疗服务。

基层公共文化服务工作扎实推进

全省农村电影公益放映13万场，观影人次达2 746万；为异地务工人员专场放映1.5万场，观影人次达343万，电影放映累计完成全年任务的56%。100座广播电视发射台升级改造无线覆盖工程正在进行公开招标工作。

助困扶残工作有序推进

推进省政府门户网站、政府部门网站和省残疾人公众网站信息无障碍改造，已完成项目需求编制初稿和省政府门户网站无障碍改造。已完成免费配发读屏软件视障人员统计，初步完成软件的研发和测试。珠三角城市建设公共交通导盲系统正进行项目招标。

完善住房保障取得新进展

全省新开工建设保障性住房3.6万套，棚户区改造1.8万套，基本建成保障性住房5.9万套，分别完成年度任务的72.2%、47.9%和53%。农村低收入住房困难户住房改造已竣工2.8万户，在建2.5万户，竣工与在建率合计52.8%。“两不具备”贫困村庄移民搬迁安置，有956个村、9 698户符合扶持搬迁条件，作为今年第一批扶持对象，正在审核安排资金。

农村基本生产生活条件持续改善

正组织各地市对新农村公路路面硬化项目进行审核上报，乡镇农民体育健身工程项目也正在组织各市积极规划、申报和实施。建设农村生活垃圾收运处理体系，全省纳入考核范围的71个县（市、区）已有42个建成“一县一场（生活垃圾无害化处理场）”，26个正在动工建设。全省农村生活垃圾无害化处理率达41.1%。

稳价惠民工作有效落实

春节前已向低收入群体及困难群众284万人发放一次性临时价格补贴，共计4.3亿元。按照国家有关部署，进一步完善了低收入群众临时价格补贴标准与价格上涨联动机制。

防灾减灾重点工程建设稳步推进

300宗一般小（2）型病险水库除险加固项目已全部开工，主体工程完工或全面完工72宗，投资完成率54%；50宗中小河流治理项目已全部开工，基本完工3宗，投资完成率56%。加快推进地质灾害隐患点搬迁和治理工作，全省投入地质灾害隐患点搬迁和治理经费共2.49亿元，累计消除地质灾害隐患点208个，正在施工279个。

从今年上半年的情况来看，省十件民生实事总体进展顺利，但仍有部分地区、部分事项进展滞后。省政府已要求各地、各部门进一步加强领导，落实责任，保障经费，从快拨付，加快审批，促进提速，全力推进落实，确保按时保质完成年度目标任务。省直有关部门将进一步加强对各地落实民生实事的督促指导。下半年，省府办公厅将组织对进展较慢、问题突出的事项和地区进行重点督查。

（2014年7月15日《南方日报》，记者：黄应来，通讯员：符信）

省财政厅副厅长上线民声热线

市民私人购买新能源车最高将获50%以上优惠

7月15日，广东省财政厅副厅长叶梅芬上线广东民声热线，回应数个民生热点话题。其中，新能源车补贴问题备受关注。记者获悉，广东已对新能源汽车的补贴进行了分类规划。如果算上国务院最近公布的新能源车购置税免税政策带来的福利，广东市民购买新能源车最高能享受50%以上的价格优惠。

广深新能源车补贴为何不同？广州已将1∶1补贴方案报送国务院

同样一款新能源车型，市民在深圳购买，除了可获国家3.5万元补贴，当地也会补贴3.5万元。可在广州购买的话，当地只能补贴1万元。在节目播出的一条采访视频中，不少受访者反映，目前广州新能源车补贴力度和配套服务不够。甚至有一些经销商，向购买新能源车的广州市民推荐到深圳上牌，否则少拿2.5万元的补贴划不来。

按目前国家有关政策，购买一辆符合补贴政策的新能源汽车，能够获得国家和地方双重财政补贴。国家补贴额是固定的，但地方补贴额则各地不同。比如，深圳采取了1∶1的补贴政策，即国家补多少，深圳就补多少。如此一来，以比亚迪某款20万元的插电式混合动力汽车为例，广州和深圳之间的补贴相差2万多元。

对此，叶梅芬回应称，国家对于新能源汽车的战略性扶持政策正在逐年加大。其中，深圳很早就成为新能源车推广示范城市，因此很多补贴优惠政策走在了前面。2013年国家出台了最新一轮的政策，今年7月广东省财政厅和省发改委联合下发了《广东省省级新能源汽车推广应用专项资金管理办法》，对各市在补贴标准方面进行了统一。《办法》将广东分为四个类别进行补贴，一类地区：广州市；二类地区：珠海、佛山、惠州、东莞、中山市；三类地区：江门、肇庆市；四类地区：粤东西北城市。省财政将按照国家购车补助标准的一定比例对不同分类地区给予综合补助。如果算上国务院最近公布的新能源车购置税免税政策带来的福利，市民私人购买新能源车最高将享受到50%以上的优惠。

广州市财政局副局长梁少婷表示，作为首批新能源汽车推广应用城市，广州市1∶1的补贴方案已在省里先行一步，报送国务院并备案。“下来是操作的问题了，以节目中所指的那款车来说，等到1∶1的方案正式公布执行后，2.5万元的缺口会马上兑现。”

基础设施是新能源汽车发展中的瓶颈，也引起了国家和省财政厅的高度关注。充电桩相当于新能源汽车的加油站。对于能否在市民自家车库推广充电桩的提议，叶梅芬表示，充电桩是公共设施，在发改委下发的文件中，对于充电桩的规划安排有非常详细的规定。“我们要求停车场、4S店等都要安装充电桩，希望市民在半小时内可以找到充电设施。个人在家中充电是一个不错的建议，我们接下来可以研究。”

家电下乡补贴为何晚到一年？如查实将惩处责任人

来自化州的李先生拨打民声热线，反映自己在2012年9月购买了摩托车，当年12月提交了补贴手续，但至今没有收到补贴款。对此，节目现场连线了茂名市财政局。茂名市财政局相关负责人回应称，按照国家的政策，摩托车下乡的补贴已经发放完毕，财政系统正在进一步核算，相关手续已经按程序报送了省财政厅，但有一些资金没有结算完成，“我们接下来会进一步沟通，尽快把这个事情办好。”

对于由此引出的家电下乡话题，节目现场播放了一段视频。韶关翁源县一位电器商行的店主向广东民声热线投诉，自己垫付的50万元补贴款足足拖了一年才拿到。

对此，叶梅芬回应称，家电下乡的资金由中央与省两级财政承担，中央承担80%，省承担20%。财政厅会根据人口以及家电的普及率等测算一个预拨数，再结合家电下乡的网络，将资金下拨到地级市的财政局，然后再分给各县。在此过程中，相关补贴金还要根据兑付进度来调剂。“拨款不存在时间差，预拨数会先预兑付到当地，县、市如果真的资金不足要向上级申请。”面对调剂时间是否需要一年的追问，叶梅芬给予了否定。

叶梅芬说：“如果所查属实，那么可以确定一点——县财政局没有在规定的时间，把补贴拨付到销售网点。”她说，国家及省的相关规定对财政违法违规行为制定了惩处办法，一旦查实，将会依法依规对相关人员进行惩处。对于有人提出的“家电下乡”骗补问题，她表示，审计报告确实暴露出了我们省个别地方出现了骗补的问题，相关的责任人也已经受到了处罚。

（2014年7月16日《南方日报》，记者：赵杨，实习生、刘一帜）

省司法、财政、人社厅“一把手”谈“建立健全惩治和预防腐败体系”

将权力运行全过程置于监督视野内

广东省委印发的《关于贯彻落实中央〈建立健全惩治和预防腐败体系2013－2017年工作规划〉实施办法》，标志着广东省“反腐败工作新的5年战略计划”正式出台。

省司法厅承担着维护司法公正的重要使命；省财政厅既承担着保障民生的职责使命，又承担着源头防治腐败的重要任务；省人力资源和社会保障厅承担着就业、社保、收入分配等重要民生领域工作，事关人民群众切身利益。此三个部门的“一把手”如何理解广东反腐的“5年战略计划”？三个部门又将如何落实《实施办法》？本期建立健全惩治和预防腐败体系“大家谈”与您共同关注。

◎本期嘉宾

严植婵：省司法厅党委书记、厅长

曾志权：省财政厅党组书记、厅长

林应武：省人力资源和社会保障厅党组书记、厅长

主持人：南方日报记者赵杨

紧抓作风建设：将完善公务用车费、办公用房规定

南方日报：三位所在的单位，工作都与民生相关，都与维护公平、公正有关，作风建设非常重要。省财政厅、司法厅、人社厅如何抓作风建设？下一步又有哪些计划？

严植婵：反思近期我省司法行政系统内发生的案件，各级司法行政党委要履行好主体责任，首要任务是抓好队伍的作风建设。

中央八项规定出台后，省司法厅党委班子及成员自觉带头执行，严格遵守《廉政准则》。同时，我们还紧紧围绕反对“四风”方面的问题，特别是群众反映强烈的突出问题，立行立改。如实行公务车节假日入库封存制度，规范公车管理、杜绝公车私用；制定落实《广东省司法厅公务接待管理规定》，规范接待程序和标准、杜绝铺张浪费；制定落实《广东省司法厅会议管理办法》，规范会议文件等工作，杜绝搞形式、走过场；为满足人民群众日益增长的权益保障和法律服务需求，积极构建广东省公共法律服务体系等。此外，我们还坚持强化责任追究。

曾志权：财政部门承担着源头治腐的重要使命，我们在抓本单位党员领导干部作风建设的同时，也致力于服务全省加强作风建设的大局，探索建立厉行节约反对浪费长效机制。我们下一步将加快推动健全公务支出管理体系，进一步梳理现行规章制度，及时修订或制定新的管理办法，形成相对完备、可操作性强的公务支出管理制度体系。近期，省财政厅要在已经出台省级机关会议费、差旅费、公务接待经费、因公临时出国（境）经费等管理制度的基础上，抓紧完善培训费、公务用车费、办公用房等方面的管理规定，并加强对市县镇相关工作的督促指导，推动公务消费改革，建立科学合理、完整规范、符合各地实际的公务支出标准体系。同时，我们还将持之以恒地抓好各项制度规定落实，提高制度执行力，加强日常监督管理，坚决纠正打折扣、搞变通的行为，防止“四风”问题反弹。

林应武：按照群众路线教育实践活动的要求，我们全面整改了“四风”方面存在的突出问题，以开展窗口单位改进作风专项行动为重点，坚持问题导向，大力整治机关干部职工庸懒散奢和“门难进、脸难看、事难办”等不良现象；重点整治收送“红包”、礼金，大操大办婚丧喜庆事宜，公款“大吃大喝”、公款出国（境）等问题；继续抓好对粤东西北15个欠发达市定点挂钩指导工作，切实解决存在的困难和问题。下一步，我们将把反“四风”改作风长效化、常态化，形成作风建设的长效机制。

坚决惩治腐败将整治公务员考录中的“萝卜招聘”

南方日报：《实施办法》把“坚定不移惩治腐败”作为当前的一项重要工作，并从加大查办案件力度、严格把握办案政策、改革和完善办案工作体制机制三个方面，量化式、指标性地部署了今后几年的工作。惩治腐败方面，省财政厅、司法厅、人社厅是怎样做的？将如何加强这项工作？

严植婵：我们将全力支持纪检监察部门查办违法违纪案件，以“零容忍”态度惩治腐败。同时，我们将立足管早、管小、管平时。通过交流谈心、信访约谈、诫勉谈话等方式，对干部中的苗头性、倾向性问题，早提醒、早纠正，防止小毛病演化成大问题。

此外，我们还将继续组织开展专项治理，及时查纠不正之风。对刑罚执行过程中减刑假释保外就医等方面出现的违法违纪、因警囚关系不清损害被监管人员亲属利益、法律服务行业违反执业纪律和职业道德、违规收费等损害当事人利益等现象，将采取执法领域专项治理、法律服务行业诚信体系建立、公证质量检查、司法鉴定质量认证等专项活动，进行认真整顿和纠治，以提高执法执业公信力。

曾志权：省财政厅将坚持有案必查、有腐必惩，切实做到发现一起、查处一起，绝不姑息迁就。我们还要发挥查处案件的警示作用，严肃追究领导责任，深入剖析典型案例，查找薄弱环节和漏洞，做到举一反三，及时规范。同时，我们将为派驻财政部门纪检机构开展工作创造条件、提供便利，重视加强财政纪检监察干部队伍建设，打造坚持原则、刚正不阿的财政反腐倡廉队伍。

林应武：我们一直旗帜鲜明反对腐败，对违法违纪行为坚持“零容忍”，近年来，厅党组支持驻厅纪检组先后查处了中山市人社局原党委副书记、纪委书记梁某违法为其儿子篡改公务员成绩案，湛江市坡头区社保局局长杨某伙同社会人员造假、违规办理社保补缴手续为自己谋取私利案等社会影响恶劣的案件。最近，又严肃查处了省社保局副调研员、广东社保学会秘书长韩某生活作风违纪问题，取得良好的社会效应。

下一步，我们将继续支持驻厅纪检组聚焦办案主业，针对损害群众利益和重点领域腐败问题，继续保持反腐败的高压态势。一是加大纠正损害群众利益不正之风力度。以民主评议政风行风专项行动为载体，抓好就业创业、社会保障、劳资纠纷、人事考试等涉及群众切身利益领域的专项整治；深入开展对欠薪等突出违法问题的专项整治，出台建设施工领域工资保证金制度，完善涉嫌恶意欠薪罪行政司法“两法衔接”操作办法；着力整治公务员考录和事业单位招聘的“近亲繁殖”、“因人画像”、“萝卜招聘”等不正之风，切实解决身边的腐败问题。二是加大案件查处力度。进一步畅通信访举报渠道，认真处理群众来信来访，实名举报的核查率要达到100%。我们还将坚持“一案双查”，严肃追究有关责任人和相关领导责任，坚决遏制腐败蔓延势头。

积极开展预防将建司法机关行政廉政风险监督平台

南方日报：《实施办法》对预防腐败工作提出了“积极预防、系统预防”的导向，并明确部署了预防腐败工作。省财政、司法、人社厅对这方面的工作有怎样的考虑和部署？

严植婵：我们将继续在全省司法行政系统内开展纪律教育学习月活动，办好领导干部党纪政纪法纪教育培训班；充分利用监狱、戒毒单位的警示教育资源，深刻剖析案件发生的个人、组织、制度和机制原因，分层次、分类别地开展全员警示教育，用活生生的案例、用身边事教育身边人，促进反腐倡廉教育入脑入心。

我们将加强对权力的监督，完善网上办事大厅司法行政信息的公开渠道；构建广东司法行政廉政风险监督平台，以过程留痕、数据分析、提醒预警的方式，将权力运行的全过程置于上级相关部门、置于利益相关人的监督视野内，及时发现、及时预警、及时处理可能存在的廉政风险。下一步，我们还将致力于专项巡视工作制度化，完善经济审计监督工作。

曾志权：财政部门将充分发挥财政职能作用，主动承担源头治腐的职责使命，着力完善财政制度和内控机制，促进权力规范透明运行。

我们要深化财税体制改革，把政府所有收支纳入预算管理；健全预算执行监督管理等机制。要深入推进预决算公开，除涉密部门外，所有使用财政拨款的部门均应公开本部门预决算，并将部门预算公开到基本支出和项目支出；加大“三公”经费公开力度，所有财政拨款安排的“三公”经费纳入部门预算报表体系，全部随部门预算一并公开。要严格执行财经纪律，全面清理“小金库”；建立完善资金管理制度和运行机制，大力清理整合专项，争取到2017年，将省级专项资金逐年压减至200项左右，占省级预算支出的比例15%左右；进一步规范财政资金分配、拨付、使用、发放和监管程序，确实管好用好资金，防止资金沉淀和滋生腐败。

林应武：人社部门管理着巨额的社保基金和专项资金，负责人事调配、职称评审、军转安置和医保药品目录制定等重要工作，“管钱管人管事”，风险“燃点”较多。

下一步，我们将继续加强对权力运行的监督。一是完善风险防控机制。二是建立阳光用权制度。制定出台《广东省人力资源和社会保障厅行政许可和社会事务服务事项管理监督办法》，继续清理、精简和下放行政审批事项，对现有的30项行政审批事项再精简50%，进一步规范办事流程，公布权力清单，促进权力的公开透明；拓宽完善网上办事大厅建设，将厅所有行政审批和社会服务事项全部实行网上办理。三是完善党风廉政建设汇报制度。每月定期组织部分处室单位一把手进行党风廉政建设情况汇报。建立责任追究制度，加大对党员领导干部行使权力的监督和责任追究力度，对因落实党风廉政建设责任制不力、导致权力滥用、发生腐败案件的单位，追究单位“一把手”的领导责任。

（2014年8月6日《南方日报》，记者：赵杨）

省人大代表专项提前介入2015年省级预算编制工作
除救灾等应急支出外　一般不追加预算

29日下午，省人大常委会副主任黄业斌率部分省人大代表视察省财政厅。座谈会上，省财政厅厅长曾志权透露，2015年广东省级预算编制工作一个重大变化是：在年度预算执行中，除救灾等应急支出外，一般不追加预算支出。

按照计划，今年省人大常委会将支持农村低收入住房困难户住房改造工作作为提前介入2015年省级预算编制工作议题，并专门听取部分跨市域河流整治有关专项工作资金安排的初步考虑。

约82万户危房改造将有财政补助

省政府决定从2011年开始到2015年，用5年左右时间完成全省农村54.15万户低收入住房困难户住房改造建设。省财政每户安排1万元补助资金，同时要求有关市县两级财政合计按每户不低于5 000元的标准安排专项补助。

目前，我省农村低收入住房困难户住房改造已统一纳入农村泥砖防改造工作。根据省住房城乡建设厅初步摸查情况，目前，全省农村危房共有82万户，但这个数据尚待进一步核查确认。

黄业斌指出，危房改造的任务不能变，力度不能减，标准不能降，户数不能漏。编制明年预算的时候要总结过去经验，围绕总目标把工作做好。“改造多一户比少一户要好，究竟是未来几年每年分摊完成一定数量，还是抓住当前机遇一两年做完，建议做相关考量”。

曾志权表示，省财政厅已草拟了进一步推进农村危房改造的财政补助办法，分类分档加大投入力度，确保完成改造任务。

所有部门“三公”经费原则上全部公开

曾志权向代表通报，据快报统计，今年1－8月，全省地方一般公共预算收入完成5 286.27亿元，完成年初代编预算的67.92%，同比增长13.85%。初步预计，全年财政收入将基本与经济增长速度相适应，有望完成增长10%的预期目标。

对于明年预算编制工作可能发生的变化，曾志权说，财政部门将规范预算管理，硬化预算约束，预算未安排的事项一律不得支出，年度预算执行中除救灾等应急支出外，一般不出台增加当年支出的政策，一些必须出台的政策，通过以后年度预算安排资金。

“这是预算编制方面的重大变化，今年两会期间有代表很关注预算追加的问题，很多省人大常委会委员也很关注，我们将从省级层面严格控制、把关。”曾志权表示，例如一些专项资金应分配给谁，要到年中才知道。这些类似的问题要通过编制方式改革逐步加以完善。改革要有个过程，但目标是很明确的。

曾志权表示，在2015年预算编制工作中，省财政厅还将探索建立透明预算制度，所有使用财政资金的部门均应公开部门预决算，尤其是财政资金安排的“三公”经费要全部公开。

同时，财政部门将探索开展零基预算改革试点，选取6个省直部门开展试点，建立基本支出定员定额标准体系和项目支出保障重点、绩效优先的评估机制，进一步提高年初预算的准确度和到位率。

（2014年9月30日《南方日报》，记者：辛均庆，通讯员：任宣）

省财政厅着力加强法治财政建设

10月31日上午，省财政厅召开厅党组理论学习中心组集中学习会，深入学习党的十八届四中全会精神和全省传达学习贯彻大会精神，研究部署财政部门贯彻落实有关工作。

会议要求，一是着力服务地方立法工作。结合财政工作实际，从积极推动财政领域地方立法工作、积极配合其他领域地方立法工作两方面抓工作落实。二是着力服务法治政府建设。按照新预算法和我省深化财税体制改革总体方案，抓紧推进各项财政改革工作。三是着力服务司法体制改革。认真研究做好两院财物统一管理、资产管理、非税收入收缴等工作。四是着力服务法治社会建设。着重抓好支持完善覆盖城乡居民的公共法律服务体系等方面工作。五是着力加强法治财政建设。全面规范财政重大事项决策，强化法治财政建设考核评价，当好依法行政依法理财的表率。六是着力发挥领导干部表率作用。

（2014 年 11 月 1 日《南方日报》，记者：卢轶，通讯员：岳才轩）

广东迈出深化财税体制改革关键一步

近日，《广东省深化财税体制改革——率先基本建立现代财政制度总体方案》经省政府常务会议、省委全面深化改革领导小组会议和省委常委会审议通过。《总体方案》整体框架与中央《总体方案》保持基本一致，并结合广东正在推进的重要改革工作，提出以改进预算管理、明晰事权和支出责任、构建地方税收体系、推进基本公共服务均等化、公平配置政府公共资源为重点，推动率先基本建立现代财政制度。

改革开放以来，财税体制改革始终承担着“先行军”的使命，发挥着突破口的作用。特别是 1994 年实施的工商税制和分税制财政体制改革，建立了适应社会主义市场经济的财税体制的基本框架，充分调动了中央和地方两个积极性，国家财政实力不断壮大，财政宏观调控机制不断完善。然而，随着我国经济运行和社会发展呈现出许多新的变化，现行财税体制存在的一些问题凸显，不能很好地适应改革发展新形势的要求，一些深层次的矛盾逐渐显现。在全面深化改革的背景下，深化财税体制改革，将为整个改革打下坚实基础，提供有效支撑。

在全面深化财税体制改革的总体布局中，预算改革无疑扮演着“开路者”的角色。现代预算制度是现代财政制度的基础，是现代国家治理的重要内容。深化预算制度改革是中央《深化财税体制改革总体方案》的第一大任务，在广东《总体方案》中被摆到了第一位。根据《总体方案》，我省将建立定位清晰、分工明确的政府预算，把政府的收入和支出全部纳入预算管理，同时加大政府性基金预算、国有资本经营预算与一般公共预算的统筹力度。此外，未来我省将实现全口径财政预决算、预算调整、部门预决算以及“三公”经费预决算信息公开。如“三公”经费方面，我省将进一步细化因公出国（境）团组数量及人数、车辆购置数量及保有量、公务接待有关情况等信息。通过改进预算管理制度，建立全面规范、公开透明的政府预算制度，能够进一步硬化预算约束，规范政府行为，实现有效监督，提高资金效益，真正把预算分配权关进制度的笼子，使政府预算在阳光下运行。

税收是政府收入的基本形式，也是国家实施宏观调控、调节收入分配的重要工具。深化税收制度改革，目标是建立“有利于科学发展、社会公平、市场统一的税制体系”。探索建立地方税收体系，是本轮财税体制改革的重点。《总体方案》将按照中央改革部署，理顺中央与地方收入分配，将具备相当规模、收入来源稳定、与产业发展关联度高的税种作为地方主体税种和主体收入；同时按照保持现有财力格局基本稳定的原则，完善省以下分税制财政体制，通过房地产税等改革，使房地产税等财产行为税成为县（市）级主体税种，培育地方支柱税源，稳步增加地方财政收入，以增强市县政府履行事权和支出责任的保障能力。通过这一改革，广东的税制将更加合理，企业负担将减轻，有利于促进经济结构优化。

财税体制改革的三大任务，最重的无疑是调整中央和地方政府间财政关系，对于省级层面来说，则是调整省以下政府间财政关系，如何清楚界定政府间事权的划分是改革破题的关键。《总体方案》提出将明确划分省以下事权和支出责任，适当上移并强化省级事权和支出责任，并在保持收入格局大体不变的前提下，合理调整省以下分税制财政体制，实现省以下事权和支出责任相适应。上述三大改革任务是在中央《深化财税体制改革总体方案》的总体框架下的全面落地，而《总体方案》的一大亮点还在于，在中央的基础上，结合广东正在推进的重要改革工作，增加了建立基本公共服务均等化的财力支撑机制、构建政府公共资源投入的公平配置机制两大改革任务。这两大任务的核心是公共服务均等化和公共资源投入，凸显财政在社会发展中的本体作用，那就是“取之于民、用之于民”，为社会服务。

《总体方案》的公布实施是广东财税体制改革的重要一步，接下来在实践层面还有很多攻坚战，各方既要有闯关夺隘的勇气，也要有统筹衔接的智慧。只要拿出“愚公移山”的精神，下定决心，逐一攻克，财税改革必能稳步前行，为国家治理现代化夯实制度基础。

（2014 年 11 月 13 日《南方日报》，评论员）

财税体制改革

广东从“最突出问题”改起

编者按

十八届三中全会胜利召开一年之际，广东深化财税体制改革总体方案、广东深化省属国有企业改革实施方案两大领域的改革方案热辣出炉，加上全面深化改革中央工作要点中涉及地方的179项改革任务，以及我省争取中央新安排的20多项改革试点，截至今年10月超九成已启动实施，这些都为我省全面深化改革再添重磅利好。

尽管成效令人鼓舞，我们还是要清醒地认识到，当前改革进入攻坚期和深水区，症结、困难和问题不少，不少关键领域或关乎民生改革的进展和突破牵动人心。为及时介绍广东各项改革进展，同时为广大读者答疑解惑，从今日起，《南方日报》将推出“攻坚——广东全面深化改革”的系列报道。

为使读者了解到最关心的改革动态，《南方日报》此前通过南方网、《南方日报》官方微博、官方微信平台，并联合“广东发布”和大粤网等，发起“广东深化改革你最关心啥”的话题征集投票活动，我们选取了投票率最高的6个话题进行了深入采访。首篇关注财税体制改革，敬请读者垂注。

广东先行

财政是国家治理的基础和重要支柱，财税体制改革会直接或间接地对老百姓日常生活带来重大影响，因此在全面深化改革的体系中，财税体制改革分量颇重。

今年6月，中央深化财税体制改革总体方案正式出台，确定了改进预算管理制度、深化税收制度改革和建立事权和支出责任相适应制度三项重点改革任务。

改革方向已明确，地方该如何落实呢？近日，《广东省深化财税体制改革 率先基本建立现代财政制度总体方案》（以下简称《总体方案》）正式出台，广东成为国内第一批出台落地方案的省份，其中的不少创新和突破引来“点赞”。

具率先示范的意义 改革正在同步推进

根据党的十八届三中全会和省委十一届三次全会的要求，在中央总体方案出台后，广东省委、省政府立即部署起草《总体方案》，是继山东和江苏后第三个出台落地方案的省份。

对照中央和广东的方案可以发现，在中央方案明确的三项重点改革任务的基础上，广东《总体方案》增加了建立基本公共服务均等化的财力支撑机制和构建政府公共资源投入的公平配置机制两项。省财政厅改革办主任钟炜介绍，增加这两项的一个主要原因，就是考虑我省在这方面进行了率先探索。

以基本公共服务均等化为例，我省2009年就率先全国编制并实施了《广东省基本公共服务均等化规划纲要（2009－2020年）》，为全国出台基本公共服务规划提供了经验。2012年，我省又以惠州市为首个试点市，开展了基本公共服务均等化综合改革试点。2013年，我省对《规划纲要》进行了修编，最终形成了5项基础服务加5项基本保障的“5+5”框架体系。此外，广东还完善了配套政策体系，并根据财力需求测算，计划2013－2020年投入财政资金逾3万亿元。这一切都颇具先行先试和率先示范的意义。

不仅是率先突破和提供经验，笔者从省财政厅获悉，《总体方案》所涉及的具体改革目前正在同步推进中。如在调整完善转移支付制度、规范专项资金使用方面，我省已出台了《关于压减省级财政专项转移支付扩大一般性转移支付的意见》、《广东省财政一般性转移支付资金管理办法》、《广东省省级财政专项资金管理办法》3个规范性文件；又如在深化预算制度改革方面，部分改革事项将会体现在2015年的预算编制中。

以问题为改革导向 通过试点推进改革

全面深化改革需要攻坚克难，财税体制改革因涉及利益分配，其推进难度和阻力更大。广东则以问题为导向，并通过试点来推进。钟炜介绍说，我省将从财税体制方面最突出问题改起，并坚持整体设计和分步实施相结合，合理选取改革的切入点和突破口，适时选取部分区域、领域、事项开展改革试点，做到成熟一项、推进一项。

《总体方案》提及的试点也颇多，钟炜介绍，明年我省将在继续深化推进基本公共服务均等化综合改革试点、试编权责发生制政府综合财务报告等的基础上，选择部分改革领域先行试点，如选择有代表性的个别市开展省以下事权和支出责任改革试点，对教育、民政、社保、交通、水利领域的部分事权和财政支出责任，在省与市县之间进行置换调整；在政府公共资源配置领域，探索开展重大基础设施建设项目政府和社会资本合作（PPP）等融资模式试点，在交通、能源、城建和社会事业等领域开展政府公共资源用于经营性项目的竞争性配置试点等。

专家建言

中山大学岭南学院财政税务系主任林江建言——消费税突破口在“扩围”

“房地产税立法改革和消费税改革，不能被旧关系和旧利益阻碍。”《总体方案》出台之际，中山大学岭南学院财政税务系主任林江接受专访提出，这两个税种的改革是我省财税体制改革首要瓶颈，只要先行先试完成探索突破，广东将为全国提供示范。

南方报业：如何评价广东深化财税体制改革的总体方案？

林江：广东推出的《总体方案》既保持与中央方案及新《预算法》相衔接，又结合广东实际增加了深化民生财政保障制度改革、深化财政投融资制度改革两大任务。而诸如厘清省与市县之间事权和支出责任、探索建立地方税收体系等改革重点，使得这份方案颇具先行先试的意味。

总体来看，这份深化财税体制改革总体方案非常有针对性和前瞻性，是一份着眼于未来五至十年的改革思路。

南方报业：您认为主要困难是什么？

林江：我认为构建地方税收体系方面困难比较大。如房地产税立法改革，技术瓶颈仍待突破，具体如何操作目前还没有明确的思路。我认为房地产税可以探索的是“整合”，房地产税将对现有的与房地产相关的税种进行整合，整合的选择范围包括土地增值税、城镇土地使用税、耕地占用税、土地出让金等。

又如消费税改革，从未来改革的方向看，未来消费税将成为地方主要税种，但目前消费税的税基不足以承担这样的重任。我认为其突破口在于进一步“扩围”。目前消费税的征收对象是奢侈品、环保节能产品和烟酒等，我认为应该将之“扩围”成普遍征收的销售税。

省财政厅改革办主任钟炜谈我省深化财税体制改革——

改革办说

消费税可培育为主体税种

广东省财政厅作为《总体方案》的牵头起草单位，对方案如何既与中央总体方案以及新预算法衔接一致，又能够紧密结合广东实际做了大量的调查研究。而对深化财税体制改革应该从哪“开刀”，如何找出症结、问题和困难进行突破，也表现出相当大的决心。省财政厅改革办主任钟炜代表省财政厅近日接受专访，对之进行了解读。

按既定路线时间落实

南方报业：根据《总体方案》，各项改革任务基本都需要在2018年前完成，时间其实很紧，这些改革能否顺利完成？

钟炜：目前，我们制定的是财税体制改革总体方案，主要是就财税体制重点改革事项提出路线图和时间表。对各项重点改革，我们还将单独制定具体实施方案或实施办法，对部分要开展试点的事项还将制定试点方案。总之，我们将在总体方案的框架下，按照既定的路线和时间要求落实具体改革措施，确保各项改革事项有序推进。

目前，我们已经制定了系列改革文件，形成了一个总体方案加若干个子方案的改革文件框架。

有四大突出问题

南方报业：《总体方案》说要从“最突出问题”改起，您觉得哪些是最突出问题？

钟炜：突出表现在以下四个方面：

一是事权与支出责任划分不清晰、不明确。各级间职能重叠，共同管理事务过多，一些原本应该省级负责的，市县也承担了支出责任，反之一些本该市县负责的，省级却大包大揽。此外也存在“上面点菜、下面买单”，“一竿子插到底”的问题。

二是财政供给范围不科学，“越位”和“缺位”并存。由于政府转变职能不到位，政府和市场、社会边界没有厘清，一方面，财政供给范围过宽，包揽过多，对市场竞争性领域管得过细，也包揽了许多社会可以自主治理的事务；另一方面，公共服务供给不到位，公共服务体系和机制还不健全，欠发达地区公共服务存在保障标准偏低、保障范围未能实现全覆盖等问题。

三是财力固化情况突出，支出结构调整难度大。长期以来，预算安排采取的是“基数加增长”的方式，同时重点支出同财政收支增幅或生产总值挂钩事项较多，造成部门肢解财政、财力固化分配的情况较为突出，预算分配呈现出一种“碎片化”的格局，集中财力办大事的空间受限。

四是预算管理存在薄弱环节，资金使用效益有待提高。预算约束刚性不足，往往存在年中预算随意追加、变更频繁的问题。

房地产税可成市县主体税种

南方报业：改革的重点之一是构建地方税收体系，包括很多人关心的房地产税立法改革等，这方面能否谈谈广东的构想？

钟炜：我省主要是结合地方的实际进行落实。一是争取中央完善分税制改革，理顺中央与地方的收入划分，将具备相当规模、收入来源稳定、与产业发展关联度高的税种作为地方主体税种和主体收入，以保障地方公共支出必需财力。二是结合中央税权下放，努力培育地方主体税源。如预计中央将部分消费税品目征收从生产环节后移到消费环节，并逐步下放地方。我省属于消费大省，消费税可以培育成为我省的主体税种。我省还是人口大省，房地产业发展快，珠三角地区已经成为相当规模的城市群，房地产税有条件成为市县级主体税种。

社会比较关注的房地产税改革是我国为完善财产税制度、优化税收结构而推进的一项重要的税制改革，也是促进土地资源节约使用和房地产市场健康发展的长远需要。目前，国家已经开展房地产税立法工作。由于国家立法将有一个较长的过程，我们将根据中央的统一部署，稳步推进房地产税改革。

(2014 年 11 月 21 日，《南方日报》，记者：卢轶，见习记者：苏力，通讯员：岳才轩)

省人大代表关切非税收入比重过大问题

要进一步加强非税收入管理

20 日下午，部分省人大代表视察省财政工作时，对个别地方非税收入比重过大深表关切。省财政厅提供的数据显示，非税收入占全省公共财政预算收入的比重为 17.66%，然而有一个地市及若干县的非税收入比重超过 50%。省人大代表认为，非税收入比重过大是不正常现象，应引起高度重视，逐步“消化”不利影响。

应进一步加强非税收入管理

省人大常委会副主任陈继兴指出，公共财政预算收入来源不是以税收为主，而是专项收入、行政性收费收入、罚没收入等，属于不正常现象。非税收入占比超过 30% ~ 40% 要引起警惕，超过 50% 问题就很大。

“个别地方税收不够，非税来凑，危害很大。”省人大代表、江门市社保基金管理局局长俞雪花建议，政府要进一步加强非税收入管理。老百姓期待高，但其实财政没什么钱，这是不行的。

省财政厅厅长曾志权指出，今年 10 月，全省非税收入累计完成 1 183.69 亿元，同比增长 17.67%，比前三季度下降 2.96 个百分点，主要是受我省落实涉企行政事业性收费减免政策影响，10 月当月全省行政事业性收费收入同比下降 6.37%。

前 10 月地方公共财政预算收入居东部五省市之首

据《快报》统计，1 - 10 月，来源于广东的财政收入累计完成 15 999.93 亿元，同比增长 14.26%。全省地方公共财政预算收入累计完成 6 701.75 亿元，同比增长 13.74%。全省地方公共财政预算支出累计完成 6 695.11 亿元，同比增长 15.19%，完成年初代编预算的 74.31%。

曾志权表示，从全国来看，我省地方公共财政预算收入增幅相对较高，今年以来一直高于全国地方平均水平，其中 1 - 10 月高出 3.95 个百分点；总量和累计增幅在东部沿海五省市中均排名第一，其中总量比江苏多 699 亿多元，累计增幅比江苏高 3.13 个百分点。

10 月房地产税收降幅收窄 10 个百分点

省财政信息快报显示，来源于制造业和金融业的地方税收增幅稳中有升，1 - 10 月同比分别增长 14.69%、22.48%，合计贡献了地方税收增量的 48.79%。同时，在房地产限购和限贷政策松绑、税务部门加强房地产相关税收征管的共同作用下，房地产税收降幅有所收窄，10 月当月来源于房地产的地方税收同比下降 1.37%，比 9 月收窄 10.48 个百分点。

市级和县级收入受房地产市场调整和非税收入增速放缓影响，收入累计增幅相对于前三季度均小幅回落。考虑到 11 月、12 月是金融保险业营业税、企业所得税收入小月，对省级财政收入增长拉动力减弱，一般营业税、土地增值税受房地产市场、可清算资源减少等因素制约，省级收入增长还将面临较大的下行压力。

(2014 年 11 月 21 日《南方日报》，记者：辛均庆，实习生：李喜翠，通讯员：任宣)

我省底线民生保障情况报告出炉，各项标准在全国排名提升

新常态下广东民生建设再提速

各级财政安排底线民生保障资金214亿元，1－10月已执行186.4亿元，执行率达87.1%；总体工作有序推进，取得阶段性成效。前不久，我省底线民生保障情况报告新鲜出炉，引起各方关注。

2014年1月，广东省“两会”期间，国内外媒体纷纷报道：广东首次把“底线民生”写入政府工作报告，今后4年计划投入820亿元改善“底线民生”。而岁末出炉的全省底线民生保障情况报告显示：6项底线民生保障水平已均达到或超过省定标准，各项标准在全国排名提升。

“底线民生”保障的生动案例，彰显了广东在经济“新常态”下民生改善再提速的新特点。

民生兜底线　GDP增速放缓　民生投入反增

“新常态”成为2014年中国经济的关键词——经济从高速增长转为中高速增长，经济结构不断优化升级，经济增长从要素驱动、投资驱动转向创新驱动。

经济增速放缓的“新常态”下，如果居民收入增长进一步趋缓，物价波动过大、上涨过快，群众生活将受到较大影响，特别是低收入群体受到影响将更大。

执政为民，就要顺应新常态，为民生保障“筑底”

今年初，广东省委、省政府提早谋划。省委书记胡春华在省委十一届三次全会上强调：“要扎扎实实为改善民生办实事、办好事，让广东的民生工作每年都有新进步。”省委副书记、省长朱小丹在省政府工作报告中承诺：“要坚持民生优先，社会政策托底，健全基本公共服务体系，扎实办好民生实事，让改革发展成果更多更公平惠及全省人民。”

保障和改善民生，始终是公共财政的优先方向。GDP增速放缓，民生投入却不减反增，保持刚性增幅。今年，广东各级财政投入1 727亿元，致力办好涉及底线民生保障、就业社保、教育、医疗、文化、助困扶残、住房保障、农村、物价、防灾减灾等领域的十件民生实事。其中，省财政投入684亿元，比2013年筹集的资金增加50多亿元。

今年广东在民生领域的一大手笔，就是首次把“底线民生”写入省政府工作报告，将提高底线民生保障水平置于民生十件事之首，将城乡低保、五保供养、孤儿残疾人保障、医疗救助、基础养老金等纳入底线民生保障范畴。拟到2017年投入超过820亿元提高底线民生保障水平，将惠及5 400多万人次。

一项项民生支出，让困难群众享受到了看得见、摸得着的实惠：全省月人均城镇和农村低保补差水平分别为370元和170元；农村五保集中供养标准为人均7 500元/年，比2013年增加800元；城乡低保等救助对象政策范围内住院自负医疗费用救助比例均提高至70%以上，全省各县（市、区）城乡居民基础养老金水平全部达到或超过80元/人・月，已全部发放至参保人……

今年，广东扶贫工作力度更大，对象更精准。自去年4月广东新一轮扶贫开发工作启动至今年上半年，全省各级共投入扶贫资金70.16亿元。经过1年多的帮扶，截至今年6月30日，被帮扶的2 571条贫困村集体经济收入增加7 500万元。全省被帮扶的20.9万户贫困户总收入增加2.39亿元，平均每户增收1 143元。

在广东省政府参事、广东省委党校教授陈鸿宇看来，新常态下经济增速放缓，潮水退下去后，礁石就露出来，解决民生问题就显得尤为迫切。广东着力保障民生特别是“底线民生”，与当前经济社会发展的转型相适应，群众会更加满意。

敢啃硬骨头　改革走向深水区　顺应群众新诉求　新常态下，要向改革要动力

2014年是全面深化改革元年。广东省委、省政府直面医疗、教育、住房等百姓最关心、最直接、最现实的利益问题，敢啃民生改革“硬骨头”，改革创新之举迭出，为群众更加美好的生活注入新动力。

民生改革再攻坚，就要满足百姓对公平正义的期盼。广东是外来工人口第一大省，在今年的高考中，全省767名符合条件的随迁子女在粤首尝“异地高考”，这批外地户籍学生与本地学生在粤实现同等报考、同等录取。今年，广东还推出了符合省情的专项资助政策，让贫困家庭大学新生入学和广东省少数民族聚居区少数民族大学生入学时得到资助。

民生改革再攻坚，就要让百姓享受到真正实惠。“现在看病，药费比原来便宜15%，实惠了！”在湛江市徐闻县人民医院，市民黄阿婆指着药费单说。这家医院今年落实了县级公立医院综合改革任务，取消了药品加成，让利于民。截至今年10月，广东共59个县（市）124家医院推行综合改革，实现县级公立医院综合改革县（市）全覆盖，提前一年实现目标。

民生改革再攻坚，就要筑就坚实的“幸福底线”。为给困难群众兜底线救急难，切实解决极少数需要急救的患者，因身份不明和无能力支付医疗费用等原因得不到及时有效治疗的问题。前不久，广东公布了《广东省人民政府办公厅关于建立广东省疾病应急救助制度的实施意见》，明确明年启动疾病应急救助制度，为“三无”患者买单。

一项项民生改革措施落地，满足了新形势、新阶段下的民生诉求：

新年伊始，在广东一个事业单位工作的梁女士忐忑不安，一方面想要保住自己的工作，另一方面也想保住刚怀上的孩子。2014 年 3 月 27 日，喜讯传来：“单独二孩”政策在广东正式落地，梁女士的疑虑烟消云散。

马年春节后的第一个工作日，国家宣布新农保、城居保并轨，“马上”惠及了数亿农民。先行先试的广东，在全国率先实现城乡居民养老保险制度一体化，织就了一张覆盖城乡的养老保障网。

在从化市温泉镇，老农民刘健康再也不用天天下地干活了。自从缴费参加“新农保”，每年 7 200 元的养老保险金让他不用再借钱度日。他感慨地说：“做梦都想不到，农民有养老金拿呢!”

发展新机遇　创新激发活力　百姓更有奔头　新常态也蕴育了民生发展的新机遇

今年作为全国商事制度改革试点，广东全面推开改革：允许注册人自主约定全体股东（发起人）的首次出资比例，可以实施“零首付”；有限责任公司最低注册资本 3 万元、一人有限公司最低注册资本 10 万元、股份有限公司最低注册资本 500 万元等限制皆被取消……一系列举措大大降低了市场准入门槛，广东迎来白手可起家、全民齐创业的新时代。

在全省全面推开商事制度改革的 3 天后，佛山市顺德区乐而施涂料有限公司的老板白玉开就拿到了公司的营业执照。由于注册资本仅为 1 元，他的公司成为全面改革后全省首个“1 元公司”，生意红火。来自广东省工商局的数据显示，今年 1 – 10 月，全省新登记私营企业和个体工商户 105.1 万户，同比增长 21.86%；新登记私营企业和个体工商户直接增加从业人员 472 万人，比去年同期增长 26.32%，改革促进创业带动就业作用明显。

除了新政策，互联网新技术的应用也在改变着我们的生活。

如今，只要你动动指尖，即可用手机上网预约婚姻登记；想看病，关注“广州健康通”微信公众号，60 家大医院专家号源随时挂；12 月 19 日新鲜上线的“中国广州发布”政务微信集群，囊括共 51 个官方政务微信平台，可实现包括招考查询、户政业务、实时路况等 20 项民生业务的微信预约、办理、查询……

“现在出境旅行越来越方便了，只要刷卡，摁指纹，10 秒就能自助通关。”正在广州解放南路出入境大厦办理港澳通行证的市民老徐发出感慨。今年 5 月，公安部在广东试点启用电子往来港澳通行证。新的电子通行证为卡式证件，群众申领使用更为便捷，从此可使用口岸自助查验通道自助通关。在不久的将来，还可实现“ATM”自助签注，高效便捷，惠民利民。

最近，广东省政府办公厅向公众公开征求 2015 年十件民生实事的意见建议。根据意见稿，明年多项社会保障补助标准提升，如 2015 年 7 月起将城乡居民基础养老金标准从 80 元/人・月提高至 100 元/人・月；广东明年将全面实施城乡居民大病保险，百姓得了大病，经基本医疗保险报销后还可给予“二次报销”……

多谋民生之利，多解民生之忧，正在广东成为新常态。对于 2015 年，我们有更多的信心与期盼。

一张图看懂 2014 年广东民生建设

2014 年，广东各级财政投入 1 727 亿元，致力于办好十件民生实事。

1. 底线民生保障水平不断提高。2014 年全省各级财政安排底线民生保障资金 214 亿元，比 2013 年预算安排资金增加 52.68 亿元。城乡低保、农村五保、医疗救助、基础养老金、残疾人保障、孤儿保障等 6 项底线民生保障水平均达到或超过省定标准，各级财政安排底线民生保障资金 214 亿元，1 – 10 月已执行 186.4 亿元，执行率达 87.1%，总体工作有序推进，取得阶段性成效。

2. 提升就业社保水平取得明显成效。今年 3 月 1 日起，广东在全省全面推开注册资本登记制度改革。今年 1 – 10 月，全省新登记私营企业和个体工商户 105.1 万户，同比增长 21.86%；新登记私营企业和个体工商户直接增加从业人员 472 万人，比去年同期增长 26.32%，改革促进创业带动就业作用明显。

上半年，全省城镇新增就业 90 万人，失业人员再就业 30 万人，促进创业 9.8 万人，培训农村劳动力 31.8 万人。

3. 推进城乡教育协调发展迈出新步伐。山区和农村边远地区义务教育学校教师岗位津贴，省补助提高到人均 700 元/月的新标准，已按去年基数提前下达今年省补助资金，其余部分将在核准人数后下拨。城乡义务教育生均公用经费补助标准小学已提高至 950 元，初中已提高至 1 550 元。

4. 基层公共文化服务工作扎实推进。上半年，全省农村电影公益放映 13 万场，观影人次达 2 746 万；为异地务工人员专场放映 1.5 万场，观影人次达 343 万，电影放映累计完成全年任务的 56%。100 座广播电视发射台升级改造无线覆盖工程正在进行公开招标工作。

5. 医疗卫生服务日益完善。按照人均基本公共卫生服务经费标准提高到 35 元以上的新标准，下达省级财政补助经费 9.4 亿元。实施欠发达地区偏远乡镇卫生院在编人员岗位津贴补贴政策，省级财政预算已安排 2.45 亿元。为欠发达地区基层医疗卫生机构配置“五个一”医疗设备，省财政补助经费分配方案已拟定。

截至今年 10 月，全省 59 个县（市）124 家医院推行综合改革，实现县级公立医院综合改革县（市）全覆盖，提前一年实现目标。

6. 助困扶残工作有序推进。推进省政府门户网站、政府部门网站和省残疾人公众网站信息无障碍改造，上半年已完成项目需求编制初稿和省政府门户网站无障碍改造。已完成免费配发读屏软件视障人员统计，初步完成软件的研发和测试。

7. 完善住房保障取得新进展。上半年，全省新开工建设保障性住房 3.6 万套，棚户区改造 1.8 万套，基本建成保障性住房 5.9 万套，分别完成年度任务的 72.2%、47.9% 和 53%。农村低收入住房困难户住房改造已竣工 2.8 万户，在建 2.5 万户，竣工与在建率合计 52.8%。

8. 农村基本生产生活条件持续改善。上半年组织各地市对新农村公路路面硬化项目进行审核上报，乡镇农民体育健身工程项目也组织各市积极规划、申报和实施。建设农村生活垃圾收运处理体系，全省 71 个县（市、区）纳入考核范围。

9. 稳价惠民工作有效落实。春节前已向低收入群体及困难群众 284 万人发放一次性临时价格补贴，共计 4.3 亿元。按照国家有关部署，进一步完善了低收入群众临时价格补贴标准与价格上涨联动机制。

10. 防灾减灾重点工程建设稳步推进。上半年，300 宗一般小（2）型病险水库除险加固项目已全部开工，主体工程完工或全面完工 72 宗，投资完成率 54%；50 宗中小河流治理项目已全部开工，基本完工 3 宗，投资完成率 56%。加快推进地质灾害隐患点搬迁和治理工作，全省投入地质灾害隐患点搬迁和治理经费共 2.49 亿元。

（2014 年 12 月 29 日《南方日报》，记者：曹斯、陈枫）

适度举债有必要，关键在于风险可控

——专访省财政厅厅长曾志权

“阳光化”举债，是我国地方政府举债发展的大趋势。而地方政府债券（以下简称“地方债券”）的发行，便是“阳光化”举债的重要渠道。

2011 年，财政部正式批准广东开展地方债券“自发代还”试点工作，广东成为首批 4 个试点之一。经过 3 年的探索后，广东积累了丰富经验，在今年财政部开启的地方债券“自发自还”的试点工作中，又成为 10 个试点之一。

为实现中央赋予广东“三个定位、两个率先”的总目标，广东正大力推进基础设施等重大公益性项目建设，以促进全省城乡区域协调发展。在广东省财政厅厅长曾志权看来，促进发展适度举债是很有必要的，但关键是风险要处于可控范围内，债务管理要有序，投向要符合举债规定。

广东为何能成为发行地方债券试点

《南方》：在您看来，地方债券“自发自还”试点的开展，对地方政府发展有什么意义？

曾志权：与以往“自发代还”相比，“自发自还”主要是在允许地方政府自行发债的基础上赋予地方还本付息的权限。这是中央对地方财政管理体制和投融资管理体制的一项重大创新，有利于明晰偿债主体，加强市场约束，提高地方政府信用意识，控制和化解地方债务风险。

广东是今年确定的 10 个试点之一。我认为，开展“自发自还”试点，不但有利于增强地方政府对经济运行的自主调控能力，也有利于建立符合市场运行规律的地方债券市场运行机制，促进金融市场的发展。

因此，这对于广东经济社会发展具有重要的现实意义。

《南方》：广东为什么能够成为改革试点？

曾志权：广东是改革开放的前沿阵地，推进改革的意愿比较强。许多财政改革举措走在全国前列，积累了较丰富的改革实践经验。

从债务管理上来看，我省也有着较好的试点条件。

广东债务管理起步早，省政府在 2005 年和 2007 年先后转发和出台了《省财政厅关于加强我省地方政府债务管理意见》、《关于严格控制地方政府新增债务的通知》两份文件，明确规定严禁各地政府违规举债，不准超规模直接或变相举债，地方政府性债务统一归口财政部门管理，明确偿债责任，建立偿债机制等。可以说我们比较早地介入了债务管理，相对有经验。

同时，目前广东的政府债务规模适中，偿债能力比较强，还有举债的空间。

2011 年广东成为国务院批准的首批地方政府债券“自发代还”试点后，经过 3 年的探索，也积累了一定的经验，条件比较成熟。

这些都为我省下一步“自发自还”的试点工作提供了基础。

广东债务规模适中、风险可控

《南方》：目前，广东的负债情况如何？

曾志权：第一，总体而言，广东政府性债务规模适中、风险可控。经审计认定，广东的总债务率为 59.41%，远低于国际控制标准 90% -150% 的下限，也比全国平均水平低很多。

第二，我省债务增长相对缓慢，增速逐年下降。截至2013年6月底，我省负有偿还责任债务比2010年底增长11.20%（年均增长4.34%），比全国同口径增长率57.64%（年均增长9.97%）低46.44个百分点。

按照测算，截至2013年6月末，广东地方政府性债务总额为10 165.37亿元。但风险如何，要具体来分析。

一方面，广东债务在总量上排在全国第二位，但我们的偿债能力比较强。我省的财政收入保持稳定增长趋势，可支配财力较强，稳定性也比较高。可以说，我们的财政比较健康。

另一方面，从债务构成看，我省政府债务占比并不算高。

在这1万亿元左右的债务总量中，负有偿还责任的债务为6 931.64亿元，可能承担一定救助责任的债务2 212.88亿元，负有担保责任的债务1 020.85亿元。从法律上看，救助责任就是在负债人无力偿债时需要给予一定救助；负有担保责任则是在被担保人无力偿还时需要负连带责任。这两者都是一种或有债务。因此真正属于“政府债务”的是那不足7 000亿元的债务。

这次“自发自还”地方债券中，有承销商就想跟我们多认购。为什么要多认购？因为他们知道广东的家底，广东的财务状况比较健康。

《南方》：发行地方债券，正成为地方政府融资的一个重要渠道。但拿到了钱后，该如何用好这笔钱？

曾志权：为确保地方规范使用债券资金，发挥好资金的使用效率，我们制定了一系列的管理措施。

首先，我们跟各市政府签订了债券资金的转贷协议，协议里明确规定债券资金的使用方向要符合财政部的规定。

比如，要求地方政府的转贷资金要优先用于保障性安居住房、普通公路等公益性项目的支出。绝对不能用于楼堂馆所等中央明令禁止的项目，也不能用于费用性支付，如发工资、补贴、奖金等。

其次，我们制定了《广东省地方政府债券预算管理办法》，明确规定市县政府、主管部门和使用单位都必须按照国家的规定对资金进行管理。地方政府要制定相应的管理办法，明确资金绩效目标、使用范围、使用时限、审批程序、还本付息办法以及监督评价等，资金的申请、拨付要严格按照程序操作。

当然，我们在债券预算管理上要突出“注重效率”的原则；在规范使用资金的前提下，要采取措施提高资金分配和使用效率，加快资金的拨付进度，最大限度地发挥债券资金的使用效益。

避免地方政府发债风险

《南方》：按照财政部的要求，开展“自发自还”地方债券的试点，要做好信息披露工作。广东接下来将如何推进这一工作？

曾志权：其实我们在2011年开展“自发代还”地方债券试点以来，就严格按照财政部的规定来做。在每期债券发行前，都会通过相关媒体及时披露经济运行和财政收支等指标；在发债招标发行结束后，也会及时公布债券发行结果。

最近财政部印发的《关于2014年地方政府债券自发自还试点信息披露工作的指导意见》，细化了信息披露的具体内容，并且要求试点地区在债券存续期内进行持续披露。与往年相比，信息披露内容主要增加了债券信用评级情况、债务情况等内容。

接下来，我们将严格按照财政部的这些规定，继续有序开展相应的信息披露工作。

《南方》：除了信息披露，作为地方债券“自发自还”的试点，还要完善哪些方面的工作？

曾志权：今年是开展“自发自还”地方债券试点的第一年，目前已经进行了地方政府债券信用评级的尝试，但毕竟才刚刚开始，还有很多地方需要完善。

第一，要注意防范地方债务区域性风险。虽然我们总体上负债率比较低，风险也在可控范围内，但也要注意到局部性过度举债的问题。

第二，规范资金的用途。在发债之初，中央已经明确规定债券资金不得用于楼堂馆所建设、工资福利等费用性支出，我们要进一步做好监督，确保资金严格用于规定范围内。

第三，要算好举债的成本账，要注意到举债的规模是否跟自身的财力、需求相适应。

第四，要强化管理。比如强化财政预算刚性，确定好了的资金安排尽量少变动，同时进一步加强人大对举债的监督，等等。

这都是我们下一步要推进的工作。

将民间资本撬动起来

《南方》：地方政府发展，仅靠财政直接融资是不行的，必须要找到合适的投融资平台。广东在此有何探索？

曾志权：财政资金只能起到引导作用，地方发展资金的来源关键在于市场。

就拿城镇化来说，省委、省政府提出未来5年财政每年拿出不少于10亿元，支持开展新型城镇化发展重大专项工作和试点建设。但这个资金主要是发挥导向作用。其实市政建设很多项目完全可以通过市场手段来筹集。

比如地路结合，在建设交通设施的同时，通过对重要节点的周边地区进行商铺、地产开发来获得资金，里面的筹资潜能就很大。

城镇化不要急于求成，要按照城镇化自身的规律来建设。关键的是要引入市场机制，由市场力量来共同建设。当然这有赖于政策的引导，比如垃圾处理能否产业化，供水如何引进民间资本以提高效率，这些都是值得探索的。

因此，城镇化下一步还是要将民间资本撬动起来，把市场在资源配置中的决定性作用与更好地发挥政府作用有机结合起来。

（2014年《南方》，记者：蔡玉明、汪蓉、叶石界，通讯员：代兰兰）

基层代表的点与财爷对上了号

7日，按照人代会的日程，全国人大代表们要审议《关于2013年中央和地方预算执行情况与2014年中央和地方预算草案的报告》（以下简称“预算报告”）。预算报告难审，全国的预算报告更难审。但是广东代表团的全国人大代表，还是结合自己工作生活中发现的实际问题，给出了对预算的建议。巧的是，这个建议还正好“踩”中了广东省财爷的“点”。

希望向少数民族地区倾斜

全国人大代表、来自韶关乳源瑶族自治县东坪镇汤盆村委会的基层代表赵雪芳今年带来了一个建议：“是关于中央对少数民族地区财政转移支付的问题。中央对我们是没有专门的转移支付的。可能中央不觉得咱们广东穷，不相信广东还有这么贫困的人。其实在看到广东富裕的同时，千万不要忘了还有处在温饱线上的少数民族同胞啊。希望中央和省财政能重点向少数民族地区倾斜。”

中央财政的一般性转移支付，特别是其中的均衡性转移支付中存在的问题，正好是全国人大代表、广东省财政厅厅长曾志权昨天在审议财政报告时发言的重点。他对财政部预算报告提出的一个建议就是，要抓紧修改完善转移支付办法。曾志权表示，一般性转移的支付办法，中央财政这几年做了重大改革，“革了自己的命”，用了因素法来分配。也就是说，设定很多客观因素，减少人为的主观因素。比如分配科技资金，会考虑科技含量等指标；分配区域协调发展资金，用财力、人口等量化指标。但在更加合理、科学地设置分配因素、权重上，还可以进一步完善。

财爷的关注点也落在这里

曾志权说：“均衡性转移支付本来是为了平衡不同区域的财力，给财力困难的区域以补助。应该更多地考虑各省区的人均财力和人口因素，以及承接外来人口、区域发展不平衡等因素。”他以广东为例，“广东是第一人口大省，按常住人口计算，2012年人均公共财政支出只有6 974元，比全国平均水平7 954元低了980元，比东部地区的平均水平8 738元，低了1 764元，排全国21位；如果剔除深圳，我们排全国28位，这是财政部的统计。我省还有3 000万外来人口，区域发展极不平衡。结果我们的均衡性转移支付比东部一些地方还少。确实有点不太公平。”

据曾志权介绍，在2013年之前，广东在均衡性转移支付上，没有从中央财政拿到过一分钱。2013年开始才有了每年大概16亿元的均衡性转移支付。“老觉得从省级层面上广东有钱，不需要。其实广东区域发展很不平衡，也有很多穷地方。”曾志权建议，中央在研究转移支付时，在因素和权重的设置上，要尽可能按普惠性的标准，政策要一视同仁。“我们建议在有可能的情况下，均衡性转移支付可以计算到县，以县为单位。避免因为广东是财政大省，在深圳、广州的光环下，就看不到粤北山区这些贫困地区。”如果这一点能实现，那赵雪芳代表所在的贫困县就将因此而受益。

（2014年3月8日《羊城晚报》，
特派北京记者：黄丽娜）

广东“财爷”接受羊城晚报独家专访，谈600多亿元稳增长财政资金的使用与监管

“四两拨千斤”撬动社会资金投入

——省财政厅厅长曾志权接受专访

在一季度经济增长有所回落的情况下，广东于近日出台了财政支持稳定经济增长的22条措施，其中，最引人关注的，就是600多亿元财政资金的安排和使用。

广东此举，是否表明政府出手稳增长？这600多亿元

的资金，钱从哪里来？如何保证这些资金不被挪作他用或滥用？面对这些社会关注的焦点，广东省财政厅党组书记、厅长曾志权近日接受《羊城晚报》记者独家专访，逐一回应社会关切。

下半年的支出挪到上半年

《羊城晚报》：广东出台财政支持稳增长22条措施，是出于什么考虑？

曾志权：今年以来，广东围绕主题主线和“三个定位、两个率先”的总目标，着力调结构、促改革、惠民生，稳步推进经济转型升级，进一步改善经济运行质量和效益。从省统计局公布的第一季度经济运行数据来看，经济运行平稳，但增速有所回落。一是GDP同比增长7.2%，与广东全年增长目标8.5%相比差1.3个百分点；二是外贸出口下降22.4%，出现2010年以来的首次负增长；三是广东固定资产投资同比增长17.3%，同比下降2.2个百分点。

财政是政府调控经济运行的手段之一。在遵循市场规律、发挥市场在配置资源中起决定性作用的前提下，根据经济运行形势变化，适时适度地采取财政政策措施，有利于更好发挥政府的作用，保持经济平稳增长。

针对今年以来的经济运行形势，经过认真研究并经省政府同意，广东出台财政支持稳定经济增长的政策措施，决定2014年省财政筹集资金600亿元左右，按照重点支持广东经济发展关键领域和重点环节、加大投资和促进消费产生即期效应、基础设施建设近期与长远效应相结合的原则，通过扩大财政投资，加快资金拨付进度，重点支持基础设施建设、稳定外贸增长、扩大消费需求、促进转型升级、保障和改善民生等。与此同时，通过落实税收优惠政策、免征部分涉企行政事业性收费省级收入，为企业减负约380亿元，有效促进广东经济平稳健康发展。

《羊城晚报》：为稳定经济增长，政府采取一定的措施确有必要，但市民会联想到2008年政府为应对金融危机而出台的四万亿救市计划。对此您怎么看？

曾志权：我们这次出台的22条措施，其重点在于：一是在资金投入规模上，比较适度，根据当年可支配财力进行安排，大部分资金是年初预算批准的存量资金，没有动用以后年度财力。二是在政策运用上，主要是发挥财政政策杠杆作用来调结构，在资金安排上重点突出一些能产生即期效应又有利于长远发展的基础性项目上，调动社会资金投入。三是通过减税减费、正税清费等政策优惠，优化营商环境。

我想强调的是，稳定经济增长需要多措并举，投资拉动是很重要的一环，但主要靠市场在资源配置中起决定性作用，财政政策只能起导向作用。从整个经济发展需要资金支持的量上来说，这次安排的资金是适度的，但我们希望通过这种安排，发挥财政资金的放大作用，实现“四两拨千斤”，撬动五到十倍的社会资金投入。

财政收支压力将加大

《羊城晚报》：这次安排的财政资金是新增财政支出还是在年初省人大审议通过的2014年省级财政预算中已有的安排？这钱从哪里来？

曾志权：在这次需要筹集的600多亿元资金中，400多亿元为年初经省人大审议批准的预算存量资金，其中有相当大部分，按预算执行进度，是在下半年支出，现在我们提前到上半年支出，以尽早发挥资金效应。

还有200多亿元需由省财政新增安排。新增安排的资金，主要在地方政府性债券及清理历年存量资金中安排，将重点用于保障性住房、交通基础设施建设、工业技术改造、扩大消费等方面。

根据《预算法》和《广东省预算审批监督条例》关于预算执行中发生的重大问题需向省人大常委会报告的规定，经省政府授权，我们已以《关于省级财政落实稳定经济增长政策涉及预算调整情况的报告》将此次财政支持稳定经济增长的政策措施及资金安排情况向省人大常委会报告。

《羊城晚报》：这些资金将如何进行分配？如何确定符合条件的项目？

曾志权：此次财政支持稳定经济增长各项资金暂不切块到部门，由各有关部门按照分工，按照轻重缓急和既能产生即期效应又立足长远发展的要求，评估项目，筛选项目，再按照省级财政专项资金管理办法等有关规定审核后按程序报批，确定具体项目资金。

这种先选取项目、再确定资金的分配方式，较以往先预安排资金、再按程序选取项目的做法，有利于资金尽快拨付使用，及早发挥政策效应。

《羊城晚报》：如何保证资金实实在在地用在符合条件的项目上？如何防止资金被挪用或滥用？

曾志权：这是社会最关注的问题，也是我作为财政厅长最关心的问题。

首先，在项目选择上，按照公开、公平、公正且符合规定的原则去挑选。其次，在资金使用上，严格按照《广东省省级财政专项资金管理办法》的规定，实行“八公开”，让全社会监督资金从公开到使用全过程，确保各项财政资金按既定的方向投入到基础性、民生性领域等稳增长项目，不得用于提高人员经费、增加“三公”经费支出、低水平重复建设以及党政机关楼堂馆所等消费性项目。最后，各级财政、审计、监察部门将加强对资金使用的监督管理，健全管理制度，明确各项资金使用范围、拨付程序和工作要求，严防资金滞留、挤占、截留或挪用，确保资金严格按规定使用，提高效率，公开透明。

《羊城晚报》：从广东财政支持稳增长22条措施看，一方面省级财政要支出600多亿元，另一方面因为税费减免财政要减收约380亿元。这样，今年广东财政会有压力吗？

曾志权：肯定对收支会产生一定的影响，加大财政收支压力。但从长远来看，通过增加支出和减免税费，发挥财政政策的逆向调控作用，可以有效拉动投资、刺激内需、稳定外贸，促进经济平稳健康增长，进而实现财政收入增加、预算收支动态平衡的目标。

（2014年5月26日《羊城晚报》，记者：严丽梅）

粤北五市收入增长快于珠三角
房地产成拖累税收增长负能量

2014年上半年，广东省的经济情况、政府财政收入情况、预算执行情况如何？在29日召开的省十二届人大常委会第十次会议上，省财政厅厅长曾志权作了《关于广东省2014年上半年预算执行情况的报告》，透过数据展示了广东上半年的发展。

据《快报》统计，上半年全省地方公共财政预算收入完成4 015.5亿元，完成年初代编预算的51.59%，比上年同期增收531.93亿元，增长15.27%。总体来看，实现了“时间过半、任务过半”的既定目标。省财政厅预计，下半年全省财税收入有望保持平稳增长，在经济增长不出现较大波动的情况下，全年财政收入将基本与经济增长速度相适应，有望完成增长10%的预期目标。

收入：企业、个人所得税表现强劲

4 015.5亿元的全省地方公共财政预算收入中的绝大部分，都是来源于税收收入，占比达82.5%，增长14.3%。

从数据不难看出，企业所得税、个人所得税均完成了全年预算的6成多。省财政厅表示，企业所得税收入较快，一是由于上年工业企业利润恢复性增长，促进了今年1月企业所得税预缴收入和5月、6月企业所得税汇算清缴收入增收；二是金融业、商务服务业、批发和零售业企业所得税收入增收较多。这些发展较好的企业，也带动了信息技术服务业、金融业、商务服务业等现代服务业的个人所得税增收。

而营业税收入增幅相对较低，主要是受“营改增”影响，营业税存量税源减少，随着“营改增”试点范围继续扩大，造成的减收影响将更大；同时商品房交易量的下降，也造成房地产业营业税减收，拉低了营业税增幅。

中小税种较快增长，主要是由于土地增值税清算收入增收较多，以及大额土地出让带动契税收入较快增长，拉高了中小税种增幅。而非税收入的增长，主要是受深圳、惠州、河源等地区集中清缴历年结存在专户内的非税收入拉动。

“卖地收入”上半年大增732.81亿元

报告还披露了政府财政收入的其他部分——全省政府性基金预算、国有资本经营预算、社保基金预算的执行情况。其中比较引人注意的是上半年全省政府性基金预算。根据统计，上半年，全省政府性基金预算收入累计完成2 167.62亿元，完成年初代编预算的70.52%，比上年同期增收742.83亿元，增长52.14%。

无论是增量还是增幅，政府性基金预算上半年可谓表现强劲。省财政厅表示，对全省政府性基金预算收入增收贡献最大的国有土地使用权出让收入，也就是“卖地钱”。仅上半年，这一块就增收732.81亿元，贡献了全省政府性基金预算收入增量的98.65%。

商品房交易量下降了，但“卖地”收入却多了？据了解，国有土地使用权出让收入增长较快，主要是由于珠三角地区的广州、深圳、珠海、佛山等市供应的国有土地中，部分位于城市的中心商务区，出让单价较高，使得土地出让价款收入、其他土地出让收入增长较快，拉高了全省整体水平。

支出：行政支出减少　民生支出增加

数据显示，上半年全省地方公共财政预算支出完成4 125.68亿元，完成年初代编预算的45.79%，比上年同期增支770.59亿元，增长22.97%。

以税收为主的全省公共财政的钱，都用去了哪里呢？报告显示，上半年各部门严格落实“八项规定”、厉行节约，主要用于保障行政运行的一般公共服务支出同比增长2.69%，低于支出平均增幅20.28个百分点。与此同时，民生支出占比提高，教育、社会保障、医疗卫生等民生类支出完成2 807.18亿元，同比增长26.18%，占全部支出的68.04%，比上年同期提高1.73个百分点。

社会关注度较高的“十件民生实事”支出进度也较快，1－6月全省已拨付民生实事资金1 169.95亿元，完成全年预算的67.74%。而去年省委、省政府、省人大常委会都十分关注的底线民生保障预算，今年上半年，也已拨付资金129.19亿元，完成全年预算的68.28%。

而全省政府性基金预算支出也有大幅增长，累计完成1 817.4亿元，比上年同期增支645.88亿元，增长55.13%。其中，1 627.34亿元都用于了国有土地使用权出让收入安排。省财政厅表示，主要是因为土地使用权的取得成本上升。

亮点：粤东西北经济发展提速

省财政厅相关负责人表示，从今年上半年各项财政数字来看，县域收入增长快于市级和省级，粤北山区5市收入增长快于珠三角。省委、省政府促进粤东西北地区振兴发展的一系列政策效果开始显现，粤东西北经济发展提速，主要经济指标增速快于珠三角。

财政厅的数据显示，上半年全省60个县（市）地方公共财政预算收入完成233.72亿元，同比增长18.49%，比市级高2.14个百分点，比省级（10.93%）高7.56个百分点，县域财政自给能力有所增强。

同时粤北山区5市，上半年共完成地方公共财政预算收入172.50亿元，同比增长18.49%，增幅比珠三角9市（16.99%）高1.5个百分点；东西两翼虽然受上年较高基数等不可比因素影响，上半年收入同比增长10.96%，增幅相对较低，但累计增幅已连续两个月小幅提高，呈回升态势。

省发改委的报告也指出，上半年粤东西北地区实现地区生产总值6 791.89亿元，增长9.0%，比全省高1.5个百分点。

问题：部分市县税收收入呈负增长

对于今年上半年全省预算执行情况，6月中旬省人大常委会预算工委也专门进行了实地调研，指出了一些财政厅数据背后的问题。

预算工委认为，部分市县的税收收入完成情况不理想。1－5月，江门等10个市县税收收入增幅均低于公共财政预算收入增幅，汕尾、雷州市税收收入呈现负增长，分别为－15.43%、－12.76%；阳江、湛江市税收收入呈个位数增长，仅增长5.65%、8.76%，分别落后于全省平均水平8.53、5.42个百分点。

房地产成税收增长的“负能量”

另据省税务部门反映，房地产业税收占地税征收税收比重近三成，对税收增长影响举足轻重。2014年起商品房销售持续负增长，上半年全省商品房销售下降的减收效应将在下半年的税收中进一步体现，房地产业将由近年来拉动税收增长的主力变成拖累税收增长的减收行业，明显制约下半年税收增长。

从全省来看，1－5月全省地税部门征收的房地产业税收仅增长4.2%，较上年同期大幅回落48个百分点，在一定程度上拉低了税收收入增速。其中房地产营业税同比下降0.1%，累计增速自2012年8月以来首度出现负增长；土地增值税预缴收入累计增速逐月下滑至5月的2.2%。全省国税部门征收的房地产税收下降6.7%，连续11个月出现减收。

从调研市县情况看，江门等10个市县受房地产业下滑、房地产企业投资意愿减弱、土地成交额下降的影响，房地产业税收增收乏力，对税收贡献大幅下滑。1－5月，汕尾市城镇土地使用税下降70.34%，土地增值税下降21.75%，耕地占用税下降38.87%，契税下降51.25%，这几个税种共减收1.65亿元，拉低了当地税收收入总体增幅约23个百分点。

（2014年7月30日《羊城晚报》，黄丽娜）

预算法四审稿　吸收广东经验

25日，实施已经20年的预算法首次大修开始进入全国人大常委会四审阶段。从四审稿草案的内容看，积极吸收了像广东这样先行进行地方财政体制改革、广东省人大就政府财政预算审查开展的一系列制度创新的实践成果。

2013年1月，在广东省十二届人大一次会议上，广东国有资本经营预算账本首次提交人大审查。之后，在2014年1月召开的在广东省十二届人大二次会议上，社会保险基金预算账本也首次提交人大审查。同时，按规定将应纳入预算管理的行政事业性收费全部纳入预算管理；将上级各项固定补助收入和提前下达转移支付全部列入年初预算编列。至此，公共财政收支预算、政府性基金预算、国有资本经营预算、社会保险基金预算这四大账本，全部在人大会上提交人大会议审查，实现了人大对政府“钱袋子”的全口径审查和监督。

在人大代表提前全程介入预算编制上，广东改革创新的步子也领跑全国：2013年，广东省人大提前于9月份组织四批省人大代表、以底线民生保障支出为专题介入2014年广东财政预算编制，对2014年度的财政预算安排提出意见和建议。同时，充分研究采纳人大代表意见建议，同步发送资料，让人大代表同步了解预算编制流程和进展情况。

此外，为了提高省级财政预算编制的刚性，广东省财政厅通过进一步细化预算编制，将具体支出项目提交人代会审议，增强年初预算编制的约束力，减少预算执行过程中调整、追加；严格执行到期不再安排制度，对到期确需延续安排的专项资金，需先按程序完成绩效评价和审计检查；新增支出原则上在现有存量中调整安排，并严格执行多方论证制度，切实提高资金使用效益等。广东以上有益探索，都在预算法四审稿中有所体现。

（2014年8月26日《羊城晚报》，记者：严丽梅）

广东：加快法律服务体系覆盖城乡

当前广东改革进入“深水区”，各类社会矛盾进入高发阶段，并呈现出多样性、群体性、复杂性和对抗性。要减少社会矛盾，必须从矛盾产生的源头进行治理，将矛盾消除在萌芽状态。

这期政协委员议事厅栏目聚焦“普及公共法律服务”话题，为了推进“平安细胞”工程建设，委员们开出了如下良方：通过普及公共法律服务，提高领导干部运用法治思维和法治方式深化改革、维护稳定能力，在法治框架下解决问题，将依法执政、依法行政真正落到实处；通过普及公共法律服务引导群众在“法治平台上化解矛盾纠纷”。

现状：法律服务供给结构失衡

广东2009年制定的《广东省基本公共服务均等化规划纲要（2009－2020）》（以下简称《纲要》）只包含了公共教育、就业保障、生活保障、医疗保障、公共卫生、住房保障、公共文化体育、公共交通、生态环保9个方面的内容。

省政协委员、东方昆仑（深圳）律师事务所主任胡荣国遗憾地指出，在社会矛盾多发、高发的今天，涉及群众权益保障方面的公共服务却在《纲要》中暂缺。

胡荣国分析指出，广东存在公共法律服务供给结构失衡的现象，区域、城乡、群体之间法律服务资源差距较大。珠三角地区已实现通过政府购买提供法律服务，但粤东西北地区却缺乏提供法律服务的人力和经费保障，公共法律服务供给资源匮乏。

全省共有村居25 500多个，现有25 000名律师，其中广州、深圳两市的律师人数分别占到全省的1/3，珠三角九市律师人数占到全省的91%，粤东西北十二市仅有2 200多名律师，人数不到全省的9%。与此相对的是，粤东西北十二市的村居数量超过16 000个，占到全省村居数的近65%。汕尾、云浮两市的律师人数均在70人左右，两市的村居数分别超过800个和900个。

省政协委员、阳江市委常委、统战部长岑国健同样意识到了这个问题。他指出，政府所提供的法律服务基本上集中于城市，虽然一直在努力延伸触角，覆盖基层，但是现在的资源难以满足群众的需求。市场的调节机制加剧法律服务供给集中于城区。以阳江市为例，该市现有109名律师，绝大多数分布在市区。所辖的阳西县只有2名社会律师；阳春市人口几乎占阳江人口的一半，社会律师也只有7名。法律资源供给不均，也是市场调节必然结果。广大农村、粤东西北地区群众法律需求因购买力的不足无法满足，导致这些地区的纠纷难以及时通过优质法律资源的服务走向法治解决渠道。

建议1：政府购买服务实现运作

胡荣国建议，将《公共法律服务均等化的建设目标及实施路径》纳入《广东省基本公共服务均等化规划纲要（2013－2020）》之中。同时成立广东构建公共法律服务体系领导小组，由相关省领导担任组长和副组长。公共法律服务涵盖了法制宣传、律师、公证、司法鉴定、司法考试、人民调解、法律援助、社区矫正、安置帮教等主要内容，司法行政机关作为公共法律服务体系建设的主要具体实施者、推动者，领导小组办公室建议设在省司法厅。

此外，他还建议搭建法律服务资源配置平台。统筹、整合司法行政内部的各类法律服务提供者（包括政府购买法律服务的人员）资源要素，重心下沉，为基层一线提供人力资源支持。均衡配置全省法律服务资源，建立对口支援制度，珠三角地区结对帮扶粤东西北地区，发挥好信息网络技术的资源整合作用。培育、统筹、整合外部的社会法律服务资源，包括实习律师、法律职业资格持有者、社工、义工、志愿者、法律院校师生以及其他具有法律专业素质的人员等，采取政府购买服务等方式，组建各类法律专业服务团，主动深入到基层提供各个领域的专项法律服务，形成“政府主导、社会参与、合作共治”的工作格局。

为了保障提供规范标准的服务，胡荣国建议，针对各地区发展不均衡和法律服务需求程度不同的现状，分别编制各大类公共法律服务的全省统一或分类的管理和技术标准，各级各类法律服务平台（窗口、网点）的建设和运行标准，服务提供标准，以及服务需求和政府购买目录，明确职能定位、岗位权责、工作流程、实施规范和质量标准等。

在胡荣国看来，最为关键的是要落实经费保障机制。他建议，以政府购买服务为主要保障方式来实现公共法律服务体系的有效运作。各级政府应将公共法律服务纳入基本公共服务均等化保障体系，在资金安排、财政补贴等方面给予支持，促进公共法律服务建设的常态化、可持续。珠三角地区应将公共法律服务纳入各级政府财政预算；粤东西北地区应将公共法律服务纳入省财政转移支付资金安排和各级政府财政预算。

建议2：加大对农村基层的倾斜

民进广东省委会认为，当前的广东政府公共供给无法满足群众对法律服务的需求。法律资源分布的严重失衡非市场调节机制所能解决，政府必须承担推动城乡间、群体间、区域间法律服务均等化的责任。随着政府向“有限政府”、“服务型政府”转变，这种群众性、服务性的法律服务职能可以通过政府购买来解决。珠三角地区已经实现通过政府购买等形式提供法律服务，但是粤东西北地区却难于提供人力和经费资源保障，公共服务的供给资源匮乏。

例如，部分地区法制宣传、人民调解、法律援助经费保障未完全落实，有的地方司法行政专项业务经费还未纳入当地财政预算。多数地区的法律服务仍然以传统的无偿公益服务为主，法律服务人员积极性不高，难以维持长久，无法满足基层弱势群体的法律服务需求。

此外，广东对司法行政管理部门的法制宣传、人民调解、法律援助、律师服务、安置帮教等主要法律服务工作的法规、政策配套不足。公共法律服务的主体是律师，我国《律师法》于1996年通过，至今广东也未出台相应的实施办法；人民调节是化解社会矛盾的基础工程，《人民调解法》自2011年起施行，广东至今亦未出台配套实施办法，人民调解工作经费亦未跟上；法律援助经费缺乏动态增减的制度机制，广东人均法援经费低于全国平均水平，三千万外来工的法律援助没有专项经费。

为此，民进广东省委会建议，建立完善公共法律服务投入保障机制，积极推进政府购买法律服务制定与律师法、法律援助条例、人民调解法等相配套的实施办法。依据现在广东的情况，制定统一的《公共法律服务实施意见》，明确公共法律服务惠及的范围、实施标准、供给方式等制度规范。在资金安排、财政补贴等方面给予政策倾斜和重点支持，促进公共法律服务建设的常态化、可持续。在投入方向上要加大对粤东西北、农村基层的倾斜支持。

建议3：推进法律服务走进村居

岑国健建议，推进法律服务资源进村居全覆盖，实行点对点的有效服务。推进“一村居一律师”或“法制副主任”的方式进村居活动。

实现行政村居全覆盖，律师全员参与。围绕村居自治组织和广大群众的需求，律师或者法制副主任充当村居法律顾问、参加人民调解、法律宣传普及、向村民居民提供法律咨询等公共法律服务项目。

加强公共法律服务实体平台建设，远期目标是在市、县、乡镇、村居设置法律服务中心、工作站，或联系点，为群众提供“一站式”法律服务，近期目标是将法律服务平台延伸到村居一级。

动员各类社会力量广泛参与，吸收律师、退休法官和检察官等具有法律工作经验或者法律基础知识的社会各界人士、志愿者共同参与，把法律服务供给资源做大、做强。

（2014年9月1日《羊城晚报》，记者：薛江华，通讯员：张其明、赖南辉）

省人大代表视察省财政厅，提前介入预算编制

财政收入全年有望完成增长10%的目标

9月底，2015年广东省省级财政预算还正在编制中。省人大常委会延续了去年“提前介入财政预算编制”的做法，29日，由省人大常委会副主任黄业斌带队前往省财政厅视察，并将“支持农村低收入住房困难户住房改造工作”作为今年提前介入预算编制的议题，同时还听取了省财政厅对部分跨市域河流整治有关专项工作资金安排的初步考虑——

2015年的预算怎么做，先要看2014年的“家底”。省财政厅厅长曾志权表示，据《快报》统计，今年1－8月，全省地方一般公共预算收入完成5 286.27亿元，完成年初代编预算的67.92%，同比增长13.85%，比全国地方平均增幅（10.43%）高3.42个百分点，在全国各省市中排第9，在沿海五省市中排第2，略低于上海（13.89%），高于江苏（10.55%）、浙江（8.0%）、山东（9.19%）。

“广东基数大，财政收入能保持这样的增速很不错。特别是还受到房地产市场调整、一次性增收因素逐步减少等的因素影响。”曾志权表示，今年房地产对广东税收增长的贡献率明显降低，但税收收入明显增长。省财政厅的数据显示，1－8月全省税收占比83.08%，比全国地方平均水平（78.38%）高4.7个百分点，制造业、金融业、租赁和商务服务业等行业成为税收增收的主要来源。

在支出方面，全省地方一般公共预算支出完成5 374.92亿元，完成年初代编预算的59.66%，同比增长20.81%，比全国地方平均增幅（14.38%）高6.43个百分点，在全国各省市中排第5，在沿海五省市中排第1。省级一般公共预算收入累计完成1 193.74亿元，完成年初预算的72.22%，同比增长10.48%；省级一般公共预算支出累计完成506.25亿元，完成年初预算的69.13%，同比增长18.63%。

在支出中，对民生重点的保障很到位。全省民生类支出累计完成3 672.88亿元，同比增长23.51%，高于支出平均增幅2.7个百分点，占全省支出的68.33%，同比提高1.5个百分点；全省各级财政已拨付十件民生实事资金、底线民生保障资金1403.21亿元和172.8亿元，分别快于时间进度14.58个和14.12个百分点。

1－8月的“亮点”不少，但问题也很突出。

曾志权指出，特别是各地市的收入增长很不均衡，1－8月预算收入增幅最高的河源市达到34.8%，最低的汕尾市是－4.63%，粤东西北地区收入增幅（13.17%）比珠三角九市收入增幅（15.14%）低1.97个百分点。同时部分地区非税收入增长过快，1－8月全省仍有7个市税收占比低于65%，且主要集中在粤东西北欠发达地区，最低的汕尾市不到50%，仅为49.65%。

另一个隐忧是，下半年财政收入的增幅呈现回落态势，1－8月收入累计增幅相比上半年（15.27%）回落1.42个百分点。曾志权表示，初步预计在经济增长不出现较大波动的情况下，全省全年财政收入将基本与经济增长速度相适应，有望完成增长10%的预期目标。

（2014年9月30日《羊城晚报》，记者：黄丽娜）

债务率低于全国水平

——截至2012年底全省地方政府性债务率为74.3%，债务负担率为12.5%

债务率＝债务余额/可支配财力

广东全省为74.3%　国际警戒水平为100%

债务负担率＝债务余额/GDP

广东全省为12.5%　国际警戒水平为20%

广东省本级、广州市本级债务规模适中，债务风险指标均低于国际警戒水平，也低于全国平均水平。昨日，《关于我省2013年上半年计划执行情况报告审议意见研究处理情况的报告》提交省十二届人大常委会第六次会议审阅。报告透露，广东省已分批次对债务率较高的地区进行风险提示。同时还将进一步完善地方政府性分析机制，加强全省债务动态季度报送工作，并纳入各地政府性债务管理工作考核。

重要基础设施：拟三年投1.41万亿元

报告介绍，2013年共安排省重点项目280项，总投资31 781亿元，年度计划投资4 200亿元。1～10月，省重点项目完成投资3 802亿元，为年度计划投资的90.5%。另根据实施《加快全省重要基础设施建设工作方案（2013－2015年）》，计划在“十二五”后三年投资约1.41万亿元，加快推进全省重要基础设施建设，在全省掀起了新一轮交通基础设施建设热潮。1～10月，基础设施投资完成4 110.64亿元，增长17.2%。

对于备受关注的经济运行风险问题，报告指出，为防范财政金融风险，根据财政部统一部署，广东省已分批次对债务率较高的地区进行风险提示。报告透露，今年1～3月，审计署对广东省本级、广州市本级政府性债务进行审计。根据审计报告，广东省本级、广州市本级债务规模适中，债务风险指标均低于国际警戒水平，也低于全国平均水平。根据省财政厅此前数据，截至2012年底，全省地方政府性债务率（债务余额/可支配财力），为74.3%，低于国际警戒水平（100%），同时也低于全国政府负有偿还责任债务的债务率105.66%；债务负担率（债务余额/GDP）为12.5%，低于国际警戒水平（20%）。

保障性住房建设：累计投入188亿元

报告还涉及房地产调控，称坚决抑制投资投机购房需求，增加中小套型普通商品住房供应，加快保障性安居工程建设，加强房地产市场监管。如广州、深圳继2013年3月出台实施“国五条”细则后，11月进一步收紧房地产调控政策，取得一定成效。2013年1～10月，全省商品住房价格虽然继续上涨，但涨幅有所回落，均价为8 635元/平方米，同比上涨11%，涨幅比上半年回落1个百分点。广州、深圳涨幅比前三季度分别回落2个和7个百分点。

保障性住房方面，推进住房保障模式多样化，基本形成政府主导、社会参与的建设机制。推进保障性安居工程建设投融资平台组建工作，有效缓解建设资金紧张的局面。

报告透露，截至2013年10月底，全省新开工建设保障性安居工程86 664套，新增发放租赁补贴9 026户，基本建成保障性住房135 746套，分别占省年度任务的110.6%、179.5%、117.2%，保障性住房建设累计投入资金188亿元。

（2014年1月10日《广州日报》，记者：杨洋、张庚亮）

广东加强财政一般性转移支付资金管理

昨日，受（广东）省长朱小丹委托，省委常委、常务副省长徐少华主持召开省政府常务会议，研究加强财政一般性转移支付资金管理等。

会议强调，要依法依规、明确责任、界定政策、明确绩效、公平分配、公开透明，切实加强对一般性转移支付资金的规范管理，要按照民生支出、运转支出和协调发展支出的顺序安排一般性转移支付资金，优先民生支出。会议审议并原则通过《关于广东省财政一般性转移支付资金管理办法》。该办法对一般性转移支付资金管理范围及其设立、调整、撤销、管理职责、使用范围、预算管理、监督检查、绩效评价、信息公开、奖惩等作出明确规定。

（2014 年 5 月 16 日《广州日报》）

今年保障底线民生增加 45%财政资金

“底线民生”在省人大代表的调研呼吁下，终于有了截然不同的命运。去年人大代表的调研结果显示，身为经济大省，广东大多底线民生保障指标均远远落后于全国平均水平；今年它被列为“十件民生实事”之首，投入资金也正如财政厅去年承诺的一样，有了两位数增幅。但最终有多少落到实处的变化，我们拭目以待。

省财政厅

1 看点　底线民生

昨日，广东省十二届人大二次会议举办以“改善民生”为主题的首场记者会。围绕底线民生问题，省财政厅厅长曾志权在答记者问时透露，今年在编制预算草案过程中，也首次单独对“底线民生”编列。今年全省各级财政用于城乡低保、五保供养、孤儿残疾人保障、医疗救助、基础养老金等六项 12 类底线民生保障支出，约为 153.89 亿元，较上年增长 45%。

代表提前调研底线民生指标

早在去年 6 月，省人大常委会就选取了“底线民生”作为人大提前介入预算编制的突破口，组织人大代表对全省底线民生保障情况进行了大规模调研，结果发现广东多项底线民生的指标在全国落后。

省人大根据调研结果，在跟省财政厅等多个部门的多次沟通，对底线民生基础数据的测算后，向省委、省政府提交了关于提高底线民生保障水平的调研报告。在此基础上，省政府于去年 11 月出台了《关于提高广东省底线民生保障水平的实施方案》，提出四年投入 823.55 亿元，让广东底线民生保障水平到 2017 年走在全国前列。今年，正是该方案实施的第一年。

“也许大家还记得在去年的省十二届人大一次会议上，朱小丹省长在政府工作报告当中指出省政府要以保基本、兜底线、促公平、可持续为准则，办好十件民生实事。在今年人大代表报告工作时又说到去年全省各级财政投入民生 1 764 亿元，民生支出占全省公共财政预算支出的比重达到 67.2%，今年政府在民生投入还将继续加大。”在昨日的发布会现场，主持人一开口就直奔主题，将提问权交给记者，“请采访嘉宾围绕保障和改善民生工作、提高底线民生的保障能力和水平回答记者问题。”

财政预算单列“底线民生”

保障底线民生，投入最受关注。作为“财爷”的省财政厅厅长曾志权就被问及，今年保障底线民生亮点何在？

“对民生问题，省委、省政府非常重视，在今年编制省级预算草案过程中，我们首次依照省人大代表视察提出的要求，将底线民生单独列入。”没有打官腔，曾志权句句都是亮点。他透露 2014 年全省各级财政用于城乡低保、五保供养、孤儿残疾人保障、医疗救助、基础养老金等六项 12 类底线民生保障支出单独编列，约为 153.89 亿元，较上年增长45%。

“大幅增加各级政府用于底线民生的支出就是亮点之一。”曾志权说，省级这块增长了66%。此外，底线民生保障标准将大幅提高，预计除了城乡医疗救助标准，到2015年可以达到全国平均水平以外，其他各项底线民生保障标准将达到或者超过全国平均水平。

值得一提的是，曾志权透露，为了切实做好底线民生工作，将落实好各级政府的出资，确保省市县各级在落实底线民生保障方面都有责任。

2看点　三公经费：今年“三公”预算减少1.15亿元，比去年下降13%，行政经费下降70亿元

今年的预算报告中提出，“三公”经费下降1亿多元，行政经费下降70亿元。昨日的记者会现场，有记者直问其中的原因，并追问曾志权行政经费支出是否还有下降空间？

曾志权解释，今年的预算比2013年下降1.15亿元，下降了13%，其中因公出国（境）的费用减少了1 800万元，公务用车购置和运行维护的支出减少了6 500万元，公务接待费减少3 100万元。主要是按照中央八项规定，以及严格开展群众路线教育实践活动，严控“三公经费”，整个成效明显。从2012年来看，省直部门的会议经费以及“三公”经费比上年同比下降了23.08%，其中因公出国（境）的费用下降了25.4%，公务用车购置和运行的维护费下降了13.21%，公务接待费下降了14.6%。

回应完“三公经费”问题，曾志权没有回避第二个问题。“广东行政经费已经是第五个年头零增长，从2005年占比20%多下降到去年的7%点多（今年到7.13%）。”曾志权说，行政经费下降70多亿元，分两方面，除了严控经费使用，还压缩一些切实应该减下来的楼堂馆所支出，用于民生投入。而对于空间问题，他坦言，需要视工作而定，“能够压缩尽量压缩，但是还是要考虑适度的正常运转。”

数读

2014底线民生数据

范围：城乡低保（含城镇“三无人员”）、农村五保、医疗救助、基础养老金、残疾人保障、孤儿保障等6类12项。

全省各级财政投入：153.89亿元，较上年增长45%（其中，经济欠发达地区110.04亿元）。

省财政：63.42亿元，较上年增长66%，省级负担率58%。

（2014年1月21日《新快报》，记者：黄婷、郑锐）

财爷曾志权：困难地区底线民生支出不达标，拉低了平均水平

今年底线民生省级财政将负担58%

前日，广州团一组代表审查预算热火朝天，提出不少修改建议，省财政厅厅长曾志权因此于昨日下午专门到场解释。会后，他再次被媒体团团围住，耐心解答所有提问。这次，财爷不光对超支700亿元、底线民生投入等热点问题做出了回应，还现场教记者如何读预算。

希望吸引更多社会资金投入民生

记者：去年超支的700亿元去哪儿了？（注：前天审议报告时，有代表称根据2013年全省支出执行情况表，当年经过省人大通过预算支出，与实际支出差额达到700亿元。）

曾志权：其实不存在超支，多出来的700亿元主要是中央年中下达的资金。中央今年到底是给我们一千亿还是两千亿，虽然有些资金现在会提前通知，但总额多少，年初广东编制预算的时候是不知道的。

第二块就是财政部代发的120亿元地方政府债券，也要全国人大3月批准发债计划之后财政部才通知我们。我们再据此调整预算方案，报省人大常委会批准。

另外有80多亿元超收收入，执行预算的时候发现比年初预测的收入有增加，如何使用这部分资金也经过了省人大常委会批准。

记者：未来怎么持续保持民生投入力度？底线民生部分指标全国排名不高，是因为有阻力吗？

曾志权：民生还要继续投入，也希望媒体鼓与呼，吸引更多社会资金投入。广东的民资实力比较强，政府如何培育适合民资进入的环境也很重要。从财政来讲，下一步要建立与市场和物价相适应的增长机制。

不是阻力问题，还是省情造成的。底线民生支出主体责任在市县，达不到目标的往往是困难地区，于是把全省平均水平拉下来了。不是大家不想做，是确实没钱。现在省里面加大转移支付力度，今年底线民生省级财政负担率就达到58%。

工作太忙，自嘲刚满50岁像70岁老头

记者：有代表建议，邀请专家为代表解读报告，这样更有利于理解。您认为可行吗？

曾志权：尽可能让代表看懂预算是我们的目标，但财会学属于边缘学科，代表们又来自各个层面，（对财政知识理解）还是参差不齐。让专家来解读的话，预算案的信息量非常大，要让所有代表都读得很精细，估计也不可能。

最近几年我们和人大已经采取了很多措施，比如对代表培训，我也会去上课。其实真正认真去看，想读懂预算也不难，现在就可以告诉你们。

记者：还有代表建议公示您的个人联系方式，这样更方便大家交流。

曾志权：这个建议是很好，但实话告诉你，这样我可能一年就没命了（笑）。现在我是白天开会、调研，晚上看文件。财政工作既有很强政策性，也有很具体的资金分配。你看我刚满50岁，就已经成70岁老头了。

（2014年1月20日《新快报》，记者：郑锐、黄婷）

粤财政收入总量全国第一　但人均财力低于全国平均

“说实话，作为财政厅厅长提这些建议也是诚惶诚恐的，但是作为人大代表不得不反映。”昨日广东团全团会议上，全国人大代表、广东省财政厅厅长曾志权直言，对于即将到来的财税体制改革，自己是喜忧参半。

改革应兼顾地方积极性

“作为广东的财政厅厅长，我特别关注改革方案，而且既高兴又担心。”曾志权总结近年来国家在财政有关领域的政策变化后认为，每次改革过程中，涉及到财政管理工作方面的改革多科学有效，但在涉及中央与地方体制方面时，差不多每改一次，中央就会集中一次财力，导致地方财力偏少，需要花钱的地方却偏多。

“希望这次改革能有所突破，方案能兼顾中央和地方的积极性，避免出现‘鞭打快牛’和中央过分集中财力并存的状况。”曾志权说。

为此，曾志权建议科学有效地界定财政供给范围，以及政府上下级之间的事权和支出责任，理顺政府与市场、政府与社会、各级政府之间的权责关系及支出责任，同时加快研究制定地方税体系。这样一来，就能为地方政府的稳定履职保证财力，并促进地方特色产业的培育。

广东人均财力竟全国倒数

对于现行财政资金转移支付办法，曾志权建议需要在公平公正方面再进一步，应更多考虑人均财力、人口数量和内部区域发展不平衡等因素。这是曾志权连续第二年在全国两会上反映广东财政的“外强中干”。

曾志权说，尽管从财政收入总量来看，广东是当之无愧的全国第一，但根据财政部的统计，这个财政大省的人均财力竟全国倒数。以2012年数据为例，按常住人口计算，当年公共财政人均支出6 974元，低于全国平均水平的7 954元，比东部平均水平更是低了1 764元。这样的“成绩”在全国31省（市、区）中排名第21，但如果剔除财政单列的深圳市，排位急剧下降至第28。

中央下拨资金有时“不太公平”

在去年建议的基础上，曾志权又提出了更加具体的观点。对于用于经常性转移支付资金，他认为中央应更多考虑实际情况，在有可能的情况下以县为单位统计补贴标准：“有些县确实很困难，不能因为它们戴着‘珠三角地区’的光环就得不到资金。这方面我们比东部一些地方拿得还少，确实不太公平。”

此外，在政法转移支付和教育转移支付方面，国家并没有考虑实际办案量或流动人口子女就学数量等特殊因素，仅仅因为广东财力总量大就简单减少资金分配。“中央不少部委在分配专项资金时考虑普惠性不够，建议除了扶贫资金以外，以工作量和工作效率为主要因素统一补贴标准。”曾志权说。

（2014年3月8日《新快报》，记者：罗仕、郑锐）

广东约束政府“钱袋子”

广东正对一般性转移支付资金的统筹使用进行全面规范。

近日，广东省政府印发实施《广东省财政一般性转移支付资金管理办法》（下称《办法》）。其中明确要求，一般性转移支付资金应按照有关民生、运转、协调发展三方面支出的先后顺序安排使用；市县不得将其用于提高“三公经费”、新建楼堂馆所或形象、政绩工程等。

管理办法出台的背景是近年广东按照中央部署，省级财政积极调整优化支出结构，大力压缩专项转移支付规模和种类，提高一般性转移支付比重。

2013 年 10 月底，广东省出台《关于压减省级财政专项转移支付扩大一般性转移支付的意见》，其中提出，要争取在 2017 年底前，将省级一般性转移支付占省级财政转移支付支出的比重从 2012 年的 35.7% 提高到 60% 或以上，其中 2013 年提高 13 个百分点，2014 年提高 5 个百分点或以上，2015－2017 年平均每年提高 2 个百分点或以上。

根据上述意见，今后广东省的义务教育补助、医疗养老保险补助以及生态林补助和种粮直补等可按因素法分配的省级财政专项转移支付都将变为一般性转移支付。

“但光这样并没有提高其履行公共责任的能力。”来自广东省财政研究所的专家在接受《21 世纪经济报道》记者采访时说，制定相应管理办法，对其资金使用的绩效进行评价和监督，是非常有必要的。

《办法》分层次明确了省、市、县三级政府财政部门管理责任，并强调，一般性转移支付资金要重点确保国家和省出台的各项政策和补助标准足额落实。

具体说来，这些资金要对城乡最低生活保障、农村五保供养、医疗救助、基础养老金、残疾人生活津贴及护理补贴、孤儿供养保障等关系社会弱势群体基本生活的底线民生项目优先安排资金，而坚决不能用于违规提高“三公经费”、新建楼堂馆所、形象或政绩工程等 6 类禁止性支出。

在监督落实方面，《办法》提出省级财政部门要建立绩效评价指标体系，选取定性指标和定量指标实施评价，并将绩效评价结果作为下一年度一般性转移支付资金分配的重要依据。

此外，广东省还几乎同时出台了《广东省人民政府规章立项办法》。这其中明确，今后对于“明显存在‘部门利益’的”政府规章将不予立项。

上述财政专家认为，专项转移支付往往由各个部门把持，而部门通常是通过起草夹带有“部门利益”的政府规章来切割并固化公共财政财力，这两个办法的出台和落实将对减少跑“部”钱进、推动阳光财政，提高财政资金使用效率都有重要意义。

（2014 年 6 月 13 日《21 世纪经济报道》，卜凡）

省财政厅厅长曾志权：非税收入广东控制得不错仅次于浙江

针对《预算报告》，昨日《南方都市报》记者也采访了省财政厅厅长曾志权。对于 2013 年广东省级公共财政预算收入中，非税收入占比创下五年新高的问题，曾志权表示，“广东在非税收入的控制是非常好的。”曾志权解释，广东省 2013 年的非税收入百分比跟 2012 年比，仅增加了 0.01 个百分点。“比例基本差不多，影响不大。”从审计角度看，广东省的税收和非税收入在财政收入占比比例也是比较好的。全国来看，仅有浙江两税占比情况比广东好。

曾志权介绍，广东“三公经费”在逐年下降。广东压缩“三公”经费的力度也比较大。比如今年财政预算报告显示，2014 年要压缩 1 亿多的“三公经费”，省下来的一个亿将全部投入民生项目。

2014年的目标能否实现？“我们肯定要努力实现这个任务。”曾志权解释，如何达到这个目标，还是要遵守公信原则：“有预算就有支出，没有支出就没有预算”。但曾志权也强调，对于“三公”经费，要有一个客观的认识。基于历年“三公”压缩的程度都比较大，未来“三公”压缩空间肯定会越来越少，“但每一个国家都是这样，适度的‘三公’经费肯定是要的，但关键是适度管理，怎么规范。要用‘公’不要用‘私’。”

在今年深化财税金融制度改革上，广东省财政部门将推进省财政经营性资金实施股权投资管理改革。曾志权说，这是为了提高资金使用效率，将资金通过股权管理，提高用款单位责任。“不能说把钱用了就完事了”。此外，经过股权管理，可回收资金，像“滚球”一样，增加政府用来投资的资本。这一改革将在全省做试点工作。

亮点：“三公”经费逐年下降

“三公”经费支出方面，记者从省财政厅获悉，2010－2013年，广东省级“三公”经费支出，分别是10.44亿元、10.08亿元、8.79亿元、8.63亿元，呈逐年下降趋势。根据2014年广东省级财政预算草案，今年广东省级“三公”经费预算支出列为7.49亿元，将创下5年新低。

博览会、论坛等预算压减25%

为厉行节约，控制债务，曾志权表示，2014年广东省级财政收支预算将全面贯彻落实“八项规定”，按规定停止楼堂馆所资金审批，并对博览会、论坛等按年度预算的25%压减；并严格执行现行债务管理规定，严禁违规举借地方政府性债务。

社保基金首次列入预算

与往年的预算报告不同，今年的预算草案中新增列出了社保基金预算，以及2014年省级公共财政预算专项资金预算表和2014年底线民生保障项目省级资金安排情况。据悉，2013年广东全省社会保险基金预计总收入3 139.71亿元，基金预计总支出2 006.06亿元，分别完成年度预算的101.44%和96.62%。

部分预算支出科目细化到“项”

省财政厅介绍，今年的预算草案扩大了政府预算编制范围，建立了全口径预算编报体系。另外，今年的预算草案还将政府性基金预算中教育、科学技术、社会保障和就业、节能环保、农林水等重点支出科目细化到了“项”级。

146项专项资金今年将撤销收回

据省财政厅介绍，今年广东还将全面梳理省级预算支出，裁减、合并、收回、优化一批财政专项资金：其中包括将对设立期限已满、原定目标不符合现实需要，或需要完成的特定任务已经完成的146项专项资金予以撤销或收回；此外还将对使用性质、管理特点相同或相近的182项专项资金予以整合；并对支出结构有待优化的13项专项资金根据省委、省政府工作重点，适当调整资金用途。

《预算报告》表示，对于符合公共财政管理要求、设立审批依据合法合理、具有明确使用方向和绩效目标的291项专项资金，将继续予以保留。力争到2017年，广东将把省级专项资金逐年压减至200项左右，其占省级预算支出比例将为约15%，而减少的专项资金将全部统筹用于加大对市县的一般性转移支付。

（2014年1月17日《南方都市报》，郑焕坚、任先博）

广东财政厅：
县级以上政府明年之前晒“三公”

全国人大代表、广东省财政厅厅长曾志权接受《南方都市报》记者采访时表示，已经起草《关于建立省以下事权和支出责任相适应制度的实施办法》及相关工作方案，争取下半年在珠三角、粤东西北四个区域各选一个城市进行改革试点。

广东如何打造“玻璃钱柜”？他说，明年之前，省财政厅将指导所有县级以上政府开展财政预决算、部门预决算及“三公”经费预决算、市县级汇总“三公”经费预决算等在内的预算信息公开工作。

科学划分“事权和支出责任”

今年政府工作报告提到，“抓紧研究调整中央与地方事权和支出责任，逐步理顺中央与地方收入划分，保持现有财力格局总体稳定”，广东今年在这方面如何开展工作？

曾志权说，已起草《关于建立省以下事权和支出责任相适应制度的实施办法》（简称《实施办法》）及工作方案，合理界定省以下各级事权范围，科学划分省以下事权和支出责任，并调整省以下分税制财政体制，完善财政转移支付制度。到2018年，实现事权与支出责任在省以下各级间的科学、清晰、合理配置，建立相应制度以及配套的体制机制。目前正就《实施办法》及方案征求意见，下一步将对改革实施办法修改完善，按程序报批，“争取在下半年开展改革试点，初步考虑今年在珠三角和粤东、粤西、粤北地区各选一个城市进行试点”。

据其介绍，具体试点城市没定。事权和支出责任相匹配最重要的是中央和省相匹配，“因为中央不匹配，广东没有办法做，但可以先试点，这个没问题”。现在，总说政府包揽过多，怎样处理政府与市场的关系，与社会的关系，界定政府应该是什么样的政府，“你的事权到哪里，事权很重要的，你该承担什么责任，与责任相适应，在财力上怎么保障?”

未来将细化预决算公开内容

广东打造“玻璃钱柜”上今年有何新举措?

曾志权说，将指导所有县级以上政府在2015年前开展包括财政预决算、部门预决算及“三公”经费预决算、市县级汇总“三公”经费预决算等方面在内的预算信息公开工作。2015年前，将公共财政预算所有科目细化到“项”级，转移支付列至具体项目；政府性基金预算、国有资本经营预算和社会保险基金预算在2017年前细化到“项”级科目。

他说，未来将细化预决算公开内容，“除涉密部门外，省级所有使用财政拨款的部门在2014年全部公开本部门预决算、‘三公’经费预决算信息，并将部门预算公开到基本支出和项目支出”。在推进专项资金信息公开方面，按照《广东省省级财政专项资金管理办法》，会全面公开专项资金管理办法、申报指南、申报情况、分配程序、分配方式、分配结果、绩效评价、监督检查和审计结果，公开接受和处理投诉的情况等。

在说到省直管县的试点工作时，曾志权说，下一步将在总结已实行财政省直管县的21个县（区）改革试点经验基础上，“按实事求是、积极稳妥的原则，适当扩大改革试点范围”。

或建立跨年度预算平衡机制

预算报告必须经人大审议通过才能执行，但目前采取历年制预算年度，那么，1月到每年全国“两会”开完的3月，这个“时间差”如何保证预算执行的严肃性、时效性?

全国人大代表、华南农业大学副校长吴鸿建议，应改革中国预算年度，将现在“历年制（1月到12月末）”改为“跨年制（4月至次年3月）”。

对此，曾志权表示，广东已初步制定《关于改进预算管理制度率先建立现代财政制度的实施办法》（简称《办法》），正在征求意见，“《办法》中对建立全口径预算编制体系，以及跨年度预算平衡机制方面的改革有了初步设计、考虑”。在建立跨年度预算平衡机制方面，重点是要改进年度预算控制方式，审核预算的重点由财政收支平衡状态向支出预算和政策拓展；实行中期财政规划管理，科学合理预测中期收支水平和结构；采用滚动方式编制收支预算，对资金需求量大或者时间跨度较长的重点支出、重大政策、重点领域，编制中期滚动预算；建立跨年度预算平衡机制，建立适时弥补机制，实现规划期内预算的相对平衡；加快项目库建设步伐，探索建立项目库，编列项目滚动预算，实行与跨年度预算编制的同步同向管理。

在建立完整的政府预算体系方面，重点是要建立覆盖公共财政预算、国有资本经营预算、政府性基金预算和社保基金预算的预算体系，“并探索建立债务预算体系”。

数据看问题

省财政厅统计数据显示，2009－2013年，广东省地方公共财政预算收入中，非税收入从519亿元增至1 313亿元，增长152.85%，占比分别为14.2%、15.8%、17.5%、18.54%、18.55%。2013年，粤东西北地区12市纳入公共财政预算管理的非税收入完成301亿元，占公共财政预算收入的比重为35.8%。

（2014年3月9日《南方都市报》）

第十二部分

附　录

GUANGDONG CAIZHENG NIANJIAN

广东省财政学会

2014年，广东省财政学会（以下简称学会）始终坚持理论联系实际、服务现实、指导实践的基本原则，开展一系列学术活动，服务广东财政改革发展。

一、组织全省财政征文大赛、书画摄影比赛等活动

（一）开展2013年“河源杯”全省财政征文大赛评审工作

2014年，学会共收到“河源杯”全省财政征文大赛参赛文章611篇。4月，学会邀请14名省内财经专家和实务工作者在河源市对参赛文章进行评审，评出一等奖5篇、二篇奖10篇、三等奖20篇及组织奖5个。学会安排获奖作品分期分批在《广东财政理论与实务》上发表。

（二）做好2014年“江门杯”全省财政征文大赛组织工作

2014年年初，学会与江门市财政局签订了以“深化财税体制改革，建立现代财政制度”为主题的“江门杯”全省财政征文大赛协议，并向全省市、县财政局印发征文通知。

（三）举办全省财政干部职工书画摄影比赛

2014年5月，学会邀请省书画摄影协会的专家对2013年全省财政系统干部职工书画摄影比赛的60多幅作品进行评审，评出一等奖5幅、二篇奖10幅、三等奖20幅，并挑选优秀作品在《广东财政理论与实务》上发表。

二、尝试财政绩效管理实践

根据学会与中山市、广州市番禺区和深圳市龙岗区财政局签订的绩效管理合作协议，学会先后组织6批次专家对合作单位进行了财政绩效预算和绩效评价培训，参加培训人数累计632人次。

受中山市财政局、深圳龙岗区财政局和广州番禺区财政局等的委托，学会组织专家组9批次，共对27个预算项目进行评审，涉及申报金额17 337.92万元，专家核定金额9 523万元，核减金额7 814.92万元，资金核减率为45.07%。

三、合作举办“惠州市2014年基本公共服务均等化综合试点”专家论证会

2014年5月，受惠州市财政局委托，学会组织开展“2014年惠州基本公共服务均等化综合试点工作方案”专家论证的专家遴选和报告撰写等工作。学会邀请全省11位公共服务领域的权威专家对试点方案进行论证。专家组提出惠州市应建立“政府主导”的多元投入机制、“问需于民”的需求反映机制、“底线均等”的服务保障机制和“均衡发展”的资源配置机制。

四、提供财政科研服务

（一）协助收集、分析财经资料，参与课题研究

一是收集财经改革信息。定期收集国家和广东省最新出台的财政改革纲要、规划、政策文件、重要决策部署和国内外最新财经改革动态等信息。二是统计分析财经资料数据。对收集的财经改革信息和数据资料进行整理、分类和归集，为财政科研提供数据支撑。三是参与课题研究。如课题的方案制定、提纲讨论、实地调研、分工写作和课题论证等。

（二）参与省财厅图书馆管理，提供图书借阅服务

一是参与图书馆图书更新、上架、整理与清理等工作。在挑选出11 865册旧图书的基础上，按分类处理原则，筛选并保留7 000册书籍，其余5 000册书籍经报批后完成了捐赠。二是配备专人管理图书，做好图书管理、查寻和新书登记造册工作，协助按时开放图书馆，为全厅干部职工提供优质的图书借阅服务。三是协助开通省财政厅“数字图书馆”。通过中山图书馆链接，可使用中山图书馆近百个电子数据库和近百万册电子书，为全厅570多名干部职工免费提供海量学习资源。

（三）配合做好《广东财政理论与实务》杂志宣传

学会配合科研所完成《广东财政理论与实务》杂志全年12期的来稿登记、文字校对、封面设计、排版印刷和每

期杂志的派送邮寄等工作。一是对《广东财政理论与实务》的版式设计，包括导读条目、封面设计、文章编排等进行创新，增强杂志版式的美观性。二是协助编辑部狠抓制度建设。制定《杂志编辑工作规程》、《通讯员管理制度》、《编辑部工作岗位流程》等制度。三是协助改革杂志内容。增设理论前沿、代表视点、局长论坛、基层声音、业务探讨、基础知识、感悟随笔等新栏目，为财政工作者搭建探讨交流的平台。

五、完成学会改选、年检、脱钩等工作

（一）完成学会会长、秘书长改选工作

2014 年 1 月，学会召开了常务理事会议，表决同意彭明官同志担任省财政学会第七届理事会会长职务。2014 年 8 月，经指导单位推荐，并按照《广东省财政学会章程》的规定，学会以通讯方式表决同意厅科研所副所长谭笑风同志担任学会理事、常务理事并兼任秘书长。

（二）完成学会会长变更等手续和学会年检等工作

2014 年 3 月，学会完成了会长变更、备案和登记手续。5 月，根据《社会团体登记管理条例》和《民间非营利组织会计制度》等有关规，学会编制了 2013 年度广东省财政学会工作报告书，并通过了省民间组织管理局的年检。

（三）完成学会脱钩工作

2014 年 9 月，学会根据《关于省财政厅与所属社团组织脱钩的意见》规定，顺利完成财政学会与科研所的人、财、物脱钩工作。一是学会与厅机关分离。2014 年 1 月，学会实现了“无现职国家机关工作人员兼职”，工作人员也全部按《劳动法》规定签订了聘用合同，人员工资标准按《广东省财政学会工资制度》执行。二是专账管理，独立核算。脱钩后，学会核查了账户和资产情况，并由专职人员出任会计和出纳，做到产权清晰，财务独立。三是加强内部管理，强化绩效意识。学会每月对每个工作人员进行绩效考评，以评促改，以评促效，不断提高工作效率和质量。

（广东省财政学会供稿）

广东省会计学会

2014年，省会计学会继续秉承宗旨，紧紧围绕财政会计中心工作，服务改革大局，科学谋划，各项工作有序开展。

一、主动进位，强化监管，努力做好政府转移职能工作

2014年，省会计学会在省财政厅的业务指导下，严格按照《政府行政职能转移服务协议书》及《关于印发〈会计管理行政职能转移后续管理指导意见〉的通知》要求，认真做好广东省会计师事务所执业证书核发的有关工作，全年共办理新设会计师事务所12家；12家事务所更名；撤回2家事务所；13家事务所主动备案终止；93家事务所变更主任会计师、注册资本、地址等内容，涉及发放会计师事务所执业证书123张，回收证书134张。

二、围绕中心，服务大局，争创学会工作新亮点

2014年，为贯彻实施财政部《村集体经济组织会计制度》，省会计学会组织出版发行了《广东省农村集体经济组织会计科目表、固定资产分类及折旧办法讲解》一书。该书编写工作遵循内容准确、语言通俗、例题实用三项原则。内容准确，即在概念的解释、核算内容的介绍、会计分录等各方面力求与财政部《村集体经济组织会计制度》、广东省《科目表》和《折旧办法》的规定相一致。语言通俗，即尽可能让镇、村基层会计人员看得明白、易于理解。例题实用，即针对各种经济业务多举例，以例子指导会计处理实务。同时，为积极配合全省会计从业资格考务工作，满足开展会计从业资格无纸化考试的实际需求，学会认真组织各地市会计学会征订新大纲会计从业资格无纸化考试辅导教材。2014年，各地市共征订《财经法规与会计职业道德》、《会计基础》、《会计电算化》及《珠算》等教材达4万多册。

三、贯彻宗旨，竭诚服务，扎实有效开展会员活动

（一）牢固把握服务宗旨，积极发展学会会员

2014年，省会计学会按“会员为本、民主办会、依法办会”的原则，进一步完善了会员发展机制，拓宽会员领域，壮大单位会员、个人会员的队伍规模。截至2014年底，省会计学会共有单位会员117家，个人会员210名。

（二）充实会员服务内容，把会员服务落到实处

为更好地为会员服务，省会计学会不断健全会员制度，做好单位会员和个人会员的管理和服务工作，保障会员权利，积极开展活动服务会员。

2014年，省会计学会通过举办讲座、培训班等形式多样的活动为会员服务。一是联合香港华人会计师公会、中山大学、暨南大学等单位成功举办了3期会员讲座。二是联合上海国家会计学院于3－6月分别在重庆、宁夏、大连等地举办了3期中高级会计人员培训班，共300人参加了培训。三是与佛山市会计学会联合组织2014年企事业单位管理人员香港学习班。四是协助组织财会报刊的征订工作。2014年，共发送400份征订通知，共代理征订《会计研究》、《财务与会计》、《财务研究》、《中国会计年鉴》、《新理财》及《中国会计报》等报刊1 212份。

四、深挖潜能，突出精品，着力扩大学会服务新领域

为进一步发展壮大省会计学会力量，省会计学会转变思想，积极拓宽自身服务业务，逐步实现社团专业服务标准化，社会服务多样化。省会计学会顺利通过评估。根据财政部和省财政厅关于会计人员继续教育有关规定，被批准成为具有会计人员继续教育资质的单位之一，并开始开展组织继续教育面授及远程培训工作。

（一）周密筹划培训方案，组织开展面授培训

根据继续教育培训工作要求，省会计学会认真做好各项工作，包括前期组建培训师资库、试题库，选取试题、审定试卷、落实场地，后期成绩评定、资料保管、网上申报记录等。2014年，省会计学会组织省直单位会计人员继续教育面授培训班共12期，各行政机关、企事业单位共计1 220余人参加了培训。面授培训班围绕《企业内部控制应用指引》、《企业内部控制评价指引》、《企业内部控制审计指引》、《小企业会计准则》以及《事业单位会计准则》、《事业单位会计制度》、《行政单位会计制度》等内容进行培训。

（二）推进信息服务平台，实现远程培训工作

充分利用省会计学会网站及现有硬件设施，积极建设

网络培训平台。远程教育平台自2014年10月20日正式开始启用，实现了网上报名、年度选定、课程选取、在线缴费、线上学习考试及自动登记成绩等一站式网络服务。截至2014年底，700多人进行会计继续教育网上报名，并在线学习。

五、重视科研，立足实践，搭建会计理论学术交流平台

（一）探索组织模式，定期开展课题研究

省会计学会密切联系实务工作，围绕不同时期会计改革和发展的实际以及会计管理的新任务、新趋势，紧扣时代需要，研究采取立项指导与自由申报相结合，管理部门与科研机构相结合，上下级会计学会联动等方式，进一步完善课题的立项招标，组织实施和验收评审等工作机制，切实提高课题水平和效能。在2013年立项课题中，按照规定时间按时结题的重点会计课题有1项，会计课题58项。经来自实务界、理论界的专家两次评审后，评出重点会计课题合格1项；会计科研课题一等奖1项，二等奖3项，三等奖6项。

（二）整合财政资源，坚持编辑出版刊物

学会会刊《广东财会》因报刊清理于2013年改为《广东财政理论与实务—会计专刊》，按季刊出版发行，每期60页。2014年9月，为进一步理顺省财政科研所刊物《广东财政理论与实务》与《会计专刊》的关系，将《会计专刊》更名为《会计增刊》。刊物几经改革和调整，始终紧密围绕当前会计界热点、难点问题，采用各种各样的方式进行组稿、约稿。着重在会计制度改革，完善企业会计准则、制度体系，注重会计职业道德教育，探讨内部会计控制制度等方面刊登具有较强学术性和指导意义的文章。

六、创新机制，加强建设，推动学会规范高效持续发展

（一）拓展宣传领域，切实提升学会信息平台

2014年，省会计学会对旧网站栏目、功能等进行升级改造。一是搭建会计人员继续教育远程培训平台，实现网络在线报名、学习、考试，为会计人员、会员提供方便快捷的网上继续教育服务。二是细化版块分类，让会员、各地会计人员和社会公众便捷地浏览到最新的会计法律法规和省会计学会工作动态、培训、科研项目、会员动态等信息。三是完善查找功能，使浏览网页的用户更方便查找到所需信息及服务。四是增加会员申请功能，实现网上注册、申请、缴费，使各地会计从业人员能自主方便地申请成为会员。五是增加发票登记功能，凡在省会计学会网站在线缴纳会费、培训费的均可填写开具发票要求及领取方式，便于登记、管理。

（二）规范科学管理，完善内部规章制度

省会计学会于2014年起实施绩效工资改革，制定《广东省会计学会绩效工资分配方案》，按照省会计学会秘书处业务划分工作组，明确各组分工和岗位职责，严格工作程序。逐步建立保障公平效率的长效激励约束机制，规范收入分配程序。同时，为进一步规范省会计学会的日常管理，建立工作例会制度，制定和修订人事、财务等各项管理制度，形成一套内部充实、完善的内部规章制度。

（省会计学会供稿，陈伟明执笔）

广东省预算会计研究会

2014年，省预算会计研究会继续围绕财政中心工作、以课题研究为重点，以服务预算与会计改革与发展为目标，扎实工作，讲求实效，顺利完成各项工作。

一、开展课题研究，推动理论创新

（一）开展《深入推进政府和部门预决算公开》课题研究

《深入推进政府和部门预决算公开》是财政部预算司与全国预算与会计研究会共同商定的协作课题。省预算会计研究会制定研究方案，邀请省财政职业技术学校教授共同参与研究。课题初稿经厅预算处、国库处多次讨论修改后，形成研究报告。

（二）组织撰写调研报告

省预算会计研究会根据2014年的课题研究计划邀请3名理事结合本地实际情况撰写了《淡化罚款的收入功能，促进执法的公平正义》、《预算管理体制改革刍议》和《新〈事业单位会计制度〉框架下基建账并事业账实务探讨》3篇调研报告。

（三）加大宣传力度，推广科研成果

2014年，省预算会计研究会择优选出5篇会员文章推荐给《预算管理与会计》，其中《逐步将地方政府债务收支纳入预算管理》和《淡化罚款的收入功能，促进执法的公平正义》被刊发。

二、加快转型，规范组织机构管理

为贯彻落实党的十八届三中全会精神和省委、省政府《关于进一步培育发展和规范管理社会组织的方案》的要求，以及省财政厅《关于省财政厅与所属社团组织脱钩的意见》，省预算会计研究会加快转型，全面实现自愿发起、自选会长、自筹经费、自聘人员、自主会务和无行政级别、无行政事业编制、无行政业务主管部门、无现职国家机关工作人员兼职的转变。

三、努力做好服务工作

（一）做好《预算管理与会计》的征订发行工作

2014年，省预算会计研究会按时完成《预算管理与会计》征订任务。

（二）配合业务主管部门完成各项服务工作

配合厅预算处举办全省财政系统预算业务培训和会议，协助省财政厅预算处、国库处完成各类资料的整理汇编、文件归档、财政拨款等业务。受省财政厅预算处的委托向全省财政系统及省直单位发放预算科目分类、预算编制手册、财政体制改革等书籍；受省财政厅国库处的委托发放财政资金请拨单、财政拨款印鉴卡等。

（广东省预算会计研究会供稿，胡家爽执笔）

广东省农村财政研究会

2014年，省农村财政研究会（以下简称省农研会）积极开展多种形式的调查研究，探索新时期农村改革政策理论，为财政支农工作做出贡献。

一、优化流程，做好2013年度调研课题验收评比工作

为确保课题研究质量，省农研会坚持按照“客观、公平、公正、公开”的原则，积极抓好课题验收评比工作，严格把好课题验收评比关。一是按照课题验收评审工作方案，聘请有关专家组成课题验收评审小组。二是为确保评审工作的公平公正，所有课题研究报告采取盲评形式，并提前1个月通过电子邮件发送给评审小组成员。评审专家独立审阅课题研究报告，并严格按照《广东省农村财政研究会课题研究报告验收、评比标准》打分和撰写评语。三是进行集中评议。召开验收评审小组成员会议，对2013年度的12个课题进行验收评审，评出一等奖1篇、二等奖2篇、三等奖4篇。

二、创新服务方式，积极参与社会组织改革

一是组织学会人员认真学习省委、省政府《印发〈关于进一步培育发展和规范管理社会组织的方案〉的通知》，以及省财政厅对社会组织管理的有关精神，了解社会组织发展的新政策、新要求。二是根据省农研会“服务三农”工作的宗旨以及《广东省人民政府办公厅关于印发政府向社会力量购买服务暂行办法的通知》精神，省农研会严格按照政府购买服务方式承接有关“三农”工作业务。2014年，按程序承接省财政厅农业处5个有关“三农”政策的调研课题任务，包括《离任村干部生活补助政策研究》、《关于巨灾保险制度的政策研究》、《关于完善广东省政策性农业保险机制的财政政策研究》、《关于小流域综合治理的财政政策研究》以及《关于推动省级水利扩大融资的财政政策研究》。

三、加大宣传力度，增强研究成果应用

一是将课题研究报告呈送给有关领导参阅。二是积极做好中国农村研究会主办的《当代农村财经》的订阅工作，发放至省直有关部门及市、县、镇（乡）财政部门和全体理事。三是积极向中国农村财政研究会投稿，让省农研会的调研成果通过更高、更广的平台进行宣传。

四、加强学术交流，拓宽工作思路

2014年7月，为贯彻落实中央农村工作会议和2014年“中央一号”文件精神，省农研会领导及秘书处人员积极参加了中国农村财政研究会在北京举办的“中国农业可持续发展与财政政策研讨会”论坛。广东通过与各兄弟省市农研会的交流学习，开阔了视野，拓宽了工作思路。

五、加强自身建设，做好秘书处日常工作

一是及时通报学会的活动信息，增进成员相互了解、沟通，及时向常务理事通报农研会工作情况，并研究讨论下一阶段工作安排。二是严格按照规定做好学会证件年审、数据报送以及人员计生和财务审计工作。三是积极参加省财政厅、省民间组织管理局组织的各类培训和学习活动，提升秘书处业务水平。

（广东省农村财政研究会供稿，冉雪丽执笔）

广东省珠算心算协会

2014年，省珠算心算协会（下称省珠协）团结全省珠算珠心算教育工作者，创新思路、深化改革，积极探索珠算珠心算工作的发展方向，推动省珠协各项工作顺利开展。

一、推进海峡两岸珠算珠心算文化交流

2014年5月9日，省珠协根据中国珠算心算协会的统一部署，积极组织各地级以上市珠算（心算）协会、有关大中专院校和珠心算教育实验学校，参加由中国珠算心算协会与台湾省商业会联合举办的第23届海峡两岸珠心算（广东赛区）通信赛，全省参赛人数共3 108人。

二、扶助珠心算教学实验点

2014年9月，省珠协继2013年发放珠心算教材教具物资后再次向广州市番禺区北城小学、广州市荔湾区芦荻西小学等珠心算教育实验学校发放珠心算教材教具等学习物资，扶助开展试点工作。

三、组织广东省第十七届珠算技术比赛

2014年6月21日，省珠协在广州举办了广东省第十七届珠算技术比赛。8个地级以上市珠算（心算）协会和8所大中专院校单位组成的20支代表队共77名选手，以及各地级以上市财政局和珠算协会领导、领队、教练等200人参加了比赛。

四、配合做好珠算珠心算等级鉴定工作

2014年，省珠协工作人员为需要进行珠算珠心算鉴定的单位和大中专院校、社会力量办学单位的个人提供珠算珠心算鉴定服务。

五、做好《珠算与珠心算》期刊征订工作

2014年，省珠协重视《珠算与珠心算》刊物的征订发行工作，积极发挥专业期刊学习交流和社会宣传作用，努力扩大珠算珠心算文化的影响力。全年共组织征订《珠算与珠心算》125份，较好地完成了中国珠算心算协会的征订任务。

六、维护好珠心算网站文化交流平台

2014年，省珠协继续依托“学会之窗”平台做好省珠算协会网站建设和维护工作，及时更新广东省珠算、珠心算教育工作情况、相关文件、比赛活动等重要信息。积极利用网站和网络通信等先进手段加强与会员和有关单位的联络，更好地发挥省珠协网站的交流平台作用。

（省珠算心算协会供稿，肖健华执笔）

2014年广东财政定向择优科研课题验收评审结果

课题等级	课题单位	课题名称
一等奖课题（3个）	省财政厅教科文处	完善义务教育保障机制　促进义务教育均衡发展研究
	东莞理工学院城市学院	预算制度变迁环境下的政府财务信息传导机制——基于“三公”经费的案例研究
	省财政厅国库处	广东省中长期财政收入规模和结构分析
二等奖课题（6个）	广东财经大学	地市财政农业、渔业专项资金使用绩效第三方评价实证研究——以我省Z市为例
	省财政厅改革办	建立事权和支出责任相适应的制度研究
	省财政厅国库支付局	深化预算执行动态监控改革，全面加强财政支出监督管理
	兴宁市财政局	提高城乡低保补贴和五保供养标准研究
	茂名市电白区金融工作局、华南农业大学	广东省农业机械购置补贴政策效应研究
	佛山市财政局	代建制下政府投资项目的财政资金监督管理体制研究
三等奖课题（16个）	汕头市财政学会	村集体经济组织的行政账与经济账分设探索
	省财政厅票据监管中心、广东省体制改革办	全面推进财政票据信息化、电子化管理改革研究
	东莞理工学院城市学院	广东省财政经营性资金股权投资改革研究
	佛山市南海区财政局	以项目库建设为基础推进滚动预算管理
	肇庆市财政局	农村财务管理在农村改革中的地位和作用
	广州市财政局	PPP模式下财政“定位”研究
	广州市财政局	广州市对区（县级市）转移支付资金管理的现状、问题与改革建议
	茂名市财政局、茂名市财政学会	完善央企财政收入分配机制研究——以茂名为例
	佛山市财政局	基于就业、地方税收视角的佛山市第三产业调整方向研究
	省财政厅国库支付局	广东省财政厅预算计划和资金支付稽核工作研究
	清远市财政局	粤东西北地区产业结构与财政收入关系研究——以清远为例
	华南农业大学	预见式行动方式创新资产评估人才培养研究
	省财政厅资产评估协会	广东省资产评估行业人才培养与队伍建设的研究
	华南农业大学	从公共经济学视角探析农村义务教育保障机制
	湛江市财政局	湛江市政府财政资金投资项目库管理系统研究
	江门市财政局	创新财政管理机制推动江门市基本公共服务均等化纵深发展

“江门杯”财政有奖征文大赛获奖名单

文章标题	作者	单位
一等奖（5 名）		
顶层设计与举措创新并举　探索共性和特色兼具的均等化改革之路	办公室	江门市财政局
“进退”抉择	余文涛	鹤山市财政局
房地产市场平稳发展新常态下湛江财政转型问题探讨	黄德尚	湛江市财政局
关于新政下深化江门市本级政府投融资改革的思考	谭昕力	江门市财政局
深化财税体制改革视角下对顺德“参与式预算”的思考	李健强	佛山市顺德区均安镇财政局
二等奖（10 名）		
PPP 模式之于我省产业转移工业园投融资改革的价值评估	谭　丽	台山市财政局
以佛山为例探索建立全过程预算绩效管理体系	翁健怡 李　霆	佛山市财政局
借鉴香港公共财政管理的经验　助推我市预算管理改革	肖　锋 李洁仪	佛山市财政局
深化公共资源交易体制改革的策略思考	高晓菲	江门市财政局
土地财政：风险与治理路径探析	李　里 彭高旺	珠海城市职业技术学院 珠海市财政局
开发区行政事业单位国有资产管理现状和创新管理的构想	李泽祥	中山市火炬开发区财政局
中山市政府财政绩效预算改革研究	余健华	中山市火炬开发区财政局
基层医改资金投入效益问题的探讨	谭蔚芳	佛山市财政局
构建财政风险防控制度　防范非税收入资金流失	李焕明	江门市新会区财政局
基层政府民生投入实例研究	李健盛 王　倩 聂　慧	深圳市福田区财政局
三等奖（30 名）		
完善政府投资管理制度　提高建设项目管理水平		珠海市财政局
关于村级资金管理的思考	符雅岳	德庆县财政局高良财政所
以机制创新为基础　探索建立现代预算管理制度	谢　霞 罗炜强	中山市火炬开发区财政局
探索财力瞻前配置的滚动预算机制	预算科	佛山市财政局
用信息化技术打造全过程财政监督体系	林　立	佛山市顺德区财政局
浅议关于东莞财政风险的防控制度	莫永杨	东莞市财政局高埗分局
以博弈思路推动会计诚信文化建设	陈永良	东莞市财政局虎门分局
深化政府向社会购买服务改革，夯实公共服务均等化基石	李光顺	江门市江海区财政局

续表

文　　章	作者	单位
地方政府投融资管理制度规范化建设思路探讨	余国健	江门市江海区财政局
以体制改革为基，盘活存量财政资金	彭泳珊	鹤山市财政局
开平市地方财政走出困境的浅析	张惠琼	开平市财政局
深圳市现行财政问题及对策分析	陈建华 张琪志 李　辉 邹九零	深圳大学
完善政府采购预算管理，推动政府采购科学化管理	白积洋	深圳市政府采购中心
重点税源对地方经济财政运行的影响分析	蔡茂彬	茂名市财政局
加快预算改革，助推山区城市腾飞	李建武	高州市财政局
试用时间序列法预测税收收入	冯祥清	茂名市财政局
谈县级财政运行　析财税体制改革	宋治华	化州市财政局
地方政府投融资制度研究：基于粤东西北地区的探索	潘伊娜	茂名市茂南区财政局
完善事权与支出责任相适应制度 提高欠发达山区县承担事权能力	梁恒文	怀集县财政局
强化财政对行政事业单位固定资产的监管职能	林晓华	佛山市三水区财政局
新形势下农村集体资产管理的新选择	廖剑锋	东莞市财政局东坑分局
深化改革 建立事权与支出责任相适应的市对区财政制度	陈文院	珠海市财政局
加强法治财政建设，完善财政行政执法	吴福南	雷州市财政局覃斗财政所
对当前政府非税收入调研思考		化州市官桥财政所
浅议加强财政监督机制建设	陈煜	东莞市财政局石龙分局
浅谈政府采购如何扶持中小企业发展	熊海燕	江门市财政局
机遇来了，县级预算改革之路该怎么走？	冯芷薇	鹤山市财政局
浅谈我县行政事业单位国有资产管理制度	梁东侨	徐闻县财政局
浅析政府采购供货价格 规范政府采购价格管理	谢兆启	江门市财政局
浅谈江门高新区财政管理探索之路	邝志诚	江门市江海区财政局
组织奖（5名）		
江门市财政局		
湛江市财政局		
茂名市财政局		
东莞市财政局		
揭阳市财政局